Gustav Roethe, Reinmar voon Zweter

Gedichte

Gustav Roethe, Reinmar voon Zweter

Gedichte

ISBN/EAN: 9783743325654

Hergestellt in Europa, USA, Kanada, Australien, Japan

Cover: Foto ©ninafisch / pixelio.de

Manufactured and distributed by brebook publishing software
(www.brebook.com)

Gustav Roethe, Reinmar voon Zweter

Gedichte

Gustav Roethe, Reinmar voon Zweter

Gedichte

DIE

GEDICHTE

REINMARS von ZWETER

HERAUSGEGEBEN

VON

GUSTAV ROETHE

Mit einer Notenbeilage.

LEIPZIG

VERLAG VON S. HIRZEL

1887.

MEINEN ELTERN.

VORWORT.

Es ist kein Dichter ersten Ranges, dessen Werke diese Blätter in möglichst reiner Gestalt darbieten, dessen Persönlichkeit sie in ihrem Werden und Wirken erfassen und schildern sollen. So wenig ich leugne, dass vieljähriger guter Verkehr mir den trefflichen Mann auch menschlich nahe gebracht hat, so wenig fürchte ich doch seine geistige Bedeutung zu überschätzen. Aus zwei Gründen aber schien er mir einer umfassenden Darstellung würdig und bedürftig. Wenn meine Beurteilung der Handschriftenfrage das Rechte trifft, so lässt sich seine Entwickelung, die Zeitfolge seiner Gedichte mit einer Sicherheit und Genauigkeit bestimmen, wie bei keinem andern mhd. Lyriker. Dann aber haben unter günstigen Umständen wol alle die Strömungen und Neigungen, die in der mehr als hundertjährigen reichen Geschichte der Spruchdichtung vom Anonymus bis auf Frauenlob sich wesentlich zeigten, nachwirkend oder keimend Spuren in Reinmars wenig widerstandsfähigem vielseitigen Geiste hinterlassen. So gewinnt er uns eine typische Bedeutung für die Geschichte der Spruchdichtung, die herauszuarbeiten mir mehr am Herzen lag als das Individuum Reinmar.

Die beiden ersten Bogen meiner Schrift sind schon im Sommer 1883 gedruckt worden. Auch zwischen dem elften und zwölften Bogen liegt eine Pause von mehr als einem halben Jahre. Das hat äussere und innere Ungleichheiten mit sich gebracht, die ich zu entschuldigen bitte: den Kern haben sie hoffentlich nicht berührt.

Aus Leipziger Seminarvorträgen erwachsen, dankt mein Buch in erster Reihe Zarncke Anregung und Richtung; während einer längen Werdezeit hat seine geduldige, reich fördernde Teilnahme meine Arbeit begleitet. In musikalischen Fragen stand mir Jacobsthals Rat zur Seite, und noch dicht vor Toresschluss liessen mich Goedeke und Reinhold Köhler aus dem reichen Schatze ihrer Sammlungen schöpfen. Was endlich Scherer meinem Buche gewesen ist, davon wird es hoffentlich durch sich selbst zeugen: dass ich ihm diese Blätter nicht mehr reichen darf, deren Inhalt ihm zum guten Teil so wohl bekannt war, das trübt mir die langersehnte Freude der Vollendung.

Göttingen, am Pfingstsonntage 1887.

Gustav Roethe.

INHALT.

— Minnigliche Strophen 205; Lehrsprüche über Minne 209; Naturgefühl und höfische Frauenverehrung 213; Frau Ehre 215; Herrensprüche 218; Rückblicke 219. — Politische Sprüche 221; traditionelle Technik der Lobsprüche 225. — Sprüche über Ehe und Adel 230; Huttens vir bonus 233; religiöse Dichtung 235. — Einfluss Mitteldeutschlands auf Reinmars Dichten 239; Tierfabel 241; Erzählung 242; Vergleich 244; Sprüchwort 245; Priamel 246; Lügenstrophen 248; Rätsel 250; Tenzone 254; Charakteristik der letzten Gedichte 255.

IV. Stil und poetische Technik der Reinmarschen Sprüche . 258
Ausdruck des Lehrberufs 260; Beteurung 261; Verkehr mit dem Publikum 262; Apostrophe 264; indirekte und direkte Rede 268; Dialog 270. — Personification 271; Bilder 274. — Vulgäre und archaische Worte 284; Neubildungen 285; Lieblingsworte 285; Ausdrücke des Volksepos 286; Fremdworte 287; abstrakteste Neutra 288; Satzbau 289; Parenthese 290; Anakoluth und Ellipse 291; Deutlichkeit 292. — Anapher 295; anaphorische Reihen 309; Responsion 313; gehäufte Stichworte 315. — Aufzählungen 317; Asyndeton 318; Polysyndeton 323. — Fragen 324; Ausrufe 325; Citate und Berufungen 329; Humor und Ironie 333; Hyperbeln 334; Wortspiele 334; Formeln 335. — Syntaktische Sonderung der Strophenteile 336; Gliederung des Inhalts 338; Enjambement 341; Reinmars stilistischer Charakter 345. — Nachahmer und Schüler Reinmars 346.

V. Strophischer, rhythmischer und musikalischer Bau der
Reinmarschen Gedichte 352
Verhältnis der strophischen und der melodischen Responsion in den mhd. Kunstleichen 353; sie zerfallen nach Inhalt und Form in zwei Gruppen 354. — Reinmars Leich: Versbau 356; Melodie 358; Verhältnis des Baus zur Melodie 361; Widersprüche 363; die Melodie ist teilweise unecht 365; Fortsetzung der Analyse des strophischen Baus 366. — Frauen-Ehren-Ton 369; seine Caesuren 370; Reime 373; Auftakt 374; Melodie 374. — Meister-Ernst-Ton 375; Spiegelweise 376; Minnenton 376. — Rhythmischer Bau der Verse: Fehlen der Senkung 378; zweisilbiger Auftakt 379; Silbenverschleifung 379; Synaloephe 380; Krasis und Inklination 381; Hiatus 381; Elision 382; Apokope 382; Synkope 384; schwebende Betonung 386; letzte Senkung 387. — Unreine Reime 387; rührender und erweiterter Reim 388; einseitiger Doppelreim 388.

Nachtrag zu II. Die Hss. P und o 390

Vorbemerkungen zum Text 392
Aeussere Einrichtung 392. Orthographisches und Lautliches: Konsonanten 393; Vokale 394; Flexions- und Wortformen 395.

Verzeichnis der Handschriften 397

Die Gedichte Reinmars von Zweter. 399
Der Leich 401; Frauen-Ehren-Ton Str. 1—229: 411. — Sprüche von zweifelhafter Gewähr: im Ehrenton 524; im Meister-Ernst-Ton 536; in des Ehrenboten Spiegelweise 537; im Minnenton 540. — Unechte Sprüche: im Ehrenton 550; in der Spiegelweise 559. — Lieder 570.

Anmerkungen 574

Nachträge und Berichtigungen 632

Register 634

EINLEITUNG.

ERSTES KAPITEL.

Reinmars Leben.

Unser Wissen vom Leben Reinmars von Zweter ruht fast ausschliesslich auf den Andeutungen, die er in seinen Gedichten selbst gibt: alle äusseren Zeugnisse fliessen so spärlich, wie gewöhnlich bei einem mittelhochdeutschen Dichter, der keiner vornehmen Familie angehörte. Und Reinmar selbst geizt leider allzu sehr mit Anspielungen auf persönliche Verhältnisse. Wie sein Dichten oft genug gar nicht eigne Empfindung, Anschauung und Erfahrung wiederspiegelt, sondern auf alt überkommener Moral sich aufbaut, zum guten Teil ohne jeden individuellen Zug, so stellt er sein Ich nicht gerne handelnd oder leidend in den Vordergrund: nur als unbeteiligter Beobachter und Lehrer liebt er es in der ersten Person zu reden. Aber es fehlt doch auch ihm nicht ganz an Gedichten, die uns noch als Gelegenheitspoesie kenntlich sind: die politischen Sprüche namentlich, mit denen er, ein getreuer Schüler Walthers, fast zwei Jahrzehnte lang die Ereignisse des Tages begleitete, gewähren uns einen Faden, an dem wir den Lebensschicksalen Reinmars folgen können. Gerade sie, wertvolle Stimmen aus einer politisch tief erregten Zeit, sind schon mehrfach, zum Teil trefflich, behandelt worden [1]), aber mit recht verschiedenem Ergebnis: das ist kaum anders möglich bei der auch hier fühlbaren Neigung des Dichters, das Besondere zu verwischen.

Ich bin nun zu der Ueberzeugung gelangt, dass uns in den Strophen 1—162 der Heidelberger Hs. 350 (D) eine von Reinmar selbst etwa im

---

1) Vgl. namentlich: Koberstein, Ueber das wahrscheinliche Alter und die Bedeutung des Gedichtes vom Wartburger Kriege 1823, S. 25—30; vd Hagen, Minnesinger 1838, IV, 492 b—507 a; Hüppe, De Reinmaro de Zweter, Programm von Coesfeld 1861, p. III—VI; Karl Meyer, Untersuchungen über das Leben Reinmars von Zweter und Bruder Wernhers, Basel 1866, S. 1—75; W. Wilmanns, Chronologie der Sprüche Reinmars von Zweter, Zs. f. d. Alt. 1867, XIII, 434—463; Tschiersch, Beurtheilung der von Goedeke aufgestellten Behauptung, dass Reinmar von Zweter und der Marner identisch seien, Programm von Luckau 1872, S. 6—8; Lambert Guppenberger, Antheil Ober- und Niederösterreichs an der deutschen Literatur seit Walthers von der Vogelweide Tod bis zum Ende des 14. Jahrhunderts, Programm von Kremsmünster, Linz 1871, S. 43—47; Dr Roman Plaschke, Reinmar von Zweter, eine literar-historische Studie, Programm der Staats-Ober-Realschule in Brünn, S. 1—16.

Roethe, Reinmar von Zweter.   1

Jahre 1241 zusammengestellte sachlich geordnete Sammlung der Sprüche
im Ehrenton vorliegt: in dieser Sammlung standen die politischen Sprüche
in chronologischer Folge. Ist das richtig, so scheiden sich uns Reinmars Gedichte ohne Weiteres in frühere vor 1241 und in spätere nach
1241 verfasste, je nachdem sie in der Sammlung stehen oder nicht:
und auch für Gedichte, deren Beziehungen gar zu allgemein und undeutlich sind, lässt sich, wenn sie in der zeitlich geordneten Reihe
stehen, der äussere Anlass sicherer bestimmen, als wenn jede engere
Zeitbegrenzung fehlte. Dadurch wird jene Annahme fruchtbar für die
Chronologie der Reinmarschen Sprüche, und ich musste sie hier schon
voraussenden, weil ich es nicht vermeiden kann, sie in Einzelheiten
auszunutzen, auch ehe ich den Beweis für sie erbracht habe. —

Reinmars Name.

Nicht einmal der Name des Dichters lässt sich mit voller Sicherheit feststellen. Gerade die besten Handschriften, die uns Sprüche
Reinmars bewahrt haben, die Heidelberger Hss. 357 (A) und 350 (D),
beide noch aus dem 13. Jahrhundert, enthalten seinen Namen gar nicht,
und ebenso wenig einige andre ältere Pergamenthss., wie die Büdingen-
Basler Bruchstücke (T), die Wiener Hs. 2701 (W) u. a. In den Möserschen Fragmenten (m) steht nur der Vorname: *Reymarus*, der auch
sonst nicht zweifelhaft ist.[2]) Von den Hss., die den Dichter mit seinem
Geschlechtsnamen nennen — ich ziehe auch die Hss. des Wartburgkriegs
heran — ist massgebend die Pariser Hs. (C). In ihr heisst der Dichter
in der Unterschrift seines Bildes und in der Ueberschrift des Textes
'*her Reinmar von Zweter*', in der Vorschrift '*Von Zweter*', im Register '*her Reimar von Zweter*', ebenso zweimal im Texte des Wartburgkriegs 4, 7 und 7, 3 *Reimar von Zweter* und beim Marner[3]) XI, 39:
'*wê dir von Zweter Regimâr*'; sonst erscheint auch in C nur der Vorname. Ausser C kennt nur noch die Hs. des Schwabenspiegels auf der
juristischen Bibliothek in Zürich (r) den Geschlechtsnamen in der von
C überlieferten Form: sie bringt im Anhange einige unechte Sprüche
unter der Ueberschrift: '*der von Zweter*'. Dagegen schreibt die Jenaer
Handschrift (J) im Wartburgkriege dreimal: 4, 7; 7, 3 und 18, 1 (wo
in C nur der Vorname steht) *Reymar von tzweten* und ebenso die von
Meyer Germ. XVIII, 84 fgg. veröffentlichten Basler Bruchstücke: S. 85, 3;

---

2) Die confuse Unterschrift des Bildes zum Wartburgkrieg '*Reiman der alte*'
kommt nicht in Betracht. Die verschiedenen Schreibungen des Vornamens (*Reinmar, Reimar, Regimar*), aus denen natürlich nichts zu schliessen ist auf die vom
Dichter selbst bevorzugte Form, sammelt Plaschke, Reinmar von Zweter, S. 4 fgg.,
aber ohne gehörige Rücksicht auf die Handschriften.

3) Ich citiere den Marner stets nach Strauchs Ausgabe in den Quellen und Forschungen XIV, ebenso Frauenlob meist nach Ettmüller. Die übrigen zahlreichen
Einzelausgaben mittelhochdeutscher Lyriker, natürlich abgesehen von den Lachmannschen und Hauptschen, berücksichtige ich nur ausnahmsweise, da sie keine
Bereicherung oder Berichtigung des Hagenschen Handschriftenmaterials bieten.

88, 13. Eine dritte Gruppe endlich bilden einige Handschriften von geringerer Bedeutung, die Wiener Handschrift des Wartburgkrieges (*Reimar von Zwetel* zweimal), die Kolmarer (*Her Reymar vō Zwetel*) und die Donaueschinger Handschrift (*her Rēmer von Zwetel* an drei Stellen), die statt des r oder n ein l am Schlusse des Namens haben.

Am wenigsten Wert lege ich auf diese letzte Schreibung: wie noch jetzt Reinmar von Zweter so gerne mit dem östreichischen Zwettl in Verbindung gebracht wird, so wurde auch schon am Anfang des 14. Jahrhunderts das wenig bekannte Zweter durch den Namen des weitberühmten Cistercienserklosters Zwetel ersetzt: wir werden unten noch mehr Beispiele dafür finden. Aber auch das '*tzweten*' in J muss der Autorität von Cr nachstehen. 'Reinmar von Zweter' ist die Namensform, von der wir auf Grund der Handschriften ausgehen müssen.

Dies Resultat können auch die übrigen, ziemlich zahlreichen, aber sämmtlich wertlosen Zeugnisse für Reinmars Namen nicht ändern. Ich zerlege auch sie in drei Gruppen:

1. Bei andern **mittelhochdeutschen Dichtern** wird Reinmar nicht eben häufig und, wenn wir von der oben S. 2 erwähnten Stelle Marners absehen, stets nur beim Vornamen genannt[4]); es ist daher nicht immer zu erkennen, ob er oder Reinmar der Alte gemeint sei.

2. Die **Thüringer Chroniken**, die den Wartburgkrieg erzählen, gehen bis auf das Leben der heiligen Elisabeth, das unsern Dichter V. 192 (in der Ausgabe von Rieger, Stuttg. lit. Ver. 90, S. 68) einfach '*her reimar*' nennt, ausnahmslos zurück auf eine gemeinsame Quelle (eine vita Ludovici), die unsern Reinmar zu einem Reinhart gemacht und ihm wie die Jenaer Handschrift einen auf n auslautenden Geschlechtsnamen gegeben hatte. Dieser Quelle, in der Reinhart von Zweten die dritte Stelle unter den sechs Sängern eingenommen zu haben scheint, steht am nächsten die Form des Namens in der Erzählung der annales Reinhardsbrunnenses 'de sex magistris in cautilenis': *Reynardus de Zwethin* (vgl. Ann. Reinh. ed. Wegele, Thüringische Geschichtsquellen I, 109; die betreffende Stelle auch bei Wagenseil, Von der Meistersinger

---

4) Marner XI 39, XIV 275; Herman Dämen HMS III 168 a, 163 a (?); Rubin HMS III 31 b (?); Frauenlob 165, 1 (?); Regenboge 164, 5 (?), 168, 7 (bei Ettmüller); Renner V. 1222. Tschierschs Vermutung (a. a. O. S. 5), dass an letzter Stelle ('her Reinmâr unt her Péterlin mugen dirre genōzen an sin wol sin') in dem sonst unbekannten Dichternamen 'her Péterlin' das Wort: Zweter stecke, ist abzulehnen; ebenso aber auch die Vermutung W. Grimms, Kleine Schriften I, 39 und vdHagens MSH IV, 592 a, dass her Péterlin der von Valentin Voigt (HMS IV, 892 a) und von Kuntz Nachtigal (Wackernagel, Das deutsche Kirchenlied II, 1078 b) unter einer Menge von meist bekannten mittelhochdeutschen Dichternamen erwähnte *Peterlein Sachs* (oder *Sax*) sei: denn dieser Dichter, der in einem Verzeichnis im unbekannten Tone Voltzen 'Peter Sachis)' heisst (bei Schnorr, Zur Geschichte des deutschen Meistergesangs S. 38, V 51), ist sicher identisch mit dem *Peter von Sassen* oder *Sahsen*, einem geistlichen Dichter in der Kolmarer und Donaueschinger Handschrift (vgl. Bartsch, Colmarer Liederhandschrift S. 184). Peter von Sassen aber war nach ausdrücklichem Zeugnis der Handschriften Zeitgenosse des Mönchs von Salzburg ums Ende des 14. Jahrhunderts, lange nach Hugo v. Trimberg.

1 *

holdseligen Kunst S. 513).[5]) Aus dem ursprünglichen Zweten ist dann, wol mit bewusster Anlehnung an das durch eine Comthurei des deutschen Ordens berühmte thüringische Dorf Zwätzen bei Jena[6]), öfters ein 'Zwetzen' geworden: so in der Lebensgeschichte des Landgrafen Ludwigs des Heiligen vom Caplan Berlt, einer der ältesten Chroniken, die den Wartburgkrieg kennen: *reynhard von zcwetzen* (vgl. H. v. Plötz, Ueber den Sängerkrieg auf Wartburg, S. 89 fgg.); ferner in Johannes Rothes Leben der heiligen Elisabeth: *der von Zwetzen Reinhart* (vgl. Mencken, Scriptt. rerum Germanic. II, 2036); in desselben Johannes Rothe Düringischer Chronik: *Reynhart von Zwetzen* (in Liliencrons Ausgabe, Thüring. Geschichtsquellen III, 331 fg.).[7]) Weiter geht die Entstellung in dem Chronicon Thuringicum, das Schöttgen und Kreysig, Diplomataria et scriptores historiae Germaniae medii aevi I, 88 abdrucken: *Reynhart von Zcweschin*, ähnlich auch in der lateinischen Chronik bei Eccard, Hist. geneal. princ. Saxon. S. 408: *Reynhardus de Zewetzschin;* in Wigand Gerstenbergers Chronik (bei Schmincke, Monimenta Hassiaca I, 278) ist gar ein *Reynhard tzwisten* aus dem Dichter geworden. Das ärgste aber an willkürlicher Umbildung des Namens leistet die deutsche Chronik bei Senkenberg, Visiones diversae de collectionibus legum Germ. S. 156, die Gerstenberger sehr nahe steht, in ihrem *Reinhard von Zwerchstein*, dem sich der *Reinhart Zwerchstein* in Joh. Bangen thüringischer Chronik von 1599, Bl. 75 b, und *Reinhard von Zwechstein* in dem Excerpt Hanmanns aus Spangenbergs Buch: Von der Edlen vnd hochberühmten Kunst der Musica u. s. w. (in Hanmanns 'Anmerkungen in die Teutsche Prosodie' S. 106 der Fellgibelschen Ausgabe) würdig zur Seite stellen. Aus Spangenberg scheint dann endlich *her Reinhardt von Zwechstein* übergeflossen zu sein in die Singschule (um 1611?), aus der Gottsched, Nöth. Vorrath zur Geschichte der deutschen dramat. Dichtkunst I, 187, und danach vdHagen MSH. IV 893 fgg. eine Stelle mitteilt. Wie schon Cyriacus Spangenberg neben jenem Reinhard von Zwechstein auch 'Römers Gesangweise' gedachte, so stellt der Verfasser der Singschule Wolfh. Spangenberg 'her Reinhardt von Zwechstein' ruhig neben den Römer von Zwickau, begreiflicherweise ohne Ahnung von der Identität der beiden.[8]) — Alle diese thüringischen Chroniken können in

---

5) Aus einem 'Zwethin' ist wol verlesen: *Reinhard von Zwechin* (bei Hoffmannswaldau, Deutsche Uebersetzungen und Getichte, Bresslau 1684, Vorrede b 3 a).

6) Tenzel, Supplementum historiae Gothanae secundum S. 520, sagt in seinen Anmerkungen zu der eben erwähnten Stelle der annales Reinhardsbrunnenses wirklich von unserm Dichter: *cognomen habuit a villa Zwetzen, Jenae vicina.*

7) Bei Mencken, Scriptt. rer. Germ. II, 1697 steht freilich: *Reynhart von Zwetzschin;* bei vdHagen MSH. IV, 878: *Reynhart von Zwetschin;* bei Tenzel, Suppl. hist. Goth. secundum S. 519: *Reinhart von Zcwetzschin.*

8) Der unglückliche Einfall von Plötz, Ueber den Sängerkrieg auf Wartburg S. 76, auf Grund dieser Stelle Römer von Zwickaw und Reinhardt von Zwechstein ganz zu trennen, bedarf keiner ernstlichen Widerlegung: erscheinen doch auch der Römer und der Ehrenbote, die ursprünglich ebenfalls eine Person sind, bei den Meistersingern sehr oft neben einander. Sollte nicht auch Peter Wolf (Schnorr a. a. O. S. 38, V. 51, auch bei Voigt und Nachtigal) = Biterolf sein, der schon vorher S. 37, V. 19 genannt ist?

ihrer Gesammtheit höchstens als éine sehr unbedeutende Stütze für das Zweten der Jenaer Handschrift gelten.

3. Es ist bekaunt, dass Reinmar von Zweter noch bei den Meistersingern hohes Ansehen genoss. Steht er auch nicht in dem engsten Kreise der vier ältesten Meister: Frauenlob, Regenbogen, Marner, Müglin, so begegnet sein Name doch, freilich meist bis zur Unkenntlichkeit entstellt, in jedem Verzeichnis der 12 alten Meister und natürlich erst recht in allen ausführlicheren Sängerkatalogen. Das älteste und wertvollste Zeugnis dieser Gruppe ist das Lobgedicht Luppolt Hornburgs von Rotenburg, das die Würzburger Handschrift E im Anhang zu Reimar des Alten Liedern bringt, das sich aber, nach Ueberschrift und Inhalt, nur auf unsern Reinmar beziehen kann (vgl. Archiv des historischen Vereins von Unterfranken und Aschaffenburg XI, 2, S. 23; Docen, Altdeutsches Museum 2, 18). Er heisst hier: 'er reimar vō zwetel an dē Rin'. Dass Luppolt Hornburg 'Zwetel' hier ausdrücklich näher bestimmt 'an dē Rin', beweist nicht, dass er wirklich ein rheinisches Zwetel gekannt habe und der l-Auslaut nicht bloss auf das östreichische Zwetel zurückgehe. Hornburg, der um die Mitte des 14. Jahrhunderts lebte, combinierte nur den damals schon geläufigen Namen des Dichters 'von Zwetel' mit seiner eignen Angabe (150, 1), er sei von Rine geborn (vgl. Meyer, Untersuchungen S. 6). Die nota mensurata quae Erndon dicitur Reymari de zwetel Rhetoris wird in der Ueberschrift des 49. Abschnitts eines lateinischen Gedichts Heinrichs von Müglin erwähnt, auch um die Mitte des 14. Jahrhunderts. Diese Zeugen allein unter den Meistersingern kennen und nennen noch Reinmars wahren Vornamen unentstellt: im a der zweiten Sylbe zeigt nahen Anklang daran die auch sonst ziemlich reine Namensform: Remar von Zwetel here in einem langen Meisterverzeichnis 'im unbekanten don Hans Voltzen gedicht' V. 37 (aus der Berliner Handschrift No. 414, 4°, mitgeteilt von Schnorr v. Carolsfeld, Zur Geschichte des deutschen Meistergesangs S. 37 fgg.) [9]); alle übrigen Meistersinger stimmen überein in der Entstellung zu Remer (schon in der Donaueschinger Handschrift: vgl. S. 3), Römer, Romer; ja in Adam Puschmans Schulkunst V. 35 ist gar ein 'rühmer' aus ihm geworden (vgl. Götze, Monographie über den Meistersänger Adam Puschman S. 64). War dann erst vergessen, dass Römer u. s. w. nur Vorname sei [10]), so lag es nahe, den jetzt überflüssigen Geschlechts-

---

9) Die Dresdener Hs. M 16, die Bl. 498 fgg. dasselbe Gedicht enthält, liest schon 'Römer von Zwetel'.

10) Dass Römer wirklich als Bewohner Roms gefasst wurde, dafür glaubte man früher wol einen drastischen Beweis zu haben an einer Stelle in Aventins Chronik (Ausg. v. 1622, S. 63): 'Etliche alte Römer, vorausz Wolffram von Eschenbach, der Cluser (= Klinsor) vnd Schaber (= schriber), vnnd etliche dergleichen mehr . . . . haben der alten Teutschen Herrn vnd Fürsten thaten, Reisz vnd Chronica in Bulerey verkehrt': unmittelbar hinter ihnen gedenkt Aventin des Vergilius, der von der 'frommen Frauwen Dido' gedichtet habe. Vgl. Schmeller. Bair. Wb. 2², 97. Dass hier 'Römer' auf unserm Reinmar beruhe, schien sicher wegen der Zusammenstellung mit drei andern Dichtern des Wartburgkriegs, und. es steht wol in Verbindung mit den Worten Aventins das Reimpaar in W. Spau-

namen ganz fortzulassen; das ist geschehen ausser bei Puschman a. a. O.
auch in dem Dichterverzeichnisse der Dresdner Handschrift M 8, Bl.
488 fg. u. ö., mit grösster Regelmässigkeit ferner in der Bezeichnung
des beliebten Tons 'Römers Gesangweise', die ich nur einmal, im Register der Berliner Handschrift 583, 4°, ausdrücklich dem 'remer von
Zbygau' beigelegt fand.

Von Entstellungen des Geschlechtsnamens bei den Meistersingern
ist, abgesehen von den schon erwähnten beiden *Zwetel*, von Interesse
namentlich folgende Stelle eines Meistergesangs des 15. Jahrhunderts
in der Radweise, den Holtzmann, Germ. 5, 217 fg. aus der Heidelberger
Handschrift 680, Bl. 42 fg. mitteilt (Str. 4, 6. 7.):

> *der Römer der die silmen tzwang*
> *von tzweker so geringe:*

denn, wenn *tzweker* auch schon bedenklich auf dem Wege nach Zwickau
liegt, so ist es doch ein nicht zu verachtendes Zeugnis für den r-Aus-
laut des Namens auch in später Zeit. Wo sonst der volle Name des
Dichters begegnet, ist überall schon die zwar gewaltsame, aber bei der
Blüte des Meistergesangs in Zwickau erklärliche Umdeutung in diesen
Namen eingetreten, so in einem Meisterliede bei Wagenseil a. a. O. S. 506 :

> *Der Neunt war von Zwickau bürtig |*
> *In Meissen Land | hiess Römer würdig |*,

in Nachtigals Liede, das Wackernagel, Deutsches Kirchenlied II, 1078,
aus der Berliner Handschrift 414, 4°, Bl. 426 b abdruckt: *Remer von
Zwicka*; in dem mit dem vorigen nahe verwanten Bericht Valentin
Voigts (HMS IV, 892 a): *der Romer zw Zwigka;* auch in der Singschule W. Spangenbergs (HMS IV, 894 b): *der Römer von Zwickaw;*
in Puschmans gründlichem Bericht der Deutschen Reimen oder Rith-
men (1596): *der Römer von Zwickau* (vgl. vdHagen, Sammlung für altdeutsche Literatur und Kunst I 1, S. 168); endlich in der Dresdener
Handschrift M 16, Bl. 176 b: *Der achte hiess Römer war von Zwickau
Auss Meichsen wolbekande;* vgl. auch Hertel, Ueber die kürzlich in
Zwickau aufgefundenen Handschriften von Hans Sachs 1854, S. 20.

Die seltsame Erweiterung des Namens, die Wagenseil a. a. O. S. 503
in seinem Verzeichnis der zwölf alten Meister unter 9 gibt: '*Sigmar
der Weise* sonst | *der Römer von Zwickau genant*', beruht nur auf
Misverständnis Wagenseils oder schon seiner Quelle. Die drei umfangreichen Sängerregister: das im vnbekanten don Voltzen (bei Schnorr a.a.O.
S. 37), das des Kuntz Nachtigal (bei Phil. Wackernagel a. a. O. II, 1078)
und das des Valentin Voigt (HMS IV, 892) stehen zweifellos, namentlich
das zweite und dritte, in naher Beziehung zu einander. Das erstgenannte
ist, wie die verhältnismässig reinen Namensformen beweisen, das älteste;
es umfasst 65 Sänger. Nachtigal hat es schon auf 81 Sänger gebracht,

---

genbergs Singschule: '*der Cluser vnd der Scholer* (wie *Schaber* aus *Schriber* verdorben) *schaw! Vnd auch der Römer von Zwickaw*'. Es blieb freilich unklar,
wie Aventin dazu kam, Wolfram, Klingsor und den Schreiber als Römer zu bezeichnen. Das Rätsel hat sich gelöst. In Lexers Ausgabe der Chronik (Turmayrs
Werke Bd. IV, 1, S. 161) steht nach der Originalhs.: '*Reimer*' für '*Römer*'.

und Voigt, dessen Bericht nur eine wenig veränderte, in der Darstellung gekürzte Prosaauflösung von Nachtigals Lied zu sein scheint, vermehrt ihre Zahl bis auf 89. Bei den beiden letzten, die natürlich nur als éin Zeugnis gelten dürfen, stehen der Römer von Zwickau und Sigmar der Weise allerdings so neben einander, dass der zweite Name als Apposition zum ersten gefasst werden könnte, aber keineswegs muss [11]): benutzte nun Wagenseil diese oder eine ähnliche Quelle, so konnte er zu seinem Irrtum kommen. Dass es aber ein Irrtum ist, zeigt das ältere gute Zeugnis, das Lied im unbekannten Tone, wo *Sigmar also cluge* V. 21 [12]), *Remar von Zwetel here* erst V. 37 erscheint: der Verfasser betrachtet sie also als zwei ganz verschiedene Dichter.[13])

Nur der in Cr (und in der Heidelberger Handschrift 680) überlieferte Name 'Reinmar von Zweter' kann als glaubhaft bezeugt gelten; aber auch er ist, in Anbetracht der offenbaren Unsicherheit über den Namen, gar zu dürftig belegt, als dass wir uns auf seine Richtigkeit verlassen könnten.

Reinmars Herkunft und Dialect.

Ist der Name richtig, so müssten wir daraus schliessen, dass am Rheine (150, 1) eine Burg oder ein Ort Zweter gelegen habe, und die Existenz eines solchen Ortes wäre der beste Beweis für die Richtigkeit des Namens. Jenen Schluss haben ältere Gelehrte denn auch ohne Weiteres gezogen[14]): dass sie selbst einen Ort Zweter am Rheine gekannt, wird aber von keinem ausdrücklich gesagt. Jedesfalls ist es in neuerer Zeit nicht mehr gelungen, ein Zweter am Rheine nachzuweisen, was um so auffälliger ist, als unsere Quellen für die Geschichte des Oberrheins keineswegs spärlich fliessen. Es ist also begreiflich, dass vd Hagen (MSH IV, 492 b) in dieser Verlegenheit auf den naheliegenden Ausweg verfiel, Reinmar, wie es schon im 14. Jahrhundert öfters geschehen zu sein scheint (vgl. S. 3. 5), mit dem östreichischen Zwetel in Verbindung zu bringen, in dem er ein Geschlecht ritterlicher

11) Dass vielmehr wahrscheinlich zwei gemeint sind, ergibt die Zahlung der Dichter bei Nachtigal, die nach seiner eignen Angabe 81 an der Zahl sein sollen.

12) So in der Berliner Handschrift 414 (1⁰): in der Dresdner M 16 nur: 'Sigmar der het kunst genugs'.

13) In der Dresdener Handschrift M 13 steht unter der Ueberschrift: *Remers uber see kurczedon* ein Gedicht von den 7 Freuden der Maria, verfasst in einem mir sonst nicht bekannten Tone. Woher stammt das *uber see?* Der Verfasser wird sich Rom doch nicht jenseits des Meeres gedacht haben. Der Name ist so abenteuerlich, dass ich glaube, es ist gar nicht unser Reinmar gemeint, sondern der Dichter, der bei Nachtigal 'Rember vnd (eher von) Piberse', bei Voigt 'Romter von Biber' heisst; anderswo ist mir sein Name nicht begegnet.

14) Vgl. Adelung, Magazin für die deutsche Sprache II 3, 22 (unter: Reinmar dem Alten); Docen, Altdeutsches Museum 2, 23: denken auch Goldast, Replicatio pro Sacra Caesarea ... maiestate S. 258 und Opitz, Deutsche Poeterey S. 18 (bei Braune) nicht anders, wenn sie Reinmar zu einem equos Palatinus, einem Pfälzischen von Adel machen?

Burgmannen von Zwetel schon im Beginn des 13. Jahrhunderts glaubte
nachweisen zu können, die zu dem mächtigen Ministerialengeschlecht-
der Herren von Kuenring in Beziehung gestanden haben. Hagens nicht
eben klare Ausführungen über das Verhältnis Reinmars zu den Kuenringern und jenen Herren von Zwetel suchte dann Lambert Guppenberger, Antheil Ober- und Niederösterreichs u. s. w. S. 44 dahin zu
bestimmen, dass Reinmar in Oestreich überhaupt nur bei den vornehmen
Kuenringern in Zwetel gelebt habe, nicht am Hofe der Babenberger in
Wien, wie man sonst annahm, und dass er, bis dahin namenlos, sich
nach Zwetel, dem Orte, wo er aufwuchs, benannt habe: dazu stimme
es, dass Reinmar um 1231 Oestreich verlassen habe und nach Böhmen
gegangen sei; denn 1231 habe Herzog Friedrich II. von Oestreich die
Stadt Zwetel im siegreichen Kampfe gegen die Kuenringer erstürmt.
      Es hat diese auf den ersten Blick bestechende Hypothese so viel-
fach, namentlich bei östreichischen Gelehrten, Beifall gefunden [15]), dass
sie geradezu als die herrschende Ansicht gelten muss, und doch wünschte
ich, alle unbegründeten Vermutungen liessen sich so gründlich widerlegen wie diese. Schon ihr einziger Ausgangspunkt, die Uebereinstimmung zwischen dem Namen Reinmars und dem jenes östreichischen Ortes
ist äusserst bedenklich, da letzterer sehr oft bezeugter Name stets Zwetel,
niemals Zweter heisst, und wir also Zweter für verderbt ansehen müssten,
um die Identität mit Zwetel aufrecht zu erhalten. Dann ist es unglaublich und beispiellos, dass ein Adliger, der jung seine Heimat verlassen und sich dann einige Zeit an einem andern Orte aufgehalten hat,
seinen wahren Namen gegen den dieses Ortes vertauschen sollte; so
aber müsste die Sache bei Reinmar von Zweter doch liegen: denn was
sich Guppenberger dabei denkt, Reinmar habe von Haus aus noch keinen Namen besessen, das verstehe ich nicht; dass er als Adliger immer einen Namen, den seines Heimatsortes, seiner heimischen Burg
haben musste, ist selbstverständlich [16]). Reinmars Worte, er sei *in Österriche erwahsen,* lassen sich ungezwungen nur auf einen Aufenthalt in
Wien beziehen, um so mehr, als der junge Reinmar in nahem persönlichem
Verkehr mit Walther stand, dem der Wiener Hof eine Lieblingsstätte war.
      Reinmar soll also nach Guppenberger bei den Kuenringern verweilt
haben. Es waren die Herren von Kuenring unter den östreichischen Adelsgeschlechtern eins der mächtigsten; wiederholt bekleideten
Kuenringer am Babenberger Hofe die Aemter des marscalcus und pin-

---

15) Vgl. z. B. Hüppe, De Reinmaro de Zweter, p. III; Toscano del
Banner, Die deutsche Nationalliteratur der gesammten Länder der östreichischen
Monarchie I, 305; Plaschke, Reinmar von Zweter S. 13; Kummer, Die poetischen Erzählungen des Herrand von Wildonie, S. 63; Schopf, Antheil Oestreichs
an der ersten Glanzperiode der deutschen Poesie, S. 16 u. A. m.
      16) Guppenberger fühlte selbst, dass Reinmars rheinische Abkunft sich mit
der Benennung nach dem östreichischen Zwetel nicht vertrage; aber seine abenteuerliche Vermutung, Reinmar sei kein Rheinländer, sondern stamme von einem
unteröstreichischen *Rein,* scheitert schon an der ausschliessenden Gegenüberstel-
lung: ʻ*Von Rîne sô bin ich geborn, in Österriche erwahsen*ʼ (150, 1. 2) und
würde die Schwierigkeit nicht einmal beseitigen.

cerna; ja, als 1230 Herzog Leopold VI. von Oestreich die Reise nach
Italien unternahm, auf der er seinen Tod fand, setzte er Heinrich von
Chunringen seinem jungen Sohne Friedrich als rector totius Austriae
zur Seite (vgl. Rauch, Oestreich. Geschichte II 390; Fries, die Herren
von Kuenring S. 61). Es wäre also schon denkbar, dass ein Sänger
am Hofe dieser vornehmen Ministerialen sich aufgehalten hätte. Von
den Kuenringern kämen nun für Reinmar zwei in Betracht, die berüch-
tigten Brüder Heinrich, 'canis' genannt, (Fries, die Herren von Kuenring S. 54) und Hadmar IV., Söhne Hadmars III., der nach dem 7. October 1219 starb[17]), zwei Menschen vom übelsten Leumund (Linck,
Annales Zwetlenses I, 294 b; Zwettler Stiftungsbuch S. 102), die sich
wiederholt Raub, Verwüstung, Verrat zu Schulden kommen liessen (Rauch,
Oestr. Gesch. II, 391 fgg.), so dass sie Bischof Gebhart von Passau excom-
municierte (Zwettl. Stiftungsbuch S. 126)[18]) und dem einen von ihnen,
Hadmar, anfangs sogar das Begräbnis im Kloster Zwettl geweigert
wurde. Mag auch das Bild, dass das Zwettler Stiftungsbuch von ihnen
entwirft, zu schwarz gefärbt sein[19]), da auch das Kloster Zwettl schwer
unter ihnen zu leiden hatte, jedesfalls sind es Personen gewesen, bei
denen es Reinmar schwerlich lange ausgehalten hätte.

Aber ein Aufenthalt bei den Kuenringern und ein Aufenthalt in
Zwetel schliessen sich in der Zeit, als Reinmar da gewesen sein müsste,
einfach aus, weil Zwetel damals gar nicht den Kuenringern gehörte,
wie Guppenberger irrig annimmt. 1138 hatte Hadmar I. von Kuenring 'predium Zwetel' mit einem weiten Umkreis dazu gehöriger Dörfer
und Ländereien an das Cistercienserkloster abgetreten (Zwettl. Stift. 32;
Fries a. a. O. S. 22); Hadmar III. residierte daher in Weitra oder Chunring (Zwettl. Stift. 67), Hadmar IV. in Tiernstain und Akxstain, Heinrich canis in Weitra (Zwettl. Stift. 125; Linck, Ann. Zwetl. p. 259 b).
Erst 1231 gelang es den Brüdern, die gegen den jungen Herzog
Friedrich II. Aufruhr planten, sich durch List von Abt Heinrich I.
Freisinger (1227—1232) Einlass in die 'villa Zwetel' zu verschaffen,
sie zu befestigen und so in ein Bollwerk gegen Herzog Friedrich um-
zuwandeln; wenn auch das neue Castrum nicht lange in ihrer Gewalt
blieb, ans Kloster kam es seit der Zeit nicht mehr zurück (Zw. Stift.
S. 613 fgg.); 1231 oder wenig später wird aber Reinmar gerade Oestreich verlassen haben.

---

17) Abt Ebro (1274—1305 Abt) von Zwettl in dem 'Stiftungenbuch des
Cistercienserklosters Zwettl' ed. Joh. v. Frast, Bd. III der zweiten Abteilung der
Fontes rerum Austriacarum, lässt ihn freilich schon 1217 sterben und nach ihm
auch Linck, Ann. Zwetl. s. a. 1217; Fries, die Herren v. Kuenr. S. 50; er erscheint aber noch am 7. Oct. 1219 urkundlich (bei Meiller, Regesten der Babenberger 123, 155).

18) Ueber Hadmars v. Kuenring lasterhaftes Privatleben vgl. auch Ulrich
v. Liechtenstein 266, 8, auf dessen Turnierzügen die beiden Kuenringer eine grosse
Rolle spielen.

19) Der Verfasser des 2. Buchs (Abt Otto?) vergleicht ihren Vater Hadmar
und sie mit dem frommen König Hiskia und seinem entarteten Sohne Manasse
(2. Kön. 21, 2. Chron. 33); vgl. Zwettl. Stift. S. 101.

War er bis dahin in Zwettl, so müsste er in Beziehungen zu dem Kloster gestanden haben, und Toscano del Banner a. a. O. S. 305 nennt ihn geradezu Burgmann des Cistercienserstiftes Zwettl. Nun ist es von vorn herein unglaublich, dass ein so entschiedener Gegner der Geistlichkeit, wie Reinmar es gerade 1229 war (vgl. S. 29 fg.) in Diensten des Klosters gewesen sein sollte. Es scheint aber, als ob Zwettl vor 1231 eine Burg überhaupt nicht besass. Dass es bis dahin noch kaum eine *civitas* war (Zwettl. Stift. 69), und nur ein *sepes* den Ort einschloss, wird uns ausdrücklich bezeugt (Zwettl. Stift. 613); erst die Kuenringer gestalteten es in ein *castrum* um. Zwar berichtet Linck s. a. 1231 von einem *castrum vel presidium, ubi Hadmarus primus fundator Monasterii residentiam suam habuit* und nennt Hadmars I. Vater Nitzo als Erbauer desselben; doch wird diese Angabe durch die ausser Urkunden einzig massgebende Quelle, das Zwettler Stiftungenbuch, nicht bestätigt: in der Schenkungsurkunde ist nur von einem *predium* die Rede (S. 33) [20]), und wäre eine alte Burg in brauchbarem Zustande vorhanden gewesen, so hätten die beiden Kuenringer sich dieser Burg eher als der eilig und dürftig befestigten Stadt zum Widerstande gegen Friedrich II. bedient; der ausführliche Bericht des Stiftungenbuchs über die Ereignisse von 1231 und 1232 (S. 125 fgg., 614 fgg.) weiss aber nichts von einer besondern Burg Zwetel.[21])

Nun beruft sich vdHagen darauf, dass tatsächlich H e r r e n v o n Z w e t e l schon seit dem 12. Jahrhundert auftreten, mit denen, wie er vermutet, Reinmar vielleicht auch im Wappen übereingestimmt habe. Aber er hat sich den Nachweis eines solchen Geschlechts gar zu leicht gemacht. Wo im Stiftungenbuch von den Herren von Zwetel im Allgemeinen die Rede ist, wird immer der Abt und die Mönche gemeint (so z. B. S. 283 und oft). Ein Kuenringer, nämlich Pilgrimus oder Peregrinus, der Bruder des Stifters Hadmar I. von Kuenring (vgl. Fries a. a. O. S. 25 fgg.; Linck, Ann. Zwetl. S. 56; Zwettl. Stift. S. 30. 46) hat sich allerdings regelmässig 'de Zwetel' benannt, aber nur darum, weil er plebanus, Pfarrer, in Zwetel war; nicht seinem Geschlecht, sondern seiner Stellung verdankte er jenen Namen. Dass Reinmars Wappen in der Pariser Handschrift, auf das freilich nicht viel zu geben ist, ein dreiköpfiger schwarzer Adler auf rotem Schilde, auf Zusammenhang mit dem Geschlechte der Kuenringer nicht hinweist, ergibt ein Vergleich mit den zahlreichen uns erhaltenen, unter einander sehr verschiedenen Kuenringer Wappen.[22])

20) Sollte Lincks 'presidium' vielleicht nur auf Misverständnis dieses 'predium' beruhen?

21) Fries a. a. O. S. 43 erwähnt sogar als Besitztum Hadmars II. eine Burg Zwetl, leider ohne jede Quellenangabe und im Widerspruch zu der 'Bärenhaut'. Scheiger, Ueber Burgen und Schlösser im Lande Oestreich unter der Enns, S. 114, nennt nur ein Kutfarn bei Zwettl als Burgstall, eine Burg Zwettl selbst ist ihm fremd: ebenso wenig gedenkt derselben Hueber, Archiv. Mellic. S. 288.

22) Durch die Güte des Hrn. Stiftsprior und Bibliothekar P. Julius Zelenka in Zwettl liegen mir sechs Kuenringer Wappen von verschiedener Zeit und aus verschiedenen Linien vor; andere Wappen z. B. bei Bucelinus, Germania topo-

Wie dieser Pilgrimus de Zwetel müssen für Nachweis eines Ge-
schlechtes von Zwetel unbedingt bei Seite bleiben auch die übrigen
plebani [23]), advocati und iudices in oder de Zwetel, die in Urkunden
aus Zwetel und dessen Umgebung (Tiernstein, Chunring u. a. m.) im
Zwettler Stiftungenbuch begegnen (natürlich alle erst nach 1231 in der
zweiten Hälfte des 13. und der ersten des 14. Jahrhunderts). Ich verstehe
nicht, wie vdHagen den *Levpoldus Pochsfvz iudex de Zwetel* (1256 S.
137) anführen kann als Beleg für das Vorkommen von Herren von Zwetel;
er war ein 'Bocksfuss' und kein Herr von Zwetel, wo er nur das Richter-
amt bekleidete. Träger des Beinamen 'Bocksfuss' begegnen oft in Zwettler
Urkunden, z. B. 1272, S. 447: *Otto Poxfvez tunc temporis iudex in
Zwetel*, sonst stets ohne den Beinamen 'de Zwetel'. Der *Marquardus iudex
de Zwetel*, der 1285 (S. 218, 220) und öft. vorkommt, ist nach S. 713
(*Heinricus Chlaeuban filius domini Marchardi quondam judicis in
Zwetl*) identisch mit dem *Marquardus Clubehan*, der S. 233, 370, 689,
aber stets ohne den Beinamen 'de Zwetel' begegnet. 1251 (S. 221) erscheint *Chvnradus Posche miles in Zwetil;* es finden sich die domini
Posche auch sonst noch recht oft, aber immer ohne das 'in Zwetel'
erwähnt. Hier überall — ich könnte ähnliche Fälle noch sehr häufen —
scheint es sonnenklar, dass de oder in Zwetel nur den Wohnort, nicht
das Geschlecht bezeichne.

　　Zweifelhafter ist das in andern Fällen. *Wolflo de Zwetel* 1204
(S. 140), *Marquardus de Zwetel* 1212 (S. 94) fasst Frast S. 736 mit
Recht nur als Einwohner von Zwettl auf. *Dominus Livpoldus de Zwetel*
1265 (S. 299) ist wol der auch 1256 (S. 137) belegte Pfarrer Leupold;
Hainreich der Zwetler 1287 (S. 255) der oft in Urkunden dieser Zeit
erwähnte Bruder Hainreich. Dagegen mag bei dem 1293, 1297, 1305
bezeugten *Marquardus (miles) de Zwetel* wirklich 'de Zwetel' Geschlechtsname sein, da er wiederholt so genannt wird.[24]) Aber das
Vorkommen von Herren von Zwetel seit 1293 beweist nach dem oben

---

chrono-stemmatographica, Ulm 1655, II 3 N 1 b; Hueber, Austria ex archivis
Mellic. illustrata, tab. VI 14, XII 13, XX 4; Duellii Excerpta genealog.-histo-
rica I, tab. 8, 82; 10, 111 u. öft., II antiqq. tab. 7, 26. Ein halber gelber Adler auf
schwarzem Feld begegnet auf einem alten geteilten Wappen, das aus der auf der
Abtei aufbewahrten Stammtafel entnommen ist; sonst erscheint ein Löwe, oft
Querbalken verschiedener Farbe, zuweilen auf angeblich sehr alten, aber vermutlich erst später hergestellten Wappen (von 1118 und 1182, ja von 940) ein
roter Ring, der seine Entstehung jedesfalls der Etymologie verdankt, die schon
Abt Ebro (Zwettl. Stift. 52) gläubig vorträgt: von dreiköpfigem Adler nirgend
eine Spur.

　　23) Auch der bei Meiller, Reg. der Babenberger S. 93, No. 50. 51 (22. und
26. April 1204) zeugende Ulricus de Zwetel wird, wie der ihm in No. 50 vorhergehende Ulricus de Valchenstein, der nach No. 51 das Amt des notarii plebani de Valchenstein bekleidete, Pfarrer oder sonst ein Beamter in Zwetel gewesen sein.

　　24) Vgl. Stift. S. 232, 348, 415, 453; Duell. a. a. O. I S. 44, No. 21; ohne
den Beinamen vielleicht 1296 (Stift. S. 474): her *Marquart der ritter.* Vgl. auch
eine Urkunde von 1381 (bei Hanthaler, Recens. diplom. arch. Campilil. II 389):
*Andre und Levtolt brüeder die Zwetler, Hern Marquards sün, auch Perctold von
Zwetl, ir veter.*

gesagten für die Jahre 1210—30 nicht das Geringste. Das Wappen
einer Familie von Zwetel ist uns nirgend erhalten.[25])

Da also bis zum Jahre 1231 Zwettl gar nicht im Besitze der
Kuenringer war, da es bis dahin nur ein unbefestigtes, dem Kloster
zinsendes Pfarrdorf (villa) war [26]), das einer Burg entbehrte, da endlich
ein Geschlecht von Zwetel sich erst ganz zu Ende des 13. Jahrhunderts
mit Wahrscheinlichkeit nachweisen lässt, so ist es unerlaubt, Reinmar
von Zweter seines Namens wegen mit dem östreichischen Zwettl in
irgend welche Verbindung zu bringen. —
Nur am Rheine dürfen wir nach des Dichters eigner Aussage
seine Heimat, also auch seinen Heimatsort suchen. Aber wo am Rhein?
Nach Goldast und Opitz in der Pfalz: eine Begründung dieser Behauptung geben sie nicht. vdHagen, der noch die Ansicht hegt, Reinmar
von Zweter sei ein Sohn Reinmars des Alten, schliesst daraus auf elsäs-
sische Abkunft; seine Vermutung entbehrt aber jedes Bodens, wenn
jenes Verwantschaftsverhältnis, bei dessen Widerlegung ich mich nicht
aufhalten will, aufgegeben wird.[27]) Karl Meyer endlich weist darauf
hin (Untersuchungen S. 5), dass Reinmar nach 224, 5 am Rheine war,
als er diesen gegen die reichsfeindlichen Erzbischöfe von Mainz und
Köln gerichteten Spruch verfasste. Das ist sicher, aber es ist fast
komisch, wenn Meyer darauf hin Zweter zwischen Mainz und Köln an-
setzt und diese Aufstellung zu festigen sucht durch seine Etymologie
von Zweter, in dem die mitteldeutsche Form des Zahlworts 'zwê'
stecken soll.[28])

Auch des Dichters Dialect fördert uns kaum in der engern Begrenzung seiner Heimat. Schon in früher Jugend verliess er den Rhein
und wuchs in Oestreich auf: da sind Spuren der heimischen Mundart
von vorn herein nicht zu erwarten. In seinen früheren Gedichten
herrscht denn auch ganz die mhd. Hof- und Schriftsprache ohne erhebliche Beimischung dialectischer Eigenart, rein wie sie Walther gesprochen
hat; fast nur die ausserordentlich starke Synkope und Apokope des tonlosen und stummen e, die zwingend auf Oberdeutschland weist, geht
hinaus über die Grenzen, welche die classische Sprache inne hielt; ich
werde diese weitreichende Erscheinung, die nur mit Hilfe der Metrik in

---

25) Die Wappen des Stifts und der Stadt Zwettl, deren Kenntnis ich wieder
der Güte des Hrn. Stiftsprior P. Jul. Zelenka verdanke, zeigen nicht die leiseste
Aehnlichkeit mit Reinmars Wappen in C.

26) Die Chunringarii köderten den Abt Heinrich durch die Aussicht, der
'villa' Zwetel forum und index zu verleihen.

27) Schon Docen, Altdeutsches Museum II 23, zweifelte an der Richtigkeit
dieser Goldast-Bodmer-Adelungschen Vermutung, die vdHagen HMS IV 138 wieder aufnahm. Die völlig grundlose Combination widerlegt K. Meyer, Unters. S. 4,
aber nicht ohne Versehen (so schliesst er z. B. aus MSF 185, 5, Reinmar der Alte
habe ein hohes Alter erreicht).

28) Nach Meyer ist Zweter = zwê-ter (Zweibaum); -ter wäre = der Sylbe
-der in Wachholder, Hollunder, Affolder; vgl. Grimm, Gram. II 530 fg. Aber
die Sylbe zwe- ist jedesfalls nicht als mitteldeutsch zwê, sondern als zwê- anzu-
setzen: vgl. S. 18.

vollem Umfange zu erkennen ist, in Verbindung mit ihr eingehend darzulegen haben.

Nun aber finden sich namentlich in den Sprüchen ausser der Sammlung, daneben nur in sehr wenigen älteren, unverkennbare Spuren **mitteldeutschen** Dialects. Dazu rechne ich die folgenden sprachlichen Eigenheiten:

1. **Verklingen des Schluss-n**, am häufigsten im Infinitiv; *cróne*, das md. allerdings vereinzelt als schwaches Fem. vorkommt, wird bei Reinmar so oft durch den Reim als stark bezeugt [29]), dass ich kein Bedenken trage, 146, 7 für *schónen* (Infin.: *cróne* Acc. Sing.) *schóne* zu schreiben. Spr. 146 gehört in den böhmischen Aufenthalt Reinmars hinein. Sichere Belege sind 187, 2: *ich sach úf einem wagen zwó unt vünfzic vrouwen var* (*:gar*), 194, 4 *mac es niht rát gesî* (*:bî*). 228, 9 reimt *'daz wil ich âne zwîvel láze'* auf den Dat. Sing. *ráze;* es ist unnötig dafür mit Wackernagel Zs. 2, 541 Anm. den Dat. Plur. einzuführen, unnötig, wie vdHagens ungeschicktere Versuche hier und an andern Stellen das verklingende n zu beseitigen. 208, 9 schreibe ich: *sunder ende* (*enden* C): *gephende* (Infin.), 198, 7 *dinge* (Gen. Plur.; *dingen* C) [30]): *twinge* (Inf.). 220, 7 steht gegen das Metrum in der Hs. *'muge winken';* wenn man den Conj. *'winke'* dafür herstellt, verliert der Inf. *sinken* V. 8 sein n im Reime. — 194, 10 ist der Dativ *drin*, dreien Personen, nur gezwungen zu erklären: das deutliche *'dri'* stünde im Reim zu dem Inf. *sî* 194, 11 (wie 194, 4 *gesî*). In der vielleicht unechten Str. 234 sind hinter einander V. 8 und 9 *'dú maht mich wol von minen sünden bringe unt mich ze guoten dingen kére'* beide Infinitive vdHagens kritischer Verballhornung zum Trotz als Infinitive mit verklingendem n anzusehen.

Seltener und weniger sicher sind die Beispiele des überschlagenden n in andern Formen als im Infinitiv. 228, 10 reimt *ger* auf den Dat. Sing. *ber; ber* ist aber stets nur schwaches Masc., in jenem Reimwort ist also das n verklungen [30]). Um den ausserordentlich vereinzelten schwachen Plural *sinnen* zu vermeiden [31]), wird, glaube ich, 164, 12 die 1. Pers. Plur. Conj. Präs. *minnen* mit D in *minne* zu kürzen sein. 151, 7 steht der Dat. Plur. *henden* in beiden Hss. im Reime zu *ende;* der Dat. Sing. *hende* ist wenig wahrscheinlich, da es sich um mehrere Subjecte handelt; ich schreibe also *hende*, fasse es aber als Plur. auf. 104, 9 ist *henne* kein schw. Acc. Plur. mit verklungenem n; *henne* kommt auch

---

29) Vgl. 136, 7: 166, 12 *cróne* (Acc. Sing.): *lóne; 152, 9 crúne* (Dat. Sing.): *lóne;* 219, 7 *cróne* (Acc. Sing.): *tróne.*

30) Wackernagel Zs. II 541 Anm. ändert: *daz nie ein hungergiter ber só nótec wart nách süezes honeges rázen:* aber *nótec* heisst 'dürftig', nicht 'bedürftig'; auch spricht der Vergleich von 138, 3 gegen Wackernagels Vermutung.

31) Der Gen. Plur. *dingen* lässt sich am Ende des 13. Jhds. belegen; vgl. Weinhold, Mhd. Gram. S. 427; im Reime tritt er schon Nith. 48, 19. beim Kanzler HMS II, 388 auf, wenn nicht auch da das n der reimenden Infinitive verklang; bei Reinmar dem Alten MSF 189, 8 haben die Herausgeber ihn durch Aenderung beseitigt. — Ein schw. Plur. *sinnen* ist im Reime nach den Wörterbüchern gar nur Reinh. S. 336. V. 1231 (*:gewinnen* Inf.) bezeugt.

als st. Fem. vor. In der nicht unzweifelhaft echten Str. 238 reimt
V. 9 der Acc. Sing. *herze* auf den Dat. Sing. oder Plur. *smerzen* (V. 12);
wir brauchen keinen Nasalausfall anzunehmen, wenn wir V. 9 den Plur.
unser trüeben herzen schreiben (für *unser trüebez herze* C), wozu
die Kolmarer Hs. t einen Anhalt gibt.

So stehen bei Reinmar 8—10 Infinitive neben zwei bis drei andern
Formen mit überschlagendem n. Dies Verklingen des Nasals ist nun
aber in vielen Gegenden Deutschlands heimisch gewesen; es war ale-
mannisch (vgl. Weinhold, Alem. Gram. §§ 350. 370; Mhd. Gram. S. 178)
und auch dort nicht auf den Infinitiv beschränkt (vgl. Wackernell, Hugo
v. Montfort S. 165); es tritt in Baiern und Oestreich auf, hier vorzugsweise an andern Endungen als am Infinitiv (vgl. Weinhold, Bair. Gram.
173; Mhd. Gram. S. 178); besonders aber herrschte es in Thüringen, Hessen, Franken, am Rhein namentlich nach der alemannischen Grenze zu,
im südlichen Rheinfranken. Da nun gerade in den Sprüchen, die wahrscheinlich in Reinmars östreichischen Aufenthalt fallen, der Nasalausfall
nicht erscheint, sondern erst in den Schöpfungen seines mitteldeutschen
Aufenthalts, so ist das verklingende n als dialectische Eigentümlichkeit
zu betrachten, die der Dichter in Mitteldeutschland annahm, mithin nutzlos zur Bestimmung seiner Herkunft.

2. Ein recht eigentlich mitteldeutscher Reim ist 172, 9 *gezimber:*
12 *nimmer;* vgl. Weinhold, Mhd. Gram. S. 130. 148 fg.

3. Auch Reime, wie 124, 1 *sô:* 2 *hô* (aber 159, 4: 5 *hôch: zôch*),
179, 1 *lân:* 2 *rân* (*rähen*) weisen, freilich nicht zwingend, auf Mitteldeutschland hin. Demgemäss schreibe ich 73, 9 *mit entlênter wirde.*

4. Der Dat. Plur. *zanden* (: *understanden*) 140, 12 ist vorzugs-
weise mitteldeutsch. Vgl. Weinhold, Mhd. Gram. S. 421. Auch im
Conj. Praet. *widerwuoge* 220, 9 unterblieb der Umlaut; vgl. Weinhold,
Mhd. Gr. § 132.

5. 156, 9: 12 erscheinen *gebele* (Nom. Plur.) und *nebele* (Dat. Sing.)
als klingende Reime, also mit Wahrung des e hinter der Liquida. Auch
diese Erhaltung der Endungen ist wiederum für das Mitteldeutsche
charakteristisch (vgl. Weinhold, Mhd. Gram. S. 38).

6. Im Leich Str. 6 reimt *gar: hart, wart: dar: var;* über solche
Apokope des auslautenden t im Mitteldeutschen vgl. Weinhold, Mhd.
Gram. § 153.

7. Auch das vereinzelte Vorkommen oberdeutscher Masculina oder
Neutra als Feminina, *diu wé* 11, 11, *diu bach* 159, 3 (*der bach* 205, 5)
verrät vielleicht mitteldeutschen Einfluss.

8. Die mehr md. und nd. Form *arn* nahm ich 100, 7 aus den nd.
Möserschen Bruchstücken auf, um einen klingenden Reim V. 7 u. 8 herzustellen. Sie ist mir wahrscheinlicher als ein klingender Reim *âren:*
spâren. Die klingenden Reime *jugende* (Nom. Sing.): *tugende* 28, 9: 12,
210, 7: 8, sind nicht durch Dehnung des u, sondern durch Anfügung
eines unberechtigten e zu erklären, ebenso wie 28, 8 ein unorganisch
erweitertes *rise* klingend auf *paradise* (*pardise: wise* Adj. 192, 9: 12)
reimt. Dafür spricht auch, dass in der zweifelhaften Str. 231 V. 9 der

Nom. *jugende* mit dem Gen. Plur. *tugende* gebunden ist. Dieselbe Erweiterung auch in Dietrichs Flucht 4325. Vgl. die Metrik!

9. Für einen Mitteldeutschen sind Reime wie *Got : tôt* 1SS, 1; *ůf : huf* 62, 10; *hêr : ger* 1S, 1; *zin : sin* S4, 1; *bin : schin* 180, 1 ganz besonders leicht und unauffällig.

Damit ist meines Wissens erschöpft, was Reinmars Gedichte für Feststellung seines Dialectes bieten.[32]) Wir trafen — neben der oberdeutschen Neigung zu harten Wortkürzungen — eine Reihe von Spuren md. Mundart; sie alle mag Reinmar erst in Mitteldeutschland, in Böhmen, Meissen, Mainz angenommen haben. Die Frage nach Reinmars Herkunft können sie uns nicht beantworten. Reste seiner heimischen Sprache sind sie nicht, da sie gerade nur oder zumeist in den späteren Gedichten auftreten. Und doch war Reinmar wirklich ein Mitteldeutscher! —

Zwischen Heidelberg und Bruchsal, 1 1/6 Meile nordnordöstlich vom letztgenannten Orte, am Abfall des rechtsrheinischen Gebirgs in die Rheinebene liegt noch jetzt das grosse Pfarrdorf Zeuthern oder Zeutern (Rudolph, Ortslexikon von Deutschland II, 1251)[33]), ehedem zum Craichgau gehörig. Der Ort ist schon sehr alt, in dem Stiftungenbuch des Klosters Lorsch wird er wiederholt auf Urkunden des 8. und 9. Jahrhunderts erwähnt, in wechselnden Namensformen: *Ziuterna* 770 (cod. Lauresham. II 444, No. 2327), *Ziuterner marca* 771[34]) und 843 (cod.

---

32) Tschiersch in seinem sehr fleissigen Luckauer Programm handelt S. 25 bis 2S, 34 über Reinmars Dialect, leider völlig unmethodisch; jede Schreibereigentümlichkeit, namentlich wenn vdHagen sie in den Text aufgenommen, ist ihm Reinmarisch, und er vernachlässigt und übersieht über der Masse dieses wertlosen Stoffs das wenige wirklich Sichere. — Die Hss. C und D enthalten ausser dem Reime noch manche dialectische, meist alemannische Formen, auf die aber kein Gewicht zu legen ist, da der Reim einigen von ihnen entscheidend widerspricht: so das alem. *har* (für *hêr*, oft in C; aber im Reime 123, 10 *hêr : gêr*), die überaus häufigen alem. 2. Pers. Plur. auf-*ent* (in CD 26, in C 13, in D 27 Beispiele; dagegen im Reim 77, 9 *êret* 2. Plur.: *behêret* 3. Sing.; 86, 1 *seht* 2. Plur.: *speht* 3. Sing.; 56, 4 *lât* 2. Plur.: *hât* 3. Sing.; 56, 10 *guot : tuot* 2. Plur.; SS. 9 *wachet* 2. Plur.: *gemachet* Part.), den alem. Dat. Plur. *dien* u. a.

33) Noch mehr an Zweter erinnert auf den ersten Blick das in einer Schenkungsurkunde Immos an das coenobium S. Galli vom 26. Aug. 827 erwähnte *Zuteresvilare* (Neugart, Cod. diplomat. Alemanniae I 194, No. 230). Aus dem Zusammenhang geht hervor, dass es nicht allzu fern von St. Gallen gelegen haben kann; Neugart und Förstemann (Ortsnamen[1] 1592) vermuten, das sonst *Zozinwilare* benannte heutige Zuzweil sei damit gemeint. Für Reinmar von Zweter kommt es nicht in Betracht. Der Dichter hätte jene oberste Rheingegend schwerlich mehr einfach *ze Rîne* bezeichnet. Uebrigens steht der Name auch nicht ganz fest. In einer Urkunde vom 27. Mai 830, die directen Bezug auf die genannte nimmt und dem Immo den lebenslänglichen Niessbrauch seines verschenkten Besitzes zusichert, steht statt *Zuteresvilare* 'Zuzileswilare' (Neugart, Cod. diplom. Alem. I 204, No. 245). An der Identität der beiden Orte ist nicht zu zweifeln. *Zuzileswilare* scheint sich zu *Zuteresvilare* zu verhalten wie *Ziuncileslbah* (Dronke, Cod. diplom. Fuld. No. 661, vom Jahre 914) zum heutigen *Zintersbach*, *Zündersbach* (Jac. Grimm, Kleine Schriften V, 310).

34) Die Zeitbestimmung 'anno tertio Caroli regis' ist nicht zweideutig: denn Karl III. folgte erst SS2, als er bereits Kaiser war, seinem Bruder Ludwig dem Jüngeren in Ostfranken.

Lauresham. II 438, No. 2307. 2308), *Ziuternheim* 779 (anno XI.
Karoli regis; vgl. Anm. 34; cod. Lauresham. II 439, No. 2310), und
'anno XXIII. Karoli imp.'[35]) (cod. Lauresham II 439, No. 2309); doppelt belegt S26[36]) *Zuiternheim*, mit *ui* geschrieben, sowol im Texte
als in der Ueberschrift der Urkunde, die allein unter allen Zeutern betreffenden Urkunden den Ort auch in der Aufschrift nennt (cod. Lauresham. II 441, No. 2318). Ob endlich in der Urkunde von 871 (cod.
Lauresh. II 400, No. 2176) *Ciudrincheimer marca* oder *Cuidrincheimer
marca* steht, das scheint nicht sicher.[37]) In dieselbe Zeit wird auch
die Form *Cuindrincheim* fallen, die Bessel, Tom. prodrom. des chronicon
Gottwicense 575 anführt, ohne die Identität mit Zeutern zu erkennen.
Ebenso wenig wie er gibt leider seine Quelle an Dumbeck, Geographia
pagorum vetustae Germaniae cisrhenanorum, Berl. 1818, der S. 238
als Namen des heutigen Zeutern anführt u. A. *Cuitrinch, Cuindrinch,
Zuitern*, wol ebenfalls Namen des 9. oder 10. Jahrhunderts.

Urkundlich bezeugt fand ich den Ort dann erst wieder am Ende
des 12. Jahrhunderts; er erscheint in einer Urkunde des Abts Heinrich
von Hirschau, die vor 1196 erlassen sein muss, und heisst dort *Zutern*
(Würdtwein, Subs. diplom. V, 265). Von da an kommt er häufiger vor;
es muss ein bedeutender Ort gewesen sein; wurde es doch 1286 durch
König Rudolf vorübergehend zur Stadt erhoben (Mone, Zeitschrift für
die Geschichte des Oberrheins 11 296). Im 13. Jhd. lautet der Vocal
der ersten Sylbe meist *u*, ganz selten *ü*; das den Namen schliessende
n fehlt zuweilen, wie in *Zweter*.[38])

Aus dem 14. Jahrhundert kenne ich die Formen *Zuttern, Zutern,
Zütern, Zütern*, aus dem 15. *Züttern, Zuttern*, endlich das von da an
herrschende *Zeutern* (*Zewthern* u. ähnl.).

---

35) Ein Carolus, der 23 Jahre lang Kaiser gewesen, ist mir gänzlich unbekannt; entweder — und das ist mir am wahrscheinlichsten — wird 791 gemeint
oder aber XXIII ist ein Schreibfehler für XIII.
36) oder 862? im 13. Jahre des Kaiser Ludwig. Ich glaube, Ludwig der
Fromme ist gemeint; der Lotharingier Ludwig ging Deutschland wenig an.
37) Im Abdruck des cod. Lauresh., Mannh. 1768, sowie in den Acta acad.
Palat. IV, 117 und im Tom. prodrom. des chron. Gottwic. ed. v. Bessel, Tegern-
see 1732, S. 575 steht *Ciudrincheimer marca*; dagegen Freher, Originum Pala-
tinarum commentarii appendix S. 76 schreibt: *Cuidrincheimer marca*.
38) Ich kenne folgende Zeugnisse für den Namen Zeutern im 13. Jahrh.:
1213 in territorio *Zutre* (Mone a. a. O. 13, 322), 1213 *Zutern* (Mone 13, 323),
15. Apr. 1213 *Zuderen* (Mone 13, 324), 1219 *Zuteren* (Mone 13, 417), 1219
Zudera (Mone 13, 417), 7. Sept. 1225 *Zütherin* (Huillard-Bréholles, Historia diplomatica Friderici II, Bd. II 2, 854, in einer Urkunde Heinrichs VII.), Juni 1237
villa *Zutherim* (Mone 11, 190, in der Bestätigung der vorgenannten Urkunde
durch Friedrich II), 15. Dec. 1237 *Czutern* (zweimal; vgl. Remling, Urkunden-
buch zur Geschichte der Bischöfe zu Speyer I, S. 214, 215. No. 215, 216), 24. Nov.
1241 *Zuteren* (Remling a. a. O. I, S. 222. No. 227), 23/25. Juli 1277 *Zuthern*
(Mone 2, 102) und *Zutern* (Mone 2, 103), 25. Nov. 1279 *Zutra* (Mone 13, 418),
18. Nov. 1280 *Zuteren* (Mone 13, 419), *Cutern* (Mone 13, 420), 13. Juni 1286
Zutderen (Mone 11, 296), 29. Jan. 1295 in terminis ville *Zutdern* (Mone 13, 420),
25. Febr. 1296 *Zudern* (Mone 13, 320), 20. Mai 1297 *Zudern* (Mone 13, 421),
25. Febr. 1298 *Zutern* (Mone 13, 421).

Ein Geschlecht, das sich nach Zeutern benannt hätte, vermag ich nun freilich erst sehr viel später nachzuweisen, als den Ort selbst.[39]) Die ältesten Belege sind vom Jahre 1313, wo *Fridericus dictus de Zuttern armiger* auftritt (Mone 5, 451), und vom 4. April 1325, wo *'du frowe von Zütern'* erwähnt wird (Mone 13, 39). Der am 1. Mai 1391 als Edelknecht bezeugte *Hermann von Zutern* (Mone 13, 15) ist sicher identisch mit dem am 12. Dec. 1394 vom Bischof Nikolaus von Speyer belehnten *Herman von Zutern, Barten seligen son von Zutern* (Mone 13, 14). Am 4. April desselben Jahres wird ein *Arnold de Zutern presbiter* genannt (Mone 13, 436). Die reicheren Zeugnisse des 15. Jahrhunderts aufzuzählen, ist überflüssig. Noch am 17. Mai 1504 erscheint *Reinhart von Zewtern* unter den Helfern Herzog Ulrichs von Wirtemberg (Mone 26, 253). Nicht viel später wird das Geschlecht ausgestorben sein.

Zu diesen Herren von Zeutern nun hat, wie ich glaube, auch Reinmar von Zweter gehört. Dass er von A d e l war, beweist der von gewichtigen Zeugen ihm beigelegte Titel *her*.[40]) Wenn ich die Herren von Zeutern vor 1313 nicht nachweisen kann, so wird das Zufall sein und nicht gegen ein bedeutend höheres Alter des Geschlechts zeugen: denn, wie Reinmar selbst, gehörten die von Zeutern zum niedern Adel. Reinmars S. 10 beschriebenes W a p p e n stimmt nicht zu dem Zeutern-schen: aber auch das ist unwesentlich, da der Illustrator der Pariser Handschrift, wenn er das Wappen der Dichter nicht kannte, es erfand. Das Wappen der Herren von Zeutern steht in Siebmachers Wappen-buch III 117 und V 123 unter dem schwäbischen Adel mit der Auf-schrift: *von Zytern*, ferner in Conrad Grünenbergs Wappenbuch, heraus-gegeben vom Grafen Stillfried-Alcantara, Bl. CXCVI ohne wesentliche Abweichung von Siebmacher. Danach führten die Herren von Zeutern im Wappen auf schwarzem Schilde ein weisses Steinbockshorn, das nach rechts gewendet ist; die Helmzimierde ist ein ebenfalls weisses Horn von gleicher Gestalt, auch nach rechts blickend.[41]) Genau dasselbe Wappen, nur Horn, Helm und Zimierde, alles nach links gewendet, was

39) Aus dem codex Laureshamensis geht wenigstens hervor, dass vornehme Leute in Zeutern Besitzungen hatten, so z. B. ein *comes Geroldus et coniux sua Imma* u. A. Geht hierauf das Lob zurück, das Dumbeck a. a. O. dem Orte er-teilt: *praenobilibus gaudens familiis?*

40) So heisst er in C oft, dann in t u w, ferner im Renner; auch den Thüringer Chroniken gilt er als *ein man von ritters art* (Joh. Rothe, Leben der Elis.), *rittermessig man unde gestrenger weppener* (Rothe, Düring. Chronik), *vir nobilis, nataliciis non infimus* (Ann. Reinhardsbrunn.), *ritterslacht vnd erbar ge-born* (Chronic. Thuring.), *von geburt edel* (Bange), *zu dem schilde geborn unde rittermessiger gestrenger man* (Gerstenberger) u. s. w. Dass die Meistersinger den Rö-mer von Zwickau als Bürger ansahen, erklärt sich aus der Entstellung des Namens. Leopold Hornburg nennt ihn im Lobgedicht 1, 1. 26 *her*, in der Ueberschrift und 2, 5: *er Reimar*, was natürlich = *her* (vgl. Weinhold, Mhd. Gram. S. 202) und nicht mit Docen, Altd. Mus. 2, 23 als der Titel *'Ehrn'* zu fassen ist. Aus der Stelle der Ueberschrift: *von erin Reinmars lobe* gar mit Plaschke a. a. O. S. 3 einen Beinamen *'Ehrenreinmar'* (wie *'Ehrenbote'*) zu erschliessen, ist absurd; auch dies *erin* ist einfach = *hérren*.

vielleicht blosse Schuld des Wappenmalers ist, weist Siebmacher II 85
einem schwäbischen Adelsgeschlechte *Czwiter* zu. Die grosse Aehnlichkeit der Namen, die fast vollkommene Uebereinstimmung der Wappen
macht mir die Identität der Herren von Czwiter und von Zytern zweifel-
l<·s. Dies *Zwiter* aber schlägt die Brücke zwischen *Zutern, Ziutern,
Zuitern* und unserm *Zweter.*

Die lautliche Vermittlung der Formen ist nicht ohne Schwierigkeit.
Dass in *Zweter Zwitern* das Schluss-*n* von *Zutern* fehlt, fällt nicht
auf, da das Namensverzeichnis Anm. 38 zahlreiche Formen ohne *n* aus
dem 13. Jahrhundert aufweist. Möglich, dass das *Zweten* der Jenaer
Handschrift noch einen Rest des alten *n* in sich birgt. Die Schwierigkeit steckt im Vocalismus der ersten Sylbe. Diese enthält in den ältesten Belegen *iu* und *ui*, im 13. Jhdt. *u*, sehr selten *û ú*, im 14., 15.
Jhdt. *u û ú ü* vor einfachem und doppeltem *t*, endlich *eu (ew)*; nirgend erscheint ein *wi* oder *we*. Alles gienge glatt, wenn wir von
den Formen *Zwiter Zweter* ausgehen dürften. Es würde dann das Zahlwort *zwi-* darin stecken [42]) und *zwiter zweter* neben einander stehen
wie *zwifelder* und *zwefaldir*, *zwitarn* und *zwetorn*, *zwiboile* und *zwe-
bel* u. s. w., immer natürlich mit *ĕ*, nicht *ê*. Dass aber aus *Zwitern
Zutern* oder *Ziutern* wurde, ist nicht im Geringsten auffällig.[43]) Dieser
höchst einfachen Erklärung steht nur das schwere Bedenken entgegen,
dass *Zweter* und *Zwiter* erst späten Quellen angehören, während im
9. Jhd. nur *iu* und *ui* in dem Namen auftritt, und das vereinzelte *ui*
in *Zuiternheim* und ähnlichen Schreibungen darf als vollgiltiges Zeugnis für *wi* (wie in *Zwiter*) nicht anerkannt werden, da *ui* in alemannischen und südfränkischen Handschriften sehr oft nichts weiter als *iu*
bezeichnet. Die Annahme, dass etwa das Geschlecht eine alte Namensform bewahrt haben sollte, während der Name des Orts sich weiter
entwickelte, ist für so frühe Zeit unzulässig.

Noch ein andrer Weg der Erklärung ist denkbar. Zwischen *iu*
und späterm *u* liegt mitteldeutsch als beliebte Mittelstufe *ui* (Weinhold,
Mhd. Gram. S. 102): seltener freilich, aber doch nicht unerhört ist die
Schreibung *ue* für *iu* resp. *u* (Weinhold, Alem. Gram. § 108, Mhd.
Gram. § 126). Da nun bekanntlich auch mittelhochdeutsch noch nach
d t s z für *w* häufig *u* geschrieben wurde, da ferner bei einem Worte
zuiter, zueter der Gedanke an das Zahlwort, auch schon geradezu an
das Appellativ *zwitern, zwetorn* nahe lag, so erklärte es sich, dass
Schreiber, die den Ort *Zeutern* nicht kannten, jenes *Zuiter Zueter*
als *Zwiter Zweter* auffassten und schrieben.

---

41) Die Farben entnehme ich Grünenberg, da Siebmacher sie nur höchst
unvollkommen andeutet. Freilich scheint bei ihm die Helmzimierde schwarz oder
von andrer dunkler Farbe zu sein; doch spricht die Uebereinstimmung zwischen
Schild und Helm entscheidend für Grünenbergs Farben.

42) *Zwitern* könnte ursprünglich — dem ahd. Appellativ *zwitarn*, Zwit-
ter, sein.

43) Vgl. *züber* neben ahd. *zuibar;* alem. *günnen* aus *gewinnen* (Stalder, Versuch eines schweiz. Idiot. I, 497).

In jedem Falle liegt die lautliche Schwierigkeit nur zwischen
Zuitern Zutern einerseits und *Zwiter* anderseits, nicht zwischen *Zwiter*
und *Zweter*, zumal *Zweter* nicht so gut bezeugt ist, dass man es nicht
allenfalls für eine alte Entstellung aus *Zwiter* halten könnte. Dass
aber *Czwiter* — vorausgesetzt natürlich, dass Siebmacher die Form
richtig überliefert — und *Ziutern Zutern* identisch sind, beweist das
Wappen. Man erwäge nun: Vergeblich wird am Rheine ein Ort und
Geschlecht Namens *Zweter* gesucht. Es findet sich nun aber ein altes
Geschlecht, das unter Anderm auch *Zwiter* heisst und in einer Gegend
zu Hause ist, in der Reinmars von Zweter Heimat wol liegen könnte.
Dass dieses *Zwiter* mit dem gesuchten *Zweter* ein und dasselbe sei, ist
trotz aller lautlichen Scrupel doch im höchsten Grade wahrscheinlich,
und ich trage kein Bedenken, als das Ergebnis meiner Untersuchung
auszusprechen :
Reinmar von Zweter gehörte dem pfälzischen Adelsgeschlechte der Herren von Ziutern an.[44])

Reinmars Geburtszeit.

Wann wurde Reinmar von Zweter geboren? Zur Bestimmung seines
Geburtsjahrs scheint mir einzig und allein die Tatsache brauchbar, dass
das älteste datierbare seiner Gedichte, Spr. 125, etwa in den Nov. 1227
fällt. Rückschlüsse aus dem Todesjahr sind höchst unfruchtbar, da,
wie sich unten zeigen wird, für dies Todesjahr nur viel zu weite Grenzen zu gewinnen sind.[45]) Spr. 125 ist ein reifes, ernstes Gedicht auf
die Wahl Gregors IX., frei von jugendlicher Ueberhitzung und auch
stilistisch ausgebildet. Es hat gewiss keinen ganz jungen Mann zum
Verfasser, die Periode der Minnedichtung lag wol hinter Reinmar, als
er zur Politik übergieng; ich glaube also nicht, dass er lange nach
1200 geboren sein kann. Aber auch nicht eben weit vor 1200 wird
seine Geburt fallen: wird er doch die Dichtgattung, in der 20 Jahre
hindurch seine Stärke liegt, nicht erst lange nach dem 30. Jahre begonnen haben. Dagegen aber, dass uns frühere politische Sprüche
Reinmars etwa durch Zufall verloren seien, spricht der entscheidende
Grund, dass die uns vorliegende Sammlung nicht auf einen aus zu-
fälligen Quellen schöpfenden Sammler, sondern auf den Dichter selbst
zurückgeht. Völlig verfehlt ist es daher, wenn Schneider, Der zweite
Teil des Wartburgkriegs S. 12, Reinmars Geburt im Interesse seiner
Datierung dieses Gedichts um 1185, womöglich gar noch früher an-

---

44) Hat Goldast dieselbe Ansicht gehegt, als er Reinmar von Zweter einen
eques Palatinus nannte? Vgl. S. 7, Anm. 14.

45) Etwa 1250—1270. Kobersteins Ansetzung in noch spätere Zeit ist grund-
los: siehe unten. In ermüdender Breite behandelt die Frage des Geburtsjahres
Plaschke, Reinmar von Zweter, S. 8—12.

setzt; der Wartburgkrieg bleibt bei chronologischen Fragen am besten
ganz aus dem Spiel. Innerhalb der Jahre 1195 und 1205 wird etwa
Reinmars Geburtsjahr liegen.

Aufenthalt in Oestreich unter Leopold VII.

Nach jener vielerwähnten autobiographischen Stelle 150, 2 ist Reinmar schon als Knabe nach Oestreich gekommen; wann und warum das
geschah, wissen wir nicht; dass ihn aber die Blüte der Dichtung und
die Gunst der Herren in Oestreich dorthin zog (Meyer, Unters. S. 7),
wie das nach Strickers Klage (vdHagen, Germania II, S. 83, V. 23 fgg.)
damals bei vielen Fahrenden der Fall war, das ist nach den Worten 150, 2:
in Österriche erwahsen unglaublich: für solch einen Beweggrund war
Reinmar noch zu jung, als er übersiedelte, und Wilmanns, Leben Walthers S. 306, ist daher geneigt, Reinmar für den Sohn eines rheinischen Dichters zu halten, der in Oestreich sein Glück suchte.

In Oestreich regierte seit dem Tode Friedrichs des Katholischen (I)
dessen jüngerer Bruder Leopold VII. mit dem Beinamen ʿder Glorreicheʾ.
Keiner unter den Babenbergern geniesst bei Zeitgenossen und Späteren
ein so unbeschränktes Lob, wie gerade dieser Leopold, der vor der an
Unglück und Kriegen reichen Regierung seines Sohns und der für Oestreich noch verderblicheren herrenlosen Zeit nach Aussterben der Babenberger noch einmal Oestreich der Segnungen langjährigen Friedens teil-
haft machte. Mehr Diplomat, selbst Gelehrter, als Kriegsmann, wusste
er Oestreich durch das Gewicht seiner Persönlichkeit fast ohne Schwert-
streich eine bedeutende politische Stellung in Deutschland zu schaffen;
in den durch seine ganze Regierung hin dauernden Zerwürfnissen zwischen Papst und Kaiser spielte er, der den Hohenstaufen treu anhieng
und dabei doch durch seine über allen Zweifel erhabene werktätige
Frömmigkeit und Woltätigkeit gegen die Kirche [46]) auch beim Papste
gut angeschrieben war, eine hervorragende Rolle als Vermittler und
Friedenstifter.[47]) Mit seinen unruhigen Nachbarn, den Böhmen und
Ungarn stäten Frieden zu halten, war selbst ihm nicht möglich; doch
bilden solche Grenzkriege unter seiner Regierung nur rasch vorüber-

---

46) Man vergleiche die unabsehbare Reihe von Stiftungen und Schenkungen
an Klöster, die den Hauptinhalt von Leopolds Urkunden bei Meiller, Reg.
Babenb. 81 fgg. bilden. Demgemäss heisst Leopold denn auch in den Annales
Gottwicenses (Mon. Scrptt. IX, 604) s. a. 1229: *vere pater tocius cleri*, s. a. 1230:
patrie decus, unicum cleri solacium. Vgl. Rückert zu Thomasin v. Zirclaria,
V. 12683. Leopold plante gar die Gründung eines Bistums Wien (Wilmanns,
Leben Walthers, S. 50).

47) In der Continuatio Garstensis M.SS. IX 596 wird Leopold genannt:
verus et fidelis mediator inter papam et imperatorem, summe pacis opifex; in den
Ann. Gottwic. M.SS. IX, 604 s. a. 1230: *filius vere pacis pro bono pacis exulans* u. s. w.

gehende Episoden, während sie unter seinem Nachfolger ununterbrochen jahraus jahrein die Ruhe des Landes störten und seine Geldmittel erschöpften. Unter so glücklichen Verhältnissen nach aussen hin behielt Leopold VII., besonders in seinen späteren Regierungsjahren, Musse und Kraft, sich den innern Angelegenheiten des Landes zu widmen. Namentlich schützte er die Bürger gegen die Uebergriffe des Adels nachdrücklich und dämpfte vorübergehend wirklich den Uebermut seiner allzu mächtigen Ministerialen. Von dem Glanz und Reichtum seines Hofhalts in Wien berichtet Jansen Enkel, Fürstenbuch (ed. Megiser 1618) S. 57 fgg. in überschwänglichen Worten. Wie Leopold die ritterlichen Kampfesübungen begünstigte, ohne sie doch zu übertreiben (vgl. Ulrich von Lichtenstein, Vrouwen dienest 77, 17), war er auch ein Freund der alten ritterlichen Minne und ritterlichen Dichtung (was Wilmanns, Leben Walthers, S. 54, überkritisch bezweifelt); vgl. Jansen Enkel S. 58: *pei im was vreude vnd ere, vnd tugentleiche lere . . . pei im was lanczen vnd singen . . . man sach . . . manich vrawen chlar, vnd recht minnichleich gevar, den was der furst mit trewen holt, vnd si im lieber denne golt* u. s. w.; ebenda S. 91. Aus der Totenklage S. 106 fg., die Leopolds unersetzliche Vorzüge in langer Reihe aufzählt, geht hervor, dass er auch selbst gesungen und gedichtet habe: *wer singet vns nun vor zu Wienne auff dem chor, als er vil dicke hat getan, der vil tugenthafft man? wer stifft vns nu raien in dem herbst vnd in dem maien?;* S. 107: *wer singet vns nu newen raien?* u. s. w. So ward Leopolds VII. Gestalt in den Augen der Mit- und mehr noch der Nachwelt vor dem unaufhaltsamen Untergang der guten Zeit noch einmal das Urbild eines ritterlichen Fürsten von altem Schrot und Korn; sein Ernst und seine *mitte*, seine friedfertige Stärke mussten ihn zu einem Manne nach Reinmars Herzen machen.

Ebenfalls in Wien wird Reinmar von Zweter Walther von der Vogelweide kennen gelernt haben, als dessen persönlichen Schüler er sich Str. 194 ausdrücklich bekennt. Das Gedicht bezieht sich, wie zuerst vdHagen (MSH IV, 184. 505) vermutete, auf Walther S. 150, 76 fgg. Walthers Strophe ist ein Zwiegespräch: ein junger Mann fragt seinen Meister Walther, ob er sich besser den *ungehoften* oder den *verhoften* anschliessen solle, und Walther antwortet ihm, er bleibe lieber bei den *ungehoften;* denn *verhofter lecker* sei vor Gottes Augen verhasst; die *ungehoften* könnten doch noch *hoves zil* erwerben. Vortrefflich passt dazu Reinmars Strophe, in der es heisst, sein Lehrer habe ihm geraten, sich den höfischen, wenn ihnen nicht, so viel lieber den *ungehoften* als den *verhoften* anzuschliessen; denn die *ungehoften* hätten noch Scham und trachteten nach Ehren.

Gegen diese schöne Combination vdHagens sprach zunächst Lachmanns Anmerkung zu den Nibelungen 2156, wo er die Strophen 148, 16—150, 90, deren letzte die erwähnte Strophe ist. Walther abspricht, abgesehen von der geringen handschriftlichen Gewähr einmal darum, weil ihr Ton im Abgesange von Walthers Ton 20, 16 etwas abweicht — in den verdächtigen Sprüchen stehen zwei Waisen, wo bei Walther

zwei auf einander reimende Verse sich finden —, dann weil ihr Stil
durchaus unwaltherisch sei. Diese Entscheidung nimmt Lachmann indessen zu Walth. 150 wenigstens für unsere Strophe 150, 76 zurück;
durch eine leichte Aenderung macht er sie im Tone jenem Tone Walthers gleich und meint, sie könne allenfalls waltherisch sein. Und gewiss musste dieser Spruch von den übrigen, mit Recht verdächtigten
getrennt werden; denn sein Inhalt stimmt ganz und gar nicht zu dem
jener.[48]) In ihnen, die auch den Unterschied zwischen *verhoft*, *ungehoft* und *gehoft* behandeln, kommt der *ungehofte* durchaus nicht
besser weg als der *verhofte; er wird *aller tugende fül* (149, 49), *dü
snædez vaz unreine* (149, 59) genannt, ja er heisst 149, 57 *gote gar
unmære*, bekommt hier also dasselbe Prädikat, das 150, 85 dem *verhoften* im Gegensatz zu dem *ungehoften* beigelegt wird. Und doch
ist gerade der Vorzug, der den bäurischen *ungehoften* vor den höfisch
verbildeten und verdorbenen *verhoften* gegeben wird, der treffliche
Grundgedanke des Waltherschen Spruchs. Jene vier unechten Strophen
sind eine meistersingerische gedankenlose Ergänzung des echten Spruchs
zu einem fünfstrophigen Bar, bei der der Nachdichter es sich mit dem
Strophenbau etwas bequemer machte.

    Nun aber wendet Lachmann a. a. O. gegen vdHagens Vermutung
noch ein, Reinmars Spruch habe gar keine Beziehung auf Walthers
Strophe. Allerdings finden wir bei Walther nur die *verhoften* und die
ungehoften geschieden, bei Reinmar dagegen werden auch die *gehoften*
von dem beratenden Meister mit hereingezogen. Indessen 'ergibt sich
die Existenz dieser Categorie schon aus der Erwähnung der beiden andern' (Wilmanns, Walther[1] S. 375). Die Ausdrücke *ungehoft* und *verhoft* finden sich nur in diesen beiden Gedichten. Reinmars Ausdruck
(194, 7) *verhoft daz leckert zeteslichen stunden* nimmt deutlich Bezug
auf Walth. 150, 85 *verhofter lecker*; das Wort *lecker* kommt bei beiden Dichtern selten vor (bei Walther nur noch 32, 29, bei Reinmar
leckerheit 155, 10, *leckerlich* 68, 12, *leckermunt* 157, 1).[49]) Die Str.
Reinmars 194 hat für ein persönliches Verhältnis zwischen Walther und
dem jungen Reinmar volle Beweiskraft.

    Walther befand sich, als er Reinmars Lehrer war (wahrscheinlich
während seines Aufenthalts in Oestreich 1219, 1220; vgl. 28, 11; Wilmanns, Leben Walthers S. 56), schon in höherem Alter, und so erklärt
es sich, dass in Reinmars Gedichten weniger die Minnedichtung des
jungen Walther, als die didactisch-polemische Richtung des älteren
Meisters vertreten ist, die Reinmars dichterischer Eigenart obendrein
viel näher lag.

---

    48) Wilmanns, Walther[2] S. 418 meint im Gegenteil: 'man darf sie wegen des
Zusammenhanges mit den vorhergehenden von diesen nicht trennen'. Er vermutet,
ein verschollener 'Spiegel' sei die gemeinsame Grundlage des Reinmarschen und
des Pseudo-Waltherschen Gedichts.
    49) Auch das *'bescheiden'* von 194, 2 (*der mir i'u driu beschiet'*) kehrt bei
Walth. 150, 81 und 150, 84 wieder.

Der Einfluss Waltherscher Dichtung, der sich bis zu unverkenn-
baren Reminiscenzen in Reinmars Sprüchen ausprägt, soll unten in an-
derem Zusammenhange gewürdigt werden. Ohne ihn wäre Reinmar
vielleicht nie auf die Bahnen gelangt, auf denen er sein Leben lang
gewandelt ist. Als Walther, der adlige Sänger, die reflectierend-didac-
tische Poesie, die bis dahin nur beim niedern bürgerlichen Fahrenden
im Schwange war, in den Kreis seines Schaffens hereinzog, da durch-
brach er geradezu ein Standesvorurteil; das musste gefallen sein, bevor
eine so wenig revolutionäre, so wenig selbständige Natur, wie Reinmar
von Zweter, diesen Weg einschlagen konnte. Aus höfischen Kreisen
gieng Reinmars Dichten aus wie das Walthers, und jener hätte schwerlich die Selbsterkenntnis und Energie gehabt, der unhöfischen, unmo-
dischen Lehrdichtung, die ihm einzig gemäss war, sich zu widmen,
wenn ihm ein Grösserer nicht vorangegangen wäre.

Welche Stellung Reinmar am Babenberger und später am Böhmer
Hofe einnahm, darüber geben seine Gedichte leider nicht den geringsten
Aufschluss. Ein auf Herrengunst angewiesener Sänger war auch er,
jedoch unter die gewöhnlichen Fahrenden, die *gernde diet*, die weit
und breit im Lande herumzog, dürfen wir Reinmar nicht rechnen: bis
zum Jahre 1241, das einen sehr wichtigen Abschnitt in Reinmars
Leben bildet, scheint er ununterbrochen an den Höfen von Oestreich
und Böhmen gelebt zu haben; erst dann trieb ihn, gewiss sehr gegen
seinen Wunsch, die Not in ein unstätes Wanderleben hinaus. Unabhängigkeit des Urteils und vornehmes Selbstgefühl hat er sich aber
stets gewahrt; auf der Strasse, wie Walther, hat ér sicherlich nie
gesungen. Für einen Fahrenden ist der völlige Mangel aller Bitten
um Geschenke bei Reinmar auffällig; bei andern Sängern niedrigern
Standes, z. B. beim Marner (Tschiersch, Beurteilung u. s. w. S. 9),
bei Meister Stolle, Regenbogen, Friedrich v. Sunburc, Rumslant u. s. w.
spielen Klagen über Zurücksetzung, über Geiz der Herren, aufdring-
liches Betteln um Gut eine übergrosse, keineswegs erfreuliche Rolle;
machen doch selbst Walthers Bitt- und Klagegedichte dieser Art oft
einen recht peinlichen Eindruck. Von alledem nichts bei Reinmar!
Auch er rühmt die *milte* (116—120), aber so — ich möchte sagen:
theoretisch, dass er gar nicht selbst beteiligt erscheint; auch er ist
empört über Zurücksetzung und gibt seinem Zorn sehr scharfen Ausdruck (151—157, am Böhmerhofe gedichtet); aber nicht den materiellen Schaden, den ihm diese Zurücksetzung bringt, stellt er hin als
Beweggrund seines Zorns, sondern das schmerzliche Gefühl, dass die
schalkeit über ihn siege, dass er Schlechteren das Feld räumen müsse,
dass alle seine Lehren auf unfruchtbaren Boden gefallen seien (156).
Dass er je wirklichen Mangel gelitten habe, davon zeigt sich nirgend
eine Spur. Reinmar muss in weit besseren Verhältnissen gelebt haben,
als die Mehrzahl der fahrenden Sänger; alles Nähere entzieht sich unserer Beobachtung.

Nach Strophe 104 wäre Reinmar unglücklich verheiratet gewesen; wenn der Spruch nur nicht lediglich paradigmatische Fiction

ist [50]! Ob er Kinder gehabt hat, wissen wir nicht; Sprüche über Kinderzucht oder Aehnliches sind uns von ihm nicht bekannt.

Dasselbe Ereignis, das Walther zum letzten Male veranlasste, für Deutschtum und Kaisertum in die Schranken zu treten, die Bannung Friedrichs II. durch Gregor IX. vom 29. Septbr. 1227 (vgl. Walther 10, 9—11, 5) ward Walthers würdigstem Nachfolger, Reinmar von Zweter, der erste Anlass, sich auf das Gebiet der politischen Zeitdichtung zu wagen. Die Sprüche 125—130 stehen in mehr oder weniger engem Zusammenhange mit jenem bedeutenden Ereignisse und seinen Folgen und bilden eine fest geschlossene Reihe für sich; ein besonderes Spruchbuch, das nur diese sechs zusammengehörigen Sprüche umfasste, scheint dem Schreiber von C vorgelegen zu haben (C 137—140 = C^{12}; s. u.).

Am 19. März 1227 wurde der greise Bischof von Ostia, Graf Hugo von Segni, genannt Hugolinus, an Stelle des verstorbenen Honorius III. zum Papst erwählt und bestieg am 21. März als Gregor IX. den apostolischen Thron. Unter dem unmittelbaren Eindruck dieser Wahl scheint Meyer, Untersuch. S. 15, der Spruch 125 entstanden zu sein; er verweist ihn also ins Frühjahr 1227. Schon Wilmanns. Zs. f. d. Alt. XIII 435, erklärt das für höchst unwahrscheinlich; die Strophe kann unmöglich gedichtet sein, bevor der Papst Grund zur Klage gegeben, bevor er sich als nicht ʻvaterbære' (V. 12) erwiesen hatte. Gregor war keineswegs von vorn herein Feind des Kaisers: dieser selbst überhäuft am 10. Febr. 1221 den damaligen päpstlichen Legaten Hugolinus v. Ostia mit warmen Lobsprüchen und freut sich, dass ihm ein so wichtiges Geschäft, wie die Förderung des Kreuzzuges übertragen sei (Böhmer, Reg. imp.^{2} V ed. Ficker, 1286); noch am 20. April 1239 äussert er in einem weitläufigen Brief an alle Fürsten, Gregor IX. sei ʻamicus noster precipuus, dum in minoribus esset ordinibus constitutus' gewesen (Huillard-Bréholles, Historia diplomatica Friderici II, Bd. V 1, 296; Böhmer, Reg. imp. V^2 2431). Auch ist der Verkehr zwischen Papst und Kaiser anfangs ein ganz freundlicher, wenn auch schon die seltsame drohend-warnende Epistel Gregors, die bei Huillard-Bréholles III 7 in den Juli oder August 1227 verwiesen wird, schwerlich mehr nach dem Geschmacke Friedrichs II. war. Zum offenen Bruche kam es erst, als der Kaiser den schon vor mehr als 12 Jahren gelobten Kreuzzug, den er bei der Kaiserkrönung am 22. Nov. 1220 noch einmal in des Cardinalbischofs Hugolin Hände beschworen, aber seitdem unter dem steigenden Unwillen des nach-

---

50) Ich möchte auch aus dem Gebet 11, 4 ʻvater unde muoter min, bruoder unde swester, diu suln ouch dar inne sin, dar zuo mine müge' nicht schliessen, dass Reinmar Geschwister hatte. Denn die Aufzählung von Vater und Mutter. Bruder und Schwester ist formelhaft; vgl. 190, 7: war quam din vater, muoter, bruoder, swester? Vgl. ferner Frauenlob 114, 1. 3.

sichtigen Honorius III. wieder viermal [51]) verschoben hatte, durch schwere Krankheit seiner Person und seines Heeres verhindert auch im August 1227 nicht ausführte und damit den letzten Termin versäumte, der ihm im Vertrage von San Germano (22. Juli 1225) vom Papste gesteckt worden war. Dass der leidenschaftliche Gregor vom Zorn über den neuen Verzug aufgeregt 'sine cause cognitione' (Rich. Sangerm.) am 29. Sept. den Bann über Friedrich verhängte, den dieser in jenem Vertrage selbst auf sich herabgeschworen, falls er nicht Wort hielte, ist, wo nicht zu billigen, doch zu entschuldigen; unverzeihlich aber wars, wenn er einmal die Krankheit des Kaisers ohne Weiteres als lügnerische Vorspiegelung behandelte [52]), selbst gegen die Ueberzeugung seiner eignen Legaten [53]), dann aber und noch mehr, wenn er dem Kaiser jede Möglichkeit der Rechtfertigung verschloss, ja seine Gesanten nicht einmal vorliess (Schirrmacher, Friedrich II. Bd. 2, 145). Dem gegenüber musste es wie Hohn klingen, wenn Gregor die Stirn hatte, sowol in der Enkyklika vom 10. October, als namentlich in einem Briefe an Friedrich vom Ende des Monats (Huill.-Bréh. III, 32) die grosse väterliche *mansuetudo* seines Verfahrens zu rühmen und sich zu vergleichen einem Vater, *qui filium, quem diligit, corripit*. Einem zweiten vergeblichen Rechtfertigungsversuche Friedrichs II. folgte am 18. Nov. d. J. die zweite Bannung und am 6. Dec. das erste grosse Verteidigungsschreiben des Kaisers (Huill.-Bréh. III, 36 fgg.), das durch seine sachliche Ruhe und klare Darlegung der Verhältnisse aufs Vorteilhafteste absticht gegen die Leidenschaftsausbrüche des Papstes.

In dieser Zeit, vom ersten Banne bis gegen Ende des Jahres, wird Reinmars Spruch 125 verfasst sein. Vielleicht weist V. 12, der Gregor als nicht wirklich *vaterbare* hinstellt, ausdrücklich hin auf die erwähnten süsslichen Schreiben Gregors, in denen der Papst betont, der Bann sei nur in väterlicher Gesinnung um Friedrichs Seelenheiles willen mit innerm Widerstreben über den Kaiser verhängt.[54]) Da sich die Fehde zwischen Papst und Kaiser bis gegen Ende 1228 rein auf literarischem Gebiet bewegte (vgl. Winkelmann, Friedr. II, S. 282), so werden die zahlreichen, oft hoch bedeutenden Schreiben von beiden

---

51) Seit dem 25. Juli 1215 also im Ganzen neunmal; vgl. Böhmer, Regesta imperii 1198—1254[1], p. XXVII Anm.

52) Im Circular vom 10. Oct. aus Anagni (Huill.-Bréh. III, 27) heisst es: (*Fridericus*) *abiit attractus et illectus ad consuetas delicias regni sui abiectionem sui cordis frivolis excusationibus, ut dicitur, gestiens palliare.* Was für verrückte Anschuldigungen gegen den Kaiser in päpstlichen Kreisen damals erhoben wurden, lehrt Schirrmachers Anm. 5 (Friedr. II, Bd. 2, S. 383); Böhmer, Reg. imp.[2] V, 1709 c.

53) Vgl. Raumer, Hohenstaufen III[3], 190; Schirrmacher, Friedrich II, Bd. 2 146 nach einer Stelle des Rich. Sangerman. Winkelmanns entgegengesetzte Ansicht (Friedr. II 280, Anm. 3) überzeugt mich nicht.

54) Reinmar leugnet V. 10, dass Gregor Papst sei *nâch dem orden Melchisedêch.* Auf den Ratschluss *illius qui est sacerdos in eternum secundum ordinem Melchisedech* berief sich Gregor gerade am Beginn des Schreibens vom 23. März, das dem Kaiser seine Wahl meldete (Huill.-Bréh. III 1).

Seiten allgemein bekannt gewesen sein. Also nach October 1227! ob
vor oder nach dem zweiten Banne, dafür fehlen entscheidende Gründe.
Wilmanns hält für möglich, dass der Spruch auch nach den spätern Wiederholungen der Excommunication vom 23. März 1228 und
vom August 1229 verfasst sei; aber einmal macht die ausdrückliche
Rückbeziehung auf die Papstwahl möglichst frühe Ansetzung wünschenswert; dann spricht entscheidend dagegen die Erwähnung der *Römœre*
(V. 4) als Freunde des Papstes. Zu wählen hatten ihn die Römer
überhaupt nicht, sie hatten aber durch die jubelnde Aufnahme, die sie
dem Gewählten bereiteten (Vita Gregorii, bei Muratori, Scriptt. rer.
Ital. III 1, 575 fgg.), ihre Zustimmung zu der Wahl bezeugt und verfielen dadurch auch Reinmars Tadel. Ein Jahr später lag die Sache
anders. Mit Einwilligung und Beifall des römischen Senats und Volkes
las Magister Roffrid von Benevent Decbr. 1227 auf dem Capitol Friedrichs Rechtfertigungsschreiben vor (Rich. Saug.; Schirrmacher II, 156),
und, als Gregor IX. am 23. März 1228 den Bann gegen den Kaiser
zum dritten Male und in verschärftem Tone erliess, da brach die
Volkswut so unaufhaltsam los, dass der Papst nur mit genauer Not
sich in das palatium apud S. Petrum retten konnte und erst in Reate,
wohin er zwischen dem 20. und 25. April 1228 (Potthast, Regesta
pontificum I, 705) flüchtete, volle Sicherheit fand. Nach einer so ecla-
tanten antipäpstlichen Kundgebung hätte Reinmar die Römer nicht mehr
auf eine Stufe mit den Cardinälen gestellt. Spr. 125 ist also etwa
Nov. 1227, jedesfalls nicht vor Mitte October 1227, nicht nach Ende
März 1228 gedichtet.

Spruch 126 richtet sich gegen die Habgier der Päpste, denen in
viel beliebter Weise das Vorbild Christi entgegengehalten wird. Reinmar schliesst mit leichter Ironie:

> *golt, silber, liute, bürge, lant,*
> *hânt si daz sunder sünden bant*
> *unt niemun mê, sô sint si wol bekêret.*

Aehnliche Klagen sind so oft früher und später von Geistlichen
und Laien ausgesprochen worden, dass danach eine Datierung des Spruchs
nicht möglich ist. Anregung gab vielleicht auch hier ein interessantes
Actenstück jener Tage. Ausser jener allgemeinen Enkyklika vom 6. Dec.
1227 hat uns der englische Chronist Matheus von Paris ein specielles
Schreiben Friedrichs an König Heinrich III. von England im Auszug
erhalten, das nach längeren historischen Ausführungen den König vor
der Habgier der Curie warnt, die eine *insatiabilis sanguisuga* sei.
Manche Stellen der etwas rhetorisch gehaltenen Epistel klingen an den
Inhalt unsers Spruches an: vgl. z. B. (Huill.-Bréh. III, 50): *In pauper-*
tate quidem et simplicitate fundata erat ecclesia primitiva . . . . sed
aliud fundamentum nemo potest ponere preter illud, quod positum
est a Domino Jesu ac stabilitum. Porro quia in divitiis navigant,
in divitiis volutantur, in divitiis edificant, timendum ne paries in-
clinetur ecclesie u. A. Wann der Brief verfasst ist, wissen wir nicht
genau; Matheus bringt ihn zum Jahre 1228: ist das richtig, so wird

er ganz dem Anfang des Jahres angehören; Huillard-Bréholles weist ihn III, 48 noch dem Dec. 1227 zu.[55]) Entstand Spr. 126 wirklich unter dem Eindruck dieses Briefes, so dürfen Jan.-Febr. 1228 als die Zeit der Abfassung gelten. Der folgende **Spruch 127** kann erst im Anfange des nächsten Jahres entstanden sein; V. 8 beweist, dass der Papst seine geistigen Waffen bereits mit dem sehr weltlichen Schwerte vertauscht hat; es geschah das am 18. Jan. 1229, an dem die Schlüsselsoldaten geführt vom Capellan Pandulphus und den gebannten Grafen Thomas von Celano und Roger von Aquila über Ceperano in das sicilische Königreich einbrachen[56]) (Reg. Greg. p. 335; Schirrmacher II, 212 fg.). Dieser Schritt des Papstes musste dem Kaiser vollends die Sympathie aller Unbefangenen zuwenden. Juni 1228 hatte er nach einem dritten vergeblichen Versuche, den Papst zu versöhnen, seinen Kreuzzug angetreten, sehr gegen den Wunsch Gregors, der durch teilweise recht unlautere Mittel die Expedition zu verhindern suchte. Während nun der gebannte Kaiser sich in der Ferne für die Freiheit des gelobten Landes im Interesse der Kirche mit glücklichem Erfolge mühte, entblödete sich das Oberhaupt der Christenheit nicht, hinter dem Rücken des Feindes ihm Schwierigkeiten über Schwierigkeiten zu bereiten. Mit dem Patriarchen von Jerusalem, den Templern und Johannitern, vielleicht selbst mit dem Sultan verhandelte Gregor, um Friedrich in Palästina jeden Erfolg unmöglich zu machen; in einem Colloquium zu Perugia am 31. Juli löste er Friedrichs Untertanen vom Eid der Treue (Winkelmann S. 314); schon am 5. Aug. 1228 sprach er von ihm nur als *Fridericus dictus imperator* (Huill.-Bréh. III, 74) und suchte durch die bekannte Sendung des Cardinallegaten Otto von St. Nicolaus in carcere Tulliano die deutschen Fürsten zur Wahl eines neuen Königs zu verleiten (Winkelmann 319 fgg., Schirrmacher I, 171 fgg.); jetzt scheute er sich nicht einmal mehr, das fast wehrlose Erbland des Kaisers im Bunde mit Friedrichs Erbfeinden, den Lombarden, durch seine clavesignati angreifen zu lassen, die so entsetzlich darin hausten, dass der Papst selbst schliesslich gegen ihre Greueltaten einschreiten musste (vgl. Potthast, Reg. pontif. I, No. 8405; vgl. auch Huill.-Bréh. III, 111 fg.). Diese dämonische Logik der Kirche, die den Kreuzzug, dessen Unterlassung sie eben noch mit dem Banne geahndet, jetzt als Frevel ver-

---

55) Winkelmann, Friedrich II, S. 284, Anm. 2 ist geneigt, den Brief für unecht, für 'eine schwülstige Schularbeit' zu halten. Der Brief ist freilich rhetorischer und leidenschaftlicher als der vom 6. Dec., aber er dient auch einem andern Zwecke und teilt mit jenem die ausführlichen historischen Darlegungen. Von einer Absicht Friedrichs, die Einfachheit der Urkirche selbst wiederherzustellen, ist in dem Briefe gar keine Rede; es fällt also der Einwand, den W. daher nimmt. Sollte der Brief wirklich eine Fälschung sein, wie auch Ficker (in Böhmers Reg.², V, 1716) glaubt, so war 'er doch wol alt und vielleicht weit verbreitet' (Wilmanns, Leben Walthers S. 146), eine tendenziöse Gelegenheitsdichtung.
56) Meyers Ansicht (Unters. 20), der Spruch sei Frühling 1228 gedichtet, weist Wilmanns, Zs. f. d. Alt. XIII, 435 überzeugend zurück.

fluchte, dieser blinde Priesterfanatismus, der gegen Friedrichs bewun-
dernswerte Mässigung grell abstach, musste Reinmars gesundem Sinn
wie eine wahre Gotteslästerung erscheinen: und sein schonungsloser
Protest gegen den Bann, dessen Anfangsworte Schirrmacher schön an
den Beginn des XX. Abschnittes seines dritten Buches gesetzt hat, ein
Protest, der an Kraft und Würde, an Ueberzeugungstreue und freiem
Blick hinter Walthers Sprüchen nicht zurück steht, unter Reinmars
Strophen die erste Stelle einnimmt, drückt sicherlich die in Oestreich
damals herrschende Stimmung aus.

Ueber die Stellung, die Herzog Leopold in dem Streit zwischen
Papst und Kaiser einnahm, sind wir nicht durch ausdrückliche Zeugnisse unterrichtet; dennoch kann seine kaiserfreundliche Gesinnung nicht
zweifelhaft sein (vgl. Krones, Handbuch der Geschichte Oesterreichs I,
618—620). Dass der Kaiser 1227 den Kreuzzug nicht antrat, wird
der fromme Mann, der sich für Beteiligung an jenem Zuge von Friedrich
10,000 Mark bieten liess und schliesslich doch nicht einmal kam, angeblich eines Einfalls der Böhmen wegen [57]), ihm sicher nicht übel
genommen haben (Meiller, Reg. Babenb. S. 138, No. 211). Seit dem
18. Nov. 1225 war Leopold VII. durch die Ehe König Heinrichs VII.
und seiner Tochter Margarete mit den Staufern aufs Nächste verwant,
und er stand 1228 der Mission des Cardinal Otto um so feindlicher
entgegen, als sein alter Gegner Ludwig von Baiern den päpstlichen
Legaten begünstigte (Schirrmacher I, 169).[58]) Wie wenig sicher sich
Gregor Leopolds fühlte, beweist sein dringender Bittbrief an den Herzog
vom 18. Juli 1229, in dem er den Kaiser vierfachen Verrats an der
Christenheit beschuldigt (Meiller, Reg. Babenb. 145, No. 241; Potthast,
Reg. pontif. I, 724, No. 8431). Dass auch diese Epistel Leopold der
kaiserlichen Sache nicht entfremdete, zeigte sein Verhalten beim Frieden
von San Germano. Dem entsprechend ist die Haltung der östreichischen
Klosterannalen durchweg eine kaiserfreundliche [59]); gerade eine östreichische Chronik, die Continuatio Scotorum, hat uns das schwärmerische
Lobgedicht des Magister Marquardus de Padua auf Friedrich II. erhalten, das Gregor heftig der Undankbarkeit beschuldigt, Friedrich mit
dem gleich ihm ruhig duldenden Jesus vergleicht und ihn z. B. nennt:
ille Dei pius ac prudens imitator, defensor fidei, spem firmans,

---

57) Wodurch er sich das päpstliche Lob vom Ende Oct. 1227 (Potth. I, No. 6047)
'ob ardentem sacre expeditionis obeunde zelum' zugezogen hat, ist mir rätselhaft;
jenes Actenstück hat wol nur den Zweck, den mächtigen Fürsten auf die päpstliche Seite zu ziehen.

58) Winkelmanns Vermutung (Friedr. II. S. 309, Anm. 3), dass an Leopold
der Brief gerichtet sei, in dem Hermann von Salza Ende März 1229 die Vor-
gänge im heiligen Lande im Interesse der Wahrheit und des Kaisers schildert,
weil er den Adressaten als Freund Friedrichs und des Friedens kenne, diese
Vermutung scheint irre zu gehen, da das Schreiben in die päpstlichen Regesten
eingetragen ist, also eher einem friedensfreundlichen Cardinale gilt (Böhmer,
Reg. imp.² V, 1739).

59) Vgl. Annal. Gottwic. M.SS. IX, 604 (s. a. 1229 und 1230); Contin. Lam-
bac. M.SS. IX, 558 (s. a. 1221); Contin. Scot. M.SS. IX, 624. 625 (s. a. 1229) u. ö.

pacis amator etc. (M.SS. IX, 625). Aus einer geistigen Atmosphäre heraus, in der, wohl unter Einfluss des Landesfürsten, selbst Geistliche so unbefangen zu urteilen wussten, begreift sich die freimütige Schärfe des Laien Reinmar ganz besonders gut.

Spruch 127 ist nach dem 18. Jan., aber vermutlich vor dem 10. Juni 1229 [60]), der Landung Friedrichs II. in Apulien verfasst: denn von da an machte das *rouben unde brennen* der wilden Flucht vor dem tot geglaubten Kaiser Platz, der in 3 Monaten sein ganzes Königreich bis auf wenige feste Plätze wiedergewann (Schirrmacher II, 216 fgg.).

Die Strophen 128 und 129, beide gegen den weltlichen Geist der Orden gerichtet, geben keine Handhaben zur Anknüpfung an ein bestimmtes Ereignis; doch irren wir schwerlich, wenn wir sie wie den vorhergehenden Spruch auf den Anfang 1229 beziehen. Wenigstens gewinnt dadurch im **Spruch 128** die Warnung vor Gemeinschaft der Kirche mit der *hêresie* einen bedeutenden Hintergrund (vgl. Wilmanns, S. 436; Meyer, Untersuch. S. 17 fgg.). Die Hauptstütze des Papstes beim Angriffe auf das kaiserliche Gebiet waren die Hilfstruppen der Lombarden, die auf eine dringliche Bitte Gregors an die Rectoren des Bundes vom Sept. 1228 (Winkelmann, S. 315, Anm. 1) Anfang 1229 zu seinen Schlüsselsoldaten stiessen. Und doch war es offenes Geheimnis, dass die Lombardei ein Herd der Ketzerei war [61]), dass der Bund nur um des gemeinsamen Feindes willen und um der Nachsicht des Papstes sicher zu sein, sich stets so gut päpstlich erwies. Mit Ketzern also bekämpfte die Kirche den Kaiser, während dieser für sie das heilige Land erwarb.

Eine andere Art päpstlicher Bundesgenossen, die *clôsterritter* und *hovemünche*, geisselt **Spruch 129**.[62]) Die *hovemünche* zielen doch wol auf die jungen Bettelorden, die Minoriten und Predigermönche (vgl. Meyer, Unters. S. 19), die sich beide (namentlich die ersteren) Gregors eifriger Protection zu erfreuen hatten, wie er ihre Stifter Franciscus (9. Juli 1228), Antonius v. Padua (3. Juni 1232) und Dominicus (3. Juli 1234) canonisiert hat. Im Streite mit Friedrich hat Gregor zuerst diese neuen kräftigen und unbedingt gefügigen Rüstzeuge der

---

60) Wo ich mit solchen bestimmten Daten operiere, sind natürlich stets einige Tage hinzuzurechnen, während welcher die betreffende Nachricht nach Oestreich gelangen konnte.
61) Vgl. Bruder Wernher MSH II, 227 b: *Lamparten glüet in ketzerheit* Thomasin von Zirclaria ed. Rückert V. 12683 fgg.: wie wenig sich Gregor über die lombardischen Verhältnisse täuschte, lehrt sein Brief vom 29. April 1227 (Raumer, Geschichte der Hohenstaufen III³ 182).
62) Vgl. Walther 80, 21: *pfaffiche ritter, ritterliche pfaffen;* noch ähnlicher und meine Deutung auf die Bettelmönche bestätigend Meissner, MSH III, 108 a: *hovemünche unt klôsterritter sint schedeliche betelære.* Sehr hübsch vergleicht sich mit Reinmars Spruch folgende Stelle eines Abtverzeichnisses von Chomburg aus gleicher Zeit (um 1237): *Hinc accidit ut iidem Nobiles in Choro monachi esse vellent, in campo equites, loricas sub cucullis induti, ceu quaedam ἀμφίβια ζῶα* (*halp visch, halp man*); Menckon, Scrptt. rer. Germ. I, 381.

päpstlichen Macht verwertet; sie benutzte er gern zu diplomatischen
Verhandlungen (vgl. Böhmer, Reg. Greg. S. 12. 23 und öfter; Raumer,
Hohenst.[3] III, 314 fgg.), sie trugen die Kunde von Excommunication
des Kaisers in alle Lande (vgl. z. B. Schirrmacher II, 182 fg., Gottfried
von Cöln bei Böhmer, Reg. imp. 1198—1254[1] S. 377), sie endlich, was
hier vornehmlich in Betracht kommt, schadeten (nach Rich. Sangerm.)
während des Krieges als fester Bestandteil des päpstlichen Heeres mit
ihren Ablassbriefen und Bullen dem Kaiser mehr als die Schlüsselsoldaten, indem sie die Treue der Einwohner untergruben (Winkelm. S. 317,
Schirrm. II, 213). Der Kaiser erkannte recht wohl, wie gefährliche Feinde
er an den Bettelorden hatte (vgl. seinen Brief an das Generalcapitel der
Predigermönche: Böhmer, Reg. imp. V[2], 3602): selbst mit Gewalt suchte
er sich ihrer zu erwehren (z. B. im April 1229 in Accon, Mai 1239 in
seinem Königreiche). — Durch jene umfassende, zwar nicht auf Geld, aber
auf Macht ausgehende und keinesfalls dem Mönche geziemende weltlich-
politische Tätigkeit wird der Beiname *hovemünche* zur Genüge gerechtfertigt. Weniger deutlich ist es, wen Reinmar unter den Klosterrittern
versteht; vielleicht — und so tuts der Meissner — dasselbe wie unter
den *hovemünchen*, vielleicht Ritter, die sich zu getreuen päpstlichen
Schildknappen hergaben, namentlich die geistlichen Ritter, die Templer
und Johanniter, die im Auftrage des Papstes dem Kaiser möglichst viel
Steine in den Weg legten.

Spruch 130, der letzte der auf den Bann von 1227 bezüglichen
Sprüche, ist diejenige unter Reinmars politischen Dichtungen, die einer
Datierung und historischen Deutung die meisten Schwierigkeiten bereitet.
Die allgemein gehaltenen Stollen erklären, Rom könne durch all seinen
Fluch und Segen keinen Unschuldigen schuldig, keinen Sünder schuld-
los machen. In dem sehr heftigen Abgesang scheint der Dichter diesen
Satz auf einen speciellen Fall anzuwenden: will Rom, nachdem es
tausendfach gebannt hat, das mit drei Männern widerrufen, *sô wil ichz
hôch doch ûf den dachen mit schalle geschreie machen swarz* u. s. w.
Jeder Unbefangene — so denn auch vdHagen MSH IV, 495a — wird
die Strophe unbedenklich auf den Frieden von San Germano 1230 beziehen, den der Papst, von den Lombarden verlassen, durch Friedrichs
kriegerische Erfolge in die grösste Verlegenheit gebracht, mit dem
Kaiser um so eher abschloss, als dieser auch als Sieger sich seine
grosse Mässigung und Opferwilligkeit dem Papste gegenüber erhielt.
Für die Beziehung auf Friedrich II. fällt schwer ins Gewicht V. 7:
swaz Rôm hât überruoft mit tûsent bannen; Friedrich war wirklich
wiederholt [63]) gebannt, und sein Bann überall verkündet worden; so
viele Umstände machte man sich in Rom natürlich nur bei so hervor-
ragenden Persönlichkeiten: für andere Fälle würden die Worte *mit*

---

63) 29. Sept. 1227 (Potthast I, 695), 17. Nov. 1227 (Rich. Sangerm.; Huill.-
Brh. III, 46), 23. März 1228 (Potthast I, 703), Aug. 1229 (Potthast I, 726,
No. 8445); dazu kommt noch die Verkündigung der Excommunication durch
sämmtliche Erzbischöfe und Bischöfe, sowie durch herumziehende Bettelmönche.

túsent bannen nicht passen. Das entgegengesetzte *mit drin mannen*
V. 8 ist schwieriger und verleitet Meyer (Unters. S. 35 fg.), den Spruch
in den März 1244 zu setzen. Wilmanns S. 437 fg. hat diese Ansicht zur
Genüge widerlegt, er betont mit Recht auch die Stellung der Str. 130
in D hinter solchen Sprüchen, die auf die Ereignisse von 1227—29,
und vor solchen, die auf die Jahre 1235 fgg. sich beziehen; wie wir
sahen oder sehen werden, ist die Ordnung der politischen Strophen in
D, so weit sie datierbar sind, als streng chronologisch nachzuweisen.
Auch ich habe keine durchaus befriedigende Erklärung für die Worte
mit drin mannen in der Specialgeschichte des Friedens von San Germano gefunden. Man hat gedacht — und so auch Wilmanns — an
die geheime Zusammenkunft zu Anagni vom 1. Sept. 1230, an der
Papst, Kaiser und Hermann von Salza Teil nahmen; aber zur Zeit
dieser Besprechung war Friedrich schon vom Banne frei; nach V. 8
scheinen die *dri man* gerade das Werkzeug der Absolution zu bilden.
Das Wort *rûnen* verbietet, an die feierliche Aufhebung der Excommunication am 28. August in Gegenwart vieler geistlicher und weltlicher
Fürsten zu denken; auch haben nur zwei Männer, Cardinalbischof Johann von Sabina und Cardinalpriester Thomas von Sta. Sabina jenen Act
vollzogen; dieselben beiden erscheinen auch in den Urkunden des Friedens (Huill.-Bréh. III, 207—220) als Vertreter des Papstes. An den
der Lösung des Bannes voraufgehenden Verhandlungen, für die der
Ausdruck *widerrûnen* am besten passen würde, nahmen allerdings
drei päpstliche Gesante Teil: ausser den beiden genannten der Dominikaner Gualo, der Erwählte von Brescia (Rich. Sangerm. bei Huill.-
Bréh. III, 206); gerade diesem geschickten Diplomaten glückte es zwar,
den Kaiser zu gewinnen; aber er war erst später nachgeschickt, tritt
urkundlich nie mit seinen beiden vornehmen Collegen zusammen auf [64]),
und mochte auch Reinmar von ihm wissen, bei seinen Zuhörern konnte
er höchstens Kenntnis von den beiden Cardinälen voraussetzen. Ich
glaube, die Zahl *dri* darf nicht wörtlich genommen werden: *drî* bezeichnet im Gegensatz zu dem ebenfalls allgemein gewählten *túsent*
V. 7 eine besonders geringe Anzahl; vgl. z. B. 75, 9: *bi dinen drin
ich drizic vinde;* wird 'drei' ja auch sprichwörtlich oft so gebraucht.

Aber es bleibt bei der Beziehung auf den Frieden von San Ger-
mano noch ein grösseres Bedenken bestehen. Jener Frieden, auch in
Deutschland längst herbei gesehnt, war recht eigentlich ein Werk des
Herzogs Leopold von Oestreich [65]); die östreichischen Annalen sind voll

---

64) Im Friedensinstrument erscheint er mit vielen andern geistlichen Fürsten
als unbeteiligter Zeuge (Huill.-Bréh. III, 220): *G. Brixiensis electus.*
65) Vgl. Annales Mellicenses (1230) M.SS. IX, 507; Continuatio Lambacensis
(1221) M.SS. IX, 558; Continuatio Garstensis (1230) M.SS. IX, 596; Aunal. Gottwic. (1230) M.SS. IX, 604; Contin. predicatorum Vindobon. (1230) M.SS. IX,
726; Jansen Enkel Fürstenbuch (ed. Megiser) S. 102 fgg.; aber auch in nicht
östreichischen Quellen wird Leopold VII. als der eigentliche Mittler gerühmt:
vgl. Albericus s. a. 1230 M.SS. XXIII, 926; Annal. Colon. max. M.SS. XVII,
S. 842 (Winkelmann, S. 331 Anm.).

Lobes über diese letzte Tat des Friedensfürsten, in deren Ausführung
begriffen er am 2S. Juli 1230 zu San Germano starb (Meiller, Reg.
Babenb. S. 147). Man sollte nun erwarten, Reinmar werde mit freu-
digster Zustimmung die endliche Versöhnung zwischen Papst und Kaiser
begrüssen. Aber nein! Spruch 130 greift Rom womöglich noch schärfer
an, als die früheren Strophen, und, wenn der herbe Ton gegen den
Lateran noch begreiflich ist, da der Papst nicht aus freier christlicher
Liebe, sondern durch die Not gezwungen, Verzeihung gewährt hatte,
so ist es um so auffälliger, dass der Dichter seinen Groll auch auf
den Kaiser ausdehnt, im Widerspruch, wie es scheint, zu den vorhergehenden und namentlich den folgenden Strophen (136—140). Für
Wilmanns war das Veranlassung, den Spruch in wesentlich spätere Zeit
(1234/35) zu rücken und seinen dem Kaiser feindlichen Ton daraus
zu erklären, Reinmar sei damals Anhänger des rebellischen Königs
Heinrichs VII. und seines Genossen Friedrich des Streitbaren von Oestreich gewesen. Ueber jene Wilmannssche Hypothese, die für die Chronologie der Sprüche und des Lebens Reinmars von weitreichender Bedeutung ist, werde ich unten ausführlich handeln: beistimmen kann
ich ihr nicht. Ich glaube, wir müssen und können ohne ihre Hilfe
mit Spruch 130 fertig werden: nicht einmal mit dem Regierungswechsel
in Oestreich möchte ich die antikaiserliche Stimmung der Strophe in
Verbindung bringen, da bei des Kaisers grosser Nachsicht gegen den
Sohn Leopolds VII. anfangs das Verhältnis des Staufers und des Babenbergers Friedrich II. ein ganz freundliches war.[66])

Der Schwerpunkt des Spruches liegt einzig in der Polemik gegen
Rom: eine feindselige Haltung gegen den Kaiser dürfen wir aus ihm
nicht herauslesen. Das *ez* V. 9 bezieht sich nicht auf den ganzen
Relativsatz V. 7: *swaz Rôm hât überruoft mit tûsent bannen*, d. i.
den Kaiser, sondern allgemein auf V. 8; der Abgesang hat danach folgenden Inhalt: 'wenn Rom mit tausend Bannen etwas überschüttet hat
und das dann mit ein paar Menschen widerrufen will, so will ich sol-
ches Tun mit lautem Schreien anschwärzen; bleibe da sitzen wie Pech!
Wie vermöchten sie das (nämlich das Pech) mit ihrem Geraun weiss
zu machen?' Nur der frivole Wankelmut Roms wird gebrandmarkt; da
es dem Kaiser sein *swarz* einmal angeheftet, so soll es das nicht be-
liebig abnehmen, nur um politischer Verhältnisse willen und ohne dass
der Kaiser sich geändert hätte. Wie wenig aber für Reinmar jenes
swarz je massgebend gewesen, das lehren schon V. 1. 2 zur Genüge.
Der Friede von San Germano wird nur einseitig als handgreifliches Beispiel römischer Willkür behandelt, nur dem Laterane gilt die Leidenschaft des Spruches: aber freilich kümmerts den Dichter nicht, ob dabei auch andre mit verletzt werden. Ein eifriger Anhänger Friedrichs II.
hätte den Spruch nicht so geschrieben, der hätte den Triumph der guten
Sache gefeiert. Dafür dürfen wir Reinmar aber auch nach den übrigen

---

besprochenen Strophen dieser Zeit noch nicht halten. Sie alle wenden ihre Spitze ausschliesslich gegen Rom: als Roms Gegner scheint der Kaiser Reinmars Sympathien zu besitzen. Aber man beachte wohl, dass der Dichter in jenen fünf Sprüchen 125 — 129 Friedrichs II. nicht mit einer lobenden Sylbe gedenkt. Kühl steht er dem fern weilenden Kaiser gegenüber, der seit Sept. 1220 Deutschland, Oestreich überhaupt noch nicht besucht hatte, der nur Italien seine unmittelbare Tätigkeit widmete, den Reinmar persönlich noch nicht kannte; erst seit 1235 wird er wirklich zum warmen Anhänger des grossen Kaisers. Spr. 130 bedeutet also keinen Gesinnungswechsel: die Consequenz sämmtlicher Sprüche bis 133 liegt in der negativen Seite, der Feindschaft gegen Rom: jeder Feind Roms ist in dieser Zeit Reinmars Freund und umgekehrt. Ein solcher Standpunkt ist weder klug noch reif, aber grosser Politiker ist Reinmar auch nie gewesen. Nichts liegt ihm ferner als eine Beurteilung und Darstellung der Dinge sine ira et studio: aber war das bei Walther anders?

Spruch 130 ist Ende 1230, jedesfalls nach dem 28. August des Jahres gedichtet.

——— ———

Aufenthalt in Oestreich unter Friedrich dem Streitbaren.

Das Jahr 1230 brachte für Oestreich und auch für Reinmar eine grosse Veränderung mit sich. Es folgte Leopold VII. sein kaum zwanzigjähriger Sohn Friedrich II. in der Regierung, dessen Beiname 'der Streitbare' (bellicosus) seine Verschiedenheit vom Vater kennzeichnet. Fast ebenso übereinstimmend wie im Lobe Leopolds sind unsere Quellen im Tadel seines Sohnes [67]), und die Rettungsversuche, die östreichische Historiker in übel angebrachtem Patriotismus dem letzten Babenberger haben angedeihen lassen [68]), sind der einheitlichen Darstellung der zum Teil höchst wertvollen Quellen gegenüber wenig überzeugend. Friedrich II.

_____ . __ .

67) Die östreichischen Annalen halten begreiflicherweise mit ihrem Urteile über den Herzog sehr zurück und beschränken sich zumeist auf allgemeine Epitheta wie illustris, gloriosus oder auf Lob der kriegerischen Tüchtigkeit Friedrichs: vgl. namentlich contin. Garst. s. a. 1230, 1242, 1246 (M.SS. IX, 596 fgg.): contin. Zwetl. s. a. 1247 (M.SS. IX, 655): auct. Sancruc. s. a. 1246 (M.SS IX, 732); auch die rhythmische Chronik M.SS. XXV, 359; aber selbst in ihnen fehlt es nicht an sehr energischen Vorwürfen: so in der contin. Sancruc. II s. a. 1231, 1235, 1236, 1239 u. öft. (M.SS. IX, 637 fgg.), contin. Predicat. Vindobon. 1237 (M.SS. IX, 726). Unter nicht östreichischen Quellen sei genannt Albericus trium Fontium s. a. 1235 (M.SS. XXIII, S. 937), Matthaeus Paris. s. a. 1237 (ed. Luard III, 392. 406), Riccardus Sangerm. s. a. 1236 (M.SS. XIX, 374), Herm. Altah. s. a. 1236 (M.SS. XVII, 392 fg.), annales Colon. max. s. a. 1236 (M.SS. XVII. 845), annal. Erphord. (M.SS. XVI, 30), namentlich der erwähnte Brief des Kaisers (Huill.-Bréh. IV, 852 fgg.), sowie seine bezüglichen Urkunden (Huill.-Bréh. IV, 883. V, 55 fgg. 62 fg.). Aus all diesen Quellen schöpfe ich in der folgenden Darstellung, ohne die einzelnen Belegstellen ausdrücklich anzuführen.

68) So Rauch, Oesterreichische Geschichte (1780) II, 388. 445 fgg.; Herchenhahn, Geschichte der Oestreicher unter den Babenbergern (1784) 353 fgg., sogar

scheint kein von Herzen schlechter Mensch gewesen zu sein, aber ohne
die strenge Zucht aufgewachsen, die seiner überkräftigen Natur besonders
Not tat, wollte er keinen Willen kennen als den seinen [69]): eigensinniger
Stolz und Ehrgeiz ohne Mass und Rücksicht verleitete ihn namentlich
in der ersten Hälfte seiner Regierung zu den ärgsten Tollheiten und
Freveln. Von den vielen Sünden seiner auswärtigen Politik will ich nicht
reden: uns geht sein Treiben hier nur an, soweit es in Oestreich selbst
und also auch für unsern Dichter sich fühlbar gemacht hat. Da gestalteten sich nun sogar des Herzogs unbestrittene Vorzüge, rastlose Energie und
grosser persönlicher Mut, zu einer Plage für das Land. Sie liessen ihn Freude
finden an unaufhörlichen Raubzügen und Kriegen gegen die Nachbarländer,
vorzüglich gegen Böhmen, Ungarn und Baiern. Unter seiner Regierung
hat Oestreich, wenn wir die Kämpfe des Herzogs gegen die eignen Ministerialen und Städte mitrechnen, buchstäblich nur ein einziges Jahr ohne
Krieg erlebt (1234), um so häufiger mehrere Kriege im selben Jahre. Die
vielen inneren Kämpfe, die Verwüstungen durch die oft siegreichen äusseren Feinde (vgl. z. B. Neidhart 32, 30 fgg.), dazu verheerende Naturereignisse (vgl. z. B. cont. Sancruc. II, s. a. 1234, 1235) untergruben den
Wohlstand des Landes: mehr aber tat dazu der Landesvater selbst, der
für seinen glänzenden Hof und seine ewigen Kriege fortwährend Geld
brauchte und es sich rücksichtslos verschaffte, wie er eben konnte. Die
Steuerkraft des Landes spannte er aufs Höchste an; selbst der reich von
ihm beschenkte Neidhart klagt (73,15) bitter über den *ungefüegen zins*:
im Jahre 1236 lässt sich der Herzog von jedem *mansus* in Oestreich und
Steyer 60 Denare zahlen: durch jährliche Münzerneuerungen schädigt er
seine Untertanen hart (Kummer, Herrand von Wildonje S. 30 Anm., 31
Anm.): der Adel gab durch häufige Unruhen erwünschte Gelegenheit, ihn
mit hohen Strafen zu belegen: wie er die Städter 'in Güte' zur Zahlung
von Steuern zu bringen wusste, davon erzählt Jansen Enkel, Fürstenbuch
(ed. Megiser) S. 113 fgg., ein Geschichtchen. Aber auch noch schlimmere
Wege scheute Friedrich nicht, wenn sie nur zu Gelde führten: er enthielt den fremden Bischöfen ihre Rechte und Einkünfte in Oestreich

---

noch Krones, Handbuch der Geschichte Oesterreichs (1876) I, 625 fg. Der neueste
Biograph des Herzogs, Ficker (Herzog Friedrich II. der letzte Babenberger, 1884)
urteilt unbefangener; aber auch er verschmäht in dem Bestreben, seinen Helden
rein zu waschen, Argumente nicht wie das folgende: Hätte der Herzog sein Land
wirklich misshandelt, wie des Kaisers Klageschrift ihn beschuldigt, so 'hätte die
kriegsgeübte Bevölkerung Oesterreichs und Steiermarks . . . . nicht erst beim
Kaiser Hilfe gesucht, sondern mit den Waffen in der Hand den Herzog auf den
Weg des Rechtes und der Sitte zurückgeführt'. Als ob es nicht gerade genug
war, dass jene Bevölkerung ihren Landesherrn nach Kräften verklagte und von
ihm abfiel, sobald der Kaiser ins Herzogtum einrückte. Uebrigens liess sie sich
auch ohnedem nicht Alles gefallen, falls an dem Histörchen Jansen Enkels, Fürstenbuch ed. Megiser S. 121 fg., etwas Wahres ist: man denke auch an das Gerücht, Herzog Friedrich sei nicht von ungarischer Hand gefallen (Ficker a. a. O.
S. 175 fg.; Hermann v. Altaich M.SS. XVII, 393; Huber, Mitteilgn. d. Inst. f.
östr. Gesch. V, 498).
　　69) 'pium esse sibi credit et licitum quidquid libet' Huill.-Bréh. IV, 855, ähnlich V, 56.

vor, er plünderte und raubte allenthalben im eignen Lande, brandschatzte namentlich die reichen Klöster, denen auch von Privatleuten vielfach ihr Besitztum zu sicherer Aufbewahrung anvertraut war; fremde Gesandte überfiel er und nahm ihnen ihre Schätze ab, nicht einmal die eigne Mutter und der Kaiser waren vor seinen Erpressungsversuchen sicher. Eine gewisse Ordnung und Ruhe wusste er wol in Oestreich zu schaffen: den Uebermut der rebellischen Ministerialen bändigte er noch kräftiger als sein Vater und handelte darin ganz im Interesse der Gäuhühner (Stricker, Gäuh. 37 fgg.), aber leider lastete seine Faust nicht minder hart auf den Armen und Niedern, auf den Bauern, die unter dem Heerbann litten (Neidh. 84, 19), als auf dem störrischen Adel. Grausamkeit und Willkür wird ihm durchweg vorgeworfen, und wie konnte der Mann auch andre gerecht regieren, der sich selbst an kein Recht band? Züge unglaublicher Rohheit gegen die eigne Familie erzählt der kaiserliche Bericht. Seine und seiner Genossen ungezügelte Sinnlichkeit scheute vor Entehrung von Frauen und Jungfrauen nicht zurück (vgl. ausser Huill.-Bréh. IV, 855 auch Jansen Enkel, Fürstenbuch S. 119 fgg.). Lästige Personen soll er sich durch offenen oder geheimen Mord vom Halse geschafft haben: der Kaiser selbst behauptet von einem Mordanschlag Friedrichs bedroht gewesen zu sein. Mag in diesem Bilde auch der eine oder andre Zug übertrieben sein, da eine Hauptquelle, die Berichte des Kaisers, nicht als unbefangenes Zeugnis gelten dürfen, das eine ist zweifellos und wird durch die Klagen (*gröz geschreie* Neidh. 31,9) und den Abfall der Untertanen bestätigt, dass Friedrich II. ein brutaler, genusssüchtiger, leidenschaftlicher, eigenmächtiger Despot gewesen ist, in dessen Umgebung sich Reinmar von Zweter nimmer wohl fühlen konnte: muss Friedrich es doch nach Neidh. 31,5 fgg. [und 241,13 Anm. ?] gar seinem Günstling Neidhart zu arg getrieben haben: '*leit mit jâmer wont in Osterlande*', '*Vrômuot ist ûz Osterriche entrunnen*'.

Friedrichs Hof fehlte es nicht an Pracht und Leben. Die glänzenden ritterlichen Eigenschaften des streitbaren Herzogs brachten die eifrige Pflege ritterlicher Uebungen am Babenberger Hofe mit sich, und Ulrich von Liechtenstein weiss davon zu erzählen. Von prächtigen Festen, wie z. B. der Schwertleite 1232, der Hochzeit des Markgrafen von Meissen mit Friedrichs Schwester Constantia zu Stadelau 1234, berichten die Annalen, und die Freigebigkeit des Herzogs wird oft gerühmt[70]). Er begünstigte die Sänger, wie sein Vater, und sang wie jener *minneliet*, *reien* und *meien* (Neidh. 85,35; Tannh. HMS II, 82a). Wie es von diesem Herzog nicht anders zu erwarten ist, huldigte er der derben und etwas frivolen Neidhartschen Geschmacksrichtung. An seinem Hofe lebte Neidhart selbst (Wackernagel HMS IV, 438) und erfreute sich hoher Gunst; an seinem Hofe fanden die Reihen des Tannhäuser Anerkennung und Lohn (HMS II, 81 a fgg.; 89 b; 96 a). Unter diesen

---

70) Jansen Enkel S. 110 fgg.; Ulrich von Liechtenstein 469,27; 526,11; Neidh. 73,11; Tannhäuser HMS II, 81 b. 96 a; Pfeffel II, 145 a; Bruder Wernher III, 12 b. Helbling, der diese Dinge freilich schon in idealer Ferne sieht, preist das *horegesinde* Friedrichs wiederholt glücklich (4,851 fgg.; 15,358 fgg.).

Einflüssen werden denn auch die sangeskundigen Ritter gestanden haben, die uns Ulrich von Liechtenstein in der Umgebung des Herzogs nennt: Tröstel (Neidh. 85,34 u. Anm.) und der rohe Rapot von Falkenberg (Helbl. 13,42). Oestreichischer oder steirischer Herkunft scheinen von andern Vertretern der höfischen Dorfpoesie der von Scharfenborg (Kummer, Herrand von Wildonje 76 fg.) und der Kol von Neunzen; auch Geltar hat Beziehungen zu Oestreich gehabt (Guppenberger, Anteil Ober- und Niederöstreichs S. 38 fg.): ob diese Dichter aber je an Friedrichs Hof gekommen sind, das vermögen wir nicht zu bestimmen. Neben jenen Leibpoeten fand merkwürdigerweise auch noch ihr crasser Gegensatz, Ulrich von Liechtenstein, Gnade vor den Augen des Herzogs, der ihn nicht nur im politischen Leben als einflussreichen und zuverlässigen Mann durch sein Vertrauen ehrte, sondern sogar nicht abgeneigt war, an einem Turnier des Artuszuges Teil zu nehmen: so sicher Friedrich das Verständnis abgieng für Ulrichs phantastisch-poetische Ueberschwänglichkeit, für jene Sehnsucht nach den verblassenden Idealen eines früheren Zeitalters, wie sie durch all die Albernheiten Ulrichs hindurchleuchtet, so besass doch das karrikiert Abenteuerliche, das Prächtige und gespreizt Feierliche im Auftreten dieses Ritters ohne Furcht und Tadel seinen pikanten Reiz für den jungen Fürsten: er wird sich über den sonderbaren Schwärmer amüsiert, den Dichter wird er schwerlich sehr geschätzt haben. Ulrich rühmt den Herzog namentlich 529,31 fgg. in langer Totenklage. [71])

Dagegen der einzige Dichter des östreichischen Hofes, der Rein-

_____ ___ _

71) Es ist neuerdings wiederholt, sehr entschieden von Wilmanns Anz. VII, 273, und mit vorsichtiger Besonnenheit von Schönbach, Zs. XXVI, 315 fgg. die Wahrheit der Ulrichschen Minneabenteuer angezweifelt worden. Schönbach hat S. 317 mit gutem Recht auf mehrere verdächtige Momente namentlich bei dem geheimen Rendezvous in der Burg der Geliebten aufmerksam gemacht. Trotzdem glaube ich nicht, dass daraus auf Erdichtung zu schliessen ist. Wer tragikomische Unfälle wie 340,9 und namentlich 345,17 erfände, der müsste bewusste auflösende Selbstironie an sich üben: das aber wird Niemand dem arglosen Phantasten zutrauen, der dazu gar nicht die Begabung besass: in welchem Roman kamen denn solche *âventiure* vor? Nur wer das in blindem, treuherzigem Glauben an seine Ritterpflicht erlebte, nur der kann davon mit so heiligem Ernst ohne jedes Gefühl für das Lächerliche erzählen. Manche jener Unwahrscheinlichkeiten lösen sich wol anders. Dem guten Ulrich ist offenbar sehr übel mitgespielt worden. Nicht nur seine *vrouwe* und ihre Mägde, auch Ulrichs *niftel*, der *hüsschaffære*, namentlich auch der raffinierte Galgenstrick von Boten, führen mit bajuwarischer Derbheit eine Komödie mit ihm auf, wol um ihn zur Vernunft zu bringen: sie gehen dabei, gerade wie die Freunde Don Quixotes, auf seine Romanideen ein. Machte man sich einst schon über Reinmars des Alten Liebesklagen lustig, wie viel weniger wird man in einer verrohten Zeit das seufzende *minnerlin* Ulrich ernst genommen haben. Man verlachte seinen Minnesport oder man ärgerte sich daran. Reinmars von Zweter Urteil über Ulrich von Liechtenstein enthält nach vdHagens hübscher Vermutung (HMS IV, 503 a) Str. 121, V. 5—9: *jâ dunkt er mich der sinne unt ouch der minne ein rehter gouch, swer heine ist wol gewibet unt ûf ein ander wendet sinen muot! Unt swer turnieret minnet alsô sêre, daz er dâ bi vergizzet der hûsêre, dern hât der mâze niht behalten.* — Der Tadel, der den Toren trifft, welcher für Torenlob sein Gut hinwirft, könnte dann auf die Freigebigkeit des Herzogs sich beziehen gegen seine von Reinmar gering geachteten Lieblingsdichter.

mars ernsterer Sangesart nahe stand, der ewig scheltende Vagante B r u d e r
W e r n h e r, war mit dem Herzog Friedrich mindestens bis zum Jahre 1236
durchaus nicht zufrieden [72]) (HMS II, 234'a; Meyer, Unters. S. 95), obgleich er die Ansprüche des an Stand und Gesinnung ihm weit über-
legenen Reinmar nicht gemacht haben wird; und ein, wie es scheint,
sehr zahmer Lyriker und Didaktiker, P f e f f e l, dessen Dichten in der
ernsteren ältern Lyrik Oestreichs wurzelt, klagt wehmütig, dass des Herzogs allenthalben freigebig spendende Hand ihn allein nicht beglücke
(HMS II, 145a).

Unter solchen Umständen kann nach Leopolds Tode Reinmars
Stellung am Wiener Hofe keine rosige gewesen sein. In den lockern
Modeton, mit dem allein am Hofe Glück zu machen war, wollte und
konnte der ernste, steife Mann nicht einstimmen, ebenso wenig ver-
mochte er es mit seinen Concurrenten aufzunehmen im Lobe eines
Fürsten, dessen glänzende Vorzüge er nicht zu würdigen, dessen schwere
Fehler er nicht zu übersehen verstand. Die natürliche Folge davon,
Vernachlässigung und Zurücksetzung, wird dem empfindlichen Dichter
nicht wenig kränkend gewesen sein, und zieht man dazu die immer
wachsende sittliche Verwilderung in Betracht, die Friedrichs heillose
Wirtschaft mit sich brachte, so begreift es sich, dass Reinmar der Aufenthalt in Oestreich unerträglich wurde. Auf Reinmars Verhältnis zu Friedrich dem Streitbaren deute ich die Sprüche 57—61 und etwa noch 64;
wie sie in der Hs. D geordnet sind, verraten sie eine fortschreitende
Verschlechterung in Reinmars Beziehungen zum Herzog. S p r. 5 7 gibt
einem jungen, hoch gebornen Herren Ratschläge, wie er sich benehmen
solle: *si valscher volge rri, si gnoter lêre willic unde rrô.* Schon
fürchtet Reinmar zurückgedrängt zu werden: aber noch hält er Versuche,
durch guten Rat zu bessern, nicht für aussichtslos. S p r. 5 S warnt
den *hérren junc, schoene unde rich* bereits nachdrücklich vor jenem
Fehler, an dem eben Friedrich krankte, vor dem *muotwillen.* Mit zu-
nehmender Dringlichkeit kehrt diese Mahnung in S p r. 5 9 wieder, hier
aber schon mit Vorwürfen gepaart: *des scham dich, hôchgeborner lip!*
Da all das Zureden nutzlos geblieben ist, gibt denn der Dichter die
Hoffnung auf, noch durch Bitten und Warnungen zu wirken (vgl. Spr.
60, 5. 6), und es tritt an die Stelle des Rates in S p r. 6 0 der Tadel
des *muotwillegen* Herren, der sich vom Mutwillen knechten lässt. Der
Abgesang lehrt, dass Reinmar damals schon mit dem Herzog zerfallen
war; er klagt: *ich hân dâ bi gestanden unt gesezzen, dâ dicke ein
hêrre selbe hât gemezzen die lôsen unt die durnehten: waz half,
swie vil er si beschiet mit rede, unt doch der lôsen diet ze hein-*

---

72) Die Lobes überströmende Totenklage (HMS III, 12 b) ward erst verfasst,
als die Not der herrenlosen Zeit das Andenken des letzten Babenbergers verklärt
hatte: übrigens läuft jene Strophe einzig auf eine Empfehlung des östreichischen
Adels beim böhmischen König heraus, der durch den Ruhm der *milte* Friedrichs
zur Freigebigkeit gestachelt werden soll: das Lob des verstorbenen Herzogs ist
Mittel zum Zweck, und, wenn es galt, die Hände der Fürsten zu öffnen, da kam
es den Spielleuten auf eine Handvoll Lobes nicht an.

lich was unt schühte die gerehten? Noch viel energischer wendet
sich Reinmar in Str. 6 1 gegen Friedrich, indem er die Tücke und Treu-
losigkeit rügt, der selbst der Mächtigste um des *hérren Phenninc* willen
verfalle. Was kann das Treiben des geldgierigen Herzogs besser treffen
als Worte wie: *her Phenninc, daz nû nieman lebet sô riche, ern tuo
durch iuwern willen lasterlîche! daz müeze Got von himel erbarmen!* Diese rücksichtslosen Angriffe werden dem Herzog denn doch
zu stark geworden sein, und Reinmar mag irgend einen strengen Ver-
weis bekommen haben, auf den er in dem kraftvollen, tieferregten Spr.
6 4 erwidert: *ez wart nie keiser, künec sô hér, der gedanke unt
merken kunne erwern*: den Mund kann mir die Gewalt wol verbieten,
meine Gedanken aber sind frei. Mit einer heftigen Verwünschung der
ungerechten Gewalt schliesst der Spruch; seine leidenschaftliche Hitze
verbietet doch wol, Nichts weiter in ihm zu sehen, als eine didaktische
Ausführung des Satzes 'Gedanken sind frei'; er fügt sich als passend-
ster Schlussstein jener Strophenreihe an. War aber der Dichter erst
einmal zu diesem Tone gekommen, so konnte seines Bleibens in Oestreich nicht mehr sein. —

Die Strophen 131—135 sind zu allgemein gefasst, als dass eine
bestimmte Datierung aus ihrem Inhalte zu gewinnen wäre.[73]) Doch
schliessen sie sich den vorhergehenden Sprüchen 125—130 inhaltlich
so gut an, dass kein Grund vorliegt, sie zeitlich von jenen zu trennen:
ich glaube, sie entstanden in Oestreich unter Herzog Friedrichs Regierung. Vielleicht deutet der Absatz, den D hinter Spruch 135 macht
und der auf den Dichter zurückgehen könnte, an, dass mit Spruch 136
die politischen Gedichte der böhmischen Periode beginnen. Allen diesen
Strophen bis 135 ist die gedrückte und unzufriedene, zuweilen (133. 134)
sogar tief erbitterte Stimmung des Dichters gemein; erst die Uebersiedlung in ein neues, anfangs im schönsten Lichte erscheinendes Heim gab
dem Dichter das freudige, zuversichtliche Vertrauen wieder, das sich
Spr. 136 fgg. Bahn bricht.

Meyer Unters. S. 21. 22 bezieht **Spruch 131 und 132** auf die Ereignisse des Jahres 1229: *der arme sun* 131,11 und *daz arme Reht*
132,7 bedeute den Kaiser, *diu richen kint* und das *Unreht* seine Feinde,
den Papst und die Geistlichen, in Spr. 131 namentlich den Patriarchen
von Jerusalem. Diese Deutung hat schon Wilmanns S. 437 abgelehnt.
Diu richen kint bestechen nach 131,3 den Papst und veranlassen dadurch ihre Lösung vom Banne 131,9: wie aber sollten päpstlich gesinnte
Geistliche in den Bann geraten? Auch 132,5 geniesst das Unrecht nur
die Freundschaft des Papstes, ist nicht mit ihm und den Seinen identisch. In beiden Strophen können nur mächtige und vornehme Laien gemeint sein, die sich den Papst durch Geld zu gewinnen wissen: dass
dabei auf ganz bestimmte Personen angespielt werde, ist möglich, nicht
nötig. Noch schiefer liegt, wenigstens in Spruch 131, die Beziehung

---

73) Die Vermutungen, die Wilmanns in Betreff dieser Sprüche aufgestellt
hat, behandle ich unten S. 43 fg. im Zusammenhange.

des *armen suns* auf den Kaiser. Die Geldgier des Papstes soll gebrandmarkt werden: der Gedanke aber, dass Geld den gebannten Kaiser hätte vom Banne lösen können, wäre ebenso absurd, als es eine Bezeichnung wie V. 6 *diu habelosen kint* für den römischen Kaiser wäre. Ich denke, eben dieser Plural V. 6 beweist so deutlich wie möglich, dass kein vereinzelter Fall, sondern der allgemeine Brauch der römischen Kirche gegeisselt werden soll. Auch in Str. 132 verbietet der contrastierende V. 4 '*Unreht daz hât vil hôhen man*' jede Beziehung des *Rehtes* auf den Kaiser oder auch nur auf irgend einen Fürsten: in beiden Sprüchen bilden die schwächere Partei wirklich Leute aus niedern Ständen im Gegensatz zu den Mächtigen der Erde. Die mittelalterliche Literatur ist überreich an Klagen, wie sie in Spr. 131. 132 auftreten, dass die Kirche nur den Reichen, nicht den Armen freundlich sei, dass sie dem mächtigen Frevler beistehe gegen den Braven, aber Macht- und Besitzlosen.[74]) Durch eine solche Auffassung wird natürlich nicht ausgeschlossen, dass specielle Ereignisse die beiden Sprüche veranlasst haben: man könnte z. B. in Spruch 131 bei den Reichen, die ohne Mühe vom Banne gelöst werden, denken an die Herren von Kuenring, die, nach schweren Freveln gegen den Landesfürsten und die Klöster gebannt, Ende 1231 schon wieder absolviert zu sein scheinen, selbst ohne dass sie allen ihren Raub auslieferten (Fries, Die Herren von Kuenring S. 72 fgg.)[75]): nur sind die Sprüche nicht zu fassen als deutliche, auf der Zuhörer Verständnis berechnete Anspielungen auf den oder jenen bestimmten Fall. Die Jahre 1231 und 1232 mögen die Entstehungszeit der Strophen sein.

In die Neige des östreichischen Aufenthalts wird der zweistrophige Spruch 133. 134 gehören, der von tiefer Niedergeschlagenheit zeugend dem Antichrist rät, jetzt zur Welt zu kommen: eine bessere Zeit könne er gar nicht finden; Alles sei käuflich, selbst Fürsten (133,3) und Geistliche (134,11), die Kirche, wie das römische Reich. Auch zu dieser Klage

---

74) Vgl. z. B. carm. Burana XVIII, Str. 19: *intrat dives auro plenus, pauper autem et egenus pellitur a ianuis*; XIX, 8. 12: *parcit* (scil. Roma) *danti munera, parco non est purca;* XIX, 13: *non est locus pauperi, soli favet* (scil. papa) *danti;* ferner die Erzählung XXI, die Sprüche XXIa 1—7: *Roma tenes morem nondum satiata priorem / donans donanti, partem dans participanti / sed miser immunis censetur, eum quia punis;* Mones Anz. III, 33: *Curia Romana non petit ovem sine lana, dantes exaudit, non dantibus ostia claudit;* ebda. VIII, 598: (*pastores*) *pascunt pinguiores, Codro claudunt fores;* Zs. VI, 302: *si sonat ante fores bona uita, sciencia, mores, non exauditur, si nummus, mox aperitur* u. s. w.; auch Heinzel, Heinr. v. Melk S. 4; Erinn. 116—126; Helbl. 7, 1022; Jahnicke, Hugo v. Trimbergs Weltanschauung, Germ. V, 394; Kolmarer Liederhandschrift S. 342, LVI, 5 fgg.; HMS III, 330a, 2; Buch der Rügen, Zs. II, S. 20, V. 145 fg.; S. 52, V. 239 fgg. u. sehr oft.

75) Von der Excommunication der Brüder weiss nur das Zwettler Stiftungsbuch S. 126, das überdies den 1231 gestorbenen Hadmar 4 Jahre lang unbeerdigt bleiben lässt. Im Gegensatz dazu meldet die cont. Scot. (M.SS. IX, 626) s. a. 1231, dass Bischof Gebhart von Passau selbst den Toten in Zwettl beerdigte. Das würde jedesfalls vorherige Absolution mindestens Hadmars voraussetzen. Der unzweifelhafte Widerspruch der beiden Notizen veranlasst Ficker, Herzog Friedrich II. S. 17, die ganze Excommunication auf leeres Mönchsgeschwätz zurückzuführen.

über die alle Tugend untergrabende Geldgier werden im Bunde mit den
wachsenden Unruhen im Reiche dem Dichter seine traurigen östreichischen
Erfahrungen, namentlich die Habsucht des Herzogs, Anlass gegeben haben,
wie zu dem Abgesang des 61. Spruchs. Bei der Klage 133,7—10.
134,7—9, die Habsucht zerstöre den rechten Glauben: selbst die Getauften würden jetzt für Geld Jesum Christum verkaufen, könnte man an
die Bevorzugung der Juden unter Friedrich dem Streitbaren denken, gegen
die der Kaiser *catholici principis partes fideliter exequens* einschritt,
*cum imperialis auctoritas a priscis temporibus ad perpetuam Judaici
sceleris ultionem eisdem Judeis indixerit perpetuam servitutem* (Huill.-
Bréh. V, 57).[76]) Bei solchen Anschauungen selbst des Kaisers musste
das Tun des Herzogs, der Juden sogar zu Aemtern zuliess, geradezu als
Verkauf der Christen an die Juden, die jene *sub pretextu prefecture*
aussaugten, und als Beweis von Unglauben gelten.

    Nach dem Frieden von San Germano verliert Reinmar den Kaiser
für einige Zeit aus den Augen, teils wol, weil die östreichischen Verhältnisse ihn zu sehr beschäftigten, teils weil des Kaisers friedliche Tätigkeit an der Verfassung des Königreichs Sicilien den deutschen Dichter
um so weniger interessieren konnte, als Friedrich sich im Wesentlichen
im Einklang mit der Curie befand. Diese Eintracht dauerte indessen
nicht lange ungestört fort. Schon jene sicilischen Constitutionen hatten
Anlass zu unliebsamen Erörterungen gegeben: doch fügte sich der Papst
dieses Mal (Potthast I, 8760. 8475). Zu ernstern Couflicten brachten es
erst wieder die alten Störenfriede in Oberitalien. In die lombardischen
Wirren, aber in eine Zeit, als es noch nicht zu entschiedenem Bruche
zwischen Kaiser und Papst gekommen war, führt uns Spruch 135 hinein. Der Dichter klagt, dass das Schwert des Vaters und das des Sohnes
nicht zusammenstimme: jenes helfe nur dann dem Reiche, wenn es mit
Golde gewetzt werde. Papst Gregor wird mit seinen Namen *Grëgörjus*
und *Hugolinus* ausdrücklich genannt: des Kaisers wird wie in allen bisherigen Sprüchen kaum gedacht. Der Ton der Strophe weist sie in eine
Zeit, in der der Kaiser nicht gebannt war[77]): es handelt sich offenbar
nur darum, dass der Papst bestochen dem Reiche in irgend einer Ange-

---

76) Buchstäblich dieselben Worte, wie das kaiserliche Dekret, enthält ein
Stadtrecht von Wiener-Neustadt, das angeblich von Leopold VII. herrührt,
unter der Ueberschrift: '*Iudei non habeant officia in civitate*' (Archiv für Kunde östr.
Geschichtsquellen X, 123); selbst die *imperialis auctoritas* ist dorthin übernommen — ein eklatanter Beweis für die Unechtheit jenes schon von dem Herausgeber Meiller angezweifelten Actenstücks. Durch Schaden etwas vorsichtiger geworden mässigte Herzog Friedrich späterhin seine Vorliebe für die Juden: in
seinem Freibeitsbrief vom 5. Juni 1239 für das ihm einzig treu gebliebene Wiener-
Neustadt erklärt er: *iudeos predicte ciuitati de cetero in nullo officio preficiemus.
unde ciues possint aut debeont grauari* (Archiv a. a. O. 129). Aber noch 1244
regelt er die Rechtsverhältnisse der Juden in einer diesen überaus günstigen
Satzung (a. a. O. 146).
77) Meyer Unters. S. 19 fg. denkt daher an den Sommer 1227: in dieser Zeit
spielen aber gar keine Zwistigkeiten zwischen Papst und Kaiser, die auf das Interesse des Reichs Bezug haben, und der Unterlassung des Kreuzzuges folgte der
Bann augenblicklich.

legenheit seine Hilfe versagt habe. Was kann da aber zwischen den
beiden Bannungen (Sept. 1231—24. März 1239) anders gemeint sein,
als der Streit mit der Lombardei? Bei dem Aufstande Heinrichs VII.
benahm sich Gregor so correct, als mau irgend wünschen konnte.⁷⁸)
Den äussern Anstoss zu dem erneuten Zwist mit den Lombarden gab
die Vereitelung des Reichstages, den Friedrich II. auf Dec. 1231 nach
Ravenna berufen hatte. Die Lombarden hatten die Alpenpässe gesperrt,
und Friedrich wurde dadurch genötigt, den Reichstag April 1232 nach
Aglei zu verlegen. Schon längst durch den mehr oder weniger offenen
Widerstand der Rebellen erbittert, verhängte er bei dieser herausfordern-
den Beleidigung über sie die Acht; sich sofort mit dem Schwerte Genug-
tuung zu verschaffen, daran konnte er nicht denken, da er dazu Unterstützung aus Deutschland brauchte, und die deutschen Verhältnisse auch
nach der Zusammenkunft mit Heinrich VII. zu Aglei nicht eben Vertrauen erweckende waren. Friedrich zog es daher auf den Rat Hermans
von Salza vor, die Entscheidung in der lombardischen Sache dem Papste
anzuvertrauen, der gerade damals oft von den aufständischen Römern be-
drängt, die kaiserliche Hilfe nicht entbehren konnte, der obendrein jenou
Reichstag zu Ravenna ausdrücklich gewünscht und gefördert hatte (Schirrmacher II, S. 417, Anm. 5; Epistolae saec. XIII. e regestis pontif. ed.
Rodenberg tom. I, No. 452. 454. 455). Die Verhandlungen zogen sich
lange hin, da Verzögerung des Urteils im Interesse Gregors lag, der es
mit keiner Partei verderben wollte. Am 3. December 1232 sante der
Kaiser einen in pomphaftestem Curialstile verfassten Brief an den Papst,
in dem er mit Bezug auf die lombardischen Angelegenheiten die Not-
wendigkeit voller Einheit zwischen den beiden Schwertern, dem Vater
und dem Sohn, betont.⁷⁹) Nun war zwar das Bild von den beiden Schwertern ein dem Mittelalter, auch gerade der mittelhochdeutschen Spruchdichtung überaus geläufiges⁸⁰): nichtsdestoweniger ist es wol erlaubt, im
Spr. 135 eine Anknüpfung an jenes zu gleicher Zeit, in gleichen Verhältnissen entstandene Schreiben zu sehen, dessen Inhalt durch die Ereignisse so gründlich widerlegt worden war. Denn am 5. Juni 1233

78) Eine treffliche Parallele bietet ein Spruch Bruder Wernhers aus derselben Zeit (HMS II, 227 b): *Grégörje, bâbest, geistlich vater, wuche unt brich
abe dinen släf... Lamparten glüet in ketzerheit: war umbe leschestu daz niht?...
si schenkent dir von golde ein tranc, daz dich in sünden lât. Dem
keiser hilf sin reht behuben: daz hœhet dich und alle geistlich orden.*
Meyers Datierung (Unters. S. 87) scheint falsch, da vor dem ersten Banne die Lombarden zu keinen ernsten Conflicten zwischen Papst und Kaiser Anlass gaben:
und ums Jahr 1233 arbeitete der Papst ebenso energisch auf einen Kreuzzug hin,
wie vor der Bannung des Kaisers; der Kreuzzug von 1228 konnte Gregor natürlich nicht genügen.

79) Huillard-Bréholles IV, 408 fgg., z. B. S. 410: *absit a nobis unquam,
pater et pastor Ecclesie, non levis aut simpler, immo bruta credulitas, quod istud
individuum gladiorum, patris et filii unio* (vgl. 135,1: *des vater swert unt ouch
des suns*), *recipiat sectionem* u. s. w.

80) Bei Reinmar von Zweter noch 127,9. 213. 214; andre Beispiele bei Höfler,
Kaisertum und Papsttum S. 22. 105—114; Freidank herausg. v. W. Grimm¹,
S. LVII—LXII; Buch der Rügen 220. 996; Frauenlob 336; Sachsensp. Ldr. I, 1 u. ö.

fällte der Papst seine Entscheidung ganz im Sinne der Lombarden: der
Kaiser solle ihnen volle Verzeihung gewähren, sie selbst eine unbedeu-
tende Busse im Interesse der Kirche leisten (Epist. saec. XIII. e. reg.
pont. selectae per Pertz, ed. C. Rodenberg, tom. I., No. 531).
Den Kaiser erbitterte die schreiende Ungerechtigkeit der päpstlichen
Sentenz aufs tiefste, und wir haben noch ein kräftiges Zeugnis seines
Unwillens in einem Briefe an Raynald, den Erwählten von Ostia und
Velletri (Huill.-Bréh. IV, 442 fgg.).

Aber auch in Deutschland musste Gregors Spruch, der die Rebellion
gegen das Reich geradezu sanctionierte, lebhafte Entrüstung erwecken.
Wie sehr man dort gewöhnt war, die lombardischen Dinge als dringend-
stes Reichsinteresse zu betrachten, davon zeugt der Eifer, mit dem die
Fürsten nach Heinrichs VII. Demütigung aus eigener Initiative sich zum
Kriege gegen die Lombarden verpflichteten (Winkelmann II, 7 und Anm. 3);
nicht minder der Brief Hermans von Salza vom Juli 1237, in dem dieser
unermüdliche Friedensapostel einen letzten Vermittlungsversuch machte:
er klagt da, die deutschen Fürsten gäben ihm Schuld an den Verwick-
lungen mit den Lombarden, die von vorn herein nicht *per compositio-*
nis formam sed fuso sanguine zum Gehorsam hätten gezwungen werden müssen (Huill.-Bréh. V, 93). Also n a c h d e m 3. D e c. 1 2 3 2,
wahrscheinlich auch n a c h der definitiven Entscheidung Gregors vom
5. J u n i 1 2 3 3 ist Spr. 135 verfasst worden.   Wilmanns S. 143 bezieht ihn auf ein späteres Stadium in den lombardischen Angelegenheiten, auf den Sommer 1236: das ist an sich wol möglich. Die Lage der
Dinge war damals keine wesentlich andere als 1233, nur schärfer zuge-
spitzt. Doch fällt ins Gewicht für den früheren Zeitpunkt — abgesehen
von jener möglichen Anspielung auf den Brief vom Dec. 1232 — namentlich die Nichterwähnung des Kaisers in Spr. 135, die wol der kühlen
Haltung Reinmars gegen Friedrich in den früheren Gedichten, nicht aber
seinem enthusiastischen Lobe in den Strophen aus den Jahren 1235 und
1236 entspricht.

Auch dieser Spruch mag noch in Wien entstanden sein, sicherlich
nicht mehr der nun folgende Panegyricus auf Kaiser Friedrich, Spr. 136,
der in den Anfang 1235 gehören wird.   Da nun nach dem Zeugnis der
continuatio Admuntensis (M. SS. IX, 593) und Sancrucensis II (M. SS.
IX, 637) der von Friedrich dem Streitbaren überaus glänzend gefeierten
Hochzeit des Markgrafen Heinrich von Meissen mit der Schwester des
Herzogs, Constantia, a m 1. M a i 1 2 3 4 bei Stadelau^{1}) ausser vielen andern Fürsten auch Wenzel von Böhmen beiwohnte, so ist es recht wahrscheinlich, dass Reinmar seinen neuen Gönner damals kennen gelernt und
nach Prag begleitet habe: vor- und nachher begünstigten die ununter-
brochenen Kriege zwischen den beiden Ländern eine Uebersiedelung von
Wien nach Prag wenig. —

Erst zwei Jahre später etwa müsste Reinmar Oestreich den Rücken

---

¹) Die Cont. Predicat. Vindobon. (M.SS. IX, 727) nennt Ringlinse als Ort
des Festes.

gekehrt haben, wenn die Vermutung von Wilmanns zuträfe, der Dichter habe noch während des Aufstandes Heinrichs VII. am Wiener Hofe geweilt und sei dort, entsprechend der Parteistellung Friedrichs des Streitbaren, ein eifriger Anhänger des jungen Königs gewesen. Die entscheidende Wichtigkeit dieser Hypothese für die Chronologie der Reinmarschen Sprüche macht eine zusammenhängende Erörterung nötig.

Soweit ich sehe, stützt sich Wilmanns Annahme einzig auf die Sprüche 130—134, die er allesammt ins Jahr 1235 verweist, namentlich auf die drei ersten. Wol hängt auch seine Datierung der Strr. 135—140 und einiger anderer Gedichte mit jener Annahme aufs engste zusammen; doch könnte ich in all diesen Fällen Wilmanns ohne Weiteres beistimmen, ohne mich darum zu der erwähnten Hypothese zu bekennen.

Die Sprüche 130—132 bilden nun aber eine überaus unsichere Grundlage. Wilmanns folgert so: in jedem der zwei Sprüche 130. 131 ist die Rede einmal von einem Schuldigen, den der Papst vom Banne löst, dann von einem Unschuldigen, den er mit dem Bannstrahl trifft: allgemeiner gehalten kehre derselbe Gegensatz auch in Spruch 132 wieder: sehe man nun in dem ersten Spruch und in der ersten Person eine historische Beziehung auf Friedrich II. (wie vdHagen IV, 495a und Meyer, Unters. S. 36, das wollen), so müsse man im zweiten Spruch (131) und bei der zweiten Person das Gleiche tun, und zwar müsse die Bannung des Unschuldigen in Zusammenhang stehen mit des Kaisers Befreiung vom Banne: da könne man aber an kein anderes Verhältnis denken als an das Friedrichs II. und seines Sohnes Heinrichs VII. Dieser Schluss liesse sich vielleicht hören, wenn nur seine Voraussetzungen richtig wären. Aber warum muss mann denn in Spr. 131 die *richen* und *armen kint* auf bestimmte historische Personen beziehen? Ja, man darf das gar nicht einmal: wenigstens ein König wie Heinrich VII. kann mit dem *armen habelosen sun* in Spruch 131 unter keinen Umständen gemeint sein: hatte er doch nicht nur an den Lombarden eine reich fliessende Geldquelle (vgl. Rohden, Forschgn. z. dtsch. Gesch. XXII, 371, Anm. 6). Das Gleiche gilt von Spr. 132. In Str. 130 meint der Abgesang allerdings ein bestimmtes Ereignis, den Frieden von San Germano: die Stollen sind aber auch hier ganz allgemein gehalten, und sie allein bringen um des Contrastes willen den weissen Mann, den der Papst anschwärzen wolle: auch hier ist Wilmanns Forderung, man müsse in dem gebannten Unschuldigen eine historische Person nachweisen, unberechtigt. Gerade bei diesem Spruch 130, dem Ausgangspunct der Wilmannsschen Schlussfolge, kommt nun noch das Bedenken hinzu: wie erklärt sich die ausführliche, leidenschaftliche Kritik des Friedens von San Germano in einem (nach Wilmanns) fünf Jahre später gedichteten Spruche? Wenn der Dichter bei der Bannung Heinrichs VII. etwa einen kurzen Seitenblick auf die Absolution des Kaisers werfen würde, so wäre das begreiflich: in Spr. 130 spielt aber der Hinweis auf den Frieden von San Germano die Hauptrolle; der Bannung des Unschuldigen wird nur ganz nebenbei gedacht, und dabei ist der Protest gegen jenen Frieden so unmittelbar hitzig und gereizt, dass er nur unter dem frischen Eindruck der Tatsache entstanden sein kann. Ueberdies risse Wilmanns Datierung eine Lücke von über 6 Jahren (Anfang 1229 bis Mitte 1235) in die sonst ziemlich zusammenhängende Reihe politischer Dichtungen Reinmars.⁵²) Warum ferner Spr. 131. 132 nicht anderen Ereignissen gelten können als Str. 130, warum die Bannung des armen Schuldlosen notwendig in Zusammenhang stehen müsse mit der Lösung des Schuldigen, das vermag ich nicht einzusehen. Spr. 133. 134 endlich vertragen sich mit der Wilmansschen Datierung recht gut, können sie aber bei dem absoluten Mangel jeder besondern Beziehung zum mindesten nicht stützen. So ergibt vorsichtige Interpretation der Sprüche 130—134 keineswegs das, was Wilmanns aus ihnen heraus lesen wollte: und es entscheiden gegen ihn die politischen Verhältnisse, denen nach seiner Ansicht die Sprüche entsprossen sein müssten.

König Heinrich VII. war nach den dürftigen Zeugnissen, die wir über seinen Charakter und sein Privatleben besitzen (vgl. Böhmer, Reg. imp.¹ p. LIX; Rohden, Forschgn. z. dtsch. Gesch. XXII, 371, Anm. 2), aus ganz anderm Holze geschnitzt, als Friedrich von Oestreich, dem man ihn als misratenen Sohn eines tüchtigen Vaters gerne verglichen hat. Von Friedrichs Energie und Kraft hat Heinrich nie etwas besessen, jedoch auch nichts von seiner Rohheit: er war eine liebenswürdige Natur, aber ohne jede Festigkeit des Charakters; halsstarrig nur in seinen Launen, sonst politisch wie sittlich völlig unselbständig, sank er bald zu einem gefügigen Werkzeug seiner Umgebung herab. Die Inconsequenz und Zerfahrenheit seines Handelns erklärt sich aus dem Zwiespalt der eignen Schlaffheit, die vor jedem extremen Schritte zurückschreckte, mit dem Drängen der vornehmen Ministerialen des Hofes, die den eifersüchtigen Trotz des jungen Mannes für ihre hochfliegenden Pläne auszunutzen suchten. Sympathieen kann weder dieser König erwecken noch seine Sache: Heinrichs jäher Sturz ist kaum kläglicher als die unerfreuliche Rolle, die er während seiner Regierung, namentlich seit der Zusammenkunft in Aglei 1232, spielt. Alle die Klagen, die Heinrich in dem bekannten Manifest vom 2. Sept. 1234 gegen seinen Vater vorbringt, — und er übergeht sicher nichts, was er mit einem Schein des Rechtes für sich geltend machen konnte — sind so ausserordentlich unbedeutend oder aber so ganz unbegründet und nur auf schiefer Auffassung der Verhältnisse ruhend, dass gerade diese Rechtfertigung zu Heinrichs schärfster Anklage wird. Heinrichs Anhänger hegten denn auch herzlich wenig Vertrauen zu ihrer guten Sache; sowie Friedrich ohne Heer aus Italien nahte, legten sie die Waffen, fast ohne Widerstand, augenblicklich nieder.

Unter diesen Umständen würde es von einer wahnwitzigen Verblendung des Dichters zeugen, wenn wirklich die Sprüche 130—134 auf den Streit zwischen Friedrich II. und König Heinrich gemünzt

---

82) Auch die Verbindung von Spruch 130 mit den vorhergehenden zu einem Liederbuch in C¹² deutet auf seine Zusammengehörigkeit mit den früheren, nicht, wie Wilmanns will, mit den späteren Strophen hin.

wären, wenn wirklich Str. 132 dem rebellischen Sohn ohne weiteres das *Reht*, dem strafenden Vater das *Unreht* zuwiese; diese Verblendung wäre kaum zu rechtfertigen, wenn Reinmar am Hofe des Königs selbst gelebt hätte, wie Meyer, Unters. S. 26, aus ungenügenden Gründen schloss. Wilmanns (S. 440) teilt keineswegs diese Meinung, der ebenso Reinmars eigene Angabe Spr. 150 widerspricht, wie die Kunstrichtung jenes Hofes, an dem Gottfried von Neifen und Burkart von Hohenfels den Ton angaben. Ihm genügt als Motiv für Reinmars Anschauung der Einfluss Herzog Friedrichs des Streitbaren: Reinmar selbst traut er weder Urteil noch Gesinnung zu, und lässt unsern armen Dichter nicht weniger als achtmal die Farbe wechseln. Ich habe von dem Politiker Reinmar ein anderes Bild gewonnen. Einen scharfen staatsmännischen Blick beweist er nie (vgl. S. 33), und auch mir ist es wol glaublich, dass die an seinem jeweiligen Aufenthaltsorte herrschende politische Stimmung auf ihn nicht ohne Einwirkung blieb: wie könnte es auch anders sein, da jeder Bericht, der ihm zu Ohren kam, natürlich in dem Lichte gehalten war, das der Auffassung des betreffenden Hofes entsprach? So erklärt sich Reinmars Gesinnungswechsel vom Jahre 1239. Irrtümer hat er sich wol zu Schulden kommen lassen, nicht gesinnungslosen Wankelmut oder gar ein bewusstes Aufopfern der eignen Ueberzeugung um des Gebieters willen. Es gehörte aber schon eine eiserne Stirn dazu, wenn der Verfasser des Spruches 127 mit Bezug auf Friedrich II. zu sagen wagte (131, 4. 5): *diu selben (richen) kint sint im (dem bâbest) sô trût, daz er ungerne quaeme mit slegen üf ir deheines hût.* An *slegen* auf Friedrichs *hût* hatte es Gregor doch wahrhaftig nicht fehlen lassen! Stand nun gar Reinmar in Wahrheit so schlecht zu seinem Landesherrn, wie ich S. 37 fg. glaubte annehmen zu müssen, so ist es doppelt unwahrscheinlich, dass er sich den politischen Launen seines ungnädigen Herzogs sollte gehorsamst anbequemt haben.

Endlich aber und hauptsächlich steht es keineswegs fest, dass Friedrich der Streitbare Heinrichs VII. Anhänger gewesen ist. Das Verhältnis des östreichischen Herzogs zu dem rebellischen König ist leider bei dem Mangel aller authentischen Zeugnisse recht unklar; während Schirrmacher I, 243. III, 4 und auch Winkelmann S. 461. 467 sich sehr vorsichtig aussprechen, behandeln einige Neuere, ausser Wilmanns S. 441 auch Krones, Handbuch der Geschichte Oestreichs I, 623 und Dargun, König Heinrich VII. (Forschungen Bd. XIX, S. 364) ein Bündnis der beiden jungen Fürsten als unbedingt erwiesen. Dem gegenüber leugnet Ficker (Herzog Friedrich II. S. 35 fgg.) jeden Zusammenhang zwischen dem König und dem Herzog und stellt sich damit auf einen Standpunkt, auf den auch mich die Quellen geführt hatten, den auch Hubers bewährte Umsicht (Geschichte Oestreichs I, 409) sich zu eigen macht. Ich fasse die entscheidenden Momente kurz zusammen.

Dass Heinrich VII. bis zum Jahre 1232 mit seinem Schwager auf gespanntestem Fusse lebte, ist zweifellos: Heinrich zeigte starke Neigung, sich von seiner Gattin Margareta, Friedrichs Schwester, scheiden zu lassen; dann verlangte er von seinem Schwager die noch nicht aus-

gezahlte Mitgift, und namentlich durch diese Zumutung verscherzte er
die Freundschaft des Herzogs völlig. Hatten die beiden Jünglinge also
damals schon ihre Kinderfreundschaft so ganz vergessen, wer möchte
da mit Jul. Ficker (Mittlgn. d. Inst. f. öst. Gesch. I, 303) aus ihr
ein späteres angebliches Zusammenhalten 1235 ableiten und erklären?
Erst im Mai 1232 brachte Kaiser Friedrich zu Pordenone mit persönlichen
Opfern wieder notdürftige Versöhnung zwischen den Beiden zu Stande
(Ficker p. 32. 33). Bald darauf sollen die Schwäger sich enge an-
einander geschlossen haben, und als Beweis dafür wird gerne angeführt,
sie hätten 1233 an Otto von Baiern einen gemeinsamen Feind gehabt:
ja Krones weiss a. a. O. S. 623 sogar zu erzählen, Heinrich habe
Mai 1233 den Reichsmarschall Anselm von Justingen, den spätern
diplomatischen Leiter des Aufstandes, mit „geheimen Aufträgen" nach
Wien geschickt, um sich mit Friedrich gegen den kaiserlich gesinnten (?)
Baiernherzog zu verbünden. Vermutlich ruht diese Angabe ebenso wie
Hubers (Geschichte Oestreichs I, 407) entsprechende, aber vorsichtigere
Vermutung einzig darauf, dass Anshelmus de Justinge am 1. Mai und
2. Juni 1233 in Urkunden Friedrichs des Streitbaren begegnet (Meiller
S. 151, No. 16. 17). — Jenes Bündnis gegen Baiern [83] ist um so
weniger glaublich, als die Grenzstreitigkeiten zwischen Oestreich und
Baiern sich schon v o r Johanni abspielten (Schirrmacher III, 230; Ficker
S. 22 Anm.), während Heinrich erst im August den Herzog Otto be-
kriegte. Der Anlass dieser Expedition des Königs ist sehr dunkel: nach
Winkelmanns Vermutungen (Forschungen I, S. 31, Anm. 3) lag der
Grund in Ottos Widerstand gegen hochverräterische Pläne des Königs,
und das verträgt sich mit der sicher erlogenen Ausrede 'cum propter
causas quasdam junior dux Bavarie manifeste se opponeret patri
nostro' in Heinrichs Rechtfertigungsschreiben (Huill.-Bréh. IV, 683)
jedesfalls besser als Winkelmanns spätre, nur durch eine ganz verworrene
Stelle der Trudperter Annalen unterstützte Annahme (S. 450, Anm. 1),
Heinrich VII. habe vielleicht Friedrich dem Streitbaren helfen wollen.
Die Hilfe wäre doch gar zu spät gekommen.

Sei nun auch im Jahre 1233 das Einverständnis der beiden Fürsten
nicht zu erweisen, so gilt doch im Jahre 1235 ihr Bündnis in der
Regel als völlig gesichert; für Dargun bildet Heinrichs Vertrauen auf
die Unterstützung des Schwagers den Punkt, von dem aus die sonst
unbegreiflich leichtsinnige Rebellion überhaupt nur zu begreifen sei
(Forschungen XIX, 364).

Meines Wissens wird eine Art von Einverständnis zwischen Heinrich
und Friedrich angedeutet nur in dem nach 1250 verfassten und diesen
deutschen Dingen recht fern stehenden chronicon Siculum breve (Huill.-
Bréh. I, 2, 905) und allenfalls in einer confusen Stelle der ann. Scheftlarn. M.SS. XVII, 340 (vgl. auch Pulkava, Monum. hist. Boh. III 215),

---

83) In den ältern östreichischen Geschichtswerken spukt dies Bündnis zwischen
Friedrich und Heinrich allgemein; die Quelle aber ist wieder einmal Hanthalers
berüchtigtes Chronicon Pernoldi (Fasti Campilil. II, 1314), dessen Unechtheit
ausser Frage ist.

deren Bericht über Heinrichs Empörung in krausem Gewirr wahre und
halbwahre Notizen zusammenhangslos durcheinander wirft (vgl. Rohden,
Forschgn. XXII, S. 402 fgg.): von einem Bündnis wissen selbst sie
Nichts. Dagegen hebt die wertvolle continuatio Eberbacensis des Gottfried von Viterbo M.SS. XXII 348, die gerade Heinrichs Aufstand mit
Detailkenntnis erzählt, ausdrücklich hervor, Heinrich habe *aliquos Teu-
tonie comites et quosdam nobiles*, aber keine Fürsten auf seiner Seite
gehabt. [84]) Für mich ist allein schon entscheidend das vollständige
Schweigen des Kaisers in dem oft erwähnten Briefe an den Böhmerkönig
(Huill.-Bréh. IV, 852 fg.), in dem er einen so schwerwiegenden An-
klagepunkt wie ein Complot mit dem hochverräterischen Sohne unter
keinen Umständen übergehen durfte, wenn Friedrich auch nur den leisesten Verdacht in ihm rege gemacht hätte.·

Und mit diesen Zeugnissen stehen die Tatsachen im vollsten Einklang. Als Friedrich II. ohne Heer durch Steiermark zieht, denkt der
Herzog nicht daran, dem Wehrlosen den Weg zu verlegen, ja er begrüsst ihn zu Neumarkt persönlich: als ihm dort freilich ein Erpressungs-
versuch misglückt, kündigt er störrisch wie immer dem Kaiser den
Gehorsam auf, weder aber behindert er ihn auf der weitern Reise, noch
fällt es ihm ein, sich seines angeblichen Bundesgenossen Heinrich sonst
irgendwie anzunehmen. Im Gegenteil, während sich draussen im Reich
in wenig Wochen das Geschick des unglücklichen Königs vollzieht, rauft
sich Herzog Friedrich auf eigne Faust mit Böhmen und Ungarn herum.
Dargun sieht nun zwar in diesen Kriegen den Grund, warum Friedrich
seinem Schwager nicht helfen konnte: aber jene Kriegszüge begannen erst
n a c h der Zusammenkunft in Neumarkt, und nach der ausdrücklichen
Angabe des Kaisers, wozu auch ann. Mellic. s. a. 1236 und die etwas
unklare Notiz des chron. Erphord. [85]) (M.SS. XVI, 30) zu stimmen
scheinen (dagegen contin. Sancruc. II s. a. 1235), hat Friedrich, nicht
Wenzel und Andreas den Krieg b e g o n n e n oder wenigstens verschul-
det. Dieser Krieg, noch mehr ein kindischer Trotz und Groll gegen den Kaiser, wie er ihn schon früher bewiesen, als er die Reichstage zu Ravenna und Aglei nicht besuchte, verleiteten den Herzog,
auch den Tagen zu Mainz, Augsburg und Hagenau fernzubleiben, nicht
aber hielten ihn Beziehungen zu Heinrich VII. zurück, wie sichs die
ann. Scheftl. (M.SS. XVII, 340; vgl. oben S. 46) zurechtlegen. [86]) Es

---

84) Das ist freilich nur dann richtig, wenn der Chronist ausschliesslich an
weltliche Fürsten denkt: unter den geistlichen Fürsten hatte Heinrich einige wenige
Anhänger gewonnen.

85) *Transiens vero Austriam, dum discordiam que inter regem Boemie ac ducem
Austrie fuerat exorta conabatur sopire, non valebat propter intollerabilem superbiam
ducis ac stultitiam rege tamen parato ad compositionem. Sed dum flecti non va-
luisset, rex idem Boemorum regem Ungarie cum ceteris quatuor regibus in auxilium
advocans terram ducis ingressus est cum eodem committens in mense Julio.*

86) Wenn Dargun, Forschungen XIX, 366 die Mitteilung der annal. St. Rud-
berti Salisburg. M.SS. IX, 786 s. a. 1235, Friedrich habe keine Getreideausfuhr
nach dem obern Donaulande gestattet, dahin auslegt, Friedrich habe dadurch den
Heinrich VII. feindlichen Salzburger Bischof chicaniren wollen, so legt er der

bleiben endlich noch zwei Ereignisse aus der Zeit nach Heinrichs Sturze
übrig, die allgemein (auch von Wilmanns S. 441) als besonders
gravierende Symptome eines vorherigen Einverständnisses der beiden
Fürsten ins Feuer geführt werden. Seit dem 11. Nov. 1236 (Meiller,
Reg. Bab. S. 156, No. 40) erscheint der tätigste Anhänger Heinrichs VII.,
Anselm von Justingen, sehr oft in Urkunden Friedrichs II.[87]) Sehr
begreiflich! War doch der Babenberger der einzige deutsche Fürst, der
mit dem Kaiser ebenfalls nicht zum Besten stand und auf des Kaisers
Wünsche geflissentlich keine Rücksicht nahm: zu weitern Schlüssen berechtigt Anselms Aufenthalt in Oestreich nicht. Und nun gar der an-
gebliche Versuch des Herzogs, den gefangenen König zu befreien! Winkelmann II, 47 führt diesen früher unbestrittenen Versuch auf eine eklatant
misverstandene Stelle der kaiserlichen Klageschrift (Huill.-Bréh. IV, 856)
zurück und zerstört damit die einzige Stütze, welche die Annahme eines
Bündnisses zwischen König und Herzog in den Ereignissen selbst
finden konnte.

Und ist jenes Bündnis denn aus irgend einem Gesichtspunkte wahrscheinlich? Man ist nur zu geneigt, die beiden ungezügelten, schlechten
Fürsten sich als Bundesgenossen zu denken: aber *zwene gliche herte
steine malent selten kleine.* Wie wenig konnten sich die Beiden vertragen, bevor der Kaiser sie im Mai 1232 aussöhnte! Der Kitt ihres
Bundes konnte nur etwa die Feindschaft gegen den Kaiser sein: die
aber war für Friedrichs Kirchturmpolitik kein Grund zum Aufstande,
so lange ihn unmittelbar der Kaiser in Ruhe liess. Dagegen entsprang
Heinrichs VII. Aufstand gewichtigen Motiven, die des Herzogs Interessen
schnurstracks zuwiderliefen. Nitzsch, Staufische Studien (in Sybels histor.
Zeitschr. III, 394 fgg.), betont es, dass die Seele des Aufruhrs die vornehmen Ministerialen Schwabens gewesen sind: dass Heinrich VII. in
den deutschen Städten seine natürlichen Bundesgenossen sah, beweisen
seine zahlreichen Erlasse zu Gunsten der Bürger aus der Zeit vor Aus-
bruch der Rebellion. Es handelte sich um einen Ansturm des Adels
und eines Teils der Städte gegen die souveraine Macht der Fürsten,
und ihr einmütiger Anschluss an den Kaiser trotz Heinrichs Versuchen,
sie zu gewinnen, beweist, dass sie die Situation klar genug überschauten.
Wenn aber einer, so hatte der despotische Friedrich II. von Oestreich
ein Interesse an der Wahrung seiner Landeshoheit: Niemand sprang
willkürlich wie er mit seinen Untertanen um, Niemand beugte rücksichtslos wie er jeden Eigenwillen seines Adels, und er gerade sollte ein
Unternehmen begünstigt haben, das darauf ausgieng, die Selbständigkeit
von Ministerialen und Bürgern zu stärken? War nun aber ein Einverständnis des Herzogs mit dem rebellischen König gar nicht vorhanden,

ganz geringfügigen Massregel, die *consilio Judeorum,* also aus rein finanziellen
Gründen unternommen war, eine politische Bedeutung bei, an die der Herzog
schwerlich gedacht hat; vgl. Ficker a a. O. S. 44.

87) Möglicherweise hat wie er auch ein andrer vornehmer Parteigänger des
Königs, Ludwig von Schipf. 1236 in Oestreich eine Stätte gesucht (Schirrmacher
III, 233); in Urkunden Herzog Friedrichs tritt er aber nirgend als Zeuge auf.

so zerbröckelt damit auch der letzte Stein des politischen Fundaments, auf dem Wilmanns seine Deutung der streitigen Sprüche (130—134) aufbaute.

Reinmar in Böhmen.

Nach Böhmen zog es unsern Dichter vornehmlich um des Landesherren willen (150,3). König Wenzel I., der seit 1230 auf dem Throne der Premysliden sass, war nach der mageren Kunde, die wir über seine Persönlichkeit besitzen, ein tätiger, wohlmeinender Fürst und nicht unwürdig des Lobes, das ihm Reinmar Str. 149 spendet, wenngleich ihm seines Vaters rastlose Energie mangelte. Wie dieser arbeitete er mit Erfolg auf das Ziel hin, Böhmens Machtstellung in Deutschland durch Kriege und eine geschickte, freilich nicht sehr gewissenhafte Politik möglichst zu festigen, und er setzte seinen ganzen Ehrgeiz darein, auch äusserlich aufzutreten, wie es seiner Macht entsprach. Selbst ein grosser Freund von Frauen, Jagd und Festen, entfaltete er an seinem Hofe eine unerhörte, dem kaiserlichen Hofe wenig nachstehende Pracht, die in unsern Quellen keineswegs unbedingte Billigung findet. Seine *milte*, die auch Reinmar 149, 1—5 rühmt, wird allgemein hoch gefeiert.[88]) Bei Dalimil heisst er in einer Kapitelüberschrift (Font. rer. Bohem. III 179) geradezu *Weneclab der milde hiz in sin grab;* seine Jedermann offne Hand preist der Dichter der Kreuzfahrt Landgraf Ludwigs V. (hersg. von vdHagen, V. 5425—5433), und Pulkawa (bei Dobner, Monumenta historiae Boemiae III 215) berichtet zum Jahre 1233 eine höchst abenteuerliche Geschichte von Wenzels unglaublicher Freigebigkeit. Dass er auch den *gernden* gegenüber nicht kargte, das rühmt ihm ausser Reinmar noch Meister Sigeher nach, der ihn mit dem mildeu Frute vergleicht (HMS II, 362 b), und wol auch Friedrich von Sunburg, der gar Kosdras und Saladin heranzieht, um dem *milten wunderere* gerecht zu werden (HMS II, 355 b; vgl. Zingerle, Friedrich von Sonnenburg S. 15). Beide Dichter waren, wie Reinmar, Vertreter jener nüchtern lehrhaften Spruchdichtung, die im Laufe des 13. Jahrhunderts gerade in Mitteldeutschland den rechten echten Minnesang mehr und mehr aus der Gunst des Publikums verdrängte. In Sigehers Sprüchen klingt manch Nachhall aus Reinmars Gedichten leise an. Des Königs Interesse für deutsche Poesie gieng vielleicht so weit, dass er selbst sich im deutschen Minnelied versuchte[89]); jedesfalls war der Gemahl der staufischen Prinzessin Kunigunde deutscher Art nicht feind, durch seinen Günstling

---

88) Vgl. Feifalik, Ueber König Wenzel von Böhmen als deutschen Liederdichter, Sitzungsberichte der Wiener Akademie, phil.-hist. Klasse Bd. XXV, S. 325. 333 fgg.
89) Vgl. Nebesky, Anzeiger für Kunde der deutschen Vorzeit 1854, S. 297; 1855, S. 1 fgg.; Mor. Haupt, Sitzungsberichte der sächsischen Gesellschaft der Wissenschaften Bd. I, 257 fg.

Oger von Friedberg kamen die Anschauungen und Bräuche deutschen
Rittertums auch am Prager Hofe zur Geltung, so mistrauisch die Stock-
czechen sie aufnahmen (Dalimil, Font. rer. Bohem. III 177), und Wenzel
verschloss sich nirgend der Erkenntnis, dass feinere Sitte am Hofe, wie
eine bis in die tieferen Schichten herabreichende Kultivierung nur er-
reichbar sei durch möglichst starken Zufluss von deutschen Elementen
nach Böhmen. So begünstigte er denn auch Reinmars Uebersiedlung:
dass dieser mit Herzog Friedrich zerfallen war, konnte ihm in Prag
nur zur Empfehlung dienen (vgl. Ulrich von Liechtenstein 503, 19 fgg.).

Trotz all der *milte* und Deutschfreundlichkeit Wenzels erwuchs
Reinmar auch am Prager Hofe kein dauerndes Glück: selbst sein
Verhältnis zum König scheint sich allmählich getrübt zu haben. Un-
bedingtes Lob, entsprungen aus freudigem Vertrauen und Hoffen, er-
tönt nur aus dem Preisgedichte 149, das ich daher in den Anfang
des Böhmer Aufenthaltes setze. Dass die Schlusszeilen der Strophe ' *diu*
sunne zimt niht baz dem tage, danne der edele crônetrage ûz
Bêheimlant Gote unt uns zeinem vürsten' nicht den Zweck haben,
Wenzel zur Kaiserwahl zu empfehlen, darin gebe ich Meyer (Unters.
S. 43) Recht. Suchen wir nun aber in diesen Worten keinen tiefern
Sinn, so ist nicht zu leugnen, dass der pointelose Schluss ' er passt
gerade recht für uns' nach dem hyperbelhaften Lobe, das vorhergeht,
auffallend matt wirkt. Jene Worte gewinnen sofort ein andres Ansehen, wenn wir annehmen, Spr. 149 sei entstanden beim ersten Zusammentreffen Reinmars mit Wenzel, vielleicht noch in Stadelau, und
V. 12 enthalte die verschämte Bitte an den König, ihn, den Dichter,
aufzunehmen: dazu passt vortrefflich der Platz des Spruchs an der
Spitze der Böhmerhofsprüche und der zweifelhaft fragende Ton V. 1—3,
der verrät, dass der Dichter der *milte* und Gunst des Königs sich noch
nicht sicher fühlt.

Sein Wunsch wurde Reinmar erfüllt: aber glaubte er, nun nach
den traurigen Tagen in Oestreich das ersehnte Asyl voll Ruhe und Anerkennung gefunden zu haben, so irrte er sich schwer. Aus **Spruch 150**
spricht die erste bittere Enttäuschung: nur am König findet der Dichter
einen Halt, die Grossen am Hofe achten ihn gering, und er vergleicht
sich sehr hübsch einem Schachspieler, der nur den König, sonst
keine einzige Figur mehr besitze. Dass die sorgenden Gedanken der
150. Str. nur zu begründet waren, lehren die folgenden **Sprüche 151—**
157, die sich sämmtlich auf den Böhmer Aufenthalt beziehen werden [90]);

_____   _____

90) Darauf führt sowol ihre Stellung in der oft erwähnten Sammlung hin,
wie ihr Inhalt, der sich den Klagen von Str. 150 gut anschliesst und in sich
wohl zusammenhängt. Nur schliesse man auf ihre Entstehung in Böhmen nicht
aus dem bildlichen Gebrauch des Löwen und des Adlers 152, 6—9,
wie das vdllagen HMS IV, 497a; Feifalik a. a. O. S. 346, Anm. 49; Meyer
Unters. S. 8 tun. Zwar belegt es Feifalik a. a. O. durch mehrere Beispiele, dass
namentlich der Löwe als Böhmens Wappentier den König von Böhmen oder
sein Land bedeute: ich füge hinzu die zu unserer Stelle besonders passende
cantilena de rege Bohemie, eine Totenklage auf Ottokar II. von einem Unge-

sie gehören zu Reinmars besten Schöpfungen, da der Dichter es im
Drange persönlichster Erregung einmal über sich gewinnt, ein wenig
aus sich herauszutreten. Aus ihnen, die von wachsender Erbitterung
zeugen, ergibt sich Reinmars Leidensgeschichte: *bœse günner*, jedesfalls
vornehme Adlige des Böhmer Hofes, haben den Dichter nicht nur selbst
misachtet und unwürdig behandelt (150,6. 8), sondern durch Ränke und
Verleumdung (151,7—12) auch des Königs Huld ihm entwandt: mit tiefem
Kummer muss der Dichter sehn, dass sein Herr Lügner, Schmeichler und
Feiglinge mit seiner Gunst begnadet (152—155), und dass seine eigenen
Worte an dem verderbten Hofe keinen fruchtbringenden Boden mehr
finden (156). Die einzige Waffe, die ihm seinen Feinden gegenüber zu

nannten (herausg. von Böhmer, Zs. IV, 574): *er was ein löw an gemüte, ein
adler an gü(te*; ein Spruch Heinrichs v. Mügeln zu Ehren Karls IV. beginnt:
dem wisen louwen lop üz mines herzen mar flüzt sint in milde vant in einem adelar
(Schröer, Wiener Sitzungsberichte, phil.-hist. Classe, LV, 461), und noch deutlicher heisst es von demselben Fürsten in Heinrichs Gedicht *'der meide cranz'*:
*sins arn und sines louwen müt lacht wanne er adelichin tüt . . . . der louw be-
dütit Bêmer lant* (Schröer, ebda. S. 462). Aber Feifalik selbst macht a. a. O.
S. 347 und Anm. 51 ausdrücklich darauf aufmerksam, dass Wenzel I. nur den
Adler im Wappen geführt habe und erst Ottokar II. den Löwen annahm, um
seine Truppen von denen des Vaters zu unterscheiden; vgl. auch Pubitschka, Chronologische Geschichte Böhmens, Bd. V, 452 fgg. Dadurch verbietet sich völligens
Beziehung des arn und *lewen* 152,6 und 9 auf das Böhmer Wappen. Wie nun
die willkürlich herausgegriffenen Tierbeispiele der Vv. 1—5 eben nur den Gedanken veranschaulichen sollen: 'es gefällt mir nicht, trotzdem ich der Bessere bin,
Schlechteren nachgesetzt zu werden', ebenso könnten die beiden beliebtesten Wappentiere, die Symbole der zwei Cardinaltugenden des vornehmen Mannes, *milte*
und *manheit*, ohne besondre Anspielung gewählt sein, um dem Entschluss Ausdruck zu geben: 'ich will nicht Herold eines Unwürdigen sein!' Die rechte
polemische Schärfe gewinnt der Spruch aber doch nur, wenn Adler und Löwe
oder wenigstens der Löwe auf bestimmte Wappen abzielen: nicht auf das Wenzels,
den schwerlich ein Vorwurf der Kargheit oder gar Feigheit treffen sollte, wohl
aber auf die Wappen jener *basen günner*, der vom Könige begünstigten *zagen*
und *lugenœre*, denen die Sprr. 153—155 gelten. Dass z. B. die böhmischen Herren
von Michelsberg den Löwen im Wappen führten, vermutet Feifalik a. a. O.
Anm. 49; wir wissen es von den Brüdern Siegfried und Kadolt Orphanus (Liecht.
485.28; Helbl. 13,74). Ich glaube um so mehr an eine solche spezielle Beziehung,
als in Str. 156, V. 5. 6 etwas entsprechendes wiederzukehren scheint: ich würde
selbst bei dem unsinnlichen Reinmar nicht diese geschmacklosen Verstösse gegen die
bildliche Einkleidung für möglich halten, wenn nicht die Hähne, Nachteulen und
orfen (Fische!), die dort den vom Dichter ausgestreuten Samen bekräben, ebenfalls
auf Spitznamen oder heraldische Abzeichen hindeuteten, wie das bei Bruder Wernhers
moyn, irch, hirz und *rint* (HMS III, 12a) längst anerkannt ist (vgl. HMS IV, 520 b
u. Anm. 4, auch 518 b, Zeile 7). — Da Reinmar in Str. 156 sein Bild so wenig festhält,
so ist aus dem Zusammenhang nicht zu entnehmen, was er sich unter den Wilzen
156,7 vorstellt. Sollten diese räthselhaften Wesen zusammenhängen mit jenem
slavischen Volke der Wilzen, dem Notker nachsagt, es verzehre seine Eltern, das in
die Sage übergieng und zu Reinmars Zeit verschollen war (vgl. Marner XV, 268;
Müllenhoff, Zs. XII, 343), so könnte sich durch den Hinweis auf diese slavische
Sage verraten, dass der Spruch in Böhmen entstanden ist: Wilzen wär vielleicht
ein Spottname für die Czechen. Ad. v. Keller, Fastnachtspiele II S. 658 (Stuttg.
lit. Verein Bd. XXIX) vermutet, dass Rosenplüts Wiletzkinder (Belialskinder,
ungeratene Söhne, die unehrliche Gewerbe treiben) noch auf jene Wilzen zurückgehen, die in der Sage zu frevelhaften Unholden geworden sein müssten.

Gebote steht, das Wort, richtet er wol mit aller Wucht des Grimmes auf
die Gegner (157. 151,1—6), aber dadurch wird er weder jenen geschadet,
noch seine Lage am Hofe gebessert haben.
Es begreift sich dies Misgeschick aus den Zuständen am Prager
Hofe. Reinmar war eine zu vornehme Natur, um sich gefügig zu schmie-
gen, wie es Sigeher und Sunburg getan haben mögen, und er hat
gewiss auch grössere Ansprüche gemacht, als jene armen Fahrenden.
Eine Stellung, wie er sie wünschte, konnte der deutsche Sänger aber an
dem czechischen Hofe nicht gewinnen: dazu war der einheimische Adel
doch zu mächtig und zu eifersüchtig auf die Ausländer, dazu stand Reinmar dem Könige doch nicht nahe genug. Wenzel war sehr viel abwesend vom Hofe; er liebte es, lange Zeit in der Einsamkeit der Liebe
und der Jagd zu fröhnen (vgl. vita Wenceslai MSS. IX, 167; Font. rer.
Boh. III, 564); nicht selten *begunde her in dem walde czu wonen vnd
lag stetiglichen vff burgelyns vnd achte Prage nichtis niht* (Font.
rer. Boh. III, 288). Unter seinen wenigen Begleitern auf diesen Aus-
flügen ist der sittenstrenge Reinmar natürlich nicht gewesen; zu den
einflussreichen Vertrauten des fröhlichen Fürsten, wie der gewante, tapfere
und lebenslustige deutsche Ritter von Friedberg einer war, kann Reinmar
seiner Art nach niemals gehört haben. Begegnet sein Name doch auch
nie unter den Zeugen der zahlreichen Urkunden Wenzels.[91]) Diese Zeu-
genreihen können uns ein Bild von der Umgebung des Königs ent-
rollen. Deutsche Namen sind hier noch sehr, sehr selten, und es beweist diese Seltenheit zur Genüge die damals noch völlig dominierende
Stellung der Czechen am Hofe. Von der Gesinnung nun, die die einheimischen Grossen den vom Könige begünstigten Deutschen entgegen-
brachten, davon kann uns Dalimils Auffassung des Aufstands Ottokars
gegen seinen Vater einen Begriff geben.[92])
Dalimil sieht Ottokars Rebellion an als entsprungen dem Hasse gegen
die von Wenzel bevorzugten und verschwenderisch beschenkten Deutschen.
Einige Herren, gegen die Fremdlinge erbittert (Font. rer. Bohem.
III, 179), deren Treiben die Armut ins Land brachte, namentlich ein Land-
herr Stibor und sein Sohn Jarosse reizen den Kronprinzen zur Auflehe-
nung gegen den Vater. Anfangs sind sie auch vom Glücke begünstigt
*vnt wo si ein Tutschin sahin, den wolden si zcu tode slahin. Si
behabtin in mit der hab vnd snitin im dy nasin ab* (III, 180). Diese
Darstellung ist freilich unrichtig: Ottokars Aufstand kann um so weniger durch Deutschenhass allein begründet werden, als Ottokar II. als
König bekanntlich die Deutschen viel mehr noch bevorzugte als sein

91) Nachgesucht habe ich bei Boczek, Cod. diplomat. et epistol. Moraviae
Bd. II und in Erbens Regesta Bohemiae, Abhandlungen der böhmischen Gesellschaft der Wissenschaften, 5. Folge, Bd. 8.
92) Leider habe ich nur die deutsche abgeschwächte Fassung (Stuttg. lit. Ver.
XLVIII und Fontes rer. Bohemic. III) benutzen können: das böhmische Original,
das noch viel deutschfeindlicher sein soll (Lorenz, Geschichtsquellen im 13. und
14. Jahrhundert, S. 206 fg.), wäre vielleicht noch ergiebiger gewesen. Ueber Dalimils Quellenwert vgl. Palacky, Würdigung der alten böhmischen Geschicht-
schreiber, S. 118.

Vater (Palacky, Geschichte von Böhmen II, 1. 293): möglich aber, dass die
ihm verbündeten Adligen, welche vielleicht schon selbständig den Kampf
begannen, ehe der Kronprinz noch ihre Führung übernahm (Palacky, a. a. O. II, 1, 130), von der Hoffnung geleitet wurden, durch
ihren Einfluss auf den jungen König die verhassten Ausländer los zu
werden; und es sei nicht vergessen, dass Wenzel I. wirklich nur mit
Hilfe deutscher Fürsten und der deutschen Bürger von Prag den rebellischen Sohn schliesslich besiegte (vgl. z. B. ann. St. Rudb. Salisbg.
M.SS. IX, 789; Fontes rer. Bohem. III, 289). Das Chronicon Colmariense
(M.SS. XVII, 245) datiert die Zunahme der deutschen Bevölkerung in
Böhmen geradezu von Wenzels Siege über den Sohn. Jedenfalls genügt
Dalimils Zeugnis, um die Gesinnung der Czechen gegen die Deutschen
zu charakterisieren, und die Stimmung des Adels gegen unsern Dichter
wird dadurch auch nicht freundlicher geworden sein, dass er, der arme
Eindringling, sich nicht scheute, den mächtigen Herren rücksichtslos
die Leviten zu lesen. Dazu gaben sie ihm Veranlassung genug. Karajan stellt in seinem lehrreichen Aufsatz 'über den Leumund der Oestreicher, Böhmen und Ungarn' (Wiener Sitzungsberichte XLII, 473 fgg.)
eine grosse Anzahl zeitgenössischer in- und ausländischer Stimmen über
die Eigenart der Böhmen des 13. und 14. Jahrhunderts zusammen, und
es lässt sich daraus für manchen Reinmarschen Spruch ein Hintergrund
gewinnen. Neben dem Uebermut und Hass gegen die Deutschen, der
durch zahlreiche Zeugnisse belegt wird, die noch sehr zu vermehren
wären (a. a. O. S. 482—489), sind es besonders zwei Eigenschaften, die
den Czechen immer wieder, selbst von eingebornen Schriftstellern tadelnd
nachgesagt werden. Das ist einmal ihre nach dem Urteil des Böhmen
Peter von Zittau tierische Rohheit, die u. A. auch in widerwärtiger Trunksucht und Unsittlichkeit zu Tage trat (vgl. namentlich die Klagen des
Aeneas Sylvius bei Karajan a. a. O. 473. 482 u. A.) und so manchen
von den Sprüchen 107—115 hervorgerufen haben mag. Namentlich
aber und noch viel entschiedener sind alle Zeugen einig über die Treu-
losigkeit und Verlogenheit der Czechen (bei Karajan S. 476—480): wie
sehr gerade Reinmar unter diesem unbezwinglichen Nationallaster zu
leiden hatte, das zeigen seine Klagen über *valsch* (151,7), *schalkeit* (157,5.
151,10), *hinderrede* (151,11), *untriuwe* (151,12), schmeichlerischen Trug
(154,9), Lügen (155,1 fgg.), *leckerheit* (155,10. 157,1), *der gemâlten
zühte bârât* (156,2. 6. 7), giftige Verleumdung (157); auch die Klagen
über *swinde* und *kündikeit* (122. 123) mögen nach Böhmen gehören.
Wenn Reinmar aber wiederholt über die Feigheit der oder des ihm Vor-
gezogenen sich auslässt (152, 10—12; 153, 7—12; 155, 2 fgg.), so
ist das ein Vorwurf, der die Böhmen im Allgemeinen nicht treffen
konnte; galten sie doch als hervorragend tapfer (Karajan 475); Dalimil
prahlt gar (Font. rer. Boh. III, 166), in Deutschland sage man: '*wer mit
den Behem uicht, der wil wern ein nicht, noch er mag gelebin, er
ist dem tode gegebin.*' Jener Tadel gilt nur dem einzelnen Feigling,
und ich halte es nicht für richtig, die Strophen 152—155 auf bekannte historische Ereignisse, also etwa auf den langwierigen Streit

mit Mähren 1237 oder (Wilmanns S. 462) auf den Einfall der Böhmen in Oestreich, Herbst 1240, zu beziehen, bei dem überdies die östreichische, also den Böhmen ungünstige Quelle, die Cont. Sancruc. (M.SS.
IX, 640) nicht Feigheit, sondern nur *frigus et clamorem pauperum*
als Grund des Rückzuges anführt. Bei Reinmar handelt es sich nur um
Feigheit eines königlichen Günstlings, um locale und private Vorkomm-
nisse, die wir jetzt nicht mehr zu controlieren im Stande sind. Für die
Charakteristik Reinmars sind diese Strophen 152—155, namentlich 153,
von Wert; hier stellt er doch wol sich selbst als den *willerichen*, aber
unbelohnten *schilt* entgegen dem längst belohnten *zagen, marketweilen:*
man sieht daraus, dass Reinmar, wie Wolfram, auf sein *schiltes ambet*
Wert legte und nicht nur mit Worten ein tüchtiger Streiter sein, nicht
nur gleich Frauenlob *des sanges schilt unt anders keinen vüeren*
wollte.

   Neben dem czechischen Adel gab es nun auch eine deutsche Macht
am Böhmer Hofe, die fast nur aus Deutschen bestehende Geistlichkeit,
welche durch den Mund der frommen Schwester Wenzels, Agnes, grossen
Einfluss auf den König hatte, der seine Schwester über Alles liebte (vgl.
Palacky, Geschichte von Böhmen II, 1, 110). Aber diese Geistlichkeit
war hoch ultramontan gesinnt und schon darum schwerlich geneigt, mit
dem alten Gegner des Papstes, Reinmar, sich auf guten Fuss zu stellen.
Die Sprüche 141. 142 zeigen noch dieselbe Abneigung und Misachtung
des Dichters gegen die Pfaffen, wie die östreichischen Sprüche: doch
wird nach Reinmars Abfall vom Kaiser sein Verhältnis zur Geistlichkeit
ein besseres geworden sein.

   An diesem Hofe also, ohne eine dauernd zuverlässige Stütze und
mehr und mehr angefeindet von einem deutschfeindlichen Adel, lebte der
deutsche Sänger sechs bis sieben Jahre lang in immer wachsender Bedrängnis: Nichts weist darauf hin, dass er vor 1241 Böhmen den Rücken
gekehrt habe.

   Die politischen Sprüche, die dem Böhmer Aufenthalte entstammen,
werden durch einen starken Umschwung in den politischen Anschauungen
Reinmars in zwei Gruppen getrennt. In den früheren Strophen 136—
142 ist der Dichter ein unbedingter, bewundernder Anhänger des Kaisers,
in vollem Einklange mit der Gesinnung König Wenzels, der gerade in
den Jahren 1235—1237 Friedrich II. treulich zur Seite stand. Es eröffnet diese Spruchreihe ein begeisterter Hymnus auf den *keiser
Vriderich*. Str. 136, der in langer Aufzählung als begnadet mit allen
Regententugenden gepriesen wird. Der Spruch ist gedichtet während des
Aufenthalts Friedrichs in Deutschland, also zwischen Mai 1235 und
Aug. 1236 oder zwischen Dec. 1236 und Nov. 1237. Er könnte etwa
eine erste Begrüssung des sehnlich erwarteten Helfers sein, von dem
Reinmar Demütigung der Ruhestörer, König Heinrichs und seines An-
hangs, und endliche Wiederherstellung von Ordnung und Frieden im
Reiche erhoffte. Da indessen Reinmar bis dahin dem Kaiser gleichgil-
tig gegenüber gestanden, so wird Spr. 136 in eine Zeit fallen, da Friedrich sich durch die grandiose Sicherheit seines Handelns, durch seine

überraschenden Erfolge so überschwänglichen Lobes würdig gezeigt hatte, also kaum vor Juni 1235. Meyer, Unters. S. 29. und Wilmanns S. 444 vermuten — und ich kann diese Vermutung nur billigen, ob sie gleich natürlich nicht zwingend ist —, dass Spruch 136 bei persönlichem Zusammentreffen des Dichters mit dem Kaiser vorgetragen wurde, und sie denken daher an die Heeresversammlung zu Augsburg Juni 1236, auf der Wenzel von Böhmen in des Kaisers Umgebung erscheint (Böhmer, Reg. Frid. II.², 2176. 2177). Möglich, nicht notwendig! Denn Wenzel begegnet schon viel früher, auf dem Augsburger Reichstage vom October 1235, bei Friedrich II. (Böhmer, Reg. Frid. II.², 2119. 2121),⁹³) und es ist selbst unglaublich, dass Wenzel nicht wenigstens durch Gesante auf der glänzenden Hochzeit Friedrichs zu Worms und dem hochwichtigen Mainzer Reichstage vertreten war: diesen Gesanten kann sich Reinmar angeschlossen haben. Dass auf dem Wormser Hochzeitsfest es von Fahrenden wimmelte, bezeugen uns die annal. Colon. max. (M.SS. XVII, 844), die erzählen, der Kaiser habe die Fürsten gewarnt, *ne histrionibus dona solito more prodigaliter effundant iudicans maximam dementiam si quis sua bona mimis vel histrionibus fatue largitur.*

Auch **Spr. 137** gehört in die ersten Wochen des kaiserlichen Aufenthalts in Deutschland 1235. Es mahnt der Dichter in ihm die *höhen rûner* abzulassen vom *rûnen*: denn der Kaiser höre und sehe Alles, vor seiner Wachsamkeit könne sich Nichts verbergen. Die *höhen rûner* sind die vornehmen Anhänger König Heinrichs.⁹⁴) Eine solche Warnung war am Platze schon von dem Augenblick an, da auch in weitere Kreise das Gerücht von Heinrichs hochverräterischen Plänen drang, also etwa seit der Bopparder Verschwörung Ende 1234. Der zuversichtliche Ton des Abgesangs lässt mich auch hier glauben, dass der Spruch erst entstand, als Friedrich seine Wachsamkeit schon tatsächlich bewiesen, also nicht bevor er den deutschen Boden betrat. Selbst nachdem der König zu Nürnberg seine Unterwerfung angeboten und sich zu Wimpfen der Gnade des Vaters überantwortet hatte, war ein letzter Warnungs-

---

93) Nach Schirrmacher II, 318 hätte Wenzel gar schon dem Mainzer Reichstag (Aug. 1235) beigewohnt; doch geht das aus den Quellen, auf die er sich S. 432, Anm. 4 beruft, nicht hervor: nicht nur das Fehlen seines Namens unter den Zeugen der Mainzer Urkunden und der gleichzeitige Krieg Wenzels mit Oestreich spricht dagegen (vgl. Palacky, Geschichte von Böhmen II, 1. 107), sondern auch die ausdrückliche Notiz der annal. Colon. max. (M.SS. XVII, 844) bei Schildrung des Augsburger Reichstags '*ubi rex Boemie affuit*', die den Rückschluss erlaubt, in Mainz sei er nicht gewesen.

94) Meyer, Unters. S. 92, bezieht eine Strophe Bruder Wernhers (HMS III, 11a), welche die *höhen edeln* vor Acht und Bann warnt, mit gutem Grund auf die gleichen Verhältnisse, unter denen Reinmars Spr. 137 entstand. Eine andere Strophe Wernhers (HMS. II, 229b) mahnt den Kaiser, im Reiche Gericht zu halten, wie ers in Fülle tue: ist damit hingedeutet auf das sizilische Gesetzbuch Friedrichs II., so ergibt das als *terminus post quem* den Sept. 1231: es empfiehlt sich aber, den Spruch mindestens ins Jahr 1234 zu verlegen, als die nahe Rebellion Heinrichs Anhänger übermütig und gesetzlos machte. Anders Meyer, Unters. S. 91.

ruf noch wohl angebracht: denn es scheint, dass Heinrich sogar da noch
das *rünen* nicht aufgab (vgl. die wirren Andeutungen der Quellen in
Böhmers Reg. Heinr. [2] 4383d; Schirrmacher IV, 542 fg.; Rohden,
Forschgn. XXII, 411) und dadurch seine Anfangs nicht unbedingt hoff-
nungslose Lage verschlimmerte. Der Spruch ist gedichtet, bevor in
Worms sich des Königs harte Strafe entschied und dadurch der Kern
der *rüner*, die schwäbische Ministerialität, zu offenem verzweifeltem Widerstand sich gedrängt sah, also Mai oder Juni 1235, spätestens an
den ersten Wormser Tagen. —

Höchst unglücklich und gewaltsam scheint mir die Deutung, die
Wilmanns S. 447 dem Spruche aufzwingt. Seine oben erwogene Hypothese hindert ihn, in den *rünern* Heinrichs Parteigänger zu sehen:
er vermutet in ihnen deutsche Fürsten, die sich angestachelt durch den
Papst den Bemühungen Friedrichs II. um die Wahl seines Sohnes Konrads zum deutschen König entgegenstemmten, und verlegt den Spruch,
wie die Fürstenverschwörung, wieder auf die Augsburger Heeresversammlung vom Juni 1236. Die längere Ausführung, in der er das
Vorkommen solcher Machinationen gegen Konrads Wahl für das Jahr
1236 nachzuweisen sucht, ist sehr anfechtbar. Allerdings erweist ein
Brief Friedrichs an den König von England vom 16. März 1240, dass
Gregor auf dem Mainzer Reichstag bei den Fürsten gegen eine *electio
filii nostri minoris* im Geheimen agitierte (Huill.-Bréh. V, 842; Winkelmann II, 44, Anm. 1). Aber diese Notiz führt höchstens in den
Juli oder August 1235, nicht in den Juni 1236, den einzigen Termin,
den Wilmanns brauchen kann. Auch davon abgesehen ist jene Beziehung durchaus fern liegend, kaum möglich. Sämmtliche Quellen
schweigen von Mishelligkeiten zwischen Friedrich und den ihm damals
treu ergebenen Fürsten. Das Stück müsste sich ganz hinter den Coulissen
abgespielt haben: dann eignete es sich, selbst wenn Reinmar Kenntnis
davon hatte, nicht zum Stoffe eines politischen Spruchs. Wollten die
Fürsten Konrad nicht zum Könige, so genügte einfaches Widerstreben:
es bedurfte keiner Verschwörung; der Kaiser hatte kein Recht, jene Zustimmung zur Wahl zu fordern, er konnte nur durch Bitten und Gunstbezeugungen die Widerspänstigen zu gewinnen suchen: auf seiner Seite
war dann eher das *rünen*. Unmöglich endlich durfte Widerwillen gegen
Konrads Wahl *siner viende lüge* genannt werden, zumal jener Widerstand, wenn er wirklich da war, wenig lebhaft gewesen sein muss, da
Friedrich bald darauf, Anfang 1237, dasselbe Ziel ohne Schwierigkeit
erreichte.

Den Freudenfesten der Wormser Hochzeit folgte Mitte August die
ernste Arbeit des Mainzer Reichstags, zu dem alle Fürsten und Stände
des Reichs, sogar die Lombarden, ausdrücklich eingeladen wurden. Als
Aufgabe jenes Reichstags bezeichnet der Kaiser selbst in der Aufforderung
an die Lombarden (Huill.-Bréh. IV, 947), es solle verhandelt werden
*de tranquillo statu tocius imperii nostri et omnium nostrorum fidelium,
et super iniuriis et offensionibus que hactenus imperio sunt illate*
(vgl. auch Huill.-Bréh. IV, 730. 755), und es stimmt dazu die

Einleitung der Mainzer Constitutionen (Huill.-Bréh. IV, 710), wo es u. A.
heisst: 'auctoritas imperantis in observantia pacis et executione
iustitie quantum terribilis est perversis (vgl. 138,12: der tören
heil hät widersnal gewunnen), tantum est desiderabilis mansuetis.'
Pacem also und iustitiam, vride (138,6) und gerihte (138, 2. 4)
sollte der Reichstag bringen: das verheisst Spr. 138, der nahe vor Er-
öffnung des Reichstags verfasst sein muss, um den 15. Aug. 1235.
Auf das Strafgericht, das den aufrührerischen Sohn und einige geistliche Helfer desselben schon zu Worms betroffen, weist V. 9: vollevert
er als ers hät begunnen zurück: den noch unbesiegten Rebellen, deren
Niederwerfung erst gegen Ende dieses Jahres wirklich gelang (vgl.
Winkelmann, Forschungen Bd. I, 41, Anm. 7),[95]) wie den Herren von
Urach, Neifen, Justingen, wird Strafe mit Sicherheit in Aussicht gestellt,
wie ja wirklich das 11. Kapitel der Mainzer Constitutionen: 'de pena
filiorum qui committunt in patres et fautores eorum' ganz offenbar
gegen sie gerichtet war: sie sind unter den vridebrechen, den schuldehaften, den selphéren herren zu verstehen: namentlich die letzte Bezeichnung trifft die im Streben nach Selbständigkeit zu Rebellen ge-
wordnen Reichsministerialen vorzüglich. Erst in zweiter Linie wird
man bei jenen tumben, die des Kaisers Schwert zu fürchten haben, an
sonstige Störer der öffentlichen Ruhe denken, wie Cap. 3. 5. 6 der
Constitutionen sie erwähnt: dass sich unter König Heinrichs lockerm
Regiment ein gefährlicher Raubritterstand herangebildet hatte, zeigt
Heinrichs Brief an den Hildesheimer Bischof (Huill.-Bréh. IV, 683). —
Wilmanns (S. 445) bekämpft diese schon von Meyer, Unters. S. 27 fgg.,
im Wesentlichen vertretene und mir zweifellose Deutung des Spruches
durch einen Scheingrund: die Verse 5 und 10 sollen auf 1235 nicht
passen, weil der Kaiser persönlich damals keine kriegerische Tätigkeit
entfaltete. Als ob es nicht doch sin höch tragendez swert war, das
die Schuldigen traf, wenn die Zollern und Hohenlohe als seine Feldherrn auf seinen Befehl, durch seinen Richterspruch bewaffnet, den Kampf
führten! Sagt doch z. B. die contin. Sancruc. II (M.SS. IX, 638) in
bekanntem Sprachgebrauch zum Jahre 1235 geradezu: multis bene
dispositis secundum iustitiam seculi et ordinatis multa castra nociva
destruxit, ebenso die ann. Zwivalt. M.SS. X, 59: Justingen obsidens
evertit. Noch dazu redet Reinmar von der Zukunft, kann also noch
gar nicht wissen, ob der Kaiser selbst zu Felde ziehen werde oder
nicht.[96]) — Wilmanns verlegt den Spruch an das Ende 1236. Nov.

---

95) Wir haben keinen Grund zu glauben, dass diese Kämpfe noch ins folgende Jahr herüberdauerten. Die Zerstörung von Justingen berichten die ann.
Zwivalt. allerdings s. a. 1236; aber unter der gleichen Jahreszahl ist auch die
Hochzeit des Kaisers, die irrig nach Mainz verlegt wird, verzeichnet. Und Anselm
von Justingen taucht zwar erst im Nov. 1236 in Oestreich auf, aber schon im
März ist er mit den Herren von Neifen wahrscheinlich kaiserlicher Zeuge (Rohden,
Forschungen XXII, 384, Anm. 6): damals war der Widerstand also sicherlich
längst vorbei.
96) Wie findet sich Wilmanns denn bei seiner Datierung mit 138,9 ab: vollevert er als ers hät begunnen? In dem Kriege gegen Herzog Friedrich, der schon

dieses Jahres zog der Kaiser aus der Lombardei nach Wien, hauptsächlich wol in der Absicht, sich den Besitz der Babenbergischen Lande
zu sichern. Nur éine, allerdings gute Localquelle, die contin. Sancruc. II
(M.SS. IX, 639), weiss zu erzählen, dass auf diesem Zuge in Steiermark
der Kaiser *subiugavit castra valde munita multaque confregit*, natürlich Festen des Herzogs, und diesem ganz nebensächlichen Ereignis sollte
Reinmar eine eigne pathetische Strophe gewidmet haben? Wer sind
ferner die *selphéren herren* 140,9? Damals hatte der Kaiser nur
éinen *selphéren herren* zu bekämpfen, den Herzog selbst, und der
duldete keine andern *selphéren* Männer neben sich, auch unter seinen
Anhängern nicht, während Heinrich VII. das nur zu sehr tat. Der
feierliche und schwungvolle Ton der Strophe gilt Grösserem als einer
Episode im Kampfe gegen den unbändigen Fürsten von Oestreich.

In die Tage des Mainzer Reichshofes fällt auch der folgende
Spruch 139, eine Klage über Verwilderung, Raubsucht und Uebermut
der *knappen*, die nur der Galgen wieder zur Ruhe bringen könne. Die
oben erwähnten Bestimmungen des Mainzer Landfriedens erweisen, dass
die Unsicherheit im Reiche als ein schweres, der Abhilfe dringend be-
dürftiges Uebel empfunden wurde. V. 12 *sit willekomen dem stocke
zingesinde*, der baldige Besserung des traurigen Zustandes in Aussicht
stellt, lässt vermuten, dass der Spruch nach Erlass der Mainzer Constitutionen verfasst ist, durch die der Kaiser seinen festen Willen, dem
Reiche innern Frieden zu schaffen, energisch betätigt hatte.

Bald fühlte man, dass wieder eine starke Hand die Zügel des
Reiches hielt: die guten Folgen der Mainzer Verfügungen, die der Kaiser
mit Milde und Kraft handhabte, blieben nicht aus. Die Friedenstörer,
unter deren Kriegslust bisher das eigne Vaterland geseufzt, zog er zu
Diensten gegen die Lombarden heran (Winkelmann II, 8 fg.); in kurzer
Zeit beruhigte sich das Reich, und es trat jener *felix status* ein, den
Friedrich II. den von ihm regierten Ländern verheisst (Huill.-Bréh. IV, 740).

Den Dank für die schnell wiederhergestellte Ruhe spricht Reinmar
in Str. 140 aus: *daz Riche was vil sére siech, unz im gesante Got
den keiser wisen*, jetzt aber *stât des Riches dinc vil ebene: wan daz
im stecket noch ein grât — er weiz wol wâ — enzwischen sinen
zanden.* In diesem *grât* sieht Meyer S. 30, der wie ich den Spruch
dem Aufenthalt Friedrichs in Deutschland 1235/6 zuweist, die lombardischen Angelegenheiten; Wilmanns, der im Anschluss an vdHagen IV,
494 a die Strophe auf des Kaisers Wiener Aufenthalt Jan.—April 1237
bezieht, hält ihm entgegen, 1235/6 sei auch Friedrich der Streitbare
noch eine schlimme Gräte gewesen, und folgert, der Spruch müsse n a c h
dem Siege über den Herzog gedichtet sein. Ich meine vielmehr, dass
mit der Gräte n u r der Herzog gemeint sein kann. Denn das sieche
Reich ist ausschliesslich Deutschland. Nach V. 7 muss die Krankheit

---

seit Mitte 1236 in Oestreich wütete, hatte der Kaiser ja doch ebensowenig wie
gegen Heinrichs Anhänger selbst kriegerische Tätigkeit entfaltet, er hatte das
ebenfalls Andern überlassen.

in Verhältnissen bestehen, denen der Kaiser bis vor Kurzem, bis ihn Gott dem Reiche sandte', fern gestanden. Das kranke Reich kann also nur ein Land sein, in dem der Kaiser bis zu jenem Zeitpunkt nicht geweilt hatte. Wirklich war er seit Mitte 1220 nicht mehr in Deutschland gewesen: in Italien, namentlich in seinem sizilischen Königtum, hatte er sich mit kurzen Unterbrechungen fortwährend aufgehalten; auch in der Lombardei war er wiederholt, z. B. 1226 und 1231 gewesen, ihre Angelegenheiten hatten ihn längst und unausgesetzt beschäftigt, während er um Deutschland wenig sich kümmerte: die Lombardei gehört also n i c h t mit zu dem kranken Reiche, ihre Verhältnisse nicht mit zu dem Krankheitsstoffe in dem siechen Reichskörper, den der kaiserliche Arzt durch sein Erscheinen s o f o r t der Heilung nahe brachte. Auch der *grât* ist demnach n u r in den d e u t s c h e n Verhältnissen zu suchen, und da liegt Niemand näher als Herzog Friedrich, von dem Reinmar aus eigner trüber Erfahrung wusste, was für eine schlimme Gräte in den Zähnen des Reiches er war. Auf die schweren Anklagen vieler Fürsten, namentlich auch des Königs von Böhmen, hatte der Kaiser den unruhigen Herzog zuerst Oktober 1235 auf den Hoftag zu Augsburg, dann (Dez. 1235 — April 1236) nach Hagenau vor sich geladen, beidemal erfolglos. Da verlor er die Geduld, ächtete den Herzog auf einem zweiten Hoftage zu Augsburg und beauftragte Wenzel nebst einigen andern Fürsten mit der Execution. Zwischen der ersten Vorladung und der Aechtung, mit der des Kaisers tätiges Einschreiten gegen den Herzog begann, wird der Spruch verfasst sein: nach den letzten Zeilen war es zu offnem Kampfe noch nicht gekommen. Ich denke, der Spruch wurde im Auftrage des Böhmenkönigs, der von einem Reichskrieg gegen Oestreich viel für sich erhoffen durfte, in Gegenwart des Kaisers gesungen. Beiden Augsburger Tagen wohnte Wenzel bei; im Oktober 1235 hatte aber weder das Reich seinen vollen Frieden wieder (*des riches dinc vil ebene stât* 140,10; *imperator . in Augusta . multos malefactores Bavarie et castra proscripsit* ann. Salisbg. M.SS. IX, 786), noch war damals die Aufsässigkeit des Herzogs zweifellos geworden. So werden wir in den J u n i 1 2 3 6 geführt, auf die zweite *curia Auguste celebrata*, auf der sich der Kaiser wahrscheinlich erst zu der seinen lombardischen Plänen wenig förderlichen Expedition gegen Oestreich bestimmen liess. In kurzer Zeit gelang es den Reichsheeren, den Herzog auf wenige feste Plätze zu beschränken; und in den ersten Monaten des Jahres 1237 hielt der Kaiser, von einem kurzen lombardischen Feldzug zurückgekehrt, zu Wien glänzend Hof: hier im Februar werden die **Sprüche 141. 142** entstanden sein; denn wenigstens Spr. 141 mit seiner Aufforderung V. 6: '*dâ suoche ein wol versunnen keiser einen glihsnœre bî*' war besonders angebracht (Wilmanns S. 446), wenn Kaiser und Dichter zusammen waren, und wir wissen, dass König Wenzel in der zweiten Hälfte des Februar zu Wien verweilte (vgl. Reg. Frid. II.² 2221. 2222. 2224. 2226, dazu 2226 b). Beide Gedichte tadeln die Gleissnerei und weltliche Schlechtigkeit des Klerus; vielleicht bietet Spr. 141 einen Anhalt zur Datierung.[97]) V. 6 warnt den Kaiser vor den Gefahren, die ihm von heuchlerischen Geistlichen drohen. Um die allbekannten Schliche des Papstes in der lombardischen Sache wird es sich nicht handeln: da war die Warnung unnötig. An der deutschen Geistlichkeit hatte der Kaiser seit seiner Rückkehr nach Deutschland bis Anfang 1237 eine feste Stütze gehabt: gerade damals in Wien fieng diese Stütze an zu wanken. Herzog Friedrich hatte auf dem Steinfeld bei Wiener Neustadt 1236 die Bischöfe von Passau und Freising gefangen: in ihrer Begleitung war der Archidiakon Albert der Böhme gewesen, jenes berüchtigte fanatische Werkzeug der päpstlichen Politik.[98]) Gerade während Wenzel in Wien sich befand, kehrten die Bischöfe aus der Gefangenschaft zurück (Böhmer, Reg. Frid. II.², 2219a), ohne dass es ersichtlich wäre, warum Herzog Friedrich die kostbare Beute fahren liess. Da nun König Wenzel nach nicht ganz lautern Quellen wol in Wien mit dem Kaiser sich überwarf (Palacky, Geschichte von Böhmen II, 1, 109),[99]) und Albert Anfang 1238 einen Bund zwischen Wenzel und dem Babenberger zu Stande brachte, unter Mitwirkung des Freisinger Bischofs, so ist es mehr als wahrscheinlich, dass der mitgefangene Albert seine und der Bischöfe Freilassung einer geheimen Abrede mit dem Herzog gegen den Kaiser verdankte, und dass er sofort seine Freiheit nutzte, um Wenzel, den Oestreichs Annexion durch den Kaiser schon tief verstimmt hatte, ganz

---

97) Dass Spr. 142 etwa gleichzeitig mit 141 gedichtet ward, das wird wahrscheinlich aus dem verwandten Inhalt und aus einzelnen ähnlichen Ausdrücken, so dem bei Reinmar nur 141,12 und 142,3 vorkommenden *Crêdemich;* vgl. auch 141,4.5 mit 142,1.2.

98) Ratzinger, Historisch-politische Blätter, Bd. 84, S. 642, leugnet Alberts Gefangenschaft: die Notiz Hunds, welche uns diese Nachricht bringt, sei ein an falsche Stelle geratenes Glossem und habe mit den alten Passauer Annalen nichts zu schaffen. Indessen die einfache Umstellung, die Ratzinger vorschlägt, ergibt erst recht unerträglichen Sinn; und bei Alberts zweideutiger Rolle liegt dann kein Widerspruch, dass er vom Herzog gefangen wurde, obgleich er nach derselben Quelle in diesem östreichischen Kriege den Bischof von Passau verletzte, *quod nimis pertinaciter pontificis partes tueretur* (Hund, Metrop. Salisbg. 315). Dem päpstlichen Agenten lag Parteinahme für den Herzog damals allerdings nahe; dass er aber schon v o r der Gefangenschaft Sympathien mit Friedrich zeigte, davon sagt Hund nichts. Ob Albert nun gefangen war oder nicht, jedesfalls rechtfertigen die folgenden Ereignisse zur Genüge den Verdacht, dass er mit dem Babenberger eben damals in Unterhandlungen trat, deren erstes Symptom die Freilassung jener Bischöfe war.

99) Die Quellen, Dalimil und Francisci chronicon Pragense, verschweigen den Ort des Zerwürfnisses. Palacky denkt an Regensburg, weil Dalimil sein Histörchen auf dem l e t z t e n Reichstag spielen lässt und Wenzel zuletzt in Regensburg ungefähr gleichzeitig mit dem Kaiser nachweisbar ist. Wenzel urkundet noch am 12. April 1237 im böhmischen Kloster Poztolopirth bei Eger (Erben No. 915), am 15. April ist er Zeuge in einer Regensburger Urkunde (Lang, Reg. Boica II. 260); der Kaiser urkundet am 27. und 28. April in Regensburg, war aber wol schon am 19. d. Mts. dort eingetroffen (Böhmer, Reg. Frid.² 2245a. 2247. 2248). Gleichwol spricht gegen Regensburg, dass der Kaiser dort eben nur durchreiste, keinen Hoftag hielt, wie ihn Dalimils Anekdote zum Hintergrund hat. Was an seiner Geschichte wahr ist, wird eher auf der grossen Wiener Fürstenversammlung passiert sein und des Königs plötzliche Abreise erklären. Dass Wenzel in Regensburg wirklich mit dem Kaiser zusammentraf, ist durch jene Daten noch nicht gesichert.

zum Papste herüberzuziehen (Schirrmacher, Albert von Possemünster
S. 22 fg.). Von diesen Intriguen mochte Reinmar eine Ahnung haben;
Albert also in erster Reihe, der Bischof von Freising, der später bei
Wenzels und Friedrichs Versöhnung offen und eifrig sich beteiligte,
vielleicht auch Rüdiger von Passau sind jene dem kaisertreuen Reinmar
verdächtigen *glihsenœre*. Wenn der *glihsenheit* nachgesagt wird, in
Rom sei man ihr hold und sie frevle für Juden- und Fürstengold, so
trifft das bei Albert aufs Haar zu. Der Herzog steckte in den Händen
der Juden, die wie er selbst ein Interesse daran hatten, dass er wieder
auf den Thron komme: denn unter ihm hatten sie Oberwasser (vgl. oben
S. 40). Friedrich nun mag Albert geradezu mit Hilfe der Juden
bestochen haben: wenigstens lag dieser Verdacht Reinmar sehr nahe:
war doch Alberts Eigennutz kaum geringer als sein Hass gegen den
Kaiser. [100]) Spr. 142 ist der letzte, in dem Reinmar auf Seiten des Staufers
steht: zwischen ihm und Str. 143 vollzieht sich die plötzliche grosse
Wandlung, die den Dichter aus einem warmen Anhänger zum nicht
minder heftigen Gegner des Kaisers macht. Was hat den Grund zu
dieser Entfremdung gegeben? Wilmanns S. 448 hat es bei seiner geringen Achtung vor Reinmars Charakter leicht zu sagen, die Stimmung
am Prager Hofe, die schon seit Anfang 1237 Friedrich entschieden abgeneigt war, habe den Umschlag in des Dichters Ansichten bewirkt.
Auch ich gebe gerne zu, dass jene kaiserfeindliche Strömung in Prag
von Einfluss auf Reinmar war: nur darf man die Sache nicht gar so
äusserlich fassen: weil Wenzel Friedrichs Partei verliess, tat Reinmar das
Gleiche. Wenzels Abfall von der kaiserlichen Sache war so offenbar von
eigennütziger Politik dictiert, hatte so gar nichts mit einer Verschuldung
des Kaisers zu tun, dass eine hochgradige Frivolität und Mantelträgerei
dazu gehört hätte, auf solche Gründe hin aus feurigem Enthusiasmus
mit einem Sprung kopfüber sich in tiefe moralische Entrüstung zu stürzen.
Daran ist um so weniger zu denken, als Reinmar die Rückkehr Wenzels
zur kaiserlichen Partei 1240 nicht mitgemacht hat.

Um einen so zornig pathetischen Ton zu erklären, wie ihn Str. 143
anschlägt, die in ergreifendem, vielleicht bewusstem Gegensatz steht zu
der ähnlich gegliederten Str. 136, müssen wir tieferliegende Gründe
suchen. Am 20. März 1239 wurde der Kaiser zum zweiten Male gebannt, und am 1. Juli erliess Gregor ein Cirkularschreiben an alle
Prälaten, in dem er seinen Schritt rechtfertigte. Dieses Cirkular nun
unterscheidet sich von der Anklageschrift, die der ersten Exkommunikation
beigegeben war, und auch noch von der Bulle des zweiten Anathems
wesentlich dadurch, dass in ihm als Hauptgrund des Bannes nicht die
politischen Vergehen und die Feindschaft gegen die Kurie aufgezählt
werden, Vorwürfe, die auf Reinmar keinen Eindruck gemacht hätten,

---

100) Ich bemerke, dass auch Wenzel von Böhmen eine gewisse Begünstigung
der Juden von Chronisten nachgesagt wird: er soll sogar gegen die Kreuzherren ·
ihre Partei genommen haben (Font. rer. Boh. III, 290).

sondern vor Allem des Kaisers Unglaube und Ketzerei. Da heisst es von ihm, der mit der *bestia blasphemie* der Apokalypse verglichen wird (Epistolae sel. I, 646): *in Christum humani generis redemptorem, cuius testamenti tabulas stilo pravitatis heretice nititur abolere, fama testante consurgit* (a. a. O. 646); er wolle *in persona sua resuscitans magum Simonem luto temporalium maculare* .... *Ecclesie puritatem* (a. a. O. 653); *murum integritatis ecclesie* .... *tentavit infringere;* er wird in seinen Anklagen gegen die Kirche verglichen mit der *meretrix Egyptiaca, que Joseph invitavit ad stuprum et ab ipso contempta apud virum suum volens accusavit invitum.* Er freue sich *preambulum Antichristi* genannt zu werden; er behaupte frech *non esse apud ecclesiam a Domino beato Petro et eius successoribus ligandi atque solvendi traditam potestatem;* ja *iste rex pestilentie a tribus barattatoribus, scilicet Christo Jesu, Moyse et Machometo totum mundum fuisse deceptum — — — manifeste proponens insuper* . . *mentiri presumpsit, quod omnes illi sunt fatui qui credunt nasci de virgine Deum, qui creavit naturam et omnia, potuisse; hanc heresim illo errore confirmans, quod nullus nasci potuit, cuius conceptum viri et mulieris coniunctio non precessit, et homo nichil debet aliud credere nisi quod potest vi et ratione nature probare* (Epist. p. 653).[101] Es fanden diese entsetzlichen Beschuldigungen, die später von Innocenz IV. ähnlich wiederholt grosse Wirkung hatten, damals in und ausser Deutschland sehr wenig Glauben, da einmal ihre volle oder teilweise Unwahrheit sich schon den Zeitgenossen aus offenkundigen Widersprüchen gegen sonstige Aeusserungen des Papstes wie des Kaisers ergab (Winkelmann II, 135), da ferner Friedrich sofort gegen die Anklage des Unglaubens protestierte (Huill.-Bréh. V, 348 fg.), da endlich die grosse Mehrzahl der deutschen Geistlichkeit unerschüttert am Kaiser festhielt und sich durch alles Bannschleudern Alberts von Beham nicht von ihm abwendig machen liess. Nur in Böhmen fand Albert offene Ohren. Die einflussreiche Schwester Wenzels, Agnes, hielt unbedingt zum Papste (Albert v. Beham S. 15), neben ihr wirkte gerade 1239 in Böhmen der päpstliche Nuntius Magister Philipp von Assisi (Schirrmacher, Albert von Possemünster S. 45), auch Albert selbst weilte vorübergehend in Wenzels Reich (ebenda S. 55); durch böhmische Geistliche musste er die Bannung des Herzogs von Oestreich verkünden, die Exkommunikationssentenzen an die kaiserlich gesinnten Bischöfe von Salzburg und Passau überreichen lassen, da sich Deutsche dazu nicht hergaben (ebenda S. 55 fgg.). Es wird also über den zweiten Bann zu Reinmars Ohren in Prag nur die Stimme des Papstes und der Seinen gedrungen sein, Friedrichs Rechtfertigung kam ihm vielleicht nie zu Gesicht: sah er sich aber genötigt, jene Aeusserungen rohster Frivolität, flachster Zweifelsucht, die Gregor Friedrich in den Mund legte, für

---

101) Aehnliche Anklagen bringt Gregor vor in einem Schreiben an Ludwig von Frankreich (Huill.-Bréh. V, 459), in mehreren Briefen an Albert den Böhmen (hrsg. v. Höfler, Stuttg. lit. Ver. XVI, S. 6 fg., 8 fg.).

wirklich getan zu halten, [102]) dann darf es uns nicht wundern, wenn er
in seinem religiösen Empfinden schwer verletzt, den hochgefeierten Fürsten
aufgibt und sich um so leidenschaftlicher gegen ihn wendet, je mehr
er ihn früher gepriesen; 'ein Kummer wie verschmähter Liebe kümmert
sein Herz'. Unter dieser Voraussetzung wird uns Str. 143 auch etwas
Anderes sein als ein 'langatmiges Gebet' (Wilmanns S. 448). Das
ganze Pathos des Spruches wird erst verständlich, wenn der Dichter in
Friedrich einen Feind Gottes und der Kirche sah. Daher eben die
Gebetform!

Spruch 143 ist verfasst unmittelbar unter dem gewaltigen Eindruck des päpstlichen Cirkulars, also nach dem 1. Juli 1239. Ich
sehe in den letzten Versen indess keine Beziehung auf einen Gegenkönig, wie Wilmanns das tut: Gottes Widerstand gegen Friedrich soll
sich äussern nicht beim Kampfe mit einem Gegenkönig, sondern gegenüber des Kaisers Bestreben *murum integritatis ecclesie infringere*:
nur diese Auffassung erlaubt der religiöse Charakter des Spruchs. Dass
die Strophe nicht vor die Bannung fallen kann, beweist das Fehlen des
Kaisertitels V. 12: mit der Exkommunikation hörte Friedrich für Gregor
und die päpstliche Partei auf, Kaiser zu sein (Menge, Kaisertum S. 5).

Es wurde Reinmar nicht leicht, eine feindliche Stellung gegen den
Helden seiner früheren Sprüche einzunehmen: davon zeugt Spruch 144,
der die veränderte Haltung vielleicht vor Vorwürfen Andrer (etwa Wenzels, der Mitte 1240 schon wieder kaiserlich wurde?), vielleicht vor dem
eignen Herzen rechtfertigen soll. Nicht politische Gründe, nein, dass
Friedrich *ûz der tugende wegen* gewichen sei, hat ihm die Freundschaft des Dichters geraubt, der ihn nicht loben könnte, wenn er auch
wollte: denn die *wârheit* zu singen, ist ihm Pflicht. Die Strophe wäre
ein schönes Zeugnis für den gewissenhaften Ernst, mit dem Reinmar
seine politische Dichtung übte, wenn der Dichter nicht leider den ganzen
Eindruck zerstörte durch den hässlichen und unpassenden Abgesang. In
seiner leeren Schmeichelei gegen den *milten man* (natürlich Wenzel),
dessen Lob über alles Wanken erhaben sei, da in seinem Preise volle
Einstimmigkeit herrsche, in dieser Schmeichelei verrät sich eben doch
der Fahrende. In ihr liegt eine Tactlosigkeit, und zugleich überschätzen
die Verse den Wert der öffentlichen Meinung; aber sie geben Wilmanns
kein Recht, darauf hin Reinmar den guten Willen zum politischen Selbst-
urteil abzusprechen (Wilmanns S. 449).

Die nächste Frucht des Bannes war die sofortige Aufstellung eines
Gegenkönigs, und zwar warf man die Augen zuerst auf einen dänischen
Prinzen. In der Periode der Verhandlungen, die sich an diesen Plan
knüpften, wurde Spruch 148 verfasst, der das ideale Bild eines Königs
entwirft und als einen Musterfürsten, der diesem Ideale entspreche, König
Erich von Dänemark anpreist. Es wird die Entstehungszeit der Strophe

---

102) Auch in dem wahrlich nicht päpstisch gesinnten Sachsenspiegel Ldr. III,
57,1, wird dem Papste das Recht zugesprochen den Kaiser zu bannen, *of he anme .
geloven tvijlet.*

begrenzt durch einen Brief Alberts von Mitte Juni 1239, der von der
Absicht spricht, am St. Petrustage (29. Juni oder 1. August) *regem
Dacie iuniorem in regem Romanorum* zu erwählen (bei Höfler, S.
6) und einen andern Brief Alberts vom 5. Sept. 1240, in dem das Schei-
tern des Plans an der Weigerung des Erwählten gemeldet wird (Höfler
S. 22), auch schon durch Wenzels Abfall zum Kaiser Ende Juli oder
Anfang August 1240. vdHagen (MSH IV, 496a), Meyer (Unters. S. 43)
und Wilmanns (S. 462) weisen den Spruch alle in spätere Zeit, da Erich
erst 1241 seinem Vater Waldemar II. in der Regierung folgte. Aber
es kann das kein Einwand gegen meine Datierung sein: schon am 30. Mai
1232 hatte der Vater den 16jährigen Erich Plogpenning zum König
von Dänemark krönen lassen (Dahlmann, Geschichte von Dännemark I, 394;
ann. Ryenses M.SS. XVI, 407), und er heisst von dieser Zeit an officiell
stets 'junger König (iunior rex)'.[103] Die Fürsten, die die Wahl des Dänen
betrieben, waren in erster Reihe Wenzel, Otto von Baiern und zeitweilig
auch der Herzog von Oestreich: unter ihnen war Wenzel der anerkannte
dux et capitaneus et magister (Albert v. Beham, ed. Höfler, S. 15);
er wird also die Verhandlungen mit Dänemark geleitet haben, und einer
Gesantschaft, die er zu diesem Zwecke etwa abschickte, mag sich auch
Reinmar von Zweter angeschlossen haben: dass der Lobspruch in Gegenwart Erichs gesungen wurde, ist wahrscheinlich. Nach Albericus (M.SS.
XXIII, 949) wäre nun zwar nicht Erich, sondern sein jüngerer Bruder
Abel, der Herzog von Südjütland, Throncandidat gewesen.[104] Aber
diese Mitteilung scheint mir, obgleich sie meines Wissens allgemein
angenommen ist, keineswegs zuverlässig. Albert nennt ausdrücklich zweimal *r e g e m Dacie iuniorem* als den erwählten, und dieser Titel kam
nur Erich zu; Abel heisst stets *dux*, Erich stets *rex*. Was will Albe-
richs Autorität neben der Alberts sagen, der als Leiter aller jener anti-
staufischen Pläne mitten in dem Netze geheimer diplomatischer Fäden
inne stand, während Alberich nur dürftige Kunde von diesen nie an die
volle Oeffentlichkeit getretenen Dingen haben konnte? Ist nun gar
Erich wirklich der Erwählte der deutschen Fürsten gewesen, so ists sehr
erklärlich, dass Reinmar seinen Preisspruch an ihn richtete[105], um sich,

---

103) Die Einleitung zum *Jütischen low*, die Keller, Altdeutsche Gedd. S. 1, mitteilt und die (4,15) vom Jahre 1240 datiert ist, nennt 4,2 *sin broder konyngh
Erick ryck*, nachdem Waldemar schon 3,30 erwähnt ist. Die Verse 4,2 und 3
muss man wol vertauschen, und dann ists charakteristisch, dass Herzog Abel vor
dem König Erich Platz findet, ihrer damaligen Machtstellung tatsächlich entsprechend.

104) Auch wenn diese Angabe richtig ist, kann der Spruch in jene Verhandlungen hinein fallen, kann Reinmar an König Waldemars Hofe damals den jungen
König Erich kennen und schätzen gelernt haben: es wäre Spr. 148 dann ein
simpler Lobspruch wie viele. — Müllenhoff, Nordalbing. Stud. III, 93, glaubt,
dass Reinmar uneingeweiht die beiden Brüder verwechselt habe, zumal Erichs
Vermählung mit der Tochter Herzog Albrechts von Sachsen im Jahre 1239 ihn
damals in Deutschland unter den Gehrenden besonders bekannt gemacht habe.

105) Auch der Tannhäuser rühmt HMS II, 89b *Érich üz Dennemarken lant*
als *milte* und *triuwe*: doch ist das nicht, wie vdHagen IV, 427a meint, ebenfalls

müde all der Verdriesslichkeiten seines Prager Lebens, im Voraus die
Gunst des künftigen Kaisers zu sichern. Der dänische Prinz wies den Antrag der deutschen Fürsten zurück,
ebenso nach Albericus (M.SS. XXIII, 949) auch Herzog Otto von Braun-
schweig: damit fiel das Bündnis der päpstlich Gesinnten vorläufig auseinander, und die Curie besass kaum noch einen zuverlässigen Anhänger
mehr in Deutschland. Wenzel bekommt schon Aug. 1240 von Albert
den Titel: *rex Boemiae vel potius Blasphemiae*, und im selben Briefe
(bei Höfler S. 14—16) spricht der Legat die päpstliche Drohung aus,
die Kirche werde, da sie *advocato catholico diu carere non potest*,
ohne Rücksicht auf die deutschen Fürsten *sibi providere de persona
alius Gallici vel Lombardi aut alterius in regem vel Patricium aut
etiam advocatum* und also das *imperium* an eine fremde Nation übertragen. Der wälsche Candidat war Robert von Artois, als lombardischen
nahm man, wie Wilmanns S. 450 fg. gestüzt auf Reinmars Spruch 145
vermutet und wie auch Schirrmacher, Die Entstehung des Kurfürstencollegiums S. 62, zugibt, in Rom den mächtigen Jacob Tiepolo in Aussicht,
*Dei gratia Venetiae, Dalmatiae atque Croatiae inclytum ducem et Do-
minum quartae partis et dimidii totius imperii Romani* (Höfler S. 25),
der seit der Schlacht von Cortenuova Friedrichs II. grimmer Gegner (Winkelmann II, 119) und Dec. 1238 vom Papste *propter devotionem erga ecclesiam* mit seinem besonderen Schutze begnadet war (Epist. No. 735) [106].
In Angriff ist der absurde Plan schwerlich genommen worden. Reinmars Spruch 145, der in die Zeit von Alberts erwähntem Briefe, Aug.
oder Sept. 1240, fallen wird, behandelt die Candidatur Tiepolos nur
spöttisch von oben herab als lächerlichen Einfall. Der höhnisch verächtliche Ton, der ganz im Sinne des stolzen, dem Papste damals verfein-
deten Königs war, richtet sich gegen die unebenbürtigen Kaufleute, die
mit Geld auch Kronen glaubten erschachern zu können [107]): der verhal-

Erich Plogpenning; da der Spruch 1263—66 entstand, kann nur Erich Glipping
gemeint sein; vgl. Mullenhoff, Mhd. Gedichte an nordelbische Herrn (Nordalbing.
Stud. III) S. 94.

106) Alberts Brief an den Dogen (Höfler 25) wird wie das S. 29 erwähnte
Schreiben an den *dux Venetiae* mit einer Wahl des Dogen nichts zu tun haben,
sondern mit der Sendung eines Legaten nach Deutschland: ebenso entspricht der
Brief an den Legaten G. de Montelungo S. 24 inhaltlich ganz dem S. 29 ver-
zeichneten Schriftstücke.

107) Strauch schliesst Zs. XXVIII. 44 aus den Worten 145,7 *ir herzoge ist
ein mehtic kürsenære*, der Doge sei wirklich Kürschner gewesen, und sieht darin ein Zeugnis für die Bedeutung und Macht des Kürschnergewerbes. So viel
ich feststellen konnte, hatte aber weder Tiepolo noch seine Familie mit Pelz-
handel oder gar mit Kürschnerei zu schaffen. Jacob Tiepolo war ein berühmter
Rechtsgelehrter, der sich durch Sammlung und Feststellung der venetianischen
Gesetze grosse praktische und wissenschaftliche Verdienste erwarb; die Inschrift,
die sein Grabstein trägt (Litta, Famiglie celebri Italiane fasc. 34) rühmt von ihm
zunächst: *dux Jacobus valido fixit moderamine leges*. Wenn Reinmar ihn einen
kürsenære nennt, so ist das ganz gewiss nur ein verächtlicher Spottname, der
weniger ihn persönlich, als seine Stellung an der Spitze der Kaufmannsrepublik
trifft: es mag eine uns nicht mehr verständliche Anspielung darin stecken, jedenfalls aber war sie weder für Tiepolo, noch für die Kürschner ehrend.

tene Zorn aber des Dichters trifft die Curie, von der die *Vénédiœre* ihre *brieve* (V. 2) mit *schatze* sich erworben hätten, wie sie wirklich den Besitz von Barletta und Salpi, sowie manch andre Rechte über das Königreich Sicilien vom Papste sich zu erkaufen wussten (Ep. sel. No. 833—838, namtl. p. 734 fg.). Die Feindschaft gegen den Kaiser hat also, wie man sieht, Reinmar noch lange nicht zum Freunde der Geistlichen umgewandelt. Dass er im Spruch 145 nicht etwa mit König Wenzel die Rückschwenkung auf Friedrichs Seite mitmachte, wie Wilmanns wohlwollend annimmt, das erweisen zum Glück die beiden folgenden Strophen, die energisch gegen den Kaiser ankämpfen, obgleich Wenzel damals (seit Mitte 1240 bis etwa 1244) eine Hauptstütze der staufischen Partei war.

Die Sprüche 146 und 147, durch ihren Inhalt als gleichzeitig gekennzeichnet, können weder, wie Meyer, Unters. S. 38. 39, und auch Raumer, Geschichte der Hohenstaufen[3] IV, 102, vermutet, dem Jahre 1245 augehören (vgl. Wilmanns S. 457), noch auch entsprechend der Ansicht vdHagens HMS IV, 495b ins Jahr 1239 fallen: dass an die damals in Böhmen betriebene Wahl Erichs nicht gedacht werden darf, beweist 146,9: *swelch i u w er* (der deutschen Fürsten) *si* (die Krone) *dan ûf gesetzet.* Sie sind nach Ablehnung des Dänen, also auch nach Abfall Wenzels vom Papste verfasst. Die päpstliche Partei gab die Wahl eines Gegenkönigs des ersten Miserfolgs wegen nicht auf: im selben Briefe, in dem Albert diesen dem Papste meldet (am 5. Sept. 1240), schreibt er schon wieder: *fit tamen novus tractatus super hoc circa ducem Austriae et filium sanctae Elisabeth* (Höfler S. 22)[10']. War Reinmars Interesse an Friedrichs Absetzung und einer Neuwahl auch ein ganz anderes und reineres als das der Curie, so machte ihn doch die Feindschaft gegen den Kaiser diesmal doch zum natürlichen Bundesgenossen der Clerikalen; er wird zu jener Partei am Prager Hofe gehört haben, die nach Kräften Wenzels entschiedenen Anschluss an den Kaiser zu verhindern suchte, und der ausser der Geistlichkeit namentlich Wenzels Schwester Agnes und einige czechische Barone angehörten (Höfler S. 14. 15): doch macht es dem Patrioten Reinmar alle Ehre, dass er auch in dieser Gesellschaft ausdrücklich einen Deutschen zum künftigen Kaiser verlangt. Wilmanns freilich, gewöhnt, in Reinmar stets ein treues Spiegelbild von Wenzels politischer Stellung zu sehen, legt die Sprüche in eine Zeit, als Wenzel schon wieder einmal zum Papste zurückgekehrt war: es soll das im Winter 1240/41 geschehen sein. Ich glaube, Wilmanns irrt hier: es lässt sich nicht erweisen, dass Wenzel vor 1243 der staufischen Sache untreu wurde (so auch Höfler, Guelfismus und Ghibellinismus in Böhmen, Mitteilungen des Vereins für böhmische Geschichte VIII, S. 6).

Wir wissen, dass sich im Aug. 1240 Wenzels Abfall von der *pars papalis* vollzog, und noch im Oct. war er nicht zurückgewonnen (Wil-

---

108) Schirrmacher III, 120 schliesst aus diesen Worten mit Unrecht, der Oestreicher und der Thüringer seien päpstliche Throncandidaten gewesen; es handelt sich hier nur um Gewinnung neuer Bundesgenossen an Stelle Wenzels: jenen beiden starren Gegnern der Curie gleich die deutsche Krone anzubieten, konnte unmöglich päpstliche Absicht sein.

manns S. 452). Er ward in Folge dessen vom Papste mit Ermahnungen
bestürmt (Schirrm., Alb. v. Possemünster, S. 83. 93, Anm. 2), und —
so scheint es auf den ersten Blick — mit bestem Erfolg. Denn in
einem spätern undatierten Briefe schreibt Albert an den Legaten G.
de Montelungo: *Otto dux Bojorum, rex Bohemiae adhaesere ecclesiae*
(Höfler S. 25) und ähnlich am 27. März 1241 (Höfler S. 27), am 10. April
1241 (ebda. S. 29); auch die Briefe Herzog Ottos von Baiern vom 11. Febr.
1241 (ebda. S. 26 fg.) und 10. April 1241 (ebda. S. 27 fg.)[109]) versichern die Treue Wenzels gegen die Kirche. Aber diese Zeugnisse sind
von sehr problematischem Wert: jene Schreiben sollten Gregor zur Sendung eines Cardinallegaten nach Deutschland bewegen, was der Papst
bis dahin stets verweigert hatte, weil er seinen Legaten nicht ähnlicher
Blamage aussetzen wollte, wie vor 12 Jahren den Cardinaldiacon Otto
von St. Nicolaus in carcere Tulliano. Gestanden Albert und Otto nun
offen ein, dass auf Wenzel ni c h t zu rechnen sei, so war ihre Bitte
aussichtslos: sie schildern die Bedrängnis der päpstlichen Sache zwar
grell, die Ergebenheit eines so mächtigen Fürsten wie Wenzel liess aber
doch noch gute Hoffnung auf Erfolg beim Papste übrig. Gegen die
reine Wahrheit jener vier Briefe Alberts und Ottos zeugen gewichtige Tatsachen. En d e 1 2 4 0, wies scheint, schreibt der Bischof von Prag an Albert
se operam dedisse ne rex Boiemiae faveat imperatori, frustra eum
fuisse (Höfler S. 25). Diese dürre Nachricht macht gegen die Mitteilungen Alberts und Ottos um so mistrauischer, als Wenzels H a n d e l n
festgesetzt den päpstlichen Interessen direct zuwider geht. Leider sind
Aventins Excerpte aus Albert fast unsre einzige Quelle für diese schwierigen, dunkeln Parteiverhältnisse: aber auch sie geben genug Bestätigung
der staufischen Gesinnung Wenzels. Aus Ottos Brief vom 11. Febr. erfahren wir, dass Wenzel damals gegen Oestreich und Meissen kämpfte,
und dass das als ein schweres Hindernis der päpstlichen Pläne angesehen wurde, da die Curie Friedrich von Oestreich wieder zu gewinnen
hoffte: ferner, dass er damals *literas pro Friderico petentes* an den
Papst gesandt habe: Otto verlangt zwar, Gregor solle auf beides nichts
geben, das sei nur Schein; aber dass hier der Papst, nicht der Kaiser
der Betrogene war, dass der Herzog selbst damals schon auf zwei Wegen
wandelte, lehrt der Gang der Verhältnisse. Am 10. April spielt sich
Otto noch als treuen Freund der Curie auf, am 23. April verbündet er
sich mit Siegfried von Regensburg gegen den Papst, und bald nach dem
9. Mai wird Albert vom Herzog proscribiert und verjagt. Auch darum
sind jene Angaben aus Ende März und Anfang April 1241 ganz besonders wertlos, weil Wenzel seit Ende Februar vollauf mit der Tataren-

109) Böhmer, Reg. imp. 1196—1254 ¹, Reichssachen 145, argwöhnt, dass
dieser Brief schon ins Jahr 1240 gehöre. Das ist unmöglich. Der Brief Ottos
entspringt denselben Verhältnissen, wie die vorher und nachher (ebda. S. 27 und 28)
stehenden Briefe Alberts mit dem Datum 1241. Das Schreiben Alberts an den
Bischof von Ferrara, das ebenfalls a m 10. A pril entsandt ist, verbietet uns,
mehrfache Irrtümer in der Jahreszahl anzunehmen, da es bereits des Einbruchs
der Tataren in Ungarn gedenkt (Höfler S. 28).

5*

gefahr beschäftigt war und sich um innere deutsche Politik gar nicht kümmern konnte: um so besser taugte er zum Trumpf in den Händen Ottos und Alberts. Aus dem Mai 1241 haben wir einen ehrfurchtsvollen Brief Wenzels an König Konrad über die Tatarenkämpfe; 1242 und 1243 erscheint Wenzel sogar wiederholt als *sacri per Germaniam imperii procurator* (Schirrmacher IV, 16; Palacky, Gesch. v. Böhmen II, 1,123), eine Würde, die er nur dem Vertrauen des Kaisers danken konnte: einen Papst gab es damals nicht. Anfangs 1243 hat Albert der Böhme vor seinen Nachstellungen zu flüchten, als er ihn von Friedrich abtrünnig zu machen suchte (Schirrmacher, Alb. v. Possem., S. 123). Ich zweifle nach dem Allen nicht, dass Wenzel seit Mitte 1240 treulich den Staufern anhieng, dass Albert und Otto sich entweder selbst in ihm täuschten oder aber, was wahrscheinlicher, die Tatsachen absichtlich tendenziös entstellten. Damit fällt jene nähere Bestimmung der Zeit von Str. 146. 147, die Wilmanns vorbringt, sie seien nach October 1240 verfasst, hinweg: sie können jederzeit gedichtet sein, seit der Dänenprinz die Wahl abgelehnt hatte: die zweite Hälfte von 1240 wird die Entstehungszeit der Sprüche in sich schliessen: ins Jahr 1241 möchte ich nicht mehr hineingehen, da die Gedichte doch wol auf Wenzel Einfluss üben sollten, und 1241 die Tataren den König wie das allgemeine Interesse ausschliesslich in Anspruch nahmen. Aus dem Widerspruch zwischen Wenzel und des Dichters Ansichten erklärt sich der reservierte gedämpfte Ton der Strophen, der auffallend absticht von Reinmars sonstiger politischer Leidenschaftlichkeit: z. B. in 147,1: *sum lichen vürsten ist ez leit*; 146,2 der Bedingungssatz: *seht ir iht an im sô schuldehaftes, dâ von er süle des riches abe gestân, sô nemt in einen der iu zeme*, ähnlich 146,6; ausser dem Worte 147,2: *in dise unwerdikeit* kein scharfer Tadel gegen den Kaiser: Reinmars Unsicherheit spricht sich auch in dem sonderbaren Vorschlag der Str. 147 aus, die Fürsten möchten einen König zur Probe wählen und wieder absetzen, wenn er ihnen nicht passe, ein Vorschlag, der auf Reinmars politische Begabung eben so wenig ein günstiges Licht wirft, wie sein Wunsch 147,6 *des riches rinc* zu erweitern; jener Vorschlag beweist zugleich, dass der Dichter an einen bestimm-Candidaten noch kaum denkt: all das passt vorzüglich hinein in die Verhältnisse des scheidenden Jahres 1240.

Das Jahr 1241, schon durch wunderbare Naturereignisse als verhängnisvoll angekündigt, erschütterte Europa durch den Tod des Papstes und durch den Einfall der Mongolen; auch in Reinmars Leben brachte es einen bedeutenden Umschwung hervor. Er scheint in diesem Jahre Böhmen verlassen zu haben: ihm gehören die letzten Sprüche an, die mit einiger Wahrscheinlichkeit auf Böhmen weisen (Spruch 221. 222). Der Gegensatz seiner politischen Anschauungen zu denen des Königs mag seine ohnehin leidige Stellung in Prag nun gar unerfreulich und unsicher gestaltet haben: dazu kam die Furcht vor den Mongolen, deren Nahen schon 1240 Böhmen mit Schrecken erfüllte (vgl. canonicorum Pragensium continuatio Cosmae, M.SS. IX, 171 s. a. 1240: *timor Tartarorum magnus irruit super Bohemos*) und die Frühjahr 1241 ihren Weg gerade auf Polen und Böhmen zu richteten. Das gab den Ausschlag: in der ersten Hälfte des Jahres 1241 wird der Dichter gen Westen gewandert sein. — Bevor ich ihn auf sein unstätes Wanderleben hinaus begleite, bespreche ich hier noch 3 Strophen, die nach Wilmanns sämmtlich schon während des östreichischen Aufenthalts Reinmars entstanden wären, die Sprüche 221. 222. 225. Alle drei stehen nicht in der Sammlung und müssten nach dem oben (S. 2) ausgesprochenen Grundsatze erst nach 1240 verfasst sein. Wie mir scheint, steht dieser Annahme nichts Wesentliches entgegen.

Die beiden Strophen 221. 222 beziehen sich offenbar auf ein und dasselbe Ereignis, ohne jedoch éin Gedicht zu sein. [110] Nach den Andeutungen, die Reinmar selbst gibt, liegt etwa folgender Vorgang zu Grunde. Zur Zeit eines eben festgesetzten Landfriedens (222,1: vgl. Wilmanns S. 460) ist eine liebreizende (222,8) Königin von Ungarn (222,1. 5), die mit einem Gefolge von Jungfrauen (221,8), mit Rossen (222,6. 11) und vor Allem mit Schätzen (221,5. 222,3) in Deutschland (denn die Landfrieden galten nur für dieses Land) auf der Reise war, gefangen (221,5. S. 9), ihres Geldes und ihrer Ungarischen Fohlen beraubt worden (221,5. 222,3. 6. 10. 11). Da unsere Quellen von einem solchen Unfall der ungarischen Fürstin Nichts melden, so sind wir auf Combinationen angewiesen: es muss ein Landfriede mit einer Anwesenheit der Ungernkönigin in Deutschland zusammentreffen, und da nach dem Schweigen aller Quellen zu urteilen, das Ereignis nicht sonderliches Aufsehen gemacht hat, so muss Reinmar zugleich nahe dem Schauplatz des Vorfalls geweilt haben, also noch im östlichen Deutschland, in Oestreich oder Böhmen.

Durch diese Erwägungen wird Wilmanns auf das Ende des Jahres 1235 geführt, in dem der Mainzer Landfriede erlassen und Königin-Witwe Beatrix von Ungarn nach Deutschland geflohen sei: da die Königin in Gesellschaft deutscher Gesauten reiste, und Friedrich II. in dem bekannten Manifest (Huill.-Bréh. IV, 856) den Herzog von Oestreich beschuldigt, seine *nuncios* beraubt zu haben *in securitate et conductu receptos*, so hält Wilmanns seine Datierung der Sprüche für gesichert. Ich kann dem nicht beistimmen. Einmal fand die Flucht der Beatrix statt mit den Gesanten Friedrichs, die von Bela den seit 47 Jahren verweigerten Tribut einforderten (Ann. S. Justinae Patavini M.SS. XIX, 155): Albericus aber (M.SS. XXIII, 939) verlegt diese Gesantschaft ins Jahr 1236 und erwähnt sie nicht im Beginn des Jahres. Soll sich nun das schon Frühjahr 1236 erlassene Manifest auf ein bei der Rückkehr dieser Gesanten vorgefallenes Ereignis als bekannt beziehen, so kommen wir mit der Zeit arg ins Gedränge. Es ist nicht aus dem Manifest zu schliessen, wie Wilmanns S. 461 will, dass jene Plünde-

---

110) Von stilistischen Uebereinstimmungen, die auf gleiche Abfassungszeit führen, bemerke ich nur 221,4 und 222,3 *über velt* und den Rückblick auf vergangene bessere Zeiten, *dö Minne twingen kunde* 221,1 fgg. und 222,7 fgg.

rung der Gesanten kurz vorher stattgefunden: denn es wechseln in dem
Schriftstücke junge und alte Ereignisse ohne jede Chronologie nur mit
Rücksicht auf wirkungsvolle Gruppierung, und es bleibt das Wahr-
scheinlichere, dass jene *nuntii* an Friedrich von Oestreich selbst gesant
waren: Schirrmacher hat die Notiz der contin. Sancruc. II, M.SS. IX, 638:
'*Postea imperator misit nuntium suum in Austriam . . . quem nuntium sui captivantes et male tractantes tandem ad iussum ducis est
dimissus*' sicherlich richtig mit jener Stelle des Manifests combiniert: es
ist nur ein verzeihlicher Irrtum der contin. Sancruc., dass sie die kaiserliche Gesantschaft der Aechtung folgen, nicht vorhergehen lässt. Endlich erwäge man den Wortlaut unserer Quelle für Beatrix Flucht, der
Annales Patavini: '*iunxit se in reversione societati imperialium lega-
torum induta veste virili, et sic deluso rege, qui faciebat eam
cum summa diligentia custodiri, in Alemanniam latenter confugit.*'
Wie sollte die *cum summa diligentia* bewachte Königin, die in Mannes-
kleidern fliehen muss, ein Gefolge von Jungfrauen und gar Schätze mit
sich geführt haben, da sie doch den leisesten Argwohn Belas zu fürchten hatte? Dazu kommt: im Jahre 1236 (und nach dem oben gesagten
nicht einmal ganz am Anfang des Jahres, zumal die Kunde des Raubes
erst nach Böhmen zu Reinmars Ohren gelangen musste!) konnte der
Mainzer Landfriede vom August 1235 kaum mehr *niuwesliffen* und
niuwesworn (222,1. 6) genannt werden: auch ist solch bittrer Spott
auf den Landfrieden von 1235 in Reinmars Munde um so weniger glaublich, als Reinmar Spr. 140 die Erfolge dieses Landfriedens in den Himmel hebt und des Kaisers Tätigkeit in jenen Jahren freudig anerkennt.

Spr. 222 ist gedichtet in einer Zeit, als Reinmar nicht mehr staufisch
gesinnt war, nach 1240, da er in der Sammlung fehlt (vgl. S. 2), aber
sehr bald nachher, da er noch in Böhmen verfasst sein wird. Ich gewinne so das Jahr 1241. Und wirklich fällt in dieses Jahr ein Landfriede, den König Konrad IV. einsetzte, damit sich alle Kräfte Deutschlands ungeteilt der Abwehr der Tataren zuwenden möchten: sein
Anfangstermin steht nicht ganz fest; Konrad selbst meldet (Huill.-
Bréh. V, 1214 fg.) den Fürsten, er habe Pfingsten (19. Mai) zu
Esslingen das Kreuz genommen bis zum Martinstag (11. November),
dagegen berichtet Bischof Heinrich von Constanz angeblich schon am
25. April [111]) über den kürzlich von Konrad zu Esslingen erlassenen
Landfrieden ('*statuit dominus rex ut per totum Theutoniam pax
firma et sincera usque ad festum beati Martini presentis anni ab
omnibus inviolabiliter observetur*' Huill.-Bréh. V, 1211). Und es
befand sich zur Zeit dieses Landfriedens wirklich eine ungarische Königin in Deutschland. Aus M. Rogerii Warasdinensis miserabile car-
men, dem wertvollen ehrlichen Berichte eines Augenzeugen der Tataren-

---

111) Ficker, Mitteilungen d. öst. Inst. III, 103, macht es glaublich, vom
25. April sei das Schreiben des Mainzer Erzbischofs datiert gewesen, das von Bischof Heinrich Ende Mai in obigem Briefe teilweise als Vorlage benutzt wurde
und jenes falsche Datum habe sich mit hinein verirrt.

not,[112]) Cap. XVI (Endlicher, Rerum Hungaricarum monumenta Arpadiana p. 266) erfahren wir, dass Bela IV., sowie er vom Nahen der Tataren, von ihrem Durchzug durch die *porta Ruscie* hörte (nach dem 12. März 1241), seine Gattin Maria sogleich *ad confinium Austrie* sandte, damit sie dort die Mongolengefahr in Sicherheit vorüberziehen lasse. Dass ihr damals in Oestreich ein Misgeschick zugestossen sei, wird uns nicht gemeldet: aber von König Bela erzählt Roger weiter, dieser habe sich Anfang April nach der unglücklichen Schlacht am Sájo zuerst nach Polen gerettet, dann sei er nach Oestreich geflohen, um sich dort mit der Königin zu vereinigen, *quae in confinio Austrie morabatur: aber cum se rex scyllam vitare crederet, incidit in charybdim, et sicut piscis uolens uitare frixorium ne frigatur, ad assundum proiicit se ad prunas credens malum effugere, inuenit nequius:* denn Herzog Friedrich habe ihn erst mit freundlicher List in seine Gewalt gelockt und dann die gute Gelegenheit benutzt, um ihn unter nichtigem Vorwand zur Herausgabe aller seiner Schätze und Kostbarkeiten, sowie gar noch zur Abtretung einiger Landstriche zu zwingen: *quibus expeditis ad reginam, que non multum distabat, quantum potuit, festinavit* (Roger, Cap. XXXIII, a. a. O. S. 279—281). Nun, wenn der brave Herzog den unglücklichen flüchtigen König so gründlich ausplünderte, so wird es der Königin auch nicht besser gegangen sein[113]), und Reinmars Spruch kann geradezu als Zeugnis dafür dienen. Vor *wibes namen* hatte der Mann gewiss keine Scheu, der sich nicht schämte, die Wehrlosigkeit des von den Tataren verheerten Landes zu Raubzügen und Erpressungen auszunutzen (Roger, Cap. XXXIII, S. 281 fg.).[114])

---

112) Ueber seinen Quellenwert vgl. Marszali, Ungarus Geschichtsquellen im Zeitalter der Arpaden S. 114.

113) Etwas ähnliches hat sich jedesfalls auch Hunthaler gedacht, als er den Bericht Pernolds s. a. 1241 verfasste (Fasti Campilil. II, 1317). Da heisst es: *Rex Bela reginam cum thesauris premisit in Austriam*; dort trifft bei ihm der König mit der Königin zusammen, während diese bei Roger *non multum distabat*, und die *pecunie et monilia*, mit denen Bela sich löst, sollen doch wol identisch mit jenen *thesauri* sei. Szalay, Geschichte Ungarns II, 58, erzählt denn auch auf Pernold gestützt, Bela habe den Schmuck der Königin hingeben müssen.

114) Es sei mir gestattet, hier noch ein Paar Zeugnisse zu besprechen, die möglicherweise in bestätigendem Zusammenhange mit demselben Ereignis stehen. Der Dominikaner Bruder Julian erzählt eine Geschichte von der amazonenhaften Schwester Chan Gurgatams, die im Kampfe mit einem Nachbarfürsten, welchen das kriegslustige Weib angegriffen hatte, gefangen und getötet, von ihrem Bruder aber gerächt ward (vgl. Jirecek, Echtheit der Königinhofer Handschrift S. 158; Dudik, Iter Romanum I, 327 fg.). Schon Julian betrachtete diesen Vorfall als indirecten Anlass zu den spätern grossen Raubzügen der Tataren. Gespielt hat die Geschichte lange vor unsrer Zeit tief im östlichen Russland, spätestens am ersten Anfang des 13. Jahrhunderts. Als nun der Tatarensturm 1241 über Deutschland hereinbrach, da entwickelte sich aus jener alten Geschichte eine Sagenbildung, welche in den Gräueln der asiatischen Horden eine Himmelsstrafe für schwere Schuld sah und uns in 2 (oder 3) Gestalten erhalten ist. Eine deutsche Hedwigslegende (Breslau 1504, abgedruckt in Kloses Werk: Von Breslau. Dokumentirte Geschichte und Beschreibung In Briefen. Bd. 1, S. 422 fgg. Anm.) localisiert die Sage im schlesischen Neumarkt; aus ihr schöpfte das 'Volkslied' von der Tarterfürstin in des Knaben Wunderhorn 1805, S. 258 (vgl. Feifalik.

Die Beraubung der Maria von Ungarn durch Herzog Friedrich hat höchst wahrscheinlich schon v o r König Kourads Landfrieden sich ereignet; die Königin kam Ende März, Bela selbst Ende April nach Oestreich und schreibt schon am 18. (nicht 8.) Mai aus Agram an Papst Gregor (Theiner, Mon. Hung. I, 182): aber Reinmar von Zweter wird jene unwichtige Scaudalgeschichte, die sich nur von Mund zu Mund

---

Königinhof. IIs. S. 101). Eine zweite Fassung verlegt die Sage nach der Maidenburg in Mähren (von Horky in Hormayrs Archiv für Geographie, Historie u. s. w. Bd. IX (1818), S. 120 mitgeteilt), und den wesentlichen Inhalt enthält auch die Einleitung zum Jaroslav der Königinhofer Handschrift (in Swobodas Uebersetzung S. 119. 121): dass letztere die reinlichste Gestalt der Sage erhalten zu haben scheint, erklärt sich, falls die Hs. uncht ist, sehr leicht so, dass der geschickte Fälscher Kloses Erzählung aller localen Bezüge entkleidete. Der allen Fassungen gemeine Kern ist dieser: Eine tatarische Fürstin, begierig, die fremden Christenländer kennen zu lernen, die sie viel hatte rühmen hören, zog mit Rittern und Jungfrauen (bei Horky 3 tatarische Prinzessinnen, bei Klose mehrere Fräulein, von denen sich aber nur zwo retten, bei Swoboda 2 Hofdamen) und beladen mit reichen Schätzen zu den Christen. Diese aber (bei Klose schlesische Städter, in der deutschfeindlichen Königinhofer Hs. Deutsche, bei Horky ein mährischer Burgherr) gierig nach ihrem Golde beraubten sie und töteten sie selbst mit dem grössten Teil ihrer Begleiter. Die Folge dieses Frevels war dann der Tatareneinfall. — Palacky, Der Mongoleneinfall im Jahre 1241, Prag 1842 (Abhandlungen der böhmischen Gesellschaft, 5. Folge, Bd. II), S. 404 führt Kloses schlesische Fassung zurück auf einen an dem russischen Fürsten Michael zu Sreda (= Neumarkt) begangenen Ueberfall im Jahre 1241, von dem die Wolyner Jahrbücher melden. Ich kann Palackys russische Quelle nicht nachprüfen, nach seinen Mitteilungen begreift man aber kaum, was die identificierende Verschmelzung der alten Tatarensage von Gurgatams Schwester mit dem schlesischen Raube veranlasst haben kann: so unähnlich sind die beiden Geschichten; in den Wolyner Jahrbüchern ists ein Fürst, keine Fürstin, ein Russe, kein Tatare, der auf der Reise, nicht im Kriege, von geldgierigen Bürgern, nicht von einem Nachbarfürsten, beraubt, nicht gefangen und getötet wird. Als die Localisierung vor sich gieng, muss die Sage von Julians Erzählung schon wesentlich sich unterschieden haben, und Horkys Volkssage (event. auch der Jaroslav), die unabhängig ist von der schlesischen Gestalt, lehrt uns, dass die Tatarenmähr vor der Localisierung etwa aussah, wie der Sagenkern, den ich oben herausschälte. Dies Mittelglied aber hat die frappanteste Aehnlichkeit mit der Begebenheit, auf die Reinmar anspielt, die noch dazu ebenfalls mit dem Tatareneinfall in Verbindung steht. Ich meine, im Volksmunde verschmolz das Unglück der Tatarenfürstin und das der Ungarkönigin: denn verwant war beider Geschick: durch einen N a c h b a r f ü r s t e n (man denke an Horkys Burgherrn) haben beide K ö n i g i n n e n schwer zu leiden, als sie sich in dessen Land begeben; war die eine Tatarin, so floh die andre vor den Tataren, und eine Verwechslung war hier in der Sage um so leichter möglich, als man im Mittelalter Ungarn und Cumanen kaum unterschied, die Cumanen aber, die bekannten Bundesgenossen der Tataren, wiederum oft als Tataren angesehen hat (vgl. Karajan, Wiener Sitzungsber. phil.-hist. Classe XLII, S. 491. 511); ja Bruder Julian (Dudik, Iter Romanum I, 327) sagt geradezu: 'omnes thartari qui etiam V ugari p a g a n i vocantur'. Aus der Vermischung entstand so eine Sage, die der Gurgatamsage die Nationalität der Königin und namentlich ihren Tod, Alles übrige dem deutschen Ereignis verdankt: die friedliche Absicht der Königin auf ihrer Reise ins deutsche Land, ihre Ausrüstung mit weiblichem Gefolge und Schätzen, namentlich das Motiv des Ueberfalles um des Geldes willen, endlich auch ihre Chronologie: denn der Raubmord soll unmittelbar dem Tatareneinfall vorhergehen. Und erst dies Motiv, diese Chronologie machen die lokale Anknüpfung der Sage an das Ereignis von Sreda begreiflich.

fortpflanzte, später erfahren haben als den offiziellen Erlass des Landfriedens. Reinmars Sprüche 221 und 222 sind verfasst, als der Landfriede noch neu war, also im Mai 1241.

Bei dem Spruch 225, der in der Sammlung fehlt und von Wilmanns ins Jahr 1234 gesetzt wird, beschränke ich mich darauf, Wilmanns Gründe für seine Datierung zu entkräften, ohne dem Spruche
eine bestimmte Beziehung zu geben. Dazu ist er zu allgemein gehalten:
der Dichter stellt die Ehe über alle geistlichen Orden, die er in langer
Reihe aufzählt. Die Strophe ist eben nur eine didaktische Betrachtung
(über die Ehe), die ihre Spitze gegen die Orden richtet, entstanden ohne
eine erkennbare Veranlassung; aber gewiss ist die Strophe weder in
Reinmars Flitterwochen zu setzen, noch als Gratulation bei einer Hochzeit anzusehen, wie Wilmanns S. 459 will: in beiden Fällen wäre ihr
trockner Ton, das langweilige Verzeichnis von Orden unglaublich geschmacklos und philiströs; ich kann die Strophe schon aus stilistischen
Gründen nur Reinmars höherem Alter zutrauen. — VdHagen macht nun
zwar HMS IV, 503 b, Anm. 4 darauf aufmerksam — und das ist auch für
Wilmanns massgebend gewesen, — dass die V. 6 erwähnten livländischen Schwertbrüder 1237 in den deutschen Orden übergiengen,
und die Strophe also vor 1237 verfasst sein müsse. Es ist richtig: am
12. Mai 1237 wurden die Schwertbrüder auf ihren eignen Wunsch von
Gregor IX. zu Viterbo mit dem Deutschorden vereinigt (Epist. saec. XIII.
e. reg. pont. sel. I, No. 705), weil sie ihren Gegnern, den Litauern
und Dänen, namentlich seit der Niederlage bei Saulo am 22. Sept. 1236,
allein nicht mehr Stand zu halten vermochten: gaben sie nun auch not-
gedrungen ihre Selbständigkeit auf, so bedangen sie sich doch aus, wie
sie von früher zusammengehörten, auch künftig in Livland immer vereinigt zu sein[115]); ferner blieben die livländischen Brüder auch in Zukunft
abhängig von den Landesbischöfen, eine Abhängigkeit, von der der deutsche
Orden durch ausdrückliche päpstliche Privilegien längst befreit war.[116])
So behielten die Schwertbrüder, die unter einem eigenen Landmeister
standen, immer eine Ausnahmestellung im Orden, ihr Name gieng nicht
unter, und 1521 erwarben sie sich unter ihrem Landmeister Walther
v. Plettenberg sogar von Neuem eine Art Unabhängigkeit vom Deutschorden. Wer also nicht genau in die Ordensgeschichte eingeweiht war,
für den blieben die Schwertbrüder auch nach 1237 noch ruhig bestehen,
und Reinmar hat sich sicher keine Scrupel darum gemacht, ob die Orden,
die er aufzählt, selbständig oder Teile eines grösseren Complexes waren. —
Die übrigen Orden, die der Dichter nennt, geben keinen sichern Anhalt
zur Datierung. Die Schottenbrüder konnte Reinmar schon aus Wien
kennen, wo sich eins ihrer 12 Klöster befand (vgl. Wattenbach, Die

---

115) Vgl. Büttner, Mitteilungen aus dem Gebiete der Geschichte Liv-, Esth-
und Kurlands Bd. XI, S. 49; auch den Bericht Hermanns von Heldrungen hrsg.
von Strehlke, ebenda Bd. XI, S. 57.
116) Voigt, Preuss. Geschichte II, 344 fgg.; Ewald, Die Eroberung Preussens
durch die Deutschen I, 224 fgg., wo auch andre Verschiedenheiten in der Stellung
der livländischen Brüder von den Deutschen erwähnt werden.

Congregation der Schottenklöster in Deutschland, Zeitschr. für christl. Archäologie, Bd. I [1856] S. 52). Sind unter den *kriuzern* V. 3 die Kreuzherren im engeru Sinne zu verstehen, die später durch einen roten Stern ausgezeichnet wurden, so spräche das wenigstens gegen vorböhmischen Ursprung des Spruchs. Daraus freilich, dass der Orden erst 1237 vom Papst in Prag bestätigt wurde, möchte ich keinen *terminus a quo* erschliessen, da derselbe angeblich schon seit 1217 in der Nähe von Prag existierte (Frind, Kirchengeschichte Böhmens II, 255 fg.). Böhmen war gewissermassen das Mutterland des Ordens: namentlich der Gunst der frommen Agnes verdaukte er Besitz und Gedeihen: von Böhmen drang er nach Mähren, Schlesion und Polen: in andern Ländern finden wir seine Spuren nicht (Stenzel, Geschichte Schlesiens I, 177): Reinmar müsste die Bekanntschaft des sonst nicht sonderlich berühmten Ordens eben in Prag gemacht haben. Es ist freilich immerhin möglich, dass unter den Kreuzern die geistlichen Ritterorden im Allgemeinen verstanden sind: nur wären dann Schwert- und Hornbrüder tautologisch genannt.

Etwas weiter führt uns vielleicht die Erwähnung der *hornbruoder*. Mit den episcopi cornuti haben die nichts zu schaffen. *Leprosi* sind gemeint hier wie bei Otfried und Tatian. Schade, Altd. Wörterb.[2] I, 417 erklärt die Worte *hornbruoder unt martære* 'Aussätzige und schwer Leidende (insofern auch sie einem Orden angehören, d. h. in einer geregelten Gemeinschaft leben).' An sich wol möglich; wie nahe im Mittelalter das Krankenhaus, namentlich eben die *domus misellaria*, ans Kloster streifte, das stellt jetzt Uhlhorn, Die christliche Liebestätigkeit II, 264 fgg., anschaulich und gelehrt dar. Aber mit der Absicht der Reinmarschen Strophe verträgt sich Schades Erklärung nicht. Der Dichter rühmt die Ehe gegenüber dem cölibatären Leben der geistlichen Orden. Die Mitglieder derselben müssen also die Ehe abgeschworen haben, um ein Gott wohlgefälliges Werk zu tun. Wenn aber ein Aussätziger der Welt, der Familie entsagte, so geschah das zwangsweise: er durfte gar nicht in der Welt bleiben: sein Aussatz erregte wol Mitleid, war aber doch eine göttliche Strafe, kein Verdienst, auf das er pochen durfte. Unter den *martæren* verstand Reinmar vielleicht einfach die Märtyrer und bildete sich gedankenlos ein, dass die alle ehelos waren: ich weiss wenigstens keine bessere Erklärung. Aber die *hornbruoder* müssen ein wirklicher Orden sein (Wackernagel-Toischer, Der arme Heinrich S. 170): und ich glaube, ein Orden, der gemeint sein könnte, ist aufzufinden. *Leprosi* nannte man auch die, welche die Aussätzigen pflegten (du Cange IV, 70 s. v. leprosi): neben *leprosi* stand gleichbedeutend auch der Name *Lazari* oder *Lazarii* (ebda. IV, 51 s. v. Lazari). Nun gab es in Jerusalem einen Ritterorden des heil. Lazarus, der vorzugsweise die Pflege der Aussätzigen zum Zweck hatte. Für diesen Orden ist der Name *Leprosi* um so begreiflicher, als eine Anzahl aussätziger Brüder mit aufgenommen wurde, als vor Allem bis 1253 der Ordensmeister ein Aussätziger sein musste (Uhlhorn a. a. O. II, 273 fg.). In der ersten Hälfte des 13. Jahrhunderts drang der Orden auch nach Europa: in Italien,

Frankreich, Ungarn gewann er Boden, viel weniger auf deutschem Gebiet. Da treten sie nur in Uri und in Thüringen auf. Als Inhaber des Hospitals Mariä Magdalenä zu Gotha sind sie 1231 sicher, wol schon 1229, urkundlich zu belegen (Dietrich in der Zs. des Vereins f. thüring. Geschichte und Altertumskunde III, 295): sie breiteten sich in Thüringen so aus, dass dort selbst eine Landcomthurei eingerichtet werden konnte (ebda. 303 fg.). Wie von den Schwertbrüdern, die freilich durch ihre Heidenkämpfe weit grösseres Interesse erregten, konnte Reinmar auch von den Lazaristen wissen, ohne je den Stätten ihrer Tätigkeit nahe gekommen zu sein: natürlicher aber scheint mir die Annahme, dass er dem damals für Deutschland wenig wichtigen Orden eben in Thüringen begegnete: auch dieser chronologische Anhaltspunct wiese den Spruch in die Zeit nach 1241: erst in ihr ist Reinmar in Mitteldeutschland sicher zu erweisen.

Reinmars Wanderleben.

Bis zum Jahre 1241 hatte Reinmar zuerst in Oestreich, dann in Böhmen ein festes Heim gehabt. Das hört jetzt auf. Wir sehen ihn an mehreren Höfen Mitteldeutschlands auftauchen, doch war nirgend seines Bleibens: ob und wo er jemals wieder eine dauernde Stätte gewonnen, das sagen uns seine Sprüche nicht. Ueberhaupt geben die Gedichte für diesen letzten Abschnitt in Reinmars Leben nur dürftige Auskunft: einmal hat der Zufall weit mehr über das Erhaltene entschieden als bei der geschlossenen Sammlung, weit mehr auch wird uns verloren sein: dann durften wir bisher die Anordnung der Strophen in D bei der Datierung mit in Betracht ziehen: auch dies Hilfsmittel schwindet jetzt: Sprüche wie 170. 171. 193. 195, die in dem Zusammenhang der Sammlung vielleicht gut zu bestimmen wären, entziehen sich hier der Deutung. Es muss daher das Bild, das sich von Reinmars Leben seit 1241 entwerfen lässt, viel farbloser und verschwommener werden, als die bisherige Schilderung, und blosse Möglichkeiten müssen eine noch grössere Rolle spielen, als in den früheren Abschnitten.

Nicht aus freiem Wünschen und Wollen begann Reinmar ein Leben, bei dem ihm unstät *der stegereif dur daz lant wagete.*[117]) Es war

---

117) Dass er wenigstens **berritten** war, geht wol aus 196,1 hervor, trotz dem übrigen Inhalt des Spruchs. Das ist auch ohnedem kaum zu bezweifeln: nicht nur von Walther, auch von Spielleuten sehr viel geringeren Ranges wissen wir, dass sie zu Pferde reisten. Ritt doch Meister Sigeher (HMS II, 361 b) gar zum Vergnügen nach *hérrensite* spazieren! Kelin beklagt sich bitter, dass man ihn selten reiten sehe (HMS III, 24 a), und Caecilius von Sein hält es für einen ganz abnormen Zustand, dass er *ein halbez jâr* zu Fuss gehen musste (HMS III, 26 a). Selbst der *nôthafte* reitet bei Spervogel (MSF 26, 2b), und manch Spielmann, der *alt gewant* nicht verschmähte, besass doch ein Pferd (Stricker, Frauenehre 144)

selten die Wanderlust, die diese Fahrenden heraustrieb aus ihrem Heim:
'*ich wære gern dâ heime bliben: dô hâte ich kein gerœte, armuot
daz hât mich ûz getriben, daz ich hin worden unstœte*' so singt noch
ein Späterer (Kolm. 54,9), und wie Walther über das Gastsein dachte,
wissen wir. Viele Sprüche, die Reinmars späteren Jahren angehören,
zeigen tiefe Niedergeschlagenheit (z. B. 197. 203. 229. 247: vgl. u.
Kap. II.). Er hat bei seinem Bemühen an Höfen anzukommen keineswegs
immer Glück gehabt (177, vgl. auch 204,12), und oft genug mag er gedacht haben, wie der Mann, der seine Heimat aufgab, um der *Unsælde*
zu entfliehen, bald aber zu seinem Schrecken entdeckt, dass die *Unsælde*
mit ihm sich auf die Reise gemacht hat (178).

Zuerst wird Reinmar seine Schritte nach dem nahen Meissen gelenkt haben. Am Meissner Hofe entstand Spruch 227, ein Lobgedicht auf
den *Mizenære*, dessen gegenwärtiges Tun seiner Vergangenheit rühmend
gegenübergestellt wird.[118]) Gemeint ist Heinrich III. der Erlauchte
(1221—1288), den der Tannhäuser HMS II, 90a preist, und dessen Reichtum, Pracht und Freigebigkeit Sifrids von Balnhusen Compend. histor.
(M.SS. XXV, 703) schier überschwängliches Lob spendet, ein liebens-
würdiger und frohsinniger Fürst (vgl. Wegele, Friedrich der Freidige S.
45 fgg.): nicht nur begünstigte der Markgraf die Dichter, sondern er
dichtete selbst im Stile Walthers (Wilmanns, Leben Walthers, S. 309,
Anm. 112) und war geistlicher Componist (Wegele a. a. O. 47, Anm. 2).
Aus dem Gedichte geht hervor, dass Reinmar mit dem Fürsten zweimal
in Berührung kam: das erste Mal, als dieser noch *junc* und *tump* war
(V. 4), wurde Reinmar nicht von ihm aufgenommen, wie er beanspruchte:
das zweite Mal ist er zufrieden. Die erste Begegnung muss vor 1240
fallen, in die Zeit als Reinmar noch in Oestreich oder Böhmen war:
denn Heinrich, 1218 geboren, konnte 1241/42 nicht mehr *junc* und
tump genannt werden. Sie wird im Jahre 1234 stattgefunden haben,
als der junge Heinrich 16 Jahre alt zu Stadelau seine Hochzeit mit
Herzog Friedrichs Schwester Constantia feierte. Gerade damals wollte

Reinmar Oestreich verlassen: auch bei Heinrich wird er um Aufnahme gebeten haben, aber mit weniger Glück als bei Wenzel. Jetzt abermals
heimatlos, näherte er sich Heinrich von Meissen von Neuem und diesmal mit besserm Erfolge. Ich lege den Meissner Aufenthalt in diese
Jahre 1242—1244, da Reinmar später nur noch am Rheine nachweisbar ist: es liegt nahe, dass er auf der Reise von Böhmen nach dem
Westen die zwischenliegenden Höfe berührt hat. Wilmanns scheint
S. 460 den Spruch, wie 225, in Reinmars Wiener Aufenthalt zu verlegen, ausgehend wol von der Angabe der Annales Vetero-Cellenses
(Mencken, Scrptt. rer. Germ. II, 404), dass Heinrich am Wiener Hofe
unter der Vormundschaft Herzog Leopolds VII. aufgewachsen sei: Reinmar würde also den 16jährigen Jüngling dem ungezogenen Kinde ge-
genüberstellen. Ich halte das für falsch: V. 4 sin *Was was tumber
danne junc* scheint das eigentliche Kindesalter auszuschliessen. Vor
Allem aber ist Heinrich in Oestreich gar nicht erzogen worden: Urkunden, die er im Meissner Land ausstellte, beweisen das Gegenteil
(Tittmann, Geschichte Heinrichs des Erlauchten, II, 160—170); der
junge Markgraf lebte bis etwa 1227 vorzugsweise bei seinem Stiefvater
Poppo von Henneberg, später in seinem eignen Lande; Herzog Leopold
von Oestreich war nicht einmal Heinrichs Vormund: in dem einzigen
Jahre, in dem der Herzog als Zeuge einer Urkunde Heinrichs erscheint
(18. Jan. 1228, Meiller, Reg. Babenb. p. 142, No. 227), hat Herzog Albrecht von Sachsen die Vormundschaft geführt, und jene Urkunde zeigt
uns Leopold bei dem Markgrafen in Grimma, nicht umgekehrt den Markgrafen in Wien. Lange verweilte Reinmar in Meissen nicht: möglich,
dass der Gegensatz in den politischen Anschauungen des Markgrafen,
der bis ins Jahr 1245 treu kaiserlich war (Böhmer, Reg. Frid.² 3372.
3463a. 3464—3466) und auch später wenigstens neutral blieb (Wegele,
Friedrich der Freidige, S. 52), die freundlichen Beziehungen zu dem
Dichter trübte.

Ein Jahrzehnt etwa, ehe Reinmar nach Meissen kam, hatte der
Schöffe Eike von Repkow auf Grund von Tradition und Erfahrung zusammengestellt, was im Sachsenlande Rechtens war. Der Erfolg seines
Werkes, des Sachsenspiegels, war ein ungeheurer, da es lebhaftestem
Bedürfnis entsprach: aber es machte sich sofort eine starke Opposition
geltend, über die sich der Verfasser im ersten Teile seiner *praefatio
rhythmica* gereizt beklagt. Das Buch griff so tief ein in die Verhältnisse des täglichen Lebens, dass allenthalben Meinungsverschiedenheiten
nicht ausbleiben konnten; über seine einzelnen Lehren ist gewiss in
weiten Kreisen gestritten worden, auch in Meissen, das Eike ebenfalls
zum Sachsenlande rechnet (Sachsensp. III,62,2); und möglicherweise hallt
etwas davon wieder in einem der beiden Sprüche Reinmars, die praktische Rechtsfragen erörtern, in Spruch 182. Der Dichter stellt da im
Abgesange den Satz auf: 'Wer einen 81jährigen Greis vor Gericht zum
Zweikampf herausfordert, bricht *daz alte hovercht*' und beruft sich zum
Beweise auf Herrn Hoier. Schon dieser vornehmlich nieder- und mitteldeutsche Name führt auf nd. Heimat des Spruches hin. Nun vermutet

Hildebrand (Bartsch, Liederdichter[2] S. 353), der Spruch enthalte vielleicht
eine Beziehung auf den Sachsenspiegel: *her Hoier* wäre dann Graf
Hoyer von Falkenstein, der die deutsche Abfassung des Sachsenspiegels
bekanntlich veranlasste und in Folge dessen geradezu selbst als Verfasser galt (z. B. im Soester Codex 623: *greve hoyger van Valken-
stene composuit textum*; vgl. Homeyer, Sachsenspiegel I, 2). Ihn
konnte Reinmar von Meissen aus kennen gelernt haben: erscheint doch
selbst Eike am 21. Mai 1218 in Grimma, später einem Lieblingsaufent-
halte Heinrichs des Erlauchten, als Zeuge einer Urkunde (Beyer, Geschichte des Cistercienserklosters Altzelle S. 531). Reinmars *her Hoier*
war schon sehr alt, als der Spruch gedichtet wurde (182,12), wenn auch
die 81 Jahre des Sprichworts nicht wörtlich zu nehmen sind: der Graf
Hoyer von Falkenstein ist wirklich 1242 urkundlich zum letzten Male
bezeugt (Homeyer, ebda. I, 7).

Freilich, wenn Hildebrand das Rechte trifft, mehr als ein leiser Anklang an den Sachsenspiegel ist in der Strophe nicht wiederzufinden.
Schon die Verwechslung des Grafen Hoyer mit dem Verfasser würde
lehren, dass Reinmar nicht sonderlich orientiert ist. Er kannte den
Sachsenspiegel schwerlich selbst, höchstens im Gespräche, im Streite von
Mund zu Mund erfuhr er von seinem Inhalt: so begriffe sich die nicht ganz
correcte Wiedergabe des betreffenden Rechtssatzes. Am nächsten berührt
sich Reinmars Spruch mit Sachssp. I, 42,1: 'over sestich jar is he
(d. i. *de man) boven sine dage komen, alse he vormünden hebben
sal of he wel'*; Hildebrand vergleicht eine andere Stelle, I, 48,2, wo
vorgeschrieben wird, dass *lame lüde* sich im gerichtlichen Kampf durch
einen Vormund vertreten lassen dürfen: dies Recht ist in jener Bestimmung für alte Leute natürlich ebenfalls einbegriffen. Der Sachsenspiegel verbietet in beiden Fällen das unentbehrliche Rechtsmittel des
kampflich ansprechen keineswegs, wie Reinmar das tut; es wird nur
den Wehrlosen gerichtliche Vormundschaft zugestanden: indess dieses Misverständnis Reinmars wäre verzeihlich. Soweit fügt sich Alles leidlich zusammen.

Aber — und damit komme ich zu den beiden Bedenken, die mich
doch hindern, Hildebrands schöner Combination freudig und ohne Einschränkung zuzustimmen — unerklärlich ist es, wie Reinmar den Sachsenspiegel als *daz alte hovereht* citieren konnte. Alt mochte er ihn
immerhin nennen; wollte Eike ja doch nur das gute altbewährte Recht
sammeln (Sachssp. praef. rhythm. 36: *Diz recht habent von alder tzit
unse vorderen here gebracht*). Aber *hovereht* durfte das Landrecht
des Sachsenspiegels, dem jene citierte Stelle angehören würde, nun und
nimmer genannt werden. III, 42,2 lehnt Eike die Bearbeitung des
Dienstmannenrechts ab: *went it is so manichvalt, dat is nieman to
ende komen kan*; das Gleiche gilt von dem verwanten Hofrecht, mit
beidem hat Eike sich nicht befasst. Reinmar scheint *hovereht* aber
auch gar nicht juristisch zu verstehen als das *jus curtis*, das zwischen
Gutsherrn und Hofhörigen besteht (RA 561): in solch Recht gehörte
die Vorschrift 182,7 überhaupt nicht hinein; sondern er meint einfach

'Sitte und Brauch des Hofs', ebenso wie Frauenlob 51,12 einen Ritter mahnt: '*halt ie daz alte hovereht*' (vgl. 331,2) und wie im Iw. 7341 an Artus Hofe gerichtlicher Zweikampf zum *hovereht* in Beziehung gesetzt wird. Es widersprach eben allen ritterlichen Anstandsregeln, einen ganz ungleichen Gegner wie einen Greis zum Kampfe zu fordern. Dann bewiese es aber ein arges Verkennen des Sachsenspiegels, wenn Reinmar auf ihn mit dem *alten hovereht* hindeuten wollte.

Und noch confuser zeigte sich der Dichter, wenn er wirklich mit V. 11 auf Herrn Hoyer als rechtskundige Autorität sich berufen wollte. Er begründet diesen Appell mit den Worten: *der hat wol drin rosses alter verslizzen.* Gewiss, das Alter kann Gewähr leisten für reiche Rechtskenntnis: aber es wäre unglaublich ungeschickt, wenn der Dichter dieselbe sprichwörtliche Wendung auf seinen erfahrenen Rechtsbeistand anwendete, wie eben V. 4 auf den alten Mann, dem das Recht zu Gute kommen soll. Unbefangene Interpretation muss in *hern Hoier* den Greis sehen, der nicht mehr zum Gerichtskampf gefordert werden darf: ganz ähnlich wie 182,11: *so beziug ichz mit hern Hoier wol*, ganz ähnlich führt Reinmar 148,11 mit den Worten: *daz beziug ich mit dem besten wol* nicht ein Zeugnis (wie z. B. Frauenlob 279,16. 346,9), sondern ein Beispiel ein. So liefe die Strophe vielleicht, humoristisch gemeint, hinaus auf eine Neckerei gegen irgend einen *hern Hoier*, der herausgefordert den Zweikampf mit Berufung auf das *hovereht* ablehnte: sie war dann nur für einen engen Kreis bestimmt, der den zu Grunde liegenden Vorfall kannte.

Sicherlich gibt Hildebrands Deutung, die den Dichter unter dem Einfluss eines grossen literarischen Ereignisses zeigt, eine Frage von allgemeinstem Interesse discutierend, dem Spruch einen bedeutenderen Inhalt, und sie verdient, trotzdem sie beim Dichter ein gut Stück Ungeschick und Unklarheit voraussetzt, schon darum nicht aus den Augen gelassen zu werden, weil wir vielleicht noch einmal Reinmar mit einer Frage beschäftigt finden, die der Sachsenspiegel angeregt haben mochte, im Kurfürstenspruch. —

Und auch an anderer Stelle noch hallt vielleicht etwas nach von den Meissner Tagen des Dichters. Reinmar von Zweter tritt im Wartburgkrieg bekanntlich auf als einer der 5 Sänger, welche für den Landgrafen von Thüringen Partei nehmen gegen Heinrich von Ofterdingen, der dem Herzog von Oestreich unter allen Fürsten den Preis erteilen will. Der Streit musste nach der Vorstellung des Dichters in den ersten Jahren des Jahrhunderts stattgefunden haben. Da ist es denn höchst verwunderlich, wie Reinmar in diesen Kreis gerät: der Irrtum ist kaum begreiflich, da Reinmar eben erst gestorben sein kann, als das Fürstenlob entstand, da er gerade in Mitteldeutschland seine letzte Lebenszeit zubrachte und dort wohlbekannt war: er ist doppelt erstaunlich, da der Verfasser des Fürstenlobs Anachronismen mit Bewusstsein meidet und sich leidlich bewandert zeigt in den Verhältnissen, unter denen sein Kampfgedicht gespielt haben müsste: ein paar kleine chronologische Schnitzer dürfen ihm nicht hoch angerechnet werden

(Wilmanns, Zs. XXVIII, 211 fg.). Die geläufige Annahme, Reinmar von Zweter sei mit Reinmar dem Alten verwechselt worden [119]), befriedigt mich wenig, trotz Wilmanns (a. a. O. S. 213). Sämmtliche Personen des Fürstenlobes sind Thüringer Landeskinder oder wenigstens nachweislich am Thüringer Hofe gewesen: wie fügte sich Reinmar der Alte in ihre Reihe, wie käme der östreichische Dichter dazu, für den Thüringer zu kämpfen? Um bald nach der Mitte des Jahrhunderts Walthers Lehrer mit dem jüngern Reinmar zu verwechseln, dazu gehörte eine Verwirrung und Unkenntnis, die wahrlich nicht geringer ist, als wenn von vornherein Reinmar von Zweter gemeint war.

Wilmanns fasst das Fürstenlob auf als ein Festspiel zu Ehren Heinrichs des Erlauchten von Meissen, der seit Kaspes Tode sich 'Landgraf von Thüringen und Pfalzgraf von Sachsen' nannte: der Dichter habe den Enkel zur Freigebigkeit reizen wollen, indem er von den Sangeshelden der Vorzeit die *mitte* seiner Ahnen preisen liess.[120]) Recht einleuchtend! Stand das Fürstenlob nun in Beziehung zu dem Meissner, dann lag für einen einheimischen Dichter, der keine chronologischen Rücksichten nahm, nichts näher, als den in der zweiten Hälfte des Jahrhunderts gewiss hochberühmten Reinmar als Mitstreiter einzuschmuggeln, ihn, der das Lob Heinrichs einst gesungen hatte, von dem man vielleicht auch wusste, dass er einem Oestreicher gram war.

Aber freilich: der Verfasser des Fürstenlobes kann das nicht getan haben. Ich stimme um so lieber der Vermutung Stracks (Zur Geschichte des Wartburgkriegs S. 55) zu, Reinmar von Zweter sei erst von einem Interpolator hineingebracht worden, als ich glaube, dass geringfügige Spuren im Gedichte selbst jene Annahme unterstützen. Str. 24 beginnt: *vier meister wolden sinen tôt*; dieselbe Strophe nennt auch fürderhin in C wirklich nur 4 Meister, Walther, den Schreiber und die beiden Kieser [121]), und andre Stellen des Gedichts bestätigen das in so fern, als nie mehr denn 4 Gegner Ofterdingens zusammen genannt werden (7, 1—5; 12,12; 19,13), als in den Einführungsstrophen (1—4) uns nur 4 Meister neben Ofterdingen vorgestellt werden (Wilmanns S. 214). Dadurch wird erwiesen, dass das Spiel ursprünglich nur 5 Personen

---

119) Unter dem Bilde des Wartburgkriegs in C steht Reinmars des Alten Name; gleicher Confusion macht sich schuldig Leopold Hornburg, der in der Aufschrift seines Lobgedichts Walther und Reinmar von Zweter nachsagt, dass sie *hie irn ziten tiechten und sungen gein ein ander widerstriet* (Ruland, Würzburger Hs. S. 23 fg.): darin liegt doch wol eine Reminiscenz an die bekannte literarische Fehde Walthers mit seinem Lehrer (Burdach, Reinmar und Walther, S. 140 fgg.).

120) Gegen die chronologische Begränzung auf S. 210 des Wilmannsschen Aufsatzes ist geltend zu machen, dass Eisenach längst im Besitz Heinrichs gewesen war, ebenso wie die Wartburg: zeitweilig allerdings hatte er diesen Besitz gemeinschaftlich mit Sophie von Brabant inne: diese allein besass Eisenach nur ganz kurze Zeit (1260—1261); vgl. Wegele, Friedrich der Freidige S. 22 Anm. 2; S. 31. 33.

121) Wilmanns (S. 215), dem ich sonst in seinen Bemerkungen über Str. 24 ganz beipflichte, erklärt diesen Umstand daraus, dass Biterolf die Strophe vorträgt: dass das freilich nicht erklärt, warum er nun ganz unberücksichtigt bleibt, das fühlt Wilmanns selbst (S. 216).

hatte. Bei der Frage, wer fehlte, kann es sich nur um Reinmar und
Biterolf handeln.

Die Entscheidung ist nicht leicht zu treffen. Es spricht manches
für Biterolf. Dass er nicht mit den andern Figuren zusammen auftritt (Wilmanns S. 214. 216), das werde ich unten anders zu erklären
suchen. Auch dass er im Fürstenlob nie *her* angeredet wird (ebda. 216),
ist eine Eigenheit, die er mit Reinmar gemein hat. In der Unterschrift
des Bildes von C fehlt Biterolf: das beweist wenig; der Bildmaler hatte
eine Person zu wenig gezeichnet und der Schreiber liess den ihm min-
dest bekannten fort. Am bedenklichsten ist Biterolfs Stellung als henne-
bergischer Sänger. Es ist nicht zu leugnen, dass die Strr. 14. 15 aus
dem Zusammenhang herausfallen, namentlich ist die Einleitung dieses
hennebergischen Lobes, der Anfang von 14, herzlich ungeschickt: man
begreift zunächst gar nicht, wozu Biterolf den *grâven wandels vri* vorbringt. Eine Motivierung lässt sich ja darin finden, dass Ofterdingen des
Oestreichers Sieg selbst gegen drei Fürsten verfechten will (1,12. 16,16):
aber der König von Frankreich, der Brandenburger werden doch auch
nur ganz kurz erwähnt, und unter dem unverhältnismässig breiten, überschwänglichen Lobe des Hennebergers, fast über den Thüringer hinaus,
leidet die Einheitlichkeit zweifellos. Mag nun aber auch Str. 14. 15
von einem hennebergischen Lokalpoeten interpoliert sein — ich will das
nicht entscheiden —, so ist auch damit der Biterolf noch nicht beseitigt: es bleibt Str. 12, die nicht die geringste Beziehung auf den Henneberger zeigt, aber freilich alleinstehend auch nicht recht genügt, da sie
eine Ankündigung enthält.

Auf Biterolfs Str. 12 antwortet in C und der Kolmarer Hs. Ofterdingen in einer Strophe, die ebenfalls in C und in der Jenaer Hs. auch
als Antwort auf Reinmars einzige Rede 17 erscheint. In der Kolmarer
Hs. fehlt Reinmars Strophe und also auch die Antwort, in J wird die
Antwort hinter Biterolfs Rede weggelassen sein, um die Doppelsetzung
derselben Str. zu vermeiden. Dass Biterolfs Str. 12 ganz ohne Antwort
blieb, ist mir schon darum nicht wahrscheinlich, weil er dann 3 Strr.
hinter einander reden würde, was sonst nicht vorkommt. Es bleiben
mehrere Möglichkeiten: uns fehlt zu einem der beiden Angriffe die Antwort, oder eine der beiden Angriffsstrophen ist unursprünglich. Das
Gleichnis im Aufgesang von 13 schliesst sich deutlich an das Gleichnis
im Aufgesang der Biterolfschen Str. 12 an und pariert es recht geschickt:
kaum minder sicher nimmt der Abgesang von 13 *jâ hete ich zuo der
Dürenge herren selbe wol die pfliht, daz künec noch vürste ûf erden
niht sô werdecliche lebt, wær der ûz Österrîche niht* Bezug auf den
Abgesang von Reinmars Str. 17 *jane mac der edel ûz Österrich der
tugende niht getragen alsô der Dürenger herre nu vor allen fürsten
hât.* Es ist also der Zusammenhang von 13 mit 12 gewiss, mit 17
wenigstens recht wahrscheinlich. Der Abgesang von 17 schliesst mit
der Pointe: sind alle Fürsten Engel, so ist der Thüringer Gott. Ist das
nicht eine übertrumpfende Antwort auf den Schluss von 11, wo Ofterdingen prahlt: der Oestreicher ist ein Adler, wenn andre Fürsten Falken

sind? Dürfen wir nun nicht auf Grund dieser Beziehungen combinieren,
dass auf 11 folgte, vor 13 vorhergieng eine Strophe, die den Aufgesang von 12, den Abgesang von 17 hatte? Ich mache für die Unechtheit des Abgesangs von 12 geltend das Schimpfwort *cder krage* V.
16 und die Bezeichnung Eschenbachs als '*ir aller meister*', die wol auf
Kenntnis des Rätselstreits beruht (vgl. 79,7 *ir aller buckelcre*), nicht
in das allein stehende Fürstenlob hereingehört. Und was den Aufgesang von 17 betrifft, so weise ich hin auf den Anfang '*ein fürstin und
ir frowen sint uns beiden al ze nahe bi*'. Dieser höfische Zug findet
eine Parallele in des Schreibers Str. 10,13, wo dieser aus Rücksicht auf
die Damen ein Schimpfwort unterdrückt: aber die Fürstin wird nicht
'erwähnt (der Fürst 4,13. 15,3). Sie erscheint nur noch in der Schlussstrophe 24. Dass diese und 23 erst interpoliert wurden, um Fürstenlob und Rätselstreit zu verbinden, das macht Strack (a. a. O. 55 fg.)
recht glaublich. Erst nach jener Verbindung wird auch der Aufgesang
von 17 in das Fürstenlob hineingekommen sein: das ursprüngliche Gedicht kannte weder Elisabeth noch Klinsor als handelnde Personen.
Damit habe ich mich dafür entschieden, dass Biterolf der Sänger
war, dem Ofterdingen in Str. 13 erwidert; mit dem Abgesang von 17
ist Str. 12 eine vortreffliche Antwort auf 11 und kann ohne die Henneberger Strr. bestehen. Ich behielte als ursprünglichen Bestand des Fürstenlobs 1—11; die combinierte Str. 12/17; 13; (14—16); 18—22.
Und Reinmars Unursprünglichkeit bestätigt sich auch sonst.
Als der Interpolator den um 1300 neben Walther und Wolfram berühmtesten, neben ihnen meist genannten Sänger der classischen Zeit einführen wollte, da machte er sich das recht leicht. Nicht einmal die Mühe
gab er sich, der halb erborgten einzigen Strophe Reinmars eine Antwort
entgegenzusetzen. Wo im Gedichte mehrere der handelnden Personen
zusammen genannt waren, da setzte er Reinmar einfach und consequent
an die Stelle des unberühmtesten, des Biterolf (4,7. 7,3. 24,6): Biterolf
war ursprünglich neben Wolfram Kieser; daher entschuldigt er sich 12,2
mit seinem Zorn, als er losbricht. Jene Namensvertauschung gieng überall an ausser 12,12, wo Biterolf redet, und 19,13, wo sein Name durch
den Reim gesichert wurde: in diesem Falle musste Walther weichen,
obgleich das Metrum die Interpolation von Reinmar auch ohnedem gestattet hätte: an der andern Stelle — falls sie überhaupt schon vor der
Interpolation Reinmars, etwa als Dittographie, bestand — machte der
Schreiber Platz. Und auf das Rätselspiel dehnte der flüchtige Mensch
seine Revision nicht einmal aus. Str. 79 zählt Klinsor die Teilhaber
des Fürstenlobs alle auf, Biterolf wieder im Reim und mit dem Titel
her; Reinmar fehlt. Walther tritt 43, der Schreiber und Biterolf in der
Henneberger Totenklage auf, Reinmar kommt in den sämmtlichen Strophen des schwarzen Tons nicht einmal vor [122]) (Koberstein, Ueber das

---

122) Str. 92, in der Ofterdingen klagt '*vünf hunde habent mich vürgenomen*'
ist eine überaus späte Strophe: auch war es für jeden Schreiber leicht, *vier* in
vünf zu bessern.

wahrscheinliche Alter etc. des Gedichts vom Wartburger Krieg S. 30).
Alle diese Bedenken der Composition und des Textes, all jene literar-
historischen Schwierigkeiten lösen sich, wenn wir annehmen: Reinmar trat
erst gegen Ende des Jahrhunderts auf Grund seiner meistersingerischen
und localen Berühmtheit in den Kreis der Wartburgkämpfer ein. —
Noch in der ersten Hälfte des Jahrzehnts kam Reinmar an den
Strom seiner Heimat, a n d e n R h e i n. Ausdrücklich bezeugt er diesen
Aufenthalt 224,5 ' *hie bi Rine*'; auch der Spruch, den Hornburg (MSH
IV, 882 a) ihm zuweist, *von trübem phule bi dem Rin, dö selten
uz get wazzers rin* verriet rheinische Localkenntnis, wenn er echt war
(vgl. unten Kap. II) und wenn es sich dort nicht etwa um ein Sprichwort handelte, in dem der Rhein ein Rolle spielt. Reinmar lebte am
Rheine bei dem Erzbischof von Mainz (185. 228), vielleicht dem von
Köln (224?) und bei dem G r a f e n v o n S a y n (216,12), den er als den
besten der Wirte preist. Schon vdHagen sah (MSH IV, 498 b), dass
Spr. 216 v o r E n d e 1 2 4 6 verfasst sein müsse: denn in diesem Jahre
starb der saynische Mannesstamm mit Heinrich III. (1206—1246) aus [123],
und der Gemahl seiner Schwester Adelheid, Graf Johann von Sponheim I.,
vereinigte Sayn mit Sponheim: Grafen von Sayn erscheinen dann erst
wieder seit 1264 (Dahlhoff, Geschichte der Grafschaft Sayn S. 6. 7).
G r a f H e i n r i c h III. musste Reinmar noch durch seinen mutigen Widerstand gegen die Ketzerverfolgungen Konrads v. Marburg (Kaltner, Konrad
von Marburg, S. 154 fgg.) und Andrer in gutem Gedächtnis sein; auch
unser Dichter hatte gegen das tolle Treiben der Ketzerrichter damals
(1233 und 1234) entschieden Front gemacht (vgl. Spr. 86; Wilmanns
S. 458 fgg.). Im Kampfe der rheinischen Erzbischöfe gegen ihren Kaiser
stand der Graf am 7. Juli 1240 noch auf König Konrads Seite (Reg. Conr.[2]
4424), auch unterstützt er im Sommer 1242 noch den kaiserlichen Can-
didaten Radulf v. Trier (M.SS. XXIV, 406); aber schon am 24. Febr.
1244 ist er vereint mit dem Kölner Erzbischof beteiligt bei dem Ueber-
einkommen, das den Grafen Dietrich von Hostaden mit dem Herzog von
Brabant aussöhnt; der Vertrag von Leuth (Juli 1244) findet ihn auf der
Seite Konrads von Hostaden (Schirrmacher IV, 139), und das entspricht
Reinmars damaligen politischen Anschauungen. Die Wormser Annalen
(M.SS. XVII, 39) nennen ihn: *vir christianus prepotens et dives et
honestissime vivens; vir christianissimus magnificus et predives* heisst
er in den Ann. S. Pantaleonis Colon. (M.SS. XXII, 542); auch die gesta
Treverorum (M.SS. XXIV, 402) wollen ihm wol *credulitas* (Rechtgläu-
bigkeit), nicht *crudelitas* nachsagen (Hefele, Conciliengesch. V, 911).
Von Reinmars Verweilen am Mainzer Hof zeugen die beiden L o b-
s p r ü c h e a u f d e n E r z b i s c h o f 185. 228. Gemeint ist S i e g f r i e d III.
von E p p s t e i n (1230—1249). Gerühmt wird seine unermüdliche Rührig-
keit, sein unersättlicher Ehrgeiz, und das ist ein Lob, das ihm voll gebührt
und sehr charakteristisch für ihn ist; als *vir magnanimus et in agendis*

-- --

123) Die Ann. S. Pantal. Colon. (M.SS. XXII, 542) lassen den Grafen erst
am 14. Aug. 1247 sterben; vgl. aber die Anm. zu dieser Stelle.

industrius schildern ihn auch die Ann. S. Pantal. Colon. (M.SS. XXII, 545). Der Dichter bedient sich in beiden Sprüchen grossenteils derselben Bilder, mit denen er früher den Kaiser gefeiert hatte. [124] Wäre er noch und auch der Erzbischof selbst Anhänger Friedrichs gewesen, so hätte er das vermieden. Die Sprüche entstanden, nachdem Siegfried Ende 1241 die kaiserliche Partei verlassen hatte, und Reinmar machte es sich bequem, indem er das Lob, das der Kaiser bei ihm verscherzt, auf das Haupt der Päpstlichen übertrug. Eine weitere Gränze lässt sich vielleicht aus 228,2: *daz der hât drîer vürsten sedel* gewinnen. Ueber vdHagens Erklärung, es seien ʻetwa zunächst die von Mainz abhängigen Bistümer Worms und Speierʼ gemeint, ist kein Wort zu verlieren, obwohl Meyer S. 38, Anm. 2, sie gläubig nachspricht. Gerade unter der Regierung Siegfrieds III. erhielt das Mainzer Erzstift einen stattlichen Zuwachs, indem das Fürstentum Lorsch (*principatus ecclesie Laurissensis*) in seinen Besitz übergieng: dass der Lorscher Fürstensitz nicht von je mit dem Mainzer Stuhl eins gewesen war, das machte sich noch sehr fühlbar, als Reinmar in Mainz war: Streitigkeiten mit dem Baiernherzog über die neue Errungenschaft währten bis ums Jahr 1247 fort (Falk, Geschichte des ehemaligen Klosters Lorsch, S. 94 fg.). Mit dem dritten *sedel* ist vielleicht die Administratur von Fulda gemeint; noch vor dem 12. Juni 1245 wurde Erzbischof Siegfried vom Papste zum *minister Fuldensis ecclesie* ernannt (Reg. archiep. Mogunt. ed. Böhmer-Will, Bd. II: Sigfr. III, No. 530) und führt diesen Titel seitdem wiederholt an zweiter Stelle. Spruch 228 wird also frühestens in der zweiten Hälfte des Juni 1245 entstanden sein.

Der Mainzer Hof war nicht geeignet, Reinmars Sympathien für den Kaiser neu zu erwecken: zu Mainz wird der heftigste, antikaiserliche Spruch Reinmars, Str. 169, gedichtet sein. Er beklagt sich über die zahllosen unerhörten Lügen, die vom Kaiser in den Reichsstädten verbreitet würden und bei den Bürgern in Folge eines *Pülleschen zoubers* sogar Glauben fänden. VdHagen (IV, 495 b), dann auch Meyer S. 39 fgg. und Wilmanns S. 457 haben den Spruch richtig aufs Jahr 1245 bezogen. In seinen frühern Kämpfen gegen die Curie stützte sich der Kaiser vorzugsweise auf die Fürsten, die ihm anhiengen; seit 1241, da die Treue der Fürsten mehr und mehr ins Wanken geriet, fand er bei den Städten, die er früher zu Gunsten der Fürsten vernachlässigt hatte, wirksame, opferwillige Hilfe: an ihnen hatten Heinrich Raspe und Wilhelm von Holland ihre gefährlichsten und zähesten Gegner, und die zahlreichen Gunstbezeugungen und Lobsprüche, die der Kaiser und sein Sohn jetzt ihren guten Städten spendeten, beweisen, dass Friedrich diese Bun-

---

124) 185,7 *velt hât ougen, walt hât ôren;* vgl. 137,1 *walt hât ôren, velt gesiht;* 185,9 *mit cranches hals kan er wol swîgen unt mit strûzes ougen sehen, mit luhses ôren rûnen spehen;* vgl. 137,7 *cranches hals, ebers ôren, strûzes ougen;* — 228,10: *im ist nâch ôren alsô ger, daz nie dem hungergîtegen her sô nôt enwart nâch süezes honeges râze;* vgl. 138,2: *nâch gerihte ist im sô nôt, sô dem hungerigen bern nâch honeges süeze nie enwart.*

desgenossen zu würdigen und zu erhalten wusste. [125] In Mainz hatte Reinmar Beispiele städtischer Treue nahe genug. Mainz selbst hatte Erzbischof Siegfried nur mit grosser Mühe und durch exorbitante Zugeständnisse Nov. 1244 der päpstlichen Partei genähert; Köln blieb seinem Kirchenfürsten zum Trotz bis Ende 1247 gut staufisch gesinnt, und unerschüttert hielten an ihrem Kaiser fest die wetterauischen Reichsstädte, dann Speier und vor Allem König Konrads stärkster Hort, das unermüdliche kampfesfreudige Worms. Mit all diesen Städten stand der Kaiser gewiss in regem brieflichem Verkehr, so wenig auch von solchen Briefen auf uns gekommen ist: berufen sich doch die Ann. S. Pantal. Colon. wiederholt auf kaiserliche Briefe an die Cölner Bürger (s. a. 1241 M.SS. XXII, 535; s. a. 1246 ebda. 540). Mit den Lügen, über die Reinmar sich entrüstet, sind jedesfalls weniger die gelegentlichen Vorwürfe gemeint, die der Kaiser z. B. in Briefen an Erfurt, Worms, Regensburg (Reg. Frid. II.[2] No. 3308. 3374. 3516) gegen die abtrünnigen Prälaten schleudert, als jene umfangreichen Schreiben, in denen Friedrich die päpstliche Politik zu kennzeichnen und sich so zu rechtfertigen sucht: einem Anhänger der Curie galten diese Schriftstücke natürlich als Lügen schlimmster Art. [126] Solcher Briefe rief schon im Spätsommer 1244 der plötzliche Abbruch aller Friedensverhandlungen durch den Papst und seine unmotivierte Flucht manche hervor (Reg. Frid. II.[2] No. 3431. 3435. 3450); mehr aber noch schwoll die Flut dieser Proteste an, nachdem Innocenz den Frieden erhoffenden Kaiser zu Lyon feierlich abgesetzt hatte. Erhalten sind derartige Denkschriften aus dem Juli, August und September 1245: an die Grossen Englands (Huill.-Bréh. VI, 331), an den König von Böhmen (Reg. Frid. II.[2] 3199), ebenso an den von Frankreich (Huill.-Bréh. VI, 348), an alle in Frankreich (Huill.-Bréh. VI, 349), endlich von unbekanntem Datum an alle christlichen Fürsten eine Klage über den Clerus im schärfsten Ton gehalten (Huill.-Bréh. VI, 390). Dass auch die gutgesinnten Städte Deutschlands ähnlicher Documente gewürdigt wurden, ist ausser Zweifel, zumal selbst Briefe an die Lombarden und das Königreich aus dem Jahre 1245 in ihrem Eingang der politischen Lage kurz gedenken (Reg. Frid. II.[2] No. 3506—3508). Spr. 169 kann schon Herbst 1244, wird aber aller Wahrscheinlichkeit nach erst im Herbst 1245 verfasst sein.

Dass es am 17. Juli 1245 zu Lyon zur Absetzung des Kaisers kam, daran hatten seine beiden rheinischen Erzfeinde nicht den kleinsten Anteil. Als sie im Anfange des Jahres den Papst persönlich in diesem Sinne zu stimmen suchten, stellten sie ihm das sofortige Auftreten eines

---

125) Vgl. Böhmer. Reg. Frid. II.[2] No. 3219. 3260. 3294. 3308. 3373—75. 3388. 3437—38. 3481. 3486—88. 3190. 3513—14. 3516; Reg. Conr. IV. No. 4408—9. 4124—25. 4450. 4459 60. 4466 67. 4469. 4491. 4506. 1518. Eine Darstellung der städtischen Parteiverhältnisse in jener Zeit giht jetzt Hasses Buch über Wilhelm von Holland, I, 19—22, das mir leider erst während des Druckes zugänglich war.

126) 'multa falsa commenta concinnat ad perdendos mites in sermone mendacii' (Albert v. Beh. ed. Höller S. 73; auch S. 62. 64); übrigens liefen im Parteigetriebe auch wirkliche böse Lügengespinnste unter; ein drastisches Exempel gibt Alberts Brief vom 21. Aug. 1246 (ebda. S. 101).

machtvollen Gegenkönigs in Aussicht und spannten nach ihrer Rückkehr
alsbald alle Segel aus, um dies Versprechen halten zu können (Ann.
Worm. M.SS. XVII, 48 fg.). Schon seit April 1244 stand Innocenz in
Unterhandlung mit dem Landgrafen von Thüringen; auf ihn hatten auch
die rheinischen Erzbischöfe ihr Hauptaugenmerk gerichtet; in die Zeit,
da Siegfried von Mainz den unentschlossenen Fürsten für Annahme der
Krone zu gewinnen sich bemühte, weise ich die beiden **Strophen 213
und 214**, die das alte Thema von den beiden Schwertern ausführlich
behandeln. Der Dichter stellt die Aufgaben der päpstlichen und kaiserlichen Gewalt sehr ruhigen Tones neben einander; dem Papste wird der
Bann als seine eigentliche Waffe zuerkannt: so freundlich wäre seiner
vor 1239 schwerlich von Reinmar gedacht worden. [127]) Der Kaiser wird
angeredet: '*Ir fullemunt der edeln Cristenheite, Sent Peters kemphe*',
er soll helfen, dass die Feinde des Rechts den Gerechten, d. h. der Kir-
chenpartei unterliegen, und darf dazu auch den Streit nicht scheuen
(214,6). Gemeint ist eben der Pfaffenkönig H e i n r i c h Raspe, der
ausdrücklich *ad ecclesie ac christiane religionis presidium* (nach
Innocenz Schreiben vom 21. April 1246, Huill.-Bréh. VI, 400) erwählt
werden sollte *Romanorum rex et in imperatorem postmodum promo-
rendus*, also von vornherein auch zum Kaiser designiert war. Ihm tat
ein Mahnen zu energischem Tun sehr not, seine *pusillanimitas* schreckte
zurück vor dem Kriege, Matthaeus Paris charakterisiert ihn ad annum
1245 (ed. Luard IV, 495): '*malens pacem cum securitate . . . quam
ancipitis belli certamina*' [128]), Reinmar hatte also guten Grund, ihm vor-
zuhalten, dass der Schirmvogt der Kirche des Kampfes nicht entraten
könne. Ich glaube, der Spruch entstand, als Heinrich noch nicht sich
entschieden hatte [129]), er soll ihn im Sinne Erzbischof Siegfrieds zum

---

127) Meyer, Unters. S. 26 fg., erschliesst aus den Strophen volle Eintracht
zwischen Papst und Kaiser und denkt an die Jahre 1232 - 1234. Wies damals
aber mit der Einheit der Schwerter stand, lehrt Spr. 135 (vgl. oben S. 40 fgg.). Das
gerihte 214,6 deutet er auf die Bestrafung König Heinrichs und der Seinen; eine
gewisse Aehnlichkeit mit Str. 138 ist ja vorhanden, aber die Unterschiede sind
charakteristisch. Dort isst der Kaiser *des riches brôt* und richtet zum Dank dafür, des Papstes wird nicht gedacht: hier wird er als *Sent Peters kemphe* zum
Gericht aufgefordert; damals stritt der Kaiser in eigner guter Sache, seine Gegner
werden vor ihm gewarnt, seine sichere Entschlossenheit rief Staunen hervor, bedurfte keines Mahnworts: hier ist Drängen und Bitten im Interesse der Christenheit nötig.

128) Heinrichs neuster Biograph, Alfred Rübesamen, hat es leider verschmäht,
auch nur den Versuch einer zusammenfassenden Charakteristik des Königs zu
machen. Ich beklage das um so mehr, als Rübesamen das rein Stoffliche seines
Themas trefflich beherrscht. Wer soll sich denn der gewiss fruchtbaren Aufgabe
unterziehen, uns diese Gestalten menschlich nahe zu bringen, ihr Tun und Lassen
aus ihrem Denken und Fühlen heraus verständlich zu machen, wenn der Einzel-
biograph das nicht anstrebt, der doch ein deutliches Bild der Persönlichkeit haben
muss, um ihre Motive gerecht zu beurteilen?

129) Man beachte auch den verschiedenen Ausdruck 214,1: *daz eine daz ge-
haret an dem bâbest*; 214,4: *daz ander sol ein keiser nemen*. Darin muss es nicht,
aber es kann in diesen Worten liegen, dass der Kaiserthron unbesetzt sei; Friedrich II. galt dem Dichter längst nicht mehr als Kaiser.

Entschlusse drängen; also jedesfalls nach der Rückkehr Siegfrieds von Lyon (Ostern 1245), aber vielleicht vor der Wahl Heinrichs (22. Mai 1246)[130]; doch gab Heinrich auch später noch durch schlaffe Untätigkeit Grund zu stachelnder Mahnung: am 9. Juni 1246 gibt der Papst Siegfried den dringenden Auftrag, Heinrich zu kräftigem Handeln und Auftreten anzuhalten.

Zwei ganze Jahre währte es, ehe der ewig schwankende Mann die Candidatur annahm. Wohl mag den Unterhändlern manch Mal die Geduld gerissen, die Hoffnung auf gedeiblichen Erfolg geschwunden sein Angesichts dieser mattherzigen schwächlichen Persönlichkeit. Ihm vielleicht gilt Spruch 195, der beklagt, Alles gehe zu Grunde, weil ein ganzer Mann fehle: 'wê im daz er ie wart geborn, an dem diu vünviu sint verlorn! der wære wert der âhte unt ouch des bannes'. Der Getadelte ist also nicht gebannt: so lange aber Friedrich II. nicht gebannt war, stand Reinmar gut zu ihm, er kann der Verwünschte nicht sein; ist eine bestimmte Person gemeint, so weiss ich nur an Heinrich Raspe zu denken, der diesen Tadel voll verdiente.

Wie die Erbärmlichkeit des Gegenkönigs, stiess auch die egoistisch rücksichtslose Realpolitik der Erzbischöfe den idealistischen Reinmar zurück, und wenn er sich so der päpstlichen Partei mehr und mehr entfremdete, näherte er sich naturgemäss ein wenig dem Kaiser, dessen mächtige Grösse er bei allem Unwillen anerkennen musste. Solcher Stimmung entsprang Spruch 224. Da beklagt er die schlechte Wirtschaft der Erzbischöfe von Mainz und Köln, die in törichtem Uebermut das arme Reich schwer mishandelten, um den Kaiser zu schädigen; ihr Treiben werde aber doch vergebens sein: sô mac doch niht den arn vertriben ein mugge (V. 12). Der längere Aufenthalt am Rhein hatte Reinmar zur richtigern Beurteilung der Kirchenfürsten geführt. Siegfried von Eppstein wie Konrad von Hostaden waren Männer von bedeutender Energie, von grosser politischer Klugheit, tüchtige Diplomaten und Feldherrn: aber als Priester waren sie nicht am Platze. Das Lob der Strophen 185 und 225 findet in Str. 224 sein Gegengewicht; sie zeigt den Dichter nicht mehr beherrscht von dem blendenden Eindruck der bedeutenden Persönlichkeit Siegfrieds, er urteilt als freierer Beobachter. Der Verfasser eines wertvollen chronicon Moguntinum, als Zeitgenosse und Augenzeuge ein sehr schätzbarer Gewährsmann für die Stimmung der Zeit und der Gegend, noch dazu ein hoher Geistlicher, ein episcopus, wahrscheinlich der Weihbischof Christian von Litauen[131]),

---

130) In ähnlicher Weise wie Str. 214 behandelt der hochpäpstliche Herr von Wengen die Befugnisse von Papst und Kaiser in seiner zweiten Str. (HMS. II. 144b), deren Beziehungen auf Heinrich Raspes Wahl allerdings deutlicher sind. Da wird der neue König durch die Aussicht auf die Himmelskrone gekirrt zum Kampfe wider das mächtige Unrecht.

131) Früher hielt man meist den eignen Amtsnachfolger Siegfrieds, den milden frommen Christian von Mainz für den Verfasser jener Chronik, und im Munde dieses Mannes hätte jenes Verdammungsurteil ein doppeltes Gewicht. Corn. Will' hat neuerdings (Histor. Jahrb. d. Görresges. II, S. 335 fgg.) überzeugende Beden-

lässt den Mainzer in die Hölle fahren und entwirft von ihm in vollster
Uebereinstimmung mit Reinmar folgendes Bild (M.SS. XXV, 247 fg.):
' *hic vultum et animum leonis induens leo factus est et coepit orpha-*
nos et viduas facere, villas comburere, civitates destruere, homines
devorare, terram in desertum deducere et pape mirifice compla-
cere .... hic Siphridus episcopus malum opus operatus est: qui
per flammam ignis terram depauperavit et thesauros ecclesie abla-
tos predonibus dispersit, dedit raptoribus. Justitia eius non manet
in seculum seculi' und auch Konrad v. Köln wird in einem Kölner
Bischofskatalog als ein *vir furiosus et bellicosus* geschildert (M.SS.
XXIV, 353), Siegfried von Regensburg nennt ihn einmal *virum sangui-*
num (Albert v. Beh. ed. Höfler S. 60): vgl. auch die unbefangene Charakteristik von Cardauns, Konrad von Hostaden, S. 150 fgg. Auch von
dem namenlosen Elend, das die streitlustigen Prälaten durch ihre unaufhörlichen Kämpfe über das rheinische Land verhängten, schweigen
die Quellen nicht: vgl. oben die Worte Christians von Mainz und den
Kölner Bischofskatalog (M.SS. XXIV, 353), der Konrads von Hostaden
Tätigkeit ohne Schonung bespricht. Die 4. Continuatio der Gesta Trev.
erzählt (M.SS. XXIV, 104): *Tunc insurrexerunt duo archipontifices,*
Moguntinus scilicet et Coloniensis, in res imperatorias et utroque
gladio, materiali videlicet et spirituali, vehementissime utentes hinc
preliis et exactionibus, incendiis et rapinis universa, que attingere
poterant, invaserunt; und eine poetische Schilderung von rhetorischem
Schwung und in den düstersten Farben ist uns erhalten in dem Fragment einer rhythmischen Kölner Chronik (M.SS. XXV, 372 fg.). — Da
nun bis Ende 1245 Reinmar noch schärfster Gegner Friedrichs II. war
und am 9. März 1249 Siegfried von Eppstein starb, dessen Nachfolger
Reinmars Vorwürfe nicht treffen konnten, so muss Spruch 224 in den
Jahren 1246/48 verfasst sein. Die *mugge* V. 12 wird auf einen
der beiden schwachen Gegenkönige, Heinrich Raspe oder Wilhelm v. Holland, gehen. Nach V. 5 muss der Spruch am Rheine, also wol im Gebiete eines der beiden getadelten Erzbischöfe oder doch ihren Landen
sehr nahe, verfasst worden sein.

Wilmanns datiert den Spruch anders; aus den Worten V. 8: *nû*
lît iuwer ruote dem rîche ûf sîne blôzen rugge schliesst er, zur Zeit
des Spruchs müssten Mainz und Köln gemeinsam gegen die staufische
Partei Krieg geführt haben, und schlägt die Jahre 1242 und 1244 vor.
Indessen *nû* V. 8 steht im Gegensatz zu dem *ê* V. 7: früher beschützte
das Reich die Bistümer, jetzt schädigen diese das Reich: um solche
Antithese zu rechtfertigen, dazu bedurfte es nicht eben eines gleichzeitigen Kriegs. Seit sich am 10. September 1241 Mainz und Köln
gegen den Kaiser verbündet hatten, seitdem war die antikaiserliche Politik der Erzbischöfe, die ein lebhaftes Interesse daran hatten, den Frie-

---

ken gegen die frühere Ansicht geltend gemacht. Auch die entschieden staufische
Gesinnung des Chronisten, deren Ausfluss die schonungslose Behandlung Siegfrieds
ist (S. 362), gehört zu den Motiven, die Will an der Autorschaft des Erzbischofs
zweifeln liessen.

den zu hindern, eine so stätige, unversiegliche Quelle des Zwistes und
Blutvergiessens für Deutschland gewesen, dass ein bestimmter augen-
blicklicher Fall nicht gemeint sein braucht, am wenigsten aber ein ge-
meinschaftlicher Krieg: Mainz focht in der Regel am Mittel-, Köln am
Niederrhein. Dass das Reich schon seit längrer Zeit unter der harten
Faust der Prälaten litt, das deuten die Vv. 4. 5 an: *die sint dem riche
nicht guot wirt gewesen hie bi Rine.* Leider fliessen unsre Quellen
für die Geschichte König Konrads und der rheinischen Erzbischöfe in
den Jahren 1246/48 überaus spärlich, viel spärlicher, als in den ersten
Jahren der rheinischen Kämpfe: dass es aber darum am Rhein in jener
spätern Periode nicht friedlicher zugieng, als 1241,44, das lassen selbst
die wenigen Zeugnisse erkennen, die wir haben. Von *vexationes* und
tribulationes, die Worms um 1245 von Mainz und Köln zu erdulden hatte,
erzählen die Wormser Annalen (M.SS. XVII, 48). Am 5. August 1246
wohnen beide Erzbischöfe der Entscheidungsschlacht an der Nidda bei,
in der König Konrad von Worms aus unterstützt wurde: Siegfried von
Mainz benutzte den Sieg, um seine alten Feinde, die Wormser, zu strafen
(Ann. Worm. XVII, 50), Konrad von Hostaden trug wenigstens zahlreiche Gefangene davon. Ob die beiden durch den Zug König Konrads
ins Elsass Sept. 1246 berührt wurden, ist unbekannt. Noch im Dez. d. J.
sicherte sich der König von Neuem die Hilfe seines energischsten An-
hängers, Wilhelm von Jülich, und ohne weitere Angabe können wir
überzeugt sein, dass die Kämpfe am Niederrhein 1247 nicht ruhten.
1246 und 1248 predigten die Erzbischöfe nach Kräften das Kreuz gegen
die Staufer. Von einer Expedition König Konrads gegen Siegfried Herbst
1247 erzählt Zorn in seiner Wormser Chronik (Stuttg. lit. Ver. XLIII, S. 79);
doch scheint die Jahreszahl verderbt (aus 1242? vgl. S. 80, Z. 5). Aber
auch an andern Spuren mittelrheinischer Kämpfe in diesem Jahre fehlt
es nicht.[132] Im Dezember 1247 begann die Belagerung von Kaiserswerth
durch den jungen König Wilhelm, dessen erste Kriegszüge namentlich Erzbischof Konrad mit Rat und Tat förderte; wir finden ihn fast unausgesetzt,
aber auch den Mainzer im Juni und Nov. 1248 in Wilhelms Umgebung.
Dessen Kämpfe am Niederrhein dauerten durch das Jahr 1248 fort; im
selben Jahre gewann der Kölner dem grimmen pfalzgräflichen Marschall
Zorno, der auf staufischer Seite stand, die Feste Thuron ab (Reuss,
Konrad IV. S. 13); im selben Jahre unternahm König Konrad abermals
eine Heerfahrt gegen Mainz (Reg. Conr. IV², 4521a; Ulrich, Wilh. v.
Holland S. 40; Reg. Sigfr. III, 637); und Anfang 1249 beginnen mit
mainzischer Hilfe die Kämpfe Wilhelms um Boppard und Ingelheim,
bei dessen Belagerung Siegfried der tötlichen Krankheit verfiel. —
Die Vv. 8. 9 begünstigen die Jahre 1242 — 44 nicht mehr als
1246—48; V. 4. 5 sprechen sogar für den späteren Termin. Es ist
nun aber wenig glaublich, dass Reinmar zuerst Siegfried von Mainz
mit scharfem Tadel im Sinne des Kaisers heimsuchte in den Jahren

---

132) Ueber die kriegerischen Ereignisse nach Raspes Tode, namentlich auch
am Mittelrhein, handelt jetzt Hasse, Wilhelm von Holland, I, 39 fgg.

1242/44, während wir den Dichter doch um 1241 als kaiserfeind-
lich kennen lernten und 1245 in gleicher Parteistellung wieder finden,
und dass er dann sich an des eben noch geschmähten Siegfrieds Hof begab
und ihm nun ungeniert mit höchstem Lobe aufwartete: das Umgekehrte
ist die Regel, zuerst Lob, dann Tadel. — Wilmanns traut Reinmar natürlich einmal wieder grenzenlosen Wankelmut zu: wie 1234, 1235, 1237,
Anfang 1240, Ende 1240 soll der Dichter nun auch noch 1242/4 und 1245
seine Partei gewechselt haben. Und doch ist die Entwickelung der politischen Ansichten Reinmars so einfach: im Grunde des Herzens immer
heftigster Pfaffenfeind stand er dem Kaiser Anfangs gleichgiltig gegenüber, lernte ihn 1235 in Deutschland kennen und bewundern: der Bann
1238, der Friedrich als Ketzer hinstellte, entfremdete ihm den Dichter,
der von nun an, wenn auch mit innerem Widerstreben, der päpstlichen
Sache anhängt: um 1247 zerfällt Reinmar auf Grund trüber Erfahrungen
von Neuem mit der kirchlichen Partei, ohne doch zum fernen Kaiser
wieder rechtes Herz fassen zu können.

Dieser Periode, in der Reinmar weder Papst noch Kaiser freudig
sich hinzugeben vermag, ebenso wie Bruder Wernher (HMS III, 11 b,
Spr. 4), gehört endlich noch Str. 223 an; sie verdammt die Abwesenheit des Papstes von Rom (Innocenz war seit Dez. 1244 in Lyon), wird
also erst längere Zeit nach der Flucht selbst verfasst sein: 1245 stand
Reinmar noch auf päpstlicher Seite, und die Heftigkeit Reinmars, der
dem Papst gar den Tod wünscht, weil er Rom verwaisen lasse, war nur
begründet, als Innocenz schon lange Rom fern geblieben war, ohne an
Rückkehr zu denken: dass die Päpste auf Monate und Jahre Rom ver-
liessen, war auch sonst vorgekommen (z. B. Gregor IX. Juni 1231 —
März 1233, Mai 1234 — Nov. 1237); anfangs konnte Innocenz sein
Tun als Handlung der Not motivieren: war doch Reinmar nach V. 11
damals auch dem *roget*, dem Kaiser. keineswegs freundlich gesonnen.[133])
Auch diesen Spruch setze ich 1246/48 an. Die Ann. Scheftlarn. maj.
klagen ähnlich z. J. 1246: *Eodem tempore prevaluit iniquitas et po-
pulus Dei sine rectore fuit et Roma in desolatione et decor clericalis periit* (M.SS. XVII. 342).

Das ist der letzte datierbare Spruch Reinmars.[134]) Wo er verfasst
wurde, wo Reinmar seitdem weilte, davon wissen wir nichts. Er wird
noch nicht sobald gestorben sein: *in miner âbentzît ich bin . . . . min
âbentsunnenschîn ist bleich* (180,1. 4) wird Reinmar vor seinem sechzig-
sten Jahre nicht gesagt haben: bis ums Jahr 1260 lebte er also wahrscheinlich.[135]) Schwerlich aber dürfen wir seinen Tod viel weiter her-

133) Auf Sedisvacanz, wie Meyer will (Unters. S. 33 fg.), kann die Strophe
nach V. 2. 3; 7. 8 nicht gedeutet werden: die Verse setzen Existenz eines Papstes
voraus.
134) Meyer hat zwar noch andre Sprüche datieren wollen, so Strr. 171. 175:
vgl. aber Wilmanns 440. 443.
135) Gegenbeweise ex silentio wie: 'Reinmar hat offenbar das Jahr 1257 nicht
mehr erlebt, da sich in seinen Sprüchen keine Spur einer Hindeutung auf die
grosse Schmach findet, die in diesem Jahre dem deutschen Reiche durch die Wahl

ausrücken, da sein nicht viel jüngerer Zeitgenosse, der Marner, ihn als gestorben beklagt (XIV, 275); dieser fand als kranker, alter Mann ein gewaltsames Ende zwischen 1267 und 1287 (Strauch S. 22). Dass aus Reinmars letzten Lebensjahren uns keine politischen Sprüche erhalten sind, liegt nicht nur an der mangelhaften Ueberlieferung: Reinmar wird, wie so viele mittelhochdeutsche Dichter, sich gegen Ende seines Lebens müde der steten Kämpfe und Aufregungen vom Weltlichen mehr und mehr abgewandt haben. Dass er schliesslich gar Mönch geworden, möchte ich aus 188,5, wo er sich einem *tumben leien* gegenüberstellt, nicht schliessen: *leie* kann auch mittelhochdeutsch schon den *ungelêrten* (8,8) bedeuten [136]); vgl. auch Kap. III.

Begraben ist Reinmar nach der Angabe Luppolt Hornburgs von Rotenburg (in der Ueberschrift seines Lobgedichts auf Reinmar in der Würzburger Handschrift E, Bl. 191b: vgl. Archiv des histor. Vereins für Unterfranken XI, 2 und 3, S. 23) '*in Franken ze Esfelt*'. Wir haben keinen Grund, die Richtigkeit dieser Nachricht Hornburgs zu bezweifeln, der uns an selber Stelle auch die ebenfalls wohl glaubliche Kunde von Walthers Grabe zu Würzburg bringt (Zarncke, PBB VII, 586 fg.). Hornburg lebte in der ersten Hälfte des 14. Jahrhunderts [137]) und konnte noch wohl unterrichtet sein. Nun gibt es allerdings 3 Essfeld in Franken: gemeint ist aber ohne Zweifel das Pfarrdorf Essfeld, ³/₄ Meilen wnw. von Ochsenfurt. [138]) Denn Hornburg war nur eine Würzburger Localberühmtheit, nur die Handschrift E,

---

zweier Ausländer zu deutschen Kaisern widerfuhr' (Schneider, Der zweite Teil des Wartburgkriegs S. 13; ähnliches bei Meyer, Unters. S. 51 fg.) bedürfen einer Widerlegung nicht. Die Combinationen Kobersteins, der Reinmar bis mindestens 1275 leben lassen will, hat Rem. Meyer Unters. 60 fgg. als haltlos erwiesen.

136) Das Buch der Rügen contrastiert *einen wol gelêrten man* und *einen leigen* (765. 767): der Verfasser denkt bei dem ersteren aber wol an Geistliche. Im Wartburgkrieg wird Wolfram von seinen Gegnern Klinsor und Nasion wiederholt als *leige* bezeichnet (so 112,7; 78,4; 80,7); nun nennt sich Klinsor freilich *meisterpfaffe* (78,2): zum mindesten kann aber der Teufel in Person das Wort '*leige*' nicht verächtlich verwenden, wenn es mehr bedeuten sollte als 'der wissenschaftlichen Bildung baar'. So nennt König Tirol seinen Sohn im Rätselgedicht '*leie*' (HMS I, 5a); schilt doch gar Neidhart einen bäurischen Rivalen: '*ein tærscher leie*' (50,30). Die in den Wbb. angeführte Belegstelle Raumslands (HMS III, 56b), der dem kunstgelehrten Marner zuruft: '*des versmâ die leijen niht ze sêre*', ist nicht beweiskräftig, da Marner doch wol ein verlaufener Cleriker war (so Wilmanns: vgl. Schneider, De vita et carminibus Marneri, p. 15 ann.). Boppe (?) HMS II. 385a bemerkt bei einer schwierigen Allegorie '*es wære leijen alze vil*' und der Henneberger HMS III, 40b redet seinen Hörer ebenfalls mit '*tumber leie*' an, ohne selbst auf einen andern wissenschaftlichen Rang Anspruch zu machen. Das wird auch bei Reinmar so sein. Vgl. noch Beheim Germ. III, 311: *du tummer lei*.

137) Die Hs. E wurde vor dem Tode Michaels de Leone († 1355) geschrieben. Urkundlich ist *Lupolt Horenburg, ein burger ze Rotenburg*, schon 1316 bezeugt (MSF³ S. 290, Anm.).

138) Die beiden andern Essfeld, Ober- und Unter-Essfeld. liegen bei Königshofen, nahe der meining. Gränze und sind schon um 800 nachweisbar (Förstemann, Ortsnamen¹, S. 26). Anfragen dort über Reinmars Grab haben Nichts ergeben: vgl. Hyac. Holland, Geschichte der altdeutschen Dichtung in Baiern 473.

die zu Würzburg im Auftrage Michaels de Leone geschrieben wurde,
enthält Gedichte von dem langen Luppolt (vgl. Archiv des hist. Ver. f.
Unterfr. XI, 2 u. 3, S. 32 fgg.); dies Essfeld bei Ochsenfurt ist nur 2
Meilen von Würzburg, 5—6 Meilen von Rotenburg a. d. Tauber, Hornburgs Heimatsort, entfernt, während die beiden andern Essfeld von beiden Orten 15—20 Meilen abliegen: meinte Hornburg ein anderes Essfeld als das Ochsenfurter, so hätte er das ausdrücklich gesagt. Auch
unser Essfeld ist als *villa Eichesfeld in pago badanachgicowi* schon
am 20. Jan. 820 in einer Aachener Urkunde Kaiser Ludwigs (Bavaria IV,
1, 535) nachweisbar.

Ich habe selbst in dem Essfeld bei Ochsenfurt nachgeforscht, doch
ohne Erfolg. Die jetzige Dorfkirche ist laut Inschrift 1614 erbaut, ein
Capellchen, oberhalb des Dorfes auf einem Hügel gelegen, ist vielleicht
älter, aber durch starkes Umbauen völlig umgestaltet. In seiner Nähe
mag nach den Angaben der Einheimischen, die dort wiederholt Menschen-
knochen, Schmuckgeräte, selbst eine Kapsel mit beschriebenen Perga-
mentblättern gefunden haben wollen, eine alte Begräbnisstätte gelegen
haben, aber gewiss nicht die eines Klosters, wie die Leute fabeln. Links
Klosterbuch der Diöcese Würzburg kennt ein Kloster Essfeld nicht. Was
Reinmar in diese abgelegene villa verschlagen habe, ist nicht zu erraten:
möglich, dass sich das unstäte Wanderleben bis zu Reinmars Tode fort-
setzte, dass er auf der Reise in Essfeld starb.

ZWEITES KAPITEL.

Die Ueberlieferung der Reinmarschen Gedichte.

Ueberaus selten sind wir bei den nachwaltherischen Spruchdichtern in der glücklichen Lage, die Gestalt ihrer Gedichte auf der Grundlage eines so reichen Materials festzustellen, wie es uns für Reinmar von Zweter erhalten ist. Nicht weniger als 20 Hss. haben einzelne oder viele Strophen des Dichters auf uns gebracht: es ist die Aufgabe dieses Kapitels, den Wert und das Verhältnis dieser Handschriften zu charakterisieren, soweit möglich und nötig; namentlich auch die Echtheit ihres Inhalts zu untersuchen.

Für das Gros der Sprüche verdanken wir eine fortlaufende doppelte Ueberlieferung den beiden Handschriften

C und D,

die durch Reichtum und Güte alle andern in den Schatten stellen.

C, die bekannte Liederhandschrift der Pariser Nationalbibliothek fonds allem. 32, anc. 7266 (beschrieben von Apfelstedt, Germ. XXVI, 213) bringt von der Hand des Hauptschreibers unter dem Namen '*her Reinmar von Zwei*', dem 113. (in der fehlerhaften Zählung von C erst dem LXXXXVII.) Dichternamen der Sammlung, einen Leich und 219 Sprüche, mit Ausnahme der beiden letzten im Fraun-Ehrenton.[139] Mit Reinmars Gedichten beginnt die 30. Lage der Hs. (Fol. 323—336), und sie reichen in die 31. Lage (337—346) herüber. Auf Bl. 323 r⁰ steht das Titelbild, das nach Rahns Untersuchungen zu dem Grundstock der Bilder in C gehört: vdHagen beschreibt es MSH IV, 510 und publiziert es in seinem Bildersaal. Die Aehnlichkeit mit Walthers bekanntem Bilde wird nicht zufällig sein. Bl. 323 v⁰, a beginnt der Leich: da aber zwischen 323 und 324 ein oder mehrere Bll. fehlen[140]), so ist der Leich am

---

139) Goldasts Zählung von 218 Strophen im Ehrenton beruht auf wiederholten Fehlern: er rechnet das Fragment Str. 1 gar nicht, setzt die Zahl 136 zweimal und springt von 76 sogleich zu 78, von 204 gar zu 207 über. Bodmers Abdruck des Reinmarschen Textes ist, wie bei einem so sittsamen Dichter zu erwarten, vollständig und wenig fehlerhaft.

140) Nach Apfelstedt, Germ. XXVI, S. 214, besteht die 30. Lage der Handschrift aus den 14 Bll. 323—336; die Mitte bilden 330. 331: da also die erste Hälfte der Lage aus 8, die zweite aus 6 Bll. bestünde, so scheint in jener ein Doppelblatt eingelegt zu sein; und da doch noch nach Bl. 323 etwas fehlen muss, so empfiehlt sichs, das Fehlen ebenfalls eines Doppelblattes, nicht eines einfachen Blattes, anzunehmen.

Schluss, die 97. Str. meines Textes am Anfang verstümmelt. Auf Bl. 337 steht von späterer Hand (bei Apfelstedt I) über der Str. 229 meines Textes: *dis ist in vron eren done.* Bl. 338 r⁰, a enthält nur noch 23 Zeilen: die Bll. 339—342 waren ursprünglich leer; später trug auf 339 und 340 der Schreiber F Gedichte unter dem Namen des jungen Meissner nach; 342 r⁰ a stehen von der Hand G drei namenlose Strr. ohne Titelbild und Initialen, von denen 2 im Ehrenton verfasst sind: der Dichtername: *D⁵ alte Missen⁵* ist erst in moderner Cursivschrift nachgetragen worden. Zwischen 338 und 339 fehlen angeblich noch zwei Blätter.

D, cod. Palat. 350, kl. Fol., Perg., 43 Bll., in 5 Lagen, die erste von 12, die andern von 8 Bll.; der letzten fehlt ein Blatt; jede Seite hat 2 Spalten von etwa 30 Zeilen liniiert; nur die Strophen, nicht die Verse sind abgesetzt und beginnen mit wenig grösseren, roten Anfangsbuchstaben, die aber auf den Bll. 29—36 ausbleiben. Auf dem ersten Blatt von moderner Hand die Ueberschrift: *Geystlich vnd Alte Lieder.* Ein Strophenverzeichnis gibt Lachmann Zs. III, 353 fgg. Die Hs. enthält von Bl. 1—32 r⁰, b 193 Strr. im Ehrenton: hinter den Strr. 13. 22. 55. 124. 135 meines Textes markiert eine Zeile Zwischenraum und folgender grösserer Anfangsbuchstabe stärkere Sinneseinschnitte: so entstehen 6 Abteilungen. Ein neuer Absatz folgt auf Str. 193; ihm schliessen sich an die von mir unter 261—282 mitgeteilten 22 Sprüche (bis Bl. 36 r⁰ a). Zwei weitere Abteilungen enthalten Gedichte verschiedener Verfasser, zumeist anonym (darin die Strr. 330—339); die 10. Reihe endlich Walthersche Strophen: den Schluss machen wenige von späteren Schreibern hinzugefügte Gedichte. Verfassernamen gibt die Hs. nicht an.

Jene 10 Abteilungen sind alle von einer sehr deutlichen Hand vielleicht noch des 13. Jahrhunderts geschrieben. Rasuren und Correcturen kommen häufig vor. Eine zweite Hand von magerem Ductus hat mit etwas blässerer Tinte ein paar Mal Aenderungen vorgenommen, die aber meistenteils ohne jeden Wert und Sinn waren (11,6. 18,4. 39,5. 60,11. 65,7 fgg. 73.): doch wird übereinstimmend mit C gebessert 49,12. 60,12 und namentlich 114,1. Mit blässerer Schrift sind allenthalben Circonflexe angebracht; an den Strophenabsätzen am Rande ist nicht selten das Zeichen N⁹ hinzugefügt, mit einer oft bis zur Unleserlichkeit verblassten Tinte und von verschiedenen Händen, darunter wol auch die Hand, von der die Randnotizen zu 84 *alius sensus*, 93 *de lingua*, 106 *de ludo*, 107 *de taxillo*, 27 und 110 *vacat* (s. Anm. 148), 177 *beschaffen*, herrühren. Am rechten Rande von Str. 83 (Bl. 14 r⁰) lese ich die vertikal geschriebenen Worte *In deus*, in einem Ductus, der der 1. Hand ähnlicher ist; in der untern rechten Ecke von Bl. 20 v⁰ den bekannten Schreiberwitz: *detur p pena scriptori pulcra puella.* Noch von andern Händen wurden die Glosse *schertzfedern* zu Str. 156,5 und die in breiten undeutlichen und verwischten Zügen sehr blass und kaum lesbar zu Str. 171 am Rand notierte nd. Fassung der beiden Stollen eingetragen.

Ueber die Schreibweise und Sprache beider Hss. stelle ich in den Vorbemerkungen zum Texte einige Beobachtungen zusammen.

Von den 239 Ehrentonsprüchen, welche uns in den Hss. C und
D erhalten sind, ist der Hauptbestand, 169 Strr., beiden gemein. D
allein enthält 23 (nämlich Str. 36. 38—40. 48. 51. 65. 74. 75. 85.
101—103. 112. 115. 119. 131. 138. 142. 144. 156. 159. 161), C
allein 49 Strr. (187. 194—239. 249. 250). In welchem Verhältnis nun
stehen die beiden Handschriften zu einander? Wie weit namentlich
gehen sie nachweislich auf gemeinsame Quellen zurück? Das entscheidende Kriterium gibt die Anordnung der Strophen ab.
C und D gehen in der Strophenfolge stark auseinander. vdHagen
hat für seine Ausgabe entgegen seiner sonstigen einseitigen Bevorzugung
von C bei Reinmars Strophen die Anordnung D gewählt und die über-
schüssigen Strophen von C erst hinter den in D erhaltenen Sprüchen
nachgetragen. Und er hat Recht daran getan.[141]
Das Princip der Einstrophigkeit hat Reinmar nicht oft, aber
doch sicher oder wahrscheinlich in den folgenden Gedichten aufgegeben,
deren aber keines über 2 Strophen[142] hinausgeht:
1. Str. 1 und 2: 1. Die wahre Minne gebot Gott seinen Sohn
zu den Menschen herniederzusenden. 2. Da zog eine Jungfrau durch
ihre Tugenden ihn zu sich herab und gebar ihn. Beweisend ist die
Anknüpfung der Str. 2 mit *dô*. In C sind die Strophen getrennt. D 1 =
C 101, D 2 = C 8.
2. Str. 27 und 242 (242 nur in s): in der ersten Strophe fleht
der Dichter seine Dame an, sie möge sich in seinem Herzen umsehen:
nur ihr Bild werde sie dort finden. 242 beginnt mit deutlicher Beziehung auf jene Bitte: *unt wiltû niht her umbe sehen*. Einen charakteristischen Gegensatz zwischen den beiden Strophen erzielt Reinmar
dadurch, dass er 27 sich als Ausrufs bedient der Anrede an die Dame
vil sælic wip (V. 1. 5), *saelic vrouwe* (V. 7), in der hoffnungsloseren
Str. 242 aber jammert: *ach Got* (V. 4. 10), *sô wæfen* (V. 2), *sô wê*
(V. 11).
3. Str. 44 und 45: in Str. 44 ermahnt der Dichter die Frauen,
nur durch ihre Tugend um die Männer zu werben; Str. 45 fährt er fort:
ein man der sô erworben ist. Dies *sô* ist ohne Bezug auf 44 unverständlich. D 44 = C 166, D 45 = C 19.
4. Str. 99 und 100: der allegorischen Schilderung eines Ideal-
mannes in Str. 99 reiht sich in Str. 100 die Erklärung der Allegorie
an. Auch in C stehen die Strophen (C 114. 115) zusammen.

141) vdHagens Grund freilich (III, 684b; IV, 509a. b), die Folge von D
werde durch andre Handschriften, wie S, m, n, s bestätigt, die in der Ordnung
von je 2 Strophen mit D gegen C stimmen (T, U, V die durchweg der Ordnung
D folgen, kannte er noch nicht), ist nichtig: das könnte höchstens auf eine mit
D gemeinsame Quelle der betreffenden Strophen führen, nie die Vorzüglichkeit
der Folge von D beweisen.
142) Dass die Verbindung mehrerer Strophen ähnlichen Inhalts, die in D, s,
F zusammenstehen, zu 3-, 5- und mehrstrophigen Ganzen, wie vdHagen (IV, 509a. b,
auch Anm. 5) sie annimmt, verkehrt ist, das bemerkt schon Scherer, Deutsche
Studien I, 329 fg.; solche 3-, 5- und mehrstrophigen Bare werden erst im spätern
Meistersang häufiger; s. u.

5. Str. 213 und 214. In 213 heissts: '*ein meister der hât uns
geslagen zwei swert — stôle unde swert*'. Str. 214 fährt fort: *daz
eine daz gehœret an dem bâbest* u. s. w. Die Strophen stehen nur in
C und dort von einander getrennt: die erste ist = C 190, die zweite
= C 196.

Diesen fünf sicher mehrstrophigen Gedichten reihen sich noch einige
nicht eben so streng als zweistrophig zu erweisende Sprüche an:
6. Str. 8 und 9: Str. 8 nennt die *vier Evangelisten unt ir bilde*
und schliesst mit einem Hinweis auf den verborgenen Sinn der Allegorie (*bezeichenunge*). Str. 9 enthält dann die Deutung dieser Allegorie. D 8 = C 105, D 9 = C 10.

7. Str. 54 und 55: am Schluss von 54 wünscht Reinmar, die
Frauen möchten sich nur um den *guoten man* kümmern, nicht mit den
valschen koquettieren. Str. 56 beginnt daran anknüpfend: *swelch vrouwe
ir muots sô irre vert*. Allenfalls könnte dies *sô* sich auch auf V. 3
beziehen. D 54. 55 = C 150. 151.

8. Str. 133 und 134. Die beiden Sprüche, von denen der erste
vornehmlich die Käuflichkeit der Laien, der zweite die Feilheit der
Geistlichen brandmarkt, kennzeichnet die gleiche Anfangszeile: *wes sûmestû dich, Endekrist?* als zusammengehörig. D 135 = C 164. D 136
= C 91.

9. Str. 77 und 78 sind zwei im ersten Stollen parallel gebaute
Strophen, deren erste die Ehre feiert, während die zweite die Unehre
schilt. Die Sprüche sind wol nicht zur selben Zeit entstanden: dass
aber Str. 78, das spätere Gedicht, als Pendant zu 77 gedacht und für
gemeinsamen Vortrag mit 77 bestimmt war, das ist zweifellos. S. Kap.
IV. D 77. 78 = C 30. 31.

Von diesen 9 mehrstrophigen Gedichten stehen 1, 3, 4, 6, 7, 8, 9
in beiden Handschriften, in D sämmtlich richtig geordnet, während in
C das 1., 3., 6. und 8. Gedicht auseinander gerissen ist, was auch von
dem nur in C erhaltenen fünften Gedichte gilt. Schon das beweist,
dass wenigstens stellenweise D die ursprüngliche, C eine verderbte Strophenfolge hat.

Doch nicht nur auf solche Einzelbeobachtung hin darf man die
Ordnung in D beurteilen. Denn den Hauptbestandteil der Handschrift
bildet e i n e   e i n h e i t l i c h e, wie schon vdHagen bemerkte und Scherer,
Deutsche Studien I, 299 fg., kurz ausführte, s a c h l i c h   g e o r d n e t e
S a m m l u n g, für die ich die Chiffre X einführe (Strr. 1—157 oder 160).
Die Anordnung derselben ist sowohl den allgemeinen Gesichtspunkten
nach wie besonders in der Einzelausführung ganz vortrefflich und setzt
bei dem Ordner eine gründliche Kenntnis Reinmars voraus, ja, was mehr
sagen will, selbst ein enges Anschmiegen, ein inniges Hineinempfinden
in des Dichters eigne Anschauungsweise. Da es nun für die ganze
Handschriftenfrage auf die richtige Beurteilung dieser Ordnung gar sehr
ankommt und ihre ausgezeichnete Durchführung nirgend die gebührende
Würdigung erfahren hat, so gebe ich im Folgenden eine ausführliche
Disposition dieser Ordnung; sie wird zugleich, wenn sie auch nur zwei

Drittel der Reinmarschen Sprüche umfasst, einen Begriff geben von dem weiten Umfang des Reinmarschen Gedankenkreises und am besten die wunderliche Behauptung Schönbachs widerlegen (Zeitschrift für österreich. Gymn. XXIV, 1873, S. 219 fgg.), Reinmar leide an Stoffmangel. behandle in seinen 216 Sprüchen nur 15 Themata.[143)

Klopstock schied bekanntlich in der ersten Ausgabe seiner Oden (1771) diese in drei Bücher, denen man die Ueberschriften: 'Gott. Liebe, Vaterland' geben könnte. Aehnlich lässt sich auch jene Sammlung Reinmarscher Sprüche in drei grosse Hauptabschnitte zerlegen: auch bei ihm gehen religiöse und minnigliche Dichtungen den politischen und moralischen voran. Dass geistliche Sprüche den Anfang machen, ist traditionell: die geordnete Sammlung Freidankscher Sprüche leitet das Kapitel *von Gote* ein, die Göttinger Sammlung Mügelnscher Gedichte beginnt mit 17 Strophen von der *hérschaft des himels im langen dône*, und auch jeden folgenden Ton Mügelns eröffnen da religiöse Dichtungen (Schröer, Wiener Sitzgsberr. LV. 470 fgg. 485 fgg.); dieselbe Neigung herrscht, wenn auch nicht als Regel, in der Jenaer Hs. überall; die Weihesprüche, mit denen man zuweilen einen neuen Ton initiierte, sind bei den Spruchdichtern nahezu ausnahmslos geistlichen Inhalts und werden ebenso durchgehend in den Hss. an die Spitze der Töne gestellt.[144)

I. Gott: Die religiösen Strophen umfassen die beiden ersten Abschnitte der Handschrift 1—22. Str. 1—13 beschäftigen sich mit der Trinität, in erster Reihe mit Gott selbst, und da ist es nicht Gottes Macht und Herrlichkeit, deren Preis voran gestellt wird: der Sammler wies diese Stelle an den Lobsprüchen auf die *barmekeit* und *wâre minne* Gottes, der sich nicht scheute, um der Menschen willen in den Opfertod herniederzusteigen (1—4). Die göttliche Güte eröffnet um so passender, ganz in Reinmars Sinne, den Reigen. als der Dichter sie selbst 5,8 *ob allen tugenden küniginne* nennt, neben der er Gottes Wundermacht erst in zweiter Reihe preist (5—7). Eine Anrufung, die Gott bei seinem Sohne beschwört (7,6) leitet über zu einem Lobgedicht auf Jesus, der unter dem Bilde von Mensch, Aar, Löwe, Kalb gefeiert wird (8, 9), und an das Lob des Erlösers reiht der Ordner ein Gebet um die Hilfe des heiligen Geistes (10) und um Erhörung und Gnade überhaupt (11). Der erste Abschnitt wird trefflich abgeschlossen durch ein zusammenfassendes Lob *der ril reinen Trinitât* (12), endlich durch das sehr passend am Ende der Reihe stehende Vaterunser (13), hinter dem D einen Absatz hat.

___

143) Vermutlich rechnet Schönbach z. B. Politik als ein Thema. Minne als ein zweites u. s. w.: was soll er bei solcher Berechnung in Bausch und Bogen erst zu dem ältern Reinmar sagen, der überhaupt nur Minne besingt, was zu Neidhart? Auch Walther wird es vor Schönbachs Augen knapp zu 15 Themen bringen.

144) Frauenlob hat seinen neuen Ton nicht nur durch einen religiösen (348), sondern auch durch einen minniglichen Spruch (353) eingeweiht, und in diesem Falle hat F dem Minnespruch den ersten Platz eingeräumt. Walthers Weihespruch 31.33 hat profanen Inhalt, aber beginnt wenigstens *in nomine dumme:* er ist nur in A der Führer seines Tons. Dagegen entsprechen dem oben gesagten Walth. 78,24. Sig. II, 362a, 1. 363a, 1. Sunb. III, 78 b. Hell. III, 33a, 1. Dam. III, 164 b, 1. 167 a, 1. Raumsland II, 368 a, 1. III, 63 b, 1. 65 a, 1. 67 a, 1. Frauenl. 389. 390.

Es folgen nun erst — auch das im Einklange mit dem Dichter, der
weit entfernt ist von dem übertriebenen Mariencultus späterer Zeit — eine
Anzahl von Gedichten auf die Jungfrau Maria.[145]) Das erste beginnt,
gleich als wäre es ausdrücklich bestimmt die Reihe zu eröffnen: *ich wil
iu singen, merket daz, von unser vrouwen lobe.* Dieses *lop* gipfelt
natürlich in jenem höchsten Verdienst, dass sie Jesum gebar (14), und
ihrem mütterlichen Verhältnisse zu Gottes Sohn sind auch die folgenden
Sprüche (15—17) gewidmet. Auch hier schliesst sich dann dem Lobe
die Bitte an: Maria wird bei ihren 5 Freuden um Hilfe angefleht, und
der Uebergang zum Folgenden vorbereitet durch zwei Gedichte, die die
Liebe zu Maria ganz im Tone des weltlichen Minnesangs als die höchste
und schönste Minne preisen (19. 20). Auch diesen Abschnitt schliessen
zwei Strophen, die genau 12 und 13 entsprechen: ein zusammenfassendes Lob der heiligen Jungfrau, das alle ihre Tugenden in langer Reihe
herzählt (21) und ein deutsches Ave Maria, das dem Vaterunser Spr. 13
respondiert (22).

Die Strophen von der himmlischen Minne 19. 20 leiten über zu
dem zweiten Hauptteil der Sammlung, den D wieder ausdrücklich durch
Absatz kenntlich macht.

II. Minne: 23—55. Dem eigentlichen Minnedienst hat Reinmar
nur wenige unbedeutende Gedichtchen gewidmet; im Uebrigen umfasst
dieser Abschnitt Lehren für die Frauen und über das Benehmen zu
Frauen, Tadel gegen die falsche Liebe u. s. w., also mehr didaktische
als lyrische Strophen. Die letzteren machen den Anfang: nur werden
sie eingeleitet durch die lehrhafte Strophe 23, die einen Ueberblick über
die verschiedenen Arten von Frauen gibt und den glücklich preist, der
sich unter ihnen zurechtzufinden wisse. Reinmar selbst scheint nicht
immer die besten Erfahrungen in der Liebe gemacht zu haben. Er klagt,
dass er kein süsses *Ja* von der Dame zu hören bekomme (24), vergleicht
sich mit Tristan (25), er sei Knecht, *daz selic wip gebieterrinne* (26);
in seinem Herzen wohne nur sie: doch habe er wenig Lohn seiner Treue
(27); so viel Kummer ihm aber die Liebe auch mache, stets werde er
treu bleiben: *ir schœn, ir kiusche unt ouch ir tugende* trösten ihn
im Leid (28). In dem Spruch, der die lyrischen Minnegedichte beschliesst,
frohlockt er dann endlich, er sei so minniglich empfangen, dass seine
Trauer ganz davor zergieng, und will um der Geliebten willen alle Frauen
preisen (29). Die Steigerung und Entwicklung des Liebesverhältnisses
ist in dieser Strophenfolge so regelrecht, dass hier wirklich einmal eine
absichtliche Ordnung der Strophen zu einem kleinen Liebesroman mit
glücklichem Ausgang vorliegen wird.

Gemäss seiner Verheissung 29,1: 'der guoten wibe werdikeit wil
ich mit worten unt mit sange immer machen breit' geht Reinmar vom
Lobe der geliebten Dame mit einigen Lobsprüchen auf die Minne über-

---

145) Schon im zweiten Spruche ist Maria die Hauptheldin. Dieser Spruch
konnte aber natürlich nicht von Str. 1 getrennt werden, mit der er ein Gedicht
bildet: vgl. S. 95.

haupt über zum Lobe der Frauen im Allgemeinen. Er bewundert die Allgegenwart und Allmacht der Minne (30), mehr aber noch den veredelnden Einfluss, den *der minne schuole* auf die Herzen ausübt (31); sie ist ein *lèremeister reiner site* (32) und ein *rehter hort:* Nichts kann sich der Liebe des Weibes vergleichen (33); denn das Weib ist das Meisterwerk Gottes (34) und hält es sich nur von *unkiusche* frei, zugleich *engel* und *wîp* (35. 36). Diesem Lob nun gesellt sich die Lehre, auf dass jenes Lob bewahrt und verdient werde: *ich wil iuch lêren, werdiu wip, der lêre der volgt, sô wirt getiuret iuwer reiner lîp* (37); *ir rrouwen, scheidet man von man*, nur den Braven, Wohlgesinnten wendet eure Liebe zu: befolgt ihr diesen Rat nicht, *geloubet mir, vil bœse wirt nâchriuwe* (38—40). Die Tugenden sind der Frauen beste Gewänder (41); durch sie sind sie dem *Grâl* und dem *heilawœge* vergleichbar (42. 43), und nur mit ihnen sollen sie um die Liebe der Männer werben: wohl dem Manne, um den ein Weib so geworben hat! (44. 45). Neben ihr darf er nur noch éine Geliebte haben, Frau Ehre: die beiden Nebenbuhlerinnen vertragen sich gut (46. 47). Der Frauen Minne ist der beste Balsam (48): wenn sie nur nicht zuweilen ihre Freunde kränkte und ihre Feinde erfreute (49). Ein schönes warmes Lobgedicht auf die Wonnen der Liebe beschliesst den Abschnitt: *ein lîp, zwô sêle, ein munt, ein muot, hie zwei, dâ zwei, in eime vereinet gar mit stœten triuwen ganz, dâ möht wol sin der sœlden dach* (50).

Mit den Worten: *nû wil ich lêren ouch die man*, die wieder gerade aussehen, als ob sie ausdrücklich für eine solche sachliche Anordnung vom Dichter geschrieben wären [146], wendet sich Reinmar in Str. 51 zur Belehrung der Männer: die Tugend, nicht Adel, Gut und Schönheit der Frauen sollen sie minnen (51): Schande dem, der sich Frauen gegenüber nicht recht beträgt; dann erkennt man den Esel bei den Ohren (52).

In den Schlussstrophen endlich entwickelt der Dichter zusammenfassend seine eigne Stellung den Frauen gegenüber: nur den reinen Frauen will er dienen und sie preisen, nicht die *bœse*, die *ir manegen dienen lât;* er schliesst mit dem Wunsche, dass die Frauen endlich es lernen möchten, *daz si ze rehte versagen kunden unt ze rehte gewern* (53—55).

Man sieht, auch die Ordnung der Minnesprüche ist wohl überlegt, und wenn sich gleich im Einzelnen vielleicht manches anders und besser denken lässt, auch gut durchgeführt. Es beginnt, wie es sich ziemt, Lob der eignen Dame, es folgt Lob der Minne und der Frauen überhaupt: dann erst nach dem Lobe Lehre und auch Tadel, eine Reihenfolge, die des Sammlers höfisches Zartgefühl verrät: es schliessen sich an Lehren für der Männer Benehmen zu den Frauen; endlich legt der Dichter seine Stellung zu ihnen noch einmal endgiltig dar. Nach Str. 55 hat D wieder einen Absatz.

---

146) Rathay, Lied und Spruch S. 23, vermutet, Str. 51 sei als Fortsetzung eines andern Spruchs gedichtet.

Der dritte Hauptteil behandelt das Leben und Treiben der:

III. Welt: 56—157, und hier zeigt sich nun bei der Masse des zu gruppierenden Stoffes das Dispositionstalent des Ordners und seine musterhafte Beherrschung des Gegenstandes im allerglänzendsten Lichte. Es ist eine wahre Lust die straffe Ordnung zu beobachten, die in diesem Abschnitte jene charakteristische Uebereinstimmung zwischen den Absichten des Ordners und den Anschauungen des Dichters besonders deutlich klärt.

Den Sprüchen auf den himmlischen Herren Gott, auf die Himmelskönigin Maria, auf die irdische Herrin, die Dame, fügen sich natürlich die Sprüche an auf die irdischen *hèrren*, die hohen, vornehmen und reichen Leute, denen Reinmar sehr unbefangen die Pflichten darlegt, die ihre hohe Stellung ihnen. namentlich den Niedern gegenüber, auferlegt. Der *hèrre* soll vor allen Andern *dienestman* der Tugend sein (56. 57), *manlich, minniclich, ritterlich* sich beweisen (58) und nicht vom Mutwillen sich knechten, zum Misbrauch der Macht sich verleiten lassen (59. 60), nicht Wankelmut beweisen vom Reichtum verführt (61): leider fällt Reichtum und Macht nur zu oft dem zu, ders nicht verdient: wäre ich Richter, ich verteilte die Güter anders (62); drum soll der vornehme Reiche aber auch dem edeln Armen nicht feind sein (63); alle Macht vermag doch die Gedanken, die Gesinnung nicht in Fesseln zu schlagen! (64). Viel Köpfe, viel Sinne (65). Früher half dem Braven ein jeder im Guten, jetzt feindet man die Braven an (66). Niemand weiss es Allen recht zu machen (67). Aber um so mehr ziemt es eben darum den Vornehmen vor Allem auf rechte Lehre zu hören und der Ehre und Zucht selbst Leib und Gut zu opfern (68). Dann wohl euch, Reichtum und Macht! Wehe aber euch, wenn ihr euern Besitzer verführt auf euch allein zu bauen: dann seid ihr sein Verderben (69). Welcher Herr sich einmal den Ruhm der Güte erworben hat, der wahre ihn auch: nur wenn er dem Guten treu bleibt, kann Ehre sich seiner freuen (70).

Nach diesen Bemerkungen für die Vornehmen geht der Dichter weiter zu der Behandlung der einzelnen Tugenden und Fehler. Es macht der Sammler zwei Hauptabteilungen: zuerst werden allgemein menschliche, dann gewisse sociale Tugenden und Laster behandelt.

In der ersten Gruppe steht selbstverständlich voran:

a. Frau Ehre: nach ihr ist Reinmars Spruchform benannt, und es beweist wieder jenes gute Verständnis für den Dichter, dass diese Ehrensprüche in der Sammlung an die Spitze der Abteilung gestellt sind. Sicherlich ists auch mit Absicht geschehen, dass in der letzten Zeile von Str. 70 schon Frau Ehre gleichsam vorbereitend erwähnt wird. Nun beachte man die wunderhübsche Anordnung der Ehrensprüche. An sich gereicht ja die Zusammenstellung gleichartiger Gedichte bei fortlaufender Lectüre dem einzelnen nicht zum Vorteil, man bekommt ähnliches hinter einander mehrmals zu hören, und das wird langweilig.[147])

— · ··

147) Dass schon im 13/14. Jahrhundert Reinmar gerade dadurch misfiel, geht daraus hervor, dass unter den Quellen von C sich ein ziemlich dürftiges Excerpt

Hier aber verleiht die Ordnung dem gewichtigen Einzelnen nur noch mehr Nachdruck: man könnte die Strophen, wie sie hier stehen, fast zu einem zusammenhängenden Hymnus auf Frau Ehre vereinen.. Ehre möchte wol Mancher gerne haben, hätte sie nur nicht solch grosses Gefolge: Treue, reine Sitte, Mannhaftigkeit, Demut, Wahrheit u. s. w.; so aber bleibt sie ohne Dach und Fach (71); das war weiland auch anders (72); jetzt gibt sich Mancher für ihren Freund aus, der in falscher Würde prunkt und Gut mehr liebt als Ehre: mit solchen hat Ehre Nichts zu tun. Sie ist nicht feil (73. 74). Aber ihre wahren Freunde weiss sie wohl zu liebkosen: freilich hat sie hier deren wenige (75). Denn ihre Stätte ist anderswo, bei Gott im Himmel, sie ist Gottes Liebling: wer sie ehrt, ist hier und dort Sieger (76. 77). — Ein Ordner ohne gründliches Hineindenken in den Dichter hätte diese Gliederung, diese Steigerung von der Erde zum Himmel schwerlich zu finden gewusst, er hätte z. B. Strr. 76. 77, die namentlich am Anfang ein rein geistliches Gepräge tragen, fälschlich unter die religiösen Sprüche gesetzt. — Der Ehre wird Str. 78 die Unehre entgegengestellt. —

b. *edele:* Dieser neue Abschnitt wird an den vorigen angeschlossen, indem alsbald in ihm der Ehre gedacht wird: Wohl dem, der wahre *edele* hat! denn er besitzt *der Eren stat:* aber edel ist nur, *der edellichen tuot* (79. 80). Zwar kennen die Leute zweierlei Adel, den der Geburt und den des Herzens: wer aber edel ist *von mâgen unt niht von muote,* der schändet seine Vorfahren (81). Solch Adel ist wie ein Edelstein in Kupfer gefasst (82). Auch schönes Benehmen, schönes Aeussere ist nur vergoldet Kupfer, wenn nicht Tugend dahinter sich birgt (83. 84).

c. Glauben: Das Lamm vermag durch des Christentumes *wâc* zu waten, für den grossen Elephanten, den Mann, der wissen, nicht glauben will, ist es all zu tief (85). Damit der wahre Glaube mit Reue gepaart überall hin gelange, ziemt sich, dass die Prediger die Hörer nicht nur erschrecken und bedrohen, sondern auch trösten und so bessern (86). Str. 87 enthält eine energische Philippika gegen den Prädestinationsglauben, den Reinmar eben so verwirft, wie später 176 den Glauben an das Fatum. Ueber alle Sünde hilft hinweg der Glaube, und nur der Ungläubige kann nicht errettet werden. Drum wachet, ihr Christen, wachet, dass ihn euch die Ketzer nicht rauben (88). Sündenlust ist noch nicht Sünde: Reue und Selbstbeherrschung ist mehr wert, als frei zu sein von sündiger Begier (89).

Es folgt schliesslich eine Reihe von Sprüchen verschiedenen Inhalts, die wenigstens zum Teil unter den Begriff der:

d. *mâze* werden zusammenzufassen sein. Nicht das Angenehme, nur das wahrhaft Gute soll man erstreben (90). Unzuverlässig ist das Glück: nur wer es sich verdient, kann es wahren (91. 92). Was hilft

---

befand, welches das Gleichartige zu vermeiden sucht: auch an Schönbachs hartem Urteil über Reimars Langweiligkeit trägt sicherlich die Häufung des Aehnlichen neben einander in D grosse Schuld.

auch alles Glück ohne Tugend? (93). — Die böse Zunge ist das ärgste
Fleisch der Welt, die reine kann nicht genug gerühmt werden (94. 95). —
Dem Weisen ziemt überall die *mittelmáze*: *oben über uni unden durch
wollen* nur Toren (96): denn das wäre so, als wenn eiu *hantvol* einem
Fuder gleichkommen wollte (97). Weise ist alloin sich nach den Verhältnissen zu richten, zum *süren sür*, zum *süezen süeze* zu sein
(98). —

Im Anschluss an alle diese Forderungen wird endlich das symbolische Bild eines Idealmenschen entworfen (99. 100).

Der Inhalt des letzten Abschnitts berührte sich schon nahe mit den:

2. s o c i a l e n T u g e n d e n, denen die Strophen 101—124 gewidmet sind: einen Absatz vor 101, wie vdHagen ihn andeutet, hat die
Handschrift nicht. In diesen Strophen, wo der Dichter unmittelbar in die
Zustände der Zeit hineingreifen musste, hat er fast immer unbarmherzig
zu tadeln, und das stellt diesen Abschnitt in scharfen Gegensatz zum
vorigen, in dem sich erst an das Lob der Tugend der Tadel des Gegen-
teils zu knüpfen pflegt. Gleich in den Strr. 101—104 verwirft Reinmar
verkehrte Zustände in der

a. E h e, bei denen Eva ihren Adam regiere. Er selbst hat in der
Beziehung trаurige Erfahrungen gemacht: er bewundert den Hahn, der
zwölf Hennen meistere, während er nicht mit éiner Frau fertig werde
(104) und rät jedem, dem seine Ehegattin das Leben sauer mache, zu
einem grossen Knüttel zu greifen und ihn ihr *zem rugge* zu *mezzen*,
bis sie sich bessere (105). — Schonungslos zieht Reinmar zu Felde gegen
die Narrheiten und Rohheiten der Zeit. Das ächto:

b. R i t t e r w e s e n sei verschwunden: früher waren Turniere ritterlich, jetzt sind sie rinderlich, ein Morden ohne Zweck und Sinn (106).
Nicht weniger sündlich ist das

c. S p i e l, das der Teufel geschaffen: wenn Weiber, Wein und
Schätze den Mann bezwingen, so ist das schmählich, nicht unbegreiflich:
wohl aber unbegreiflich ist die Macht des toten Würfelbeins. Rasend,
wer ihr verfällt! Am Leibe geht er zu Grunde und an der Seele (107—
110). Es ist hier zu beachten, wie die ersten dieser Sprüche das irdische, die späteren das ewige Verderben des Spielers hervortreten lassen,
also gerade so gegliedert sind, wie die Ehrensprüche. 110,1: *ez ist
ein nurz diu schaden birt* steht vielleicht in beabsichtigtem Parallelismus zu 76,1: *ez ist ein form diu nunder birt*. Die Strophen
entsprechen sich auch inhaltlich und in ihrer Stellung in der betreffenden Reihe. —

Hier wird nun auf einmal die Ordnung unterbrochen. D 111 (Str.
161) preist Paulus und Johannes, Christi grösste Jünger, gegen deren
Kunst Niemand wagen möge anzukämpfen. D 112 (Str. 162) zählt alle
möglichen Wunder auf, die Alexander, Habakuk und Herzog Ernst passiert seien, und schliesst: *diz wären wunderlichiu wunder; doch dunket es mich wunders niht gein dem daz tegelich geschiht* u. s. w.
Beide Strophen stehen ihrem Inhalte nach zweifellos nicht an ihrem
Platze in der Sammlung. Doch fanden sie sich schon in der Quelle des

Excerptes, das C in C³ benutzte; denn V, das mit C³ näher verwandt
scheint als mit D, und T kennen sie bereits in derselben Folge.[148]
Mit Str. 111 (D 113) setzt die sachliche Ordnung wieder regelrecht
ein. Donnernd fährt Reinmar los gegen *die verschamte*

d. *trunkenheit*, die Leib und Seele, Ehre und Gut tötet, die
selbst Hohn und Spott verdiente, aber vielmehr die Sitten so verroht,
dass Achtung vor den Frauen, alle feine Sitte ersterbe und verhöhnt
werde (111—113). Dem Ritter ist jetzt des Zapfen *klinc* lieber als
sein *schilles umbet* (114). Ja die Welt ist so verderbt, dass diese wi-
drige Leidenschaft selbst bis zu hohen Namen dringt und kaum mehr als
Schande gilt (115).
Die höchste Tugend der Vornehmen ist die

e. *milte*: Selig, wer *milte* mit Kraft vereint! (116) Freilich muss,
wer verspricht, auch gerne halten (117). Jetzt leider hat die *Milte* viele
Herren, die sie gering schätzen, wenig Diener (118), und das ist nicht
rechte *milte*, die karg ist und steten Stachels bedarf: sie bereichert
nur Unverschämte (119). Sie soll nicht kargen, eben so wenig aber
auch verschwenden: die rechte Mitte soll sie halten (120). Nur ein Tor
lobt törichte *milte* (121). — Die Schilderung der Torheit in Str. 121
führt leicht über zu ihrem Gegensatz, zur:

f. *kluokeit, swinde*, zur Schlauheit, die der Dichter Str. 122 und
123 der rechten Weisheit entgegenstellt. In Str. 123 heisst es: eine
Klugheit, die auch dem Freunde gegenüber immer nur klug, nichts weiter
ist, die verdient kein Lob. Das leitet zur Besprechnng jener falschen:

g. Freundschaft, die den Freund nur kennt, so lange er nütz-
lich ist (124), und damit schliesst die lange Reihe der moralischen Sprüche
der Sammlung ab, wie auch ein Absatz in D andeutet.
Es folgen in Strr. 125—147 die politischen Sprüche, über
deren Folge ich vorläufig hinweg gehe, da ihre Besprechung einen grösseren Raum in Anspruch nimmt, und ich das Gesammtbild der Ordnung
durch solche Unterbrechung nicht beeinträchtigen möchte. Zwei Lobsprüche auf Erich von Dänemark (148) und Wenzel von Böhmen (149)
bilden einen Anhang zu den politischen Gedichten: der zweite derselben
eröffnet zugleich eine Strophenreihe, die sich auf Ereignisse in Reinmars Lebensgeschichte bezieht und die den Schluss der ganzen Sammlung bildet: wie Reinmar selbst in den Sprüchen seine Persönlichkeit
mehr zurücktreten lässt, als uns lieb und der Sache gut ist, so weist
auch der Ordner dem Persönlichen des Dichters die letzte Stelle an.
Str. 150 stellt den Böhmer Hof über alle andern um des Königs willen:

148) Sollte die mir sonst unverständliche Randbemerkung am Schluss von
Str. 110 in D: *vacat aliū poema* (so liest vdHagen III, 692; ich vermag nur das
erste Wort deutlich zu erkennen) vielleicht darauf hinweisen, dass der Urheber
dieser Bemerkung (2. Hand) ein Exemplar vor sich hatte, in dem auf Str. 110
ein andres Gedicht folgte, etwa gleich Str. 111, die der Schreiber nun in D zunächst vermisste? Dies *vacat* erscheint noch einmal hinter Str. 27: hier hat in
der betreffenden Hs. möglicherweise die zu 27 gehörige, nur in s erhaltene Str. 242
gestanden.

leider besitze der Dichter dort Niemand als den König: Springer und Turm,
Läufer und Bauer fehlen ihm. In regelrechter Steigerung schildern die
folgenden Sprüche 151 — 157, wie des Dichters Stellung in Böhmen
immer unerträglicher wird: vgl. S. 51 fg. Ob auch die Strr. 15S—160, Neckrätsel und Lügenmärchen, in die
Sammlung hineingehören, das ist aus der Anordnung nicht zu entscheiden:
ihr Inhalt macht mir das Gegenteil wahrscheinlich (s. Kap. III). Str. 163
jedesfalls gehört nicht mehr zur Sammlung: sie steht inhaltlich Str. 62
so überaus nahe, dass sie notwendig neben ihr stehen müsste, wenn der
Ordner sie mit zur Hand hatte. vdHagen macht zwar erst nach Strophe
16S das Zeichen des Absatzes: in der Handschrift D ist ein Absatz aber
dort eben so wenig wie vor 163 angedeutet, und alle Strophen ausser
etwa 164. 165 widerstreben der Anordnung von X vollständig.

Mit grosser Ausführlichkeit habe ich die Strophenfolge der Sammlung dargelegt, und ich hoffe, es ist die feine Ausführung im Einzelnen,
es ist die Kunst des Ordners in Uebergängen und im Verbinden von
Aehnlichem klar geworden. Nach grossen Kategorien und Schlagworten
mechanisch ordnen kann Jeder: aber im Kleinen stäten engen Zusammenhang, regelrechte Entwicklung und Steigerung der Gedanken zu erreichen,
ohne sich irgend eine Blösse zu geben, und dabei auch den Zusammenhang des grossen Ganzen nicht aus dem Auge zu verlieren, das verrät
die Hand des kundigen Meisters, und weit über die gewöhnlichen Sammler
muss der Ordner von X herausgeragt haben. Noch viel bemerkenswerter
aber erscheint die Ordnung, wenn wir endlich die Folge der politischen Sprüche 125—147 ins Auge fassen. Nach welchem Princip
sind sie geordnet?

Scherer, Deutsche Studien I, 300, spricht die Ansicht aus, Str. 125
—135 wenden sich gegen Papst und Clerus, 136—147 beziehen sich
auf Kaiser und Reich: wirklich hat D hinter 135 einen Absatz. Ueber
die Anordnung im Einzelnen äussert sich Scherer nicht: dass sie nicht
sachlich ist, lehrt ein Blick. Aber auch jene Scheidung in zwei stofflich verschiedene Hauptgruppen ist nicht haltbar. Ich sehe ganz davon
ab, dass jenes Einteilungsprincip wenig glücklich gewählt wäre, da sich
z. B. Str. 130—135 auf beide, sowohl Papst wie Kaiser, beziehen: aber
es kommen auch ganz grobe Verstösse gegen jene Disposition vor. Str.
133 handelt gar nicht vom Clerus, sondern nur von weltlichen Machthabern, gerade im Gegensatz zu 134, wo nur von der Geistlichkeit die
Rede ist. Da aber die beiden Strophen ein Gedicht bilden (vgl. S. 96),
so könnte das die Aufnahme von 133 unter die Sprüche auf den Clerus
entschuldigen. Nicht aber wäre es zu begreifen, dass Str. 141. 142
unter den Sprüchen auf den Kaiser stehen. Sie verurteilen *geistlich*
geberde unt vleischlich leben und verlangen, *swer sich vür heilic*
welle geben, der soll haben auch eine *heilic sêle*, beziehen sich also
nur auf die Geistlichen. Dass eine so handgreifliche Nachlässigkeit dem bewährten Ordner nicht zuzutrauen ist, hoffe ich gezeigt zu
haben.

Wir müssen also einen andern Anordnungsgrund suchen, und welche

Folge könnte für solche Gelegenheitsgedichte im engsten Sinne, deren
Hauptbedeutung in der Anknüpfung an bestimmte Ereignisse ruht, näher
liegen und passender sein als die chronologische? Schon Wilmanns ist
a. a. O. S. 453 zu dem Resultate gekommen, dass uns wirklich eine Anordnung der Zeit nach vorliege, und soviel ich im Einzelnen auch von
seinen Datierungen abgehen musste, so lehrt doch die folgende parallele
Uebersicht der Datierungen von Wilmanns, Meyer und mir, dass ich
diesem seinem Ergebnis nur beistimmen kann. Um ein ganz klares
Bild der Sachlage zu schaffen, bezeichne ich diejenigen Sprüche, deren
Zeitbestimmung ohne jede Rücksicht auf die chronologische Ordnung gewonnen ist, mit einem Stern (*): von den übrigen Strophen lässt sich
nur sagen, dass sie sich dem aus jenen gebildeten chronologischen Fach-
werke trefflich einfügen, dass sie aber allerdings auch in andrer Zeit
entstanden sein könnten.
Es ist verfasst:

		nach Wilmanns	nach Meyer
*Spruch 125:	Nov. 1227.	nach 29. Sept. 1227.	Frühjahr 1227.
*Spruch 126:	Jan. Febr. 1228.	1227/29.	Anfang 1228.
*Spruch 127:	Febr.-Juni 1229.	Frühj. 1229.	Frühling 1228.
Spruch 128:	Anfang 1229.	1229 fgg.	Frühling 1227.
Spruch 129:	Anfang 1229.	1229 fgg.	Frühling 1227.
*Spruch 130:	nach 28. Aug. 1230.	nach 5. Juli 1234. vor 1. Aug. 1235.	nach März 1241.
Spruch 131 Spruch 132	1231/32.	1235.	1229.
Spruch 133 Spruch 134	1231/33.	1235.	1257.
Spruch 135:	nach 5. Juni 1233.	Sommer 1236.	Sommer 1227.
*Spruch 136:	1235.	Sommer 1236.	Aug. 1235.
*Spruch 137:	Frühjahr 1235.	Ende 1236.	Sommer 1236.
*Spruch 138:	um 15. Aug. 1235.	Ende 1236.	15. Juli/15. Aug. 1235.
Spruch 139:	1235/6.	Endo 1236.	—
*Spruch 140:	Juni/Juli 1236.	Ende 1236.	Sommer 1236.
Spruch 141 Spruch 142	Frühjahr 1237.	1236/37.	1235.
*Spruch 143:	nach 1. Juli 1239.	Juni 1239.	—
*Spruch 144:	nach 1. Juli 1239.	—	—
*Spruch 145:	Aug. Sept. 1240.	2. Hälfte 1240.	1237.
*Spruch 146 *Spruch 147	Ende 1240.	Winter 1240/41.	nach dem 28. Juni 1245.

Die zeitliche Anordnung der 23 Sprüche scheint mir zweifellos.
Wie aber haben wir uns diese merkwürdige Tatsache zu erklären? Wem
dürfen wir die Herstellung einer solchen chronologischen Reihe in D
zutrauen?
Geht die Ordnung auf den Schreiber oder Sammler der Handschrift
D zurück? Allerdings zeigt D in der siebenten und zehnten Abteilung,

den Minnentonsprüchen und Walthers Sprüchen im Wiener Hofton ebenfalls Ansätze zu sachlicher Ordnung: in der achten und neunten Abteilung ist keine Gelegenheit dazu. Von den Minnentonsprüchen 261—282
beziehen sich die ersten drei auf Frau Ehre, die folgenden drei auf verschiedene Dinge, 7—16 (2×5) auf Minne und Frauen, 17 auf die Scham,
18 und 19 streifen ans religiöse, 20—22 endlich haben mit Hof- und
Herrendienst zu tun. Von Walthers Wiener-Hoftonsprüchen geben, wie
Wilmanns Zs. XIII, 223 richtig bemerkt, die ersten 3 in D auf Verfall
der Zucht bei der Jugend, die folgenden drei auf die Verderbtheit der
Welt, 7—9 auf Geiz und Reichtum, 10—12 auf Allerlei (Persönliches).
Beide Anordnungen haben wenig Aehnlichkeit mit X, sie sind sehr
dürftig, ganz in derselben Art angelegt, wie die von Scherer, Deutsche
Studien, I, 299. 302 und von Strauch, Marner, S. 10, angenommenen; [149])
mit ihnen teilen sie auch die meistersingerische Vorliebe für Gruppen zu
drei Strophen, von der die Sammlung der Ehrentonsprüche keine Spur
zeigt. So können sie unmöglich von demselben Ordner herrühren, wie X.
Es wäre höchstens denkbar, dass der Schreiber von D veranlasst durch
die ihm vorliegende sachliche Folge von X auch in diesen wenigen
Strophen das Gleichartige zusammenstellte. Aber mindestens für die 10.
Abteilung, für Walthers Gedichte, wird jene Möglichkeit widerlegt durch
Wilmanns wohl begründete Annahme (Zs. XIII, 223), dem Sammler
von C habe eben die Anordnung von D bereits vorgelegen: da nun C
nicht aus D direct geschöpft haben kann, so muss jene Anordnung älter
sein als dieHs. D. So wird auch die Folge der 7. Abteilung, der Sprüche
im Minnenton, nicht erst in D geschaffen sein. —

Dass jedesfalls die Ordnung der Sammlung X früherer Zeit angehört als D, das ist mit Sicherheit erweislich. Wie wir weiter unten
sehen werden, hat eben jene Ordnung dem Kern der Handschrift C, wenn
auch indirect, zu Grunde gelegen; sie kehrt im ganzen Umfange oder in
Spuren auch in andern Hss. wieder, die nicht aus D abgeleitet sind. Wir
müssten etwa annehmen, dass nach des Dichters Tode ein eifriger Verehrer

---

149) Die sachliche Ordnung in diesen Strophenreihen beschränkt sich darauf,
dass Sprüche verwanten Inhalts, so gut es eben geht, zu Gruppen von 3—5 Strr.
vereinigt werden: diese Gruppen untereinander nun auch nach dem Inhalt zu
arrangieren, dazu findet sich nicht der leiseste Versuch. Es ist mir höchst unwahrscheinlich, dass man aus diesen Gruppen irgend einen Schluss auf die Be-
schaffenheit der Urhs. machen darf, wie es Scherer a. a. O. S. 303 will. Aber auch
die Erklärung, die Garthaus Germ. XXVIII, 218 für den Anonymus gibt, reicht
nicht aus, schon weil sie nur den einzelnen Fall erklärt. Den Schreibern steckte
gegen Ende des Jahrhunderts das meistersingerische Bedürfnis nach 3- oder 5-
strophigen Baren in den Gliedern, und wo der Inhalt der Strophen das irgend gestattete, da stellten sie solche Bare zusammen. In der Kolmarer Hs. sind auch
Reinmars Gedichte nicht verschont worden: reichten die echten Strophen nicht hin,
so mussten unechte die Lücke des Bars füllen. Die älteren Hss. sind freilich nichts
weniger als consequent: aber schon in C schimmern oft genug die Bare durch,
und J ist eine rechte Meistersingerhs., nähert sich schon allenthalben energisch
der Anordnung zu Baren: ausser Spervogels und Alexanders Strr. vergleiche man
nur Stolle, Guter, Raumsland I. II. IV. V, Konrad, Sunburg I (namentlich 1—
29), Damen III. V.

und guter Kenner Reinmars die Gedichte, so weit sie ihm zur Hand waren, sammelte und ordnete. Damit ist aber die chronologische Folge der politischen Gedichte noch nicht erklärt. Philologische Studien über Abfassungszeit der einzelnen Strophen dürfen wir doch keinesfalls bei dem Ordner voraussetzen. Wilmanns a. a. O. S. 453 vermutet, es sei vielleicht, wie später bei politischen Liedern, in alter schriftlicher Aufzeichnung bemerkt gewesen, bei welcher Gelegenheit sie entstanden: da er diese Erklärung durch Nichts zu belegen weiss, so bleibt sie ein unbefriedigender Notbehelf.

Ich glaube, es gibt nun aber einen schlagenden Grund, der es nahezu sicher macht, dass die Sammlung X schon zu Lebzeiten des Dichters veranstaltet wurde und zwar 1240/41, eine Tatsache, die für die Beurteilung der Ordnung von der höchsten Bedeutung wäre. Alle datierbaren Sprüche nämlich, die nicht in der Sammlung stehen, gehören in die Zeit nach 1241; auch bei mehreren Strophen allgemeinen Inhalts ausserhalb der Sammlung ist es sicher, dass sie Reinmars späterer Lebenszeit zuzuweisen sind: nicht ein Spruch der Sammlung weist hinter das Jahr 1241 oder in das Alter des Dichters; kaum einer ausserhalb der Sammlung vor das Jahr 1241 oder in Reinmars Jugend. Von den politischen Sprüchen ist entstanden, wie wir im ersten Kapitel sahen:

	Wilmanns.	Meyer.
Spruch 169: 1244/45.	1245.	1245.
Spruch 185 } 2. Hälfte 1245. Spruch 228 }	1245.	1241/45.
Spruch 195: 1246/47.	—	nach 1257.
Spruch 213 } 1245/1246. Spruch 214 }	—	1232/34.
Spruch 216: vor Dez. 1246.	—	—
Spruch 221 } Mai 1241. Spruch 222 }	1235/36.	—
Spruch 223: 1246/48.	1244/45.	Nov. 1241 — Juli 1243.
Spruch 224: 1246/48.	1244.	1246.
Spruch 225: nach 1241.	1234.	—
Spruch 227: nach 1241.	1234.	—

Die frühesten gehören dem Jahre 1241 an.

Minnegedichte, die auf Jugend des Dichters hinwiesen, finden sich ausschliesslich in der Sammlung: selbst Lehrgedichte auf Frauen bezüglich enthält nur sie, abgesehen von zwei Sprüchen aus dem Jahre 1241 Str. 221. 222, die aus bestimmtem Anlass den Untergang der wahren Minne beklagen. Nichts in der Sammlung deutet, wie gesagt, auf vorgerücktes Alter des Dichters hin [150]: die nicht seltenen laudationes tem-

---

150) Es ist natürlich ein falscher Schluss, wenn Tschiersch a. a. O. S. 17 aus der Phrase 28,9 *mines alters ein blüendiu jugende* folgert, der Dichter müsse damals schon bejahrt gewesen sein.

poris acti müssen anders beurteilt werden: s. u. Um so zahlreicher sind
die Spuren späterer Lebenszeit ausserhalb der Sammlung. Ausdrücklich
sagt Reinmar 180,1: *in miner âbentzit ich bin*, 180,4: *min âbentsunnenschin ist bleich*. Eine nicht ganz gesicherte Str. 241 beginnt: *vor
drizic jâren stuont ez baz* und setzt ihren Verfasser V. 3 in direkten
Gegensatz zu den jungen. Auf reifes Alter lassen auch schliessen Gedichte mit allgemeinen Vorschriften und Warnungen an die j u n g e n
Männer, denen Reinmar als Lehrer entgegentritt: so 165,1: *merk, tumbes muotes junger man*; 180,7: *junc man, nû wis vrô unt doch
mit zühten*; 183,5: *ir werden jungen, denket dran*; 199,7: *junc
man, nû merke, waz die wîsen prîsen*. In der Sammlung lässt sich
Nichts vergleichen. Die durch bestimmte Ereignisse hervorgerufenen
Strophen an einen jungen vornehmen Herrn (Friedrich von Oestreich)
sind ganz andrer Art, könnten auch von einem selbst noch ziemlich
jungen Mann verfasst sein. — Reuige Rückblicke auf das vergangene
Leben, auf die Sünden der Jugend sind häufig ausser X, so namentlich
197,1 fgg.: *sô wê dir, Werlt, din valscher glanz enzucket hât mit
lôser lüge sunder nuz hin mîne tage: dû hieze mich in wollust
leben: des hân ich dir gevolget, daz ich nû ze spâte leider clage.
mir ist von sünden ûz gebogen der rucke*; 197,11: *dîn lôn sûr,
bitter unde scharf ich vunden hân, Werlt, an dem e n d e leider*.
Viel spricht Reinmar hier vom Sterben, von der Busse, von der Kürze
des Lebens, das nur eine Gnadenfrist sei (207) und vom Ringen nach
der ewigen Seligkeit: 190,1: *sich, mensche, vür dich, wer dû bist,
war ûz dû sîst worden unt wer dû wirst in kurzer vrist! dîn leben
wert unlange wider dem leben, daz nimmer ende hât*; 191,1: *vil
tumber mensche, ich râte dir, dû denke in dînen sinnen, wie dû gewinnest êwiclîchez leben*; 197,9: *bar guoter werke unt riuwen
beider, der man ze tôde wol bedarf*; 206,1: *uns wont ein wunsch
gemeine bî, daz uns Got gebe ein ende guot*; 208,5: *ôwè daz wir
dran hie sus swenden unser kurzen jâr mit trüge unt niht gedencken an die immer wernden sælikeit: des suln wir werben umb ein leben, dem êwic vröude wirt gegeben, unt lâzen varn, daz uns des
mac gephenden*; 219,3: *ez nâhet gegen dem morgen, daz Got wil
rechen alliu sîniu leit*; 229 u. A. Viele Strophen verraten Lebens-
müdigkeit und Weltverachtung: 175,7: *der werlte leben dast nû worden swære, ez richet valsch unt lugelîchiu mære, die liut sint
worden ungetriuwe*; 190,8: *diu werlt wart nie gemeiner crankeit vester, denne si ist bî disen zîten*; 197,1: *sô wê dir, Werlt,
dîn valscher glanz* u. s. w.; 203,1: *der Parât, valscher Seriôn, her
Liegât, Triegât, Trumphator, der vünve meisterdôn hât al diu werlt sô
liep, daz in diu meiste menege tanzet nâch . . . . , Werlt, dînen
tanz: phî dich unt ouch die alle*; 208,1: *der wîse Salômôn dô
sprach: swaz ich hân ervarn unt allez daz ich ie gesach under
der sunnen, daz ist gar ein trüge ob aller trügeheit*; 215,2: *meines
sint die liute vol*; 229,1: *unstætiu werlt, nû sage mir, wie ist der*

*lôn geschaffen, des wir warten suln von dir, sô wir von hinnan
scheiden?* —
Die Unterschiede zwischen den Gedichten der Sammlung und den
übrigen Strophen des Ehrentons schneiden nun aber noch viel tiefer ein.
In den beiden folgenden Kapiteln werde ich zusammenhängend darlegen,
in welcher Richtung sich Reinmars dichterische Entwickelung bewegte,
wie er allmählich aus dem Banne höfischen Wesens mehr und mehr
unter den Einfluss der mitteldeutschen lehrhaften Vagantenpoesie geriet.
In der Sammlung überall höfische Elemente in Inhalt und Sprache:
Walthers herrschende Persönlichkeit macht sich auf Schritt und Tritt
bemerklich: die echt höfische Gestalt der Frau Ehre, ritterliche und
minnigliche Interessen stehen im Vordergrund: das gedachte Publikum
ist die gute Gesellschaft. Alles das tritt ausser der Sammlung zurück:
dafür nimmt des Dichters Gelehrsamkeit ein wenig, seine Bekanntschaft
mit Volkssage und Volksrede bedeutend zu: Themata derben stofflichen
Gehalts, wie sie ein minder gebildetes oder verbildetes Publikum liebt,
ausgeführte Gleichnisse, Fabel, Anekdote, Sprichwort, Themata selbst ohne
jeden lehrhaften Beigeschmack, einzig bestimmt die Menge zu amüsieren:
Rätsel, Lügenmärchen, Neckfragen sind für die Strophen ausser der
Sammlung charakteristisch: in ihr fehlen sie fast ganz. Beobachtung
des Stils ergänzt und bestätigt: ausser der Sammlung wächst z. B. die
redselige Breite des parataktischen Parallelismus, wächst die Häufung
desselben Wortes und Stammes, die Freude an langen anaphorischen
Satzreihen, die Lust an ausgedehnten trocknen Aufzählungen, am mehrgliedrigen durchgeführten Asyndeton, die Neigung sich auf die Weisen
oder andre Gewähr zu berufen, alles das Symptome jenes alternden, zur
Manier erstarrenden Stils, der im Laufe des Jahrhunderts in der Spruchdichtung je länger je mehr an Macht gewonnen. Ich komme darauf
ausführend und erweiternd zurück. Wäre nicht die gute handschriftliche Bezeugung, wäre nicht die gute Form, zögen sich nicht doch tausend feine und grobe Fäden herüber von den Sprüchen der Sammlung
zu den übrigen, man könnte, zumal auch die mitteldeutschen Sprach-
formen ausser der Sammlung zunehmen [151]), mit gutem Grunde auf die
Vermutung kommen, die Strr. 158 fgg. seien das Werk eines bürgerlichen mitteldeutschen Fahrenden aus der zweiten Hälfte des Jahr-
underts.
Das Resultat dieser Erwägungen ist, dass nach Inhalt und Stil die
Gedichte ausserhalb der Sammlung (158—229), soweit das zu erkennen
möglich, später verfasst scheinen als die Strophen 1—157. Damit fällt
dann aber ein neues Licht auf die Entstehung der Ordnung. Es kann
nicht ein Werk des Zufalls sein, dass der Ordner etwa nach des Dich-

--- - - - -

151) Ausser dem S. 13—15 Zusammengestellten erwähne ich noch 168,10
pate (Reinh. F. CX); 161,8 *entnucket hân* (W. Grimm z. Graf Rudolf G b 20); 207,12
wênine: 214,7 *fullemunt* (Kinzel z. Alex. 2290); auf die Construction *waz sol*,
hilfet c. part. 208,7, aber auch 49,9 möchte ich keinen Wert legen trotz W. Grimm
z. Athis 412 (vgl. meine Anm. zu 49,9). In der Sammlung ist auffallend *nd.*
wan c. Conj. (= bis) 91.8, in einem böhmischen Spruch.

ters Tode nur Gedichte aus dessen früherer Lebenszeit aufgenommen
haben sollte. Die notwendige logische Folgerung führt zwingend zu dem
Schlusse, die Sammlung sei eben 1240/41 entstanden, ehe die Sprüche
158 fgg. überhaupt gedichtet waren. Und wer anders kann dann der
Sammler gewesen sein als eben Reinmar selbst? Nehmen wir das an,
so schwinden alle Schwierigkeiten: dann ist die richtige chronologische
Folge der politischen Sprüche in D selbstverständlich: dann erklärt sich
die hohe Vollendung der Ordnung und ihre Uebereinstimmung mit dem
Geiste des Dichters ohne Weiteres. Und gerade einem Manne wie Reinmar, dem ein Anflug von Pedanterei nirgend fehlt, der in manchen
charakteristischen Zügen seines Stils, in seiner Lust an Aufzählungen
und Zahlen, in seinem peinlichen Streben nach Deutlichkeit, seiner Abneigung gegen jede flotte Willkür in Gedanken und Ausdruck den ent-
schiedensten Sinn für Ordnung verrät, gerade solchem Manne ist die
Anlage der Sammlung wohl zuzutrauen. Die nähere Veranlassung entzieht sich unserer Kenntnis. Da die Ordnung aber an den Schluss des
Böhmer Aufenthalts 1240/41 fällt, so ists denkbar, dass sie zusammenhängt mit den gespannten Verhältnissen, in denen Reinmar dort schliesslich lebte: sei es, dass er seinen Gegnern zeigen wollte, was er schon
geleistet, sei es, dass er das Ende seiner Böhmer Zeit nahen fühlte und,
ehe er in ein unsicheres Wanderleben hinaustrat, den Wunsch hegte,
abzuschliessen mit seinem bisherigen Schaffen: jedesfalls ordnete er damals seine einzeln veröffentlichten Dichtungen, die ihm des wert schienen,
sorglich für seinen und Andrer Gebrauch zu bequemem Bande. Dass
Reinmar vollständig alle Ehrentonsprüche aufnahm, ist nicht wahrscheinlich (s. u.): so hat er z. B. Str. 242, ein in übertriebenen Klagen schwel-
gendes Jugendgedicht, möglicherweise absichtlich bei Seite gelassen, und
wir sind nicht genötigt, alle Strophen ausser der Sammlung für unbedingt nach 1240 verfasst zu halten, wenn innere Gründe dagegen zeugen: so wird man vielleicht geneigt sein, für Str. 194, die sich auf
Reinmars Verhältnis zu seinem Meister Walther, auf Walthers Gedicht
150,76 bezieht (vgl. S. 21 fg.), eine frühere Entstehungszeit anzunehmen. Die Gedichte, die Reinmar nun in die Sammlung einreihte, wird
er im Wesentlichen unverändert aufgenommen haben: dass er kleine
Nachbesserungen im Stil nicht scheute, wo seinem weiter entwickelten
Stilgefühl die Fassung früherer Sprüche gar zu sehr widersprach, das
ist von vorn herein wahrscheinlich: nur wird Reinmar sich die Aufgabe
leicht gemacht, nicht mit Sorgfalt und Bewusstsein, sondern meist nach
augenblicklichem Eindruck und daher sehr ungleichmässig herumgebes-
sert haben. Es finden sich, wie uns die Betrachtung des Stils lehren
wird, an manchen Stellen älterer Reinmarscher Sprüche stilistische Erscheinungen, die in der ersten Periode Reinmarschen Dichtens überraschen: da nun aber leider unsere Handschriften die grosse Mehrzahl
der Strophen direkt oder indirekt aus der Sammlung entnommen haben,
so ist Controle um so weniger möglich, als das Besserungsbedürfnis des
älteren Reinmar in den Jugendgedichten notwendig ähnliche Resultate zu
Tage fördern musste, wie das Stilgefühl späterer Schreiber.

Reinmar vereinigte im Winter 1240/41 in Böhmen
seine Sprüche im Ehrenton zu einer wohlgeordneten
Sammlung, die uns vorliegt in den Strophen 1—157.
Die allgemeinen Einwendungen, die man gegen solche vom Dichter
selbst hergestellte Ausgaben für die mittelhochdeutsche Lyrik gerichtet
hat, treffen unsern Fall wenig [152]): sogar ein so entschiedner Gegner
dieser Ausgaben, wie Paul, sagt PBB II, 441: 'würde es gelingen in
der Ueberlieferung der politischen Gedichte chronologische Reihen nachzuweisen, dann würde die von mir bekämpfte Auffassung eine mächtige
Stütze haben.' Ich hoffe, das ist hier gelungen, und es kann der dringenden Wahrscheinlichkeit meines Schlusses keinen Abbruch tun, dass
eine solche grosse von einheitlichem Gesichtspunkt aus streng durchgeführte, sachlich und chronologisch geordnete Gesammtausgabe die einzige
ihrer Art in der mhd. Dichtung zu sein scheint. Die mechanisch nach
Stichworten zusammengestellten kleinen Strophengruppen der Jenaer und
Pariser Hs., mit denen Scherer, Deutsche Studien I, 299 fg., und Paul, PBB
II, 433, unsere Sammlung vergleichen, sollten mit ihr gar nicht in
einem Atem genannt werden. Jene konnte der erste beste Schreiber,
diese eben nur der Dichter vollenden. [153]) Und auch die chronologischen
Liederbücher, die man für Hausen, Veldeke, Hartmann, Meinloh, Dietmar,
Neidhart u. A. mit grösserer oder geringerer Wahrscheinlichkeit angenommen hat, sind von ganz andrer Art. Bewahrt uns wirklich ein sol-
ches Liederbuch die Gedichte in der Folge ihres Entstehens, so wird es
auf die Originalhandschrift des Dichters zurückgehen, in der er seine
Gedichte allmählich hinter einander eintrug, wie er sie schuf. Ein authen-
tisches, wenn auch sehr spätes Zeugnis für dies Verfahren, legt die

---

152) Ich erwähne hier beiläufig einen Einwand, den man etwa geltend machen
könnte: auch für mich hat es etwas Frappierendes in einer Sammlung des Dichters selbst unbefangen neben einander gestellt zu finden politische Gedichte, die
einen durchaus entgegengesetzten Standpunkt vertreten: Berufung auf neuere
Dichter, wie etwa auf Klopstock, der in der Ausgabe der Oden von 1798 auch
Gedichte zum Preis (z. B. die États généraux, Kennet euch selbst) und zur Ver-
dammung der Revolution (z. B. Mein Irrtum, die Denkzeiten) vereinigt, beseitigt
das Auffallende dieses Verfahrens bei einem mhd. Dichter noch nicht. Nur darf
diese Tatsache kein Bedenken gegen meine Ansicht begründen: sie darf uns nur
lehren, wie weit Reinmar schon in der Wertschätzung seiner Gedichte als literarischer Produkte, ohne Rücksicht auf die Verhältnisse, unter denen sie entstanden,
gelangt ist.
153) Es gibt bekanntlich ein Beispiel einer grösseren sachlichen Anordnung
und Umordnung von sehr zahlreichen Sprüchen, die sicher nicht auf den Dichter
zurückgeht: Freidanks Bescheidenheit in der Heidelberger Handschrift A und der
Gothaer B, denen W. Grimm wenigstens in der Versfolge seiner Ausgaben sich
angeschlossen hat. Diese Umordnung ist denn aber auch nichts weniger als gelungen, entbehrt durchaus des einheitlichen Planes im Ganzen, des inneren Zusammenhanges im Einzelnen, verbindet auf sehr äusserliche Anklänge hin Ver-
schiedenartiges, reisst Zusammengehöriges auseinander — kurz, die ganze flüchtige
Arbeit hat Nichts von den Vorzügen der Reinmarschen Sammlung: vgl. Zarncke,
Der deutsche Cato S. 120 fg. (wo auch für die Sprüche Catos unursprüngliche
Ansätze zur sachlichen Umordnung erwiesen werden); II. Paul, Die ursprüngliche
Anordnung von Freidanks Bescheidenheit S. 7—17; Pfeiffer, Freie Forschung
S. 168 fg., 265 fgg., selbst W. Grimm, Freidank¹, XXVII fgg.

Heidelberger Hs. der Gedichte **Hugos von Montfort** ab, die wenigstens in ihrer zweiten Hälfte streng chronologisch geordnet ist und direkt auf Veranlassung des Dichters angefertigt wurde. Dass sie verschieden sei von Hugos eigenem Exemplar, das hat Wackernell, Hugo von Montfort CXXXII fg., mir nicht erwiesen (vgl. Literar. Centralbl. 1882, Sp. 480). Ich weiss wohl, dass Wilmanns die 'Liebesromane' der Liederbücher anders auffasst (Anz. VII, 273), dass er annimmt, sie seien vom Dichter in bewusster künstlerischer Absicht für zusammenhängenden Vortrag geordnet worden. Ueber eine verwante Erscheinung in der spätern Spruchdichtung werde ich im vierten Kapitel handeln. Dagegen in der eigentlichen Lyrik ist das unerweislich und unwahrscheinlich. Ich verweise auf Burdachs Ausführungen im Anz. IX. 351 fgg. Der wenig passende Ausdruck 'Liebesromane' führt irre. Wenn wir von Neidhart absehen, enthalten unsere Minnegedichte viel zu wenig wirkliche Handlung, viel zu wenig Fortschritt und Spannung, als dass wir von einem Roman auch nur vergleichsweise reden dürften. Falls wirklich ein Dichter mehrere Lieder auf zusammenhängenden Vortrag berechnete, so musste er natürlich voraussetzen, dass auch den Hörern der fortlaufende Faden äusserer und innerer Entwicklung in diesen Liederreihen ohne Mühe bemerklich sein werde. Ich halte es aber für unmöglich, dass selbst das empfänglichste Publikum, zumal bei musikalischem Vortrag, die feinen Zusammenhänge fühlen konnte, die wir jetzt mit philologischem Spürsinn mühsam und meist nicht unbestritten zwischen einzelnen Gedichten herauszufinden wissen: man müsste denn zu der wunderlichen Annahme sich versteigen, dass die Sänger zwischen ihre Lieder verbindenden Text einflochten, wie **Ulrich von Liechtenstein** es tat.

Ulrich fügte um 1255 seine Gedichte den Memoiren an passenden Stellen ein; ob immer chronologisch richtig der Erzählung gemäss, daran darf man zweifeln, wenn anders den Ueberschriften irgend zu trauen ist: sie verdienten wol eine Untersuchung. Diese Ueberschriften weisen zurück auf eine Liedersammlung, in der die verschiedenen Gattungen, Tanz-. lange, Tage-, Singweisen, *üzreisen*, *reie*, Leich, jede für sich und vielleicht daneben auch in durchgehender Zählung numeriert waren, doch wol nach der Zeit ihrer Entstehung. Waren nun diese Gattungen nicht nur in der Zählung, sondern auch in der Anordnung geschieden, so wäre diese Mischung des formalen, sachlichen und chronologischen Princips Reinmars Sammlung wohl vergleichbar, nur dass für ihn das Formale nicht in Betracht kam, da er unsers Wissens einzig die Sprüche im Ehrenton sammelte. Leider hat C Ulrichs Gedichte nicht aus jener Liedersammlung direkt geschöpft, sondern einfach den Frauendienst excerpiert, von dessen Folge die Hs. in keinem Punkte abweicht, vgl. Lachmann, Ulrich von Lichtenstein S. 680; Knorr QF. IX, 12 fgg. — Ueber die chronologische Anlage der Hss. A und C Heinrichs des Teichners vgl. Karajan, Wiener Denkschrr. VI, 155.[154]) —

154) Scherer, DSt I, 300 Anm., erinnert, wo er von der Sammlung im Ehrenton spricht, noch an die Göttinger Hs. (Cod. Ms. philos. 21) der Gedichte Hein-

Nach Reinmars Tode lag der Wunsch nahe, die Sammlung von 1240/41 durch spätere Sprüche des Dichters zu ergänzen, und so wurden ihr noch 33 Strophen, D 160—192, ohne jede Ordnung angehängt:

richs von Mügeln. Sie würde ein Seitenstück zu Reinmars Sammlung bilden, wenn die Vermutungen zuträfen, die Schröer, Wiener Sitzgsber. LV, S. 452, über sie vorträgt. Schröer meint, sie gehe auf eine von Heinrich selbst veranstaltete Zusammenstellung zurück. Er beruft sich auf die prosaischen Ueberschriften, die ihn lebhaft an Heinrichs Schreibart erinnern, und auf die sorgfältige Anordnung: ganz consequent kommt er dann zu dem Schlusse, dass die in der Gött. Hs. fehlenden Gedichte erst späteren Datums sein müssen. Ob die Tatsachen diesen Schluss bestätigen, das kann ich jetzt nicht untersuchen, da die betr. Gedichte zerstreut und fast sämmtlich ungedruckt sind: auch Schröer hat das nicht geprüft. Ich bemerke nur, dass Mügelns ungarische Reimchronik, die er als juvenis verfasste, bereits einen Ton enthält, der in der Göttinger Hs. nicht vertreten ist. Dass der Charakter der Sammlung keineswegs für Schröers Hypothese spricht, das scheint mir evident. Was zunächst die Ueberschriften betrifft, so enthält nur die Einleitung zu den Fabeln, zu *der meyde krantz*, die Erklärung der 72 Strr. des *tuom* mehr, als jeder Schreiber unmittelbar den Gedichten entnehmen konnte, und es ist wenigstens möglich, nicht nötig, dass der Sammler dabei Ueberschriften benutzte, die Mügeln etwa einzelnen Gedichten mit auf den Weg gegeben hätte. Die Mehrzahl der Ueberschriften enthält nichts als eine ganz trockne äusserliche Aufzählung der Themata, die in der folgenden Strophenreihe behandelt werden: wiederholt passen sie nur auf die ersten Gedichte (II. XI. XIII. XIV) und gehen über die übrigen ohne Bemerkung oder mit einem *und von andern sachen* hinweg. Dem Marienlob VI fehlt der richtige, in Str. 67 angegebene Titel '*Diss buch heyst der thum*'. Ferner: stammten die Ueberschriften wirklich von Mügeln her, dann gebührte den dort angeführten Namen der Töne höchste Glaubwürdigkeit. Sollte aber wirklich die Gött. Hs. Recht haben, wenn sie den sonst übereinstimmend bezeichneten grünen Ton als *grobe wise* einführt? Ebenso heisst der zwölfreimige zweite Ton der Gött. Hs. nur noch in der Wiltener Hs. sub No. 2 *hoffdonn*: und gerade die betr. Ueberschrift stammt aus derselben Quelle, wie die der Göttinger Hs. zu X: sonst und auch in der Wiltener Hs. wird der Ton stets '*kurzer Ton*' genannt: unter dem Hofton verstand man einen 17reimigen von ganz anderer Gestalt. Die *trurenwise* für *troumwise* Bl. 207 ist natürlich nur verschrieben: aber baarer Widersinn ist es, wenn Bl. 211 zwei Angaben vereinigt werden: *jn dem houe done in der troume wise; nur der zweite Name ist richtig*; die Ueberschriften rühren von einem wenig informierten Sammler her, der höchstens eine oder die andre brauchbare Notiz aus seinen Quellen schöpfen konnte.

Die Anordnung der Gedichte ist ganz äusserlich. Die einzelnen Spruchtöne werden auseinander gehalten, die Lieder hinter die Sprüche, *der meyde krantz* hinter die Lieder gestellt. Das ist dieselbe Methode, die in der Pariser, Jenaer, Kolmarer und anderen Hss. bei viel grösseren, schwerer zu bewältigenden Stoffmassen durchgeführt wird. Im übrigen stellte der Sammler die ihm vorliegenden Liederbücher, jedes mit einer Vorschrift versehen, neben einander ohne überlegte Reihenfolge. Höchstens war es Absicht, dass ein religiöses Spruchbuch den Anfang machte: den innern Zusammenhang zwischen dem ersten und dem zweiten Abschnitt stellt nur die Ueberschrift her, die nicht darauf Rücksicht nimmt, dass schon von II 13 an *von der herschafft der erden* keine Rede mehr ist. Die einzelnen Quellen der Sammlung sind nicht nur nach diesen Ueberschriften, sondern auch aus andern Hss., namentlich aus der Kolmarer zu erkennen. Sie sind verschiedener Art. Manche umfassen nur ein längeres Gedicht, so V—VIII. XII. XIV. Andere stellen gleichartiges zusammen: das Fabelbuch IV ist auch in der Kolm. Hs. (t) 649—651 benutzt; ich glaube nicht einmal, dass dieser in sich wohl geordnete Abschnitt von Mügeln selbst zusammengestellt ist: in ihm sind wie meist je 3 Strophen zu Baren vereinigt, obgleich von diesen Fabeln fast eine jede für sich stehen könnte; sieht man nun, dass diese Fabeln auch in andrer Weise zum Bar combiniert wurden (t 654. w 60), so flösst das Zweifel an der Authentie jener Bare ein. Eine

dabei begegnete es, dass eine schon in der Sammlung X befindliche Strophe
unnötig widerholt ward, Str. 84 als Str. 168. Diese erweiterte Sammlung Y bildete die Vorlage von D 1—192: ob auch der letzte Ehren-
tonspruch der Handschrift, Str. 193, von vornherein zu den nachge-
tragnen Sprüchen gehörte, ist zweifelhaft: wenigstens scheint er in der
Quelle von C³ gefehlt zu haben. — Es zeugt für das Alter der erweiterten Sammlung, dass die Pariser Handschrift nicht nur X, sondern sogar Y in einem Auszuge vor sich hatte: und da C nicht etwa
D benutzt haben kann, sondern den Text von D gar oft berichtigt, sich
zuweilen ziemlich stark von D entfernt, so wird auch die vermehrte
Sammlung Y beträchtlich älter sein als D, noch tief ins 13. Jahrhundert hineingehören.

Nicht so einfach ist der Complex Reinmarscher Gedichte in C zu
Stande gekommen, das in seinem Streben nach Vollständigkeit aus vielen
Quellen, verschieden an Umfang und Wert, die Sprüche zusammenge-
tragen hat. Wir können die Zusammensetzung der Handschrift nur nach
der Strophenfolge von D controlieren, da die übrigen Handschriften Reinmarscher Gedichte entweder mit D oder mit keiner der beiden Hss. in
ihrer Folge übereinstimmen. Danach zerlegt sich nun C in folgende Teile:
C¹ umfasste den Leich, der auch in Wk¹k²l ohne Namensüber-
schrift erhalten ist: da zwischen Bl. 323 und 324 der Handschrift mindestens éin Blatt fehlt, so ist uns jetzt in C nur noch die erste Partie
des Gedichts bis V. 144 überliefert. Ueber das Verhältnis von C¹ zu
den übrigen Hss. des Gedichts vgl. unten.
C²: C 1—7 == D 97. 143. 123. 108. 109. 131; nur in C Str. *C 2.
Ein gemeinsames Liederbuch lag nicht zu Grunde.[155]) Dass C 5. 6 und

andre kleine Sammlung (X) von allerlei Stoffen aus heidnischer Sage und Geschichte wurde mit sammt ihrer Ueberschrift auch in w 2 benutzt: in der Gött.
Hs. ist sie vermehrt, nicht immer in zutreffender Weise. Die übrigen Spruchbücher sind ganz zufällig zusammengewürfelt, Religiöses und Profanes, Gelehrtes
und Moralisches. Alles wild durcheinander: von sachlicher Ordnung keine Spur.
Das erste Buch enthält freilich nur Religiöses: es entspricht t 640—645: wurde
in der Gött. Hs. t 642. 643 ausgelassen, weil es weltlichen Inhalts war? Die
Reihe IX ist in t 670—675, w 3—9 benutzt; in der Quelle von t fehlte wol IX
25—27. Abschnitt XIII findet sich auch t 700—705; der gemeinsamen Quelle
mangelte XIII 21—25: ist dies Gedicht erst in der Sammlung angebängt worden?
Die Ueberschrift von XIII nimmt keine Rücksicht drauf, und es steht am Ende
des Tons. Endlich wurde die Quelle XV auch von Nestler t 687—692. 695 aus-
geschöpft: auch an dieses Spruchbuch sind in der Gött. Hs. dann noch andre Gedichte angereiht. Dass nicht etwa t und w seine Spruchbücher direkt oder indirekt aus der grössern Sammlung hatte, sondern diese wie t und w aus den
Spruchbüchern erwuchs, das wird erwiesen durch das Uneinheitliche, Zufällige in
der Zusammensetzung und Begränzung jener Abschnitte: warum markiert die Gött.
Hs. vor II, III, nach IX, X Absätze, die im Inhalt nicht begründet sind, wenn
nicht darum, weil da eine alte Quelle aufhörte, eine neue anfieng? Man darf
die Gött. Hs. der Mügelnschen Gedichte getrost aus der Reihe der sachlich geordneten oder vom Dichter angelegten Sammlungen streichen.

155) Es ist natürlich in diesen Partien ohne Parallelüberlieferung nicht fest-

D 108. 109 in der Folge übereinstimmen, erlaubt noch keinen Schluss auf gleiche Quelle: da beide Strophen denselben Gegenstand, das Würfelspiel, behandeln, so kann sie in C auch Zufall zusammengeführt haben. C³: C S—87: dieser Kern des Ganzen beruht auf einem Auszuge aus der vollständigen Sammlung D 1—192. Der Schreiber von C hat bei seiner bekannten Sucht, möglichst viel zu geben, gewiss alles aufgenommen, was die Vorlage bot, hat also selbst nicht das ganze Y vor sich gehabt. Das Excerpt, das er benutzte, ist sehr flüchtig und ungleichmässig gemacht: dass es Zusammengehöriges gedankenlos aus einander reisst, sahen wir oben: vgl. S. 95 fg. Der Excerptor scheint es langweilig gefunden zu häben, dass immer so viel Gedichte hinter einander denselben oder einen ähnlichen Stoff behandelten, und er wählte daher aus. Bei Entscheidung aber über die Aufnahme wurde er sehr durch Laune geleitet, bevorzugte Gedichte mit etwas auffallenden Anfängen. So hat er von den 13 Gedichten auf Gott sämmtliche fortgelassen, die mit *Got* und *Jêsus* beginnen und dadurch ihren verwanten Inhalt zu deutlich verraten. Von den Mariasprüchen las er sich die zwei aus, die am Anfange wie Minnelieder aussahen, 19 und 20, sowie die mit dem Ausruf *du sündenblôz* beginnende Strophe 21. Unter den Minnegedichten übersprang er von 29 an die nächsten, die meist mit *nip, vrouwe, Got, minne* beginnen, bis 41, wo das Wort *cleider* seine Aufmerksamkeit wieder fesselte: es folgen 45. 46, die er des gleichen Anfangs (*ein man der*) wegen möglicherweise als éin Gedicht ansah, während der Zufall will, dass 45 vielmehr mit 44 ein Ganzes bildet: und so gehts planlos weiter bis zum Ende der Sammlung: es folgt z. B. auf 50 sofort 57, auf 64 72, auf 87 104, auf D 127 137. Weil der Schreiber nun aber sah, dass von ca. D 160 an die Gleichartigkeit des Inhalts aufhöre, so beschränkte er seine Auslassungen. Es fehlen von hier ab nur noch 7 Strophen, darunter 2 von den 3 Lügen- und Nockstrophen, eins der 3 Rätsel: die Schlussstrophe von D, 193, mangelte wol schon der Vorlage. Zwischen C 83 und 85 (= D 187. 190) bringt C³ eine Strophe, die D nicht hat und die, gleich D 187, ein Rätsel über das Jahr bildet. Der Spruch wird schon in der Vorlage, kann selbst schon in Y gestanden haben: es ist unglaublich, dass der Excerptor hier gar ein verwantes Gedicht hinzugefügt haben sollte: da in D 187 —189 wirklich einmal wider die sonstige Art des Nachtrags von X Strophen ähnlichen Inhalts, Rätsel, zusammengeordnet sind, so ists recht wol möglich, dass hinter D 187 ursprünglich noch ein Rätsel Platz hatte und diese 4 Sprüche aus einer besondern Rätselsammlung stammten. — In C³ sind die Hss. C und D sehr nahe verwant: ein bereits höchst fehlerhafter Archetypus liegt beiden zu Grunde: mit geringen Ausnahmen gehen die Verschiedenheiten nicht über Kleinigkeiten, Versehen hinaus. D ist incorrecter, behandelt die Verse roh und neigt zu Umstellungen

zustellen, ob C die betreffenden Strophen aus einer oder mehreren Quellen schöpfte, und es muss daher für jede einzelne Strophe der Wert der Handschriften geprüft werden.

einzelner Werte: diese Eigenheit wird sich nicht auf die Sprüche von
C³ beschränken, sondern ist bei der Einheitlichkeit der Sammlung auch
da zu mutmassen, wo keine Parallelüberlieferung die Controle möglich
macht. C zeigt sich in den späteren Strophen des Liederbuchs nachlässiger und willkürlicher als am Anfang: in Str. 27 benutzte der Schreiber der Vorlage wol eine andre Quelle als sonst oder er müsste unglaublich eigenmächtig mit dem überlieferten Text umgesprungen sein. Wes
Geistes Kind der Excerptor war, lehrt vielleicht die Lesung von C 149,5:
siehe unten.

C⁴: C 88—100 = D 13. 7. 94. 136. 63. 96. 116. 141. 56. 112,
nur in C *88. *89. *93: die textliche Verschiedenheit ist sehr stark.
C verdient wiederholt entschiedenen Vorzug: gleiche Quelle ist nirgend
erweisbar.

C⁵: C 101—113 = den geistlichen Sprüchen der Sammlung X,
D 1—22. Dem Schreiber von C hat dies geistliche Spruchbuch vollständig vorgelegen: nur liess er die schon in C³ oder C⁴ mitgeteilten
Gedichte fort. Die Strophen D 5. 6 und D 16. 17 hat C in umgekehrter Reihenfolge: die Anordnung in D scheint die ursprüngliche.
Gemeinsame Quelle ist auch hier ausser Zweifel: die Hss. divergieren
aber viel stärker als C³. Im Einzelnen zeigt sich C unzuverlässiger
als dort: die grössern Entstellungen in Str. 5 und 18 kommen aber
eher auf die Rechnung von D oder wahrscheinlicher einer indirekten
Vorlage.

C⁶: C 114—118 = D 99. 100. 119. 91, nur in C *117. Dass
C 114. 115 und D 99. 100 gleiche Folge haben, erweist keine gleiche
Quelle, da D 99. 100 éin Gedicht sind.

C⁷: C 119—125 = D 67. 68. 70. 69. 71. 83. 84. Dem Schreiber lag ein Spruchbuch vor, das die Sprüche 67—84 über Herren,
Reichtum, Ehre und Adel vollständig enthielt: er liess die schon in C³
stehenden Sprüche 72—73, 76—82 aus, ausserdem Spr. 71. 75, die in
der Lücke (vgl. S. 93 und Anm. 140) gestanden haben mögen. Die umgekehrte Folge der Strophen D 69. 70 in C⁷ ist zweifelles fehlerhaft.
Zwei Strophen dieses Spruchbuchs D 70 (C 121) und D 84 (C 125)
sind auch an andrer Stelle in den Handschriften erhalten. Die erste
ist = C 198 (in C²⁰), das den ziemlich verderbten Text von DC⁷ vielfach bessern lehrt; die zweite = D 168, das im Ganzen dieselbe Ueberlieferung wie D 84 C gegenüber repräsentiert.

C⁸: C *126, *127, beide Strophen Lehren für junge Leute, wol
aus éiner Quelle.

C⁹: C 128—132 = D 31—34. 37: C hat hier einen kleinen Ausschnitt aus den Frauengedichten der Sammlung benutzt, der aus unbekannten Gründen die Strophe 35 übersprang, die erst in C²⁰ erscheint.
Str. 34, die C ganz fehlt, mag in der Lücke gestanden haben.

C¹⁰: C 133—135 = D 23—25; die 3 ersten Minnesprüche der
Sammlung. Auch die übereinstimmende Folge so weniger Strophen
scheint gemeinsame Herkunft aus der Sammlung zu erweisen, da die
Strophen éin Gedicht nicht ausmachen und Str. 23, ein ganz didaktischer

Spruch mit Aufzählungen und Antithesen von den beiden übrigen Liebes-
sprüchen in Inhalt und Stil so verschieden ist, dass weder gleichzeitige
Entstehung noch ähnlicher Inhalt sie mit 24. 25 verbinden konnte.
Aber vgl. S. 143.

C¹¹: C 136 = D 95, ein Spruch von der reinen Zunge. Vielleicht
enthielt die Vorlage von C¹¹ ausser 95 auch noch Str. 94 von der bösen
Zunge, wie S beide Sprüche und nur sie bringt: da D 94 schon in C⁴
steht, so wurde die Strophe hier übergangen.

C¹²: C 137—140 = D 127—132: der Schreiber hatte ein Spruchbuch vor sich, das die auf die Jahre 1227—1230 bezüglichen politi-
tischen Sprüche 125—130 in sich vereinigte, und liess nur die beiden
schon in C³ und C² stehenden Strophen 125. 129 fort. Die Quelle von
C¹² muss sehr flüchtig und verderbt gewesen sein.

C¹³: C 141—143 = D 98. 47, nur in C C *141.

C¹⁴: C 144—147 = D 90. 89. 88, nur in C C *145. Es ist möglich, dass C hier eine Quelle benutzte, die die Strophen D 88—90 in
umgekehrter Reihenfolge aus der Sammlung entnommen hatte und dass
in diese Reihe C 145 dann später hineingeraten war: ursprünglich in
X kann der Spruch C 145 zwischen D 89 und 90 nicht gestanden
haben, da er nicht in die sachliche Ordnung passt.[156])

C¹⁵: C 148 = D 30.

C¹⁶: C 149—151 = D 53—55: C hat eine sehr schlechte Vorlage benutzt.

C¹⁷: C 152. 153 = D 42. 62; auch C 154. 155 = D 147. 134
könnte hierher zu ziehen sein: da aber C¹⁸ D 152—154 enthält, und
die Strophen 148—151 schon in C³ standen, so ists wol richtiger anzunehmen, dass

C¹⁸: C 154—158 = D 147. (134). 152—154 umfasste und dass D
134 erst späterer Einschub ist, die Quelle C 18 ursprünglich nur aus
D 147—154 sich zusammensetzte.

C¹⁹: C 159—180 = D 175. 174. 118. 159. 135. 92. 44. 61. 189.
66. 107. 59. 188. 52. 160. 138. 35. 43. 26, nur in C überliefert C *161.
*167, *173. Die Strophenfolge erlaubt nirgend einen Schluss auf gemein-
schaftliche Quelle. C 159. 160 stehen zusammen wie in D 174. 175,
freilich in umgekehrter Reihenfolge; aber gerade hier ist die textliche
Verschiedenheit der beiden Handschriften stärker als das sonst der Fall
war, wo gleiche Quelle aus der Spruchfolge sich ergab. — Abgesondert
habe ich endlich von diesem Spruchbuche noch:

C²⁰: C *181—*217, weil in dieser Partie fast ausschliesslich Strophen stehen, die in D nicht überliefert sind: nur C 184 = D 193, C

---

156) Denkbar auch, dass nur 88. 89 in der Quelle von C 14 sich fanden,
wie auch s diese 2 Strophen in der falschen Ordnung von C hat, und dass durch
Zufall Str. 90 an ihre jetzige Stelle in C gelangte: dann wäre Strophe 90 sammt
C *145 noch C 13 zuzuweisen. — Jedesfalls ist D 88. 89, C 146. 145 die richtige
Ordnung: D 88 darf von D 87 nicht getrennt werden, da beide gegen Ketzer ge-
richtet sind. Der Textzustand spricht eher für die gleiche Quelle in allen 3
Strophen D 88—90.

166 = D 93, endlich C 198 (= C 121) = D 70. Auch innerhalb C^{20} lassen sich noch sehr verschiedenwertige Bestandteile scheiden: s. u. S. 119 fgg.: eine Einheit hat C^{20} nie gebildet.

C^{21}: C *218. *219, zwei Strophen in anderm Tone (ich nenne ihn Meister Ernstton).

Was für Schlüsse sind nun aus dieser Zusammensetzung der Hs. C für die Textbehandlung zu ziehen? Auch in den Liederbüchern, die in ihrer Strophenfolge mit D übereinstimmen, ist ja gleiche Quelle im gewöhnlichen Sinne noch nicht erwiesen, sofern sie nur Strophen der Sammlung enthalten, wie das in C^5, C^7, C^9, C^{10}, C^{12}, C^{14}, C^{16}, C^{18} der Fall ist. Sie gehen ebenso wie D auf die Sammlung X zurück: da nun aber diese Sammlung vom Dichter selbst herrührte, so ist aus solcher Gemeinsamkeit des Ursprungs nicht allzuviel zu folgern. Freilich lehren die Tatsachen, dass der für D und die meisten jener Liederbücher, namentlich C^5, anzunehmende Archetypus schon weit vom Zustande unverderbter Reinheit entfernt war. C^3 ist aus Y geflossen, aus einer erweiterten Sammlung, mit der der Dichter nichts zu tun hatte: da ist also gleiche Quelle unzweifelhaft. Und zwar hat der Text, seitdem die Vorlage von C^5 sich abzweigte, noch bedeutende Verschlechterungen erfahren: es finden sich allenthalben Spuren, dass der Archetypus von DC^3, auf den auch T U V zurückgehen, unter gröblichen Willkürlichkeiten gelitten hat. Gewisse metrische Rohheiten, Umstellungen u. s. w. leichterer Art gehören endlich den unmittelbareren Quellen von D oder gar D selbst an. So hat der Text von D eine ganze Reihe von Corruptionsstadien durchgemacht, und wo neben ihm einmal eine wesentlich bessere Ueberlieferung zu Gebote steht, wie in A, vereinzelt in C, da kommt es peinlich zum Bewusstsein, welch trübe Quelle uns in D fliesst. Aber es ist wenigstens eine einheitliche Quelle. C^3 steht ungefähr auf gleicher Stufe des Wertes, C^5 verdient in wesentlichen Dingen den Vorzug: die übrigen Liederbücher von C, die auf X zurückgehen, sind zu klein, um ihren Wert sicher fixieren zu können: da müssen wir denn D, allen seinen Mängeln zum Trotz, folgen, wo der andre Text nicht evident als besser sich erweist. Das gilt in noch höherem Grade von dem buntscheckigen Gemisch von Strophen, die in C nicht nachweislich der Sammlung entnommen sind. Darunter sind sicher Sprüche, die einen intakteren Text zeigen, als vielleicht auch nur eine Strophe in D: andrerseits aber waren diese vereinzelten Sprüche willkürlicher Entstellung noch stärker ausgesetzt als die geschlossene Sammlung: es kommen da so starke Divergenzen zwischen den beiden Hss. vor, dass die eine kaum mehr zum blossen Nachbessern der andern zu brauchen ist: man vergleiche nur die beiden Texte von Str. 193. Hier besonders ist es methodische Pflicht, in allen zweifelhaften Fällen bei D zu bleiben: jede Strophe bedarf besondrer Prüfung. Es ist, wie schon gesagt, nicht unmöglich, nicht einmal unwahrscheinlich, dass C unter seinen Einzelstrophen (in C^4, C^{19}) manche in einer Form enthält, die nicht aus der Sammlung geflossen ist: auch diese Rücksicht kann nur einen Vorzug für D in sich schliessen: über den Text der Sammlung können wir nicht hinausstreben und Mischtexte nicht wünschen. Es ist charakteristisch für den übeln Zustand von D, dass es trotz des principiellen Vorzugs, den es verdient, für die Constitution des Textes nicht grössere Bedeutung hat. — Unter den Strophen der Handschrift D befindet sich keine einzige, deren Echtheit irgend zweifelhaft wäre: ihre Quelle, die Sammlung X, resp. Y, ist so alt und authentisch, dass jeder Verdacht bodenlos ist. Die Echtheit des Leichs, der in C den Anfang macht, bezweifle ich nicht; W k¹ k² l enthalten ihn leider ohne Nennung des Dichters: doch zeugt für das Alter des Gedichts, dass es in k l in der guten Gesellschaft von Walthers Leich steht. Und es entscheidet wol die unzweifelhaft echte Str. 217, die nicht viel mehr ist als ein Cento von Flicken des Leichs: 217,4 *dö er sich in ir herze vielt..., der aller elementen wielt* = L 109. 110; 217,7 *dar zuo riet im diu barmunge unt diu minne*, vgl. L 214: *dâ hât diu minne den gewalt, daz si unt der barmunge r ât* etc.; 217,8 vgl. mit L 74; 217,9 *zeiner muoter* = L 142; 217,10. 11 *sus wart der alde herre junc, von himel tet er einen sprunc* = L 51. 53. — C²—C¹⁹ enthalten nur wenige (13) durchaus unverdächtige Sprüche, die D fehlen: dagegen ist allerdings die Gewähr von C²⁰ geringer: gerade hier am Schluss von C drängen sich lauter Strophen zusammen, die D nicht enthält. Wir haben trotzdem keinen Grund, sie ihrem Gros nach (C 181—205) irgend anzuzweifeln. Dass C 184. 186. 198 auch durch D bestätigt werden, sahen wir S. 117 fg.: ausserdem zeugt A für C 188, da es diesen Spruch neben zwei unzweifelhaft echten Strophen Reinmars (D 93. 112) unter Singenbergs Namen bringt, und in für C 199, das unter 'Reymarus' als erstes von nur echten Gedichten steht. C 187 und C 200 sind mit C 186, resp. C 199 so eng verwant, dass sie dadurch mit gewährleistet werden. C 201 und 202 müssen nach den politischen Anspielungen den vierziger Jahren des dreizehnten Jahrhunderts angehören. Erst mit C 206 (Str. 230) gelangen wir auf verdächtiges Gebiet. Die Strr. 230—234 (C 206—210) bilden einen fünfstrophigen Bar, vermutlich erweitert aus einem dreistrophigen, der 231. 232.·234 umfasste. Diese drei religiösen Lobsprüche, aus lauter anaphorisch beginnenden Ausrufen (*gelobt si* oder *lop si dir*) zusammengesetzt, tragen durchaus den Charakter einer spätern Zeit, schmecken nach Frauenlob oder einem Dichter der Kolmarer Hs. Die Reime *jugende* (Nom. Sing.): *tugende* 231,9 : 12, *übergüet: blüet* 234,4 : 5, *singe: bringe* (Inf.), *kêre* (Inf.): *êre* 234,7 : 8, 9 : 12 sind an sich nicht unbedingt beweisend (vgl. S. 13 fg.), aber auf dem engen Raume doch auffallend genug. Ich notiere noch den Conj. ˏgestâ 234,10: vgl. 11,10 : 11; 41,1 : 2. Die Spielerei mit *wunder* 230 gehört ebenfalls dem Stile einer spätern Zeit an (s. u.). Eher könnte 233 Reinmars Eigentum sein: aber auch diese Strophe wird verdächtigt durch die vernachlässigte Caesur in V. 12.

Str. 228 = C 211, ein Lobspruch auf den Mainzer Erzbischof, steht zu 138 in gleicher Beziehung, wie der andre sicher echte Preis-

spruch auf Siegfried v. Eppstein (Str. 185: C 82) zu 137, ein zwingender
Beweis der Echtheit.

Strr. 235 — 239: C 212 — 216 sind ein fünfstrophiges Loblied
auf die Jungfrau Maria. Schon diese Fünfzahl deutet auf meistersingerische Herkunft. Reinmar kennt neben der Masse der Einzelstrophen
nur noch zweistrophige Sprüche. Und sämmtliche Spruchdichter vor
Frauenlob bevorzugen Zweistrophler, wofern sie überhaupt einmal mehrstrophig dichten. Schon beim Anonymus 27,34 und bei Walther 30,29
werden zwei Strophen verbunden, noch der Meissner lernte den Brauch
wol von Reinmar. Es war die Zweistrophigkeit der natürliche Ausweg,
wenn eine Strophe den Stoff nicht zu fassen vermochte: sich immer gleich
zu drei oder fünf Strophen zu steigern, das erheischte zwingend erst
meistersingerische Theorie. Die Zweizahl hatte ihre besondern Vorzüge:
es liessen sich *bîspel* und Deutung schön auseinanderhalten: wie Reinmar S. 9; 99. 100; 213. 214 tun das der Meissner, Raumsland, Goldner,
Guter, Wizlav, Alexander; wollte man in beliebter Manier Gegensätze
contrastieren, wie Tugend und Laster, Einst und Jetzt, so ergab sich
eine Verteilung auf 2 Strophen von selbst u. s. w.[157]) Der zweistrophige
Spruch ist für die Spruchdichtung vor Frauenlob charakteristisch. Meistersingerischer Anlage durchaus fremd sind auch die wenigen vierstrophigen
Sprüche: Walth. 78,24; Raumsl. HMS. I, 267b (über die 4 Elemente);
Boppe(?) II, 384b; Meissn. III, 100b.

Es ist nun freilich nicht zu leugnen, dass schon in der besten Zeit
der Spruchdichtung vereinzelt 3- und 5-strophige Gedichte auftauchen.
Das kann kaum verwundern: hatte ja doch die Lyrik immer schon eine
Vorliebe für drei und fünf Strophen bewiesen (Wackernagel, Altfr. Lied.
u. Leiche 224). Dreistrophig ist ein Gebet des Kanzlers an Gott Vater,
Sohn und Geist (HMS II, 388b), dreistrophig (aber vielleicht erst aus zwei
Strophen erweitert) der Pseudobrennenbergische Streit zwischen *Liebe* und
Schöne (I, 337b); dreistrophige Bare lieben Raumsland (II, 369b. III,
56a. 68a) und der wahrlich wenig meistersingerische Alexander (II, 366b.
III, 26a. 27b; ist J 25. 26 mit J 13 zu verbinden?); zwei religiöse Lieder-
sprüche dieses Umfangs hat Reinolt (III, 50). Und auch 5 Strophen
kommen vor: über des Anonymus Gönnerspruch kann man verschiedener
Ansicht sein: sicher fünfstrophig aber ist Walthers Kinderlehre (87,1),
ebenso der Dialog zwischen Keie und Gawan, der dem tugendhaften
Schreiber in C beigelegt wird (II, 152b), aber gewiss nicht gehört (s. u.);
vgl. noch Raumsl. II, 367; Alex. III, 29a; Guter 41a; Hawart II, 163a.

---

157) Eine Aufzählung der sehr zahlreichen zweistrophigen Sprüche — ich
habe mehr als 40 gezählt — kann ich mir wol ersparen: ich verweise auf Scherer,
DSt. I, 329 fg., und auf Rathays vollständigere Liste (Lied u. Spruch S. 23).
Leider ist Rathay ganz unkritisch zu Werke gegangen: um eine unbestrittene Tatsache zu beweisen, häuft er die Beispiele mehrstrophiger Sprüche, so gut es irgend
gehen will, und schiesst weit über das Ziel hinaus; kaum die Hälfte der von
ihm citierten Gedichte ist wirklich mehrstrophig, allerlei späte unechte Machwerke
hat er mit aufgenommen, und andrerseits zeigt sein Register gar noch erhebliche
Lücken.

Unter diesen Umständen entscheidet allerdings die Fünfzahl der Strr. 235—239 noch nicht gegen Reinmars Autorschaft. Um so sicherer der Inhalt. Jede Strophe erklärt einen Buchstaben des Namens 'Maria': sie werden gedeutet *mediatrix, auxiliatrix, reparatrix, illuminatrix, adjutrix*. Von solcher Gelehrsamkeit bei Reinmar keine Spur: selbst seine Fremdwörterkenntnis übersteigt wenig das landläufigste Mass, und Latein verstand er gewiss nicht. Das Motiv der Namendeutung ist der lat. Hymnenpoesie entnommen. Bei Mone, Lat. Hymn. d. MA. II, steht No. 615 und 617 genau dasselbe Akrostichon, ebenso in Daniels thesaur. hymnolog. II, 33: ein anderes *Mater alta rara justa alma* Mone, II, S. 250. In der Anmerkung zu No. 615 (S. 436) teilt Mone aus einer Mainzer Hs. des 15. Jahrhunderts die Worte mit: *Maria etymologizatur Mediatrix, Auxiliatrix, Reparatrix, Imperatrix, Amatrix*. Caesarius von Heisterbach bringt es gar auf vier verschiedene Deutungen des Namens (A. Kaufmann, Caes., 2. Aufl. S. 95), und solche ganz ernst gemeinte Etymologien haben sich in den Kreisen katholischer Theologen noch Jahrhunderte lang erhalten, haben noch den Spott der Protestanten herausgefordert: vgl. meine Anm. zu 235. Marias Name blieb immer der beliebteste Gegenstand dieser Experimente: aber auch aus andern Namen, Adam (Mone I, S. 182 fg.; Wright u. Halliwell, Rel. ant. I, 230), Jesus, las theologische Grübelsucht alle möglichen Geheimnisse heraus. Die Methode wurde auch auf profane Worte übertragen: bei der Schwertleite Wilhelms von Holland soll bekanntlich Kardinal Capucius dem jungen Fürsten das Wort *miles* so interpretiert haben (Wackernagel, Kl. Schr. I, 270). Diese ganze gelehrt-mystische Spielerei traf so recht den Geschmack der Meistersinger. Reminiscenzen an jene Deutung von Maria hallen nach in der unechten Str. 296. Ganz in der gleichen Manier glossiert Frauenlob im Minneleich 23 *wip: wunne irdisch pàrâdis*, und am nächsten verwant ist dem Pseudo-Reinmarschen Gedicht ein Bar der Kolmarer (498) und der Trierer Hs. No. 26 (17), der die Buchstaben im Namen der Frau *Lóica*, jeden in einer Strophe, abhandelt, wozu dann noch Einleitung und Schluss tritt. Wir sind durchaus in scholastischer Atmosphäre, auf gelehrt meisterlichem Boden, herausgetreten aus dem Gesichtskreis, den Reinmars Dichtung beherrscht. Formell sind die Strophen merkwürdig unanstössig, weder mit der forcierten Strenge der Meistersinger gebaut, noch die Eigenheiten der Strophenform irgendwo ignorierend.

Hat der Verfasser von Walth. 36,21 die Strophen für Reinmarisch gehalten? Jener pseudowaltherische Spruch ist nahezu Wort für Wort aus Reinmar nachzuweisen, vorausgesetzt, dass die drei unechten religiösen Bare im Ehrenton (230 fgg., 235 fgg., 283 fgg.) mit zu Hülfe genommen werden. Die Epitheta *höchgelopt* und *süeze* W. 36,21 erscheinen ebenfalls verbunden 36,5. 71,8. Der Vers W. 36,22 *hilf mir durch dines kindes êre, deich min sünde gebüeze* ist contaminiert aus 283,12 *hilf, reine meit, daz wir die sünde gebüezen* und 234,12 *des hilf dû mir durch dines kindes êre*; W. 36,23 *dû flüetic fluot ... aller güete* vgl. mit 12,4 *diu aller güete ist überfluot*; W. 36,24 *der süeze Gotes geist ûz dinem edeln herzen blüete* ⟍ 238,8 *daz Gotes geist ûz dinem herzen blüete;* W. 36,25 *er ist din kint, din vater unde din schepfure:* 236,7 *er was ir kint, ir vater, ir schephure.* W. 36,27. 28 *den hœhe, tiefe, breite, lenge umbgrifen mohte nie, din kleiner lip . . . in umbevie* vgl. mit 16,3 *den des himels wite nie umbevie . . . . . noch mit der hœhe in umbevie noch mit der witen tiefen . . helle nie, den umbevie ir cleiner lip;* mit 36,30 vgl. L 101. 104. So ausgeprägt und abgebraucht auch die religiöse Terminologie war, so schliesst hier die Massenhaftigkeit der Congruenzen blosson Zufall aus. Walther sollte man mit voller Entschiedenheit von diesem Cento befreien. —

Aus andrer Quelle wiederum stammt der hübsche Spruch 229 (C 217). Ueber seine Ueberschrift vgl. S. 94. Die Strophe vergleicht sich inhaltlich mit Str. 197 und gibt keinen Anlass zum Verdacht.

Schwer wird es mir, über die beiden Strophen von C[21], 253 und 254, ins Klare zu kommen. Da sie den Schluss von C bilden, ist die handschriftliche Gewähr gering: die Form, ein mir sonst unbekannter schwerfälliger Ton von 9 sehr langen Zeilen, hat weder mit dem Ehrenton noch mit einem der beiden andern Töne, die ich für Reinmars Eigentum halte, bemerkenswerte Aehnlichkeit: nur die klingende Caesur im Schlussvers der Stollen haben der Ehrenton und dieser Ton II, den ich Meister-Ernst-Ton nenne, gemein. Aber willkürlich und zufällig sind die Strophen Reinmars Gedichten nicht angehängt. Mindestens kannte der Verfasser Reinmars Sprüche. 253,6. 7 treten sich *meister Ernst* und der *pârât* ebenso als Gegner gegenüber wie 156,1 fgg.: der *pârât* personificiert noch 203,1: bei einem andern Dichter kenne ich kein Beispiel. *Ernest* heisst *meister* ebenfalls nur bei Reinmar. 254,8 leitet die Minne eine Hochschule, wie Reinmar 31. Und Reinmars nächstem Schüler, dem Meissner, schwebte wahrscheinlich der Anfang von 253 vor, als er (III, 104a, 1) zwei Verse hinter einander mit *süene süene* und *lesche lesche* anhub. Ich stehe nicht an, auch darin eine Stütze der Echtheit zu sehen, die ich gleichwol zu behaupten zögere. —

Dagegen sind sicher unecht die beiden zusammengehörigen Strophen im Ehrenton (249. 250), die unter dem Namen des alten Meissners, also anonym[155]), überliefert sind (vgl. S. 94). Dass Leopold Hornburg um 1350 wenigstens Str. 250 für echt hielt, erweist die Anspielung im Lobgedicht (HMS. IV, 882, Str. 2,1) auf einen Spruch Reinmars 'von vûlem holze nahtes schin', die schon Docen, Altdeutsches Museum II, 25, auf die Worte: *daz vûle holz man schinen siht, dâ man ez vindet nahtes* bezog. Aber Hornburgs Zeugnis ist zu spät, um zwingend zu sein:[159])

- - —   - - —

155) Alle 3 Strophen unter diesem Namen, der erst in moderner Cursivschrift hinzugefügt ist, sind nachgetragen auf einem der ursprünglich hinter Reinmar freigelassenen Blätter, von derselben Hand, welche die ebenfalls anonymen Gedichte unter *meister Walther v. Brisach* und *Gast* eintrug (Apfelstedt, Germ. XXVI, 225—227). Die 3. Str. ist verfasst in dem durch Binnenreim in der 1. 2. 5. 6. Zeile verkünstelten Hofton Konrads von Würzburg.

159) Ausser Str. 250 citiert Hornburg noch einen sonst unbekannten Spruch *von trübem phûle bi dem Rin;* eine dritte Anspielung 'von argem bein ein schin' gilt vielleicht dem echten Spr. 105 (V. 9).

zum mindesten müssten die Strophen in überarbeiteter Gestalt vorliegen: die Cæsurreime in V. 3 und 6, die in beiden Strophen stehen, sind in Reinmars echten Strophen nur selten, vielleicht halb zufällig: erst die Meistersinger machten sie im Ehrenton obligatorisch und führten sie vereinzelt selbst in echte Strophen gewaltsam ein. Dazu kommt dann der meistersingerisch streng durchgeführte Auftact, die rührenden Reime 250,3 *wert* (Adj.): 6 *wert* (Verb.) und namentlich der ganz unerhörte 249,4 *zwei*: 5 *enzwei*. Reinmar hat sonst nur v i e r mal in seinen sämmtlichen Gedichten erlaubte rührende Reime (s. Kap. V.): dagegen liebten wieder die Meistersinger es sehr, mit solchen Reimen zu spielen.[160]) Im Stile der Strophen sind gegen Reinmars Art die wiederholten Bedingungssätze mit *so* (249,5. 11; 250,8). Ueberlieferung und Form lassen keinen Zweifel an der Unechtheit. Die beiden Strophen bilden vielleicht éin Gedicht: in beiden beginnt V. 9: *guot vriunt.* —

Die Sprüche im Minnenton.

In D folgen auf die 6 Abteilungen Reinmarscher Ehrentonsprüche in der siebenten Abteilung 22 Strophen (261—282 = D 194—215) eines Tones, dessen Verfasser unbekannt ist und den ich Minnenton nenne: vgl. S. 94. Ich halte auch diese anonymen Gedichte für ein Werk Reinmars: dazu veranlassen mich Ueberlieferung, Form, Inhalt:

1. Die U e b e r l i e f e r u n g ergibt wenig: in D, das nie Verfasser nennt, reihen sich diese Strophen unmittelbar an lauter echte Gedichte Reinmars: es sind Sprüche wie diese, während die dann in der Handschrift folgende 8. und 9. Abteilung nur Lieder enthält, also wol aus andern Quellen geschöpft wurde als die ersten 7 Abschnitte. Ausser D bringt 3 Strophen dieses Minnentons nur noch a zwischen Gedichten Walthers und Ulrichs von Liechtenstein, ebenfalls ohne Verfassernamen.

2. Um so schwerer wiegen die Uebereinstimmungen mit Reinmar in der F o r m. Der Minnenton zeigt in seinem Bau frappante Aehnlichkeit mit dem Ehrenton: die Reimstellung ist nahezu genau dieselbe, wenn auch das Geschlecht der entsprechenden Reime meist ein verschiedenes ist:

im Ehrenton	im Minnenton
a a b	a a b
c c b	c c b
d d o f f e	d d e f f (f) e e

---

160) Die frühesten Beispiele durchgeführter rührender Reime sind in der Spruchdichtung beim Alex. HMS III. 28b, 16 und beim Meissner 101b, 3 zu finden; beidemal ziemlich törichtes Zeug, durchaus von der formellen Schwierigkeit bestimmt. Vgl. noch Konrad v. Würzbg. ed. Bartsch S. 401; Regenboge HMS III, 468k, 4; Hornburg IV, 882, 2; Kolm. S. 85. Es ist bekannt, dass sich aus diesem

In beiden Tönen ist V. 1. 4. 10. 11 vierhebig, in beiden der 3. und
6. Vers achthebig: auch das Längenverhältnis der Verse unter einander
ist in beiden Tönen ein ähnliches; nur dass im Minnenton die zwei
ersten Stollenverse gleich lang, im Ehrenton der zweite durch Vorschlag
von 3 Hebungen gegen den ersten verlängert ist. Ich lege auf diese
Verwantschaft im Bau um so höhern Wert, als der einzige Ton, der
den beiden aus formellen Gründen noch zur Seite gestellt werden kann,
der Spiegelton des Ehrenboten, höchst wahrscheinlich ebenfalls Reinmar
angehört. Wir hätten also drei Reinmarsche Töne von ausgeprägter
Familienähnlichkeit. Ihre geringe Mannigfaltigkeit entspricht Reinmars
dürftiger formeller Begabung. Wo sich sonst in Spruchtönen gleiche
Reimstellung findet, in Walthers erstem Philippston (18,29 fgg.), mit
geringer Abweichung in seinem ersten Thüringer Ton (82,11 fgg.), ferner
in des wilden Alexanders viertem Tone (HMS. II, 366b fg.; III, 27a
fgg.), da überall ist die Anlage des Abgesanges eine verschiedene: er
zerfällt in 2 Hälften von je 3 (im Thüringer Ton 3 und 4) Versen
gleichen Baus, also wol auch gleicher Melodie: [161])

Erster Philippston.		Erster Thüringerton.		Alexander.	
⌣4 d	⌣4 f	⌣5 d⌣	⌣5 f⌣	⌣4 d	⌣4 f
⌣6 d	⌣6 f	⌣5 d⌣	⌣5 f⌣	⌣4 d	⌣4 f
⌣5 e⌣	⌣5 e⌣	⌣7 e	⌣7 e	⌣4 e	⌣4 e
			(⌣7 e)		

Dagegen in Reinmars sämmtlichen Tönen sind die Vv. 7—9 von 10—12
in Länge und Reimgeschlecht total verschieden:

	Ehrenton.	Minnenton.	Spiegelton.
7.	⌣5 d⌣	⌣4 d	⌣4 d
	⌣5 d⌣	⌣4 d	⌣4 d
	⌣4 e⌣	⌣3 e⌣	⌣3 e⌣
10.	⌣4 f	⌣4 f⌣	⌣5 f⌣
	⌣4 f	⌣4 f⌣	2 e⌣	⌣7 f⌣
12.	⌣5 e⌣	⌣4	⌣3 e⌣	⌣7 e⌣ .

Im Ehrenton bringen stilistische Erscheinungen auf die Vermutung,
dass der Haupteinschnitt nach V. 8 eintrat: doch ist das nicht zweifel-

Reimsport schliesslich eine besondere Gattung entwickelte, die Equivoca. In
der Lyrik ist die Künstelei schon älter (Neifen 23,8. 34,26 vgl. 38,26; Konrad
v. Landeck I, 356b, 47 im Abgesang).
161) Für Alexander lehrt das die in J erhaltene Weise. Es gilt dasselbe von
einigen Liedstrophen, die ähnliche Reimfolge aufweisen: so Heinrichs v. Meissen
5. Ton (HMS I, 13b), der 5. Ton des Markgrafen von Hohenburg (I, 34a). Auf
jenen wirkte Walthers Vorbild. — Eine Ausnahme bildet der späte Ton, den die
Kolm. Hs. als Frauenlobs Grundweise bezeichnet: so grundverschieden sein Aufbau von Reinmars Tönen ist trotz der gleichen Reimstellung, so hat er doch mit
ihnen gemein, dass auch sein Abgesang nicht in 2 gleiche oder nahezu gleiche
Hälften zerfällt.

los. Dagegen bereitet sich von V. 10 an im Minnenton der meister-
liche dritte Stollen vor, im Spiegelton ist er da. während der Ehrenton
kaum Spuren zeigt. Aber gleiche Melodie in den beiden Hälften des
Abgesangs ist in diesen 3 Tönen absolut ausgeschlossen.
Im Ehrenton wird der achthebige 3. und 6. Vers (seltener der 2.
und 5.) meist durch eine klingende Caesur nach der 3. Hebung in zwei
Hälften geschieden: da die zweite Hälfte gern mit Auftakt beginnt, so
stossen an der Caesurstelle oft zwei Senkungen zusammen: ◡ 3 ◡ | ◡ 5.
Es darf diese Versgestalt geradezu als die normale angesehen werden;
vgl. die ausführliche Analyse der Strophe im 5. Kapitel. Als Waise
darf der erste Versabschnitt trotz der Unterbrechung des Rhythmus nicht
gefasst werden; dazu ist jene Caesur allzu unstät: es gibt Verse, die
sich jeder Teilung zu entziehen scheinen. Im Allgemeinen aber weicht
die reguläre Form des Verses besonders in 2 Variationen aus. Er er-
scheint einmal als: ◡ 4 | ◡ 4. Bekanntlich steht in dem epischen Verse
ebenfalls einer Halbzeile von 3 Hebungen mit klingendem Schluss eine
solche von 4 Hebungen mit stumpfem gleich: in der Tirolstrophe z. B.
wechselt V. 6 in der Form ◡ 3 ◡ | ◡ 4 und ◡ 4 | ◡ 4; und es ist diese
epische Caesur auch in der spätern Lyrik nicht unerhört. [162] Aber
wenn ich gleich glaube, dass jene Behandlung der 1. Halbzeile im 3.
und 6. Verse des Ehrentons durch die nicht mehr recht verstandne
epische Caesur mit veranlasst wurde, so liegt doch der tief einschnei-
dende Unterschied auf der Hand. Im epischen Vers gilt klingende Caesur = 2 Hebungen; Reinmar ist das fremd: wo bei ihm die erste Halbzeile statt ◡ 3 ◡ die Form ◡ 4 annimmt, da wird die zweite Halbzeile
um eine Hebung gekürzt. Und es ist die natürliche Consequenz dieser
Auffassung klingenden Ausganges, dass Reinmar ohne Scrupel der Halbzeile ◡ 3 , eine Halbzeile ◡ 3 gleich schätzt. Das schwankende und unstäte Wesen der Ehrentoncaesur hat zur Voraussetzung, dass sich der
Unterschied klingender und stumpfer Ausgänge bereits zu verwischen
begann, zunächst im Innern des Verses: vgl. Anm. 165.
Eine zusammenhängende Untersuchung des lyrischen Einschnitts ist
bei dem jetzigen Textzustande eben so schwierig, wie doch dringend
wünschenswert. Die eigentliche Lyrik, die jeden Ton nur zu wenigen
Strophen nutzte, hatte nicht viel Anlass zu so unstäter Caesur zu greifen
und bietet auch der Beobachtung meist nicht genug Material zu sichern
Schlüssen: es ist aber immerhin möglich, dass ich den einen oder andern hergehörigen Fall übersehen habe. Meines Wissens gibt es zu
Reinmars Ehrentoncaesur nur eine einzige ganz zutreffende Parallele, den
ersten Ton des Meissners, der sich hierin wie sonst als Schüler Reinmars erweist (HMS. III, 86 fgg.). In jenem Ton schneidet die Caesur des
neunhebigen 7. und 8. Verses meist klingend nach der 3. Hebung ein:

---

162) Wechsel zwischen klingender Caesur nach der 3. und stumpfer nach
der 4. Hebung z. B. Waltb. XIII. Tannhäuser II, 94b. 95 b. Hadlaub XXXII
(Ettm.) V. 1. 4 (mit Caesurreim). Titurelstr. III, 432 b fgg. Tirolstr. I, 5a fgg.,
selbst noch Kolm. 160 (vgl. Einl. S. 157).

⌣ 3 ⌣ | (⌣) 6 ⌣: daneben aber begegnet 5,7. 6,8. 9,8. (4,7?) die Form
⌣ 4 | ⌣ 5 ⌣, und auch ⌣ 3 | ⌣ 6 ⌣ fehlt nicht: 11,7. 14,8.
Nicht viel häufiger erscheint die klingende Normalcaesur in Verbindung mit éiner der beiden Ausweichungen. Die erste ist charakteristischer. Von ihr finde ich aber ausser in einem sehr späten Pseudoneid-
hart[163]) nur eine unsichere Spur in einer Spruchstrophe Dietmars des
Setzers, wo allerdings der Inreim sichernd hinzutritt. Bei ihm heissen
(HMSII, 174) V. 3 und 6 in Str. 1: '*die dá die liute grüezen, der
máze als der uns Crist verriet*' und '*ir lip der müeze büezen als
(alsô?) der úf dem rade verschiet*,' dagegen in Str. 2 '*unt niender
umb ir herze lit, daz ist der séle ein hagel*' und '*unt im hin nâch
ein kerder git als einer slangen zagel*'. Also in Str. 1 ⌣ 3 ⌣ | (⌣) 4,
in Str. 2 ⌣ 4 | ⌣ 3: schade, dass Str. 3 und 4 des Binnenreims und
deutlicher Caesur entbehren! In ihrer Vereinzelung sind die beiden
Strophen nicht beweisend genug, zumal die handschriftliche Ueberlieferung zu wünschen lässt.
Und auch die andere Variation ist merkwürdig selten. Merkwürdig sage ich im Hinblick auf die bekannte Tatsache, dass schon in ziemlich guter, freilich wol erst nachwaltherischer Zeit klingende und stumpfe
Reime, namentlich im Versinnern, vereinzelt wechseln (Haupt zu Neifen
16,6. Germ. II, 261. XII, 152). Da sollte man das von der reimlosen
Caesur erst recht erwarten. Eine derartige freie Caesur hat Wackernagel, Altfrz. Lieder und Leiche S. 214, für Walthers Elegie angenommen, und Bartsch Germ. VI, 212 fgg., Wilmanns in der Ausg. haben
ihm zugestimmt. Möglich, dass sie Recht haben: die Elegie ist eins der
spätesten Gedichte Walthers, in ihr ist jene Vermischung stumpfer und
klingender Caesur zwar auffallend und bedenklich, aber doch verhältnismässig erklärlich als Tribut an die fortschreitende technische Verrohung
der Zeit. Aber überzeugt bin ich nicht. So begreife ich nicht, wie Wilmanns sich bei seiner Auffassung zufrieden geben kann mit V. 124,25:
tragent kann doch nicht klingende Caesur bilden, mindestens musste
vor *dörpelliche* ein *vil* oder ein ähnliches Flickwort gestellt werden.
Und es ist nicht zu leugnen, dass die Caesur oft an recht ungeeigneter
Stelle eintritt z. B. 124,3. 7. 12. 30. 31: V. 124,33 darf nicht als Parallele gelten, da hier, wo Caesur ja zweifellos vorhanden ist, diese Caesur
eher nach der dritten Senkung anzunehmen ist: 124,16 wäre dann Lachmanns *gar* allerdings durch eine andre Vermutung (*alsô?*) zu ersetzen.
Jedesfalls unterschiede sich die Wackernagelsche Caesur schon dadurch
von der Reinmars, dass Unterbrechung des Rhythmus gar nicht oder
nur in ganz zweifelhaften Fällen vorkommt, in denen sie leicht zu beseitigen ist (124,5. 13. 20. 27).[164]) Und dieser Unterschied betrifft einen
wesentlichen Punkt.

163) Ich meine den '*Lobenspot*' HMS III. 240b. Von seinen 15 Strr. bauen
den letzten Vers ⌣ 3 ⌣ | ⌣ 4 Str. 1. 2 (lies *kumt er mir hiut noch nähen*). S. 12;
⌣ 3 ⌣ | 4 Str. 3. 4. 13. 14. 15 (und 9?), ⌣ 4 | ⌣ 3 Str. 5. 6. 7. 10. 11.
164) Ich vergleiche das sechste Lied des Dürinc (HMS II, 27b), in dem die

Späterhin finde ich neben klingender Caesur mit rhythmischer Pause die stumpfe nur ganz vereinzelt, und niemals, so weit ich beobachtet, sind beide Arten gleichberechtigt: die klingende ist Regel, die stumpfe ganz spärliche Ausnahme. Ich nenne wieder ein paar Pseudoneidharts: bei Haupt S. 123. 130; HMS. III, 246b, Str. 6, zweifelhafterer Beispiele nicht zu gedenken.[165] Sollte es auch noch mehr Belege geben, was ich selbst für wahrscheinlich halte, sicherlich ist es sehr zu beachten, dass der 3. und 6. Vers des Minnentons mit dem 3. und 6. des Ehrentons wenigstens diese Gattung unstäter Caesur teilt. Bei dem abscheulichen Zustande des Minnentontextes ist es freilich nicht möglich, den Bau dieser Verse absolut fest zu stellen: so viel aber scheint sicher, dass die Versgestalt $2 \cup | \cup 6$ die reguläre, $2 | \cup 6$ eine unzweifelhafte und nicht seltene Variation sei (vgl. Kap. V.): und das entspricht ganz den Formen $\cup 3 \cup | \cup 5$ und $\cup 3 | \cup 5$ im ebenfalls letzten Stollenverse des Ehrentons. Eine feste stumpfe Caesur hat die letzte Zeile des Ehrentons nach der 2., die letzte des Minnentons nach der 4. Hebung: in beiden Strophen ist die zweite Vershälfte gebaut: $\cup 3$ und bildet gern ein Sätzchen für sich (vgl. Kap. IV): so im Minnenton 267. 269. 272. 278.

Es lässt sich bei Reinmar eine eigentümliche Reimspielerei beobachten, eine Art **einseitigen Doppelreims**, den man auch als Schlagreim auffassen kann (Germ. XII, 179 fg.). Es reimt das eine Reimwort nicht nur auf den Schluss der entsprechenden Zeile, sondern auch noch auf ein diesem unmittelbar vorhergehendes oder wenigstens durch keinen bedeutungsvollen Satzteil vom Reime getrenntes Wort, das dann oft mit jenem Reimwort identisch ist. Also *sünden: sünden ünden*. WGrimm, Zur Geschichte des Reims S. 569, führt aus andern Dichtern Beispiele für diese Reimart an, Beispiele, die aber zumeist auf Zufall beruhen werden und unter denen das männliche Geschlecht vorherrscht. Bei Reinmar ist durch die Fülle der meist weiblich reimenden Beispiele Zufall ausgeschlossen (Tschiersch, Beurteilung u. s. w. S. 35): im 5. Kap.

Caesurreime der 1. und 2. Zeile stumpf oder klingend sind, je nachdem Auftact folgt oder nicht.

165) Ist es irgend glaublich, dass ein so früher Dichter wie Gunther v. d. Forste (DSt. I, 298) in der 2. Str. seines Traumlieds (HMS 11, 168b, 2) *geschehen* gleichwertig mit *guoten, sunne, pine, leide* in der klingenden Caesur des 6. Verses $(4 \cup | (\cup) 4)$ gebraucht? Konrad v. Landeck (HMS 1, 351b) hat in Str. 1 seines zweiten Liedes *willekomen: vromen* ebenso gut als klingenden Caesurreim behandelt, wie *minne: sinne, vrouwe: schouwe, sende: wende*. Diese Freiheit hat er sich im Endreim nicht gestattet: dass er aber in jenem Falle nicht einfach stumpfe Caesur für klingende setzte, sondern die zweisilbigen Reime mit kurzer erster schon nicht mehr als leicht genug empfand für stumpfen Reim, das ergibt sich daraus, dass er zweisilbige Reime dieser Art überhaupt meidet: er war nicht sicher, ob er sie als klingend oder als stumpf verwenden solle; *wennen: erkennen* (11, 361b, 2) ist für einen Schweizer ganz correct. Hadlaubs scheinbar stumpfe Caesuren (XV, 2, 4. 3, 2. 4. XVIII, 4,4. L, 4,7) verschwinden alle vor der Erkenntnis, dass der Dichter Zweisilbler mit früher kurzer erster dreimal so oft klingend als stumpf gebraucht. — Den Wechsel stumpfer und klingender Reimwörter bei Schlagreimen oder Binnenreimen im engern Sinne hat man sich namentlich in entsprechenden Leichsätzen schon in der Zeit höchster Kunstblüte gestattet: diese Freiheit gehört auf ein andres Blatt.

werde ich darauf zurückkommen. Von Reinmar hat auch hier wieder der
Meissner gelernt: 76,1:3 *mâze: mâze lâze*, 80,5:6 *ende: ende schende*,
stumpf 37,6 : 7; 42,1 : 2. Wo sich sonst derartige Reime in der Lyrik
finden, stehen sie vereinzelt, sind viel öfter stumpf als klingend, gewiss
ungesucht entstanden: so sind sie z. B. bei Raumsland (HMS II, 365b)
die fast unvermeidliche Folge gehäuftester Anapher. Bewusster Freund
der Manier war von Lyrikern eben nur Reinmar: sein Vorbild wahrscheinlich Gottfried: im Tristan spielt jener Doppelreim, gefördert durch
des Dichters Anaphernsucht, keine geringe Rolle. [166]) Und eben diese
Art des Reimes pflegt auch der Minnenton: 270,10 *ougen: ougen tougen;*
271,4 *sterke merken: sterken*; 274,4 *sere: lêre mere*; 3: 6 *man:
nieman kan*; 279,9 *bekëren:* 12 *lëre lëren.*

    3. Die Sprache der Minnentonstrophen, wie sie der Reim feststellt,
steht zu Reinmars Mundart nicht im Widerspruch. n fehlt im Infin.
268,12 und, wenn wir *crône* nur als stf. gelten lassen (S. 13), auch
276,9. 12. Der klingende Reim 262,1 : 2 *nideren: widerer,* stimmt zu
156,9 : 12 (S. 14). *böset: löset* (266,1 : 2) vgl. mit 123,9 : 12. *ent-
lëntiu scham* 277,3, wie 73,9 (S. 14). Die 2. Pers. Plur. auf — *et* ist
gesichert durch den Reim 275,9 *geminnet* (Part.): *versinnet, gewinnet*
(2. Plur.). Bedenken erregt höchstens der Reim 273,10: 11 *râte* (Dat.
Sing.): *tâte* (Dat. Sing.). Aber es ist leicht zu helfen, indem man den
Dat. Fem. *ræte* einführt, der nicht zu bezweifeln ist, [167]) oder indem
man nach Analogie von 268 V. 1. 2. 4. 5 annimmt, der nachlässige
Dichter lasse stumpfen Reim *rât: tât* (so a) eintreten, wo klingender
stehen müsste: V. 7. 8 entschuldigen das Versehen.

    4. Inhalt und Stil weisen die Minnentonsprüche, die noch Spuren
zeigen von minniglich höfischen Anschauungen, die Frau Ehre feiern und
frei sind von verknöcherter Manier, in die frühere Zeit der nachwaltherischen Spruchpoesie, falls sie von Reinmar sind, zum grossen Teil selbst
in die frühere Zeit von Reinmars Dichten. Wie im Ehrenton wird auch
in ihnen zugleich Minne und rein Lehrhaftes besungen. Wenngleich

---

   166) Da diese Neigung Gottfrieds meines Wissens noch nicht beobachtet ist,
gebe ich einige Belege der klingenden Reime der Art: *herzesmerze: herze* 1071.
1719. 4221. 12193. *rimen: rime limen* 4713. *strâze: strâze enlâze* 4915. *witen: wite
riten* 5591. *ëren: ëren mëren* 6077. *gotinne Minne: inne* 4806. 16727. ähnl. 959.
11725. 18048. *swære: mære wære* 793. 5539. 14691. vgl. 9669. 12864. 18845.
15331. *linden: linden winden* 17173. vgl. 557. *slahte trahte: trahte* 791. *guote:
guote gemuote* 5235. *swachen sachen: machen* 4667. *zIrlande sande: lande* 5947.
gemeine: meine ich eine 9687. *beide ir weide: beide* 11003. *gemeine weine: gemeine*
11507. *ëren sëre: ëre* 13151. *gesinne: gesinne kuniginne* 15474. *ougen: ougen lougen*
15879. *Isolde golde: Isolde* 16643. *leide scheiden: beiden* 16669. *Brangœne: Brangœne ich wœne* 18255. *wîbe: wîbes lîbe* 17445: die Zahl der Beispiele ist gewiss
leicht erheblich zu mehren. Von stumpfen Reimen erwähne ich *wider nider: wider*
13622. 15161. 17410. 17457. 18637. *leben: leben geben* 18101. 64. 18435. *gote:
gotes gebote* 1804. 2439. 6109. 6175. 17949. *genesen: genesen wesen* 8841. *state
schate: state* 18145, der zahlreichen Einsilbler nicht zu gedenken.
   167) Gegen Lachm. z. Walth. 30,11 vgl. Wackernagel und Rieger, Walther
v. d. Vogelweide S. XXXVI fg.; Haupt, Zs. f. dtsch. Phil. VII, 88; Lampr. Franc.
2978; Frl. 363,4.

nirgend persönlich gehalten, nähern sich die eigentlichen Minnesprüche
268—274 lyrischem Stil so sehr, wie es in Sprüchen neben den beiden
ritterlichen Reinmaren, dem unsern und dem Brennenberger, vor Frauenlob kaum vorkommt: vgl. Kap. III. Sie übertreffen Reinmars übrige Minnegedichte an sinnlicher Energie: *spilendiu ougen* 268,6, bei Reinmar
nur *liehtiu ougen*; die ganz singuläre, übertrieben kräftige Phrase *röte
gelohender munt* 273,3, Reinmar nur *röter munt*; die Augen sind
zwên sterne 268,7; *dâ gernt vier arme lihte zweier slozze* 270,3
(vgl. R. 50,9: *daz arm mit arme sich besluzze*); *ir mundes kuslichez
hurten* 270,6 und andre Bilder aus dem Kriege: *stråle wider stråle
gånt* 268,8; *durch des mannes lip si schiuzet* 268,10; *si stilt sich
ze vâre* 269,4; *gesigt* 271,9. 12; *ir hurten ist dem starken man ein
her* 270,6; *ein man verhouwen von einer vrouwen* 270,5; *striten ûf
der manne lip* 271,6; Reinmar nur 25,7: *si hât mich verwundet . .
mit ir minnegêre*; 30,5 (Minne) *den hôhen künegen als den armen an
gesigt* u. s. w. Dieser Unterschied darf nicht gegen Reinmars Verfasserschaft entscheiden: in die Sammlung nahm Reinmar eben nur
Minnestrophen auf, die seiner spätern Geschmacksrichtung nicht allzu
fern standen, auch sie schwerlich ohne kleine Korrekturen, die uns als
Abschwächungen gelten würden: und in allem Wesentlichen stimmen jene
Sprüche, in denen sämmtlich die personificierte Minne eine Rolle spielt,
durchaus zu Reinmars didaktisch angehauchtem Ton, dem ja doch auch
kleine sinnliche Anwandlungen nicht fehlen. — Wie bei Reinmar 32,4
lêremeister reiner site ist die Minne hier 274,1 *der hôchsten zuht ein
meisterinne;* ihre *meisterschaft* wird gerühmt 268,2. 270,8, wie bei Reinmar 30,4. 31,3. 33,12, ein Lieblingsausdruck des Dichters; die Augen
vermitteln die Liebe 270,10, wie 25,5. 26,7. 29,6; *der minne stric*
269,12. 272,6, auch 26,8; *güete: niplich hôchgemüete* 271,11, Reinm.
51,8; der Ausruf *vil sælic wip* einen ganzen Satz vertretend 271,3,
ähnlich Reinm. 41,12. 44,10. 198,11; zu 274,1 fg. *ein reinez wip,
der minne sich underwindet eines jungen werden man* (der Mann wird
glücklich gepriesen) vgl. Reinm. 23,1 fg.: *er ist ein sældenricher man
. . . . ob sich des underwindet ein reine wip;* die Mahnung, der Frauen
Ehre, nicht ihren Leib zu lieben, in Str. 275 wie Reinm. 51; die Warnung der Frauen vor unehrlichen Männern in Str. 275,10. 276,9, wie
Reinmar 38. 40, und manch andre Uebereinstimmungen, all das nicht
auf die Ehren- und Minnentonsprüche beschränkt, aber doch geeignet, die
Verwantschaft der Sprüche in Gedankenkreis und Ausdruck andeutend
zu kennzeichnen.[168])

---

168) In der Phraseologie der Strophen war mir am anstössigsten das zweimalige *nâch gewinne* 270,11. 273,4. Die etwas nüchterne Wendung und das
ähnliche *ûf gewin* gehört vorzüglich einer weit späteren Periode der Lyrik an, das
Reinmars Jugendgedichte. Ich finde sie z. B. beim Gliers HMS I, 100a, 22, mehrmals bei Konrad (hsg. von Bartsch) 7,42. 10,31. 17,20, endlich in Frauenlobs Minneleich 12,2. Aber schon beim Neifer heisst es (41,13) *dû machest, daz diu liebe gegen
der liebe spilt nâch gewinne;* vgl. Winterstetten (hsg. v. Minor) Leiche 5,38. Und
ein Hinweis auf Iw. 1558, namentlich aber auf Erec 9106 *hie huop sich herzeminne*

Von den übrigen Strophen im Minnenton beziehen sich gleich die drei ersten auf Reinmars Lieblingsthema, die Frau Ehre: vgl. Reinm. 71—77. Die Ehre in früheren Zeiten hatte einen glänzenden Hofstaat (*horegesinde* 71,6; *gespiln* 261,8, Reinm. 71,3), der Str. 261 und Reinm. 71 aufgezählt wird: in beiden Sprüchen steht die *Triure* voran, *Milte* und *Manheit* zusammen, auch *diu Scham* ist beiden gemein. Der Gedanke von 263,1 fgg., dass *Ére muote, daz man rê tuo libe unt guote* entspricht, auch im Ausdruck, Reinm. 68,4: *tuot er .. im selben rê durch ére an libe, an guote .., sô mac er rol genesen.* — Spr. 264 über die Unbeständigkeit des Glücks enthält fast nur Gedanken, die auch Reinmar 92. 91 wiederkehren: mit dem *rilden gelückes runt* 264,3 vergleiche das *rilde runden glücke* Reinm. 92,7; *huote* wird 264,10 empfohlen, wie Reinm. 92,11; *in kumber rerfen* 264,11, *in kumber rallen* Reinm. 90,7. — Wie Str. 265 der ungezügelte Mund, wird Reinm. 58,7 der *muot* einem ungezäumten Rosse verglichen, das ein tüchtiger Mann bändigen muss. Die Schlussdrohung *ez rliuhet der Minne kus schamlôsen munt* vergleicht sich der Schlussdrohung von Reinm. 117 *si ungenæme rolkengüsse, — diu alsô misserenden lip an sinen munt .. küsse.* — Str. 266 Vorwürfe gegen Frau Welt, wie Reinm. 197. 229: das seltene Scheltwort *verschamtiu brût* 266,6 auch Reinm. 183,12. Spott über Toren, die nicht '*leben*' können und doch Frauengunst verlangen, in Str. 267 und Reinm. 52. — Zu Str. 277: *scham, die man borget durch die geste, diu scham diun ist niht gar nôtreste; sô die geste zerritent, ret entléntiu scham mit in ron dan* stelle man Walth. 81,12: *geligeniu zuht und schame vor gesten ... der schin nimt dráte úf unt abe*, Verse aus den von Reinmar oft benutzten Bognertonsprüchen, und Reinm. 73,9: *die mit entlénter rirde vuoren, vernt úf unt hiure rider abe.* Dass ein Mann *eigenman* der Tugend sei, wird wie 277,5 auch Reinm. 56,3. 6 verlangt. Zu dem Bilde 277,6: *sô enzierte diu sunne niht sô rol den tac als ...* vgl. 149,10: *diu sunne zimt niht baz dem tage danne ...* — Wie in Str. 278 die Liebe der Frauen zu Gott gleich irdischer Minne besungen wird (vgl. Reinm. 33,9 fg.), so Reinm. 19. 20 die Liebe der Männer zu Maria. 278,5 die Minne *durch diu herze gründet* vgl. mit dem Leich V. 122: *Minne, dîn craft ist durchgründec; 278,3* vgl. Reinm. 1,11; 278,8 vgl. Leich 87. Str. 279 ist wie Reinmar 87. 88 gegen Ketzer gerichtet. Die Ausführung ist für Reinmar allerdings überraschend gelehrt. Dass der Christenverfolger Nero und Herodes als Typen des Unglaubens verwant werden, war indessen den Geistlichen ein so geläufiger Gebrauch (s. Anm. z. 279,1), dass er auch in ungelehrte Kreise gedrungen sein konnte, und die von Paulus und Saulus abgeleiteten Verba können wie Gottfrieds *gerêvet, gisôtet* gebildet sein ohne gelehrte Reminiscenz an lat. *paulizare, saulizare* (Mone Anz. VIII, 598 u. öft.). — Str. 280 ist ein Spottspruch

---

nâch starkem gerinne wird chronologische Bedenken ausschliessen, die durch jene Phrase erweckt werden könnten.

auf eine bestimmte Privatpersönlichkeit wie Reinm. 158. Die Mahnung, sich vom Diener nicht knechten zu lassen, 282,7 fg., kehrt auch Reinm. 59,1 wieder, wenn auch in übertragenem Sinne. Der *Kniebolt* 282,6 und der *Diebolt* Reinm. 203,5 sind Verwante. Der ironische Rat an einen Schwächling, der dient, wo er herrschen sollte, er möge nur ruhig schlafen gehen 282,9, wird Reinmar 102,2 einem Pantoffelhelden erteilt.

Wie schon an früherer Stelle (S. 122) darf ich es auch hier für Reinmars Verfasserschaft geltend machen, dass der Meissner die Strophen gekannt und benutzt hat. Der Spruch 277 hat an Meissners 41. Strophe (HMS III, 93a, 1) ein nicht unabhängiges Seitenstück: auch bei ihm beginnen die 3 Strophenteile mit *scham*; das Bild des *slüzzels* 277,10 und Meissn. 41,5. Mit der charakteristischen Wendung 282,10 *srd sich gewalt gewaltelinen lât übercriegen* vgl. Meissn. III, 104a *gewalt gesiget vil gerne an gewalteline*. —

Zu beweiskräftigen Stilbeobachtungen ist das Material zu gering. Doch weise ich hin auf die zahlreichen, zum Teil gut durchgeführten Personificationen, auf die verhältnismässig häufigen Fälle, dass ein Wort unmittelbar durch den Artikel oder *sô* aufgenommen wird. Zu anaphorischen Reihen enthält nur Str. 277 einen Ansatz. In ihr markiert das Wort *scham* den Beginn jedes strophischen Abschnitts. Str. 272 beginnen beide Stollen *man sol; den (dû) minnet* tritt 278 je in die letzte Zeile des Strophenteils. Enjambements, an sich gemieden, sind doch vor den Caesuren des 3. und 6. Verses unbedenklich statthaft. Das Alles stimmt, wie wir sehen werden, gut zu Reinmars Art. Als abweichend von ihr bemerke ich den Ausruf *werâ wer*, dem entsprechendes nur die nicht ganz gesicherte Str. 253 enthält, die Verbindung *stric stricken (entstricken)*, die Anrede *dû* 264 ohne nähere Bezeichnung des Angeredeten. — *seht*, bei Reinmar nur 4 mal belegt, kommt in den 22 Strophen nicht weniger als fünfmal vor: 270, 3. 278, 3. 6. 280, 3. 6. Bedenkt man aber, dass *seht* von D auch sonst gern gegen die andern Hss. eingeschmuggelt worden ist (99,2. 139,3. 162,9. 174,6), dass es auch 270,3 mit a aus metrischen Gründen gestrichen werden muss, so werden auch die 4 andern *seht* verdächtig, die, an entsprechenden Stellen der Strophen angebracht, vielleicht bei den Versuchen die Verse metrisch zu regeln mitspielten. — *aldurch*, in D oder a 267,2. 269,10 (fehlt D). 270,11 (fehlt D). 272,8. 278,5 überliefert, gebraucht Reinmar nie (193,12 nur in D): an allen 5 Stellen kann es aber durch einfaches *durch* ersetzt werden. ohne dass der Vers darunter leidet.

Bei der Gleichmässigkeit des Tones, der die ganze Spruchdichtung beherrscht, ist es nicht leicht möglich, auf Inhalt und Stil hin einen so kleinen Kreis von Gedichten mit Sicherheit einem bestimmten Verfasser zuzuweisen: beides aber widerspricht zum mindestens Reinmars Verfasserschaft nicht. Der Dichter der Minnentonsprüche und Reinmar bewegen sich auf einem ganz gleichen Gedankengebiet. Den Ausschlag müssen die formellen Gründe geben, und sie — im Bunde mit der Ueberlieferung (vgl. auch Anm. 187) — berechtigen uns, jene 22 Strophen

9*

als Reinmars Werk zu betrachten, lässt sich gleich die Möglichkeit, dass etwa
ein Nachahmer Reinmars sie verfasste, nicht unbedingt ausschliessen.[169])
Mit aller Vorsicht möchte ich endlich hinweisen auf 2 anonyme
Lieder (330—339), die in D unmittelbar, doch in neuer Abteilung, auf
die Sprüche im Minnenton folgen und sonst — mit Ausnahme zweier
Strr., die ebenfalls anonym in n stehen — nirgend erhalten sind. Beide
sind durchaus didaktisch, und namentlich das zweite von ihnen zeigt
offenbare Verwantschaft mit Reinmarschen Minnesprüchen: man vergleiche
nur die erste Str. mit Spr. 41, die Verbindung von *lop, leben* und *lip*
338,5. 6 mit 36,1. 10. 70,9; *balsemen* bildl. 338,6 und 48,9: dazu
kommt in der letzten Zeile der Strophenform die stumpfe Caesur nach
der 2. Hebung. Aus dem ersten Liede mache ich geltend den Reim
336,1 : 3 *kinde : kinde vinde;* 333,7 mahnt die Frauen ihre Ehre zu
schonen wie 276,12. Es hiesse diese wenigen Anhaltspunkte sehr überschätzen, wollte ich darauf hin es auch nur für wahrscheinlich halten,
dass in diesen beiden Liedern Reste Reinmarscher Liederdichtung vorliegen: aber es wird, hoffe ich, nicht ungerechtfertigt erscheinen, wenn
ich den wenigen Strophen ein bescheidenstes Plätzchen am Schlusse meiner
Ausgabe anweise.

H. Der Kurfürstenspruch.

An D angebunden ist eine Sammlung von Sprüchen verschiedener
Verfasser, der Lachmann in seiner Beschreibung Zs. III, 340 die Chiffer
H erteilt, ohne dass sie durch Inhalt oder Wert ihres Textes diese Bezeichnung verdiente. Sie umfasst die Bll. 13—64 der Heidelberger
Handschrift 350 und ist im selben Format wie D zweispaltig von einem
thüringischen Schreiber geschrieben; Verfassernamen fehlen auch ihr.
Sie enthält in den Strophen 7—12, 27, 28, 88 neun Gedichte in Reinmars Ehrenton, deren handschriftliche Gewähr, so weit sie nur in H erhalten sind, äusserst gering ist, da die Handschrift von herrenlosem Gute
wimmelt.[170]) Sicher echt ist gerade die letzte der Strophen, 88, die in

---

169) Es schien mir daher geboten, in der Darstellung von Reinmars dichterischer Entwickelung (Cap. III. IV) die Strophen bei Seite zu lassen.
170) Aus äusseren Gründen zweifellos ist die Unechtheit der Strophen 29—68
(Konrads v. Würzburg Ave Maria), 69—73 (Marners Eva und Ave: vgl. Strauch,
Marner, S. 77), 74—77 (Walther: vgl. Lachmann zu Walther S. 148), 90—105
(Marner: vgl. Strauch a. a. O. S. 76), 106—114 (Boppes Ave Maria); verdächtig
ist ferner Str. 1 (im Tone des Brennenbergers) durch Vernachlässigung der Caesur,
und Str. 5 (auch in J, dem Sunburger zugeschrieben) durch durchgeführte Caesurreime. Auch unter den zahlreichen Strophen in Frauenlobs Tönen, von denen
nur eine durch C, eine durch J und 3 durch das problematische Zeugnis von F
geschützt werden, würde eine gründlichere Prüfung, als vdHagen und Ettmüller
sie angestellt, noch viel aufzuräumen haben. Dürfen wir z. B. dem gelehrten Doctor
der Theologie eine so gröbliche Unkenntnis der biblischen Geschichte zutrauen,
wie II 85—87 sie zeigen: da ist Goliath der Verbündete Sauls gegen David; durch
des Riesen Fall ist Sauls Untergang entschieden. Vgl. noch Anm. 174.

der Handschrift zwischen zweifelhaften Gedichten in Frauenlobs langem Tone und einer Reihe — mit Ausnahme der ersten Strophe — unechter Sprüche in Marners *langer wise* steht: sie ist identisch mit der in C und D erhaltenen Strophe 64. Von den Sprüchen 7—12, die zwischen meist echten Strophen Sunburgs und Frauenlobs sich befinden, ist die erste == 217, C 193 (vgl. auch S. 119). Doch ist das keine genügende Stütze für die übrigen: von den Strophen H 89—105 ist éine, die erste, echt, die andern sicher unecht, ebenso von H 74—78 éine, die letzte, waltherisch, die andern nicht; in den Baren der Kolm. Hs. können wir das Gleiche oft beobachten. Mindestens die 4 religiösen Sprüche 283 —286, die in meistersingerischer Art Str. 217 zu einem fünfstrophigen Bar ergänzen, sind unecht. Gegen Reinmars Verfasserschaft zeugt der Caesurreim *trôste: erlôste* 283,3 : 6;[171] V. 9 ist durchweg fünfhebig gebaut; die Strophen betonen *Máriâ* 283,1, *Marjâ* 284,12, Reinmar stets *Mar̂iâ*: L. 117 (*:schrie*). 4,3. 15,5. 12. 18,1. 22,2. 218,1. 226,1[172]); entscheidend sind mir die vielen gelehrten Berufungen 283,6 : *als uns diu schrift unt wise pfaffen seit*; 284,8: *als uns der meister schribet*; 284,1: *driu grôziu wunder sint beschriben*.[173]) Die ähnliche Berufung 247,6: '*als ich die wisen meister hœre jehen*' verdächtigt noch neben der schlechten handschriftlichen Gewähr Str. 247 (H 12) über das Glücksrad, das Reinmar auch 91 und 264 behandelt: Reinmar beruft sich nie auf Meister. Da indessen 247 nicht mehr zu dem fünfstrophigen Bar gehört, da es, weniger roh in den Formen und vor Allem auch metrisch ganz korrekt, aus andrer Quelle zu stammen scheint, so will ich die Echtheit dieses Spruchs nicht mit gleicher Sicherheit verneinen wie die der übrigen Strophen der Reihe.

Die **Strophen 240. 241** (H 27 und 28) stehen beide nur in H zwischen 5 Sprüchen im Thüringer Herrenton (Ettmüller Frauenlob, Spr. 403—407)[174]) und Konrads unechtem Ave Maria. Str. 241 gibt der

---

171) In Str. 217 ist der Caesurreim nur ungenau: die Handschriften haben V. 6 nicht *riche*, wie vdHagen einführt, sondern *riches*.

172) Dies Argument, dessen man sich auch sonst zur Scheidung von Echtem und Unechtem bedient hat (Strauch, Marner, S. 75; Edw. Schröder, Zs. XXVIII, 21) ist nicht ganz sicher. Die Betonung des Namens kann beim selben Dichter schwanken: vgl. Lachmann, Ueber ahd. Betonung 27. Regenbogen verwendet in éiner Strophe (HMS III, 346a, 11) beide Betonungen: *Máriâ* V. 3, *Mariâ* V. 8. 11. Vgl. Kolm. 5. 66 fgg., wo in 39 Versen 11 mal *Mariâ*, 12 mal *Márjá* betont wird: ebda. 163, 19. 30. In Helblings Vokalspiel wird V. 7 die Form *Marjâ*, V. 32 *Mari* im Reime verwendet, V. 43 *Mariâ* betont.

173) Auch 284,6 fehlt etwa: *als ich die wisen meister hœre jehen* oder Aehnliches: vgl. 247,6.

174) Es ist unverantwortlich, dass der Herausgeber Frauenlobs diese Strophen aus H in seine Ausgabe aufgenommen hat. H gibt keinen Verfasser, keinen Namen des Tons an. Der Ton wird in t als gekaufter oder Fürsten-Ton dem Heinrich von Ofterdingen (Bartsch S. 77), in w als Fürstenton dem Wolfram (Zingerle S. 19), in der meistersingerischen Tradition unter gleichem Namen ausserdem noch dem Ehrenboten beigelegt. Wie Ettmüller dazu kommt, ihn als gesicherten Ton Frauenlobs anzusehen (S. XII), verstehe ich nicht: er hat wol nur vdHagen (III, 354b) nachgesprochen, und der mag aus der Dresdner IIs. M 13 geschöpft haben: in ihr erscheint Bl. 11 ein Bar *In dem kauff don frauel.*, der mit t 826

Form nach keinen erheblichen Anstoss; doch notiere ich den Caesur-reim V. 3 *jungen: 6 ordenunge.* Ihr Inhalt ist ein Rückblick auf vergangene schöne Zeiten, wie ihn Reinmar liebt (s. u.); das freundliche Verhältnis des greisen Dichters zur Jugend, das 241,3 andeutet: *des bin ich an vröuden laz: doch lache ich mit den jungen, daz si mich underwilen gerne an sehen* entspricht 180,2: *in miner ûbent-zit ich bin unt trage doch jungen liuten gar junclichen morgen schin:* der Gegensatz zwischen Herz und Mund wird 241,9 fgg. ver-worfen, wie 68,7; vgl. noch 241,12 mit 78,7. Die einfach hübsche Strophe kann Reinmars Werk sein, würde aber allerdings mit verdäch-tigt werden, wenn die schweren inhaltlichen Bedenken zuträfen, welche gegen ihre Genossin Str. 240 erhoben worden sind.

Es ist das Reinmars bekannter und vielbehandelter [175]) Kur-fürstenspruch. Seine Echtheit hat zuerst Lorenz aus historischen Gründen angezweifelt, und Scherer hat diese Zweifel gestützt durch den Hinweis auf die mangelhafte handschriftliche Bezeugung. Dadurch veran-lasst gab Wilmanns, Reorganisation des Kurfürstenkollegiums S. 77, seine frühere Ansicht, der Spruch sei 1246 verfasst, auf und setzte ihn ins Jahr 1276: da das Gedicht namenlos überliefert und jeder Gewähr der Echtheit baar sei, so dürfe man für seine Datierung auf Reinmars Leben keine Rücksicht nehmen und sei lediglich auf die Angaben, die die Strophe

---

identisch und angeblich von Regenbogen verfasst ist (Falkenstein, Beschr. d. Bibl. z. Dresden S. 380). Allerdings stimmt dieser Bar und H 22—26 genauer zum Thüringer Herrenton, als der Fürstenton in w und bei den Meistersingern, der in V. 3 und 7 einen Fuss eingebüsst hat: dass diese Differenz aber unwesentlich ist, geht schon daraus hervor, dass w eben die Sprüche Frauenlobs 404—407 ent-hält, die Ettmüller dem Kaufton zuweist. Es ist ganz unglaublich, dass Frauen-lob in dem alten Tone des Fürstenlobs gedichtet haben sollte, und jenes Zeugnis der Dresdner Hs. verliert vollends alle Kraft, wenn man ermisst, wie gerade Frauen-lob im 14., 15. Jahrhundert mit Vorliebe alle möglichen Töne aufgebürdet wur-den, deren Verfasser man nicht kannte.

175) Vgl. v d Hagen, Minnesinger IV, 499; Homeyer, Stellung des Sach-senspiegels zum Schwabenspiegel S. 95; Ficker, Entstehungszeit des Sachsen-spiegels S. 118; K. Meyer, Untersuchungen über das Leben Reinmars von Zweter u. s. w. S. 52 fg.; Ottokar Lorenz, Deutschlands Geschichtsquellen[1], S. 301, Anm.; Wilmanns, Chronologie der Sprüche Reinmars v. Zweter, Zs. XIII, 456 fg.; Scherer, Deutsche Studien I, S. 300, Anm. 1 (Abhandlungen der Wiener Akademie, philosoph.-histor. Klasse 1870); Hädicke, Kurrecht und Erzamt der Laienfürsten (Progr. von Pforta 1872) S. 34, Anm.; Waitz, Forschungen zur deutschen Geschichte Bd. XIII, S. 213. 215; Schirrmacher, Entstehung des Kurfürstencollegiums S. 64; Wilmanns, Reorganisation des Kurfürstencollegiums S. 76 fg.; E. Meyer, Mittlgn. aus der histor. Literatur III, 130, Anm. 3; Harnack, Das Kurfürstencollegium S. 57, Anm. 1; Schuster, Mittlgn. des Wiener Inst. III, 402; Quidde, Entstehg. des Kurfürstencollegiums S. 8. Erst als meine Darstellung längst abgeschlossen war, kam mir Hintzes Buch über das Königtum Wilhelms von Holland (Hist. Stud. XV) zu Handen, in dem S. 55 Reinmars Spruch eine kurze Besprechung erfährt, die sich mit der meinen in wesentlichen Puncten be-rührt. Ich constatiere mit Befriedigung, dass auch er den Spruch auf die Braun-schweiger Wahl von 1252 bezieht. Auch Tannerts Arbeit über die Entwick-lung des Vorstimmrechts unter den Staufen lernte ich erst während des Druckes kennen.

selbst enthalte, angewiesen.[176]) Das ist zu weit gegangen. Namenlos ist die Strophe überliefert, weil H überhaupt keine Verfasser nennt: aber sie ist in einer Form Reinmars gedichtet, und H enthält in dieser Form noch mindestens zwei sicher echte Gedichte Reinmars: ausserdem gibt weder Str. 240 noch 241 aus formellen oder stilistischen Gründen Anlass zu Bedenken, und das ist um so mehr zu betonen, als die unechten Strophen Reinmars und andrer Dichter in H sich fast ausnahmslos durch unerträgliche Reime, Umgestaltung und Verkünstlichung des Strophenbaus, meistersingerische Gelehrsamkeit verraten (vgl. z. B. Strauch, Marner S. 75 – 77). Ich lege namentlich Wert darauf, dass gerade in Str. 240 der Satz des 11. Verses bis zur Caesur des 12. herüber reicht und dann ein neuer kleiner Schlusssatz beginnt: *sô sol der herzog marschalc sin | von Sahsenlant: | daz sint diu wären mære!* Diese scharfe Markierung der stumpfen Caesur des 12. Verses, die in unechten Meistersingerstrophen ganz vernachlässigt wurde, ist Reinmarisch. Ich meine, wir müssen zunächst fragen, ob der Spruch zu Reinmars Lebzeiten gedichtet sein k a n n: aber anderseits ist er nicht so bezeugt, dass wir auf sein Zeugnis hin Verhältnisse, die sonst erst aus späterer Zeit bekannt sind, schon in die fünfziger Jahre des dreizehnten Jahrhunderts übertragen dürften.

Reinmars Spruch kennt und nennt 7 Kurfürsten: das Vorrecht der 4 weltlichen wird begründet durch den Hinweis auf die Erzämter: der König von Böhmen wird unter den Laienwählern zuerst aufgeführt und nachdrücklich angeredet. Der Spruch schliesst mit der Versicherung: *daz sint diu wären mære!*

Es ist ja richtig, urkundlich ist die Siebenzahl der Kurfürsten erst im Briefe Urbans IV. vom 31. Aug. 1263 festgestellt (Raynaldus, Annal. ecclesiast. XIV, S. 92 fg.), nachdem sie praktisch bereits bei der Doppelwahl von 1257 in Kraft getreten war. Aber es bedurfte weder der urkundlichen noch auch nur der praktischen Bewährung jener Siebenzahl, damit unsre Strophe entstehen konnte. Im Gegenteil! Jenes Schlusssätzchen wird schon von Wilmanns ganz richtig in dem Sinne interpretiert, 'dass die von dem Dichter vertretene Ansicht von andern bestritten wurde.' Diese Möglichkeit hörte auf, sowie die Ansicht Reinmars allgemein anerkannt und obendrein durch eine päpstliche Urkunde sanctioniert war. Lange bevor Zahl und Personen der bevorrechteten Fürsten definitiv feststanden, existierte eine Reihe von Wahltheorien 'sowohl als Bestimmung wie als Begründung der Vorrechte einzelner Wähler' (Harnack a. a. O. S. 35), Wahltheorien, die unter Umständen in unzweifelhaftem Gegensatz zu dem ausgeübten Reichsrecht stehen mochten. Gewisse Vorzüge bei der Wahl hatten die rheinischen Erzbischöfe, die Stammesherzöge im 12. Jahrhundert, namentlich auch der

---

176) Durch Wilmanns schroffe Darstellung lässt sich Harnack a. a. O. zu dem Glauben verleiten, der Spruch sei 'nur auf Grund von Folgerungen, die man aus den verfassungsgeschichtlichen Verhältnissen gezogen, Reinmar zugeteilt worden', und er verzichtet in Folge dieses Versehens auf jeden Versuch, dem Spruch seinen Platz in der Reihe älterer Zeugnisse anzuweisen.

Pfalzgraf, schon längst genossen: als nun aber bei der Doppelwahl von 1198 Innocenz III. sich ausdrücklich zu Gunsten Ottos auf eine Minorität bevorzugter Wähler berief, ohne dass er andeutete, wen er dafür hielt, seitdem war die Frage eine brennende geworden: und je weniger die factischen Wahlvorgänge im 13. Jahrhundert eine endgiltige Entscheidung begünstigten, um so freiern Spielraum hatten die Phantastereien der Wahltheoretiker, die Machtgelüste der Fürsten. Man hat so 4, 6, endlich 7 Kurfürsten aufgestellt. Reinmars Spruch bekämpft die einflussreiche und viel verbreitete Theorie des Sachsenspiegels, der, wie vor ihm der Auctor vetus de beneficiis, nur 6 Kurfürsten anerkennt und die Ansprüche der Laienwähler auf die Erzämter zurückführt: der Schenke, der König von Böhmen, wird ausgeschlossen, weil er kein Deutscher sei. Sicherlich hat Eike einfach nach bestem Wissen und Gewissen wiedergegeben, was ihm Recht und Herkommen schien: es ist Weilands Verdienst, nachgewiesen zu haben, dass wir es eben doch nur mit einer vorzugsweise sächsischen Anschauung zu tun haben (Forschgn. XX, 305 fg.). In Sachsen musste eine Ansicht, die das Vorrecht der weltlichen Kurfürsten auf die Reichsämter gründete, hochwillkommen sein, weil sie gemäss der damals tatsächlich bestehenden und seitdem nicht mehr wechselnden Verteilung der Erzämter [177]) neben dem längst bevorzugten Pfalzgrafen 2 sächsische Fürsten zu Vorwählern machte. Den Böhmen freilich suchte man sich vom Halse zu schaffen; gegen sein Vorrecht sträubte sich ein in Sachsen besonders starres nationales Rechtsbewusstsein, das keinem Undeutschen Anteil an der Wahl des deutschen Königs gewähren wollte (Schuster S. 399 fgg.); die Erinnerung an ältre Zustände, in denen der Böhme eine geringere Rolle im deutschen Staatsleben spielte, mochte mitwirken; damals insbesondere fiel die politische Verstimmung sächsischer Fürstenhäuser gegen Wenzel ins Gewicht. So entstand jene Theorie, die durch Eike sich weithin Bahn brach und modificiert selbst in oberdeutsche Rechtsbücher eindrang. Gerade in der Kurfürstenfrage scheint Eikes Buch die öffentliche Meinung von ganz Deutschland so stark beeinflusst zu haben, dass es als literarische Macht in erster Reihe auf die schliessliche Gestaltung der Dinge einwirkte.

Es ist nun durch nichts zu erweisen, dass die Siebenzahl der Kurfürsten sich erst entwickelte, nachdem der Sachsenspiegel die Sechszahl

---

177) Diese Erwägung steht nun freilich in stärkstem Widerspruch zu Tannerts Ansicht, die Erzämtertheorie Eikes beruhe auf längst verjährten Verhältnissen, zur Zeit des Sachsenspiegels habe es vielleicht gar keine Erzämter mehr gegeben (Entwickelung des Vorstimmrechtes unter den Staufen S. 68): mit den Schlüssen ex silentio sollte er vorsichtiger sein; seine Interpretation der Gervasiusschen *pristina palatinorum electio* ist höchstens möglich, als Argument unbrauchbar. Wir finden die Erzämter in der zweiten Hälfte des 13. Jahrhunderts in denselben Händen, in denen sie auch im 12. Jahrhundert mindestens vorübergehend befanden. Es ist unmöglich, dass sich Eike zur Stütze seiner Ansicht über die Kurfürsten auf die Erzämter berief, wenn sie nicht wirklich offiziell oder doch einer weit verbreiteten Meinung nach eben im Besitz jener Kurfürsten waren: beriefen sich doch auch die Verfechter des böhmischen Wahlrechts, das Eike bekämpft, offenbar auf diese Meinung.

fixiert hatte: nicht zeitlich, sondern örtlich waren die beiden Theorien getrennt, und dass Eike den Böhmen so ausdrücklich ablehnt, das eben beweist, es gab eine entgegengesetzte Ansicht. Das Vorrecht des Brandenburgers ist in seiner dauernden Anerkennung schwer begreiflich: auch Quiddes scharfsinnige Combinationen überbrücken nicht recht die Kluft zwischen dem brauchbaren Präcedenzfall von 1169 und dem unbezweifelten Vorstimmrecht von 1257; jedesfalls wäre letztres ohne die Erzämtertheorie undenkbar, und, wo keine politischen Gründe, keine lokalen Rechtsvorurteile den Ausschluss des Schenken wünschenswert machten, da hat sicher auch der Böhmenkönig als Kurfürst gegolten, soweit man nur jene Theorie anerkannte. Es fehlt nicht ganz an Spuren davon, auch abgesehen von den faktischen Vorgängen, die Böhmen sehr günstig waren. Gervasius von Tilbury spricht bekanntlich schon am Anfang des Jahrhunderts ohne Einschränkung von der *pristina palatinorum electio* (Waitz, Forschgn. XIII, 216); der Marbacher Annalist (M.SS. XVII, 178) nennt nicht lange nach dem Entstehen des Sachsenspiegels den *rex Boemie* unter den 4 Wählern, die er bei der Wahl Konrads IV. (1237) hervorhebt: es sind das eben die 4 von den anwesenden Fürsten, welche später zu den 7 Kurfürsten gehörten, Mainz, Trier, Böhmen und Pfalz, und diese Auswahl darf als vollgiltiges Zeugnis für die Siebenzahl gelten (Quidde S. 35 fgg.). Auf einen classischen Zeugen, der auf den Zwist der 6- und der 7-Fürstentheorie hindeutet, komme ich unten zu sprechen. Und wenigstens vor 1259 noch nennt Matheus Paris (ed. Luard IV, 455) 7 *electores imperatorum*, als ersten den *dux Austrie*, womit einzig der König von Böhmen gemeint sein kann: freilich strotzt seine Liste sonst von Fehlern. Mag nun Reinmar der erste bleiben, der ausdrücklich die 7 Kurfürsten aufzählt, so kann doch ein Spruch wie der seine nicht mehr Wunder nehmen von 1230 an, seitdem der Sachsenspiegel erschienen war.

Dass dies Buch mannigfaltige Opposition fand, manchen Streit hervorrief, des hatte ich im 1. Cap. zu gedenken. Ich halte es nicht für unmöglich, dass Spr. 240 am Meissner Hofe gedichtet wurde. Dort fand Eikes Theorie sicherlich besonders lauten Anklang: hatte doch am Meissner Hofe der unglückliche Wratislav gelebt, der durch Wenzel von der böhmischen Krone ausgeschlossen war. Reinmar kam von Böhmen dorthin, er mochte in Prag ebenfalls die Erzämtertheorie kennen gelernt haben, natürlich in der Böhmen günstigen Version: er hatte ausserdem den tatsächlichen grossen Einfluss Wenzels auf die deutschen Wahlen zur Genüge erfahren, um den Widerspruch stark zu empfinden, in dem Eikes Lehre zur Wirklichkeit stand: Wenzel hatte bei der Wahl Konrads IV. mit die wichtigste Rolle gespielt; 1239, als ein Gegenkönig gewählt werden sollte, da hatte der Pfalzgraf selbst, der unbestritten erste weltliche Wähler, Wenzel als *dux et capitaneus et magister* wirken lassen (vgl. S. 64), und in Meissen wollte man ihm gar kein Vorrecht, vielleicht nicht einmal ein Wahlrecht einräumen? Das forderte Reinmars Polemik heraus: die bevorrechteten Pfaffenfürsten standen längst fest (Ficker, Mitteilgn. d. Inst. f. öst. Gesch. III, 59 fg.): ihr Recht be-

gründet Reinmar nicht weiter; bei den Laienwählern hatte er es leicht,
durch Hinweis auf die Erzämter Eike mit eigner Waffe zu schlagen: auf
Wenzels Deutschheit geht er nicht ein; so genau kannte er den Sachsenspiegel vielleicht gar nicht, um zu wissen, dass es darauf entscheidend an-
komme: oder aber er ignorierte den heikeln Punkt mit einer journalisti-
schen Unverfrorenheit, die sonst nicht in Reinmars Art liegt.

Bei solcher Deutung würde der Spruch in den Jahren 1241—43
gedichtet sein, und das ist wol möglich. Aber ich gebe zu, dass es
der Art der damaligen politischen Spruchdichtung mehr entspricht, wenn
wir die Strophe den Zwecken der Gegenwart dienen lassen, als wenn
wir sie auf rein theoretische Erörterungen zurückführen ohne momen-
tan praktischen Wert. Es ist methodisch richtiger, Spr. 210 an eine
Wahl anzuknüpfen. Und es kann kaum zweifelhaft 'sein, an welche
Wahl. Der Spruch steht nicht in der Sammlung, ist also nach 1211
verfasst. Bei den Wahlen von 1246 und 1247 beteiligten sich die
weltlichen Kurfürsten überhaupt nicht: da war solch Spruch müssig.[178])
Er gilt der Nachwahl von 1252. Nach Kaiser Friedrichs Tod verlor
Konrad IV. schnell fast alle seine Anhänger: aber zur rechten Anerkennung gelangte Wilhelm von Holland gleichwohl nicht sofert, da die
Worringer Pfaffenwahl namentlich in Norddeutschland nicht genügend
erschien: man vermisste die Stimmen der Laienkurfürsten. 1252 schreibt
der päpstliche Legat Heinrich von Segusio an den Bischof von Lübeck,
einige Städte hätten Wilhelm die Anerkennung versagt *dicentes quod
Wilhelmo non debebant intendere tanquam regi pro eo quod nobiles
principes dux Saxonie et marchio Brandenburgensis qui vocem
habent in electione predicta electioni non consenserant:* diese beiden
hätten nachträglich zu Braunschweig auch zugestimmt. Des Pfalzgrafen
wird nicht gedacht, weil dieser noch immer zu den Staufern hielt; dass
der Böhme nicht erwähnt wird, entspricht sächsischer Anschauung. Dass
aber auch er vermisst worden war, davon erhält uns der Bericht in den
annal. Erphord. eine Spur. Sie melden (M.SS. XVII, 38) zu 1252,
Wilhelm sei zu Braunschweig von Brandenburg und Sachsen und den
übrigen Magnaten dieser Gegend feierlich gewählt worden: *rex etiam
Boemie pretiosis ac regalibus in signum electionis ipsum ho-
noravit.* Dass der Böhme von den andern getrennt wird, erklärt sich
einmal daraus, dass er nicht persönlich zugegen war:[179]) ausserdem aber
mag wieder die sächsische Anschauung mitspielen. Der Starrsinn des

---

178) Wilmanns hat früher (Zs. XIII, 457) die Strophe auf die Wahl Heinr.
Raspes bezogen und hat damit bei Schirrmacher und Waitz Beifall gefunden; er
sah in ihr damals eine Aufforderung an Wenzel, sich an der Wahl des Pfaffen-
königs zu beteiligen. Da Wilmanns seitdem selbst erkannt hat, dass der Spruch
keine derartige Tendenz verfolgt, sondern dass er eine bestrittene Ansicht verficht, so bin ich der Polemik gegen Wilmanns frühere Hypothese überhoben.

179) Trotzdem hat man die Braunschweiger Wahl mit Weiland (Forschgn.
XX, 335) wol als 'nachträgliche Wahl des Schenken' aufzufassen: mit den Ge-
schenken brachten die Gesanten die ausdrückliche Zustimmung ihres Königs: persönlich hat der Böhmenkönig sich auch 1257 nicht beteiligt, ohne dass darunter
die Bedeutung seiner Wahl gelitten hätte.

Pfalzgrafen wird auch hier hervorgehoben, also nur die vier weltlichen Kurfürsten, sonst von allen Fürsten Niemand namentlich erwähnt (vgl. Böhmer, Reg. Wilh.² 5066 b). Eine willkommene Ergänzung gewährt die freilich wesentlich später (1262—72) verfasste Glosse zum Dekretale Venerabilem, die ebenfalls Heinrich von Segusio zum Verfasser hat. Der Cardinal verdankte seine Kenntnis von Deutschlands Wahlrecht eben seinem deutschen Aufenthalt 1251—52, bei der Braunschweiger Nachwahl war er zugegen (Schirrmacher, Entstehung des Kurfürstencoll. S. 95): so zeugt die Glosse trotz ihrer spätern Entstehung für die Verhältnisse von 1252. In ihr nennt Heinrich den Böhmen als siebenten Kurfürsten, aber mit dem Zusatz: *sed iste secundum quosdam non est necessarius, nisi quando illi discordarent, nec istud habuit ab antiquo, sed de facto hoc hodie tenet* (bei Waitz, Forschgn. XIII, 205). Jene *quidam* sind eben Sachsen gewesen, die Eikes Anschauung zwar nicht mehr in ganzem Umfange aufrecht erhalten, aber auch nicht sich entschliessen konnten, den Böhmen als ganz gleichberechtigt anzusehen. In Braunschweig wird die böhmische Stimme viel zur Sprache gekommen sein: Reinmar trat in Spr. 240 für seinen ehemaligen Gönner ein.

Man hat an der Reihenfolge Anstoss genommen, in der Reinmar die weltlichen Wähler aufzählt: Böhmen, Brandenburg, Pfalz, Sachsen. Dass Böhmen voransteht, erklärt sich aus der Tendenz des Spruchs, Böhmens Vorrecht zu verteidigen. ¹⁸⁰) Der Pfalzgraf, sonst unbestritten *summus in electione imperatoris*, '*des Ræmschen rîches êrster kieser an der kür*' (Raumsland, HMS III, 55a), und daher in der Wahlurkunde von 1237 gegen alles Kanzleiherkommen vor Wenzel genannt, konnte 1252 kaum in die erste Stelle gerückt werden, da seine Stimme nicht zu haben war, da er wie '*ein stætec mûl unrehten stic gienc*' (wilder Alex. HMS III, 27a). Und im übrigen ist die Ordnung willkürlich (so schon Harnack a. a. O.): steht doch auch von den geistlichen Wählern Trier an zweiter, Köln an dritter Stelle.

Hädicke, Kurrecht und Erzamt, S. 34, will Reinmars Spruch ins siebente Jahrzehnt weisen, da er ausschliesslich jene 7 Fürsten als Wähler nenne. Im Sachsenspiegel haben die Kurfürsten freilich nur ein Vorstimmrecht, kein Wahlrecht: *sven die vorsten alle to koninge irwelt, den solen sie aller erst bi namen kiesen* (Ssp. III, 57 § 2). Albert von Stade (MSS. XVI, 367) lässt die Kurfürsten wählen *ex pretaxatione principum et consensu*, und noch im Schwabenspiegel, zur Zeit von Rudolfs Wahl, heisst es Cap. CIX,2: *und swenne si wellent kiesen, so suln si gebieten ein gespræche hin ze Frankenfurt...., si suln dar gebieten ir gesellen ze dem gespræche, die mit in da*

---

180) Homeyer, Hädicke, Waitz erklären den ungewöhnlichen Platz Böhmens aus Reinmars persönlichen Beziehungen zu Wenzel; Lorenz will den Spruch in die Zeit Karls IV. verlegen, der in der goldnen Bulle den Böhmenkönig an die Spitze der Laienwähler stellt. Freilich ist sein Normalplatz im 13. Jahrhundert der letzte: nur Frauenlob (411) und der offizielle Bericht über Aibrechts Wahl 1298 (MG. IV, 470) weisen ihm ebenfalls die erste Stelle unter den Laienwählern an: bei Reinmar erklärt sich das zur Genüge.

welent, und der andern fürsten als vil si der gehaben mugen. Aber
schon der Marbacher Annalist beschränkt ad ann. 1237 die Teilnahme
andrer Reichsfürsten auf den *consensus*, damals gewiss mit Unrecht,
und 1247 ist 'aus dem früheren '*ius principale*' bereits ein einfaches
jus geworden' (Harnack p. 56): seitdem blieb der übrigen Wähler Teilnahme an der Wahl beschränkt auf Gegenwart und Zustimmung, höchstens nahmen sie in untergeordneter Weise an Vorberatungen Teil. Reinmars Worte '*die künege im solden kiesen*' widersprechen kaum dem
Standpunkt des Ssp. Der Vollzug der Wahl, das *hi namen kiesen*,
ist in ihm auch schon Sache der sieben *electores*: der Dichter durfte
wol davon absehen, dass an dem vorbereitenden *irweln* auch andre
Fürsten Teil nahmen; er durfte es besonders in einem Spruche, der
einzig die Absicht hat, Klarheit zu schaffen über die Personen der 7
Vorwähler, dem es auf sorgfältige Fixierung ihrer Befugnisse gar nicht
ankommt.

Ein dunkler Punkt ist mir die zweite Hälfte des 3. Verses. Da
wird als zweite Pflicht den Kurfürsten zugeschoben, dass sie '*ouch dem
riche hulde solden swern.*' Ein müssiger Zusatz, da es Sache aller
Fürsten ohne Ausnahme war, beim Antritt eines neuen Königs *homagia
et iuramenta praestare.* Oder darf man an den Schwur denken, den
nach Schwabenspiegel Cap. CIX § 3 die Kurfürsten vor der Wahl leisten
mussten, dass sie *durch liebe noch durch leide noch durch gutes
miete, daz in geheizen oder gegeben si, noch durch niht enwelen,
daz gewarde heize, wan als in ir gut gewizzen sage?* Der Wortlaut der Stelle lässt vermuten, Reinmar habe sich vorgestellt, die Kurfürsten hätten stellvertretend für alle übrigen den Eid geschworen: das
wäre eine bei der allgemeinen Unsicherheit über das Kurfürstencolleg
ebenso erklärliche Annahme, wie die sonderbare uud unrichtige Theorie
des Auctor vetus und Eikes, nach der die Kurfürsten dem Papst gegenüber für rechtmässiges Wahlverfahren bürgen sollten. [181]) Wenn jene
Worte nur nicht ein gedankenloses Flicksätzchen sind, wie sie Reinmar
gerade am Schluss der Stollen nicht selten entschlüpfen: er will mit
dem neuen Gedanken erst im neuen Strophenabschnitt beginnen.

Wilmanns meint, wie ich, dass der Spruch eine Lanze breche für
das angefochtene Vorrecht des Böhmenkönigs: er deutet ihn aber auf die
zweite Periode, in der die böhmische Stimme zweifelhaft war, als bei
Rudolfs Wahl Baiern für sich die siebente Stimme beansprucht hatte.
Die Siebenzahl, die Reinmar herausfordernd an die Spitze des Spruchs
stellt, war damals längst ausser aller Discussion; mir zeugt, wie gesagt,
auch der gute Bau des Spruchs gegen so späte Herkunft. Hinfällig ist
mindestens die Stütze, die Wilmanns (Reorgan. S. 78) in jenen eben
besprochenen Worten '*unt ouch dem riche hulde solden swern*' sucht.
Er schliesst daraus, ein Kurfürst habe sich geweigert *hulde* zu schwören,

---

181) Ssp. Landrecht III, 54. § 2 heisst es vom König selbst: '*als man den
koning küset, so sal he deme rike hulde dun, unde sveren, dat he recht sterke unde
unrecht krenke unde it rike voresta an sine rechte als he künne unde moge*'.

natürlich Ottokar von Böhmen, der Rudolf die Anerkennung wiederholt versagte, und Reinmar mahne ihn an seine Pflicht. Wilmanns traut dem armen Dichter nun einmal eine bejammernswerte Logik und ein erstaunliches *Ungeschick zu. Dunkler und confuser hätte sich eine Anspielung auf Ottokars Widerstand schwerlich gestalten lassen. Der Dichter von Spr. 240 erkennt dem König sein Kurrecht ausdrücklichst zu und verlangt unter Berufung darauf, dieser solle *hulde swern*: Ottokar aber hatte das *hulde swern* eben darum verweigert, weil man ihn gehindert hatte, sein gutes Kurrecht zu betätigen. Welch ein unlösbarer Widerspruch! —

Spr. 240 könnte schon am meissnischen Hofe im Anfang der vierziger Jahre entstanden sein, er passt vorzüglich und bis ins Kleine hinein in die Verhältnisse der Braunschweiger Wahl von 1252; wir haben an seinem Inhalt keinerlei Anhalt gefunden, um ihn Reinmar abzusprechen. Er wird wie Str. 241 zu Reinmars spätesten Gedichten gehören: einzig diese beiden Strophen unter den Ehrentonsprüchen, die nur in H erhalten sind, dürfen als möglicherweise echt gelten. —

- - - - - - -

Die übrigen Pergamenthandschriften des 13. und 14. Jahrhunderts.

Neben den beiden grossen Sammlungen C und D hat noch eine lange Reihe von Handschriften und Handschriftfragmenten einzelne Sprüche Reinmars auf uns gebracht. Auch das ein Zeugnis für die verhältn?smässig grosse Beliebtheit, deren er sich weit über seine Zeit hinaus zu erfreuen hatte. Leider sind nur wenige unter jenen Hss. frei geblieben von bewusster Umgestaltung des Textes durch niederdeutsche oder meistersingerische Schreiber.

Unter den reiner fliessenden Quellen ist am interessantesten die Gruppe T U V. Alle 3 Hss., leider nur in Fragmenten auf uns gekommen, halten genau die Folge der Sammlung in D ein. Da sie nun weder aus D noch wol auch aus einer Vorlage von C stammen, so zeugen sie wieder für Alter und Verbreitung jener Sammlung. Alle 3 sind mitteldeutsch, 2 aus dem östlichen, eine aus dem westlichen Hessen. Ich werde noch öfter darauf hinzuweisen haben, dass Reinmar eben in Mitteldeutschland viel stärker und nachhaltiger gewirkt hat als im Süden.

T: Von einer sauber und schön geschriebenen Pergamenthandschrift von Minnesingern aus dem 14. Jahrhundert (8°, 21 Zeilen auf der Seite; die Verszeilen nicht abgesetzt, sondern nur die durch grosse abwechselnd blaue und rote Anfangsbuchstaben bezeichneten Strophen)[152] haben sich

____

152) Ein Facsimile aus dieser Hs. wird in Konneckes Bilderatlas zur Geschichte der deutschen Nationalliteratur aufgenommen werden.

zwölf Blätter gefunden, von denen acht zu Umschlägen von Quartalrech-
nnngen des Amtes Schönrain im Ysenburgischen Archive auf Schloss
Büdingen benutzt worden waren, also vielleicht aus dem im Bauernkriege
zerstörten Kloster Schönrain stammen (Zs. X, 273). Diese 8 Blätter,
die sich noch im Besitze des Fürsten von Ysenburg befinden, hat Crecelius (Zs. X, 273 fgg.) abgedruckt; zwei weitere[183]) Karl Meyer, Germ.
XVIII, 80 fgg., aus dem ersten Bande der Bruchstücke und Nachbil-
dungen von Handschriften (S. 73, Bl. 73c und d) in der mittelalterlichen Sammlung zu Basel veröffentlicht; noch zwei befinden sich auf
dem Staatsarchiv zu Marburg. Sechs der Büdinger Blätter, die Baseler
und Marburger enthalten Strophen Reinmars. Umfasste T alle 193 Strophen
von D, so haben sie etwa 62 Blätter der Handschrift in Anspruch ge-
nommen: dieselbe war also ziemlich umfangreich, da sie mindestens noch
Gedichte des Litschauers (Büdinger Bl. 7) und den Wartburgkrieg
(Büdinger Bl. 8) enthielt. Wir besitzen von der Hs. aus Büdingen:
Bl. 4. 5 (Str. *10—*17)[184]), Bl. 17 (Str. *55—*58), Bl. 19. 20
(Str. *61—67), Bl. 23 (Str. *74—77), aus Basel Bl. 27 (*88—*91),
Bl. 36 (Str. *117—*121), aus Marburg Bl. 34 (Str. *111—*114),
Bl. 37 (Str. *121—*124). Vielleicht barg die Handschrift noch mehr
Gedichte Reinmars als D: auf dem 7. Büdinger Blatte vor Beginn der
Gedichte des Litschauers steht noch der Schluss eines Spruchs (252),
dessen Form wenigstens in den erhaltenen 4½ Versen völlig mit dem
Schluss des Ehrentons übereinstimmt, und ich weiss unter den Spruch-
tönen des 13. Jahrhunderts keinen, bei dem das sonst zuträfe. Der In-
halt der Strophe ist aus den wenigen Zeilen noch nicht zu erraten. —
T ist mit D näher verwant als mit den meisten Liederbüchern von C,
auch als mit C5: da sich indessen aus den Strophen von Bl. 34 aller-
engste Verwantschaft von T und V ergibt und da V sicher C3 näher
steht als D, so ist das gleiche für T erwiesen, das sonst zufällig wenig
Material zur Entscheidung dieser Frage bietet. Vereinzelt hat T, wo C und
D verschiedne Fehler haben, gegen beide Recht (64,5. 90,3. 118,8. 121,6.):
wo ich T folgte einem gemeinsamen Fehler von CD gegenüber (14,2.
55,6. 9. 90,5), da kann die La. von T nur den Wert einer guten Conjectur haben: die schlechten Einfälle 55,12 *twinget*, 56,11 *wunnen* verraten den denkenden Schreiber.

Ganz ähnlich steht es mit dem Texte der beiden zusammenhängenden Pergamentblätter U, die sich in der Sammelmappe Ms. Germ. fol.
No. 923 der Kgl. Bibliothek in Berlin befinden (vielleicht früher in
Haupts Besitz, der auf dem Umschlag Reinmars Verfasserschaft an-
merkt). Sie gehören dem 14. Jahrhundert an und sind in grosser rein-

---

183) Dass dieselben, die der Basler Sammlung von Max Rieger geschenkt
sind und ebenfalls aus dem Ysenburgischen Archive stammen, wirklich zur gleichen Handschrift gehören, wie die andern 8, ergibt ausser den äussern Gründen
Meyers, die bei mangelnder Autopsie nicht ganz sicher beweisen, auch eine Berechnung des Inhalts der einzelnen Blätter der Handschrift nach der Strophenfolge von D.

184) Mit * bezeichne ich die nur bruchstückweise erhaltenen Strophen.

licher Schrift ohne alle Correcturen von mitteldeutschem Schreiber abgefasst: gross 4°, zweispaltig, ca. 35 Zeilen auf der Spalte; nur die
Strophen, nicht die Zeilen sind abgesetzt, für grössere Anfangsbuchstaben ist leerer Platz gelassen. Von einer Hand des 16. Jahrhunderts steht mit grossen Lettern auf der Vorderseite des ersten Blattes:
' *Walshausen vnnd geismar de anno 1544, Berechennt tzu Cassell
denn 16. July anno 1545*'; die Blätter sind also als Rechnungsum-
schlag benutzt worden wie T. Bl. 1 enthält die Strr. *21—*29, Bl. 2
*79—*87, ganz in der Reihenfolge der Sammlung. Begann die Hand-
schrift, zu der die Blätter gehörten, mit dieser Sammlung, so giengen
dem Bl. 1 noch 3 Blätter vorher, von deren erstem die äussere Seite
frei geblieben war: zwischen unsern beiden Blättern lagen 3 Doppel-
blätter, das zweite erhaltene Blatt war also Bl. 11 der Hs. — Der Text,
der leider durch starke Auslassungen verliert, ist im Allgemeinen D verwant (gemeinsame Fehler 23,5. 23,9. 26,8. 83,5. 84,3). 81,8 hat U mit
C den auffälligen sinnlosen Fehler *worte* gegen das richtige *vordern* in D
gemein: da an eine glückliche Conjectur in D schwerlich zu denken ist, so
zwingt dieser Fehler zu der Annahme, U sei in den Strr. des Liederbuchs C³ (21. 27—29. 79—82. 86. 87) mit C näher verwant als mit D.
Diese Annahme wird bestätigt durch 79,12, wo *sin edele mac* D dem *mac
sine zuht* in CT nach Reinmars Stil ohne Frage vorzuziehen ist: wenn
28,10 *selden* und 80,12 das fehlende *dan* für engere Verwantschaft
von DU gegen C zu zeugen scheint, so liegt die Möglichkeit selbständiger Verbesserung in C hier nahe genug. Wichtig ist das Resultat
für den Text der Str. 27. — In den Strr. 24. 25 gehen UDC¹⁰ auf
éine Quelle zurück: aber U scheint einige Mal dieser Quelle näher zu
stehen als DC¹⁰ (24,6. 25,3. 5. 11). Für 23 lässt sich dies Verhältnis
schwer halten: der Text von C wird da aus einer andern Quelle geschöpft oder doch beeinflusst sein.

Zu einer mit T nächst verwanten Hs. gehören die beiden Pergamentblätter V, die Grulich in der Zs. f. d. Phil. Bd. XIV, p. 217—
228 abdruckt. Sie bildeten 'den Einbanddeckel eines Buches der Kaiserlich Leopoldinisch-Carolinischen Akademie der Naturforscher'. Ursprünglich ein Doppelblatt umfassen sie die Strr. D *103—*117 in der Reihenfolge von D; doch sind durch erhebliche Verstümmelung namentlich des
2. Blattes (das Nähere vgl. man bei Grulich a. a. O.) mehrere Verse der
Strr. D 110, 116, ferner die Strr. 112—115 zum allergrössten Teile abhanden gekommen. Das Format dieser Bll. nun ist nach Grulichs Angaben genau das gleiche wie in U, sie sind 2spaltig und haben 35
Zeilen auf der Spalte wie U; nur die Strr., nicht die Zeilen sind abgesetzt wie in U: auch die Orthographie und der Wert des Textes entspricht, nach den dürftigen Resten von V zu urteilen, U durchaus: da
endlich nach einer Wahrscheinlichkeitsrechnung die beiden Bll. sehr wol
Bl. 14 und 15 derselben Hs. sein könnten, deren 4. und 11. Bl. wir
in U vor uns haben, so würde ich nicht zögern, V und U zu éiner Hs.
zu zählen, wenn nicht nach Grulich in V die Strophenanfänge durch
bunte Initialen (meist abwechsend rot und blau), die Versanfänge grossen-

teils durch rotdurchstrichene Minuskeln bezeichnet wären: in U fehlen
die Initialen ganz, die Versanfänge werden in der Regel durch Majus-
keln gekennzeichnet, rote Striche kommen nicht vor. Vielleicht gehen
beide Hss. auf einen Archetypus zurück, den sie auch in der äussern
Ausstattung nachahmten.

Auch V ist mit C³ (Str. 104—106, 110, 111, 113 meines Textes)
näher verwant als mit D; vgl. die gemeinsamen Fehler: *ie* 106,1 (D *e*);
[*ir*] 104,9 (D *ir*); *himelichen* 110,3 (D *himelschen*); sonst stimmt es
auch in Fehlern mit D gegen C überein (vgl. z. B. 108,9, überhaupt die
Fassung der Strr. 107—109, 114, 162). In den Strr., die sowol in T
wie in V erhalten sind, ist die textliche Uebereinstimmung bis auf kleine
orthographische Abweichungen eine so genaue, dass T und V nahezu
als éine Quelle gelten dürfen. In den Varianten habe ich die Laa.
von V, so weit sie erhalten, vollständig mitgeteilt; die zahllosen Lücken
des Textes dagegen, die auf den schlechten Zustand der Hs. zurückgehen, nur in den wichtigsten Fällen angegeben; im übrigen verweise
ich auf Grulichs Abdruck. —

In **A**, der **Heidelberger** Liederhandschrift No. 357 (Perg., 13.
Jahrhundert, 45 Bll., klein 4⁰), deren Zuverlässigkeit in Angabe der
Verfasser bekanntlich sehr gering ist, finden sich auf Bl. 19b und 20a
unter dem Namen des Truchsessen von St. Gallen als Str. 106—108
hinter dessen Vocalspiel und vor 2 Strophen Walthers (Lachm. 30,29.
31,3) drei Sprüche in Reinmars Ehrenton (in Pfeiffers Abdruck, Stuttg.
lit. Ver. IX, 106 fg.): die Strr. 93. 162. 211. Die beiden ersten werden
durch C und D, die dritte nur durch C als Reinmars Werk bestätigt.
Die verhältnismässig gute Ueberlieferung in A lässt uns schwer empfinden, wie weit namentlich D und zum Teil auch C vom echten Texte
Reinmars schon sich entfernen. A ist, obgleich nicht fehlerlos, in den
drei Strophen durchaus zu Grunde zu legen.

a, der von verschiedenen Händen des vierzehnten Jahrhunderts auf
den Blättern 40—45 der Handschrift A gemachte namenlose Nachtrag,
enthält als 31.—33. Strophe hinter einer Str. Walthers (Lachm. 102,1)
vor einer Strophe Ulrichs v. Liechtenstein (Lachm. 512,7) drei Sprüche
im Minneton, sämmtlich auch in D (Str. 270. 269. 273): es ist kein
Zufall, dass hier die 3 mit *Swâ Minne* beginnenden Strophen sich zu
dreistrophigem Bar zusammenfanden. a ist trotz seiner rohen Schreibweise nicht ohne Nutzen: der groben Unfertigkeit oder Verderbtheit im
Bau der dritten und sechsten Verse hilft es aber auch nicht ab.

S: Auf dem Vorblatt des cod. lat. 13552 der Kgl. Hof- u. Staats-
bibliothek zu München (bibl. monasterii St. Blasii ordinis praedicatorum
Ratisbonensis No. 132, Perg., klein 4⁰, XIV. saec., 126 Bll.), der des
Thomas Cantipratensis liber de natura rerum enthält, sind die zwei
Strophen Reinmars über die gute und böse Zunge (95. 94) von einem
bairischen Schreiber (*b* und *w* wechseln, für *û* stets *au* oder *ou*) in

kleiner zierlicher Schrift aus dem Anfang des 14. Jahrhunderts eingetragen: einen Abdruck gab Docen in vdHagens Sammlung für altdeutsche
Literatur und Kunst (1814) S. 161 fg. Der Text der beiden Strophen
ist von ungleichem Wert; in 95 willkürlich und unbrauchbar, stützt S
in 94 D gegen C in beachtenswerter Weise.

———— —

Niederdeutschland bezog seine literarische Nahrung zunächst
aus mitteldeutschen Quellen. So drangen auch Reinmars Gedichte bis
ins nd. Gebiet. Wizlav von Rügen kannte sie. Der Anfang einer nd.
Fassung von 171 ist am Rande von D nachgetragen, und in 2 nd.
Liedersammlungen sind Strophen Reinmars auf uns gekommen.

In m, den Möserschen Bruchstücken einer nd. Liederhs.
(3 Doppelbll., Perg., 14. Jahrhundert, jetzt in der Kgl. Bibl. zu Berlin Ms.
Germ. 4°, 795) stehn unter der Ueberschrift '*Rreimar*' Strophen im Ehrenton, und zwar auf dem 2. Blatte Rückseite Str. 221. 52. 34. 35 und
der Anfang einer sonst nicht erhaltenen Strophe, auf Bl. 3 Vorderseite
das Ende von Str. 100 und Str. 40: es folgen dann Sprüche Boppes:
zwischen den beiden Blättern fehlt mindestens eins. Das nur in m erhaltene Fragment (251) gehört zu einem didaktischen Gedicht über falsches Benehmen in der Minne: da es in der Gesellschaft von lauter
echten Strophen steht und die wenigen Verse keinen Verdacht erwecken,
so bezweifle ich die Echtheit nicht. — Der Wert der Handschrift wird
durch die niederdeutsche Umschrift stark beeinträchtigt: doch ist sie zum
Teil aus guten Quellen abgeleitet und sorgfältig zu Rate zu ziehen: so
namentlich in Str. 221 (sonst nur in C) und in Str. 52, wo sie als
dritter Zeuge bald C, bald D stützt, ohne einer dieser Handschriften
sichtlich näher zu stehen: dagegen ist m in Str. 34. 35 mit D verwant. Die beiden letzten Strophen von m, 100 und 40, stammen aus
ganz überarbeiteten Quellen: in der allein von D überlieferten Str. 40
ist m zu beachten, wo es mit D oder n zusammentrifft.

Ebenfalls nach Niederdeutschland und zwar an den Niederrhein
gehört die Liederhandschrift n, die angebunden ist an eine kleine Sammlung von lateinischen und deutschen Chroniken, die früher Gerhard von
Maestricht gehörte, jetzt auf der Leipziger Ratsbibliothek CCCCXXI
Rep. II fol. 70a sich befindet. n ist eine Pergamenthandschrift aus dem
Ende des 14. Jahrhunderts, zweispaltig, die Strophen, aber nicht die Verse
abgesetzt und durch abwechselnd rote und blaue Initialen bezeichnet,
ohne Verfassernamen: sie besteht aus zwei Lagen: Bl. 91—96 und
97—102: in beiden Lagen fehlen je 2 Bll., die aber schon fehlten, als
die Lagen beschrieben wurden. n enthält u. A. zwei kleine Sammlungen
(Abschnitt I und III, beide von derselben Hand) von Sprüchen meist
späterer Dichter, wie Frauenlobs, Boppes, Kanzlers, Brennenbergs (doch
auch eine Strophe Walthers 48,38): darunter viel Unechtes. Für die 8
Strophen der Handschrift im Ehrenton leistet aber D, für zwei davon
auch C Gewähr: es sind in I (Bl. 91a—93b) die Sprüche 1 (= 31),

10 (= 46), 15 (= 39), 21 (= 103), 22 (= 101), 23 (= 102), in III (Bl. 94c—97d) die Sprüche 7 (= 115), 18 (= 40), alle ausser III 7 auf Frauen, Liebe und Ehe bezüglich. Auch n ist trotz seines niederrheinischen Dialekts, trotz vieler roher Willkürlichkeiten, die den Text zuweilen bis zur Unkenntlichkeit entstellen, nicht ganz zu verachten, wo die mangelhafte Ueberlieferung D allein vorliegt. Die Handschrift hat aus Quellen von verschiedenem Wert geschöpft: aus der besten in dem Bar 101—103 (n I 21—23), der nicht in C steht. In Str. 40 (fehlt C) ist n mit m verwant, und nur die beiden gemeinsamen Lesarten sind zu berücksichtigen. Wo C zu D hinzutritt, in Str. 31 und 46, ist n ziemlich wertlos: zu beachten sind nur die Fälle, wo es im Bunde mit s (Str. 31) oder t (Str. 46) eine der beiden Haupthandschriften gegen die andre stützt.

---

r: Die Handschrift des Schwabenspiegels in der juristischen Bibliothek zu Zürich (Perg., Fol., 14. Jahrhundert) enthält von andrer, aber nicht jüngerer Hand auf den letzten Spalten 422—424 8 Strophen, Sprüche und Lieder mit Verfassernamen: die ersten drei sind überschrieben: *der von Zweter*; die 4.—7.: *disiu liet sank ein herre hiez von Kolmas* (MSF S. 278); die 8. endlich: *herre Walther*. Abgedruckt sind sie von W. Wackernagel, Altdeutsche Blätter II, 121 fg. Während die Strophen des von Kolmas (MSF S. 120. 121) wahrscheinlich, die unter Walthers Namen möglicherweise (Walther S. 148. 150) echt ist, sind es die Strophen r 1—2 (340. 341) gewiss nicht: das erkannte schon Wackernagel: sie sind in einer kurzen einfachen liedartigen Strophenform verfasst:

$$(\smile) \; 5 \; a \; \smile \qquad\qquad (\smile) \; 5 \; a \; \smile$$
$$\smile \; 5 \; b \qquad\qquad\qquad \smile \; 5 \; b$$
$$5. \quad \smile \; 4 \; c \; \smile$$
$$\smile \; 4 \; d$$
$$(\smash{\smile}) \; 4 \; c \; \smile$$
$$\smile \; 4 \; d$$

die nichts von Reinmars Art hat. Doch auch Reinmar dem Alten möchte ich sie nicht zuweisen (wie Wackernagel, Altdeutsche Blätter II, 122, Haupt MSF[3] S. 315 wollen), da die zweite der Strophen einen entschiedenen Spruchcharakter trägt. Sprechen wir aber die zwei ersten Strophen, auf die sich die Ueberschrift *der von Zweter* zunächst bezieht, Reinmar von Zweter ab, so wird die Gewähr des dritten Gedichts (245) um so geringer, da *man den man bi sime gesellen dicke erkennen sol* (183,2). Wackernagel hält es für Reinmars Werk, da es in seinem Ehrenton verfasst ist und seine Ausdrucksweise habe. Allerdings eignet gerade Reinmars Stil der Wechsel des Pronomens: *só wol dir, priestr, wie rein ein man, wie hôch ist sin gelœze;* auch dass jeder metrische

Abschnitt mit dem gleichen Worte: *sô* [185]) beginnt, sei erwähnt: aber das sind Anhaltspunkte, die gegenüber ernsten Verdachtsgründen in Form und Inhalt wenig ausmachen.

Auf den sonderbaren Reim der Hs. 7 : 8 *Hierúsalème: schœne* lege ich kein Gewicht, da ein Fehler nicht zweifelhaft sein kann. Dagegen ein rührender Reim wie *werdicliche* [186]): *sündicliche* ist bei Reinmar unerhört und durchaus unkunstmässig (vgl. W. Grimm, Zur Geschichte des Reims S. 542; Lachm. z. Nib. 70). — Der Verfasser der Strophe scheint der Geistlichkeit nahe gestanden zu haben: dafür spricht seine wohlwollende Auffassung des priesterlichen Tuns und Lassens. Reinmar von Zweter hätte gewiss nicht gesagt, noch dazu in emphatischen Ausrufen: 'der Priester ist, wenn er sich zu Gottes Dienst vorbereitet, rein von Missetat,' er hätte die Sache vielmehr so gewant: 'Schande dem Priester, der Sünden begeht, obgleich Gott sich herablässt, sich in seine Hand zu begeben.' Dass Reinmar dem geistlichen Amte an sich noch nicht zutraut, dass es seinen Träger von Sünden reinige, beweist die bittere Ironie 126,7 fgg.: '*unt sint die bêbeste úz gesundert eine, swie si gewerkent, daz si sint doch reine, son wart nie niht sô hôch gehêret.*' Alter, Reue und Todesgedanken mussten dem grimmen Pfaffenfeinde die Zähne sehr stumpf gemacht haben, ehe er zu solcher Strophe sich herbeilassen konnte. Ich halte sie für unecht.

Die Handschriften des Leichs.

W, die Pergamenthandschrift der K. K. Hofbibliothek in Wien, No. 2701, ol. Univ. 509 (ol. 605), 4⁰, 14. Jahrh., trägt auf dem Pergamenteinband die Aufschrift: *Frauenlob cantica canticorum et alia Germ. c. not. mus.* und enthält auf 50 in ein zerrissenes teilweise mit Minnestrophen und Noten beschriebenes Lederdoppelblatt gehefteten Blättern Leiche und Lieder Frauenlobs und Anderer, fast sämmtlich mit Sangweisen auf fünfzeiligen Notensystemen; die Abschnitte der Leiche und die Liederstrophen werden durch grössere Anfangsbuchstaben markiert, welche zuweilen auch mit roter Farbe geziert sind. W ist keine einheitliche Handschrift, wie man nach vdHagens Angaben glauben muss, sondern es zerfällt in 3 nach Schrift und selbst nach Format und Pergament verschiedene Bestandteile, die, ursprünglich alle selbständige Handschriften, hier nur zusammengebunden sind. Die Facsimile bei

---

185) Der Verfasser der Strophe lässt aber ruhig den Satz aus einem Stollen in den andern übergehen und verwischt dadurch die Bedeutung, die sonst das Anheben der 3 Strophenteile mit demselben Wort hat, die Selbständigkeit der 3 metrischen Abschnitte.

186) Die Handschrift hat allerdings *werdelich*: dies Adjectiv ist sonst aber nur in der Bedeutung 'werdend' (zu *werden*, nicht zu *wert*) nachzuweisen, und *werdeclich* steht auch V. 3.

vdHagen Tab. IV. V sind sehr wenig wohl geraten, die Handschrift ist durchweg viel fester, sauberer und zierlicher geschrieben. Auch die Beschreibung der Hs. HMS IV, 900 b und ihre Lesung lässt sehr viel zu wünschen übrig.

Ihr erster Teil enthält auf 4 Doppelblättern, denen ein fünftes als Umschlag dient, den Schluss von Frauenlobs Frauenleich und den Anfang einer lateinischen Uebersetzung: es ist nur eine Lage einer grössern Hs. Auf jeder Seite stehen 11 Notensysteme.

Ebenso viel auch im zweiten Teile von W, der uns hier zunächst interessiert. Er umfasst Bl. 11—18, auch eine Lage von 4 Doppelblättern, aber auf hellerem Pergament. Drei Hände haben daran geschrieben: die erste Reinmars Leich ohne Namen, unmittelbar dahinter auf Bl. 16 b ohne Melodie ein einzelner Spruch [187]; auf Bl. 17 und 18 stehen von einer zweiten Hand Gedichte Frauenlobs mit Sangweise zur ersten Strophe. Auf der Rückseite von Bl. 18 von dritter Hand ein Alphabet roter Buchstaben.

Den dritten Teil endlich bilden Bl. 19—50, vier Lagen von je 4 Doppelblättern auf dünnerem Pergament und in kleinerem Format als die vorhergehenden Hss., 9 Notensysteme auf der Seite. Ueber ihren Inhalt, an dem 4 Hände schrieben, vgl. Hoffmann, Verzeichnis der altd. Hss. d. Kais. Hofbibl. zu Wien S. 135 fg.

Alle drei Handschriften verraten im Dialect deutlich ihre mitteldeutsche Herkunft. Die dritte ist besonders stark mundartlich gefärbt und weist nach Ripuarien hin. Die Schreiber der beiden ersten haben ihre Mundart zu sehr temperiert, als dass ich sie genauer lokalisieren könnte. In Reinmars Leich erscheint *u* stets für *uo*, vereinzelt für *iu* (daneben *uy*); meist, aber nicht regelmässig *i* für *ie*; *i* in unbetonten Vor- und Nachsilben oft für *e;* stets *u* für oberdeutsch *üe* (nur *fuer* 194); ganz vereinzelt *ei* für *i* (*reych, deyn,* vgl. Weinhold, Mhd. Gramm.[2] § 108), *o* für *â* (*do, swo, noch, genoden,* vgl. Weinh.[2] § 90), Ausfall des *h* zwischen Vocalen (*gescheen, hoen,* vgl. Weinh.[2] § 244 fg.), *w* für *v* und *u* im Anlaut (*wil, w'lisen* u. ö., vgl. Weinh.[2] § 174); ferner oft *vor-* für *ver-* (nur 188 *verdrisen,* vgl. Weinhold[2], § 83), *her* für *er* (Weinh. § 476), ausserdem vereinzelt *iz is* für *ez es, er* für *ir* (Weinh.[2] 478), *wen* für *wan* (Weinh.[2] 319), *brengen* (Weinh.[2] 46), *sal* (Weinh.[2] 411), *vm* für *vmbe* (Weinh.[2] 183), *weychet* für *wecket* (Weinh.[2] 29), *wir sint* (Weinh.[2] 364); *z* für *s* (*zo* oft, *zele, alz*).

Ausser C und W enthalten den Leich noch:

k[1], die Heidelberger Handschrift No. 341, Perg., gross Fol., 374 Bll., zweispaltig, 40 Zeilen auf der Spalte, 14. Jhd. Sie bringt hinter der goldnen Schmiede Walthers Leich und unmittelbar danach ohne jeden Absatz Bl. 7, Spalte d den Leich Reinmars in abgesetzten, zum

---

187) Ich habe diesen Spruch, dessen Form dem Minnenton mindestens sehr ähnlich, wenn nicht mit ihm identisch ist, dessen derber spöttischer Realismus aber nicht von Reinmar herrühren kann, in der Anm. hinter Spr. 282 mitgeteilt. Sein Platz in W zeugt auch dafür, dass der Minnenton als Reinmars Werk galt.

kleinen Teil eingerückten Versen. Er füllt Bl. 8 ganz und wenig mehr
als eine Spalte von Bl. 16, das durch falsches Binden von Bl. 8 getrennt ist: dann Bl. 16 b '*hebent sich unser vrowē grvze an And'*
halb hvndt wol getan'.

l, die Handschrift No. 2677 der Wiener Hof- und Staatsbibliothek,
Perg., fol., 14. Jhd., zweispaltig mit abgesetzten und abwechselnd eingerückten Verszeilen, 42 Zeilen auf der Spalte, in ausgesprochen bairischer
Mundart. Hinter der goldnen Schmiede und Walthers Leich, der Fol.
55 r⁰, a, V. 40 endet, beginnt unmittelbar der Leich Reinmars, der bis
Fol. 56 v⁰, a reicht und dem dann ebenfalls wie in k¹ '*unser vrowen
gruez'* folgen. —

k², der Koloczaer Codex, der auf die gleiche Sammlung zurückgeht, aus der k und l Reinmars Leich hatten (vgl. Zarncke, PBB VII,
601) und der mit l so nahe verwant ist, dass Pfeiffer, Marienlegenden
XVII, diese Handschrift l gar, freilich mit Unrecht, für eine Abschrift
aus k² hielt. In dem Inhaltsverzeichnis, das Mailáth und Köffinger,
Koloczaer Codex altdeutscher Gedichte, S. XI fgg., geben, ist der Leich
Reinmars nicht erwähnt, er ist inbegriffen in No. I: '*hie sulle wir
lesen ein lop unde einen leich suzen von unser vrowen'.* Wie in
k¹ und l schliesst er sich unmittelbar und ohne Absatz an Walthers
Leich an und reicht von fol. 17 r⁰, col. b bis fol. 18 v⁰, col. a.

Unter den fünf Handschriften des Reinmarschen Leichs CWk¹k²l [188])
nimmt der Text von W eine eigenartige Stellung ein: sein Schreiber
hat zwei verschiedene Handschriften benutzt, eine ohne Noten, die mit
kl näher verwant war als mit C, aber auch von C nur wenig abwich
(W²) und eine zweite mit Sangweise, die selbständig, vielfach bessernd,
der Ueberlieferung Ckl gegenübersteht (W¹). Die Mischung dieser beiden Texte in W ist sonderbar willkürlich und inconsequent: leider
können wir sie mit einiger Sicherheit nur bis 144 verfolgen, wo in C
der Leich abbricht. Das Stemma auf S. 150 mag das Verhältnis der
Handschriften veranschaulichen.

Geringeren Wert hat natürlich die Quelle W²: ihr fallen gemeinsame
Fehler von W und kl gegen C zur Last [189]). Dagegen erhält uns W¹,
dem alle Abweichungen von Ckl zuzuweisen sind, die sich nicht leicht
als Fehler erklären lassen, nicht nur in Einzelheiten wiederholt den richtigen Text, [190]) sondern es hat namentlich dadurch Bedeutung, dass es

---

188) Mit k bezeichne ich gemeinsame Lesungen von k¹k².
189) Z. B.: 1 *ewen* Wk (*eweg* l), *eben* C; 5 *bî* fehlt Wkl; 9 *als an* kl, *al nach*
W, *nach* C; 10 *unser* Wkl, *uns* C; 16 *vnd* v. Wkl, *vnv.* C; 43 *den* kl, *fehlt* W
(in Z wird das Wort nicht gestanden haben); 107 *der minne* fehlt Wkl; 109 *ir*
Wkl, *din* C; 131 *ist* fehlt Wkl.
190) So 3 *si* W, *sit* Ckl; 66 *ein wunder* W, *ein* fehlt Ckl; 77. 78 W, 78.
77 Ckl; 91 *noch* W, *vn ouch* Ckl; 116 *erschrye* W, *schriet* Ckl; 126 *ern* W,
er Ckl; 135 *Sunde enpirt wol mine namen* W, *minne enbirt wol súnden namen* Ckl
und oft in der sonst nur in kl überlieferten Partie.

Interpolationen und Auslassungen von Ckl berichtigt (vgl. Laa. zu 25. 29. 69. 12S fgg. 186): in W¹ selbst verhinderte die beigefügte Weise gröbere Umgestaltungen; freilich darf nicht unbeachtet bleiben, dass die Echtheit dieser Weise namentlich in ihrer zweiten Hälfte zu berechtigten Zweifeln Anlass giebt. Strr. 5 und 6 sind nur in W richtig fünfzeilig gebaut, wie die übrigen Strophen des Eingangs: kl, in Str. 5 Ckl erweitern sie durch zwei ganz müssige Verse zu sechszeiligen Strophen,

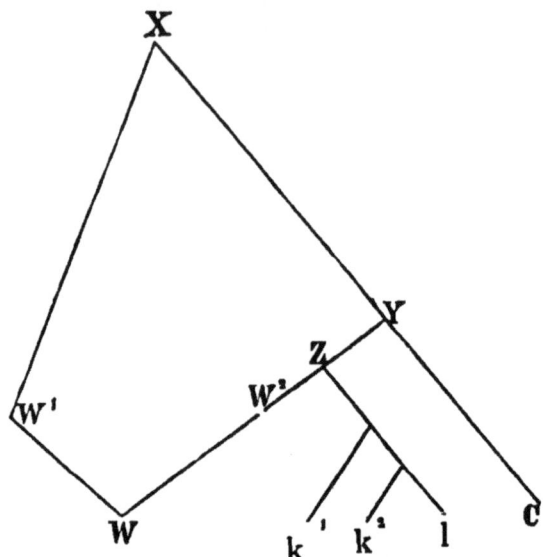

die gar nicht einmal unter sich gleich gestaltet sind: denn Str. 5 hat in Ckl die Reimstellung ababba, Str. 6 reimt in kl abbaaa. — Strr. 22. 23 wären nach Ckl so herzustellen:

> dû ile, Minne, unt kume herab,   a
> brinc dîn süeze mit dir her: b
> 3. die din gernde sîn, der ger   h
> minnegernde Minne!   c
> 5. wie sich din gerndiu diet gehab,   a
> des nim war unt ruoch ouch der,   h
> 7. in der herze sünde swer: b
> Minne, den gip sinne,   c
> 9. dû von ir heil beginne!   c

C liest V. 3 den Singular: diu dîn gernde si: ganz unstatthaft, aber vielleicht eine von kl beseitigte Nachwirkung des ursprünglichen Textes, in dem V. 3 liest: wie sich dîn gerndiu diet gehab (= Ckl 5). V. 4 verrät sich deutlich als müssige Flickerei: überhaupt sagen V. 3. 4 nichts Anderes als V. 5. 6. Ich habe oben V. 7 mit kl geschrieben: in der herze sünde swer; so hat auch W aus W², aus W¹ ist dann nachgebessert worden *swere* (*:lere*), doch hat der Corrector vergessen, das unentbehrliche *ist* hinzuzusetzen, das im Zusammenhang von W¹ natürlich gestanden haben muss. Es steht aber wirklich: *in der herze sünde ist swere* in C: da hier also C und W¹ zusammenstehen, ist die Lesart von klW² als uuursprünglich erwiesen, und der Interpolator der Strr. 22. 23 in Ckl hat *der* auf *swær* (*snér*) reimen wollen, was Reinmar nicht möglich war.

Gemeinsame Fehler von W¹ und Ckl sind nicht mit Sicherheit nachzuweisen: selbst die arg zerrütteten Strr. 14. 15, denen auch in W zwei Verse fehlen, sind dafür kein zwingender Beleg: sie sind nur ein wertvolles Beispiel für das Verfahren des Schreibers. Dieser schrieb meist zuerst in einzelnen Versen oder auch gleich in ganzen Strophen den Text nach W² und besserte dann, wenn er die Melodie hinzufügte, zuweilen aus W¹ nach: seltener begann er mit W¹ und korrigierte Lesarten von W² herein. Wo der Text von W² und die Melodie sich gar nicht vertrugen, wie Strr. 5. 6. 22. 23. 31, da musste er natürlich W¹ auch im Text ganz folgen: aber an Rasuren ist 128 und 187 noch zu erkennen, dass der Schreiber auch da zuerst W² zu Grunde legte und erst, als er erkannte, dass das nicht durchführbar sei, das schon Geschriebene tilgte und der andern Quelle folgte. — Die Strr. 14. 15 zeichnete der Schreiber zuerst einfach nach dem Texte von W² (= Ckl) auf, in dem die Vv. 69. 72. 79 fehlten und 77. 78 in umgekehrter Folge standen. Als er nun die Melodien nachtrug, merkte er die Differenzen seiner beiden Quellen: er teilte V. 69 mit den zugehörigen Noten am Rande mit und wies V. 78. 77 durch die Zeichen a und b in ihre zweifellos richtige Ordnung (vgl. Frauenlobs Frauenleich 15,1. 2): aber er vergass V. 72 und 79 ebenfalls am Rande hinzuzufügen, und er scheint V. 80 die Melodie zuerteilt zu haben, die dem ausgelassenen V. 79 gebührte: ein leicht begreifliches Versehen! Er schrieb die Melodie eben aus dem vollständigen Exemplar weiter ab, ohne gleich zu merken, dass in seinem Texte da eine Zeile fehle: in W¹ kann sich Alles das, Text und Weise, in tadellosem Zustande befunden haben. — Einen parallelen und besonders eklatanten Beweis für dies liederliche Arbeiten des Schreibers gibt der erste Stollen von Str. 21: hier hat er mit der Melodie begonnen und diese für die ganze Strophe hingeschrieben, dabei aber die Melodie zum 4. Verse ausgelassen: nun trug er den Text nach, ohne Rücksicht auf die Melodie, und die Folge davon ists gewesen, dass der 4. Vers des Textes unter dem 5. der Melodie steht und der 5. des Textes ausgelassen wurde, weil für ihn keine Noten mehr übrig blieben: wir können diese Sachlage mit Hilfe des in Melodie und Bau ganz gleichen zweiten Stollen mit Sicherheit feststellen.

Recht lehrreich für die Erkenntnis des Verhältnisses von W¹ und W² in W sind, wie schon erwähnt, die zahlreichen Rasuren und Correcturen in der Handschrift, die von derselben Hand herzurühren scheinen: fast immer setzen sie Lesarten ein, die in Ckl oder kl nicht stehen, zuweilen sind deutliche Spuren da, dass der Text von Ckl, C oder kl der ursprünglich geschriebene war: so 128, wo das in Ckl fehlende *uns*

in W übergeschrieben ist, wo ferner von dem *mit dir her* der Handschriften Ckl *mit* und *her,* sowie das noch erkennbare *d* von *dir* radiert
sind, während *vnd* und *var* über der Zeile nachgetragen wurden; so
muss das von *dir* übrig gebliebene *ir* als Präfix (= *er*) dienen.
146: von *ez wart nie* kl ist das *ez* und das *n* von *nie* radiert und statt
ez wo übergeschrieben; 157 wurde das in kl fehlende *ymir,* 159
das ebenfalls kl fehlende *wart* in W hinzugefügt; 226 sind in dem
barmunge von kl die Silben *unge* punctiert und ein *ik* ist darübergesetzt: vgl. ferner die Lesarten von W zu 55. 66. 80. 85. 96. 122.
145. 172. 173. 184. 204. 206. Viel seltener wird die Lesart von kl
eingeführt an Stelle einer ursprünglichen andern: 107 hatte W mit C
geschrieben: *er got der minne er minnen schenke;* dann radierte der
Schreiber *der minne er* aus und ersetzte es durch *der dy* (kl *der*): aber
das *m* von *minne* und *her* (= *er*) schimmert noch durch die Rasur
durch; 109 über punktiertem *dyn* steht *ir* W, nur *ir* kl; 210 *ame̦ dem*
W, an dem k; 211 ist über dem Text *den si doch gesunden* eine Rasur
zu sehen, die wol davon herrührt, dass ein *vil gar* aus kl entnommen
und übergeschrieben, später aber aus metrischen Gründen wieder getilgt
wurde; 219 ist in W gemäss kl das anfangs gesetzte *so* gestrichen und
dafür *rechtikeyt* in *gerechtikeyt* geändert worden.

Innerhalb der Gruppe CW²k¹k²l ist C den übrigen entgegengesetzt, wie wir oben S. 149 sahen. W² scheint wiederum k¹k²l gegen-
überzustehen, die zahllose Fehler gegen W gemein haben: das ist nun
freilich kein zwingender Beweis, da W an den betreffenden Stellen aus
W¹ das Richtige geschöpft haben könnte: aber dafür spricht z. B. 9,
wo *al nach* in W jedesfalls aus W² stammt, da es vermittelt zwischen
dem Text von C *nach* und dem ganz fehlerhaften *als an* in k¹k²l;
43 fehlte in Z wol *die,* in W fehlt es wirklich, kl haben dafür ein
falsches *den* eingefügt; 104 wird gar in Y *alleine* geschrieben worden
sein: CW haben diese fehlerhafte Lesung bewahrt, kl hat sie auf eigne
Faust verbessert; 77, wo W seinen Text der Quelle W² verdankt (vgl.
S. 151 fg.), liest es dennoch wie C *ein sterne,* k¹k²l *der sterne*
u. a. m. — Endlich sind k²l enger unter sich verwant als mit k¹:
gemeinsam fehlt beiden V. 35 ganz und in V. 175 das Wörtchen *ouch,*
beide lesen 45 *der* statt *den,* 58 *ich* statt *ir,* 89 *die* statt *du* u. A.:
doch ist weder k² aus l abgeschrieben, dessen grobe Auslassungen 17.
38—40. 210 es z. B. nicht teilt, noch auch l aus k²: denn 32 liest
l wie k¹ fehlerhaft *ouch,* wie im Archetypus kl stand: k² hat diesen
Fehler schon richtig in *euch* geändert; vgl. auch Zarncke, PBB VII, 600.

Es stehen sich in der Ueberlieferung des Leiches CW²k¹k²l und
W¹ gegenüber. Bei der nahen Verwantschaft von kl und W² kann
C wie W¹ allein den richtigen Text enthalten, k¹k²l nur da allein,
wo C fehlt. Doch ist W¹ stets mit grosser Vorsicht zu benutzen, da
das Eigentum von W¹ und W² nicht streng zu scheiden ist und da ferner
W¹ im Einzelnen der Quelle Ck¹k²l an Wert nachsteht, wenigstens in
dem Teil des Leichs, der auch in C erhalten ist.

Meistersingerische Quellen, 15. Jahrhundert.

Von den Texten älterer Gedichte, die uns aus meistersingerischen
Kreisen überkommen sind, gilt noch in erhöhtem Grade, was schon von
den niederdeutschen Umschriften galt. Es sind in der Regel Umarbei-
tungen, nach bestimmten technischen Grundsätzen vorgenommen, ohne
jede Achtung vor dem Ueberlieferten. Und doch dürfen wir sie nicht
ignorieren. Sie können einer Einzelüberlieferung, namentlich D gegenüber, aufs Rechte führen, und, wo beide Hss. in Betracht kommen, da
werden zuweilen selbst diese Quellen dritten Ranges wertvoll, indem sie
authentischen Ausschlag für die eine oder andre Lesung geben.

Hierher gehört zunächst F [191]), die Weimarer Papierhandschrift
Q 564 (Anfang des 15. Jahrhunderts, klein 4⁰, 142 Bll., ausführlich
beschrieben von Koller, Fastnachtsspiele 1440).

F bringt mitten unter Gedichten Frauenlobs auf Bl. 61 mit der
Ueberschrift 'Ein annder weyſs' drei Strophen im Ehrenton (124. 243.
244), alle drei über Freundschaft handelnd: die erste = 126 D, 48 C,
die übrigen nur in F. So entstellt der Text ist, so ist doch die meistersingerische Form des Ehrentons nicht eingeführt: nicht einmal der
Auftact ist streng durchgesetzt. F hat in der ersten Strophe eine andere Quelle als CD benutzt, die aber vielleicht wiederum mit dem Archetypus von C³D verwant war; denn ihr fehlte wol auch schon die zweite
Hälfte des 3. Verses: C und F ergänzten dieselbe völlig verschieden,
D gar nicht. Dagegen den Fehler von CD *viendes* V. 4 teilte jene
Quelle nicht: das *gewunnen* in F führt auf das Aehnliches bedeutende
richtige *vundes*. Die Corruption in Wort und Sinn, die die erste, also
wol auch die zweite und dritte Strophe in F erlitten haben, macht eine
Entscheidung über die Echtheit dieser beiden Strophen aus formellen [192])
und stilistischen Gründen unmöglich: sie sind angeschlossen, um die
meistersingerische Dreizahl zu gewinnen, und mögen echt sein. Dass
ein Betrüger *swarz wiz*, *wiz swarz* mache (243,6) vergleicht sich mit
130,5: *swer daz also lange tribe, daz wiz man swarz durch haz unt
swarz man wiz durch miete belibe*; dem Bilde, den *ar* oder *habech* als
etwas Wertvolles dem *gouch* als Wertlosem gegenüberzustellen (243,
11. 12) entspricht Reinmars Str. 154: *swer einen gugguc haben
wil an eines hubches stat* u. s. w.; die starken Wiederholungen der
Str. 243 (*min dürkel vriunt* 1. 3. 4. 6. 7. 10; *daz mir min stæter
vriunt* 2.5; *mit lüge machen* 4.6) sind nicht gegen Reinmars Art.
Ich zweifle kaum, dass der *dürkel vriunt* von 243 einem *dunkelvriunt*

---

191) Ich habe diese Lachmannsche Bezeichnung der Handschrift beibehalten,
ob es mir gleich unbegreiflich ist, wie die ganz späte Papierhandschrift mit ihrem
abscheulich entstellten Text zu der Ehre des grossen Buchstaben gelangt ist. —
vdHagens Angaben über die Lesarten von F sind ganz besonders unzuverlässig,
und Zupitza hätte sich in seinem Rubin nicht bei ihnen beruhigen dürfen.

192) Die Caesur in 244,12 ist leicht herzustellen: *ouch kan sich niht , dem
stæten vriunde gelichen;* und 10 schreibe ich statt des unstatthaften Ausganges:
wiset' an vielmehr: *wiste an*, was wenigstens bei Reinmar unbedenklich ist.

Platz zu machen hat (Fegefeuer, Germ. XXV, 74; Lexer III, 377). *dürkel* ist bildlich doch eben nur = *unganz* (197,2). Hier aber handelt
es sich nicht bloss um die Festigkeit des Freundes, sondern es soll die
bewusste Falschheit des *nûnvriundes* gekennzeichnet werden. Jenes
dunkelvriunt ist eine ausschliesslich md. Bildung (Boch, Germ. XXII,
386 fg.). Aber das beweist eben nur, dass die Strophe erst während
der md. Periode Reinmarschen Dichtens entstand, was ohnehin aus den
anaphorischen Satzreihen zu erschliessen war.

Tiefer ins 15. Jahrhundert und in die recht eigentlich meistersingerische Ueberlieferung hinein führt uns s, die Münchener Papierhandschrift No. 351 (um 1474, 276 Bll., 4°): in ihr reiht sich an Heinrichs von Hessen Kenntnis der Sünden und einige andre geistliche
Kleinigkeiten in Prosa und Versen von Bl. 186 an eine Sammlung von
Meistergesängen namentlich Frauenlobs und Regenbogens, grösstenteils
apokryphes Zeug (vgl. Docen in Aretins Beyträgen zur Geschichte und
Litteratur IX, 1128 fg.; Bartsch, Kolmarer Liederhandschrift S. 127 fg.).
Die Gedichte sind meist zu Baren von 3, 5, 7, 9 Strophen geordnet:
3 davon, Bl. 228 b*—230 b enthalten 11 Strophen Reinmars von Zweter
unter den Ueberschriften: *in fraw erē don* Str. 10. 89. 88; *der minen
schull in fraw eren don* (*d' caritate muliē*) Str. 31. 103. 26. 27.
242; *in fraw ern don stet aber ein par her nach geschribn* Str.
161. 11. 48. Von diesen 11 Strophen sind zehn anderweitig als echt
gesichert; 242 ist nur in s auf uns gekommen. Die Strophe ergänzt 27
zu einem zweistrophigen Gedicht, wie sie Reinmar, nicht aber die
Meistersinger lichten (vgl. S. 95 fg., 120); sie ist ohne 27 gar nicht verständlich. Es gibt eine Spur, dass die Strophe auch in einer Hs. der Sammlung X ursprünglich stand (s. Anm. 148). Aber auch wenn diese Spur
tröge, würde mir das Fehlen von 242 in der Sammlung nicht gegen
die Echtheit beweisen (s. S. 110), und der durchgeführte Auftakt, der regelmässige Zusammenstoss zweier Senkungen an der Caesur des 2., 3.,
5., 6. Verses, die 5 Hebungen der 9. Zeile fallen ausschliesslich der
Ueberlieferung zur Last: in alle 11 Strophen von s sind diese Abweichungen von Reinmars Strophenbau hereingebracht, in 41 sind gar
Caesurreime in alle 4 Verse eingeschmuggelt; das kennzeichnet den
Zustand des Textes, der oft kaum noch Spuren des echten, durch andre
Quellen bezeugten durchschimmern lässt. Geht die Entstellung doch bis
zur Aenderung der Reime (31,9 : 12. 103,7 : 8). In den Strophen 10.
89. 88. 26. 27 ist s mit C gegen D verwant, wie schon die Reihenfolge 89. 88 zu C stimmt. In Strophe 31 repräsentieren ns óine Quelle,
die bald C bald D stützt.

Den gleichen Kreisen und demselben Jahrhundert entstammen t, die
Kolmarer Handschrift, und u, die Donaueschinger. Von t, dem Cod.
Germ. 4997 der Hof- und Staatsbibliothek zu München (15. Jahrhundert,
fol., Pap., 856 Bll.) gibt Bartsch, Kolmarer Liederhandschrift S. 1—89
eine ausführliche Beschreibung: ebenda S. 89—92 von u, dem Lieder-
anhang auf S. 205—331 der ehemals Lassbergischen Handschrift No.
263, jetzt Donaueschinger Handschrift Nr. 120 (15. Jahrhundert, klein

Fol., 321 Seiten). Die letztere Handschrift ist durch schöne Ausstattung, durch hübsche bunte Initialen und Textbilder ausgezeichnet: beide teilen in der Regel vor der ersten Strophe jedes neuen Tones die Sangweise mit; ob freilich immer die echte des Dichters selbst, daran zweifle ich (vgl. Kap. V). Die enge Verwantschaft beider Handschriften erkannte Bartsch (a. a. O. S. 92): u ist direkt oder mittelbar aus t selbst geflossen, es ist ein Auszug, der vom Kanzler, Peter v. Sassen, dem Mönch v. Salzburg, Remer von Zwetel und namentlich von Frauenlob Strophen aufnahm, alle aus t ausser dem siebenstrophigen Gedicht *in Remers sungwis von zwetel,* auf das ich zurückkomme. Der zwingende Beweis für die Abhängigkeit der Hs. u von t liegt, was Bartsch übersah, in der Notiz zu u 2: '*Difs ist der vnerkante ton magistri h' libri. vnd sint die zwen vnd sibenzig namͤ vnser frowen*' u. s. w. Dieselbe Notiz steht vor t 522 nur noch weiter ausgeführt: Nestler von Speier, der Schreiber der Kolmarer Handschrift, der *magister huius libri,* war Verfasser des unerkannten Tons und schickte seinem Gedicht eine kurze Vorrede voraus: der Schreiber der Donaueschinger Handschrift nahm dieselbe verkürzt herüber, ohne in seiner Gedankenlosigkeit zu bemerken, dass die Bezeichnung '*magistri h' libri*' nur in t am Platze war. Alle die — übrigens verschwindend geringfügigen — Abweichungen der Handschrift u von t sind für uns also gleichgiltig.

Unter der Ueberschrift: *her Reymar von Zwetel fraw eren don* enthält t Bl. 649 a—653 b (Ton LXXV No. 720—728) 31 Sprüche im Ebrenton in 9 Baren von 3—7 Strophen, nämlich:

720. Str. 2. 15. 17.
721. *Aber III von vnser fraū.* 287—289.
722. *Ab' dru:* Str. 93. 199. 46.
723. *Ein and's wie d' mā sin sol:* Str. 99. 100. 94.
724. *Ein and's vō vns' frauwē die . V. bustabͤn M|a|r|i|a:* Str. 235—239.
725. *Ander funfe vō vnser frauwē in dysem t'* (es sind aber 7 Strophen). 290—296.
726. *Ab' dru in dysē ton.* 297—299.
727. *And' III wie mā Judē vnd cristē uss zelt.* 300—302.
728. *Aber III vō gluck.* 246—248.

In u tragen 2 Bare, 7 und 9, die Ueberschrift: '*Her Rēmer von Zwetel frouw ern ton*': die Melodie steht erst bei 9. No. 7 (S. 225) = t 725, No. 9 (S. 233) = t 720.

Die Echtheit der Strophen unter 720. 722. 723 wird durch C und CD bestätigt; über 724 vgl. S. 121. Dass die zweite Strophe von 728 (= 247), die nur noch durch H bezeugt ist, echt sein könnte, wurde S. 133 zugegeben. Sie alle erscheinen in t meistersingerisch zugestutzt: der Auftakt, die Caesur nach der siebenten Silbe des 2. 3. 5. 6. Verses mit folgender Senkung (geringfügige Ausnahmen 15,2. 99,5. 100,3), die Fünfhebigkeit des 9. Verses sind durchgeführt. In der Regel ist auch der Inreim des 3. und 6. Verses, zuweilen recht gewaltsam, eingefügt. Doch geschieht das nicht, wie Bartsch S. 159 behauptet, durchgängig: er

fehlt in den echten Strophen 2.' 15. 93. 100. 94, sowie in den unechten des Bars 726. Für den Text ist bei dieser weitgehenden Umformung wenig zu ernten, am ehesten noch bei den allein in C erhaltenen Strophen 199. 235—239. In 93 ist t mit D gegen C, in
46 mit n gegen CD, in 94 mit s gegen CD verwant, in 100 vielleicht
mit m. Unter den 18 sonst nicht bezeugten Strophen von t ist nun die
Spreu vom Weizen zu sondern. Meistersingerische Form darf dabei
nicht als Kriterium benutzt werden, da auch echte Strophen in sie hin-
eingezwängt worden sind. Bartsch (a. a. O. S. 159: vgl. S. 68) hält die
Strophen 287 und 289, 300 und 301, dann 246—248, wol auch 297
bis 299, denen er wenigstens nicht sein „Unecht" beisetzt, für Reinmarisch, und nur 288. 290—296. 302 verwirft er. Aber diese Entscheidung kann nur arger Flüchtigkeit entsprungen sein. Reinmar hält
aufs Strengste eine stumpfe Caesur nach der 2. Hebung des 12. Verses
inne: diese Caesur wird verletzt in 287: *sit ich gein di|ner helffe
nieman gliche;* 288: *erhöre frau | we gutlich mine stimme;* 291: *und
auch daz was|ser daz gein berck kan fliessen;* 292: *und den be-
we|ren turffen nit me clagen;* 294: *daz kunden al|le zungen nit
volkosen;* 299: *sufs han wir Got|tes und des wins genossen;* 301:
wacht uff ir Cris'ten! ez ist liechter morgen. Unmöglich sind bei
Reinmar die Reime: *minne : stimme* 288,9 : 12 (Bartsch ändert ganz
hübsch durch Umstellung, so dass *gimme : stimme* reimt); *schòn
(= schòne): stán* 291,1 : 2; *wâr : hán* (?) 291,10 : 11; *fart:naht* (?) 293,
4 : 5; *môn : tron* 294,10 : 11; *erlázen : hazzen* 297,9 : 12; *Sameson:
Ureban* (klingend) 298,7 : 8; *vor wâre : clâre* (Nom.) 299,7 : 8; endlich die klingenden Reime *brehen : sehen* 290,9 : 12; *getragen : clagen*
292,9 : 12; *verjehen : gesehen* 293,7 : 8; *haben : begraben* 297,7 : 8;
auffallend, aber nicht unbedingt unmöglich die Reime *schön* (= *schóne*) :
dön (Dat. Sing.) 290,10 : 11; *gebar : war* 288,1 : 2; *vast* (*vaste*):
mast 302,1 : 2; *Dominàciòn : schòn* (*schòne*) 294,3 : 6; *seraphine :
schine* (Dat. klingend) 294,7 : 8; (ferner *wit : gefrit* (*gefriet*) 301,4 : 5;
naht : erdâht 301,10 : 11; *vor : kòr* 294,1 : 2; *an : gelàn* (Part.) 292,4 :
5; *ròse : volkòsen* 294,9 : 12). Danach sind sicher unecht die Strophen
287. 288. 291—294. 297—299. 301. So fallen auch die Strr. 290.
295. 296. 300. 302, die mit den genannten zu éinem Gedicht gehören.
Dies Resultat bestätigt der Inhalt der betreffenden gegen Reinmars Art
3- bezw. 7 strophigen Gedichte. 290—296 ist ein grosser allegorischer
Bar auf Maria, *die wolgestalte ròse*, der von mystischer Gelehrsamkeit
(sehr viel lateinische Worte!) strotzt. 297—299 enthält einen Vergleich
von Milch und Wein: dem Wein wird schliesslich der Preis zuerkannt,
weil er beim Abendmahl eine Rolle spielt. Endlich 300—302 entwickeln
ein anekdotenhaft eingekleidetes, arithmetisches Problem von entschieden
gelehrter Herkunft [193]): es wird erzählt von 15 Juden und 15 Christen,

---

193) Der Stoff reicht schon in die letzten Zeiten des Altertums zurück. Das
sehr verstümmelte Gedicht, das Meyer in seiner Ausgabe der lat. Anthologie Bd. II,

die auf einem Schiffe zusammenfahren: das Schiff muss um die Hälfte
seiner Passagiere erleichtert werden, und es wird beschlossen, jeder
Zehnte soll ins Meer geworfen werden: durch geschickte Aufstellung
erreichen die Christen, dass nur Juden das Loos trifft: diese Anekdote
wird dann in der wüsten Weise der Meistersinger gedeutet. Bartsch
will S. 694 fg. die ersten beiden Strophen dieses Bars halten, da die
in 301,4: *der kiel daz ist die welle wit* verlangte Form *werell* (für
welle) ins 13. Jahrhundert weise, ein sehr schwacher Grund: die Meistersinger hängen ungeniert, wo sie ein zweisilbiges Wort brauchen, unorganisches e an einsilbige an: so 2,2: *usse* für *ûz;* 199,5: *verborne*
(== *verborn*); 99,3: *manne* (Nom.) für *man;* 299,7: *vor ware;* 248,3:
frunde für *vriunt* (Nom. Sing.); und noch in Huldrich Thorauders
Aenigmatographia rhythmica (um 1600) im 1. Rätsel heisst V. 7: '*der
lenger als die Werlet wer*'.

Von den übrig bleibenden 3 Strophen wird 289 durch die Gesellschaft der beiden unechten 287 und 288 zum mindesten sehr verdächtig: formal ist sie mit Bartschs Conjectur zu V. 7 und 8 unanstössig:
ihr Inhalt besteht aus den üblichen farblosen religiösen Phrasen: ich
halte sie für unecht. Dagegen möchte ich über die Strophen 246 und
248 das verdammende Urteil nicht sprechen: gereicht ihnen auch die
Gemeinschaft mit der selbst verdächtigen Strophe 247 nur zu geringem
Schutze, so stehen sie doch zu sehr im Tone und Gedankenkreise der
Spruchdichtung Reinmars und seiner Zeit, um sie entschieden zu ver-
werfen: 246 schildert das viel bekannte Bild der Glücksgöttin, wie sie
ein Rad umdreht, an dem vier Menschen in verschiedener Lage herum-
klettern: in 248 (ähnlich Str. 247) klagt der Dichter, es sei ihm nie
beschieden, das Glück zu erreichen: es habe ihm, wenn er sich ihm
näherte, auf Finger und Mund geschlagen. Die Strophen mögen, wenn
auch in wesentlich andrer Gestalt, Reinmars Eigentum sein, und 248,2
wäre dann ein ausdrückliches Zeugnis für Reinmars Armut in seiner
späteren Lebenszeit. —

Ueber die Geschichte des Ehrentons bei den Meistersingern noch einige zusammenfassende Worte.

Neben dem Auftakt wurden zuerst die klingenden Caesuren mit
folgender Senkung im 2. 3. 5. 6. Verse zur Regel erhoben. Das war
noch keine eigentliche Abweichung von der Originalform, nur eine Beschränkung ihrer Freiheiten. Von dieser Form gieng Heinrich von Mü-

---

No. 1061 mitteilt, ergänzte Mommsen im rhein. Mus. IX, 298 aus einer Einsiedler
IIs. In 13 Distichen wird recht elegant erzählt, wie die duces Niger und Candidus mit je 15 Gefährten unter sich ausmachen, wer eine lästige Wache übernehmen solle: auf den Vorschlag des Candidus wird dazu je der 9. bestimmt: angeblich um jede Täuschung zu hindern, wird gemischte Aufstellung genommen, und
Candidus weiss es einzurichten, dass nur die Mannschaft des Niger vom Loose
betroffen wird. — Als späterhin Juden und Christen auf sturmgefährdetem Schiff

geln aus, als er für einen Bar seiner lat. Reimchronik [194]), Strr. 47—49
(Engel, Monum. Ungrica S. 53), den Ehrenton Reinmars benutzte (vgl.
oben S. 5). Er differenziiert den Ton aber in eigentümlicher Weise,
indem er den 2. und 5. Vers um eine Hebung vor der Caesur verkürzt.
Vielleicht aus Irrtum, nicht aus Absicht: jedesfalls fand sein Beispiel
keine Nachahmung. Auf einer zweiten Stufe wurde die Caesur des 12. Verses ignoriert, der 9. Vers um eine Hebung verlängert (Beispiele schon in CD).
Das Motiv dazu war der Wunsch, ihn seiner Reimzeile 12 gleich zu
gestalten, von der ihn die Caesur nicht mehr unterschied: eine Verkürzung
aus gleichem Grunde werden wir beim Fürstenton des Ehrenboten kennen
lernen. Auf dieser Stufe stehen die meisten Strr. von s, einige von t.
Schon ein Paar echte Strophen hatten die Caesuren des 3. und 6.
Verses gereimt. Das wurde im Laufe des 15. Jahrhunderts Gesetz.
Bereits in den meisten Strr. der Colm. Hs. ist es durchgeführt: ich ver-
weise auch auf die Heidelberger Hs. 392, die auf Bl. 13 unter der
Ueberschrift ‘fraw ere ton’ ein dreistrophiges religiöses Lied in dieser
Spezies des Ehrentons enthält.

In einem letzten Stadium der Entwickelung endlich, ums Jahr 1500
etwa, dehnt sich der Caesurreim auch auf V. 2 und 5 aus: die beiden
Hälften der 2. 3. 5. 6. Zeile gelten als selbständige Verse, der Frau-
Ehrenton hat 16 Reime. In dieser Gestalt ist er im 16. Jahrhundert
massenhaft bezeugt: dass schon in s (Str. 41) ein Beispiel vorkommt,
ist wol Zufall. Noch Hans Sachs hat nach dem Zwickauer Generalregister seiner Meistergesänge (Hertel, Zwick. Progr. 1854, S. 16) die
stattliche Anzahl von 31 lidt in diesem Ton gedichtet.

Aber Reinmars Namen kam der Ruhm seines Tons damals nicht
mehr direkt zu Gute. In seiner letzten Gestalt wird er ausnahmslos auf
Grund einer nahe liegenden Combination an den Ehrenboten (vom Rhein)
geknüpft. fraw ern thon des ernpotten (vom Rein) heisst er z. B. in
der Berl. Hs. fol. 23, Bl. 2a. 3a. 101a. 185b; fol. 25, S. 27; in der Weim.
Hs. Q 567 Bl. 100. 265 und sehr oft. Aber schon in der letztgenannten Hs. machte mans sich bequem und liess das jetzt fast pleonastisch
scheinende ern fort: einfach im frauen thon Ehrenbotens sind überschrieben Bare der Weim. Hs. Q 567, Bl. 327. 331; fol. 418, S. 1029.
1158; fol. 419, Bl. 92a. 200a u. öft.; in Metzgers Hs. Gott. Ms. philos.

zur Einkleidung gewählt wurden, blieb doch die Neunzahl beim Abzählen bestehen:
so in der lat. Prosaerzählung in Reussners Aenigmatographia (ed. II, 1602) p. 402:
hier wird die Aufstellung durch einen Hexameter veranschaulicht, dessen Vocale
nach ihrer Stellung im Alphabet abwechselnd anzeigen, wie viel von jeder Art,
Christen oder Juden, neben- und nacheinander zu stehen hatten. Genau derselbe
Scherz (Christen und Türken) in Casp. Bachet de Meziriac's problèmes plaisans,
Lyon 1624, S. 174, nur mit andern Memorialversen: sein Hinweis auf Hegesippus
beruht auf falscher Auffassung. Eigen ist der Kolm. Hs. nur das Decimieren und
die Deutung. Das Thema gehört durchaus in das Gebiet gelehrter Spielereien:
es ist mir unbegreiflich, wie man Reinmar derartiges zutrauen kann.

194) Die neuerdings bezweifelte Autorschaft Mügelns. stütze ich in einem Auf-
satze, der im 30. Bande von Haupts Zeitschrift erscheinen wird.

196, S. 160, auch im Register des Hans Sachs. Da lag es dann nahe, bei der *fraue* an die himmlische Herrin zu denken; gab es doch z. B. von Kettner einen *unser l. frauen ton;* an sie dachte gewiss der Schreiber der Weim. Hs. Q 418, der im Register verzeichnet: *In Unser Frauen ton defs Ehrenbotten* [195]. — Und unter noch anderm Namen, als Schöpfung eines noch andern Dichters erscheint der Ehrenton in seiner meistersingerischen Gestalt. Die Nachtweise Nikolaus Klingsors ist mit ihm mindestens in der äussern Form [196] identisch (Weim. Hs. Q 571, Bl. 11; fol. 418, S. 78. 398): in einem *ganntzen meisterlichen Reien in Zwollff thonnen Der 12 ersten Maister* (Q 569, Bl. 199 fgg.) fehlt der Römer sowohl wie der Ehrenbote, eine ganz singuläre Erscheinung [197]: aber durch seinen Ton, eben die Nachtweise Klingsors, ist Reinmar auch da vertreten. —

Die Töne Römers.

Löste sich in der meisterlichen Tradition der Frau-Ehrenton von Reinmars Namen los, so hefteten sich, wie zum Ersatz, ein Paar andre Töne daran, an denen er sicherlich unschuldig war. Das geschah im Laufe des 15. Jahrhunderts. Das Kolmarer Repertorium des ältern Meistersangs kennt diese Tonnamen noch nicht, schon aber seine Donaueschinger Abschrift. Sie prägten sich, als das *Zwetel* im Verschwinden,

---

195) Einen **Fräuleinton**, den Goedeke, Grundriss I², 313, unter den Tönen des Ehrenboten anführt, habe ich nicht gefunden. In Leutzdörffers IIa. Gott. Ms. philos. 194, Bl. 62. rührt das *l*, das zwischen *fraw ern* in der Ueberschrift steht, von dem überschriebenen Wort *spiegel* her: der Bar ist im Spiegelton des Ehrenboten verfasst.

196) Bekanntlich kam es schon in der Lyrik des 13. Jahrhunderts vor, dass Strophen von metrisch ganz gleichem Schema doch durch die Melodie sich unterschieden. Aber solche Fälle sind vereinzelt; die Uebereinstimmung ist da meist zufällig und wird bewusst gemieden. Anders im Meistergesang. Neucompositionen älterer Formen sind da oft genug gesichert; so erklärt es sich, dass beim selben Dichter, in derselben Hs. selbst complicirtere Strophengebäude unter verschiedenen Namen erscheinen. Freilich darf man darum nicht überall, wo eine Form einmal eine abweichende Bezeichnung trägt, gleich auf melodische Verschiedenheit schliessen: auch Irrtum und Willkür spielten da viel mit. Aber auch wo die melodische Differenz unzweifelhaft ist, wird festzustellen sein, wer der ursprüngliche Verfasser eines Tones war, welcher Ton erst aus dem andern entstand. Wo ich im Folgenden 2 Töne für identisch erkläre, gilt das nur vom metrischen Schema: für die literarhistorische Frage der Priorität oder der Echtheit trägts wenig aus, ob der Umtaufer des Tons nur den Namen oder auch die Melodie änderte.

197) Der Reien, der auch in der Steirischen Hs. steht (Schröer. Germanist. Stud. II, S. 216), hat zum Verfasser den bekannten Uebersetzer und Dichter Joh. Dan. Holzmann, der in beliebter Combination (QF 21, 37) gleichzeitig Maler war. Das Fehlen Reinmars erklärt sich so: wenn man von Hornburg absicht, ist die **Auswahl der 12 Meister** ziemlich feststehend. Auf der Iglauer Tafel steht schwerlich *Werner*, wie es nach der Abbildung bei Wolfskron (Schriften d. histor.-statist. Section der mähr.-schles. Gesellsch. des Ackerbaus 1854, Heft 7) scheint,

Zwickau noch nicht an seine Stelle getreten war. Daher die seltene Verbindung des *Zwickau* mit jenen Namen (vgl. S. 6)[198]), daher der wunderliche Pleonasmus: *die Römergesangweis Römers von Zwickau* (Wagenseil S. 537; Wolfskron a. a. O. S. 46). Erst um 1500 setzte sich das *Zwickau* fest: wir kennen es zumeist aus Meisterregistern [199]. Dabei wurde an eine bekannte Zwickauer Familie angeknüpft: das Todesjahr ihres berühmtesten Mitglieds, Martin Römers, 1483, darf als terminus a quo gelten. Martin Römer war durch den Schneeberger Bergbau steinreich geworden: er verwante einen grossen Toil seines Vermögens (angeblich 101760 Gulden) auf Stiftungen an Kirche und Schule, bereicherte die Vaterstadt durch öffentliche und private Bauten. Im Febr. 1470 liess er sich vom Kaiser adeln, dem Rate von Zwickau gehörte er seit 1467 an. 1475 wurde er churfürstl. Amt- und Hauptmann über die Aemter Zwickau und Werdau (Herzog, Chronik der Kreisstadt Zwickau, I, 102. 176. II, 131 fgg. 137. 142). Schmidts Chronica cygnea nennt ihn (II, 234) einen 'grossen Gutthäter der Stadt Zwickau'. Dass sein Ruhm der Anlass zur Erweiterung des Dichternamens wurde, ist um so wahrscheinlicher, als seine Familie in Be-

sondern *Marner*, der sonst hier allein fehlte, während Bruder Wernher nur noch bei Hornburg in der Zwölfzahl erscheint. Nur in einer Hinsicht fand eine Entwicklung statt. Ursprünglich fehlte Mügeln in der Zahl, der Zeit nach weitaus der späteste: dagegen waren sowol Klingsor wie Offterdingen anerkannte Meister (z. B. Germ. V, 217; Dresd. Hs. MS, Bl. 488; Weim. Hs. Q. 570, Bl. 2). Als nun Mügeln durchdrang, musste ein Anderer weichen. Dies Geschick traf ziemlich gleichmässig Offterdingen und seinen Verbündeten Klingsor: darin schwankte man: in der Memminger Tabulatur heisst es S. 12 ausdrücklich: 'andere setzen ... *an dess Klingesuhren statt, den Hainrich N. von Effterdingen, einen Schuhmacher*.' Aber ganz vereinzelt fiel Mügelns Eintritt in den ehrwürdigen Kreis auch ein Anderer zum Opfer: wie bei Holzmann der Römer, so in der Weim. Hs. fol. 418, S. 265 Konrad v. Würzburg.

198) Zu der dort citierten Stelle füge ich jetzt noch Weim. Hs. Q. 567, Bl. 285; fol. 418, S. 646 und im Register; fol. 419, Bl. 373b.

199) Es sei mir gestattet, hier eine kleine Nachlese zu S. 6 zu halten. Bemerkenswert ist ein Strassburger Tafelbild (aus dem 17. Jahrhundert?), auf dem unter den 12 alten Meistern 'Der (oder gar *Her*?) *Reiner* (*Remer*?) *von Zwicken*' erscheint (Martin, Die Meistersänger v. Strassbg., Tafel I), bemerkenswert durch den Ortsnamen, der an Zweten erinnert. Die Iglauer Tafel nennt den Dichter einfach *Römer*, ebenso wie das Iglauer Lied von 1571 (Anz. f. d. Alt. III, 120): *der Römer tichtet vleissiglich.* — Germanist. Studien II, 212: *der acht mit reichem schallen hiess Römer, tuet verstan, von Zwickau, sang zu Gottes wolgefallen; mit seiner weis bewert er seine kunst*; ein Meistergesang *im verporgen Thon Fritz zorns,* der Wolfram noch als Diener des Landgrafen, Klingsor als Nekromanten kennt (Weim. Hs. Q. 570, Bl. 2), sagt vom Römer: *Der Romer wart auch kunsterreich, Er sas zu Zwickau in der statt;* fol. 418, S. 214 *der achte Der Römer Von Zwickau Gottes lob er bedachte;* ebda. S. 265 (an letzter Stelle) *Der Römer kam Vnd sanng kunstlich Vnd klar.* Zu wirklicher Charakteristik nirgend auch nur der leiseste Ansatz. Die einzige rühmliche Ausnahme bilden Cyr. Spangenbergs Bemerkungen im Buch von der Musica (ed. Keller S. 124): '*Reinhardt von Zechin* (für Zwethin) *oder Zwetzen: Ettwann auch Reymar* (also 1598 kannte man diesen Vornamen wirklich noch!) *von Zwechstein genannt, seine Lieder seindt gemeiniglich vonn gleichnüssen Auss der Natur, von Gewechsen, Kreüteren, vnndt Thieren genummen.*' Die Tiergleichnisse träfen zu, das übrige gar nicht: schwerlich hat Spangenberg noch viel echte Sprüche Reinmars gekannt.

ziehungen zu Nürnberg, dem klassischen Boden des spätern Meistergesangs, stand (Will, Nürnberg. Münzbelustigungen IV, 244) [200]): Martin
Römer selbst stiftete einen Jahrtag im Augustinerkloster zu Nürnberg
(ebda. IV, 245).

Derjenige Ton, in dem Reinmars Name bei den Meistersingern vornehmlich fortlebte, war des Römers Gesangweise,[201]) ein zwanzig-
reimiger Ton von folgender Gestalt:

```
      ⌣ 6 a                    ⌣ 6 c
      ⌣ 6 a           5.       ⌣ 6 c
      ⌣ 5 b ⌣                  ⌣ 5 b ⌣
              ⌣ 4 d
              ⌣ 5 e ⌣
              ⌣ 4 d
      10.     ⌣ 5 e ⌣
              ⌣ 4 f
              ⌣ 5 g ⌣
              ⌣ 4 f
              ⌣ 5 g ⌣
      15.     ⌣ 4 h
              ⌣ 3 i ⌣
              ⌣ 4 h
              ⌣ 2 h
              ⌣ 4 h
      20.     ⌣ 3 i ⌣
```

So steht in u S. 227, No. 17: '*In Remers sangwis von Zwetel*'
ein gelehrtes religiöses siebenstrophiges Gedicht: '*Salue regina mī
misercordie, der grūs zimt hohe kungin dir*'; so in der Handschrift
der Trierer Stadtbibliothek No. 26 (früher 868) [202]) in '*Romers gsang*

· 200) Auf dies Buch hat mich Prof. Goedeke aufmerksam gemacht, dem ich
auch sonst auf diesen Blättern reiche Belehrung und Förderung verdanke.

201) War das Wort '*gesangweis*' ein terminus technicus, wie '*spruchweis*' für
Meistergesänge in Reimpaaren, bedeutete es eine besondere Art des Vortrags?
Unter den Tönen des Hans Sachs befindet sich ebenfalls eine Gesangweise (oder
vnser frauen gesankweis); Sebastian Wild war Vater einer nassen Gesangweis:
vgl. noch Zingerle, Wilt. IIs. S. 60.

202) Ich habe die Handschrift, von der Hoffmann v. Fallersleben eine flüchtige Inhaltsangabe im Anzeiger für Kunde des deutschen Mittelalters II, 51—54
gibt und die Bartsch nicht zugänglich war (Kolm. Liederhs. S. 152), in Leipzig
benutzen dürfen. Sie umfasst 135 beschriebene Bll. (Pap., 4°, 16. Jahrhundert).
Die erste Lage, 8 Bll., enthält 39 Strr. eines Marienliedes mit dem Refrain *Ave
Maria*. Die nun folgenden 81 Bll. bringen meist Recepte: nur die beiden letzten
Bll. sind von jüngerer Hand benutzt zur Aufnahme eines Registers über die später angebundene Meistergesangshandschrift. Dieses Liederbuch ist wiederum aus
verschiednen Sammlungen zusammengesetzt: die erste derselben Bl. 1 - 24 mag
noch im 15. Jahrhundert entstanden sein: es folgen von späterer Hand 3 Lagen
von je 16 Bll.: von einer dritten Sammlung endlich sind noch 12 Bll. da, die
auch einer Lage von 16 Bll. angehörten. — Hoffmanns Inhaltsverzeichnis vereinigt in der Regel nicht, wie Bartsch a. a. O. S. 152 meint, unter einer No.
Strophen verschiedener Gedichte: nur unter No. 19 sind Marners drei *parat* zu-

weyſs' ein ebenfalls siebenstrophiges geistliches: '*Got hat genundret
nunderlichē manigfalt*'. Jeden Gedanken an Echtheit halten die rohen
Reime in beiden Gedichten fern. In den Meistergesangbüchern des
16. Jahrhunderts gehört diese Gesangweis Römers zu den allerbeliebtesten
Formen: Hans Sachs hat laut Register in ihr 74 Lieder verfasst: häufiger
benutzt er nur einen einzigen und zwar einen eignen Ton, den neuen,
den er 92 mal anwante.

Ist die Gesangweis nun wirklich ein Ton Reinmars, was ja möglich wäre, auch wenn wir keine einzige echte Strophe hätten? In s
Bl. 213 b stehen 2 Strophen: '*Ich weis ein rosen gar dar inen stet
ein zwey*' und '*Vil laut rif ein sund² dz ich ie wort geporn*', die überschrieben sind: *des ernpoten don:* dem Schreiber galt also wol Reinmar
als Verfasser des Tons, der mit der Gesangweise fast identisch ist: nur
unterscheiden sich die beiden Strophen von der Form der vorgenannten
dadurch, dass V. 15 und 16, 19 und 20 éinen Vers bilden: ◡ 7 i ◡, dass
ferner V. 17. 18 nur unter sich, nicht noch auf 15 und 19 reimen. So
entsteht aber ein Ton, der in C Boppe beigelegt wird (HMS II. 377 fgg.)
und auch bei den ältern Meistersingern als Boppes Hofton erscheint
(Bartsch S. 166). Er ist metrisch völlig gleich auch dem *langen ton*
Heinrichs von Mügeln [203] (Bartsch, Kolm. Liederhs. S. 180), und ein Zufall hat gewollt, dass das nach der Trierer Handschrift *in Römers Gesang-
weiſs* verfasste Gedicht in w 34 *mayster hainrich von mugelein* zugeschrieben wird: t 625 ist es unter die Gedichte des Bopp'e gestellt: Nestler
macht dazu die Bemerkung: *daz mag man auch in disen langen ton
singen.* In welchem langen Ton? Doch wol dem Mügelns: wenigstens
kennt t noch nicht einen langen Ton Boppes: so wurde der Hofton nach

---

sammengezogen (der zweite Parat: *Min herez daz mag nit haben rw*, der dritte
Parat: *O herre got vnd schepher min*), ferner sind gegen die Handschrift auf inhaltliche und metrische Gründe hin von den 8 Strophen unter No. 6 (in Hoffmanns Zählung) die 3 letzten Strr. abzutrennen: die erste beginnt: '*Aue du bist
eyn wort durchgrindett sufs*' (= t 164), ebenso bilden wol unter No. 3 die letzten
3 Strophen ein besonderes Gedicht, das anfängt: '*Got der ist gar wunderlich geschaffen*'. — Aber Hoffmann gibt die Strophenzahl ganz falsch an: da in jeder
Strophe die Stollen und der Abgesang in der Handschrift abgesetzt sind, hat er
jeden einzelnen Spruch für 3 gehalten, und so reduciert sich der Inhalt jeder No.
auf den dritten Teil: es stehen nur Gedichte von 3, 5, 7 Strophen in der Handschrift. — Es bleibt übrig mitzuteilen, welche Gedichte der Trierer Handschrift
sich meines Wissens in andern ältern Meistergesangshandschriften wiederfinden:
ich folge Hoffmanns Zählung, obgleich dieselbe falsch ist, da sie das Ave Maria
vom Anfang der Handschrift mitzählt und die 3 Parate Marners als eine Nummer
rechnet. x (= Trierer Hs. 26) 4 = w 110, p (= Heidelb. 680) 16; x 5 = t 318(?);
x 6,4. 5 = t 347,1. 2, s 63,1. 2; x 6,6—8 = t 164; x 7 = t 476, w 13,1—3; x 9
= t 551(?); x 13 = t 499. 504, p 9; x 14 = t 418, h (= Heidelb. 392) 122; x 16 = t
481, w 20, s 24; x 17 = t 625, w 34; x 18 = t 498; x 20 = t 420; x 23 = t 363, w 158;
x 25 = t 214, u 35, w 147, h 62, p 7; x 31 = t 349, w 67; x 32 = t 56; x 33 =
t 428, d (= Dresdner Handschrift fol. M 13. pap., 15. Jhd.) 4; x 34 = t 487,
h 110; x 35 = w 154; x 36 = t 421. Zu beachten ist das häufige Zusammentreffen der Trierer Handschrift mit der Wiltener w.

203) Cyr. Spangenberg, Von der Musica S. 133: *Doctor Heinrich Möglin,
hatt in seinem eigenen Langen Ton, vnnd Römers gesangweise manch schönes Liedt
gesungen.*

Analogie Mügelns erst im spätern Meistersang umgetauft [204]). In t und w fehlen die Reime des 15. und 19. Verses, x repräsentiert ihnen gegenüber die spätere künstlichere Gestalt. Streng sondernd, charakteristisch sind (trotz der ungenauen Angabe von s) für Römers Gesangweise eben diese Reime: sie unterschied sich von Boppes und Mügelns Ton in der Melodie, wie die beiden nach jener Schreiberbemerkung unter einander. Die drei Töne sind indessen in ihrem keineswegs einfachen Bau zu gleichartig, als dass sie unabhängig von einander entstanden sein könnten, und da es dem Charakter meistersingerischer Fortbildung durchaus widerspräche, dass das künstlichere dem einfacheren vorhergieng, so muss *Romers Gsangweyfs* das spätere aus Boppes oder Mügelns Tönen Entwickelte sein: dafür zeugt auch ihr viel späteres handschriftliches Auftreten. Man legte die neue Form dem Römer, dem berühmten Meistersinger, in den Schulen bei, um ihr das zur Würdigung nötige Alter, um ihr ein gutes Renommée zu schaffen; das war fast unumgänglich zu einer Zeit, da gewisse Schulen prinzipiell nur die Töne der alten Meister dulden wollten; ebenso sind den übrigen elf Altmeistern, namentlich aber Frauenlob (Goedeke, Germ. XV. 199) und Konrad von Würzburg ganze Reihen von Tönen aufgebürdet worden, mit denen sie nicht das Geringste zu schaffen hatten.

Und noch später wurden andre Weisen mit Reinmars entstelltem Namen verbunden. So taucht im spätern Meistergesang wiederholt die *schranckweis Romers* [205]) auf: Hans Sachs hat 11 *lidt* in ihr gedichtet: ich kenne sie namentlich aus der Weim. Hs. Fol. 419, No. 255. 563. 624; das Gedicht vom Kämpfer auf der Brücke auch Q 567, Bl. 41; Fol. 418, S. 729; cod. ms. phil. 194 Gott., 274; in der Steirer Hs. heisst der Ton irrig *schwankweis* (German. Stud. II, 230). Die 17 reimige Weise hat folgende Form:

204) Im Register des Hans Sachs ist der Name Hofton ganz dem langen Ton gewichen, der sowol unter Mügelns wie unter Boppes Namen geht. In einem fünfstrophigen Bar aus den 4 langen Tönen, Berl. Hs. 4° 414, Bl. 267 a, nimmt die erste Stelle nicht Mügelns, wies die Regel heischt, sondern *des starcken popen langer don* ein, obgleich doch Boppe unter den 4 gekrönten Meistern sonst nichts zu suchen hat.

205) Woher der Name? Es gibt auch eine *schranckweis Foltzen*. Der Sinn

11*

Sie gehört zu einer im Meistergesang ziemlich verbreiteten Ton-
familie, der es gemein ist, dass die Stollen die Reimstellung a a a b
(a und b von verschiednem Reimgeschlecht) haben und dass der Abgesang in den dritten Stollen ausläuft. Das trifft schon auf Konrads
Hofton (Bartsch No. 32) zu: aber da sind die 3 gleichreimigen Stollenverse nicht gleichhebig und a ist klingend, b stumpf. Die meistersingerisch übliche Stollenform der Strophenfamilie ist 4 a, 4 a, 4 a, 3 b ⌣:
ich verweise auf Pseudo-Kanzlers Hofton, auf Frauenlobs Froschweise,
auf Pseudo-Konrads Nachtweise und den mit ihr metrisch fast identischen
Ton Suchensinns, der schon in C unter dem Namen Goeslis von Eben-
hein erscheint: vgl. auch die Stollen der süssen Weise Mönchs von
Salzburg: auch die Weise des Pseudo-Gottfriedischen Lobgesangs, auch
die 15. Weise Wizlavs (HMS II, 84 b) stimmen bis auf éine Differenz
zu diesem Typus. Die Schrankweise weicht ab, indem sie die klingende
Schlusszeile verlängert: dazu mag ihr Regenbogens vielberühmte Brief-
weise (6 a, 6 a, 6 a, 7 b ⌣) Vorbild gewesen sein. Ihren Stollen genau
gleich sind die Schlusszeilen von Harders *körwise*. Jene verwanten
Meistertöne pflegen den Abgesang zu bilden, indem sie der Stollenform
einen Vers voraussetzen, der auf die Schlusszeile reimt: nur in Kanzlers Hofton tritt ausserdem noch ein vierhebiges Reimpaar an die Spitze
des Abgesangs: die Schrankweise hat dies Reimpaar verdoppelt und
verschränkt. — An Reinmars Art erinnert Nichts.

Einen andern Ton: *Remers uber see kurcze don* kennt
nur die Dresdener Handschrift M 13 (Pap. 15. Jahrhundert, Ms. Bünau
51, 26 beschriebene Blätter) Bl. 9 a [206]) (vgl. oben Anm. 13): das drei-

    206) Eine ausführliche Beschreibung dieser Handschrift gibt Falkenstein, Be-
schreibung der Kgl. öffentl. Bibl. zu Dresden, S. 380 fg.; Nachträge und Berichtigungen bei Schnorr, Zur Geschichte des deutschen Meistergesangs S. 4 fg. Da
Bartsch die Hs. nicht benutzt hat, teile ich zu ihrer Charakteristik ergänzend mit,
welche Gedichte d mit andern Meistergesangsbüchern, namentlich t gemein hat:
d 4 = t 428, x 32; d 5 = t 189; d 8 = t 161, HMS III 376 b; d 12 = w 116; d 14
= t 584, u 1, h 96; d 15 = t 304; d 17 = t 826; d 22 = t 25; d 32. 33 = h 84. 85;
d 34 = t 143; d 38 = t 181; d 42 = t 901. Der süsse Ton, der No. 27 (Bl. 16 b)
ohne Verfasser und No. 38 (Bl. 23 h) unter Kanzlers Namen steht, gehört vielmehr Frauenlob zu; der *zirgell weis don* No. 42 Albrecht Lesch (Bl. 26 b). — Aus
einem Liede dieser Hs., das Wackernagel, Kirchenlied II, 385 fg. abdruckt, entnahm
Adelung, Altdeutsche Gedichte in Rom, II, p. X, den Dichternamen K ö r e w e i n;
dieser Name gieng in vdHagens und auch in Goedekes Grundriss über. Jac. Grimm
conjicierte (Kl. Schrr. VI, 83) weder syntaktisch noch inhaltlich sehr überzeugend
köre nein d. h. neun Engelschöre, und Wackernagel nahm diese Vermutung in den
Text auf, gewiss mit Unrecht. Adelungs Auffassung fand eine Stütze darin, dass
Bartsch (Kolm. S. 135) aus der Münchener Hs. s einen Dichter *Ketowein* anführt,
ohne von jenem *Körewein* zu wissen: die Identität der Namen schien um so sicherer,
als in s vielmehr *Kerowein* steht. Die beiden Gedichte in d und s sind nicht dieselben, aber sie behandeln denselben Stoff, ein Gesicht des Johannes: beide laufen
schliesslich darauf hinaus, dass sie schildern, wie die 9 Engelchöre Gott preisen.
Beiden fehlen einzig die Cherubim: es ist mir ausser Zweifel, dass in beiden Fällen
Kerowein oder *Körewein* daraus entstellt ist: in s heisst der Schluss: *dominacio
principat die loben got hoch in der clamaney vnd serofein singt lobe sun vnd Kerowein*

strophige Gedicht von Marias Freuden, das sie mitteilt: '*Maria maget feine du hoch geturder scheine*' ist ein Produkt des 14./15. Jahrhunderts. Die Form:

ᴗ 3 a ᴗ   5. ᴗ 3 d ᴗ
ᴗ 3 a ᴗ   ᴗ 3 d ᴗ
ᴗ 4 b   ᴗ 4 b
ᴗ 4 c   ᴗ 4 c
             ᴗ 4 e (oder ᴗ 3 e ᴗ)
10.   ᴗ 4 f (oder ᴗ 3 f ᴗ)
             ᴗ 4 e (oder ᴗ 3 e ᴗ)
             ᴗ 4 f (oder ᴗ 3 f ᴗ)
             ᴗ 3 g ᴗ
             ᴗ 3 g ᴗ
15.   ᴗ 4 h
             ᴗ 4 h

mit ihren gleichlangen Versen (ᴗ 4 oder ᴗ 3 ᴗ) ist Reinmars Technik ganz fremd: wem sie zukommt, weiss ich nicht: nahe verwant ist der Ton mit Konr. v. Würzburgs blauem Ton (Kolm. Hs. S. 484), [207]) in dem nur — abgesehen vom Reimgeschlecht — V. 15 seine Bindung im Innern von V. 1 findet, V. 16 auf 10. 12 reimt.

'Einer der grössten Maisster seiner Zeit', der gelehrte Augsburger Notar Joh. Spreng versifiziert um die Mitte des 16. Jahrhunderts Acta Ap. 17,10—14 in einem verzwickten Ton von 22 Reimen, den er

---

spricht got ist wandels frey. Und diese Conjectur hat sich mir schön bestätigt: *cherubin* liest wirklich die Kolmarer Hs., die das Gedicht von d auf Bl. 136c—137b ebenfalls enthält, sonst nicht eben in besserer Ueberlieferung als d.

207) Ich habe dem Ton Konrads Namen gelassen, obgleich t mit dieser Benennung allein steht, obgleich sie gewiss nicht authentisch und noch dazu im Widerspruch mit der meisterlichen Tradition ist: mir scheint es allzu unsicher, durch welchen andern Namen er zu ersetzen sei. Bartsch freilich nimmt den Ton S. 166. 178 unbedingt für Regenbogen in Anspruch: er beruft sich auf das Zeugnis von h, p und auf Wagenseil. In h figuriert allerdings als blauer Ton Regenbogens eine Strophe. die sich mit Konrads blauem Ton in t deckt: nur dass V. 3. 7. 15 reimlos sind: diese Form kann als Vorstufe der mehrreimigen angesehen werden. Aber h ist für die Autoren der Töne ein besonders unzuverlässiger Zeuge. In p kommt nur No. 14 in Betracht: ob da wirklich unser Ton steht, kann ich nicht controlieren: an den andern von Bartsch citierten Stellen heisst die Ueberschrift einfach *im plaben thon* ohne Regenbogens Namen. Und Wagenseil sowie die ganze spätere Tradition der Meistersinger zeugt gegen Bartsch. Er wundert sich selbst, dass Wagenseil den Ton 16reimig nennt, da er doch nur 15reimig sei: in Wirklichkeit ist er weder 15- noch 16reimig: in h hat er nur 13, in p, t und sonst 17 Reime. Bartsch übersicht S. 484, dass V. 15 auf die zweite Silbe von V. 1 reimt. Unter den 17reimigen Weisen steht aber bei Wagenseil an erster Stelle *der Blaue Thon Heinrich Frauenlobs*, und so heisst er stets im spätern Meistergesang: der 16reimige blaue Ton Regenbogens ist ganz von ihm und also auch von Konrads blauem Ton in t verschieden (vgl. z. B. Hans Sachs hsg v. Goedeke, 1¹, S. 102). er deckt sich dagegen im Gemäss genau mit Frauenlobs Ritterweise, die in t, u, w, h für Frauenlob gut bezeugt ist. Dass die beiden Töne musikalisch differierten, wird dadurch gesichert, dass sie z. B. im Register des Hans Sachs alle beide vorkommen.

Römers *geilen thon*[20⁴]) nennt. Der Bar ist erhalten in der Je-
naer Meisterliederhs. von Birner, 17. Jahrhundert (Goedeke Grundriss[2],
II, S. 251) auf S. 152. Auch im Register wird der Ton verzeichnet unter
dem *Römer von Zwicke*. Das ist wol ein Irrtum Sprengs. Der Ton
ist ganz identisch mit *Frauenlobs leyt ton* in t und u (Bartsch, Kolm.
Hs. S. 21), mit dem auch die Strophenform, die Ettmüller aus V. Voigts
Sammlung als *laiton* mitteilt (S. XIII), sich vollkommen deckt (anders
Bartsch, Kolm. S. 173). Jedesfalls ist Römers *geiler ton* höchstens eine
Neukomposition jener ältern Form.

Der Ehrenbote vom Rhein.

Schon seit den ersten Jahrzehnten des 14. Jahrhunderts wird uns
aus Meistersingerkreisen wiederholt Kunde von einem alten Dichter,
der Ehrenbote oder auch Ehrenbote vom Rhein genannt wird, und dem
in der Kolmarer und andern Handschriften des 14. und 15. Jahrhunderts
verschiedene Töne zum Teil sicher mit Unrecht beigelegt werden. Der
älteste Zeuge ist Regenbogen in dem wahrscheinlich echten, nach Frauenlobs Tode 1318 verfassten Gedichte, das Holtzmann Germ. V,444 und
Bartsch (Kolmarer Liederhandschrift No. 82, S. 404) mitteilt:

> *Die meister habent wol gesungen,*
> *her Frouwenlop, Klingsôr und der von Eschenbach.*
> *der Êrenbote was künste rich,*
> *den edeln Marner wil ich iemer prisen.*
> 5. *An künsten ist in wol gelungen.*
> *der starke Boppe manigen hôhen sin durchbrach.*
> *wâ vint man iergen sin (so Bartsch, t ir) gelich?*
> *ich mein Kuonrât von Wirzeburc den wisen.*

Auch Leopold Hornburg gedenkt in seinem Loblied auf Reinmar von
Zweter des Ehrenboten, der im ersten Lied V. 12 als elfter, im dritten
Lied V. 19 als zwölfter der 12 alten Meister genannt wird: er charakterisiert ihn an zweiter Stelle ganz nichtssagend: '*des Êrenboten sang
was slecht*' (HMS IV. 882). Natürlich nennen ihn auch die drei grossen verwanten Dichterkataloge (vgl. S. 6): im unbekannten Ton Voltzen
nimmt der *Êrenbot* die 15., in Nachtigalls und in Voigts Register die
22. Stelle ein. In der Dresdener Handschrift M 8 reiht ein 1567 ver-
fasstes Lied den 12 alten Meistern, unter denen der Ehrenbote wie stets
ausser bei Hornburg fehlt, noch vier Nachsinger (Epigonen) an, alle
aus dem 13. Jahrhundert: den *Ungelert*, den *Erenpot, herren Neithart
Fuchs* und den *Meichsner* (Schnorr S. 14). Das Dichterverzeichnis der

---

208) Im Register scheint eher *gäler Thon* zu stehen: das *geil* des Textes ist
aber schon im Hinblick auf Frauenlobs geilen Ton wahrscheinlicher. Professor
Goedeke hat mich auf den Ton aufmerksam gemacht.

von Schröer beschriebenen Steierschen Hs. schliesst an die 12 alten
Meister zunächst die *alt nachdichter*: ihre Reihe eröffnet Klingsor, dem
unmittelbar *Erenpott* folgt. Die Tonregister in den Meistersangshss.
sind nicht immer willkürlich geordnet: in der Leutzdörfferschen Hs. versichert Hans Sachs ausdrücklich, dass die ältesten Meister vorangestellt
seien: dort sowohl wie im Zwickauer Generalregister folgt der Ehrenbote
unmittelbar hinter den gekrönten Meistern, Wolfram, Walther und Konrad: der Römer kommt in beiden Registern erst viel später; im Register
der Weim. Foliohs. 418 gehen ausser den Gekrönten nur Wolfram,
Klinsor, Kantzler, Walther, Römer und allerdings auch Behaim vorher.
Alle diese Zeugnisse weisen den Ehrenboten mit hoher Wahrscheinlichkeit noch unter die Dichter des 13. Jahrhunderts.

t nennt den Dichter einfach *Ernbotten*, ebenso s und die meisten
spätern: der Zusatz *vom (von) Rein* erscheint in w (Zing. S. 34), h 57.
58. 93. 120; vereinzelt auch noch in späteren Meistergesangsrepperto-
rien [209]); doch schwindet dieser Zusatz je länger je mehr. Statt *ernbotte*
heissts wol auch *fraw erenbot* (z. B. h 57. 58; Weim. Q 572, 349 b).
Der Titel *maister erobot* (h 93) kann nicht Wunder nehmen; um so
mehr aber der *herr Ernpat vom Rein* w 138. 139 [210]).

Es ist ein sehr nahe liegender Gedanke, dass Reinmar von Zweter
und der Ehrenbote vom Rhein ein und dieselbe Person seien: schon
vdHagen spricht ihn aus (HMS IV, 507, Anm. 6): auch Bartsch (Kolm.
Hs. S. 159 fg.), entschiedener Wackernagel (Litteraturgeschichte[2], I, 314,
Anm. 52). Ich halte diese Annahme für durchaus richtig: wie Reinmars
Lieblingston nach einem Lieblingsthema ein für alle mal 'Fraun-Ehren-
Ton' getauft wurde — schon C kennt diesen Namen —, ebenso bildete man
für den Sänger dieses Tons, den Sänger der Frau Ehre, den Spielmanns-
namen 'der Ehrenbote', vielleicht unter dem Einfluss von 75,4, wo die
Rede ist von den *minneboten* der Frau Ehre, die ihre *brieve tragent
unt heldes herze ûf weckent* (Wackernagel a. a. O.). Möglich gar, dass
Reinmar sich nach Vagantenbrauch selbst in den durchsichtigen Deck-
namen hüllte: es wäre dieselbe Methode, wie wenn ein Moderner, der
mit einem Werk Erfolg gehabt hat, auf den Titel des nächsten setzt:
'vom Verfasser des ....': so wird sich der Name 'Ehrenbote' auch zunächst an einen andern Ton (Spiegelweise?) geschlossen haben als an den
Ehrenton. Es kommen freilich auch sonst Namen von Fahrenden vor, die
mit 'Ehre' gebildet sind, ohne dass an Reinmar von Zweter und seinen
Ehrenton gedacht werden darf: so in den grossen Säugerkatalogen, der
Erenfro (Folz, Voigt), Meister Frauenehr (bei allen dreien), den
J. Grimm, Meistergesang 106, mit Reinmar identifizieren will, endlich
der *Erenreiche* (Nachtigall, Voigt), von dem uns Gedichte in einer
Haager Liedersammlung (Zs. I,233. 235) erhalten sind und der iden-
tisch sein könnte mit dem in der Zimmerischen Chronik (HMS IV, 883)

---

209) Z. B. Berl. Hs. fol. 23, Bl. 2 a; Weim. fol. 418, S. 668; Gött. phil.
194, Bl. 61 b.
210) Das im cod. Berol. germ. 4°, 583, Bl. 17 a, vorkommende 'herr bothe'
ist nur Verschreibung für *Ehrnbotte*, zeugt nicht für das Adelspradikat.

genannten *Ellentreich.* Helbling bildet (2, 1373) eben auf Grund dieser
Liebhaberei spöttisch den Sängernamen ' *der Erenknolle*', und auch Frauenlobs *alter meister Erewin* (177,5) klingt wol absichtlich an *ére* an. Aber
beim Ehrenboten tritt hinzu das häufige Beiwort 'vom Rheine', das deutlich auf die vielgenannte Stelle 150,1 zurückweist.

Und ich lege Wert auf den Herrentitel in der Wiltener Hs.: ich
weiss wohl, dass spätere Meisterregister und Liedersammlungen dieses
her gedankenlos und unterschiedslos verschwenden, z. B. an Frauenlob:
aber in w kommt der Titel sonst nicht, beim Ehrenboten zweimal vor:
das kann kein Zufall sein.

Als Ulrich von Liechtenstein in der Rolle des Artus nahe der böh-
mischen Grenze herumturniert, da schickt ihm ein böhmischer Edler eine
Jungfrau zu, die ihn und die Ritter seiner Umgebung im Auftrage der
Frau Ehre nach Krumau in Böhmen zum Turnier laden soll. Reinmar
lebte damals noch in Prag. Dass dort im Südosten, an der Stätte seines
Wirkens, *vrow Ere* solcher Popularität genoss, verdankte sie dem Dichter.
Jene Jungfrau wird nun geflissentlich, öfters halb scherzhaft, *der Eren
bot* angeredet oder in dritter Person genannt (479,28. 486,12. 487,13).
Lese ich zu viel heraus, wenn ich dahinter eine Anspielung auf den
bekannten Dichternamen wittere? Reinmar war den meisten jener Ritter
sicherlich wohl bekannt. Damit wäre als terminus ante quem das Jahr
1240 gewonnen.

Der älteste Zeuge, Regenbogen, war sich der Einheit der beiden
Dichter, Reinmars und des Ehrenboten, jedesfalls noch bewusst: neben
Frauenlob, Klingsor, Wolfram, Marner, Konr. v. Würzburg, Boppe durfte
der unter den Meistersingern hochberühmte Reinmar nicht fehlen, wenn
dieser nicht schon mit dem Ehrenboten gemeint war. Bald darauf er-
giengs dann aber dem Ehrenboten, wie Reynhart v. Zwechstein: er wurde
als besondere Persönlichkeit von Reimar von Zweter losgelöst. So werden
beide seit Hornburg stets als verschiedene Dichter neben einander genannt, ihnen verschiedene Töne beigelegt; aber das ist natürlich kein Beweis gegen die ursprüngliche Einheit. Wenn, wie wir sahen, die späteren
Meistersinger den **Ehren**ton regelmässig dem **Ehren**boten zuweisen,
so sehe ich darin keine dunkle Erinnerung an den wahren Sachverhalt,
sondern eben nur eine fast unumgängliche Combination. Dagegen darf
es als vollgiltiger Beleg für die Identität aufgefasst werden, wenn s Bl.
213 b die Grundform der Gesangweise Römers (vgl. S. 162) *des ern-
polen don* nennt: wer hier an Stelle des Römers den Ehrenboten setzte,
konnte nicht durch einen äussern Grund, wie den Namen des Tones,
dazu verführt sein. Ist es vielleicht kein Zufall, dass Offterdingens oder
Wolframs Fürstenton auch des Ehrenboten Namen trägt? Wusste, wer
den Ton nach ihm zuerst nannte, noch, dass auch Reinmar im Wartburgkrieg diese Strophenform benutzte? Und endlich: hat der Registrator
der Weim. Foliohs. 418 absichtlich dem Ehrenboten seinen Platz neben
dem Römer angewiesen?

Praktischeren Wert gewinnen diese Erörterungen für uns nun aber,
wenn wir weiter fragen: ob nicht vielleicht von den Gedichten oder

wenigstens von den Tönen, die die Handschriften unter des Ehrenboten Namen bringen, manches Reinmar selbst zugehöre. Ausser dem Fraun-Ehren-Ton (vgl. S. 158) erscheinen unter jenes Namen die Spiegelweise, auf die ich an letzter Stelle zu sprechen komme, dann die Schallweise, der lange Ton, der Fürstenton, der freie Ton [211].

Die Schallweise *des Ernbotten* steht in t No. 798—804, 23 Strophen in 7 Baren: darunter zweimal (No. 800 und 804, das zweite Mal von anderer Hand, in andrer Tinte auf leer gebliebenem Raume nachgetragen) der dreistrophige *furnurff:* 'nu sint mir got wilkomen', der in p 28, Bl. 41a wiederkehrt, hier unter der Ueberschrift 'ein empfahung im kupfer don' (abgedruckt aus p Germ. III,323). Ein andrer Bar der Schallweise, t 803: 'freut uch ir cristen werde' begegnet in w No. 117 (Zingerle, Wilten. Hs. S. 20), ebenfalls unter dem Titel: 'Frauenlob im kupferdon funff lied von unser lieben frawen ain tagweifs'. Endlich wird auch in h 50 (Bl. 38b) ein dreistrophiges Gedicht in des Ehrenboten Schallweise 'Ir maister empfacht mich schone' dem Kupferton zugewiesen [212]. — Alle die genannten Gedichte in t, p, h, w sind sicher nicht von Reinmar: das beweisen die Reime und mehr noch, wie z. B. in dem von Bartsch, Kolm. Hs. S. 533, abgedruckten Bar, der Inhalt, der mit Vorliebe in die Betrachtungen meistersingerischer Kunstphilosophie hineinführt: dagegen könnte manches darunter Frauenlobs Eigentum wol sein. Und da drei Handschriften, w, h, p, geschlossen gegenüber der einzigen Kolmarer [213]) den Ton als Kupferton Frauenlobs hinstellen, zum Teil für dieselben Gedichte (t 800. 803. 804), die t dem Ehrenboten gibt, so scheint mir, Verschiedenheit der Melodien immerhin zugegeben, für das Schema Frauenlobs Autorschaft besser bezeugt. Die Form, lauter kurze Verse von 3—4 Hebungen, trägt einen von Reinmars übrigen Strophen ganz verschiedenen Charakter: sie hat dagegen mit Kanzlers goldenem Tone eine so frappante Aehnlichkeit, dass h 112 (Bartsch, Kolm. Hs. S. 146) das Gedicht

Kanzlers goldner Ton. Schallweise oder Kupferton.

⌣ 3 a	⌣ 3 e ⌣	⌣ 3 a ⌣	⌣ 3 e ⌣
⌣ 4 b	⌣ 4 b	⌣ 4 b	⌣ 4 b
⌣ 3 a ⌣	⌣ 3 e ⌣	⌣ 3 a ⌣	⌣ 3 e ⌣
⌣ 4 c	⌣ 4 c	⌣ 4 c	⌣ 4 c

211) Goedeke führt Grundr.² I, 313 auch einen süssen Ton des Ehrenboten auf, den ich nirgend gefunden habe. Liegt ein Schreibfehler für Fürstenton zu Grunde?

212) Wie Bartsch zu der Behauptung kommt, die Schallweise finde sich ohne Namen des Tons auch in s 21, begreife ich nicht: die sämmtlichen 10 Strophen jener Nummer sind in einer Form verfasst, die mit der Schallweise nicht einmal einige Aehnlichkeit besitzt.

213) Für die Unsicherheit über den Verfasser dieses Tons im 16. Jahrhundert gibt ein Zeugnis die eigenhändige Sammlung des Hans Sachs vom Jahre 1517 (cod. Germ. Berol. 414, 4⁰), in deren Register 5 Strophen in dieser Weise dem *ernpot vö rein* ursprünglich beigelegt waren, während im Text nur *In der küpffer weis* stand (Bl. 369). Von spätrer Hand ist dann der *ernpot vö rein* gestrichen und an beiden Stellen Frauenlobs Name hinzugefügt worden. Den Namen *küpfferweis* hatte aber schon Hans Sachs geschrieben.

Kanzlers goldner Ton.   Schallweise oder Kupferton.

5. ◡ 3 d	10. ◡ 3 d	5. ◡ 3 d	10. ◡ 3 d
	◡ 4 f		◡ 2 f
			◡ 2 f
	◡ 3 g ◡		◡ 3 g ◡
	◡ 4 f		◡ 2 h
	◡ 3 g ◡	15. ◡ 2 h	
15. ◡ 3 h ◡			◡ 3 g ◡
	◡ 4 i		◡ 4 i
	◡ 3 h ◡		◡ 3 k
	◡ 4 i		◡ 4 i
	◡ 3 i	20. ◡ 3 k	

t 798 ' *Maria bluend rüte*' geradezu bezeichnet wird ' *in dem guldin Kanzler don*'²¹⁴). In den Stollen stimmen sie völlig zusammen, auch im Anfang des Abgesangs, nur dass der Kupferton die Verse 11 und 13 des goldnen Tons in je zwei auf einander reimende zweihebige Verse zerlegt hat (Bartsch S. 160). Wahrscheinlich war auch hier das einfachere, der goldne Ton, das frühere: auch diese Chronologie wiese den Ton Frauenlob, nicht Reinmar zu. Ich bemerke noch, dass der Abgesang der Schallweise bis auf jene Zerlegung genau Frauenlobs Ritterweise entspricht, dass jene Zerlegung sich am Anfang des Abgesangs mehrfach, z. B. in Frauenlobs Froschweise, wiederfindet.

In t führt die Schallweise des Ehrenboten auch noch den zweiten Namen ' *langer don*'. ' *Im Langen thon defs ehrenbotten vom Rein*' erhält uns die Weimarer Foliohs. 418 S. 668 ein Frauenlob. Das Schema dieses Tons ist aber mit der Schallweise keineswegs identisch, wenn auch, namentlich im Abgesang, Aehnlichkeit vorhanden ist. Er ist gebaut: ◡ 2 a ◡ 3 b ◡ 4 c ◡ 2 a ◡ 2 b ◡ 4 d ◡ | ◡ 2 e ◡ 3 f ◡ 4 c ◡ 2 e ◡ 2 f ◡ 4 d ◡ ‖ ◡ 2 g ◡ 2 g ◡ 3 h ◡ ◡ 4 i ◡ 3 h ◡ ◡ 4 i ◡ 3 k ◡ 4 k ◡ 4 d ◡. Jene Aehnlichkeit könnte Anlass gegeben haben, dass t den Kupferton dem Ehrenboten beilegte, oder sie könnte den Doppelnamen in t verursacht haben. Ich kenne nur diesen einen späten Beleg des Tones.

Erst im Meistergesang des 16. Jahrhunderts, da aber ganz regelmässig, wird dem Ehrenboten der **Fürstenton** zugewiesen: so z. B. im Register des Hans Sachs, ferner Weim. Hs. Q 56S Bl. 21. 23. 42; Fol. 41S, S. 737; Fol. 419, No. 85. 16S. 170. 25S u. öft. Ich sprach über den Ton bereits Anm. 174 und S. 16S. Es wird unter ihm der Thüringer Herrenton verstanden (daher **Fürstenton**), von dessen Gestalt

---

214) Die ursprüngliche Composition dieses goldnen Tons war für den Geschmack der Meistersinger zu schlicht und in der Lage zu tief: so gab man ihm eine Melodie, die *herlich hoch vnd swer* war, und nannte ihn so den hohen goldnen Ton Kanzlers. Aber wie uns Nestler erzählt (Kolm. Hs. S. 54), konnten die Lieder im goldnen Kanzler gar noch auf andre Weise *senfter vnd sufser* gesungen werden: dieser andre Ton sei *hienach genotiert*. Bartsch mutmasst (S. 167), mit diesem Ton sei die Schallweise gemeint, allerdings der metrisch ähnlichste Ton, der folgt: wenn nur nicht V. 15 des goldnen Tons ihr fehlte: das machte unmittelbare Benutzung der Melodie doch unmöglich.

er nur durch die Verkürzung von V. 3 und 7 um je einen Fuss abweicht: man wollte die Weise den im Reim entsprechenden Zeilen 1 und 5 genau angleichen.

Das religiös-didaktische Gedicht (Ende des 14. Jahrhunderts), '*ich brief es an dem schwane*', das h 120 '*dem freyen don Erenpots von Rein*' zuspricht (HMS IV, 507; Mones Anz. VII, 381) bringt t 563 unter den Strophen in Konrads v. Würzburg kurzem oder *werden don* (Albr. v. Halb. p. CCLIX fg.). Im spätern Meistergesang ist derselbe Ton als Frauenlobs Hagenblühweise beliebt. Seine Form ist diese:

$$
\begin{array}{ll}
\smile 3\,\text{a} \smile & \smile 3\,\text{a} \smile \\
\smile 4\,\text{b} & \smile 4\,\text{b} \\
\smile 5\,\text{c} \smile & \smile 5\,\text{c} \smile \\
\end{array}
$$

$$
\begin{array}{c}
\smile 5\,\text{d} \smile \\
\smile 5\,\text{d} \smile \\
\smile 5\,\text{d} \smile \\
\end{array}
$$

Die Stollen stimmen mit Harders Chorweise überein. Ueber den ersten Autor enthalte ich mich jedes Urteils. Wie wenig h, wo es allein steht, zu trauen ist, das zeigen u. A. auch die Bare h 57. 58. 93, die alle nach h in dem Spiegelton des Ehrenboten verfasst sein sollen, während sie in Wahrheit Frauenlobs Spiegelton (t 148 — 151) zufallen. Der gleiche Name des Tons hat die Verwechslung veranlasst. Des Ehrenboten Spiegelweise war ein Ton, weit berühmter als der Spiegelton, der unter Frauenlobs zahlreichen Weisen in zweite Reihe trat, und die Spiegelweise ist auch der einzige Ton, den ich wirklich auf den Ehrenboten, d. h. auf Reinmar selbst, zurückführen möchte.

In der Spiegelweise sind verfasst t 788 — 797, 28 Strophen in 10 Baren: sie stehen an der Spitze der dem Ehrenboten in t zugewiesenen Gedichte. t 789 ist dasselbe Gedicht, das auch in w 138 (bei Zingerle S. 34) unter dem Namen des *herrn Ernpat vom Rein* vorkommt und dem in w noch fünf andere Strophen desselben Tons vorhergehen: den Namen der Weise nennt w nicht, vermutlich weil ihm kein andrer Ton des Ehrenboten bekannt war und es einer näheren Bezeichnung daher nicht zu bedürfen schien. Namenlos steht eine Strophe des Tons in n III 31: '*wer ceygit kunst da man ir niet erkennet*' (= 305). [215]

Die Spiegelweise nun ist dem Ehrentone Reinmars so ähnlich, dass der Schreiber der Weim. Hs. Q 569, Bl. 214 jene ursprünglich für die-

---

215) vdHagen HMS III, 378 b und Ettmüller Spr. 402 haben die Strophe unglaublich flüchtig aus n zum vergessnen Ton Frauenlobs gestellt, und selbst Bartsch, Kolm. Hs. S. 173, liess sich dadurch irre führen, obgleich bei Frauenlob V. 2 u. 5 fünfhebig, beim Ehrenboten siebenhebig ist, obgleich V. 11 fgg.

im vergessenen Tone	in der Spiegelweise
$\smile 3\,\text{e} \smile$	$\smile 3\,\text{e} \smile$
$\smile 6\,\text{f}$	$\smile 5\,\text{f} \smile$
$\smile 6\,\text{f}$	$\smile 4 \mid \smile 3\,\text{f} \smile$
$\smile 4\,\text{g} (: \text{V.7})$	$\smile 4 \mid \smile 3\,\text{e}$
$\smile 3\,\text{e} \smile$	

gebaut ist. Frauenlobs Ton ist eine verkünstelte Variation der Spiegelweise.

sen ansah, erst später den Irrtum corrigierte, dass in Leutzdörffers Hs.
gar fälschlich *spiegelthon* in *fraw ern thon* gebessert wurde; und noch
Zingerle, Wiltener Hs. S. 34, hat die Töne verwechselt. Ein Vergleich
mit den beiden andern Reinmarschen Tönen möge die Verwantschaft
der drei Strophenformen anschaulich machen:

	Ehrenton.	Minnenton.	Spiegelweise.
	⌣ 4 a	⌣ 4 a ⌣	⌣ 5 a ⌣
	⌣ 7 a	⌣ 4 a ⌣	⌣ 4 | ⌣ 3 a ⌣ (⌣ 7 a ⌣)
	⌣ 3 ⌣ | ⌣ 5 b	2 ⌣ | ⌣ 6 b	⌣ 4 | ⌣ 3 b ⌣ (⌣ 7 b ⌣)
	⌣ 4 c	⌣ 4 c ⌣	⌣ 5 c ⌣
5.	⌣ 7 c	⌣ 4 c ⌣	⌣ 4 | ⌣ 3 c ⌣ (7 c ⌣)
	⌣ 3 ⌣ | ⌣ 5 b	2 ⌣ | ⌣ 6 b	⌣ 4 | ⌣ 3 b ⌣ (⌣ 7 b ⌣)
	⌣ 5 d ⌣	⌣ 4 d	⌣ 4 d
	⌣ 5 d ⌣	⌣ 4 d	⌣ 4 d
	⌣ 4 e ⌣	⌣ 3 e ⌣	⌣ 3 e ⌣
10.	⌣ 4 f	4 f ⌣	⌣ 5 f ⌣
	⌣ 4 f	⌣ 4 f ⌣ || 2 e ⌣	⌣ 4 | ⌣ 3 f ⌣ (⌣ 7 f ⌣)
	⌣ 2 | ⌣ 3 c ⌣	4 | 3 e ⌣	⌣ 4 | ⌣ 3 e ⌣ (⌣ 7 e ⌣).

Die Reimfolge, abgesehen vom Reimgeschlecht, ist in allen drei Strophen dieselbe: vgl. S. 124. Im Reimgeschlecht stimmt der Spiegelton fast
genau zum Minnenton (ausser V. 3. 6) und ist eine Umkehrung des Ehrentons (ausser V. 9. 12). Im Abgesang sind die Vv. 7. 8. 9. 12 im Minnen-
und Spiegelton identisch: allen dreien gemein ist die Vorslänge: ⌣ 3 ⌣
nach der Caesur des 12. Verses. Mit dem Ehrenton stimmt es, wenn
im Spiegelton gegen die Art des Minnentons V. 2. 5 länger sind als
V. 1. 4.

Für die Chronologie der Strophenformen ist es wichtig, dass im
Spiegelton anscheinend d e r d r i t t e S t o l l e auftritt: dieser üble plumpe
Brauch gewinnt erst ungefähr seit der Mitte des Jahrhunderts stets
wachsende Beliebtheit, ohne doch selbst im Meistersang Regel zu werden. Walther und Wernher ist er noch ganz fremd. Marners sechster
Ton scheint ihn schon zu bezeugen: aber weder für ihn noch für die
Spiegelweise ist ohne authentische Weise Sicherheit zu gewinnen: in dreien
von Sunburgs Tönen hätte ich den dritten Stollen nicht bezweifelt, wenn
nicht die Melodie in J bewiese, dass er auch in ihnen erst ein werdender
ist. Im zweiten Teil des Wartburgkriegs dagegen, im Tone des Gott-
friedschen Lobgesangs, in Tönen Konrads, Raumslands, Meissners, Kelins
ist er vollendet. Es ist bekannt, welche Rolle er in der weitern Entwicklung der Musik spielte. War er im Spiegelton enthalten, so gehört dieser in Reinmars letzte Schaffensperiode.

Es erschwert die Vergleichung, dass wir über den Bau des Spiegel-
tons nicht besser orientiert sind, als durch die meist unechten, sämmtlich
umgearbeiteten Strophen der Kolmarer und Wiltener Handschrift. Bei
den Meistersingern wird der 2. 3. 5. 6. 11. 12. Vers durch einen stumpfen Einschnitt hinter der 4. Hebung in je zwei Verse geschieden, so

dass bei ihnen der Spiegelton eine 18zeilige Weise ist, in der freilich
6 Zeilen reimlos sind. Diese Caesur ist auch in t und w das Regelmässige: vernachlässigt wird sie nur V. 2 in 304. 324; V. 3 in 326;
V. 6 in 311 (?). 320. 329; V. 11 in 321. 323; V. 12 in 325: im
Ganzen also in etwa 200 Versen neunmal. Es gilt hier also schon ziemlich der Meistersingermodus: es ist aber immerhin fraglich, ob dieser
Modus für alle 6 Verse etwas Ursprüngliches ist.

Wenn nun, wie es mir wahrscheinlich dünkt, die Weise Reinmar
von Zweter zu ihrem Verfasser hat, so fragts sich weiter: ist unter jenen
33 Strr. der Kolmarer und Wiltener Hs. noch echtes Eigentum des
Dichters erhalten? Bei unsrer ungenügenden Kenntnis der eigentümlichen metrischen Bedingungen dieser Strophenform wird die Entscheidung noch weniger sicher ausfallen müssen, als bei den Ehrentonstrophen
der Kolmarer Handschrift.

t 788 = 258—260: drei nicht zusammenhangende religiöse Strophen. 259,7 : 8 sei der Reim *erdäht : gemäht* bemerkt, der Reinmar
sonst fehlt, ihm aber wol zugetraut werden darf (Sommer z. Flore 1085):
dann das Uebergehen des Satzes vom ersten Stollen in den zweiten in
260 und weniger hart auch in 258, nicht häufig in den echten Strophen.
Kürzungen wie *wurd, macht* 258,5; *lêrt* 258,10; *war* 259,9 sind Reinmar nicht fremd: auch ist der Text von t nicht beglaubigt genug, um
auf solche Formen Schlüsse zu gründen. Antithesenspielerei wie zwischen *fride* und *unfride* in 258 kennt Reinmar: auch die beiden
andern Strophen, einfache Gebete an Maria, könnten wol sein Werk sein.

t 789, w 138 = 303. 304. 256: die Ueberlieferung von w verdient
namentlich 256 den entschiedenen Vorzug. Formelle Gründe entscheiden nicht gegen die Echtheit der Strophen. Dennoch möchte ich nur
Str. 3 als Reinmarisch gelten lassen: sie hat zum Inhalt eine Klage
über die ungleiche Verteilung des Reichtums unter Gute und Böse und
schliesst sich in Stimmung und Anschauung an Str. 61—63. Auch zu
den einzelnen Gedanken von Str. 303. 304 würden Parallelen aus Reinmars Gedichten meist nicht fehlen: nur die Ermahnung 303,3: *ez sol
ein krankiu meisterschaft mit Juden niht disputieren* weist auf einen
Verfasser von weit gelehrterem Gesichtskreis hin als Reinmar es war,
und gegen Reinmar spricht auch ihre Priamelform. Mit der mehr locke-
ren Gestaltung in Str. 303 kann man etwa Str. 78. 93. 210 vergleichen.
Aber 303 ist von 304 nicht zu trennen; 303,12 und 304,12 stehen
in beabsichtigtem Gegensatz, und der streng gebauten Priamel 304
weiss ich Nichts unter Reinmars Sprüchen zur Seite zu stellen (vgl.
Kap. III).

t 790 = 255. 305. 306: *ein ander lere* III. Nur 255, eine Ermahnung zur Tugend: *Junc man, ich wil dir einen spiegel zeigen*
scheint mir echt: und ihr vielleicht verdankt die Spiegelweise den Namen: zu der demokratischen Auffassung des Adels 255,11. 12 vgl.
Str. 79 fgg.; Kupfer und Gold 255,8. 9: vgl. 84,1. — Dagegen sind
Strr. 305 und 306 wieder Priameln von tadelloser Anlage, wol von demselben Verfasser wie 303. 304. 305,4:5 *bäget:vräget* vgl. mit 303,1:2;

der Juden gedenkt misliebig 303,3, wie 305,6. In 306 reimt V. 4 : 5
lére : wære, ausserdem V. 3 : 6 *beste : lesten (an dem lesten)*; jener
stark mitteldeutsche Reim erweist die Unechtheit zwingend.
t 791 == 307—309. *Aber* III: drei Sprüche vielleicht zusammenhängend, die den Gedanken ausführen, dass auch ein Tor gute Lehren
geben könne, der ihnen selbst nicht folgt: daran knüpfen sie die Mahnung an die Lehrenden, namentlich an die Priester, Harmonie zwischen Wort und Tat anzustreben. Das überhäufige überschlagende n der
Reime macht stutzig: 307,10 : 11 *sünden* (Dat. Plur.): *künde; 308,4 : 5
léṛe : kéren* (Inf.); 9 : 12 *erge : bergen* (Infin.); 309,7 : 8 *nuo : tuon*
(Inf.); 9 : 12 *schrifte : stiften* (Inf.). Dieser Reichtum, 5 Fälle in 3 Strophen, während in 229 echten Sprüchen nur 11 begegnen, zeugt für einen
Dichter von stärker entwickeltem mitteldeutschen Dialekt als Reinmar:
vgl. auch 308,3 : 6 *gerünven : bûnen* (Weinhold, Mhd. Gramm. [2] § 132).
t 792 == 257. 310. 311. *Aber* III: auch hier scheint mir nur eine,
die erste Strophe echt, die vom Benehmen der Männer zu Frauen handelt
und mit Str. 210 auffällige Verwantschaft zeigt. Wie dort und 93 reichen die Parallelfragen nicht bis zum Ende der Strophe, sondern ihr
wird ein positiv antwortender Abschluss gegeben. Nicht so 310 und
311, die zusammengehören und, wie 257: '*waz sol ein man*' wiederholt fragt, die ähnliche Frage '*waz sol ein liep*' fast in jedem Verse
bis zum Schlusse anbringen, ohne dass eine Antwort ihr zu Teil wird.
Die redselige Anaphersucht des Verfassers, der 21 Mal in 24 Versen
jene rhetorische Frage abhetzt, um das *valsche liep* zu charakterisieren,
und dabei nur den Gedanken der Untreue eintönig und unermüdlich
variiert, widerspricht der auch in stilistischer Manier noch massvolleren
Art Reinmars: nur der ähnlichen Anlage werden die zwei Strophen ihren
Platz neben der ersten verdanken.
t 793 == 312—314: *Ein pryſsliet*, drei Strophen voll überschwäng-
licher Liebesklagen, sicher unecht, wie der klingende Reim 312,4 : 5
gegeben : leben, ferner *swære : mére* 313,4 : 5, *weide : vröude* 314,1 : 2,
gedæhte : vehte 313,3 : 6 ausser Zweifel setzen. Das Gleiche gilt von
t 794 == 315—317: *Ein and⁵ prysliet*, ein zusammenhängender
Bar, der das Lob der *reinen wip* anstimmt. Es bedarf kaum erst des
klingenden Reimes *geben : neben* 317,10 : 11 (vgl. auch *sinneriche :
unbilliche* (Adj.) 316,3 : 6; : *ungeliche* (Adj.) 317,3 : 6), um Reinmar
von diesen aus landläufigen Phrasen ungeschickt zusammengestoppelten
Strophen zu befreien: dazu genügt schon die Dreistrophigkeit und der
Schluss der Str. 316: *hie mitte so wil ich es lassen bliben und wil
uch nu ein ander liet singen von solchen wiben, die sich in eren
halten nit: nu merckent, well ich meine!*
t 795 == 318—320: *Ein furnurff* III, durchaus dem Boden
meistersingerischer Schulkunst entsprossen: der Verfasser bittet um Aufnahme in die Zunft der *guoten senger*, die der verachteten *künstelôsen
diet* entgegengestellt werden. Bemerkenswert ist das durchgeführte Bild
der *strâfemüln* für die Kritik in Str. 319, vgl. Parz. 144,1; Regenb.
III, 468 l. Von Reimen notiere ich: überschlagendes n 318,10 : 11:

mezzen (Inf.) : *vergezze* (Conj.); 319,3 : 6 *berihten : nihte* (= *niht*); unorganisches e: 318,4 : 5: *bescheidenheite* (Genet.) : *bereite* (für *bereit*); 320,9 : 12 *schuole : pfuole* (Accus. = *pfuol*), endlich 318,7 : 8 *bewern* (= *bewæren*) : *gern*. An Echtheit ist nicht zu denken.

t 796 = 321: *Dyfs liet stet allein. sing es war du wil od'*
ander darzú: eine Einzelstrophe auf falsche Freunde im Stile von 311: 9 Sätze beginnen: *waz sol ein vriunt* u. s. w. Der Reim V. 7 und 8 *nit* (= *niht*) : *zit* weist wieder auf einen mitteldeutschen Verfasser (Weinhold ², § 494).

t 797 = 322—324: *Ein and's in d' spiegelwyse:* 3 Strophen, in denen abgesehen von der zweiten Hälfte der dritten jeder der zahlreichen Parallelsätze mit den Worten: *treg unde laz* anhebt. Die Reime: *ringen* (3. Pers. Plur. Präs. Ind.) : *dingen* 323,1 : 2; *vergezzen : messen* 323,10 : 11 erweisen Unechtheit; überschlagendes n begegnet wieder: *unbederben* (Gen. Plur. schwach) : *erbe* 322,9 : 12; *bestæten* (Inlin.) : *wæte* (Dat. Sing.) 323,9 : 12.

w 138, Bl. 142 b = 325—329: *herr Ernpat vom Rein fünf*
liepleicher lied von der weifshait und torhait. In dem fünfstrophigen Gedicht beginnt mit wenigen Ausnahmen jeder Satz: *er ist niht wis* oder *er ist niht ein wiser man:* nur am Schluss, im Abgesang der fünften Strophe, wird an die Stelle des Negativen das Positive gesetzt und die vier übrigen Sätze fangen an: *ein wiser man* (in V. 7 freilich: *also tuot ein wiser man*). Diese Uebertreibung der Anapher sowie die Fünfstrophigkeit des Gedichts schliessen Reinmars Verfasserschaft aus, ebenso die Reime 327,4 : 5: *vrágen : sägen* (klingend); 327,9 : 12 *lében : gében* (klingend); 329,1 : 2 (*gêbet* [= *gibet*] : *strébet*).

Reinmars Besitz beschränkt sich also im besten Falle auf die Strophen 255—257, vielleicht noch 258—260: einem mitteldeutschen Dichter, der die Priamelform und die Gedichte in anaphorischen Parallelsätzen liebte, fällt zu 303—311, einem anderen roheren mitteldeutschen Dichter von ähnlicher Art 321—324 (—329?): einer meistersingerischen Quelle des 14. Jahrhunderts endlich entstammen die metrisch sehr verwahrlosten Strophen 312—320.

DRITTES KAPITEL.

Reinmars dichterische Eigenart.

Wilh. Wackernagel eröffnet einen Aufsatz über Walther von der
Vogelweide, den er für Herzogs Realenkyklopädie beisteuerte, mit einem
kurzen Ueberblick über die geschichtliche Entwickelung der mhd. Lyrik.
Darin heisst es (Kleine Schriften II, 366): 'Wenn aus den vielen Namen,
welche zwischen diesen engen Grenzen (zweier Menschenalter)· gedrängt
dastehen, wiederum die charakteristischen, die Führer und Stellvertreter
all der Uebrigen sollen hervorgehoben werden, so kann diese Auszeichnung nur auf drei nach einander fallen, auf Reinmar von Hagenau
oder den Alten, Walther von der Vogelweide und Reinmar
von Zweter.' Diese Auswahl hat etwas Bestechendes, Verlockendes:
gerade diese drei Dichter bieten der Berührungspunkte so viele und nahe,
der Gegensätze so viele und scharfe, dass es recht begreiflich ist, wenn
Wackernagel sie als Repräsentanten aus der grossen Schaar auslas. Alle
drei haben in Oestreich Singen und Sagen gelernt und grossenteils auch
geübt; alle drei sind adligen Standes gewesen: war Reinmar von Hagenau Walthers Lehrer, so war sein jüngerer Namensvetter Walthers
Schüler; wie Walther Reinmars des Alten gedenkt, so bezieht sich der
von Zweter zurück auf einen Spruch seines Meisters. Reinmar der Alte
gehört dem aufsteigenden Minnesang an, Walther steht auf dem Gipfel
der Kunst, in stark absteigender Linie bewegte sie sich, als Reinmar
von Zweter wirkte. Reinmar der Alte sang nur Lieder, kannte nur das
éine Thema der Minne; Walthers umfassender Geist handhabte die Formen des Liedes und des Spruchs mit gleicher Meisterschaft, strömte hier
in Liedern die volle Empfindung der Liebe, des Herzens aus, erörterte
dort in Sprüchen die sittlichen, socialen und politischen Fragen seiner
Zeit; Reinmar von Zweter verfasste nur Sprüche, breitete das eintönige
Grau der Lehrhaftigkeit gleichmässig über alle seine zahlreichen und
mannigfaltigen Stoffe aus, eben in seinen Minnesprüchen zumeist redet
— mit wenigen Ausnahmen — nur der Kopf, nicht das Herz. Und es
schien wol ein hübscher Zufall, dass es gerade *zwéne Regimán* waren,
in denen sich die schärfsten Contraste der mhd. Lyrik verkörperten.

Gleichwohl glaube ich nicht, dass dem jüngern Reinmar solch ein
Ehrenplatz gebührt, auch dann nicht, wenn wir Wackernagels Trifolium
durch Neidhart zum vierblättrigen Kleeblatt ergänzt haben, was unab-

weislich ist. Dass Reinmar sich an poetischer Begabung mit jenen andern nicht messen kann, wäre nicht ausschlaggebend. Heinrich von Morungen überragte d e n ä l t e r e n R e i n m a r so ziemlich in Allem, was den Dichter macht, um Hauptes Länge, zumeist durch Temperament und Sinnlichkeit: und doch war er eben nur eine Lokalberühmtheit, die unmittelbar nur im engen heimatlichen Kreise, [216]) darüber hinaus hauptsächlich dadurch wirkte, dass Walther in Meissen seine Dichtungen kennen lernte. Reinmar von Hagenau wucherte mit viel geringerem Talente; mit capriciösem Eigensinn beschränkte er sich auf ein kleinstes Gebiet, das er denn freilich virtuos beherrschte: eben durch ihre Grösse im Kleinen wurde die Reflexionspoesie dieses mhd. Petrarca, die keine Empfindung warm und rein herauszubringen vermag, zur Modesache; sie machte Schule weit über des Dichters Zeit hinaus: selbst Walther klomm ihm nach, ohne ihn zu erreichen; die in sich abgeschlossene Einheit und Selbständigkeit seiner dichterischen Eigenart, die den Bedürfnissen der Gesellschaft so wunderschön entsprach, machte Reinmar von Hagenau wirklich zum Führer und charakteristischen Stellvertreter einer massgebenden Richtung des Minnesangs.

Die Spruchdichtung des dreizehnten Jahrhunderts hat eine ähnlich beherrschende und charakteristische Persönlichkeit seit Walther und vor Frauenlob nicht aufzuweisen. Reinmar von Zweter kann am wenigsten dafür gelten. Gerade im Gegensatz zu Reinmar dem Alten, zu Walther und Neidhart ist er durchaus eine Uebergangsgestalt: er interessiert uns viel weniger durch die mässigen Einflüsse, die er auf ein Paar unbedeutende jüngere Zeitgenossen ausübte, als dadurch, dass er sich widerstandslos von der literarischen Strömung seiner Zeit fortreissen und tragen liess: in der Entwickelung dieses Mannes spiegelt sich ein gut Stück Literaturgeschichte ab.

Reinmar ein ungelehrter ritterlicher Fahrender.

In doppelter Hinsicht unterscheidet sich Reinmar von der grossen Masse der Spruchdichter des 13. Jahrhunderts: er war R i t t e r, gieng als solcher von der Grundlage höfischer Anschauungen aus, und. was damit zusammenhängt, er entbehrte jeder g e l e h r t e n Bildung: hob ihn

---

216) Vgl. Gottschau, Heinrich von Morungen, PBB VII, 403 fgg., wo eigentümliche Züge des gesammten Thüringer Minnesangs aus Morungens entscheidender Einwirkung abgeleitet werden. Schade, dass er seine sorgfältigen und feinen Untersuchungen nicht zu einer umfassenden Darstellung der thüringischen Lyrik erweitert hat: zu dieser Gruppe wären neben jenen unmittelbaren Nachahmern Heinrichs und neben dem Dürinc z. B. auch Winli und Konrad von Altstetten mit einiger Sicherheit zu rechnen. — Werner glaubt Anz. VII. 132 den Nachweis directer Nachahmer Morungens sehr erheblich ausdehnen zu können: aber die Pröbchen seiner Methode, die er in der citierten Recension vorlegt, sind wenig geeignet, Vertrauen zu dem verheissenen Nachweis zu erwecken.

sein Standesbewusstsein über jene hinaus, so haíten sie dafür das Selbstgefühl einzusetzen, das ihnen ihre *kunst* gab.

War Walther einmal durch die Verhältnisse gezwungen, als Gehren-
der sein kümmerlich Brot sich zu ersingen, so durften ihn Standesvorur-
teile nicht abhalten, mit seinen bürgerlichen Collegen auch auf dem ihnen
bis dahin ganz eigenen Gebiete der didaktischen Spruchpoesie zu konkur-
rieren. Aber es ist ebenso erklärlich, dass sein Vorgang bei den Standesgenossen, die nicht in gleicher Bedrängnis waren, wenig Nachfolge fand.
Nicht als ob sie es grundsätzlich verschmähten, gelegentlich einmal auch
lehrhaft in spruchartigen Strophen sich zu versuchen, wie das ja vor Walther
bei Veldeke, Rugge, dem von Colmas schon vorgekommen war.[217] Aber
diese Versuche hielten sich doch in engen Grenzen, eng nach Zahl und
Inhalt, und es waren vornehmlich unmittelbare Schüler Walthers, die auf
das Gebiet des Spruchs herüberdilettierten. Vom Truchsessen zu St.
Gallen haben wir eine unzarte Parodie (Wackern.-Rieger 211,9) auf
Walthers rührende Klage 28,1, eine Parodie, die ausdrücklich Heide und
Klee als die Themata des Dichters nennt; Neigung zur Lehrhaftigkeit verrät eine Absage an die betrogne Betrügerin Welt (Wackern.-Rieger 215,16)
und noch ein andres Lied (ebda. 235,25); ob aber von all den Sprüchen,
die A ihm auflädt, auch nur ein einziger sein Eigentum sei, ist mir
mehr als zweifelhaft.[218] Rubin hat 2 Einzelstrophen (HMS I, 314a,
VIII, in Zupitzas Ausgabe 9,12 richtig von dem folgenden dreistrophigen Liede getrennt, und 315a, XII), in denen er über die freudlose
Welt, über die Unbeständigkeit des Glückes klagt. Walther von Metz

---

217) Die Str. Bliggers von Steinach 119,13 ist — von Spervogel abgesehen — der ausgeprägteste Spruch in MSF. Es ist indessen sehr fraglich,
ob er Bligger überhaupt angehört: er ist das letzte Gedicht in C unter Bliggers
Namen und nur in C erhalten, während die Lieder des Dichters beide in BC
stehen.

218) Selbst die Totenklage auf Walther erweckt einiges Bedenken, obgleich
sie in einem Liedtone Ulrichs von Singenberg verfasst ist; sie zeigt in ihren
Schlusszeilen (Walth. 108,11. 13) auffallende Uebereinstimmungen mit dem Schlusse
der unmittelbar vorhergehenden Strophe (Walth. 108,3. 4), ebenfalls einer Totenklage. Dass diese aber nicht von dem seines Reichtums sehr bewussten Singenberger herstammen kann, sondern nur von einem mittellosen, das wird durch den
im selben Tone gedichteten Spruch 107,17 gesichert (Wilmanns, Walth.[2] S. 365).
Dass Walth. 31,3 ebenfalls nicht von Singenberg verfasst ist, das macht Kuttner Zs. f. d. Phil. XIV, 467 wahrscheinlich: so fällt jeder Grund fort, der Singenbergs Autorschaft für die bekannten Strophen Walth. 106,17—108,5 unterstützt, und für die jetzt ziemlich isolierten Sprüche Wack.-Rieger 209,1—210,11
müsste erst der Nachweis geführt werden, dass sie, obwohl nur in A erhalten, vom
Truchsessen sind. 209,11 sieht wahrlich nicht danach aus, als ob der reiche Singenberger Verfasser sein könne: so tröstet sich eher ein blutarmer Spielmann über
zeitliches Elend mit dem Jenseit, so macht er durch Höllendrohungen dem Reichen
das Geld in der Tasche locker. Leider ist Kuttner der Frage der Echtheit von
nur in A enthaltenen Strophen nicht noch weiter nachgegangen. Dass 223,2 nicht
wol von Singenberg herrühren könne, hat er richtig erkannt. Aber auch von
245,25 gilt das mit Sicherheit: die Ausdeutung des Liebesliedes 245,1 auf die
Frau Welt ist dem Wortlaut jenes Liedes nach undenkbar und gehört durchaus
dem Geschmacke einer spätern Zeit an, die sich jenes Lied auf ihre Weise mund-
gerechter machte. Auch die derb humoristischen Strophen 249,5, die ein bekanntes

schilt die Frau Welt in einer Einzelstrophe (HMS I, 309a, 4), die, obwohl in seinem sechsten Tone abgefasst, in C von den übrigen Strophen dieses Tons getrennt am Schlusse nachgetragen wird: ist sie echt? Seinem Eintritt ins Kloster widmet **Heinrich** v. d. **Muore** eine einzelne Strophe (HMS I, 119a).[219]) Unter **Hawarts**[220]) Namen sind uns ausser 2 minniglichen und einem religiösen Liede 3 Sprüche religiöspolitischen Inhalts erhalten. Spruchartig muten auch an die beiden nüchternen Strophen des **Grafen von Heigerloch** (HMS I, 63), aber sie widmen sich doch dem höfischen Minnethema. Das gilt noch mehr von den Sprüchen **Reinmars von Brennenberg**, wol wieder eines Waltherschen Schülers; sein vierter Ton (HMS I, 336a—338a; III, 329. 334) ist deutlich ein Spruchton; die Strophen desselben können mit éiner Ausnahme[221]) alle als Gedichte für sich gelten; der Einfluss des Spruchstils ist in Bildern und Aufzählungen unverkennbar; ihr Inhalt aber entbehrt alles Didaktischen, ist so rein persönlich, minniglich, dass sich dem unter Sprüchen höchstens Reinmars von Zweter Strr. 24 —29 vergleichen lassen. So sind wunderliche Zwitterdinge, halb Spruch, halb Lied zu Stande gekommen: wenn der adlige Herr die für diesen Inhalt möglichst unpassende Spruchform wählte, so mögen da musika-

---

Motiv der Neidhartschen Richtung, den Zank der Alten und ihrer Tochter, ins Männische übersetzen, sind so ganz gegen Singenbergs Art, dass Wackernagel und Rieger sie nicht ohne Weiteres aufnehmen durften. So bleiben unter den A eigentümlichen Strophen nur sechs (223,8—224,6; 234,8—23; 235,9) in zwei Tönen, die nicht von vornherein verdächtig sind.

219) Diese Str. I, 1 ist natürlich von den 4 folgenden zu sondern; sie hat ihren eignen Ton (HMS IV, 121b). Heinrichs 3. Lied kehrt unter Bucheins Namen wieder; es folgen darauf 3 Spruchstrophen; wirklich könnte Heinrich eher ihr Verfasser sein als der östreichische Herr **von Buchein**, dem von den 12 Strophen, die seinen Namen tragen, nur die beiden ersten gehören. Jedesfalls lebte dieser Spruchdichter in Schwaben (2,12), war arm (daher schilt er die Minne, die auf Gut ausgeht 1) und auf die Gunst vornehmerer Herren angewiesen (2), dabei aber doch voll von Standesbewusstsein: er preist den Frauen hohe, warnt sie vor niedrer Minne (3). Nur die Behandlung, nicht eigentlich die Stoffe (eine Totenklage hat auch Reimar der Alte) fällt aus der Art ritterlicher Lyrik heraus. Die Form erinnert von Weitem an den Strophentypus des jüngern Reinmar, und das ist bei einem adligen Spruchdichter wol kein Zufall.

220) Ich nenne Hawart schon hier, da es nicht nachweisbar ist, dass er Fahrender war: diese Möglichkeit ist aber nicht ausgeschlossen.

221) Der Wettstreit zwischen *Liebe* und *Schöne* in den Strr. IV, 10—12 ist allerdings ein Spruchstoff, wie er im Buche steht. Es ist vielleicht beachtenswert, dass gerade er einen dreistrophigen Bar bildet, dass in seiner 2. Strophe der Caesur des Schlussverses (◡ 4 | ◡ 4) vernachlässigt wird, in seiner 3. Strophe der für einen Regensburger überraschende mitteldeutsche Reim *enzündet* : *gevründet* (*gevriundet*) auftritt (Weinhold, Mhd. Gramm.² § 130), dass Parallelismus und Anapher hier weitaus am stärksten ihr Wesen treiben. Immerhin mache ich darauf aufmerksam, dass in der nur in namenlos erhaltenen Klage auf die toten Meister (HMS III, 334a) jene Caesur ebenfalls fehlt und dass der Reim *segen* : *phlegen*, der in der 3. Strophe des ersten Liedes klingenden Reimen entspricht, als grobe Nachlässigkeit, aber auch als ein zum Niederdeutschen neigender Reim aufgefasst werden kann. Wie käme nur der Baier zu solchen Reimen? — Dass die Strophen No. 136 der Kolm. Hs. nicht von dem Brennenberger herrühren, wie Bartsch meint, das macht mir ihr Inhalt zweifellos.

12*

lische Gründe mitgespielt haben, wie sicherlich auch bei Reinmar von
Zweter.

Das scheint Alles [222]) zu sein, und es ist herzlich wenig, was der
wohlhabende Adel bis gegen das Ende des Jahrhunderts [223]) auf dem
Gebiete der Spruchpoesie leistete: so eigensinnig beschränkte er sich
auf sein enges Feld, den Minnesang, den er nur ungern in den Händen
von Spielleuten sah (HMS II, 263 b), so wirkungslos blieb Walthers
glänzendes und anerkanntes Beispiel gegenüber einem begreiflichen Standesvorurteil, von dem sich, soweit wir wissen, nur sehr wenige **adlige
Fahrende** emancipierten; ihnen liess der Geschmack des Publikums nur
die Wahl zwischen der Spruchdichtung und der allerniedersten Gattung
des Liebesliedes, und in dieser Zwangslage konnte ein Mann von Ehr-
gefühl nicht zweifelhaft sein.

Reinmar von Zweter nimmt unter diesen adligen Fahrenden
weitaus die erste Stelle ein; er ist der einzige in ihrer Zahl, von dessen
Dichten uns die Ueberlieferung noch ein volles Bild entrollt. Den Thur-
gäuischen Edeln von Wengen (HMS II, 144) kennen wir leider nur
aus sechs [224]) Strophen der Hs. C, von denen drei in jener Allerwelts-
weise verfasst sind, die bei den Meistersingern bezeichnend Stolles Almende heisst. Ihre geringe Anzahl ist um so bedauerlicher, als jene
wenigen Strophen einen kräftigen und selbständigen Geist verraten. Zwei
seiner Sprüche sind politisch, und zwar gehen sie — damit steht Wengen
allein unter den politischen Spruchdichtern — von ultramontanem Standpunkt aus: der Papst wird (I, 1) als Gottes Stellvertreter gefeiert und

---

222) Der Spruch, den C unter dem Namen Wernhers von Teufen (HMS
I, 110 b) bringt, ist unecht: er nimmt die letzte Stelle ein hinter lauter Liedern
und enthält die Anrede: 'nû merkent, alle meister'.   Friedrich von Sonburg
wird in C und J *meister* genannt, dem entsprechen seine Gedichte weit besser,
als Burdachs etwas einseitige Darstellung erwarten lässt (Reinm. u. Walth. 136);
es war unerlaubt und willkürlich, wenn Zingerle (Friedr. v. Sonnenburg S. 4) ihn
zum Adligen stempelte.   Die Spruchdichter ohne Titel, welche einfach durch ein
vom Ortsnamen abgeleitetes Substantiv bezeichnet werden, wie den Hardegger,
den Lietschauer, den Trenheimer u. s. w., hat man wol ausnahmslos nicht für
adlige Herren zu halten: dass der Hinneberger der Jenaer Hs. nicht identisch
sein kann mit dem Grafen von Henneberg, den Marner XIV, 283 als Dichter
rühmt (vgl. Schneider, De vita et carminibus Marneri S. 17, Anm.; Strauch S. 21
interpretiert die Worte gezwungen), das lehrt ein Blick auf die Sprüche des
armen Vaganten.
223) Erst um die Wende des Jahrhunderts finden wir zwei adlige Spruchdichter, die nicht Fahrende waren: Johannes von Rinkenberg, der ausschliesslich,
und Wizlav von Rügen, der wenigstens viel Sprüche verfasste.   Wizlav, vom
literarischen Leben Deutschlands ziemlich abgeschlossen, ahmte nach, wer ihm
zufällig in den Weg kam; und das scheinen vorzugsweise Spruchdichter gewesen
zu sein.   Der Rinkenberger, mit Boners Gönner gewiss identisch, schloss sich
seinem ritterlichen Vorgänger Reinmar sichtlich an: vgl. Kap. IV.
224) Eine vierte Strophe in der Almende, ein Lob der heiligen Jungfrau,
kehrt in C unter des Hardeggers, in J unter Stolles Sprüchen wieder; sie gehört
zweifellos dem Hardegger: das seltene *reigen* (Hard. HMS. II, 134 b, Str. 2,4)
steht auch in dem nur ihm beigelegten, von Stolle unter seinem Namen citierten
Spruche 6, V. 13 im Reime; sonst in der Lyrik nur noch HMS I, 69 a. 70 b.
II, 265 a.

gegen seine Verächter hochgehalten, wie von dem Wälschen Thomasin. Energisches ritterliches Selbstgefühl tut sich kund in einer Strophe, die den Entschluss ausspricht und auch andere Ritter dafür gewinnen will, den reichen Geizhälsen, die den rechten Mann nicht zu achten wissen, keinen Gruss zu gönnen. Solchen niedrig denkenden Herren wird das höfische Idealbild eines gastfreien Fürsten, Artus, entgegengehalten. Nirgend verschwindet in diesen Strophen der Ritter hinter dem Fahrenden[225]).

Auch aus den drei Sprüchen Herren Pfeffels (HMS II, 145), eines östreichischen Spielmanns, spürt man den engen Zusammenhang mit der höfischen Tradition heraus. Schon die Strophenform sieht mehr lyrisch als didaktisch aus. Das dritte Gedicht ist ein einstrophiges persönliches Minnelied; das zweite, eine höfische Jugendlehre, hatte bei den Adligen Walther, Reinmar, dem Winsbeken Vorbilder. Der Spielmann verrät sich in Str. 1, wo Pfeffel ähnlich wie Walther 20,31 die Freigebigkeit des Fürsten von Oestreich preist und nur klagt, dass sie, die doch sonst Alles ohne Wahl begnade, ihn allein übergehe. Auch in dieser Bitte die Selbstachtung und Mässigung eines Mannes, der nicht ganz ohne gesellschaftliche Ansprüche ist. Nur hat die adlige Scheu vor unfein drastischer Rede die Sprüche etwas blass gemacht. Einen vierten adligen Spielmann dieser besseren Art schildert Anm. 219.

Viel weniger charakteristisches hat der Oestreicher, Herr Dietmar der Setzer (HMS II. 174), dessen 4 Sprüche über falsche Zungen, über Glücksrad und Lohn der *milte* nach dem Tode in ungelehrter bilderreicher Sprache handeln. Für einen Adligen sind die derben, unhöfischen Bilder und Flüche der ersten Strophe überraschend: das lernen wir ja aber auch aus Walther und Reinmar, dass˙ die Spruchdichtung zuweilen kräftigerer Accente bedurfte. Und konnten selbst diese vornehmeren Fahrenden nicht allzu prüde sein, wie viel weniger der *vagabundus dictus Secere* (Zs. VI, 399). Schämte sich doch ein anderer östreichischer *herre*,[226]) Geltar, nicht einmal, um *getragene wât* zu betteln (HMS II, 173). Der herabgekommene Mensch gehört hierher höchstens durch 2 Strophen — die zweite ist sicher ein Spruch —, in denen er aus dem Neidgefühl seiner gesunkenen Stellung heraus den höfischen Minnesang unfein verhöhnt: dass er selbst daneben 2 Lieder à la Neidhart dichtete, widerspricht dem nicht. —

Den Titel *her* gibt C auch Reinmar dem Fiedler (HMS II, 161): wenn mit Recht, so ists freilich wunderlich, dass der Geschlechtsname so ganz verschwand vor dem Beinamen, den das Handwerk gab.

---

225) Die ungewöhnlich verderbte Str. III ist vielleicht zweiteilig herzustellen. V. 4 (= 7) müsste ganz wegfallen; V. 5 liess etwa: *sin wunneclichiu zit macht hôchgemuot unt balt;* V. 7 ist *sage* gewiss in *singe* zu ändern.
226) Vgl. über ihn Burdach, Reinm. u. Walth. S. 131 fg. und Anm. 49. Doch sehe ich keinen genügenden Grund, ihm den Titel *her* und die Lieder abzusprechen. Gegen die von Burdach ebenda vorgetragene Conjectur spricht ausser dem rührenden Reim Klage der Kunst 16,4, wo die Formel *ze hove und in dem schalle* wiederkehrt.

Jedesfalls ist er zur Spruchdichtung nicht geboren. Er bildet ein Gegen-
stück zu Reinmar von Brennenberg. Wenn dér Lieder in Spruchform
kleidete, so zwängt der Fiedler Lehren in eine Art von Lied, dessen
4 inhaltlich ganz selbständige Strophen durch einen Refrain rein ausser-
lich zusammengehalten werden. Dieser Refrain nun ist ein höchst merkwürdiges Produkt. Auf den ersten Blick ist es klar, dass es sich um
den Refrain eines Tageliedes handelt, der nur in seiner letzten Zeile
eine moralische Umdeutung erfahren hat. Wie kam nun der Dichter
zu diesem sonderbaren Refrain? Ich denke, der Fiedler hatte mit der
Weise eines wirklichen Tageliedes Erfolge erzielt und wollte sich der
Gunst, die ihm diese Weise einbrachte, auch bei andern Gedichten erfreuen. So goss er in die lyrische Form didaktischen Inhalt. Der Refrain gehörte zur Form und wurde wenig modificiert mitgeschleppt, ob
er nun passte oder nicht [227]: nur éine einzige Strophe, die letzte in C,
vielleicht die erste des Dichters, nimmt in ihrem Eingang Rücksicht auf
den Tageliedcharakter des Kehrreims. Insofern nun dieser gedankenlos
an jeden beliebigen Stoff angeleimt wurde, berechtigt er nicht, auf zusammenhängenden Vortrag der Strophen zu schliessen (Rathay, Lied und
Spruch S. 24). Dass ein weltliches Tagelied ins Geistliche gewendet
wurde, kommt auch sonst vor. Der Burggraf von Lüenz schliesst (HMS
I, 211 b) an einen minniglichen Abschiedssang ein Lebewohl vor der
Kreuzfahrt. Später wird ein Tagelied Steinmars religiös parodiert, aller-
dings mit verändertem Refrain: vgl. noch Bartsch, Kolm. Hs. S. 176 fg.
Aber diese Parodien waren doch auch Lieder, Lieder nach Inhalt und
Behandlung. Dass die Form des Tagelieds für lediglich moralischen
Stoff, dass sie zu Sprüchen gemisbraucht wurde, das liess sich meines
Wissens einzig Reinmar der Fiedler zu Schulden kommen: eben diese
Stillosigkeit erweist, welch enges Band den adligen Fahrenden, selbst
wenn er Didaktiker sein wollte, mit den Traditionen und Formen des
höfischen Minnesangs verknüpfte. —

Dasselbe Liederbuch Reinmars des Fiedlers hat die Hs. A benutzt:
sie schliesst daran, unter demselben Namen, Lieder Reinmars des Alten
und schliesslich 2 Sprüche, die jedesfalls einem bürgerlichen Meister
angehören (Wilmanns, Walth.[2], S. 422): Reinmars des Fiedlers Name
hat für sie keinerlei Gewähr. Einer dieser Sprüche zieht über Leutolts von Seven Dichtungen her. Wir kennen ihn nur aus 3 Liedern
in C; A steuert höchstens noch ein kleines einstrophiges Tageliedchen
bei (Wackern.-Rieger 264,22): was sonst unter seinem Namen in A zusammengehäuft ist, gehört grösstenteils sicher andern Dichtern, und auf
den kleinen Rest, darunter 3 Sprüche, hat jeder Andere ungefähr eben-

---

227) Dass der Refrain wenig zur vorhergehenden Strophe passte, kam schon
im wirklichen Tagelied nicht selten vor: wie viel leichter beim parodierten. Ich
verweise auf Regenbogens Tageweise in t (Kolm. S. 385). Ein Beispiel unverändert übernommenen Kehrreims im Volkslied bei Uhland, Schrr. III, S. 19 und
Anm. 3. Stammt etwa auch der merkwürdige Refrain der 20. Str. Friedrichs des
Knechts (HMS II, 170 b) aus einem andern Liede, dessen Form und Melodie noch
einmal benutzt wurde?

soviel Anspruch wie Leutolt. Gerade der Umstand, dass A unter seinem
Namen wie unter denen von Gedrut und Niune ein Sammelsurium von
Strophen vereinigt, von denen vielleicht nicht eine einzige ihm gebührt,
gerade dieser Umstand lässt vermuten, das Leutolt vou Seven eben
auch Spielmann war, dass eine für seinen Gebrauch von ihm angelegte
kleine Sammlung für A als Quelle diente. War uun Leutolt auch Spruchdichter? Iu der Liste von *liet* zwar, die ihm jener bürgerliche Nebenbuhler anspottet, kommen einige Gattungen vor, die auf Spruchpoesie hinführen: so *lügeliet*(?), *twincliet*, *rüegeliet*, etwa auch *schimpfliet* und
lobeliet. Aber diese Aufzählung darf man für bare Münze nicht nehmen:
wahrscheinlich sogar, dass dieser Reichtum gerade Leutolts dürftige Be-
fangenheit im eugsteu Minnesang ironisieren soll (Wilmauns. Walth.², zu
165,4); dann lehrt die Stelle immerhin, dass man eine gewisse Vielsei-
tigkeit von einem geschickteu Fahrenden glaubte fordern zu müssen [228].

Wie dem auch sei, jene giftige Höhnstrophe ist erst verständlich
nnd nicht uninteressant, wenn wir sie ansehen als Ausfluss des Kon-
kurrenz- und Brotneides eiues bürgerlichen Spielmanns gegen den be-
günstigteu ritterlichen Kollegen, der sich so viel mehr dünkte und dün-
ken durfte. Ihm war der Beifall des Hofs, der adligen Sippe (V. 2.3)
von vornherein sicher, so wenig er von der *werden kunst* (V. 6) verstehen mochte, so reiches Repertoir die bürgerlichen Nebenbuhler gegen
ihn ausspielen konnten: wo *her Liutolt* sprechen wollte, da blieb den
meistern nichts übrig als zu schweigen. Solche Polemik hätte der Spielmann wohlweislich unterlassen, weun Leutolt nur aus Liebhaberei einmal
Verse machte: das war dem Edelmanu eine Zier in deu Augen der
Gehrenden, die dann um so mehr Interesse für ihre Leistungeu erhoffen
durften. Aber ein Anderes wars, wenn der Ritter wie sie den Saug zum
ernährenden Beruf machte: da mussten sich die bürgerlichen Fahrendeu
ihrer Haut wehreu, und jeuer Fall darf als typisch gelteu: zwischeu
Walther nnd Stolle wird der gleiche Gegensatz bestanden haben, und
auch der *loterritter*, der nach Kelin (HMS III, 22b) *guoter meister
kunst irret*, sie aus der Herreu Gunst verdrängt, mag ein ritterlicher
Spielmann gewesen sein: man deuke noch an des Meissners letztes
Strophenpaar (HMS III, 109b).

Ich glaube, von diesem Standpunkte aus wird auch des Marners
törichter und ungeschickter Angriff auf Reinmar von Zweter besser begreiflich. Er setzt voraus, dass beide Sänger persönlich an einem Hofe
zusammengetroffen waren. Da Marners Scheltstrophe (XI, 3) in dem-

---

226) In späterer Zeit wurden diese Ansprüche an ein reiches und mannig-
faltiges Repertoir in ein System gebracht: vgl. Kolm. 66. 188 (aus der Wiltener
Hs.) und S. 712: das erstgenannte Gedicht unterscheidet sogar drei verschiedene
Grade von Meisterschaft auf Grund des Reichtums an Weisen. Unter den ge-
forderten Weisen befinden sich Leiche und Tänze, wie bei Sevens Gegner: sind
mit den *nahtwîsen* die *tageliet* gemeint? Vgl. HMS III, 42s. XXXIII, namentlich Str. 5, V. 10. Da in jenen Meisterliedern durchweg *zügewîse* vom Singer-
meister verlangt werden, so ist es wol richtiger, die *zügeliet* in der gegen Seveu
gerichteten Strophe nicht mit Lachmann in *lügeliet* zu ändern.

selben Tone gedichtet ist, wie ein Spruch, der schlimme Erfahrungen
des Dichters am Rhein in frischem Aerger erzählt (XI, 2), so ist kaum
zu zweifeln, dass auch sie mit rheinischen Verhältnissen zu tun hat
(Strauch, Marner S. 15); dass die dritte Strophe des Tons XI, 1, ein
Rätsel über den *Vit*, etwa gleichzeitig mit der gegen Reinmar gerichteten entstand, darauf weist die Bezeichnung des *Vides* als *wunder*
(XI, 1 und 51) hin; auch jenes Rätsel mag auf Reinmar gemünzt sein.
In den vierziger Jahren also, am Mainzer Hofe oder in Sayn, fand die
Begegnung statt. Ebenso wie der Oestreicher Bruder Wernher (HMS
III, 17b) und der Franke Konrad von Würzburg (Lieder 23,28), war
auch der Schwabe Marner höchst unzufrieden mit der Aufnahme, die er
bei den rheinischen Herren fand: '*in weiz ir niender einen, der sô
mille si, daz er den gernden teilte mite von siner gebe*' (XI, 31—33),
so singt er verdriesslich, und doppelt gereizt musste er gegen den Ritter
sein, der die *gernden* gar noch die karge Gunst durch seinen erfolg-
reichen Mitbewerb verkümmerte. Die Mittel nun freilich, mit denen er
den unbequemen Nebenbuhler aus dem Felde zu schlagen sucht, sind
nicht sehr gewählt. Die Anspielungen der Strophe entziehen sich teilweise unserm Verständnis: wenn der Marner den tönearmen Reinmar
aber *danediep* schilt [229], wenn er mit seinen scherzhaften Lügensprüchen streng ins Gericht geht und ihn darauf hin als bewussten
Lügner brandmarkt, so kennzeichnet das die Gesinnung zur Genüge,
der die ganze Anfeindung entsprungen ist. Reinmar, damals schon ein
älterer Mann, hat es verschmäht, auf den untätig albernen Angriff des
Vaganten zu antworten.

Aber dieser Angriff ward gleichwohl Ausgangspunkt einer kleinen
literarischen Fehde. Der Marner kramt XV, 15 allerlei zoologische
Gelehrsamkeit von höchst zweifelhaftem Wert aus, wie das die *künsterichen* Spruchdichter so liebten. Diese Strophe greift nun der Meissner auf, den wir unten als Reinmars nächsten Schüler kennen lernen
werden; er widerlegt den Marner (HMS III, 100b fg.) vermittelst einer
nicht minder problematischen Weisheit [230]) und rächt seinen Lehrer,

---

229) Mit Wackernagel LG² S. 303 diesen Vorwurf als Ironie aufzufassen,
verbietet der schimpfende, nicht spottende Ton der Strophe zwingend. Es wäre
ja möglich, dass der Marner irgendwo in einer Reinmarschen Melodie gestohlenes
Gut witterte: das können wir nicht mehr kontrolieren: aber wahrscheinlicher
brauchte er für den Schluss des Spruchs ein kräftig Wörtlein und war da nicht
skrupulös.

230) Was der Marner in der gescholtenen Strophe vorbringt, stimmt zu den
üblichen aus dem Physiologus und ähnlichen Gewährsmännern hergeholten zoologischen Kenntnissen und gibt sie korrekt wieder. Der Meissner ist unleugbar
gelehrter, schöpft aus minder populären Quellen: das beweist seine Darstellung
der *natûre* von Strauss und Phönix: woher aber hat er entnommen, was er vom
Pelikan erzählt? Es scheint, als ob der gelehrte Herr — oder seine Quelle? —
hier einige Konfusion angerichtet hat. Die Elemente seiner Darstellung kann ich
nachweisen, nicht ihre Verbindung. Gewöhnlich tötet der Pelikan oder sein Weib-
chen die Jungen: dass die Schlange das tut, wird nur ganz selten berichtet: so in
dem griechischen Physiologus (bei Pitra, Spicil. Solesmense III, S. 343), wo ἡ ὄφις
durch den Wind sein Gift auf die jungen Pelikane tragen lässt: Albertus Magnus

indem er den Vorwurf des Lügensanges umständlichst zurückgibt (XII,
1 V. 2. 6. S. 9. 12). Vielleicht enthält diese erste Strophe des Meissners sogar eine direkte Anspielung auf den Angriff gegen Reinmar.
V. S. 9 heissts: *'er hât gelogen, er lese baz diu buoch; swer valsch
singet, der mac wol wesen künsten blint: spottent der ander meister,
ich enruoch'*. Diese letzten Worte verstehe ich nicht: sollen sie bedeuten: *'wenn andre Meister über solche Lügensinger spotten, so nehme ich
ihnen das nicht übel'*, so ist der Plural *der* mindestens auffallend, da der
Spruch nur éiner ganz bestimmten Persönlichkeit gilt, und es ist eben
so matt wie ungeschickt, den eigenen Angriff durch die Versicherung
einzuleiten, dass man fremde Angriffe auf denselben Gegner nicht mis-
billige oder nicht beachte, was es nun heissen soll. Ich vermute, der
Meissner sagte: *spottet der ander meister, ich enruoch*, *'*wagts solch
Ignorant andre Meister zu verhöhnen, so macht das auf mich gar keinen
Eindruck, ist mir gleichgiltig*. Mit den andern *meistern* könnte er
u. A. sich selbst meinen: *'*ich fürchte Marners Spott nicht*'; viel näher
aber liegts, jene Worte auf Marners Spottstrophen gegen Reinmar zu
deuten. — Marner fand dem Meissner gegenüber wieder einen Kämpen
in einem Unbekannten, den man unvorsichtig Meister G e r v e l i n zu
nennen pflegt[231]). Der höhnt den Meissner, dass er den Inbegriff aller

(ed. Jammy VI, 643) berichtet, dass der Vogel die von ihm selbst getöteten Jungen
durch sein Blut neu belebt *et eodem modo vivificat eos à serpentis morsu qui pullis
insidiatur.* Dagegen den Kampf des Pelikans mit der Schlange, seinen schlauen
Kunstgriff, sich durch einen Kotpanzer vor dem Gifte des Feindes zu schützen,
habe ich nur beim Meissner gefunden. Nach Albert. Magn. (VI, 579) verhärtet
der Eber durch Kot sein Fell: stehend ist diese Kriegslist im Kampf des Ichneu-
mons oder des Hydrus (Enhydrus) mit dem Krokodil. Zuweilen tritt an die Stelle
des Krokodils der Wurm Aspis (Vinc. Bellov., Spec. natur., Duac. 1624, S. 1451;
bei Isidor, Etymol. XII, 2,37 (Migne) ist die Kampfesart eine andre) oder der
Drache (Pitra, Spic. Solesm. III, S. 355). Und von hier aus wird bewusst oder
unbewusst der Kampf auf den Pelikan übertragen sein, dem man obendrein nach-
sagte (Albert. Magn. VI, 643), er lebe von Krokodilsmilch und folge daher den
Krokodilen nach, Momente genug, welche die falsche Combination begünstigten.
Der Pelikan im Kampf mit einem Dämon, von dessen bildlicher Darstellung in
Laach Schnaase (Bullet. monum. VIII, 558) berichtet, wäre ein Sinnbild des
kämpfenden Heilands, das nicht notwendig die Existenz einer entsprechenden
Kampfessage voraussetzt: nach den Angaben in Ottes Kunstarchäologie[5] I, 487
handelt es sich dort nicht einmal um einen Kampf.

231) Wir haben von Meister Gervelin in J 4 Strophen in einem Tone, der
kurze Verse liebt und mit einer langen reimlosen Zeile schliesst. Hinter diesen
4 Sprüchen sind 2 ganze Blätter ausgerissen. Die Lücke schliesst inmitten einer
Strophe ganz andern Tones: er wie der ihm folgende Ton desselben Dichters besteht fast durchweg aus ganz langen Versen: beide Töne haben eine ähnliche einfache Reimordnung, die jener Weise Gervelins in Nichts ähnelt. Niederdeutsche
Spracheigenheiten kommen zwar vor wie nach der Lücke vor (Gerv. I, 2,2 : 5
guoten : behuoten; 4,1 : 4 *lop : stöp*; bei dem Andern : II, 7,1 : 2 *hof: lof*; 10,3 : 6
Jordânen : verwânen; III, 3,7 : 5 *unsâlde : walde*); aber sie teilen die Strophen
mit den meisten Dichtern der Jenaer Handschrift. Erwägt man noch, wie geringen
Umfang die Dichtungen gerade der Sänger haben, die Gervelins Strophen vorhergehen oder folgen, so wird es gar wahrscheinlich, dass auf den fehlenden Blättern
ein neuer Meister das Wort bekommen hat. Und diesem neuen, sehr kunstbewussten Meister gehört die oben erwähnte Strophe.

Kunst zu besitzen glaube, dem Marner seinen Sang nicht gönnen wolle: und
dabei habe er doch selbst seine Töne den Pfaffen gestohlen (HMS III, 3 S b):
ein ähnlicher Vorwurf, wie ihn Marner gegen Reinmar schleuderte [232].
Marner mag auch persönlich dem Meissner heimgezahlt haben: XIII, 3
verspottet er einen *meister*, der alle Wunder schon kannte, ehe er noch
geboren war, der nicht zulassen will, dass Gott auch andern *ein lützel
des sinnes* gebe. Den Spott, der die ungeheuerliche Gelehrsamkeit des
Gegners trifft, verdiente der Meissner sehr wohl, der gerade auf über-
legenes Wissen gestützt gegen Marner zu Felde zog: der Pfeil würde
aber weit am Ziele vorbei geflogen sein, wenn er den gänzlich ungelehrten Reinmar treffen sollte, wie Tschiersch, Beurteilung S. 36, und
— trotz sehr berechtigter Bedenken — auch Strauch. Marner S. 26 fg.,
annehmen [233].

Die beiden Lügenstrophen Reinmars, die dem Marner den willkom-
menen Anlass boten, einen Zank vom Zaun zu brechen, sie waren wol die
ersten ihrer Art in der mhd. Literatur, die ersten wenigstens ohne satiri-
schen Beigeschmack. Reinmar entnahm diese recht volkstümliche Gattung
jener unscheinbaren und bescheidenen Klasse von Spielleuten, die ohne alle
literarischen Prätentionen ihr Publikum durch Witze, Geschichtchen und
Lehren unterhielten. Für uns verhüllt bis tief ins dreizehnte Jahrhundert
hinein ein dichter Schleier das Treiben und Dichten dieses Völkchens: kaum
dass ein Paar dürftige Nachrichten, dass die Sprüche der Spervogelsippe
und wenige andre Einzelstrophen uns wie durch einen Riss hinter jenen
Vorhang lugen lassen. Im Laufe des 13. Jahrhunderts lichtet sich der
Schleier: unter den zahlreichen Spruchdichtern aber, die wir da kennen
lernen, dominiert doch weitaus eine Klasse von anspruchsvollen Fahrenden, welche mit Verachtung auf die ungebildeten Genossen herabblickt
und auf eine eingebildete Gelehrsamkeit pochend auch vom Publikum
eifersüchtig verlangt, jenen vorgezogen zu werden. Das Stichwort, mit
dem diese Herren prunken, ist *diu kunst*. Burdach hat (Reinm. u.
Walth. 30 fgg., 136 fg.) einige charakteristische Stellen gesammelt und
erörtert. Um über Inhalt und Bedeutung jenes Stichworts klar zu sehen,
ist es nötig, die Dichter verschiedener Zeiten und Kreise wohl auseinan-
ander zu halten: der Begriff der *kunst* hat im Laufe des Jahrhunderts
eine gewaltige Wandlung erfahren. Wenn Walther seinem Lehrer nach-
klagte (83,1) 'dêswâr, Reimâr, dû riuwes mich. . . . . ich klage dîn
edelen kunst, daz sist verdorben', so hat er unter dieser edeln Kunst

---

232) Bezieht sich auch eine Scheltstrophe Konrads von Würzburg auf diesen
Zwist, in der es vom Meissner heisst (32,287): 'sin dôn ob allen ræzen dærnen vert
in êren schîne, dâ mit er bî Rîne die singer leit in sîn getwanc'?

233) Mit bestem Recht erklärt sich schon Schönbach in seiner inhaltreichen
Recension des Strauchschen Buches (Anz. III, 123) gegen diese Annahme. Er
schwankt zwischen dem Meissner und Raumsland. An Raumsland darf keinesfalls
gedacht werden: der war, obwohl viel gelehrter als Reinmar, doch weit ungebil-
deter als Marner, und er fühlte das mit einigem Neid, den er hinter Spott über
Marners lateinische und musikalische Bildung verbirgt; vgl. S. 188. Aber er versucht es nicht, den Gegner an Gelehrsamkeit zu überbieten; und einen Wetteifer
im Wissen setzt Marners Strophe voraus.

etwas ganz andres verstanden, als sein Nachahmer, der Meistersinger
Rubin, der auch einem Reinmar, wol dem von Zweter, zuruft (HMS III,
31 b): *Reimâr, mich riuwet sêre din sin unt ouch din tôt; dû bist
wol klagebære durch dîne richen kunst.* Und es ist ein grosser
Unterschied zwischen Walthers rührender Klage (25.2) *daz man mich
bi richer kunst lât alsus armen* und dem gekränkten Standes- und
Selbstbewusstsein, das den Meissner schelten lässt: *daz ist mir schede-
lich unt ist mir sware, sol ich sus bi richer kunst verarmen unt verderben* (HMS III, 104 a). Was Walther unter *kunst* versteht, ist natürlich ein Vorzug, der auf höfischem Boden erwachsen ist, ohne *ruoge*
und *zuht* nicht denkbar: aber seine Auffassung steht dem modernen
Kunstbegriff doch noch näher als die im Laufe des 13. Jahrhunderts
herrschend gewordene. Das Gefühl für die höfische Herkunft der *kunst*
gieng ja nicht gerade verloren; ein wenig gelehrter Volkssänger aus der
zweiten Hälfte des Jahrhunderts, der wilde Alexander, dessen Minneleich
den Einfluss höfischer Dichtung nicht verleugnet, erkennt jene Herkunft
merkwürdig richtig, und eben einem gelehrten Meister, Konrad von
Würzburg, war es vorbehalten; den Kunstbegriff in bewusster Rücksicht
auf seine höfischen Traditionen theoretisch zu fixieren und zugleich unter
dem Einfluss der Antike zu erweitern (Burdach a. a. O. S. 31. 137 fg.;
Joseph, Klage der Kunst, S. 13 fgg.). Aber Konrad bildet auch eine
überraschende Ausnahme unter seinen Berufsgenossen, und man muss
sich wohl hüten, seine Kunstanschauungen für massgebend zu halten in
den Kreisen der vornehmeren Fahrenden seiner Zeit.

    Wenn die fahrenden Meister ihre Ansprüche auf höhere Wert-
schätzung beim Publikum auf ihre *kunst* gründeten, so geschah das
nicht nur im Gegensatz zu dem niedern Gesindel der *gumpelliute* und
Spassmacher, nicht nur im Gegensatz zu den Pflegern des Volksgesangs,
sondern — namentlich ursprünglich — eben so sehr im Gegensatz zu
den adligen Fahrenden und zu den Freunden des alten höfischen Sanges:
sie alle gehören zu den *künstelôsen.* Diese *kunst* der Meister hatte von
Anfang an ein unadliges Gepräge. und der Unverzagte irrt gewiss nicht,
wenn er die geringe Gunst, die er bei den Herren findet, darauf zurückführt, dass die *edeln* eben selbst *künstelôs* sind (HMS III, 46 a). Was
Sunburg, den Meissner und seines Gleichen mit grenzenloser Verachtung
herabsehen lässt auf den Pöbel der *künstelôsen*, das ist eben nicht der
berechtigte Stolz des gottbegnadeten Dichters, nein, es ist der pure
bare Gelehrtenhochmut: *kunst* ist Studium, Wissenschaft, der Inbegriff
der sieben Künste [234]), unter denen die Musik nicht zu vergessen ist:
von jener Kunst vor den Künsten, die nicht gelernt werden kann, die
durch Gottes Gunst aus dem Herzen spriesst und um ihrer selbst willen
da ist, unbekümmert, wie sie Andern gefalle, von dieser *kunst* Konrads
von Würzburg wissen die andern Meister Nichts [235]). Das geht aus
vielen beweisenden Stellen hervor.

---

234) Musk. 54,7 *gesang der seben künsten hort gentzelich hait begriffen.* .
235) Ich betone nachdrücklichst, dass ich nur von der *kunst* des 13. Jahr-

Lehrreich sind dafür namentlich einige Aeusserungen R a u m s -
l a n d s , eines verständigen, etwas nüchternen Geistes, der von der Ueberschätzung der Gelehrsamkeit verhältnismässig frei war, zum Teil wol
darum, weil er eine gründliche gelehrte Bildung selbst nicht genossen
hatte. Als er spöttisch Marners Latein erwähnt, fügt er hinzu: *des vil
din kunst geniuzet* und schliesst die Strophe mit der Versicherung:
'*ob ich hate den selben phat gegen ze Làtin . . . alsò lange sô dù,
min wazzer wære ouch starker mit gesange*' (HMS III, 56b). Das
Latein also ist ihm immerhin eine wesentliche Förderung zur Kunst.
Eine Strophe zum Lobe eines Herren Johann, die in J unter dem Namen
Raumslands von Schwaben steht (HMS III. 69b), endet: '*zwelf meistersinger möhten niht volsingen die tugent, die man in eine siht volbringen*': eine entsprechende Hyperbel verwendet Raumsland (III, 55a) zum
Lobe des Herzogs von Braunschweig: da wünscht er sich aber nicht die
Kunst von 12 Meistersingern, sondern er möchte *der künste site* von
12 andern kunstweisen Männern haben, und das sind lauter Gelehrte,
Philosophen, Kirchenväter, kaum ein Dichter, wenn nicht etwa Cato:
Virgil und Seneca verdanken in diesem Zusammenhang nicht ihren Gedichten, dass Raumsland sie nennt. Als er dann dem übermütigen Singauf, der mit seiner Kunst vier Meister wett machen will, vier entgegenstellt, deren *kunst* Singaufs Kunst weh tun werde, da rühmt er (III, 65b)
von Konrad: '*der besten singer einer, der schrift in buochen
kunde hàt; dà von ist sin getihte vil din reiner.*' Man denke ferner
an jene Strophe des Meissners, der dem Marner darum die *kunst* abspricht, weil der *din buoch* nicht gut gelesen hat (HMS III, 100b);
und in deutlichstem Widersatz zu Konrads Theorie steht des Kanzlers
Klage, ohne Glück helfe Alles nicht, *swaz kunst ein man gelernet
hàt* (II, 397a): vgl. auch Frauenlob 130.18: *het ich mè kunst gelart, daz
rrumte dir ze dime lobe.* Seinen schärfsten, wenn auch nicht reinsten,
Ausdruck findet dieser Kunstbegriff vor Frauenlob im Wartburgkriege,
im Rätselstreit zwischen Klinsor und Wolfram. *Kunst, meisterkunst* ist
des Ungrischen Zauberers und Gelehrten drittes Wort: die Schulen von
Paris und Konstantinopel, von Bagdad und Babylon sind die Quellen, aus
denen er den *kern ron kunst* gewonnen hat (Wartbg. 102): der ungelehrte Laie Wolfram, der Gottes Eingebung, keiner gelehrten Schulung
seine Stärke verdankt, vermeidet jenes Wort: nur zweimal, soviel ich
bemerkt habe, setzt er seine Laienkunst, *die rehten kunst*, gegen die
des Pfaffen, des Meisters ein (ebda. 28. 50; späte Erweiterungen, wie
151 fgg. kommen natürlich nicht in Betracht.).

---

hunderts rede. Sein Kunstbegriff blieb zwar auch nach Frauenlob noch durchaus
herrschend, und ich verschmähe daher im Folgenden ein paar charakteristische
Belege aus dem 14. Jahrhundert nicht, aber die Schroffheit milderte sich im Sinne
Konrads, als der neuen Kunstanschauung der Sieg im Wesentlichen geblieben war.
Im 14. Jahrhundert begegnet uns vereinzelt manch schnödes Wort über Meister,
die nichts können als was sie gelernt, die nicht aus Herzens Grunde schöpfen; und
als die höfische Kunst dahin war, behauptete die Meisterkunst mit Vorliebe, sie
sei höfisch und bekämpfe die *ungehoften.*

Diese *kunst* des Meisters erwarb sich nicht ohne schwere Mühe und Kosten. Dafür beanspruchte man. durch reichern Lohn entschädigt zu werden [236]. Um so schmerzlicher die Enttäuschung, um so heftiger die Erbitterung, wenn der mühsam errungene Besitz nicht einmal Zinsen tragen wollte. wenn die ungelehrte *diet* der Spielleute ohne das schwere Rüstzeug der *kunst* ganz dieselben, ja bessere Erfolge an den Höfen davontrug. wenn selbst die pure Instrumentalmusik, die von den Meistern mit wachsendem verächtlichem Ingrimm verfolgt wird, gefährliche Konkurrenz machte. Jene *künstelösen* Sänger können noch froh sein. wenn sie nur *gouch* und *rint*, *tôren*, *narren*, *giegen* gescholten. mit dem Esel in der Löwenhaut verglichen werden. Aber die Vorwürfe erstrecken sich gar aufs m o r a l i s c h e G e b i e t: mit Vorliebe werden die niedern Kunstlosen als *bœsewiht*, *schalc*. Gott verhasste Lügner gebrandmarkt : ja der Meister Friedrich von Sunburg geht so weit, dass er über einen Herren. der *unkünste hilfet unt lât kunst belîben in der nôt* das Urteil fällt: *der hêrre ist êwecliche verlorn unt an den êren tôt* (HMS III, 71 a) [237].

Diese unsinnige Uebertreibung hängt damit zusammen, dass die Meister ihre *kunst* ansahen als Gott im höchsten Grade wohlgefällig, ja von Gott, dem Meister aller Kunst, der auf *der künste stuol* sitzt, ihnen verliehen [238]. Nur ist das in anderm Sinne gemeint als in Konrads von Würzburg bekannter Strophe. Die *kunst* der übrigen Meister berührte sich nahe mit wirklicher theologischer Bildung, die auch wol geradezu *kunst* genannt wurde: so in der zweiten Priamel Gasts [239]: *waz sol ein priester âne kunst der rehten Gotes lêre?* (HMS II, 260 b) [240]. Klinsor. der gelehrte Meister, heisst oft genug im Wartburgkriege *pfaffe*, *meisterpfaffe*; der Marner z. B., Konrad von Würzburg und Frauenlob waren des Lateinischen kundig. bei Friedrich von Sunburg ist mir das

---

236) Belege für diesen Gedankengang der 'Studierten': Buch der Rügen 735: *ich hân verzert ze schuole vil, daz ich wider haben wil*; WGast 12724 *im* (dem *phaffen* = Gelehrten) *ist harte leit, swenn ein man âne lêr erwirvet guotes mêr dann er; sô spricht er dan mit grôzem zorn, er habe sîn arbeit gar verlorn und war umbe er gelernet hât.*

237) Umgekehrt erklärt der Unverzagte (HMS III, 45 b fg.) die Herren für lebende *heilic*, welche ihm für seine Kunst *durch Got* geben. Vgl. Kolm. 38,6 *unkunst vert in der helle grunt, kunst kan den himel erclimmen;* 97,51 *unkunst velt an der 'helle grunt, kunst treit vil senften muot.*

238) Vgl. Burdach, Reinmar und Walther 31 fg.: ferner Damen HMS III, 163 a *kunst hât Gotes gunst;* Wartbg. 137; HMS III, 407 b; Kolm. 38,35 *die rehten kunst die hât Got selbe in siner hant;* 96,59 u. öft.; Teichn. (Denkschr. d. Wiener Akad., phil.-hist. Cl. 1855) S. 146, Anm. 206; Mügelns ungar. Reimchron. (Engel, Monum. Ungr. S. 5) *o Deus summa regis, ars omnis et poesis e corde tuo crescit.*

239) Ich behalte zum Zwecke deutlicher Bezeichnung die Namen Gast und Walther von Breisach bei, obgleich sie erst von moderner Hand — von wem? — in C eingetragen und also gänzlich apokryph sind.

240) Vgl. noch Kolm. 22,26: *phaff âne pfründe, sunder buoch und âne kunst;* 38,36 *unkunst hât ketzer vil betrogen.* Reinmar spricht 161,11 den Aposteln *kunst* zu.

Gleiche kaum zweifelhaft [241]), ebensowenig als bei Sigeher, als beim Meissner. Theologisch - philosophische Fragen, scholastische Spitzfindigkeiten füllen einen grossen Teil ihrer Sprüche: *kunst lêrt . . . reden von cristenlichen sachen* (Kolm. 38,15); Kenntnis der Bibel, der kirchlichen Tradition, der Hymnenpoesie verrät sich allenthalben; schon die musikalische Bildung machte Bekanntschaft mit der Kirchenmusik wünschenswert, wo nicht unentbehrlich, und diese war zunächst nur von geistlichen Lehrern in Klosterschulen zu gewinnen. Der Gesang war ein wichtiger Bestandteil des Kultus; ein Meister vergleicht ihn den Glocken, die in Gottes Dienst erklingen [242]). All die zahllosen gelehrten Curiositäten, namentlich aus dem Tierreich, mit denen die Meister auf die Wundersucht und Neugier des Publikums spekulieren, sich gegenseitig überbietend und korrigierend, auch sie setzen mit ihren religiösen Deutungen ein gewisses Studium theologischer Quellen voraus. Die Vorliebe für diese sonderbaren Raritäten entsprang dem Wunsche, die erlogenen Wunder und Märchen der Spielleute durch Wahrheit in den Schatten zu stellen: an die Wahrheit ihres gelehrten Unsinns glaubten die Meister natürlich, sie hatten ihn ja in den Büchern gelesen. Es wiederholt sich in diesen meisterlichen Bestrebungen im Kleinen jene alte Neigung der Geistlichen, dem Volk für seine weltliche Kost geistliche Surrogate unterzuschieben. So begreift sich erst die moralische Entrüstung über die lügnerischen aufschneiderischen Konkurrenten. Nur die *rehte kunst* ist eben die Wahrheit: *man vint die wârheit sêre, swâ man gesanges phligt in rehter mâze* (Kolm. 200,13 aus der Wiltener Hs.). Sunburg klagt trotzig: 'ich muoz der wârheit abe stân unt liegen umbe guot. sît ich bî rehter kunst bin gâbe unt guotes alsô blôz, sô wil ich sêrer liegen, denne müge einer mîn genôz' (HMS III, 71 a); denn nur durch Lügen ist beim Publikum Glück zu machen; ähnlich Raumsland: *nû muoz ich dicke liegen durch des lîbes nôt* (HMS III, 54 a) [243]). Mit einer ganzen Liste von Scheltworten bedenkt Kelin den *sanges lügenære, des kunst ist kranker wan ein huon* (HMS III, 21 b), und auch der Pseudo-Gervelin widmet den *dunkelmeistern* eine Strophe, die *mit büge schallen* wollen und ihn für *schæfîn* [244]) halten, weil er Lug und Trug verschmäht (HMS III, 36 b). In dem Register der verachteten *gernden*, das der Kanzler aufstellt, tritt an dritter Stelle einer auf, *der hove-*

---

241) Sunburg sagt *trinitas* im Reim (: *was*) HMS II, 359 b; *nâtivitas* III, 74 a; vielleicht *alpha et ô* II, 352 b; zwei Strophen geben den Inhalt päpstlicher Breve wieder (HMS III, 73 a. b. 27. 28), die erste ziemlich genau: es ist allerdings nicht unmöglich, dass er die beiden Erlasse aus mündlicher Uebersetzung kannte.

242) *In gesange man vindet, dâ mit man bindet Got in êwegen freuden, daz er sich wandelt in ein broit von priesters geboit* (Musk. 54,26).

243) Stellen, an denen es der Zusammenhang wahrscheinlich macht, dass die Lüge im Schmeicheln, im unverdienten Lobe der Herren besteht, übergehe ich. Das Motiv: 'ich möchte lügen, da die Wahrheit nichts nützt' kommt auch im Minnesang vor (HMS I, 309 b, 3).

244) Die Hs. J liest: *ich dunke sumelîchen schephen sin durch daz ich niht kan bârât unde liegen.* Ich verstehe *schephen* nicht anders denn als *schéphîn = schæfîn.* Lex. führt dies Adj. in der übertragenen Bedeutung gutmütiger Einfalt aus der En. 9700 an.

liuget (HMS II, 390a). Und als solch ein Hoflügner konnte Reinmar
wohl gelten, wenn er nur zum Amüsement der Hörer noch so offenkun-
dige Lügen zusammenhäufte, also auf jede sittliche Wirkung verzichtete:
vom Standpunkt der allerrigorosesten meisterlichen Kunstanschauung aus
wird Marners Angriff eher begreiflich. Mit dieser Strenge verträgt sichs
nur schlecht. dass Marner dieselbe Gattung Reinmar ziemlich sklavisch
nachahmte (XIV, 177 fgg.): das war eine Concession an den Geschmack
des Publikums, wie sie der Fahrende nun einmal nicht umgehen konnte:
auch zum Vortrag von Volksepen, von höfischem Minnesang nötigte den
Marner eben dieselbe Rücksicht auf seine Hörer (XV, 261 fgg.).
Es war die natürliche Consequenz einer solchen Kunstanschauung und
in so fern entschuldbar, wenn Frauenlob der, gelehrten Dichtperioden besonders eigenen, Neigung zu starker Selbstwürdigung trotz manchen Wider-
spruchs [245]) getrost so weit nachgab, dass er sich als der *künste koch*
hinstellte, dessen *kunst ûz kezzels grunde* gehe, während seine Vorgänger *den smalen stîc bî künsterîchen strûzen* gezogen seien (Frauenlob 165, 7. 12. 18). Frauenlob nennt drei Dichter als Repräsentanten
der vergangenen Zeit: Wolfram, Walther und unsern Reinmar [246]), dieselben drei ritterlichen Sänger, die allein von all ihren Genossen auch
bei Meistersingern noch allgemein als Meister in Geltung und Ehre
blieben.

---

245) Die Sache der alten Meister verficht Regenbogen aufs Nachdrücklichste,
aber ungeschickt (Frl. 166. 168), den Kernpunkt vergessend oder nicht kennend:
mehr vom rein moralischen Standpunkt tadelte eine ähnliche Ueberhebung seines
jungen Schülers Frauenlob schon früher Herman Damen (HMS III, 168a. b). Un-
befangenere Meister erkannten recht gut, wie sehr das Laster der Eitelkeit an
dem Marke der Kunst frass. Wieder ist in erster Reihe der treffliche Raumsland zu nennen, der, wie er Singaufs lächerliche Prahlsucht praktisch verhöhnte
und zum Fall brachte, es auch als allgemeinen Erfahrungssatz aussprach: *sich
rüemet maneger siner kunst sô vil, daz guoter liute gunst in vliuhet unde erwirbet
haz; der dunket mich niht kunstic* (HMS III, 66b). Und der Raritätenkrämer Boppe,
bei allem gelehrten Aufputz ein harmloser Spielmann, dem die feierliche Würde
eines rechten Meisters nie aufgegangen ist, richtet eine treffende Strophe, ein
bispel, gegen die *kunster*, die sich *überrüement* und dadurch *unwert* würden: die
Moral ist: *ein kunster solt den andern loben .... ruom hânet manegen, der sus
kunst unt prîs wol an im hæte* (HMS II, 352a).
246) Dass Reinmar von Zweter und nicht Reinmar der Alte in Str. 165,1 gemeint ist, darf als zweifellos gelten; erst 168,7 ergänzt Regenbogen die Reihe zu
zwén Reinmâr. Der Wartburgkrieg hatte dazu mitgewirkt, dass man sich Reinmar von Zweter gern in der Gesellschaft von Walther und Wolfram dachte: dieser
Einfluss ist besonders deutlich in einer Totenklage Damens (HMS III, 103a), wo
Reinmar auch an der Spitze einer Anzahl verstorbener Dichter erscheint, unter
denen sich Ofterdingen und Klinsor befinden. Denselben bevorzugten Platz hat
er in dem Nachruf des Meistersingers Rubin (HMS III, 31b) und Leopold Hornburgs: er mag diesen Vorzug allerdings einem chronologischen Irrtum verdanken,
den sein Vorname verschuldete. Das ist bei Hornburg ganz sicher, der nach den
Worten: 'die abe aber nôch im worden gût, sô was sîn der êrste bracht' Reinmar für
einen Vorgänger Walthers hält. Dass Regenbogen, an dessen Worte Frauenlob
165,1 anknüpft, 164,5 Reiumar unter den Lobrednern der Frauen nennt, darf an
meiner Deutung auf den jüngern Reinmar nicht irre machen: Herman Damen,
Frauenlobs Lehrer, citiert in demselben Sinne wörtlich Reinmars Worte 30,1 (HMS
III, 168a): uns *tuot her Reimâr kunt, der vrouwen lop sî reinez leben.*

Wie stand nun Reinmar zur *kunst*? Er gebraucht das Wort selten: abgesehen aber von der nicht beweisenden Stelle 149,4 immer in dem Sinne der Meistersinger. 31,3 nennt er die Schule der Minne *künsterîche*, und 161,11 sagt er von den Aposteln Paulus und Johannes '*swes kunst ir kunst wil widerlesen, des sedel zimt niht vorm oberôsten stuole*', nachdem er ihnen V. 9 eine *hôhe schuole* nachgerühmt hat: beidemal also erscheint *kunst* zwar übertragen, aber als Produkt der Schule. Wie Reinmar diese *kunst* beurteilte, darüber haben wir nur éine Andeutung, aber eine ausreichende: die erste Zeile eines priamelartigen Spruchs 93,1 lautet: '*waz hilfet âne sinne kunst?*[247]) Es ist ein Protest gegen jene Kunst, die über der Freude an stupender Gelehrsamkeit die rein menschlichen Interessen, ihre erziehliche Bedeutung fürs Leben vergass. Reinmar bekennt sich zu Wolframs stolzem Wort (Wilh. 2,22): '*hân ich kunst, die git mir sin.*'

Mit Ausführlichkeit bin ich auf die Kunstanschauungen der gelehrten Spruchdichter eingegangen, um Reinmars Gestalt von dieser in seiner spätern Zeit massgebenden vornehmeren Klasse von Fahrenden scharf abscheiden zu können. Eigentliche **Gelehrsamkeit** ist ihm immer ganz fern geblieben, wenn er auch wahrscheinlich schreiben konnte (188,9). Und wenn in gewissen Epochen seines Lebens auch ihn einmal die Einwirkung jener mächtigen meisterlichen Richtung berührte; dass solch Einfluss stets nur an der äussersten Oberfläche haften blieb, das versteht sich fast von selbst, schon darum, weil dem Ritter die notdürftigste Vorbildung fehlte. Jener gegen die *kunst* gerichtete Satz steht noch in der Sammlung: aus ihr wüsste ich nur éine gelehrte Anwandlung Reinmars anzuführen, zwei religiöse Sprüche, S. 9, welche die symbolischen Tiere der Evangelisten in der durch Hieronymus im Occident üblich gewordenen Verteilung des Theophilus (Zahn, Forschgn. z. Gesch. d. neutest. Kanons II, 267) aufzählen und in hergebrachter Weise deuten. Darin werden mehrfach die Evangelien citiert (9,2. 3. 6. 8), doch ohne dass sich irgend welche nähere Bekanntschaft mit ihnen verrät, und 8,8 schwingt sich der Dichter gar zu einer Aeusserung auf, die jedem Meister Ehre machen würde: '*die vier ênangelisten unt ir bilde sint ungelêrten liuten gar ze wilde*'. Die lediglich phrasenhafte Wendung soll weiter Nichts sagen,

---

247) Die Hs. D bringt eine interessante Variante, ganz aus dem Sinne der fahrenden Meister in den Text eingeschmuggelt: *waz hilfet âne sælde kunst?* Das ist eine jenen gelehrten Dichtern ohne dankbares Publikum höchst geläufige Klage: vgl. Sunburg (HMS III, 71a): *waz sol mir richiu kunst, sint ich der sælde niht enhân?*; Kanzler (HMS II, 397a): *Gelücke, wol man dîn bedarf . . . swaz kunst ein man gelernet hât, diu vrümt im an dich niht*; aber auch ähnlich schon Freid. 79,9: *swâ witze ist âne sælekeit, dâ ist niht wan herzeleit*; Heidelb. Freid. 13,4: *waz hilfet wîsheit âne heil?* und Sperv. 21,29: *diu sælde dringet für die kunst.* — Reinmars Spruch findet eine Parallele in einer Strophe Frauenlobs (von Ettmüller fälschlich Raumsland zugeteilt), die freilich von ganz anderm Standpunkt ausgeht: '*vil maneger singer giht, er künne hôhe kunst, des kunst vernunst vil cleine hât getihtet*' u. s. w. (Frl. 172,1 fg.). Regenbogen, der minder gelehrte, rühmt sich HMS III, 347a, 3 im Gegensatz zu Frauenlob: *diu mîn (kunst) diu gruonet in der sinnen zwic.*

als dass Niemand den Sinn der Tiere verstehe, der nicht darüber belehrt
worden sei (vgl. Anm. z. 8,8): und wenn wirklich Reinmar diese unend-
lich abgetretene Erklärung der vier Symbole schon für gelehrt ansah, so beweist das, wie weit er von der meisterlichen Gelehrsamkeit entfernt war.
Auch was er sonst vorbringt, gibt keinerlei Anhalt zu der Annahme, er
sei ein Mann von 'theologischer Bildung' gewesen (Neue evang.-luth.
Kirchenztg. 1870, Sp. 430). Allerdings stammt das Gleichnis vom Lamm
und Elephanten (85) im letzten Grunde aus Gregors Moralien, allerdings
berührt sich der Spruch von der Sündenlust (89) nahe mit Anschauungen Augustins: aber Reinmar hat gewiss keine Ahnung davon gehabt
(vgl. Scherer, Zs. f. d. östr. Gymn. 1870, S. 51). Wenn er über Prä-
destination spricht (87), so leitet ihn kein dogmatisches, sondern lediglich ein moralisches Interesse, das ihn auch sonst gegen stumpfe Gleichgiltigkeit ankämpfen lässt (173, 176); der Fatalismus scheint in jenen
Zeiten des Verfalls furchtbar entnervend und demoralisierend gewirkt zu
haben. Noch viel weniger als diese Gedichte übersteigt der Spruch von
Mariä fünf Freuden (18), die Anspielung auf Adams, Samsons und Salomos Pantoffeldienst (103), die geistliche Deutung der Würfelzahlen (109)
dasjenige Mass von geistlicher Bildung, das jeder aufmerkende Laie gelegentlich aus Predigten sich aneignen musste. Ueber lateinische Flexionsformen, die nie im Reim erscheinen, vgl. Kap. IV. Ebenda wird sich
zeigen, dass Reinmar im Unterschied von ziemlich sämmtlichen Meistern
sich niemals auf *meister* oder *buoch* beruft: die *schrift* citiert er in der
Sammlung Str. 9, ausser derselben 164,2, auch hier recht zwecklos, zum
Beweis, dass der Mensch fünf Sinne habe. Sonst enthält von den md. Gedichten noch am meisten der Leich biblische und andere geistliche Anspielungen, auch er weit weniger als der Leich Walthers, mit dem sich
Reinmar überhaupt an Bildung nicht messen kann. Das Gleichnis vom
Spiegel 189, das Rätsel 220 haben theologischen Beigeschmack: all das
herzlich wenig für eine Zeit, in der die Bibel der Quell alles Wissens,
in der selbst die Volksweisheit so durchtränkt war vom didaktischen
Spruchgehalt der Bibel.

Man könnte versucht sein, aus Spr. 161 eine Unwissenheit Reinmars herauszuwittern. Unter den zwölf Aposteln hebt er da hervor
Paulus und Johannes. Ein Schreiber hat sich daran bereits gestossen
und aus der Zwölfzahl wenigstens éinmal eine XIII gemacht. Ich traue
es Reinmar schon zu, dass er Paulus für einen der Zwölfe hielt: aber
sicher ist das nicht. Wer die Apostel besang, kam in ein Dilemma:
entweder musste er den grössten unter ihnen übergehen oder die heilige
Zwölfzahl sprengen oder einen andern der alten Apostel eliminieren. In
der lateinischen Hymnenpoesie, deren Verfasser jedesfalls nicht dem Verdacht der Unkenntnis unterliegen, ist alles drei geschehen: Paulus fehlt
z. B. bei Mone III, 667; 13 Apostel erscheinen ebda. 668; vgl. auch
S. 63 und des Hardeggers Spruch HMS II, 134b, 3; endlich 12 Apostel
mit Paulus, aber ohne Matthias Daniel, Thes. hymnolog. II. 29, 45; ebenso
auf dem Bilde der 12 Apostel bei Garrucci, Storia della arte Cristiana
tav. 226, 240. Muscatbluts achtes Lied übergeht den einen Jacobus.

Es bleibe dahin gestellt, ob Reinmar mit Bewusstsein sich für diese
letzte Weise entschied. — 188,5, wo er den Wissenden mit Applomb her-
auskehrt gegenüber dem *tumben leien*, da hat er vielleicht die Absicht
irre zu führen, parodiert gelehrte Manier. 199,1 setzt er alle Bildung,
die Paris, Padua und Salerno geben können, weit hinter eine moralische
Selbsterziehung, und in dem Spruch vom Tanze der Welt, der sich in
Fremdworten und ausländisch scheinenden sonderbaren Bildungen gefällt,
203, nennt er die verächtliche Weise, der alle Welt nachtanzt, vielleicht
mit absichtlicher Zweideutigkeit einen *meisterdòn*.

Jenen gelehrten Einflüssen haben sich unter all den Spruchdichtern, die wir genauer kennen, nur sehr wenige in gleichem Grade wie
Reinmar entzogen. Bruder Wernher, älter noch als Reinmar, nennt sich
zwar selbst einen *künsterichen varnden man* (HMS III, 18 a) und erzählt, dass er *ganze winkel vol der kunst, diu reht an singen zimt*,
besitze (HMS II, 229 b), beruft sich auch auf der *wisen meister lêre*
(ebda. 230 b); seine Sprüche lehren uns, dass er wie kein Andrer von
der schädigenden Freude an gelehrtem Krimskrams rein geblieben ist.
Aber auch andere Oberdeutsche, selbst Gelehrte wie Walther von Breisach (?) und der Schulmeister von Esslingen, vor Allen der wilde Alexander,
der eigentlichste Nachfolger der Spervögel, widerstanden der Versuchung,
durch gelehrten Aufputz ihren Gedichten Flitterglanz zu geben. Und die
adligen Fahrenden haben allesammt die bürgerliche *kunst* verschmäht.
Ein Ritter wie Reinmar, der sein Standesgefühl nicht eingebüsst hatte,
konnte sich gar nicht versucht fühlen, durch gelehrte Prätentionen seine
Stellung zu heben, wie die weit unter ihm stehenden Meister. Streng
hielt er sich von jedem Zank mit ihnen zurück, seiner eigensten Natur
folgend, der es nicht zusagte sich lärmend in den Vordergrund zu drängen; er hielt sich zurück, auch wenn er dadurch zu leiden hatte, wo-
von Spr. 119 eine unverkennbare Spur aufweist. In dem Wettkampf
der Fahrenden um die immer seltner und dürftiger werdende Herrengunst musste der derbe Fäuste haben, der etwas erreichen wollte: die
wenigen Sprüche, in denen Reinmar sich auf Kosten Andrer geltend zu
machen sucht (151 — 157), sind nicht gegen Spielleute gerichtet, wie
das doch selbst Walther nicht ganz mied, sondern gegen adlige Herren,
zum Teil mit Bildern, die nach Reinmar dann auch im Zank der Spielleute in Aufnahme kamen[248]). Gegen Männer seines Standes durfte

---

248) Das gilt von den Strr. 152. 154, in denen Reinmar edle zu Kampf und
Jagd besonders taugliche Tiere wie *ravit, valke, wint, habech* niedern Haustieren
gegenüberstellt, den *ohsen, eseln, mûsarn, hovewart, gukgouch*, und sich beklagt,
dass die Herren diese untüchtigen Geschöpfe bevorzugen. Dass dies Bild in ganz
andrer Weise auf den Wettstreit der Ritter passt, als auf den von Spielleuten,
hat diese nicht abgehalten, das hübsche Bild auf ihre Art zu verwerten. So Kanzler (HMS II, 388 b) in einer Strophe (6), welche schliesst: *her Hirz unt ir, her
Valke, der kennet iuwer niht, swer kunstelôsem schalke der meisterschefte giht*; der
Urenheimer (HMS III, 38 b): *swer iulen vür den valken zamt, des sin ist laz, des
lop erlamt . . . . mit iulen vâhet man doch niht, als man mit valken vâhen siht
. . . . der hêrren lop ê schœner clanc . . . . dô sie des sanges seiten danc unt
rehten meister hielten wert unt man niht lecker vür sie gert;* mit Reinmars Sprüchen

Reinmar natürlich auch *der zungen dorn* gebrauchen, ohne seinem Standesgefühl zu vergeben. Reinmar war ein vornehmer Dichter; auch jene Zurückhaltung entsprang einer vornehmen Natur und ist um so wohltuender, je seltener sie unter den Fahrenden erscheint. Aber sie hat doch auch ihre Schattenseite. Es liegt im Wesen der Didaktik, dass sie die Persönlichkeit des Dichters viel weniger zu freiem Ausdruck gelangen lässt, als die eigentliche Lyrik. Es lag das besonders im Wesen jener Didaktik, die es für ein höheres Verdienst ansah, das zu lehren, was alle Weisen lehren, als etwa individuelle Theorien und Systeme zu verfechten, sich in Gegensatz zur öffentlichen Meinung zu setzen. Da war es denn fast eine gütige Fügung des Geschicks, dass der Kampf ums Dasein diese fahrenden Leute nachdrücklich zum Bewusstsein ihres Ich brachte. Wo sich unter den Spruchdichtern einmal eine lebensfrische, kräftige und eigenartige Gestalt aus der Masse heraushebt, da ists gewiss einer, der mit Not und Klage, Leidenschaft und Hass, mit den mancherlei grossen Leiden und kleinen Freuden des Spielmannslebens nicht allzu verschämt hinterm Berge hält.

Und trotz der Neigung dieser Sänger, von sich selbst zu reden, wissen wir so herzlich wenig von ihrem Leben. Das hat seinen guten Grund. Es ist wunderlich, wie schnell und fest die Tradition einen engen Kreis **persönlicher Erlebnisse** umgrenzt zu haben scheint, der einzig zur Sprache kam, der selbst in gelegentlichen Acusserungen kaum je überschritten wurde. Es ist nötig, dass wir uns des bewusst bleiben, um Reinmar nicht ungerecht zu beurteilen. Walther hat, wie entfernt kein Andrer, es verstanden, die Themata seiner Sprüche in engste Beziehung zu sich selbst zu setzen, sie mit seinen eigensten persönlichen Interessen zu verquicken: er hat jenen Kreis nach allen Seiten hin durchmessen, und über ihn ist Niemand erheblich hinausgegangen. Und wie wenig ists schliesslich — wenn wir von seinen minniglichen Abenteuern absehen — was auch er uns von sich erzählt! Er jammert über seine Armut, über sein Unglück, lobt oder schilt seine Gönner, wehrt sich gegen Nebenbuhler, klagt über Misachtung seiner Kunst und Lehren. Dazu kommen dann noch etwa Auspielungen auf einen Kreuzzug, allgemeine Klagen über Sünden, über die Nähe des Todes; der Dichter gedenkt seines Alters. Daneben rühmt Walther sich einmal, wie weit er herumgekommen sei in der Welt (31,13), ein Zug übrigens, der Nachahmung gefunden hat (Sunburg, HMS II, 356a; Neidh. 93,15 u. m.): dass er ein bestimmtes kleines Malheur, wie die Geschichte von Gerhart Atze, mit Details vorträgt. dass er meldet, in Oestreich habe er Singen und Sagen gelernt, das ist schon ungewöhnlich viel. Und die Folgezeit verschmähte immer mehr die kleinen Einzelheiten, durch die Walther verschiedenen verwanten Zügen noch individuelle Farbe zu geben wusste:

---

berührt sich besonders nahe ein Gedicht Frauenlobs, 57, das sich ebensowenig auf Spielmannseifersucht zu beziehen scheint wie Reinmars Strophen. Vgl. noch 57,5 und die Anmerkungen zu Reinmars citierten Sprüchen.

eine Ausnahme bildet Alexanders allerliebste humoristische kleine Strophe HMS III, 30a, 24. Seiner Kinder gedenkt, wie einst der Anonymus Spervogel, noch der Marner (Scherer DSt. I, 320 Anm.) und der Jude von Trimberg (HMS II, 259b, V, 1; vgl. auch Bruder Wernher HMS III, 17a, 3). Man mag auch Marners Spruch über den schlechten Geschmack des Publikums (XV, 261) zu den Kundgebungen über persönlich Erlebtes rechnen. Es steht ganz vereinzelt, wenn Sunburg als Augenzeuge von einem Kriegszuge Ottokars von Böhmen erzählt (HMS II, 356b, III, 2), wie auch Frauenlob nur einmal (135) sich auf eigene Anwesenheit bei den erwähnten Ereignissen beruft. Eine conventionelle Beschränkung ist darin nicht zu verkennen. Die tragikomische Strophe des Esslinger Schulmeisters V, 2 (HMS II, 138b) gehört auf ein anderer Blatt.

Reinmar war am wenigsten der Mann, den Bann dieses Herkommens zu brechen. Die ganze Gattung spielmännischer Bitt- und Scheltsprüche, die von den angesungenen Herren mit ähnlicher Laune aufgenommen wurde, wie das Geschimpfe der Bettelmönche und später die Unverschämtheiten der Hofnarren, widerstrebte ihm innerlichst; so wird der Mangel des Persönlichen für ihn zum verhängnisvollen Charakteristicum, das er in diesem Grade nur noch mit Konrad von Würzburg teilt. Und wir müssen diese Zurückhaltung bedauern, da uns immerhin wenige Strophen lehren, was Reinmar leisten konnte, wenn ihn einmal bittere Not oder tief verletztes Selbstgefühl aus der Reserve drängte. Ich meine immer wieder die wenigen Böhmer Strophen, namentlich 149—152 und 156. Es ist erstaunlich, welche Fülle, Kraft und Pracht der bildlichen Sprache Reinmar hier sofort zu Gebote steht, wo er einmal ernstlich aus sich heraus tritt. Str. 151 ist wirklich durchweht von dem *wisenten zorn*, der den Dichter mit Macht und Ungestüm gepackt hat; in Spr. 150, der uns auch die autobiographische Stelle bringt, ist das Bild des Schachspiels so glänzend und glücklich verwendet, wie nirgend sonst, ein Gleichnis, das garnicht hinkt, und wenn sich das auch von der Parabel biblischer Herkunft in 156 nicht sagen lässt, so ist uns die Strophe doch wertvoll, weil in ihr zumeist ein Bewusstsein dichterischen Wertes zum Durchbruch kommt (V. 3). Diesen Gedichten reihen sich nur noch wenige an, in denen Reinmar von sich selbst erzählt oder sich doch als den Betroffenen erkennen lässt. 57,10 und 60,7 spielen sehr von ferne auf östreichische Verhältnisse an; die Warnung an den falschen Freund 124 enthält eine bestimmte Zeitangabe und endet in eine Schlusswendung, die, obwohl immer wieder verwendbar, doch das Gepräge trägt, als ob sie ursprünglich auf einen bestimmten Fall gemünzt war (vgl. auch 174); in Str. 114 verteidigt Reinmar seinen politischen Standpunkt. Aus seiner spätern Lebenszeit haben wir einen Rückblick auf die Sünden der verflossenen Jahre (197, namentlich V. 7; vgl. schon 22,6); eine sehr schöne Strophe, deren Wirkung leider der didaktische Abgesang vernichtet, zeigt ihn uns am Abend seines Lebens (180); dass er bei grossen Herren nie sein Glück gemacht hat, berichtet er uns im Bilde (204); seines Meisters

Walther gedenkt er 194. Daneben noch eine ganze Reihe von Sprüchen, die offenbar Gelegenheitsgedichte sind, bestimmten trüben Erfahrungen entwachsen (so 58 fgg.; 70; 116 fgg.; 119; 177—179 u. m.); dass er aber hier und sonst sorgfältig alle besondern Beziehungen durch Allgemeinheiten ersetzt, dass er es liebt, nur den unbeteiligten Beobachter und Zeugen zu spielen, das unterscheidet ihn scharf von der Mehrzahl seiner Genossen, denen daran lag, durch Klage- und Scheltsprüche für sich Teilnahme zu erwecken, und es ist ein Hauptgrund für die erkältende und langweilende Wirkung seiner Sprüche; sie sind blass und blutlos, weil ihr Schöpfer sein Herzblut nicht in sie ausströmen wollte.

Die Spruchdichter empfanden es recht gut, welch erhöhtes Leben sie ihren Gedichten gaben, wenn sie die Lehren, Gleichnisse u. s. w. mit ihrer Person in Verbindung brachten. So fingieren sie sich gern als beteiligt bei den kleinen Geschichtchen, durch die sie ihre moralischen Vorschriften illustrierten. Walther wendet dies Mittel schon in weitem Umfange an. Es ist Allen geläufig und bedarf keiner Belege, dass gesagt wird: 'wenn die Falschen mich freundlich anlächeln und es im Herzen doch übel meinen, so ist das unrecht und unheilvoll'. Schon viel energischer und wirkungsvoller bringt Walther 22,7 sein Ich zur Geltung; er erprobt da die Aufrichtigkeit der Gesinnung, mit der jemand Gott Vater nennt, so: *'swer mîn ze bruoder niht enwil, der spricht diu starken wort ûz krankem sinne'*: ähnlich stellt der Marner (XIII, 67) einem Geizhals für den Fall seines Todes in Aussicht: *'sô ist der nuz ze jâre eins andern oder mîn'* und verfügt dann über diesen seinen Besitz. Wiederholt leitet Walther allgemeine Betrachtungen so ein, dass er sich in der Situation schildert, in der er sich ihnen hingab: so 8,4, von Frauenlob 263 nachgeahmt, und 8,28; die erdichtete Gestalt des klagenden Klausners führt er ein: *ich hôrte verre in einer klûs vil michel ungeverre* (9,35); ja, er legt sich die wunderbare Fähigkeit bei, *deich gehôrte unt gesach, swaz iemen tet, swaz iemen sprach* (9,18) und will *durch wunder ûz gevarn* die Stühle von Weisheit, Adel und Alter leer gefunden haben (102,15). Die Späteren sind in dieser **paradigmatischen** Verwendung des ich noch weiter gegangen. Bruder Wernher führt sich ein als unglücklichen Spieler (III, 17a); sein Schelten will er als Gebot des Beichtvaters rechtfertigen (III. 12b). Meister Sigeher zwingt einen Schwertgeist, ihn in die Zukunft blicken zu lassen (II. 362a), was Frauenlob nachgemacht hat (247). Ps.-Gervelin sah, wie eine langsame Karre vor dem schnellen Wagen fuhr (III. 36a), Damen, wie grosse Bäume gefällt wurden und die kleinen stehen blieben (III, 166b), Boppe, wie ein *meisterwerfer* seine Mitbewerber lobte (II, 382a), der Goldener, wie beim Wettwurf die Würfe der Herren immer viel weiter hinaus markiert wurden, als sie wirklich gereicht hatten (III. 52a): vgl. auch den Litschauer (II, 386a. b): das wird dann moralisch gedeutet. Boppe gelingt es nur mit Mühe, in der Beichte Absolution zu erhalten, da er karge Herren gelobt hat (II, 382b), und Meister Stolle schleicht sich in der Kutte eines Mönchs zum sterbenden Geizhals und macht ihm die Hölle

heiss (III. 7 a). Hier überall unterstützt das Selbsterlebte die Wirkung
der Lehre: zum reinen Spiel des Witzes wird jene Fiction in 2 Strophen
des wilden Alexanders (III. 25 b) und des Meissners (III, 101 b fg.):
beide erzählen einen Unfall, der ihnen angeblich zugestossen ist: dass
es sich um rein Erdachtes handelt, lehrt die beidemal gewählte Form
der Equivoca, die sich Selbstzweck ist.
Ich musste mich begnügen einige frappante Beispiele herauszugreifen. In welcher Weise sich die paradigmatische oder sonst fingierte
Verwendung der eignen Person über Walther hinaus erweiterte, werden
schon sie klar gemacht haben. Es sind weniger die gelehrten, als die
volkstümlichen Spruchdichter, bei denen sich jene Entwickelung zeigt:
während sie bei Weitem nicht wie Walther verstanden, ihr wirkliches
Leben zum Gegenstand des Dichtens zu machen, trieb sie die volkstümliche Lust am Fabulieren, das Bedürfnis, die abstracte Lehre mit
derbem stofflichem Gewande von Erzählung, Märchen, Fabel zu umklei-
den, dahin, sich selbst handelnd oder schauend in allerlei mögliche und
unmögliche Lagen hineinzudichten.
Diese Entwickelung können wir nun auch bei Reinmar beobachten.
Unter den sämmtlichen Strophen der Sammlung zeigt ihn — von den
Minnestrophen sehe ich ab — höchstens éine in erdichteter Situation.
Ich meine die scherzhafte Str. 104, in der er dem Hahn sein Compli-
ment macht, weil der 12 Hennen meistere, während ihm éine Frau
gerade genug zu schaffen mache. Ich glaube nicht an Reinmars unglückliche Ehe; wenn ich ihn recht kenne, würde er diese Misere nicht
an die Oeffentlichkeit gezerrt haben, und zu denken gibt Str. 105, wo
er in dritter Person dem guten Mann mit dem bösen Weib zu sehr
radikalen Mitteln rät. Das stünde dem Schwächling der 104. Str. übel
an. Ist sie aber Fiction, so ists lehrreich, dass gerade sie eine ganz
volksmässige Fabeleinkleidung hat, zu der Freidank (Grimm[1], p. LXXXII)
den Dichter gereizt haben könnte. — In den Sprüchen späterer Zeit,
als Reinmar schon vollständig unter dem Einfluss volkstümlicher Spielmannsdichtung stand, da ist er nicht so spröde, das beliebte Motiv zu
verschmähen: handelts sich doch eben nur um ein Mittel poetischer
Technik. Aber er ist vorsichtig genug, seine werte Person nur in Situationen einzuführen, an deren buchstäbliche Wahrheit Niemand glauben
konnte. So in der ersten Lügenstrophe: *ich quam geriten in ein
lant ûf einer gense* (159,1); *zwô meisen einen turn ich mûren sach*
(159,6): Marner hat in seiner Kopie auch diesen Zug nachgemacht
(XIV, 183. 186. 188. 190); dann in 2 Rätseln: 187,2 *ich sach ûf
einem wagen zwô unt rûnfzic vrouwen var*, auch V. 12; 188,11 *ich
sach die vrouwen, diu ez truoc*; 205,4 *dar nâch ich eine brugge
sach*: auch hier ist wenigstens der Anschein des Wunders, des Unmöglichen vorhanden. Str. 196 beginnt: *ich quam geriten ûf ein velt vür
einen grüenen walt: dâ vant ich ein vil schœne gezelt: dar under saz
diu Triuwe*, die der Dichter dann über die Schlechtigkeit der Welt zu
Gott klagen hört. Der 'aventiurenmässige' Eingang ist interessant. Meines Wissens haben wir hier den Erstling einer bei den Meister-

singern und sonst seit dem 14. Jahrhundert ganz typisch gewordenen Gattung allegorischer Gedichte: der Dichter gerät irgendwie in eine Landschaft, die er mehr oder minder ausführlich beschreibt, und begegnet dort einer oder mehreren meist allegorischen Damen, die ihm ihr Herz ausschütten. Reinmar ist zufällig ältester Zeuge der Gattung, nicht ihr Erfinder. Der obligate Natureingang wird aus der Lyrik stammen: die märchenhafte Erzählung aber in der ersten Person nahm Reinmar wohl dem Zeitgeschmack zu Liebe auf, da er sie vorfand: aber er hätte es nie gewagt, sie selbst zu fingieren. Dass das Motiv längst vorbereitet war, erweist auch seine schnelle Verbreitung[249]. Seine eigentliche Stätte wurden kürzere Gedichte in Reimpaaren. Innerhalb der strophischen Dichtung erscheint es angedeutet in der Henneberger Totenklage, die dem Wartburgkrieg einverleibt ist (140), ganz meistersingerisch ausgeführt mit breiter Naturschilderung in Konrads Klage der Kunst: von Frauenlob gehört hierher Strophe 263, die zum grössten Teil einen nachdenklichen Monolog bildend schliesslich in ein Gespräch mit Frau Ehre ausläuft, und mehr noch der Bar 273—275: hier belauscht der Dichter vom Baume aus einen weiblichen Treubruch, der lebhaft an die Rahmenerzählung von 1001 Nacht erinnert, und spricht sich dann in einem wonniglichen Schatten an der Linde im Klee mit Frau Ehre darüber aus.

Eine dritte Art, sich selbst handelnd vorzuführen, die sich besonders gut vorbildlich verwerten liess, bestand darin, dass man sich in **eine hypothetische Lage** versetzte. Diese Form empfahl sich, wo die angenommene Lage nicht füglich als wirklich behauptet werden durfte, wo sich der Dichter über seinen Stand, über seine menschliche Kraft hinausdachte. Der typische Fall, in dem die Fahrenden sich dieses Mittels bedienen, ist der folgende: 'wäre ich ein vornehmer Herr, dann wollte ich' u. s. w. Da liess sich denn das Idealbild eines Herren, wie ihn sich der Fahrende wünschte, entwerfen, und wie sehr es den armen Burschen behagte, sich wenigstens in der Phantasie einmal als reich und mächtig zu fühlen, das beweisen die zahlreichen Beispiele dieser Fiction[250].

249) Die älteren Beispiele sind gesammelt in Karl Raabs Programm 'Ueber vier allegorische Motive in der lateinischen und deutschen Literatur des MAs' Leoben 1885, Anm. 68, und in Seemüllers Anm. zu Helbl. VII, 17. Gerade bei der ungeheuren Häufigkeit dieser Einleitungen im 14. Jahrhundert ists mir wenig wahrscheinlich, dass der Teichner, wie Seemüller meint, es Reinmars oben besprochner Strophe verdankt, wenn er die klagende Minne ähnlich einführt (Pfeiffers altd. Uebungsbuch XIX, 3), wie unser Dichter die klagende Treue: beschränkt sich die Uebereinstimmung doch darauf, dass beide die Frau im oder am Walde finden, wie sie jammernd die Hände windet. Aehnlich wie Reinmar findet der Dichter von Kolm. 52,20 Frau Treue klagend auf einem Felde; Muskatblut findet Jungfrau *Riche* wie Reinmar und Teichner auf einem Ritt im Walde, wie sie die Hände wand und ihr Leid klagte (71,26 fg.; vgl. 69,10). Wozu bei diesen wenig charakteristischen Zügen an Entlehnung aus Reinmar denken, der da selbst nicht Original war?

250) Vgl. Werner HMS II, 231a (II, 1); 234b (VI, 5) u. öft.; Konrad von Würzburg Lied. 31,58; 32,189; Sunburg HMS II, 360b; Ps.-Gervelin III, 37a (9); Boppe HMS II, 382b (22); Goldner III, 51b; Raumsland III, 58a (13); Frauenlob 77,6 u. ö.; ähnlich auch Damen HMS III, 164a (7), allenfalls Geltar II, 173a (1,1).

Es ist charakteristisch, dass die adligen Fahrenden Walther gar
nicht [251]), Reinmar in all seinen vielen Sprüchen nur einmal 155,4 sich
in dieser Vorstellung gefallen. Sie wollen höher hinaus in ihren Phan-
tasien: Walther in übermütigem Scherz setzt sich 79,6 fgg. hypothetisch über die Erzengel hinweg und Reinmar malt es sich wiederholt
ernsthaft aus, welche schöne Weltordnung er einführen würde, wie er die
Bösen arm, die Guten reich machen wollte, wenn er *ein ebenœre* wäre
(62. 163) [252]). Er will sichs offenbar nicht klar machen, dass er sich
damit Kritik an Gottes Gerechtigkeit und Weisheit erlaube: aber schon
dass er es nicht will, war kühn. Der Marner, wahrlich kein blöder
Geselle, freiich mehr an theologisches Denken gewöhnt, einer Verteilung von Gut an den biedern Armen nicht abgeneigt (XIII, 6S), lässt sich
wol einmal dazu hinreissen, seine Unzufriedenheit darüber zu äussern,
wie Gott verteilt habe: aber in der Form der Revocatio, die er aus dem
Minnesang kannte [253]), fährt er erschreckt zurück vor seiner törichten
Keckheit und macht sich reuige Vorwürfe (XIV, 145 fgg.), gerade wies
der Teichner bei ähnlicher Uebereilung tut (Karajan S. 111). Meister
Stolle erklärt es zwar für Sünde, Gott zu schelten (wie Sunburg II,
357a, 1), aber das hindert ihn nicht, an der Teilung des Gutes auf der
Welt herumzumäkeln (III, 9a, 28): doch so weit, selbst die Teilung
besser machen zu wollen, so weit geht auch er bei weitem nicht. Ein
lustiges Seitenstück zu Reinmar gewährt nur etwa der Unverzagte; den
kitzelt der Gedanke, wie er ein gestrenges Strafgericht über die bösen
Kerle am Hof verhängen wollte, wenn er ein übernatürliches Wesen wäre,
ein Antiloie (III, 44b), und scherzhaft ist im Heidelberger Freidank
(2S,7) eine ernste Bewunderung der göttlichen Gnade eingekleidet: 'wäre
die Sonne mein, ihr solltet gehörig für die Beleuchtung zahlen.'
Etwas von der Neigung, Gott ins Handwerk zu pfuschen, spukt auch
noch wieder in den beiden Strophen, in denen Reinmar das Bild eines Mannes entwirft, wie er ihn sich malen würde: *unt solt ich mälen einen man,
dêswâr, den wolt ich machen harte wunderlich getân* (99,1. 2). Der
angenommenen Macht ist **der Wunsch** nahe verwant. Den Uebergang zeigen uns Stellen wie Reinmar 54,1; 57,6; Frauenlob 317,1. Dem Wunsche
liegt bei den Spruchdichtern eine weltverbessernde Tendenz fast immer zu
Grunde, wenigstens in den Fällen, auf die ich mich hier beschränke, in denen
durch die Formeln: *ich wolte, ich wünsche* direkte bewusste Selbsttätig-
keit zum Ausdruck kommt. Die typische Form des Wunsches bei diesen
Didaktikern ist: 'ich wünsche, dass es den Bösen übel, den Guten wohl
ergehe'. Darin tritt jene Tendenz verhältnismässig zurück: sie wird
deutlich erst bei detaillierteren Wünschen. Reinmar braucht denn auch
jene blasse Form nur selten: er will bestimmteres. Wenn er sich einen

---

251) 3S,6 ist etwas anders und dringend verdächtig.
252) Das Motiv fehlt dem Minnesang nicht ganz: vgl. Wernher von Hon-
berg HMS I, 64b.
253) Die Revocatio in ihrer jähen Erregtheit ist sonst der ruhigeren Rede
der Spruchdichtung fremd. Selbst Frauenlob, der die Grenzen des Spruchstils
oft genug durchbricht, wendet sie nur in Liedern an: VIII, 4; (IX, 5).

Herren wünscht (57,6), so liegt in dem bis ins Einzelne ausgeführten Bilde des gewünschten Herren vollkommen ein Mitschaffen des Wünschenden: andere Wünsche 54,1 fgg. 64,10. 82,3 (11,7. 136,10). Mit dem Alter scheint diese Freude am Wunsch nachgelassen, der Klage über das Bestehende, der Resignation Platz gemacht zu haben. Ich notiere da nur 183,8, wo er wünscht, dass die *ungesellen gebende* tragen wie die Frauen. Es ist wohl zu beachten, dass dieser — natürlich nicht ernst gemeinte — Wunsch in die spätere Zeit des Dichters gehört: er fällt ganz in den Ton, den die spätern Spruchdichter anschlagen, wo sie einmal spezielle Besserungen wollen. Es geht ja noch an, wenn etwa Konrad (32,219) und der Kanzler (HMS II, 396 b, 2) auf die Bösen Unfruchtbarkeit herabwünschen (vgl. Walth. 23,23), wenn Andere ihnen den Tod anfluchen (vgl. Anm. zu 223,8). Aber es ist schon ähnlicher jenem Reinmarschen Wunsch, wenn derselbe Kanzler ein Pulver haben möchte, das gegen die Kargen schützt (396 b, 3), es ist ganz ähnlich, wenn Boppe (HMS II, 379 a, 7) Walthers Verlangen nach einem Schandenmal für die Bösen (30,23) dahin präcisiert, sie sollten alle *vêch* aussehen wie der *pardus,* oder wenn der Meissner (III, 90 a, 11; 91 a, 17) wünscht, dass die Argen eine Schelle an der Nase, auf der Stirn eine Kröte trügen. Das sind scurrile Auswüchse jener spielmännischen Neigung zum Charakteristischen und Stofflichen, die der spätern Didaktik allenthalben anhaftet, die aber Reinmar erst in seiner letzten Periode kennt [254]).

Dem Wunsche steht **der Wille, der Entschluss** überaus nahe. Von Bedeutung sind uns hier nur Fälle, in denen der Wollende innern oder äussern Widerstand voraussetzt. Auch hier wieder lässt sich für die Spruchdichter ein besonders häufiger Gebrauch der Formel *ich wil* aufstellen: 'ich will die Kargen nicht ehren, mit dem Bösen nichts zu schaffen haben, dagegen die Guten preisen'[255]). Von Reinmar stimmt zu diesem Typus nur etwa 83,6: birgt schöne Gebärde im Innern Trug und Spott, *sò wil ich gein ir gruoze mit mìnem willen nimmer ûf gestàn;* schwächerer Art ist 49,11. 95,6 'wem eine reine Zunge beschieden ist. *ich wil in haben vür edel unt wolgeborn'* kehrt ähnlich in der ersten Strophe Süsskinds wieder (II, 258 a): '*swer adellìchen tuot, den wil ich hàn vür edel.'* Aber die beiden Edeln Walther und

---

254) Auch diese übeln Wünsche gegen die Bösen sind im Minnesang nicht unerhört: Uhland, Schrr. III, 277. Je länger, je mehr extravagierte eine gröbere Phantasie zu immer tolleren Abzeichen der Bösen: vgl. Uhland ebda. 377 fgg. Böse Ritter sollten rauch sein wie Bären, grünes Haar haben, böse Pfaffen drei Köpfe, böse Frauen ein Igelhaupt tragen (Kolm. 201,36 fgg.). Dem Falschen sollten die Zähne aus dem Munde wachsen wie einem Schwein (Suchw. 23,75), die Wucherer Judenhüte tragen (Musk. 55,17. 100,69); untreuen Frauen sollten Platten geschoren (ebda. 63,88), schwarze Gewänder angelegt werden (Ls. 26, 130). Die Entwickelung bleibt in aller Entartung doch konstant.

255) Z. B. Wernher HMS II, 235 a (6); Sunburg III, 71 a (iron.); Alexander II, 367 a (2); Kanzler II, 398 b (12); Stolle III,8 a (25); 9 a (28); Zilies III, 25 b (4); der Unverzagte III, 45 b (2); der Meissner III, 90 a (11) u. öft.; Raumsland III, 60 a (26) u. öft.; Frauenlob 45,1; — Wizlav III, 80 b (1); Damen. III, 164 a (9) öft.

Reinmar lassen auch hier wieder die übrigen Spruchdichter weit hinter sich. Eine solche Macht des Willens, wie sie aus Walthers Worten 32,7 hervorbricht: *nû wil ich mich des scharpfen sanges ouch genieten: dâ ich ie mit vorhten bat, dâ wil ich nû gebieten:* die kennt kein Meister; und von jenem Bewusstsein einer hohen Mission, mit dem Walther selbst den Mächtigsten der Erde entgegentrat: *her keiser, ich bin vrônebote!* von ihm ist auch in Reinmar ein Samenkörnlein aufgegangen. Gleichsam als Vertreter eines unerbittlichen höhern Richters, den kein Trug zu täuschen vermag, droht er die päpstlichen Schliche und Listen aufzudecken: *sô wil ichz hôch doch ûf den dachen mit schalle, geschreie machen swarz: . . . wie kunden siz mit rûnen wîz gemachen?* (130,9 fgg.) und auch: *nû heln unt steln! doch breit ichz an die sunnen!* (128,12). Von diesem sittlichen Pathos hat kein bürgerlicher Spruchdichter eine Ahnung: wenn der Schulmeister von Esslingen im Spass Gott vor Rudolfs Habgier warnt, wenn er sich als Schiedsrichter zwischen Gott, Satan und König Rudolf geriert, so zeigt solche Posse am Besten, wie kläglich diese Fahrenden in der Selbstschätzung heruntergekommen waren. Dem Teichner ist es schon Grundsatz: *bæbst und keiser sint nit ze strâfen; dâ von hân ich niut ze schaffen mit den löufen diser welt* (Ls. 207,7). Aber Walther weiss seinen selbstbewussten Willen noch darüber hinaus zu wahrhaft gigantischer Höhe zu steigern. zu einem grandiosen Protest gegen Gott selbst. Halb zerknirscht. halb trotzig klagt er über die Bedingung, an die die Erfüllung der fünften Bitte geknüpft ist. Aber er kann und will nicht nachgeben: Gott solls tun: *vergib mir anders mîne schulde, ich wil noch haben den muot!* (26,12). Vielleicht ist auch hiervon ein verdünntes Restchen bei Reinmar wiederzufinden. Im Vaterunser gibt er die fünfte Bitte nicht schlicht wieder, wie die andern Spruchdichter, die ein Vaterunser verfasst, sondern er drückt sich um das lästige Gebot herum: *vergip uns allen sament unser schulde, als dû wilt, daz wir durch dîne hulde vergeben, der wir ie genâmen deheinen schaden* (13,7 fgg.). Das kann stilistisches Ungeschick sein; aber Walthers Vorgang mahnt zur Vorsicht [256].

Den Ton. den Reinmar gegen sein Publikum anschlägt. hat seine adlige Herkunft nicht erheblich beeinflusst. Das Recht. Herren zu lehren und zu schelten, das nehmen sich alle Spielleute heraus, das war ein Privilegium des Metiers. Immerhin zweifle ich, ob ein nichtadliger Spielmann es gewagt hätte. zu sagen: '*der armen edelen ritter jugent erbarmet mich*' (48,4) [257], und war *her Hagene* (158,1) Edelmann. wie es scheint, dann mochte wol nur ein gleichfalls Edler sich

---

256) Man vergleiche nur die Umwandlung, die gerade diese Worte in D erfahren haben: der Gedanke gieng weiter auf der Bahn, die Reinmar ganz schüchtern angedeutet.

257) Allerdings ist das Mitleid mit den *edeln armen* etwas Typisches: vgl. Freid. 40,15; Erec 432 und Anm.: aber es ist ein gewaltiger Unterschied zwischen allgemein didaktischer oder epischer Verwendung der Formel und diesem lebhaften Ausdruck persönlicher Teilnahme.

erkühnen, so zu ihm zu sprechen, wie Reinmar es tut. Wahrscheinlich hatte Hagen den Dichter über die Achsel angesehen (15S,6) und ihn so im Standesstolze gekränkt: er rächt sich, indem er des vornehmeren Herrn durch Scherzfragen spottet, ihn vertraulich als *guoten vriunt* behandelt und schliesslich gar als höchsten Trumpf ausspielt: 'wir sind ja ganz nahe Verwante, Herr Hagen'.

Es gehört kaum zu den charakteristischen Aeusserungen des Reinmarschen **Selbstgefühls**, wenn er auch als *lêrer aller guoten dinge unt râtgeben der tugende* sich gern vorführt. Das gehört zum guten Ton der Spruchdichtung: jeder andere Didaktiker kehrt diese Seite häufiger, nachdrücklicher und in reicherer Abwechselung heraus. Reinmar bleibt sich freilich nicht gleich: als jüngerer Mann hat er sich offenbar darin gefallen, seine lehrhafte Ueberlegenheit recht umständlich zu betonen: später hat das nachgelassen: ich komme darauf zurück. Es fehlt fast vollständig an Stellen, die auf den Dicht- oder Lehrberuf ein gehobenes Gefühl des Stolzes gründen: am ehesten können noch 156,3. 177,6. allenfalls 225,12 dafür verwertet werden. Dagegen hat der Dichter einen ausgesprochenen Zug zur bescheidenen Beurteilung seiner Lehrtätigkeit. Auf Worte wie 52,7: *dâ mite mein ich mich unt die gar unwîsen* ist freilich nicht viel zu geben: das ist eine ganz conventionelle Bescheidenheitsphrase [25S]). Aber auch L. 1S *getorste ich sprechen. sô spræch ich*, 5.5 *getorste ichz, hèrre, die wolt ich nû gerne loben* atmen einen demütigen Sinn: das ist sicher, wenngleich auch diese Formel Reinmar durchaus nicht eigen ist [259]). Von Bescheidenheit zeugt selbst die eben citierte Stelle 177,6, in der er das geheischte Vertrauen erst an eine bestimmte Leistung knüpft, von Bescheidenheit die allzu-

---

[25S]) Schon Rugge coquettiert geradezu mit seiner *tumpheit*: MSF 96,1. 9. 99,21. 103,36. 104, 1. 3. 105,36; ferner Walth. 103,37 *ich unt ein ander töre*; 124,32: *waz sprich ich tumber man?* 13,2S. 43,17; Tannhäuser II, 95b; Wernh. II, 233a (IV, 7, 9): *diz bispel künd ich mir unt tumben liuten vür*; Marn. VI, 11: *swie tumbe ich sî*; Sunburg III, 77a: *mich hât mîn tumber vrier sin ... betrogen*; Kelin III, 22a: *swie tump ich bin*; Damen III, 166a: *mich hât mîn tumber sin betrogen*; Freid. 141,22: *ich töre*; Zs. VII, 362,57; selbst Frauenlob, dem Niemand Bescheidenheit nachsagen kann, fügt sich der Sitte: 75,1 *swie tump ich bin*; 262,19; 263,16; 274,8; Kolm. 15,21; und Muskatblut, der sein Publikum unbedenklich und oft genug *ir dumme geuch, ir unverstanden leyen* tituliert, gilt doch auch selbst sich als *dommer ley* (54,14); vgl. noch unten 307,1 *fg.*; Wilten. Hs. (Bartsch) 1SS,22. Diese traditionelle *tumpheit* beschränkt sich nicht auf die Didaktiker: im Minnesang, wo sie natürlich eine andere Bedeutungsnüance gewinnt, ist sie kaum minder häufig: über Veldeke, der auch zur Didaktik Beziehung hat, vgl. Burdach, Reinmar und Walther S. 87, über andere Dichter des frühen Minnesangs Er. Schmidt QF. IV, 79; aus späterer Zeit heben sich hervor Ulrich von Winterstetten, der nicht weniger als 21 mal derartige Phrasen anbringt, und neben ihm einige Sänger von gelehrter Schulung: Teschler, Rost, der tugendhafte Schreiber und Rudolf der Schreiber.

[259]) Ich verweise auf Stolle IIMS III, 9a; Raumsland III, 64b; Frauenlob 115,5; 13S,5; auch Walth. 45,11 und Sunburg IIMS II, 360b. Namentlich in geistlichen Gedichten ist die Phrase ständig: Germ. XXVIII, 257; Frauenlob Fl. 17,S; Kl. 20,13; auch Freid. 26,14: religiös gebraucht sie eben auch Reinmar. Und wie die Furcht vor Gott, vor irdischen Machthabern dem Dichter die zögernde Formel in den Mund legt, so auch die Scheu, die Dame zu verletzen,

bereitwillige Unterordnung unter die öffentliche Meinung 144. Und Wendungen wie 44,12 *in kans niht bezzers lêren*, 74,12 *sin gelphez lop kan ich niht baz betiuten*, namentlich 34,12 *wizze ieman daz, den bite ich michs berihten* (Walth. 69, 3) und 51,1 *nü wil ich lêren ouch die man, sô ich von mînen sinnen daz beste immer vinden kan: swem daz niht wol gevalle, der lêre ein bezzerz sunder mînen haz* (ähnlich Trist. 4560), sie heissen doch alle weiter nichts als: 'ich sage Euchs, so gut ichs vermag, nehme aber Belehrung mit Dank an.'

Ich fasse zusammen. Es wäre grundfalsch, darum an Reinmars Selbstgefühl zu zweifeln, weil er verhältnismässig wenig von sich selbst spricht. Das Selbstgefühl des Ritters ist ein Anderes als das des Meisters. Gerade weil er Ritter war, mied er es, Privatverhältnisse dem Publikum preiszugeben; auch mit Kunst und Weisheit prunkt er nicht viel, weil ihm das nicht sein Höchstes ist. Aber nie verliert er das Gefühl seiner persönlichen Würde; mit weiterm und ungetrübterm Blick, freier von kleinlichen materiellen Interessen, schaut er die Dinge an; er ist der Einzige, der von der sittlichen Energie des Waltherschen Spruchpathos etwas geerbt hat. —

In Reinmars dichterischer Tätigkeit lassen sich drei grosse Abschnitte unterscheiden:

1. Die östreichische oder höfische Periode, unter dem beherrschenden Einflusse Walthers, bis 1234.

2. Die böhmische oder Uebergangsperiode, bis 1241.

3. Die mitteldeutsche oder volkstümliche Periode, unter überwiegender Einwirkung der didaktischen Spielmannsdichtung, von 1241 an.

Auf Grund der Ueberlieferung ist nur die dritte Gruppe von den beiden ersten zu sondern: es wird gleichwohl möglich sein, auch dem zweiten Abschnitt mit Wahrscheinlichkeit eine Reihe von Strophen zuzuweisen und Eigentümlichkeiten derselben festzustellen. Immerhin erhebe ich im Folgenden die Periodeneinteilung nicht zum Hauptprinzip der Darstellung: einiges Zusammenfassende brachte schon S. 109. Ich mustere zunächst die Stoffe der Reinmarschen Sprüche und ihre Behandlung, alsdann (Kap. IV) einige hervorstechende Erscheinungen seiner poetischen Technik und seines Stils: in jedem einzelnen Falle wird natürlich der zeitlichen Entwickelung nachzugehen sein.

im Minnesang: so Walth. 62,32; Hetzb. II, 24b; Trostbg. II, 73a; Teschl. 129a; (Lupin II, 20b; 22b), andrer Variationen des Motivs in der minniglichen Lyrik (schon bei Hausen) zu geschweigen.

Gedichte der höfischen Periode.

Auch Reinmar hat als Minnesinger debütiert. Nur in der Sammlung finden sich und auch da nur sehr wenige Strophen minniglichen Inhalts, 24—29. Eine Zahl, auffallend gering, selbst wenn Un-
gunst der Hörer und eignes Urteil den Dichter schnell zur rechten
Erkenntnis brachten, wie wenig er zum Sänger der Liebe tauge. Dass
der Marner ihn an bekannter Stelle (XIV, 275) unter den toten Sängern beklagt, *die sungen von der heide, von dem minnewerden her,
von den vogeln, wie die bluomen sint gevar*, das berechtigt freilich
noch nicht zu dem Schlusse, er habe wirklich in verlornen Gedichten
all diese Ingredientien des Minnesangs auch seinerseits abgenutzt. Dass
uns aber gerade Minnestrophen Reinmars verloren gegangen sind, wird
wahrscheinlich durch den vereinzelten Spruch in s (242), der die Fortsetzung eines erhaltenen Gedichts bildet und ohne dasselbe unverständlich ist, und durch das Fragment einer auf Minne bezüglichen Strophe
in m (251). Als Reinmar seine Sprüche im Ehrenton zur Sammlung
ordnete, da schied er von seinen Jugendgedichten aus, was seinem ge-
reifteren Geschmack allzusehr widersprach. Dies Geschick musste am
meisten die Minnestrophen treffen: gerade einige der mattesten und
nichtssagendsten nur scheinen Gnade gefunden zu haben, da sie am
wenigsten von dem Grau in Grau der Lehrdichtung abstachen. Dass
242 der Musterung zum Opfer fiel, erklärt sich aus dem unmässigen
und unmännlichen Jammern der Strophe.

Ich habe oben gezeigt, dass Reinmar noch andere Formen benutzte
als den Ehrenton (vgl. auch Meyer, Unters. S. 12). Man hat wol das
Recht, solche Experimente vorzugsweise seiner frühern Zeit zuzuweisen.
Es wäre wunderbar, wenn der Schüler Walthers, als er noch Minnesinger sein wollte, sich nicht ein einzig Mal im Lied versucht, wenn
er gleich von Anfang an sich auf ein und denselben glücklich gefun-
denen Spruchton beschränkt haben sollte. Minnigliche Jugendgedichte
nun aber, die nicht durch den berühmten Ton als reinmarisch gekennzeichnet wurden, auch nicht zu festgefügtem Ganzen gesammelt waren,
sie verfielen dem Untergang oder der Anonymität um so sicherer, je
weniger man sie von dem Didaktiker Reinmar erwartete.

Unter diesen Umständen tut man gut, ein Urteil über den Minnesinger Reinmar zurückzuhalten. Schon die Strr. 268 fgg. verschöben,
wenn sie sein Eigentum wären, das Urteil sehr zu seinen Gunsten, mehr
als die Liedstrophen 330 — 341 [260]), deren lediglich lehrhaften Gehalt
selbst die leichtere Form nur wenig belebt. Die sechs erwähnten Ehrentonsprüche, die einzigen der Sammlung, in denen die Liebe nicht als

---

260) Ich bedaure jetzt sehr, auf S. 146 über die Echtheit der dritten Lied-
form allzuschnell abgesprochen zu haben. Die Verwantschaft des Strophentypus
mit den Liedern I und II durfte ich um so weniger ignorieren, als gerade 340.
341 ausdrücklich unter Reinmars Namen erhalten ist. Strophen von I und III
sind in n III aufgenommen. Inhaltlich stellt sich Str. 341 nahe zu 66.

Objekt der Lehre, sondern als erlebt und empfunden dargestellt wird, haben wenig Eigentümliches an sich. Das unanschauliche Bild: 'wie Tristan aus einem Glase, trank ich aus meiner Frauen Augen Liebe', hat wol Reinmar selbst zum Urheber, so geläufig es den Lyrikern war, Tristans Liebe mit der eignen Leidenschaft zu vergleichen: ich bemerke, dass hier 25,1 und in Spruch 42, ebenfalls einem der frühesten Gedichte, sich die einzigen Anspielungen Reinmars auf höfische Epik finden. Der *minneger* (25,8) ist in der Lyrik sehr selten; die Minne braucht sonst als Waffen *strâle* und *phîle*, etwa noch den *bolz*, den *spiez*, die Lanze (vgl. JGrimm, Ueber den Liebesgott, kl. Schrr. II, 323), und allgemein *geschoz* (HMS I, 90 b): als Attribut Amors weiss ich den *gêr* mehrfach nachzuweisen: in den Händen der Dame nur bei Frauenlob, der 358,14 von der Geliebten *gêr* verwundet wird wie Reinmar; in den Händen der Minne Ls. 11,5. Wenn 27 das *sælic wîp* gebeten wird, sich im Herzen des Dichters umzusehen, ob sonst jemand drin wohne ausser ihr, so wird damit einem altbeliebten Bilde eine neue Seite abgewonnen. Die steifen und gespreizten abstrakten Epitheta, die der Geliebten 26,1. 2. 6, namentlich aber 28,7 — 11 angetan werden, sind, wie der Aufzählungsstil der letztern Strophe, charakteristisch für die Minnepoesie der nachwaltherischen Spruchdichter bis ins 15. Jahrhundert hin: zum Teil handelt es sich um übertragene geistliche Bilder: *gebietærinne* (26,12), wie Reinmar zuerst die Dame nennt, scheint denselben Ursprung zu haben (Walth. 4, 34)[261]. *Der werdikeit ein bluome* (26,6) ist sonst nur ein Lob für Männer; auch Maria heisst Blume; irdischen *vrouwen* wird diese Metapher wol in der Epik ein paar Mal, nie meines Wissens in der Lyrik zu Teil: welch Gegensatz zur modernen Lyrik!

Ueberall hier steht Reinmar im Banne des Waltherschen Gedankenkreises. Dass unser Dichter, wahrscheinlich in Oestreich, Walthers Schüler war, sahen wir S. 21 fgg., dass die Form des Ehrentons unter dem Einfluss Waltherscher Strophenformen entstand, S. 124. In den Minnestrophen hat Reinmar seinem Meister nichts von seiner Frische, wohl aber ein gewisses Masshalten in der Stimmung abgesehen: von der Wollust des Selbstquälens halten sie sich frei. An zwei Stellen ist der Zusammenhang mit Walther augenscheinlich. 29,6 — 8: *daz mich enphienc ir liehter ougen schîn. Dâ wart ich alsô minniclîch enphangen, dâ von mîn trûren was vil gar zergangen* ist nahezu wörtlich entnommen aus Walth. 110,1 — 4: *dur ir liehten ougen schîn wart ich alsô wol enphangen, gar zergangen was daz trûren mîn*, und, was womöglich noch deutlicher ist, die 10. Zeile der 24. Strophe: *daz næm ich vür ein wærez nein* scheint mir absolut unverständlich, wenn nicht als parodische Anspielung auf den Schluss eines Waltherschen Spruches vom falschen *lechelære: von dem næm ich ein wærez nein für*

---

261) Ich finde den Ausdruck im Minnesang nur noch bei Walther von Klingen (HMS I, 71 a. b. 73 b), der ihn gern anwendet: Ulrich v. Liechtenstein gibt der Dame dies Epitheton nur im ersten Büchlein (52,12), nicht in einem Liede.

zwei gelogeniu jâ (30,18). Bei Reinmar bildet das wahre Nein den Contrast zum süssen Ja: das Attribut 'wahr' ist in solchem Gegensatz sinnlos, aber schwerlich mit vdHagen IV, 510, Anm. 2 durch Conjecturen zu beseitigen. Die scherzhafte Beziehung auf Walthers Worte, die in ganz anderm Zusammenhang stehen, ist freilich herzlich schielend und unlogisch, aber doch nicht füglich zu bezweifeln. Reinmar hatte etwa folgenden Gedankengang: 'Herr Walther nimmt éin wahres Nein lieber als zwei gelogene Ja; ich dagegen, ich ziehe dem wahren Nein schon éin (natürlich nicht gelogenes) süsses Ja vor.'

Walther war indes nicht der einzige Stern, unter dessen Zeichen Reinmars Liebespoesie stand. Es kommen ein paar Züge in ihr vor, die Walther fremd sind, aber nicht der östreichischen Minnedichtung überhaupt. Ich meine das Dienstverhältnis zur Dame, wie es 26,9—12 zeichnet (Wilm., Leben Walthers III, 154), und die überschwängliche Beteurung, er werde vor Liebe sterben (25,10, auch 242,7). Hierin mag immerhin der ältere Reinmar Quelle sein, dessen Art und Ruhm gerade in Oestreich ihn selbst noch um mehrere Jahrzehnte überleben mochte. Die Begriffe *gebieten, genâde* in der Liebe sind ihm geläufig, den *dienest* der Dame nennt er sich MSF 176,11 wie Reinmar 26,12; MSF 197,7 *swie si gebiutet, alsô wil ich leben* entspricht nahe Reinmars: *swie dú wilt, sô wil ich leben* (doch vgl. Wilmanns a. a. O. III, 186): der Tod vor Liebe ist bei Andern beliebter als bei ihm (Wilmanns ebda. III, 222). Ein deutliches Merkmal des ältern Reinmar und seiner Schule ist der Mangel jeglichen Naturgefühls: Reinmar folgte darin den Spuren Hausens (ESchmidt QF IV, 96), und der jüngere Reinmar übte gleiche Enthaltsamkeit, obgleich sonst im Sommer und Herbst des Minnesangs volkstümliche Hinblicke auf die Natur, Natureingänge weit mehr im Schwange sind als in der Frühzeit der höfischen Lyrik. Mehr als wenige modische Vorstellungen, die seit dem ältern Reinmar in Oestreich in der Luft lagen, hat sich der unsere nicht von jenem angeeignet[262]).

---

262) Schönbach, Zs. f. östr. Gymn. XXIV, 221, wittert gar einen tiefgehenden innern Zusammenhang zwischen den Beiden. Direkte Entlehnungen, wie er sie voraussetzt, vermag ich jedesfalls nicht nachzuweisen. Am ehesten könnte dafür gelten 48,3: *sol der leben, der mac wol werden alt* verglichen mit MSF 199,18: *sol ich leben, ich wird endelichen alt*. Absolut unbeweisend ist eine Formel wie 65,11 *zer werlde wart nie niht sô guot*, die zwar in MSF 163,1 *zer welte ist niht sô guot*, aber auch beim tugendhaften Schreiber (HMS II, 153a) *zer werlte wart nie niht sô quotes* und bei dem von Obernburg (HMS II, 226a) auftritt. Reinmars des Alten: *jo enmac mir niht der bluomen schîn geholfen fûr die sorge mîn und och der vogellîne sanc'* (188,39) ist nicht unähnlich 25,6: *des mac mir niht gehelfen des meien schîn unt cleiner vogellin sanc:* die Bestandteile der Reinmarstelle finden sich aber sämmtlich auch bei Walther (27,21), 46,1 fgg., 89,19. Wenn 245: 'sô *wol dir, priestr, wie rein ein man*' von Reinmar wäre, was ich nicht glaube, so wäre damit eine sichere Beziehung (auf MSF 165,28) vorhanden: selbst im Anfang von 107: '*ô (sô?) wê dir, spil, wie bœse ein amt*' könnte noch etwas nachklingen: aber gerade diese Worte des ältern Reinmar verdankten einzig Walthers Citat 82,35 ihre Popularität: spielt doch Wolfram Parz. 115,6 ebenso auf eine andere Stelle Reinmars des Alten an, die durch Walther 111,23 weithin bekannt geworden war (Stosch Zs. XXVII, 318). — Schönbachs

Es war eine arge Stillosigkeit, dass Reinmar sich durch seine Vorliebe für den Ehrenton verleiten liess, die Liebe, und zwar nicht die Liebe im Allgemeinen, sondern s e i n e Liebe in Spruchform zu besingen. Wir lernten oben (S. 179) im Brennenberger einen Dichter kennen, der der gleichen Verirrung verfiel (HMS I, 336 a—337 h; III, 329 b); bei ihm, der mehr Glut und Sinnlichkeit besitzt als Reinmar, ist das Misverhältnis zwischen Inhalt und Form noch fühlbarer. Auch zwischen diesen beiden Reinmaren ist engere Beziehung sonst nicht vorhanden. Beide Schüler Walthers mögen durch einen Spruch ihres Meisters verführt worden sein, wenn nämlich 27,27 ihm wirklich gehört (Wilmanns, Ausg.[2] S. 167 fg.). Dieser einzige Spruch beginnt mit der Huldigung für die Dame. aber schon in der 4. Zeile lenkt der Dichter zum Lobe dér Damen über: ein richtiges Stilgefühl übte da Korrektur. während die Strophe entstand. Umgekehrt beginnt ein andrer Pseudo-Waltherischer Spruch (166,21) allgemein didaktisch und geht von Z. 26 in den Preis der Geliebten über, ohne dass darum der lehrhafte Ton schwände. — Reinmars Liebessprüche blieben zum Glück lange ohne erhebliche Nachfolge: ein isoliertes Liebeslied in Spruchform von Pfeffel erwähnte ich schon (S. 151); die Dame. die der wilde Alexander (III. 27 b) in einem Spruchbar ansingt, ist natürlich die Welt [263]. und Marners Strophe X. 8 ist wol kein Spruch. sondern ein einstrophiges Lied. Zwei Equivocae in einem Spruchton Konrads (Lieder ed. Bartsch, S. 101 fg.) können schon aus formellen Gründen nicht von diesem verfasst sein. Wenn Boppe (HMS II. 382 b) alle denkbaren Vorzüge gern hingeben will für den Besitz des Liebchens, so ist in diesem Gedicht die ganz spruchmässige Aufzählung jener Vorzüge das Wesentliche und nicht die minnigliche Pointe, die als überraschender Abschluss wirkt. Erst in einer Periode des allergesunkensten Kunstgefühls mussten wieder Spruchtöne zu Liebesliedern herhalten: Frauenlob hat in seinem neuen Ton eine ganze Reihe solcher Strophen verfasst (353—360); sogar ein Spruch des langen Tons (143) ist hierher zu rechnen; vgl. auch 416; in einem Tone seines Nebenbuhlers Regenbogen enthält m zwei Sprüche derselben Gattung. Der Einfluss des Brennenbergers ist besonders deutlich in

---

schon S. 97 erwähnte Recension ist nicht zu guter Stunde geschrieben. Die schnöde Charakteristik, die er von unserm Reinmar gibt, ist in vieler Beziehung schief und ungerecht. Von allem, was zum Vergleich der beiden Reinmare vorgebracht wird, kann ich nur zugeben, dass beide Responsion von Strophen kennen: das haben sie aber mit sehr vielen andern gemein. Ein paar ungeschickte Perioden kommen ganz vereinzelt bei Reinmar von Zweter vor: aber für seinen Satzbau ist nichts weniger charakteristisch als diese 'plumpen Bandwurmgestalten', denen die 'feingewundenen' Sätze Reinmars des Alten zum Muster gedient haben sollen. Und wie Schönbach dazu kommt, den stoffreichsten aller mhd. Lyriker seines Stoffmangels wegen mit dem Hagenauer in Parallele zu stellen, das ist mir gar unverständlich.

263) Andere Dichter, die ihr Verhältnis zur Welt unter dem Bilde des Frauendienstes besingen, haben mit dem Bilde auch die lyrische Form gewählt: so Neidhart 82,3. 87,23, so Konrad im sechsten Liede. Dagegen ist die Deutung des dritten Liedes Singenbergs auf die Welt erst ein charakteristisches Produkt späterer Zeit, trotzdem sie schon in A steht.

einem dreistrophigen Bar in dessen Tone, den vdHagen aus einer Er-
langer Papierhs. des 15. Jahrhunderts mitteilt (III, 466b): der Dichter,
wol identisch mit dem Verfasser zweier geistlichen Strophen derselben
Hs. (HMS III, 467a), reimte *ú* und *ò* [264]), hält aber die Caesur des
letzten Verses richtig ein.

Ausser jenen sechs ein persönliches Liebesverhältnis mindestens
fingierenden Strophen haben wir von Reinmar noch eine ganze Reihe
von Sprüchen, die **Minne und Frauen im Allgemeinen** preisen, Herren
und Damen über geselligen und minniglichen Verkehr unter einander
belehren, über das Wesen der Liebe reflectieren (23. 30—45. 48—55;
vgl. auch 46. 47; 19. 20). Auch sie gehören wol der ersten Periode
an: ausser der Sammlung lässt sich ihnen nichts vergleichen: 210,
schon durch stilistische Züge als Produkt einer andern Zeit gekennzeichnet, ist ein priamelartiger Scheltspruch gegen schöne böse Weiber,
dessen bitterer Ton in der höfischen Periode mindestens durch ein con-
trastierendes Lob der guten Frauen wäre versüsst worden.

Auch unter diesen Strophen findet sich eine ganze Reihe, deren
Themata Walther gewiss nicht in Sprüchen behandelt hätte: ich meine
vornehmlich 39 und 50, aber auch 30, 33—35, 19, 53—55 u. m.
Aber es ist in diesen lehrhaften Gedichten wenigstens kein so greller
Widerspruch zwischen Inhalt und Form vorhanden, wie bei den vorhin
besprochenen Strophen. Das Lied hatte sich zwar schon immer, nie
aber so oft und verwegen wie bei Walther hinausgewagt aus der Liebes-
praxis auf das Feld der Liebestheorie, der Minnelehre. Es war kein un-
berechtigter Rückschlag, wenn Reinmar, und nach ihm viel andere
Spruchdichter, die Didaktik der Minne auch in der Lehrform des Spruches
behandelten. Die äussere Form wirkte dabei stark auf die innere.
Walther war der Gedanke, der Minne das steifleinene Spruchgewand
anzuziehen, noch so wenig vertraut, dass er nur dreimal (81,31; 82,3;
102,1) und zweimal davon in der liedartigen Strophe des Bognertones
sich auf dies Experiment einlässt. Aber Reinmars Beispiel wirkte fruchtbar. Während noch Bruder Wernher nur das böse, das *mennin wîp*,
also ein geeignetes Scheltobjekt, zu verwerten weiss, gibts späterhin —
ausgenommen natürlich den langweiligen Pedanten Friedrich v. Sunburg
(HMS II, 355 a, 13) — kaum einen unter den bedeutenderen Spruchdichtern, der sich nicht auch in ein paar Minnesprüchen versucht hätte.
Ihnen allen gemein ist der Ausschluss alles Persönlichen: das aber ab-
gerechnet, fehlt es auch unter ihnen nicht an Strophen, die, wie die
erwähnten Reinmars, dem Liedton recht nahe kommen (so Walther
v. Breisach HMS II, 140 b. 1; Konrad 32, 106; der Litschauer HMS
II. 357a, 5; der Meissner III. 91 b, III, namentlich aber die anonymen
Strophen 268—270, 273). Es war nicht unverdient, dass unter Spruch-

---

264) Es ist ein Versehen, wenn vdHagen III, 467a den Beginn einer neuen
(Oetters) Handschrift angibt: vgl. vdHagens Grundriss 513. *vrô : anderswá* II, 3,12;
rât : nôt III, 1,8; *tôde : genâde* 1,16; *verlâze : genôze* 2,18. II, 3,5 von der Dame:
qar úzgenomen reht sam daz golt von Arábiá = III, 2,4 von Maria: *wol úzer-*
korn reht sam von Arábíe daz lúter golt.

dichtern Reinmar später ein typischer Vertreter des Frauenlobs wurde (vgl. Anm. 246) [265].

Auch in dieser Spruchreihe war W a l t h e r von entscheidendem Einfluss: das starke didaktische Element vieler seiner Lieder musste anregend auf Reinmar wirken. Gleich *vrô Minne*, die Gedanken stiehlt wie ein Dieb, die Weib und Mann bezwingt (30,6. 9), klingt an an der *diebe meisterinne*, Frau Minne (Walth. 55,33), die Allbezwingerin (56,7). In der vorwaltherischen Lyrik ist ja die Personification der Minne und andrer Abstracta ebenfalls längst geläufig: aber im ganzen Minnesangs Frühling wird nur éine derartige Personification mit solchem Bewusstsein vollzogen, dass die allegorische Gestalt den Titel *vrô* erhielt: bei Albrecht von Johansdorf tritt *frou Zuht* handelnd auf (93,11). Erst Walther dann führt *vrou Minne* in die Lyrik ein, während sie bemerkenswerter Weise in der Epik längst eine Rolle gespielt hatte. Der Anfang von 32: '*Minne ist ein daz beste wort, minne ist .. ob allen tugenden kamerhort*' hallt wieder den Anfang einer Waltherschen Liedstrophe 14,6: *Minne ist ein gemeinez wort ......, minne ist aller tugende ein hort*, ebenso wie der Schluss des Spruchs: (*Minne) ist den wîsen liuten zam ... unt ist dâ bî vil manegem tôren wilde* erinnert an einen Waltherschen Minnespruch: *si ist den tôren in dem munde zam unt in dem herzen wilde* (102,3). Beide wünschen, dass die Frauen einen Unterschied unter den Männern machten und nur die Guten erhörten:

---

265) Ein in vieler Beziehung interessantes vielstrophiges M i n n e g e d i c h t im T i t u r e l s t o n e (HMS III, 432 fgg.), das aber nicht Otto zum Turme zum Verfasser hat, enthält so deutliche Anklänge an Reinmar, dass direkte Benutzung nicht zweifelhaft ist: auch ein Beweis für die Geltung, deren Reinmar in Mitteldeutschland selbst als Sänger der Minne sich erfreute. Str. 6 ist ganz nach Reinmar 54 gearbeitet: V. 1 *daz die vrouwen kunden versagen unt gewären*, 54,5 *daz si ze rehte versagen kunden unt ze rehte gewern*. V. 3 *ze redene gunden*, vgl. 52,5. V. 4 *die ir liebe velschlich géren*. 54,10 *des ein valscher an si gert*. V. 5 vgl. mit 54,9. V. 6 *si effet in unt wil sich selben tœren* = 54,12, ebenfalls also am Schluss. Mit Str. 1 vgl. Reinmar 35, mit Str. 3,5 vgl. 269,3; 4,6 *diu kurze vrôude mir ie darnâch ein langez trúren brâhte*, 27,12 *diz kurze liep mir langez leit ie brâhte*, wieder beides am Schluss. 8,3 erinnert an Reinmar 101,5, 26,6 an Reinmar 39,12 (wieder die Schlusswendung), 34,1 an Reinmar 27,1, 38,6 an Reinmar 30,6. — vdHagens Ausgabe ist ungewöhnlich mangelhaft, auch die Lesarten entbehren zum Teil der Zuverlässigkeit. Es ist wol zu schreiben: 1,6 *diu heizet vol ein engelwip* mit der Hs. 2,1 *verréret* mit der Hs. 2,2 *bliut* (Hs. *plût*). 7,3 *touc* für *doch*? vgl. die nahezu abgeschriebene Strophe des tugendhaften Schreibers II, 150 a, 3 (dazu Zs. XV, 247). 10,3 *ich bin ennœt ir beider*. 10,4 *gewunnen* mit der Hs., von *winnen*. 15,5 [*die*] *kunden* mit der Hs. 16,1 *wunsches*? 16,5 *verret* (Hs. *veret*) : *min nennen éret* (Hs.)? 22,5 *mich tuot* mit der Hs. wie 12,5. 29,1 *gœb mir diu kiusche reine . . . zeigen* (*ze eigen*), vgl. 33,5. 30,6. 38,3 *ôugelweide* mit der Hs. 34,4 *daz si* (Hs. *so das si*). 36,5 *sin wil mich niht lâzen bî ir blîben* nach der Hs. 40,2 *vrô trúric vri betwungen*, vgl. die unten folgenden Varianten und die zweifellos nachgeahmte Strophe Hildbolds von Schwangau I, 282a, 26. 45,6 *sich*. 47,2 vielleicht *hiure : beviure*. 47,6 *wen diu schœne* mit der Hs. 48,4 *sô gêt mir*. 53,6 *ir beider muote*. 54,2 vielleicht *in ir stricken*. 3 *ab lâz ich . . . 4 min ougen* (Hs.) *a. sch. w. anblicken* (Hs.). In den Varianten trage man nach oder bessere: 2,1 *verréret*. 4,5 *gedacht*. 6,6 *selber*. 7,4 *gelt*. 11,6 *gewunne*. 13,2 *mich*] *ich*. 19,1 *auss jrem* zweimal. 23,6 *hertzem*. 39,1 *vnd*. 40,2 *fraw thu ich frey betwungen*. 50,4 *stule*. 51,4 *mich*] *mir*. 54,4 *augen*.

Walth. 96,24 (womit man vgl. Reinmar 53,10); 48,29 und Reinmar 38; 54,7; beide warnen davor, nach Schönheit und Gut zu minnen (Walth. 49,36; Reinmar 51,5): Reinmar freilich, der gelegentlich eine gewisse Geringschätzung des Geburtsadels affectiert, rechnet auch *vrouwen adel* zu den *ἀδιάφορα* der wahren Liebe: dazu schätzt Walther den *adel* zu hoch (102,18), um das rücksichtslos auszusprechen: aber dass Adel auch ihm als sehr entbehrlich in der Liebe gilt, das ist gerade in dem citierten Liede (49,25) die stillschweigende Voraussetzung. Beiden *lit der werlde hort an reinen wiben* (Walth. 27,32, Reinmar 37,7); die verzweifelte Frage Reinmars: *wie sol man den gewarten?* (23,6), nämlich den unstäten Frauen, braucht Walther in Bezug auf die nicht minder unstäte Welt (59,37). Endlich: Walther wie Reinmar beklagen bitter den tollen Brauch der Minne, ihre Feinde gut, ihre Freunde übel zu behandeln, und beide mit ähnlichen Worten: Walth. 59,25: *si schadet ir vinde niht unt tuot ir friunden wè* (vgl. Walth. 53,9) und Reinm. 49,2 *si süezt ir vindes munt unt tuot ir vriunde süeze quìt:* der erste Vers des Reinmarschen Spruchs vergleicht sich Walth. 57,23.

Noch ein andres Element ist in Betracht zu ziehen. Ich vermag es nicht aus Reminiscenzen zwingend zu erweisen, dass Reinmar den Winsbeken oder die Winsbekin gekannt habe: dass aber höfische Lehrgedichte wie diese, die schon durch ihre Form dem Spruch näher standen als der verwante wälsche Gast, ergänzend zu Walthers Einfluss hinzutraten, diese Annahme ist nicht zu umgehen. Daher stammt das bewusst Lehrhafte, das gerade in diesen Strophen hervorbricht (S. 203), daher das schlichte Aneinanderreihen einzelner Tugenden und kurzer Lehren (z. B. 36, 37, 40, 44, 51, 54), das gar nicht in Walthers Art ist, in Reimpaaren allerdings schon längst geübt wurde (Lachmann, Kl. Schrr. 482 fg.), daher wol auch das Betonen der höfischen Anstandsregeln. Auch im Einzelnen fehlts nicht ganz an Uebereinstimmungen. Sieht nicht 30, 1—3: *wir wellen, daz diu Minne si in dem wâge unt ûf der erde unt ouch den lüften bì* aus wie eine Antwort auf die unbeantwortete Frage der Winsbekin 34,8: *nu sage mir, ob diu Minne . . . hie bì uns ûf erde sì od ob uns in den lüften swebe?* Dass die gewaltige Kriegerin, die Minne, Walthers *frou küniginne*, auch mit Lehre und Rute umzugehen verstehe, das wusste man längst: wenn aber Reinmar sie geradezu als Schulmeisterin schildert (31. 32,4. 254,8), so scheint es nahe zu liegen, darin schon etwas vom Schulstaub des Meistersanges zu wittern: aber auch in der Winsbekin 12,8 figuriert sie als Schulvorsteherin [266].

266) Reinmar 54,5: ich wollte, *daz si ze rehte versagen kunden unt ze rehte gewern*, Winsbekin 20,5: *sô suln si zühteclìch versagen od aber sô sinneclìch gewern;* Reinmar warnt 40,12. 38,12, die Winsbekin 20,8 vor zu später Reue über die getroffne Wahl; Reinmar 93,9: *waz hilfet ouch gebeitiu minne, diu niender von dem herzen kumt?* Winsbekin 32,4: *betwungen liebe ist gar ein wiht, ... diu liebe sol von herzen komen;* am Misbrauch der Liebe ist die rechte Minne unschuldig: Winsbekin 41,2, Reinmar 254,4; der Vergleich der Frauen mit Engeln (35), ihrer Tugenden mit Kleidern (41) kann aus dem Winsbeken 12,9 und 22

Standen die Strophen, welche den Ton des Liedes streiften (Lob
der Frauen, Gedanken über das Wesen der Minne), zumeist unter Walthers Einfluss, die, welche Einzellehren an einander reihten, unter dem
Banne der strophischen Lehrgedichte, so entfaltet Reinmar seine eigne
Art besonders in mehreren Gedichten, die ein Bild, eine Allegorie in
breiter Ausführung, womöglich in Parallelsätzen festhalten. Dahin rechne
ich 31 die Schule der Minne, 35 Engel und Weib, 41 die Kleider der
Frau, 42 den neuen Gral, 43 den *heilawâc*, 48 den besten *balsam;*
auch Spruch 23, der die verschiedenartigen unstäten weiblichen Neigungen geisselt, gehört in diese Reihe. Besonders charakteristisch dünkt
mich 41, wo der an sich hübsche Gedanke, die besten Gewänder der
Frau seien ihre Tugenden, durch eine überaus kleinliche und willkür-
liche Ausdeutung der einzelnen Kleidungsstücke auf die einzelnen Tugenden ins Geschmacklose verzerrt wird. Die Vorstellung ist weder neu
noch selten (vgl. d. Anm. z. d. Str.). Von der Rüstung des christlichen
Ritters und ähnlichen Allegorien der Bibel ausgehend, hat sie in Predigten, in geistlicher Dichtung schon längst ihre Stätte gehabt. Aber
Reinmar überträgt sie, vielleicht durch Gottfriedsche Motive angeregt,
in ein höfisch gedachtes Gedicht, und er verwertet sie in jener knappen
trocknen Aufzählungsmanier, die in der spätern Spruchdichtung eine unerfreuliche Rolle spielt, die z. B. bei Boppe nahezu das herrschende ästhetische Princip geworden ist. In Inhalt und Behandlung traf das Gedicht
den Zeitgeschmack, symptomatisch zugleich und in der Folge anregend.

Auch sonst sind Reinmars lehrhafte Minnesprüche stark durchsetzt
mit religiösen Elementen. Walther 81,36; 82,9 (166,11), aber auch
schon Johansdorf (Burdach 41 fg.), nicht minder der Winsbeke (S.12)
konnten da als Vorbild dienen. Von Spätern hat z. B. der fromme
Walther von Breisach (II, 143a, 9), namentlich aber Reinmars Nachahmer, Johannes von Rinkenberg (I, 340a. b, 10—12), in Sprüchen
Minnigliches und Religiöses verquickt. Wenn Reinmar wiederholt die
Liebe zu Gott als ein notwendiges Bestandteil und Correctiv der irdischen Minne erheischt (33,9. 41,3. 44,12. 45,6), so bereitet sich darin
vor jene Vermischung der geistlichen Hingabe mit minniglichen Motiven,
der wir bei den religiösen Sprüchen begegnen werden. Frau Minne
weilt auch im Himmel (30,3), Gott freut sich der Liebenden (50,12);
Gott zürnt dem, der sein Weib für ihre Güte entgelten lässt (45,12);
der Frauen Reinheit bekämpft fleischliche Gier: Gott selbst gesteht ihnen
Engelschaft zu (35,12. 8). Bilder und Phrasen werden der religiösen
Dichtung entlehnt (vgl. S. 206). Gleich 37,9: *swaz Got geschuof ie
creatiure, daz überguldent reiniu wîp* wird 14,4 ganz ähnlich von
Maria gesagt. Mit dem Gral (42), dem *heilawâc* (43), namentlich mit
der Rose ohne Dorn (51,12) wird die Himmelskönigin, werden Heilige
gern verglichen: auch das Prädikat *ungemeilet* (39,5) und *âne meil*
(51,11) ist ungewöhnlich in der Anwendung auf irdische Frauen.

---

stammen, aber auch durch Walthersche Stellen (57,8; 63,1; 43,1) angeregt sein;
guoter wîbe segen wird gepriesen Winsb. 22,8 und Reinmar 42,11.

Welche Art von Minne Reinmar im Auge hat, das war ihm wol
selbst nicht immer klar. 45—47, sowie 39 ist es deutlich, dass Lob
und Lehre ehelicher Minne gilt. Im Uebrigen konnte es nicht ausbleiben, dass mit der höfischen Phraseologie auch ein Restchen der modi-
schen Minneanschauungen sich einschleppte. Ich zweifle, ob ich dazu
die wunderlichen Aeusserungen einer Art von philiströser Sinnlichkeit
rechnen darf, die gerade in dieser lehrhaften Umgebung recht überraschend hervorbricht. Die Tageliedsituation 39,12 mag hingehen, da
sie als Kontrast dient. Aber ein Andres ists, wenn sich Reinmar mit
Behagen die beiden Liebenden unter einer Decke ausmalt (50,8), und
die Lust, sich eben diese Lage vorzustellen, bekommt einen Stich ins
Komische, wenn 46 und 47 uns der Mann vorgeführt wird als ein Graf
von Gleichen, der — der päpstliche Dispens sei ihm gewiss — zwischen
zwei Frauen im Bette liegt, und sie halst und küsst: die eine Frau ist
freilich Frau Ehre [267]. Und das Frivole streift dieser sinnliche Zug
20, wo selbst im Liebesverhältnis zu Maria dem Dichter das Bett mit
Decke und Matratze ein unentbehrliches Ingrediens ist. Auch andre
Spruchdichter gedenken in einzelnen Strophen, deren Farben sie auf
höfischen Paletten gemischt haben, unbefangen der Freuden minniglichen
Umfangens [268]): aber Reinmars sinnliche Anwandlungen sind nicht nur
in der Zahl, auch in der Art verschieden, sind nicht lediglich höfisch.
Speciell das Bett der Str. 20 ist keineswegs eine höfische Vorstellung;
es ist kein Zufall, dass das Bett in engrer Bedeutung das höfische
Blumenlager mehr und mehr aus der spiessbürgerlichen Phantasie der
Meistersinger verdrängte [269]), und auch dazu stimmts, dass Reinmar
das höfische Naturgefühl schon bis auf einen minimalen Rest abhanden gekommen ist [270]).

---

267) Regten geistliche Dichtungen das Bild an? Im Gedicht vom Recht
(Karajan, Sprachdkm. 11,16) ruht Gott als Dritter im Bett der frommen Eheleute:
natürlich fehlt da jedes Coquettieren mit sinnlichen Beziehungen, wie es Reinmar gefällt.

268) Neben den Strr. 270. 273, die Reinmar nicht sicher gehören, nenne ich
Konrad 31, 106; Frauenlob 146,7 u. ö.; Regenbogen III, 452b fg.

269) Vgl. z. B. Kolm. 36.23 (Kelin?): si zweient sich an freuden üf der
ziechen. In einem Liede Raumslands II, 371b: von ir jugende kraft ir decke
wîlunt wart verirret (: verirret) muss es wol verwirret (von dem swv. verwirren:
verwirt Keller, Altd. Erz. 639.5; unverwirret Kolm. 88,15) heissen, um den rührenden Reim zu meiden. Frauenlob nennt die Geliebte 210,7 des mannes bette und
belehrt sie 214,1: frowe, an dem bette sunder scham solt dû bî liebem vriunde sîn.
Es ist lustig zu sehen, wie er in dieser und andern Strophen (215. 216. 230. 261)
selbst die Sinnlichkeit in die spanischen Stiefeln der Theorie einschnürt: wenn
er den Frauen Scham überall ausser beim Liebsten anempfiehlt, so will er ebensowenig humoristisch sein, wie wenn er die mâze überall verlangt ausser in Tugenden.

270) Die einzigen dürftigen Beispiele sind zwei Vergleiche, beide aus späterer
Zeit: 116,8 daz ziert den lîp alsam der clê die heide und 227,6 dêr sîn lop baz
durchliuhtet dan diu sunne ein meientouwic gras, beide ohne alle Beziehung auf
minnigliche Verhältnisse. Auch die übrige nachwalthérische Spruchdichtung zeigt
sehr wenig Einwirkung höfischen Naturgefühls: Wernhers Sommerstrophe, Frauenlobs Maispruch sind seltene Ausnahmen: es wirkte doch jene pfäffische Stupidität
der Warnung, die in der Schönheit der Natur Satans Schlingen wittert, die auch
den Teichner vom Preise des Mai abhält (Karajan, Anm. 204). Aber sie verbot

Im Uebrigen verleugnen diese Lehrsprüche über Minne und Frauen nirgend, dass sie in höfischen Kreisen entstanden, auf höfische Kreise berechnet sind. Im Unterschied von den persönlichen Liebesstrophen, in denen Reinmar mit gewohnter Zurückhaltung es ängstlich meidet, die Hörer durch ausdrückliche Bitte zu Vertrauten oder gar Helfern in der Liebesnot zu machen, im Gegensatz dazu wendet er sich hier gern und oft an sein Publikum, nicht nur lehrend (33,7. 37,1. 38,1. 40,1. 41,2. 44,3. 48,9. 51,1. 3. 4 fgg. 52,4. 55,9), auch zu Rat und Teilnahme auffordernd (30,7. 34,12. 45,6. 51,3). Er fühlt sich eins mit diesem Publikum, vereinigt sich mit ihm zum *wir* (30,1. 35,5. 42,1. 43,1; vgl auch 52,7). Ritter redet er 48,9, *edele man* 51,4 ausdrücklich an, und als feiner Cavalier versäumt er 36,12 nicht, den Damen, die er belehrt hat, zum Schluss seine Verbeugung zu machen: *daz sprich ich in ir hulden.* Höfische Anstandsregeln spielen eine grosse Rolle (31,7. 36,7. 40,4 fgg. 44. 52,1. 5. 9); wenn er 44,1 gegen *der werlde rede* polemisiert, so ist ihm *diu werlt* le monde, die Gesellschaft. Unter den Lehren der Minne wird — neben der *milte* — auch nicht vergessen: *diu Minne lêret, daz diu jugent kan ritterlich gebâren under schilte* (31,12).

Noch in spätrer Zeit, als Reinmar die minnigliche Periode seines Dichtens längst überwunden hatte, als ihm schwerlich mehr ein Anspruch darauf zugestanden wurde, als gleichberechtigtes Glied der Gesellschaft zu gelten, auch da noch hallt die höfische Frauenverehrung bei ihm nach. Edle Damen sind ihm Richter darüber, was sich ziemt. Rohes Turnieren und Spiel verwirft er, da es Frauen betrübt (106,5. 107,6); die Trunkenheit ist ein Laster, denn sie löscht die Minne aus (115,8); der Ungetreue ein arger Sünder, denn *sin zeigen swachet reiniu wip* (209,10); die Ungesellen schänden die Minne (183,12). Dass schöne Frauen den Mann bezwingen, ist — vielleicht Sünde: das muss der gestrenge Herr Sittenrichter schon zugestehen, aber gewiss kein Wunder (108,1). Das traurigste Zeichen des gesellschaftlichen und sittlichen Verfalls ists, dass die Jugend sich nicht schämt, Frauen zu schelten (112,10); und wehmutsvoll gedenkt der Dichter der Zeiten, da Frauen Macht hatten über die Ritter, *dô Minne twingen kunde* (221,1 fgg.; 222,12). Wie es für den Alten besonders schmerzlich, für den Kargen und den verlegenen Weichling die härteste Strafe ist, dass er *niht minnebære*, dass Frauen ihm Kuss und Ehre versagen (182,5; 117,8 fgg.; 180,10), so ists selbst dem Fürsten die grösste Zier, wenn er sich der Frauen werter Gunst rühmen darf (149,5), und das Lob des idealen Herren gipfelt in den Worten: 'ein *künigin solt im ir houbet neigen*' (56,12). Diese stäten unwillkürlichen Hinblicke auf Minne und Frauen zeichnen wieder den Mann von höfischer Bildung aus vor den Ge-

---

nicht z. B. Raumslands schönen bildlichen Natureingang HMS III, 55a, 13 und die ebenfalls bildliche Herbststimmung Frauenlobs 272. Von solchen selbständigeren, höfischer Tradition fremden Aeusserungen des Naturgefühls hat Reinmar nur etwa das hübsche Bild 181,1 und den gleichgiltigen Eingang 196,1, beides aus seiner letzten Zeit. Der Mut und Wille zu eigner Beobachtung erstarkte in ihm sehr langsam.

lehrten und den Volkssängern. Während auch der Adlige von Wengen
dem edlen Klinger als schönen Lohn für seine Tugend der Damen Wohl-
wollen wünscht (II, 145a), hielt es ein Spielmann für angemessen, in
Reinmars Lobspruch auf Wenzel statt der Frauen Gunst diesem nach-
zurühmen: *er gît den gernden guot, an im lît ère unt ouch vernunst*
(149,5). Natürlich: was war dem Fahrenden der Frauen Huld gegen
der *gernden* Lob, gegen dies höchste Tribunal über Tugend und Ehre
der Herren (III, 46a, 8)? Nur Boppe gedenkt in Sprüchen gern der
Damen: er war Schüler des höfischen Konrad, der freilich selbst nur
éinmal in einem nicht minniglichen Spruch auf *werder wîbe lône* verweist (32, 372). Sogar der Minnesinger Marner erwähnt in seinen
Sprüchen die Damen nicht so oft wie Boppe, und bei den Uebrigen —
bis auf Frauenlob — ists schon viel, wenn sie sich ein, zwei Mal zu
einer höfischen Phrase verwanter Art aufschwingen [271]): auch Reinmars
Nachahmer, der Meissner, der doch ein Minnenbuch gelesen hat, lehrt
nur einmal in einer albern zweideutigen Strophe, einem *ebîch: die vrouwen ère* (HMS III, 97b, 4) und rühmt an Herdegen von Grindelach beiläufig, dass er Frauen Gunst besitze (III, 87b, 8). —

Aus höfischer Atmosphäre hervor gieng auch diejenige Schöpfung
Reinmars, die am weitesten seinen Ruhm getragen hat, die Gestalt der
Frau Ehre.

Auch sie ist nicht eigentlich seine Neuschöpfung. Walther hat die
Êre schon mit Entschiedenheit personificiert (Wilmanns, Leben S. 225),
und er ist nicht einmal der erste selbst unter den Lyrikern. Dass er
ihr den Titel *vrouwe* nie erteilt, ist im Wesentlichen Zufall, da er doch
die *Mâze* 46,33 und die *Unfuoge* 64,38 dieses Titels würdigt. Aber
es ist doch nicht nur Zufall, wenn bei Walther Frau Ehre fehlt und
kaum bei einem andern Spruchdichter. Die Lyrik kannte zu Reinmars
Zeit nur drei Personificationen, die zu voller plastischer Anschaulichkeit
durchgebildet waren: *vrou Werlt*, dann *vrou Sœlde* und *vrou Minne*.
Sœlde sowohl wie namentlich *Minne* verdanken diesen Vorzug grösstenteils der Göttlichkeit von Fortuna und Venus. *Vrô Minne* und *vrô
Vênus* wurden als identisch gefühlt (Trist. 4807; Heinzelin I, 749;
Suchenwirt 28, 320): der weise Ovid sagte, die Minne heisse *vrô Vênus*
(Winsbekin 35), und Frauenlob wünscht Ldr. II, 5: *ach soll ich den*

---

271) Ich führe einige Belegstellen an: Boppe I, 1,13; 2,16; 3,4; 18,12
fgg.; 21,15; 22,18; II, 5; Marner (X, 1 Lied?) XV, 68. 85. 187. 195; Sunburg
HMS II, 355a, 13; 356a, 5; in dem späteren 4. Ton nur vielleicht III, 72a,
21, wo es V. 9 jedesfalls heissen muss: *ir kunnet liep von liebe* scheiden, trotz
des folgenden Verses, der den Irrtum verschuldete: vgl. II, 355a, 13, V. 11 und
WGrimm, Ueber Freidank, S. 337; Cato 398 ist, wenn richtig (vgl. die Var. in D),
doch schon im Ausdruck anders (*leide unde liep*): immerhin hätte Zingerle diese
Stelle noch eher für seinen Text anführen können als das, was seine Anmerkung
jetzt gibt. Von Wernher gehört merkwürdiger Weise nur der Satz II, 228b, 6,
V. 9 hierher; Stolle III, 5b, 11; Kelin III, 24a, 7; Hinnenberger III, 39a, 1;
Unverz. III, 43a, 1; 45a, 1; Goldner III, 52b, 4; Raumsland III, 53a, 6; 66b, 9;
Regenbogen III, 350b, 1. 2; Frauenlob ist reicher. Sprüche, die ausschliesslich
dem Lobe der Damen gewidmet sind, gehören nicht in diesen Zusammenhang.

apfel teilen, den Páris der Minne gap; Pallas und Junos Namen übersetzt er nicht. Dieser Zusammenhang erklärt es, dass die Epiker den
Minnesingern voraus waren in der Personification der Minne: ihnen war
aus antiken Stoffen Venus bald wohl vertraut. Aber, ob nun aus ähnlichen Gründen oder weils das Wesen der Erzählung mit sich brachte,
auch in der persönlichen Gestaltung andrer Tugenden und Laster sind
sie den Lyrikern vorangeeilt und haben stets eine grössere Energie der
Durchführung voraus behalten. In einem epischen Gedicht tritt auch
vrowe Êre zum ersten Male auf, in der Klage, wo sie 1575 unter dem
Tode ihres ergebenen Freundes Rüdiger leidend erscheint. Andre Belege, namentlich aus epischen Gedichten, hat JGrimm, Mythol.[4] II, 743;
III, 271 gesammelt.

In der Lyrik aber ist Reinmar von Zweter der erste gewesen, der
die *Êre* zur *vrouwe* machte, und bis ums Jahr 1300, als das Säculum
der Allegorien anbrach, blieb er der Einzige, der ihr Bild mit liebevoller Versenkung ins Detail ausmalte und individualisierte. Frau Ehre
ist ihm eine vornehme junge Dame, begleitet von einem grossen Gefolge edler Gespielinnen, ihrem Gesinde. Sie ist noch Jungfrau, obgleich sies wohl versteht, Männer zu liebkosen, und obschon sie bei
Fürsten und Königen hohe Achtung geniesst. Wohl sendet sie durch
Liebesboten Billets doux umher, aber sie ist wählerisch, nur mit wahr-
haften Helden lässt sie sich ein, nicht mit Menschen, denen sie für
Geld feil ist. Es ist eitel Verleumdung, wenn man ihr nachsagt, sie
hätte manchen Liebsten, dessen sie sich schämen müsste: sie ist keine
Hure. Wen sie aber ihrer Liebe würdigt, der darf es nicht scheuen,
sie zu minnen, wenn er auch schon eine Frau hat: dagegen hat der
Papst Nichts einzuwenden, und Frau Ehre verträgt sich mit der guten
Ehefrau in des Herzens enger Kammer so vortrefflich, wie nie zwei
gellen es im grössten Stalle könnten. Freilich ihre besten Zeiten hat
Frau Ehre gesehen. Pfingstkönige will sie nicht; dem der an Ehren
sich versäumt, dem gönnt sie kein Lächeln, keinen Platz an ihrer Seite:
aber die rechten Edeln sind leider in den bösen Zeitläuften rar geworden. Früher rissen sich die Herren um sie: jeder Wirt nahm sie so
glänzend auf wie möglich, und sie war anspruchsvoll, den übeln Wirt
verliess sie bald. Auch jetzt noch nähmen viele Herren sie gerne auf:
hätte sie nur nicht so grosses Gefolge, stellte sie nur nicht Fussangeln,
wie manche behaupten: so irrt sie, einst mächtige Gebieterin, ungeladen
heimatlos umher, dankbar für den kleinsten Dienst: wer die Reisemüde
freundlich begrüsst, vor dem neigt sie ihr Haupt bis auf die Füsse.
Aber es gibt éine Stätte, wo ihre Macht nicht sich vermindert hat:
immer blieb sie in Gottes höchster Huld; je nach Verdienst ehrt und
krönt sie die Heiligen und Engel, und ohne ihre Hilfe kann Niemand
zu Gott gelangen (46. 47. 56. 70—77. 79. 81). Es gehört dies Bild
der Frau Ehre durchaus Reinmars höfischer Periode an: ausser der
Sammlung ist einmal die Rede von *vrôn Êren kamer* (210,3), aus
der weiblicher Gruss hervorgehen müsse, eine bildliche Phrase wie viele,
und anschaulicher 216,10: da gilts als Criterium des guten Wirtes, dass

Frau Ehre gerne bei ihm weile: sie erscheint hier bereits in Begleitung
ihrer Kinder: das Bild des *magtuoms*, das auch früher schon gelegent-
lich vernachlässigt war, ist hier also ganz vergessen. Diese Lieblingsgestalt Reinmars, mit deren glänzender Durchführung sich Ansätze zu ähnlichen Personificationen wie *vrò Milte* (11 S.
119) oder *meister Ernest* (156,1. 253,7) nicht vergleichen lassen, sie
hat dem Haupttone des Dichters den Namen, ihm selbst ein ehrendes
Pseudonym eingetragen, Beweis genug dafür, wie grossen Erfolg gerade
die Figur der Frau Ehre sich errungen hatte. Eine Nachwirkung
blieb nicht aus. Es geschah unter dem Eindruck Reinmarscher Strophen,
dass der Oestreicher Ulrich von Liechtenstein im Frauendienst ihrer
gedenkt (177,7. 13), wie gerade er auch das Adj. *eregernde* sich von
Reinmar angeeignet hat, und von den bedeutenderen Spruchdichtern des
Jahrhunderts mangelt *vrou Ère* nur dem wilden Alexander und dem
Sunburger, dessen dürftige Phantasie sich an der einzigen Frau Welt
erschöpfte. Unverkennbar ist die Beziehung zu Reinmar in den Strr.
261—263, die, wenn nicht von ihm selbst (S. 130), doch von einem
getreuen Nachahmer stammen: Ehre ist hier ganz die vornehme Fürstin,
die einen Hofstaat von Tugenden regiert und an ihre Diener sehr erhebliche Anforderungen stellt. Die Andern begnügen sich mit einzelnen Zügen, die nur selten über das von Reinmar gezeichnete Bild hin-
ausführen. Kelin (III, 23 a, 3) lässt Frau Ehre ihrer mächtigen Wider-
sacherin, Frau Schande, vorklagen, wie ihre frühern Wirte sie verjagt
und misachtet haben: so flieht sie zu dem, der sie hernieder sante und
sie mit allen seinen Engeln immer ehrt, zum tugendreichen Gott. Eine
lange Reihe von Klagen enthält Stolles 41. Strophe (III, 10 b)[272]; wo
Frau Ehre es gut hat, da ists Frau Schande leid (Marn. XIV, 224;
Frl. SS,4), leider aber hat Schande die Uebermacht (Damen III, 162a, 2)
und Ehre ist verworfen, vertrieben (Kanzl. II, 39Sb, 15; Meissn. III, S9a, 4).
Gott ist ihre einzige Zuflucht (Guter III, 42 b, 1; Meissn. III. 102 b, 3),
denn Gott ist Ehre und Ehre ist Gott (Frl. 27,7). Mit ihm vereint
hilft sie dem Sünder (Unverz. III, 46a, 6). Nur wer ihr dient, kann
ein guter Herr sein (Kanzl. II, 3S9b, 5), und es ist das höchste Lob
des Herren, ihr Wirt, Diener, Freund, *amis, holde, ingesinde*, Bote,
kint, von ihr aufgesucht, gelobt, gekannt, beherrscht, mit ihrem Gewand
bekleidet zu sein (Tannh. II, S1b, 11; 90a, 20; Ps.-Walth. 149,22;
Wernb. III, 14b, 15; Marn. XV, 64; Kanzler II, 399a, 17; Urenheimer
III, 39b, 3; Wizlav III, S0b, 10; Meissn. III, 92b, 4; Raumsl. III,
67a, 12; Frauenlob 134,1S; 194,S; 354,15; HMS III, 419, X). Wer
ihr wahrer Freund nicht ist, den verlässt sie (Konr. 23,47; 32,74;
Frl. 324,13; Muneg. II, 62a). Eine Königin ist sie (Frl. 274,1) ohne
Falsch (Frl. 381,13), ritterlichem Treiben, dem Turnier hold (Ps.-Gerv.
III, 36 b, 6). Es ist erstaunlich, wie zähe Frau Ehre ihren von Rein-
mar geprägten höfischen Charakter festzuhalten vermochte; erst bei

---

272) Lies in dieser Str. V. 5: *si kleit ouch, wâ diu guoten lant niht wol.
beherret* (statt *beheret*) *sint*, nicht gute Herren haben.

Frauenlob, der sie auffallender Gunst würdigt, beginnen jene Farben zu
verblassen, und an die Stelle der höfischen Dame tritt die blutlose
predigtfreudige Allegorie.

Reinmar zählt 71,4 in langer Reihe die Tugenden auf, die als Gesinde der Frau Ehre angesehen werden. Solche Tugenregister[273])
sind nur allzu charakteristisch für die Spruchdichtung: sie werden her-
gezählt unbildlich und bildlich, als Aeste und Früchte eines Baums,
als Gewänder, als *pimente* — man denke an Walthers von Griffen
Weiberzauber —: das wachsende Uebergewicht behauptete das Bild einer
Frauenschaar. Hierin aber hat Reinmars Vorgang (71) keine Tradition
durchgesetzt, nach der Frau Ehre die Königin dieses allegorischen Hof-
staates wäre. Abgesehen von Str. 261 deutet vielleicht eine Stelle des
Kanzlers (II, 398 b, 15): *daz vrou Êre dannen var mit manger reinen
tugent* auf ein derartiges Verhältnis hin, und beim Meissner (III, 106a, 4)
teilt sie ihre bevorzugte Stellung wenigstens nur mit der *Tugent*. In
der Regel sind alle Tugenden gleichberechtigt, und wenn eine, so geniesst *vrou Triuwe*, weniger aristokratisch, aber auch eine entthroute
und verjagte Fürstin (HMS II, 141a), ein Vorrecht: gern nimmt sie
in der Aufzählung die erste Stelle ein (Wernh. III, 12b, 13; Unverz.
III, 44a, 7; 44b, 13; Goldner III, 52b, 4), und Wartbg. 149, sowie
beim tugendhaften Schreiber II, 153b, 5 [274]) ist ihre Führerschaft unverkennbar, vgl. Rinkenberg I, 338a, 1. Auch *Zuht, Adel, Bescheidenheit* treten ein paar Mal hervor. Dass Frau Ehre da keine grössere
Rolle spielt, ist merkwürdig, wenn man erwägt, wie sehr sie alle andern
personificierten Tugenden im 13. Jahrhundert an Beliebtheit übertrifft,
ist um so merkwürdiger, da sie eine Herrscherstellung sich späterhin
wirklich errang, als ihr Schöpfer so ziemlich vergessen war. —

In Bunde mit der *Milte* und der *Zuht* erscheint die *Êre* als Gebieterin des rechten Herrn Str. 56. Diese Strophe eröffnet eine Reihe
von **Herrensprüchen** (56—70), die sich mit den Mächtigen und Reichen
beschäftigen und zum grössten Teil jedesfalls der höfischen Periode zuzuweisen sind (vgl. S. 37 fg.). Von der grossen Masse verwanter Sprüche
andrer Dichter scheidet sie einmal ihre wenig persönliche Haltung: dann
lassen sie mit einer Consequenz, die nicht zufällig sein kann, die Herren-
tugend der *milte* aus dem Spiel (Ausnahme 56,6); der Herr wird gegen
Schelter in Schutz genommen, da ers Allen nicht recht machen kann
(67), und der Arme möchte mit dem Reichen gar nicht tauschen (63).
Solch Vergessen der *milte* ist unerhört bei der Mehrzahl der Spruchdichter, deren ganzes Ach und Weh aus diesem einen Punkte zu kurieren
war: man denke nur an den Bruder Wernher, den *scheltare κατ᾽ ἐξοχήν*,
den ewig Unzufriedenen, der mit verblüffend naivem und consequentem
Egoismus die *milte* zur alleinseligmachenden Tugend stempelt und für

---

273) Eine Sammlung enthält Seemüllers Anm. zu Helbl. II, 36. — Den
Gegensatz bilden Register von Lastern und Mängeln: so Reinmar 203, Tannhäuser
II, 94a, 3; Wernher III, 19a, 1; Süsskind II, 259b, 1; Renner 1176.

274) Uebrigens nimmt bei ihm in J *vrou Êre* die Stelle der *Triuwe* ein,
offenbar zu Unrecht, aber gerade dadurch lehrreich.

diese Spielmannsmoral gar noch einen Gotteslohn erwartet: wenn man ihn so gerne ob seines 'sittlichen Ernstes' mit Reinmar vergleicht, so nimmt man ihn viel zu ernst, man tut ihm Unrecht, wenn man ihn zum pessimistischen Moralisten macht. Jener unpersönliche und bedürfnislose Charakter der Herrensprüche passt aber auch bei Reinmar nur auf Oestreich, wo er anerkanntes Glied der Gesellschaft war und nicht daran dachte, sich als Spielmann zu fühlen. In Böhmen erkannte man ihm die gleiche gesellschaftliche Stellung nicht zu: als er sie zu erkämpfen suchte, musste er wohl oder übel persönlicher werden, und als ihm das nichts half, lernte er auch die *milte* preisen, wenn auch in seiner Weise mehr vor falscher *milte* warnend als zur wahren reizend und wieder nicht für sich bittend (S. 23). Und in der spätern Zeit, wo ihm jeder enge Zusammenhang mit einem bestimmten Hofe fehlte, da schwinden die Sprüche auf Herren überhaupt von ein Paar Lobsprüchen abgesehen, oder sie verstecken sich hinter verschleiernder Einkleidung (166. 204); oft wird der junge Mann, gar nicht der junge Herr belehrt, und der fast einzige Spruch (neben 177), der höfische Verhältnisse schilt, 194, geht direkt auf eine Anregung der östreichischen Zeit zurück (vgl. S. 21 fg.), auf eine Lehre Walthers.

Walthers Spuren treffen wir dann in den Herrensprüchen besonders oft. Selbst ein Lehrregister, wie es Str. 57 aufrollt, würde bei ihm einen Vorgang haben, wenn 36,11 Walthers Eigentum wäre. Der *Muot* wird als Pferd gefasst, das des Zaums bedarf, 58,7 und Walth. 37,24; der Reiche und doch Erbärmliche heisst *des muotes ein getwerc* 62,5, vgl. Walth. 27,2; der Wankelmütige ist *sinewel* 57,5, 61,1 und Walth. 79,30; durch Walthers Spruch 79,33 wird Reinmar zu dem ersten Stollen des 61. Spruches veranlasst sein, wie der zweite Stollen mit Walth. 29,11 oder 13,4 zusammenhängen könnte. Gott heisst Walth. 122,8 im selben Sinne *ebenære*, wie es Reinmar 62,3 zu sein wünscht. Ich verweise noch auf Walth. 22,24: *der wîse minnet* (Reinmar las mit C *die wîsen minnent*) *niht sô sêre alsam die Gotes hulde unt êre*, womit sich vergleicht Reinmar 65,9: *die wîsen minnent nîsheit sêre, ... zer werlte wart nie niht sô guot, sô daz wir minnen die Gotes hulde unt êre.*

Es widerspricht der frühen, der östreichischen Herkunft dieser Herrensprüche nicht, dass Reinmar schon in ihnen laudator temporis acti ist, namentlich in Str. 66, aber auch 59,1; 68,5: gleiche melancholische Rückblicke sind den Strophen auf Frau Ehre eigen (71,10. 72), und sie bilden das Thema der 106. Strophe, die höchstwahrscheinlich auf östreichischen Verhältnissen basiert. Der Regierungswechsel von 1230 gab Grund genug zur Sehnsucht nach dem Vergangenen. Aber es bedurfte für Reinmar gar nicht eigner Erfahrung, damit er sich zurückträume in die Zeiten, von denen die Alten sagten. Auf der ganzen Generation lastete bleischwer die unheimliche Ahnung des Sinkens und Verfallens: das Rittertum, die höfische Zucht hatte sich überlebt; das fühlte man nirgend peinlicher als gerade in Oestreich (vgl. Scherer, DSt. I, 313); selbst ausgelassene Schwänke wie der Pfaffe Amis und der Wiener Meerfahrt beginnen mit Klagen um die verschwundene goldne Zeit. Von den Spruchdichtern hat jenen Verfall Niemand tiefer empfunden als Walther, und das schon zu einer Zeit, als die ritterliche Dichtung noch im Zenith ihres Glanzes strahlte [275]. Auch hierin ist Reinmar der getreue Schüler Walthers: man vergleiche nur Walth. 64,9 mit Reinmars Versen 66,7 fgg., die wiederum in Frauenlobs 250. Strophe nachzuhallen scheinen. Es ist höchst charakteristisch, dass die Mehrzahl jener Rückblicke der Sammlung angehört: vgl. auch 112. 113. 115. 118. 135. 139, worunter noch manche östreichische Strophe sein mag. Aus späterer Zeit reihen sich an vor Allem die Sprüche von der ungrischen Königin (221. 222), beide wieder auf ein östreichisches Ereignis bezüglich, das auf Grund des ritterlichen Sittencodex beurteilt wird, sonst nur noch das jeu parti 175 und allenfalls 190,8. Also gerade der jüngere Mann, der unter Walthers Einfluss einem Ideale ritterlicher Herrlichkeit nachschwärmt, betrauert die versinkende alte Zeit: hinausgestossen in die unebenbürtige Gesellschaft der md. Spielleute, verlor Reinmar den Zusammenhang mit jenen verblassenden Jugendidealen, und er söhnte sich resigniert mit seiner Lage aus. Er kann auch hierin als typisches Beispiel gelten. Die Ritter und die Oberdeutschen unter den Spruchdichtern sinds vornehmlich, die sich in die Utopien ritterlichen Glanzes vertieften, sich die Märchenzeiten von König Artus und König Karl ersehnten [276] und so gern die alte Zeit der Freude, der Ehre und Zucht mit der neuen voll Elend, Geiz und Rohheit contrastierten: gerade noch bei einem andern Oestreicher, bei Bruder Wernher, spielen diese trüben Vergleiche eine grosse Rolle, zumeist freilich in seiner letzten Periode (HMS III, 15a, 17; 12b, 12.13; II, 232b, 4; 233a. 6). Die bürgerlichen Dichter, insbesondere die mitteldeutschen, konnten jenes Bewusstsein des Verfalls nicht in gleichem Masse haben: bewegten sich diese Kreise doch wirklich in aufsteigender Linie. Was sie zu ähnlichen Betrachtungen reizt, ist höchstens die Meinung, dass die Herren früher freigebiger lohnten als jetzt, dass man den Sang ehedem mehr ehrte [277], eine Klage, die sich traditionell fortpflanzt bis in den Meistersang hinein, selbst bis in Kreise, denen der goldenen Zeit Vertreter Regenboge ist (Kolm. 186,12): von jenem tiefen Unbehagen, das die in höfischer Atmosphäre aufgewachsenen Oberdeutschen empfanden, als eine materialistische Weltanschauung herrschend wurde, die sie nicht verstanden und die sie nicht verstand, von jener grauen Melancholei der Waltherschen Rückblicke haben die md. Fahrenden keine Ahnung: wo einmal einer von ihnen in den Ton der höfischen Klagen mit einfällt, da ist er gewiss Nachahmer, wie Meister Kelin HMS III, 23a; 24a Rein-

---

275) Diese Klagen über den Verfall der Zucht, die Misachtung der Minne im Kontrast zu einer bessern Zeit treten gar schon bei Veldeke auf (Burdach, R. u. W. 67, Veld. 61,5. 22. 65,20) und fehlen dem ältern Reinmar nicht ganz (Wilmanns, Leb. Walthers III, 569. 570).

276) Walth. 25,1; Wengen II, 145a; Sigeher II, 362b; Walth. 107,4; Guter III, 42b.

277) Z. B. Urenheimer III, 39a; Meissn. III, 89a; Damen III, 163a.

mar copiert: das gilt auch von Frauenlob, den seine Selbstgefälligkeit
überhaupt nur in zwei Spruchbaren (250 fg.; 330 fgg., vielleicht auch
Kolm. 15,7) zu derartigen Betrachtungen kommen lässt, und da hat er
dann *den alten meister Erenin* nach Kräften geplündert.

Politische Gedichte und Lobsprüche.

Ich schliesse meinen Ueberblick über die östreichischen Gedichte
Reinmars mit einer Gattung von Sprüchen, die sich zwar gleichmässig
über alle Perioden des Reinmarschen Schaffens verteilt, ihre lebhafteste
Anregung aber wieder Oestreich und Walther verdankt: ich meine die
politischen Sprüche. In ihnen war Reinmar fast ohne Konkurrenz der
bedeutendste Nachfolger Walthers. Das hat seinen guten Grund. 'Der
streng bürgerliche Charakter der Poesie', der in der nachwaltherischen
Spruchdichtung dominiert, 'weiss in seiner partikularistischen und egoisti-
schen Verkommenheit' von patriotischem Nationalgefühl 'eben so wenig, wie
von dem alten schwärmerischen Frauendienst' (Scherer, DSt. I, 349). Der
Ritter Reinmar, in seiner Jugend Zeuge der begeisterten und begeistern-
den politischen Tätigkeit Walthers, hat das Erbe seines Lehrers mit entschiedenem Bewusstsein von der Grösse seiner Aufgabe angetreten (oben
S. 202): Mistrauen und Hass gegen Rom hat er stets in treuem Herzen
bewahrt, das Interesse für die grossen Fragen der Reichspolitik nie ganz
verloren, nie aufgehört, mit Eifersucht über der Würde des Reichs gegenüber Ausland und Kaiser zu wachen. Dass er in dem Irrgarten der Parteikämpfe zuweilen recht haltlos umhertaumelte, dass er sich dem uner-
freulichen Entwicklungsgange der politischen Dichtung späterhin nicht
ganz hat entziehen können, wer will es ihm verargen? So unbedingt
aber Reinmar unter den politischen Dichtern nach Walther die Führerschaft gebührt, so empfindlich macht sich gerade auf diesem Gebiete
der Unterschied zwischen Lehrer und Schüler geltend. Wo es sich nur
um allgemeine Didaktik handelt, die gar nicht oder nur äusserlich an
einen bestimmten Anlass anknüpfte, die sich Selbstzweck war, da weiss
auch Walther nicht immer des trockenen Predigttons Herr zu werden,
in dem Reinmar sich so behaglich gefällt. Aber gerade in der politischen Dichtung, die so untrennbar eng mit Walthers ganzem Hof- und
Herrendienst, mit seinen intimsten Lebensinteressen und -nöten zusam-
menhieng, gerade in ihr offenbart sich die Frische seiner Persönlichkeit,
die Leidenschaft in Hass und Liebe so unmittelbar und hinreissend,
dass wir gern ein paar Ungerechtigkeiten, ein paar unerquickliche Bette-
leien und Zänkereien dafür in den Kauf nehmen. Damit freilich verschont uns Reinmar: aber, obgleich auch seine politischen Sprüche mehr
Kraft und innere Beteiligung verraten, als die meisten andern, von der
Fieberhitze der politischen Kämpfe lässt er uns Nichts ahnen: er hat
immer nur Pathos, nie Leidenschaft. Es ist freilich möglich, dass er
selbst dies Urteil nicht als Tadel empfunden hätte.

Reinmar ist sich nicht gleich geblieben. Die politischen Dichtungen seiner östreichischen Periode stehen fast ausschliesslich unter dem Zeichen des Kulturkampfes. Die Mehrzahl dieser Sprüche trägt für uns kaum mehr den Stempel des Gelegenheitsgedichts an sich, ist ganz allgemein gegen die Verderbnis der Geistlichkeit gerichtet, wie das ein Lieblingsthema der Rügepoesie lange vor Walther schon war und bei den Spruchdichtern immer geblieben ist. Aber es sind mindestens vier Sprüche darunter, in denen die Erregung des Augenblicks nachzittert, die ein ganz bestimmtes Ereignis geboren hat (125. 127. 130. 135): man vergleiche nur die gegen den ungerechten Bann entsante Strophe Reinmars mit ihrer Nachahmung beim Meissner III, 89 b, 7 [278]); hier trockne und kühle Erwägung, dort immerhin etwas von dem heiligen Zorn, dem Walthers Papststrophen ihre ungeheure Wirkung verdankten. Es war kein Zufall, dass Reinmar gerade mit dem Kampf gegen Rom begann: in ihm hatte Walther seine grössten Triumphe erfochten, er war gleichsam sein heiliges Vermächtnis: der Schüler trat genau da in die Bahn ein, wo der Lehrer geendet hatte (S. 24). Reinmar war von vornherein dadurch im Nachteil, dass ihm die notwendige Folie für seinen Hass gegen Rom, die Begeisterung für Kaiser und Reich zunächst gänzlich abgieng. Von den starken Mitteln, die Walthers politischen Sprüchen eine geradezu dramatische Lebendigkeit verleihen, hat Reinmars zaghaftere Natur nur wenig Gebrauch gemacht, immerhin noch am meisten in diesen östreichischen Sprüchen: er tritt persönlich als Vertreter einer höhern Sittlichkeit für seine Sache ein 128,12; 130,9, legt sein Urteil wenigstens in die Wagschale 126,6; 129,3 fgg. 8: den Papst redet er 128, den Antichrist auffordernd und fragend 133. 134 an. Zu der Kühnheit, eine der behandelten Personen gar selbst reden zu lassen, wie Walther vor Allem 34,4, hat er sich in politischen Gedichten nie verstiegen. Direkte Anlehnung an Walther ist gerade in diesen Sprüchen auffallend selten, wol absichtlich vermieden [279]).

Mit dieser ersten Periode ist Reinmars kulturkämpferische Tätigkeit abgeschlossen. Der böhmischen Zeit gehören wol noch zwei gegen die heuchlerische Geistlichkeit gerichtete Strophen an (141. 142), die aber direkter Beziehungen fast ganz entbehren. Und späterhin behandelt er gar das Bild von den beiden Schwertern (213. 214) in einem Sinne, mit dem Rom zufrieden sein konnte: auch die zweifellos antipäpstlichen Sprüche 223. 224 sind verdrossen und verstimmt, aber sie atmen nichts von Kampfesfreudigkeit.

Und trotzdem hat Reinmar auch diese glänzendste Seite Waltherscher Tagesdichtung für lange Zeit noch am reinsten und reichsten fortgeführt. Für die grossen welterschütternden Gegensätze, die der Kampf

---

278) An zwei Stellen dieser Strophe (V. 5. 8.) ist in Hagens Text für 'ban er' 'banner' zu lesen.

279) Den *hovemünchen* und *clôsterrittern* 129 dienten etwa Walthers *phaflîche ritter, ritterlîche phaffen* 80,21 zum Vorbild, das weiter wirkte; siehe d. Anmm. Vgl. noch 130,8 *welnt si daz widerrûnen* mit dem inhaltlich verwanten Walth. 12,34 *daz wellents uns nû widersagen;* Reinmar 127 vgl. mit Walth. 9,28 fgg.

zwischen Papst und Kaiser auf einander prallen liess, hatte schon er nur wenig Sinn, seine bürgerlichen Kollegen noch viel weniger. Selbst der begabteste unter ihnen, Bruder Wernher, auch Oestreicher, auch Schüler Walthers, geht in den lokal deutschen und östreichischen Verhältnissen so vollständig auf, dass er des Kampfes zwischen Friedrich und Gregor nur zweimal, übrigens in wohlgelungenen nachdrücklichen Strophen gedenkt (II, 227 b, 2; III, 11 b, 4). Neben ihm sei Sigehers erwähnt, der ein Schüler Reinmars, den Waltherschen Kontrast von Wälsch und Deutsch einmal zu kräftigem Ausdruck bringt (II, 361 a, 2) und in seinen beiden politischen Prophezeihungsstrophen es an freundlichen Seitenblicken auf Rom nicht fehlen lässt. Auch was wir sonst auf diesem Gebiet haben, rührt meist von oberdeutschen Verfassern her, ist aber wenig und unbedeutend [280]). Der Herr von Wengen, der wol das Zeug in sich hatte, ist durch seine ultramontane Gesinnung gelähmt; der Sunburger, diese Karrikatur eines politischen Dichters, wol ein Geistlicher, jedesfalls von starken theologischen Interessen, schwingt sich zu einer Meinung nirgend in seinen politischen Strophen auf, übersetzt z. B. einfach ein päpstliches Breve. Erst in Frauenlob wieder taucht eine letzte schwache Nachwirkung der Waltherschen Papstsprüche auf: bei aller Eitelkeit verschmähte es der betriebsame Mann nicht, bei seinen verachteten Vorgängern Anleihen zu machen, und seine glänzende Begabung machte es ihm leicht, das Ererbte sich zu erwerben: er stellt wiederum die Apostrophe in den Dienst der politischen Dichtung; Constantins Schenkung, Macht und Reichtum der Pfaffenfürsten, die beiden Schwerter geben Themata zu antirömischen Sprüchen her, die an Walthers Art jedesfalls mehr erinnern, als irgend etwas seit Reinmar. Und die Strophen, in denen sein Zeitgenosse Regenboge von der Wiederkunft Kaiser Friedrichs den Sturz der Pfaffenschaft erhofft, weisen freilich nur durch den Stoff, gar nicht durch die ganz banausische Gestaltung, noch einmal in die Höhezeit des staufischen Kulturkampfes zurück. Und dies Motiv überdauerte den Wechsel der Zeiten: auf Barbarossa übertragen, trat es im Volksbuche nach mehr als zwei Jahrhunderten zu bedeutungsvoller Zeit von neuem in die Literatur ein (Gödeke, Grundr. I², 313), um nicht wieder daraus zu verschwinden, in sich Sehnsucht und Zuversicht zu einem machtvollen deutschen Kaisertum verkörpernd.

Böhmen war wie dazu geschaffen, für Reinmar den Uebergang aus der ritterlichen Jugendzeit zum fahrenden Leben des Spielmanns zu vermitteln. Durch kirchliche und kommerzielle Bande mit Mitteldeutschland verknüpft, geriet es durch seine Politik hauptsächlich mit Oberdeutschland, Oestreich und Baiern, in fortgesetzte Berührungen (vgl. MSD². S. XXVIII). Reinmar war in Prag nicht mehr der Mann von Stande, aber noch lebte er in festem Zusammenhange mit einem bestimmten Hofe. Dass sich in Böhmen Reinmars Gefühl für die Reichs-

---

280) Vgl. noch Marner XII, 16 fgg; Kanzler II, 389 b, 7; 390 b, 1; von Mitteldeutschen Stolle III, 5 b, 13; auch Meissn. 102, 1. 2. Der Wandel der politischen Verhältnisse erklärt diese Abnahme nur teilweise.

einheit steigern, dass er gerade da erst Verständnis für die Bedeutung
des Kaisertums gewinnen werde, hätte man nicht erwarten sollen: ein
günstiger Zufall wollte, dass er während der böhmischen Zeit Zeuge
sein durfte, wie die stolze Flamme des hohenstaufischen Kaisertums ein
letztes Mal zu blendendstem Glanze heil- und friedenbringend aufloderte;
dieser mächtige Eindruck hat eine Zeit lang die üblen Einflüsse des
böhmischen Ultramontanismus und Partikularismus paralysiert, und er
ist nie ganz erloschen. Das stolze Selbstgefühl des deutschen Ritters
offenbarte sich gerade erst, als Reinmar nicht mehr der kaiserlichen
Partei angehörte, am rücksichtslosesten.

Der Standpunkt, den Reinmar dem Kaiser gegenüber einnimmt, ist
von vorn herein ein rein praktischer: der Kaiser verdient Lob, weil er
dem Reiche Frieden und Recht gegeben hat. Diese nüchterne Auffassung
ist nicht mehr waltherisch, sie entspricht aber ganz der Art, die seitdem, namentlich aber in den Wirren des Interregnums, die herrschende
ward. Der Beruf des Fürsten ist, dass er richtet [281]) und dass er gibt:
tut er das nicht, so verfehlt er seinen Beruf, ist unnütz und kann beseitigt werden. Die Themata dieser böhmischen Zeitsprüche Reinmars
liegen der Masse der Spruchdichter näher: unter den Konflikten zwischen
Kaiser und Fürsten, unter dem Fehlen eines Reichsoberhauptes und der
daraus entspringenden Rechtsunsicherheit hatte auch der Einzelne schwer
zu leiden; diese Missstände interessierten beschränkte Köpfe unmittelbarer,
als der grosse Kampf zwischen Papst und Kaiser: wenn wir auch hier
wieder die oberdeutschen Dichter stärker vertreten finden als den Norden,
so liegt das daran, dass die Landsleute des Kaisergeschlechts überhaupt
mehr politisch dachten und dichteten als die Mitteldeutschen. — Die
Form des Gebetes kennt Walther in den politischen Sprüchen nur, wo
es sich ums heilige Land handelt; Reinmar ruft 143 Gott gegen den
Kaiser zu Hilfe, und er wählt diese Form mit gutem Grunde; mit dem
Ueberwuchern der religiösen Sprüche überhaupt gewann dann die religiöse Einkleidung politischer Dichtungen eine Beliebtheit, durch die ihre
pathetische Kraft verloren gieng [282]).

Es sei mir gestattet, gleich hier das Wenige anzuknüpfen, was ich
über die dritte Periode der Reinmarschen politischen Poesie zu sagen
habe. Sahen sich Walthers Nachfolger ausser Stande, sein politisches
Pathos zu erreichen oder gar zu überbieten, so suchten sie Ersatz dafür
und stärkere Effekte, indem sie ihren Sprüchen ein dem Geschmack des
stoffhungrigen Publikums schmeichelndes Gewand umhiengen. Der religiösen Einkleidung und der Witze des Schulmeisters von Esslingen gedachte ich schon. Sigeher und nach ihm Frauenlob lassen sich von

---

281) Wernher II, 229 b, 10; III, 16 a, 22; Hardegger II, 136 b, 10; Wengen
II, 144 b, 2; Hawart II, 163 a, 3; Werbenwag II, 68 a; Sigeher II, 361 a, 3;
362 b, 1; Gast II, 260 b, 2; Kanzler II, 389 b, 7; Stolle III, 5 a, 9; Kelin III,
23 b, 6; Unverzagt III, 45 a, 3; Raumsland III, 64 b, 3; Frauenlob 413,4; WGast
9597. Etymologische Begründung bei Muglin, Gött. IIs. 151 b.

282) Z. B. Hardegger II, 136 a, 9; Hawart II, 162 b, 3; Sunburg III, 76 b,
43; Sigeher II, 361 a, 1. 3; Stolle III, 6 a, 13; Meissn. III, 102 a, I.

Schwertgeistern prophezeihen. Noch beliebter waren Fabel oder Gleichnis, die den pikanten Reiz des Rätsels darboten und den Dichter nicht leicht compromittierten. Auch Walther weiss Bilder vortrefflich zu verwerten: ich verweise besonders auf S,2S, weil die darin angedeutete Fabel späterhin oft in jener schwerfälligen Weise ausgenützt wurde: dass aber bei Walther der ganze politische Spruch einfach aus dem Bilde, der Fabel bestünde, höchstens etwa mit knapper Moral, dass diese Einkleidung die Hauptsache wäre, dafür kenne ich nur éin Beispiel: den Zinsgroschen; auch der Spruch vom Spiessbraten enthält eben nur einen Ansatz dazu. Bruder Wernher hat erst éine solche politische Fabel (III, 16 b, 26); der Marner dagegen (XIV, 49. 51. 193. 209) und Konrad von Würzburg (31,121. 316) kennen fast nur diese Form politischer Sprüche, und sie kehrt auch noch bei andern wieder (Sigeher II, 361 b, 13; wild. Alex. III, 27 a, 7). Reinmar hat ein ausgeführtes politisches Bild vom kranken Reich schon in Str. 140; aber das Bild ist doch eben nur Mittel zum Zweck. Der Marnerschen Art dagegen nähern sich ein Paar politische Strophen der md. Periode: 171 vom Brauch der Wilderer, 193 von dem Schiff, das in die Mühle geriet: vgl noch 170. 195. Wir werden sehen, wie das Reinmars gesammter Entwickelung entsprach.

Schwand das Interesse für die grossen Fragen der Reichspolitik, so blieb es bei dem sensationsbedürftigen Publikum doch rege für Wundergeschichten und lokale Greueltaten. Sunburg erzählt von dem Kreuz, das bei Rudolfs Krönung zu Aachen erschien (HMS III, 73 b), er berichtet in unerhört trockner chronikalischer Erzählung von einem Ungernzug des Böhmenkönigs (HMS II, 356 b); Raumsland ereifert sich über den Mord Erichs von Dänemark (III, 63 a, 10; 65 a. b, 3—5), bejammert die Ermordung des greisen Marner (III, 53 a, 9); Kelin endlich widmet zwei Strophen dem rührenden Ende der Herzogin von Baiern (III, 6 a. b, 16. 17) und spekuliert dabei mit bemerkenswertem Geschick auf die Sentimentalität seiner Hörer. Auch Reinmar brachte dieser Geschmacksrichtung seinen Tribut, als er von dem Unfall der ungrischen Königin erzählte (221. 222): aber man vergleiche diese Strophen nur mit Kelins Sprüchen: was Reinmar ergreift, und wodurch er ergreift, das ist wieder nur die wehmütige Erinnerung an die goldne Ritterzeit. *dò Minne twingen kunde.*

Von den politischen Sprüchen sind bei Walther sowohl, wie bei Reinmar die **Lobsprüche** auf bestimmte Personen nicht immer zu scheiden. Wer sich für eine Persönlichkeit begeisterte, die im Getriebe der Parteikämpfe eine leitende Rolle spielte, wie etwa der Kaiser, der konnte nicht füglich den Mann von der Sache trennen. Aber dieser Zusammenhang der Gattungen ist doch eben nur zufällig und vorübergehend. Unpolitisch hatten Totenklage und Lobspruch begonnen als der natürlichste und verschämteste Appell an die Freigebigkeit des Gönners oder seiner Erben: und gerade als die politische Spruchdichtung längst verblüht war, da schoss die spielmännische Lobsingerei, jeder politischen Spitze bar, eine nackte Bettelpoesie, erst recht üppig und geil ins Kraut, aus praktischen Gründen mehr den Grossen als den Grössten der Erde huldigend: wie sehr es geradezu zur unvermeidlichen Mode wurde unter den Spruchdichtern, als Preisdichter aufzutreten, das bewährt drastisch Wizlav von Rügen, selbst Held mehrerer Lobsprüche, der von seinem leidenschaftlichen Nachahmungstrieb sich verleiten lässt, einen Herrn von Holsten ganz in spielmännischer Art, nur ohne Appell an die *mitte*, anzusingen (HMS III, 80 a, 10), obgleich ers doch wahrlich nicht nötig hatte.

Bei Reinmar entwickelt sich die Lobesdichtung wie zu erwarten. Die östreichische Zeit hat keinen Lobspruch gezeitigt: noch hatte Not den Stolz des edeln Herren nicht gebrochen. In Böhmen oder im Zusammenhang mit Böhmen erwuchsen drei Lobsprüche 136. 148. 149. die beiden ersten aber hochpolitischen Inhalts. Hier wirkt wieder Walther. Der Walthersche Gedanke von der Einheit des Kaisers mit seiner Krone (18,29) klingt mehrfach an (136,7; 148,1 fgg.). Auch bei Walther sind die unpolitischen Lobsprüche in der Minderzahl und meist aus späterer Zeit (34,36; 35,7; 80,35). Der politische Lobspruch gedieh nur in Ritterkreisen: neben dem Hardegger (II, 136a, 10) folgten nur zwei Schüler Reinmars, Meister Sigeher (II. 364a) und der Meissner (III, 88a, 12), den Rittern auf dies Gebiet, und sie enthielten sich in diesen Fällen der hergebrachten Manier. — Als Reinmar dann in seiner letzten Periode an vielen kleinen md. Höfen umherzog, durfte er sich dem spielmännischen Brauche nicht entziehen: erhalten sind uns Preisgedichte auf den Herzog von Meissen und den Grafen von Sayn; zwei Strophen auf den Mainzer Erzbischof entbehren nicht ganz des politischen Hintergedankens.

Das Typische in der nachwaltherischen Spruchdichtung tritt kaum irgendwo so grell hervor wie in der **s t i l i s t i s c h e n T e c h n i k d i e s e r L o b g e d i c h t e**. Und in dieser Hinsicht steht Reinmar schon in Böhmen ganz unter dem Banne des Herkommens, während Walther wieder kaum in leisen Spuren verrät, dass auch er jene Tradition kennt.

Am Wunderlichsten und zugleich am Augenfälligsten ist die Sitte, den gepriesenen Herrn erst am Schluss, womöglich in der letzten Zeile zu nennen. Walther tut das nur éinmal (81,6), in einem Spruche des Bognertons, der durchweg der späteren Spruchdichtung näher steht als alle andern Waltherschen Sprüche. Die Absicht jenes Kunstmittels ist deutlich. Auf einen raffinierten Effekt wird hingearbeitet. Wenn so Lob über Lob auf einen unbekannten Ehrenscheitel zusammengehäuft wird, so muss das die Spannung des Publikums aufs Höchste steigern, und wenn der Dichter diese Spannung erst mit dem Gedicht selbst aufhören lässt, so konnte die Wirkung nicht ausbleiben [283]). Aber es war

---

283) Auch eine mehr innerliche Begründung des Brauches fehlt nicht ganz: jeder dieser Lobsprüche macht seinen Helden zum ersten und einzigen der Art und setzt die gleiche Meinung bei den Hörern voraus: so war eine Namennennung unnötig: vgl. die unten erwähnten Sprüche Werubers und Teichners Hohn über derartige Lobhudeleien (Kar. Anm. 191).

das immerhin ein billiger und krasser Effekt, zu erkünstelt und unnatürlich, um bei häufigerem Gebrauch wirksam zu bleiben. Ein feinerer Geist, wie Walther, verschmähte ihn mit Bewusstsein. Dass er trotzdem mit gebieterischer Consequenz herrscht, wo uns neben und nach Walther Lobsprüche bekannt werden, das ist mir ein lehrreicher Beweis dafür, wie erstarrt die Spruchdichtung bereits war, als sie in die Literatur eintrat: selbst Frauenlob, der es sonst ganz gut verstand, die träge Masse wieder in Fluss zu bringen, ist in dieser Einzelheit Knecht der Sitte geblieben.

Dass der Anonymus seine Totenklage auf Wernhart von Steinberg überraschend schliesst mit dem Gruss an die *Oetingare*, auf die es natürlich allein abgesehen ist, das liegt schon in der geschilderten Richtung. Bruder Wernher, dieser Meister des Spruchstils, hat wenigstens noch die klare künstlerische Erkenntnis, was jenes Mittel 'des Aufsparens bedeute: er lässt sein Publikum den gefeierten Herren erraten (III, 14 b, 15), ja er lässt es falsch raten und erreicht durch diesen geistreichen Kunstgriff nicht nur eine ungewöhnliche dramatische Lebendigkeit, sondern er schlägt zwei Fliegen mit einer Klappe (III, 15 b, 21). Auch Reinmar liebt es zu spannen (113). sein Bedürfnis nach Schlusspointen, das gerade in den böhmischen politischen Sprüchen sehr stark sich geltend macht (140,12. 143,12), wurde durch jene herkömmliche Zuspitzung aufs Ende hin vollauf befriedigt: alle drei böhmischen Lobsprüche enthalten den Namen erst im letzten Verse: dass Reinmar sich wenigstens nicht gedankenlos dem Brauche fügt, lehrt die bewusst spannende Frage 136,11 und die zwei Verse hindurch retardierende Einleitung 148,12. In den md. Sprüchen dagegen prangt nur der von Sayn im letzten Verse (216,12): es ist ein Act künstlerischer Selbständigkeit und Reife, wenn Reinmar in den übrigen md. Strophen den Namen an den naturgemässen Platz, den Beginn der Strophe, setzte: aber diese Selbständigkeit ist um so bemerkenswerter, als gerade die md. Spruchdichtung an jenem Usus zähe fest hielt [284]).

Hier haben wir einmal den Fall, dass der Norden der Manier stärker verfallen ist als der Süden [285]). An den Anfang oder doch nahe

---

284) Der Name steht am Schluss oder wenigstens nahe daran beim Marner XV, 80; Konrad 32, 373; Sigeher II, 362 b, 2. 3; 364 a; Boppe II, 383 b, 26. 27; von Mitteldeutschen vgl. namentlich Urenheimer III, 39 b, 3; Goldener III, 52 a, 4. 5; Wartburgkr. 133,9; Meissner III, 87 b, 8; 92 b, 4; 107 a, S. 9; 108 a, 11 (die drei Strophen bilden einen Bar; Nr. 10 gehört nicht an ihren Platz); Damen III, 169 b; 170 b; Raumsland III, 55 a, 13. 14. 15; 62 a, 5; 63 a, 9; 66 b, 10 u. m.; mit wunderbarer Regelmässigkeit bei Frauenlob 128. 129. 130. 131. 132. 133. 134. 138. 313. 370. 445; 137,1 ist keine Ausnahme, da der Spruch mitten im Bare steht; eher 80,1 eine Totenklage auf zwei Fürsten. Noch eine Totenklage auf Frauenlob selbst (Kolm. 29), von md. Verfasser, nennt *den überwelten meister* erst in der letzten Zeile.

285) Ich konstatiere solchen landschaftlichen Unterschied natürlich nur für die Zeit, der allein meine Darstellung gilt, für das dreizehnte Jahrhundert. Späterhin glich sich die Verschiedenheit aus. Ja, derjenige Lobdichter, der im vierzehnten Jahrhundert die besprochene Manier am eigensinnigsten festhält, S u c h e n -

heran stellt Walther den Namen des Gepriesenen nahezu ausnahmslos,
und auch ausser Reinmar folgen ihm darin manche Oberdeutsche: so
der treffliche Wengen (II, 145 a, 5; 145 b, 6), so der Schwabe Raumsland (III, 69 a, 3), so Boppe (II, 353 b, II), so der Zürcher Hadlaub
(VIII), der freilich den Vornamen bis ans Ende spart, auch Friedrich
von Sunburg (II, 356 b, 8; III, 73 b, 29; 76 a. 41), dessen ungewöhnlich geringe formelle Begabung sich in der Regel darin gefällt, den
Namen mitten ins Gedicht in eine recht wirkungslose Stellung hinein
zu zwängen: am Ende hat er ihn nie. In den mitteldeutschen Lobsprüchen kommt wol solch ein gleichgiltiger Platz des Namens in der
Mitte, die nachdrückliche Hervorhebung am Anfang dagegen kaum jemals vor: auch bei Wizlav III, 80 b, 10 und Damen III, 165 b, 4 steht
der Name wenigstens erst im 3. Verse, und die md. Scheltlobe König
Rudolfs (III, 5 a, 11; 45 a, 1) sind in Gedanken und Stil durch einen
oberdeutschen Spruch des Esslinger angeregt.

Aus derselben Wurzel, wie die Neigung, das Publikum über die
Person des Gefeierten bis zuletzt im Unklaren zu lassen, aus derselben
Wurzel entspriesst die Lust an Rätseln und Wortspielen über den
Namen, die wieder diesen Lobsprüchen eigen ist. Eine plumpe und bequeme Art des Witzes, noch dazu von Keinem mit Glück verwant. Es
macht Reinmar Ehre, dass er auf solch Kunststückchen verzichtet hat[286]),
obgleich gerade er in seiner md. Zeit viel Freude am Rätseln verrät.
Er bewährt sich in dieser Enthaltsamkeit wieder recht als Oberdeutscher:
dass der Wortwitz dem Süddeutschen viel weniger gegeben ist und zu-
sagt als dem Norden, das können wir noch heute studieren; der Ka-
lauer ist ein norddeutsches Produkt: und es ist damals nicht anders
gewesen[287]).

<hr />

Ein sehr beliebter Schmuck der Lobsprüche wars, die Gepriesenen neben oder gar über Personen der Sage und Dichtung zu stellen. Warum Reinmar diesen Zierrat so ganz verschmäht, der sonst gerade oberdeutscher Art nicht fremd ist und auch von Walther, wenn auch nur vorbildlich, benutzt wird, das ist schon zu begreifen, wenn man sich an den vorhandenen Beispielen klar macht, wie nahe der Misbrauch lag. Einen Lobspruch von dieser Methode legt Helbling mit feiner Persifflage, ohne Uebertreibung, seinem Meister Rübendunst in den Mund (Helbl. II, 1302 fgg.). Der gelehrte Prunk, das masslos Hyperbolische und zugleich das latente Herabziehen ritterlicher Idealgestalten widerstrebte Reinmars massvollem und bescheidenem Sinn, der sich seinen Lohn nicht durch bänkelsängerische Schmeichelei erkaufen mochte. So hat er auch nie mehrere Herren in éiner Strophe besungen, wie es doch Walther schon tut (34,34) und wie sich das um so mehr empfahl, je tiefer sich die berufsmässigen Lobsinger ihre Opfer suchten: die Herren von Riddagsdorf und von Plauen (III. 67a, 12), die beiden Preussen (II, 362b, 3), die von Kemenaten und Reifenberg (III. 69a, 3) schienen nicht vornehm und reich genug, dass für jeden eine besondere Strophe sich verlohnt hätte.

Ob ein Lob gerechtfertigt ist, das erprobt sich an dem Wahrspruch der Menge (II, 136a, 10. Z. 10; Reinmar 144,7 fgg.). So appellieren denn Lobsprüche gern ans gemeine Urteil, namentlich an die *gernden,* und sie fordern Andere dazu auf mitzupreisen (z. B. Marner XV, 80; Wengen II, 145a, 1; 145b, 2; Wernhers oben citierte Sprüche; Raumsland v. Schw. III. 69b); diese Tendenz verfolgt auch Reinmar 136,10; späterhin nicht mehr. Der Zug fehlt der md. Lobdichtung: die Dichter mochten fürchten, dass sich die Wirkung des Spruchs für sie abschwäche, wenn sie einen Chorus in ihren Sang einstimmen liessen.

Auch der Inhalt der Lobsprüche hat viel Gemeinsames (vgl. Anm. 285). Entweder reflektiert der Dichter über die Art, die Grösse des Lobes, über seine eigne Unfähigkeit — der Teichner verspottet diesen affektierten Kleinmut (Kar. Anm. 191) —, und speist das Lob selbst karg ab; oder aber er gibt eine lange Aufzählung von Tugenden und Vorzügen. Reinmar steht der letztern Art näher: dass ein einzelner bestimmter Gedanke, der sich unmittelbar auf den Besungenen bezieht, durchgeführt wird, wie es 216 und 227 geschieht, das ist eine rühmliche Ausnahme bei ihm und in der Lobdichtung überhaupt. Charakteristischer jedesfalls ist da Spr. 136, der in seiner dürren Registerhaftigkeit und durch seinen schon mehrfach citierten Schluss etwas Typisches hat. So erklärt es sich, dass gerade dieser uns wenig erfreuliche Spruch merkwürdig viel Nachahmer und also auch Bewunderer gefunden hat [288]).

Art bringt z. B. auch der Sachse Heinrich von Freiberg in seinem Tristan (77) an.

288) Die Nachahmung ist besonders deutlich in Damens Prachtstrophe III, 169b, 3; aber auch der Meissner III, 107a, 9, selbst Sunburg II. 356b, 1 und vielleicht Frauenlob 138 haben denselben Ton angeschlagen und auch Einzelheiten benutzt.

In wohltuendem Gegensatz zu den Böhmer Lobsprüchen stehen die
Böhmer **Scheltstrophen.** Ich habe dieser Perlen der böhmischen Periode
schon an mehreren Stellen gedacht (S. 50 fgg., 196). Hier sei nur darauf aufmerksam gemacht, wie gerade in diesen Sprüchen, in denen der
Dichter herzhaft wie nie uns in seine Brust schauen lässt, wie gerade
da noch einmal Walther zu Worte kommt: als Reinmar seiner Zungen
Dorn schärfte, da schwebte ihm wol seines Meisters *scharpfer sanc*
(32,7) vor: vgl. 151,1 *mir ist geswollen hie der muot* mit Walth. 32,16
so ist mir min muot entswollen; auch Walth. 32,14 und Reinm. 150,2,
die beiden autobiographischen Stellen, hängen vielleicht zusammen. In
diesem Falle aber bleibt der Lehrer hinter dem Schüler um ein Grosses
zurück [289]).

Moralische und religiöse Sprüche der Uebergangszeit.

Von Str. 78—124 reicht eine lange Reihe **moralischer Lehrsprüche,** die alle möglichen Tugenden und Laster meist in unerquick-
licher Abstraction und der besondern Beziehungen bar behandeln. Man
schösse über das Ziel hinaus, wollte man diese ganze Spruchserie ohne
Weiteres für Böhmen in Anspruch nehmen: es sind Strophen darunter,
die wir aus guten Gründen der östreichischen Zeit zuweisen müssen
(z. B. 86. 106. 121), und sie werden nicht die einzigen sein. Andrerseits aber repräsentieren diese Lehrsprüche in ihrem Kern ein Stadium
Reinmarscher Dichtung, das später ist als die Frauen-, Herren- und
Ehrenstrophen der ersten Periode: dafür fehlts nicht an Kennzeichen
des Inhalts und des Stils.

Aus sachlichen Momenten erschloss ich schon oben S. 53 für
mehrere der Sprüche über Trunksucht, Spiel, *kündekeit* und *swinde* die
Wahrscheinlichkeit böhmischer Herkunft. Die höfischen Elemente sind
nahezu verschwunden. Wer das Verhältnis von Mann und Frau so volkstümlich derb behandelt, wie Reinmar in den Ehesprüchen 101—105,
der hat die höfische Minne gründlich überwunden: wenn der Frau 105.8
mit dem Knüttel gedroht wird, so ist das zwar nicht ganz neu (Walth.
73,22), aber darum nicht minder unhöfisch (vgl. d. Anm.), und die
Verse 105,4: *noch bezzer wære ein senfter tôt dem guoten man ze
liden dan ein immer werndiu nôt* sind in ihrem Zusammenhange
eine bewusste Parodie minniglicher Ueberschwänglichkeit, wie Reinmar
sie in dieser Form gerade in Oestreich an Liechtenstein (354,4. 358,2.
409,25. 416,9), aber selbst an Neidhart (72,23. 97,20. XI, 21) stu-

---

289) Es ist nicht unwahrscheinlich, dass Wendungen des 157. Spruchs aus
jenem pseudo-waltherschen Bar herstammen, dessen letzte echte Strophe 194
citiert wird: *hellehunt* 157,4, Walth. 149,36; *eiterclüse* 157,5, Walth. 149,41;
Gote unmære 157,12, Walth. 149,57: vgl. 157,10. 11 und Walth. 149,37. Damit
ist noch nicht erwiesen, dass auch Reinmar jenen Bar für Walthers Werk hielt.

dieren konnte[290]). Dass das Gleichnis vom Hahn mit den 12 Hennen (104) möglicherweise aus Freidank[291]) stamme, erwähnte ich schon. Noch zwei andre Symptome des wachsenden Einflusses volkstümlicher Dichtung sind zu verzeichnen, eine mythologische Anspielung und eine auf die Heldensage: 117,9 der Fluch gegen die Wetterhexe, die einen unwürdigen Herren im Schlafe küsst; 122,3 fgg. Sibich und seine Kinder. — Die gelehrten Anwandlungen, die ich S. 192 fg. aus der Sammlung zu nennen hatte, gehören sämmtlich nach Böhmen und, wenn nicht der religiösen, dann und in der Mehrzahl der hier behandelten Spruchreihe an.

Die Strophen von der *edele* (79—82) variieren nur den einen Gedanken: '*nieman ist edel, ern tuo dan edellichen.*' Das war so recht ein Gedanke im Geschmacke der selbstbewussten Vaganten, es war ein Gedanke, gerade geeignet, in einer Zeit des aufstrebenden Bürgertums fruchtbar zu wirken. An sich keineswegs neu (Waitz, Verfassungsgesch. V, 405, Anm. 3), war ers doch, in so fern er in den Dienst einer neuen Tendenz trat, und war eben dadurch weithin freudiger Zustimmung sicher. Nur erwartet man nicht gerade von einem Ritter, dass er für einen so demokratischen Grundsatz in die Bresche tritt. So ist denn

290) Andere Belege der Phrase sammelt Wilmanns, Leb. Walthers S. 379; vgl. noch Winterst. I, 24; Landeck, der ihn nachahmt, 1, 355 b; Lupin 11, 20 a; Hornb. II, 66 a; Rost 131 b; Friedr. d. Knecht 16\b; Hadl. 22,5. 6. Die beiden Oestreicher gebrauchen die Redensart weitaus am häufigsten. Liechtenstein fühlte sich durch Reinmars Angriff getroffen: im Frauenbuch 618,32 polemisiert er gegen zwistsäende Sprüche über die Ehe, wie sie Reinmar gedichtet, und will sie auf den Neid des Spötters zurückführen. Aber vgl. auch Anm. 294.

291) Ob aus ihm (145,13) oder aus welcher volkstümlichen Tradition sonst Reinmar das Gleichnis schöpfte, daran ist nicht eben viel gelegen: weder die Zwölfzahl. F. CCXXXVI), noch die beiden gemeinsamen Ausdrücke *meistern*, *meisterschaft* (Grimm Freid.[1], S. LXXXII) sichern Entlehnung aus Freidank. Es liegt in der Eigenart dieser Spruchsammlung, dass ihre Benutzung ohne direktes Citat kaum zu erweisen ist. Ich halte es immerhin für möglich, dass Reinmar sie kannte und brauchte, vorzugsweise in der 2. und 3. Periode. Freilich das scheinbar besonders beweiskräftige Bild der 195. Strophe, wie von einem Nagel oft das Heil eines Landes abhänge, das kann unser Dichter nicht aus Freidank 79,19 haben. Freidank verzerrt den Parallelismus der Glieder, indem er V. 23 das Land von der Burg nicht *behalten*, sondern *betwingen* lässt: Reinmar stimmt, wenn er auch (im Reim) *ernern* sagt, hier dem Sinne nach gegen Freidank mit dem Sprüchwort überein, wie wirs z. B. aus MSD XLIX, 5 kennen. Und dieser eklatante Fall lehrt Vorsicht. Dass es an zahlreichen Uebereinstimmungen im Gedanken nicht fehlt, ist allzu natürlich. Bemerkenswert scheint mir etwa folgendes: Str. 189 kann sehr wohl die vertiefende Ausführung eines Freidankschen Themas (25,19 fgg.) sein. '*Zwivel büwet selten wol*' (Freid. 135,20) kehrt fast wörtlich bei Reinmar 172,2 wieder: allerdings ist bei ihm der Zweifel ein Baumeister, bei Freidank ein Ackersmann, sicher das ältere Bild. Die Sprüche von der bösen Zunge fangen bei Reinmar 94,1 und bei Freid. 164,3 überaus ähnlich an. Der energische Gedanke 134,8, dass Gott noch heute nicht vor dem Verkauftwerden sicher wäre, kann aus Freid. 45,26 geschöpft sein: ebenso stimmt in der selben Strophe Reinmars die Ueberzeugung, dass der Antichrist durch Geld leicht jeden Widerstand bräche, zu Freid. 172,14. Vgl. noch Freid. 61,21 mit Reinm. 96,6; Freid. 118,23 mit Reinm. 96,2; Freid. 86,14 mit Reinm. 120,4 u. m. All das nichts Zwingendes.

jene Betrachtung vom wahren und falschen Adel ein Lieblingsthema
hauptsächlich für bürgerliche Spruchdichter gewesen. Spervogel (MSF
24,33) meint: *swer guote witze hât, der ist vil wol geborn*, und der
Gedanke wurde in diesen Kreisen dermassen trivialisiert, dass ein Meistersinger gar schon den für 'wohlgeboren' erklärt, *swer gerne hœret
singen* (Kolm. 61,4. 57,39). Aber auch die Ritter konnten sich der
modernen Weltauschauung nicht ganz entziehen: vom Winsbeken sowohl
(28,5), wie wiederholt im wälschen Gast wird gleichermassen der Adlige
belehrt, er müsse edel handeln, wenn er als edel gelten wolle, und
auch die notwendige Consequenz '*swer tugent hât, derst wol geborn*'
wird entschlossen gezogen. Immerhin wurde der Verzicht auf einen
ererbten Vorzug den Rittern sauer: wie widerspruchsvoll gebärdet sich
Hartmann (Wilm., Leben Walthers III, Anm. 451), und der Hardegger(?)
betont nachdrücklich, dass zu den *tugenden*, die *edel* machen, auch
die *zuht*, ein besonders höfischer Vorzug, gehöre (HMS II, 134a, 1).
Wenn selbst bürgerliche Fahrende jezuweilen jenem Grundsatz untreu
wurden, so geschahs nur zum Teil aus Rücksicht auf die Herrengunst und zeugt dann mittelbar für die Stimmung in den adligen
Kreisen. Sunburg, der selbst weder Edelmann noch *gebûr* war, kontrastiert *den edelen wol gebornen man* und den *gebûr* von beschränkt aristokratischem Standpunkt aus (HMS III, 73b, 30): wenn
dem Meissner der Mann *von kranker art, der ungeslahte* ein Bösewicht ist (HMS III, 100b, 8), so liegt das nicht nur an der in der
Sprache ausgeprägten Anschauung (vgl. Wernher HMS II, 232a, 1);
und wenn Stolle (HMS III, 9a, 28) die Geburts- und die Geldaristo-
kratie sehr zum Nachteil dieser vergleicht, wenn Frauenlob, sonst oft
genug Vertreter jenes demokratischen Prinzips, in Str. 379 die Pfaffenfürsten den andern Fürsten nicht gleich stellt, da sie ihnen nicht
ebenbürtig, zu Fürsten nicht geboren, sondern gewählt seien, so lässt
sich daraus die unbedingte Anerkennung des adligen Gottesgnadentums
auch bei diesen Fahrenden nicht hinwegdeuteln[292]). Um so auffälliger
Reinmars, des Ritters, rücksichtslose Parteinahme für den Adel des
Herzens. Das setzt nicht nur einen so erheblichen Einfluss der bürgerlichen Lehrpoesie voraus, wie erst die Böhmer Zeit ihn dem Dichter
brachte, sondern es bedingt zugleich eine Lage Reinmars, in der er
die Niedrigkeit seines Adels, seine tiefe gesellschaftliche Stellung schmerzlich und demütigend empfand. Erst aus Reinmars üblen böhmischen
Erfahrungen heraus sind mir diese Sprüche des standesstolzen Herren
begreiflich; und gleichartige Gründe sprechen dafür, dass die Strophen,
die von der *mille* handeln (116—120), ein böhmisches Produkt sind,
trotzdem beide Gruppen sich mit den östreichischen Ehresprüchen mehrfach nahe berühren.

- - - - - - - -

292) Diese Anerkennung dauerte in ihren Kreisen zähe bis ins 15. Jahrhundert fort: Muskatblut 69,41 will nur dem Geburtsadel einen Platz im Rate
des Fürsten zugestehen; noch der Teichner hat anzukämpfen gegen die allgemeine
ästhetische Ueberzeugung: '*ez si ein altez reht, daz man tiht von keinem kneht,
man sül von grôzen herren tihten*' (Kar. Anm. 201). —

Es entspricht dem Wesen der Uebergangsperiode, dass sich in der Behandlung der Themata die Eigentümlichkeiten der md. Zeit vorbereiten. Zweierlei hebe ich hervor. Eine bildliche Vorstellung beherrscht öfters den ganzen Spruch: 85 Lamm und Elephant: 91 Glücksrad; 94 böse Zunge; 104 Herr Hahn; 109 die Zahlen des Würfels; 122 Sibichs Kinder; vor Allem 99. 100 das Bild vom idealen Manne[293]). Dass

293) Reinmars abstruser Einfall hat dadurch ein besonderes Interesse, dass er mittelbar den *vir bonus* Ulrichs von Hutten veranlasst hat (Wilmanns, Zs. XX, 251). Huttens Gedicht begleitet, wie so viele seiner Zeit, einen Holzschnitt, der in dieser Gestalt wol erst für das Gedicht gezeichnet wurde ('*cerne novos vultus*'). Er stellt einen Mann dar, ganz in der Art wie Reinmar ihn schildert, wenn auch nicht mit genau denselben Symbolen: Huttens Mann hat Luchsaugen (Reinmar 164,7), Ebersohren (137,7), einen Schwanen- oder Schlangenhals: im Munde ein Schwert und einen Lilienstengel; ein Löwenherz und einen Bärenfuss, ganz wie bei Reinmar; von den Händen spendet die linke Gold, während die rechte einen geschlossenen Beutel festhält, was Reinmar durch die Adler- r. sp. Greifenklauen ausdrückt. Jedes Symbol wird in 4–6 Distichen erklärt: die Abweichungen von Reinmar sind bei den Augen und dem Fuss geringfügig, erheblich nur bei der Zunge: die Lilie und das Schwert repräsentieren *eloquium* und *iustitia*. Dass ein Zusammenhang zwischen Reinmars und Huttens Gedicht besteht, das ist mir zweifellos. Wilmanns meint: 'schwerlich war Reinmar weder unmittelbar noch mittelbar die Quelle für Hutten; auch Reinmar wird das Bild schon irgendwo vorgefunden haben.' Ich halte Wilmanns Annahme aus zwei Gründen für nicht wahrscheinlich.

Erstens: wie sollte der Maler Straussenaugen und Löwenherz erkennbar ausgedrückt haben? Selbst *diu zunge wol geschaben* und die Adler- und Greifenklauen machten deutlicher bildlicher Darstellung Schwierigkeit. Huttens Holzschnitt ignoriert die Augen, drückt die Bestimmung der Hände in einer Weise aus, die natürlich uunursprünglich ist, und hilft sich beim Löwenherz mit einem Notbehelf: eine plastische Phantasie konnte auf solche nicht darstellbaren Merkmale gar nicht verfallen, wohl aber ein sehr unsinnlicher Dichter, wie Reinmar, der nicht im Entferntesten daran denkt, Jemanden könne es einfallen, dies Conglomerat von Symbolen wirklich zu malen.

Zweitens: seit dem 11. und 12. Jahrhundert drängte sich in den Schmuck der romanischen Kirchen eine Ueberfülle von Mischgestalten ein, die, teils orientalischen oder antiken Ursprungs, teils der Phantasie der mittelalterlichen Künstler entstammend, nicht nur ornamentale, sondern oft genug auch ihre symbolische Bedeutung hatten. Sie mögen Reinmar angeregt haben: dass sich aber unter ihnen eine hybride Bildung wie Reinmars bester Mann befand, scheint mir ausgeschlossen. Ihre Symbolik ist durchweg einfacher, erstreckt sich nicht über eine Mischung aus zwei oder höchstens drei Tieren: diese Beschränkung war nötig, wenn man dem Publikum verständlich bleiben wollte. Die compliciertere Symbolik, die Mad. d'Ayzac (Revue générale de l'architecture et des travaux publics Bd. VII, S. 65 fgg.) an Skulpturen der Basilika von St. Denis (Ende des 13. Jahrhunderts) für sicher, an Kirchen in Strassburg und Laon (ebda. S. 378) für wahrscheinlich hält, ist mit bestem Grund allgemein abgelehnt worden. Dann aber — und das ist mir Hauptsache — hat ein gesunder und feiner ästhetischer Takt die Kunst jener Zeiten abgehalten, in solcher *ridicula monstruositas* das Heilige, das Gute und Schöne zu verkörpern (Schnaase, Geschichte der bildenden Kunste, IV, 265 fg.). Nur Laster, allenfalls gewisse männische Vorzüge, die durch ein Uebermass sofort ins Laster fielen, wurden durch hybride tierische Bildung dargestellt: Tugenden erscheinen als schöne Frauen, höchstens im Bilde weniger auserlesener Tiere, wie Lamm und Taube. Die Note wider den Teufel (14/15. Jhdt.), eine symbolische Schilderung der Tugenden und Laster, deren Verfasser Mischgestalten brauchen könnte, hilft sich, indem sie die tierischen Symbole auf Helm, Schild, Wappen-

zum mindesten diese beiden wunderlichen Strophen aus der böhmischen Zeit herrühren, wird mir erwiesen durch ihre Verwantschaft mit 137,7, einer Strophe des Jahres 1235, und mit mehreren der md. Gedichte

---

rock der einzelnen Gestalten verteilt (vgl. Häufler, Archiv f. östr. Geschichtsquellen V, 583 fgg.). Erst die bei allem grösseren Können doch rohere kapriziöse Kunst des 14.,16. Jahrhunderts entschlug sich ängstlicher Rücksicht auf ästhetische Wirkung: für sie war gerade eine solche tolle unmalbare Allegorie ein unwiderstehlich lockender Vorwurf. Fresenius erinnert mich z. B. an das geschmacklose Bild, in dem Dürer Lucians keltischen Herkules, ein Symbol der Beredsamkeit, darstellt (Jahn, Aus der Altertumswissenschaft S. 349 fg.), ein Bild von dessen Beliebtheit es zeugt, dass es auf das Titelblatt einer Rhetorik übernommen wurde. Nicht vor der Neige des 14. Jahrhunderts und erst auf Grund des Gedichts wird das Bild entstanden sein, auf das Huttens Holzschnitt im letzten Ende zurückgehen mag.

Und wir haben alle Ursache zu der Annahme, dass jenes Bild des Idealmanns lediglich Reinmars Erfindung sei. Die von Raumsland bekämpfte Dichtermanier, ihre Helden bestimmter Eigenschaften wegen mit Tieren zu vergleichen, hat niemand mehr geübt als Reinmar. Was Wunder, wenn er die Bilder, die er einzeln oder zu mehreren so oft verwendet (137,7. 138,3. 152,6. 9. 164. 155,9—11), nun auch einmal zu einem Gesammtgemälde vereinigt? Ein gutes Seitenstück schuf der wilde Alexander in seinem ungetreuen Mann (HMS II, 367a; vgl. Walth. 29,4 fgg.), bei dem auch Wilmanns an kein wirkliches Bild denken wird: vgl. noch Stolle (HMS III, 5b, 12). Und vielleicht lässt sich gar noch das Bildwerk erraten, das Reinmars Phantasie zu jenem Gesammtbilde gestachelt hat. Ebenso wie 99. 100 enthält in dem Gedicht von den Evangelisten S. 9 die erste Strophe das Bild, die zweite die Deutung: auch in diesem religiösen Gedicht, das gleichfalls in Böhmen entstand, handelts sich um Tiersymbole. Dachte nun Reinmar dabei ebenso wie der Dichter der verwanten Strophe HMS II, 246b, 2 an ein heiliges Monstrum der mittelalterlichen Kunst, an den ezechielischen Tetramorphen? Auch in ihm erscheinen Löwe und Adler. Der Tetramorph war öfter ein pferdeartiges Tier mit vier Häuptern, auf dem die Ecclesia reitet; so im Hortus deliciarum wol auch in der pseudomarnerschen Strophe. Aber die Combination war auch anders möglich. In einer byzantinischen Mosaik des dreizehnten Jahrhunderts, die Didron, Iconogr. chrét. p. 464, mitteilt und Fel. d' Ayzac in den Annales archéologiques 1847, S. 152 sehr eingehend bespricht, dominiert der Mensch (oder Engel) durchaus: es wird der byzantinische Seraphimtypus festgehalten: den Kopf des Menschen überragt ein Adlerhaupt, und Stier- und Löwenkopf scheinen aus dem Menschenleibe hervorzuwachsen. Auch eine Limburger Kreuztafel des 10. Jahrhunderts, die aus'm Weerth, Das Siegeskreuz des byzantinischen Kaisers Constantinus VII, Bonn 1866, publiziert — ich verdanke diese Notiz Prof. K. Lange —, enthält Tetramorphen der geschilderten Form in Email: sie ist byzantinische Arbeit, wurde doch aber in Deutschland aufbewahrt. Kamen nun solche Bildwerke hier öfter vor, so konnten sie Reinmar unmittelbare und ausreichende Anregung gegeben haben.

Das Wunderliche der Erfindung machte Glück: die Meistersinger wussten die tolle Allegorie zu schätzen: sie ist in den Hss. o und t, die zweite Strophe auch in m auf uns gekommen. In o ist bei der ersten Strophe der Versuch gemacht, sie in Reimpaare umzuarbeiten: und es ist dort ein paralleles Gedicht im Ehrenton, das Idealweib in gedankenloser Nachahmung entwerfend, hinzugefügt (302a. b), das beste Zeugnis für die Beliebtheit des Stoffs. Interessanter noch ists, dass o diese beiden Gedichte in enger Verbindung mit zwei andern bringt, die offenbar einer illustrierten Hs. entnommen sind (Arw. Fischer, Das hohe Lied des Brun von Schonebeck S. 12). Das Gleiche geht aus den Ueberschriften des Reinmarschen Gedichts und seiner Nachahmung nicht evident hervor: immerhin ist der naheliegende Analogieschluss ganz wahrscheinlich, und er bringt uns einem Ahnen des Huttenschen Bildes aus dem 14. Jahrhundert auf die Spur. Aber Hutten muss

(164. 185). — Die Strophen, welche den Schmuck des Bildes nicht tragen, bestehen gerne aus Parallelsätzen, die alle oder zum Teil mit demselben Wort. womöglich dem Thema der Strophe beginnen (78. 80. 89. 90. 93. 101; vgl. noch 10S. 123). Auch diese Erscheinung werden wir im 1. Kap. unter den Liebhabereien der spätern nachwalthcrischen Spruchpoesie kennen lernen.

Die abstrakte Art. in der die Mehrzahl der böhmischen Lehrsprüche irgend ein beliebiges Thema ohne jede bestimmte Beziehung, ja ohne Gedankenentwickelung und Pointe in trivialer Redseligkeit breittritt. diese Art hat mit Walther wenig Zusammenhang. Ausser den Strophen des Bognertons lässt sich Walther nur éinmal durch die Zeitneigung zum allgemein theoretischen kühlen Lehrton verleiten, in zwei Sprüchen über die Trunkenheit (29.25. 35). die Reinmars verwante Strophen 111. 114 angeregt haben mögen. Walth. 80.3 hat mit Reinm. 97, Walth. 80,11 mit Reinm. 117 Manches gemein: 80,20 'manlichiu wip, wipliche man' ist das Thema der Reinmarschen Ehelehren [294]). Dass es dem Menschen nicht vergönnt, ja dass es ihm ein Frevel ist, einzudringen in die Tiefe der göttlichen Geheimnisse, das weiss Walther (10,7) wie Reinmar (85). Dazu vielleicht ein Paar einzelne Wendungen [295]); das ist Alles, was in dieser Zeit von Walthers Einfluss übrig ist: Nichts Handgreifliches, im besten Fall nebelhafte oder zufällige Erinnerungen. Das Bild des Meisters ist dem Schüler verblasst: nicht Walther ist es mehr, der bei Reinmars Dichten Gevatter steht.

Zu Reinmars schwächsten Leistungen gehören seine **religiösen Sprüche**. Die gesammte Spruchpoesie kann mit dieser Gattung keinen Staat machen. Von den mächtigen epischen und lyrischen Wirkungen, die der religiöse Stoff zulässt, sind jene durch die Spruchform nahezu

---

nicht nur ein Bild, sondern auch einen Reinmars Strophen verwanten erklärenden Text, etwa eine viel entstellte meistersingerische Umdichtung, gekannt haben: das schliesse ich aus der Besprechung der Augen, die auf einem Bilde nicht deutlich als tierische darzustellen waren, das schliesse ich aus den bei aller Verschiedenheit durchgängig ähnlichen Deutungen Reinmars und Ulrichs. Es veranschaulicht gut den Wechsel des literarischen Geschmacks, dass gerade dieses Gedicht, zur Zeit seines Entstehens eine unerquickliche Verirrung, bestenfalls eine isolierte Kuriosität, sich drei Jahrhunderte durch im literarischen Leben frisch, selbst fruchtbar erhielt.

294) Aber nicht nur der Reinmarschen. Diese Ehelehren sind so verbreitet, dass sie schon vor Walther in der volkstümlichen Spruchdichtung ihre Rolle gespielt haben müssen Wie von Walther wird von Pseudo-Gervelin *ein menlich wip, ein wiplich man* getadelt (III, 37 a, 8): umgekehrt preist der Meissner den *menlichen man*, das *wiplche wip* (III, 90 a, 9). Dieselben Kontraste hat Bruder Wernher (II, 231 a, 2; III, 17 b, 6), der nur *mennin* und *wibin* sagt. Vgl. noch Meissner III, 96 a, 6; Frauenlob 227. 107,7 fgg. (sind in V. 6 und V. 12 je die fünf letzten Worte zu vertauschen? für *sus* V. 12 etwa *daz*).

295) Vgl. über Reinmar 105,7 und Walth. 73,22 V. 230, über Reinm. 107,1 und Walth. 82,35 Anm. 262. Walth. 19,25, Reinm. 98,12 vom Herren: *ervorht unt ouch geminnet;* Walth. 101,27, Reinm. 102,2: *sláf unt habe gemach;* Walth. 26,21 *diu rerschampt unmáze gîtekeit,* Reinm. 112,4 *diu verschamte untugent trunkenheit;* Walth. 55,2 *ôwé wie tuont die friunde sô?,* Reinm. 124,1 *her vriunt, wie tuot ir só?*; die Aposiopese Reinm. 124,10 fgg. vgl. mit Walth. 70,28. Siehe die. Anm. zu 84,5.

ausgeschlossen und diese durch den traditionellen Lehrton, der sich wie
Mehltau auf alle natürliche Herzensfrische legt, zum mindesten gröblichst
verkümmert.   Da bleibt denn wenig übrig als versificierte Predigt und
gereimter Katechismus: mögen auch die gelehrten Meister den ganzen
grandiosen farbenprächtigen Bilderschatz der christlichen Poesie in alex-
andrinischer Sammelwut häufen und auskramen, in ihren schulstaubigen
Registern verbleichen die glühenden Farben: das reichste Herbarium ist
eben noch lange nicht Gottes freie Natur.

Ein so kunstbewusster Meister wie Walther hat sich wohlweislich
gehütet, zum Preise Gottes, zum Gebet, zur Schilderung der göttlichen
Taten und Wunder die Form des Spruchs zu benutzen: einzige Ausnahme 24,18; dass die Strr. 36,21—37,23, die allerdings in diese Kate-
gorie gehören würden, unwaltherisch sind, daran zweifle ich nicht.   In
dieser Enthaltsamkeit tuts ihm Bruder Wernher nach; die Ritter und
die ungelehrten Fahrenden wagen wol manch religiöses Lied (Hawart,
Alexander, Reinolt v. d. Lippe), aber gar keine oder nur ganz wenige
religiöse Sprüche.   Auch Reinmar fühlte wohl, dass geistliche Dichtung
seine Stärke nicht sei.   Schon die 22 Strophen der Sammlung, die religiösen Impulsen vom ultramontanen Hofe der böhmischen Agnes ihr Entstehen danken werden, schon sie sind nicht eben viel, und späterhin
kommen neben dem Leich nur noch 5—6 hinzu.   Wie wenig im Vergleich zu den Massen theologischer Strophen, mit denen die eigentlich
gelehrten Meister ins Feld rücken! — Dass der Leich nach 1241 entstand, wird wahrscheinlich durch seine nahe Verwantschaft mit Str. 217
(s. oben S. 119): die Anrede *mensch* erscheint nur im Leich und ausserhalb der Sammlung.

Reinmars Art ist schlichter als die seiner theologisch gebildeten
Kollegen.   Aber wir werden dieser Schlichtheit nicht recht froh, da des
Dichters innere Beteiligung so ganz fehlt.   Wie weit stehen die religiösen Sprüche an Schwung und Innigkeit schon hinter Reinmars eignem
Leich zurück!   Er erzählt, preist, wobei er von Gott und Maria öfter
als sonst gewöhnlich in der dritten Person spricht; er zwängt Vater
Unser und Ave Maria in seine Strophe ein: schon mit Bitten hält er
zurück, und zu der geistlichen Sündenklage, die ein lyrisches Austönen
am ehesten forderte, findet sich 22,6 fgg. nur ein winziger Ansatz.   Es
war Reinmar wieder zu persönlich, eine Gefährdung der Würde, wenn
er seine Sünden bejammerte: erst später, ausser der Sammlung, hat er
dies Thema wahr und kräftig behandelt (197).   Gelegentlich verschmäht
er auch gelehrten Aufputz nicht, namentlich wo er seiner Lust zum
Aufzählen entgegenkam: eine bescheidne Sammlung von Mariaepitheten
bringt Str. 21; ein Register der himmlischen Schaaren 12: dieselbe
Neigung befriedigten die sieben Freuden der Maria, von denen er freilich nur fünf kennt oder nennt (18)[296].   All da ist Nichts Reinmar
Eigentümliches [297].

---

296) Das ist keine eigenmächtige Neuerung Reinmars. Dass der Meissner auch
nur fünf Freuden Mariae aufzählt (HMS III, 99 a, 2), beweist allerdings Nichts,

Aber éinen kleinen Schritt aus dem Gleise der allerabgetretensten Alltäglichkeit tut Reinmar doch auch in seiner religiösen Dichtung: er verquickt, wie wir sahen (S. 213), seine Darstellung der himmlischen Liebe mit Ingredientien aus dem Gebiete der profanen Minne (19. 20. 278, weniger deutlich 166), und er geht darin Str. 20 weit über das hinaus, was unserm Gefühl erträglich ist. Und doch wollte er gewiss nicht frivol sein; das Mittelalter empfand da mit jener Sorglosigkeit, die uns dem Katholizismus gegenüber jetzt noch bei dem katholischsten Volke, den Italienern, auffällt. Welcher Dichter würde es heute wol wagen, die Dreieinigkeit in menschliche Verhältnisse zu übersetzen, wie Walther es 19,9 tut, offenbar ohne sich etwas Böses dabei zu denken? Oder was soll man dazu sagen, wenn der höchst fromme und philiströse Sunburg der heiligen Jungfrau droht, er werde ihre Liebschaft mit einem hohen Mann verraten, wenn sie ihn nicht erkaufe (HMS II, 353a, 2): der Biedermann glaubt zweifellos, nur einen erlaubten Scherz gemacht zu

---

da er Reinmar wol nur nachahmt. Aber da es 5 Nöte neben 7 Nöten gibt, ist dies Schwanken auch bei den Freuden von vornherein wahrscheinlich, und Mones Grundsatz (Lat. Hymn. des MA. II, 161), wo in einem Liede weniger als 7 Freuden enthalten seien, da sei es für mangelhaft (soll doch wol heissen: verstümmelt?) anzusehen, dieser Grundsatz ist um so anfechtbarer, als Mone selbst in seiner reichhaltigen Sammlung von Liedern auf die *gaudia Mariae* mindestens éin sonst unverdächtiges Beispiel der Fünfzahl bringt (No. 458), während mehrere andere in einzelnen Hss. neben der Siebenzahl stehen (454. 455: spricht die Dreistrophigkeit nicht für die Ursprünglichkeit der Fünfzahl? vgl. auch 460). Das Beispiel, das Strauch Anz. VI, 58 für die fünf Freuden gibt, Revelatt. Gertrud. et Mechtild. II, 93, stimmt nicht zu Reinmars Spruch: es handelt sich da um die Aufnahme der Jungfrau in die Göttlichkeit, und dasselbe Buch nennt S. 125 sieben irdische Freuden Mariä. Dagegen sind durch Zählung und Anlage sichere Belege der Fünfzahl zwei mittelenglische Lieder; vgl. Wright u. Halliwell, Reliquiae antiquae I, 48, und Specimens of lyric poetry ed. Wright, Percy society IV, 94 fgg.

297) Ein Ungenannter hat Reinmars religiöse Sprüche in der allgemeinen evang.-luth. Kirchenzeitung 1870, Sp. 429. 448 einer lesenswerten Besprechung vom theologischen Standpunkt aus unterzogen. Er rühmt ihnen 'Klarheit und Schönheit' nach: die Klarheit ist wol zuzugeben. Uebrigens ist es charakteristisch, wie wenig auch ihn gerade die Sprüche 1—22 interessieren, charakteristisch für die traditionelle Leere eben dieser Anfangstrophen. Reinmar wird gefeiert als Reformator vor der Reformation, als glänzender Verfechter des wahren lutherisch katholischen Glaubens, als Mann nach dem Herzen Gottes und zugleich als Mann des Volks im besten Sinne des Worts: mit Luther und mit Walther wird er verglichen: das deutsche Volk sei hochbegnadigt, dass es unter seinen Dichtern auch solche hatte, welche in Treue zu ihrem Volke standen, welche eiferten mit dem Freimut der Knechte Gottes u. s. w. Wohl liegt in all dem eine masslose Ueberschätzung, die auf mangelhafter Kenntnis der gleichzeitigen Literatur zu beruhen scheint. Reinmars Sprüche werden gemessen an den Lehren der katholischen Kirche einer viel spätern Zeit: so gewinnt der Dichter den Anschein einer Selbständigkeit des theologischen Denkens, die ihm ganz und gar fehlte, die er auch nicht im Geringsten anstrebte. Der gepriesene 'Freimut der Knechte Gottes' äussert sich höchstens politisch dem Papste gegenüber. Gleichwohl habe ich mich manches warmen und treffenden Wortes namentlich über die spätern Sprüche Reinmars gefreut. Aber der Verfasser hätte nicht übersehen dürfen, dass gerade Reinmar in erster Reihe zu jenen 'zuchtlosen Geistern' gehört, die der Einklang von Minnegesang und Mariendienst bestach, über die er selbst. Phil. Wackernagels bitterböses und ungerechtes Wort zustimmend anführt.

haben, und würde entsetzt sein, wollte man seinen Einfall als frevel-
hafte Blasphemie auffassen: ähnliche Motive in Zingerles Anm. zu Sunburg I. 17. 31. In diesen Extravaganzen ist nicht ausschliesslich Einfluss der weltlichen Minnepoesie zu sehen. Ich zweifle nicht, dass die
ganze Richtung vornehmlich vom hohen Liede ausgegangen ist (Uhland,
Schrr. V, 114). Wer sich erst gewöhnt hatte, jene sehr weltliche und
orientalisch sinnliche Liebesgeschichte geistlich zu verstehen, der konnte
es nicht mehr als Frivolität empfinden, wenn er profan und höfisch
minnigliche Vorstellungen auf Maria übertrug. In Frauenlobs Frauenleich kehren demeutsprechend jene Züge, die uns bei Sunburg und Boppe
verletzen, wieder und werden an Zahl und Art noch überboten: da schläft
Maria auch bei dreien, Gott heisst ihr *vriedel*, ihr *âmis curteis*, seine
Liebschaft mit ihr wird dem Vater verraten, er muss dafür büssen u. s. w.
(3,9 fgg.; 4,4. 10,18 fgg.; 11.8. 21. 15,9 fgg. u. m.). Und die spätern
Meistersinger haben noch viel Stärkeres auf diesem Gebiete geleistet [298).
Reinmar mag das hohe Lied, das er übrigens L. 95 erwähnt, gar nicht
näher gekannt haben, es schwebte ihm bei seinen schüchterner und
höfischer gehaltenen geistlichen Minnestrophen nirgend vor; die bunten
Farben, die Spätere dem hohen Liede entnahmen, lässt er unberührt,
und doch hatte es auch ihm den Boden bereitet, auf dem allein ihm
jene Strophen erwachsen konnten. Aus sich selbst hätte seine schwere
Natur so gewagte Motive nicht gewonnen.

298) Hängt es mit dieser Uebertragung des Höfischen auf geistliches Gebiet
zusammen, wenn Stolle mehrmals (HMS III, 3a, 2; 4a, 6; 6a, 14) Gott und die
Jungfrau höflich *ir* anredet, wies dem weltlichen Herren und der *vrouwe* gebührt?
Stolle steht damit ziemlich allein, so viel ich weiss; doch mag ich manches übersehen haben: vgl. auch Hätzl. II, 62,79. — Die ganze höfische Liebesterminologie
wird auf das Verhältnis Gottes zu Maria übertragen vom Harder, sowohl im
goldnen Schilling, der den Einfluss des Hohenlieds nicht verleugnet, als auch im
goldnen Reihen: auch da wird der *helt mit der meit gezigen: der degen* springt
am Walde vom Ross ins Gras: sie ringen minniglich, fallen nieder und lesen das
viol: oder, wie in Marners Tagelied, schlüpft der Held morgens durch den Hag;
Maria verdiente es, dass *durch sie der Swarzewalt zerbrochen* würde: eine hyperbolische Phrase, an der der Teichner (Anm. 291a) schon im irdischen Minnesang
Anstoss nahm. Bei Muskatblut sieht ein junger Mann die Jungfrau *vur im swanzen*
durch den Klee. Er schwingt sich trotz des Lauschens der Wächter zu ihr; als
er sie auf seines Vaters Anger findet, springt er vor Freuden. Sie verstehts, Rosen
zu lesen: aus Rosen flicht sie einen Kranz und buhlt mit ihm um den Knaben.
Mit dem Jüngling geht sie in die Rosen, *den viol si durchwuoten;* er wirft ihr auf
der Heide den Apfel zu, sie fängt ihn auf; sie spielen unter fröhlichen Scherzen
mit einander. Er erfüllt ihr Verlangen, liegt bei ihr, der Held. Oder: sie schreit,
sie wolle einen von den dreien zum Gespons; alle drei vereinen sich mit ihr. Ja,
wie Suchensinn (Kolm. 172,22) macht auch Muskatblut Gott zum Falken, den
die Liebste in ihren Schooss lockt (Musk. 3,30. 7,16. 12,52. 15,36. 24,1. 26,1).
Christi 5 Wunden werden bei einem unbekannten md. Meistersinger zum Rosen-
kranz für den *vriedel* (Kolm. 190,32), und diese Beispiele liessen sich sehr vermehren. Eine wundersame Rückzahlung des reichen Gewinns, den der Minnesang
aus der ältern geistlichen Lyrik einst geschöpft hatte.

Die mitteldeutsche Periode.

Der Einfluss, der in Böhmen Reinmars Zusammenhang mit den höfischen Traditionen, mit Walther, abschwächte, auf der mitteldeutschen Wanderschaft völlig zerriss, dieser Einfluss gieng aus von der volkstümlichen Didaktik, wie sie namentlich und am reinsten von den mitteldeutschen Fahrenden geübt, von dem md. Publikum geliebt wurde. An bestimmte Namen freilich oder an bestimmte Werke können wir ihren Einfluss nicht knüpfen. Was wir von vorreinmarischer Spruchdichtung haben, ist Alles oberdeutsch, wenn auch ihr Ahn, der Anonymus, zu Norddeutschland reiche Beziehungen hatte. Die Dichtungen, die Reinmars Umschwung etwa bewirkten, sind nicht auf uns gekommen, sind vielleicht nie aufgezeichnet worden. Aber ihren Charakter können wir gleichwohl mehr oder minder bis in Details hinein feststellen, und das genügt vollkommen: denn einzelne beherrschende dichterische Persönlichkeiten waren es gewiss nicht, die Reinmars Poesie wandelten: das bewirkte der kaum merkliche, aber stätige stille Einfluss einer unangefochten herrschenden Geschmacksrichtung. Und sie ergibt sich uns, wenn wir aus der erhaltnen, nicht nur der mitteldeutschen, Spruchpoesie Alles ausscheiden, was höfischer, gelehrter oder eigentümlich Waltherscher Art ist.

Nur in Mitteldeutschland war ein so bedeutender Umschwung in Reinmars dichterischer Art möglich. In Oberdeutschland konnte das rege literarische Treiben, die höfischen Lebensanschauungen von vorn herein nicht ohne Wirkung auch auf die didaktische Spielmannsdichtung bleiben; schon die Rücksicht auf das Publikum verbot das. Dann kam Walther. In höfischen Kreisen erwachsen, suchte er sich aus der volkstümlichen Spruchpoesie heraus, was ihm behagte; ihre Manieren respektierte er nicht, das Allgemeine ersetzte er getrost durchs Persönliche. Auf seinen Wegen ist ihm Niemand gefolgt; er hat wol ein Paar Schüler, aber keine Schule; Niemand unter den oberdeutschen Spruchdichtern wird so von ihm beherrscht, wie Reinmar in seiner östreichischen Zeit. Aber so wenig Walther auch der süddeutschen Spruchpoesie eine entscheidende Richtung gegeben hat, neue Elemente hat er ihr immerhin zugeführt, vor dem Erstarren hat er sie bewahrt. Und wie er und Andere ihr aus dem Hof- und Minneleben neues Blut zuführten, so scheint auch die gelehrt theologische Bildung zuerst in oberdeutsche Sprüche Eingang gefunden zu haben (Burdach, Reinmar und Walther 138).

Anders in Mittel- und Norddeutschland. Da giengen die Wellen des literarischen Lebens nie so hoch: was im Süden längst seine Wirkung getan, drang erst allmählich und langsam nach dem Norden, der sich dem Neuen nur zögernd erschloss: beim Meissner und bei Frauenlob ums Ende des Jahrhunderts spüren wir erst Walthers nachhaltigen Einfluss. Da geriet denn die Spruchdichtung abgeschlossen von neuen Zuflüssen und begünstigt durch die lehrhaften Neigungen eines beschaulichen Publikums in ein behagliches Stagnieren; bei all ihrem Reichtum

wurde sie verhältnismässig einseitig. Aber gerade dieser kräftig bis zur
Manier ausgeprägten Einseitigkeit bedurfte es, um Reinmar so gründlich seiner ursprünglichen Art zu entfremden, wie es schliesslich geschehen ist.

Eine ernsthafte Geschichte der mhd. Spruchdichtung wird es als
eine Hauptaufgabe anzusehen haben, das Gemeinsame, die Berührungen
und die Unterschiede oberdeutscher und mitteldeutscher Art zu erkennen
und zu sondern. Erst bei Frauenlob und mit durch ihn verwischen und
vermischen sich die lokalen Eigentümlichkeiten: im 14. Jahrhundert
scheint Nichts mehr davon zu spüren. Für das 13. aber stösst jene
Untersuchung auf eine eigene Schwierigkeit.

Auf den bedeutenden Unterschied zwischen den Fahrenden des nörd-
lichen und des südlichen Deutschlands hat Burdach, Reinmar und Walther, S. 134 fgg. mit Nachdruck hingewiesen. So vollkommen ich — das
zeigen diese Blätter zur Genüge — im Allgemeinen von Burdachs Darstellung überzeugt bin, so scheint mir es doch geboten, auf einen Umstand hinzuweisen, den Burdach nicht beachtet und der sein grelles
Resultat ein wenig herabstimmt. Ich meine die eigentümliche Art der
Ueberlieferung. Das Material, auf dem ein Vergleich der ober- und
mitteldeutschen Lyrik aufgebaut werden kann, geht im Wesentlichen
auf zwei Quellen zurück, auf die Pariser und die Jenaer, beide Zeugen
von sehr prononciertem Charakter. Die Pariser Hs. entstand im süd-
lichsten Oberdeutschland, in Kreisen, die der ritterlichen Minnepoesie
ein nahezu ausschliessliches Interesse widmeten: so bevorzugt sie die
Adligen, die Oberdeutschen und bei den einzelnen Dichtern die eigentliche Lyrik, sie ist ein Repertorium des Minnesangs von seinen Anfängen bis zu den letzten Ausläufern. Umgekehrt entsprang die Jenaer
Hs. bürgerlichen Meistersingerkreisen, und ihre Heimat ist Mitteldeutschland: demgemäss drängt sie die Meister, die Mitteldeutschen und bei
den Einzelnen die Spruchpoesie in den Vordergrund, sie sogar conse-
quenter als C: von ihren Dichtern ist ausser der Paradenummer Wizlav,
der ursprünglich vielleicht gar nicht zur Aufnahme bestimmt war (Ettm.
S. 17), nur noch etwa Reinolt von der Lippe ein Adliger; mit wenigen
Ausnahmen gehören ihre Gedichte sämmtlich erst der zweiten Hälfte des
13. Jahrhunderts an. Nun verkenne ich nicht, dass schon der bestimmte
Charakter der beiden Hss. Rückschlüsse erlaubt auf den Geschmack des
betreffenden Publikums und weiter allenfalls auch auf die Art der
Dichtung; aber so scharf würden die Gegensätze sich schwerlich gestalten, wenn unsre Quellen reicher flössen. Ein Paar Beispiele: Fehlte
uns J, wir würden den wilden Alexander für einen höfischen Lyriker
halten, der sich in klassischen Anspielungen gefällt: die Echtheit der
drei Spruchstrophen in C würde mit Grund angezweifelt werden; Raumsland erschiene uns kaum minder als Lyriker wie als Didaktiker. Andrerseits hätten wir nur J, wer sollte ahnen, dass Raumsland und Boppe
sich auch an Lieder gewagt, dass Konrad von Würzburg sogar weit
mehr Lieder als Sprüche verfasst? und den Tanuhäuser würden wir gar
für einen ebenso frommen wie langweiligen Bussprediger halten müssen.

Aus so einseitigen Zeugnissen ist ein ungetrübtes einheitliches Bild von den landschaftlichen Verschiedenheiten der mittelhochdeutschen Lyrik nicht zu gewinnen. — Es kennzeichnen die eigentlich volkstümliche Spruchdichtung jene Gattungen, die schon durch eine Einkleidung von kräftig stofflichem Interesse auf ein naives und realistisches Publikum berechnet waren, das derbere Nahrung brauchte als abstrakte Weisheit und höfische Phrasen; ich meine das *bîspel*, das Rätsel, das Sprüchwort. Und die Umwandlung in Reinmars dichterischer Art dokumentiert sich nirgend augenfälliger als in der Tatsache, dass eben jene Gattungen, in der Sammlung gar nicht oder nur ganz vereinzelt vertreten, ausserhalb derselben nahezu die Herrschaft gewonnen haben. Dazu stimmts, dass Anspieluungen auf höfische Epen, wie sie der östreichischen Zeit angehören (vgl. S. 206) jetzt den Gestalten der Volkssage und der spielmännischen Epik Platz machen: Sibich 203,8; Herzog Ernst, Graf Wetzel, die Schnabelleute und Greifen, der Waise 162,4 fgg.; auch Alexanders wunderbare Züge werden 162,2 erwähnt (vgl. noch 174,1); die Apostel heissen in der Art des Volksepos Christi Schildgefährten (161,3), und eine noch heute volkstümliche Traumdeutung dient als Pointe eines Spruchs, der im Uebrigen höfischen Anschauungen nicht ferne steht (221,12): auch das Wort *ülfheit* 180,8 mag mit Gestalten des Volksaberglaubens zu tun haben.

Von den einzelnen Gattungen der spielmännischen Spruchpoesie hat Scherer, DSt. I. 339 fgg., eine zusammenfassende Uebersicht gegeben. Das *bîspel* kann dargestellt werden als ein der Vergangenheit angehöriges Ereignis oder aber als eine Handlung, die noch geschieht, ein Zustand, der noch fortdauert. In die erste Reihe gehören alle die epischen Sprucharten: Fabel, Novelle, Märchen, Schwank, Legende, Sage, sowie viele Parabeln: charakteristisch ist ihnen das Tempus der Vergangenheit. Von Reinmar reihen sich dahin die Fabel 201, die 'Menschenfabeln' 178. 179. 193; die Parabel 204. Die beiden Lügenmärchen 159. 160 sind wol Erzählungen, aber keine *bîspel*.

Die **Tierfabel**, dem Anonymus so besonders geläufig, ist am schlechtesten bei ihm weggekommen, nicht nur der Zahl nach, und das fällt auf, da Reinmar seine Bilder und Vergleiche besonders gern dem Tierleben entnimmt. Und wir tun jenem Spruch 201 noch viel Ehre an, wenn wir ihn überhaupt Fabel nenuen (Rodenwaldt, Die Fabel in der deutschen Spruchdichtung, S. 7). Es handelt sich da um keine entwickelte Geschichte; zwei Tiere rühmen sich der Vorzüge, die sie am allerwenigsten besitzen, und das wird breit ausgedeutet. Genau mit demselben Recht könnten wir das zweite Lügenmärchen als Fabel bezeichnen: nur dass da ein moralisches Schwänzchen fehlt. Es gibt ja zahllose Fabeln, die verwante Motive ausführen: der Esel in der Löwenhaut, der Rabe in den Pfauenfedern, der aufgeblasene Frosch gehören in dieselbe Reihe: besonders ähnlich ist eine Fabel Mügelns, in der sich die Gans rühmt, *si wêre ein meister aller kunst* (ed. W. Müller, S. 12). Aber in all diesen Fällen gehört notwendig als Abschluss dazu die Blamage und

Bestrafung des eingebildeten Tieres. Bei Reinmar fehlt sie und mit ihr die Pointe, falls diese nicht als bekannt vorausgesetzt wird. Deutet Reinmar nur auf eine, vielleicht zwei, allbekannte Fabeln hin? Ein anderer md. Spruchdichter, der des Fürstenlobs, hat diese Manier der Auspielungen auf Fabeln mit Virtuosität und Vorliebe gehandhabt: eine solche Anspielung (7,7) *ein krâ zuo einem edeln valken sprach: 'her gucguc, sit ir dâ?'* kann sich auf eine Fabel von ähnlicher Art wie die Reinmars beziehen.

Reinmars stiefmütterliche Behandlung der Fabel entspricht wieder ganz der md. Weise. In der fast erschöpfenden [299]) Liste von Fabeln, die Scherer DSt. I, 342 gibt, befinden sich nur viere von md. Dichtern: von Stolle, Kelin (noch dazu in einer Strophenform, die sonst auch Marner und Frauenlob beigelegt wird), Frauenlob, und zwei davon enthalten die Erzählung vom Mann mit der erfrornen Schlange (Stolle HMS III, 9 b, 37; Frl. 204), die insofern von andern Fabeln abweicht, als darin keinem Tiere menschliches Denken und Handeln zugemutet wird. Was war der Grund dieses Unterschieds zwischen Nord und Süd? Es will uns schwer in den Sinn, dass im Norden, der vom 14. Jahrhundert an Tierfabel und -sage so reich und glücklich pflegte, damals die Tierfabel soll minder heimisch gewesen sein. Und doch scheints, dass wenigstens den norddeutschen Meistern Dank ihrer nüchterneren und gewissenhafteren Natur jene Unbefangenheit der Phantasie fehlte, die sich nicht scheute, Geschichten von offenbarer Unwahrheit lehrhaft zu verwerten. Raumsland, der gegen vorbildliche Verwendung von Tierbildern polemisiert, war ein Mitteldeutscher. Auch das Märchen hat in der md. Spruchpoesie keine Stätte gefunden: und noch die merkwürdige Prosaeinleitung zu Mügelns Fabeln in der Gött. Hs., die sich durch ihren Inhalt und die fast rhythmische Form vor den andern Ueberschriften der Sammlung auszeichnet, auch sie noch glaubt des Meisters Fabeldichtung durch *der poêten wise* rechtfertigen zu müssen.

Ganz anders gestaltet sich das Verhältnis bei den **Erzählungen,** in denen Menschen die Handelnden sind, die also mindestens geschehen sein könnten. Reinmar hat nicht weniger als vier Beispiele: denn auch der parabelartige Spruch 201 ist von dieser Art, ein Selbsterlebnis fingierend: und nahe verwant ist ein fünfter Spruch, der einen Kunstgriff der *wildener* schildert und dem Treiben fürstlicher Räte vergleicht (171). Dass in einer derartigen Erzählung eine allegorische Person mitwirkt wie 178 die *Unsœlde*, das findet eine Parallele in

---

299) Rodenwaldt trägt a. a. O. nur Konrads hübsche Strophe vom Schoossbund und Esel (32,166) nach. Aber er als Spezialforscher hätte nicht zwei andre Gedichte derselben Gattung übersehen dürfen: die politische Fabel Wernhers vom Affen und der Schildkröte (HMS III, 16 b, 26) und Kanzlers Spruch vom Auff und den jungen Falken (III, 468 m); Anspielungen auf Fabeln finden sich ferner Wartbg. 7. 12. 19; Frl. 294; vielleicht wild. Alex. III, 28 b, 14; Fabeleinkleidung ders. 27 a, 4. Das Material der Kolm. Hs. schliesse ich der geringen Authentie wegen prinzipiell aus. Sie hat viel Fabeln, auch unter guten md. Namen, wie Stolle und Frauenlob, und Bartsch hält manches für echt: gerade das sind aber zwei Dichter, denen ohne sehr gute Bezeugung Nichts beigelegt werden darf.

Frauenlobs 264. Spruch: da wird Frau Ehre vom reichen Geizhals in eine Kiste gesperrt und vom *Gelücke* bewacht. Am Reden und Handeln dieser allegorischen Schemen nahm kein Spruchdichter Anstoss. Scherer verzeichnet von 'Menschenfabeln', wie er sie nennt, von Novellen und ähnlichem — auch die Parabeln verwanter Art trenne ich nicht — nur sehr wenige Beispiele, und ausser Sprüchen der Spervögel ausschliesslich md. Herkunft. Auch eine vollständigere Sammlung [300]) bestätigt es, dass wirklich in Mitteldeutschland die didaktische Verwertung menschlicher Erlebnisse mehr im Schwange war als im Süden, wo die Tierfabel mindestens gleich hoch stand. Und das Verhältnis verschiebt sich noch mehr zu Gunsten Mitteldeutschlands, wenn. wir die gelehrten Sagen, z. B. von der salvatio Romae, vom Gorgonenhaupt, von Curtius, Trajan, Julian, Alexander [301]), vor Allem aber die biblischen und pseudobiblischen Geschichten mit hinzuziehen, die namentlich Frauenlob mit grösster Vorliebe behandelt hat: er überschreitet dabei oft genug, und nicht er allein (Wizlav, der Meissner), die Grenzen der Gattung, diesmal ·nicht nach der lyrischen, sondern nach der epischen Seite hin: es ist bekannt, dass im spätern Meistersang, schon in vielen Gedichten der Kolm. Hs., diese Grenze vollständig verwischt wurde. Aber das Ueberwuchern gelehrt epischer Stoffe in Mitteldeutschland gehört doch einer spätern Periode und den strengen Schulkreisen an: zu Reinmars Zeit traten erst die spärlichen oberdeutschen Anfänge dieser Richtung beim Marner auf; Reinmar selbst hat sich von dieser Verirrung ganz frei gehalten. Ueberhaupt ist ihm, auch wo er erzählt, die Erzählung durchaus Nebensache neben der Lehre. Er ist kein gewanter Erzähler, mühsam und schwerfällig; er leidet, wo er eine fortlaufende Handlung berichten muss, sichtlich darunter, dass er die ihm geläufige Form der

---

300) Erzählungen finden sich bei Bruder Wernher HMS II, 233 a, 7; III, 17 a, 3; Konrad v. Würzburg 31.77; Boppe HMS II, 382 a, 20; 382 b, 23; Litschauer (?) II, 386 b, 3; md. Stolle III, 5 a, 9; 7 a, 20; 9 b, 37; Ps.-Gervelin 36 a, 3; Goldener 51 a, 1; 51,b, 2; 52 a, 3; Raumsl. III, 57 a, 10; 61 b, 4; Frauenlob 204. 264. 273; eine Anspielung auch Wartburgkr. 12; legendenartig Raumsl. III, 58 b, 18. Um Parabeln von Novellencharakter handelt es sich offenbar Walth. 17,11; Ps.-Walth. 106,24; wild. Alex. III, 29 a, 17—19; Meissn. III, 94 a, 11. 12; Frl. 76. 77; dazu kommen die Parabeln Tirols und des Wartburgkriegs. Von gelehrten und biblischen Stoffen habe ich abgesehen.
301) Alexanders Erlebnis mit der vergifteten indischen Maid, Frl. 46 (vgl. Hertz, Spielmannsbuch S. 294), wird auch in einer Baseler Liederhs. in Boppes erstem Tone abgehandelt; die Hs. enthält noch zwei andre sonst unbekannte Strr. dieses Tones (Germ. XXV, 76). Nach den Reimen (*geberden : werden, verêwet : ver-gêwet* (?, ich verstehe die Stelle nicht sicher), *Indiâ : nâ*) sind es md. Produkte, also nicht von Boppe, obgleich sie zum Teil dessen Stil kopieren und obgleich die Strophe, die jene Sage erzählt, in der Wiltener Hs. (Zing. 1b) allerdings unter Mügelns Namen, aber im Bar mit zwei echten Strophen Boppes (HMS II, 378 b, 5; 379 a, 8) vereinigt erscheint. Boppe reimt I, 5 *gevidere : nidere*, 15 *versigelet : ver-rigelet*, 18 *gewidemet : bidemet* klingend; aber solche Reime sind nicht nur md. Ueber *schâmel : lâmel* I, 13 vgl. MSD 370; *geschehen : sehen* klingend VI, 3 ist eher *geschechen : sechen*, als *geschéhen : séhen*; md. wäre zudem *geschên : .sên* das Normale. Die Geschichte von der Giftmaid wurde noch im 16. Jahrhundert im Meistergesang verwertet: 1541 durch Hans Vogel (Weim. Hs. Q 571, No. 326).

Darstellung,.kurze parallele Sätze, nicht recht verwenden kann: wo er
um des Erzählens willen erzählt, wie in den Lügenmärchen, da hat er
sich den Stoff so zurecht gelegt, wie es jener Art entsprach. Wie effekt-
voll sich auch im Rahmen der Spruchpoesie erzählen lässt, das hat der
Marner in seinen Fabeln glänzend erwiesen. Aber auch die anspruchs-
losere Schlichtheit, die' dem Anonymus so wohl ansteht, die Konrad zuweilen mit künstlerischem Bewusstsein übt und die noch in Raumslands
Erzählungen wiederkehrt, auch sie ist Reinmars Sache nicht, wenngleich
er ein paar· Mal mit dem volkstümlichen *ez* anhebt (178. 193): übrigens können wir auch an Frauenlob studieren, wie wenig ein gewanter
Lehrstil mit dem Talente der Erzählung zusammenfällt.

Die Deutung des *bispels* gilt Reinmar als besonders wichtig.
Er weist ihr in den Doppelsprüchen 8. 9; 99. 100 je eine ganze Strophe,
213. 214 noch mehr zu [302]). Sie nimmt den Abgesang ganz 193. 201
oder fast ganz 171. 179 in Anspruch. In Str. 178 wurde sie überflüssig durch die unzweideutige Gestalt der *Unsælde*, in 204 verbot sie
sich durch den Zweck des Spruchs, der, obwohl nicht miszuverstehen, doch
nur andeuten durfte. Aesthetische Skrupel haben keinen Spruchdichter
abgehalten, der Fabel eine Moral folgen zu lassen. Immerhin huldigen
sie nicht alle der plumpen Manier, diese Moral ohne Umstände der Erzählung rein äusserlich anzukleben. Der wohltätige Einfluss der abgeschlossenen Strophenform zügelte den redseligen Lehrtrieb, der sich bei
den Fabulisten in Reimpaaren selten so eng eindämmen liess· wie AW.
III, 184. 232. Gerade der älteste Spruchdichter, der Anonymus, verzichtet fast ganz auf eine Moral: andre beschränken sie auf eine kurze
Schlussbemerkung, wie Reinmar sie bei den Lügenmärchen verwendet:
so der Marner XV, 139, Konrad 31,94, selbst Frauenlob 204. Noch
andre legen die Lehre einer handelnden Person in den Mund, z. B.
Konrad 18,21, Frauenlob 264 und stets Raumsland: es kommt selbst
vor, dass die Lehre dem *bispel* vorangeht (Anon. 27,34; Weruher II,
233a, 7). Zu beidem fehlen nicht Analoga in den Reimpaar*bispeln*.
Reinmar dagegen wandert nur auf der breiten ausgetretensten Heerstrasse.

Gegen die *bispel* in Erzählungsform stehen die V e r g l e i c h e
im engern Sinne, sonst durchgehends noch häufiger als jene, doch in
Reinmars md. Epoche zurück. Str. 170 stellt in einem auch sonst be-
liebten Bilde die Welt als Meer dar und deutet das nach verschiednen
Richtungen moralisch aus. Die beiden Schwerter werden 213/4 aus-
führlich erörtert; die Schöpfung des Menschen der Spiegelfabrikation
verglichen 189. Tiervergleiche liebt Reinmar im Einzelnen sehr (vgl.
Kap. IV), aber als Spruchthema macht er sie sich nur zwei Mal zu
Nutze: 164, wo er den Menschen darauf hinweist, dass verschiedene
Tiere ihre fünf Sinne besser besitzen als er, und daraus eine misglückte
Lehre zieht, und namentlich 165, wo er drei Haustiere, Hund, Katze

---

302) In so umständlichen Auslegungen gefallen sich sonst — abgesehen von
einigen breit angelegten Parabeldichtungen — erst die letzten Spätlinge der Spruchdichtung, Raumsland, der Meissner, Frauenlob, bei denen sich schon die dreistrophigen Bare vorbereiten.

und Hahn, dem Jüngling als Vorbilder entgegenhält; eben diese Viel-
heit ist Reinmar ganz eigen, widerspricht aber der Regel. — Ausgeführte B i l d e r der md. Periode: Die Lügen des Kaisers sind dem
Dichter 169 mannigfach angerichtete Speisen, die von den Reichsstädtern
mit Gier verschlungen werden. Ein guter Wirt ist ein Jäger, der Leute
fängt (216), Rom eine arme Wittwe, die zwei Töchter an schlimme
Schwiegersöhne verheiratet hat (223. 224). Dem Zuge zum Charakteristischen, Sinnlich-Greifbaren entspricht auch die energische, nicht nur
gelegentliche, sondern kräftig festgehaltene P e r s o n i f i c a t i o n der Tugenden und Laster: solche leeren Strophen, wie sie die Sammlung über
abstrakte Themata enthält, kommen in der md. Zeit gar nicht mehr vor.
Der Zweifel wird zum ˏschlechten Baumeister, die Atzung zum heiss-
hungrigen Schmarotzer, *Ágez*, die Vergesslichkeit, zum Meisterdieb, *Unsælde* huckt dem Mann auf dem Halse; Frau Treue sitzt in einem Zelt
am Walde, ringt die Hände und stimmt ein Klagelied an; ein Höllen-
reigen von Lastern tanzt den wilden Tanz der Welt und ein Musikkorps
von andern Lastern spielt dazu auf in Sibichs Melodie, ein Bild, wie
es Höllenbreughel hätte malen können. —

Wie die volkstümliche Spielmannsdichtung dem *bispel* hold ist,
ebenso begünstigt sie das **Sprüchwort**: ist das doch oft nichts Andres
als ein *bispel* in knappster Form. Reinmar macht ein Sprüchwort zweimal zur Grundlage von Sprüchen: 182 und 195. Beidemal beginnt ein
umfangreicher, aus mehreren Gliedern bestehender Volksspruch von sehr
konkreter Natur die Strophe. füllt beide Stollen, und erst der Abgesang
geht auf den einzelnen Fall kurz ein. Ich kenne nichts Aehnliches,
wenngleich Anknüpfung an ein Sprüchwort gar nicht selten ist.. Spr.
·204 verdankt sein parabolisches Gewand einem Sprüchwort, ähnlich wie
Walther 31,3, Höllenfeuer III. 34 a. 4. Stolle III. 5 b, 13; und Spr. 200,
der die eigentümlichen Tugenden verschiedner Mannesalter aufzählt, behandelt ein Thema, das dem Volksspruch stets höchst behaglich war
(Goedeke, Gengenbach S. 589 fgg.).

Es ist bemerkenswert, dass Reinmar, der das Sprüchwort an sich
·liebt, der zu Häufungen unverkennbarste Neigung hat, die Häufung von
Sprüchwörtern doch niemals versucht. Scherer hat über diese Manier
a. a. O. 346 fg. gehandelt. Eine Probe davon im grössten Massstabe
ist der Freidank. Wo in Sprüchen solche Häufung auftritt, da wird
auf innern Zusammenhang zwischen den einzelnen Sätzen so ziemlich
verzichtet. Als Beispiele mögen dienen: Spervogel 21,29. 22,25. 23,21;
Wernher II, 225 b, 6; Marner VI, 5. 15. X. 1. XV, 221. 241; Kanzler II,
391 a, 4, sowie zahlreiche Strophen des Heidelberger Freidanks, lauter
oberdeutsche Sprüche: von md. vergleicht sich vor Frauenlob nur ein
Spruch des Ps.-Gervelin III. 37 b, 1; Frauenlob selbst hat dann mit
bewährter Umsicht auch diese seinem ungeordneten Geiste überaus ge-
nehme Art von Lehrsprüchen sich angeeignet und mit formlosester Nachlässigkeit gepflegt. Reinmars pedantischem Ordnungssinn sagte die ganze
Gattung nicht zu; sein Entwickelungsgang, der ihn erst ziemlich spät ·
zu den κατ’ ἐξοχήν volkstümlichen Sprucharten führte, wird ihn gar

nicht mit einem so überreichen Arsenal der Volksweisheit ausgerüstet
haben, dass er das Bedürfnis fühlte, seine Vorräte auszuschütten. Endlich mag in Mitteldeutschland die Gattung wirklich minder beliebt gewesen sein.

Verwunderlicher ist es, dass auch die **Priamel** bei Reinmar keine
erhebliche Rolle spielt, und was für eine Rolle sie spielt. Man sollte
erwarten, dass gerade diese Form, die eine Reihe paralleler Bilder und
Gedanken wohlgeordnet an einander reiht, sie gerne anaphorisch verknüpft und — wenigstens in ihrer geläufigsten Art — zu einer Schlusspointe sich steigert, Reinmars Neigungen trefflich entsprach. Aber er
hat nur zwei Beispiele, und eins davon (93) gehört schon der böhmischen Zeit an. Die Priamel war also keine Bereicherung, die Reinmar
erst seinem Vagantenleben verdankte: gerade die Priamel ausser der
Sammlung (210) besitzt gar keinen volkstümlichen Charakter, weder im
Thema noch in der Behandlung: sie erörtert den Satz, dass Schönheit
und Pracht des Weibes wenig nütze, wenn die Tugend fehle. Die Vordersätze sind in beiden Strophen ebenso allgemein und abstrakt wie in
den andern Lehrsprüchen der zweiten Periode: von jenen drastischen
und humoristischen Zügen, den bunten, keck aus dem Leben gerafften
Bildern, den launischen Einfällen, den Sprüchwörtern und Witzen, die
der Priamel Zier sind, von all dem bei Reinmar keine Ahnung: ihm
stand für die eminent volkstümliche Form der entsprechende Inhalt nun
einmal doch nicht zu Gebote: etwas von der höfischen Abneigung gegen
das allzu Vulgäre blieb ihm alle Zeit, und der Sinn für die poetische
Verwertung der Alltäglichkeit, der freie Blick für das naheliegende Gute
hat sich ihm nur langsam geschärft. Dass er den überquellenden Reichtum der Priameldichtung des 15. Jahrhunderts nicht besitzt, das kann
ihm Niemand anrechnen: aber man messe ihn nur an den ganz ähnlichen Strophen Gasts (HMS II, 260), an Spervogel, Boppe, Marner und
Kanzler — wieder ausschliesslich Oberdeutsche! —, um seine Bettel-
armut zu erkennen: die ganze Form ist viel zu sehr auf buntesten
Wechsel, auf Spannung und Ueberraschung angelegt, um so dürftigen
langweiligen Inhalt zu ertragen. Als Walther einmal einen kleinen
Ansatz zur Priamel macht (80,19), da trifft er gleich einen gemässen
Inhalt, und seine kleine Strophe, die von Keller (Alte gute Schwänke[2],
S. 9) citierte Stelle des Iwein, V. 3350 fgg., sind trotz ihrer über-
lockern Form, trotzdem sie Priameln gar nicht sein wollen, in ihrer
Wirkung bessre Priameln, als Reinmars strenger gebaute Sprüche. Erst
Frauenlobs wahllose Aneignuungssucht verleitet ihn zu wenigen ähnlichen
Gedichten minniglichen Inhalts (256—258), die übrigens so böse ab-
strakt wie Reinmars Priameln auch nicht sind, und sein Beispiel wirkte
auf die Meistersinger noch eine Zeit lang fort (Kolm. 122. 150); aber
daneben hat er eine lange Reihe mehr charakteristischer Priameln, freilich nur eine einzige ganz streng gestaltete (394)[303].

---

303) Die von Scherer, DSt. I, 346, als Muster einer strengen Priamel citierte
Strophe Frauenlobs 402 gehört diesem Dichter gar nicht, ist nicht einmal in
einem seiner Töne verfasst. Vgl. Anm. 215.

Auf den strengen Bau der Priamel legten die mhd. Präambulisteu keinen Wert: ihnen widerstrebten die endlosen Perioden, die entstehen mussten, wenn alle Vordersätze ein Satzglied gemein haben oder wenigstens in dem gleichen Abhängigkeitsverhältnis zum Hauptsatz stehen sollten. Das gieng an bei kurzen Strophenformen, wie beim Spervogel, und in einzelnen Strophenpartien, wie MSF³ 310 und beim Kanzler (II, 399a, 16): wer das aber in einem längern Strophensysteme durchführen wollte, dem gieng leicht der Atem aus: vgl. Boppe II, 382b, 22. Standen dagegen die einzelnen Sätze alle für sich, wie beim Marner XV, 12, wie mehrfach bei Frauenlob, so litt darunter die Einheit und die Zuspitzung auf die Schlusspointe. Da wars kein übler Ausweg, die Vordersätze als Fragen, den Nachsatz als Antwort zu behandeln: so kam schon äusserlich der Parallelismus der Vorderglieder, der Kontrast des Schlusses zum Ausdruck, um so mehr, da sich die Form der Anapher für die Vordersätze nun von selbst ergab. Reinmar war meines Wissens der erste unter den Spruchdichtern, der die Priamel so modificiert gebraucht. Die rhetorischen Fragen mit *waz sol*, *waz hilfet*, *waz frumet* waren längst einzeln und gehäuft ein geläufiges Stilmittel: eine Strophe Walthers (112,10) beginnt mit vier solchen Fragen, Bruder Wernher reiht mehrfach drei an einander (III, 15a, 16; 18a, 7), ebenso Liechtenstein 303,2; 601,2; Hetzbold II, 23b, 2. Daran vielleicht anknüpfend, angeregt vielleicht auch durch priamelartige Produkte volkstümlicher Rätseldichtung [304]), liess Reinmar die sämmtlichen Vordersätze seiner Priameln anaphorisch in dieser Weise anfangen; und denselben Ton schlagen Gast (II, 260) und Frauenlob in zahlreichen Gedichten an (303. 350. 351. 372. 256—258. 281), zum Teil gleichfalls: *waz sol*, *waz hilfet?* beginnend. Selbst auf andre Dichtarten scheint Reinmars Priamelmethode übergewirkt zu haben: ich erinnere namentlich an eine in Helblings zweites Büchlein eingewebte Fragepriamel (902 fgg.) und an eine ganz ähnliche bei dem priamelreichen Hugo von Trimberg (Renn. 5933): beide fangen ihre Fragen mit *zwiu (waz) sol?* an, beide verleihen dem derben Schlusse das Wort *mist* als Reimwort ein [305]). Noch in den Priameln der Kolmarer Hs. kommt die

---

304) Wendeler weist in seiner Abhandlung 'De praeambulorum indole, nomine, origine' p. 43 fg. auf die unleugbare Verwantschaft hin, die zwischen Rätselgedichten von der Art des Traugemundsliedes, der Rätsel Zs. III, 28, No. 3; 31, No. 31, sowie einer Stelle der Hervararsage (Fornald. sög. I. 482; Müllenhoff, Zs. f. d. Myth. III, 8) einerseits und Priameln andrerseits bestehe. So wäre es ja wol möglich, dass aus der Rätselpriamel auch in der Volksdichtung solche Priameln in Frageform entstanden und Reinmar sie aus ihr einfach übernahm. Es ist gewiss methodisch richtig, der Initiative des einzelnen Dichters, bei dem wir eine Species zufällig zuerst auftreten sehen, möglichst wenig zuzutrauen. Aber zweierlei fällt auf. Die sämmtlichen Priamelsprüche in Frageform, die ich kenne, — mit einziger Ausnahme Gasts etwa — entbehren des volkstümlichen Charakters, haben einen Stich ins höfisch Minnigliche oder ins pedantisch Gelehrte. Und dann: wie kommts, dass wir bei keinem der volkstümlichen Dichter, in keiner der spätern Priameln, die frei sind von der Tradition meistersingerischer Spruchdichtung, die Frageform wiederfinden?
305) Auch der Minnesang kennt anaphorische Fragereihen mit Antwort: ich

Frageform, durch Frauenlob fortgepflanzt, vor und gerade in den Bären,
die auch inhaltlich Reinmars Priameln näher stehen: in die eigentliche
Blütezeit der Gattung hat sie sich meines Wissens nicht herübergerettet [306].

Mit Reinmars leeren Priameln kontrastieren nun seltsam seine beiden vollgepfropften **Lügenstrophen** [307] (159. 160): jeder Vers eine Lüge!
Das Interesse wird durch Häufung derben Stoffes gereizt. Darin liegt
ein Widerspruch. Priamel und Lügenmärchen sind nahe verwant: vgl.
MSF³ 310; Frl. 394; Kolm. No. 39; der zweite der Reinmarschen Lügensprüche hat einen Inhalt, der für die Priamel wie geschaffen wäre, besser
als für seinen wirklichen. Zweck: es fehlt eben nur die Moral. Woher
nun hier Fülle, dort Nichts? Als Reinmar sich die Form der Priamel
aneignete, da stand er noch auf einer ganz andern Stufe seiner Entwickelung: sie ist ihm durchaus eine rein didaktische Gattung; für
diese höhere Aufgabe verschmähte er Mittel, die er zu niedern Zwecken
des Amüsements sich gestattete. Er ist nicht der einzige Dichter, der
Würde und Langeweile nicht zu trennen weiss.

Wunderlicher Zufall, dass wahrscheinlich unser guter steifer Reinmar der erste [308] ist, von dem wir Lügendichtungen in deutscher Sprache
besitzen: wie unbeholfen und gravitätisch nimmt er sich doch aus verglichen mit dem überlustig ausgelassenen Gesindel, an dessen Spitze er
so unverdient geraten ist! Und wiederum auch nicht ganz unverdient.
Scheint doch Reinmar, wie wir oben sahen, in Wahrheit der erste, blieb
er doch fast der einzige unter den vornehmeren Spruchdichtern, der unbefangen genug war, von seinen niedern Konkurrenten diesen Zweig der
Unterhaltungsliteratur ohne didaktische Nebenabsicht zu übernehmen.
Es ist nur Zufall, dass wir von Sängern, wie Spervogel und Alexander,
keine ähnlichen Lügenmärchen haben, aber es hat seinen guten Grund,
dass keiner der Meister — ausser Marner, für den Reinmar direktes Vorbild war —, diesmal selbst Frauenlob nicht (vgl. 183), die gleiche Gattung [309] pflegte. Ist doch auch sonst — abgesehen einzig von den

citiere je eine Strophe Konrads von Landeck (I, 357 a, 3) und Hetzbolds von
Weissensee (II, 24 a, 16), ohne bei diesen ganz anders gearteten Liedern an Einfluss der Fragepriamel zu denken.

306) Die niederrheinische Priamel, die Müllenhoff Zs. XV, 372 mitteilt
und die eine gewisse Verwantschaft mit Str. 93 besitzt, enthält nur éine Frage,
keine Reihe paralleler Fragen, worauf es hier ankommt. Die Fragenreihe in
Kellers Altd. Erzähl. 632,23 fgg. ist identisch mit Frauenlob 113.

307) Da Marners Scheltstrophe (XI, 39) neben Anspielungen, die sich ganz
deutlich auf Reinmars Lügensprüche beziehen (V. 45. 47), auch solche Ausfälle
enthält, die wir nicht auf erhaltene Gedichte deuten können und die doch ohnedem gar zu töricht wären, so liegt der Verdacht nahe, dass uns gerade Lügensprüche Reinmars noch verloren gegangen sind

308) Ein Verzeichnis der mhd. Lügenliteratur gibt Müller-Fraureuth, Deutsche Lügendichtungen, 12 fgg. Der von ihm an erster Stelle genannte Spruch
ist nicht von Reinmar dem Alten, kann viel später sein: dazu ist er mehr eine
satirische Priamel, als eine Lüge um der Lüge willen. Auch Tannhäusers Lied
von seinen unmöglichen Minneaufgaben wird jünger sein als Reinmars Strophen.

309) Dass Leutolds von Seven Gegner, der übrigens gelehrt auch nicht scheint,
nicht *lügeliet*, sondern *zügeliet* nennt, darauf wies ich Anm. 228 hin.

Rätseln — die reine Unterhaltungsliteratur ohne lehrhaftes oder Gelegenheitsinteresse bei den Meistern sehr karg bedacht: ein Paar erzählende Equivocae, Meissners Mähre aus dem Minnebuch, unter dem nicht das Hohelied zu verstehen ist, wie Lexer meint, eine grobianische und eine doppeldeutige Jugendlehre, ein derber Schwank, das ist Alles! Dem Ritter mit seiner höfischen Vergangenheit wurde es viel leichter, den Spielleuten auf ihr eigenstes und amüsantestes Gebiet zu folgen, als den Meistern, deren ganzes Selbstbewusstsein auf dem Glauben an den moralischen Endzweck ihrer Poesie ruhte: waren sie auch genötigt, um des lieben Lebens willen Spielmannsliteratur vorzusingen, wie der Marner, ihre eignen Schöpfungen hielten sie gern von diesen profanen Elementen frei.

Lüge und *âventiure* waren ein altbeliebter Zweig der Spielmannsdichtung (vgl. z. B. Eilh. 8506 fgg.) [310]): das ist bekannt. Reinmar hat nicht bereichert, was er vorfand; der Marner hat ganz Recht ihm zu sagen *dû niuwest mangen alten funt* (XI, 10): wenn er log, so log er, da er wusste, dass Lügen dem Publikum gefielen, nicht etwa weil eine überschäumende unbändige Phantasie alle Fesseln sprengte: kaum ein Zug in den beiden erhaltenen Lügenstrophen, der nicht auch sonst mindestens in seinen Elementen anzutreffen wäre: ich verweise auf Uhlands bekannte Abhandlung über die Volkslieder (Schriften III, 223 fgg.) und auf meine Anmerkungen.

Von Reinmars Lügensprüchen gibt nur der erste (159) den Typus, den wir sonst in den mhd. Lügendichtungen herrschend finden, der sich aber in nhd. Zeit wol nur im Volkslied erhalten hat (Mittler, Deutsche Volkslieder No. 1308—1319), rein und unverfälscht wieder. Der Versuch einer zusammenhängenden Erzählung, wie sie schon der modus Florum enthält und seit dem 16. Jahrhundert eine nicht mehr abreissende Literatur, dieser Versuch wird nirgend gemacht (vgl. S. 214). Ein toller Einfall wird unvermittelt an den andern gereiht: nicht einmal Gruppenbildungen kommen vor, wie doch z. B. im Wachtelmärchen und in der Geschichte vom Lügner. Die Helden der Lügen sind fast durchweg Tiere, bei Reinmar wie beim Marner, wie in den Lügen der altdeutschen Blätter, wie noch in Kuglers sogen. Windbeutel: der Grund ist der gleiche wie bei der Tierfabel: gerade wenn man die engbegrenzten fest ausgeprägten Beziehungen und Charakterzüge der Tiere auf den Kopf stellte, so konnte man der gewollten Wirkung sicher sein. Der Effekt war eben stärker, wenn das Erzählte in krassestem Widerspruch zum innersten Wesen der Handelnden stand, als bei blossen Unmöglichkeiten: daher die Beliebtheit der schadhaften Leute in den Lügen-

---

310) Das von Müller-Fraureuth a. a. O. an letzter Stelle citierte Fastnachtspiel von den drei um einen Bock streitenden Brüdern geht stofflich auch schon auf einen lateinischen Schwank des 9. Jahrhunderts zurück, den Dümmler, Zs. XIX, 386, unter der unpassenden Ueberschrift 'Sangaller Rätselgedicht' mitteilt: es gehört viel eher zur Lügen- als zur Rätselpoesie, die ungeheuerlichste Hyperbel soll belohnt werden, ein bekanntes Motiv. Von den Lösungen der Aufgabe stimmt nur die zweite bei Dümmler und Keller nahezu überein.

dichtungen. Reinmars erster Spruch entbehrt nicht eines zahmen Spiel-
mannhumors. Natürlich hat er selbst die Wunderdinge alle gesehn, wie
das nahezu ausnahmslos üblich war: ein Vorläufer des Finkenritter ist
er auf einer Gans in das abenteuerliche Land gekommen, und er schliesst
mit einem echten lustigen- Spielmannstrumpf: '*unt ist daz wâr, sô nât
ein' esel hûben.*' Gerade so endet ein Andrer seine Lügenpredigt: *diz
ist als wâr als ich vernt was ein star* (Ls. II, 388): nur folgt bei ihm
noch die beliebte Schlussbitte um einen Trunk, die Reinmar natürlich
nicht aufnahm, selbst wenn er sie vorfand. Dagegen fällt Marners Lügenstrophe (XIV, 177) arg ab, die im Beginn sorglich versichert, es sei
nicht wahr, was berichtet werde, deren Lügen pointelos im Sande ver-
laufen (vgl. Strauch S. 31).

Der andern Strophe Reinmars dagegen (160) ist leider viel zu sehr
des Gedankens Blässe angekränkelt, um ergötzlich zu wirken. Es ist
überhaupt keine Lüge, sondern eine Priamel, die ihren Beruf verfehlt
hat. Sämmtliche 'Lügen' sind fein säuberlich über einen Kamm geschoren. Auf die eigne Kappe nimmt der Dichter Nichts: alle möglichen Wesen, meist Tiere, rühmen sich diejenigen Vorzüge nach, die sie
am wenigsten besitzen: am Ende — und das ist noch das Beste —
steht die trockne Bemerkung: *die lüge sint alle swinde*: sie wirkt
komisch neben dem feierlichen Eide des Igels und entbehrt der spielmännischen Tradition nicht: vgl. Muskatblut 62,105: *wie seer hastu
gelogen!* Im Uebrigen ist der Spruch ein didaktischer Rückfall Reinmars, der es im Kostüm des Spassmachers auf die Dauer nicht aushielt:
der Abgesang von Str. 201 könnte ohne Aenderung angehängt werden,
und es wäre dann ein moralisch Lied, an dessen Inhalt der strengste
Meister keinen Anstoss genommen hätte: wirklich richtet der Marner
seine Angriffe ausschliesslich gegen Lügen der ersten Strophe, während
er die zweite doch nachweislich ebenfalls kannte.

Der *lügenâche* des Zs. II, 560 mitgeteilten Lügenmärchens erzählt
V. 61 fgg., wie er durch die Wolken einen Schlitten sausen sah, auf
dem sieben Frauen sassen, neben dem zwölf posaunenblasende *garzûne*
liefen u. s. w. Wackernagel hat richtig erkannt, dass hier ein **Rätsel**
misverstanden wird, das mit Reinmars Rätseln vom Jahr (156. 157)
aufs Engste verwant ist. Auch noch ein andres Beispiel, das Scherz-
rätsel des Tannhäusers (HMS II, 97 b) pflegt man als Zeugen für die
nahe Verwantschaft von Lüge und Rätsel anzuführen; ich glaube indessen, dass auch die angeblichen Lügen des Anfangs und des Schlusses
nichts weiter sind als Rätsel (Zs. XXX, 419). Reinmar bevorzugt das
Rätsel begreiflicher Weise vor den Lügenreihen: aber auch für diesen
so besonders reichen, alten und volkstümlichen Zweig spielmännischer
Unterhaltungsliteratur gieng ihm Verständnis erst auf in seiner letzten
Periode. Doch da holte er das Versäumte reichlich nach: wir haben von
ihm vier einfache und ein Doppelrätsel (186—188. 220. 205), und auch
die Neckfragen der 158. Strophe gehören wol in die md. Zeit.

Reinmar ist als Rätseldichter nicht so vereinzelt wie mit seinen
Lügenmähren. Die stolze Exclusivität, die sich die Meister allzu pro-

fanen Arten der Spielmannsdichtung gegenüber glaubten auferlegen zu
müssen, dehnten sie auf das Rätsel nicht aus [311]). Gab es ihnen doch
Anlass, sich im Bewusstsein meisterlicher Ueberlegenheit zu sonnen,
wenn das ungeübte Publikum sich an einer besonders harten Nuss die
Zähne ausbrach; war es doch ein leichtes Ding, in die Rätselform allerlei
moralische Lehren einzuschmuggeln, allerlei theologische Dogmen hinein-
zugeheimnissen. Wie nahe sich im Rätsel Volkstümliches und mythologische Gelehrsamkeit berühren, das lehrt auch die nordische Rätseldichtung: und die wachsende Neigung der Zeit für mystische Allegorien, genährt gerade durch gelehrte Bildung, wusste sich im Rätsel so
recht behaglich breit zu machen.

Von diesen allegorisierenden Auswüchsen der meisterlichen Rätseldichtung hält sich Reinmar frei: seine Rätsel sind nicht aus den Grübe-
leien der Klosterschule abgeleitet, er ist auch in ihnen durchaus Spiel-
mannszögling und rätselt, damit geraten werde. Er steht darin wieder
seinen md. Kollegen näher als den bewusster didaktischen Oberdeutschen:
wenn der Marner verschiedene Laster, die Zunge, Sunburg die Welt personificiert und als Rätsel behandelt, so überwiegt durchaus das lehrhafte
Interesse: die Rätsel Kelins, Wizlavs, des Meissners berühren sich in
einzelnen Wendungen wie im ganzen Charakter enger mit Reinmars
Strr. 220 und 188. Aber Reinmar ist weit volkstümlicher, als sie es
mit ihren abstrakten Themen überhaupt sein können: das Jahr, die Eis-
brücke, Sonne und Wind, Kain, das waren so rechte konkrete Rätsel-
stoffe, wie sie ein harmloses Publikum liebte, das seinen Witz ein wenig
üben wollte: wenn ich recht geraten habe, ist Reinmar der einzige
Spruchdichter (neben Stolle), der solche volkstümlich ungelehrten Rätsel
verfasst hat: selbst der Tannhäuser hängt mehr mit der Schule zusammen. Dietrich hätte schon Recht, sich (Zs. XI, 457) auf Reinmar
zu berufen, um das Volksmässige eines Rätsels zu erweisen, wenn es
sich bei ihm nicht um ein mindestens 2½ Jahrhunderte älteres ags.
Gedicht handelte: Reinmar war in seinen Kreisen, für seine Zeit ein
ganz guter Zeuge des Volkstümlichen. Man muss das nur recht verstehen. Wenn ich mindestens drei Reinmarsche Rätsel (186. 187. 205)
als entschieden volksmässig bezeichne, so meine ich natürlich nicht, dass
die darin herrschenden Vorstellungen von jeher Besitz des Volkes gewesen sind, sondern nur, dass sie es im 13. Jahrhundert waren, weder
unmittelbar, noch durch Vermittelung an Reinmar aus gelehrten lateinischen Quellen gelangten. Wir wissen, dass eine biblische Rätselfrage,
wie sie der ersten Aufgabe von Str. 205 zu Grunde liegt, hervorge-
gangen ist aus dem Frage- und Antwortspiel des klösterlichen Unter-
richts, das wir schon aus dem 7. Jahrhundert und mit einem ähnlichen

---

311) Verzeichnisse der Rätsel bei den Spruchdichtern finden sich in Kobersteins Wartburgkrieg S. 56, vollständiger bei Uhland, Schriften III, S. 304, Anm.
118; Wackernagel, LG² 329, Anm. 41: eine Reihe von Meistersingerrätseln teilt
Mone im Anzeiger, VII, 373 fgg., mit. Ergänzend füge ich noch hinzu: Stolle,
HMS III, 9a, 30. Kelin III, 22b, 2. Wizlav III, 79b, 5. Meissner III, 91a,
18. 109a, 2. Damen III, 164b, 10. Kolm. 11. 30. 37. 53. 84. 99. 106. 136. 183.

Stich ins Scherzhafte aus dem 9. Jahrhundert kennen (vgl. besonders die beiden Schlettstädter Hss., aus denen Wölfflin-Troll, Berliner Monatsberichte 1872, 106 fgg., Mitteilungen macht). Aber das darf uns nicht abhalten, den Mörder, der der Welt vierten Teil erschlug, den Hund, der bellte, dass es alle Menschen hörten (Freid. 109,8—11 und Grimms Anm.), für volkstümlich zu erklären, wies diese Witze im 16. Jahrhundert nachweislich waren, wie sies noch heute sind. Und so mögen immerhin auch Reinmars Jahresrätsel im letzten Grunde auf eine gelehrte Vorstellung zurückgehen, wie Wilmanns meint (Zs. XIV, 551; vgl. auch meine Anm. zu Str. 186): dass im 13. Jahrhundert das nicht mehr empfunden wurde, lehrt schon jenes Lügenmärchen, dem jeder Verdacht gelehrter Einwirkungen fern bleiben wird. Dass schon längst ein Bruchteil der Fahrenden aus verbummelten Klerikern bestand, das blieb freilich nicht ohne Spuren in der Spielmannsdichtung: aber so volkstümlich, wie Freidank oder ein andrer Fahrender der Zeit, ist Reinmar in jenen Rätselstoffen eben auch.

Für den volkstümlich spielmännischen Charakter des ersten Jahresrätsels scheint mir ein einzelner Zug lehrreich. V. 10 wird die Auflösung *jâr* an möglichst unverfänglicher Stelle — Reinmar konnte freilich geschickter sein — in die Darlegung versteckt, und dann folgt vexierend und irreführend: *'der wagen ist in vor geseit.'* Wem fällt bei diesem harmlosen Scherz, der an 188,9 vielleicht ein Seitenstück hat, nicht das alte liebe Rätsel von Kaiser Karolus Hund ein, das in mannigfachen Variationen und weit über Deutschland hinaus schon seit Jahrhunderten erheitert hat[312]), ein Volksspass im besten Sinne? Aber mit meisterlicher Würde vertrug er sich nicht, nicht einmal in der Abschwächung, die er schon bei Reinmar erfahren. Nur in den halb scherzhaften Rätseln auf den Marner kommt Verwandtes vor, und näher noch vergleicht sich ein rätselartiger Lobspruch Damens auf Johann von Gristow (HMS III, 164b, 10); nachdem da der Geschlechtsname in einem Bilde verraten ist: *sam daz griez von touwe durchgozzen blüemt den plân*, wird auch noch der Vorname untergebracht und zwar ganz launig eben in der Ankündigung, der Held sei ja schon genannt: *jô hân ich in genennet hie.* · Wieder lauter nd. Beispiele! (vgl. auch Anm. 287.)

312) Vgl. namentlich Müllenhoff, Zs. f. dtsch. Myth. III, 10 fgg. und die dort citierten Stellen; Mone, Anzeiger f. Kunde d. deutsch. Vorzeit VII, 265. 267. 371; Woeste, Zs. f. dtsch. Myth. III, 184 fgg. Die Form des Scherzes, die z. B. Simrock im Rätselbuch No. 43 mitteilt, ist Reinmars Art am nächsten verwant. Der Witz haftet wunderlich zähe gerade am Hunde, ein Zeugnis für sein Alter, und schon darum sind die Vermutungen, die Woeste a. a. O. zu No 30 vorbringt, wenig plausibel. Auf demselben Prinzip beruht übrigens auch das Rätsel bei Rochholz, Alem. Kinderlied S. 274, No. 227, und eine Frage im Strassburger Rätselbüchlein, *'wolchem an kürtzweill thet zerrinden'*, Bl. c²: *'Was ist das wann man es eüch schon nent, das jr es doch nit kent'*. Antwort: *Es ist die erst silb wan, ein fuoter wann u. s. w.*, ebenso Rockenbüchel B⁵; als Rätselspiel noch im 'Angenehmen Zeitvertreib lustiger Gesellschaften u. s. w. Delitzsch, 1761' unter No. 49; ein andrer Scherz dieser Art ebda. als Rätsel No. 6; No. 240 endet ein leichtfertiges Rätsel vom Ei: *'Ey rathet, ihr Jungfern, ihr habt es vernommen!'*

Derselben Neigung des Volksrätsels zum Vexieren entsprangen Neckfragen, wie sie die 158. Strophe in sich vereinigt. Es sind keine wirklichen Rätsel. Man nannte solche Aufgaben späterhin auch gar nicht
rat, sondern *frage* (Wackernagel, Zs. III, 26): der Ratende sollte mehr
überrascht und gefoppt werden als seinen Scharfsinn üben. Bei Reinmar hat die hübsche dritte Frage, die des Abgesangs, gar nicht die
Frageform erreicht: die beiden ersten sind mehr beleidigend und grob
als witzig: aber sie stehen ihrer Absicht nach ganz auf dem gleichen
Niveau wie gewisse Scherze, z. B. des Strassburger Rätselbüchleins, das
Bl. a⁴ verfängliche Fragen vorlegt, die dem Gefragten, antworte er wie
er wolle, stets Spott eintragen müssen. Reinmar steht mit seinen Vexier-
fragen wieder allein.

Nun aber scheint gerade in einem Rätsel, 188, eine ungewöhnlich
stark Gelehrsamkeit affektierende Aeusserung aufzutreten, V. 5: *daz*
ein tumber leie, wœne ich, unerrâten lât. Die Aeusserung ist doppelt
erstaunlich, wenn die Lösung von Wilmanns richtig als ʻSchreibfederʼ
gegeben ist (Zs. XX. 250 Anm.). Ich würde daran stärker zweifeln,
wenn nicht Fresenius unabhängig von Wilmanns auf dieselbe Lösung
verfallen wäre. V. 9 mag die Richtigkeit bestätigen. Wie kommt nun
Reinmar dazu, bei diesem untheologischen Thema den Gelehrten heraus-
zukehren? Es war ein typischer Zug der Spruchrätsel, dass die Schwierigkeit der Lösung betont wurde: das galt als Vorzug. Zum mindesten
wird versichert, dass der weise sei, der die Deutung finde; Kelin (III,
21 b, 9): *des ich dich vrâge, sage mir daz, sô weiz ich, dû bist*
wîse; Boppe leitet ein Rätsel ein: *rât an waz daz sî, wolgelêrter*
wîser man! und schliesst: *ich wœne, deiz ze râten sî den tôren allen*
tiure (HMS II, 350a); Singauf lässt sich gerade bei einem Rätsel, das
auch keineswegs übermässige Gelehrsamkeit voraussetzt (HMS III, 49a, 3),
zu der frechen Provocation hinreissen: *swer ein durchgründic meister*
sî, der neme ouch spæher meister drî ze helfe ûf diz getiute; und
in den Rätseln der Kolmarer Hs. wird diese Manier zuweilen bis ins
Alberne gesteigert (z. B. Kolm. 11,10). So könnte jene gelehrte Anwandlung Reinmars eine gedankenlose Konzession an die hergebrachte
Technik sein.

Aber auch ein Andres ist möglich. Das Volksrätsel bedient sich
gerne des Kunstgriffs, schon durch den angeschlagenen Ton den Raten-
den auf falsche Fährte zu bringen. So wählt es für höchst harmlose
Dinge eine zweideutige Einkleidung: das ist seit den Rätseln des Exeter-
buchs bis auf den heutigen Tag nachzuweisen. Und andrerseits gefällt es sich in einem scheinbar religiösen Charakter: so werden z. B.
im Strassburger Rätselbuch, im Rockenbüchel das Weinfass, der Hahn,
das Ei, der Kapaun, die Schlaguhr in Rätsel gebracht, hinter denen
man alle möglichen theologischen Geheimnisse eher suchen würde als
so geringfügige Dinge. Kannte man diesen Scherz schon zu Reinmars
Zeit und versuchte er absichtlich, einen irreleitenden hochtrabenden Ton
anzuschlagen? So würde sich auch die ungeschickte Fassung des Rätsels erklären: V. 2 *daz dâ nie erstarp unt ist doch èwiclichen tôt*

noch nimmer mac ersterben; V. 12 *unt wart doch nie geborn von
wibes libe,* das sind solche Phrasen, wie sie in geistlichen Rätseln blüh-
ten: für die Lösung 'Schreibfeder' bedeuten sie so gut wie nichts: ebenso
wenig V. 4.

War das wirklich Reinmars Absicht, so hätte er die Farben stärker
auftragen sollen: andernfalls ist Str. 188 ein wenig gelungenes Rätsel,
wenn ihm keine andre Deutung zu Ehren hilft. Aber dies Mislingen
war nicht einzig Schuld Reinmars. Seine Zeit weiss hübsche Rätsel zu
schaffen, wo es sich um ein Bild, einen Scherz handelt. Aber sie war
viel zu wenig logisch geschult, um den zu suchenden Begriff durch
mehrere Angaben so scharf einzugrenzen, dass keine von ihnen fehlen
durfte, dass nichts andres gemeint sein konnte. Die leidige Sucht. Einzelheiten ohne Steigerung und deutliche logische Verknüpfung in parallel
gebauten Sätzen an einander zu reihen, rächt sich da. Es ist eine Seltenheit, wenn einmal ein komplizierteres Rätsel so wohl gerät, dass es
auch heute noch unsern Anforderungen genügen könnte, wie Stolles
Rätsel über das Alter (HMS III. 9 a, 30); es lehnt sich das an ein
Volksrätsel an [313]). Sonst fast ausnahmslos Ueberflüssiges, Willkürliches
und Schiefes: es kommt vor, dass einer dem andern bei der Lösung das
Rätsel korrigiert: solche Mängel machen die Lösung unsicher. Reinmar
trifft dieser Vorwurf weniger noch als die Mehrzahl der Meister: das
verdankt er den sinnlicheren Gegenständen, den einfacheren Formen der
Spielmannsrätsel, an die er sich anschloss.

Aus den Rätseln entwickelte sich schon in der nordischen Dichtung,
entwickelte sich auch in der mhd. das Streitgedicht (Wackernagel, Alt-
franz. Lieder und Leiche 207). Die **Rätseltenzone** zieht in der Kunst-
literatur des 13. Jahrhunderts ein höchst und ausschliesslich gelehrtes
Gesicht: die berühmten Kämpferpaare Klinsor und Wolfram, Singauf
und Raumsland, vor Allem Frauenlob und Regenboge — alle aus md.
Kreisen — mit ihren zahlreichen echten und unechten Sangeskriegen,
sie sind Typen meisterlicher Weisheit, auch wenn sies nicht sein sollen
wie Wolfram. Dass es aber auch volkstümliche Rätselkämpfe gab, das
lernen wir weniger aus dem Traugemundslied selbst, als aus den Kranz-
und Wettgesängen, die ganz ebenso angelegt und jedesfalls älter sind,
als wir sie kennen (Uhland III, 206 fgg.). Reinmar hat diese Gattung
von den Spielleuten nicht gelernt, aber er hat ein Verwandtes. In Str. 175

---

313) Der Grundgedanke als Spruch: Zingerle, Die deutschen Sprüchwörter
S. 12; Hätzl. S. 42, No. 34: *wie geren wir all wurden alt, wann es dann chomt,
so ists ze palt;* im Gespräch zwischen Adrianus und Secundus, Zs. XXII, 398:
nu sage mir hi bi, waz daz alder si? .... *ein gewunschet obel.* Ganz ähnlich
wie bei Stolle als Rätsel behandelt im Strassburger Rätselbüchlein Bl. d⁶: *Es
würt von jedermann begert vnd ist doch also gar vnwert, so man es vmb ein heller
kauffen möcht, keiner bald das selbig zuo thuon gedecht.* Antw.: *das alter;* dasselbe in lateinischen Hexametern unter den Rätseln des Lorichius von Hadamar,
der mit Vorliebe Volksrätsel bearbeitet, in Reussners Aenigmatographia p. 290;
vgl. ferner Lauterbachii Aenigmata 1601, S. 46; in deutschen Versen z. B. in
Ludwigs Zweytem Hundert auserlesener Räthzel, Frankfurt u. Leipzig 1748, No. 12;
in Theranders Aenigmatographia rhythmica No. 110.

legt er einem *vil wîsen man* das Entweder — Oder vor, ob er lieber
früher hätte leben wollen, in der guten alten Zeit, so dass er jetzt tot
wäre, oder ob er das Leben in der verderbten Gegenwart vorziehe: *wil
kius alsô, daz ez dich iht geriuwe.* Die Doppelfrage gemahnt an
die Rätselform. Es ist unverkennbar, dass sich dies *geteilte spil* dem
französischen *jeu parti* mehr nähert, als irgend ein Früheres, wenn
auch 'die Antwort und die streitende Durchführung fehlen' und nicht
nur aus mangelhafter Ueberlieferung. Trotzdem ist Reinmars Spruch
eben 'so wenig nach französischen Vorbildern gearbeitet,' wie sein einziges Seitenstück, eine religiöse Strophe aus den anonymen Gedichten, die
unter Singenbergs Namen auf uns gekommen sind (Singbg. 210,1 fgg.).
Ich leugne natürlich nur unmittelbare französische Einwirkung. Reinmar schöpfte hier aus derselben Quelle, aus der er seine Rätsel geschöpft hatte: es gab auch volkstümliche *geteiltiu spil*: was Bartsch
Germ. XXIII, 344 mitteilt, trägt freilich ein Reinmar fremdes Gesicht. —

All den poetischen Arten, die Reinmar der volksmässigen Spiel-
mannspoesie dankte, ist das Eine gemein, dass sie an die Stelle der
Abstraktion einen konkreten erdachten oder aus dem Leben gegriffenen
Fall setzten. So wirkten sie erzieblich und wohltuend nicht nur auf
Reinmars Phantasie, sondern auf seine gesammte Lebensanschauung.
Jene inhalts- und gedankenlosen allgemeinsten Sprüche über einzelne
Tugenden und Laster sind ausser der Sammlung mit zwei Ausnahmen
geschwunden (172 und 202). An ihre Stelle ist eine wirkliche G e -
l e g e n h e i t s d i c h t u n g getreten. Ein eklatantes Beispiel ist 182, der
Spruch vom 'Grafen Hojer, der so sehr Gelegenheitsdichtung ist, dass
wir ihn gar nicht mehr verstehen können, der aber deutlich auf einem
Rechtsstreit basiert. Tagesfragen. Meinungsverschiedenheiten über Lehren
des Kirchenrechts und der christlichen Moral führten zu den Str. 168
und 225. Die Sodomie (183) ist ebenfalls ein Thema, wie Reinmar es
in früheren Perioden seiner Entwickelung nicht gewagt hätte. Die
Strophen über *Ágez* (174) und *Atzunge* (184) weisen ebenso wie die
Erzählung 178 und das Gleichnis 201 auf tatsächliche Beobachtungen,
persönliche Erfahrungen hin.

Ein deutliches Zeugnis für diese löbliche und fruchtbare Neigung,
aus dem Leben und dem Augenblick zu schöpfen, legen die Fälle ab,
wo der Dichter seinen Spruch anknüpft an e i n e i n s e i n e n K r e i s e n
v e r b r e i t e t e R e d e n s a r t oder an e i n e e i n z e l n e b e s t i m m t e
A e u s s e r u n g. Das hatte er schon in den Frauenstrophen einmal ge-
tan (44): er hatte in der böhmischen Zeit den Scherznamen: 'du Huren-
sohn!' bekämpft (113), jetzt ward es ihm eine beliebte Form. Meist
natürlich polemisch: wenn er das gleichgiltige *in ruoche* (173), das
fatalistische *beschaffen* und *ez muoste sîn* (176) grob anlässt, so
richtet er sich ebenso gegen bestimmte Personen, wie Walther das tat,
als er Leopolds 'in den Wald wünschen' zum Ausgangspunkt eines
Spruchs machte. Ein ander Mal (177) erläutert er eine bestimmte
paradoxe Wendung, die im Gespräch vorher gefallen sein muss, in ten-
denziöser Haltung: weniger zeitgemäss ist es, wenn er noch 194 an ein

Waltbersches Wort anknüpft, das ihm als literarisches Zeugnis für sein
Verhältnis zu dem grossen Meister einen eignen Wert haben musste.
Es sind derartige Strophen wohl zu scheiden von solchen, die von
Sprüchwörtern und Citaten ausgehen. Hier handelt sichs, wenn nicht
um einen dem Publikum wohlbekannten Einzelfall, dann mindestens um
frappante Lieblingswendungen einer Person, eines Kreises, um die zur
Zeit üblichen Umgangsformeln: das Interesse des Spruchs ruhte darin,
dass jeder Hörer die behandelte Redensart selbst gebrauchte oder von
Andern gebraucht wusste. Wenn der Geselle des Spervogel an einen
Spruch dieses Fahrenden, der vielleicht eben vorgetragen hatte, einen
andern heranimprovisierte, wenn früher noch der Anonymus an eine
Moral des Kerling sein *bispel* anparodierte, so sind das Fälle von besondrer Anschaulichkeit. Die Phrasen, die im Verkehr von Wirt und
Gast, von Herren und Spielmann fielen, wurden gerne lohend oder tadelnd
durchgangen: Walther eröffnet den Reigen (31,23): es folgen ihm der
Meissner (HMS III, 88 b, 14), Ps.-Gervelin (III, 38a, 3), noch Frauenlob 181. 182. Hier kamen praktische Interessen ins Spiel: aber auch·
in ganz theoretischer Behandlung nimmt einmal Sunburg ein Modewort
'*die habent sich abe getân der welte*' unter das Seciermesser seiner
bornierten Logik[314]) (HMS II, 357 b). Reinmar baute auch in diesen
Sprüchen einen längst bearbeiteten Boden: aber gerade der Same, den
er ausstreute, ist reich aufgegangen. Str. 176 ist von dem Allerwelts-.
plagiator Wizlav auf seine magern Beete verpflanzt worden (HMS III,
80a, 9), und der Meissner, ·in so vielen Dingen Reinmars getreuster
Schüler, verdankt seine besondre Vorliebe für die Gattung (HMS III,
87b, 9. 88b, 14. 93b, 10. 100a, 6; auch 93b, 8) gewiss wieder dem
Beispiele des Lehrers.

Dass unter den Lehrsprüchen der dritten Periode die Jugendlehre
eine Stätte gefunden hat, die ihr Reinmar in der Sammlung noch nicht
gewährte, das sahen wir S. 108; Reinmar war älter geworden, fühlte
sich im Gegensatze zur Jugend. Der schwunglosen geistlichen Lob-,
Bitt- und Dankgedichte hat seine md. Zeit wenig erzeugt: an ihre
Stelle ist eine reiche und wertvolle Reihe von religiösen Mahngedichten
getreten, die mit ernster Dringlichkeit immer wieder den Blick aufs
Ende richten. Auch in ihnen bewährt es sich, wie die Nöte des Vagan-
tenlebens Reinmar eine frischere und gesundere Luft atmen liessen. Er
ist aufrichtiger geworden, hält sein natürlich Empfinden nicht mehr
ängstlich zurück, erstickt es nicht unter dem Wust des Hergebrachten,
lässt uns mitfühlen, welche Angst sein Herz bewegt. So ist ihm denn
manches gelungen. Ein feierliches Tagelied warnt die Christenheit vor
Gottes Gericht (219); die Sündenklage strömt 197 so voll und mit
solcher lyrischen Kraft aus, wie es die Spruchform irgend gestattet;
und als der greise Dichter 180 wehmütig sein Alter mit der frischen
Jugend vergleicht, die er lehrt, da entschlüpfen ihm warme und weiche

---

314) Noch andre Fälle: Hardegger, HMS II, 135 a, 4. Hinnenberger III,
40 a, 5. Frauenlob 186. Kolm. 164.

Töne echten Gefühls, wie sie kaum einer der zeitgenössischen Spruchdichter gefunden hat.

Die Geschichte der Dichtung des 13. Jahrhunderts gibt uns nicht
viel Grund, uns der Schöpfungen und Wirkungen des aufstrebenden
Bürgertums zu freuen, so weit es mit literarischen Prätentionen auftrat.
Aber unter der dicken Schicht gelehrter und ungelehrter Plattheiten, die
für unsre Augen zunächst ans Tageslicht kommen, regte sich doch ein
reicheres und frischeres Leben, als in der absterbenden höfischen Welt.
Für Reinmar von Zweter ward die Berührung mit den volkstümlich
bürgerlichen Elementen, denen die Zukunft gehörte, eine wahrhafte
geistige Erfrischung. Ohne Fesseln der Tradition und der Sitte wusste
sein schwerfälliger Geist nie zu existieren: aber die Fesseln, die ihm
der Brauch der bürgerlichen Spielmannsdichtung auferlegte, sie trug er
leichter, und sie hemmten ihn nicht an der natürlichen Entfaltung seines
Ich. Reicher vielleicht an poetischer Kraft in der böhmischen Zeit hat
er sich doch in der md. Epoche am ehrlichsten und reinsten so gegeben,
wie er war: und in so fern ist er vorwärts geschritten bis zuletzt.

VIERTES KAPITEL.
Stil und poetische Technik der Reinmarschen Sprüche.

Wie sich in der mhd. Lyrik während ihrer verschiedenen Epochen, wie sich in dem mhd. Epos, namentlich im Volksepos, eine Gleichmässigkeit des Stils, eine Gemeinsamkeit der poetischen Mittel herausgearbeitet hat, die in einer modernen Literatur kaum mehr möglich scheint, ebenso und gewiss nicht weniger hat die mhd. Spruchdichtung [315]) ihren für unser Gefühl mit ermüdender Konsequenz herrschenden Stil gefunden. Seine Herrschaft erstreckt sich etwa von Walthers Schülern bis auf Frauenlob. Dér folgte zwar noch oft genug der alten Manier, steigerte sie his zur Uebertreibung; andrerseits aber sprengte seine — darf ich sagen: geniale? — Formlosigkeit die altersschwachen Fesseln; und wenn man sieht, wie ganz schon Regenboge dem herkömmlichen Spruchstil entwachsen ist, so überrascht es, wie zähe sich seine Reste noch bis ums Ende des 14. Jahrhunderts und länger fortschleppten, um dann in der farblos zerfliessenden Sprache des vorreformatorischen Meistergesanges unterzugehen.

Die Bilder der Spruchdichtung sind grossenteils einer andern teils realistischeren, teils gelehrteren Sphäre entnommen, als die der Lyrik: trotz ihrer grösseren Menge und Mannigfaltigkeit sind sie kaum minder traditionell als jene. Die didaktische Dichtung begünstigt die Entfaltung der Persönlichkeit, Stimmungen, Seelenkämpfe, Leidenschaftsausbrüche, viel weniger als die eigentlich lyrische Poesie; auch der Verkehr mit dem Publikum hat einen einseitig lehrhaften Charakter gewonnen:

---

315) Auf die vielbehandelte Frage, ob Lied und Spruch im 13. Jahrhundert als zwei verschiedene Dichtgattungen angesehen wurden, gehe ich nicht wieder ein. Ich erkenne an, allerdings mit gewissen Vorbehalten namentlich nach der musikalischen Seite hin, dass zwischen Lyrik und Spruchpoesie die Grenze theoretisch nicht mit absoluter Sicherheit abzustecken ist: Scherer und Rathay haben immerhin gezeigt, dass der Spruch weder unter diesem noch unter einem andern festen Namen vom Liede gesondert nachzuweisen ist. Und trotzdem! Ohne eine gewisse Affectation, wie sie aus dem Stolz der wissenschaftlichen Erkenntnis entspringt, wird man höchstens bei ein, zwei Dutzend Strophen zweifeln, ob Lied, ob Spruch. Simrocks Scheidung ist in jeder Beziehung höchst praktisch und fruchtbar, und ich habe es nicht gescheut, durchweg auf diesen Blättern die Spruchdichtung mit voller Exklusivität als Einheit für sich zu betrachten: zum mindesten war das Kunst- und Stilgefühl der mhd. Dichter entwickelt genug, um den beiden nach Inhalt und Stimmung so stark divergierenden Gruppen strophischer Dichtung, bewusst oder nicht, ihre eigne innere und äussere Form zu geben.

so sind in den Sprüchen die starken rhetorischen Mittel seltener: die schöne und wirkungsvolle Form der Revocatio z. B. kommt so gut wie garnicht vor. Ueberhaupt tritt die Antithese zurück hinter dem Parallelismus. Die langen rhythmisch in sich abgeschlossenen Verse der Spruchstrophen gränzen auch gerne syntaktisch die Sätze in sich ab: darum und zum Teil auch in Anlehnung an den Volksspruch kurze parataktische Sätze: die Periode wird vermieden; wo sie erscheint, wie mehrfach bei Boppe, beim Kanzler, da ist sie nur ein Produkt des Parallelismus der Nebensätze und wimmelt dann von Anakoluthen. Es hängt mit dieser Abneigung gegen einfachste Perioden zusammen die Unfähigkeit oder Unlust zu logischem Aufbau von Gedankenreihen, zu Begründung und Schluss. Der Parallelismus liess sich heben durch die Anapher: für die Spruchpoesie ist aber weniger der Gebrauch, als der Misbrauch der Anapher charakteristisch: das Gefühl für feinere Wirkungen dieser Redeform stumpfte sich ab: wo Responsion eintritt, die bei der Einstrophigkeit der Sprüche überhaupt nicht so bedeutungsvoll ist wie im Liede, da entbehrt sie der Eleganz und ist plump und derb. Das rohe Kunstmittel der Häufung dominiert, oft genug genährt durch die Länge der Strophenformen und der Freude am Parallelismus gemäss. So sind Aufzählungen beliebt, die durch pedantisches Numerieren nicht schmackhafter werden. Sie forderten und förderten das Asyndeton, das mit wachsender Macht auch zwischen zwei Begriffen das *unt* verdrängt. Citate, Gemeinplätze, Berufungen auf die Weisen, Wahrheitsbeteurungen standen dem Lehrspruch wohl an: den Anfang oder Schluss der Sprüche zieren gerne nachdrückliche Sätze, Pointen. Auf viele Einzelheiten des Spruchstils hatte oder habe ich sonst Gelegenheit hinzuweisen. Im Gegensatz zu Walthers Sprüchen erscheint mir für die Folgezeit besonders lehrreich das masslose Ueberwuchern von Anapher und Asyndeton, ein rechtes Kennzeichen des überreizten Stils, der zu blasiert ist, um die gesunde natürliche Kost noch zu vertragen: es liegt nahe genug, an stilistische Erscheinungen unsrer eignen Zeit zu denken.

Von dem gemeinsamen Hintergrunde heben sich nun die einzelnen künstlerischen Individuen mehr oder minder scharf ab, sei es auch nur dadurch, dass sie dies Kunstmittel bevorzugen, jenes vernachlässigen. Und auch bei den ausgeprägtesten Charakterköpfen darf die Rücksicht auf das stilistische Gemeingut nicht vergessen werden: sonst kann es eben passieren, dass zwei so grundverschiedene Physiognomien wie der Marner und der Sunburger in der Zeichnung einander ähnlich geraten wie ein Ei dem andern. Dem gleichen Fehler zu entgehen, habe ich, nicht ohne Willkür in der Auswahl, bei einer kleinen Reihe stilistischer Erscheinungen Reinmars Art mit andern Spruchdichtern verglichen: gleichmässige Rücksicht auf den gesammten Spruchstil verboten die unzureichenden Vorarbeiten. Auch jene Einzelbeobachtungen, so wenig sie abschliessend und vollständig sind, werden ihren Nutzen haben, zumal da, wo neben der Entwickelung auf dem ganzen Gebiete ein paralleler Fortschritt bei unserm Dichter selbst sich konstatieren lässt.

Wir tun der mhd. Spruchdichtung Unrecht, wenn wir an sie ohne
Weiteres den ästhetischen Massstab als an poetische Werke anlegen. Zu
einer Zeit, in der die Prosa eben erst begann sich literarische Geltung
zu erringen, fiel der poetischen Form eine Reihe von Aufgaben zu, die
eine wahrhaft poetische Gestaltung nicht begünstigten, ja nicht einmal
duldeten. Die mhd. Prosapredigt wirkt nicht selten mit stärkerer dichterischer Kraft als viele der nachwaltherischen Sprüche, denen durch
den knappen Umfang die poetischen Mittel arg beschränkt waren. Bei
diesen strophischen Didaktikern drängte das Lehrinteresse das künstlerische zurück, und es ist mislich, von ihnen Leistungen zu verlangen,
die sie gar nicht erstrebt haben. Das gilt noch nicht von Walther, aber
es gilt schon für Reinmar: und jeder Einzelne der Spätern muss darauf
hin geprüft werden. Reinmar nennt sein Dichten fast regelmässig *sprechen, sagen, lêren*: das der Lyrik gemässe *singen* erscheint nur in
zwei Strophen der frühesten Zeit (29,2. 53,2. 5); ausserdem in einem
religiösen Spruch 14,1, und hypothetisch von Lobliedern auf Fürsten
144.12. Ausser der Sammlung einzig im Leich (V. 177), dem es zukommt. Ich lege auf diesen beschränkten Gebrauch um so mehr Wert,
als andre Spruchdichter den Ausdruck *sanc* für ihre Kunst nicht meiden. Reinmar nennt seine Gedichte *rede* 124,12. 204,6 und *spruch*
156,3. 177,6, auch 31.8; *liet* = Strophe 187,1. Das uns erträgliche,
aber damals unerhörte *schriben* von dichterischer Produktion ist 188,9
einzig gewählt, weil Reinmar die Lösung des Rätsels erleichtern wollte:
der Kanzler wagt es II, 390 a, 9 nur im Bunde mit *gesprechen*.

Nicht dichten also, lehren will Reinmar in erster Reihe. In der
Jugend, als er eben der Lyrik Valet sagte und zur Didaktik umsattelte,
da hatte für ihn der **Lehrberuf,** dem er seine Stellung in der Gesellschaft dankte (Burdach S. 29), den frischen Reiz der Neuheit, und in
selbstgefälliger Redseligkeit weiss er ihn bemerklich zu machen (vgl.
S. 203). An die umständlichen Einleitungen 37,1 *ich wil iuch lêren,
werdiu wip; der lêre der volgt: sô wirt getiuret iumer reiner lip;*
40,1 *ich gibe iu vrouwen einen rât, der hôchgemüete bringet unt
doch lobelîchen stât; nû merket in vil ebene unt volget mir! ez wirt
iu lîhte guot;* 51,1 *nû wil ich lêren ouch die man, sô ich von mînen
sinnen daz beste immer vinden kan: swem daz niht wol gevalle, der
lêre ein bezzerz sunder mînen haz,* erinnert in spätrer Zeit höchstens
noch 191,1 *vil tumber mensche, ich râte dir den rât, der dir wol
vüeget, ob dû wilt gerne volgen mir.* Das anspruchsvollere *lêren* mag
Reinmar von Walther haben, der es sehr liebt, während es späterhin
abgesehen vom Meissner gemieden wird; es erscheint an drei Stellen der
minniglichen Lehrsprüche 37,1. 44,12. 51,1 (vgl. auch 60,5), sonst nur
éinmal, zufällig auch in einer auf Frauen bezüglichen Strophe: *ich wil
dich, guot man, lêren* 105,6. Häufiger noch sind *râten* und *bescheiden*; ferner
begegnen *wisen* 20,3. 46,3. 211,1, *betiuten* 80,11. 74,12, *schouwen lâzen* 39,3, *underscheiden* 188.7, und in schöner Verwendung *schin tragen* 180,2. Reinmar re-
tardiert und spannt gern durch vorhergehende Ankündigung: so leitet er eine
Berufung auf Zeugen ein: 148,10 *daz beziug ich mit dem besten wol: mit urloube
ich in nennen sol;* 182,10 *ist daz ichz beziugen sol, so beziug ichz* u. s. w.; so ge-

braucht er nennen: 5,9 *mit hulden muoz ich dir si nennen*; 18,1 *der ich dir vünve nenne hie*; 113,7 *daz selbe wort wil ich mit vuogen nennen*; 68,3; 148,11; so sagen: 119,3 *ich sage iu, wie unt wâ*; 175,6 *nû merke rcht, waz ich dir sagen wil*; 212,2; 219,2 *ich wiz iu wœrlichen sagen*; so mit Vorliebe die wirkungsvollere hypothetische Form: 1,1 *ich seite iu gerne, ich weiz wol waz*; 5,4 *der hân ich eine erwellet mir*: *getorste ichz, hérre, die wolt ich nû gerne loben an dir*; 125,5; L. 18. Auf das bereits Ausgesprochene wird zurückgewiesen: 36,12 *daz sprich ich in ir hulden*; 217,6 *sprich ich sunder scham*; 173,6; rhetorischer 1,8 *verswige ich daz, war tœte ich mine sinne?* In all dem mehr behagliche Umständlichkeit als ein Vordrängen der Person, dem Selbstgefühl des Lehrers entsprungen. Aber Reinmar scheut doch wenigstens nicht, sich als den Lehrenden einzuführen.

So deckt er auch den Inhalt der Sprüche mit seiner Person. Die sichere Formel *ich weiz wol, ich weiz*, Walther, Freidank, Wernher geläufig, viel weniger den Späteren, ist mit éiner Ausnahme (227,8, sonst zehnmal) auf die Sammlung beschränkt: dagegen erstrecken sich, kaum minder bräuchlich, *der, daz dunket mich* und *ich wæne* gleichmässig über alle Strophen. *erkennen* meist im Nebensatz mit *als*: 70,2. 122,11. 129,5; im Hauptsatz L. 170; *ich hânz dâ vür* 79,8. 95,6; *daz wil ich âne zwivel lâzen* 228,9: *dem gibe ich âne wenken, daz* 79,3; *des bin ich wer* 43,12; in einer religiösen Frage *daz geloube ich wol* 206,5; negativ *dâ kan ich niht gedenken* 50,5. Daneben treten unpersönliche Beteurungen zurück: das sonst so verbreitete *daz ist wâr*, Lieblingsausdruck z. B. des Meissners und Thomasins, finde ich nur 14,5 *daz ist endelîchen wâr*; 99,2 *déswâr*; vgl. 208,4 *er sprach ouch sicherlîchen wâr*; 176,12; 107,12. Sogar e i d l i c h tritt er für seine Meinung ein: 49,11 *ich wil erteilen ûf mînen eit*; 173,6 *daz sprich ich volliclich ûf mînen eit*; vorsichtiger 142,12 *sô swüere ich wol*: ich halte diese Schwüre, die nirgends durch den Inhalt herausgefordert sind, für eine Nachwirkung der Liebespoesie, in der der Eid unentbehrlich war, sich aber durch den fortwährenden pathetischen Gebrauch abnutzte[316]): in der Spruchdichtung ist diese feierliche Form ganz selten[317]), einfach darum,

---

316) Die Zusammenstellung von minniglichen E i d e n bei Erich Schmidt, Reinmar von Hagenau S. 84, ist ganz unvollständig. Ich ergänze sie, um den Gegensatz zur Technik der Spruchdichtung zu veranschaulichen: Rubin 21,9 *daz si bi dem hœhsten eide dir geseit*; Hamle I, 113b *des swer ich ir tûsent eide*; H. v. Meissen I, 14a *des swer ich iu bi eide*; O. z. Turme I, 344a *die rede biht ich wol mit tûsent eiden*; Botenl. I, 31b *bi dem eide ich wil geloben*; Homberg I, 63b *des si min triwe mit eide ir phant*; Rotenburg I, 89b *des biute ich ir minen eit*; Gliers I, 107a *wil die diu guote minen eit*, ... *des bin ich ir vil bereit*; Hohenfels I, 203b *doch swer ich des*; Rost II, 131b *ûf minen eit*; hypothetisch: Rubin 14,1; Lupin II, 21a; Kol v. Neunzen II, 336a; HMS III, 468 p; erzählend: Winterst. Ldr. 11,27 *dô swuor ich manegen eit*; Singenb. I, 296a; Friedr. d. Knecht II, 169b; HMS III, 417b; dazu die zahlreichen Fälle, in denen von Eiden Andrer gesprochen, an sie gemahnt wird. Für Neidhart wog die eidliche Beteurung zu schwer: nur Neidh. 70,22 *ich sag iu daz wol ûf mînen eit*.

317) *ûf minen eit* Kanzler II, 390a, 9 bezieht sich wieder auf das Lob der Frau. Wernhers *ich hete es tûsent eide wol gesworn* III, 17a, 3 ist ein Aufschrei schmerzlichster Enttäuschung. Frauenlob 61,5 *daz sprich ich mit eiden* steht in einem Lehrspruch; dagegen 209,1 *ich spriche ez wol uf minen eit* leitet wieder den Preis der Dame ein. Die Eidformeln, die ich aus Bartschs Ausgabe der Kolm. Hs. mir notierte (61,244. 65,16. 174,16), gelten alle den Frauen, die beiden ersten freilich ihrem Tadel. Und wo bei spätern Didaktikern, wie beim Labrer, das Kunstmittel des Eides sonderlich in Blüte steht, da ist auch der Zusammenhang mit dem Minnesange deutlich.

weil man ihre strenge Würde fühlte und sie nicht misbrauchen wollte: wie wenig der Ritter Reinmar sich jener Würde bewusst war, lehrt die possenhafte Verwendung 160,10. Nur selten beruft er sich, wie wir sahen, auf eigne Erfahrung: formelhaft ausser *ich weiz* auch *ich vinde* 75,9. 129,3. 173,7; *dâ trûwe ich nimmer vinden* 142,3; 107,5; *als ich dicke hân gesehen* 104,2. Eine starke Stütze für eine Meinung liegt darin, dass Andre dem Dichter seinen Satz zugeben: 14,3. 16,2. 33,3. Die Wahl zwischen zwei Möglichkeiten wird im bedächtigen Conjunctiv vollzogen: *daz næm ich vür* 24,10. 227,12; *sô næme ich* 81,6. In all dem eine gewisse Unsicherheit. Dass sich das Urteil über ein Versichern und Konstatieren heraus bis zum Gefühlsausdruck steigert, kommt vorzugsweise in der md. Periode vor, in der Reinmar sich zum natürlichen Empfinden durchgerungen hat; früher 117,6 *des lîbes wolt ich schamen mich;* 113,11 *daz ichz Got immer clagen wil;* 118,2 *an mîn herze mir daz gât;* selbst das harmlose, bei Reinmar meist tadelnde *mich wundert* nur 107,1, alles in der böhmischen Zeit. Dagegen: *daz mich des immer wunder nimt* 169,6; *mich wundert unt ist jâmerlîch* 198,1; *iedoch sô nimt mich wunder* 228,3; *ein clage in mînem herzen hât sich lange her verclûset* 163,1 (vgl. 192,11); *ich clage daz* 170,5; *daz ich des vürhte sêre* 172,5; *daz ich nû ze spâte leider clage* 197,6; *diz ist jâmer der mir nâhe gât* 207,6; *wand ich des widerkemphe bin* 176,6.

Mit seinem Publikum verbindet sich Reinmar zur Einheit des *wir* zumeist in den religiösen Sprüchen [318]. Da ist es wohl begründet durch jene Einheit der christlichen Interessen, die Reinmar in Str. 11 betont. Aber wie im Leich, hält er auch in den Sprüchen die Vorstellung nicht immer fest, dass eine Mehrzahl rede. Es beruht das auf einem Mangel an energischer Vorstellungskraft, für den es bei ihm noch andere Beispiele gibt. So wechseln *ich* und *wir* 6,11: *hilf mir, des ich dich biten wil, daz riure unt bihl uns von den sünden reine* und öfter. Störender führt der Dichter erst von seinem Ich-Standpunkte aus die Mitchristen in der zweiten oder dritten Person ein und springt dann unvermittelt. gar im selben Satz, zum *wir* über, und umgekehrt. Das streift ans Unlogische. So heisst s 11,7 *dar zuo sô wünsche ich des den Cristen allen, daz si in houbetsünden iht verrallen unt daz wir werden alsô runden;* 14,1 *ich wil iu singen ... von unser vrouwen lobe, daz wir si êren deste baz;* 88,9; 170,7 *belîbent si die lenge in dirre vreise, sô werden wir kielbrüstic ûf der reise* [319]); leichtere Fälle 215,1 fgg.; 219,2. 4, wo noch der Wechsel von Sing. und Plur. V. 1. 2 hinzukommt.

318) In dem für Chor bestimmten Leich versteht sich das von selbst, und der Dichter fällt geradezu aus der Rolle, wenn er auch da V. 18. 85. 170 den Singular durchbrechen lässt, wenn er V. 63. 65 seine Mitsänger *ir* anredet. Dies Schwanken ist all den religiösen Leichen eigen mit Ausnahme von Rotenburgs sechstem Leich I, 84 b (und dem A-B-C-Leich III, 468 z). In Walthers chorischen Dichtungen wagt sich das *ich* 7,32, die zweite Pers. Plur. 76,36 hervor, und selbst dem sorgfältigen Konrad entschlüpft 1,133 ein vereinzeltes *ich*. Ueber ältre Leiche s. MSD² S. XXXIII.

319) Umgekehrt Kolm. Hs. 7, V. 260: *wær wir dâ niht in sünden pfliht gevallen ..... sie wæren komen niht in nôt.*

Ausser in geistlichen Gedichten greift Reinmar nur in beschränktem Masse zum *wir.* So in politischen Sprüchen, wo ein starkes öffentliches Gemeininteresse vorhanden war: 125,12. 135,2. 11. 136,9. 12. 143,10. 146,12. 149,12. 195,9, dann wo er sich auf allbekannte Dinge beruft, 42,1. 43,1. 162,1. 164,2. 183,1. 9,2. In dem *wir wellen* 30,1, *wir jehen* 35,5, sind *wir* die gute Gesellschaft. Wie in 35 und 136 fordert das *wir* zum allgemeinen Lobe auf 79,7 *dem suln wir alle sprechen wol gemeine.* Mit dem *wir* 158,12 meint Reinmar sich und seine engern Standesgenossen einem vornehmen Adel gegenüber. Auffallend ist nur der Gebrauch von *wir* 112,1 *wir haben nû êre dinge vil,* wo das *wir* die Zeitgenossen, aber den Dichter keineswegs mit bezeichnet, eine Nonchalance freilich, die wir kaum mehr bemerken. Es ist der einzige Fall, in dem Reinmar das *wir* gedankenlos, ohne bewusste Absicht gebraucht.

Seine geringe Anschauung macht sich das Publikum, für das er schafft, wenig deutlich: für einen Dichter, dessen Gedichte fast nichts als Ermahnungen enthalten, der sich also immerfort an wirkliche oder gedachte Hörer zu wenden hat, ist sein Verkehr mit Publikum höchst dürftig und eintönig: man messe ihn nur an Bruder Wernher. Das gilt vornehmlich von den überwiegenden Fällen, in denen nicht ein bestimmter Kreis, eine bestimmte Person angeredet ist. Das Publikum wird zur Aufmerksamkeit gemahnt, meist mit *merket* zwölfmal, seltener mit dem bei Andern höchst beliebten *seht* 1,7. 166,11. 182,5. 189,1; verwante Mahnungen: *volget* 37.2. 40.3, *denket dran* 183,5. 162,12, *daran sit gemant* 219,11, *daz sult ir spehen* 76,12, *daz sult ir hœren* 79,9; es wird gewarnt: *dâ vor hüetet iuch* 84.6. 40,12. 153,3. 7. 209,6; *des volget niht* 225,12; es wird auf ein Wunderbares hingewiesen: *merket wunder* 187,7; ähnlich L. 63. 65. 16,6. 58,3; *des sol niht wunder nemen man noch wîp* 56,3; ihm wird eine Wahrheit beteuert mit einfachem oder verstärktem *wizzet* oft: *sô sît gewis* 172,12. Zur Mittätigkeit fordert er selten heraus und fast nur in der Sammlung, als er noch an bestimmten Höfen lebte und auf ein bestimmtes gutes Publikum rechnen durfte. Da appelliert er geradezu an den Rat der Hörer: *nû sprechet an* 14,12. 30,7; *nû sprechet* 79,4. 81,9. 98,8 mit folgender Frage. Wieder eine ärmlich feststehende Form. Bitten um event. Belehrung aus der östreichischen Zeit 33,12. 51,3; 102,7 wird ein *gast* ersucht zu entscheiden: *sagt an, her gast.* Anregung zu gemeinsamem Lobe vgl. oben. Ausser der Sammlung nur einmal eine entsprechende Aufforderung zu gemeinsamer Verwünschung 223,9 *des wünschet alle:* dass in den Rätseln, im jeu parti der Hörer gefragt wird, erheischt die Gattung.

Sollen den Hörern mehr als Floskeln zugeworfen werden, so redet sie Reinmar gerne ausdrücklicher an als mit blossem Pronomen. Für ganz allgemeinen Ausdruck empfahl sich der Singular, der jeden Einzelnen für sich anspricht [320]): so *wîp* 33,7; *man* 55,9. 92,1; *Cristen* 219,1; mit höflichem Epitheton *wiser man* 52,4. 175,1; *sinnericher man* 177,4; *guot vriunt* 122,12; auch *her Adam* 101,7, *her gast* 102,7. Ausserhalb der Sammlung treten hinzu *junger man* 165,1. 180,7. 199,7 und *mensche* L. 224. 190,1. 191,1. 192,12, beides in seiner Art charakteristisch, das erste für den ältern, das andre für den allgemein menschlicher denkenden Mann. Im Plural: *ir reinen man, ir werden wîp* 210,10; *werdiu wîp* 37,1; *ir vrouwen* 38,1. 40,1; *ir edeln man*

---

320) Ihn gebraucht Reinmar aber n i c ohne eine ausdrückliche Anrede, welche die Person bezeichnet: blosses *dû,* wie Sunburg III, 77a, 47 eine ganze Strophe hindurch, wie Wernher, Marner, Meissner, Frauenlob es verwenden, genügt ihm nur 220,6 in dem traditionellen kurzen *nû rât.*

vil hôchgemuot 51,4; *nâchspehende liute* 81,9; *edele Cristen* 88,9;
ir Cristen 219,11. Wenn 48,9 die *ritter*, 114,7 die *edelen knehte*,
183,3. 5 die *werden edeln* angeredet werden, so ist das keine Um-
schreibung des Publikums mehr, sondern nähert sich schon der Standes-
lehre, wie sie in spätern Stadien der Spruchdichtung blüht und in Str.
86 von Reinmar den ausgesanten *fratres* erteilt wird. Ebenso war es
beliebt, Charaktertypen herauszugreifen und, meist im Singular, anzu-
reden: 61,3 *eins ungevierten mannes muot*, 62,10 *man edels muotes*,
63,1 *ungelobter richer man*, 111,11 *her trunkenbolt, her trunkenslunt*,
157,4 *schalkes munt*, 212,1 *spotter*; im Plural 58,12 *muotwillære*,
166,11 *ir minner*. Diese dem Didaktiker naheliegende Art der Apostrophe ist allen Spruchdichtern nach Walther gemein, und es überwiegt
auch sonst der Singular. Mit der Anrede an Gott und Maria ist Reinmar verhältnismässig sparsam.

Die Kunstform der **Apostrophe**, im Wesen der Spruchdichtung tief
begründet, ist eins ihrer wirkungsvollsten Mittel; ein bemerkenswerter
Stilunterschied von den Didaktikern in Reimpaaren. Walther hat sie
in weitem Umfange und am meisten mit künstlerischem Bewusstsein
gehandhabt: späterhin gerät sie in Verfall, bis sie der Meissner wieder
und vor Allem in ermüdender Massenhaftigkeit ohne Feinheit Frauenlob
ausnutzt. Reinmar, hierin Walthers Schüler, weicht doch in Kleinem
von ihm ab. So fehlen Walther, der für einen allgemein gehaltenen
Lehrton keinen Sinn hat, die Apostrophen an moralische Typen ganz
und gar, und wo er sich an ganze Stände wendet, geschiehts fast immer
mit einer bestimmten politischen Absicht. Reinmar steht da der spätern
Spruchpoesie näher. Andrerseits sind Walthers Stärke die Apostrophen
an bestimmte Personen, und gerade sie lagen Reinmars schüchterner
Natur ferner, ferner auch ihm, als den übrigen Kollegen, die schon
durch ihre Lob-, Bettel- und Scheltpoesie mehr Anlass zu solchen Apostrophen hatten. Von Reinmar gehört wol hierher: 59,4 *hôch geborner
lîp*, 124,1 *her vriunt*, sicher 158,1 *her Hagene*, 153,1 *her hêrre*,
vgl. auch V. 11. Deutlich ist Walthers Einfluss dagegen in der politischen Spruchdichtung, deren festes und kräftiges Ingrediens die Apostrophe durch ihn wurde. Reinmar ist auch hier viel zaghafter als
sein kampfesfreudiger Lehrer: aber 128,1 heisst's auch bei ihm *her
bâbest*; den König redet er 214,7 *ir fullemunt der edeln Cristenheite*
an; die Erzbischöfe von Mainz und Köln in kühner Wendung 224,8;
die Rebellen gegen Kaiser Friedrich 137,2. 138,6, die Wahlfürsten endlich 146,2. 147,7; ja er wagts, den Antichrist fragend und einladend
zu apostrophieren 133. 134. In dieser politischen Apostrophe kommt
ihm nur Wernher nahe (II, 227b, 2. 229b, 10. 234b, 3. III, 12b,
12. 16b, 26), auch Wengen wusste sie in der einen seiner zwei politischen Strophen zu nutzen, und als sie dann abnimmt, da nimmt sie
ab in gleichem Schritte mit der politischen Dichtung überhaupt.

Es war die kühnste Art der Apostrophe, wenn sich mit ihr die
Personification verband, wenn unbelebte Dinge oder Abstracta
angeredet wurden. Schon Spervogel beschuldigt 22,9 direkt die

armüete. Walther liebt die Anrede an Abstracta; er verleiht ihnen dann gern den Titel *vrou*: so Frau Minne, Welt, *State* (96,35); ohnedem spricht er an: oft die Welt, dann *unmûze* 80,19, *gelücke* 90,18, *hôchvertic ses* 80,8, *guot* 31,21, *tiuschiu zunge* 9,8: von den Personificationen der Lieder ganz abgesehen. Auch leblose Konkreta werden so behandelt: *frou Bône* 17,38, *her Stoc* 34,14. 22, dann *Jerûsalêm* 78,14, der unbeseelte *lip* 67.28, *sper kriuze unt dorn* 15,18. Das war etwas für Reinmar. Er personificierte gern, und an Personificationen wante er sich jedesfalls lieber als an bestimmte Personen. So redet er an die *Êre* 75,7, die *Unêre* 78,12, die *Minne*, oft im Leich, *unzuht* und *gewalt* 64,4. 7, *richeit* und *gewalt* 69,1, *Ayez*, die Vergesslichkeit 174,1, *vrou Milte* 119,1. 7, häufiger die *Werlt* 197,1. 12. 203,12. 229,1, dann *muntvol, hantvol, schôzvol, malter, mütte* 97,1, das Spiel 107,1. 12, die *atzunge* 184,9; ein Mann spricht mit der *Unsælde* 178,7; *her Lip* wird 117,8 apostrophiert, ein Glücksmensch redet zu seinem Herzen 92,5. An den Hahn wendet sich der Dichter ratfragend 104,1, an den Falken in der Quasifabel 201 die Fledermaus. *Rôme* wird 223,1, *her Phenninc* 61,7 angesprochen. Eine stattliche Reihe: Reinmar übertrifft hier seinen Meister, der das wirkliche Leben dem erdachten vorzog. Und auf diesem Gebiete wird Reinmar nicht sobald erreicht: auch diese Art der Apostrophe geht seit Walther und Reinmar zunächst zurück. Gewisse herkömmliche Apostrophen konservieren sich gut: von der Lyrik her bezog Frau Minne immer neue Nahrung; die Welt wird ausserordentlich oft [321]) angeredet, scheltend und lobend, am häufigsten von Sunburg, bei dem sie eine grössere Rolle spielt, als die Ehre bei Reinmar. Darüber hinaus aber wie wenig! Wernher apostrophiert rein rhetorisch am Schluss zweier Strophen *vrou Schande* (III, 14a, 12) und die *erge* (18b, 11): die *schorpelîn* (III, 16b, 26) stehen bildlich für Menschen wie Marners *storche* (XIV, 94), Raumslands Fuchs (III, 68a, 1), Boppes Esel (II, 384a, 2): das ist ein audrer Vorgang. Marner hat neben einer Fabel (XV, 126) und der Welt kein Beispiel der personificierenden Apostrophe, ebensowenig Konrad, Sigeher, Boppe, der wie in seinem gesammten Stil, so auch in der Apostrophe von vollendeter Einseitigkeit ist: und was will es sagen, wenn Raumsland beiläufig einmal die *schande* (III, 55a, 12), in einer religiösen Strophe das *erbarmen* (III, 60b, 6). wenn Kelin die hergebrachte *sælde* (III. 21b, 1) anredet und im Dialog Frau Schande und Frau Ehre mit einander sprechen lässt (III, 23a, 4), wenn Höllenfeuer III, 34a, 4 das Reich, Damen III. 169a, 1 den *Sin* apostrophiert? Die Abnahme ist unverkennbar. Es gibt freilich ein Paar Dichter, die in Walthers und Reinmars Fusstapfen fortschreiten: vor allen Sunburg, der ausser der Welt auch noch gelegentlich *frô Zuht, frô Mâze* (III,

---

321) Belege: Wernher II, 228a. 232b. 233a; Hardegger 135b; Reinmar(?) 266,1; Marner XV, 56; Sunburg II, 357a. b (zweimal). 358a. III. 72a; Konrad 13,23; Reinolt von der Lippe III, 51b; Meissner 88b; Johannes von Rinkenberg I, 340a; Frauenlob 256,1. 323,6. 424,12 fgg.; als *her* angeredet Marner XV, 19b(?).

74a, 32), *abgunst* und *untriwe* (III, 76b, 44), *unreht gewalt* (III, 76b, 43), *ein sinnelîn* (II, 355b, 3) und *sündelîchez guot* (III, 76a, 42) einer Ansprache würdigt. Aber selbst die beiden Meissner, notorische Freunde der Apostrophe, nehmen es in dieser Art mit Reinmar nicht auf, vor Allem darum nicht, weil bei ihnen die personificierende Anrede lediglich rhetorisches Mittel geworden ist: rein formelle Apostrophen, wie sie Meissner III, 91b, 20 an *unendelich*, 93a, 6 an *die schame*, Frauenlob z. B. 19,16 an den *blanken schîn*, 38,18 an die *tôdesgalle*, 271,19 die *zuht*, 261,11 die *schame*, 160,1 *Francrîch*, 270,6 *spot*, 313 *armonîe*, 370,17 *kunst* u. a. m. richten, sie kommen bei Reinmar nicht vor, der die Personification nie formell übte ohne das Bemühen, sie auch innerlich zu vollziehen.

Eigen ist Reinmar in der Anrede eine Vorliebe für den Titel *h e r*, den er ausserhalb derselben nur 203,2 *her Liegât* (182,11 *her Hoier*) gebraucht. So: 61,7. 10 *her Phenninc*, 104,1. 11 *her Han*, 117,8 *her Lip*, 201,2. 3 *her Valke;* 101,7 *her Adam*, 102,7 *her gast*, 111,11 *her trunkenbolt*, *her trunkenshant*, 124,1. 1 *her vriunt*, 128,2 *her bâbest*, 153,1 *her hêrre*, 158,1 *her Hagene*. Nur neben den Titeln *her* oder *vrou* ihrzt er: Ausnahmen 214,7, wenn ich recht conjicierte, und höhnisch 183,12. In der Hälfte etwa der genannten Fälle, vor Allem in *her vriunt* und dem merkwürdigen *her hêrre* (s. Anm. z. 153,1) scheint Reinmar mit dem geflissentlich höflichen *her* eine leichte ironische Wirkung erstrebt zu haben, wie auch wir sie noch in der Polemik kennen, wie sie mhd. deutlicher bei *vriunt* ist. Von zwölf Beispielen der Anrede *her* steht mit Sicherheit nur éins, 201, ausser der Sammlung: liegt das an dem minder herrenhaften Publikum, unter das den Dichter seine Vagantenzeit führte? Jedesfalls stimmt es leidlich zu der Tatsache, dass der Adlige Walther jene Anrede *her* immerhin begünstigt, zumeist freilich bei Namen und Titeln, während z. B. der Marner das *her* gar nicht in die Anrede setzt: Reinmar hätte XIV, 94 unfehlbar *her Storche* geschrieben. Der Kanzler hat in einer Fabel *her Rappe* (II, 398b, 13), *her Hirz*, *her Valke* (388b, 6). Von Sunburg verzeichne ich *vrô Welt*, *vrô Zuht*, *vrô Mâze*, aber nirgend ein *her*; von Damen *her Sin*. Boppe füllt eine Schimpfstrophe mit Schmähnamen, die alle *her* eingeleitet werden, ebenso schilt Ps.-Gervelin (III, 36b, 5) *her dunkelmeister*; ebenso Raumsland III, 68a, 1 *her vuhs*, Meissner III, 109b, 1. 2 *her loterritter*, 90a, 9 *her weichelînc*; vgl. *her tumber gouch* Wartbg. 9, *her tôre* Marner XV, 19g; das ist so in Reinmars ironischer Art. Erst bei Frauenlob wieder reichere Beispiele: *her Hof*, *her Bart*, *her Lip*, *her Sin*, *her Himelpheller*, *her Winter*, *her Adelorn* u. öfter. Fort liess ich in dieser Aufzählung bewusst nur ein Paar *her* vor Namen und Titeln. Kein Spruchdichter, auch Walther nicht, erreicht Reinmar in der Mannigfaltigkeit des Gebrauchs: wundersamer Gegensatz, dass er *vrou* nur éinmal in die Anrede bringt: *vrô Mitte* 119,1. 7, während sonst schon die Ueberzahl weiblicher Personificationen dem Titel *vrou* seine Stätte sichert. Trägt der ironische Beischmack Schuld, den diese förmliche Titulatur für Reinmar gewonnen hatte?

Das Lob, Reinmar habe zur personificierenden Apostrophe nie rein rhetorisch gegriffen, bedarf einer Abschwächung. Die gewonnene bildliche Vorstellung ist wiederum nicht immer so stark, dass der Dichter sie treu festhielt. Das gilt bei ihm von allen Arten der Anrede. Er wechselt mit beunruhigender Sorglosigkeit zwischen der zweiten und dritten Person. Dass dem Erzähler in der Wärme der Darstellung die Person, von der er spricht, lebendig vor Augen tritt, dass er sie anredet als eine gegenwärtige, das ist eine schöne, eminent poetische Freiheit, schon der vorwaltherischen Lyrik nicht fremd (Burdach S. 79). Aber ein Andres ists, wenn ein Dichter die Person, die er eben noch leiblich vor sich sah, nun auf einmal als abwesend behandelt: das ernüchtert, schwächt ab: auch die vorhergehende Anrede wirkt da wie ein Misbrauch, weil ihr die sinnliche Anschauung zu mangeln scheint. Wo sich, in der Lyrik, der Wechsel zwischen Anrede und Erzählung auf verschiedene Strophen verteilt, da ist das Unbehagliche gemildert: wenn aber Walther 96,35 die *Stæte*, von der er bis dahin in der dritten Person gesprochen, anredet: *lât mich ledic, liebe min frô Stæte!* und dann unmittelbar fortfährt: *wan ob ich sis iemer bæte, sô ist si stæter vil dann ich, ich muoz von mîner stæte sîn verlorn*, so ist das ein misglücktes stilistisches Wagnis: als Ungeschick empfinde ich auch den unvermittelten Uebergang von der angeredeten Dame zu den besprochenen Frauen in der zweifelhaften Strophe 27,27.

Wenn das selbst am grünen Holze geschah, so darfs bei Reinmar nicht verwundern: es ist ein Seitenstück zu dem Wechsel des *wir* mit *ir* und *si*[322]). Das stärkste Beispiel dieser Schaukelei gibt Str. 174: 1. *Âgez, dû bist ein übel diep;* 4. *swie vil Âgez der diephcit kan, mînes lieben vriundes kan er mir niht stein hin dan;* 7. *Âgez, dû bist vil dicke schalkes muotes;* 9. *des mûeze Âgez der tiuvel schenden! er diep!* Viel ärger ist es kaum möglich. 37 beginnt: *ich wil iuch lêren, werdin wip:* die Anrede dauert fort bis zum 6. Vers, wo sie merkwürdig schroff in die dritte Person übergeht, die von da an herrscht: *daz stât iu wol unt ist ouch vrouwen guot.* 61,5 schilt Reinmar den Unzuverlässigen: *stæter triuwen bistû arm,* und fährt dann fort: *ich meine alle liute niht, ich meine al eine, der ez tuot.* 48,9. 10 redet er zu, 11. 12 von den Rittern; 138,6 warnt er die *vridebrechen* in der zweiten, 10. 11 in der dritten Person: vgl. 117,7. 11. 114.7. 12. 198,7. 10. 223,1. 4. 38,6. 7 u. ö. Kein andrer Spruchdichter bedient sich dieser stilistischen Freiheit so ausgedehnt[323]). Es ist wol kein Zufall, dass gerade ein Schüler Reinmars, der **Meissner**,

---

322) Der **Uebergang der dritten zur zweiten Person** ist sehr häufig und unanstössig: fast immer (6 Ausnahmen unter 21 Fällen) sind die verschiednen Personen bei Reinmar durch einen scharfen strophischen Einschnitt, immer durch das Satzende getrennt: gern vollzieht sich der Wechsel am Beginn des Abgesangs. Einen so schroffen Wechsel, wie ihn der sorgfältige, aber originelle Stilist Wernher sich II, 227a, 1 im Satze gestattet: *Adâme tet er undertân gar wilde unt zam biz ûf ein zil, ein obez daz dû soldest miden*, wagt Reinmar nirgend.

323) Beispiele: Wernher II, 229a, 9; Süsskind II, 259b, 3; Kanzler II, 398a, 11; Sunburg III, 76b, 42. 44; Raumsland III, 67a, 1; Brennenberg I, 336b, 5; Kolm. 88,68. Von Frauenloh hebe ich hervor: 79,16. 90,1 (Walther 29,15 ist doch etwas anders). 106,17. 150,12 fgg., eine Strophe des wüstesten Wechsels; 285,14. 17; besonders aber 388. Für *dû* und *ir* vgl. Frauenloh 91,1. 7.

sie ebenfalls pflegte; so III, 93a, 6: *Schame, d i n name ist ein ganz tugende vaz, Scham ie vor Gote in êren s a z;* 100b, 7: *Mercûrius, nû hilf mir, daz mir Sælde wache! schînet e r mir ze glücke noch, sô kume ich wider ûf der Sælden pfat;* 102b, 2: *dir* (Deutsche Zunge) *solte dienen al diu werlt, nû wilt û dich eigen machen: ver-liuset Diutschiu zunge ir reht, daz wirt s i e an êren swachen.* Dass der unvermeidliche F r a u e n l o b nicht zurücksteht, wo es sich um eine Formlosigkeit handelt, bedarf kaum der Erwähnung: bei ihm spielt noch ein andrer Wechsel, der zwischen *dû* und *ir*, seine Rolle.

Ein ähnlicher Vorgang, wie das Vertauschen der dritten Person mit der zweiten, vollzieht sich, wenn ein Dichter a u s d e r i n d i r e k t e n R e d e i n d i e d i r e k t e übertritt. Er vergisst, dass er referiert; die Worte des Redenden hallen vor seinem Ohre und er spricht sie nach. Direkte Rede bezeugt eine weit energischere und lebendigere Vorstel-lungskraft als indirekte. Es ist bekannt, wie oft im Volksepos und bei Dichtern, die unter seinem Einfluss stehen, jener Wechsel vorkommt. Auch bei Reinmar lässt sich ein Gedicht vergleichen, 194,4, nur dass der wohlerzogene Dichter die syntaktische Freiheit, die dem Volksepos in diesem Falle zusteht, sich nicht aneignet, sondern die direkte Rede durch ein '*er sprach*' einleitet. Auch sonst bevorzugt er es, wie die andern Spruchdichter, die Personen, von denen sie erzählen, auf die sie sich berufen, direkt reden zu lassen: diese Vorliebe ruht freilich nicht ohne Weiteres auf der Energie sinnlicher Anschauung. Syntaktische Gründe wirkten ein: oft handelt es sich um Ausrufe, Beteurungen, kurze Mah-nungen, die gar nicht oder nur mit Einbusse ihres Charakters indirekt anzubringen waren, oft wiederum um lange Auseinandersetzungen, die in indirekte Rede zu kleiden, der syntaktischen Kunst dieser Dichter nicht gegeben war: längere **indirekte** R e d e n, wie Walther 11,1 fgg., Sunburg III. 73b, 28 sie wagen, sind nur Ausnahmen, und Sunburg hat das Experiment in der parallelen Strophe 73a, 27 wohlweislich nicht wiederholt. Reinmar hilft sich in einem ähnlichen Falle, indem er (145,3—6) statt langer zusammenhängender Rede den Inhalt auf drei Sätze verteilt.

Reinmar macht Anfangs von der E i n f ü h r u n g **direkt** Redender nur sparsamen Gebrauch. Aus der östreichischen Periode kenne ich drei unbedeutende Beispiele (41,1. 62,10. 65,6). Und wo er sie gebraucht, sinds kurze Ausrufe, Bitten, Sprüche, die über den Umfang eines Verses kaum hinausgehen. Nur zweimal kommt es zu längerer Auseinander-setzung: 87,5 fg., wo aus dem Sinne eines Prädestinationsgläubigen tadelnswerte Moralschlüsse gezogen werden, und 92,5 fgg., wo ein Mann mit seinem eignen Herzen, das er *vriunt* anredet, zu Rate geht. Kein einziges Mal in der Sammlung redet eine bestimmte Person, ausge-nommen einmal der Dichter selbst (62,10). Und selten genug, dass die

---

140,1. 6. 361,6. 7. Das Tollste in dieser Richtung erlaubt sich wol ein Dichter der Kolm. Hs., der in einem zweideutigen Gespräch zwischen Mann und Frau den Mann bald in der Ichform, bald als *der knab* einführt (137).

Worte als wirklich ausgesprochen da stehen (44,1. 82,1. 111,11. 113,9); in der Regel wird zu ihnen aufgefordert, vor ihnen gewarnt, sie werden als möglich oder hypothetisch genannt. Das Präteritum Ind. 'sprach' kommt gar nicht vor. Ich brauche nicht erst zu sagen, wie genau diese Scheu vor dem Besondern, Tatsächlichen dem dichterischen Charakter des jüngern Reinmar entspricht.

Später ändert sich das. Zwar zu der Kühnheit, lebende bestimmte Personen reden zu lassen, rafft sich Reinmar nie auf: aber man erwäge wohl, dass darin überhaupt nur der freche Schulmeister von Esslingen Walthers Vorgang gefolgt ist[324]. Auch Gott, Maria, die Engel führt Reinmar nie redend ein, und darin scheidet er sich von ziemlich allen Uebrigen: auch das ist Zartgefühl. Dagegen reden bei ihm ausser der Sammlung zahlreiche Tiere 160. 201,2, es reden Personificationen: *Unsælde* 178, *Triuwe* 196, die Welt 229, es reden Charaktertypen: der Zweifler 172,6, der Tor 160,5, es redet Salomon 208,1, ja es redet sogar Walther, der freilich nicht mit Namen genannt wird. Das Präteritum und das Präsens Indicativi dominieren über die optativischen und hypothetischen Formen. Auch ausserhalb der Sammlung fehlt es nicht an den kurzen direkten Wendungen der frühern Zeit, aber 160. 178. 201. 207. 208 sind die mehrere Verse umfassenden direkten Reden die bestimmenden Teile der Strophe, 194 und 196 bilden sie ebenso ihren wirklichen Inhalt, wie in der Klage des Wiener Hofs bei Walther, in der Wolfsklage Süsskinds, in Sunburgs Papstbrief, Rammslands und des Hinnenbergers Marienbitten, Boppes Beichte und in mehreren Frauenlobschen Strophen.

Die Faktoren, welche diesen stilistischen Wandel zur Folge hatten, sind dieselben, die auf Reinmars Stoffe einwirkten. Es sei nur noch bemerkt, dass die direkte Rede in md. Sprüchen nicht nur häufiger, sondern auch bedeutungsvoller ist, als bei den oberdeutschen Dichtern. Es gilt das weniger von Walther und Wernher, als von den spätern, von denen nur der Hardegger eine Vorliebe für sie zeigt. In Fabeln und erzählenden Sprüchen liess sie sich nicht entbehren: sonst aber kommt sie bei Konrad und Boppe so gut wie gar nicht, bei Marner, dem Sunburger, dem Kanzler mit geringen Ausnahmen (Marn. XV, 210; Sunb. III, 73a, 27; Kanzler II, 397a, 6) nur nebensächlich vor, kaum wie in Reinmars früheren Perioden. Dagegen sind Raumsland und Stolle wahre Virtuosen der direkten Rede: sie gefallen sich in der Länge dieser Reden: auch auf Kelin verweise ich, auf Wizlav und den Hinnenberger, bei dem einmal eine Rede Marias zwei Strophen verknüpft (III, 10b, 8. 9). Der Meissner schliesst sich mehr an Reinmar: bei ihm erscheint direkte Rede oft, aber wenig ausführlich, während für Frauenlob Reden von zehn, zwölf und mehr Versen keine Seltenheit sind: er legt Citate

---

324) Wenn Sunburg ein wirkliches Schriftstück des Papstes reproduciert, so ist das ein Andres, und etwas Andres auch, wenn Stolle der sterbenden Herzogin von Baiern rührende Worte der Liebe zu ihrem grausamen Gemahl in den Mund legt: wie der Anonymus seinen Kollegen Kerling reden lässt, so meint Konrad 32,299 vielleicht auch einen bestimmten Sänger.

den Autoren in den Mund oder lässt Allegorien reden: zu Beidem hat Reinmar Ansätze [325]). In einer Erzählung der md. Zeit schwingt sich Reinmar zu dem schwachen Versuch eines **Dialogs** auf: Frau *Unsælde* spricht mit dem Mann, der ihr entfliehen will. Nicht Walther war hierfür Reinmars Vorbild: sein lebendig bewegtes Gespräch mit dem Knechte (82,11) hat in der Spruchdichtung geringe Wirkung hinterlassen. Wieder vergleichen sich Reinmars Dialog am nächsten md. Dichtungen: nur in md. Sprüchen kommen Gespräche vor, in denen personificierte Abstracta mitreden — einzig Frau Welt auch sonst —, bei Stolle, Kelin, Frauenlob, in dem pseudobrennenbergischen Streit der Liebe und Schöne; für das Gespräch in der Erzählung gibt Raumsland Beispiele: die Oberdeutschen stehen weit zurück. Namentlich Stolle entwickelt Neigung und Gewantheit für den Dialog: sein Gespräch von Wahrheit und Unwahrheit geht fast stichomythisch in kurzer Wechselrede vor sich, leider durch das schwerfällige *din wârheit sprach, unwârheit sprach* arg belastet: hat Stolle auch den Dialog von Keie und Gawan verfasst, den C dem tugendhaften Schreiber beilegt? [326])

---

325) Direkte Rede bedarf bei Spruchdichtern durchaus eines ankündigenden, seltner folgenden *er sprach* oder einer ähnlichen Einleitung. Es ist eine Kühnheit, wenn Reinmar 229,6 nur aus dem Inhalt ersehen lässt, dass die Welt spricht. Ausgenommen sind gewisse kurze Redensarten, die fast wie Substantiva konstruiert werden (vgl. unten 'abstrakteste Neutra'). Selbst in den zahlreichen Dialogen wagen die Spruchdichter nur selten die Freiheit, nach epischer Art (WGrimm, Kl. Schrr. III, 245) jene einführenden Worte fortzulassen. Das wird in schneller Wechselrede (Wechsel im Vers) durchgeführt bei Walther 82,11; Meissner III, 88b, 14; Frauenlob 108; vgl. Regenbogens Judendisput; die einzelnen Reden sind länger und nicht zahlreich Hardegger II, 136a, 8; Raumsland III, 68a, 2; Hinnenberger III, 40b, 9. Die Einführung ist Regel und wird nur gelegentlich ausgelassen Meissner III, 99b; Regenboge III, 345a fg. Reinmars Dialog hat stets die Einführung. Erst Frauenlob gestattet sich weitergehende Licenzen.

326) Gegen diese Angabe von C spricht Alles, der Platz in der IIs., der Inhalt wie die Form der Almende. Aber auch J wird nicht Recht haben. J bringt den Dialog am Schlusse der Stolleschen Sprüche: nur am Rande sind dann noch ein Paar unanfechtbare Strophen nachgetragen. Die Strophenform entscheidet nicht für Stolle. Rät Keie im Ernst zum *lösen unt liegen* bei Hofe, so tut das Stolle ironisch (III, 5a, 10), und wie Gawan protestiert er gegen unverdientes Lob (Str. 25. 27): mehrfaches *sô wê* am Strophenanfang in der fünften Gawanstrophe und bei Stolle Str. 16. Diesen Aehnlichkeiten steht gegenüber: der Dialog entbehrt jeder Einführung (vgl. Anm. 325); Gleichheit des Prädikats in Haupt- und Nebensatz bei Stolle nie, in dem Dialoge nicht weniger als viermal: Str. 2,4. 9. 14; 3,13; Verbindung dreier Sätze durch *unt* bei Stolle nur in einer nicht einmal ganz gesicherten Strophe III, 9b, 37, im Dialog dreimal: 1,10; 2,3; 4,1; auf *wîse liute*, die *wîsen meister* beruft sich nur der Dialog; md. Reime enthält er nicht. Ein Dritter also war wol Verfasser.

Personification und Bilder.

Auf keinem Gebiete der dichterischen Darstellung bewährt sich Reinmars Gestaltungskraft so reich und glücklich wie in der **Personification.** Ich habe auf die mannigfachen Erscheinungen dieses für ihn höchst charakteristischen Kunstmittels schon oft hinweisen müssen: über Frau Minne sprach ich S. 210 fg., über Frau Ehre S. 215—218, über die hervorstechendsten Personificationen der md. Epoche S. 245, über personificierende Apostrophe S. 265, über redende Abstracta S. 269 fg. Nur wenig ist noch nachzutragen. Frau *Milte* (116—120) ist eine schwache Kopie der Frau Ehre. Wie diese war sie einst mächtige Herrscherin, aber statt der Knechte hat sie jetzt Herren und Gebieter bekommen, die sich nur um sie kümmern, wenn sie mit ihr prunken wollen. Wem sie ihre Hand reicht, dem reicht sie auch ihr Herz. Aber sie muss mit dem *gart* an ihr Amt gemahnt werden: sie ist zwiespältiger Art; der allzu Bescheidene kommt übel bei ihr an. Auch dem *meister Ernest* begegnet es, dass er vertrieben wird (156,1): Reinmar selbst oder ein Nachahmer erzählt noch von ihm (253,7), dass er aufräume mit den Winkelzügen der Welt, dass seine Augen ihre dunkeln Geheimnisse durchdringen: wehe ihr, wenn er sie als Kläger vor Gericht schleppt! Der *Muot* ist bald ein Ross, das den Zaum im Maule trägt und von dem *Manlich* straff zum Guten gelenkt wird (58,7), sich aber nicht leicht zähmen lässt (60,6); bald ist er, einst ein armseliger Knecht, jetzt ein mächtiger Herr, gegen den der hochgeborne Edle vergebens ankämpft, der ihn der Unehre zu Füssen schleudern wird (59). Die *blanke Gebærde* ist eine elegante Dame, der wol der Kaiser den Vortritt liesse, wenn sie innen wäre, wie aussen: wenn aber nicht, dann will der Dichter nicht einmal ihren Gruss erwiedern (83). Der unrechten Gewalt wird angewünscht, sie solle als Fuhrmann mit schwerer Last über dünnes Eis ziehen, es solle ihre Brücke unter ihr zusammenbrechen (64,7). Die Eisbrücke des Rätsels 205 zerstören zwei starke Männer, Sonne und Wind. Mit kräftiger, fast lustiger Sinnlichkeit ist das totkranke, an allen denkbaren Gebrechen leidende Reich abgeschildert, das in dem weisen Kaiser seinen Arzt findet, nur dass ihm noch eine Gräte in den Zähnen stecken bleibt (140); mit geringerem Erfolge kuriert der Papst an der Kirche herum, der die Gräten in der Kehle sitzen (128). 224,8 wird des Reiches blosser Rücken mit Ruten gestrichen; an Mainz und Köln hat es zwei üble *wirt* am Rhein 224,4; im politischen Kampf hat es eine Scharte davongetragen, die nicht so bald heilt 224,6. Gegen das mächtige *Unreht* mit seinem grossen Heer wehrt sich das arme schwache *Reht* bis zum letzten Blutstropfen: nicht eher beugt es die müden Beine, bis es den trügerischen Gegner entlarvt hat (132). Die wahre Minne klagt der Gottheit unser Elend und zwingt sie siegreich, uns zu helfen; sie ist Mörderin der Sünde (L. 138) und wird aufgefordert, vom Himmel eilig herab zu steigen und sich nach dem Befinden ihrer *gernden diet* umzusehen (L. 129); ebenso nehmen sich Erbarmen, die Königin der Tugenden und Gottes Ratgeberin (5; 1,3; L. 215) und Güte (1,3) unser vor Gottes Throne an und schützen uns vor der Gerechtigkeit, die, eine Wage in der Hand, der Spur unsrer Sünden folgt (L. 219); auch ein sonst bekannter Zug.

Neben diesen ausgeführteren Gestalten und Situationen durchsetzen zahlreiche gelegentliche Personificationen Reinmars gesammte Dichtung. Ich gebe nur von den vollen eine Uebersicht, in denen der Dichter sich seines bildlichen Ausdrucks bewusst scheint, nicht nur die ererbte poetische Sprache für ihn dichtet. Maria sendet ihre Tugenden als Boten an Gottes Thron (2). *Cluokeit* und *Kündikeit* sind *kebshalp* nahe verwant: wehe, wenn sie in Folge dessen gar zu vertraut werden und sich gemeinsam gegen den Freund auf die Lauer legen! (123). Auch *Swinde* beherbergt die *Cluokeit* bei sich und legt sich mit ihr in den Hinterhalt 122. Die Schande hat *mâge* 42,12, *Inruoch* ist der Gleichgiltigkeit näher verwant als der Liebe 173,9, die reine Frau ist *der tugende mâc* 43,5, der Mund des Herzen *bruoder* 68,9. Die Feder hat *bruoder unt swester* 188,4; die Jahreswochen haben jede eine Schwester 187,3; *süeziu sêl* und *herze sûr* sind üble Nachbarn 142,10. Minne weilt gern bei *kiuschen liuten unt der Stæte* 32,5; die Hand der Simonie liebkost die geistlichen Orden 128,5: *wolgeschehen* ist ein guter Geselle 90,8; vergoldetes Kupfer, versilbertes Zinn sind Genossen des Ungetreuen 84,1. Wie *Êre, Milte, Muot* hat auch die *Zuht* einen *eigen lip* 56,6, die *Untriuwe* ein Gesinde 32,6; Güte und Tugend sind das Gefolge der reinen Frau 44,5; Schatz und Wein bezwingen ihre Knechte 108. Der Dichter heisst die verlodderten Knappen willkommen als Ingesinde des Stocks 139,12, er schätzt '*ich ruoche*' als Ingesinde wert 173,8. Die Welt ist eine undankbare Herrin, die nur kargen Lohn zahlt: sind wir zu Grunde gegangen in ihrem Dienste, so folgt sie uns zum Grabe, betrauert uns vielleicht ein wenig: das ist Alles 229. Die *Unmâze* siegt wankelmütigen Damen ob 23,6, Müdigkeit den wilden Tieren 185,2. Der Zapfen ist ein siegreicher 114,3, Reichtum und Gewalt 69, die Sündenlust sind gefährliche Gegner 89. 198,3; Gottes Tod besiegte im Gefecht den unsern 6,6. L. 10; *des tages sigenunft* sollen wir nicht verschlafen 165,11; *Unsælde* gewinnt den Sieg über den Pechvogel 178,8; *Diebolt, Meinolt, Roubolt* versetzen dem Schutzlosen manchen Stich 203,6; *Minniclich* wehrt sich gegen unrechte Tat 58,5. *Beschaffen* und *ez muoste sin* werfen Niemand seine Ehre zu Boden 176,3; *liepgeschehen* senkt viel Leute in Kummer 90,7; der Leib verjagt den Mann aus guter Sitte 68,11; der *pârât* ist Meister geblieben 156,2; sein Mund verdirbt den guten Samen, er führt auch die fünfe an, deren *meisterdôn* alle Welt nachtanzt 203,1. Die *gedanke* muss man frei geben lassen 64,2. Herr Pfennig ist ein Dieb der Ehren 61,11, vgl. 30,6. 174. *Ritterlich, trunkenheit, ülfheit* spielen wie Frau Minne den Lehrmeister 58,6. 115,9. 180,10. Die Gleissnerei trägt einen Mantel, unter dem *geistlich gebærde* und *vleischlich leben* lauern 141, vgl. 83,12. 156,2 erscheint die *Zuht* als geschminktes Weib. Mundvoll, Handvoll u. s. w. streben zu hoch hinaus, aber all ihr Ehrgeiz, all ihre List hilft ihnen nichts 97. Die Erde hat den Himmel überstiegen L. 62, das Ist einen weiten Sprung über das War hinaus getan 227,5, das Herz des Mannes eilt im Zeltgang zu den Frauen 33,5; das Lachen des bösen Weibes führt nicht aus Fraun Ehren Kammer 210,3. Das Glück lässt sich nur von dem einholen, den es betrügen will; es schleudert ihn unvermutet vom Rade 91,6. Der *ungehôrsam* ist ein Räuber, der uns das Paradies entreisst 192,9, das *spil*, die *gitikeit* sind Bundesgenossen der Hölle 107,9. 192,10. Die böse Zunge ist ein Spötter, Verleumder, Schmeichler 94, die reine Zunge versöhnt Freunde, sie ist durch keine Miete zu erkaufen 95; die Taufe hat allen Grund sich unser zu schämen 215,10; der Glaube hinkt 223,6. Des Kaisers Schwert watet durch die Schuldigen 138,5, eine rechte Wage hat keine käufliche Gesinnung 67,12. *Walt hât ören, velt gesiht* 137,1; 185,7 ist Sprüchwort. *Minne* und *Milte* tragen im Himmel Kronen 166,12. Auf der breiten Strasse zum freigebigen Manne drängt ein Lob das andre 144,9, oder das Lob fliegt als Vogel über alle andern Lobe empor 34,5. Rom, das wir als Wittwe mit zwei Töchtern schon kennen lernten, schleudert tausend Bannflüche 130,7: der römische Stuhl ist ein Waisenknabe geworden 223,2.

Die Personification tritt von vornherein in Reinmars Dichtung bewusst und kräftig auf. Die Schöpfungen der östreichischen Periode, zuerst die von der Lyrik angeregte Frau Minne, dann vor Allem Frau Ehre, ferner die blanke Gebärde, der *Muot*, noch Frau *Milte* u. a., sind allesammt höfischem Boden entwachsen, nur auf ihm möglich (vgl. Bock, Wolframs Bilder und Wörter S. 13 fgg.). Schon in den politischen Sprüchen dieser Zeit personificiert Reinmar realistischer, und seit der böhmischen Periode treten die adligen Damen und Herren zurück hinter Erscheinungen aus andern Sphären: der bürgerliche *meister Ernest*, die einzige Personification, die ein Spruchdichter mit diesem Titel bildet, kann als Symbol, das kranke Reich als anschauliches Beispiel dienen. Wie dann in der md. Periode die Personification an realistischer Färbung und Mannigfaltigkeit gewann, das sahen wir früher.

Dass Reinmar die Personification von Walther gelernt hat, das

lehrt ein Blick in Wilmanns Sammlung (Ausg. S. S9 fg.). Den Keim
aber, den er von dort empfieng, hat er selbständig und glücklich entwickelt. Jene Abneigung, bestimmte · Personen' und Verhältnisse zum
Gegenstand seines Dichtens zu nehmen, machte ihm diese abstracten
Gestalten besonders wert: sie dienten ihm als Ersatz für das wirkliche
Leben, und so malt er sie mit liebevoller Sorgfalt aus. Und wenn ihm
nicht durchweg Walthers lebhafte Farben zu Gebote stehen, er entschädigt dafür durch treuere Ausführung: eine Gestalt, die so menschliche Teilnahme erweckt, wie Frau Ehre, ist selbst Walther nicht gelungen.· Und nun gar den späteren. Es überrascht, welch untergeordnete
Rolle die Personification trotz solcher Vorgänger bei ihnen spielt. Sie
bedienen sich ihrer nicht selten: in den Strophen, die von einer Tugend,
einem Laster in zahlreichen Parallelsätzen alles mögliche aussagen, schlich
sich gar zu leicht eine personificierende Wendung ein; es gelingt ihnen.
wol auch einmal ein glückliches Bild [327]); aber sie verstehen nicht, das
Bild festzuhalten: wieder nur Technik ohne Anschauung. Wenn z. B.
der Schulmeister, der eine ziemlich übermütige Phantasie besitzt, es fertig
bekommt, von der Geliebten zu sagen: *wizzet daz ir manfel si vrou Êre,*
wenn der Rinkenberger gleich seine erste Strophe beginnt: *ob allen*
tugenden hôhe treit vrou Triune crône, si ist daz alrebeste cleit,
so hat nicht einmal der ausdrückliche Titel vor dem absolut gedankenlosen Gebrauch geschützt. Beim Kanzler II. 396 b, 1 heissen *Mâze* und
Kiusche ingesinde des Adels, der uns eben erst ausführlich als Baum
geschildert ist. Die Leute wussten kaum mehr, was sie taten, wenn
·sie diese Formeln *vrou, gesinde* gebrauchten. Und reicher ausgeführte
Gestalten kommen fast gar nicht mehr vor. Sunburg verkehrt das Bild
seiner Frau Welt gelegentlich bis ins Gegenteil (III, 71 b, 20. 21);· in
der ihm eigneren wohlwollenden Auffassung wird sie nur in der Apostrophe ohne Konsequenz als Person behandelt. Der wilde Alexander
schildert die Welt in einem liedartigen Bar als Geliebte (III, 27 b);
auch seine Allegorie vom geistlichen und weltlichen Leben (ebda. 29 a)
ist gut durchgeführt: er hat noch am meisten Anschauung. Ich erwähne weiter Raumslands Erbarmen (III, 60 b, 6), Stolles klagende Ehre
(10 b, 41), eine hübsche Liedstrophe des Kanzlers (II, 395 a, 3): *Schande*
stark als ein helfant ûzgesant kumt gerant in diu lant, si vüeret
vürsten an ir hant u. s. w. Der Kampf eines starken Lasters mit
einer schwachen Tugend ist auch sonst typisch [328]), und dann wird

---

327) Z. B. Wernher III, 14a, 12 *vrou Schande*, *balde hinder die tür!*
Marner XV, 194 *diu Scham alsam ein reinez kint in schœner frouwen schôzen*
spilt; Konrad 23,59 *diu Sælde span siner wunne snuor*; Sig. II, 361 b, 2 *hete mir*
diu Sælde ir ôre baz geneiget; Raumsl. III, 67 b, 1 *Untriuwe slichet als ein mûs*;
Kelin III, 24 a, 7 *man sach ir êre niht an einer zëhen lamen*; Höllenfeuer 34 b, 6
armuot gêt mit mir slâfen, *kumber wil mit mir ûf stên* (sprüchwörtlich!); Goldner
52 b, 4 Treue, Keuschheit und Scham flechten einen Kranz; Meissn. 91 b *Minne*,
dû solt jeten unminne ûz Êren garten; 107 a, 8, V. 5; die Beispiele lassen sich
mehren.

328) Marner XIV, 224; Sunburg III, 74 b (*Erge* und *Schame*); Raumsl. 54 a
(*Rehtikeit* und · *Unrehtikeit*), 64 a (*Unreht* und *Rehtikeit*); Litschauer III, 46 b

freilich die Personification ein Paar Verse, ja eine Strophe hindurch nicht
vergessen: dazu noch jene Tugend- und Lasterschaaren, die wir S. 218
fgg. kennen lernten, und wir sind am Ende. Erst Frauenlob bringt die
Personification wieder zu Ehren, und es ist bekannt, wie sie dann im
Meistergesang nach ihm dieselben Triumphe feiert, die sie in andern
Kunstgattungen schon längst gefeiert hatte. Reinmar überragt in der
Kunst des Personificierens alle seine Genossen ausser Walther um Haup-
teslänge: man wusste wohl, warum man ihn den Ehrenboten nannte.
In der Personification haben wir Reinmars bildliche Gestaltungskraft von der besten Seite kennen gelernt. Aber auch darüber hinaus
ist Reinmars Dichtung reich an **Bildern**, reicher wenigstens, als die
gelehrten Meister es zu sein pflegen: als Typus nenne ich den er-
schreckend armen Sunburg (Zingerle S. 36), dessen schöpferisches Können
sich charakteristisch äussert in dem Schulstubenvergleich: Herzog Heinrich ist *üne valsch unt üne.wanc alsam ein liniere sleht* (HMS II,
359 b, 14). Trotz seiner Vorliebe für Vergleiche und Metaphern ist
Reinmar doch nur der unproduktive Epigone, der seinen Bedarf aus den
überkommenen Schätzen bestreitet, ohne die eigne Phantasie erheblich
in Kontribution zu setzen. So kennzeichnet ihn besser als das wenige
vielleicht Selbsterfundne Auswahl und Behandlung des Ererbten. Gelehrte Bilder schloss er nahezu vollständig aus; das Gebiet, dem er die
Bilder entnimmt, verschiebt sich mit der Zeit vom Höfisch-Idealen in
der Richtung aufs gewöhnliche Leben hin: seine Stärke ist die liebevolle Ausführung einzelner Bilder, seine Schwäche der Mangel sinnlicher
Vorstellung.

Ja, Reinmar war eine kräftige Sinnlichkeit von der Natur versagt.
So begegnet es ihm, der doch kein leichtsinniger Arbeiter war, auffallend
oft, dass ihm **Bilder misglücken**. Es gibt ja Naturen, in denen
das unvermittelte Aneinanderreihen verschiedner Bilder auf einer Ueber-
produktion der Phantasie beruht, die sich nicht die Ruhe lässt, bei einer
Vorstellung zu bleiben: das trifft etwa auf Frauenlobs verblüffende Bilder-
fülle zu. Aber bei Reinmar ists anders. Ihn zeichnet viel weniger sein
Reichtum aus, als die Sorgfalt in der Behandlung: wenn er trotzdem
so oft, zum Teil bei ganz traditionellen Bildern scheitert, so ist das
ein Beweis, wie wenig er ohne bewusstes Zusammenraffen, ohne gewissen-
haftes Versenken im Stande ist, bildlich zu reden.

Ich glaube schon nicht, dass ein Dichter, der die Bilder wirklich
sieht, die er entwirft, sich eines Popanz von Idealmann schuldig gemacht hätte, wie Reinmar 99: aber das hängt mit der Mode der Tiervergleiche zusammen. Beunruhigender schon ist ein jäher Wechsel der
bildlichen Vorstellung, wie z. B. 61; 64,7 fgg.; 91,9 fgg.; 34,5 fliegt
der Frauen Lob über alles Lob hinaus, doch wol wie ein Vogel; V. 6

(*Schande* gegen *Triuwe*, *Ere* u. s. w.); Kanzler II; 395 b (*Scham* und *Schande*);
Stolle III, 4 b (*Triuwe* und *Untriuwe*), 10 b (*Wärheit* und *Unwärheit*); Kelin 23 a
(*Ere* und *Schande*); Meissn. 105 a (*Vride* und *Unvride*, *Triuwe* und *Schande*), 106 a
(*Ere* und *Tugent* gegen *Erge* und *Untugent*); Damen 162 a (*Ere* und *Schande*).

schwebt es wie eine Krone über allem Lobe. 115,8 weckt die Zunge
Zorn und löscht Minne. 223,6 hinkt der Glaube, wo das Christentum
erlischt: was hat erlöschendes Licht mit dem Hinken zu tun? Strau-
cheln˙mag man in der Finsternis: das Hinken˙ fällt aus dem Bilde.
Schlimmer wirds, wenn so verschiedenartige Bilder nicht bloss einander
folgen, sondern sich verquicken. 156 schildert der Dichter sich als
Säemann, der in seinen Sprüchen guten Samen ausstreut: da heisst
V. 3: *dd rindent mine sprüche vil selten stillen rûm noch bernden
grunt:* was hat der *stille rûm* mit dem Aufgeben des Samens zu schaffen? Aber die Vorstellung von der nötigen Stille, die·ja sehr begreiflich ist, wirkt noch fort V. 5: *ez wehset niht, swenne ez von . hanen
wirt beerat:* weiter müssen dann gar Skorpione, Eulen und Fische mit
krähen. Dieser Unsinn hat darin seinen Grund, dass Wappentiere in
den Spruch hereingebracht werden sollten: aber das ist eine schlechte
Entschuldigung: wie geschickt weiss Wernher (III, 12a, 10) in ähnlichem Falle sein Bild festzuhalten; wie geschickt bewältigt Suchenwirt
36 eine kompliziertere Aufgabe dieser Art! — Str. 169 zählt alle möglichen Lügen als Speisen auf und führt das gewant durch: schade, dass
die abstrakten *lüge von pârât, lüge von trüge* mitten in die Aufzählung hineinschneien; auch V. 5 fällt aus der Rolle. 137 schliesst:˙der
Kaiser füllt die Löcher, die ihm seine Feinde vorbohren, aus und zwar:
mit lancrœcher wâge. 49,7 wird der *minne* nachgesagt: *hie mischt
sich minne süez mit distels grœten:* ein bitterer Trank war statt der
Gräten nötig. Leich 191 bittet der Dichter: *rüer uns hin von sünden
wegen, dar in wir sin sô kerkerhaft:* wie vertragen sich Wege und
ein Kerker? Endlich L. 26 wird von der Minne gerühmt, sie sei *sô
durchliuhtic gar, daz nie sô trüebe ein herze wart, sô dürre noch
sô vliasic hart, ... sin mache ez balde himelvar.* Das *durchliuhtic* und streng genommen auch das absichtlich allgemeine *himelvar*
passt nur zu *trüebe:* das *dürre* Herz muss *erfiuhtet* werden, das ver-
steinte erweicht: diese Dreiheit stellt jenen pseudowaltherschen Metaplasmus (27,23) *daz kan trüeben muot erfiuhten* tief in den Schatten.

Gegenüber solchen Erfahrungen sinkt der kritische Mut zu helfen,
wo zu helfen wäre: 51,11 heisst es von einer Dame:˙*ir lop daz stât
gar âne meil alsam der dorn, den rôsen habent beschœnet:* dass dem
Dichter das geistliche Bild von der *rôse âne dorn* vorschwebte, ist ebenso
sicher, wie es.sicher ist, dass die nur in éiner Hs. erhaltene Fassung
unlogisch und ungebräuchlich ist:˙Vorschläge zur Korrektur macht die
Anmerkung: was bürgt aber dafür, dass Reinmar das Bild korrekt wieder-
gab? Ich hätte vielleicht nicht einmal die zwei stark abweichenden Ueberlieferungen gemeinsame Wendung: *ê daz er dich werfe under Eren
vüeze* (59,12) korrigieren sollen, so dringend durch Sinn und Tradition
die Korrektur erfordert wird: es ist nicht unsre Aufgabe, die Schnitzer·
der Dichter zu verbessern. 185,11 wird dem Mainzer Erzbischof nach-··
gerühmt, er könne *mit luhses˙ôren rûnen spehen.* Es wäre eben so
leicht wie leichtsinnig, auf Grund von 99,6. 100,6. 137,7. 164,7 den
Luchs in ein Schwein oder einen Eber zu verwandeln. Jene Stellen

beweisen, Reinmar hat recht gut gewusst, dass den Luchs sein Gesicht, das Schwein sein Gehör auszeichne: wer aber solch ein Wissen nur durch Tradition überkommen, nicht durch Beobachtung der Natur abgewonnen hat, dem ist ein Lapsus ohne Weiteres zuzutrauen. — Dass Blicke den Liebenden sowohl fangen wie verwunden, ist bekannt (Wilmanns, Leben Wälth. III, Anm. 145): gleichwohl enthalten Reinmars Worte 26,8: *din lichter ougen blicke hânt mich verwunt* (nur dies Wort kann als überliefert gelten) *in der minne stricke* eine unerträgliche Kombination beider Bilder, und die meisten Hss. haben sich durch schlechte Konjekturen geholfen: ich habe es nicht gewagt, meine bessere Vermutung in den Text zu setzen. Ein namenloser Nachahmer Reinmars begeht die gleiche Verwirrung (HMS III, 436 b, 49) *ein loblichz blicken .... in liebe sô kan stricken, daz herze unt sêl gewundet wirt sô tougen* [329].

Es verdient alle Anerkennung, wie erfolgreich Reinmar mit seinem knappen Pfunde gewuchert hat. Lässt er sich im Ausführen eines Bildes auch je zuweilen zu Uebertreibungen verleiten, wie 20. 41, so entwickelt er doch überraschendes Geschick, sowie er nur erst ein Bild voll erfasst hat. Es fehlt da nicht an geistreichen Einzelzügen. Wie hübsch wird das Bild von den beiden Schwertern 135 durchgeführt! Das geistliche Schwert gleitet ab an Hugolinus; es wird nicht mehr scharf, wenn maus nicht wetzt und zwar mit Gold: als Hugolinus durch den Empfang des Schwerts zu Gregorius wurde, da hätte Gregorius sich sofort mit dem Schwerte gegen den habgierigen Hugolinus verteidigen müssen! Der Vergleich der Welt mit dem Meere 170 schliesst nach sauberer Schilderung mit dem höchst anschaulichen Bilde: unsre Seelen kämpfen schiffbrüchig mit den Sündenwogen: die Prälaten stehen am Ufer; im unausgesprochenen Gegensatz zu dem Seelenfischer Petrus (135,12) fischen sie mit ihren krummen, eben dadurch zum Fangen geeigneten Stäben nach Gold, nicht aber reichen sie die Stäbe den sinkenden Seelen. 144 möchte der Dichter gerne mit seinem Lobe in das Haus des Kaisers: leider wohnt der weit ab von der gebahnten Strasse der Tugend, und sein Haus ist so unzugänglich, dass Reinmar sich nicht zu helfen weiss. Er könnte zwar von oben — etwa durch den Schornstein — herein, aber dann hiesse er wol verrückt: er könnte sich von unten durchgraben, aber dann möchte man ihn für einen Dieb halten. Da zieht er denn die breite bequeme Heerstrasse zum offnen Palaste vor, auf der ein Lob das andre drängt. Das vortrefflich benutzte Bild ersetzt hier geradezu eine logische Deduction, ebenso wie knapper noch am Schluss der 89. Strophe, wo die Sündenlust dem Hunger verglichen

329) Störend enge Verbindung beider Motive ist in der Lyrik nicht selten: ohne selbst schon geradezu unlogisch zu sein, zeigt sie den Weg, auf dem Reinmar zum ganz vollkommnen Widerspruch gelangen konnte: Hetzbolt II, 23 a *ich bin mit blicken sô vaste gebunden; al solher wunden wart ich noch nie erlôst;* Winterst. Lied. 5,35 *ich want mich in ir minne stric unt kan mich niht entwinden, sus wart ich wunt zer selben stunt;* 32,37 fgg.; II. v. Sax I, 93 a, 8; wild. Alex. II, 365 b, 19. 20.

wird: wie es nur dem Hungrigen angerechnet werden darf, dass er fastet, so nur dem von sündiger Gier Geplagten, wenn er sündlos bleibt. Ich zweifle übrigens nicht, dass dies Bild aus einer theologischen Quelle stammt. Das Rätsel ist in der Regel nichts als ein Bild oder ein Konglomerat von Bildern. Reinmars Neigung zum Rätseln nun, die in der md. Zeit so kräftig hervorbricht, verrät sich schon früher in der Behandlung der Bilder. Reinmar spannt, überrascht, indem er das Bild zunächst als buchstäbliche Wahrheit vorträgt. So beginnt 76 *es ist ein form, diu wunder birt;* 85 *es ist ein wâc, der lât sich waten daz lamp*; 110 *es ist ein wurz, diu schaden birt* (vgl. 115); 19. 20 wird die geistliche Minne anfangs wie eine fleischliche behandelt; 46. 47 die Ehre zunächst als *gelle*; 56 wird in absichtlichem Scheinwiderspruch von einem Herren gesagt, er sei zugleich Dienstmann, Knecht und Eigner; vgl. 41. 43. 213. Auch die Behandlung der beiden Redensarten 44. 177 entspringt dieser Neigung, zunächst irre zu führen und dann den scheinbaren Konflikt leicht zu lösen. 228 liest Reinmar aus einem üblichen Bild scherzhaft einen wirklichen Widersinn heraus. Die logisch nüchterne, grüblerische und auflösende Betrachtungsweise der Bilder, die sich in dieser Manier kundgibt, würde einer wirklich phantasiereichen Natur wenig zusagen.

Wer kein grosses Vermögen hat, muss sparsam haushalten. Reinmar scheut sich keineswegs, dieselben Bilder in mehreren Gedichten zu verwerten. Das auffallendste Beispiel sind gewisse Tiervergleiche. Maria und Frau Ehre werden in. je zwei Strophen als Liebchen des Mannes eingeführt. Bilder des Leichs wiederholen sich nahezu wörtlich in 217 u. s. w.

Einen Ueberblick über Reinmars gesammte Bildersprache zu geben, ist nicht meine Absicht. Die Ueberfülle des Herkömmlichen, Abgebrauchten würde die wenigen Versuche individuellerer Gestaltung allzu sehr in Schatten stellen. So greife ich heraus, was mir bemerkenswert scheint.

Dürftig ausgestattet sind Reinmars geistliche Gedichte. Gerade auf diesem Gebiete, dessen unerschöpflichen Bilderschatz, die Arbeit von Jahrhunderten, auch der schaffensfreudigste originellste Dichter nur selten durch neue Vorstellungen zu bereichern wagte, war es dem ärmern nicht schwer, mit seinen begabteren Kollegen Schritt zu halten; war doch Unselbständigkeit hier geradezu Forderung der Pietät. Reinmar aber meidet das gelehrt Biblische wie das überschwänglich Orientalische; selbst im Leich beschränkt er sich aufs Nötige und sticht grell genug ab von der Hypertrophie des Bilderschmucks, an der sonst geistliche Lyrik krankt. Eigen ist ihm nur etwa, dass er die Gelenkigkeit betont, die Gott zu seinem Erdensprung befähigte L. 108, und dann jener wunderbare Vergleich der Güte Mariä mit Deckbett und Matratze (20,11), eine Bereicherung des ererbten Schatzes, die begreiflicherweise kein Glück gemacht hat.

In der knappen Auswahl weltlicher Bilder, die ich im Folgenden zusammenstelle, sind die östreichischen Sprüche schwach vertreten. In ihnen dominiert der übliche Bildervorrat der Minnelyrik, den ich nicht verzeichne. Höfische Standes- und Dienstverhältnisse, Krone, Kaiser und König, Wunden und ihre Heilmittel, Kampf und Fesseln, Gold und Edelsteine. Feuer. Farbe, Licht, die höfische Epik geben zumeist die Vergleichsobjekte her. Späterhin kommt das bürgerliche Leben, Beruf und Handwerk, allerlei Gebrechen und Krankheiten, Essen und

Trinken, Pflanzen- und namentlich Tierwelt zur stärkeren Geltung, und auf diesen Gebieten hatte die Tradition nicht so stark vorgearbeitet. Selbstverständlich schliesst das Ueberwiegen der einen Bilderreihe die andere nicht aus.

Stand und Dienst: Das Weib ohne Fehl *hât ir hêrze gefürstet* 35,3; *diust gecrœnet unt hât an allen richen teil* 51,9. Die Krone ist ein sehr beliebtes Bild. Der König ziert die Krone besser als sie ihn 148,1; kein Schmied kann eine Krone schaffen, die seinem Haupte gemäss ist 136,7; das Lob edler Frauen schwebt über allem Lobe wie eine Krone 34,6; bildlich auch *crœnen, crônebœre.* — Vor Gottes Thron ziemt der *sedel* des Zweiflers nicht 161,12; der Mainzer hat *drier vürsten sedel* 228,2. Der *phingestliche küneges name* ist wertlos 73,6. — Frauen, Schatz und Wein haben ihre Knechte; ja der Mann *tuot einem tôten würfelbeine herze unde muot gerlich undertrnic* 108; ein Herr ist Ritter, Knecht, Dienstmann und Eigner 56.

Kampf: Wer sich gegen Sündenlust wehrt, streitet wider ein kräftig Heer, ist ein kronwürdiger Kämpe 89; im Wettkampf des Geburts- und Herzensadels wählte ich mir den Tugendhaften zum *kemphen* 81,6; der Kämpe des heiligen Petrus soll für den Sieg der Gerechten sorgen 214,8; Gregorius hätte Hügelin bekämpfen müssen 135,10. Den reichen Bösewicht liesse ich gerne niederstechen, den armen Biedermann setzte ioh hoch aufs Ross: Turniersituation 62,10. Reinmars Hauptstreiter sind die Abstracta.

Wunden und Waffen: Die Geliebte verwundet mit dem *minnegêr* 25,7: Im Kampf mit Frauen wurde Salomos Weisheit *verschrôten;* Samson verlor seine Kraft, Adam seine Freiheit 103,4. Der Ritter, der Frauen fängt, *mac sin êre wol verhouwen* 221,7. Der Ungetreue heisst ein *mortmeilic man,* sein Lachen verwundet, sein Raunen tötet, sein Gruss versendet Pfeile 209. — Die zwei Schwerter 135. 213,4. 127,9. Des Kaisers Schwert soll durch die Schuldigen *waten* 138,5; der Landfriede wird als neugeschliffene und dennoch stumpfe Waffe verspottet 222,1. Das Turnier nennt der Dichter *mortmezzer unt mortkolbe, gesliffen aks wol úf des mannes tôt* 106,3. Er schärft der Zunge Dorn 151,5; die Zunge als Schusswaffe 212,6. 157,3; *si snabelsnellet úf die besten* 94,9. Reinmar *lüppet phile* auf die Misgönner 151,6. — Der *schilt* ist gegenüber dem Zapfen Vertreter des Rittertums 111; der Ritter heisst 153,6 selbst *schilt.*

Fesseln: *binden* minniglich oft. Der *ungehofte* wird durch Scham gebunden 194,8. Wir liegen im Kerker der Sünden L. 195.

Wohnung, Haus, Hof: Die Geliebte hat das Herz des Mannes durchgangen und findet drin keinen Mitinhaber 27; während es zwei *gellen* in einer Scheune zu eng wäre, haben das Eheweib und Frau Ehre im Mannesherzen Platz 47. Lieblingsausdruck *behusen; ein clage in ninem herzen hât sich lange her verclüset* 163,1; das Lob der *milte* wird *in schanden hol verclüset* 116,12. — Minne ist ein *sloz der sinne* 32,3, Kaiser Friedrich *ein volliu gruft der sinne* 136,5; der Schelm heisst *dû eiterclus!* 157,5. — Wer fern ab vom Tugendpfad sein Haus gebaut, zu dem weiss der Dichter nicht zu gelangen 144; das Haus des Zweifels schildert 172; manch Zweifelhof bleibt unbebaut 172,4. — Hat Reinmar die Augen 50,6 Fenster genannt? Die *Milte* ist bitter und süss *under eime dache* 119,9. Der König ist *fullemunt der edeln Cristenheite* 214,7. Oft *grunt, gruntveste, gründen; dû bodengrunt der helle* 157,6.

Kleidung, Schatz und Schmuck, Erscheinung, Form, Körper: Die Gewänder einer Dame, Hemde, Rock, Gürtel, Spange, Mantel, Schleier, *schapel* werden willkürlich auf Tugenden gedeutet 41. Die Ungesellen sollten wie Frauen *gebende* tragen 183,8. *richer munt* und *ital herze cleident niht zesamne wol* 117,4; mit Lügner und Feigling wäre ein Baum wohl gekleidet 155,9; *unser armen forme cleit* L. 186; *swelch hêrre alsus undersniten wœre* 56,7. Frauen erfreuen wie Balsam und Edelsteine 48. *übergulde, golt, hort* oft, aber fast ausschliesslich in Jugendgedichten. Der Kaiser ist *der triuwen triskamerhort* 136,1. — Der Biedermann ist schön, *swie sal der an der hiute si* 84,11. 66,12. Es ist vergeblich, den schönen weissen Mann durch Schreien und Fluchen schwarz zu machen 130; das Lob der Ehrlosen heisst *gelph* 74,12; *der gemâlten zühte pârât* 156,2. — Die Ehre

ist *ein form, diu wunder birt* 76,1; *des muotes vierecke unt niht sinewel* 57,5. 61.
— Der Mainzer ist ein *niunherzic man* und kommt doch mit *éinem* Leibe aus;
jede Ader *in* ihm *ziuhet üf crônebæren muot* 228. Der Dichter ist *näsewise* 151,9,
der Kaiser *gewisser worte ein munt, ein zunge rehter urteil* 136,6. *Din vorgedanc
in dinen buosem rîse* 64,12. Häufig: in der Hand haben und ähnliches. Des
Herren übermütiger Knecht *wil ob im twahen hant* 139,10; der Kaiser ist *vrîdes
hant* 136,6. Dem Ehrlosen *stât der muot küme an die huf nâch éren* 62,11.

Gebrechen, Krankheiten, Heilmittel: besonders oft Blindheit,
eigenartig nur 225,3: alle Orden sind im Verhältnis zur Ehe *blint*. Das Reich
ist *vil sére siech*, die Stimme *tunkel*, heiser unde *riech*, die Augen rot, die Ohren
taub; es ist verstümmelt, hat Höcker und Kropf, kann nur auf allen Vieren
kriechen 140,1. Gräten stecken dem Reich wie der Kirche in Kehle oder Zähnen
128,3. 140,11. Des Dichters *muot* ist geschwollen; er muss sich die beklemmte
Brust *rümen durch den munt* 151. Der Atem des Ungetreuen macht krank 209,7.
Häufige Bilder von *eiter* und *gift*. Die Sünde ist Krankheit. Ein Prädestinations-
gläubiger sagt: *bin ich genislich, ich genise wol* 87,5, wörtlich wie der arme
Heinrich 190 von wirklicher Krankheit spricht. — Gegen die Geschwulst des
muotes hilft eine *suonesalbe* 151; Frauen sind eine Panacee, ein *heilawâc* 43, ein
Augenbalsam 48,9.

Essen und Trinken: Die materiellen Gedanken an Nahrungsmittel beschäftigen den jungen Reinmar noch nicht: ich weiss nur etwa den derb volkstümlichen Vergleich 74,11 *als bi dem pheffer miusenist* zu nennen. Erst als er
selbst den Hunger kennen mochte, traten ihm entsprechende Bilder näher. *Dem
hunger nimmer wê getuot, nimt Got des vasten wol verguot, daz ist ein dinc, daz
Got im selben lône* 89,10. Der Mainzer Erzbischof hat einen Bärenhunger nach
Ehre 228,10, der Kaiser nach Gericht und will den stillen 138,4. Die Ratgeber
junger Fürsten erjagen sich selbst *quotiu mursel* in den Topf, nehmen die Hasen
mit Haut und Haaren: die jungen Herren müssen *ob den cräwen stân* und nagen
171. Lügen als Speisen in allerlei Zubereitung: gesotten, gebraten, in Gallert,
Safran, Balsam und Bisam: das Alles *slindent* die starken *lügevræze* in den Reichsstädten *mit ir cragen* 169. Die *Atzunge* ist ein Vielfrass 184. Den Samen, den
ich aussäe, den *kiuwent wilzen* 156,7; *den tugendelôsen wolt ich swache spisen* (unser
'abspeisen') 163,7. *brôt* = Lebensunterhalt: *der keiser wil des riches brôt niht unverdienet ezzen* 138,2 u. ö. Ueber *lecker* und seine Ableitungen S. 22. — Wie es
den Mainzer nach Ehre hungert, so dürstet es den Böhmen: dreissig Fürsten Ehre
kann seinen Durst nicht stillen 149,7. Wahre Minne löscht den Durst nach sündiger Liebe: *tôtlich ist ir trenken* L. 40. Der Liebende trank, wie Tristan aus
einem Glase, aus seiner Frauen Augen Minne 25. Dazu ein Paar Mixturen:
49,7. 103,12. 177,12.

Beruf und Handwerk: Der dem Ritter nächstliegende Beruf, das Waid-
werk, hat der Dichtung viel Bilder gegeben. Das Verfahren der Wilderer, wie
sie den Adlern die besten Bissen abjagen, wird 171 auf eigennützige Räte gedeutet. Wer den Schmeichler, der nur Schande fängt, dem Getreuen vorzieht,
tut wie ein Herr, der mit dem Kuckuck auf die Jagd ziehen will 154. Jagdtiere
verschiedner Qualität 152,3. 4 werden kontrastiert. Der gute Wirt, *der liute vâher*,
gleicht einem *wol werbenden weideman* 216. Frau Ehre legt angeblich Fusseisen
aus 75,11; *des tievels cloben* 7,10; *der lip* verjagt *ûz gérten siten in leckerlîchez
luoder* 68,12. Das Glück ist ein Wild, das entflieht, wenn es nicht gehütet wird
92,7. Auch 124,5 *was ob iuwer heil eime andern kumet an sîn seil?* gehört wol
hierher. — Auch das Fischen liegt dem Gedankenkreise des Dichters nahe, doch
erst in der md. Zeit: ein Fischer leidet unter dem Traum, er solle nur grosse
Fische fangen, die kleinen laufen lassen 179. Fischen in grossen Wassern ist
angeblich einträglich, sicher gefährlicher als in kleinen 204: beide Bilder wie
Pendants breit ausgemalt; *primâten mit ir crumben steben die vischent niht wan
nâch den geben* 170,10. Ein *bispel* von Schiffern, die in einer Mühle zu Grunde
gehen, erzählt 193; wir werden *in der sünden ünden kielbrüstic* 170,8; ankerhaft
der stæte heisst der Kaiser 136,2. — Der Zweifel ist ein Baumeister: wie er
selbst kein Haus auf feste Säulen baut, selbst kein andres *gesæze* zu Stande bringt
als *zwivelliche wende unt zwivellichez tach*, so riet er auch mir, *daz ich niht enmæze*

weder hovestat noch gezimmer 172. Der Kaiser hat einen grossen Hort von Nägeln: so füllt er die Löcher, die ihm seine Feinde bohren 137,10. Der Doge von Venedig heisst *ein mehtic kürsenœre* 145,7. Bücker: *swenn si den valsch gekñetent mit ir hende, si legent ir unschult bi in ûf ein ende* (des Trogs) 151,7. Schneider: *swelch hêrre alsus undersniten wœrę* 56,7. Ein Schwertfegermeister ist Gott 213. Auch mit einem Spiegelfabrikanten wird er verglichen 189. Der Dichter führt sich selbst als Maler ein 99,1. Schenke ist Gott selbst L. 107, sein Geist L. 41, das Herz 95,5. Als Fuhrleute treten auf die Monate 187,8, auch die unrechte Gewalt ist 64,9 so oder als Lastträger gedacht. Die Christenheit heisst *gerndiu diet* L. 129. Wenzel von Böhmen *ist ein koufman alles, des ein reinez herze kan gegern* 149,6; die Venediger, *die* Kaufleute par excellence, wollen das römische Reich an sich bringen, wie viels auch kosten mag 145. Die Minne hält Schule 31, wobei sie die Rute nicht spart 31,4; vgl. 224,8. Das Glück ist ein Wucherer 91,10. Von den drei Todsünden wuchert die eine der Hölle, raubt die andre das Paradies 192,9. *Agez ist ein* Meisterdieb 174. Die zahlreichen Bilder vom Diebshandwerk beruhen auf Nachwirkung des Minnesangs.

S p i e l : Schachspiel: *ich hân den künec al eine hoch unt weder ritter noch daz roch, mich stiuret niht sin alte noch sin vende* 150,10; erwähnt auch 159,6; daher *mat* 45,11. 79,6. 119,6. Würfelspiel: der Teufel schuf das *ses, wie er sehs wochen lanc die vasten uns mit topel angewinne* 109,11. Allgemein: *ez wœr ein gewunnen spil* 206,5. Der Trunkenheit *âhentspil lip unde sêl unêret* 115,12. — Die Welt führt unter lebhafter Beteiligung ihren Tanz auf: funf Laster stimmen dazu einen *meisterdôn* an, auch andre singen *ze prise in Sibchen wîsé* 203.

G e r i c h t : *als im sin selbes gewizzen wâr gezjuc gewesen mac* 167,6. So gern Reinmar auch sich auf Rechtsfragen einlässt, seit er dem bewussteren Rechtsleben Niederdeutschlands nahe getreten, so hat er für seine Bildersprache doch Nichts weiter daraus genommen. Die Liebesprocesse der Minnedichtung sind ohne Einfluss auf ihn geblieben.

M a s s u n d M ü n z e : *swer vierdunc lop mit marken übergiltet unt dâ bi vuodermœzic êre mit hantval niht engelten wil*, der ist ein Tor 120,7. *mezzen, wigen*, wegen, *wâge* oft bildlich: den Knüttel *zem rugge mezzen* 105,9; *ob imz der tiuvel wigt* (zuwiegt) 154,3; so schwer, *daz al diu werlt niht widerwuoge* 220,9 (vom Gedanken); *swer al der werlde werdikeit gein eines wibes wirde ûf eine geliche wâge leit* 39,2; vgl. 67,10; L. 220; *mit lancrœcher wâge* 137,12.

W e g u n d R e i s e , S t e i g e n u n d S i n k e n : besonders *ich kan gebruggen noch gestegen niht volliclich nâch sinem lobe, der ûz der tugende wegen sô verre hât gehûset, daz strâz noch stic ze sime lobe gât:* der Dichter wünscht die *wolgetribenstrâzen* zu finden, auf der tausend vorloben und tausend nach *ûf mime spor* 144. In das Herz der Dame soll kein Unwürdiger *gephaden* 38,10. Von den Fuhrleuten des Jahreswagens heisst's: *ieslicher der stuont sinen weg âne brugge unt âne stec* 187,10. Der ungerechten Gewalt wird angewünscht: *ze valle sté dîn brugge, stœt als ein tou si rippe unt ouch dîn rugge!* in tiefem *wâge ûf dünnem ise wünsche ich, daz dîn geverte si* 64,7. Der Erzbischof von Mainz ist ein unermüdlicher *waller her unt dar* 185,4 fgg. Das Turnier ist eine Reise zum Tode 106,2. *sô habe ein hôch geburt nâch hôhen êren gernden sprunc* 57,2. — oben über unt unden durch gevarn daz ist ze hôch unt ouch ze nidere u. s. w. ein *mœzlich stigen wirret niht, von unmœzlichem stigen swindelt lihte* u. s. w. Drum sei der Mittelweg gelobt *vür tumbes mannes ûf unt abe* 96; vgl. 73,9; *swer stiget ûf Gelückes rat*, der hüte sich: sonst muss er *sigen mit unwerde und mit schanden ligen ûf der erde* 91,4. 7; *stic in dich selben* (gehe in dich) und sprich zu deinem Herzen 92,4.

L i c h t , F e u e r , W ä r m e : häufiger in geistlichen Bildern. Sonst: *dô Rœmisch lieht lühte unde bran, swâ Cristentuom erloschen was, den zunt man wider an; swâ Cristentuom nü lischet, dâ siht man den gelouben hinken bi* 223,4; *des rât gein werden tugenden nie geschein* 211,3. — Sonne oft, z. B.: *der sin lop baz durchliuhtet, dan diu sunne ein meientouwic gras* 227,6; *min âbentsunneschin ist bleich* 180,4; *diu sunne zimt niht baz dem tage* als Wenzel uns zum Fürsten 149,10. — *viures gluot sit schœne: swer si ze gâhes grifet an, der mac des schaden gewinnen* 84,5. — Der arme Sohn *muoz den himel haben verbrennet*, sinnlose Beschuldigung 131,12, vgl. d. Anm. *enzünden, leschen* allenthalben. — *dû blœsest kalt.*

unt húchest warm úz eines mannes munde 61,4. *'inruock'* ist weder kalt noch
warm 173,3.

Wasser: nicht Reinmars Erfindung wars, wenn er die Welt dem Meer,
die Sünden Wellen 170 oder das Christentum einem *wâc* vergleicht, den das
Lamm, nicht aber der Elephant durchwaten kann 85. Die Reise des Mainzer
Bischofs ist den *wisewazzern* gleich 185,6. Die Seele wird *besoufet in helle pine
sunder ende* 208,8. Die Trunkenheit *durchvliuzet* den Mund 115,5; *der tören heil
hât widerswal·gewunnen* 138,12. Auch sonst ist dies Gebiet reich vertreten, namentlich in md. Zeit: vgl. die dem Fischer- und Schifferleben entnommenen Bilder.
Auf der Reise nach Dänemark lernte Reinmar das Meer wol kennen.

Natur: *regen* oft; *irdischer vrühte Got sin regen sendet, der ougen vluot
mit riuwen sünde wendet* 181,7. *hagel* 184,1. *dürre* 181,2. *windesbrût* 137,6. *stæte
als ein tou* 64,8. — *die berge sigen nâch mir zuo!* 53,1. Ueber Reinmars Naturgefühl S. 207. 213.

Zeit: *ez wil tagen* 219,1, *ez 'nâhet gein dem morgen* 219,3, vom Anbruch des
jüngsten Gerichts.. *der jungen morgen rôt* 180,5, *in miner âbentzit ich bin unt trage
doch jungen liuten gar junclichen morgen schin* u. s. w. 180,1. Das Bild vom
Lebensabend war bei weitem nicht so abgedroschen wie heute. *mines 'altrs ein
süeziu jugende* heisst die Geliebte 28,9. —

Pflanzen: Die Geliebte heisst *miner wunne ein blüendez rise* 28,8, *der
werdikeit ein bluome* 26,6. Die allerdings arg verkrüppelte Rose ohne Dorn 51,12
ist geistlichen ·Ursprungs wie *ir kiusche wizer liljenglanz* 17,4. Die Ehre ist
aller sælden stam 77,4;. das Spiel *ein wurz, diu schaden birt, von der leidem sâmen
vil manic sêle verirret wirt* 110,1. Der Kaiser ein *sâme sældebernder vruht* 136,5.
Meine Sprüche finden keinen *bernden grunt: swaz ich dâ sæ, daz wirt versæt;
min sâme nimt zuo mit vülen vilzen* 156,3. 4. 8. Der Tugendlosen Rat heisst
dornic und *distelic* 156,10; *distels græte* auch 49,7, *miner zungen dorn* 151,5. Von
zwei Frevlern, die an den Baum gehängt werden sollen, heisst: *ich begunde beide
schône zwien* 155,8. *clê* 116,8, *gras* 227,6 im Vergleiche. *wahsen: der schilt entwehset im in vrcmde hant* 114.3; *an tugende abe wahsen* 103,10. Diese Bilder aus
der Pflanzenwelt sind in der ersten Zeit rein traditionell und entwickeln sich nur
in der böhmischen Zeit zu einer gewissen Selbständigkeit, um schliesslich ganz
zu verschwinden.

Die Pflanzen werden von Reinmar im Verhältnis zu den Tieren
sehr stiefmütterlich behandelt. Das ist weder zufällig noch individuell.
Die höfische Dichtung, die mit ihren Bildern Stimmung erzeugen wollte,
hatte guten Grund, sich an Blumen, Klee und Bäume zu halten; auch
Spruchdichter, die mit dem Minnesang Fühlung hatten, wie Walther, der
Winsbeke, noch der Kanzler bewahren daher eine grössere Neigung für
·botanische Bilder als ihre Kollegen. Nur Sunburgs Vorliebe für Pflanzenbilder, doppelt auffällig bei seinem Mangel an zoologischen Gleichnissen, möchte ich nicht auf höfisches Naturgefühl zurückführen; es
handelt sich bei ihm nicht um die lyrische Flora; *holderboum, mnocher-
boum, balsamrebe,* Ceder, also selbst gelehrte Bäume treten auf, wie sie
und ähnliches (Palme, Aloe, von Blumen die Rose) sogar den md. Spruchdichtern Stoff zu moralischen Vergleichen gegeben haben. Reinmar ist
wieder getreuer Ausdruck der Unterschiede höfischer und bürgerlich-
didaktischer Dichtung, wenn er Pflanzenbilder in der letzten, Tierbilder in der ersten Periode meidet, wenn er mehr und mehr die
Fauna vor der Flora bevorzugt. Als Beispiele für menschliche Tätig-
und Fähigkeiten waren lebende Wesen viel mannigfacher zu 'brauchen: während die Tiersymbolik auch durch die bildenden Künste gefördert und verbreitet wurde, so verwischte das modische Stilisieren

von Pflanzen die Unterschiede der·Arten so vollkommen, dass schon dadurch plastische und malerische Verwertung von Pflanzensymbolen stark begrenzt war. ·

· Tiere: der höfische Minnesang hat eine andre Zoologie als die Spruchdichtung. Schon darum ist das über alle Massen nachlässige und unvollständige Verzeichnis von Tieren der Lyriker, das Werner, Anz. VII, 143 gibt, durchaus wertlos, da er die beiden Gattungen der Lyrik nicht auseinander hält. Der Minnesang beschränkt sich fast ganz auf Vögel, zumeist auf Singvögel; gerade sie kümmern die Didaktiker wenig: sie wählen ebenso entschieden die Säugetiere, Reptilien, Insekten, von Vögeln die Raubvögel. Das hat seinen guten innern Grund, und Reinmar ist hier vom Einfluss des Minnesangs frei ·geblieben. Nun sind unter ·den didaktischen Tierbildern aber auch noch verschiedene Richtungen zu unterscheiden. Die Tradition herrscht durchweg tyrannisch: dass der überkommene Vorrat aus eigner Naturbeobachtung bereichert wurde, wird je länger je seltener und zweifelhafter: nur in Combination. und Ausführung konnte von Selbständigkeit die Rede sein: Reinmars Eigentum mögen höchstens die *bispel* aus dem Jagdleben sein: 152, 154 und 171. Jedes Tier hatte seinen unweigerlich festen Charakter, durfte nur in einer begrenzten Reihe von Situationen und Eigenschaften vorgeführt werden. Dies Gepräge ist zumeist volkstümlichen Ursprungs, in Fabel und Sprüchwort festgestellt: hier war lebendiger Nachwuchs nicht ausgeschlossen; Reinmar freilich hats nicht verstanden. mit eignen Augen zu sehen (S. 275 fg.). Dazu traten dann aber Elemente gelehrter Herkunft. Da muss man wieder sondern. Die Schnelligkeit des Leoparden, die Treue des Einhorns, gewisse Eigenschaften des Löwen u.·m. sind zweifellos. mittelbar aus dem Physiologus. dem Isidor oder andern gelehrten Quellen geflossen: wenn aber ein Spruchdichter darauf beiläufig anspielt, wie das auch Wolfram tut (Förster, Zur Sprache und Poesie Wolframs, S. 59 fgg.), so war das noch nicht notwendig gelehrte Anspielung; das ist gerade bei Reinmar 160,6 sehr deutlich. Diese Typen waren als gangbare Münze in Jedermanns Hand, waren Besitz des Volks geworden: ein Andres freilich, wenn sie in der Art der Physiologi mit theologischer Ausdeutung versehen paradieren müssen. Und zu dieser populären Gelehrsamkeit kommt dann noch eine dritte Serie von Tierbeispielen, die mit bewusster Freude am Kuriösen, überraschend Gelehrten vorgetragen werden; sie treten auf mit der zweiten Hälfte des Jahrhunderts, als bekanntlich die mittelalterliche Zoologie es zu bedeutender Regsamkeit. ja zu einer Art Vorrenaissance brachte: diese Bereicherung der Tradition ist der gerade Gegensatz zur Bereicherung aus dem Leben. — Reinmars Vorgänger, die Spervögel, Walther, auch Wernher (vgl. aber II, 230 b, 16). halten sich von allem tierbildlichen Kram mit gelehrtem Beischmack frei. Nicht ganz mehr Reinmar: Straussenaugen und des Leoparden Schnelligkeit, beides nicht im Physiologus erwähnt, den sagenhaften Greifen und des Affen feine Zunge kannte er schon: auch die Tiere der religiösen Strophen S. 9. S5 seien hervorgehoben: immerhin wird er in dieser billigen landläufigen Gelehrsamkeit schon von dem notorisch nur oberflächlich gebildeten Raumsland überholt, bleibt hinter dem md. Durchschnitt· zurück. In Oberdeutschland tritt mit dem Marner die gelehrte Zoologie bewusst·auf; der Kanzler [330]), Sunburg (Aspis) folgen, namentlich aber Konrad, bei dem die gelehrten Tierbilder den ungelehrten an Zahl· schon vollständig die Wage halten, an Bedeutung sie weit übertreffen. Und das Höchste in dieser gelehrten Entartung leistet Boppe, dessen Naturgeschichte sich nicht mehr auf die Tiere selbst der reichsten Physiologi beschränkt: ihm und Konrad kommen die bestunterrichteten unter den Mitteldeutschen, Meissner und Damen, kommt Frauenlob selbst an zoologischem Buchwissen nicht gleich: bei diesen dominieren immer die einheimischen Tiere, und Reinmars Tierkenntnisse erfahren demgemäss nach der gelehrten Seite hin in der md. Periode keine Steigerung.

Es versteht sich nach dem Gesagten fast von selbst, dass Reinmar in der Jugend arm an Tierbildern ist. Als Scheltworte treten *affe* 65,6, *gouch* 134,10, vielleicht *rinderlich* 106,2 auf: dazu noch die Sprüchwörter: man erkennt den Esel· an den Ohren 52,12, *halp visch halp man ist visch noch man* 129,4. Mit der böhmischen Zeit bricht dann die Hochflut herein. Eigen ist ihm die Neigung, diese Tierbilder nicht einzeln, sondern mehrere parallel oder womöglich zu einem Ganzen vereinigt zu brauchen: 8. 9. 99. 100. 137. 185, anders 152. 158: 160. 164. 165. 152. 201.

Das Tier ist hervorragender Repräsentant einer Eigenschaft: der Löwe für Kraft und Mut 9,7. 99,6. 100,7. 152,9, vgl. 160,1; der Adler für Freigebigkeit 99,7. 100,7. 152,6, für Stärke 224,12; der Greif für Sparsamkeit 99,7. 100,9; der *wisent* für Zorn 151,4; ebenso der Bär 99,10. 100,10; der Bär auch für Hunger 138,3. 228,11; für Grösse 220,12(?); ebenso der Elephant 85; das Schwein 160,2; die Mücke für Kleinheit 220,3. 154,6. 224,12; ebenso Heuschrecke, Heimchen 160,1. 2; das Lamm· für Einfalt 85; der Hahn für Wachsamkeit 165,9. 219,2, beidemal in geistlichem Sinne; die Nachtigall als guter Sänger 160,3. 201,5; der Ochse, der Kuckuck als schlechter ebda.; der Affe für Hässlichkeit 160,4; die Schnecke für Langsamkeit, der Leopard für Schnelligkeit 160,6; die Katze für Unreinlichkeit 165,7; der Hund für Benehmen gegen Fremde 165,4. Es zeichnen sich auf die Augen des Straussen 99,4. 100,1. 137,7. 185,10, die des Luchses 164,7; die Ohren des Schweins 99,6. 100,6. 164,7, des Ebers 137,7, des Luchses(?) 185,11; der Hals des Kranichs 99,5. 100,3. 137,7. 185,9; das Gefühl der Spinne, der Geruchsinn des Geiers, der Geschmack des Affen 164,8 fg. Der Steinbock .steigt Berge 185,12; der Igel hat eine rauhe Haut 160,9. 145,9. Die Natter ist giftig 184,2, die Schlange 157,5; die Fledermaus hat keine Federn 201. Edle, jagdfähige Tiere: *ravit, valke, wint, habech* werden den niedern unbrauchbaren *ohse, esel, músar, hovewart, gouch* entgegengesetzt 152. 154. Der Hahn meistert zwölf Hennen 104. Auf Grund dieser Eigenschaften werden die Tiere dem Menschen Vorbilder 85. 164. 165. 201, auch 160; der Dichter vergleicht ihnen sich selbst 104, sich und seine Nebenbuhler 152. 154, den Kaiser 137. 138, den Bischof von Mainz 185. 228, konstruiert aus ihren Vorzügen einen Idealmann 99. 100; selbst die Strophen, in denen die vier Evangelistentiere auf Jesus gedeutet werden 8. 9 enthalten ein verwantes Element. Die *schorpen, hanen, üven, orven* 156 sind wol Wappentiere.

Tiere als Scheltworte: *affe* 65,6. 176,8, *geizegebele* 156,9, *hellehunt* 157,4, *esel* 52,12. 158,3, *calp* 158,5; *rint* in *rinderlich* 106,2; namentlich aber *gouch*; wie sehr die eigentliche Bedeutung über dem Nebensinn verloren gieng, lehrt

330) Das Tier Leo Zephena, von dem der Kanzler (HMS II, 396 b) erzählt, ist natürlich das λεοντοφόνον. Dass schon dem Dichter der rechte Name und sein Sinn verborgen war, wird sehr wahrscheinlich durch die Tatsache, dass auch Megenberg 148 von *leocophana*, von dem *leocaffen* redet.

171,5, wo ein Adlerjunges, das sich nicht zu helfen weiss, spöttisch *gouch* genannt wird.

Bilder aus dem Tierleben: 171 die Wilderer und der Adler; 104 der Hahn mit den zwölf Hennen; 156,12 *alsam der wolf bî schâfen in dem nebele;* 221,6 *vlûhe ein wolf ze vrouwen, man solt in durch ir liebe lâzen leben.* Fabel 52,12. Sprüchwörtlich: 224,12 *sô mac doch niht den arn vertribn ein mugge;* 129,4 *halp visch halp man ist visch noch man.* — *grât* (Fisch- oder Distelgräte?) 123,6. 128,3. 140,11. Die Tage und Nächte als weisse und schwarze Rosse 186,7. 187,7; der *Muot* als Ross 58,7.

Worte und Sätze.

Unter Reinmars Bildern ist nur eins, das auf uns den Eindruck der Derbheit macht: *als bî dem pheffer miusemist* 74,11, also gar in einer östreichischen Strophe. Reinmar hat das Bild nicht als unfein empfunden, ebenso wenig wie den Fluch 94.12. Er hat das ehrliche Bestreben, sich des Vulgären zu enthalten: nicht einmal in der md. Periode entschlüpfen ihm Kraftausdrücke, wie sie doch Walther unbedenklich wagte: gerade md. Spruchdichter haben mit *ars* und *quât*, mit schmähenden Vergleichen wie *stinken als ein vûler hunt, ein vûler rabe, ein ûs unreine,* mit derben Schimpfwörtern nicht hinterm Berge gehalten. Ein drastisches Beispiel für Reinmars Zartgefühl gibt Str. 113, zugleich ein Beweis, wie viel Pedanterie in dem Mann damals noch steckte: er will ein rohes Wort, das ihm auf seine höfischen Nerven fällt, bekämpfen, hat aber nicht die Courage, das unpassende Wort selbst auszusprechen. V. 7 nimmt er einen Anlauf: 'dasselbe Wort will ich Euch mit Verlaub nennen, damit ihrs alle erfahrt': und was folgt? *si sprechent:* 'sun *von basen wiben!*' So hat im Leben kein Mensch den Andern genannt: nein. *merhensun, kotzensun, mutzensun, zohensun,* allenfalls milder *huorensun* (behuoren wol auch bei Reinmar 73,12), so hat man gescholten: Reinmars Ausdruck ist etwa so lebensvoll, wie die Uebersetzung in dem lateinischen Verbot, wo natürlich *fili meretricis* steht: lateinisch gieng das nicht anders; wer aber deutsch dichtete, musste auch deutsch reden können.

Ueber Reinmars **Wortschatz** hat Tschiersch, Beurteilung u. s. w., S. 21—24, verständig gehandelt. Reinmar ist nicht arm an Worten: Fülle und Wechsel des Ausdrucks vermissen wir höchstens in einigen Strophen, in denen die Anapher allzu eintönig ihr Wesen treibt; und die Zahl derjenigen Worte, die in den Wbb. nur aus ihm zu belegen sind, ist überraschend gross. Aber was sind das für Worte? Zum weitaus grössten Teil blasse, abstrakte Zusammensetzungen: aus der Rede des Volks seine dichterische Sprache zu erfrischen, das fiel dem adligen Herren nicht ein; er hat es eher gemieden, wie ein Vergleich mit andern Spruchdichtern lehrt. Tschiersch führt als einziges Beispiel *ülfheit* 180,8. 10 an, natürlich aus der md. Zeit: auch *wigen* 59,6 ist zu nennen. Das archaisierende *unsich* 13,5 im Vaterunser und *oberôst*

161,12 sind Einwirkungen geistlicher Dichtung; das dialektische *cránc* 171,7. 11 steht ausserhalb der Sammlung.

So wenig jene billigen Neubildungen auch sprachschöpferischen Geist bezeugen, immerhin verlassen sie doch bewusst oder unbewusst den ausgetretensten Pfad der Rede. Und insofern ist es von Interesse, dass in der östreichischen Zeit (ein Paar politische Strophen nehme ich aus) vollkommen Ebbe herrscht, dass eine Hochflut abstrakter Bildungen über die böhmischen Sprüche hereinbricht, dass sie sich in der mitteldeutschen wieder verläuft und vorzugsweise Bildungen konkreterer Natur zurücklässt.

1. **Einfache Bildungen und Ableitungen:** *getar* stm. 97,12, *karc* stm. 97,4 (fehlt Lexer), *driunge* 47,6. 62,3 (nach Walther): *liegât, triegât* 203,2; *smeichenœre* 154,9, *portnœrinne* 21,9 (fehlt L.), *nitlîdœre* 202,9. 12; *distelec* 156,10; *gesnabel* Adj. 162,5; *gehant* 117,7, *gelandet, geliutet* 215,1. 2, *gekünigt* 148,2. 4, *gebismet* 169,3; *vienden* (auch Frauenlob, fehlt L.) 49,5; *leckern* 194,7. Substantivierte Infinitive: *merken* 64,6. 137,6 (fehlt L.), *vergâhen* (auch Meissner, aber in einer nachgeahmten Stelle) 86,4, *übersprechen* 86,6, *nitlîden* 202,10, *ertrinken* 204,10, *vergezzen* 215,8, *zeigen* 209,10, *baztuon* 227,11, *trenken* L. 46; *liep-* und *wolgeschehen* 90.

2. **Compositionen:**
a. **Substantiva:** *abenemer* 70,11, *übervlüge* L. 84, *vorgehüge* L. 83, *underbot* (oder *wunderbot?* fehlt Lexer) 8,1; *knoppeschaft* 139,3, *engelschaft* 143,3, *ülfheit* 180,8, *diebolt, raubolt, meinolt* 203,5, *slurchart* 203,4; *ungeselle* 183; *crônetrage* 148,4. 149,11, *himelhabe* L. 179, *schifgereise* 193,3 (C), *wolkengüsse* 117,9; *nitlîdœre* 202,9. 12; *léremeister* 32,4, *minnebote* 75,4, *clôsterritter, hovemünch* 129,6. 7, *lügevráz* 169,8, *erdesippe, himelsippe* 8,3, *velthirte* L. 168; *minnegêr* 25,8, *mortkolbe* 106,3, *clôstersite* 129,1, *geizegebel* 156,9, *leckermunt* 157,1, *bodengrunt* 157,6, *zwivelhof* 172,4, *vluorzün* 182,1, *nahtegalsanc* 201,5 (fehlt L.), *meisterdôn* 203,2 (fehlt L.), *ôrendrus* 203,10; *triskamerhort* 136,1, *âbentsunnenschîn* 180,4; *martercrône* 89,9, *tôtreise* 106,2(?), *suonesalbe* 151,3, *eiterclûs* 157,5; *ramwerk* 101,11, *würfelbein* 108,9, *houbetdinc* 200,2, *nâdelhol* 220,11, *stalgesinde* L. 182; *liljenglanz* 17,4, *minnenschenke* L. 107, *minnenbürde* L. 101. 102. 103, *slangengift* 157,5 (fehlt L.), *sündensuht* L. 97; *trunkensluht* 111,11; *schôzvol* 97,3; *liepgeschehen, wolgeschehen* 90, *nitlîden* 202,10, *baztuon* 227,11.
b. **Adjectiva und Adverbia:** *unverwest* 17,5, *ungevieret* 61,8, *unerkennelich* 69,5, *ungaffet* 97,9, *unerrâten* 189,5, *unschiuhende, unschamende* 215,5; *leckerlich* 68,12, *rinderlich* 106,2 (fehlt L.); *vaterbœre* 125,12, *muoterbœre* L. 80, *himelbœre* 87,2, *kerkerhaft* L. 195; *übercluoc* 123,4 (fehlt L.); *durchzündic* L. 121, *überwündic* L. 123, *kielbrüstic* 170,8, *êrengrüezic* 148,8, *mortmeilic* 209,5, *eingotic* L. 119, *niunherzic* 228,1, *ebenmehtic* 8,2, *schatzgitic* 134,2, *hungergitic* 228,11, *meientouwic* 227,6; *miuchelrœche* 124,9; *engelreine* 79,8, *igelvar* 145,9; *willeriche* 153,5. 6, *vogetlôs* 203,6, *vederlôs* 201,1, *marketveile* 153,2. 6; *argelôs* 123,12; — *vundeliche* 92,2, *toupliche* 144,5, *unheilicliclichen* 125,6, *angesihteoliohen* 143,7, *niunherzicliche* 228,3; — *vriundeshalp* 158,4.
c. **Verba:** *âgreifen* 135,3, *sich beknehten* 139,8, *erstummen*(?) 140,3, *gekneten* 151,7 (fehlt L.), *gevreiden* 155,12, *versœjen* 156,4, *durchreichen* L. 86 (fehlt L.), *übersünden* 88,8, *überrüefen* 130,7, *überwizen* 160,7, *widerlesen* 161,11, *widerrûnen* 130,8; *verketzerten* 87,7 (fehlt Lexer); *knierûnen, lugelösen* 94,6, *snabelliegen* 157,11, *snabelsnellen* 94,9. —

Was die Wortwahl betrifft, so bevorzugt Reinmar, seiner abstrakten Natur gemäss, Substantiva wie *süeze, schœne, kiusche, milte* u. a.; ferner Substantiva auf *-keit;* von Adjectiven die auf *-ic;* Composita mit *über-.* Lieblingsworte Reinmars verzeichnet Tschiersch S. 29 fg.: obenan steht das Abstractum *zar' íϛοχήν dinc* 23 mal. in wachsender Beliebt-

heit [331]; daneben: *meisterschaft* 9,8. 30,4. 31,3. 33,12. 104,3. 105,3.
6. 11. 158,11; *geleite* 9,12. 122,12. 124,12. 214,8. 224,11, ein Gott-
friedisches Bild; *immerwernde* 11,11. 78.11. 105,5. 110,6. 157,6. 192,5.
208,6; *rollicliche* 22,3. 23,6. 45,5. 70,2. 144,2. 173,6. 213,3; *hüsen,
behüsen* 47,11. 95,4. 116,2. 7. 9. 122,7. 144,3. 153,7. 9 u. a. m. Den
Dichter der Frau Ehre kennzeichnet das Adjektiv *êregernde:* dies sonst
keineswegs häufige Wort erscheint bei Reinmar 38,2. 47,10. 70,5. 74,9.
83,3. 155,2. 180,9. 184,10. 199,2, vgl. 57,2 [332]). Von andern Epithetis
hebe ich hervor *süeze*, namentlich in geistlichen Gedichten, und *wert*,
vorzugsweise von Damen gebraucht: die Geliebte ist 26,6 *der werdikeit ein bluome*, und, während Walther 66,21 sagt: *ir reinen wip,
ir werden man*, dreht Reinmar das 210,10 einfach um: *sælic* fast nur
im Ausruf und 26,4. 27 in der Anrede an die Dame. Es dominiert
das triviale *guot*, das in den Strr. 102. 105 den Nebensinn gutmütiger
Schwäche bekommt: Gegensatz 102 *biderbe*, das tatkräftig auch noch
195, voruehm 124 bedeutet, sonst unserm 'bieder' entspricht. *Schœne*
ohne Einschränkung lobend von Frauen 26,5. 28,12. 29,5. 106,5, von
Männern 58, alles Strophen der ersten Periode: wo das Wort später vorkommt, ist es bildlich gemeint, oder es fehlt nie die Betrachtung, dass
Körperschönheit nichts wert sei ohne Tugend; *hübsch* 23,9. 56,8, *hübescheit* 106,8, nur in östreichischen Sprüchen; beliebteste Epitheta der
Damen ausserdem *minniclich* und *wiplich*, der Männer *wis;* tadelnd *valsch,
tumb, wilde*. Das Adjectiv oder Substantiv *kiusche* sehr oft von Frauen,
von Männern 32,5. 42,8; das Wort kommt in den östreichischen Gedichten 15 mal vor, ausserdem nur 80,4 und in Bezug auf Maria. An
seine Stelle tritt späterhin *reine*, das der östreichischen Zeit ganz fehlt.

Die Adligen heissen *herre* oder *ritter:* die A u s d r ü c k e d e s
V o l k s e p o s für seine Helden (Jaenicke, De dicendi usu Wolframi de
Eschenbach p. 3 sqq.) sind bei Reinmar schwach vertreten. *r e c k e* hat
106,12, in einer Strophe der höfischen Periode, die unbedingt verächtliche Bedeutung des rohen Renommisten; ebenso mit bitterster Ironie gebraucht es Raumsland für die feigen Mörder König Erichs (III, 68 b bis), harmloser, aber doch auch
spöttisch der Meissner (III, 102 b): bei andern Spruchdichtern kommts vor Frauenlob nicht vor, der damit ohne schnöden Nebensinn die Helden der Volkssage be-
nennt (113,6. 295,17). Vor einem ähnlichen parodistischen Herunterkommen war
d e g e n durch den geistlichen Gebrauch besser geschützt, den Lachmann z. Klage
1672 erwähnt und in dem allein Reinmar das Wort kennt (L. 151), er unter den
Spruchdichtern bei weitem zuerst: erst bei Frauenlob 2,8. 8,15 und später (gold.
Schm. XLVII, 18—21) finden sich Parallelen: die ältren, der Anonymus MSF 31,2,

---

331) Auch andre Spruchdichter wussten dies brauchbare Wort zu schätzen:
aus dem Meissner, der halb so viel Gedichte hat, wie Reinmar, habe ich mir gar
24 Belege notiert, er ist auch darin Reinmars Schüler.

332) Von andern Spruchdichtern kennt das Adjektiv *êregernde* Walther gar
nicht, die Winsbekin 5,5; bei Wernher habe ich zwei Stellen bemerkt (III, 15 a,
16. 18 a, 7), ebenso beim Kanzler (II, 399 a, 15 und in einem Liede 393 a, 2);
im Wartburgkrieg 67,7 und bei Goldner (III, 52 b, 5) je eine; Kelin (III, 21 b.
22 a), der Meissner (III, 108 a), Damen (III, 168 b) mögen aus Reinmar gelernt
haben, wie höchst wahrscheinlich Liechtenstein (423,1. 424,1. 456,25. 525,22).
Das Wort ist in der Anrede: *êregernde leien, ritter* u. s. w. auch der Lyrik
geläufig.

Weruher II, 231 b, auch noch der Meissner III, 87 b, der freilich durch ein Wortspiel gebunden war, und Frauenlob in der Mehrzahl der Fälle versteh(n unter *degen* den weltlichen Helden: scherzhaft nur Schulm. II, 138 b. Der üblichste Ausdruck ist *helt*. Bei Reinmar finde ich das Wort 48,5. 75,5, in zwei östreichischen Strophen, nie auf bestimmte Personen angewant: gehört ihm auch 280,11, so bewiese das, dass auch das hochtrabende *helt* bei ihm der Gefahr ausgesetzt war, ins Ironische gewant zu werden. Zuckte es nicht auch Walther um die Mundwinkel, wenn er 36,7 den Helden Oestreichs sein zweideutig Lob erteilt? War es ernst gemeint, wenn Konrad 32,125, namentlich aber Raumsland III, 57 a, 7 das feierliche Epitheton auf ziemlich dunkle Ehrenmänner anwanten? Doch das sind individuelle Ausnahmen: das Wort fehlt Wernher, dem Kanzler, Alexander, Damen, sonst keinem der bedeutenderen Spruchdichter, ist in Lobgedichten und auch in der Anrede an Zuhörer äusserst brauchbar befunden worden: Boppe namentlich liebt es, uud in Frauenlobs Lobspruchterminologie hat es einen so festen Platz gefunden, dass er sich nicht scheut, auch Konrad als den Helden von Würzburg zu feiern, ohne dass wir den braven Meister darum als mannhaften Kämpen uns vorstellen dürfen. *wigant* hat Reinmar gar nicht. Diese Sprödigkeit ruht nicht in höfischer Prüderie — kommen doch drei der vier Beispiele in östreichischen Gedichten vor —, auch nicht in meisterlichem Stolz, wie wol beim Marner, dem sein Beruf Pflege des Volkscpos aufnötigte. Reinmar hatte zu viel Stilgefühl, verband mit einem Worte wie *helt* noch einen zu hohen Sinn, um es ernsthaft bei der ersten besten unpassenden Gelegenheit anzubringen, wie Frauenlob. — Von den übrigen Worten, die Jänicke als episch anführt, hat Reinmar *balt* nur 221,2 als ritterliches Beiwort; *küene* 60,4. 104.2; *vrevelichen* 177,9; *gemeit* in der bekannten Formel *mit zühten gemeit* sin 40,4 (erste Periode), *mære* gar nicht. *gêr* 25,8; *ellen* 116. 143,10. 180,5; *dürkel* 197,2; *verschrôten* 103,6; *verhouwen* 221,7; *versnîden* öft.: *künne* 14,3. 81,2; *ander* 192,8; *rôtez golt* 82,7; *hei wie* 12,1, vgl. Haupt z. Erce 1730.

Mit Fremdwörtern ist Reinmar freigebig, und die Freude daran steigert sich mit den Jahren. Es sind aber weniger die höfisch ritterlichen Fremdwörter, als solche aus religiösem und sonstigen Gebieten. Am frühesten wol, schon 37,9, erscheint *crèàtiure*, eins der ältesten Beispiele, dass dieses Wort, sonst nur der geistlichen Dichtung eigen, in der weltlichen Liebespoesie eine Stätte findet. Der Ausgangspunkt war wol ein Lied Gottfrieds von Strassburg HMS II, 266 a: *Got hât vor aller crèàtiure dich gemachet also wert.* Wie hier, wie bei Reinmar, tritt das Wort typisch in diesem einen Gedanken und seinen Variationen auf: die Geliebte ist schöner als alle Kreatur[333]). Sie selbst eine *schœne crèàtiure* zu nennen, wagt erst der fremdwortlustige Tannhäuser (II. 84 a); ja 88 b redet er sie gar an: *sælic wîp, werdiu crèàtiure:* ebenso der von Bauenburg (II, 263 a). Ausser an jener Stelle braucht Reinmar das Wort in zwei religiös gehaltenen Strophen 76,6. 143,2 und von Tieren 165,2. — Aus der höfischen Periode ferner: *schapel* 41,10, *balsam* 48, *turnieren, turnei* 106, die Wett- und Spielausdrücke *quit* 49,2, *mat* 45,11; aus der böhmischen *sarjant* 139,11, *ravît* 152,1, *rote* 155,2. 6, das Hybridum *triskamerhort* 136,1, sowie Spieltermini *mat* 79,6. 119,6, Schachfigurnamen 150,11. 12, Namen der Würfelzahlen 109, endlich *gunterfeit* 53,11, *bénit* 113,1, und Reinmars Lieb-

---

333) Winterst. 20,31 *wer gesach ie crèàtiure, die man weiz in wibes namen, also schœne, also gehiure?*, nachgeahmt vom Schenken von Landeck (I. 357 b); HMS III, 436a *Got hât diu wip geêret vûr alle crèàtiure;* Konr. 32,99 *ein kan hôchklunger nie kein lebende crèàtiure sin;* 29,25; Neidh. 72,11; Rinkenb. I, 340 b; HMS III, 296a. — Raprechtsw. I, 343a *schœner crèàtiure ûf erde nie betagte;* Tannh. II, 83a *schœner crèàtiure ich nie gesach sô rehte wolgestalt;* Neifen 24,12 *sô schœniu crèàtiure nie wart li maneger zit geborn.*

lingsfremdwort *pârât* 156,2. 7, das ausser der Sammlung noch 169,2. 203,1. 253,6
erscheint. Da verschwinden die höfischen Fremdworte fast ganz, dafür treten
andere, zum Teil sonst wenig übliche ein: 169,3 *safrân*, *gebalsamt*, *gebismet*, 171,2
mursel, 6 *tëst*, 214,7 *fullemunt*, 222,3 *masse*; 169,2 *galrei* ist wenigstens mhd. in
der abgekürzten Form noch ungewöhnlich; *sêriôn* 203,1 (?) sonst unerhört, ebenso
trumphator 203,2; *liegât*, *triegât* scheinen hybride Bildungen nach Analogie von
pârât; möglich auch, dass in *liegât* ein Fischartisches Wortspiel mit Legat beabsich-
tigt wurde: mit deutschen Endungen ist dies *-ât* nicht zusammenzubringen. Aus
der Masse kirchlicher Fremdwörter nenne ich *primâte* 170,10 als einzig bei Reinmar belegt; *simônie* 128,5. 7. 223,12, *hêresie* 128,7; *Crêde mich* 141,12. 142,3.
Ëmânuel wird 15,6 übersetzt: wie man daraus nicht auf Bekanntschaft mit dem
Hebräischen schliessen darf, ebensowenig aus dem Dativ *êwangeljô* 9,3, dem Accusativ *Grêgôrjum* 135,8, *Jêsum* 18,7 auf lateinische Sprachkenntnisse: anderseits
können absichtlich oder unabsichtlich verzerrte Fremdworte wie *Endecrist*, *Crêdemich*, *Hügelin*, *trumphator*, *galrei* nicht eben den Gegenbeweis liefern.

Jac. Grimm bespricht unter der Rubrik 'abstrakteste Neutra'
'eine Ausdehnung des Geschlechts auf Wörter, die gar keine Nomina
sind', auf eigentlich geschlechtlose Wörter (Gr. III, 534). Mehrere der
eklatantesten Beispiele entnimmt er Reinmar von Zweter, ohne ihn zu
erschöpfen. Reinmar hat die Substantivierung, die 'Generification' von
ganzen Redensarten, Adverbien, Verben, Participien in einem Umfange
geübt, wie kein andrer Spruchdichter: ausser Walther habe ich wieder
den Meissner, der auch dies von Reinmar lernte, der aber doch HI,
89a, 5 in dem wörtlich aus Reinmar 58,4 abgeschriebenen vierten Verse
Reinmars *manlich* durch *manheit* ersetzt hat, und Frauenlob zu nennen [334]: vgl. auch Strauch z. Marn. XIV, 248: sonst nur Vereinzeltes.
Die Erscheinung berührt sich teils mit der Personification, teils mit der
Neigung, übliche Redensarten zu besprechen, die sich so am leichtesten
syntaktisch unterbringen liessen.

Von der gewöhnlichsten Art jener Generification, den neutralen Infinitiven,
gab schon S. 285 ein Paar Beispiele: das letzte, *driu liepgeschehen*, *ein wolgeschehen* 90 hält Jac. Grimm III, 538 für ein Particip Präteriti: ich kann den
Beweis aus dem Sinne nicht zwingend finden. Aber wirklich fehlt es Reinmar
nicht an Part. Prät. im Sinne und in der Konstruktion von Abstrakten [336]): *wol
angehaben unt widerkêrt*, *daz wœre alsô guot verborn* 70,6; *oben über unt unden
durch gevarn daz ist ze hôch* 96,1; *beschaffen* 176; *verhoft daz leckert* 194,7, vgl.
2. 6, weniger abstrakt der 'Nom. 9 fg.: hier ist *verhoft* mehr der *verhofte*, als das
verhoft-sein. Wie Participia vertreten Adjectiva das Abstractum: *manlich*, *minniclich*, *ritterlich* 58; *küene unde vrî* 60,4; *dluoc* 123,4. 6, danach wol auch *swind*
122,1. 200,2; kühner 98,1 *den sûren sûr*, *den scharfen scharf*, *den hârten hart*,
dêst allez guot: vgl. Freidank 85,13 *mit wisen wîs daz was der wëlte prîs*, Meissner III, 89a, 3. Adverbia: *ein süezez Jâ*; *ein wârez Nein* 24,7. 10, auch sonst
sehr häufig; *oben über gehört ich nie die wisen prisen* 96,8; *tumbes mannes ûf unt
abe* 96,10. Am kühnsten ist es, wenn ein ganzer Ausspruch, eine Verbalform
oder mehrere Worte, die wir zwischen Anführungszeichen setzen würden, durch
ein *daz, ez* zum Substantiv werden: 'was guot', 'ist guot' 70,1. 3. ir 'Crêdemich'
141,12. 'Inruoch' 173. 'Beschaffen!' unt 'ez muoste sîn' 176,1. 3. 6. 7, auch das

334) Walther 81,29. 30. 63,30. 79,18. 81,26. 102,6. [107,10]. 117,12; Meissner HMS III, 88b, 14. 89a, 3. 90b, 15. 91b, 20. 93b, 8. 10. 100a, 6. 108a, 12;
Frauenlob 71,19. 95,1. 96,2. 111,12. 112,11. 17. 139,6. 159.5. 182,1. 3. 186,1.
233,1. 243,17. 276,1. 298,13. 15. 16. 307,13. 324,15. 377,3. 442,6. Ld. VII, 4.
335) Vgl. Meissner III, 90b, 15; Frauenlob 96,2. 111,12. 182,3; Kolm.
Liederbs. 57,1. 144,13; *stille swigen unt gedagt daz ist nû der beste site* Bicken-
bach HMS III, 408a; *es ist nicht pessers dan widerkert* Keller, Altd. Erz. 156,14.

viel gebrauchte '*já hêrre*' 203,9 ist wol nichts als substantivierte Redensart: das Masculinum der Personification ist hier begreiflich, begreiflicher als 227,8. 9 *der Ist, der Was*, ein höchst auffallendes Beispiel: Meissner versteigt sich sogar zu einer femininen Wendung dieser Art, wenn vdHagen III, 88b, 14 mit Recht *diu* '*Wol rar*' schreibt: es wäre der einzige Fall eines Feminins.

Ueber Reinmars **Satzbau** habe ich wenig zu bemerken. Die Neigung, kurze schlichte Sätze ohne Partikeln an einander zu reihen, eine Neigung, seinem ängstlichen Streben nach Deutlichkeit konform, ist von vorn herein da, wird aber in der dritten Periode durch die spruchdichterische Freude an gehäuftem Parallelismus, an Aufzählungen noch gesteigert: während in der Sammlung im Durchschnitt 7,5 selbständige Sätze auf die Strophe kommen, sinds ausser derselben fast 8,5. Wo Reinmar längere Reihen von Dingen aufzuzählen hat, zerlegt er die Aufzählung gern in mehrere Sätzchen, indem er bedeutungslose oder synonyme Prädikate einschiebt: z. B. 12,6. 41. 98. 99. 100. 109. 182,3. 203; besonders lehrreich dünkt mich 225: zu den gesammten Namen von Orden gehört das entscheidende Verb V. 9 *die lebent, des diu ê erziuget:* der Widerwille gegen den langen Satz, der Wunsch, die strophische Gliederung nicht syntaktisch zu verwischen, bestimmen Reinmar. V. 3 und 6 schon zwei Prädikate anzubringen, die vom Hauptgedanken geradezu ablenken und die Gesammtwirkung, wie sie eine so stattliche Aufzählung kräftig erreichen würde, in der Zersplitterung abschwächen: einen noch eklatanteren Fall hat Boppe II, 382b. So fehlen Reinmar jene Perioden des spätern Spruchstils, die ihren Umfang der langen Folge paralleler Nebensätze verdanken (Boppe, Kanzler, Stolle u. And.), fast ausnahmslos; bestes Beispiel noch 162,1 — S. Dagegen kommen Perioden andrer Art zuweilen vor, vielleicht in Nachwirkung der östreichischen Lyrik; Walther hat solche Perioden fast nur in Liedern: Wilm., Walth.² Anm. z. 95,33; im Spruch 79.33. Gleich 25,7 — 12 ist ein Satz: vgl. in den Frauenstrophen noch 30,7. 40.7. 50.7. 55,1; ferner 83,7. 92,9. 122,4. 130,1: noch in der dritten Periode ein Paar Prachtexemplare, die es illustrieren mögen, wie wenig Reinmars künstlerische Berechnung schwierigeren Aufgaben des Satzbaues gewachsen war: wie ungeschickt sind namentlich die Bedingungssätze angeklebt: 163,7 *den tugendelôsen wolt ich swache spisen, daz er ê siner tage müeste grisen, uf daz, ob er sich wolte bekêren, liez er von bœsen siten abe, ich gœbe im richtuom unde habe, sœhe ich an im sich tugende unt êre mêren;* 168,7 *swer ungebeten zuo dem toufe dringet, den hêrren bete unt hêrren vorht dar twinget, unt hete der eine tohter junge unt gewæhse danne dirre pate, er gelœge wol, wurde im sin state, der tohter bi, ob in ir minne twunge;* besser 177,7. 198,1. 200,1. 223,7.

Das spitzfindige Grübeln in der Liebesphilosophie förderte in manchen Richtungen der entwickelten Lyrik eine Dialektik, die es verstand, die Sätze ihrem logischen Verhältnis nach über- und unterzuordnen. Die Spruchdichtung ist eben darin merkwürdig anspruchslos. Sie begnügt sich leicht mit dem blossen Aneinanderreihen von Lehren: Schluss und Beweis werden höchstens in den Sprüchen über Tagesfragen, vornehmlich politischer Natur, und über theologische Streitpunkte angestrebt; auch da wird gern durch ein Bild die logische Entwickelung ersetzt: wirklich sind derartige Strophen minder reich an parataktischen Parallelsätzen als andre. Reinmar ist in den Künsten der Dialektik

seinen Genossen nicht überlegen. Von allen Satzarten sind die Kausal-
sätze bei ihm am seltensten, ausser der Sammlung noch bedeutend
seltener als früher. Im Gegensatz dazu waren die Bedingungssätze —
sehr oft durch *unt* eingeleitet — Reinmars vorsichtiger Natur, die sich
gern verklauselt, höchst willkommen. Die höchste Zahl erreichen natürlich die Relativsätze, aber mit bemerkenswerten Verschiedenheiten in den
verschiedenen Perioden: parataktischer Satzfügung am nächsten verwant,
nehmen sie in der böhmischen Periode zu (2,7 gegen 2,4 in der Strophe),
um dann in der md. Zeit aus eben dem Grunde, dem sie jene Zunahme
verdanken, im Fortschritt der Parataxe einen sehr erheblichen Rückgang
zu erleiden (2,1).

Die einfache Kürze seines Satzbaues machte Reinmar die Anwendung rhetorischer Freiheiten nicht oft zum Bedürfnis. Die **Parenthese**
steht der erregteren und periodenreicheren Sprache eigentlicher Lyrik
besser zu Gesichte als der ruhigen, wohlgeordneten Spruchpoesie: der
Lyriker Walther ist von den Spruchdichtern der parenthesenreichste:
auch Marner und Frauenlob verraten die Schule der Lyrik: nur Konrad,
obwol Lyriker und periodenreich auch in den Sprüchen, hat in ihnen
keine einzige Parenthese: widerstrebte dem sorgfältigen Manne auch
schon der Schein einer Nachlässigkeit? Bei der Masse der Spruchdichter
sind diejenigen Parenthesen, die sachlich wesentliche Bemerkungen einfügen, nur zu oft nichts besseres. Namentlich in der Erzählung. Gewiss, wenn der Marner XIV, 82 in der Fabel von den Fröschen, die
einen Herrscher wollen, parenthetisch einflicht: *daz rou si sider!*, so
ist diese unheimliche Prophezeihung, eine lustige Parodie des volks-
epischen Stils, überaus wirkungsvoll: aber die Andern verstehen das
Erzählen nicht so gut: ihnen ist die Parenthese ein bequemer Notbehelf, ohne künstlerische Absicht [336]). Auch ausser der Erzählung kommen inhaltlich bedeutungsvolle Parenthesen vor, darunter solche von
grossem Umfang: Bruder Wernher, der sonst parenthesenarm ist, erlaubt sich II, 233b, 2 eine von vier langen Versen: schon bei Walther
(24,28—30. 101.25. 26) und noch bei Frauenlob (14,14—18. 58.14—
16. 233,5. 6. 434,6. 7) kommt Annäherndes vor: aber solche Parenthesen sind individuell, gehören nicht zum Stil der Spruchdichtung:
Reinmars Parenthesen, die nie mehr als wenige Worte umfassen, bringen stofflich Erhebliches nur etwa L. 192 *wir sin erlegen; 140.12 er
weiz wol wá; 217,2.

Dagegen war es herkömmlich, kurze Aufforderungen, Lehren aus
Publikum, Berichtigungen, Versicherungen u. m. in parenthetischer Form
vorzutragen. Da war dann ein starker rhetorischer Effekt nicht selten
gewollt und sicher. Wie anders wurde der ermüdende Zuhörer aufge-
schreckt, wenn ihm ein: *merket daz!* ganz unerwartet ausser aller Konstruktion entgegengeschleudert wurde, wie anders als wenn das im nor-

---

malen Satzgefüge geschah! Ein unschönes, aber kräftiges Beispiel gibt
Reinolt von der Lippe III, 51 b, 2 : *swer hie versûmet daz gewin, der
muoz doch hin — wachet unt slâfet niht! — ze valle!*: so schliesst
die Strophe. Aehnliche Effekte, ebenfalls am Strophenschluss, erreicht
Reinmar 140,12 , wo die Pointe in dèr Parenthese liegt, und mit dem
höhnischen *gehabe dich wol!*, das er 212,12 dem Spötter zuruft. Seine
übrigen Parenthesen sind unbedeutend: *ich sage in wie unt wâ* 119,3,
merket daz 14,1 , *daz wizzet sicherlichen* 32,7 u. ähnl.: er steht
darin den andern Spruchdichtern nach: seinem pedantischen Ordnungssinn widerstrebte unnötiges Zerstören der Konstruktion. Ein schlimmer
Anakoluth ist ihm denn auch nur ein einzig Mal begegnet, 16,3 :
*den des himels wite nie umbevie, diu ende nie gewan, noch mit
der hœhe in umbevie noch mit der witen tiefen grundelôsen helle
nie, den umbevie* u. s. w.; was ist Subjekt in der zweiten Hälfte des
Relativsatzes? Vgl. auch 54,11. Erlaubte Freiheiten wie 37,5, 120,7
zeugen nur für Beherrschung des Satzbaues. An syntaktischer Korrektheit kommt ihm von den md. Spruchdichtern keiner nahe: sie stümpern
arg. viel mehr als die oberdeutschen mit ihrer bessern Tradition: aber
auch unter diesen ist neben Walther und Wernher einzig Konrad an
Sorgfalt und Strenge unserm Dichter überlegen; Boppe ist sorglos wie
wenige Mitteldeutsche.

Attraction: 66,5. 11.3. 21,3. 225,9, überall des Genetivs Singularis. Ein
sehr mildes *ἀπὸ κοινοῦ* 43,11 *ein schilt vür ungemüete ein dach* [337]. 147,3 *si dunket
unde sprechent* ist *si* zugleich Accus. und Nom. Plur. In parallelen Sätzen wechseln die Modi oder Tempora ohne ersichtlichen Grund 42,9. 43,2. 107,9. 125,9.
144.4. 6. 163,5. 190,1. 202,3. 4. 211,9. 10.

Ein paar Mal werden mehrere Begriffe ohne Verbum, ohne jede oder nur
unter loser Verknüpfung mit dem Vorhergehenden oder Folgenden hingestellt.
Diese **Ellipse des Verbs** verschärft die Kraft der Antithese 102,9 *hie biderber
man li guotem wibe, dort biderbe wip bi guotem man!* 139,11 *vernt mener, hiure sarjant!*
L. 65. Bei Aufzählungen erspart sie den wohlgefügten langen Satz. 18,5 handelt
von den Freuden der Maria, *der ich dir rünve nenne hie: diu êrste, daz . . . u. s. w.;*
erst bei der vierten stellt sich ein Verb ein. Der dritte der drei Wünsche 54,7
wird ohne Prädikat eingeführt: vgl. die Aufzählung Wernhers II, 231 b, 2. 136
beginnt mit langer Reihe von Epithetis, alle im Nom.: nur das letzte der Reihe
wird V. 9 im Dativ der Konstruktion des folgenden Satzes eingefügt. Ganz ver-
einsamt steht 35,9 *von liebe ein wip, von tugende ein vrouwe, ein engel an der reinikeit;*
an den ersten Stollen von 50 schliesst V. 4 locker mit *des* an; 56,9 *hie vri, dort
dienestman, hie eigen, ûf jenez ein ritter, ûf diz ein kneht,* worauf V. 11 *ze disen vänven*
zurückblickt; vgl. auch das Register von Heiligen 12,5. Diese nicht nur für Reinmar ungewöhnliche Keckheit [33n] erfüllt ihren Zweck: nicht nur verhütet sie Satz-
überladung; die so isolierten Begriffe gewinnen an Nachdruck und Schärfe.

---

337) Harte Fälle des *ἀπὸ κοινοῦ*, wie sie Haupt z. Erec 5414 zusammen-
stellt, sind in dem ausgebildeten Stil'der Spruchpoesie sehr selten: es ist immerhin merkenswert, dass der wilde Alexander das deutlichste Beispiel hat (III, 28 b,
14) *ouch streit mit eime rinde ein esel wolde hübescher sin*; auch Boppe II, 385 b, 3
und Raumsland III, 53a, 8, 55a, 12 gehören zu den niedern, weniger geschulten
Spruchdichtern: namentlich Boppe hat trotz seines gelehrten Krams höchst volkstümliche Züge. Aber auch der gelehrte Sunburger hat, natürlich in einer Erzählung, ein kühnes und ungeschicktes *ἀπὸ κοινοῦ* (II, 356b, 2). Bei Sigeher
II. 361 b, 10, V. 11 ist hinter *vereine* stark zu interpungieren.

338) Reinmars Art vergleicht sich am nächsten ein Spruch des Kanzlers

So verwendet Reinmar auch die bekannte Freiheit, ein bedeutungsvolles Wort seinem Satze konstruktionslos, d. h. im Nom., voranzustellen, selbst da, wo ihm im Satze ein andrer Casus gebührt, in so ausgedehntem Masse, wie unter Spruchdichtern nur noch Frauenlob. Hier triumphierte denn einmal Reinmars beflissenes Streben nach deutlicher Betonung des Wichtigen über die Korrektheit.

Reinmar arbeitete mit mehr Energie als Geschmack auf ein Ideal planer **Verständlichkeit** hin: die gelehrte Sucht, mit Dunklem zu prunken, fehlt ihm vollständig. Er scheut um der Klarheit willen auch die Plattheit nicht und gebraucht unbedenklich Mittel, die uns mit gutem Grund poetisch unzulässig scheinen. In einer der spätesten Strophen beruft er sich ungeniert auf *dise vorgenanden tugent* (199,11): welcher moderne Dichter würde in einem ernsthaften lyrischen Gedicht sich auf 'das Obengesagte' zu beziehen wagen? Im Epos mag das vorkommen (Er. 6821), unter den Reimpaardidaktikern haben einige Spätere, der Verfasser der Pariser Tagzeiten und namentlich Zersne, das Nüchterne dieser Rückweise nicht gefühlt oder nicht gescheut; in der Lyrik ist es unerlaubt, weil unschön, selbst in einer weniger dürren Form, wie etwa in Frauenlobs 352. Strophe V. 15: *die vor gezalt hât der munt mîn.* Aus gleicher Ursache meiden wir in poetischer Sprache 'derselbe': König Ludwig freilich wählt das Wort ganz harmlos; wenn es aber z. B. in Gottfried Kellers 'Goethepedanten' (Gedd.², 110) gar Reimwort ist, so war die bizarr-prosaische Härte etwas vom Dichter Gewolltes. Das mhd. *derselbe* ist allerdings nicht identisch in der Wirkung mit dem nhd. Fürwort: aber in der pedantischen Häufigkeit, mit der Reinmar die Phrase braucht, nähert sie sich dem abgegriffenen unkörperlichen Wesen unsres Pronomens bedenklich: man kann nicht sagen, dass er sie nur verwendet, wo es notwendig war: schon in der östreichischen Zeit 25,3. 4. 57,11. 61,6. 131,4. 135,6. 9, später 5,6. 10,12. 20,2. 113,4. 7. 115,3. 124,6, ausser der Sammlung 178,9. 189,8. 193,12. 199,8. 220,4. L. 6. 170: dazu kommen dann die Verstärkungen des Personal- und Possessivpronomens durch *selbe*. Noch empfindlicher für unsern Geschmack ist das verdriesslich gewissenhafte, parenthetisch oder am Satzschluss nachschleppende *ich meine*, mit dem Reinmar sich selbst gerne erklärt. berichtigt. Misverständnissen vorbeugt: 49,6. 52,7. 12,5. 154,9. 157,5. 216,4. 217,5; sogar zweimal nebeneinander 61,6 *in meine ander liute, ich meine al eine den selben der ez tuot,* 139,4 *ich meine der edeln knehte niht, ich meine, die man steln, rouben unde brennen siht.* Man hat in mhd. Zeit über die poetische Verwendbarkeit dieser Floskel anders gedacht. Es will nicht eben viel besagen, dass Gottfried jenes *ich meine* liebt: dem Epiker ist der pedestre Ausdruck eher gestattet. und gerade Gottfried strebte eine übersichtliche Flachheit der Rede mindestens so rücksichtslos an wie Reinmar. Auch dem Ausländer

---

II, 397b, 8: *in steten, ûf bürgen widerpart, geislicher liute nit unt haz, bi wiser lêre unwisiu tât. bi krefte ein zager muot* u. s. w. . . . . *sus ist gestalt der argen vliz.*

Thomasin lag die erklärende Wendung sehr bequem. Ein Andres aber
ists, dass Walther sie gleichfalls nicht selten nutzt, überwiegend nega-
tivisch 125,6. 91,7. 42,27; ferner 30,22. 70,28, an keiner der fünf
Stellen so kraftlos, wie Reinmar durchweg. Und er hat schon am Küren-
berger (S.31) und an dem verständigen Johannsdorf (88,31. 89,7) Vorgänger. Reinmar wird von Walther gelernt haben, wie Bruder Wernher
(II, 235a, 6 bis. III, 15b, 19. 18a, 7, auch II, 229a, 8): späterhin
erscheint die Formel nur mehr vereinzelt, wie sie ja bei Reinmar selbst
ausser der Sammlung abnimmt: selbst beim Meissner kenne ich kein Beispiel: es versteht sich, dass Frauenlob sie wieder aufgriff [339]): er gebraucht sie wie Reinmar fast nur positiv, besonders gern gegen Schluss
der Strophe, gewissermassen die Lösung des Rätsels einleitend: die Verwendung in Lobsprüchen (130. 313. 415) hatte ihm sein Lehrer Damen
vorgemacht: schon Reinmar 216,4 zeigt einen Anfang dazu.

   Jenem Sinne für Ordnung und Uebersichtlichkeit entspricht Reinmars Hang,
überall Zahlen anzubringen. So behagten ihm die Jahresrätsel, die auf Zahlen-
verhältnissen basieren; so die Sprüche über Altersgrenzen und Alterstufen 182. 200;
so die Deutung der Würfelzahlen 109. In steigerndem Parallelismus vergegen-
wärtigt er sich 104,7 fgg., wie es ihm ergienge, wenn er zwei, vier, acht Frauen
hätte, während die Hahn zwölfe bewältigt. Bei Aufzählungen liessen sich die
einzelnen Glieder numerieren: 18,4. 36,3. 54,3. 62,1. 65,2. 187,4. 192,3. 7, und
Reinmar ist keineswegs der einzige Spruchdichter, der diesem stumpfen Registra-
torengeschmack huldigt: Fegefeuer (Germ. XXV, S. 76 fg.) bringt es zu 5, Wernher (II, 231b) zu 6, Marner XV, 262 und der Kanzler II, 390a zu 10 gezählten
Gliedern; der Meissner hat III, 106b 7, 96b gar ein Register von 15 Nummern,
würdig des Königs vom Odenwald, während Reinmar nur die 6 erreicht. Gern ersetzt
er die unbestimmte Zahl durch eine typische (3, 4, 30, 100, 1000). Für 'Woche'
sagt er *siben naht* 168,2; er spielt mit dem bildlichen *niunherzic* 228,1; Evangelisten, Apostel, Gebote, Sinne neunt er mit ihren Zahlen; ihn beschäftigt die Trinität. Besonders aber fasst er 2–5 Dinge, die er aufzählen will oder aufgezählt
hat, nicht nur durch ein allgemeines Pronomen (*die*, *diu* 23 mal), sondern zumeist (37 mal) durch die bestimmte Zahl zusammen. So durchdringt diese arith-
metische Liebhaberei sein ganzes Dichten.

   Rekapitulationen durch den demonstrativen Artikel
sind nicht auf eine Mehrzahl beschränkt, auch Singulare nimmt Reinmar durch sein *der*, *diu*, *daz* auf. Das ist begreiflich, wo sich an das
Substantiv sofort ein Relativsatz schliesst, der es vom übrigen Satze
trennt; es ist geradezu notwendig, wenn das Wort aus seinem Satze
heraus vorangestellt ist. Aber viel öfter noch, nicht weniger als 62
mal [340]), liegen solche Gründe nicht vor: ursprünglich auf nachdrücklichen Hinweis berechnet ist die Wiederholung durch *der* bei Reinmar
schon zur gedankenlos gebrauchten Stilform geworden, die er nament-

339) Marner XIII, 54; Sunburg II, 357a, 2. III, 77a, 47 (beide nah am
Strophenanfang); Guter III, 43b, 3; Tannhäuser II, 90a, 25; Wartbg. 117,3.
130,3; Damen III, 164b, 9; im Relativsatz Kelin III, 21b, 8. Bei Frauenlob
14,14. 18,13. 107,19. 130,18. 145,5. 284,17. 313,20. 326,4. 343.2. 445,15.

   340) Die Zahl, meinem Texte entnommen, könnte sich auch bei andrer
Benutzung der Hss. nur wenig ändern: sie würde sich um 3–4 Fälle mindern,
wenn wir leugneten, dass dies enklitische *der* in der Senkung verschleifbar sei.
Ich habe bei den andern Spruchdichtern einfach nach den vorhandenen Texten
gezählt, ohne textkritische oder metrische Fragen zu berücksichtigen.

lich in der ersten Periode sehr häufig (24 mal) anwendet: später nimmts
ab. Jac. Grimm vindiciert die Erscheinung zumeist dem Volksepos, unter
den Kunstepikern vornehmlich dem redseligen und schnell arbeitenden
Gottfried (Gr. IV, 416). Wie heutzutage, war wol damals schon dies
nachschleppende *der* besonders dem Sprechenden eigen, es stellte eine
Gedankenpause her: in literarischem Gebrauch muss es salopp erscheinen, zumal wo es im Uebermass auftritt. Die Spruchdichtung mit ihrem
volkstümlichen Ursprung war dem rekapitulierenden *der* hold (vgl. z.
Wolfd. A. 518,2): aber wie natürlich sind ihre kunstbewussten Vertreter
sparsamer als die roheren, die keinen Unterschied zwischen Sprechen und
Schreiben machten. Ein Paar Zahlen, in denen ich nur die u n m i t t e l-
b a r e Aufnahme eines oder mehrerer Begriffe durch *der* beachte, mögen
das erläutern. Der Anonymus hat acht, der kunstvollere Spervogel nur
drei Rekapitulationen; Walther in 135 Spruchstrophen nicht mehr als
25 Fälle: man messe das an 84 bei Reinmar in 229 Strophen. Wernher
bringts auf 76 Strophen zu 16 Belegen, der Kanzler auf 38 Strr. nur
zu sechs, also 16—20 % gegen Reinmars 37 [341]): ja, der sorgfältigste
wiederum, Konrad, hat in seinen 48 Spruchstrophen nicht mehr als vier
solche *der*, also etwa 8 %: es steht in merkwürdigem Gegensatz zu
dieser Tatsache, wenn Haupt (Engelhard S. 225) eben diese Redeweise
für den Epiker Konrad gerade im Gegensatz zu den höfischen Epikern
behauptet. Von Oberdeutschen liebt neben Reinmar sein Schüler Sigeher
das wiederholende Pronomen am meisten: es sind nicht die besten, ausser
dem Marner der ungeschickte und dürftig breite Sunburg und der stilistisch nachlässige Boppe, die sich ihnen anreihen. Von den Mitteldeutschen ist Raumsland am kargsten; Stolle kommt Reinmar gleich,
auch Frauenlob erreicht ihn schon nach oberflächlicher Zählung zum
mindesten. Damen und vor Allem der Meissner überholen ihn bei weitem:
der Meissner hat in 128 Strophen 64 Belege, gerade 50 %. Der Gebrauch war also bei den Mitteldeutschen besonders stark im Schwange:
Grund dafür ihre geringere stilistische Bildung: bei Reinmar tritt in
den spätern Gedichten merkwürdiger Weise eine kleine Besserung ein.

Eine analoge Erscheinung ist es, wenn Reinmar Adverbia, Verba
(13,3?) und namentlich präpositionale Ausdrücke mit einem unmittelbar
folgenden *sô* aufnimmt: Substantiven ohne Präposition geschieht das nur
einmal 188.8. und vielleicht trifft mein Text nicht das Rechte: eine
Aenderung liegt nahe und ist handschriftlich zu stützen. Auch diese
Form fehlt Konrads Sprüchen fast ganz (32,353). ist bei Walther selten
(31,17. 51,21): unsern Dichter überflügelt nur Sunburg, dessen *alsus*
sô III. 77 b, 47 die gedankenlose Manier kennzeichnet.

- - - - - - - -

341) Die Prozente geben an, wie viel Fälle einer stilistischen Erscheinung
auf 100 Strophen kommen: mit mathematischer Genauigkeit bestimmen jene Zahlen
die Verhältnisse freilich nicht, da die Strophen von verschiedner Länge sind: doch
sind die Unterschiede nicht bedeutend genug, um die Resultate ernstlich zu ge-
fährden.

Anapher und Responsion.

Das Kunstmittel der **Anapher,** unter der ich nicht nur den gleichen
Anfang verschiedener Sätze, sondern Repetitio im weitesten Sinne, jede
Wiederholung gleicher Worte, Wortteile, Wortstämme verstehe, hat für die Stilistik der mhd. Poesie eine ganz andre Bedeutung,
entfaltet dort einen ganz andern Reichtum als irgendwo in der neuern
Literatur. Die Fülle mannigfaltiger Erscheinungen lässt sich nicht auf
éin künstlerisches Motiv zurückführen.

Zunächst ist es für uns moderne Menschen, deren pedantisch ver-
zogenes Stilgefühl mehrfachen nachbarlichen Gebrauch desselben Worts
ohne bestimmten Grund ängstlich scheut, gar nicht leicht zu sagen, wo in
Gedichten einer unbefangenern Zeit die bewusste Anapher anhebt. Wenn
ein Dichter an das eben verwendete Wort nicht mit dem Pronomen anknüpft, sondern das Wort selbst wiederholt, so ist diese Redeweise der
Zeit so die natürliche, dass es eher auffällt, wenn z. B. Konrad in seinen
Sprüchen auch solche Anapher meidet. Erst dann, wenn diese anaphorischen Anknüpfungen über das Durchschnittsmass so weit hinausgehen,
wie das bei Reinmar und einigen Späteren geschieht, erst dann wird die
Absicht zweifellos; Reinmar war auch die Anapher ein Mittel zur Deutlichkeit.

Aber nicht in diesem Auftreten der Anapher äussert sich die Manier
der entwickelten Spruchdichtung. Ihr gefällt es, mit bedeutungsvollen
Stichworten in der ganzen Strophe oder in einem Teil derselben unermüdlich Fangball zu spielen; sie liebt es synonyme oder antithetische
Parallelsätze, gleichviel, schon durch die Anapher eng zu verbinden, und
der Triumph dieser Liebhaberei sind Strophen, deren meiste Verse mit
den selben Anfangsworten beginnen. Hier entschied die unverhohlene und
ungehemmte Freude am Gleichklang. Man mag das geschmacklos finden:
aber es ist eine Ungerechtigkeit, dem Einzelnen, der sich der üblichen
Stilform gern bedient, darum Wort- und Gedankenarmut, 'kahle Unfähigkeit' zu imputieren. Dass manch Schwachkopf wie Sunburg hinter die
bequeme Stilform flüchtete, aus der Not eine Tugend machte, das leugne
ich nicht: gerade Reinmar aber verdient diesen Vorwurf nirgend.

Es ist bekannt, dass die Anapher dem volkstümlichen Stil ent-
stammt. Wie die kurzen Parallelsätze der Spruchdichtung überhaupt,
hatten auch die anaphorischen Parallelsätze gute Vorbilder in Spruch-
reihen, wie sie Freidank uns erhalten hat[342]. Aber dieser populäre
Ursprung der Anapher erklärt nicht Alles, und darin scheidet sie sich
vom Parallelismus, der beim Spervogel schon seine volle Ausbildung zu

— — — — — — —

342) Ich verweise nur auf die Abschnitte von *höchwerte* 28,15, wo 18 von
29 Reimpaaren mit *höchvart* beginnen; auf 99,3—18; auf die Sprüche *von der zungen* 164,5, namentlich 13 fgg. und vor Allem auf die *von liegenne unde triegenne*
165,21, die alle 45 mit *liegen triegen* anfangen.

Reihen erreicht hat, bei Walther zurückweicht vor den höfisch-lyrischen Stilelementen. Wie käme es nur, dass der älteste volkstümlichste Spruchdichter, der Anonymus, ausser einer Art von Responsion so gut wie gar keine Anapher hat (26,7. 10. 28,8)? Dass Spervogel damit möglichst kargt, wenn er auch ein Paar Parallelsätze anaphorisch ausstattet? Noch Walther baut kein einziges Gedicht aus anaphorischen Reihen auf, nirgend hat er mehr als drei anaphorische Sätze, und er bedient sich auch im Uebrigen der Anapher zwar mannigfach, aber mit grosser Zurückhaltung: nur in den Liedern kennt auch er anaphorische Spielereien. Und von Walthers Mässigung hat sogar Bruder Wernher noch manches bewahrt, dem eklatante Beispiele überhäufter Wortwiederholung jedesfalls fremd sind, der auch zu jenen anaphorischen Satzreihen nur Ansätze hat. Ebenso wie in der Lyrik, deren Anapher nach einem isolierten Vorkommen bei Meinloh erst mit Veldeke und Rugge schüchtern beginnt, um sich dann mehr und mehr zu steigern, ebenso und länger noch sind die Anfänge der Spruchdichtung arm an Anaphern: mit Reinmar erst, der Gottfried von Strassburg kannte, — aber nicht durch ihn — erwirbt sie sich ein grösseres Gebiet, das sie seitdem behauptet und erweitert; die an der Lyrik gebildeten Oberdeutschen sind wiederum den Mitteldeutschen um ein Paar Lustren voraus.

Die Oberdeutschen blieben dieses Kunstmittels immer mächtiger. Ihr geschulterer Formsinn bevorzugt die Anapher am Anfang paralleler Sätze vor der regelloseren inneren Anapher; bei ihnen erwachsen und gedeihen die anaphorischen Satzreihen. Aus der Lyrik übertrugen fast nur sie die Responsion in die Spruchpoesie. Und sie verwenden die Stilform individueller: die beiden schärfsten Gegensätze, Konrad, dessen stilistisches Feingefühl jede entbehrliche Anapher flieht, und der Sunburger, der kaum ein Kunstmittel ausser der Anapher kennt und sie ohne Berechnung verschwenderisch ausschüttet, sie beide sind Oberdeutsche. Die Mitteldeutschen ringen zunächst noch viel zu sehr mit Sprache und Form, sind viel zu sehr Sklaven des Erlernten, um frei und individuell mit stilistischen Mitteln zu schalten: bei ihnen stellt etwa der Meissner, auch hierin Reinmars Schüler, die reichste Blüte der Anapher dar.

Reinmars Neigung und Geschick zur Anapher tritt von vorn herein stark hervor: wollte ich sie erschöpfend darstellen, ich müsste den Dichter halb ausschreiben. So greife ich aus der Fülle nur wenige markante Beispiele heraus. An die Disposition der Schulrhetorik habe ich mich nicht gebunden. Ich gehe von den schlichteren Arten anaphorischer Anknüpfung und Steigerung aus, reihe an die Erscheinungen des einfachen und zusammengesetzten Satzes die Anapher in zwei- und mehrgliedrigen Verbindungen, behandle die innere und die Anfangsanapher in Parallelsätzen und schliesse mit den Gipfelpunkten der anaphorischen Satzreihen, der Responsion, der gehäuften Stichworte. Im Allgemeinen gilt für Reinmar, und nicht nur für ihn, dass mit der Zeit die einfacheren, halb ungesuchten Formen der Anapher ab-, die künstlichen übertriebenen zunehmen. —

Der Dichter leitet von einem Satz zum andern über, indem er den zweiten Satz ein Wort des ersten wiederholen lässt: gern knüpfen Abstracta an eine Bildung desselben Stammes an. Das anknüpfende Wort steht am besten im Beginn des zweiten Satzes. Der Anschluss wird unterstützt durch *der selbe*: 131,1 *der bâbest hât vil richiu kint — diu selben kint sint im sô trût;* 10,11 *die uns ze gebene hât diu geist?* den selben geist lâ, herre Got, uns geisten! 25,3; 113,2. 4; 56.10 *swelch herre mir der volge giht, der selbe herre wil des niht;* zumeist durch *diser* oder den blossen Artikel. Beispiele der zahllosen anaphorischen Anknüpfungen brauchts nicht, weil sie die Regel bilden. Sie kommen zu erhöhtem Bewusstsein, wo sich mehrere an einander schliessen: 36 *vrouwen lop ist reinez leben: sunder reinez leben sô kan in nieman lop gegeben; ir ersten lobe ist einez;* 68,7—9; 127 *swer bannen . . . sol, der hüete daz sin ban iht si vleischliches zornes vol: swâ vleischlich zorn in banne steckt, dazn ist niht rehter Gotes ban. Swes ban mit Gote ist* u. s. w.; 122,3. 4; 145,7 *igg.;* 183,3 *hüet iuch vor ungesellen .... von ungesellen wirt der man vil dicke houbetsiech: — swelch houbetsiech wirt iuwer, der* u. s. w.

Wird ein Wort zur Verstärkung des Nachdrucks zwei oder mehre Male unmittelbar hintereinander wiederholt, so entsteht die Figur der Epizeuxis (JGrimm, Kl. Schrr. III, 306). Ihr rhetorischer Effekt ist für die ruhige Spruchdichtung fast zu stark und wird daher nicht häufig gesucht. Reich ist nur Walther: zu den Beispielen, die Wilmanns[2] S. 86 sub a sammelt, tritt noch 17,10 *der gap unt gap unt gap,* 28.34 *der edele künic, der milte künic,* 78,39 *sist guot ze lobenne, si ist guot.* Wie karg dagegen Reinmar! Er ruft 124.1 *her vriunt, her vriunt;* 88.9 *nû wachet, edele Cristen, wachet!* er verstärkt das wiederholte Wort: 123,4 *cluoc unt cluoc unt übercluoc;* 28,5 *mir liep, vor allen vrouwen liep, diu liebe vrouwe min;* Verbindungen wie *umb unt umbe* 149,3, *baz unt baz* 20,10. 105,10 standen fest und mussten, wenn sie kräftig wirken sollten, gesteigert werden [343]). Hergehöriges findet sich noch in den nicht sicher echten Strophen: 253,1 *leschâ lesch,* 3 *nû süene süene;* 270,3 *werâ wer!* Aber auch die andern Spruchdichter bleiben weit hinter Walthers Fülle: gewöhnlicher ist die Epizeuxis da nur in Ausrufen wie *wê mir wê, wol mir wol* und ähnlichen: erst Frauenlob schafft ihr in Anreden und Interjectionen aller Art wieder ein weites Feld [344]).

Wird das hervorzuhebende Adjectivum zweimal gesetzt, und das zweite Glied leitet mit *sô* zu einem *daz*-Satz über, so schwächt dies die rhetorische Wirkung. Das ist eklatant 101,4, wo der Satz mit *daz* eine Einschränkung enthält; daneben 126,2 *vil arm unt also arm, ez mohte erbarmen einen stein,* 222,1 *der niuwesliffen vride ist scharf unt also scharf, daz . . .;* ähnlich 189,2. Diese Manier, die Reinmar von

---

343) Z. B. Sunburg II, 359b *umb unt umbe ulumbe;* Raumsland III, 55a *mê unde ie mère;* Meissner III, 86b *al umbe unt umbe.*

344) Ôwê wâfen iemer wâfen Alex. III, 30a, 1; *nein nein* Frauenlob 78,13; *hei hei* 114,9; 202,1; *hei unde hei* 357,10; *eiâ — eiâ* 261,5; *pfû pfvy* 415,10; — *nû trâget, junge unt alte, vrâget* Sunburg III, 74b; *wachâ, herre, wach unt werâ wer* Sig. II, 361a; *noch wachet alle — wachet wol* Alex. III, 30a, 1; *pruevet, herren, prüevet* Raumsl. II, 369a, 3; *süene süene — lesche lesche!* Meissn. III, 104a, 1; *gip an, gip* 105a, 10; *seht ûf, seht ûf* Frl. 341,5; *erbarme, herre Crist, erbarme* 352,1; *sich, wilder Vâlant, sich!* 382,15; *schuywi schuy* 55,12; — *wie nû, wie nû?* Frl. 336,1; — *si schaffen unde schaffen* Frl. 343,1; *ich kan, ich kan* Kelin III, 21b, 8; *ich suoche unt suoche* Zilies III, 26b, 5; — *dû diep, dû diep* Meissner III, 109b; *her Hof, her Hof* Frl. 53,1; *her Bart, her Bart* 106,8; *pfaffe, werder pfaffe* 244,13; *jâ herr, jâ herre!* 249,18; *troist, vrouden troist ist dir bereit* 349.15.

Gottfried erlernt haben könnte (z. B. Trist. 4583), kennt sonst die Spruchdichtung
vor Frauenlob nur zweimal: Wernher III, 19a, 2 (ohne *unt*, was die Energie des
Ausdrucks hebt) und Sunburg III, 74a, 31; bei Stolle III, 3a, 2 folgt kein Nebensatz auf sein *sô guot*.

Die Anapher drückt aus, dass ein Etwas alles Aehnliche über-
treffe. Die übliche Formel hat schon Walther 78,35 *ein trôst vor
allem trôste:* andre Beispiele Wilm.[2] S. 85. Diese starke Steigerung
stammt aus der geistlichen Dichtung: aber wie Walther 9,26. 11,32 hat
auch Reinmar sie auf weltliche Dinge angewendet: 84,12 *des schœne
stât vür maneges schœne gecrœnet* (abgeschwächt); 180,8 *ein suht ob
allen sühten;* 28,5; geistlich 1,11 *der künec ob allen künegen grôz:*
208,3 *ein trüge ob aller trügeheit.* Die häufige Formel hat in der
Spruchdichtung fast ausschliesslich religiösen Sinn. Nur ein Paar Oberdeutsche, schon von der Lyrik her das Uebertragen geistlicher Phrasen
auf profane Verhältnisse gewöhnt. folgen Walther und Reinmar: aber
der fromme Sunburger schwächt wie Reinmar ab (II. 360a, 14): *sin
lop vor maneges vürsten lobe schallichen lûte erglestet:* Konrad will
durch starken Ausdruck ironisch wirken 32,287; und für Boppe, der
in Wundermähren Alles überbieten möchte. war die Phrase wie gefunden (II, 377a, 1. 375b, 6).

Ein andres Mittel zum selben Zweck verbindet das eine der beiden anaphorischen Worte mit *über;* vorzüglich Verba. Bei Reinmar 88,7 *daz ist ein sunde,
diu sô tiefe gründet, daz si mit sünden nieman übersündet:* auch sonst selten.

Das eine der beiden gleichlautenden Substantiva hängt im Gen.
vom andern ab: 59,1 *knehtes kneht;* 2 *hêrren hêrre;* L. 66 *aller
wundr ein wunder:* vgl. auch 47,6. 62,3 *der drîer drîunge,* ursprünglich offenbar geistlich gemeint; aus einer zweifelhaften Strophe 278,3
aller küneye künec. Marner erwähnt XI, 23 *niuwer fünde funt;*
Frauenlob 349,6 *wunsches wunsch:* sonst dominieren auch hier religiöse Sprüche [345]).

Ein Substantiv wird durch das Adjektiv desselben Stamms unmittelbar verstärkt. Der Lyrik sind Wendungen wie *minniclîchiu minne,
wunniclîchiu wunne* sehr geläufig: der Singenberger ist Hauptvertreter
dieser Manier. Aus Walthers Sprüchen notiere ich nur *flüetic fluot*
36,23. Reinmar sagt 162,9 *wunderlîchiu wunder,* 223,7 *veterlich des
vater reht,* L. 71 *menschlich mensche;* vgl. auch 43,4 *noch heiler weiz
ich heiles wîc.* Das häufige *reht gerihte, rehter rihter* gehört nicht
her, da hier das Adj. den Begriff nicht verstärkt, sondern begränzt.
Andere Spruchdichter bedienen sich dieser Methode gern in Ehesprüchen:
vgl. Anm. 294; *wîplich wip* auch beim Litschauer II, 357a, 5 [346]).

---

345) Walther v. Breisach II, 142a, 2 *der wunnen wunnen übergulde;* Sunburg
II. 357a, 2 *wunder wunders;* Alexander III. 29a, 19 *der küneye künic;* Kelin 21a, 5
aller meister meisterman; Meissner 102a, 4 *aller tiufe ein tiefe gruft,* etwas anders
86a, 1 *vrider alles vrides.* Raumsland besonders liebt diese Art der Steigerung:
aller wunder wunder II. 368b, 1; *aller himel himele* ebda. *aller liste list* ebda. *aller
meisterschaft ... meister* III, 63b, 1; *Crist der Cristenheit* 64a, 1.

346) Andere Fälle: Walther v. Breisach II. 143b, 22 *si valschen valsches kint;*
Sunburg II, 357b, 4 *in êweclîcher êwckeit;* 353a, 2 *minneclîchiu minne;* ebenso Meissn.

Das Verbum wird um sein Adverb bereichert: Walth.(?) 36,32 *driraltecliehen gedriet;* Reinmar 177,5 *bescheidenlich bescheiden;* sonst selten ausser *rehte rihten* ³⁴⁷).

Die Verbindung des Verbs mit einem näheren Objekt gleichen Stammes (vgl. Schade, Niederrhein. Gedd. S. 152) meidet Reinmar auffällig: 191,1 *ich räte dir den rät.* Walther fehlt es bekanntlich nicht an Beispielen (11,2. 32,35. 33,17. 1S. 27). Am häufigsten sind *sanc singen, wunder wundern, rät räten, kunst kunnen, gäbe geben.* Wernher sagt ausserdem *strîte strîten, niete nieten, werke werken* (auch Raumsland der Schwabe); Marner und Kanzler *vunt vinden,* Raumsland *drô dröuwen, spruch sprechen* (wie Höllenfeuer), Stolle *burt gebern,* Alexander *ral rallen,* Goldener *sprunc springen,* Boppe *geschaft geschaffen,* Reinolt *brüche brechen,* der Meissner *lëhen verlien, tät tuon, lüge liegen.* Es ist dies das einzige Mal, dass Reinmar einer sonst beliebten Art der Anapher sich abhold zeigt.

Die Anapher, als natürlicher Ausdruck für **Identität** und **Zusammengehörigkeit**, verknüpft beispielsweise: **Verb** und **Subjekt:** 125,7 *unrehte weler welut vil dicke unrehte;* 137,2 *ir rûner, rûnet von dem richen keiser niht;* 184,11; 10,5 *din reinikeit diu welle uns reinen;* 12; 14,9; 199,8 *lâ die wisen dich des selben wisen;* 223,4 *dô Rœmisch lieht lühte;* 8 *ob sich ein gœher tôt an den vergähet.* — Verb und präpositionale Bestimmung: 1S,2 *diu werlt in rehter ger gert, vrowe, diner helfe;* 121,2; 166,1 *swer minnen wil nâch minne site;* 1S3,S *gebunden ulsam die vrouwen mit gebenden.* — Subjekt und adjektivisches Prädikat: 3S.4 *der guote ist darumbe guot;* 57,1 *ein junc si lobelichen junc;* 94,1 fgg.; 58,9 *sô muot muotwillic gerne wœre;* 113,1; 118,4 *ir hërren sint sô hêre gar.* — Subjekt und substant. Prädikat: 129,4 *halp visch halp man ist visch noch man, gar visch ist visch, gar man ist man.* — Objekt und adjektivisches Prädikat: 86,11 *den wilden wilder tuon* (steigernd). — Subjekt und Objekt: 49,4; 55,9 *nim, man, von ir din mans gemñete;* 65,9 *die wisen minnent wisheit sêre, die tôren minnent tôren muot;* 121,1; 16,8 *waz wunders mac dem wunder sich genüzen?;* 19,3 *er wil eine ir einer dienen;* 140,8; 82,5; 158,8; 166,4 *nie minner höher minne phlac;* 226,4 *daz dû sô reine ein reinez kint gebœre.* — Subjekt und präpositionale Bestimmung: 57,2; 7,1 *Got — nü sich üz diner gotwheit;* 204,2; L. 190 *wir Cristen heizen nâch dir Crist;* L. 14 *der ërste ral ze valle Iwanc.* — Objekt und präpositionale Bestimmung: 79,6; 129,8 *disen beiden wolt ich ir relit ze rehte wol bescheiden;* 139,3 *daz git man knappen umb ir knappeschaft;* 109,6 *die drien üf die drie namen;* 180,2 *ich trage junqen liuten gar junclichen morgen schin;* 215,11; 177,2 *swâ man von hërren hôven disiu horemœre vernimt;* 188,9 *durch wunder ich daz wunder schribe.* — Zwei Objekte: 66,2 *daz man dem biderben man sin biderbekeit vil höhe galt* u. s. w.
Gleichheit des Klanges verschärft **Unterschied** und **Gegensatz:** z. B. im Vergleich: 31,1 *olle schuol sint gar ein wiut wan diu schuole al eine;* 202,12 *nillidœr sint bezzer dan nidœre;* 227,11 *baztuon buz denne woltuon vrumt;* 190,3; 39,1. Kampf und Verkehr: 161,11 *swes kunst ir kunst wil widerlesen;* 205,1 *ein bruoder sinen bruoder sluoc;* 8S,2 *der doch in sünden sinen sünden an gesigt;* 138,8 *der wirt der sinn von sinen sinnen entsetzet;* 9S,3 *bi der höchverte höchverten;* 98,1 *den süren sür* u. s. w.; 229,9 *nâch vriundes lôde ist vriunt seltsœne.* Reciprocität: 3S,1 *man von man.* 47,1 *ein gelle ir gellen niden muoz.* 50,4 *liep mit liebe.* 50,9 *arm mit arme.*

49,6. 158,6. 174,2. 229,10. — 207,10 *von tage ze tage.* Direkter Gegensatz wird ausgedrückt durch die Negation 89,1 *sünden glust ist sünde niht,* häufiger durch un-: 79,11 *dem niht unedellicher muot sin edele mac zervüeren;* 81,10 *sit daz der edeln retere kint von hôhem adel gunedelt sint;* 202,7 *werde liute suln unwerde miden.* Die Kontraste zwischen Tugend und Laster, *reht* und *unreht* (132), *triuwe* und *untriuwe*, *kunst* und *unkunst* sind in der Spruchdichtung so durchgehend, dass auch ihr adäquater stilistischer Ausdruck Gemeingut ist[348]. Namentlich aber bedurfte der vollkommene geheimnisvolle Widerspruch göttlicher Mysterien starker Betonung: Reinmar hat es da einmal zu schöner rhetorischer Wirkung gebracht: L. 16 *Got herre unüberwundenlich, wie überwant diu minne dich!* Der wuchtige Eindruck beruht einzig auf der Anapher, die denn auch sonst in gleicher Art verwertet wurde, vorzüglich vom Meissner III, 93 b, 9 *ân ende endehaft;* 97 b, 2 *er endelôser hœhe ein dach breite unde lenge er endet, er grundelôser grundes bach;* 102 a, 4 *er begin ân begin —* *er ende doch ân ende.*

Der zusammengesetzte Satz bietet der Anapher grösseren Spielraum, aber sie wirkt minder stark und unmittelbar. Auch hier ist sie Ausdruck des Kontrastes: Der religiöse Widerspruch 16,3: *den des himels wite nie umbevie — noch mit der hœhe in umbevie —, den umbevie ir cleiner lip* ist traditionell. Sonst schafft die Negation den Gegensatz, z. B. 63,2 *war unbe enganstü niht dem biderben man, des er dir gan?* 211,3 *wie kan mir der gerâten, des rât geiu werden lugenden nie geschein?* u. ö. Gegensatz durch un-: 125,6 *swen si unheiliclichen eruelnt, den wellent si vür heilic zeln.* Eigenartiger und geschickt ist 156,4 *swaz ich dâ sœ, daz wirt versœt;* wie wenig aber dies Zerlegen die Wirkung der Anapher steigert, das bewährt eine ähnliche, aber viel kräftigere Phrase, die ich dem Virtuosen der unmittelbaren Anapher Raumsland III, 56 b, 5 entnehme: *nû ist din kunst verkunstet.* Vergleich: 67,3 *daz man im baz tuo danne er widertuo.* 72,2 *daz man ir anders gerte denne man ir hiute gert.* 167,12 *unz in diu werlt lât ê daz er si lâze* u. m.

Der Gleichklang der Prädikate im Haupt- und Nebensatze verkörpert dem Ohre die Einhelligkeit des Inhalts: 26,11 *swie dû wilt, sô wil ich leben* (lyrische Phrase); 35,8 *der hât bekant, des ir Got selbe bekennet;* 61,2 *zuo swem der walgt, von dem sô walget er;* 63,6; 46.6 *lige er in der mitte, — nie keiser baz gelac;* 57,6 *soll ich mir einen hêrren wünschen, den wolt ich mir wünschen sô;* 68.4; 134,7; 70,4 *swer guot si, der belibe ouch guot;* 124,6 *den ir nû überseht, daz iuch der selbe her nâch übersiht;* 13,7; 87,5 *ôm ich genislich, ich genise wol;* 119,11; 103,11 *der habe im allez daz er habe;* 182,3. 10 *ist daz ichz beziugen sol, sô beziug ichz;* 173,5; 175,2. 4; 193,10 *den geschiht alsô geschach;* L. 18 *getorste ich sprechen, sô sprach ich.* Eine Lieblingsanapher Reinmars, zumal in der östreichischen Zeit; auch Walther und Wernher freuen sich der schlichten und präcisen Form: die stilistische Unreife oder Nachlässigkeit der Spätern weiss wenig damit anzufangen; selbst beim Meissner habe ich nur fünf Sätze jener Art gefunden, beim Marner und Sunburger gar nur vier.

348) Beispielsweise seien citiert: Walth. 83,17 *wie sol ein unbescheiden man bescheiden?* 30,30 *swer den sinen durch des fremden êre unêret.* Breis. II, 140 a, 2 *ir ungemein gemeinen.* Sigeher 11, 362 a, 3 *unher sî hêrre.* Alex. III, 29 b, 21 *der schulde unschuldic.* Raumsl. III, 61 b, 3 *daz ich un ir gnâdelôsen herzen gnâde sinne.* Kanzl. 11, 397 b, 8 *bî wiser lêre unwisiu tât.* Stolle III, 5 a, 9 *daz grôz uncrût mîn guotez crût ernihtet.* Hinnenb. 39 b, 2 *swâ vriunt unvriuntlich helfe siht.* Meissner 86 b, 5 *unartic vogel koppet in sîn art.* 91 b, 35 *minne, dû solt jeten unminne.* Rinkenberg I, 340 b, 11 *er unwirdet sô ir wirdikeit.* 339 a, 2 *werden man unwerden.*

Das Prädikat des Nebensatzes erklärt oder verstärkt ein Wort des Hauptsatzes anaphorisch: 32,3 *ein sloz der sinne, dâ mite man guotiu werk besliezen sol;* 4,5 *nâch dem gebot, als in diu Minne lêrte unt im gebôt;* 108,7 *ein wunderlichez twingen, daz wunderlicher ist ob allen dingen;* L. 36 *der westertouf, dâ man inne toufet;* 38. 51 *der alde der ie was alt ân ende;* 119; 43,1 *man seit von heilawæge uns vil, wie heil* ... *ez si:* wenig Belege; die halb so zahlreichen Sprüche Meissners enthalten mehr der Art: das mag zusammenhängen mit Reinmars Abneigung, Verb und Objekt desselben Stammes zu koppeln (S. 299): der Meissner sagt z. B. 95 a, 4 *diu wunder — diu Got* ... *gewundert hât;* 95 b, 3 *sîner hôhen gâbe, die er mir* ... *gegeben hât.*

Den logischen Zusammenhang von Haupt- und Nebensatz markiert das Zusammenklingen andrer Satzteile, z. B.: 123,6 *ist eluoc ein lop, sô eluoge alsô;* 68,4 *tuot er ein teil im selben wê durch êre an libe, an guote —, sô tuoc er wol genesen an libe, an guote unt an den êren sime;* 28,2 *sit triuwe ist al der sælden dach, getriuwelîchen muot hân ich;* 121,2 *die dan durch tôren lop ir guot vertœrent* ..., *die haben der tôren lop;* 192,1 *swer âne sünde welle vervarn, der mide drie sünde;* 218,2 *sit dich Got hât erwelt ze muoter der erbarmherzikeit, so erbarm dich;* L. 123 *dû bist ouch als überwundic, daz nieman lebt sô sündic, willu dich underwinden sin, ern werde Gotes unt ouch din:* diese letzte Anapher wirkt wie ein Wortspiel.

Die Einheit z wei - oder mehrgliedriger Reihen und Verbindungen wird durch die Anapher getragen. Es ist nicht das Uebliche, dass die aufgezählten Worte selbst gleichen Stammes sind; doch liebt das Reinmar zumal in spätern Gedichten: 50,3 *hie zwei dâ zwei;* 67,9 *dise guotes, dise unguotes;* 125,1 *die engel sint noch engel kint;* 8,2 *Got unt ebenmehtic Got;* 8,3 *dû himelsippe vaterhalp, dû erdesippe muoterhalp,* vgl. 4. 5; 7,1; 8,1; 136,3 *gruntveste unde grunt;* 221,8 *vrouwen unt ir juncvrouwen;* L. 101 *minnenbürde sunder swære, minnenbürde sünden lære unt doch rehtiu minnenbürde;* L. 105 *dû vil reine unt er vil reiner;* 107 *er Got der minne, er minnenschenke;* 194,2 *gehoft unt ungehoft, verhoft,* namentlich das Lügenverzeichnis 169,1—4.

In der Regel aber dient eine hinzutretende Bestimmung, ein Pronomen, Adjektiv, Substantiv als Träger der Anapher. Beim Anonymus findet sich 30,22 nur ein schwacher Anfang, beim Spervogel Nichts, und auch Walther noch gebraucht die Form mit grosser Mässigung, wenn auch Wilmanns Auswahl S. 75 a den Umfang der Erscheinung nur ungenügend kennzeichnet: mehr als drei Glieder verbindet er nie anaphorisch, und mit ganz wenigen Ausnahmen (vgl. noch 19,S. 102,25) beschränkt sich die Anapher auf Pronomen und Präposition.

Bei Reinmar hat die spruchdichterliche Freude an Aufzählungen die Zahl der Parallelglieder gemehrt; die Anapher des Pronomens und der Präposition überwiegt natürlich, aber er überschreitet die Grenzen öfter als Walther. Er verbindet, zweier Glieder nicht zu gedenken, durch den unbestimmten Artikel vier Glieder 50,1, neun 136,2; durch *ir* drei 29,5. 36,10. 45,8, vier 51,7. fünf 2,3; durch *min* drei Worte 26,1. 226,11; *si* dreimal 75.3; *dû* dreimal 157,5, siebenmal 8,1 fgg.; durch die ganze Strophe erstreckt sich diese Anrede 21. Kunstvoller wirken zwei Pronomina zusammen schon 28,7 *mines wunsches paradîse unt miner wunne gar ein blüendez rîse unt mines altrs ein sueziu jugende, miner sælde ein hôher rumt, miner vröude ein wernder grunt;* dann 7.2 *Got aller wile unt aller lenge ein . rinc, Got aller hœhe ein dach, Got aller liefe ein . grunt.* Präposition und unbestimmter Artikel: 35,9 *von liebe ein wip, von tugende ein vrouwe.* Wiederholung der Präposition ist sonst so normal, dass eher unmotivierter Wechsel auffällt wie 7,10. 35,10. 50,2 (vgl. Ben. z. Iw. 3225). Joseph, Klage d. Kunst S. 66, lehrt uns, wie auch hier Konrad der Anapher den Wechsel vorzieht. — Ferner: *sô vorhteges noch sô liebes* 220,6. *ze kurz ze lanc ze breit ze smal* . 186,6 (wie Wernher II, 232 a; Meissner III, 108 a). *wie heil, wie guot ez si* 43,2. *wol dir richeit, wol dir gewalt* 69,1. Die Parallelworte sind gleich komponiert: mit *un-* 78,2. 215,5, *durch-* 115,5, *herzeliep unt herzeleit* 40,5, *mortmezzer unt mortkolle* 106,3; *her trunkenbolt*, *her trunkenslunt* 111,11; werden von denselben Adjektiven begleitet: 3,5 *uz grôzer angst*, *uz grôzer nôt*; 172,3 *zwivelliche wende — unt zwivel-liche loch*; 198,11 *si sælic wip*, *er swelic man*; 133,3; 10,3 *reine gedanke*, *reinen muot unt reinez leben*; von Adverbien 213,4 *geliche lanc*, *geliche breit*; L. 105; 117,1 *gerne gewern*, *ungerne biten*; von Genetiven 44,5 *wibes tugende unt wibes güete*; 168,8 *herren bete noch herren vorht*; 51,5 *vrouwen adel noch vrouwen güot*, vgl. V. 6; von andern Bestimmungen: 54,5 *ze rehte versagen — unt ze rehte gewern*; 129,1 *hâr unt bart nâch clôstersiten unt clôsterlich gewant nâch clôsterlichen siten gesniten* [319]).

Von den Spätern wird Reinmar in der Zahl der anaphorisch ver-knüpften Glieder gelegentlich überboten: der Aufzähler κατ᾽ ἐξοχήν, Boppe. leitet z. B. II, 353 a in einem Register von Volksstämmen vier-zehn Glieder durch *ein*, neun durch *von* ein, beginnt in der folgenden Strophe dreizehn Parallelausdrücke mit *durch* (acht mit *durch âne*); Damen (III, 169 b) kopiert und übertrifft Reinmars Aufzählung 136; der Meissner versieht III, 108 a, 12 zwölf Adjectiva mit einem *ze*. Aber eine wesentliche Erweiterung erfährt die Anapher in mehrgliedri-gen Reihen seit Reinmar nicht mehr: es ist als individueller Vorzug des Kanzlers zu rühmen, dass er, neben Konrad wol der formsinnigste aller nachwalthersehen Spruchdichter, Sorgfalt und Geschick auf das Arrangement dieser anaphorischen Verbindungen wendet. Er beginnt z. B. zwei Strophen II, 388 a, 5 und 6 mit je zwei parallelen Begriffen: *ein esel in louwen hiute*, *ein trappe in phâwen wât* und *ein træges sneggen slichen*, *ein sneller swalwen vluc*; vgl. ferner 389 a, 3 *vorhte* . *unt rehte crast*, *rât unde rehte milte*; 390 b, 1 *vûr infel helm*, *vûr crumbe stebe slehte spieze*, *vûr stôlen swert*, *vûr albe ein plât*; namentlich wirkt er mit Hilfe des Chiasmus: ebda. V. 5 *missachel hin*, *her wâjenroc*, *hin buoch*, *her schilte*; V. 6 *umb mânches blat ein crülle*, *ein crône umb nunnen houbet*; 397 b, 8 *adel âne jugent*, *jugent âne rât*, *dn ére grôzez guot*; be-sonders hübsch 391 a, 4: *bi leide erkenne ich liep*, *die vröude bi der swære*, *die ruowe bi der arbeit*, *bi trûren hôhen muot*. —

Formen desselben Verbs werden, durch *unt* oder *noch* verbunden, kontrastiert: in verschiednen Tempi 42,9 *die des Grâles phlâgen unt noch eil guoter vrouwen phlegen*; 9,12 *dô gap unt git noch*; 188,2 *daz dû nie ersturp — noch nimmer mac ersterben*; L. 90 *diu nie gewan gelichen mê noch nimmer mê gewinnen mac*, vgl. 28,3. 5,7. 143,6; eins der beiden Verba ist negiert: 119,1 *ir sit unt sit doch niht*; 177,11 *der ist ze hove unt ist dâ niht*, vgl. V. 3; L. 8. Auch

---

349) Congruenz und Anapher berühren sich in diesen mehrgliedrigen Verbindungen nahe. Bei Reinmar dominiert die Congruenz über die Steigerung. Epitheton beim 2. (3.) Gliede 17,10 *vride unt stæte suone*; 101,11 *mit ramwerk unt mit wæher nât*; 200.8 *stæte unt ganzer triuwe*; 43,5; al: 67,5 *sin leben unt al sin luon*; 92.10 *sô wilde unt alsô vri*; 224,3; 226,11 *min trôst unt al min hort*; 208,2; Artikel und Pronomen: 35,3 *lande noch der liute*; 36,6 *erbirmede unt diu güete* (vgl. aber 1,3); 128,7; 76,2; 147,6 *crône unt ouch doz sper*; 201,11 *hâr noch den bart*; 214,5; 150,11 *weder ritter noch daz roch*; *ein* 15,3. 99,4. 100,2; *din* 64,8. Dagegen ist Beschwe-rung des ersten Gliedes nicht mit der Konsequenz ausgeschlossen, die Josephs fruchtbare Betrachtungen, Klage d. Kunst 45 fgg., für Konrad erweisen: 30,5 *hôhen küneoen als den armen*; 113,5 *grôze slege unt wunden*; 197,9 *guoter werke unt riuwen*; adverbiell 12,2 *diu vil reine triniuit unt ouch diu edele muoter*; pronominal 210,7 *ir schœne*, *clâheit*; gemeinsame Präposition 42,12. 130,10. 156,5; zuerst Genc-tiv. dann Pronomen 51,7 *wibes triuwe unt ir güete*; 112,10; L. 48. Uebrigens mangelt Konrads Strenge auch den andern Spruchdichtern, selbst Walther; der Sunburger z. B. entfernt sich viel mehr von ihr als Reinmar.

diese scharfe Antithese war der Spruchdichtung sonst wenig genehm:
vgl. S. 300; bei keinem vor Frauenlob habe ich mehr als ein, zwei
Beispiele gefunden [350]. — Wo die Anapher **verschiedene Sätze**, gleichviel ob parallel oder
antithetisch, verknotet, da hat sie einen so grossen Spielraum, sich locker
oder streng, dürftig oder reich zu gestalten, sich zu steigern und zu
verkünsteln, dass in ihrer Darstellung besonders Auswahl aus der Fülle
geboten ist. Sind die Anfänge der Sätze identisch (Anfangsanapher,
Anapher im engern Sinne), sind die Sätze ähnlich gebildet, kurz und
unmittelbar an einander geschlossen, so zeugt das in der Regel von
weiter entwickeltem Formsinn, als wenn die Anapher an keine bestimmte
Stelle gebunden ist (innere Anapher), als wenn die Sätze gar zu verschiedenartig an Bau und Länge oder durch Zwischensätze getrennt sind.

Reinmars innere Anapher: sie wird gern vom Prädikat getragen:
so 55,4 *Manlich wert sich unrehter tôt, sô wert sich Minniclich unsüezes muotes;* 131,3
mit in sô teilt er sinen segen, sô teilent si mit im ir galt; 74,1 *diu Êre minnet niht durch
guot, si minnet aber swer mit guote lobelichen tuot;* 129,3 *der rinde ich genuoc, in einde
ab der niht vil, die: rehte tragen;* 135,6 *da: selbe swert truoc wilent der gráwe hérre Sente
Peter bu:: nû treit e: Peter Hügel mit dem schíne;* 134,3 *gip ir! si git sich dir;* 23,7
fg:.: 65,9 *die wísen minnent wísheit sêre, die tôren minnent tôren muot;* 3,3 *dô huop
sich unser sælde, an sinem libe huop sich ungemach;* 215,3 *luft, ünde, erde, himelzeichen
nâch ir rehte tuont, des tuont aber die liute niht.* Nebensätze und Parenthesen trennen
die beiden Sätze: 16,7 *si leite in minniclichen zuo ir schözen;* 9 *kintlichen leite er sich
zir brusten;* 109,3; 149,7 *wan da: in dürst nâch êren alsô sêre;* 9 *noch mêr wolt in
nâch êren dürsten;* grössere Entfernung 158,6 *e: ist ein kündic vrâge;* 9 *di: ist ein
meisterlichiu vrâge* u. m. — Nur selten stellt das gemeinsame Subjekt nicht am
Anfang: 85,1. 3; 166,3 *die mitte durch die minne der höchste minner wol erzeiget hât.
Nie minner höher minne phlac — kein minner nimmer mêre durch minne liebe der mitt sô
bi gestât;* 228,2 *dan ist niht wunder an; iedoch sô nimt mich wunder;* in der Antithese
mit un- 132,3 *Unreht hât mêr gesindes, sô hât da: arme Reht die minren schar;* 206,7
reht leben git vil gerne guotez ende, unrehtez leben phligt der missewende; 221,1. 4. —
Objekte stimmen überein: 35,4 *sint ir gedunke unkiusche vri, unkiuscher vorte ir niunt,
durch Chiasmus unterstützt: 125,2 *nemt wâr, ob — 3 tuot war, ob —;* 10,7 *wer
kan iht guotes âne dich beginnen?;* 9 *wie kunnen wir dir hêrre geleisten iht guotes âne din
rolleist?;* Adverbia und Präpositionen: 127,7 *swer under stôle vluochet . . unt under
helme roubet;* 22,9 *gebenedît vor allen wíben si din reiner kiuscher lip* — 12 *gesegent si
din truht vor allen liben;* 118,3 *guot leben was bi ir knehten; nû ist diu wíle bi ir hêrren
lanc;* 103,1 *der edel wíse vri Adam von eines wibes minne schaden an siner wirde nam;
4 Samsôn ouch sine craft verlôs von eines wibes minne;* 164,7; 225,3 *criuze orden sint
da engegen blint;* 6 *die mit den swerten sint da engegen alle gar ein wint;* L. 51 *durch
minne wart der alde junc;* 56 *enphienc von einer megde jugent, da: geschach durch minne.*
Die Träger der Anapher nehmen verschiedene syntaktische Stellung ein, z. B.:
66,9 *swer sich — an guoten dingen vinden lât unt argen dingen widerstât;* 34,8 *der wip
volloben kunne noch ir lop nüge vollen tihten;* 33,1 *wibes minne ist rehter hort;* 3 *sô
muo: er nur bekennen da: wibes minne niht gelichen kan;* 43,1 *man seit von heilawæge
uns vil;* 4 *noch heiler weiz ich heiles wâc;* 96,4 *ein mœzlich stígen wirret niht, von unmœzlichem stígen swindelt lihte;* 170,4 *der ungetouften si geswigen! ich clage, da: die getouften in den kumber sint gedigen;* 190,1 *in miner âbentzît ich bin unt truge doch jungen
.liuten gar junclichen morgen schin; 4 mîn âbentsunnenschin ist bleich, ist aber der jungen
morgen rôt* u. s. w.

350) Vgl. Walther 36,37. 38,16. Wernher II, 232a, 2. III, 12b, 12. Marner
XI. 13. XIV. 77. Walther von Breisach II. 140a, 2. 140b. 3. Konrad 32,279. .
Sunburg II, 357a, 2. III, 70a, 12. Raumsland II, 369a, 1. III, 66a, 7. Meissner
III. 97b, 2. 109a, 2. Damen 164a, 8. b, 1. 165a, 3.

Erstreckte sich die Anapher über mehrere Satzglieder, so liess sich durch geschickte Anordnung dem Ohr Parallelismus oder Kontrast so kunstvoll versinnlichen, dass der Gleichklang im Beginn kaum vermisst wird. Das gelingt gerade Reinmar nicht immer. Parallele Wortfolge: 47.1 *ein gelle ir gellen niden muoz, zwischen grllen zwein sô wirt vil selten nides buoz;* 60,1 *muoluville ist übel unt ist ouch guot; er ist dem guot, der von muotwillen gern daz beste tuot, unt ist dem übel, der von muotwillen tuot, des er sich solte schamen;* 69,2 *wol iu unt ouch dem, den ir an tugenden machet balt, sô wê iu unt ouch dem, den ir von sinen sinnen alsô wernt;* 94,1 *daz bœste vleisch, daz ie getruoc wolf oder hunt in sinem munde, daz ist bœse genuoc; des bœsen menschen zunge ist bœser vil: sô wê in die si tragen!* 102,9 *hie biderber man bi guotem wibe, dort bi lerbe wip bi guotem man;* 164,4 *nû habent die sinn vünf wildiu tier, ir ieslichez einen unt hât den vurbaz danne wir; 9 der sinne hât ieslichez den einen baz dan der mensch;* 171,7 *er lât si stân unt nagen ob einer crâwen; 11 die lâzents ob den crâwen stân;* 220,1 *wil ieman râten waz daz si? 7 nû rât, waz mac daz sin!* Wie hier das Rätsel durch zwei ganz ähnliche Fragen eingefasst wird (vgl. Raumsland II, 369 a, 1; Wizlav III, 79 b, 5), so greift der entsprechende Satz rekapitulierend auf die Einleitung zurück, aber mit einem die Wortstellung verschiebenden *sus:* 65,1 *diu werlt ist ungelich gemuot; 7 sus ist diu werlt gar ungelicher sinne;* 229,2 *wie ist din lön geschaffen? 7 sus ist din ende unt ouch din lön geschaffen.* Unmittelbare Anknüpfung mit *sô:* 131,3; 20,11 *ir güete wirt sin materaz, sô wirt ob im ir güete sin declachen;* 170,1 *diu werlt gelichet sich dem mer, daz immer tobt unt ündet —; also tobt unt ündet der werlte leben mit glicher selleschaft.* Chiastische Wortstellung: 38,2 *seht wolgemuoten man mit êregernden ougen an; die ungelich gemuoten dien sult ir niht gelich gern ane sehen;* 184,4 *Alzunge vrist den hôhen nider unt macht den nidern hôch;* 215,1 *die liute sint gelandet wol, diu lant niht wol geliutet; 220,4 daz selbe schœnet mannes leben, ez kan ouch mannes schœne vil der ungelerte geben; L. 47 diu minne ist guot, diu sünden gluot . erleschen tuot: diu aber ze sünden wecket muot, der minne suln wir wenken.*

Diese Beispiele innerer Anapher verteilen sich etwa gleichmässig über alle Perioden des Reinmarschen Dichtens. Dennoch ist ein Unterschied zu konstatieren. Die eleganter (parallel oder chiastisch) und zugleich knapper gestalteten Satzpaare gehören zumeist den östreichischen Gedichten an — ich verweise auf die acht zuerst citierten Stellen (S. 303); umgekehrt dominieren die minder präcisen und concisen, die aus einander fallenden, formloseren Anaphern ausserhalb der Sammlung (S. 303. 304). Das ist bemerkenswert, aber nicht überraschend. Zwei Strömungen wirkten zusammen. Die Anapher, besonders das Produkt ihrer entwickelten Kraft, die Anfangsanapher machte Fortschritte: Gedanken, die man früher nur durch innern Gleichklang verbunden hätte. sie kennzeichnete man später schon an der Stirn als parallel. Andrerseits verrohte das stilistische Ungeschick der Mitteldeutschen auch Reinmars Stil: sie haben für feines und präcises Zusammenwirken von Gleichklang und Parallelismus wenig Sinn; nur zu oft verzetteln sie zerfahren und ungeordnet ihre Anapher in wirkungsloser Vergeudung.

Als es galt — und das war ein Fortschritt der Technik —, die Anapher dadurch zu stärken, dass sie in Parallelsätzen die nämliche Stelle einnahm, da konnte es sich nur um Satzanfang oder -ende handeln: höchstens bei längeren Reihen konnte ein Tiftler mit Erfolg sich einen andern Platz für die Anapher aussuchen, wie ja z. B. beim Neifer 5,29 fgg. sechs Verse hinter einander *fröide* im vorletzten Fusse haben, 6,3 fgg. drei Verse *sende* im zweiten Fuss, wie Liechtenstein in einer Strophe des Frauendienstes (559.7—14) das Wort *ère* je mit der vierten

Verssilbe anhebt. Die Epipher verbot sich in der Regel durch den Reim: so blieb der Satzanfang übrig. Wir können die **Anfangsanapher** als mehr oberdeutsch, die innere Anapher als mehr mitteldeutsch bezeichnen. Nicht dass die Mitteldeutschen jene Anfangsanapher gerade gemieden hätten! Aber sie macht ihnen weniger Freude, sie geben sich eher mit der innern Anapher zufrieden als die formsinnigeren Süddeutschen; und wenn bei Reinmar die Anfangsanapher ausser der Sammlung eher zu- als abnimmt, so ist das Resultat der allgemeinen Stilbewegung, geschieht mehr trotz als in Folge mitteldeutschen Einflusses. Beispiele mögen jene tiefgreifende Verschiedenheit der ober- und mitteldeutschen Spruchdichter zunächst veranschaulichen.

Der **Anonymus** kennt gar keinen anaphorischen Parallelismus, wohl aber ist in der altertümlichen Strophe MSF. 30,34 einmal die Anfangsanapher vertreten: *sam tuot dem rifen sunne, sam tuot dem stoube der regen.* **Spervogel** hat ausschliesslich innere Anapher, darunter Fälle von ausgedehnter Entsprechung 21,5 *waz frumt dem rosse daz ez bi dem fuoter stât und ouch dem wolre daz er bi den schâfen gât?* 22,17 *sô wol dir, wirt, wie wol dû doch dem hûse zimest!* 20 *wol doch der wirt em hûse stât.* Sie überwiegt auch bei **Walther** erheblich und wird von ihm durch sorgfältigen Parallelismus gesteigert, z. B. 33,16; aber gerade in knappen, eng an einander gefügten Parallelsätzen nahm er schon gern das stärkere rhetorische Mittel zu Hilfe: Beispiele in Wilmanns Ausgabe[2] S. 76: vielleicht ist es nicht zufällig, dass er mehrmals gleichen Anfang durch kleine Differenzen vermeidet. So 19,23 *denk an,* 26 *gedenk an;* 13,5. 21,10 *owé,* 13,8. 21,19 *wê;* 19,5 *ez gienc,* 8 *dâ gienc;* 8,29, 30, 34; 102,16 *dâ vant ich,* 17 *ich vant;* 22,35 *dû lâ dir,* 36 *lâ dir;* das kennzeichnet eine Uebergangszeit.

In der Entwicklung der Anapher steht selbst **Bruder Wernher** noch mitten inne; so pflegt er sie denn in spätern Gedichten fleissiger als früher (Lamey S. 32). Wernher ist ein guter Vertreter oberdeutscher Art, es ist ein Vergnügen, seine sichere Eleganz zu beobachten. Mehr als zwei, drei Sätze verknüpft er nur ganz selten anaphorisch, sie aber mit kräftigem Nachdruck: sie folgen unmittelbar auf einander und sind gern entsprechend gebaut. Die Sätze sind je einen Vers lang: C III, 1, V. 3. 4 *in ist din tiefe alsam der curt, wil er dem wazzer nähen; in ist din rinster naht gelich, alsam der liehte tac;* J 1,4 *wer sol vür sünde uns buoze geben, wer sol uns ûz dem banne lân?* 45,2,3; auch kürzer: C I, 15,1; V, 1,1 *sô wê dir welt, sô wê im, der dir volgen muoz!* J 37,4 *er hât eins rehten herren lip, er hât eins rehten herren muot;* 28,4; 32,11 *waz sol im lip, waz sol im guot, waz sulen im ouch richtu lint?* 49,7; höchstens umfassen beide oder einer von ihnen zwei Verse: C IV, 6,4: J 16,7 *swâ er mir viures visen wil, dâ darf ich anders niht wan tiefe wazzers würle suochen; swâ er mir wazzer wîst, dâ vind ich viures vil;* 30,1—3; 53,6, 7, 9, 11. Durch ein anaphorisches Satzpaar wird J 4 eröffnet, wie das bei Wengen II, 144 b, 3, beim Hardegger II, 135 b, 7 vorkommt und wie wirs noch mehr treffen werden; dagegen ist es Wernher eigen, durch zwei streng parallele und anaphorische Sätze die Strophe zu schliessen: C IV, 4,11; VI, 6,11. 12 (die Anfangsanapher nicht genau); VII, V. 11, 13; J 16,11. 12 *swaz er mir seit, ez si weich, daz ist noch herter wan ein stein; swaz er mir seit, ez si swarz, daz ist noch wîzer danne ein helfenbein;* 48,11. 12. Auch der innern Anapher, die in der Antithese nicht immer zu meiden war, wird mit Geschick durch parallelen Satzbau nachgeholfen: C I, 10,10 *ir rihtet hie, sô tuot ir sœliiche,* 12 *sô rihtet ouch hie, daz wirt iu liep;* 16,1 *der storche erkennet sine zît,* 3 *der werde mensche erkennet niht;* 7 *der ar der junget sich ouch wol,* 9 *der slange junget sinen balc,* 10 *der werde mensche junget sich niht mêre;* III, 1,6. 12; J 8,2 *sit man diu lop vür smeichen hât —, twingen vür schelten zelt;* 8 *der mir min lop ze lôsen gibt, min twingen zeime schelten;* 37,5, 6: 11. 12. oder es wird doch durch engste Folge der Sätze die Anapher unterstützt: J 4,9. 10; 32,7. 9; 44,6. 8. Fast ausnahmslos trägt das Prädikat die innere Anapher. Wernher hat weit mehr geschlossene Form und stilistisches Können als Reinmar.

Bei den Spätern hat die Anfangsanapher eine Vorliebe für lange Satzreihen. Ich behandle diese Erscheinung unten im Zusammenhang; daraus sind die folgenden Andeutungen zu ergänzen. So gleich beim Marner, der arm ist an Anaphern und von Wernhers Feinheit wenig besitzt. Zwei Parallelsätze am Strophenanfang nur 14,97 *swer git, der ist der werde; swer niht hât, der ist unwert*, am Schluss 15,279 *sus gât min sanc in manges ôre....; sus singe ich unde sage in;* sonst 14,158 *dû teile als ê, dû bist der dâ teilen unde wellen sol;* die Paare 11,42. 44; 6,17. 21 sind durch Zwischensätze getrennt. Drei Parallelsätze 14,137 *dû mane in siner wisheil, sit daz er diu wisheit ist, dû mane in, vrouwe, sins gewaltes, sit daz dû gewaltic bist, dû mane in sinr erbermde, — sit daz dû, vrouwe, tugende waltes;* 14,186 fgg. *dû sach ich;* 15,50 *schaz ir minne, schaz ir fröude, schaz in liebet vur den lac;* 14,114 fg.; vier Sätze 1,18 *dû süz, dû stant, dû wat, dû swim;* 1,20. 21; 15,34 *der wil, der hâ', der git, der nimt.* Die wenig zahlreichen Sätze mit innerer Anapher schliessen sich meist eng an einander: 11,37 *nû gip dû mir, sô gibe ich dir;* 14,177 *maneger saget mære von Rôme —;* also *wil ouch ich iu nû ein mære sagen;* 14,95; 12,39 *den gruoz der engel sprach, . mit den worten er dich gruozte.*

Vielgliedrige anaphorische Satzfolgen sind eine Forceleistung des Sunburgers: das Uebermass dieser manierierten Häufungen hat ihm den Sinn für mass- und kunstvolleren Gebrauch abgestumpft, ihn an starke Mittel gewöhnt. Zwei gleichbeginnende Sätze sind je einen Vers lang: am Beginn der Strophe J 17,1 *waz sol mir richiu kunst, sit ich der sælde niht enhân? waz sol mir sunges craft, sit man mich des niht wil geniezen lân?*, nachlässiger J 34,1; ein Vers tritt zwischen sie J 41,1. 3; an andern Stellen der Strophe C 22,5 *âne dich nie menschen kinde nie kein guot geschach, âne dich nie menschen ouge Got noch nie kein liep gesach;* 18,5. 6; J 21,9 *vrou Welt, ir kunnel liep von liebe scheiden, daz ist wâr; vrou Welt, ir kunnel lieben unde leiden hie unt dur;* 23,3. 4 *durch milte wolte er niht genesen, durch milte stagt er lôt;* 9. 10 *diu milte ist guot vor laster unt vor schunden, swer si hât; diu milte ist guol vor sünden unt vor maneger misselât;* 18,7. S *undiet Got niht künste gan, undiet niht künste wert;* kürzere Sätzchen C 2,6; 19,7 *waz wære liep, wuz wære leit?* J 12,1; längere C 16,1. 5. Wie hier, lässt Sunburg gern zwei Strophenabschnitte mit dem selben Worte anfangen: C 26,1.9; J 54,1 *waz hilfet nû des riches guot dem keiser? 4 waz half im ouch sin wiser muot?* Hier war Trennen der anaphorischen Sätze unvermeidlich: doch scheut er das auch sonst nicht: J 61,9. 13; 25,2 *der wirt der müeze sælic sin, der sinen gruoz mir wol tar geben,* 10 *der wirt der nüeze sælic sin, der daz mit willen tuot;* 30,1 *der edele . man nâch êren gerne stât,* 7 *der edele man nâch êren steit;* 26,5. 10; C 5,8. 11. — Der innern Anapher wird durch die Masse anaphorisch beginnender Satzreihen der Raum gekürzt: trotzdem erscheint sie Dank der anapherstrotzenden Redeweise Sunburgs häufig, mehr häufig als eindringlich: bei ihm besonders verwischt sich die Grenze zwischen der gewollten und der durch Wortarmut erzwungenen Anapher. Am Strophenanfang z. B.: J 24,1 *swer mich unwirdiclîchen setzet in dem hüse sin unt wil, daz ich in wirdiclîchen setze in dem sange min;* sonst C 10,9 *waz der sin alze ril genimt, daz ist sünde unde schande,* 13 *swer nimt ze vil, nû wizzet daz: ist der sêle ein slac* (nach Zingerles Vermutung); 19,2 *Got . . hât uz dir genomen al siner hösten vröuden gelt —; gar alle Gotes heiligen hât Got uz dir genomen;* 22,8 *Got lêret selber dich; er lêrt dich;* 2,6 *swer minne phligt, der liuget ouch —, lûg ist der minne site;* J 20,6 *diu vrouwe ist cluoc, vor ir cluokeit ist aller vrouwen list ein wint* u. m. Trotzdem die Sätze durch andre geschieden sind, ist Parallelismus oder doch Rückbeziehung deutlich: C 2,9. 11; 12,1 *zünde ûf ein lieht, 8 sô wirt dîn lieht entzündet;* J 26,2. 12; 36,1 *nû say un, örendriusel,* 5 *ich sage dir, öreuslüpfel* (am Stollenanfang). Das Uebergewicht des Anfangsanaphers ist ein sehr grosses.

Sigchers Stärke sind kürzere, gleich beginnende Sätze: 2,1 *dich lobent die schuole in musicâ,* 4 *dich lobent diu psaltériu;* 9,12 *er setzt si ûf, er setzt si abe;* 17,2 *der eine stiget abe, der ander stiget an;* 3 *der drille ist obe, der vierde der ist under;* 20,1 *Got êre den wirt, die geste gar, Got êre die nossenie;* 16,1. 2; umfangreicher 24,11. 15; 24,2 *wer vriesch solhiu mære, daz von dir wart ein vater geborn? 6 wer vriesch solhiu wunder ie, daz ein vater ie sin kint gebære?* 17,4. 7; Rücksicht auf den Strophenbau tritt bei Sigeher oft hervor (2. 15. 17. 1S. 20). Gleich beginnendes Verspaar am Anfang 16. 20. Drei Parallelsätze 1S.4. 6. 7; 20,1. 2. 4. Die innere Anapher verschwindet daneben: vgl. 9,2. 3; 1S,1. 4; 20,2. 3; 25,1 *ein Alexander vuort ein her*, 6 *nû vuort eins Alexanders muot eins Alexanders her;* auch sie zeugt für Sigehers Technik.

Der anaphernscheue **K o n r a d** meidet die auffällige Anfangsanapher: neben der Reihe anaphorischer Sätze über die *milte* (18,1), einer Konzession an die Mode, kann ich in dem gleichen Beginn von 32, 69 und 74 keine Absicht sehen. Und im Satzinnern ist mir ein bewusstes Wiederholen gleicher Worte nur etwa 32,226 und 234 glaublich.

Als Dichter von guter stilistischer Schulung erweist sich wieder der **K a n z - l e r**. Auch er schwärmt durchaus nicht für die Anapher; die langen Reihen vermeidet er: trotzdem ist bei keinem die oberdeutsche Bevorzugung der Anfangsanapher so sichtbar wie bei diesem Meister des Parallelismus. Paralleles Verspaar am Strophenanfang 21,1 *waz soll erbermde, ob niender sündic mensche wære? waz soll ouch milt, het ie der man nâch sinem willen guot?*; sonst 69,6 *wâ rinde ich ére unt dâ bi guot? wâ rinde ich alter oder jugent ân argen cunterfeit?* 9,15. 16; 62,3 *swie cranc sin mittel si gewesen, swie swach sin urhap si;* drei Parallelsätze unmittelbar an einander: 15,1. 2. 4; 15 *swaz blüete mete bringet, swaz bluomen, heide unt anger treit, swaz nahtigal gesinget;* vier Sätze 7,6 *din sint die himeltröne, din ist diu naht, din ist der tac, din ist der sunne.* Die Sätze sind getrennt: am Anfang von Strophenabschnitten 62,5. 9; 71,9 *scham ist vor argen werken guot,* 13 *scham ist niht guot gein guoter tât;* 74.9 *diu rehte nulte mizzet eben* u. s. w., 13 *diu milte unrehtes niht enphliget;* an andern Stellen: 74,13. 15; 16,2. 11. Und die wenigen Belege innerer Anapher sind gut angelegt: am Schluss der Strophe 14,17 *den gebent niuwe unt virne die hérren durch ir tærschen muot; si gebent durch kunst niht guot;* anderswo 10,6 *ére âne guot wol liuret, dû ére guot dur valschen muot die ére gar verliuret;* 11,13. 15; die Sätze sind getrennt 70,13. 16; stehen beide an Strophenabschnitten 61,9 *dem golde gliche ich wol den man,* 13 *der palmen glichet sich ein wip.* —

Ohne mich bei **B o p p e** aufzuhalten, dessen Kunst nichts als Häufen kennt, der seine Anapher in langen Satzreihen erschöpft und für feineren anaphorischen Parallelismus wenig übrig behält, wende ich mich zu einigen Mitteldeutschen. — **S t o l l e** hat nicht viel gute Beispiele der Anfangsanapher: 22,3 *ich berilh mich allen heitegen wert, die dâ ze himetriche sint gecrænet, ich berilh mich allen mgeden, die dâ ze hintele sint;* 3S,1 *gienc ûz, gienc in, gienc hin, gienc her, gienc wider unde vur.* Die Parallelsätze sind getrennt: 3S,7 *si vröut im herze unde lip,* 9 *si vröut baz wan des meien bluot;* 21,9. 13; 3,5. 10 *swer si des manet;* 30,9 *in gæbe drumbe niht ein ort,* 14 *in gæb sin niht ein phenninewert.* Ein anaphorisch beginnendes Verspaar kommt gar nicht vor. Häufiger ist innere Anapher. Die Sätze schliessen sich an einander und sind parallel gebaut: 13,5 *der bôbes solte ein houbet sin — er solte ouch ir rihter sin;* Parallelsätze mit er sol, er solle auch 10 und 12; 17,5. 6; 1,14 *die liurent unde prisent wol; Got hât vil liuren pris an dich geleit;* am besten 25,4 *unt wil ir lobes mit guotem willen swigen; ich wil si lobes erlâzen, si erlâzen mich ir gebe.* Die Sätze sind getrennt: so dass sie Strophenabschnitte eröffnen 6,1. 2: 5. 6; 21,1. 5. 9; 27,1. 5. 10: ein Oberdeutscher hätte Anfangsanapher vorgezogen; an andern Stellen der Strophe S,6. 12; 13,2 *swen sô daz houbet siechet, sô ist al dem libe wê: — daz houbet siechet leider al ze sére, der bôbes solte ein houbet sin;* 2,6; 13.

Auch **K e l i n** fehlt das einfache anaphorisch eingeleitete Verspaar. Die beiden Sätze folgen auf einander 7,5 *si sagent ûf diu süezen wip daz grôze unt ouch daz cleine, si sagent wandelbære ir lip, durch daz si in niht wern;* sind getrennt 13,1. 7; 22,7. 11. Drei gleichbeginnende Sätze 17,7 *ich lern si ir muoter schelten —, ich lern si zuht vil selten, ich lerne si an tugenden blint;* 20,7. 14. 15; 11,1. 5. 10. In Str. 19 beginnen V. 7, 13, 14, 15, 1S *wur quam?* Innere Anapher wird zu knapper Antithese verwant 13,10 *ich danke in hie, Got dankt in dort;* 13,3 * érenkoufære ist niht vil, verkoufære ist genuoc;* sonst 8,11. 13; 6,9 *ubermæzic guot nieman kan winnen âne sünde,* 12 *grôz guot mit éren nieman wan;* 21,2. 5. 8; 22,7 *sage érenzwivelære, wie stêstû denne dâ?* 15 *ach, érenrint, wie dû vor Gotes ougen stâst!* Kelin ist einer der saubersten Syntaktiker unter den md. Spruchdichtern: er verdankt das seinem Aufenthalt im Süden.

Raumsland mit seiner bewussten Opposition gegen das Oberdeutsche, mit seiner gesunden, derb norddeutsch formlosen Manier, ist ein guter Zeuge für die md. Methode des anaphorischen Parallelismus. Er ist grosser Freund der Anapher: ich zeigte, wie gern er innerhalb des Satzes anaphorisch steigert. Aber Straffheit der Form, künstlerische Berechnung des Satzbaues geht ihm ab. Die Sätze, die sich entsprechen, sind weit von einander getrennt, sind verschiedenartig gestaltet; die Worte, welche die Anapher tragen, haben selten markante Plätze: die Anfangsanapher, die immerhin zu einer gewissen Ordnung zwang, war ihm daher lästig. Es kennzeichnet ihn, dass sich ausser ein Paar kurzen Sätzchen J 91,6 und 30,2 *wie sol ich tuon? wie sol ich leben*, nur éinmal zwei Parallelsätze gleichen Anfangs neben einander finden, und wie ungleich sind sie: J 13,7 *der hôhe saz, dem ist daz michel schande* — 9 *der hôhe sitzet, ob der baz erworben hât, sô wirt bekant, der sich niht selber kande.* Eher folgen drei Parallelsätze auf einander: J 50,1—3 *rervluochet si der vürgedank üz valsches herzen grunde, vervluochet si, der valschen rât aller êrst bedenket, vervluochet si diu valsche zunge in valsches mannes munde*, eine ungewöhnlich saubere Satzfolge; unbedeutend C 14,9. 10; 15,1; *si muoz, si mac, si sol, si wil* C 3,4; der Abgesang von J 80 eröffnet fünf Sätze hinter einander durch *wol* (einmal *sô wol*). J 58 trennte die Sätze der Wunsch, die drei Strophenteile gleich zu beginnen, was doch nicht genau erreicht ist, ebenso wenig wie in der entsprechend angelegten Str. J 93. Zwei getrennte Parallelsätze: J 58,4. 7; 90,1 *der hérren hulde ist als ein is*, 7 *der hérren hulde ist ouch also;* 73,5 *kunster, wis bi grâzer kunst démuotic unt gedultic*, 11 *kunster, hüete daz bi kunst din laster niht enbliche;* 95,5. 12; 59,4. 7. Drei Parallelsätze: C 4,5. 8. 5,4; J 64,4 *er was ein keiser, dô* —, 6 *er was ouch herzoge in der selben ahte, dô* —, 11 *er was ouch bischof.* — Im Verhältnis ist die Zahl der innern Anaphern ganz ausserordentlich gross, ihre Anlage ist im Durchschnitt noch schlechter. Kurze Antithesen: J 54,1 *ich wil den hérren* — *luchen, daz si gedenken miner kunst; ich denke ir mille;* 53,7 *sô lite ich selten armuot; nû lid ich manege swære;* 71,10 *daz ist din schult*, 11 *diu schult was din;* 84,16. Zwei Parallelsätze unmittelbar neben einander: am Anfang J 99,1 *Got hât die naht gewîhet hô winahte, vil hô gewîhet Got die naht gedâhte;* am Schluss 65,12 *durch barmikeit er mensche wart* —, *er starp durch barmikeit;* ferner 73,11. 12; 54,4 *solt ich erweinen guot, daz wær ein grôz unbilde; daz ist ein armiu kunst, dô man der hérren guot erweinet;* 53,1. 4; C 16,4 *swenne ich gesihe triuwer hérren ougenblicken*, 7 *daz ich getriuwer hérren ougenblicke sihe sô gerne;* J 12,7. 9; 24,2 *ir himel blâ gezieret ist mit liehter sunnen gluste; sam ist geschœnet unde gezieret Beierlant;* 51,7. 10; 77,4 *nû heizet rechen uns den mort*, 7 *getriuwen Tensche liute rechet;* 85,2 *alle créatiure din die hâstû dir ze lobe gedâht*, 5 *vische* — *hâstû ze lobe geschaffen dir;* 81,1. 4; drei Sätze C 7,5 *dô jagte dich her obe din vater*, 7 *er jagte dich unz an den lip der reinen meit*, 12 *man jagte dich dar nâch wol driu unt drîzic jâr.* Hier überall schliessen sich bei allem Mangel innerer Präcision die Sätze doch an einander: viel öfter sind sie obendrein durch Zwischensätze geschieden: so J 73,1 *alliu kunst ist guot, dâ man ir guote zuo bederbet*, 3 *kunst ist guot in sich, ze guote hât si Got gedâht;* 25,1 *daz rîus in himeltouwe lac bejozzen*, 9 *ir rîus daz truoc den himeltou beslozzen;* 92,4 fg.: 9 fg.; 45,8 *ir maht ist krank*, 10 *krank ist der hérren maht mit ungereiten liuten;* 42,1. 5; 53,1. 10 (Anfang und Schluss); 56,2: 6. 7; 4: 10; 91,1. 5. Die Beispiele sind leicht zu häufen.

Ich darf darauf verzichten, des Meissners Anapherngebrauch zu durchmustern. Mit ihm hört jener Unterschied der Landschaft auf. In stärkster Abhängigkeit von oberdeutschen Sängern, von Reinmar, von Walther, selbst von seinem Gegner, dem Marner, hat er von ihnen gelernt, auch die Anfangsanapher in einer Fülle zu verwerten, wie sie selbst unter den Oberdeutschen nur der Sunburger aufzuweisen hat. Besonders liebt er anaphorisch gebundene Verspaare, sonst seinen Landsleuten wenig geläufig; auch drei, vier gleichbeginnende Zeilen kommen mehrfach vor: er leitet die Strophenteile durch anaphorische Sätze ein: wo die Anfangsanapher eintritt, fällt Satz- und Versanfang gern zusammen. — Daneben steht eine womöglich noch stärkere innere Anapher: auch ihr ist die oberdeutsche Schulung zu Gute gekommen: so stark auch die stilistische Zerfahrenheit der Mitteldeutschen immer wieder durchbricht, nicht selten ist es ihm gelungen, auch die innere Anapher auf engem Raum in parallelen Verspaaren, in chiastischen Antithesen zu konzentrieren. So entfernt er sich von der md. Art und bestätigt sie trotzdem.

Wenn ich jetzt einen Blick werfe auf die oft erwähnten **anaphorischen Reihen**, so ist das gewissermassen die Probe auf das Exempel. Sie sind die höchste Steigerung der Anfangsanapher: sie besonders müssten also oberdeutsche Liebhaberei sein. Ueber die Erscheinung selbst spricht Strauch z. Marner XV, 321. Ich meine diejenigen Strophen, die ganz oder zum grossen Teile aus Parallelsätzen und -versen bestehen, welche mit demselben oder mindestens einem Worte desselben Stammes beginnen. Eine wunderliche Caprice, die aber auch der Lyrik nicht fremd ist: eine Selbstquälerei, die doch für denjenigen, der nichts Rechtes zu sagen wusste, ihr Bequemes, Anregendes hatte, ähnlich wie schwierige Reimschemata. Man kann sich einen Idealtypus konstruieren, der vielleicht erst im Meistersang ganz erreicht wurde (Kolm. 111,14), der aber doch bewusst oder unbewusst längst vorschwebte. In ihm bildete jeder Vers seinen besondern Satz, jeder Satz und Vers fieng mit demselben Worte an, oder es war doch nur an parallelen Stellen der Strophe eine kleine Variation statthaft; jenes Wort war gern der Name einer Tugend oder eines Lasters. Ausnahmen erleidet diese Regel in jeder Beziehung der Form und des Inhalts.

Noch bei Walther finde ich keine Spur, die auf das Werden der eigentümlichen Stilform vorbereitete. Erst bei Bruder Wernher regt sie sich, freilich noch weit entfernt von fertiger Manier: II, 231 a, 1 beginnen sechs Verse mit *ich wolde*, V. 5 *unt wolde*, 9 im Innern *des wolde ich*, und III, 11 a, 1 reiht Wernher neun mit *wer* eingeleitete Fragen an einander, von denen sieben mit dem Verse beginnen. III, 14 a, 12 enthalten die Verse 4—7 fünf kurze Sätze, deren Subjekt *triuwe* ist, ein erster Anfang zu jenen Strophen über Tugenden und Laster. Der nicht viel jüngere Hardegger setzt Strophen über Welt und Geiz II, 137 a, b aus kurzen Parallelsätzen zusammen, die er gerne mit dem Verse, aber noch mit *si* anheben lässt. Der erste energische Vertreter ist der Marner: XV, 16 verteilen sich sechs Parallelsätze, *ich sunge* beginnend, über die Strophe (vgl. Tannhäuser II, 95 b, 2); XIII, 1 beginnt *Maria* zwölfmal, XV, 1 *dû* siebenmal den Vers, nicht immer einen neuen Satz. XIV, 2 wird jeder Strophenabschnitt und noch manch andrer Vers eröffnet durch eine Mahnung: *sich, lesich*. Und XV, 10 ist eine Tugend, *diu scham*, Heldin des Gedichts: mit oder ohne Artikel erscheint sie elfmal im Versanfang: die Anordnung lässt zu wünschen. Am fortgeschrittensten ist der Marner XV, 17: 21 Sätze, 16 Verse klingen gleichmässig *lüge* an, freilich je der dritte Vers der Stollen *mit lüge:* auffallend wird im vorletzten Vers das Wort *lüge* durch zwei Worte des vorhergehenden Satzes vom Versbeginn geschieden.

Von den spätern Oberdeutschen lassen es nur wenige mehr an Proben der Gattung fehlen [351]); selbst Konrad ringt sich eine Strophe auf die *milte* ab 18,1. Geradezu massenhaft ist die Manier von Sun-

---

351) Vollständig der wilde Alexander, in dessen volkstümliches Dichten die leere Manier nicht passte. Sigeher hat nur éine Strophe II, 362 a, 2, in der sieben Verse *ich sach*, einer *diz such ich* beginnen. Der Priameln Gasts, deren jede nur éinen Vers ohne *wiz sol* hat (II, 266) gedachte ich schon. Vgl. noch den Schwaben Raumsland III, 69 b, 4 (*min zinc*) und des Schulmeisters Spottstrophe auf Rudolf von Habsburg II, 138 a, 5; ferner Walthers von Breisach Spruch auf die Treue II, 141 a, 6, Süssk̄nds auf die Gedanken II, 258 b, 4, Litschauers auf die

burg gepflegt: das stimmt zum Bilde des gedanken- und wortarmen
Pedanten: wenn dér sich nicht einmal begnügte, éin Wort an die Spitze
der Verse zu stellen, soudern 76b, 44 jeden Vers ausser je dem letzten
der Stollen und des Abgesangs mit *abgunst unde untriuwe*, 72a, 22
ebenso jeden ausser je dem letzten der Stollen mit *triuwe unde wârheit* einleitet, so war dadurch allein die halbe Strophe gefüllt. Immerhin ist die Konsequenz der Durchführung erstaunlich. Sie bewährt er
auch 71b, 21: die beiden ersten Stollenverse eröffnet *diu welt*, den je dritten
und alle Zeilen des Abgesangs *wrâ Welt;* ähnlich 76a, 42 (*guot*), 75a, 37 (*da:
alter*), 71b, 20 (*diu* [*ein, kein*] *vrouwe*), 71b, 19 (*gedenke*), 72a, 23 (*diu milte*);
lockerer aufgebaut sind 71a, 18 (*diu kunst*), 73b, 30 (*der edele man*), 74b, 33
(*diu erge*), 74b, 34 (*vräget*); II, 354b, 11 (*ein heilie man*, nur in den Stollen).
Die Strophen auf abstrakte Begriffe überwiegen; es ist Sunburg nach-
zurühmen, dass er Abweichungen von der Strenge der Anapher meist
im Einklang mit dem Strophenbau wagt: namentlich entbehren die
letzten Stollenverse der Anapher mehrfach. — Es versteht sich, dass
der häufungliebende Boppe in dieser Reihe nicht fehlt: II, 378a,
3 auf die *kerge* kommt der konstruierten Musterstrophe ganz nahe:
nur V. 6 beginnt *dur kerge* statt *diu kerge*, V. 18 (mit 17 zusammen zu schreiben?)
enthält nur das Adj. und nicht am Anfang; grössere Freiheiten nimmt sich der
Dichter 378a, 3 (*diu milte* 15 mal) und 381b, 19 (*barmunge* 10 mal); sehr mangelhaft entspricht dem Princip die letzte Str. 386a, 40. Gehäufte Parallelsätze mit
ob 377a, 1, mit *wære* 382b, 22 [352]). Von den drei hergehörigen Strophen des
Kanzlers II, 399a, b versagt die Anapher in der letzten auf den *nit* nur
drei mal in 16 Versen. Häufiger in den Strophen auf *milte* und *kerge*:
der dreistrophige Bar bildet den Schluss der Kanzlerschen Gedichte: ist er
sein Werk? — Ein Bar des Rinkenbergers I, 341a, 14—16 besingt
wieder *milte, kerge* und dazu *guot muot;* die letzte Strophe enthält ihr
guot muot in jeder Zeile, zweimal aber nicht am Anfang: merkwürdig
dass in jeder Strophe (11.11. 15,8. 16,8) je einmal das anaphorische
Wort durch ein oder zwei Wörtchen des vorigen Satzes aus dem Versanfang gedrängt wird.

Ein andres Bild gewährt die mitteldeutsche Dichtung. Zwei der
Bedeutendsten haben nichts der Art, Damen und Raumsland; Stolle
ausser der Personenangabe in den Dialogen III, 4b, 8. 10b, 40 nur
die Klage der Ehre (10b, 11, zehn mal *si kleit*, die letzten Stollenverse ohne Anapher), deren Echtheit nicht verbürgt ist, und die Spottstrophe auf König Rudolf, die mit sammt ihrem nervös machenden be-
harrlichen *ern git ouch niht* ein oberdeutsches Original kopiert (S. 228).
In Zilies erster Strophe (25a, 1) beginnen sieben Verse abwechselnd *sô wol* und *sô
wé dem hove*, in Ps.-Gervelins Spruch 38a, 3 wechseln fünf Verse zwischen *welt ir
e: tuon* und *ir sult e: tuon*; sämmtliche Verse einer Strophe des Unverzagten (46a, 8)
heben an *swen gernde liute;* all das von andrer Art. Die Strophen Höllenfeuers über
den Gruss (33b, 2), des Unverzagten über den *sanc* (44a, 1) enthalten in ihren
sporadischen Anaphern kaum Ansätze zu der oberdeutschen Technik: etwas näher
scheint ihr die unvollständige Strophe Gervelins über die Hoffart zu kommen (35b, 4).

Solhande und die *bœsen* III, 46b, 2. 47a, 3, alle nicht sonderlich durchgefuhrt,
aber doch Symptome der Neigung.

352) Hierher würden auch die Strophen auf *zuht* und *unzuht* (Germ. XXV, 76)
gehören, wenn Boppe ihr Verfasser sein könnte: vgl. oben Anm. 301.

Und selbst der Meissner nähert sich der oberdeutschen Straffheit der Form nicht oft: 91 b, 20 (*endelich* und *unendelich*), 93 a, 6 (*scham*); daneben die nachlässigen Reihen 99 a, 1 (*wort*), 105 a, 8 (*unvride*) und gar 89 a, 4 (*milte*): auf einzelne Strophenteile beschränkt sich seine Anapher 86 b, 4 (*hûsêre* im Abgesang), 103 b, 3 (*bescheidenheit*, Aufgesang), 108 a, 14 (*guot muot*, erster Stollen): gerade diese Unlust oder dies Ungeschick zu strengerem Aufbau sagt mehr als vollständiger Mangel. Bei Frauenlob verrät nur éine Strophe 121 die Neigung, eine Tugend, die Treue, in anaphorischen Reihen abzutun: wo er sie sonst anwendet — und das ist nicht selten —, da sinds zumeist Fragen (S. 247); Wünsche und Bitten 389 (*gegrüezet si*), 419 (*mî segen mich*)[353]. Der Kontrast zwischen Ober- und Mitteldeutschen lässt hier an Schärfe nichts zu wünschen übrig.

Reinmars frühere Gedichte fallen in eine Zeit, in der die Anfangsanapher noch weit von ihrer spätern Ausdehnung entfernt war. Trotzdem ist sie von vornherein häufig, freilich wenig bedeutend. Die Sätze folgen einander gern unmittelbar: dass jeder einen Vers umfasst, ist bei der ungleichen Länge der Ehrentonverse nicht die Regel: 23,9 *sumliche welnt zen hübschen phlihten*, *sumliche minnent die tumben gar;* 49,2 *si süezt ir vindes munt unt tuot ir rriunde süeze quît, si phlæg baz rriundes munde sueze unt lute vinde rindes nît;* 58,5. 6; 69,1. 2 *wol dir, richeit, wol dir, gewalt! wol in unt ouch dem, den ir an tugenden machet balt!;* nur éin Satz hat Verslänge: 28,1 *sît triuwe ist al der werlde guot, sît triuwe ist al der selden dach;* 45,6. 7, 8; 70,10 an éren *zuogrif der ist guot, an éren abenemer der tuot vil manege zît, des Ère niht enluchet;* 126,3. 4 *dise armuot truoc er ûf der erden mêr dan driu unt drizic jâr, dise armuot truoc er aller diet zeinem bilte vor;* 129,6. 7, 8; 52,9 *ein wip durch wipheit grüezt den tôren, dâ mit er wænt, er habe gesiyt; ein wip ir wipheit dannoch phligt;* beide Sätze sind kürzer 61,6 *ich meine andere liute niht, ich meine al eine der ez tuot;* 61,3 *nû walge hin, nû walge her;* 69,1; 74,4 *ein man si rich, ein man si arm.* Drei Sätze: 32,1—3, 33,9—11, 43,9—11, jeder einen Vers lang; kürzer 45,5 *wer git in heldes muot? wer git in tugent? wer müzet si ze rrouden?* 57,3. 4. Vier ganz kurze Sätze 76,3. — Die Trennung ist geringfügig: 132,3. 4 *Unreht hât vm gesindes — Unreht daz hât vil hôhe man;* 135,1. 3; 61,7. 10; Rücksicht auf den Strophenbau wirkte mit 48,1 *der balsam ist den herren guot — sô liurent edele steine ir muot;* 7 *der balsam ist ir gelte gar ze hêre: sô kostent edele steine dannoch mêre;* 44,4. 7; 132,1. 4; andere Fälle: 32,10. 12; 47,4. 8. — Anaphorische Reihen bereiten sich vor 31,7 fgg., wo fünf Sätze beginnen *diu minne lêret;* sie treten ausgeführt auf, wenn auch nicht in strenger Gestalt, 78 im Spruch auf die *unêre*, der vielleicht erst der zweiten Periode angehört. Weitgehende wörtliche Uebereinstimmung zwischen den Parallelsätzen 28,1. 2; 31,9. 10.

In der böhmischen Zeit machen kurze Antithesen und Parallelsätzchen Fortschritte: 14,7 *si kan niht zürnen, si kan vil wol süenen;* 87,2 *ez sin die himelbœren oder ez sîn der helle kint;* 119,6 *dem ungeschamten sit ir dâ, dem wolgeschamten sit ir muot;* 123,10 *nû cluogen hin, nû cluogen her;* 84,4. 142,2; 19,9. 103,3. 120,3 *si kan wol hengen unde haben, si kan wol halten unde lân;* 149,4 *er gillet lop, er gillet kunst.* Ein anaphorisches Verspaar beschliesst die 90. Strophe: *daz wolgeschehen ist wandels vri, daz liepgeschehen ist dicke wandelbære;* sonstige Verspaare: 20,10 *ir güete rruit ie biz*

---

353) Die Gattung pflanzt sich in den Meistersang noch eine Zeit lang fort, bis sie schliesslich in einer Periode veränderten Stilgefühls für ein Laster erklärt wurde (Wagenseil 526). Anaphorische Gedichte auf Abstracta enthält die Kolm. Hs. vielfach, so 38,13 *kunst*, 51,55 *diu minne*, 104,33 *armuot*, 111,1 *diu mâze*, 14 *unmâze*, 124,1 *diu fuoge*, 19 *unfuoge*, 125,37 *hûsére*, 146,1 *vride* und *unvride*, 152 *træg unde laz:* doch erfreuen sich anaphorische Reihen in der Art Frauenlobs grösserer Beliebtheit.

unt baz, ir giute wirt sin materaz; 4,7. 8; 122,7. 8; 139,4 ich meine der edeln knehte
niht, ich meine, die man stein, rouben unde brennen siht; nur der erste Satz hat Verslänge 89,3; 85,3. 4; 94,8. 9; längere Sätze: 153,7 beléhent unt behüst vor munegen
jâren der schilt der sol niht zegelich gebâren; beléhent schilt unt der behüset u. s. w.; 154,4.
6; 97,6. Drei Sätze: 104,7—9: hel ich ir zwô, sô torste ich niht geluchen; hel ich ir
vier, sô müest nur vröude swaehen; hel ich ir eht, wie gnœse ich denne? 108,3 sô twinget
schatz ouch sinen kneht, alsô daz er im dienen muoz; sô twinget quotes hêrre ouch guot,
daz ez im dienen muoz —; sô twinget wines craft ouch sinen man, daz im wirt sinne
buoz; 152,1. 4. 6 ich wære ungerne. Vier Glieder: 8,9; Vordersätze mit wie 9,2. 4.
5. 7. — Die Sätze sind getrennt: nur durch eine Parenthese 12,4. 5; Rücksicht
auf den Strophenbau wirkte mit 111,1. 4; 119,4. 7; 152,1. 4; an andern Stellen
1,2 diu wâre minne Got betwungen hât, 4 diu wâre minne Got enbôt; 85,6. 10; 110,7.
10; 113,3. 6. — Die Anapher hat an Energie gewonnen, ihre Träger sind bedeutungsvoller. Die wachsende Freude am Gleichklang verrät sich auch in der
grösseren Menge genauer Wiederholungen: 119,4 swâ mich der gart sô wecken muoz
= 7; 85,6 der helfant ist der tumbe man, der mêr wil wizzen dun er sol, 10 der helfant
ist der tumbe man, der mêr wil wizzen dan er kan; 113,3 nû ist ez worden alsô süeze gar,
6 nustz alsô süeze worden; 89,3. 4 sünden glust mit widerwer; 3,5. 8; 90,11. 12; 119,6;
108,3—6. Dazu tritt die Zunahme anaphorischer Reihen: neben 78 nenne ich 80
(edele), 89 (sünden glust), 123 (cluokeit), alle erst auf dem Wege zu der Normal-
form; 111 beginnt je der erste Stollenvers diu trunkenheit, je die beiden andern si.
Am weitesten entwickelt ist die Priamel 93, die ihre ersten neun Verse waz hilfet
einleitet.

Auch die md. Einflüsse der letzten Periode haben der Lust an anaphorischer
Rede nicht viel an und verraten sich nur in formellen Nachlässigkeiten. Die
kurzen knappen Sätzchen, zwei in einem Vers, sind sehr zurückgegangen: 185,1
sô wâc gelit, sô wint gelit; L. 221 ez si uns liep, ez si uns leit. Nicht so die anaphorischen Verspaare: am Schluss der Strophe 227,11 buztuon baz denne woltuon
 crumt, ein baztaon ich rür wolluon immer nœme; sonst 202,8. 9 die werden müezen
immer niden liden, die werden suln sin nittlidœre; 211,6 swer nâch den blinden kêret, der
stôzet sich vil lihte an herten stein; swer blinden volget, der ist wol erblendet; 216,7. 8
guot wirt erwirbet ére unt Gotes hulde, guot wirt ist aller wirde ein übergulde; 220,2. 3;
223,5 swâ Cristentuom erloschen was, den zunt man wider an; swâ Cristentuom nû tischet,
dâ siht man den gelouben hinken bi; L. 121 Minne, din viur ist durchzundic, Minne,
din craft ist durchgründic; nur éin Satz hat Verslänge 182,3. 4, 5; 176,1. 3; beide
sind längst 180,8 ülfheit ist ein suht ob allen sühten un jungen éregernden liuten,
ülfheit erzuhet jungen lip u. s. w., vgl. L. 63. 65. Nachlässig ists schon, wenn
einer der beiden Sätze nicht mit dem Verse beginnt 194,6. 7 verhoft dem ist wol
valsches liuschen kunt, verhoft daz leckert zeteslichen stunden, oder gar beide 179,1. 2;
201,2. 3 Drei Sätze: 196,3. 4; 229,10. 11; 220,8. 10. 12, vielleicht 209,8. 10.
11. — Sehr merklich ist nun aber die Zunahme der getrennten Parallelsätze,
deren die dritte Periode so viele hat wie die beiden andern zusammen; das ist
recht mitteldeutsch: übrigens macht Reinmar die Entfernung durch genaue Uebereinstimmung wett. Der Strophenbau spricht mit 174,1 Âgez, dû bist ein übel diep,
7 Âgez, dû bist vil dicke schulkes muotes; 207,1 Got hêrre — gip mir trust, 7 Got git ie
vrist; andre Beispiele der Scheidung: 155,3. 5; 172,2. 7; 174,5. 11; 6. 12; 179,2.
5; 183,3. 7; 184,4. 7; 194,7. 9; 8. 11; 196,7. 10; 203,7. 11; 216,2. 5; 222,1
der niuwesliffen vride ist scharf, 6 der niuwesworn vride ist an ir rossen unt an ir wol
schin. Die Sucht zu beinahe wörtlicher Wiederholung ganzer Sätze, eine Sucht,
die zu gröbsten Tautologien verführt und von der Reinmar besessen war (nach
Gottfrieds Muster? Trist. 11919 fgg.), wie nicht entfernt ein andrer Spruchdichter, diese Sucht ist abermals gewachsen: 158,3 wie manegen vuoz hât iuwer
muoter unt ir esel? 5 wie manegen vuoz hât iuwer muoter unt ir liebez kalp? 172,2 zwivel büwet selten hûs ûf starke siule guot, 7 zwivel büwet selten guot gesœze; 174,5 mines
lieben vriundes kan er mir niht stein, 11 mines vriunts stüt er mir niht; 6 stilet aber er
mich im, 12 stilt er mich im; 182,3 wirt danne ein ros dristunt als alt alsô der hunt,
4 wirt danne ein man dristunt als alt alsô daz ros; 183,3. 7 hüet iuch vor ungesellen;
179,2. 5 swaz er rienc eleiner vische. Und sehr offenkundig sind die Fortschritte
der anaphorischen Reihen. Die Strophe 172 zwivel, 173 inruoch, 184 atzunge ge-

horen nicht zu den strengsten ihrer Gattung: aber sie kommen der konstruierten Idealstrophe näher als irgend ein Spruch der Sammlung: minder gelungen ist 176. Die Priamel 210 enthält neun Sätze und Verse, die *waz sol (suln)* beginnen.

———— ————

Zeichnet die Anapher entsprechende Stellen verschiedener zusammengehöriger Strophen aus, so nennen wir sie **Responsion.** In der zumeist einstrophigen Spruchdichtung kann sie naturgemäss nicht viel bedeuten. Aber sie fehlt ihr nicht ganz: manch einer von den oberdeutschen Didaktikern hat das Kunstmittel der ihm vertrauten Lyrik gelegentlich auch auf Sprüche übertragen: den Mitteldeutschen lag die Form ferner. Ich bin aber nicht der Ansicht, dass da, wo Responsion in der Spruchdichtung vorkommt, die so verbundenen Sprüche ohne Weitres für ein Gedicht zu halten sind. Trat einmal ein Fahrender zum Vortrage auf, so wird er sich nicht mit éinem Spruch begnügt haben: er suchte je nach Publikum und Verhältnissen aus seinem Repertoir passende Strophen heraus und reihte sie an einander, wie es angieng, vielleicht einen gewissen Zusammenhang erstrebend. Daher nahmen die Bare der Meistersinger ihren Ursprung: sie bildeten ursprünglich keineswegs éin Gedicht, vereinigten nur aus praktischen Gründen mehrere Strophen desselben Tons und verwanten Inhalts: das wurde die Vorstufe des mehrstrophigen Spruchs. Ein Beispiel für viele, und wol das schwierigste Beispiel. Von Frauenlob haben wir einen fünfstrophigen Bar, der fünf Lobsprüche auf verschiedne nordische Herren umfasst: jeder kann für sich bestehn: gerade diese farblos übertreibenden Preisgedichte vertragen gar nicht die Gesellschaft. Gleichwohl bezieht sich die letzte Strophe deutlich auf die übrigen zurück: 132,1 *vier richiu lop diu welnt daz vünfte mit in hin.* Wie sollen wir uns das vorstellen? Sang Frauenlob wirklich in einem Kreise, der die besungenen in sich schloss? Dagegen entscheidet mir die Reihenfolge, die jede Etiquette vernachlässigt; eine Strophe redet den Gepriesenen an, die andre spricht von ihm in der dritten Person; jede Abstufung, jede innere Beziehung fehlt. Ich meine, sie entstanden jeder für sich, wurden einzeln vorgetragen: im fünften berief sich Frauenlob selbstbewusst auf frühere Erfolge in diesem Genre; er fügte die Worte etwa erst ein als er die Strophen zum Bar vereinigte, ähnlich wie Reinmar zum Zweck der Sammlung die erste Zelle von 51 geändert zu haben scheint. So konnte ein Spruchdichter seine neue Strophe, die er zuerst in Gesellschaft einer ältern zu singen gedachte, recht wohl durch Responsion mit dieser verknüpfen, und trotzdem ein ander Mal jeden der Sprüche für sich oder in anderm Vereine vortragen. Die Responsion darf für die Einheit eines mehrstrophigen Spruchs nur Stütze, nie Beweis sein.

Nach einer bekannten lyrischen Methode (vgl. z. B. Rotenburg I, 88 b) verbindet der Anonymus den Sohluss eines Spruchs und den Anfang des folgenden anaphorisch: so die erste, zweite, dritte Strophe seiner Totenklage (25,20. 27); so den Weihnachtsspruch und die Strophe von der Hölle, so diese und den Spruch vom Himmel (28,20. 27). Und 28,6 stimmt nicht ohne Absicht mit 28,1 überein.

Vgl. noch 25,17 mit 24, beide je der fünfte Vers ihrer Strophe. Walther beginnt die drei Strophen seines Tons 8,4 sämmtlich mit *ich: ich saz, ich hörte, ich sach;* die Sprüche des Tons 13,5 alle mit *owé:* diese Responsion ist geradezu ein Bestandteil des Tones. Drei Strophen von 11,6 eröffnet die Anrede *her keiser,* eine *her bábest;* nur zwei entbehren dieser Einleitung. Es ist kein Zufall, dass 84,20 von *Rôme keiser hére,* 85,1 dem parallel *von Kôlne werder bischof* anhebt: dagegen mag der gleiche Beginn des Abgesangs *hievor dô* 23,32. 24.9 unbeabsichtigt sein. Auch an den Refrain der vier ersten Sprüche Reinmars des Fiedlers sei hier erinnert. Reinmars von Zweter drei Versuche der Responsion gehören, wie zu erwarten, alle der Sammlung an. Die Strophen 99, 100 bilden éin Gedicht: die Schlusszeile von 99 lautet: *swer des niht hât, von dem mac manheit slifen,* von 100 *swelch man daz hât, der mac wol manheit walden.* Die beiden politischen Sprüche 133, 134 erhalten schon im Anfang die gleiche Signatur durch die Frage: *wes sümestû dich, Endecrist, daz dû niht kumst?* In dem Strophenpaar 77, 78 durchdringt die Responsion den ganzen Organismus der Strophen. 77,1 *swaz diu vil reine Trinitât gotelîcher dinge ze himel unt hie begangen hât,* — 78,1 *swaz in der werlde noch geschach untriuwen unt unbildes;* 77,3 *dâ was diu Êre mite,* 78,3 *dâ was Unére mite;* 77,3 *diu sundert sich von Gotes hulden nie,* 78,5 *Unére* — *Gotes hulde nie gewan,* von — *Unére sich ie her gesundert hât;* 77,6 *gelenke guoten dingen,* 78,6 *von rehte tuonden dingen.* Eine Strophe hat der andern als Vorlage gedient; und doch sind sie schwerlich éin Gedicht, schwerlich gleichzeitig entstanden. Str. 77 ist ein Produkt der Frau-Ehren-Periode: sie rühmt, das Gebäude krönend, Frau Ehre in ihrer Eigenschaft als Liebling Gottes, durchaus persönlich. Als es späterhin Mode wurde, Tugend und Laster zu kontrastieren, da verfasste Reinmar das Pendant 78. Aber diese *Unére* ist ein abstraktes Schemen; die anaphorischen Reihen, die 77 ganz fehlen, weisen den Spruch einer andern Stilperiode zu. — Sonst pflegt nur noch Sunburg die Responsion mit einiger Liebe. II, 353 b, 7 *swer giht, die guot den geruden geben* — *der liuget;* 354 a, 8 *swer giht, der guot durch ére neme, daz sich der sére sünde;* 9 *swer giht, der guot durch ére gebe, daz sich der sünde sére, der liuget,* bilden einen Bar, aber kein Gedicht. 357 a, 2 *ô wol dir* — *tiurin welt* stimmt zu 357 b, 5 *ô wol dir welt;* 359 a, 11 *Got hérre ân anegenge Got unt ouch ân ende gar* zu 329 b, XXXIII *Got hérre ân anegenge unt ouch ân ende almehtic Got.* 357 b, 3 schliesst: *vrô Welt, die ére haben wir von Gote unt ouch von dir,* 4 *vrô Welt, al solhe starte hât Got selbe an iuch geleit,* endlich 358 a, 5 *vrô Welt, von Gote unt ouch von dir wir salhe wirde unt ére hân.* — Es sei noch bemerkt, wie ähnlich unter den naturhistorischen Strophen Boppes die drei Sprüche 378 b, 6. 379 a, 7. S angelegt sind: 6,1 in *Indûméa wont ein tier,* *Taphart genant,* 4 *daz selbe tier;* 7,1 *Pardus ein tier genennet ist,* 4 *daz selbe tier;* 8,1 *Antilopus ein tier genennet ist,* 4 des *tieres maht.* Wenn Spruchdichter in Liedern Responsion üben wie Sigeher II, 360, Str. 1—6, V. 3. 6, Alexander III, 26 a, 2. 3, V. 1 (vgl. 1,7), Boppe II, 385 b, 1. 3. 5, V. 1, so bestätigt das, woher die Spruchdichter die Responsion gelernt haben.

Von md. Responsion weiss ich vor Frauenlob kaum etwas Sicheres anzuführen. Raumslands Strophe 66 a, 6 beginnt *der hérren hulde ist sam ein is,* 7 schliesst *der hérren hulde ist niht gelich dem ise;* mit *recken* knüpft der Dichter 68 b, 4 an die vorhergehende Strophe an. In dem vierstrophigen Gedicht des Meissners gegen den Marner beginnt die erste und zweite Zeile der beiden letzten Strophen gleich: *der pélicânus, der slange* (101 a, 3. 4); in den Scheltstrophen 109 b, 1. 2. die wol éin Gedicht bilden, fangt der zweite Stollen beidemal *her loterritter* an. Bei Frauenlob ist die durchgehende Responsion von 144 und 145, zwei Minnesprüchen, bemerkenswert: in ihren Schlüssen klingen 280 und 281 zusammen.

Die Neigung, alle drei oder doch zwei Strophenabschnitte durch gleichen Anfang zu markieren, auch eine Art von Responsion, kennt noch Walther so gut wie gar nicht, zeigt auch Wernher und der Marner wenig; dagegen ist sie bei Reinmar reich entwickelt. Das gleiche Wort beginnt alle drei Abschnitte nur 89 *sünden glust* (vgl. 186) und in den anaphorischen Reihen 93. 184. 210; die beiden Stollen 101 *ein Adam,* 111 *diu trunkenheit,* 130 *swer,* 173; gerne Aufgesang und Abgesang, 48 *der balsam,* 95 *diu reine zunge,* 97 *sage,* 119 *vrô Milt,* 167,1 *der rehte quote,* 7 *der quote,* 174 *Âyez, dû bist*, 172; 2. Stollen und Abgesang 113 *daz selbe wort*, 44 *si sol*, 78. Diesem Beispiele folgte von Oberdeutschen ausser Sunburg besonders Sigeher, von Mitteldeutschen der Meissner, beide Reinmars Schüler.

Bedeutung gewinnt diese Beobachtung im Abgesange des Ehrentons, für die Frage, ob er 2 + 4 oder 3 + 3 einzuteilen sei. Die Anapher entscheidet ziemlich unzweideutig für die zweite Art: 59,7. 10 *dû solt*, 61,7. 10 *her Phennine*, 68,7. 10 *er sol*, 95,7. 10 *diu reine zunge*, 110,7. 10 *ôwê*, 172,7. 10 *zwirel*, 196,7. 10 *die (der) ungetriuwen*. 220,7. 10 *ez ist*; dagegen nur 53,7 *die bœsen*, 9 *ein bœsiu*, 153,7. 9 *belêhent*, 184,7. 9 *atzunge*, 194,7. 9 *verhoft*. Diese Entscheidung wird durch andre Gründe zweifelhaft.

Mein Ueberblick über Reinmars Anapher hätte eine Lücke, wenn ich nicht schliesslich einer Erscheinung gedächte, die sich zur innern Anapher verhält, wie die anaphorischen Reihen zur Anfangsanapher. Es bildete sich im Laufe der Zeit mehr und mehr die Neigung heraus, ein oder zwei **Stichworte** selbst oder in Ableitungen innerhalb der Strophe regellos, doch möglichst oft zu wiederholen. Bei Walther kein Spruch, in dem die Absichtlichkeit der Wiederholung sicher wäre, 107,10 ist nicht sein Werk.

In Reinmars Sprüchen sind die Fortschritte der Manier ersichtlich. Wenn 35 *wip*, *vrouwe*, *engel*, 42 *Grâl*, 52 *wip* und *wipheit*, 58 *manlich*, 60 *mnotwille*, 127 *ban* mehrmals auftreten, so lag das durch den Inhalt der Strophe so nahe, dass eine Künstelei nicht erwiesen ist: merkwürdiger schon, dass sich im Abgesang von 58 *mnot* 6 mal einstellt, dass *êre* es 74 und 76 auf 7—8, *guot* 70 auf 9. *reht* und *unreht* 132 auf 10 Belege bringen. In den böhmischen Gedichten steigert sich das normal: die Strophen über *edele* sind von diesem Wiederholungsprinzip beherrscht, das 80, 82 und 123 (*chuoc*) sich zu zwölf Repetitionen versteigt: so tritt *geschehen* 90 zehnmal auf u. s. w.: in den ersten vier Versen von 148 erscheint *künec* 4, *crône* 5 mal. Und ihren Höhepunkt erreicht die Manier wieder ausser der Sammlung: 166 enthält *minne, minner, minnen* 15, daneben *mille* noch 4 mal, 169 *lüge* 13 mal, 202 *nit* 12 mal, 194 *hof* und seine Ableitungen 11 mal. Doch wird die Künstelei noch nie zur Spielerei, und die alberne Str. 230 ist Reinmar schon ihrer 21maligen Wiederholung von *wunder* wegen nicht zuzutrauen [354]).

Wie sehr die Zunahme dieser Stichworte bei Reinmar dem Gange der allgemeinen Stilentwicklung gemäss war, dafür nur wenige Beispiele.

---

[354]) Schon darum ist es falsch, wenn Wätzoldt aus einer ähnlichen Stelle der Pariser Tageszeiten V. 1689 fgg. den Schluss zog, ihr Verfasser sei durch Reinmar von Zweter beeinflusst worden. Gerade die Häufung von *wunder* und seinen Ableitungen in religiösen Gedichten aller Art ist ein so herkömmliches und viel gebrauchtes Kunstmittel, dass es Wätzoldts Belesenheit wenig Ehre macht, wenn er auf solchem Grunde zu bauen versucht. Und von ähnlicher Tragweite sind die übrigen Parallelstellen, aus denen er Kenntnis der vorfrauenlobischen Spruchdichtung für den Verfasser der Tageszeiten folgert (Wätzoldt, Pariser Tageszeiten, Diss. Halle 1875 S. 44 fgg.): erst seine Bekanntschaft mit Frauenlob steht auf sicherern Füssen (Bech, Germ. XXVII, 385).

Noch Bruder Wernher und besonders der Marner haben Nichts von
Belang. Dagegen beweist es schon für die Mode, dass Konrad 18,11
sechsmal in kurzer Strophe *edel* und Verwantes, 32,286 fünfmal *dòn*,
dænen, 25,2 dreimal *vorhte*, viermal *scham* anbringt: für jeden andern
wenig, für ihn sehr viel. Susskind II, 258a, 1 hat für *adel* und ähnliches elf,
Sigeher II, 362a, 3 für *hêrre*, *hêr* in neun Versen zwölf, der Litschauer III, 46a, 1
für *hêrre* neun, für *êre* acht, 47a, 3 für *bœse* und ähnl. dreizehn, Kanzler II, 389a, 4
gar für *êre* dreizehn, für *guot* zehn, 397a, 5 für *guot* zehn, 399a, 16 für *scham*
neun Belege: ein ganz kurzer Spruch Alexanders häuft in wortspielenden Asso-
nanzen zwischen *liep* und *diep* dreizehn Formen von *liep* und acht von *diep* zusammen (III, 28a, 11)[355]); eine anonyme Strophe sagt 24 mal *guot* in verschiedener Bedeutung (III, 420a), eine andre (Marner S. 158) *dri* 19 mal. Alle andern überbietet natürlich wieder Sunburg, der es neben manch Anderm
(III, 74a, 32; 73a, 26) glücklich fertig bringt, in einer Strophe von
mässigem Umfang (II, 354b, 12) das Wort *Got* nicht weniger als 39
mal anzubringen: ausserdem enthält dies Kunstwerk überhaupt nur noch
68 Worte und ist nicht einmal sinnlos.

Solche schier unübertreffliche Glanzleistung haben die Mitteldeutschen nicht aufzuweisen: wenn ihre technische Gewantheit derartige
Extravaganzen nicht gestattete, so wenden sie doch die Manier nicht
weniger gerne an: einem Dichter wie Raumsland ersetzte sie die anaphorischen Reihen: er hat z. B. III, 62a, 6 *kunst* an zwölf, *guot* an vier Stellen,
III, 54a, 4 *reht* und seine Ableitungen zwölf mal, II, 368a, 1 *minne* und verw. zehn
mal, ebenso oft 368b, 1 *wunder*, in der selben Strophe *list* sieben, *sunder* u. a.
vier mal u. s. w. Stolle erreicht III, 10b, 40 mit *wârheit* und *unwârheit* die Zahl
16, der Hinnenberger III, 39a, 2 mit *triunt* 13. Am reichsten ist wieder der
Meissner; in dem kurzen Spruch 100a, 5 bringt er *geist* 11 mal; 101b, 3 *rat* u.
ähnl. 8 mal in vier Zeilen; 105b, 1 *wip* 9, *vrouwe* 5 mal; 108a, 14 *guot* 13, *muot*
7, *edel* 8 mal u. m.; 89a, 3 *reht* u. ähnl. 17; 89b, 7 *ban* 13; 8 *wip* 10; 90a, 9
wip 10, *man* 9: 90b, 13 *sláf* 11; 92a, 2 *wunder* 10; 93a, 7 *tugent* 11, *site* 6;
99h, 1 *sanc* 9, *wort* 4: 101b, 2 *man* 11, *muot* 8 mal u. m. Und bis zu 23
Wiederholungen des Wortes *sun* versteigt sich Frauenlob 288, in einer
Strophe des zarten Tons; *guot* 20 mal Str. 42.

Das Prinzip der Häufung, das schon bei der Anapher verhängnisvoll wirkt, förderte im Bunde mit dem synonymen Parallelismus, der
in der Spruchdichtung den antithetischen weit zurückgedrängt hat, die
R e d s e l i g k e i t der Dichter höchst unerfreulich. Sie wurde begünstigt
schon durch die wachsend grossen Verse und Strophen: reichten die Themen nicht aus, um die geräumigen Formen zu füllen, so mussten Formel-
kram, Flicksätzchen, Tautologien unbedenklich herhalten. Die zuneh-
mende Lust und Uebung im Parallelismus war gar verführerisch. Auch
Reinmars Sache ist der gedrängte Ausdruck nicht. Hypertrophie der Rede
äussert sich in tautologischen Verbindungen von Worten desselben Stammes: 136,3
grundtveste unde grunt, 197,2 *án aller statikeit*, *unstete*, 183,9 *gebunden . . . mit gebenden*,
223,7, L. 71; derselbe Begriff wird erst positiv, dann negativ gewandt: 22,11 *maget
unt niht ein wip*; 57,5 *vierecke unt niht sinewel*; 165,5 *snel unt niht ze laz*; 100,8 *durch
mitte, niht ze sparne;* 157,3 *zem besten niht, zem besten;* ein Zuviel der Rede auch 107,7
lutzel . selten; 43,3 *swaz wundes an dem man verséret ist;* 108,8 *daz wunderlicher ist ob*

---

allen din en; stilistisches Ungeschick 18.8 *diu dritte* (Freude wars), *daz in grözen rröuden wære.* Aber der Tummelplatz Reinmarschen Schwatzens sind eben Parallelsätze, deren Gehalt sich kaum in Nüancen unterscheidet: aus der Masse hebe ich zwei bezeichnende Abgesänge hervor: 59,7 *dû solt in hûn rür kuelit, wis dû sin hërre! lâz in der minre sin! wis dû der mërre! trinc in daz er dir dienen müeze! dû solt im sînen willen wern! heiz in dir balde hulde swern;* besonders aber 202,7 *werde liute suln unwerde nîden, die werden müezen immer nîden lîden, die werden suln sîn nîtlîdœre, nîtlîden zimt den werden wol, sô sint die bœsen nîdes vol, nîtlîdœr sint bezzer dan nîdœre.* So viel leeres Stroh hat kaum der Sunburger irgendwo gedroschen.

Aufzählung und Asyndeton.

Die Häufung der Anapher ist rein formaler Natur. Auch die Häufung der Parallelsätze ist nicht immer mit inhaltlichem Reichtum verbunden. Dagegen kommt derjenigen Häufung, die drei Jahrhunderte später ihre formsprengende Herrschaft übte, sehr nahe die Freude an Registern, an **Aufzählungen.** Die Entwickelung ist die übliche. Erst nach Walther wächst die Manier an, steigert sich bei einer Gruppe oberdeutscher Dichter ins Tolle, erreicht die Mitteldeutschen spät und findet keine Stätte bei ihnen. Der Anonymus zählt 25.20 fünf Gönner her. Walther 26,13 sechs Wegelagerer, die den Pfad des Lebens unsicher machen, 83,30 sechs *ræte;* all das kaum Anfänge: von der Freudigkeit des Aufzählens um des Aufzählens willen keine Spur: 36,11, ein langes Register von Fürstentugenden, wenn auch nicht in Registerform, kann nicht Walthers Eigentum sein. Bei Wernher leichte Zunahme: II, 231 b. 2 zählt er sechs Arten von halbem Lob mit Ordinalzahlen auf, III. 19 a. 1 berichtet er, wie sein Haus durch ein Heer von Leiden und Lastern auf allen vier Seiten belagert werde. Mit dem Marner tritt die Manier für Oberdeutschland in ihren vollen Machtbesitz ein; nur Konrad fehlt sie; sie erreicht einen künstlerischen Höhepunkt beim Kanzler, dessen Sprüche ganz durchsetzt sind von kleineren und grösseren Registern, denen er durch glückliches Arrangement manch stilistische Wirkung abzugewinnen weiss. In eigentümlicher Gestalt und Uebertreibung grassiert sie beim Tannhäuser und seinem Schüler Boppe: die speichern in ihren Registern ungeniert geographische und sonstige Gelehrsamkeit auf; so nennt z. B. der Tannhäuser, der auch Leiche und Lieder mit Aufzählungen füllt, eine Strophe hindurch (II. 94 a, 4) nur Städte- und Flussnamen: der Schlussvers, der den Vaganten zum literarischen Urahnen eines noch heute üblichen Studentenreims macht, sichert seine Fischartische Freude an Wissenskram vor dem Verdacht gelehrter Prätention. Und Boppe, der Fanatiker der Häufung, entblödet sich nicht u. A. 37 Namen von Königen herzuzählen. die Josua besiegte (II. 383 a. 21). zweimal je

2S Völker- und Ländernamen auszuschütten (ebda. 25. 26), was eine von
Bartsch, Beitr. z. Quellenkde. S. 283, mitgeteilte Meisterstrophe nachahmt u. s. w. Diese krasseste Entartung ist nicht überboten worden.
Die Mitteldeutschen verhalten sich lange spröde: Stolle (III, 7b. 22),
Kelin. selbst Raumsland (J 23. 31. 77) machen nur schüchterne Versuche darin: erst der Meissner bricht wieder den Bann: er verzeichnet
die sieben Zeichen beim Tode Christi 53, fünfzehn Zeichen des jüngsten
Gerichts 60. 61, Mariä Freuden 72, sieben Planeten 79, die Farben
des Chamäleons 113, die sieben Tugenden des Hundes 114; 20 Adjectiva versieht er 119 mit einem *ze*, häuft Rittertugenden 19. 117 und
Lobesepitheta 116. Aus Frauenlobs minder zahlreichen Aufzählungen
hebe ich nur die Reihen biblischer oder sagenhafter Beispiele 248, 280
und 2S1, 350 und 351, 359 hervor. Im Meistersange des 14. und
beginnenden 15. Jahrhunderts dauert die Liebhaberei fort.

Auch Reinmar hat sich der merkwürdigen Geschmacksrichtung nicht
entzogen: doch weiss er Mass zu halten: erst in seiner letzten Zeit
kommt ein längeres Register vor. Die Aufzählungen der östreichischen Periode
haben noch wenig den später ausgeprägten Charakter. Strophe 23 tadelt die Verschiedenheit weiblichen Geschmacks, 65 die Ungleichheit menschlicher Liebhabereien; fünf rühmende Beinamen gibt der Abgesang von 28 der Dame; ihre Tugenden werden unter dem Bilde von sieben Kleidern besprochen 41; nur ein Verzeichnis des Hofstaats der Frau Ehre 71,4 umfasst elf Glieder: mit ihm betritt
Reinmar das bekannte Terrain der Spruchdichtung, auf dem wir ihn in der böhmischen Periode heimischer finden. Anreden an Got 7,1, an Jesus 8,1, sieben Glieder stark; neun Epitheta Mariä 21 (diese auch im Lied und in Reimpaaren längst
beliebten Reihen der Hymnenpoesie bildeten wol den Ausgangspunkt der ganzen
Erscheinung); fünf Freuden Mariä 18; der Hofstaat der Trinität, 13 Glieder,
12: von profanen Stoffen zwölf ehrende Bilder für Kaiser Friedrich 136; wie
Alexander die Glieder der Ungetreuen, zählt Reinmar die des idealen Mannes her
99. 100; Krankheiten des Reichs 140; wie Meissner schilt er die Laster der bösen
Zunge 94,6; die sechs Würfelzahlen werden ausgedeutet 109. In der md. Zeit
dauert die Steigerung fort: Str. 203 zählt nicht weniger als 27 Laster auf, die
an den Orgien der Welt Teil nehmen; in dem Spruch auf die Ehre 225 werden
ihr 14 Orden entgegengestellt; der erste Stollen von 169 nennt neun verschiedene
Arten von Lügen: fünf Sinne zählt 164, Todsünden 192, verschiedene Alter des
Menschen 200 her; vgl. die Lügenstrophen 159, 160, die Sprüchworte 182, 193. —

Es ist nicht meine Aufgabe, zu untersuchen, wie weit das **Asyndeton** mit dem Verfall der klassischen Periode Fortschritte machte, sich
neue Gebiete eroberte. Die Erscheinung beschränkte sich nicht auf eine
einzelne Dichtgattung, und die Spruchdichtung ist schon darum der
Prüfung ein unfruchtbarer Boden, weil sie aus der besten mhd. Zeit
uns so wenige Vertreter hinterlassen hat. Aber auch sie lässt erkennen,
wie eng das Anwachsen des Asyndetons — ich rede stets von unver-
bundnen Worten, nicht Sätzen — mit andern Stilerscheinungen zusammenhänge. Begünstigt wurde es eben durch jene langen Aufzählungen,
die ein Polysyndeton nicht mehr ertrugen, begünstigt durch die Häufung von Parallelismus und Antithese, begünstigt durch die Anapher,
deren rhetorische Wucht nur das Asyndeton zur vollen Geltung brachte.
In Anreden, in Ausrufen und andern Kundgebungen gesteigerten Affekts
war es ohnedem unentbehrlich: aber es bedurfte für die Spätern gar
keiner rhetorischen Gründe mehr.

Wieder enthält sich von allen Epigonen Konrad am meisten des Asyndetons, mehr selbst als Walther: in seiner künstlich einfachen, manieriert manierfreien Sprache spielt er etwa die Rolle eines mhd. Quintilian. An seinen Vorgängern, auch an Wernher und Konrad gemessen, zeigt Reinmar ein äusserst entwickeltes Asyndeton; dagegen ist ein Unterschied zwischen früheren und spätern Gedichten kaum zu spüren. Freilich vergesse man nicht, dass auch ein besser erhaltner Text für Fragen dieser Art nur eine schwankende Unterlage gibt, dass Reinmar selbst. als er die Sammlung ordnete, dass spätere Schreiber das Asyndeton in ältern Strophen eingeschmuggelt haben könnten, wo es ursprünglich nicht stand.

Gleich bei den fünf- und mehrgliedrigen Wortverbindungen ist jene Vorliebe für das Asyndeton augenfällig. Mehr als die Hälfte aller Fälle ist asyndetisch; nur zweimal 8,1. 97,7 in Anreden, nur zweimal 8,1. 169,1 bei Anapher. Belege: 50,1. 56,9. 94,6. 107,8. 126,10. 136,1. 164.3. 6. 195.7. 203,1. Damit vergleiche man, dass Walther wol polysyndetisch einmal fünf Glieder vereint 85,11, nie in den Sprüchen asyndetisch, dass ebenso Wernher, der Hardegger, Alexander sich fünfgliedriger Asyndeta enthalten. dass sie bei den Andern durchweg in der Minderzahl sind: Raumsland z. B. hat zwei Asyndeta, acht Reihen andrer Art. der Meissner vier gegen acht, selbst der Kanzler vier gegen sechs, der Marner fünf gegen sieben, Boppe sechs gegen acht. Nur Walther von Breisach, der lange Anreden liebt, und der Sunburger bevorzugen das Asyndeton. Regel ists, dass zwei oder auch mehr, jedesfalls nicht alle Worte durch *unt* verbunden werden: zumeist geschichts den beiden letzten, wies noch unserm Stilgefühl entspricht, aber weitaus nicht so stehend: gerade Reinmar hat nur ein Beispiel 212,3. Dagegen verbindet er gern die beiden ersten Worte der Reihe, was bei Andern selten ist[356]): 51,7. 56,5. 76,2. 2.3. 203,4, *unt* an andern Stellen 71.4. 106,2. 143,3. Ausser der Sammlung nur zwei Beispiele von nicht asyndetischen Reihen; die grössre Hälfte in den östreichischen Strophen.

In viergliedrigen Reihen erreicht das Asyndeton bei spätern Dichtern die Majorität. Walther hat noch kein Beispiel (36,17. 27. 107,30 gehören ihm nicht), wohl aber vier anders verbundene Reihen von vier Worten; Wernher dagegen bringt es schon auf drei Asyndeta neben vier andern Fällen. Ein Hauptfreund vierzähliger Asyndeta ist der Kanzler, der nicht weniger als elf Belege hat neben zweien von andrer Anordnung, Raumsland 9:1, Boppe 4:2. Bei Reinmar überwiegt das Asyndeton nur ausser der Sammlung (190,7. 203,8. 215,3, mit Anapher 186,6); in der Sammlung steht es 26,1, mit Anapher 28,5. 7,1. 157,4. Häufiger oder gleich häufig sind da zwei andre Arten der Verbindung: die auch sonst übliche der beiden letzten Glieder 76,7. 87,3. 106,7. 156,5 (ausser der Sammlung 197,2. 203,10) und namentlich die Anordnung zu zwei Paaren 37.5. 56,2. 82,2. 99,4. 111,6 (ausser der Sammlung nur 175,3). Diese hübsche Gruppierung zeichnet Reinmar aus; sie kommt bei Walther und Wernher zweimal, beim Har-

---

356) Dietmar II, 174a. 1; Kanzler 396a, 1; Raumsland III, 55b, 15: Meissner 92b, 3. 100b, 7; Frauenlob z. B. 18.5.

degger einmal, bei Marner dreimal vor: bei den Spätern nur vereinzelt: der Meissner (III, 87a, 6. 93b, 10 100a, 4) mag wieder von Reinmar gelernt haben.

In dreigliedrigen Reihen streitet das Asyndeton mit der Formel a, b + c um die Palme: sehr zurück steht a + b + c. Dem Anonymus und Spervogel fehlen Asyndeta wieder gänzlich, während ein Polysyndeton 30.29. Verbindung der ersten Worte 25,20 vorkommt. Walther hat in den Sprüchen drei Asyndeta elf Polysyndeten und vierzehn Belegen von a, b + c gegenüber. Im Vergleich dazu hat das Asyndeton bei Reinmar sehr viel Terrain gewonnen: noch immer überwiegt die Verbindung der beiden letzten Glieder (33), aber das Polysyndeton kommt nur sechsmal vor, das Asyndeton ist auf 27 Beispiele gestiegen, von denen sechs anaphorisch sind. Und in dieser Richtung geht die Entwicklung weiter: das Asyndeton gewinnt die Führung, das Polysyndeton bleibt immer weiter zurück. Dafür einige Zahlenbelege, in denen etwaige kleine Versehen den Gesammteindruck nicht ändern können. Eine Sonderstellung nimmt nur Konrad ein und ein Paar Mitteldeutsche. Konrad hat neben drei Fällen des verknüpften letzten Paares nur ein Asyndeton, Stolle verbindet sechsmal die letzten Worte neben zwei Asyndeten, Raumsland hat zwölf Beispiele jener Art, elf Asyndeta und nicht weniger als sieben Polysyndeta. Sonst aber siegt das Asyndeton, das ich im Folgenden an erste Stelle setze; das Polysyndeton ist zuletzt genannt: Wernher 5, 4, 3, Marner 9, 7, 2, Sunburg 11, 9, 2, Boppe 8. 6, 3, Brennenberg 4, 1, 0, Kanzler 6, 2, 2. Damen 2, 0, 2, Meissner 23, 15, 6. — Auch hier wieder hat Reinmar seine besondre Liebhaberei: an fünf Stellen 46,5. 157,2. 185,9. 194.2. 226,1, zwischen Sätzen 195,3 kettet er die beiden ersten Glieder durch unt an einander, so dass das dritte asyndetisch nachhinkt: das kommt ja auch sonst gelegentlich vor: häufiger nur noch bei Boppe (377b, 1, V. 15. 379a. 8, V. 4. 9. 395a. 3, V. 8) und wieder beim Meissner (34.2. 38,5. 64.4. 77,6. 79.3)

Für zweigliedrige Verbindungen ist die Copula das Normale: das Asyndeton verhält sich dazu etwa wie 2 : 9. Der Gebrauch der zweigliedrigen Formeln mit unt ist bei verschiednen Dichtern ein sehr verschiedener: kommen doch bei Spervogel auf zehn Strophen drei, bei Sunburg und Boppe auf die gleiche Zahl 23 Beispiele, eine Differenz, die durch die verschiedne Länge der Strophen nur wenig abgeschwächt wird. Zwischen diesen Grenzen bewegen sich die übrigen: der Meissner bringts auf 19, Stolle trotz seiner langen Strophen, Kelin, Wernher auf 16, Kanzler und Konrad auf 15, der Marner auf 13, Damen auf 12, Raumsland auf 11, Walther auf 10, Alexander nur auf 8, Sigeher auf 5, der Anonymus auf 4 Belege in 10 Sprüchen: Reinmar hält den Durchschnitt ein, hat 14 zweigliedrige Formeln auf dem gleichen Raume. Auch aus diesen Zahlen ergibt sich wieder im Grossen und Ganzen eine zeitliche Zunahme, wenn auch durch individuelle Neigungen stark gekreuzt: Konrad archaisiert hier einmal nicht, da ihm Breite zu tief im Blute lag, Wernher ist seiner Zeit voraus, der nüchterne knappe Norddeutsche Raumsland schränkt sich ein, krasse Manier wieder bei den beiden manieriertesten Oberdeutschen.

Gerne wurde das unt durch ouch verstärkt. Auch darin Mannigfaltigkeit. Die Extreme bezeichnen Wernher, bei dem auf jede zweite Strophe solch ouch kommt, und Konrad, der in Sprüchen überhaupt nur ein ouch kennt (32,212), sowie der Marner (3 mal): auch bei Walther sind diese Verstärkungen dünn gesät (9 Beispiele). Reinmar (41 Fälle) wandert wieder die Mittelstrasse.

Ist nun auch das zweigliedrige Asyndeton nur rhetorische Ausnahme, so gibt es doch éinen Fall, in dem diese Ausnahme zur Regel wird, wenn nämlich zwei Adjectiva ihrem Substantiv vorangehen: da eilt die Rede so ungeduldig dem unbekannten Ziele entgegen, dass sie nicht einmal durch ein unt sich aufhalten lässt. Im Uebrigen aber haben rhetorische Motive, Anapher, Ausrufe, Anreden, Antithesen, dazu etwa lyrische Reimspielereien, hier besonders oft Ausschlag gegeben für die Wahl des Asyndetons. Die Sprüche aus MSF fallen wieder aus; dagegen ist Walther auffallend freigebig mit zweigliedrigen Asyndeten (25), die grösstenteils Resultat der Anapher sind: er übertrifft sogar Reinmar, der wieder genau die Durchschnittszahl erreicht, und sticht noch stärker ab gegen die ihm sonst stilistisch nahe stehenden Wernher und Konrad. Jener hat neben 121 zweigliedrigen Verbindungen mit *unt* nur zwölf Asyndeta, Konrad neben 74 jener Art kein einziges. Von den Mitteldeutschen meidet nur Damen die Form augenfällig. Allen übrigen ist das zweigliedrige Asyndeton noch geläufiger als Walther und Reinmar: Einzelheiten gehören nicht hierher.

Reinmar hat an 55 Stellen das *unt* zwischen zwei Worten verschmäht. Nur 24 werden durch Anapher, als Anreden und Ausrufe entschuldigt. Durch Antithese erklärt sich das Asyndeton z. B. 45,3 *ein lip zwô sele;* 62,4 *sines quotes — ein rise, des muotes ein qetwerc;* 62,8; 71,7; 139,11 *vernt mener, hiure sarjant;* L. 166 *hôhen kunegen, armer diet;* 85,3 *dem helfande gar ze lief, dem lambe vurtic wol; 143,4 den liehten luc, die trüeben naht;* 117,1 *gerne gewern, ungerne biten;* 181,5 *hie libes, dort der sêl;* 36,3; 86,3; 98,5 *den slehten slehl, den manicvalden manicvalt; 220,3 grœzer danne ein berc, gevüeger danne ein cleinez müggelin* u. m. Hier überall bleibt das Asyndeton im gewohnten Gleise. Wo es sich aber um zwei gleichstehende, synonyme, womöglich einfache Worte handelt, da trägt es in die Rede etwas unmotiviert Aufgeregtes, Ueberreiztes hinein, das in diesem Epigonenstil gerade als Vorzug empfunden wurde: ein andres förderndes Moment betone ich S. 323. Wo die synonymen Nomina noch eine Bestimmung tragen, wird wenigstens der Schein einer Antithese erzeugt: 45,12 *Gotes zorn, der werlte schelten;* 84,1 *vergüldet kupher, versilbert zin;* 221,10 *hermine zen, schurluchens munt.* Die Erfahrung lehrt, dass man sich in solchen Fällen das Asyndeton noch eher erlaubte als zwischen nackten einfachen Worten. Aber auch Beispiele dieser Art hat gerade Reinmar nicht selten: Substantiva: 64,3 *ez wart nie keiser, künec sô hêr;* 129,7 *horemünchen, clôsterrittern, disen beiden;* 130,10 *mit schalle, geschreie;* 133,5 *hâst in ze gebenne silber, golt* (vgl. Freid. 149,9 *silber, golt ist vremede mir);* 84,10 *daz im zuht, triuwe wone bi;* 156,5 *von schorpen, hanen;* 188,4 *bruoder, swester ez beide hât;* Adjektiv nachgestellt: 36,5 *diu schame süeze hôchgelopte;* prädikativ 42,8 *der sol sin kiusche, milte;* 64,2 *gedanke muoz man ledic, ungerangen lâzen gân;* 117,7 *gehant, geherzet.* Es ist der Mühe wert, die wenigen Beispiele dieser abnormen Erscheinung bei den andern Spruchdichtern zu registrieren. Walther enthält sich ihrer noch: nur die bekannte Stelle 13,16 *boume, türne ligent vor im zerslagen,* in einem der spätesten Gedichte, lasse ich eher als ältestes Beispiel der zunehmenden Stilentartung gelten, als dass ich zu Lachmanns gequälter Erklärung griffe. 36,15 *sit milte, fridebœre* ist unecht; in 85,21 mildert das *darzuo.* Bei Wernher steht III, 12b, 13 *diu milte, tugent*(?) in einer Aufzählung, ebenso in einem auf mehrere Sätze verteilten Register der zwölf Apostel beim Hardegger *Bartholomês, Thômas* (II, 134b, 3), ebenso in einem langen Verzeichnis beim Marner XIII, 49 *der erde, wâges umbecreiz.* Ist Süsskinds II, 258b, 3 *ein jâmer, siufzen berndiu nôt* durch ein Compositum *jâmersiufzen* zu ersetzen? Sunburgs ꞌ*wis manlich milte,*ꞌ (II, 353b, 4) steht zugleich in einer Aufzählung und in einer Aufforderung: ohne solche Gründe nur II, 359a, 11 *swaz dû erkennen, wizzen wilt.* Von Sigeher citiere ich 362b, 3 *Wernharts, Heinrichs lip treit heldes muot;* 363a, 4 *Got êre den wirt, die geste gar!* eröffnet wieder Ausruf und Aufzählung. Alexander und Konrad haben nichts vergleichbares. Walthers von Breisach hartes *mit herte, sturme* 141a, 6 wäre leicht zu korrigieren. Der Kanzler sagt II, 388b, 6 *dis birsen unt jens beizen . . . kan si bracken, valken glichen;* einzig Boppe unter den Oberdeutschen bietet neben Reinmar mehr als vereinzelte Belege: Substantiva 380b, 15 V. 6 *sin hôch gewalt — birt ére, vröude hie unt dort;* 381b, 17 *der nû dâ treit den himel, erde;* 19 *barmunge tiurt dir dinen lip, dich;* 382a, 20 *kraft, unkraft* (ohne antithetische Absicht); 21 *dœnen, singen;* 383a, 25 *swaz hôher vürsten, hêrren hât des Rînes vluz;* Adjectiva 380b, 14 *wie si in emphieng unt sin genas rein, ungemeilt;* 385b, 3 *ir munt rôt, heiz.* — Unter den Mitteldeutschen fehlt nur Stolle. Kelin III, 23b, 6 hat *in Dürngen, Swâben;* in der Reimformel *liegen triegen* 22a, 2 empfahl sich das Asyndeton aus rhythmischen Gründen [357]. Raumsland. so reich an zweigliedrigen Asyndeten, hat doch von einfachen Substantiven nur III, 63b, 1 *dû eine meister, schepfer bist;* vgl. auch 57a, 9 *vride, guot geleite:* wie hier zeigt er namentlich bei Adjektiven die Neigung, mindestens das zweite durch Bestimmungen oder Umschreibungen zu bekleiden: 54a, 1 *si ist ungesunt, von reinikeit geschviden;* 61b, 2 *Got al eine clâre, wandels vrie;* 65a, 1 *din ére ist grôz, ân ende breit;* 68b, 5 *des sit ir immermê versmât, von allen gnâden vröudelôs gescheiden;* nackte Adjectiva 65b, 4 *ein vürste manlich, üzerwelt.* Höllenfeuer III, 34a, 2 *ein lachen, trâgen hert darzuo;* Gervelin 35a, 1 *din sin durchgrift, erkennet;* Hinnenberger 39a. 1 *lâze daz die künege, vürsten schouwen;* 40b, 7 *wie wazzer, erde getempert si;* Guter 41b, 2 *er was gar crôten, wurme vol;* 42a, 4; Unverzagt 43a, 1 *triuwe, schame soltû tragen;* 45a, 2 *die richen hêrren suln die ritter, knehte bi sich ziehen;* Wizlav 79a, 4 *magel, wip muost im hein volgen;* 79b, 7 *daz houbet wus im guldin, blanc;* 80a, 8 *daz clogen Cristen, heiden;* selbst Damen 163a, 2 *die hie wider den willen din rouben, morden;* b, 4 *kunden, gesten ist er nâch prise gewesen;* 169b, 2 *eins grâven lop gezuckert ist, gehaneget;* namentlich aber beim Meissner 2,8 *dunren, blitzen;* 42,6. 11. 15 *tugent, guote site;* 11 *untugent, unsite* (Ausruf); 44,17 *tôt, leben kanstû künden* (Antithese); 45,5 *inruoch, ich wærne;* 49,1 *swaz Isaias, Jérémias hânt gesprochen;* 55.5 *vrô, aller sorgen vri;* 65,10 *stil würze, golt;* 67,14 *wis rehtvertic, triuwe;* 92.2 *der dâ heitet breite, lenge;* 8 *ir lop muoz ralwen, sigen;* 94,3. 7; 95,6 *er schuof breite, lenge.* Und bei Frauenlob setzt sich diese Liebhaberei nach allen Seiten hin fort, Reinmar und den Meissner um mehr als das Doppelte übertreffend; z. B Substantiva von einer Praep. abhängig: 57,3 *mit rüden, hovewarten;* 246,7 *ûf turnei, krieclich säze;* 362,8 *mit worten, werken wis kein diep,* 10 *hüet iuch vor unkiusch, arc;* 371,13 *bi künegen, vürsten;* 378.5; 440,7 *von nâtern, würmen ungedigen;* 89,10; 82,14; andere Substantiva ohne Artikel: 27,2; 63,6 *dâ sich nimt list, witze ursprinc;* 78,5 *diu hôhen pris, ére kuud volbringen;* 92,4; 113,6. 7 *wâ sint die hôhen künige, vürsten;* 114,3 *ich klage swester, bruoder;* 159,18 *din wé uns hie heil, sælde vant;* 162,5. 7; 240,14; 247,4: 256,15 *wâ durch ist vriuntschaft, schæne?* 270,4; 295,3. 4 *ir gebet vrien, dienestman;* 353,13; 362,11 *ie vater, muoder ére man;* 367,10; 374,6 *sin wort, were sin wârhafter wæte;* 376,2 *diu bescheidenheit scham, zuht beginnet;* 379,8; 442,11; mit Artikel: 1,16; 28,7 *daz lant, diu stat Kambises wart gegeben;* 37,2; 95,19 *der bruch, diu pin genâden darf;* 126,14; 303,3 u. s. w.; Adjectiva: 73,5 *sô heiter, clâr von glase ez wirt;* 137,11: 234,10. 15; 238,3; 240,7. 9; 326,12; 344,9 *ob in din viuhte lieze trucken, unrerstalt;* 352,6; 366,11. 12; 367,9; 369,8; 409,20 *din antlitz lûter, glanz;* Adverbia 342,21 *si setzent künege ûf, ab ame rich* (antithetisch); Verba: 91,17; 97,7; 134,17 *er zopfet, zieret sinen swanz;* 241,17 *er gruonet, rület sam ir ein;* 258,17 *daz touwet, regenet süezen luft;* 3081; 327,6; 366,16 u. s. f.

Auch diese Unterart des zweigliedrigen Asyndetons entwickelt sich in gewissen Absätzen (oberdeutsch Spervögel, Walther, Wernher, Reinmar und Boppe; mitteldeutsch Reinmar, Raumsland, Meissner, Damen, Frauenlob) leidlich konsequent. Befremdlich auf den ersten Blick ist das grosse Uebergewicht der mitteldeutschen Sprüche. Wo kommt es sonst je vor, dass eine allgemeine Stilneigung bei den Mitteldeutschen sich zu voller Blume entfaltet, während sie sich bei den Oberdeutschen nur

---

357) *Liegen triegen* im Freid. 165,21 fgg.; Renner 15330 fgg.; Liechtenst. 634,12; Piram. 17; *singen springen* Freid. 52,6; *scheiden miden* z. B. Münch. Lb. Zs. f. d. Phil. XV, 112.

kümmerliche Blüten treibt? Ich finde nur éine Hilfe. J Grimm streift Gr. IV, 216 und 950 die zweigliedrige asyndetische Parataxe im Althochdeutschen, Behaghel bespricht Germ. XXIV, 167 dieselbe eingehender und weist sie aus spätrer Zeit nach. Im Stile der Kunstdichtung zurückgedrängt und von dem Asyndeton des Epigonenstils zunächst grundverschieden scheint die volkstümliche Parallelerscheinung, die sich natürlich auf Verla beschränkte, doch in der ungeschulten md. Rede mit jenem verschmolzen zu sein und es gefördert zu haben: die grosse Vorliebe des Teichners, auch eines wenig gebildeten Stilisten, für dies Asyndeton gehört auf dasselbe Blatt.

Jedesfalls bleibt es mir unbegreiflich, dass von Reinmars elf citierten schlichten synonymen Asyndeten sieben den östreichischen Sprüchen, nur ein einziges der md. Periode angehört: der echte, wenigstens der ursprüngliche Zustand ist uns damit schwerlich erhalten.

Ich scheide von diesem Thema, das einer umfassendern und feineren Behandlung wol wert wäre, mit flüchtigem Seitenblick auf das **Polysyndeton.** Reinmar benutzt es einzig zur Verbindung von drei Worten oder Sätzen: ich habe daher im Abgesang von 28 das dreigliedrige Polysyndeton dem gleich bezeugten viergliedrigen vorgezogen. Und auch die Uebrigen meiden es, mehr als drei Glieder durch *unt* zu binden. Es trifft sich hübsch, dass gerade Spervogel 20,10. 20,14. 21,14 zwischen 4—5 Sätzen die Partikel wiederholt. Ihm ist das noch ein natürlicher Ausdruck. Dass Walther 85,14 fünf Worte verkettet, erwähnte ich schon. In Boppes langen Reihen schleicht sich 379 b, 9 ein viermaliges *oder* ein: 381 b, 24 geht das elfmalige *unt* in seiner unbehilflichen Nachdrücklichkeit mit Erfolg auf komische Wirkung aus. Im Uebrigen nur sporadisches Auftreten [358]).

Fragen und Ausrufe.

Die bisher behandelten Stilneigungen waren, obwohl nicht auf die Spruchdichtung beschränkt, doch zumeist charakteristische Ingredienzien ihrer Sprache und bewegten sich, je fester jene Gattung ihren Stil herausbildete, in aufsteigender Linie. Fragen und Ausrufe sind heimischer in der wechselreichen Lebendigkeit lyrischer Rede: die Spruchdichter handhaben sie mit einer traditionellen müden Eintönigkeit, in der von Entwickelung keine Rede ist.

---

358) Sunburg II, 357 b, 4; Alexander III, 30 a, 24; Kanzler II, 390 b, 10; Raumsland III, 63 a, 9; Kelin 22 b, 2; Goldner 51 b, 2; Frauenlob 328,15. In der spätern Lyrik ist das Polysyndeton noch dürftiger vertreten, und wo in der Reimpaardidaktik lange *unt*-Reihen begegnen — ich erinnere an Lichtenst. 637,7 und an Vintler 8548 —, da geschieht das, wie schon die nachdrückliche Stellung am Versanfang zeigt, in stark rhetorischer Absicht.

Die katechetische Methode, durch welche **Fragen** gerade in der Lehrdichtung einen Platz hätten erobern können, wird in den Einzelsprüchen nur sehr gelegentlich gewählt. So verdankt Walther seine reiche Mannigfaltigkeit im Gebrauch der Frage seiner lyrischen Uebung: einige andre oberdeutschen Lyriker, wie der Marner und Kanzler, selbst Wernher kommen ihm näher als Reinmar, der sich wieder als blasser Durchschnittsmensch bewährt. Umgekehr knausern schwerfällige Didaktiker, Sunburg, Raumsland, Damen; Konrad erhält sich seine gesuchte Schlichtheit; der Meissner dagegen eifert den oberdeutschen Vorbildern nach, und Frauenlob, bei dem der eigentliche Spruchstil so oft in die Brüche geht, lässt eine Hochflut von Fragen los, die sich in Manchem von dem früher Ueblichen scheidet.

Jene Eintönigkeit zeigt sich sogleich in dem kolossalen Uebergewicht der pronominal eingeleiteten Fragen. Sehe ich von Walther und den beiden md. Spätlingen ab, so umfassen sie mindestens neun Zehntel der ganzen Zahl. Gerade sie sind zumeist rhetorisch. Bei Reinmar sind die charakteristischen Arten vertreten. Einige Beispiele: der Zusammenhang mit der Lyrik ist deutlich, wo die rhetorische Frage die Unübertrefflichkeit oder Unvergleichlichkeit ausdrückt: 14,12 *wâ wart ie magt sô tiure?* 16,8 *waz wunders mac dem wunder sich genôzen?* 20,7; 31,6; 161,9; L. 146 *wâ wart ie rât sô guoter?* 79,4. Dagegen fehlt ihm die sonst häufige Frage 'wer kann dich voil loben?'. Vgl. noch 48,5 *wer git in heldes muot? wer git in tugent? wer müzet si ze vröuden ezn tuo der vrouwen minniclich gewalt?* (wie in Boppes zweiter Strophe). Die zu ergänzende negative Antwort erklärt in stereotypen Formeln und gerade in Sprüchen besonders gern eine Sache für nutzlos: *waz hilfet (half)?* 60,10. 93,1—9; *waz (war zuo, zwiu) sol?* 49,9. 78,12. 173,12. 210,1—9; sie weist eine unsinnige Zumutung ab: *wie kunde?* 125,3. 130.12. 20,7; *wie kan?* 211,3; *von welchen schulden oder wie solt?* 73,5; *wie sol?* 23,6. 202.3; *wie möht?* 149,3; *wie gnæse ich denne?* 104,9; *war tæte ich mine sinne?* 1,8; erinnert an Verlorenes, Verschwundenes (stehende Frage): *wâ sint si nû, die dich dâ minnent. Êre?* 75,7; *war quam din vater?* 190,7. In andrer Nuance trägt die rhetorische Frage Unwillen und Unzufriedenheit: 101,7. 124.1 *wie tuot ir sô?* 166,11 *wie minnet ir?*; sie fordert auf: 133,1 *wes sümestu dich, Endecrist?* 134,1. 63,2 *war umbe engunstû niht dem biderben man, des er dir gan?*

Viel, viel seltener, und nicht nur bei Reinmar, bei dem das begreiflich wäre, sind Fragen ans Publikum. Ausdrücke der Ratlosigkeit wie 10,4 *wâ suln wir, hèrre Got, daz nemen?*; 2,12 *waz geben wir ir ze lône?* stehen in der Mitte. Der Dichter selbst beantwortet sich Fragen 111,9; 229,3; *her Gast* soll 102,7 eine Wahl treffen; Rätselfragen 158.3. 5. 186,9. 220,6.

Es zeugt von stilistischer Routine, wenn der Dichter sich die Frage eines fingierten Fragers selbst indirekt vorlegt (Martin z. Dietr. Flucht 2483): 136,11 *wes lip, wes herze daz lop trage?* L. 67 *an wem diz wunder si geschehen?* Diese Fragen erheischen notwendig eine Antwort. Sie kommen bei andern Spruchdichtern ganz vereinzelt vor, und nur bei gewanten Stilisten [359]).

An sechs Stellen fragt Reinmar ohne Interrogativum. Rein rhetorisch nur 189,4 *was daz niht ein wunder grôz?* Sonst erteilt er sich selbst die Antwort 122,10 *ist dâ triuwe unt wârheit mite? desn wæne ich niht;* oktroyiert sie dem Gefragten 97,1. 7, oder legt Probleme vor, deren Lösung dem Hörer obliegt, 175,4. 220,1.

Das Gefühl, auf die Frage gehöre eine Antwort, scheint im Norden entwickelter als bei den Oberdeutschen, denen ihre stärker ausgebildete Rhetorik im Blute steckt. Bei Walther z. B. kommt immer erst

---

359) Walther 25,26; Schulmeister von Esslingen II, 139 a, VI; Alexander III, 27 b, 9; Frauenlob 40,3. 117,7. 234,16. 379,1. 392,13.

auf die siebente Frage eine Antwort, bei Sunburg und Wernher auf die
achte, bei Reinmar auf die neunte; Boppe, Kanzler, Tannhäuser haben
überhaupt nur je eine, Marner und Konrad gar keine Antwort. Dagegen
hat der Meissner auf elf Fragen zwei Antworten, Damen und Frauenlob
auf fünf, Raumsland auf vier eine, ja Stolle beantwortet von sieben
Fragen zwei. Reinmar steht zu den Oberdeutschen. In der östreichischen Periode antwortet er überhaupt nicht, sonst 97,9. 111,11. 122,11.
136,12. 229,3. L. 68, und zwar legt er die Antwort nie der angeredeten Person in den Mund. So schreibt er 97,9 den Maassen ihr Ja
apodiktisch vor, als wollte er eine falsche Antwort der unzufriedenen
Wesen verhüten. Diese Wendung hat der Meissner sich angeeignet
(III. 90a, 10. 103a, 2), der an der zweiten Stelle ebenfalls das Widerstreben der Gefragten betonen will (vgl. 97a, 1). Für Frauenlob (41,19.
159,11. 363,12) ists nur mehr Formel ohne Inhalt [360]).

Auch das buntere Kapitel der **Ausrufe** zeigt uns Walther an der
Spitze. wenn wir Brennenbergs lyrische Sprüche ausscheiden: andre der
ältern Oberdeutschen, Wernher, der Tannhäuser, der Hardegger stehen
ihm zur Seite: auch Konrad verleugnet hier den Lyriker nicht. Sie
alle übertrifft Frauenlob, der auch hierin wieder lyrischen und didaktischen Stil durch einander wirft und namentlich von Interjektionen
reichlich so vielerlei ausschüttet, wie alle seine Kollegen zusammen.
Sonst sinkt die Neigung für Exclamationen je länger, je mehr, wenn
auch wol einmal eine persönliche Liebhaberei die Gesammtrichtung
kreuzt: das Extrem scheint Boppe darzustellen. Reinmar bewährt sein
merkwürdiges Geschick, die Mittelstrasse zu wandern: aber er bewährt
es zum Glück nicht in allen Einzelheiten.

Unter den **Interjektionen** dominieren weitaus *wol* und *wê* (*ô*,
sô, *nû*, *des wol*, *wê* mit Dativ, seltner Genetiv oder folgendem *daz*-
Satz). Reinmar hat alle diese Arten. Von den beiden Partikeln möchte
ich *wol* mehr lyrisch, *wê* mehr didaktisch nennen. Der Unterschied ist
begründet in den Stoffen. War der Lyriker nicht eine sehr grämliche
Natur, die es für gut befand, sich durch Jammern interessant zu machen,
— und an dieser Sucht leiden die nachwaltherischen weniger, — so
hatte er Grund und Gelegenheit genug, die Freuden der Welt und der
Liebe, die Vorzüge der Geliebten zu preisen: dazu kamen religiöse An-
lässe. Dagegen dem rechten Spruchdichter gehörts zum Handwerk, die
Hörer durch prophetische Unkenrufe zu schrecken, ihre *mitte* durch un-
heilschwangere Drohungen gegen die Kargen zu stacheln, mit dem Zu-
stand der Welt im Allgemeinen und im Besondern unzufrieden zu sein.
So steht tatsächlich neben circa 75 *wol* gerade das Doppelte von *wê*.
Walther z. B. hat in Sprüchen 22 mal *wê*, 4 mal *wol*, der Schelter
Wernher 14 *wê*, 1 *wol*, Marner 3 *wê*. 1 *wol*, Stolle 7 *wê*, Raumsland
6 *wê*, 2 *wol*, der Meissner 11 *wê*, 2 *wol*. Dass bei Frauenlob die
Differenz nur gering ist (27 : 21), bestätigt das Gesagte; noch mehr

---

360) Stammt jenes '*sprich jâ!*' aus der Lyrik? Vgl. Neifen 27,14; Lupin
II, 20a, 2; 22b, 3: an allen drei Stellen ohne vorherige Frage.

das Füllhorn von *wol*, das der Brennenberger ausgiesst. Da ist es dann ein anschaulicher Beleg für Reinmars heitere, vornehme, vom Spielmannslästern minder angekränkelte Natur, dass bei ihm das *wê* (12) vom *wol* (13) geschlagen wird; und um jeden Zweifel zu tilgen über die Bedeutung dieser Tatsache: in der Sammlung stehen 12 *wol* neben 7 *wê*, ausser ihr 1 *wol* neben 5 *wê:* auch er färbt sich in der md. Zeit am Vagantenjargon ab.

Von der eintönigen Herrschaft dieser *wol* und *wê* hat sich einzig Frauenlob emancipiert, sonst kein Spruchdichter, am wenigsten Reinmar. Str. 12 beginnt er mit *hei wie!*, einem volksmässigen Ausruf, den sich auch die strengste höfische Lyrik zu eigen machte (z. Erec 1730; Wigand, Stil Walthers, S. 68). Aus ihr drang *hei* mit seinen Neben-formen *ei, eiâ*, dem romanischen *ahî zâhî* vereinzelt auch in die Spruch-dichtung, aber nur in oberdeutsche Sprüche ein [361]); wie bei Reinmar schmückt es gern den Strophenanfang. Frauenlob, der alle jene Formen doppelt so oft vorbringt als die andern zusammen, ist natürlich kein Repräsentant md. Lokaltradition; es bezeugt jener Umstand die Her-kunft aus der Lyrik, während sonst eine Stelle des Anonymus (25,29) -auf direkte Entlehnung aus volkstümlicher Rede hinführen könnte.

Das minder exclusive *ach* eröffnet einen späten Spruch Reinmars: 223. Der Brennenberger hat zwei (I, 337a, 8. 337b, 8), Marner (XV, 139), Kelin (III, 24b, 9), Raumsland (II, 369b, 2) und der Meissner (III, 92b, 3) je ein Beispiel, Frauenlob allein 23. Eine Nebenform *â* (*hèrre Got*) in vier Gedichten von J.

Mehr Vorliebe zeigt Reinmar für *phi:* mit einer Ausnahme, in der das Wort gegen allegorische Personen gerichtet ist (203,12), legt er es stets Andern in den Mund 101,6. 153,11. 183,11: auch das kopiert der Meissner III, 87a, 7. Der Fluch, der gern den Schluss der Strophen bildet, mag zu derb geklungen haben: er wird sichtlich gemieden [362]), so viel die Spruchdichter auch zu schelten haben.

Die Beteurungen *dèswâr* 99,2, *vûrwâr* 176,12, *zwâr* 107,12; dann *leider* 197,12, und die Fremdwörter *âmen* 13,12, *Crède mich* 141,12. 142,3 schliessen die dürftige Tabelle, die aller kräftigen Rufe (*wâfen, mort, ach*) entbehrt, nicht einmal die geringe Mannigfaltigkeit des landläufigsten Vorrats erschöpft. Viel weniger noch wagt Reinmar keckere tonmalende, volksmässige oder gar selbstgebildete Interjek-tionen: er repräsentiert in dieser matten Zagheit das Gros der Spruchdichter: aber ich erinnere an Walthers *al die werlt!*, *hâhâ!*, an Wernhers *sûsâ!* und *tprütsch!*, an Frauenlobs *volerei!* und den Kinderruf *schuywi schuy!*, um zu kennzeichnen, was minder ängstliche und korrekte Geister auch in der Spruchpoesie sich erlaubten.

Scheltende und lobende Epitheta im Ausruf appositionell an Personalpronomina anzuschliessen, liebt Reinmar wie kein andrer: Frauenlob z. B. meidet dies Verfahren fast ganz. Beispiele: 117,9 *si ungename wolkengüsse!* 156,9 *si tugendelôsen geizegebele!* 174,10 *er diep, unreiner bœsewiht!* 209,5 *er lebendic rê!*, lobend 75,3. L. 105. 107. Reinmars Specialität aber sind die Seligpreisungen *er sælic .,*

---

361) *Hei* Konrad 32.37. 225 (oft in Liedern und Leichen); *ei* Alexander III, 25b, 15; Brennenberg I, 336 b, 3; *âhî* Walther 34.4; Tannhäuser II, 95a, 5; Konrad 32,110; Sunburg II, 353b, 6; Sigeher II, 362b, 3; *zâhî* Walther 28,4; Wernher II, 229a, 9 (in einem Spruch auf den Sommer); Boppe II, 383b, II.

362) *pfech* Sunburg II, 355b, 2; *pfuch* Hinnenberger III, 41b, 11; Meissner 95b, 3; *phuy* Frauenlob 64,19. 202,2. 270,6; *phû phey* 415,10.

der — *!*, meist im letzten Verse. mindestens gegen Schluss der Strophe oder des Abschnitts. Auch hier ist die Lyrik Quelle: Walther, dessen Sprüchen die Wendung fehlt, entbehrt ihrer in den Liedern nicht (46,34. 95,37). Bei Reinmar kommen auf die östreichischen Sprüche fünf Beispiele 23,12 *er swlic man, der sich dâ mac verrihten!* 41,12. 44,10. 71,12. 74.6, auf die böhmischen nur zwei, 95,12 und 19,12. das zweite in einer religiösen Strophe von minniglichem Ton, und eben so viel auf die md. Zeit 181,9. 198,11: also mehr als die Hälfte in den Jugendgedichten! Dem entsprichts, dass abgesehen von einem direkten Nachahmer (Meissner III, 89 a, 2 am Schluss des Spruchs) kein md. Spruchdichter, auch Frauenlob nicht, die Phrase sich aneignete, während sie andre Oberdeutsche nicht ganz verschmähten [363]). — Elliptische Substantivausrufe 15,6 *Got mit uns!* 16,1 *gröz wunder!* 207,2 *genâde!*

Ausrufe in ganzen Sätzen: von der reichen Bildlichkeit, dem konkreten Detail der volkstümlichen Wunschdichtung (Uhland III. 243 fgg.) hat sich in die Flüche und Segen der Spruchpoesie nicht viel herübergerettet. Das gilt namentlich von Segen, Lob und Gruss: mit wenigen rühmlichen Ausnahmen [364]) herrschen da in langweiligster Einförmigkeit die üblichen farblosen christlichen Wünsche. Reinmar erhebt sich nirgend über das Durchschnittsniveau: 22,4 *unser hérre si mit dir!* 116,1 *diu hant diu mütze swlic sin!* 186,10 *dem gebe Got jâr âne leit!* 22,1 *gegrüezet sistû;* 96.9 *des si gelopt,* 227,2; 103,8 *dâ si wip unt wibes name géret;* L. 115 *des si er gebenedijet.* vgl. 22,9. ebda. V. 12 *gesegnt si din ervuht!* Ihm fehlt Fühlung mit dem Volkstümlichen, und bei den Meistern hinderte die theologische Bildung.

Grösseren Spielraum fand die kräftige Sinnlichkeit der Menge, die Phantasie des Einzelnen bei den Flüchen. Da gabs nicht so stehende Formeln oder sie hatten wenigstens nichts Geheiligtes: wer dem Feinde den Teufel auf den Hals wünschte, schuf immer schon eine individuellere Vorstellung, als wenn er den Freund Gott anempfahl. Humor und Derbheit mischten sich ein, aber auch von dem breiten feierlichen Pathos alter strenger Wunschformeln erhält uns Raumslands grosser Fluch III, 52 b. 6 ein gutes Beispiel. Gern suchte man innern Bezug zwischen Vergehen und Strafe: der Wunsch, etwas ausgesucht unangenehmes zu ersinnen, reizte die Erfindungskraft: wie martert sich Walther 85,12 ab, um eine würdige Pein für Engelberts Mörder zu erdenken, die er freilich ebenso wenig in Fluchform kleidet, wie Stolle III, 6 b, 17 V. 8; andre Verwünschungen ohne Ausruf S. 201. Dichter, die dem höfischen Leben nahe standen, sind feinfühliger und darum weniger charakteristisch in der Wahl ihrer Flüche. Die einfachste Fluchform *si vervluochet, ver*

---

363) Susskind II, 259 a, 2 in einem Minnespruch; Sunburg III. 74 a, 32: Boppe II, 385 a, 2; Litschauer II, 356 a, 1.

364) Vgl. Walther 18,25 und Wilmanns Anm. (Entlehnung in Gervelins Stelle ist mir wenig glaublich); Marner XV, 79 und Strauchs Anm.; ferner Walther 24,18; Marner XI, 24 *Crist in helfe, sô si niesen!* Raumsland III, 55 a, 12 *wich von im, Schande!;* ebenso 67 a, 12; Damen 162 b, 4 *Sælde mütze in niht enbrechen!* 164 b, 9 *verkiesen mütze in der Gotes ban!*

wâzen, unsœlic ist allgemein (auch Walther 11,14); *si verbannen* Damen III,164b, 9; *verschaffen* Frauenlob 407,8; *verwâzen unt vertüemet* Konrad 32,241. Wie hier wird der Fluch gegen ein einzelnes schuldiges Glied gerichtet bei Walther 28,23 *erlamen müezen im diu bein!;* Dietm. II, 174a, 2; Unverz. III, 44b, 3 *daz im diu zunge sin erlame!* ebenso Meissner 96a, 5 (Raumsl. 58b, 19). Zu Walthers drittem Fluch 23,23 *än erben müezen si vervarn!* vgl. S. 201: der Tod wird angewünscht Sigeher II, 362b, 16; Meissner III, 93a, 7. — Wernher sagt III, 14b, 15 *des si in al der werlde traz!;* 17a, 3 *nú wes Unsœlde úf geselt!* ist wieder ein weit versippter Fluch, den man nur nicht abstrakt fassen darf: Raumsland III, 64b, 4 *duz in Sœlde entwiche!* Ps.-Gervelin 38b, 3 *hab im al unsälde!* Meissner 90b, 14: oft *der habe undanc:* Dietm. II, 174a, 2; Höllenfeuer III, 35b; Raumsland 54a, 3: dann *der werde unvröuden vol* Meissner 88b, 14; *daz din Schande vœre!* Frauenlob 415, 11. Und ebenso führt Wernhers dritter Fluch in eine grosse Sippe: III, 17b, 4 *der si dem tiuvel úf geselt!:* vgl. Marner XV, 179 *dá zuo schende in der mit im entran!* Konrad 32,187 *in der tievel hœne!* Frauenlob 22,11 *der tiuvel schende ir lip!* sinnlicher und derber bei Stolle III, 7a, 20 *wol hin dem tiuvel in den ars!;* bei Meissner 103a, 4 *tiuvel, die wecke dort din glüende zange!* Frauenlob 123,19 *der vâlant müez si stillen!* Auch Gott kann die Strafe vollziehen: Stolle III, 6b, 17 *Got schende die den rät im haben gerâten!* Meissner 90a, 11 *der (Got) gebe den argen sinen vluoch!*

Schon innerhalb dieser einfachen Typen ists zu spüren. wie die höfischen Dichter hinter den volkstümlichen, namentlich den md.. in Abwechslung und Anschaulichkeit zurückbleiben.

Reinmar zeigt in seinen Verwünschungen mehr Selbständigkeit als die meisten seiner Landleute: er scheut sich sogar nicht, das Unhöfische, Unfeine zu streifen. *vervluochet si* und ähnl. 105,2. 157,12. 184,9; der Teufel wird angerufen 174,9 *des müeze Âgez der tiuvel schenden!;* das derbe 184,12 *nú triz in dich den tiuvel* erinnert schon an Stolle. Ebenso hat der Fluch gegen das einzelne Glied, die Zunge, 94,12 *des müezen sich die maden an ir mesten!* eine eigne Gestalt gewonnen. Reinmar wandert darüber hinaus seine eignen Wege. Ein bilderreicher Fluch richtet sich gegen unrechte Gewalt 64,9; im Anfang von Str. 53 *die berge sigent (sigen?) nâch mir zuo!* steckt vielleicht eine bedingte Selbstverwünschung. Dem Ritter endlich, der sich an Frauen versündigt, wird 221,10 ganz volkstümlich gewünscht: *hermine zen, scharlachens munt werde im von vrouwen nimmer kunt! darzuo müeze im von eijern sin getroumet!* Flüche bilden bei Reinmar und sonst gern den effektvollen Abschluss der Strophe.

Sonst fällt unter den Oberdeutschen nur Dietmar auf, zumal als Adliger: er ist grausamen Gemüts II, 174a, 1 *ir herzen müezen crân üz nugen!,* später *ir lip der müeze büezen als der úf dem rade verschiet!* Raumslands grossen Fluch erwähnte ich: ihm selbst wünscht ein Gegner *an ervuoten müeze im duz herne!* (III, 63b, 12). Der Unverzagte gönnt verlogenen Geizhälsen die Hahnreischaft (43a, 3); Kelin schleudert wie Reinmar gegen Verleumder der Frauen den Fluch *im schê von vrouwen nimmer guol!* (21b, 7). Aus dem flüchereichsten, dem Meissner, notiere ich noch 91a, 17, V. 3 *dem schê, daz im (Judas) geschach!;* V. 13: 105b, 10 *Balâmes vluoch werde in ze teile!* 108a, 13 *des lop daz müeze ercrummen;,* aus Frauenlob den bemerkenswerten Wunsch 31,12 *kein glocke müeze in clingen!*, dann 33,15 *úf jâmers pfat stê din sät!*, wol formelhaft; 57,19 *daz sin wort verbrenne!*

Ausrufe mit dem Interrogativpronomen tragen ein stark rhetorisches Gepräge: in Walthers und Wernhers Pathos hatten sie ihren rechten Platz: später kommen sie aus der Mode, in höherm Grade als irgend andere Ausrufe: Marner und Kanzler, ja Raumsland, Damen, selbst der Meissner haben kein einziges Beispiel: bei Frauenlob zählte ich nur 19 Fälle, während Walther in weniger als dem dritten Teil des Raumes es auf 18 Beispiele bringt. Reinmar hält genau die Mitte: eine Abnahme aber im Laufe seiner Entwicklung ist nicht bemerklich, im Gegenteil![365) *daz*, in der Verbindung *owê (owol) daz* geläufig, leitet auch allein Ausrufe des Unwillens ein (Konrad 32,228; Frauenlob 93.5. 330,17. 338,5). Selbstanklagen (Anonymus 26,30; Walther 13,28), ist daneben = *utinam* (Walther 30,20; Frauenlob 415,11): Reinmar scheint 226,4 die Partikel zu rühmendem Ausruf gebraucht zu haben.

_____

In welcher Weise der Dichter mit seiner Person eintritt für die Wahrheit der Sätze, die er verficht, das habe ich oben S. 261 gezeigt. Nun aber genügt die eigne Erfahrung weder ihm noch den andern Spruchdichtern, den gelehrteren weniger noch als den ungelehrten; einzig Konrad nimmt wieder eine radikale Ausnahmestellung ein. Man fühlte das Bedürfnis, bei der Zustimmung der *meisten meneyc* oder bei erprobten Autoritäten für seine Worte Stütze und Gewähr zu suchen. Es ist lehrreich, wohin die verschiedenen Dichter sich in diesen **Berufungen** wenden (vgl. Zs. VIII, 376).

Die farbloseste und in Folge dessen gleichmässig meist verbreitete Wendung ist *man seit, man giht*. Der Dichter qualificiert den Wert des Zeugnisses nicht weiter, er ist daher zuweilen in der Lage, diesem Zeugen selbst zu widersprechen oder ihn anzuzweifeln[366]. In der Regel indessen vertritt das *man* die als berechtigt anerkannte öffentliche Meinung oder sonst eine brauchbare Quelle: *man seit von eime* Wernher II, 231b, 2; Marner XIV, 203; Kelin III, 24a, 7; Frauenlob 94,16; *man sagt von Parzivâle* Frauenlob 248,1; *die lobe, die man hât von dir geseit* Stolle III, 3a, 1: Sa, 24; *swaz man ir tugende seit* Brennenberg I, 337a, 6; *diu mœr seit man uns stille vnt offenbœre* Schulmeister II, 137b, 2; *man seit o.* Aco. Frauenlob 361,8; mit abhg. Satze Walther 85,20; Wernher II, 234a, 1; III, 15a, 16; *man giht* Rinkenberg I, 340a, 9; Frauenlob 125,6; mit abhg. Satze Wernher II, 232a, 1; Frauenlob 266,13; Raumsland III, 66b, 9; vgl. Brennenberg I, 337a, 6; *man sprichet* Höllenfeuer III, 34b, 5; Hinnenberger 40a, 5; Frauenlob 156,8; *von der man wunder sprichet* Raumsland II, 370a, 5; im Nebensatz: *sô man seit* Marner XV, 138; Stolle III, 5b, 12; Frauenlob(?) 38,5. 12. 14; 40,7; *als man uns seit* Rinkenberg I, 339a, 5; *sô man giht* Hardegger II, 137b, 15; Rinkenberg I, 339b, 5. — Statt des *man* die dritte Person Plur. *si jehent* Ps.-Walther 107,3; Wernher III, 19a, 2; Sunburg 74b, 33; Frauenlob 154,13; *si sprechent olle* Wernher II, 233b, 2; Frauenlob 307,8. — Passivisch: *ist mir geseit* Walther 29,33; Boppe II, 385b, 3; 386a, 5; Raumsland 368a, 2; Damen III, 164b, 9; Regenbogen 345a, 5; *die mir genennet sint* Tannhäuser II, 95b, 5. — Eine Verstärkung der Glaubwürdigkeit, wie *alle*, gibt auch das Adj. *gemeine:* Hardegger II, 135a, 4 *daz ist ein wort gemeine;* 136a, 10 *der munz gemeine liute urteilde trâgen;* Wernher III, 14b, 15 *ein vil gemeiner ruof;* Sigeher II, 362a, 3 *ein gemeiner muot giht;* Hinnenberger III. 40a, 5 *ein wort daz ist iu al gemeine wol bekant.*

Der Dichter hat mit eignen Ohren das Wort oder die Tatsache gehört: *ich hœre sagen* Hinnenberger III, 39b, 2; Guter 42b, 3; *ich hœre sagen daz*

_____

365) *Wie!* 69,6. 107,1. 200,12. 206.10. 223,1. L. 17. 201; *waz!* 17,11. 110,8. 226,2; *welch!* 110,10. L. 182; *wan* fehlt.

366) Anonymus 26.13; Walther 104,23; Breisach II, 142b. 6; Litschauer III, 47b, 5; Stolle 10a, 39; Raumsland 58a, 14; Meissner 87a, 6; Damen 162b, 5; Frauenlob 401,1: die besondere Form, eine problematische Aussage einzuführen, ist *vil maneyer sagt* oder *sprichet* Kelin III, 21b, 8; Frauenlob 252,1; Marner XIV, 177; Alexander III, 29b, 21: anders gemeint Zil. III, 25b, 3.

Wernher II, 228 b, 5; Stolle III, 5 b, 13; Ps.-Gervelin 38 b, 4; Marner XV, 41; *ich hörte sagen daz* Spervogel 22.36; *nû hân ich ofte gehœret sagen* Raumsland III, 65 b, 4; *dâvon wir hœren beide singen unde sagen* Walther 13,13; *sit daz wir alle hœren von gerihte sagen* Wernher II, 229 b, 10; *sô hœre ich jên* Stolle III, 6 b, 17; Frauenlob 266,8. 268,4; vgl. Brennenberg I, 337 a, 6; *ich hœre dicke sprechen sô* Sunburg II, 357 b, 4; *dâ hôrt ich sin ze quote selten swigen* Wernher III, 19 a, 2; *ich hœr mit* abb. Satz Frauenlob 140,5; *sô hœre ich daz vil dicke* Raumsland III, 58 a, 14; *daz hœre ich selten* Frauenlob 394,15; *ich hân daz ofte wol gehört daz* Damen III, 166 b, 10; *ich hân gehœret vremdiu mœre* Schulmeister II, 137 b, 2; — *wir hân vereischet daz* Walther 30,34; — *daz hân wir dicke wol vernomen* Rinkenberg I, 341 b, 16; ähnlich Wizlav III, 78 a, 1; Damen 166 a, 6; *hân ich vernomen* Frauenlob 373,8; *als ich vernomen hân* Regenbogen III, 468 k, 2.

Diese sorg- und anspruchslose Art des Citierens ohne genauere Quellenangabe ist zumeist Sache der älteren ungelehrten Spruchdichter: ihr Hauptvertreter ist der Bruder Wernher.

Der Dichter bezeichnet seine ungelehrte Quelle etwas näher, aber auch nur im Grossen und Ganzen: *als diu âventiure giht* Wernher III, 16 b, 26; Sprüchworte: *ein wort daz was wilent vlücke* Frauenlob 58,11; *die alten sprüche* HMS II, 153 a, 2; Höllenfiuer III, 34 a, 4; *ein spruch was bî den alten* Frauenlob 271,16. — *Die liute* (Walther 31,1; Hardegger II, 136 a, 10) sind um so bessere Gewährsmänner, wenn sie das Prädikat *guot* (Breisach II, 141 b, 7) oder *wise* (HMS II, 153 a, 3; Hardegger u. a. a. O.; Wernher III, 13 a, 14; Sunburg III, 72 a, 21; Marner XIV, 36) verdienen.

Die wisen sind das Tribunal, das den Spruchdichtern über Gut und Böse, Recht und Unrecht entscheidet: sie repräsentieren die Blüte des sittlichen Denkens und Urteilens, wie *die besten* typische Musterbilder sittlichen Tuns sind: *die vromen, werden, tiursten, rehten* u. s. w. werden neben diesen beiden Kategorien nur ganz vereinzelt erwähnt. *Der wisen lop* ist die höchste Auszeichnung, ihrer *lêre* soll man folgen, meiden was ihnen misfällt: diese Anschauung vermisse ich ausser bei Konrad nur in den Sprüchen der Spervögel und Alexanders. So werden die *wisen* gerne als Gewähr für Gnomen citiert, namentlich von den älteren minder gelehrten Dichtern: *die wisen jehent* Rinkenberg I, 339 b, 7; *der wisen zunge giht* Frauenlob 116,18; *als uns gesaget hânt die wisen zungen* 330,4; *daz hânt gezalt die wisen* 296,6. 384,10; *als der wise man iu sagt* 293,5; *als uns die alten wisen hânt gesaget* Hardegger II, 134 a, 1; *des ziuhe ich an die wisen* Ps.-Gervelin III, 37 a, 8; *die wisen prüevent* Sigeher II, 363 b, 3; *die wisen râtent* Walth. 26,13; Frauenlob 373,9; Regenb. III, 350 b, 2; *daz riet ein wiser man* Hardegger II, 136 b, 11; *ein wiser man der hiez* Tannhäuser II, 94 a, 5; *daz ist der wisen lêre* Frauenlob 400,8; *nâch der wisen lêre* 14,4; *daz ist uns kunt — von der wisen liute sage* Marner XIV, 35; *daz hân ich von den wisen lange her vernomen* Rubin III, 31 a, 1; *hœre ich jehen die wisen* Walther 29,28; Pseudo-Walther 148,1; Dietmar II, 174 b, 4; Meissner III, 96 a, 5; Frauenlob 446,2; *sagen* Sunburg III, 72 a, 21; 74 b, 33; Guter 42 b, 1; Frauenlob 347,6; *sus hœrt man ie die wisen jehen* Frauenlob 229,7; *ich hôrte wise liute sagen* Wernher III, 13 a, 14; *des hœre ich int die wisen unt darzuo die besten jên* 19 a, 2; *ir hôrtet doch 'betrogeniu Welt' mich ie die wisen nennen* Hardegger II, 136 a, 8.

Der Dichter beruft sich auf **wirkliche oder fingierte Zeugen**: allgemein *sô sprichet ein sin nâchgebûr* Anonymus 29,23; *sin nâchgebüren sagent von im diu werden mœre* Sunburg II, 356 a, 5; *die nâhespehenden zihent dich* Walther 19,17; *die merker jênt* Regenbogen 156,12; einen **Klausner** citiert Walther 9,35, einen **Vater** 26,28; Frauenlob 292,1; *die mâge sprechent* u. s. w. Wernher III, 18 b, 11; **Bericht** über ferne Ereignisse geben *wallœre unde pilgerine* Walther 13,15; *varndez volc* 84,19; *ich ziuhe an al die gernden* Raumsland III, 55 a, 14; vgl. Frauenlob 131,12. Bestimmte Personen: *alse min geselle Spervogel sanc Sperv.* 20,18; *hört ich Kerlingen sagen* Anonymus 27,35; *wir hörten iuch* (den Papst) *der Cristenheit gebieten* Walther 11,8; *alsô der Brünecker uns jach* Sunburg III, 73b, 29; *ich hân von Brünes munde unt ouch von manegem man gehört* Raumsland 55a, 12; *mir hât vrâ Êr von ir geseit* Frauenlob 353,12; *ein wort der keiser Otte sprach* Wernher II, 234a, 1. Walther citiert Reinmar 82,34, Sunburg den Neifer III, 72b, 24, Damen den jüngern Reinmar 168a, 5, Raumsland der Schwabe den Freidank 69a, 2, Regenbogen wieder Walther und Reinmar Frauenlob 164,3. Diese letzten schon aus lediglich literarischer Kenntnis. —

In nichts vielleicht stechen die Meister von ihren Vorgängern so grell ab, als wenn bei ihnen an die Stelle des Hörens das Lesen, an die des Hörensagens das Lesenhören, an die des Sagens das Schreiben, an die der Alten und Weisen die Meister und Pfaffen, an die der Mären Schrift und Buch sich schieben. Das geschieht nicht plötzlich, dringt nirgend durch; aber langsam und sicher breitet sich der Schulstaub aus. Es ist noch kein Beweis von Gelehrsamkeit, wenn Jemand lesen hörte: aber selbst diese Wendung führt in die Atmosphäre scholastischer Bücherweisheit: *hære ich an manegen buochen lesen* Sunburg III, 72a, 23; *ich hôrte des bâbes brieve lesen* 73a, 27; *ich hær die wîsen meister lesen* Kanzler II, 397a, 5; *daz hære ich lesen* Raumsland III, 60b, 4. Sehr auffällig führt Walther einen Weisheitsspruch im Liede 122,24 *ein ein meister las:* das Lied ist von Wackernagel angezweifelt. Sunburg II, 355a, 12 sagt ungewöhnlich: *von Gote Dâvit daz las; ezn wart nie gelesen* Wizlav III, 80a, 9; *lis Îsâiam* Meissner 94b, 2; vgl. noch 100b, 1; Raumsland 65a, 3; Frauenlob 17,14. Vollgiltige Zeugnisse aber für die Fortschritte theologischer Schulung geben die Stellen, an denen die Dichter sich auf eigne Lektüre beziehen. Wernhers *daz hân ich an den swarzen buochen wol erlesen* II, 228b, 6 ist natürlich nicht wörtlich zu nehmen: dagegen sagt bereits Alexander, von dem man das nicht eigentlich erwartet, *sit daz ich ez las* III, 29b, 22; *als ich ez las* Marner XIII, 64; Meissner III, 97a, 9; Damen 165a, 2; Frauenlob 241,8. 244,2. 301,12; *als ich ez hân gelesen* 234,12; *wir lesen daz* Meissner III, 101a, 2; *dz mære ich an dem minnenbuoche las* 109a, 1; *ich las* Frauenlob 435,10; *ich hân gelesen* Damen III, 163a, 2; Boppe II, 379a, 8; Frauenlob 240,6; *daz hân ich selten mêr gelesen* Frauenlob 191,4; *dâron sô liset man* Regenbogen III, 468l, 7. Schrîben, zumeist von biblischen Autoren: sonst *lop daz von dir geschriben ist* Sunburg III, 70b, 15; von einer einfachen Gnome heisst's *man schribet in den buochen* Frauenlob 104,12, vgl. 142,16. 360,15.

Dass Walther im Liede einen Meister citiert, sahen wir. Wernher II, 230b, 16 *daz haben wir von der wîsen meister lêre;* Tannhäuser 97b, 37 *daz hânt die wîsen meister wol berunden* folgen ihm darin nach. Viel öfter die Meister: *die meister jehent* Marner XIV, 233. XV, 35; Frauenlob 100,12. 439,2; *sagent uns meister* Marner XV, 200; *sagent uns die meister wîs* Boppe II, 386a, 1; Regenbogen III, 468k, 1; *daz müezen meister sagen* Urenheimer 38b, 2; *uns tuont des rehtes meister* (Juristen) *schîn* Frauenlob 95,13; *sam der meister giht* 59,1; *lârte* 46,19; Regenb. III, 4681, 7; *nâch rât der wîsen meister* Frauenlob 377,15; *in heizent wîse meister guot* Urenheimer III, 39b, 3; *daz riet mir der von Nîf unt ander guote meister niht* Sunb. III, 72b, 24; *ich hær die wîsen meister lesen* Kanzler II, 397a, 5; *jehen* Sigeher 362a, 2.

Ebenso die pfaffen: *sagent die pfaffen* Haw. II, 163b, 5; Meissner III, 101a, 2; *die wîsen pfaffen hânt gelêrt* Stolle 3b, 2; *hânt die pfaffen niht gelogen* Sunburg II, 356b, 7; *mit leien unt mit pfaffen die rede ich wol beziuge* Frauenlob 279,15; *daz wil ich an die werden wîsen meisterphaffen lân* Boppe II, 385a, 1; *die gar gelêrten lerebæren pfaffen die singent* Raumsland III, 55b, 3 (der Dichter opponiert); *des hære ich wîse pfaffen unde prédigære jén* Stolle 7a, 19; *doch seite mir ein wîser prédigære* Raum. v. Schw. 68b, 1.

Der Meister und Pfaffen Wissen stammt aus den buochen. Schon Walther

332 Viertes Kapitel.

30,19 *Got ein rehter rihter heizet an den buochen*, vgl. 33,4. 34,2; Hardegger II, 134b, 2; *üz den buochen sagent die phaffen* Hawart 163 b, 5; *die visen phoffen hânt gelêrt in buochen* Stolle III, 3 b, 2; *sagent uns meister unt diu buoch* Marner XV, 200; *diu buoch uns sagent* Sigeber II, 363b, 3; Regenbogen III, 352a, 4; *des wisent mich diu buoch* Kanzler II, 387a, 1; *daz ist uns kunt von den buochen* Marner XIV, 35; *ich hân gelesen in den buochen* Damen III, 163a, 2; *er lese baz diu buoch* Meissner 100b, 1; *hær ich an manegen buochen lesen* Sunburg 72a, 23; *ez wart nie gelesen an worten noch an buochen* Wizlav 80a, 9; *daz uns diu buoch daz firmamente habent genant* Breisach II, 140b, 2; vgl. noch Stolle III, 5b, 13. 6a, 13; Raumsl. 65b, 3; Meissner 101b, 3. Bei Frauenlob merkwürdiger Weise nur 104,12 *man schríbet in den buochen*, er gebraucht dafür *schrift* auch von andern Quellen als der Bibel. — Einzelne profane Bücher: *nû lêretz in sin swarzez buoch* Walther 33,7; *daz hân ich an den swarzen buochen wol erlesen* Wernher II, 228b, 6; *als in Karlen buoch gebôt* Hardegger 135b, 7. König Tirols Buch Boppe 385a, 1—4; *daz mære ich an dem nunnenbuoche las* Meissner III, 109a, 1. — Päpstliche Briefe teilt mit Sunburg III, 73a, 27. 28.

Auf die schrift, unter der nicht immer die Bibel verstanden wird, beruft sich Walther 21.30 *als uns diu schrift mit wârheit hât bescheiden*; *diu schrift daz seit* Frauenlob 444,10. 290,14. 237,8. 157,6; Regenbogen III, 351a, 1; *daz hân ich in der schrifte wol vernomen* Frauenlob V, 2,8; *daz lêrt man in der schrifte* 13,3; *als uns diu heilic schrift vergiht* Regenb. III, 350a, 2; *daz tuot diu schrift mir kunt* Damen 164a, 8; *von der diu schrift grôz wunder sagt* Marner XV, 143; *uns hât diu schrift noch mê gewert* Stolle III, 3b, 2; *des mir diu schrift vergiht* Kanzler II, 390b, 11; *diu schrift betiutet uns* 396b, 2; *der heizet in der schrift* Regenb. III, 344a, 1; *nâch der schrifte* Frl. 46,5; *vier edelheit sagt uns diu schrift* 306,5; *diu schrift sagt diune rücke unrruot* 440,6; *der text mir jêt* Regenb., bei Frl. 156,15; *mit der alten ê* III, 351a, 1. — Besonders gelehrte Herren ziehen auch die glôse heran: *ouch saget uns diu glôse* Boppe II, 381b, 17; Raumsl. 368a, 3; vgl. Reinolt III, 51a, 2; Frl. 265,19; Regenb. 156,11; III, 353b, 10. 157,19 polemisiert Frauenlob gegen sie: *diu glôse ist valsch*; 275,7 lässt er sie sich von Frau Ehre sagen.

Einzelne biblische Schriften, Autoren, Personen: Moses Meissner III, 99b, 2; *der künege buoch uns kündet in der alten ê* Boppe II, 382b, 24; David Marner XIV, 99. XV, 175; Sunburg II, 355a, 12. 357b, 3; Meissner III, 89a, 3. 103b,3; Frl. Fl. 5,10; Regenb. III, 352a, 5; Salomo Walther 23,28; Marner XV, 174; Sunburg II, 359b, 14; Raumsl. III, 54a, 3. Îsâias Stolle III, 4a, 4; Meissn. 94b, 2; Frauenl. 291,15; Regenb. III, 352b, 7. 353a, 8; Jéremius Meissn. 94b, 2; Dâniél der wissage Boppe II, 385a, 4; Simeon Frauenl. 420,2; Habakuk. Zacharias, die profêten Regenb. III, 351a, 1. 352a, 4. b, 6. Die Evangelisten Meissner 92a,1; Lukas 94b,2; Johannes Frl. 79,1. 342,9. 346,9. Fl. 6,1; Regenbogen bei Frl. 170,1; Sante Pâwel in der pisteln Raumsl. III, 56 b, 6; andere gelehrte Quellen: Sybilla Sigeher II, 363b, 3; Frl. 329,1; der wise heiden Catô Raumsl. III, 53 b, 1; Seneca Regenb. 352b, 6; Bruder Berthold Frl. 22. 23, St. Augustin Fl. 15,4. Franciscus u. Augustin 255; der Talmud Regenb. III, 353a, 8.

Auch Reinmar beruft sich in späteren Gedichten auf die Evangelisten 8. 9, auf die Propheten 161,2, auf Jesaias und Sybilla L. 172, auf Salomos Weisheit 208,1, er citiert ebenfalls ausser der Sammlung ziemlich ins Gelach hinein die Schrift: 164,2 *als uns diu schrift bewiset unt als ir name geschriben stât:* das ist aber auch das Einzige, was er mit der Citiermethode der Meister gemein hat: nirgend ein *ich las, ich hære lesen*, nirgend *buoch* und *glôse*, nirgend *meister* und *phaffen*. Er bevorzugt einfache Formeln: *man tuot uns michel wunder kunt* 42,1; *man seit von* 43,1; 80,1; *als man ir giht* 120,1; *als man giht* 153,6; 96,5; *des man iu der wunder giht* 119,2. 113,2 *ein wort, des man nû phlit* und 73,3 *man git ir maneger vriedel ist* man und der Dichter verschiedner Ansicht; 44,1 greift er *der werlde rede* an. Diese sämmtlichen Belege stammen aus der Sammlung. Ausser derselben führt sich Reinmar gern als Ohrenzeugen ein:

daz hœre ich dicke sprechen manegen affen 176,8; *wir haben gehœret lange wol* 183,1; *ich hân gehœret manegen tac* 195,1; *ich hân daz dicke wol vernomen* 204,1. Er beruft sich auf die Mären: *uns ist von mœren worden kunt* 162,1; *mich dunket an den mœren* 195,8. Die Schätzung der *wîsen* und der *besten* ist bei ihm auf einem Höhepunkt (14,3. 42,6. 81,5. 96,7. 8. 102,12. 140,8. 191,5. 199,7; 68,5. 199,9); aber er citiert sie nur éinmal 121,12 *sus sagent die wîsen alten.* Dagegen scheint er sich wie der Hardegger auf *Karles buoch* zu berufen: *als ich von Karles pheter bewîset bin* 168,6. auf den Sachsenspiegel 182,11 (?), auf Walther, den er nicht nennt 194,2. Diese präciseren Quellenangaben stehen sämmtlich in md. Sprüchen: in der Sammlung, namentlich in den östreichischen Strophen, herrscht jene absolute Sorglosigkeit, die die Unbefangenheit des ungeschulten Geistes kennzeichnet und selbst bei Walther und Wernher lange nicht im gleichen Masse angetroffen wird.

Wenn sich diese Sorglosigkeit nur nicht gar so einseitig in einer bestimmten Richtung wissenschaftlichen Denkens kund gäbe, wenn sie harmonischer gepaart wäre mit jener Einfalt des Herzens, die aus Wolframs ungeschultem Geiste die Blüte liebenswürdigsten **Humors** erspriessen liess! Reinmar kann nicht harmlos-fröhlich sein, ohne sich zu fragen, was wol die Welt dazu sagen könnte. Keiner der vornehmeren Spruchdichter hat von Walthers Humor gelernt: es hemmte die Sorge für die Standeswürde, die doch einmal nicht über jeden Zweifel erhaben war, es hemmte die Angst, auf das Niveau niederer Spassmacher herabzusinken: und die Würdelosigkeit, der unbefangene Humoristen, wie der Tannhäuser und der Schulmeister, alsbald verfielen, gibt ihnen nicht Unrecht: selbst Reinmars Strophe vom Herrn Hahn, deren parodistische Selbstverspottung keine üble Wirkung tut, lässt das Abschüssige dieser Bahn ahnen. Eine starke humoristische Ader ist unserm Dichter durch jene Rücksichten nicht unterbunden worden: wo er späterhin einmal ausgelassen sein soll und will, in den Neckrätseln und Lügenstrophen, da muss logisches Ausklügeln die heitere Willkürlichkeit frei schaffender Laune ersetzen. Manches, was uns jetzt komisch wirkt, war vielleicht gar nicht so gemeint, z. B. die übertriebene Schilderung von den Leiden des Reichs 140, der feierliche Ton des Federrätsels 188; dagegen fühlte der Dichter so gut wie wir, dass die Verwünschung *dar zuo müeze im von eijern sin getroumet* 221,12, obwohl im Kern ernst gemeint, doch als Schlusssteigerung einen humoristischen Nachgeschmack hervorbringen müsse. Wendungen aus der Rede des Volks bilden das erträglichste Element Reinmarschen Humors: am Strophenschluss noch 74,11 *als bi dem pheffer miusemist*, 52,12 *so erkennet man den esel bi den ôren*, 159,12 *ist daz wâr, sô nœt ein esel hüben;* 201,11; vgl. den *phingestlichen küneges namen* 73.6 und den Scherz im Jahresrätsel 186,10.

So wenig nun Reinmar durch Lage und Anlage zu behaglicher Freude an harmlosem Spass, geschweige denn zu eigner Produktion auf diesem Gebiete befähigt war, so sehr sagte seiner innersten Natur jene satirische Richtung des Witzes zu, die wir Ironie nennen. Das war das richtige Ventil für einen Mann, der kräftiger empfand, als er reden mochte: hinter sie flüchtete er seinen bittersten Unmut, all seinen verhaltenen Grimm: diese Form, auch sonst den Spruchdichtern wohl vertraut, entwickelt er liebevoller und reicher als selbst Walther. Die rechte

Stätte für die Ironie war das Pathos der politischen Dichtung. Die grenzenlose Verachtung des armen deutschen Edelmanns gegen den reichen Kürschner von Venedig kann keinen vernichtenderen Ausdruck finden als in der spöttischen Empfehlung seiner Thronkandidatur 145,8. Aus einer falschen Voraussetzung wird mit ironischem Ernst die absurde Konsequenz gezogen: 126,7 *unt sint die bêbeste ûz gesundert eine, swie si gewerkent, daz si sint doch reine, son wart nie niht sô hôch gehêret* u. s. w.; 127,10 *mac daz geschehen in Gotes namen, sô darf sich Sente Pêter schamen, daz er des niht enphlac bi sinen ziten.* Sehr spöttisch beginnt 222: *der niuwesliffen vride ist scharf unt also scharf, daz ungerihte nieman vürhten darf: swer eine masse goldes trüege über velt, diu wær unlange sin;* sehr bitter das Gedicht, das den Antichrist auffordert, nicht länger zu säumen. Aus den politischen Strophen dringt dann die Ironie minder bedeutsam in andre Gedichte: wie die politische Struphe auf die verwahrlosten *knoppen* höhnend schliesst: *sit willekomen dem stocke zingesinde!*, so der Spruch auf den gottverhassten Spötter 212 *ychabe dich wol!* Von einem Lügner und Feigling heisst 155,9 *ein boun wær vol mit in gecleidet!* Der rohe Raufbold *dunket sich ze velde gar ein recke* 106,12. *Ungesellen* sollten sich wie Frauen kleiden 183,8. Dem gutmütig schwachen Manu ruft Reinmar zu *der slâfe unt habe gemach!* 102,2; das Lob des Habgierigen heisst 74,12 *gelph;* das üble Tanzlied der Welt ist ein *meisterdôn* 203,2; *stæte als ein tou* 64,8: *alsô guot alsam der wolf bi schâfen in dem nebele* 156,11 erinnert an das bekannte *swarz als ein snê* (Walther XVI, 39). Scherzhafte Wirkung der Ironie, wie sie späterhin z. B. in Stolles Jugendlehre erstrebt wird, will Reinmar nur in der zweiten Lügenstrophe: sonst ist sie bei ihm gewaltig ernsthaft gemeint.

Auch seine Hyperbeln verfallen leicht in bittern Ton. Der Frau Ehre gehts gar so traurig; wer ihr nur den kleinsten Dienst erweist, *dem niget si ze lône unz ûf die vüeze* 72,12; hätte ich acht Frauen, *sô wurde ich schier von in verzert* 104,10; Zucker, Honig und *bénît* munden der Menge nicht so süss, wie ein unflätig Wort 113; dem armen Sohne gibt der Papst keine Absolution: *sô muoz er doch den himel haben verbrennet* 131,12; der Knecht ist so übermütig worden gegen seinen Herrn, *daz er ob im wil twahen hant* 139,10. Die abgebrauchte Phrase 126,2 *ez mohte erbarmen einen stein* wird originell variiert 269,12 *des erschricken mohte ein berc,* wenn Reinmarisch, die waghalsigste Hyperbel, zu der sich seine gesittete Phantasie versteigt. Den Mund sehr voll nehmen die Lobsprüche auf Wenzel und Erich: dreissig Fürsten Ehre könnte Wenzels Ruhmdurst nicht stillen: die Sonne passt nicht so gut zum Tage, wie Wenzel als Fürst zu uns; Erich ziert seine Krone mehr als ihn die Krone. Das gehört zur Technik dieser Panegyrici.

Dass Reinmar sich in ihnen der herkömmlichen Wortspiele enthielt, schob ich S. 228 auf seine oberdeutsche Herkunft. Auch den Oberdeutschen dient das Wortspiel zu gelegentlichem Schmuck; aber es wird nicht gesucht, wird nicht Manier. Walthers Wortspiele verzeichnet Wigand S. 30: aus Sprüchen nur 31,21 *sô wê dir, guot! — du enbist niht guot!;* dazu kommt 26,29: *sun, diene manne bœstem, daz dir manne beste lône!* Diese beiden ständigen [367] Wortspiele sind schon bei Walther schwerlich originell. Reinmar kennt sie auch: den Doppelsinn von *guot* 167, die Superlative 94,9 *si snabelsnellet ûf die besten*

---

367) Den Doppelsinn von *guot* verwertet der Marner XV, 51, der Unverzagte III, 43a, 2, der Meissner 108b, 14, Regenbogen 347a, 5, Frauenlob 42, eine anonyme Strophe III, 420a; vgl. Wilmanns, Walthers Leben 421 fg.: über das noch viel abgetretenere Wortspiel *bœste — beste* orientiert meine Anmerkung zu 94,9.

daz bœste, 157,3 *zem bœsten, niht zem besten.* Andere Wortspiele: 106,1 *turnieren was é ritterlich, nû ist ez rinderlich;* 165,3 *wur umb dri crêâture heizen hûsgerœte: dâ râtcut si;* 228,1 *niunherzic;* 182,5 *der ist allen wîben gar ze kalt —, swie ril er riurs hic vor ûz helmen slüoc;* 118,4 *ir hërren sint sû hêre gar* (vgl. Sigeher II, 362 a, 3 *unhér si hérre, des hërheit man nû siht ûf schanden pfat);* 38,3 *die ungelîch gemuoten dien sult ir niht gelîch gern ane sehen;* 199,8 *lâ die wîsen dich des selben wîsen;* 211,1; 216,2 *der .. wilt vâhen kan,* 5 *der geste wol enphâhen kan;* 216,8 *guot wirt ist aller wirde ein übergulde.* Nur in den vier ersten Fällen bin ich bewusster Absicht sicher: alles Andre konnte sich in einer Dichtung, die unter dem Zeichen der Anapher stand, von selbst anfinden. Wie zu erwarten, gehört die Mehrzahl der Beispiele in die letzte Periode. —

Die andern Oberdeutschen haben wenig sicheres: über den wortspielreichsten, den Marner, vgl. Strauch S. 48, dazu XV, 12. 44: Wernher fällt ganz aus; Konrad 19,16 *hërren kan ich villen, sam der wilde schûr boume rellet;* Sunburg III. 71 b, 20 *diu vrouwe vröuwet;* auch Alexanders Equivoca gehört hierher. Der Jude Süsskind witzelt II. 258 a, 1: *dâ mac daz adelcleit wol werden zeinem hadel.* Das ist einmal ein wirklicher Wortwitz, wie Hadlaubs *ziterwîse* (XXX. 5): sonst beherrscht die Oberdeutschen mehr naive Lust am Gleichklang als Freude am Kontrast, am Doppelsinn im Gleichklang. Daher bei ihnen die Neigung für reimende oder assonierende Formeln: ich erinnere an Walther (Wilm.[2] S. 96), an Alexanders Spielerei mit *liep* und *diep,* an Gottfrieds *érste* und *hérste, vrüetende* und *wüetende,* namentlich an Boppe (*mosic unt mesic, verwüestet unt verwastet, versigelt unt verrigelt, in velden, welden*).

Mehr Talent und Interesse für den Wortwitz haben die Mitteldeutschen: vgl. Anm. 287. Hier trage ich nur wenige Spielereien andrer Art nach. Höllenfeuers Wortspiel III, 34 a, 4 zwischen *riche* und *armuot* ist aus der Kapuzinerpredigt bekannt; einen erträglichen Scherz macht Raumsland 64 a, 2 *der mine wâre mit sime valsche koufet,* wo *ware* (merces) an *wâr* (veritas) anklingt und *valsch* zugleich abstrakt und als falsches Geld gemeint ist. Frauenlob verdankt einen wolfeilen Sieg über Regenbogens Schwerfälligkeit dem Doppelsinn des Wortes *ungeschaffen* 277 fgg.: nicht viel besseres als Wortwitze sind die Etymologien von *wîp* und *vrouwe* (154 fgg. 311,7, 9. Ml. 23): die Deutung *vrô-wé* hat ihm schon der Meissner halb scherzhaft — *vrouwen âne wé* — vorgemacht III, 105 b, 1. Derselbe konstruiert sich eine Jugendlehre, die je nach der Interpunktion grobianisch oder ernsthaft ausfällt (III, 97 b, 4). Vgl. noch den Unverzagten III, 43 a, 2: *guot muot sulte haben guot, unmuot solt in armuot bliben;* Meissner III, 89 b, 7 *ban ist ein bant, der lip unt sêle bindet;* Raumsland bringt 54 b, 9 *rritac* und *vri* in etymologischen Zusammenhang, wie eine Walther mit Unrecht beigelegte Strophe; 61 a, 7 *nû hab ez im von Habekesburc der grâve(?);* Frauenlob 42,9 *man dienet Gote mit guote;* 41,15 *muot âne guot muoz wesen unmuot;* 73,7. 9 *kerzen* und *herzen;* 162,13 *wip bringent vröudenrichen glast, dar an doch vreiden nie gebrast* u. s. w.

Jene verwante Neigung zu reimenden und assonierenden Formeln (Schade, Niederrh. Gdd. 156) ist bei Reinmar schwach vertreten, zumeist natürlich in ältern Gedichten: *guot* und *muot* kontrastieren 62; *die wîle er müge unt tüge* 70,5; *sünde, schande, schade* 90,10; *der sinne unt ouch der minne* 121,5; *nû heln unt steln* 128,12; *liegât, triegât* 203,2; *geminne unt gemeine* 72,7. 200,5. Um so massenhafter tritt Alliteration ein: Tschiersch gibt S. 20 seines Programms eine reiche Sammlung. Sie enthält mehr als auf künstlerische Absicht zurückzuführen ist: doch durften nach Tschierschs Prinzipien nicht Stellen fehlen wie: 39,1 *swer al der werlde wirdikeit gein eines wibes wirde ûf eine geliche wâge leit;* 14,8 *si machet manegen dürren muot vil grüenen, ir süeze süezet alle siure;* 29,1 *der guoten wibe werdikeit wil ich mit worten unt mit sange immer machen breit;* 94,12 *des müezen sich die müden an ir mesten!;* 120,3 *hengen unde haben, halten unde lân;* 165,2. 3. 166. 184,1 *herren hore ein hagel;* 190,10; 215,1; 224,3. 8 *nû lit iuwer ruote dem riche ûf sine blôzen ruoge.* So kräftig ins Ohr fallende Alliteration, wie sie die Doppellaute *st, sw* bei Walther erzeugen (Wigand S. 63), hat Reinmar nirgend verwendet.

Einfluss des Strophenbaus auf den Stil.

Die dreiteilige Gliederung der Strophe markierte sich bei musikalischem Vortrag viel schärfer, als wirs bei blosser Lektüre empfinden können. Da wo die Melodie wieder von vorne anhub, da wo nach vollendeter Repetition zu neuer Weise übergelenkt wurde, da konnte der Sänger einer Fermate, einer Ruhepause nicht wol entraten: die Melodie des Stollens, des Abgesangs bildete im Ganzen für sich ein Ganzes: nicht selten zieren Blumen den Abschluss eines Teils, nicht selten kennzeichnen grössere Intervalle das Zusammentreffen zweier Teile. Wenn nun der Dichter nicht mechanisch ein metrisches Schema ausfüllte, wenn er sich die Melodie im Kopfe summen liess, während er neue Texte schuf, so konnte er über jene Stellen nicht hinweghuschen: der starken musikalischen Trennung musste eine starke syntaktische, ein Sinneseinschnitt entsprechen. Die Tatsachen bestätigen das. Die Tendenz ist auch in der Minnelyrik vorhanden: nur wird sie da gehemmt durch die Kürze der Strophenteile: auch war das musikalische Uebergewicht ein so grosses, dass man sich kein Gewissen daraus machte, den Text durch die melodische Gliederung zu schädigen: es ist bekannt, dass die ältere Leichtechnik Uebergänge der Sätze aus einem Abschnitt in den andern unbedenklich gestattet. Anders bei der Spruchdichtung: die verlor viel eher die Melodie, als den Text aus dem Auge, und es ist kein gutes Zeichen für die musikalische Anlage eines Didaktikers, wenn sein Satzbau mit dem Strophenbau im Streite liegt. Womöglich begann mit jedem Strophenabschnitt ein neuer Satz[368]): selbst loser syntaktischer Zusammenhang wird gemieden. die Ausnahmen erreichen noch

---

368) Mied man so die syntaktische Verbindung der Strophenteile, so war natürlich Konstruktionsübergang von einer Strophe zur andern absolut ausgeschlossen, strenger als in der Minnelyrik, der zumal in Tanzliedern und in Anlehnung an ihre Technik solche Uebergänge nicht ganz fehlen. Auch in der Strophe des Kanzlers, die Scherer DSt. I. 329 anführt als syntaktisch mit

nicht 12 %; und gröbere Enjambements, die Worte des selben Satzes auseinanderreissen, ohne dass Sinn und Interpunktion die Trennung entschuldigten, sie sind an diesen bevorzugten Stellen eine Unart, die durchschnittlich nur auf 20 Strophen éinmal kommt. — Die Dichter verhalten sich nach Sorgfalt und musikalischer Begabung verschieden: ja, die Töne desselben Dichters zeigen überraschende Differenzen, die in der Beschaffenheit der Weise ihre Ursache haben müssen. Kurze Strophen fordern grössere Freiheit: daher die Fülle syntaktischer Uebergänge beim Anonymus, in Walthers Bognerton, in Alexanders Sprüchen, in Frauenlobs kurzem Ton. In ihm kommen auf 58 Strophen 36 Verstösse; auch in dem längeren neuen Ton auf 38 Sprüche 18 Enjambements: im Gegensatz dazu hat der grüne Ton auf 55 Gedichte nicht mehr als 4 Satzübergänge, der vergessene Ton auf 13 Strophen nur éinen ganz leichten Fall, der goldne Ton ebenso auf 11 Strophen: die in J erhaltne Melodie des grünen Tons verrät übrigens keine auffällige Markierung des musikalischen Einschnitts. Marners 15. Ton zeigt in 18 Strophen nur éine unerhebliche Abweichung von der Regel; die nicht zahlreicheren Sprüche des 14. Tons bringen es auf 8 Belege; des Kanzlers 16. Ton begeht in 20 Strophen nur 2 Inkorrektheiten, während in desselben 2. Tone auf 11 Strophen 6, im 3. Tone auf 4 Sprüche 3 Uebergänge sich einstellen. — Ich habe nicht bemerkt, dass die syntaktische Sonderung der Strophenteile im Fortgang der Spruchdichtung an Sorgfalt gewönne oder verlöre. Gleich Walther befleissigt sich in denjenigen seiner Sprüche, die normal dreiteilig gebaut sind, leidlicher Akkuratesse, wie wir das von der Feinheit seines musikalischen Empfindens erwarten durften: sein härtestes Enjambement ist 24,5 *sô phlegent die knehte gar unhövescher dinge* | *mit worten und mit werken ouch;* fünf andre Stellen (11,8. 12,35. 13,6. 17,14. 105,29) zeigen leichte Sinneseinschnitte. Ja, Walther ist selbst in den Strophen, deren Dreiteiligkeit ungenau oder verstellt ist, saubrer im Scheiden der Teile, als die meisten andern Spruchdichter: gröbere Verstösse nur im Bognerton (81,10. 24. 26). Bruder Wernher ist sehr sorglos: aber auch von seinen 23 Uebergängen wird nur éiner nicht durch den Sinn gemildert: II, 229a, 8 *das mein ich an die hérren, die nu leider sint verzaget* | *an einem künige.* In so fern ist er dem Marner und vor Allem dem unfeinen Sunburger überlegen, die weniger, aber schlimmere Verstösse machen: Marner XIII, 46 *sich mugen vor im hüeten* | *der doureschûre strâle heiz; XIV, 120 din geburt diu kan uns armen muneger fröuden wern* | *von dem süezen worte Ávé; 200 er truoc den sus* | *vor sinen ougen;* Sunburg II, 353b, 5 *daz sin dienestman* | *vor im sô wolgelopter stât;* ebda. *daz in nieman enkan* | *beschelten;* 357b, 4; 329b, 91 *lop si dir hôhem Gote gesagt üz nl den sinnen min* | *der unzallichen éren;* III, 73b, 29; 74a, 31; 76a, 40. Konrad und der Kanzler verhalten sich wie Wernher: häufige, aber leichte syntaktische Verknüpfung: ich hebe hervor Konrad 32,293 *si seit im ir danc* | *dur siu adelliches dœnen;* Kanzler 388a, 6 *mit meisterschefte kan* | *si bracken, valken glichen;* 391a, 2. Boppe, immer plump und formlos, wird durch seine vielen Aufzählungen gegen die strophische Gliederung erst recht abgestumpft: er ist neben dem Anonymus und Alexander, die ihre kurzen Formen entschuldigen, der nachlässigste von den Oberdeutschen. In Sigebers 19 Strophen fand ich nur éinen leichten Uebergang (II, 363b, 4).

Unter den Mitteldeutschen fallen Raumsland und Frauenlob auf durch ihre Gleichgiltigkeit gegen Enjambements ohne logische Pause: bei jenem zählte ich unter 32 Satzübergängen 10 Fälle dieser nachlässigen Art (C 7. 9. J 22. 23. 25. 41. 53. 85. 91. 92), bei Frauenlob 37, fast die Hälfte, 18, in seinem Lieb-

der vorhergehenden verbunden, II, 390b, 11, auch da wird anders zu konstruieren sein, die Fragesätze werden von V. 10 (oder schon V. 5) abhängen: dem Kanzler ist eine derartige Rohheit am wenigsten zuzumuten. Erst einer Periode wüstesten Verfalls war es vorbehalten, auch über diese Schranke hinwegzusteigen: vgl. HMS III, 366a, 24; (343b, 39); Kolm. 27,20.

lingston, dem langen Tone (neben 24 andern Beispielen). Die andern Mitteldeutschen sind sparsamer mit Uebergängen aller Art: ja, der Meissner überrascht durch eine strenge Rücksicht auf den strophischen Bau, die selbst Walther
weit hinten lässt: in seinen 128 Strophen kommen neben wenigen gleichgiltigen
Aufzählungen nur sechs Belege syntaktischen Uebergangs am Stollenende vor (11,6.
24,3. 56,6. 83,3. 87,4. 123,4), sämmtlich milderer Natur.

Wenn so der Schüler seine Meister an Sorgfalt überbietet, — und
diese Sorgfalt ist nicht pedantisch, ist ein unzweifelhafter Vorzug, —
das Gefühl für das Unpassende eines Widerstreits von Melodie und Text
hat er sich in der Schule Walthers und Reinmars geschärft. Denn
auch Reinmar hat saubrer Abgrenzung der strophischen Teile ein wachsend peinliches Augenmerk gewidmet. Wohl entschlüpfen ihm böse
Enjambements: das bitterböseste steht in einer ganz frühen Strophe 28,6: *min
triuwe ist vester dan ein adamas | gein ir:* besonders verletzt hier, dass eben nur die
zwei Worte *gein ir* in den Abgesang herüberhängen, der sonst seinen abgeschlossenen
Inhalt hat. Recht ungeschickt ist auch 71,6 *des hovegesindes muoz durch nôt berihi
den richen guotes, armen an gemüete;* hier stört das Vorderteil des Satzes die Gliederung; ohne ihn wäre der ganze zweite Stollen dem Gefolge der Ehre gewidmet.
Ebenso in der böhmischen Strophe 112,6 *wære ieman hôchyemuot | gern oder milte,
derst mit spotte gehœnet:* das *gern* gehört so eng zum vorhergehenden, dass ein Enjambement hier unverzeihlich war. Ausser der Sammlung macht Reinmar so
arge Schnitzer nicht mehr: die vergleichbaren Stellen 207,3 *diz gebet Got ofte er-
hœret hât | an manegem man, der ..* und 212,3 *er giht, daz — haz unt nides vol | si
din herze unt ouch din lip* sind inhaltlich und formal minder anstössig, auch darum,
weil sie zwischen den beiden Stollen stehen. Das sind die schwersten Sünden.
An leichteren Uebergängen hat die Sammlung 26, der Rest 8 aufzuweisen: Reinmar wurde mit der Zeit immer genauer. Dass zwischen
den beiden Teilen des Aufgesangs ein syntaktisches Band eher statthaft
sei, als zwischen Auf- und Abgesang, das schien mir theoretisch selbstverständlich: die Erfahrung bestätigt das Postulat nur in bescheidnen
Grenzen: aber doch für die Dichter, welche in solchen Fragen Ausschlag geben, mit Entschiedenheit, für Walther, Konrad, den Kanzler,
von Mitteldeutschen namentlich für Damen und den Meissner: auch
von Reinmars 36 Satzübergängen verknüpfen nicht weniger als 25 die
beiden Stollen.

Man gieng noch einen Schritt weiter. Man bemühte sich, auch
innerlich die Strophenteile zu einer kleinen Einheit für sich herauszuarbeiten. Ihre Grenzen wurden zuweilen auch Grenzen für stilistische
Erscheinungen. Ungern liess man im selben Strophenabschnitt die zweite
und dritte Person wechseln. Die Anapher beschränkt sich zuweilen auf
éinen der drei metrischen Teile. Endlich: man strebt dahin, dass die
Gliederung des Inhalts, die das Thema mit sich brachte, über-
einstimme mit der strophischen Gliederung, dass die metrischen Abschnitte nicht nur für den Satzbau, sondern für den Gedankengang ein-
schneidende Bedeutung gewönnen.

Diese Neigung ist vorhanden. Aber es ist eben eine Neigung,
keine Regel. Gerade der Dichter, bei dem sie merkwürdigerweise zuerst
beobachtet wurde, der Marner (Strauch S. 55 fg.), ist ein besserer Zeuge
für die Fülle unmotivierter Ausnahmen, als für die Neigung selbst. Der
Stoff der Sprüche brachte nicht oft eine sinnfällige Gliederung mit sich.

Am nächsten lag sie bei Gleichnissen: da enthielt der Aufgesang etwa das Gleichnis, der Abgesang die Lehre, oder der erste Stollen das Gleichnis, der zweite die Deutung, der dritte die Moral. Oder die beiden Stollen enthielten je ein Bild, der Abgesang fasste sie zusammen. Letztre Art kam dem Wesen der strophischen Gliedrung am nächsten. Dem entsprechend bringen in gleichnislosen Sprüchen die Stollen zwei parallele oder kontrastierende Gedanken: vergleichen die Guten und Bösen, die goldne alte, die trübe neue Zeit, den Geburts- und Herzensadel, geben Frage und Antwort, und der Abgesang sorgt für die Moral. Zwang legte man sich jener Neigung wegen nicht auf: wie oft z. B. reicht das Gleichnis bis in den Abgesang hinein und die Moral begnügt sich mit wenigen Schlusszeilen. Das Bedürfnis nach einer innerlichen Absondrung der Strophenteile entstand und wuchs erst allmählich; sie gehört, soweit sie sich aus der syntaktischen Selbständigkeit nicht von selbst ergab, soweit sie bewusst erstrebt wurde, erst jener spätern Periode der Spruchpoesie an, zu der Reinmar den Uebergang bildet. Meine Beispiele entnehme ich zumeist den Gleichnissprüchen.

Walther fehlt der straffe bewusste Schematismus: seine Stoffe waren nicht der Art oder wurden nicht so behandelt. Wenn 13,26 der erste Stolle die Grille schilt, der zweite die Ameise lobt, der Abgesang die Anwendung lehrt, so entspräche das bei objektiverer Haltung der Bilder gut der strengern Manier: aber schon wenn Auf- und Abgesang 17,25 Bohne und Halm vergleichen, wenn Nebukadnezars Traum 23,11 im ersten Stollen den Ausgangspunkt gibt für eine breite Moral, die den Rest umfasst, so ist das nur noch änsserlich in Uebereinstimmung mit jener Neigung. Und gar nicht stimmt es dazu, wenn z. B. 17,11 der Aufgesang eine bildliche Lehre an die kaiserlichen Beamten richtet, der Abgesang diese Lehre durch ein historisches Beispiel begründet und zum Schluss wieder in die Lehre einlenkt: das ist Dreiteiligkeit, aber nicht dem Strophenbau gemäss. So glaube ich, dass ein passionierter Schematiker wie der Meissner die drei guten und bösen Räte von 83,27, die drei Sorgen von 84,1 ganz anders der strophischen Gliederung angepasst hätte, als Walther das tut, der sie in den Abgesang zusammenpfercht; und dass die Rede des Engels in der gut dreiteilig angelegten Strophe 25,11 aus dem zweiten Stollen in den Abgesang überhängt, ist vom Standpunkt der ausgebildeten Neigung ein gröblicher Verstoss. Walther hat oft mit natürlichem Takt den Strophenteilen ihre berechtigte Selbständigkeit zugestanden: aber die traditionelle Berechnung der Folgezeit lag ihm dabei fern.

Schon bei Wernher wird es anders. Er weiss jene inhaltliche Gliederung als Vorzug zu würdigen. So 230b, 16: 1. die Tiere erkennen ihre Zeit, der Mensch nicht, 2. wie der Tiere Pfade, erkennt man der Menschen Gedanken nicht, 3. Tiere verjüngen sich, der Mensch nicht. 231a, 13: 1. 2. wie der Blinde ohne Führer, 3. so wir Laien ohne Pfaffen. 234a, 2: 1 wer mit Feinden streitet, muss Freunde haben, 2 das hat der Oestreicher versäumt, 3 Nutzanwendung u. m. 232b, 5 lag eine andre Einteilung näher, als Wernher sie wählte: 1. 2 wie das böse Weib den braven Mann, 3 so hassen mich die kargen Herren: am Schluss zusammenfassendes Gebet. Aber tief gieng dem Dichter das Bedürfnis nicht. 233a, 7 und III, 16b, 26 reicht das *bispel* 2—3 Verse weit in den Abgesang hinein; 228a, 5 spricht der 1. Stolle den Gedanken aus, ohne Hilfe könne der Stärkste nicht Länder zwingen: statt dass nun aber der 2. Stolle gleich mit dem Bilde der Jagdhunde anhebt, wird jener erste Gedanke noch um eine matte Zeile bereichert. 227a, 1. 229a, 8 sollte der Aufgesang das Bild, der Abgesang die politische Nutzanwendung geben: beidemal kommt Wernher mit ihr eine Zeile zu früh. III, 15a, 17 respektiert die kurze Liste schlimmer Natur-

phänomene die Grenze des Abgesangs ebenso wenig wie die Parenthese II, 233 b, 2.
Der Vergleich des übeln Herren mit dem Diebe III, 18 a. 9 beginnt mitten im
ersten Stollen, endet mitten im Abgesang u. s. w.

Mit Reinmar treten diese Arrangements in ein neues Stadium.
Sie kamen des Dichters angeborner philiströser Ordnungsliebe so glück-
lich entgegen; ihm gaben seine vielen ausgeführten Bilder so reiche
Gelegenheit, dass bei ihm bewusste Anwendung des Princips ausser
Zweifel ist. Freilich ohne Konsequenz: ein grober Verstoss wars, wenn die
Aufzählung der Wunder 162 bis in den Abgesang reicht, wenn in dem ersten
Rätsel vom Jahr die Aufgabe bis zum achten Verse sich erstreckt und dann erst
die Frage folgt. Auch die weit verbreitete Nachlässigkeit, ausgeführte Gleichnisse
über die Schranken des Aufgesangs hinwegfluten und der Moral oder Deutung
nur ein klein Fleckchen übrig zu lassen, auch sie findet im Gleichnis vom Wilderer
171, in dem vom *gouch* 154 ihre Vertreter. Am auffälligsten widerspricht dem
Princip 179: der 1. Stollen erzählt des Fischers Traum, der 2. die Folgen des
Traums: statt nun im Abgesang sofort die Deutung zu beginnen, eröffnet ihn ein
kurzes, höchst überflüssiges Resumé des Bildes.

Aber was will das sagen neben der Fülle gut gegliederter Sprüche?
Die Stollen haben parallelen Inhalt und vereinigen sich gewissermassen
im Abgesang: 27 herrschst du allein mir, Geliebte, im Herzen, so lohne mich;
wo nicht, so strafe mich; die Liebe bringt Lust und Leid; 66 einst förderte man
die Biedern; jetzt hindert man sie; Ehre denen, die doch in Tugenden bleiben.
83 birgt *blanc gebœrde* Tugend, so verdient sie Ehre; sonst ist sie Grusses unwert;
Resumé. 84 Bild vom vergoldeten Kupfer; von Feuers Glut; nur der Züchtige
ist schön. 102 gut Mann, bieder Weib; bieder Mann, gut Weib; welches ist
besser? 103 Adam litt von Weibes Minne; ebenso Simson und Salomo; Lehre.
104 der Hahn meistert viele Frauen; ich nicht eine; was sollte aus mir werden,
wenn ich mehr hätte? 108 Weib und Schatz bezwingen den Mann; ebenso Gut
und Wein; wunderbar, dass auch der Würfel das kann. 114 der Ritter soll nicht
dem Zapfen dienen; wohl aber dem Schilde; Warnung. 129 Fleischlicher Bann
ist unwirksam; göttlichen scheue man; Niemand darf mit zwei Schwertern streiten.
164 fünf Sinne; fünf Tiere; Verbindung und Nutzanwendung. 168 unfreiwillige
Gevatterschaft; freiwillige; jene hat keine kirchenrechtlichen Konsequenzen. 180.
194 sei bei den *gehoften*; oder mindestens bei den *ungehoften*; die *verhoften* sind
schlimmer. 201 Fabel von der Fledermaus; vom Kuckuck; Deutung und Moral.
204 ein Sprüchwort; ein zweites; praktische Erfahrung. 213 ein Schwert gehört
dem Papst; das andre dem Kaiser; politische Folgerung. 216. 221 Würde der
Frauen einst; jetzt; Schande dem Ritter, der sie misachtet. 223 Rom als Witwe;
das römische Licht; Fluch und Gebet. — 163 stehen der 2. Stollen und der Abgesang einander parallel, dem 1. Stollen, einer Klage, gegenüber; ähnlich 165. —
Die Strophe gliedert sich: Bild; Deutung; Lehre. 42 man rühmt den Gral; ihm
gleicht ein Weib; nur Tugendhafte können es verdienen. 43 man preist den *heilawâc*;
ich weiss besseres; Lob der reinen Frau. 25. 56. 85 Bild vom *wâc* des Christen-
tums; Deutung; Lehre. — Alle drei Teile stehen parallel: nur wird der Letzte
stets eine Steigerung enthalten. 54 drei Wünsche; 158 drei Rätselfragen; 61 der
sinewelle man; zwei Zungen; Herr Pfennig. 116 *milte* und *ellen*; *erge* und *ellen*;
milte und Feigheit. 121 der Narr der *milte*; der *minne*; des Turniers. 152 was
ich ungern wäre: *ravit* und *wint*; *valke* und Adler; Löwe. 9 Matthäus; Lucas; Marcus
und Johannes u. s. w.

Viel seltener ist die Zweiteiligkeit: 205 bringt der 1. Stollen das
Rätsel von Kain, der Rest das Rätsel von der Eisbrücke. Aufgesang und Abgesang: 65 verschiedene Geschmacksrichtungen; man liebe Gottes Huld. 72 Ehre
einst; Ehre jetzt. 140 das Reich war krank; es ist geheilt. 174 wiederholt der
Abgesang ziemlich genau, zum Teil wörtlich die Stollen. 182 und 195 Volks-
sprüche und ihre praktische Anwendung. 189 der Mensch macht Spiegel; Gott
verklärte Leiber. Auf Grund dieser Beispiele trug ich kein Bedenken,

193 den Text von D zu wählen trotz seines matten Schlusses: er beschränkt das Gleichnis von den Schiffern an der Mühle auf den Aufgesang, reserviert den Abgesang der breitspurigen Deutung: C durfte ich um so weniger folgen, als selbst die nächst vergleichbare Str. 179 ihre Deutung doch nicht mitten im Verse beginnt, eine fast beispiellose Rohheit (vgl. Stolle III, Sb, 26. 9b, 37), die ich Reinmar nimmermehr zutraue. — Reinmars Vorgang blieb nicht ohne Nachfolge. Es wird kein Zufall sein, dass zwei seiner Schüler, Sigeher und mehr noch der Meissner, demselben künstlerischen Princip liebevolle Aufmerksamkeit widmeten: letzterer begünstigt wie Reinmar den Parallelismus der Stollen (10. 21. 27. 33. 40. 68 u. m.). Seit Reinmar ist die Neigung gefestigt: das bezeugt selbst der Marner (Strauch S. 55), so oft er auch dagegen verstösst (XIV, 4. 5. 6. 12. 13. 14. XV, 7. 11), und so arg wie er treibts nicht leicht ein Andrer: auch Konrad nicht, der sich seine individuelle Freiheit vor der Manier wieder zu schützen weiss, aber neben ein Paar Strophen von sorglosestem Aufbau auch solche von untadliger Korrektheit gestaltet hat: ich zeichne 32,166 aus: der Aufgesang enthält die Fabel, der Abgesang die Deutung: sehr hübsch zerlegt sich die Fabel in zwei Parallelhandlungen, die Konrad scharf und genau auf die Stollen verteilt. Von regelmässiger Durchführung des Princips ist nirgend die Rede, gar in Strophen nicht, deren Gliederung sich von selbst zu ergeben scheint. Die siebente Strophe des Schulmeisters (II. 138b), der die Strophenteile syntaktisch ausnahmslos sondert, erzählt von drei gefährlichen Spielen: statt nun sie auf die drei Absätze zu verteilen, beginnt der Dichter mit einer Einleitung, fängt den zweiten Stollen mit dem ersten Spiel an und lässt das zweite Spiel mit éiner Zeile im Auf-, mit zweien im Abgesang stecken. Dass man ein Gleichnis über den Aufgesang hinaus ausdehnte, erwähnte ich schon. All solchen Laxheiten zum Trotz war die ästhetische Erkenntnis, dass harmonische Gliederung von Inhalt und Form ein Vorzug sei, bewusst und ein Gemeingut der Spruchdichter geworden. —

Wie die Strophenteile in der Strophe, so bilden die Zeilen im Strophenteil eine kleinere Einheit. In der Spruchpoesie ermöglichte es die Länge der Verse, einem jeden für sich eine grössere rhythmische und melodische Abgeschlossenheit zu verleihen, als in der Lyrik: von dieser musikalischen Selbständigkeit geben uns die erhaltenen Weisen noch einen Begriff. Die Konsequenz war auch hier ein Streben nach inhaltlicher und syntaktischer Sonderung der Verse, das in der Freude an Parataxe, Parallelsätzen und ähnlichen Stilmotiven eine grosse Stütze fand. Gar nicht selten sind Strophen, in denen jeder Vers einen ganz selbständigen Satz bildet: ich erinnere an die anaphorischen Satzreihen.

Solche Sprüche sind immerhin Ausnahmen. Aber als Regel lässt sich für die Spruchpoesie aufstellen: man bemüht sich, den Versschluss mit einem Sinneseinschnitt, einer Interpunktion zusammenzulegen: reichte ein Satz aus einem Vers in den andern herüber, ohne dass sich solch ein Absatz darbot, so mied mans zum mindesten, einen markanten Einschnitt an andrer Versstelle eintreten zu lassen: es ist also unan-stössig 60,8 *dâ dicke ein hèrre selbe hât gemezzen | die lôsen unt die durnehten*; anstössig das folgende Verspaar: *waz half, swie vil er si beschiet | mit rede, unt doch der lôsen diet ze heinlich was* und 14,1: *der werlde rede ist: ez ensol | ein ledic wîp niht werben umb die man.* Je geringer die Zahl der Worte ist, die den Versschluss von einem Sinneseinschnitt trennen, um so fühlbarer der Verstoss. Stellen wie 76,11 *nâch sîner tugende ieslîcher: daz | sult ir ouch spehen* oder 195,7 *diu vünviu wæren | bereit, wan daz mich dunket* sind viel schlimmer und fehlerhafter, als etwa 86,9 *daz ir im alle sünde unmæret | mit süezen worten, daz ist guot* oder 211,9 *dur umbe rât ich: swer sich vlîze | gein Gote unt gegen werder zuht.* Ent-schuldigt, selbst gern gesehen wird das Ueberhängen des Satzes dann, wenn der überschüssige Teil bis zu einer Caesur reicht resp. an ihr anfängt. Wo ein Relativsatz unmittelbar an ein Substantiv oder Pro-nomen anknüpft, da reihte man (besonders Bruder Wernher und Raums-land) dies Wort gern dem selben Verse ein, wie den Relativsatz, wäh-rend unsre Interpunktion einen Sinneseinschnitt zwischen dem Worte und dem Relativsatz andeutet[369].

So viel Spielraum auch die Regel liess, so wenig fehlt es an leichten und schweren Vergehen dagegen. Zumeist hat der Satz den einen Vers ganz inne und am nächsten noch mit einem oder mehreren Worten An-teil: dass umgekehrt der Satz erst am Ende eines Verses anhebt und dann den folgenden ausfüllt. das fand ich kaum in einem Siebentel der zahlreichen Fälle. Es ergibt sich der Beobachtung, dass die ältern oberdeutschen Spruchdichter in konsequenter Durchführung jener Regeln die späteren und namentlich die mitteldeutschen weit übertreffen: wäh-rend die Verstösse aller Art bei oberdeutschen Dichtern noch nicht 3 % der Verse ausmachen, übersteigen sie bei den Mitteldeutschen — Frauen-lob habe ich nicht berücksichtigt — 4 % um ein Erhebliches: der Haupt-grund für die sehr bedeutende Differenz liegt wieder in der unerzogenen Formlosigkeit des Nordens. Im einzelnen bemerke ich: der Anonymus und Spervogel begrenzen nahezu ausnahmslos sauber ihre Verse. Der Anonymus vergeht sich nur in éiner Strophe, da freilich kurz hintereinander zwei mal, gegen die Regel (27,8. 12). Spervogel hat neben einem leichten Verstoss (23,9) ebenfalls nur zwei Beispiele 20,27 *da enwære bi | ein heil; des suln wir uns versehen* und 21,29 *diu sælde dringet fur die kunst, daz ellen gât | vil dicke nâch dem richen zagen in swacher wât:* das Ueberhängen nach vorne an der zweiten Stelle zer-stört die Anlage der Strophe, die sonst in jeder Zeile einen Weisheitsspruch für sich gibt. Neben diesen beiden zeichnen sich späterhin aus die form-gewante Konrad und der Sunburger, dessen verhältnismässig grosse

---

369) Dass Enjambements, die eng zusammengehörige Worte von einander trennen, wie Adjektiv, selbst Artikel (Boppe II, 3·3a, 25) vom Substantiv, auch dann fehlerhaft sind, wenn die obigen Grundsätze sie nicht unbedingt ausschliessen, das versteht sich von selbst. In der Regel fallen sie aber mit den verpönten Satzübergängen zusammen, so bei Reinmar 15,7 *daz der reine | Got wart menschen-kint mit uns gemeine:* die eklatantesten Beispiele bemerkte ich in einigen Strophen-formen lyrischen Charakters bei Konrad, Raumsland, Damen.

Korrektheit ein Resultat seiner Leidenschaft für anaphorische Parallelsätze ist. Aber trotzdem bei ihnen unerlaubte Satzübergänge seltener stören als selbst bei dem gleichfalls sorgsamen Walther und gar dem nachlässigeren Wernher, trotzdem verraten sie sich in éinem Punkte deutlich als Vertreter eines gesunkenen Formgefühls: jene, Wernher sogar noch viel ängstlicher als Walther, meiden mindestens die kurzen stets schroff verletzenden Enjambements eines einzigen Worts, und gerade die Isolierung des Verbs oder Prädikats ist eine hässliche Unart, welche von spätern Spruchdichtern, schon vom Marner, mit wachsendem merkwürdigen Behagen geübt wird: unter den spätern Oberdeutschen ziert nur den Kanzler (einziges Beispiel II, 387a, 1), unter den Mitteldeutschen den Meissner feinfühlige Euthaltsamkeit in dieser Richtung; umgekehrt huldigen Damen und der Rinkenberger jenem abgeschmackten Enjambement mit einem launenhaften Eigensinn, der jedesfalls die Absichtlichkeit, die Methode in der Tollheit ausser Zweifel setzt und Ungeschmack, nicht Ungeschick als Grund erweist. —

Von den Oberdeutschen verletzen jene Principien der Versabgrenzung am häufigsten der stets nachlässige Boppe, dann Sigeher, den eine unglücklich gewählte Strophenform beengt, und endlich der Rinkenberger: dieser Spätling oberdeutscher Spruchdichtung kapriciert sich dermassen auf das Enjambement, dass unter seinen 221 Versen nicht weniger als 22, also 10 %, die gegebenen Regeln mit Füssen treten. Hinter diesem non plus ultra sinnloser Manier bleibt selbst Raumsland weit zurück, der unter den Mitteldeutschen die Misachtung der Versgrenzen aufs höchste steigert: auch der Meissner verrät oberdeutsche Schulung mehr so, dass er weniger gröbliche Satzübergänge begeht, als dass er Satzübergänge an sich vermiede: mit wirklicher Sorgfalt befleissigen sich der syntaktischen Begrenzung der Verse nur ein Paar der kleinern md. Dichter, besonders der gleichfalls vom Süden beeinflusste Kelin.

Reinmars Ehrenton enthält nicht weniger als fünf Verse, in denen eine Caesur teils mit fester Regelmässigkeit, teils überwiegend vorhanden ist. In V. 3 und 6 ist die Caesur meist, in V. 2 und 5 oft von einer Unterbrechung des Rhythmus begleitet: die männliche Caesur des zwölften Verses ist besonders konsequent durchgeführt. Diese strophische Eigentümlichkeit hat zur Folge, dass in einer grossen Anzahl von Sprüchen der Satz nicht am Schlusse des 1. 2. 4. 5. 11. Verses Halt macht, sondern erst bei der Caesur des folgenden. Am häufigsten natürlich gehört der 12. Vers mit seinem ersten Teile zum Satze des vorhergehenden Verses (31 mal, fast zur Hälfte in östreichischen Strophen): ohne dies Mittel war es nicht immer möglich, in den zwei Hebungen vor der Caesur zu einem noch so kleinen inhaltlichen Absatz zu gelangen. Und aus ähnlichem Grunde, weil die erste und vierte Zeile nur kurz sind, bildet die Caesur des 2. und 5. Verses viel häufiger den Satzabschluss, als die der letzten Stollenzeilen.

Abgesehen nun von den mehr als 120 Fällen dieser Gattung nimmt Reinmar in der skizzierten Entwicklung ganz den Platz ein, an dem ich ihn zu finden erwartete. Als Oberdeutscher, als jüngerer Zeitge-

nosse Walthers und Wernhers vermeidet er die kurzen abgerissenen
Enjambements nach Kräften und ist auch mit leichteren Satzübergängen
sparsam, sparsamer sogar als jene beiden: freilich nahm ihm die Freiheit, die die Caesuren gewährten, ein gut Teil Gelegenheit zu Verstössen.
Durch allerlei nichtssagendes Phrasenwerk von Flicksätzchen wusste
er mühelos zu umgehen, dass gegen Schluss der Zeile ein neuer Satz
anhebe. So wird auch in dieser Weise die Selbständigkeit des Verses
nur selten alteriert. Aber es geschieht das in sehr böser und ungeschickter Manier 76: mit blossem *daz* schliesst V. 11, und dieses *daz*
ist hinter starker Interpunktion der Anfang eines neuen Satzes. Das
ist einer der rohesten Fälle seiner Art. Es kommt allerdings ein Paar
Mal sonst vor, dass die Conjunction oder das Relativum *daz* ebenso den
Versschluss bildet: aber da gehört der vorangehende Satz derselben
grössern Satzeinheit an; auch entstammen diese Beispiele durchweg
spätern und nachlässigen Dichtern (Marner XV, 343; Wizlav III. 80a, 8;
Meissner 97a, 10); Konrad fügt 25,27 zum *daz* wenigstens noch ein
er hinzu. Hübsch ist es auch nicht, wenn 164.11 ein *daz* durch den
Versschluss vom zugehörigen Satze getrennt wird, aber hier treten doch
die Worte *durch wunder* zu dem isolierten *daz*, und die eigentümlichen Verhältnisse des 12. Verses mildern. Andre Beispiele: 21,9 *vor helle-
banden* | *gar sünder tröst;* 44,1: 164,9 *der gir riucht, affe smackt : der sinne* | *hät iesliches
den einen baz;* 205,1 *ein bruoder sinen bruoder sluoc, é daz ir beider vater wart geborn :
den ungeruoc* | *den sol ein wiser râten;* 211,9; hinter kleiner Interpunktion 97,10.
15,7. 94.1. 197,1. 43,7. L. 13.

Die grosse Masse der Verstösse beruht im Herüberreichen einzelner
Worte in den folgenden Vers. Diese Verstösse verteilen sich auf die
Verse der Strophe sehr ungleich. Mehr als die Hälfte, 35 Belege von
66, kommen auf den 2. und 5. Vers. Der Grund liegt in der Kürze
des 1. und 4. Verses, die wahrscheinlich auch geringere melodische Abgeschlossenheit mit sich brachte, und in der Minderstärke der Caesur,
die nicht so zwingend dahin drängte, den Satz bis zu ihr fortzuführen.
V. 3 und 6 mit ihrer stärkern Caesur haben nur je éin Beispiel, beide
in Str. 208. Noch V. 8 begünstigt das Enjambement: es ist derjenige
Vers des Ehrentons, der allein mit einer gewissen Vorliebe des Auftakts
entbehrt. Die Caesur von V. 12 lag dem Anfang so nahe, war so fest,
dass nur éinmal, 206, der Sinneseinschnitt vor die Caesur fällt. V. 4
und 7 waren durch den strophischen Abschnitt vor syntaktischen Uebergängen geschützt: auch die minder feste Schranke, die der Strophenbau
vor V. 9 zog, wird nur selten (7. 13. 154. 226) gröblich durchbrochen.

In Reinmars östreichischen Sprüchen bilden die mangelhaft begrenzten Verse etwa 2 Prozent der Gesammtzahl, weniger als bei Walther; in den böhmischen schon 3, und in Mitteldeutschland erreichen
sie 3½. Ein Wort des Satzes hängt 5 mal, zwei 27 mal, mehrere
35 mal in den folgenden Vers über. In den östreichischen Sprüchen
kommt es nicht vor, dass nur éin Wort dem 2. Verse angehört: in den
böhmischen allerdings dreimal: · 13,8 *daz wir durch dine hulde* | *ver-
geben, der wir ie genâmen deheinen schaden;* 92,8 *wie wir diz*

wilde runden glücke halden, daz ez sich niht von uns zücke;
112,7; durchweg vor geringen Sinneseinschnitten, nie am Satzende:
einzig ausser der Sammlung, 195,8, ist der Einschnitt hinter dem über-
ragenden *bereit* stärker. Es verdient diese Sorgfalt um so mehr Anerkennung, als selbst Walther 7 mal éin Wort dem folgenden Verse
zuteilt, 2 mal (10.3. 11,14) vor dem Punkt: Wernher freilich übertrifft Reinmar noch (zwei Beispiele vor kleiner Interpunktion: C VI, 2,2.
J 41,3): dagegen bringen es der Marner und Konrad auf 6, Sunburg
und Alexander auf 5 Belege, der Meissner hat 8, Damen 13, Raumsland 20 Fälle, davon 3 am Satzschluss (J 1,12. 3,4. 37,4): auch die
nachlässigsten trugen Bedenken, das einzelne Wort durch unmittelbar
folgende Redepause doppelt zu vereinsamen. —
    Ich bin am Ende meiner Betrachtung des Reinmarschen Stils.
Oefter als es für einen zusammenhängenden und einheitlichen Eindruck
gut sein konnte, hat mir der Gang meiner Darstellung Grund gegeben,
von Reinmar selbst abzuschweifen und flüchtige Seitenblicke zu werfen
auf die stilistischen Neigungen anderer Spruchdichter. Reinmars Eigenart forderte zu dieser Behandlung zwingend heraus. Er ist keine Persönlichkeit von scharf geschnittnem Profil, deren Züge sich aus der
Masse so eindrucksvoll hervorheben, dass man sie nicht wieder vergisst;
ihm fehlen jene starken Impulse einer unmittelbaren Natur, die auch
der Sprache ihr unverkennbares Gepräge aufdrückt. Es gibt kaum eine
stilistische Erscheinung, als deren Hauptvertreter unter den Spruchdichtern Reinmar gelten darf, ausgenommen etwa die Personifikation.
Ihn beherrschen als höchste Ideale seines braven, klaren, redlich strebenden, aber beschränkten Geistes Sauberkeit und eine Mässigung, die
hart an die Grenzen der tugendhaften Langeweile streift; er wandelt mit
merkwürdiger Sicherheit und Ausdauer jene Mittelstrasse, die nicht immer
die goldne ist; der Strom der stilistischen Entwicklung seiner Zeit brach
sich nicht an dem steilen Felsen einer starken Individualität, er flutete
widerstandslos über ihn hinweg und hinterliess die deutlichen Spuren
seines Weges. Ebenso durch Anlage wie durch Lebensverhältnisse ward
Reinmar auch stilistisch in eminentem Sinne eine Uebergangsgestalt;
er wird und ist für uns in der Geschichte der Spruchdichtung der
Mittelsmann zwischen höfischen und volkstümlich gelehrten, zwischen
lyrischen und didaktischen, zwischen adligen und bürgerlichen, zwischen
oberdeutschen und mitteldeutschen Elementen: an ihnen allen hatte er
in den verschiedenen Epochen seines Dichtens Teil; seine Wirkung und
seine Bedeutung liegt aber darin, dass er so weit auseinanderliegendes
auf seine Art in sich vereinte. Dem Literarhistoriker ziemt es am
wenigsten, über einen Mann hinwegzusehen, der das geistige Werden
seiner Zeit, soweit es ihm fühlbar und zugänglich war, so willig und
unbefangen auf sich einwirken liess, wenn gleich er selbst ihm die
Richtung in keiner Weise zu beeinflussen wusste.

Nachahmer und Schüler.

Ich habe in den beiden letzten Kapiteln wiederholt Anlass gehabt, stoffliche und stilistische Leistungen andrer Spruchdichter direkt oder indirekt an Reinmar anzuknüpfen. Das waren nicht immer Beziehungen, die sich mit zwingender Evidenz aufdrängten. Die Literaturgeschichte kann nicht darauf verzichten, Zusammenhänge zu suchen und sich nutzbar zu machen, die dem plumpen Verlangen nach objektiv gesicherter Wahrheit nicht genügen können. Wohl aber geben Uebereinstimmungen, deren Zufälligkeit durch den Wortlaut ausgeschlossen ist, mögen sie an sich äusserlich und wertlos sein, doch eine gewissermassen urkundliche Grundlage, von der intimere Forschung mit besserem Selbstvertrauen ausgehen darf. So gebe ich denn, um eigne sporadische Bemerkungen, die ich nicht wiederhole, zu rechtfertigen, um zusammenhängendere Betrachtung vorzubereiten, hier anhangsweise ein Register der Spruchdichter, deren Gedichte wiederholte engere Anlehnung an Reinmar zu erweisen scheinen.

Es kann nicht überraschen, dass Reinmars Nachwirkung in Mitteldeutschland viel energischer und sichtbarer ist, als im Süden. In Mitteldeutschland verlebte Reinmar seine letzte Zeit, die Zeit doch wol eines fest gegründeten Dichternamens; in seiner md. Epoche steht er dem Geschmack der jüngeren Generation am nächsten; in ihr brachte ihn sein Wanderleben mehr mit andern Fahrenden in persönliche Berührung, als der feste Hofdienst; der vornehme Kollege wird schon durch seine Persönlichkeit den md. Meistern und Nichtmeistern imponiert haben.

Aber einige Fäden verbinden doch auch oberdeutsche Spruchdichter mit Reinmar. Der **Marner** griff ihn persönlich unter Anspielungen auf eine Lügenstrophe an; den gestorbenen Reinmar beklagt er unter den Meistern, aus deren Garten er seiner Sprüche Blumen las. Auf Reinmars Beeten hat er sich mit Sicherheit seine Lügenstrophe XIV, 177 gepflückt: vgl. V. 180 *ein snegge tüsent klafter wol für einen lebart spranc* mit Reinmar 160,6; 185 *ein hase zwêne winde vienc* mit Reinmar 159,4; 188 *dô sach ich einen reiger eines habches gern und vienc in in den lüften schiere*, eine törichte Verballhornung von Reinmar 159,5, wo der Fangende ein Tier ist, das gar nicht fliegen kann: nur darin ruht die vis comica der Bestimmung *in den lüften*. Eine politische Strophe XII, 2 gegen die streitbaren Pfaffen, denen die Stola zum Schwert wird, die *under helme rîtent* und um Gold, nicht um Seelen sich mühen, benutzt deutlich Motive Reinmarscher Kampfgedichte: z. B. 127,8. 135,11. 170,11. Ein Spruch gegen die böse Zunge schliesst XV, 180 ähnlich wie Reinmars 94. Strophe mit drohendem Hinweis auf die *kleinen würmelîn*, die sich zur Strafe einst an der Zunge *mesten* werden. Ein Vaterunser dichtete der Marner (XII, 3) wie Reinmar 13. Dazu gelegentliche Anklänge[370]. Die Verschiedenheit der beiden Naturen war viel zu gross, als dass mehr denn die Oberfläche Marnerschen Dichtens von Reinmars Einwirkung berührt werden konnte.

Meister **Sigeher** kann noch gleichzeitig mit Reinmar am Böhmer

---

370) Vgl. noch etwa Marner XIV, 121 fgg. mit Reinmar 4, Marner I, 40 mit Reinmar 219,3, Marner XII, 5 mit Reinmar 190,6.

Hofe geweilt haben; vielleicht besingt er II, 362 b, 2 den selben Wenzel wie Reinmar. Sigeher wird die Anregung zu seiner vorwiegend politischen Dichtung Reinmars persönlichem Einfluss verdanken. Direkte Anlehnung ist gering: ich würde es nie wagen, ohne jene Umstände eben den Lobspruch auf Wenzel mit den beiden böhmischen Lobstrophen Reinmars (148. 149) in Beziehung zu setzen. Eine politische Klage schliesst (363 b, 3) mit einem Bilde aus dem Schachspiel wie Reinmar 150. wieder ein böhmisches Gedicht. Der bildliche Gebrauch von *dornic* 362 b, 16 in einem Scheltspruch auf böse Herren *ir dornic herze, ir durhel rât* geht mit hoher Wahrscheinlichkeit zurück auf Reinmar 156,10 *ir dornic rât, ir distelec muot*, gleichfalls in einem Scheltspruch, abermals in einer böhmischen Strophe: bei Reinmar war *dornic* durch das gewählte Gleichnis gerechtfertigt, für Sigeher ist es ein tadelndes Epitheton ohne sinnliche Bedeutung, gedankenlos übernommen. Vgl. noch Anm. zu L. 89.

Ein wenig erfreulicher Ausläufer der oberdeutschen Spruchdichtung war Boners Gönner, der Schweizer Johannes von Rinkenberg. In trübselig abstrakter Einförmigkeit ohne Farbe und Schwung predigt er hausbackenste Moral. Wie nun die Stollen seiner einzigen Strophenform Reinmars Ehrenton offenkundig kopieren (Bartsch, Schweizer Minnesinger S. CCV), so erinnert auch den Charakter namentlich seiner minniglichen und religiösen Lehrsprüche überraschend an entsprechende Leistungen des Reinmars der Sammlung. Ein Minnespruch Rinkenbergs (10) beginnt: *Got siner hôhen wirdekeit hât an diu reinen werden wîp sô vil geleit, daz ieman küm volloben kan nâch rehte ir êre unt ouch ir wîplich güete;* möglich, dass Reinmar 34 vorschwebte: *Got hât mit hôher werdikeit gar sinen vliz ... an reiniu wîp geleit ..... nieman lebt, der wîp volloben kunne.*

Kelin und der Meissner sind die beiden md. Spruchdichter, die vor Frauenlob den Einflüssen oberdeutscher Literatur am zugänglichsten waren. Kelin namentlich verdankte seinem langen Aufenthalt in süd- und westdeutschen Landschaften eine formelle Gewandtheit, die keiner seiner Landsleute in Sprüchen erreicht. So haben denn jene beiden von Reinmar gelernt, während folgerichtig Raumsland, der Mitteldeutsche κατ' ἐξοχήν, keine Spur Reinmarscher Art auffinden lässt. Bei Kelin tritt (16) die Gestalt der Frau Ehre auf und stimmt Klagen an, die in ihren Motiven auf Reinmar zurückgehen. Die *Schande lêrt die Menschen ir muoter schelten, darzuo ir wîp;* vgl. Reinmar 112,9. Kelin 20,19 *dâ man ir elewenne drizic unde mêre vant, dâ vinde ich küme dri,* ähnlich Reinmar 75,9 *bi dinen drin ich drizic vinde* u. Anm. Das Adj. *êregernde* 10,2. 13,5, an erster Stelle neben *wol gemuot* wie Reinmar 38,2, wird er Reinmar verdanken, ihm vielleicht auch die Verbalableitung von *künic* Kelin 23,17, Reinmar 148,2. 4.

Im Meissner ist Reinmar sein einziger wirklicher Schüler erwachsen. Der Meissner ist ein gelehrter Herr, durchaus ein Meister mit allem Stolz und allen Schwächen des Standes. Aber er hat es nicht verschmäht, bei seinen minder gelehrten Vorgängern in die Schule zu gehen, recht oft bei Walther; auch beim Marner, dessen Unkunde er befehdet. hat er Anleihen gemacht; bei Keinem entfernt so wie bei

Reinmar. Er citiert ihn nirgend: gleichwohl ist mir persönliche Berührung wahrscheinlich. Es gibt nicht viele Strophen Meissners, in
denen nicht Motive, Ausdrücke, stilistische Eigenheiten Reinmars leise
oder lauter wiederklängen. Auch in formeller Hinsicht hat der Meissner sein Vorbild benutzt: Reinmars klingende unstäte Caesur, seine
einseitigen Doppelreime hat er nachgeahmt. Zum blossen Abschreiber
ist er nirgend geworden: davor schützte ihn das ausgeprägte Gefühl
für den Stil seiner Zeit, davor eben jenes Bewusstsein des Meistertums,
dem Reinmar wenig Rechnung trug. Hier einiges aus der Fülle der
Uebereinstimmungen. Zunächst stofflich: mit R. gemein hat er das Thema der
bösen und guten Zunge 3, R. 94. 95, vgl. besonders 94,3. 6; von Adel der Geburt und des Herzen handeln 5. 10, R. 80 fgg.; vor fleischlichem Bann warnt
21, R. 127; vor böser Gesellschaft 80, R. 183; das gute Ende preist 14,7, R. 206;
die *mittelmâze* 76, R. 96; Weib und Engel werden verglichen 22,6, R. 35; vom
männischen Weib, vom weibischen Mann 23. 57, R. 101 fg.; fünf Freuden der
Maria (nicht sieben, wie gewöhnlich) 72, R. 18; landläufige Redensarten werden
vielfach besprochen (vgl. oben S. 256), darunter *inruoch* 45,5, R. 173; verschiedne
Altersstufen 96,7, R. 200; Stundenlust 98, R. 89; der Hund als Beispiel gewisser
Tugenden 114, R. 165; die *mille* schläft und muss gewaltsam erweckt werden
93,8. 9, R. 119. Von Reminiscenzen an R. 58. 59 wimmelt Spruch 87 über den
muot. Wie R. den Antichrist, fordert der Meissner 18,2 den Teufel auf zu
kommen, und die Form jener Einladung R. 133,1 kehrt ebenfalls am Strophenanfang ähnlich beim Meissner wieder 106,1 *Gelücke, wâ bistû sô lnnge, daz dû nû niht
enkumst?* Mit den Namen der vier Evangelistentiere wird Gott angeredet M. 44,6,
R. 8,4 fgg. Eine Besprechung des Mutwillen beginnt R. 60,1 *muotwille ist übel,
er ist ouch guot:* ganz dieselbe Methode bei M. 27,1 *slâf ist guot unt bœse.* Einzelne
Bilder und Gedanken: M. 19,7 *manheit wert sich unrehter dinge,* R. 58,4 *manlich wert
sich unrehter tât;* 21,7 *ban vleisches vol der kumt von zorne,* R. 127,3; die Zusammenstellung *Pâris, Padowe, Salerne* M. 32,6, R. 199,1; 77,1 *heiliger Geist, nû geiste uns hie
mit dîme geiste,* R. 10,12; 91,3 das römische Reich ist verwaist, R. 223,2; 97,12
der wolf gein mir olsam der wolf tuot den schâfe, R. 156,12; 111,7 *swer eine mille
nû begât, seht, des spottent die argen,* R. 112,7; wie das Glück M. 6,2, *walgt* des Ungetreuen Sinn R. 61,2 hin und her; 7,6 *daz man niht spreche: bœser zage, phi,* R.
153,11; 8,4 *balsme die sterkent die jugent,* R. 48,1; 11,2 *sêle, qunc in dîn hûs,* R. 92,4;
17,3 *tuo sô dû wilt, daz man dir tuo,* R. 199,4; 11 *hert wider hert* substantivisch,
R. 98,2; 25,1 ein äusseres Abzeichen der Argen wird gewünscht, R. 183,8 61,10;
sper. criuze unt crône beim jüngsten Gericht, R. 219,7; 63,7 *er endelôser hœhe ein
dach,* R. 7,3; 98,2 *kein mensche lebet âne sünde,* R. 88,2; 99,3 *in den buosem risen,*
R. 64,12; 112,1 sind *gewalt* und *richeit* zusammengestellt, wie R. 69,1 u. s. w.
Einzelne Phrasen des nach Reinmars Strophe 136 angelegten Lobspruchs 116: *ein
êrenbilder, ein vullemunt* mögen R. 136,4. 214,7, *gewisses mundes* 117,7 R. 136,6 entnommen sein; mit Sicherheit stammt *vlinsic hart* 67,9 aus R. L. 28, *versúmen unt
vergâhen* 119,1 aus R. 86,4, *hovemünche unt clôsterritter* 120,10 aus R. 129,6; *vin slich,
ein slunthart* 128,15 aus R. 203,4: wol auch das übertragne *nâsewîse* 114,8 aus R.
151,9; *verlûzen,* wie 119,5 statt *überlûzen* zu lesen, aus R. 92,12; die merkwürdigen
nitnidœre 120,9 sind eine direkte Anspielung auf R. 202,9. 12. Meissners *wîs
unverbolgen* 100,5 hat mich veranlasst, bei R. 63,12 der Lesung von
DT zu folgen. Es ist eine Stütze für die Echtheit zweifelhaft gesicherter Sprüche Reinmars, wenn der Meissner sie benutzt hat: so
kehren die Rufe *leschâ lesch, süene süene* 253,1. 3 bei Meissner 98,7.
8 wieder; der Spruch über die *scham* 277 hat an Meissner 41 eine
Parallele: auch da beginnen die drei Strophenteile mit *scham;* das
Bild des *slüzzels* R. 277,10, M. 41,5; mit 282,10 *swâ sich gewalt
gewaltelînen lât übercriegen* vgl. M. 99,8 *gewalt gesigt gerne an*

gewalteline.   Die angeführten Anklänge sind nicht gleichwertig, nicht alle an sich überzeugend; zugestanden aber, dass engster Zusammenhang zwischen den beiden Dichtern bestand, so wird ihre Zahl sogar noch zu erweitern sein: es wäre keine undankbare Aufgabe, des Meissners Abhängigkeit von den alten oberdeutschen Sängern nach allen Seiten hin zu erwägen: mögen dazu dies kurze Verzeichnis und die zerstreuten Stilbemerkungen förderlich sein!

Konnte mir schon der Meissner trotz seiner Selbständigkeit mehr als einmal nutzen zur Entscheidung textlicher Fragen bei Reinmar, so gibt in einem einzelnen Falle noch grössere Hilfe und vielfach den Ausschlag ein Spruch Wizlavs von Rügen. Der junge Fürst würde in den Literaturgeschichten schwerlich genannt werden, wenn er nicht eben ein Fürst und gar ein niederdeutscher Fürst wäre. Und doch hat er einen Vorzug zu eigen, der ihn über die Masse hinaushebt. Er ist Komponist: eine herzliche Sangesfreudigkeit, eine Anmut der Erfindung, eine Lebhaftigkeit des melodischen Ganges, die sich selbst durch kunstvolle Gliederung nicht lähmen lässt, zeichnet die hübschen Melodien aus, die uns in J zum Glück erhalten sind: selbst den feierlichen Ernst eines Spruches weisst er durch eine fast unpassend frische, allerliebste Weise zu verklären (VI. bei Liliencron und Stade IX). Von jener Sangeslust strömt in seine Lieder noch manches über, wenngleich Knoop, Balt. Stud. XXXIII, 285 sie überschätzt: da findet sich manch natürlicher, ungekünstelt lebensfroher Ton, den er sich selbst verdankte. Sonst aber war das Dichten seine schwache Seite; zum Spruchdichter namentlich hat ihn Gott in seinem Zorn geschaffen: arm an eignen Einfällen, plündert er ungeniert, was ihm in die Finger kam. In Liedern muss Wenzel von Böhmen, Steinmar und manch Andrer herhalten, in den Sprüchen Raumsland, vor Allem Reinmar von Zweter: und wie viel wird er gar erst aus den Gedichten seines Stralsunder Lehrers, des magister illiteratus, entnommen haben, des einzigen, den er citiert! Reinmars 63. Strophe hat er III, 80 b, 1 so wörtlich abgeschrieben, wie es bei der abweichenden Strophenform möglich war [371]: es ist das ein Seitenstück zu den Strophen Frauenlobs 141 und Regenbogens Kolm. 81,24 (HMS III, 468 k), von denen einer unverschämt gestohlen hat, ich weiss nur nicht welcher [372]. Ich kenne kein drittes Beispiel gleich

---

371) Wizlav 1 *saye an, dü löser man, wes hazzestû einen guoten lip?* Reinmar 1 *saye, ungelobter man, war umbe engunstû niht dem biderben man?* ... *nû huzzestû u. s. w.*; — Wizlav 4 *jâ gunde er dir ëren wol;* Reinmar 3 *jâ gunde er dir wol ëren;* — Wizlav 9 *blip, sô dü bist unt habe dir daz ze buoze* (: *unmuoze*); Reinmar 7 *vis als dü bist unt habe dir daz ze buoze* (: *unmuoze*); — Wizlav 10, Reinmar 9 *dâmite er ère müqe ervolgen;* — Wizlav 12 *verbolgen,* Reinmar 12 *unerbolgen.*

372) An sich ist es gewiss wahrscheinlicher, dass Regenbogen, der jüngere, minder gebildete und begabte, der krankhafte Nachstreber und eifersüchtige Konkurrent Frauenlobs der Dieb sei. Ist aber, wie ich glaube, von Reinmars Strophe 103 die Anregung ausgegangen, so verdient es Beachtung, dass Regenbogens Spruch an einer Stelle Kolm. 81,45 eine Uebereinstimmung zeigt, die nicht zufällig sein kann und die in Frauenlobs Fassung fehlt: Regenb. *swie wis er was, doch sin vernunst verschriet ein wip,* Reinmar 103,6 *diu Salômônis wisheit, swie ganz (wit = wis? DV) si wære (mas = was? s), ein wip verschriet si doch.*

frechen Plagiierens in der Spruchdichtung: das Gute ist nur, dass Wizlav
eben dadurch die kritische Herstellung von Reinmar 63 erleichtert.
Reinmars *beschaffen unt ez muoste sin* 176 wird von Wizlav etwas
selbständiger behandelt (III, 80a, 9): aber auch hier ist der Zusammenhang von Gedanken und Ausdrücken reich genug. Auf Anklänge des
Spruchs 79b, 5 an Reinmar 220 lege ich weniger Wert, da beide Gedichte auf volkstümliche Rätsel zurückgehen mögen.

Wie Wizlav sicher, wird auch H e r m a n D a m e n lediglich literarischer Tradition seine Kenntnis Reinmars verdanken. Reinmars Einfluss geht in Folge dessen nicht so tief als beim Meissner ins Stilistische,
in Ton und Stimmung der Sprüche hinein: er ist immerhin gross genug.
Damen schätzt unsern Dichter sehr hoch: mit ihm eröffnet er die Reihe
der toten Meister 10,1; als er Frauenlobs Ueberhebung in ihre Schranken weist, citiert er Reinmars 36. Spruch: *vrouwenlop ist reinez leben*
32,10 unter ausdrücklicher Nennung Reinmars. Dass das prachtvolle
Lobgedicht auf Grafen Heinrich von Holstein 39 Reinmarsche Einwirkungen verrät, hat schon Müllenhoff, Nordalbing. Stud. III, 100, bemerkt,
und auch der Leich Damens klingt an Reinmars Leich zuweilen an.
Das Bild 15,6 im Lobspruch auf Alf von Siegberg: *der an in tüsent éren cleit leute,
doch wolt in vriesen nâch éren* ist nachgebildet und überbietet Reinmars hyperboli-
sches Lob Wenzels 149,8: *der in in guzze drizic vürsten ére, noch mér wolt in nâch
éren dürsten;* die kurz vorhergehende Metapher 149,6 *er ist ein koufmau alles, des
ein reinez herze kan gegern* erkenne ich wieder bei Damen 39,4 *ein koufman, swâ erz
veile vint, daz ze den éren rrumt; ein bilder* 39,1 erinnert an Reinmar 136,4, *ein
schenke der milikeit* 39,9 an Reinmar L. 41. *Swer mir diz lop wil ze strite tuan, der
wirt bestanden* 35,7 benutzt und erläutert den Schluss von Reinmar 57. Damen
24,1 *der phenninc ist ein éren diep*, Reinmar 61,11 *her Phenninc, daz ir wæret liep unt
niht sô gar der éren diep.* Das Gebet 19,5 *sô gip mir alsâ lange vrist, unz ich ze
dienste werden dir müge* ist fast wörtlich identisch mit dem von Reinmar 207,2
fingierten Gebet. Die versteckte Rätselauflösung und der neckende Hinweis darauf ist bei Damen 16,13, bei Reinmar 156,11 vorhanden, aber freilich volkstümlich. Einzelne Ausdrücke: *éreyernde* 36,1, *gephaden* L. 5,4, Reinmar 38,10; *durch
vriuntschaft unt durch guot* 34,9, Reinmar 168,5; *bénit* als Ausbund aller Süssigkeit
38,2, Reinmar 113,1; vgl. noch Damen 11,15 mit Reinmar 15,6, Damen 19,2 mit
Reinmar 21,3, Damen 38,7 mit Reinmar 95,2.

F r a u e n l o b beklagt sich einmal, dass die Herren Reminiscenzen-
jägerei ihm gegenüber trieben, um den Wert seiner Dichtungen her-
unterzudrücken. Bei der Geringschätzung, mit der er Walthers, Wolframs, Reinmars gedenkt, glaube ich ihm gerne, dass er nicht absichtlich sich ihre Gedichte zu Nutze machte. Aber es ist nicht zu leugnen,
dass ihm unbewusste Nachklänge seiner reichen Lektüre oft in die Feder
kommen: wie sollte der übergelehrte Mann das vermeiden? Er breitet
die ganzen Stoffe der frühern Spruchdichtung noch einmal vor uns aus;
aber, wo er sich auch mit Andern berührt, er bleibt immer Frauenlob,
und so weit unsere Quellen Kontrole ermöglichen, war der Vorwurf des
Plagiats höchst unberechtigt: vgl. aber Anm. 372. Ich hoffe, bei andrer
Gelegenheit Frauenlobs Verhältnis zu seinen Vorgängern eingehend zu
würdigen. Hier seien nur ein Paar Anklänge an Reinmar registriert. Der
Strophe 53, die von *klöstergiegen* am Hofe handelt, die dem Herren *Hof* zuruft:
her Hof, mügt ir iuch münchen, lât der clöster hof an iuwern stat, liegt Reinmars viel
benutzter Spruch 129 von den *klôsterrittern* und *hovemünchen* zu Grunde (Bech,

Germ. XXIX, 5), ebenso der Strophe 119 (namentlich V. 5 fgg., 19) vom unverdienten Glück Reinmar 92. Ob 141 auf Regenbogen oder Reinmar zurückgeht, ist zweifelhaft. Neben 210, den Vergleich des Weibes mit dem Engel, stellt sich Reinmar 35; besonders vgl. V. 2 und Reinmar 35,6, V. 3 und Reinmar 35,9. 10. Der Kontrast 250,13 *hieror, swer tugent gerte, den hulfen tûsent . . nû êrent tûsent niht ein tugent* erinnert frappant an den Abgesang von Reinmar 66. Fast wörtlich stimmt Fl.15,1 *ich binz der sterne von Jâcop, an mir sô lit der hôchgehêrten engel lop* zu Reinmars Leich V. 77. Zweifelhaftes verzeichnen die Anmerkungen. Citiert wird Reinmar von Frauenlob nur in jenem berühmten Selbstlobe, in dem er ihn mit Walther und Wolfram auf den *smalen stîc bî künsterîchen strâzen* weist: aber seinen Ehrennamen '*vroun Êren bote*' hält er, des Dichters, der ihn trug, vergessend, den *kargen argen zagen* als hohes von Gott gestecktes Ziel vor.

FÜNFTES KAPITEL.

Strophischer, rhythmischer und musikalischer Bau der Reinmarschen Gedichte.

Leopold Hornburg charakterisiert in seinem oft erwähnten Preisgedichte auf Reinmar diesen im Gegensatz zu Walther:

Reinmâr, dîn sin der beste was,
her Walthêr dænet baz (HMS IV. 882).

Je weniger der meisterlichen Ueberschätzung im ersten Verse beizupflichten ist, um so glaubwürdiger das Urteil der zweiten Zeile, die den Komponisten Walther über Reinmar hinaushebt. Dass ihm zum mindesten die Leichtigkeit musikalischen Schaffens abgieng, erweist schon die geringe Zahl seiner Weisen. Erhalten sind uns Melodien zum Leich und zu zwei Spruchtönen: die Echtheit ist nirgend gesichert, wahrscheinlich aber für einen Teil der Leichkomposition. Da ihr Mensuralnoten fehlen, bleibt uns Takt und Vortragsart ziemlich verschlossen: trotzdem macht sie einen günstigern Eindruck, als ich bei Reinmars geringer formaler Begabung erwartet hätte.

Aber nicht nur der ästhetische Wert würde uns die Kenntnis echter Melodien kostbar machen. Sie gäben die authentische Interpretation des strophischen Baus. einen Schlüssel nahezu unentbehrlich zur Ergründung so komplicierter Versgebäude, wie die mhd. Kunstleiche es sind. Kann doch jene tiefer liegende Einheit, jenes latente Gesetz der Verbindung, das Uhland für die mannigfachen Strophenformen der Leiche postuliert, einzig in der musikalischen Komposition beruhen.

Der Leich.

Dass Dichter und Komponist stets eine und dieselbe Person waren, brachte eine so innige Durchdringung strophischer und musikalischer Form in den mhd. Weisen mit sich, schuf eine so ausgeprägte Tradition in der Gestaltung dieses Zusammenhangs, dass sie uns heute befremdlich und unfrei anmutet. In Kurzem hoffe ich den Bau der mhd. Leiche zusammenhängender Erörterung zu unterziehen und dabei auch diese Fragen eingehender zu erörtern: es sei mir gestattet, einige Resultate hier und auf den folgenden Blättern andeutend vorweg zu nehmen.

Dass die musikalische Einheit des Leichs etwa darauf beruhe, dass ein oder mehrere Hauptmotive in reicher Variation das Ganze durchzögen, wie mans sich wol zurecht gelegt hat, das bestätigt sich aus den gedruckten Weisen der Hs. J, den bisher ungedruckten von W nirgend. Die Kunst melodischer Variation ist bei diesen Komponisten gering. Dass die Melismen oft ein wenig divergieren, dass andre kleine Verschiedenheiten die Melodie ein wenig modificieren, mag zum Teil auf Rechnung der Schreiber kommen. Selbst die Kunst, eine kurze Tonreihe in andrer Lage zu wiederholen, eine Kunst den Franzosen längst vertraut, wird einzig von Frauenlob und auch von ihm selten genug gehandhabt.

Im Grossen und Ganzen fällt die melodische Responsion mit strophischer Gleichheit zusammen, und zwar wird in der Regel die gleiche Melodie im ganzen Umfange wiederholt. Es ist indess nicht unbedingt nötig, dass melodisch entsprechende Strophen genau identisch gebaut sind. Langzeilen mit und ohne Binnenreime entsprechen sich unbedenklich; vierhebig stumpfe Verse können dreihebig, später selbst vierhebig klingenden melodisch respondieren; einzelne Zusatzverse gehen auf die Melodie des Verses, dem sie angereimt sind. Freilich darf die formale Verschiedenheit respondierender Strophen über solche geringfügigen Differenzen nicht hinausgehen: dass inmitten grosser respondierender Partien die Aehnlichkeit des strophischen Baus für eine kurze Strecke aussetzt, die des melodischen fortdauert, ist ganz singulär. Und noch singulärer ist es, dass bei Frauenlob einmal ein Paar Strophen musikalisch zusammenhängen, die, metrisch ganz verschieden, ihre Verse alle mit der gleichen Anapher beginnen: ein Beweis übrigens, dass der Text vor der Melodie da war, umgekehrt wie bei den lateinischen Sequenzen.

Der Schluss aus gleichem Bau auf gleiche Melodie ist ziemlich sicher. Nicht aber ists unbedingt nötig, dass sich die Melodien Note für Note decken. Namentlich wo ein Strophensystem mehrmals unmittelbar hinter einander auftritt, widerspräche genaue Wiederholung der Weise dem Wesen des Leichs, der Wechsel erheischt. Es genügte da, wenn éine Zeile, meist der Schluss, in allen Strophen dieselbe Melodie hatte.

Die Uebereinstimmung zwischen strophischem Bau und Melodie erstreckt sich nicht nur auf das Verhältnis ganzer Strophen zu einander: selbst auf den musikalischen Aufbau der Einzelstrophe erlaubt die äussere Gestalt beschränkten Schluss. Die melodische Phrase jedes Verses war verhältnismässig selbständig und abgeschlossen, viel mehr als in modernen Kompositionen. Nun lässt sich die Neigung beobachten, den sinnlichen Klangeffekt des Reims noch musikalisch dadurch zu erhöhen, dass man die Reimworte auf den gleichen Ton sang. Das ist eine Neigung, kein Gesetz. Noch heute zeugen Choräle für jene Neigung: ich erinnere an das Lied 'Wie schön leuchtet der Morgenstern!'

In dem geschulten Kunstgesang der mhd. Zeit gieng man einen

Schritt weiter. Man versah die reimenden Verse, wenn möglich, gern mit denselben oder wenigstens mit ähnlichen Melodien. Doch gilt das nur für je zwei Reimzeilen: endeten lange Tiraden auf denselben Reim, so erlegte man sich die eintönige Wiederholung immer derselben Phrase nicht auf. War nun aber eine Strophe zwei- oder mehrteilig, so war Wiederholung der Melodie durch die Responsion geboten: in diesem Falle verzichtete man leichter auf die melodische Entsprechung der Reimzeilen. Der Grund ist wieder klar: eine Strophe von dem Bau a a b c c b würde, wenn man sowohl die Responsion als die Reimfolge berücksichtigen wollte, melodisch aussehen a a b a a b, also in sechs Versen viermal dieselbe Phrase bringen. Und eine vierteilige Strophe in der Reimfolge a a b b c c d d würde achtmal die gleiche Tonreihe abbrauchen, eine abscheuliche Eintönigkeit, die bessere Komponisten meiden. Immerhin war die Neigung, auch die Reimfolge melodisch zu markieren, gross genug, um beim wilden Alexander wirklich mit kurzer Unterbrechung 24 mal hinter einander dieselbe musikalische Wendung durchzusetzen. Auf Grund dieser durchgehenden, nur bei Frauenlob ein paar Mal ignorierten Methode lässt sich die Folge der Versmelodien aus Responsion und Reimordnung mit einiger Wahrscheinlichkeit erschliessen. Gerieten die beiden Principien in Streit, so siegte die Responsion. Eine Reimfolge a a b b konnte von einer Melodienfolge a b a b oder a a a a begleitet sein, von a a b b nur, wenn die beiden Hälften nicht respondierten. Hier sind also mehrere Möglichkeiten zuzugeben. Aber schon bei den Stellungen a b a b oder a b b a steht die Melodienfolge fest, und mehr noch bei komplizierteren Strophenformen. Selbst ungleich lange Reimverse konnten doch in der Schlusswendung zusammenklingen.

Es hat sich dieser musikalische Schematismus auf den eigentlichen Volksgesang schwerlich erstreckt. Die Sangweisen der Jenaer Hs. stimmen allerdings fast sämmtlich zu jener Regel. Nur zwei Ausnahmen sind da, die Weise Spervogels und das liebliche Volkslied von den erdbeersuchenden Kindern, das unter Alexanders Namen steht: es ist gewiss kein Zufall, dass gerade zwei Weisen von sicher unmeisterlicher Herkunft diese Nonchalance gegenüber Responsion und Reimfolge, dies Ungeregelte, diesen fortlaufenden Fluss zeigen.

Aber für die Beurteilung der Leiche trägt das wenig aus. Sie setzen, selbst wo sie volkstümliche Elemente aufgenommen haben, meist viel zu viel musikalische Schulung voraus, als dass ein Natursänger, ein Volksdichter sich ohne Weiteres an sie wagen konnte, und diese musikalische Schulung war ausserhalb der Kirchenmusik nicht zu haben. Auch Reinmar von Zweter entbehrte dieser Schulung nicht ganz: gehört doch sein Leich zu denjenigen, die in allem Wesentlichen aus der lateinischen Sequenzenpoesie erwuchsen. —

Es müssen, wie ich ebenfalls a. a. O. darlegen werde, die mhd. Leiche in zwei grosse Klassen geschieden werden, die gar nicht streng genug gesondert werden können. Nur die éine Art ruht sicher auf Prosen und Sequenzen, nur ihr gehören die erhaltenen Leichmelodien Reinmars, Alexanders, Damens, Frauenlobs an. Sie umfasst religiöse und weiterhin minnigliche Leiche. Die grosse Mehrzahl dieser Leiche ist zweiteilig, d. h. sie bestehen in der Hauptsache aus zwei längeren, mehr oder minder genau respondierenden Hälften. Den Typus finde ich bereits vorbereitet in der Notkerschen Prose Duo tres (Schubiger, Die Sängerschule St. Gallens, Notenbeispiel No. 13); aus den Carmina Burana sammelt und erläutert solche Leiche W. Meyer, Ludus de Antichristo S. 152.

In den mhd. Leichen der Art pflegt gerade in bester Zeit die Uebereinstimmung der beiden Hälften keine ängstlich genaue zu sein: wenn Schade, Wissenschaftl. Monatsbll. III, 29 fgg., Walthers Leich durch zahllose Athetesen in zwei absolut gleich gebaute Teile verwandelt, so tut er ihm vom Standpunkte des mhd. Kunstgefühls gewiss einen schlechten Gefallen. Es war bewusste Absicht, wenn man inmitten der entsprechenden Strophenreihen gelegentlich abwich: der zweite Teil pflegt aus dem ersten gekürzt zu sein: man wird Ulrich von Liechtenstein oder gar Hadlaub und den rohen Versifex von Gliers mit ihrer starren pedantischen Regelmässigkeit nicht als Muster der Leichtechnik ansehen wollen.

Pedanterie und Schablone war es auch, wenn der zweiteilige Leich nur aus den beiden Teilen bestand. Bei bessern Dichtern, bei Walther, Winterstetten, Tannhäuser, bei Reinmar und Rotenburg schiebt sich etwa ein kurzer recitativischer Mittelsatz in Reimpaaren ein oder ein ebenfalls kurzer, aber nicht unteiliger Anfang tritt vor, namentlich aber spielt wie in den strophischen Sequenzen der aus unteiligen Strophen bestehende Schlusssatz eine wichtige Rolle: wo er nicht auf den Anfang zurückgreift, stellt er gern Motive des ganzen Leichs abgekürzt zusammen: ein klassisches Beispiel ist Liechtensteins Leichschluss.

In denjenigen nicht zahlreichen Leichen dieser ersten Gattung, die sich nicht bei genauerer Prüfung als zweiteilig erweisen, herrscht eine andre Methode, Symmetrie und Einheitlichkeit zum Ausdruck zu bringen: in genau oder annähernd regelmässigen Zwischenräumen schieben sich gleiche oder sehr ähnliche Uebergangsstrophen zwischen die wechselnden Strophenformen.

Am Anfang und gegen Schluss der Periode stehen Leiche, die genau in der Art älterer Sequenzen nur aus zusammenhangslosen Doppelstrophen bestehen: ich erinnere zumeist an Frauenlob: sie sind jedesfalls nicht charakteristische Vertreter der mhd. Kunstform, zeigen ihre unselbständigen Anfänge, ihren Verfall. —

Nur für diese Leichgruppe sind die entwickelten Grundsätze über Zusammenhang des strophischen und musikalischen Baus unbedenklich zu verwerten.

Ueber die zweite Gruppe, die Tanzleiche, die gutenteils auf volkstümliche Reigenformen zurückgehen mögen, hier nur wenige Worte. Auch sie zerfallen in zwei Hauptteile. Das Charakteristische aber ist, dass zwischen diesen beiden Hauptteilen nicht der geringste formelle, oft nicht einmal ein inhaltlicher Zusammenhang besteht. Der erste Teil ist ruhig gehalten, in sich einheitlich und gern symmetrisch; viel lebhafter der zweite: da findet sich etwa daktylischer Rhythmus ein, Binnenreime zerlegen die Verse in kürzere melodische Teile und Teilchen, reicher und bunter sind die Strophen gestaltet: Symmetrie in der Anordnung pflegt zu fehlen; nur sind die wechselnden Strophenformen meist auf wenige Grundtypen zurückzuführen. Und aus diesem Teile entwickelt sich ein noch bewegterer, noch ausgelassnerer, noch farbenreicherer: er hebt an mit der Aufforderung zum Springen: die Zweiteiligkeit der Strophen schwindet ganz, die Fülle der Inreime wächst, es kommen Verse vor, in denen jedes Wort reimt, der blosse Inreim macht zuweilen der noch kräftigern und derbern Klangwirkung des rührenden Inreims Platz; das geht so wild und lustig ein kurzes Weilchen: dann ein jähes *heidhei!* des Fiedlers Saite ist entzwei.

Wir habens da offenbar mit zwei (drei) verschiednen Tanztouren zu tun: voran ein langsamer geschrittner Tanz, ein Andante; nun eine Pause; dann ein Allegro, aus dem sich das dithyrambische Prestissimo des Schlusses ohne Pause entwickelt. Der zweite Teil fehlt zuweilen: dann wächst der ausgelassne Schluss unmittelbar aus dem ersten heraus.

Dass die beiden Leichgruppen sich in ihrer Technik gegenseitig beeinflussen, dass Uebergangsgestalten vorkommen, das versteht sich fast von selbst: all dies Einzelne bleibe besonderer Betrachtung vorbehalten. Die kurze Skizze, die ich eben entwarf, wird eine ausreichende Basis abgeben, um auf sie die besondere Untersuchung des Reinmarschen Leiches zu gründen.

Von **Reinmars Leich** sind uns 231 Verse erhalten. Indessen ist es sicher, dass in Str. 14 und 15 noch zwei weitere Verse verloren gegangen sind (S. 151). Einmal der Reimvers zu 80: *ir muoterbæren magetuom:* dass hier, ein einziges Mal im ganzen Leich, eine achthebige Langzeile vorkomme, wie vdHagen annahm, oder ein reimloser Vers, das ist unglaublich, und das Fehlende lässt sich mit Wahrscheinlichkeit ergänzen. Reinmars Neigung zu anaphorisch und parallel gebauten Sätzen veranlasste mich zu schreiben: *an ir lît aller liute ruom,* entsprechend V. 78 *an ir lît aller engel lop: ruom* wird durch den Reim: *magetuom, liute* durch V. 82 *von engeln noch von liuten* gestützt: der gleiche Anfang der Verse 78 und 79 macht das Ausfallen des einen besonders erklärlich.

Ferner fehlt die Reimzeile zu dem nur in W (aus W¹) nachgetragenen Verse 69 *unt immer nâch ir gnâden stegen* (S. 151). vdHagen stellte den Vers entgegen der handschriftlichen Angabe hinter 77, offenbar, um nicht den Relativsatz 70 *die Got liphaft ze himel nam* von seinem Substantiv *der megde* V. 68 zu trennen. Der Grund genügt nicht, da der einzelne Vers 69, der in seinem *ir* das *megde* aufnimmt, jenen Zusammenhang nicht störend zerreisst: es fragt sich also, wo der auf 69 reimende Vers seinen Platz findet. Dass ich ihn im Texte hinter Vers 71 wies, das stützt sich auf musikalische Gründe. Trotz

der Verwirrung, die das Fehlen von V. 79. die Umstellung von 77 und
78 in W hervorrief, ist es unverkennbar, dass 73—82 melodisch in
sich ein Ganzes bilden: die vier stumpfen Reimpaare respondieren sich
wie Stollen: die zwei klingenden Verse am Schluss sind einander in
der Weise gleich und bilden eine Art Abgesang:

Reim.	Melodie.
a a	a b
b b	a b
d d	a b
e e	a b
c . c ◡	c c.

Dagegen haben die Verse 67. 68. 70. 71, die in den Hss. hinter einander überliefert sind, in W alle vier die gleiche Melodie, und zwar ist
diese Melodie dieselbe wie in Vv. 61. 62: V. 69 hat dann die Melodie
von V. 63. Entspricht nun also V. 67—69 vollständig dem abgeschlossenen dreizeiligen Absatz 61—63, so ist es unwahrscheinlich,
dass sich an V. 69 noch eine neue Melodie anschloss: und da V. 70.
71 wiederum die Weise von 61. 62 haben, so wird hinter ihnen die
auf 69 reimende Zeile gestanden haben, die auch musikalisch V. 69
respondierte. —

Von den 233 Zeilen des Leichs sind 206 vierhebig mit stumpfem
oder dreihebig mit klingendem Schluss, eine recht altmodische Eintönigkeit der Versform. Die übrigen 27 Verse (101—108. 111—113. 116
—118. 121—123. 131. 132. 198. 199. 201. 202. 204. 205. 209. 210)
haben vier Hebungen mit klingendem Schluss. Es finden sich
diese längeren Verse gehäuft an zwei Stellen des Leichs: in den Strr.
19—23 und 33—35, sonst nirgend. Da sie, wie zum Ersatz für ihre
grössere Länge, mit einziger Ausnahme des Reimpaars 107. 108 sämmtlich des Auftakts entbehren. so wäre es leicht, mit Benutzung der handschriftlichen Differenzen und durch unbedenkliche Kürzungen sie zum
grossen Teil auf das Mass der übrigen Verse zu bringen: das gilt
namentlich von all den vierhebig klingenden Versen der Strr. 33—35:
aber ihre symmetrische Verteilung durch diese Strophen hin muss ihre
Vierhebigkeit sichern. Dagegen gieng vdlIagen zu weit, wenn er auch die
Verse 114. 115. 119. 120 als vierhebig klingend ansah, wie das aus seiner Schreibung von 111 und 120 hervorgeht, *diu Cristen gelouben drîjet'* 120 kann Reinmar nicht betonen; und 114 ist nach C W nur dreihebig zu lesen: in 119 ist es
gleichgiltig, ob man *die einötigen* oder *die einötegen* betont: V. 115 liest sich allerdings leichter vierhebig: *dês si er gebénedîjet*, als mit der harten Synalöphe *si er*
dreihebig. Bedenkt man nun, dass den beiden Stollen 111—115 und 116—120
ein Abgesang 121—126 entspricht, dessen vierter Vers 124 unzweideutig dreihebig
ist, so werden wir auch den vierten Versen der Stollen unbedingt nur drei Hebungen zugestehen: und ich nehme für die fünften Verse der Stollen, die im Abgesang keine Parallele haben, lieber das Gleiche an, als dass ich V. 120 eine
Sylbe hinzufüge oder eine Senkung fehlen lasse: erscheint die Synalöphe *si er*
V. 115 zu hart, so bleibt die naheliegende Möglichkeit, in der nur von C kl erhaltenen Zeile *'benedîjet'* statt *'gebénedîjet'* zu lesen.

Auch abgesehen von den 25 vierhebig klingenden Versen ohne Auf-

takt fehlt der Auftakt noch 34 mal im Leich. Gleichwohl kann man
sagen, dass Reinmar ihn hier regelmässiger handhabt, als in den Sprüchen.
Denn dass ein einzelner Vers auftaktlos ist, kommt nur selten vor: am
auffälligsten V. 163. Im Anfange von neuen grossen Absätzen: 61. 166. 183. 99;
auch 87 fehlt er vielleicht nicht ohne Absicht; 133 wird das Fehlen des Auftakts
weniger fühlbar dadurch, dass der dreihebige Vers unmittelbar auf zwei auftakt-
lose vierhebige folgt. Sonst mangeln des Auftakts nur je mehrere Verse, die
durch seine Abwesenheit als näher zusammengehörig gekennzeichnet werden: so
31—35; 37. 39. 40; 43. 46; 57. 59; 172. 174. 177. 179; 200. 203. 206. 211;
undeutlich ist der Grund dieser engeren Verknüpfung: 98. 99; 135—137; 157
—159. —
　　Ein Mittelreim zeichnet V. 47 aus: '*diu minne ist guot, diu
sünden gluot*': die Symmetrie mit den übrigen Versen der Strophe 9,
aber auch Weise und Ueberlieferung sprechen gegen vdHagen, der diese
eine Zeile in zwei Verse zerlegt, einen zweihebigen und einen von drei
Hebungen. Dieser innere Reim, wie der ungenaue V. 105: *dû vil reine
unt er vil reiner*, kommt musikalisch zu hübschem Ausdruck.

　　Die einzelnen Sätze des Leiches habe ich demgemäss unterschieden, dass ich nie einen Reim durch mehrere Sätze hindurchgehen
liess: 17 und 18. 23 und 21 bilden davon nur scheinbare Ausnahmen.
Innerhalb der Sätze habe ich die Gliederung durch Einrücken der Verse
angedeutet und zwar mit dem Unterschiede, dass ich nur grössere, scharf
geschiedene Abschnitte von mindestens drei Versen durch grosse Anfangsbuchstaben markierte, sonst auch die eingerückten Verse mit Minuskeln
begann. — Zweiteilig sind sicher die Strophen 17. 25. 26. 30. 33
(auch 11 und 22?): dass dagegen zwei gleichgebaute auf einander folgende Strophen, die kein Reim verbindet, nicht ohne Weiteres als zwei-
teiliger Satz anzusehen sind, das erweist z. B. die Melodie zu 10. 11
(zu 34. 35). Die im Leich nicht eben beliebte Dreiteiligkeit erscheint
in Strophe 9. 21, wol auch 29. 31. 28.

　　Im Widerspruch mit der Praxis der ältern Leichdichter, aber durchaus im Einklang mit Reinmars bewährter Neigung, die metrischen Abschnitte auch inhaltlich selbständig zu machen, führt der Dichter aus
einem Leichsatze in den andern nur ganz selten Sätze über; es geschieht das zwischen den sehr eng zusammengehörenden Strophen 10
und 11, auffallender von 26 zu 27 und von 32 zu 33: 33 und 34
stehen wiederum in näherer Verbindung. Auch innerhalb eines Leich-
satzes nahm Reinmar im Satzbau auf grössere metrische Abschnitte
Rücksicht: so 17. 21. 25. 30. —

　　Das interessanteste und wichtigste Problem, das uns die mhd. Leiche
aufzugeben pflegen, die Frage nach der Gesammtanlage des Gedichts,
nach dem innern Zusammenhang seiner Teile, wie er sich im Bau des
Ganzen ausspricht, diese Frage ist bei Reinmars Leich schon darum nur
schwer und schwankend zu beantworten, weil nirgend auffallende und
charakteristische Versgestalten die einzelnen Absätze als respondierend
erweisen: mit geringen Ausnahmen sind wir auf die höchst unsichern
Kennzeichen von Reimstellung und Reimgeschlecht angewiesen. Freilich
würde uns die Kenntnis der Melodie überreich entschädigen, uns vollste

Sicherheit geben: wenn nur mit d e r i n W überliefcrten S a n g - w e i s e Alles in Ordnung wäre!

Die Melodie ist in der Hs. leider schlecht und oft undeutlich ge-schrieben, wenn auch nicht so arg, wie die HMS IV, 769 mitgeteilte Probe glauben machen könnte. Ueber die flüchtige Art des Schreibers, den die Zusammengehörigkeit von Text und Melodie wenig kümmerte, sprach ich S. 151. In der Ueberlieferung der einzelnen Noten mögen sich zahlreiche Fehler eingeschlichen haben: wo sich einmal dieselbe Melodie wiederholt, ist sie in der Regel durch andere Noten, oft sicher fehler-haft, nicht unbedeutend verändert, ja bis zur Unkenntlichkeit entstellt: zuweilen, wie in den sichen Schlusszeilen der Einleitungsstrophen, wäre etwa zu denken, dass der Komponist absichtlich variierte, um nicht immer genau die gleiche Melodie zu bringen. Nachträgliche Korrek-turen, wie sie im Texte überaus häufig sind, erscheinen in den Noten nur ganz selten. Ich habe mich im Abdrucke der Sangweise genau an die Hs. gehalten: Kritik im Einzelnen mögen da Musikverständi-gere üben!

Als Schlüssel sind verwant meist der C- und F-Schlüssel, selten der G-Schlüssel, in der Regel zwei Schlüssel zugleich. Die Linien-systeme sind fünfzeilig wie heute. Länge oder Kürze der Töne wird nicht bezeichnet. Zweisylbige stumpfe Versausgänge werden nur selten durch eine einfache Note, gewöhnlich durch eine Doppelnote oder aber, wie klingende Reime, durch zwei Noten wiedergegeben: nur müssen diese beiden Noten dann stets denselben Ton ausdrücken, was bei klingenden Ausgängen keineswegs immer der Fall ist. Trägt bei zweisylbigen stumpfen Reimen die erste Sylbe eine Blume oder einen Lauf, so muss die Koloratur in ihr auf denselben Ton enden, auf den die zweite Sylbe zu singen ist.

Der Leich ist abgefasst in der lydischen Kirchentonart, d. h. der Tonart, deren Grundton F ist, deren Töne also heissen: F g a h c d e: die vierte Stufe h kommt auch um einen halben Ton erniedrigt als b vor: doch ist diese Umwandlung ins Genus molle nicht durchgeführt. Je nach ihrem Umfang unterscheidet man die Melodien in authentische und plagale: authentische Melodien in lydischer Tonart benutzen F g a h c d e f, so dass der Grundton unten liegt, plagale dagegen bewegen sich auf folgender Tonleiter: C D E F g a h c, so dass der Grundton in der Mitte der angewanten Töne liegt. Beider Arten bedient sich der Komponist: authentisch sind die Weisen von Str. 12—18. 28—30, plagal die von 1—3. 5—11. 19—24. 26. 27. 31—37. Das in der Praxis gewährte Recht, die Tonreihe nach oben und unten um einen Ton zu überschreiten, macht sich der Autor der Weise oft zu Nutze: die plagale Tonleiter wird nach oben in Strr. 2. 5. 9. 26. 36. 37, die authentische nach unten 12 und 30 erweitert: der Ton H V. 59 sollte in der hypolydischen Leiter freilich ausgeschlossen sein. Und die Melo-dien von 4. 25. 38. 39 gehen sogar von C bis f, vereinigen die authen-tische und die plagale Reihe. Darin liegt keine erhebliche Unregelmäs-sigkeit: ähnlicher Tonumfang kommt auch in Spruchweisen von J vor, bei ältern Dichtern sparsamer als bei jüngern, und ebenso in den andern Leichmelodien. Damen freilich begnügt sich stets mit einer Oktave, aber in Alexanders Leich reicht die Weise der sechsten Strophe von D bis f, und Str. 6 von Frauenlobs Kreuzleich erheischt die Töne C—g, Str. 14 F—hohes b, Str. 12 F—hohes c, Str. 23 des Minneleichs D—hohes a. Die Melodie des gesammten Leichs bewegt sich innerhalb der Töne H—f. Vergleichend erwähne ich, dass Damens Leich und Frauenlobs Frauenleich, soweit die Melodie in W erhalten ist, von C—g, Alexanders Leich von D—g, Frauenlobs Minneleich von C—hohes a, endlich der Kreuzleich gar von H - —hohes e sich erstreckt. Wir dürfen aus diesen Tatsachen auf den Stimmumfang der Komponisten schliessen, die doch zunächst für eignen Vortrag komponierten, nicht aber auf die Stimmlage. Es gab keinen Normalton. Die Noten bezeichnen nur die relative, nicht aber eine absolute Tonhöhe: natürlich behält jede Note den einmal fixierten Höhenwert für das ganze Musikstück. —

Die überlieferte Weise des Reinmarschen Leiches ist in ihren ersten Partien nicht ohne melodischen Reiz; sie übertrifft da an Frische und Mannigfaltigkeit die sonst bekannten Leichmelodien bei Weitem: wenn mich mein Gefühl nicht täuscht, gelingt es dem Komponisten gar an der einen und andern Stelle, die feierliche Eintönigkeit, die für uns alle diese Weisen haben, zu durchbrechen und das in einer Uebereinstimmung mit dem Inhalt, die mir nicht zufällig scheint. Ich weise namentlich auf Strophe 1. Während Text und Melodie bis dahin ruhig einhergeschritten sind, bricht in dieser Strophe, dem Mittelpunkte der Einleitung, der Dichter in den bewundernden enthusiastischen Ausruf aus: *Got hèrre unüberwundenlich, wie überwant diu Minne dich;* ebenso jubelt der Komponist in schwungvoll ansteigender Melodie bis zu seinen höchsten Tönen herauf und hält sich die ganze Strophe hindurch in der Höhe, bis er am Ende von V. 14 in langem Laufe sich zu dem musikalisch stets gleichen Refrain der Eingangsstrophen herabsenkt; der absteigende Lauf, technisch *cal*, stimmt gut zur Erwähnung des menschlichen Falles an derselben Stelle: ich erinnere an die absteigenden Tonleitern, mit denen im Kreuzleich 20,1 —3. 10—12 illustriert werden. — Dass hohe Töne den Affekt ausdrücken sollen, liegt in der Natur der Sache und ist ausdrücklich bezeugt: auch Strophe 2 liefert dafür vielleicht ein Beispiel. Die Strophe spitzt sich V. 8 zu in der Antithese: *des starp er mensche unt starp niht Got:* in der Melodie dieses Verses entfernt sich der Komponist ausdrucksvoll steigernd von der Weise des 6. Verses, dem V. 8 musikalisch zu gleichen hatte. Man beachte endlich die warme Innigkeit in der Melodie der 6. Strophe: die Verse preisen die Macht der Minne, die selbst die trübsten und verstocktesten Herzen zu durchdringen, zu erhellen wisse: hübsch entspricht dem die sanfte Weise, die hier in dem weichen b gipfelt. —

In welcher Art nun stellt sich die Einheit des Leiches in Bau und Weise dar? wie weit stimmen Melodie und äussere Gestalt des Gedichtes überein? Das zu beantworten, durchmustere ich den Leich vergleichend von Anfang an.

Ihn eröffnen sechs fünfzeilige Strophen von vierhebigen Versen mit stumpfem Schluss: ihnen entsprechen am Ende des Gedichts vier ebenso gebaute Strophen. Sie haben die Reimfolge: a b a b b : melodisch sind sie alle gebaut a b a b c, d. h. V. 1 ist = 3. 2 = 4 komponiert, und die selbständige Schlussmelodie von V. 5 ist in allen sechs Strophen die nämliche (vgl. dazu Sigeher I). So wird durch den Refrain in feiner Andeutung die Zusammengehörigkeit der Absätze ausgedrückt, viel hübscher jedesfalls, als wenn sich sechsmal die selbe Melodie für die ganze Strophe plump wiederholt hätte: ebenso scheinen schon die ungleich gebauten Strophen der modi Florum und Liebine durch ihre musikalisch, nicht textlich gleichen Schlusszeilen zur Einheit verbunden zu sein. Es steht in entschiedenem Widerspruch zu dieser eleganten und geschmackvollen Art musikalischer Responsion, wenn von den vier Schlussstrophen die beiden ersten einfach auf die Weise von Strophe 5, die beiden letzten auf die von Strophe 4 gehen. Dies Abweichen vom Prinzip der Einleitung ist um so empfindlicher und anstössiger, weil ganz ohne Grund gar jede Melodie zweimal hinter einander gebraucht wird.

Fünfzeiler sind unter den Strophenformen der mhd. Leiche nicht selten. Das älteste Beispiel eines zweiteiligen Leichs, der Gutenburgs, enthält sie wie Reinmars Gedicht gehäuft (MSF 73,21—40): die Zeilen sind dreihebig stumpf; das Refrainartige der Schlusszeile wird dadurch schon in der Reimstellung zum Ausdruck gebracht, dass alle vier Endverse auf einander reimen, nicht aber auf einen Reim ihrer Strophe. Ich bin geneigt, in diesen Fünfzeilern Ausläufer der *versus tripertiti caudati* zu sehen. Bekanntlich folgt in den Tropen jedem Doppelchoral ein Refrain: das ergibt die Melodienstellung a a b. Ferd. Wolfs Vermutung (Lais, Sequenzen und Leiche S. 31 fgg., 198 fgg.), die Erben jener rimes couées seien die in strophischen Sequenzen sehr beliebten Sechszeiler von der Reimstellung a a b c c b. diese Vermutung wird in ihrer Allgemeinheit für die deutschen Leiche dadurch widerlegt, dass die erhaltenen Melodien in Sechszeilern der genannten Art nicht a mit a, c mit c melodisch binden, sondern das erste a mit dem ersten c, das zweite a mit dem zweiten c: die Melodienstellung a a b a a b (Damen 13. 14. 29. 31. 32. 36. 38; Frauenlob Ml. 7. 8. 30. 31) zeugt nicht gegen Wolf, wohl aber a b c a b c, und das ist gar häufiger (Alexander 5. 6. 13. 14. 17. 18; Damen 22. 25; Frauenl. Ml. 2. 4. 12. 13. 17. 27. 32. 33); das melodische Arrangement a a b c c b, das für Wolf bewiese, kommt nicht vor. Dagegen gliedern sich die Fünfzeiler der deutschen Leiche in zwei musikalisch gleiche Langzeilen mit Caesurreim, und eine Kurzzeile als Refrain: es gehört zum Wesen des Tropenrefrains, dass er kürzer ist, als jeder der beiden Versikel, die er abschliesst. So aufgefasst entsprechen Reinmars Fünfzeiler ungefähr der Strophe des Petrusliedes. —

Ein zweiter Teil reicht von Str. 7 — 11. Er fängt an mit auftaktlosem Verse. Ihn beginnen und enden je zwei fünfzeilige Strophen, bestehend aus zwei vierhebig stumpfen und drei dreihebig klingenden Versen in der Reimstellung ababb: sie umschliessen eine dreiteilige Strophe 9, in der nur immer der letzte Vers der Stollen und des Abgesangs klingend reimt. Musikalisch sind in dem Mittelstücke die Stollen — bis auf eine dem Schreiber zuzuweisende nicht unerhebliche Abweichung in der Schlusszeile — natürlich gleich, der Abgesang hat seine besondere Weise, nur dass auch in seiner Schlusszeile die Melodie der Stollenschlüsse in wenig variierter Gestalt wiederkehrt. Die beiden auf einander reimenden Zeilen der Stollen 41 und 42. 44 und 45 sind musikalisch ähnlich gebildet: im Abgesang haben die beiden Hälften des durch Inreim geteilten V. 47 die gleiche Melodie, und noch V. 48 lehnt sich an dies Motiv umgestaltend an. — Mit den Strophen 7. 8, 10. 11 hat es seine eigne Bewantnis. Solche fünfzeiligen Strophenpaare sind durch den ganzen Leich zerstreut (vgl. 17. 30. 34. 35): sie haben verschiedne Reimstellung. verschiednes Reimgeschlecht. sind aber alle gemischt aus stumpfen und klingenden Versen und bilden den Uebergang vom einen Teile zum andern. Es liegt in diesem ihrem Charakter, dass sie unter sich und womöglich auch mit den Teilen, die sie verbinden, gern etwas gemein haben. Das verbindende Element in diesem zweiten Teil des Leichs sind wieder im wesentlichen die Schlussverse. Die Strophen 7 und 8 sind melodisch identisch: Reimstellung: ababb. Melodienstellung: ababc. Die Strr. 10 und 11 hingegen haben, trotz des gleichen Baus. weder mit 7. 8, noch unter sich musikalische Aehnlichkeit: abgesehen eben von den Schlussversen. Denn V. 60 ist dem Schluss von Str. 7 und 8 recht ähnlich; V. 55 ist genau = 46, dem Schlussvers des zweiten Stollen: die melodische Uebereinstimmung wird durch fehlerhafte Ueberlieferung noch gelitten haben: darauf weist schon die Wiederholung der Melodie in Str. 26 hin. Dazu kommt, dass die gesammte Weise von Str. 10 beruht auf Motiven des Abgesangs von 9 (V. 49. 50). So fehlt es auch dem zweiten Teile nicht an musikalischer Deutlichkeit seines innern Zusammenhangs.

Gerade durch die Weise wird ein solcher innerer Zusammenhang besonders evident in dem dritten Teile, der bis zu den Uebergangsstrophen 17 reicht. Zwei Sätze aus je sechs Versen, 12 + 13 und 16, beide aus klingenden und stumpfen gemischt, aber in verschiedner Reimordnung (12 und 13 a a a b ◡ b ◡ b ◡, 16 a a a a b ◡ b ◡), nehmen das Mittelstück 14 und 15 zwischen sich. Dieser Mittelsatz zerfällt wiederum in zwei Partien: eine zweiteilige Strophe von sechs vierhebig stumpfen Versen (a a b a a b) und ein Gebäude von vier stumpfen Reimpaaren, das durch ein klingendes abgeschlossen wird. — Die Melodie schmiegt sich dem Bau durchweg an. Die Weise von V. 61 ist das 'Leitmotiv' dieses Abschnitts. Sie erscheint in den beiden umschliessenden Sätzen (V. 61. 62 und 85. 86), wie in dem Mittelsatz (V. 67. 68. 70. 71). Ueberhaupt scheint Str. 11 melodisch nichts als eine Verdoppelung von Str. 12 gewesen zu sein. Der Parallelismus von 12 + 13 und 16 wird über jeden Zweifel erhoben dadurch, dass in 16 nicht nur die Hauptmelodie von 12, sondern (in V. 87. 88) auch die von 13 wiederklingt. Endlich zeigen die beiden ersten Zeilen von 16 nahe Verwantschaft mit einer Melodie der 15. Str. (V. 74. 76. 78. 80). Den Uebergang zum nächsten Teile bilden wieder zwei Fünfzeiler in folgender Anordnung (Str. 17):

⌣ 4 a   ⌣ 4 c
⌣ 4 a   ⌣ 4 c
⌣ 4 b   ⌣ 4 b
⌣ 4 c   ⌣ 4 c
3 d ⌣   3 d ⌣

Wie es ihnen als Uebergangsstrophen ziemt, wiederholen sie das Hauptmotiv des dritten Teils in ihrem ersten Reimpaare, dessen beide Verse auf einander reimen und musikalisch gleich sind. Dass die beiden durch Reim verketteten Strophen auf dieselbe Melodie gesungen wurden, versteht sich.

Es deckten sich bisher Bau und Melodie übersichtlich und in feiner Berechnung, dazu völlig entsprechend den oben skizzierten Regeln über musikalische Responsion. Aber von der 18. Strophe etwa an ist nichts mehr in Ordnung, es macht sich hier ein auffälliger B r u c h i n d e r K o m p o s i t i o n des Leiches geltend. Die ersten 100 Verse des Leichs enthielten 40 verschiedene Versmelodien: der bedeutend grössere Rest. 133 Verse, bringt es nur noch auf 18 neue Melodien. Es wäre nun nicht eben wunderbar, wenn sich im zweiten Teile des Leichs die Melodien des ersten grossenteils wiederholten und neue Motive in geringerer Anzahl vorkämen. Aber es ist schon bedenklicher, dass jene Motive des zweiten Teils nur in 5—6 Fällen ganze Strophen bilden: 20. 22. 32— 35; sonst überall (21. 25. 27. 28. 29. 31) hat der Komponist die neuen Versmelodien mit den alten mechanisch zu einem Ganzen verbunden: so ist z. B. in Str. 25 V. 139. 143 melodisch = 16, V. 140. 144 = 17, V. 141. 145 haben ein eignes Motiv, V. 142. 146 endlich sind = 46. Nicht unerheblich scheint mir ferner folgende Beobachtung: von den 40 Versmelodien der ersten 100 Verse gehen 13 über c, weitere 13 über a hinaus; 11 erreichen das a und nur 3 ganz selten gebrauchte (V. 56—59) bleiben unter dem a: die hohen Töne werden augenfällig bevorzugt. Ganz anders von V. 100 an: zwar werden die hohen Melodien des ersten Teils noch immer oft benutzt, und in diesem Fall steigt der Komponist auch in der zweiten Hälfte des Leichs bis zum hohen f herauf, aber auch nur dann: von den 18 neuen Melodien steigt keine über c hinaus, nur 8 über a; 6 meist besonders beliebte steigen bis zum a. und 4 gleichfalls öfters angewante liegen noch unter dem a. Mit diesem geringen Tonumfang der neuen Melodien, mit ihrer isolierten stückweisen Verwendung hängt es zusammen, dass sie des Lobes durchaus unwert sind, das ich den Weisen der ersten Hälfte spenden konnte; um sich von ihrer schauerlichen Eintönigkeit zu überzeugen, singe man nur die Strophen 20 und 21 oder 33—35.

Was aber schwerer wiegt, als alle diese äusserlichen Bedenken, das ist der schlimme Widerspruch, in dem von Str. 18 an Melodie und Bau des Leiches stehen. Warum in Strophe 19 die Verse 101. 102. 104 die zweite Melodie der 15. Str. (V. 74 u. ö.) haben, vermag ich nicht einzusehen: es ist das wol nur eine gedankenlose Reminiscenz ohne Absicht, zumal V. 74 vierhebig stumpf, V. 101. 102. 104 vierhebig klingend sind. Die übrigen Melodien der Strophe 19 sind früher noch nicht dagewesen und unter einander verschieden: ist, wie es scheint, Str. 19 zweiteilig (101—103 = 104—106), so ist der Mangel an musikalischer Symmetrie höchst erstaunlich. V. 107—120 haben im wesentlichen dieselbe Melodie: nur V. 109. 110, sowie die Schlussverse der Stollen 115. 120 sind am Schlusse variiert. Schon diese sonderbare Häufung ein und derselben höchst langweiligen Figur ist Reinmars bisheriger Art zuwider: sie ist schlimmer, als die 24malige Wiederholung derselben Weise beim wilden Alexander: denn der wiederholt sie wenigstens in Abschnitten zu sechs Versen dreimal in grossen Zwischenräumen, das vierte Mal unmittelbar nach dem dritten, aber nun auch in etwas veränderter Gestalt. Viel schwerer indes, als dieser ästhetische Mangel, wiegt es mir, dass Str. 20, eine im Bau völlig von 21 verschiedene Strophe, vielleicht der Abgesang zu den Stollen Str. 19, die gleiche Weise hat, wie die einander entsprechenden Stollen der 21. Str., die aus vierhebig und dreihebig klingenden Versen zusammengesetzt sind, während andrerseits der Abgesang von Str. 21 gar keine melodische Verwantschaft mit den Stollen zeigt. War das einem guten Leichkomponisten möglich, dann mögen wir nur getrost darauf verzichten, aus dem äussern Bau auf die Melodie zu schliessen. Scheint der Komponist doch nicht einmal bemerkt zu haben, dass V. 114 und 119 nur dreihebig sind, 111—113, 116—118 dagegen aus vier Hebungen bestehen: er spannt alle acht Verse über denselben Leisten, während er im Abgesang, wo die Sachlage die gleiche ist, den vierten Vers (124) von den drei ersten musikalisch trennt. V. 121—123 sind melodisch = 101—103; 124 ist neu komponiert, aber dem Hauptmotiv von 20 und 21 verwant: in den Schlusszeilen kehrt dies Hauptmotiv nach der Gestalt der Verse 109. 110 wieder. Melodisch stehen jedesfalls die drei ersten Verse den drei letzten gegenüber.

Strr. 23 und 24 haben in der Weise nichts mit einander zu tun. Str. 23 besteht aus den Motiven 91—93 und 52; man sieht, wie die neue Melodie aus Fetzen alter Stücke zusammengeleimt ist. Str. 24 wäre ganz = Str. 11, wenn ihr dazu nicht ein Vers fehlte. Dass in die sehr absonderlich zusammengeflickte Str. 25 gar Motive aus der Einleitung hineingeschneit sind, erwähnte ich schon. Wenn von kunstgemässem Bau des Leichs überhaupt die Rede sein soll, so sind diese unvermittelten Reminiscenzen hier gewiss nicht am Platze. Str. 26 in Bau und Melodie = den Stollen von Str. 9; nur ist sie um eine Zeile erweitert, die die Weise von V. 35 hat. — Wieder ein Cento aus allerlei frühern Melodien ist Str. 27: melodisch gleichen sich nur Vers 155 und 159, die natürlich nicht auf einander reimen und beide = Vers 35 sind. V. 154 = 124, V. 156 neu, V. 157. 158 = 42. 43. Str. 28: Die Strophe besteht aus drei Reimpaaren, deren erstes die Hauptmelodie des dritten Teiles hat = 61. Der 4. und 6. Vers der Strophe haben ebenfalls gleiche Melodien (= 93), reimen aber nicht, sondern der 4. reimt auf den 3., der 6. auf den 5. Nun sind sich aber nicht etwa auch 3 und 5 musikalisch gleich, wodurch die von den Reimen abweichende Melodienfolge unauffällig würde, sondern der Ton des 3. Verses ist = 92, der des 5. neu. Str. 29: der Reimfolge a b a b c c steht eine Melodienfolge: a b c c d d gegenüber, worin a = 64, b = 65, c = 66, d = 81. Es gleichen sich also melodisch der dreihebig klingende dritte und der vierhebig stumpfe vierte Vers, nicht aber dem entsprechend auch der 1. und 2. Vers. Str. 30 = 17, nur dass unsere Strophe um einen Vers erweitert ist. Die Reimstellung der musikalisch identischen Strophen ist eine verschiedene: beides sind Uebergangsstrophen.

Str. 31 muss nach **W** als dreiteilig gelten: **a b | a b | a c a**. Die Melodien-
reihe widerspricht dem abermals: **a b c b c d e**. c = 48, d = 49, e = 50.
In Str. 32 Reime: **a a b c b c d d**, Melodie: **a a b c b c d d**. a = 108, b =
127, c = 128, d neu. V. 190—195 melodisch = 125—130.

Die Strr. 34 und 35 sind beide fünfzeilig, ganz gleichmässig in der Reimfolge **a a a b b** gebaut aus zwei vierhebig klingenden, einem dreihebig klingenden,
zwei vierhebig stumpfen Versen. Gleichwohl differieren sie in der Melodie nicht
unerheblich. Der Melodienfolge **a b a b b** in Str. 34 entspricht **b b a c a** in 35.
Dabei sind beide Reihen ganz unders geordnet, als es die Reime erwarten liessen.
Die beiden letzten Verse von Strophe 35 zeigen Anklänge an Vers 4 und 5 der
Einleitung.

Dass die je doppelte Wiederholung der 5. und 4. Str. in der Weise der
vier Schlussstrophen ganz dem Principe widerspricht, dem Reinmar in der Einleitung folgt, das erwähnte ich: die Melodie von Str. 4 war übrigens schon in
Str. 25 unmotiviert vorgebracht worden.

Während also bis zur 18. Str. Alles in bester Ordnung war, gibt
von da an fast jede Strophe Veranlassung zum Anstoss, namentlich aus
drei Gründen: der Melodienreichtum nimmt auffälligst ab, zum guten
Teil bekommen wir Flickereien aus Fetzen früher verwanter Melodien;
dann fehlt es zwar nicht ganz an musikalischer Responsion, aber die
melodischen Reminiscenzen stehen oft an Stellen, wo sie nicht hingehören,
sind regellos durcheinander gewürfelt (19. 21. 25. 27. 28. 31); endlich
und vornehmlich steht Reim- und Melodienfolge, steht musikalische und
metrische Responsion mit einander im schreiendsten Widerspruch (20.
21. 27. 28. 29. 31. 34. 35). Dies Fehlen künstlerischer Gesetzmässig-
keit zusammen mit den andern Seltsamkeiten der Partie von Str. 19
an (vgl. S. 363) drängt zu dem Schlusse, dass die erhaltene Sangweise
gar kein einheitliches Ganzes sei, sondern ein aus zwei verschieden ent-
standenen Stücken zusammengeleimtes Werk: zum mindesten müsste
sie in ihrer zweiten Hälfte aufs Aergste entstellt und verfälscht sein.
Mir dünkt es glaublich, dass sie zurückgeht auf einen Mann, der von
Reinmars Leichmelodie nur die erste Hälfte vor sich hatte und den
Rest zum Teil aus dem Gedächtnis, zum Teil aus eignen Kräften ergänzte. Er wusste, dass sich im Original frühere Melodien später wiederholten, und liess daher, oft genug an unrechten Stellen, solche Wiederholungen um so lieber eintreten, als musikalische Erfindung seine starke
Seite nicht war. Ueberblick über den Bau des Leichs hat er nicht besessen. Aus seinen eignen neuen Melodien dürfen wir schliessen, dass
ihm die hohen Töne nicht bequem lagen; sang Reinmar Bariton, so war
er etwa Bass, und sein Stimmumfang war geringer als der unsers
Dichters.

Dies Resultat ist wenig befriedigend: so lange aber nicht andre
Quellen für die Musik der Leiche mir meine jetzige Ansicht vom Verhältnis zwischen Bau und Melodie erschüttern, so lange nicht andre
Beispiele mir beweisen, dass einem Komponisten im selben Gedicht eine
so ganz ungleichmässige Anlage des melodischen Aufbaus möglich war,
so lange glaube ich nicht an Reinmars Autorschaft für den zweiten
Teil der Leichmelodie, wenigstens in der Gestalt, wie sie uns vorliegt.
Die Echtheit und Richtigkeit der ersten Partie zu bezweifeln, dazu sehe
ich keinen Grund; aber auch in den verdächtigen Abschnitten mögen

so manche echte Stellen, so manche richtige Responsionen sich finden, die mir behilflich sein sollen, wenn ich nun an der Hand des äussern Baus die Konstruktion des Leichs zu entwickeln suche. — Den beiden Fünfzeilern Str. 17 reiht sich den vierten Teil eröffnend zunächst ein dreihebig klingendes Reimpaar 18 an, das auftaktlos beginnt: dass es auf 93 und 98 reimt, ist kaum Absicht. Der Teil reicht bis zu Str. 22 incl., und in seinen schweren vierhebigen Versen erklimmt der Leich seinen Höhepunkt. Er zerfällt in zwei grosse dreiteilige Strophen: 19 + 20 und 21, und wird geschlossen durch zwei gekreuzte vierhebig stumpfe Reimpaare [373]). Dass die letzten Verse beider Strophen, 109. 110 und 125. 126 auf die gleiche Melodie gehen, mag richtig sein.

Den Fünfzeilern Str. 17 folgen erst in Str. 30 wieder zwei Fünfzeiler: es ist unglaublich, dass erst dort wieder ein grösserer Abschnitt anzunehmen sei. Ich vermute, dass dem vierten Teile in Strr. 23. 24 zwei Uebergangsstrophen folgen. Obgleich die Strophen metrisch nicht genau gleich sind, so wird mir ein Zusammenhang zwischen ihnen wahrscheinlich durch den fehlenden Auftakt der ersten drei Zeilen jeder Strophe, sowie durch den gleichen Reim des je letzten Reimpaars [374]). Dem Charakter einer Uebergangsstrophe entspricht es, dass Str. 23 mit zwei vierhebig klingenden Versen beginnt, die ja im vierten Teil die Hauptrolle spielten. Melodisch ist 23 aus Str. 17, die zum vierten Abschnitt überleitete, 24 aus Str. 11 gekürzt, die eine Uebergangsstrophe des zweiten Teils bildete: waren vielleicht auch 23. 24 ursprünglich Fünfzeiler, die von der Ueberlieferung verstümmelt wurden?

Mit Str. 25 beginnt der zweite Hauptteil des Leichs, in dem sich, soweit das ohne Kenntnis der Weise festzustellen ist, die einzelnen Abschnitte der ersten Hälfte grösstenteils wiederholen, wenn auch in mannigfacher Umgestaltung: auch die Ordnung ist nicht dieselbe, wie früher: zwar wird die Reihenfolge der drei Teile gewahrt, aber innerhalb des einzelnen Teils scheint umgekehrte Folge der Strophen beliebt worden zu sein.

Dem zweiten Abschnitte Str. 9 entspricht der fünfte = Strr. 25. 26. Str. 25 hat den Abgesang von 9 zu einer zweiteiligen Strophe verdoppelt; Str. 26 ist bis auf eine geringfügige Erweiterung (V. 153) genau gleich den Stollen von Str. 9, und die überlieferten Noten geben ihr auch die gleiche Melodie, wie den Versen 41—46.

Es folgen unmittelbar als sechster Teil die dem dritten (12—16) entsprechenden sechszeiligen Strr. 27—29. Uebergangsstrophen trennen

---

373) Dass ich 19 und 20 nicht als éine Strophe schrieb, war nur Vorsicht, weil allerdings der Zusammenhang des Abgesangs 20 mit den Stollen 19 nicht so augenfällig und zweifellos ist, wie zwischen Stollen und Abgesang von 21, wo jeder der drei Teile mit drei gleich reimenden klingenden Versen beginnt, von denen die drei ersten vier, der letzte drei Hebungen hat.

374) Um dieses gleichen Reims willen hätte ich die Strophen als eine zweiteilige Strophe geschrieben, wenn nicht die metrische Differenz zwischen 131/2 und 135/6 bestünde.

den fünften und sechsten Teil des Leiches nicht: 26 und 27 sind sogar
im Satzbau eng verbunden: solche grössere Laxheit im Aufbau der
zweiten Hälfte ist oft zu beobachten. Die Uebergangsmelodien in 28
gehören gewiss nicht hinein. — Str. 27 besteht wie 16 aus sechs Versen:
zwei dreihebig klingenden und vier vierhebig stumpfen, die auf denselben
Reim ausgehen: nur steht in 16 das klingende Reimpaar nach, in 27
voran. Die drei stumpfen Reimpaare von 28 mögen den 4 von Str. 15
entsprechen: nur fehlt jenen der Abschluss, den 15 in seinem fünften
klingenden Reimpaare findet. Diesen Abschluss enthält aber Str. 29,
deren letztes stumpfes Reimpaar melodisch den Versen 81. 82 nah verwant ist, während seine vier ersten gekreuzt reimenden Zeilen melodisch
der 14. Str. entsprechen. Auch hier wird eine richtige musikalische
Reminiscenz vorliegen. Nur nach dem äussern Bau wäre für Str. 29
im dritten Teile kaum eine Responsion zu finden gewesen.

Die Uebergangsstrr. 17 u. 30 decken sich musikalisch vollkommen
— abgesehen von dem unbedeutenden Zuwachs in 30 (V. 182). Die
Reimordnung ist verschieden: aber nicht so verschieden, dass sich
stumpfe und klingende Ausgänge entsprächen: die Melodienfolge verträgt sich in beiden Fällen mit der Reimordnung. —

Dem vierten Teil (18—24) hätte nun zu respondieren der siebente
(31—35). — Str. 31 lässt sich nach der Ueberlieferung W nur als
dreiteilig ansehen: a ᴗ b, a ᴗ b, a ᴗ c a ᴗ: in kl ist sie achtzeilig: a ᴗ b,
a ᴗ b, c a ᴗ c a ; ich folgte W, da die häufigen Umgestaltungen und Interpolationen von kl jede grössere Abweichung dieser Hss. von vorn herein
verdächtig machen, und der namentlich der 5. Vers in kl den Gedanken
von 190. 191 unpassend anticipiert. Für 31 kann ich eine Responsion
im vierten Teil nicht finden. Dagegen entspricht Str. 32 musikalisch
deutlich der 22. Str.: nur sind die gekreuzten stumpfen Reime in 32
eingeschlossen von je einem ebenfalls stumpfen Reimpaar; deren erstes
(190. 191) in der Weise mit den 22 vorangehenden Zeilen 125. 126
obendrein noch zusammenfällt. Unverkennbar ist endlich der Zusammenhang zwischen 21 und 33—35, beide durch ihre vierhebig klingenden
Verse ausgezeichnet. Den beiden Stollen von 21 entspricht die aus
ihnen gekürzte Str. 33:

21.	4 a ᴗ	4 c ᴗ		33.	4 a ᴗ	4 c ᴗ
(Stollen)	4 a ᴗ	4 c ᴗ			4 a ᴗ	4 c ᴗ
	4 a ᴗ	4 c ᴗ				
	ᴗ 3 a ᴗ	ᴗ 3 c ᴗ				
	ᴗ 3 b ᴗ	ᴗ 3 b ᴗ			3 b ᴗ	3 b ᴗ

Umgekehrt ist der Abgesang von 21 erweitert in den fünfzeiligen Uebergangsstrophen 34. 35, die aus vierhebig klingenden und stumpfen Versen
gemischt passend überleiten vom siebenten Teil mit seinen vierhebig
klingenden Versen zu dem aus nur vierhebig stumpfen Zeilen gebildeten
Schlusse:

21 (Abgesang). 4 d ◡   34. 4 d ◡ = 35.
                4 d ◡   4 d ◡
                4 d ◡
              ◡ 3 d ◡   3 d ◡
              ◡ 4 e   ◡ 4 c
              ◡ 4 é   ◡ 4 c.

Folgendes kurze Schema, in dem ich die einander entsprechenden
Partien gegenüberstelle, möge den Bau des Leichs veranschaulichen: die
Ziffern der Strophen, die ich nur auf Grund der verdächtigen Melodie
gleichsetzte, sind cursiv gedruckt.

      I. Einleitung: 1. 2. 3. 4. 5. 6. VIII. Schluss: 36. 37. 38. 39.
              7. 8.   Uebergangsstrr.
     II.   9.   V. 26. 25.
             10. 11.   Uebergangsstrr. *23. 24.*
    III.   12. 13.   VI. *29.*
            14.
            15.   28.
            16.   27.
            17.   Uebergangsstrr.   30.
                                      VII. 31.
    IV. 18. 19. 20.
            21.   33. 34. 35.
            22.   32.

Der Leich ist in der Hauptsache zweiteilig, wenn er auch an schla-
gender strenger Responsion weit zurückbleibt hinter den Leichen Gutenburgs, Walthers, Liechtensteins, dem ersten Winterstetten u. a. In
Folge dessen kann eine Untersuchung über seinen Bau nie zu so sichern
Resultaten führen: und die Feuerprobe, die ein Vergleich mit der Melodie ermöglichen würde, diese Feuerprobe ist uns leider gerade in den
entscheidenden Partien versagt. —

Der Leich ist ein Lob- und Bittgesang an die wahre göttliche
Minne und auf Christus, den sie uns erlösen hiess. Seine erste Hälfte
gilt zumeist der Minne: nach einander wird Gott, den die Minne über-
wand (I), dem heiligen Geist, dem Schenken der Minne (II), der Jungfrau Maria, die uns durch Minne den Heiland gebar (III) und endlich
in dem Mittelpunkt des Leichs (IV) der Minne selbst Lob und Preis
gezollt: eine Bitte an die göttliche Minne (22, 23) schliesst den Teil.
Im zweiten Hauptabschnitt, der vorzugsweise an Christus gerichtet ist,
wird von Christi Geburt und ihren Folgen berichtet (V. VI); ein aus-
führliches Gebet an den Heiland, nach dem wir genannt sind (VII),
reiht sich auch hier an das Lob. Der Schluss (VIII) weist noch einmal auf die Macht der Minne hin, mahnt zu Besserung und endet mit
einem kurzen Gebete zu Maria und ihrem Sohne. —

Die Spruchtöne.

1. Frauen-Ehren-Ton.

Der Name des Tons ist in C bezeugt, freilich von der Hand J; er ist ständig bei den Meistersingern [375]): möglich, dass er schon zu Reinmars Lebzeiten, ja dass er von ihm selbst geschaffen wurde (S. 167). Ueber die Entwicklung der Form bei den Meistersingern vgl. S. 157 fgg., über verwante Töne S. 124 fg. [376]), 347, 172, wo auch die normale Gestalt des Tones dargestellt ist.

Von dieser Grundform weicht Reinmar in doppelter Beziehung ab: unbedenklich lässt er den Auftakt fehlen; und er erlaubt sich grosse Freiheit und Mannigfaltigkeit in den Caesuren der 2. 3. 5. 6. Zeile. Wie die Spruchtöne des 13. Jahrhunderts zumeist, ist auch der Ehrenton zum grössten Teil gebildet aus **Versen,** die volkstümlichen deutschen Ursprungs und Charakters sind: der vierhebig stumpfe Vers kehrt viermal wieder (1. 4. 10. 11); der 2. und 5. Vers entspricht in der Gestalt ⌣ 3 | ⌣ 4 ganz dem 4. Verse der Nibelungenstrophe, und Vers 3 und 6 sind, abgesehen vom Reimgeschlecht, in der Regel der letzten Langzeile der Gudrunstrophe gleich. Eine Ausnahme bilden nur die fünfhebig klingenden Verse 7, 8 und 12. Dass sie nicht etwa auf den zweiten Halbvers jener Gudrunzeile zurückzuführen sind, sondern auf die französischen Elfsilbler, das wird für die Schlusszeile der Strophe nahezu sichergestellt: sie hat mit dem romanischen Verse die obligate männliche Caesur nach der 4. Silbe gemein (Zarncke, Ueber den fünffüss. Jambus, S. 6), eine Uebereinstimmung, die um so schwerer wiegt, als sie sonst in den fünfhebigen Versen der deutschen Lyrik keineswegs Regel ist (Zarncke a. a. O. S. 12 fgg., Bartsch, Germ. II, 278).

Trotz der S. 315 mitgeteilten Beobachtung ist mir ein grösserer melodischer Einschnitt im Abgesang eher nach V. 8 wahrscheinlich als nach 9. Gerne schliesst sich das erste Verspaar inhaltlich und syntaktisch zusammen. Und nur 25 mal reicht ein Satz ohne Interpunktion von V. 8 nach 9 herüber, während ein gleich enges syntaktisches Band in 42 Strophen die Verse 9 und 10 verkettet. Auch das seltene Fehlen des Auftakts von 9 entspricht der Praxis, die Reinmar am Beginn strophischer Abschnitte übt [377]).

---

375) Anspielungen auf den Namen sammelt vdHagen, HMS IV, 506.

376) Ich füge dem dort Gesagten noch hinzu, dass die Verse 10—12 bis auf die Caesur identisch sind mit den Stollen der Waltherschen Hofweise (20,16 fgg).

377) Bartsch will Germ. II, 281 eine Uebereinstimmung im Bau von Auf- und Abgesang dadurch herstellen, dass er die Schlusszeilen der Stollen dem Schlusse des Abgesangs gleich setzt. Er vereinigt also, wie es scheint, V. 11 und 12 zu einem neunhebigen Vers mit Inreim und setzt auch die Schlusszeilen der Stollen als neunhebig an, indem er die klingende Caesur wol für zwei Hebungen rechnet. Schon das ist nicht möglich (vgl. S. 125): dazu kommt das verschiedene Reimgeschlecht in Stollen und Abgesang. In seinen Liederdichtern² 173 fgg. schreibt denn auch Bartsch den Ehrenton zwölfzeilig.

Caesuren haben die Verse 2. 3. 4. 5. 12: am regelmässigsten der letzte, stumpf nach der zweiten Hebung. Diese Caesur des zwölften Verses hat sich auch im Satzbau ausgeprägt: 21 mal beginnt mit ihr ein besondres Schlusssätzchen, in 74 weitern Strophen fällt sie mit schwächerer Interpunktion zusammen: vgl. auch S. 343. Fehlen der Caesur beweist in echten Strophen stets verderbte Ueberlieferung: vgl. d. Anm. zu 65,12 und 154,12; 83,12 trennt die Caesur auffällig das Adjektiv *wol gebære* in seine Bestandteile. Elision oder Verschleifung über die Caesur hinweg habe ich stets durch Apokope beseitigt.

Von ganz andrer Art sind die Caesuren der 2., 3., 5. und 6. Zeile. Ich behalte es andrer Gelegenheit vor, die eigenartige Erscheinung der unstäten Caesur, die vielleicht schon Walther, sicher Wernher nicht mehr fehlt, durch Analoga zu erläutern (vgl. auch S. 125 fgg.), und stelle hier nur den Tatbestand fest. Da ist nun die 3. und 6. Zeile von der 2. und 5. wohl zu scheiden. In der dritten und sechsten Zeile liebt es Reinmar sehr, den Rhythmus an der Caesurstelle durch das Zusammenstossen zweier Senkungen zu unterbrechen: $(\smile)\ 3\ \smile\ |\ \smile\ 5$. Ich zähle in den 229 echten Strophen 227 Verse, die nach diesem Schema gebaut sind; also fast genau die Hälfte: dazu kommen 44 weitere Fälle, in denen durch Elision oder Verschleifung über die Caesur hinweg die rhythmische Unterbrechung beseitigt werden könnte, die wir aber bei der Fülle beweisender Beispiele nun auch mit zwei durch Caesur getrennten Senkungen lesen werden [378].

Im Wesen nicht unterschieden von den besprochenen Fällen, wenn auch weniger auffällig, sind die Verse, die bei klingender Caesur des Auftakts der zweiten Vershälfte entbehren, also einer Unterbrechung des Rhythmus aus dem Wege gehen. Auch diese Verse, etwa 60 an der Zahl, kennen unter ihren klingenden Caesurausgängen solche wie *ēwangélĵō* 9,3, *schōzvòl* 97,3, *úrteil* 136,6.

Aber Reinmar handhabt die Caesur noch freier. Er gestattet sie sich nicht nur nach der dritten Senkung, sondern auch unmittelbar nach

---

378) Wackernagels Versuch im Lesebuch, durch Kürzungen jene klingende Caesur mit folgendem Auftakt zu beseitigen, mochte in den wenigen Strophen möglich erscheinen: wollte man aber in allen 227 Versen solche Kürzungen annehmen, so fielen auf diese zwei Versstellen fast ebensoviel und schlimmere Apokopen und Synkopen, als auf die ganze übrige Strophe. Und wir kämen doch nicht durch damit: in Versen wie 71,6 *Dēmuot, Wārheit, Gehórsam | des hóvegesindes muoz durch nòt beviln;* 103,6 *diu Salómonis wísheit | swie ganz diu wære, ein wip verschriet si doch* helfen alle Kürzungen nichts, und es wird dem entsprechend auch zu lesen sein 60,6 *unrēht muotwille lā't sich | mit wòrten noch mit werken nieman zamen;* 45,3 *ein lip zwô sēle dâz ist | swâ sich zwei gebent zesamen mit rēhter ē;* 123,3 *sō hüeten daz diu Clüokeit | der Kündikeit iht gar ze heinlich si;* 192,3 *diu ērste heizet hō'chvart, | diu ânder ungehórsam ist genant:* hier überall werden der Caesur Worte im klingenden Ausgang gestattet, die am Versschlusse nie so dienen dürften: gerade wie bei Walther 98,6 in der Caesur *iedoch : hie noch* gar als Inreime klingenden Reimen wie *allen : vallen* entsprechen, wie Damen HMS III, 163 b, Str. 4,11 in der Caesur *Klinsor* ebenso verwendet als V. 12 *tihte* (vgl. Frl. 265,9); 163 a, 2,12 wird gar zu lesen sein *ûnt gedénke dâz di'n | mûnt gesprochen hât:* ähnlich auch *si' mich* Hadlaub XV, 1,4.

der dritten Hebung, seltener sogar nach der vierten Hebung, wo dann die zweite Vershälfte um einen Fuss gekürzt wird: also ◡ 3 | ◡ 5 und 4 | 4. Beide Fälle scheinen mir unleugbar: Sinneseinschnitte, metrische Freiheiten im Auftakt nach der Caesur (s. u.) und selbst vereinzelte Inreime zeugen dafür: vgl. z. B. 7,3 *Got aller hahe ein duch,* | *Got aller tiefe ein endelöser grunt:* 35,6 *ein engel unt ein wip;* | *des lobes gût ir nimmer guot man abe;* 57,3. 77,3. 87,3. 96,3 u. a. und 5,6 *diu selbe tugent ist alsò grôz, daz si dir selben ist genöz;* 8,3 *dù himelsippe vaterhalp, dù erdesippe muoterhalp;* 14,3. 16,6 und öfter: ich mache noch aufmerksam auf 85,6, wo die erste Vershälfte dem zehnten, und auf 88,3, wo sie dem vierten Verse ganz gleich ist. Zweisylbige Hebung wird in der stumpfen Caesur nicht gemieden.

Aber selbst auf diese vier Schemata ◡ 3 ◡ | ◡ 5, ◡ 3 ◡ | 5, ◡ 3 | ◡ 5, ◡ 4 | ◡ 4 lassen sich die dritten und sechsten Verse des Ehrentons nicht immer ungezwungen dem Sinne entsprechend zurückführen. Und das fällt bei Reinmar auf. Bei den Versen des Baues ◡ 3 ◡ | ◡ 5 kann ein Zweifel an dem Vorhandensein der Caesur nicht aufkommen: in ihnen aber fällt mit der Caesur ebenso wie im 12. Verse in der Regel ein stärkerer oder schwächerer Sinneseinschnitt zusammen: mindestens wird es gemieden, durch die Caesur eng zusammengehörige Worte auseinander zu reissen. Dagegen bei Versen wie 10,6 *miltù daz wir nâch dinem* | *willen leben, den willen muost uns geben;* 81,3; 158,3; 197,3; 129,6 *von hovemünchen unt* | *von clösterrittern kan ich niht gesagen;* 160,3 *ein ohse wânde daz* | *er sunge baz dan ie kein nahtegal;* 169,3 *gebalsamt lüge, gebismet* | *lüge, lüge mit safrân überzogen* u. a. darf man trotz Nib. 388,2 fragen, ob Reinmar eine Caesur überhaupt beabsichtigte. Ich denke, die Sache liegt so: die normale Caesur, die klingende nach der dritten Senkung mit folgendem Auftakt, war für Reinmar ein Schmuck des Verses, an den er sich, gleichgiltig gegen die äussere Form, nicht eben band; fühlte er doch nicht einmal mehr, dass jene klingende Caesur für den Vers zwei Hebungen bedeute; auch musikalisch muss sie wenig bemerklich gewesen sein. Aber auch dann, wenn der Rhythmus nicht unterbrochen wurde, war ein Einschnitt in dem allzu gestreckten Verse wünschenswerth, und den brachte Reinmar unter dem Einfluss der Normalcaesur am liebsten hinter die dritte Senkung; aber er liess sich, wos ihm bequemer war, den Spielraum einer Sylbe nach vorne und nach hinten: dass dadurch im einen Falle die Verteilung der Hebungen auf die beiden Versteile alteriert, dass zwei gleiche Hälften hergestellt wurden, ist freilich sehr anstössig und erweist stumpfes Formgefühl. Von jener freien Behandlung der Caesur wars nur ein kleiner Schritt weiter, wenn Reinmar schlechte Verse duldete, deren gleichmässigen Fluss überhaupt keine Caesur unterbricht. Nur als caesurlos ist ein Vers zu verstehen wie 125,3: *wie kunden die nâch Gotes êren einen rehten bâbst erweln,* wenn man nicht gar noch Caesur nach der vierten Senkung dulden will: mit dem stumpfen Ausgang *Gotes,* der um des Rhythmus willen als zweisilbig gelten muss, kann die erste Vershälfte nie abschliessen. Allerdings gestattet sich das Volksepos in der epischen Langzeile zuweilen diese Freiheit (Lachm. z. Nib. 118,2. 698,3. 2050,4. DHB II, XXXII): aber die Parallele trifft nicht zu, da 125,3 mit seinem klingenden Einschnitt nach Pyrrhichius unter den Versen 3 und 6 ganz isoliert steht, da vor Allem Reinmar zweisilbige Hebung in der stumpfen Caesur nicht im Geringsten scheut. Da ich also caesurlose Verse zugeben muss, so habe ich um der Caesur willen Reinmar grobe Enjambements nicht unnötig aufgezwungen.

In dem zweiten und fünften Verse wird die Caesur von Reinmar ganz ähnlich, nur noch weniger sorgfältig behandelt: alle die oben besprochnen Fälle kehren wieder, nur in ganz anderem Verhältnis der Häufigkeit. Im 2. und 5. Verse wetteifert die stumpfe Caesur nach der dritten Hebung mit der klingenden nach der dritten Senkung ohne folgenden Auftakt: z. B. ᴗ 3 | 4: 3,2 *unt in gebur ein magt,* | *dier im ze muoter hete genomen;* 9,2 *wie Got ein mensche wart,* | *von im uns daz geschriben stât;* 36,2 *sünder reinez leben* | *sô kan in nieman lop gegeben;* 72,5 (*in swelchem hove si niht envant) ein wol gemuoten wirt,* | *vil snelle si von dem verswant;* — ᴗ 3 ᴗ | 4: 31,2 *wan diu schuole al eine,* | *dâ der Minne junger sint;* 61,5 (*dû blæsest kalt unt hûchest warm) üz eines mannes munde,* | *stæter triuwen bistû arm* u. öft. Klingende Caesurausgänge wie *hélfant* 85,2, *wiltû* 92,2, *wípheit* 52,5, *Meinôlt* 203,5, gar *hóvewárt* 152,5 kommen auch hier vor. Seltener ist auch hier die Caesur nach der vierten Hebung: z. B. 20,5 *unt ruofe tugentlich zuo der magt,* | *diu sünde nie begie;* 28,2 *sît triuwe ist al der sælden dach.* | *getriuwelichen muot (hân ich gein der vil guoten);* 37,5 *sît demüet unde wol gezogen,* | *daz priset iuwern namen;* 142,3 u. a.

Während aber im 3. und 6. Verse klingende Caesur nach der dritten Senkung mit folgendem Auftakt etwa 270 mal vorkam, ist dieser kräftigste Einschnitt im 2. und 5. Verse so selten, dass man versucht sein könnte, ihn ganz zu leugnen. Sehe ich ab von 33 Versen, wo Elision, und von weiteren 6, wo Verschleifung uns die Unterbrechung des Rhythmus ersparen könnte, so bleiben nicht mehr 50 übrig, in denen nach den Hss. zwei Senkungen zusammenstossen, und auch unter ihnen keiner, in dem nicht abgeholfen werden könnte, wie das vdHagen und Wackernagel vielfach versucht haben. Gleichwohl halte ich dieses Verfahren nicht für richtig. War die klingende Caesur mit rhythmischer Unterbrechung in Vers 3 und 6 die Regel, so ist sie in Vers 2 und 5 ohne Frage nur Ausnahme: aber dass sich Reinmar diese Ausnahme erlaubte, wo sie ihm genehm war, ist bei der parallelen Behandlung der Caesur in allen vier Versen allzu wahrscheinlich, als dass wir Grund hätten, der Ueberlieferung Gewalt anzutun. Beweisend sind mir namentlich einige Strophen, in denen sowohl Vers 2 wie 5 jene Caesur haben: so 23. 25. 163. 164. 165. 166. 178. 191 u. a., beweisend auch, dass die Meistersinger sie in Vers 2 und 5 regelmässig durchführten, die hierin wie in den Inreimen der dritten und sechsten Zeile eine in echten Strophen nur vereinzelte Erscheinung zum Gesetze erhoben [379]).

---

[379] Immerhin habe ich die Störung des Rhythmus so sehr eingeschränkt, wie es die Hss. irgend gestatteten. Doch wagte ich nicht in den zahlreichen

Unter diesen Umständen wirkte natürlich Gefühl und Bedürfnis
für eine Caesur in Vers 2 und 5 noch weniger zwingend als in 3 und
6: so sind denn anscheinend caesurlose Verse noch viel häufiger:
So vgl. 29,5 *ir knusche, ir schœne, ir minniclicher lip beslozzen hât; 34,5 daz ir lop hât
überrlogen alles lobes maht; 130.2 von Rôme unt ouch von Laterâne wolde schrîen an;
222,2 unt alsô scharf, daz ungerihte nieman rûrhten darf; 29.2 wil ich mit worten unt
mit sange immer machen breit; 60,2 er ist dem guot, der von muotwillen gern daz beste
tuot; — 36,5 dâ bî sol ouch diu schame süeze hôchgelopte sin; 226,5 gebœre hêrren über
alle die nû hêrren sint,* ebenso 54.5 64.2. 140.2. 177.2 184,2. 187,2.
Innerer Reim ist im Ehrentone selten und nur da mit Bewusstsein gesetzt, wo er die Caesur auszeichnet. Besonders häufig reimen
die klingenden Caesuren des dritten und sechsten Verses auf einander:
17 *arden : worden*, 27 *verderben : gewerben*, 29 *grunde : stunde*, 41 *minne* (Verb) : *minne*
(Subst.), 59 *éren : gunéren*, 172 *wende : ende.* 186 *vrouwen : gehouwen*, 219 *margen :
besorgen*, 199 *enthalde : walden;* rührender Reim 92 *runde*, 176; bei der stumpfen
Caesur nach der dritten Hebung: 213 *vollichlch : unschedelich.* Dass das Caesur-
wort mit dem Schluss des Verses reimt, ist nur bei stumpfer Caesur
möglich: 5,6 *diu selbe tugent ist alsô grôz, daz si dir selben ist genôz;* 90,6 *wan liep
geschehen unt wol geschehen diu lânt sich dicke sunder spehen;* 224,3 *nú sint der tohtern man
ein teil ze tump unt dâ bi alze geil;* 216,3 *swie guot er si, noch bezzer ist, der der liute
râher ist;* 8.3 *dû himelsippe vaterhalp, dû erdesippe muoterhalp.* Reimt die Caesur mit
anderen Versen, so ist das Zufall: so 43,6. 176,6. —
    Viel seltener sind weibliche Caesurreime in der zweiten und fünften
Zeile: ausser ein Paar rührenden (19. 103. 192. 204) habe ich nur
gefunden 51 *sinnen : minnen.* Mittelreim der dritten Hebung: 36,2 *sunder
reinrz leben sô kun in nieman lop gegeben;* 38,2 *seht wolgemuoten man mit éregernden
ougen an;* 106,2 *nû ist ez rinderlich. toblich, tôtreis, mundes rich;* 124,5 *waz ob iuwer heil
eime andern kunnet an sin seil;* 127,5 *der wirbet wol nâch Gote als ein gesunter Gotes bote;*
der vierten Hebung: 109,2 *dar umbe daz er sêlen vil dâ mite gewinnen wil;* 129,5
gar visch ist visch, gar man ist man, als ichz erkennen kan, (173,5 rührend). — Die
stumpfe Caesur des 12. Verses konnte natürlich nur auf den stumpfen vorhergehenden Vers reimen: das ist selten: 97 *dar : getar,* 110 *grunt : kunt,* (rührend 10.
182) [380].
    Die **Schlussreime** sind stumpf in Vers 1—6. 10. 11. klingend in
7. 8. 9. 12. Die wenigen Ausnahmen in den Hss. sind zu beseitigen.
165,3 *ze guote : 6 huote* apokopiere ich das Schluss-e, wie 234.4. 5
(S. 119): *huot* erscheint nicht selten im stumpfen Reim (s. d. Anm.
z. 165,6). Ueber 100,7 : 8 vgl. S. 14. 214,7 : 8 reimen nur in der
Schreibung von C stumpf. Mehr fällt auf, dass Strophe 28 in allen
sonst klingend ausgehenden Versen Reime hat, die stumpf scheinen:

Versen, wo sich durch Elision oder Verschleifung die zwei Senkungen zu einer
zusammenziehen liessen, dieses Mittel, das jede Caesur vernichten würde, zu gebrauchen, noch auch um der Caesur willen das erste Wort gegen die Hss. zu
apokopieren: dadurch erhält jene klingende Caesur einen bedeutenden Zuwachs.
    380) Kommt schon von diesen Inreimen so mancher auf Rechnung von Rein-
mars Anaphernlust (WGrimm, Z. Gesch. d. Reims, S. 578) und auf blossen Zufall, so ist das erst recht der Fall, wo Worte anderer Verse auf die Endworte der
Zeilen reimen. WGrimm macht, Ueber Freid. S. 378, aufmerksam auf den Mittelreim 125,1 *die engel sint noch engel kint:* dazu vgl. 209,1 *daz bœst daz man erdenken
kan,* 46,11 *diu driu nieman gescheiden kan:* gerade bei vierhebigen Versen fand sich
der Gleichklang leicht ungesucht nach der zweiten Hebung ein (Bartsch, Germ.
XII, 172).

7 : 8 *paradis : ris;* 9 : 12 *jugent : tugent* (Hss. *jugende : tugende*). Aber *tugende* könnte Plural sein, *paradise* ist bei Reinmar gesichert' (S. 14) und auch sonst häufig; so halte ich *jugende, rise* lieber für unorganisch erweitert (S. 14 u. d. Anm. z. Str. 28), als dass ich annähme, es stehe hier stumpfer Reim dem klingenden gleich: immerhin ist zu erwägen, dass im Minnenton 268 gleichfalls zwei sonst klingende Reimpaare stumpfen Platz gemacht haben.

Den **Auftakt** lässt Reinmar im Ehrenton durchschnittlich éinmal in der Strophe fehlen: Anreden, Ausrufe und vor Allem enger Zusammenhang zweier Verse im Satzbau liessen ihn besonders entbehrlich erscheinen. Die Verse verhalten sich verschieden. Weitaus am häufigsten ermangelt seiner nach klingendem Versschluss Vers 8 (in den echten Strophen 46 mal): V. 7 u. 8 standen metrisch und daher gerne auch dem Inhalt nach in besonders enger Verbindung. Auch Vers 2 und 5, denen gleichfalls naher Anschluss an die kurzen Verse 1 u. 4 natürlich war, die aber stumpfen Versschluss vor sich haben, auch sie lassen den Auftakt gerne fort. Umgekehrt fehlt er sehr selten den Reimzeilen 9 und 12: der erstern 9 mal, der zweiten gar nur in fünf Strophen (42. 159. 182. 202. 222), hier offenbar darum so selten, weil der kurze Versabschnitt vor der Caesur durch das Fehlen einer Sylbe seine Physiognomie gar zu sehr veränderte.

Eine **Melodie** zum Ehrenton ist mir bekannt aus t, u und der Berliner Folio-Hs. 25 (16. 17. Jahrhundert): die Weise dieser späten Hs. weicht von t u vollkommen ab und lehrt uns eben nur, wie man den Ton im 16. Jahrhundert sang, hat keinerlei Anspruch auf Echtheit: ich habe die Noten unter No. 4 in der Beilage mitgeteilt.

Aber auch t u sind problematische Zeugen. Um ein Urteil zu gewinnen über die Authentie der Melodien in t, wäre erst die Vorfrage zu beantworten, ob und wie weit sich jene Melodien mit den Weisen von J decken. Beim schwarzen Ton ist das sicher **nicht** der Fall. Dagegen stimmt die Weise des Frauenlobischen Frauenleichs · in t mit den Wiener und Königsberger Fragmenten des Werkes überein und ist in ihrer Echtheit nicht anzufechten.

t und u stimmen wie im Text so in der Melodie genau überein: nur sind die Noten in u, das die Colores anwendet, eleganter und deutlicher geschrieben, namentlich Ligaturen und Blumen verständlicher bezeichnet: schade, dass wir dadurch nicht mehr erfahren, als wie der Schreiber von u die Noten in t las. Andrerseits hat u die verschiedenartigen Notenformen der Kolmarer Hs. uniformiert. Die Melodie (Beilage No. 2) ist hypolydisch und bewegt sich zwischen C und h, also innerhalb der plagalen Tonleiter. Bemerkenswert ist, dass V. 10 musikalisch = 1.4, V. 11 + 12 bis auf die Schlussfigur = 2.5 sind: eine Wiederkehr der Stollenmelodie, die nach dem Bau der Strophe nicht zu erwarten war und auf die meisterliche Freude am dritten Stollen zurückgehen mag.

Schon das verdächtigt die Weise. Sie passt durchweg vortrefflich zum Ehrenton der Meistersinger, aber eben darum nicht ganz zu dem

Reinmars. Wie jene die klingenden Caesuren der Verse 2. 3. 5. 6 durchführen, sogar durch Reime fixieren, wie sie die festeste Caesur der echten Strophen, die des 12. V., über Bord werfen, so ist auch melodisch der Einschnitt jener vier Zeilen stark markiert, der des 12. V. gar nicht fühlbar. Die Melodie der 1. Zeile und der 2. bis zur Caesur hängt zusammen: dann aber trennt ein Sextenintervall den Anfangston der 2. Vershälfte vom Schlusston der ersten, den Beginn einer neuen Phrase markierend. Solch grosses Intervall, moderner Komponisten tägliches Brod, wurde damals in zusammenhängender Melodie gemieden, pflegte nur hinter Absätzen und Pausen vorzukommen, die es um so fühlbarer macht. Im Leich beschränkt sich Reinmar im Vers meist auf Sekunden und Terzen, selbst Quartensprünge sind nicht allzu häufig: Quintenintervalle scheiden Verse 23 mal, im Vers dagegen kommen sie nur fünfmal sicher vor, da stets von C zu g (oder umgekehrt) [381]. Sextensprünge mutet Reinmar dem Sänger nur am Beginn neuer Strophen oder Strophenteile zu: 44. 94. 150. 160 [381]); ebenso Oktaven 61. 70. 177. — Jenes Sextenintervall der Kolmarer Ehrentonweise, das im Abgesang bei Wiederholung der Stollenmelodie die Verse 11 und 12 trennt, setzt also zwingend eine scharfe, feste klingende Caesur voraus: wie sollen sich mit ihm Verse vertragen, wie etwa 29,5: *ir kiusche, ir schœne, ir minnic | licher lip beslozzen hât*, wo das Intervall mitten in ein Wort fiele? -- In 3 und 6 ziert eine kleine Coloratur den Einschnitt: auch steigt die Melodie, die vorher herab gieng, von da an wieder auf: diese Auszeichnung der in 3 und 6 bei Reinmar weit vorherrschenden Caesur vertrüge sich auch mit den echten Gedichten. — Dagegen stört jenes Intervall zwischen 11 und 12 abermals: dem Satzbau nach war melodischer Zusammenhang zwischen diesen Versen, und ein musikalischer Absatz eher an der Caesur von 12 zu erwarten.

2. Meister-Ernst-Ton.

Schema: ⌣ 4 | ⌣ 3 a   ⌣ 4 | ⌣ 3 a
        ⌣ 4 ⌣ | ⌣ 4 b ⌣   ⌣ 4 ⌣ | ⌣ 4 b ⌣

      5. ⌣ 6 c ⌣
          ⌣ 6 c ⌣
          ⌣ 8 d
          ⌣ 8 d (⌣ 4 | ⌣ 4 d)
          ⌣ 9 c ⌣

---

381) Dazu kommen in den Strophen 34. 35 noch zwei Quintensprünge im Verse von C zu g 206, zwei von D zu 204 (durch Korrektur zweifelhaft). 211; auch der Sextensprung 206 würde nach dem Muster des parallelen Verses 211 in ein Quinteninterwall dieser Art zu verwandeln sein. Indessen erweist der Vergleich der beiden Strophenmelodien, die gleich gebaut ursprünglich sicher auch gleiche Weise hatten, eine so tiefgehende Verderbnis der überlieferten Noten in dieser Partie, dass sie für die Beurteilung Reinmarscher Technik nicht in Betracht kommen.

Vers 2 und 4 hat klingende Caesur mit folgendem Auftakt nach
der vierten Hebung, Vers 1 und 3 stumpfe Caesur nach der vierten
Hebung: auch in Vers 8 ist stumpfe Caesur an derselben Stelle wahrscheinlich: ob Vers 7 und die lange Schlusszeile feste Caesur haben und
wo, das lassen die erhaltnen zwei Strophen nicht erkennen. Der Auftakt fehlt nur 253,1 in dem Ausruf 'léschâ lésch.'

---

3. Spiegelweise.

Das Schema habe ich S. 172 aufgezeichnet. Die Stollen kehren
am Schluss des Abgesangs vollständig wieder. V. 2. 3. 5. 6. 11. 12
haben, scheint es, stets Caesur nach der vierten Hebung. Die Regelmässigkeit des Auftakts ist wol nur ein Verdienst der meistersingerischen Ueberlieferung: 258,12 war das 'all dorch' der Hs. durch einfaches durch zu ersetzen: vgl. auch 258.7, nach der Caesur 258,12.
Melodien sind auch zur Spiegelweise in t (Beilage No. 3) und in
der Berliner Meistersingerhs. Fol. 25, S. 25 (Beilage No. 5) erhalten,
nicht in u. Es gilt auch hier das oben Erwogene. Die Weise der
Kolmarer Hs. ist phrygisch, überschreitet aber den Raum der authentischen Leiter nach unten um eine Terze. Die Caesuren sind melodisch
ohne Aufdringlichkeit markiert; dagegen schneit wieder ein störendes
Sextenintervall herein, diesmal zwischen die 4. und 5. Sylbe des 3. 6.
12. Verses. also noch unmotivierter als im Ehrenton. Mit Vers 10 beginnt der drit stol (S. 172), gar nicht ausgeschrieben, weil er Note für
Note den ersten beiden entsprach, ganz nach meistersingerischer Praxis.

---

4. Minnenton.

Vgl. S. 123 fgg., 172, wo das wahrscheinliche Schema der Form
mitgeteilt ist.

Die merkwürdig schlechte Ueberlieferung der Strophen, deren Schreiber
ihren Bau selbst nicht verstanden hat. erschwert die Erkenntnis des
metrischen Schemas. Sehr ähnlich gebaut sind die Stollen und der
Schluss des Abgesangs. V. 1. 2. und 4. 5 sind genau = 10. 11 (bis
zum innern Reim). Ihnen folgt in den Stollen wie im Abgesang ein
zweihebig klingender Vers, der trochäisch (Bartsch, Germ. II. 272) und
in den Stollen reimlos, im Abgesang an V. 9 und 12 angereimt ist.
Er darf hier nicht etwa als selbständiger Vers oder als Anfang von
Vers 12 betrachtet werden. obgleich das die Symmetrie zwischen Stollen
und Abgesang erhöhen würde: zweimal nämlich hat er Auftakt, beide
mal aber kann derselbe durch Elision beseitigt werden (Bartsch, Germ.
XII, 148 fg.): 276,11: diu vrouwen kiusche nie verschriete: | ir êren
crône; 279,11 unt ouch Saulus, der Paulum stalte | im selben zêren.
So reimt freilich Vers 10 nur auf den Inreim von 11, aber auch das
ist nicht eben selten (Bartsch, Germ. XII, 158 fg.). Ein erheblicher

Unterschied zwischen den Stollen und V. 10—12 liegt einzig im Schlussverse, der in den Stollen sechshebig stumpf, im Abgesang siebenhebig
klingend ist. — Grosse Schwierigkeit machen auch hier die **Caesuren**, hauptsächlich
wol in Folge des traurigen Textzustandes. Am einfachsten stehts wieder
bei der zwölften Zeile: der siebenhebig klingende Vers hat gerne
stumpfe Caesur nach der vierten Hebung (Bartsch, Germ. II, 276): so
auch im Minnenton regelmässig und im Einklang mit dem Satzbau: in
Strophe 263 u. 275 habe ich eine leichte Aenderung nicht gescheut, um
die Caesur herzustellen. Viel bedenklicher aber liegt es in der dritten und sechsten Zeile. Von den 44 Versen scheinen mehr als
die Hälfte der Nachhilfe aus metrischen Gründen bedürftig: ohne dass
bessere Ueberlieferung uns unterstützt, ist es nicht möglich, mit Sicherheit den echten Bau aller dieser Verse zu bestimmen, und ich habe
mich im Texte vorsichtig auf die notwendigsten Korrekturen beschränkt.
Die häufigste und — schon wegen der Symmetrie von Auf- und Abgesang
— auch die wahrscheinlichste Form des Verses ist 2 ᴗ | ᴗ 6: der Vers
beginnt stets trochäisch, syntaktisch gehören die Worte vor der Caesur
meist mit dem vorhergehenden Vers zusammen: so 261,3. 263,3. 264,3.
6. 267,3. 274,6. 275,6. 282,3. 6. (282a, 6): auch wo sie an den
folgenden Versteil sich schliessen, kommt doch nirgend grobes Enjambement vor: 263,6. 265,3. 266,3. 271,6. 275,3. 276,6. 277,3. 6. 279,3.
6. 281,3. (282a, 3). Zuweilen fehlt der Auftakt der zweiten Vershälfte:
271,3. 6. 278,3. 6. 280,3. 6, die auch 2 ᴗ | (-) 6 gebaut sind.
278 mit, 280 ohne Auftakt des zweiten Teils, rechne ich gleichwohl
nicht hierher, weil das '*seht*', womit sie beginnen, vielleicht nur Zusatz
des Schreibers ist (S. 131). In weiteren vier Fällen: 266,6. 267,6.
269,6. 274,3, wol auch 273,6 haben wir überhaupt nur noch die zweite
Hälfte des Verses: ᴗ 6. Die übrigen 12—13 Verse sind wieder drei-
fach gebaut: 265,6. 268,6. 270,3. 272,3. 276,3 können achthebig mit
stumpfer Caesur nach der zweiten Hebung und trochäisch gelesen wer-
den: 2 | ᴗ 6 und verhalten sich zu der Normalcaesur wie im 3. u. 6. V.
des Ehrentons der Bau ᴗ 3 | ᴗ 5 zu ᴗ 3 ᴗ | ᴗ 5. Siebenhebig, iam-
bisch, ohne bestimmbare Caesur sind gebildet 268,3. 273,3. (280,3. 6);
in 261,6 ist jedesfalls *tuone* für *tuon* zu schreiben und dadurch jene
klingende Caesur nach der ersten Hebung herzustellen, die sich auch
262,3. 6. 269,3. 270,6. 272,6. (278,3. 6) findet und, da die zweite
Vershälfte wiederum ᴗ 6 ist, den Vers um eine Hebung kürzt. Dass
sich 2 | ᴗ 6 und ᴗ 7, 2 ᴗ | ᴗ 6 und 1 ᴗ | ᴗ 6 nicht in derselben Stro-
phenform entsprechen können, ist selbstverständlich: möglich scheint
mir neben 2 ᴗ | ᴗ 6 nur 2 ᴗ | 6 und 2 | ᴗ 6. Es wäre kein Kunst-
stück, alle die iambisch beginnenden Verse durch Hinzufügung einer
Sylbe trochäisch und achthebig zu machen. Aber der Sinn gibt dazu
nirgend einen Anhalt: so habe ich auf wohlfeile Konjekturen verzichtet:
wer sichert uns, da eine Melodie nicht erhalten ist, ob nicht der Dichter
selbst unstät herumprobierte: weicht doch Strophe 268 viermal im Reimgeschlecht von den andern Strophen ab.

Der **Auftakt** fehlt im 1. 2. 4. und 5. Verse sehr selten, schon um des Gegensatzes willen zu den trochäischen Versen 3 und 6: dagegen mangelt er auffallend oft dem 1. Verse des Abgesangs (10 mal).

Der rhythmische Bau der Verse.

Die Melodie erzwang in der gesungenen lyrischen Strophe eine straffere Technik des Versbaus, als das gesprochene Wort im Epos sie erheischte. Innerhalb der Lyrik wiederum scheint ein Unterschied zwischen der Technik des Liedes und des freier oder nachlässiger gestalteten Spruchs bemerklich: Dichter, die beide Gattungen pflegten, geben dafür einen Anhalt: auch das wol im Einklang mit dem musikalischen Vortrage. Kein Wunder also, dass ein Dichter, der ausschliesslich Sprüche verfasste, der so der Schulung entbehrte, die ihm aus der Pflege des kunstvolleren Liedes erwachsen wäre, kein Wunder, dass Reinmar von Zweter bei Weitem nicht die Glätte und Sauberkeit im Versbau erreichte, vielleicht erstrebte, die auch unbedeutenden Lyrikern seiner Zeit noch eignet: es ist umgekehrt aus musikalischen Gründen begreiflich, dass der Leich den Sprüchen an formeller Sorgfalt überlegen ist. Reinmar greift zu keinen sonst unerhörten Freiheiten, aber er gestattet sich das Erlaubte, nur in der Lyrik nicht eben Beliebte in weiterm Umfange als Walther, Wernher, selbst der Marner.

Vom fehlenden Auftakt sprach ich S. 358. 371. Sonst stört **Fehlen der Senkung** den Rhythmus vorwiegend innerhalb desselben, meist zusammengesetzten Wortes: so *hántvol* 97,2, *hóchvérte* 98,3, *hóchtrágendes* 138,5, *triskámerhort* 136,1, *láncrǽcher* 137,12, *ráʼtlíulen* 171,9, *náhtegálsánges* 201,5, *júncvroúwen* 221,8; *ántlútse* 218,10, *únveríes* 67,12, *dúrnéhten* 60,9, *dúrchbríchet* 115,5; besonders häufig in Adj. auf -*lich*: *ménschlích* L. 9. 158. 143,5, *wíplíʼcher* 26,5, *mánlích* 58,2, *mórtlíʼcher* 106,6, *toúplíʼchen* 144,5, *vesliʼches* 164,5, *wǽrliʼchen* 219,2; aber auch in nicht zusammengesetzten Worten: *gehéiligt* 13,3, *súndǽre* 22,6, *báʼbést* 214,2, auffallender *wéláʼre* 147,7. Die letzte Senkung stumpfreimender Verse fehlt nur in *sárjánt* 139,11, wo *j* etwa noch vokalische Kraft hatte; für *arbeit*, *armuot* habe ich, wo es wünschenswert, unbedenklich selbst gegen die Hss. *arebeit*, *aremuot* geschrieben, wie 100,10 *bérenvúeze*, 220,12 *bérengróʼz*.

Viel seltner bleibt die Senkung zwischen zwei Worten aus: nur muss stummes *e* zwischen zwei Liquiden als senkungfüllend anerkannt werden, selbst wo nicht beide Hss. es geschrieben haben: *sulen* 7,11 (D), 11,5 (T), 140,8 (C), *meres* 162,2 (C), *aren* 171,3 (C), *gesworen* 222,6, vielleicht auch *stelen* 107,8. 139,5. Ausserdem fehlt die Senkung L. 156: *genánt Jéʼsus*, wo *genennet* nahe läge, wo aber eine kleine Pause vor dem Namen, einem Kolon entsprechend, wohl am Platze ist; namentlich in Aufzählungen, wo die einzelnen Glieder, wie im Sinne, so auch im Klange gleichwertig sein sollen: auch hier ergab sich in natürlicher Rede eine unwillkürliche Pause von selbst (Wackernell z. Montfort S. CCXVII fg.):

wîp, vröuwe 35,7, *spér, criuze* 219,7 (nicht *spér, criuz ünde*), *lúft, ünde, érde* 215,3, *wîp ünde mán* 30,10 (fast formelhaft: Haupt z. Eng. S. 227), *knéht, dienestman* 56,2, *mánlich, mínniclich unt ritterlich* 58,2 [382]), *rinderlich, tóblich* 106,2: iu den drei letzten Fällen tritt die Caesur hinzu, die, selbst eine Stockung im Rhythmus, das Fehlen der Senkung mildert: so auch 201,12. 216,3.

Die obligate **Einsylbigkeit** von Hebung und Senkung respektiert Reinmar, so ausgedehnten Gebrauch er von den metrischen und sprachlichen Mitteln macht, durch die zwei Sylben für den Vers zu éiner werden. Nur dem Auftakt, der diese Mittel besonders oft erfordert, muss darüber hinaus eine beschränkte Z w e i s y l b i g k e i t zugestanden werden. In ausgedehntem Masse kommt zweisylbiger Auftakt vor, dessen zweite Sylbe die Praefixe *be- ge- ver-* bilden. Statt *be-* und *ge-* nur *b-* und *g-* mit Synkope zu lesen oder *ge-* ganz zu streichen, daran hindert der Umstand, dass im Versinnern die Synkope von *be-* gar nicht, die von *ge-* nur vor *l* und *n* eintritt. Also: *dich gebár* 6,3, *diu gebúrt* 6,4, *er gewán* 3,6, *unt gewúehse* 168,10, *unt gewúnnet* 179,10, *von getrúuwes* 29,3, *ir getórste* 72,6; *unt gelouhe* 6,9, *er geléege* 168,11, *daz gelîch* 171,9, *daz gelóube* 206,5 [363]); schwerer *erst gewáltic* 219,10; *daz bezíug* 148,10, *so bezíug* 182,11, *unt benímt* 111,8, *da belîbet* 119,8, *hie bevór* 175,3; *du verzíhest* 174,8, *ez verrát* 175,10, *sus vermázen* 201,6. — Dann sind im Auftakt zwei Sylben gestattet, die sonst nur in der Hebung verschleifbar sind (z. MSF 154,21; z. Nib. 674,4): *lege sich* 20,4, *dise jéhent* 67,9, *oben über* 96,1. S, *sage múntvol* 97,7, *lewen hérze* 100,7, *hovemünchen* 129,7, *oder ich* 155,8, *manec zwívelhof* 172,4, *lebe tû'sent* 190,4, *nagel ísen* 195,7, *über úns* 218,11, *man enwétzez* 135,5 (die Enklise des *en-* an *n* wäre undeutlich und ist sonst nicht belegt); auch *der ervúlte* 1,12, *den enphienc* 14,11, *der erlât* 102,3 wären in der Senkung sehr harte Verschleifungen. — In geringerm Masse erstreckt sich die gleiche Freiheit auf die Caesurauftakte, die auch die übrigen rhythmischen Licenzen des Auftakts teilen: *der gedánc* 64,3 [384]), *in betroue* 179,6, *über ál* 11,6, *über állez* 34,3, *über éinen* 205,5, *Gotes zórn* 45,12, *oder túmbes* 46,12, *tragen hérzeliep* 40,5, *manec wúnnespil* 190,6.

Doppelter Auftakt, der sich jenen beiden Kategorien nicht einordnet, wird zu beseitigen sein: so 179,12.

S y l b e n v e r s c h l e i f u n g auf der H e b u n g bedarf keines Nachweises. Die verhältnismässige Häufigkeit der Erscheinung richtet sich vorwiegend nach den Konsonanten, welche die verschleifbaren Sylben trennen. *s* hindert die Verschleifung: *genesen* steht 68,6 in der Caesur, *disem* wird 98,11 zu ändern sein. Auch *t* begünstigt die Einsylbigkeit nicht: *gote, gotes* füllt 29 mal einen Takt, nur 1,3. 95,2. 125,8. 9

---

382) Das Fehlen zweier Senkungen hinter einander gibt dem *manlich* die gleiche rhythmische Schwere wie den längeren Worten *minniclich* und *ritterlich.*

383) 67,12 *diu glîche,* 96,6 *swer gnúoc,* 121,10 *ein gnúoc* schrieb ich die synkopierten Formen (vor *l* und *n*), da eine oder beide Hss. gleichfalls die Synkope ausführen.

384) Aenderung in *dánc* (Erec² S. 360) ist nicht glaublich, da auch 64,2 schon *gedánc* steht.

einzig die Hebung; *rater* ist 21 mal zweisylbig, einsylbig bloss L. 144 und 189,6 (?). Dagegen ist *h* der Verschleifung sehr günstig: ausser *speher* 185,8 ist zweisylbig nur *ge-schehen* 56,3 (vielleicht *müge ge-schehen?*); *sehen* 164,3 könnte in der Aufzählung als einsylbig mit fehlender Senkung gelten. Bei *b* und *d* hält sich Ein- und Zweisylbig-keit die Wage: doch verhalten sich nicht alle Worte gleich: *leben* wird 31 mal verschleift, 7 mal nicht (meist Substantiva), *haben* u. ähnl. 23 mal verschleift, 6 mal nicht; das Verhältnis steht bei *geben* 11 : 4, bei *rede* 7 : 0, bei *biderbe* 12 : 3, *vride* 2 : 6. Nur bei *g* ist das Ueber-gewicht der Verschleifung zweifellos: *tugent* 34 : 1 (227,3, schwerlich in Ordnung), *mugen* 12 : 4, *sige* 4 : 0, *lüge* 9 : 6. Die Endsilben *-el* und *-er* wiegen sehr schwer: da stellt sich das Verhältnis z. B.: *über* 3 : 41, *aber* 13 : 10, *snabel* 0 : 3, *zabel* 0 : 1; *nider* 3 : 7, *edel* 24 : 25, *oder* 5 : 3, *weder* 0 : 6, *wider* 5 : 24; *himel* 10 : 30 (dagegen *namen* 7 : 0), *kamer* 0 : 3.

Auch in der Senkung ist die Verschleifung nicht selten. Dass auslautendes tonloses *e* mit folgendem *ge- be- ver-* oder dem Artikel verschleift wird, ist mehr als 80 mal belegt, kommt sogar in der letzten Senkung anstandslos vor (15,10. 54,1. 5. 55,2. 72,3. 130,5. 163,2. 176,10. 177,2. 192,1. 196,2. 198,6): *der* scheint auch da verschleifbar, wo es nicht Artikel ist, namentlich wo es als demonstratives Pronomen ein Wort unmittelbar wieder aufnimmt: *ir knêhte der weiz ich* 118,2; *der lê're der vólgt* 37,2; *der tô're der liuget* 176,12; sonst 32,6 *die vliuhet Minne, den ist mit übel wol;* 33,2 *swer sich versinne, der;* 50,4 *mit liebe des wirt;* 214,8 *kémphe, des sî't ir;* Apokope wird da nicht nötig sein. — Minder gebräuchlich ist Verschleifung zweier un-betonter *e* im selben Wort, zumeist bei Adjektiven auf *-ec:* L. 58. 119. 2,9. 53,3. 212,10. 220,6, in der letzten Senkung 12,10. 156,10. 228,11; *ungewizzeme* 142,7. Der härteste Fall, dass das erste Wort konsonan-tisch auslautet und mit einem vokalisch beginnenden Praefix verschleift wird, begegnet L. 87 *sünnen enphénget,* 11,12 *wérden enbünden,* 138,8 *sinnen entsétzet* [385]).

Durch Synaloephe werden unter gleichzeitiger Kürzung des ersten Vokals [386]) verbunden *do, so, du, nu, da, swa, si* (Pron.), *hie, swie, die, diu* mit *ist, in, ich,* Neg. *en,* den Praefixen *er, ent,* den Pronn. *ez, es, er* [387]). In drei Vierteln aller Fälle vollzieht sich die Verschmelzung im Auftakt des Verses oder der Caesur: am häufigsten mit der Negation: andre Beispiele: *hie erkénne* L. 170, *do erschein* 3,7, *du erstüende* 6,6, *du erliühtest* 21,5, *so erkénnet* 52,12, *diu ergâ ben* 147,5, *so erbärm* 218,3; *si entzündent* 75,6. 94.8, *so entwdhset* 114,3 (Caesur); *die er* 3,2 (Caesur), 109,6 (Caesur); *swas (= swâ es)* 24,12; *nust* 59,2. 113,6, *sist* 19,9. 32,4. 43,11. 76,3 (Caesur), *sost* 45,11. 194,8,

---

385) Ob 2,9 *der heüeje Geist der enphienc* die in der Senkung auffallende Ver-schleifung zu dulden sei, ist mir zweifelhaft: entsprechendes nur im Auftakt.

356) Dieselbe Kürzung tritt auch im zweisylbigen Auftakt vor *be-* und *ver-* ein: vgl. S. 379.

357) In der Schreibung habe ich diese Verschmelzung regelmässig ausgeführt vor *en, ist, ez, er, es,* die auch als inkliniert gelten könnten: auch die Hss. ver-einigen nur in diesen Fällen zuweilen die beiden Worte, aber ohne Consequenz.

— Im Innern des Verses kommt vor: L. 115 des sî'er *gebenedijet* (vgl. S. 357 und die Laa. zu 64,5), ferner si in 2,12. 16,10. 118,5; *du enyégen* 225,3 und die leichtern Verbindungen: *dun dúrft* 134,5; *sin* (= *si en-*) 19,9. 67,6. 73,12; *sist* 28,7, *sost* 45,11, *diust* 51,9, endlich si: 83.8. 130,12, *die:* 129,3. Ausser der Sammlung ist Synaloephe viel seltener (nur 5 mal) als in früheren Gedichten (mehr als 50 Beispiele): während umgekehrt der zweisylbige Auftakt mit *be- ge- ver-* in spätern Strophen verhältnismässig mehr zu Hause ist als in der Sammlung (9 : 10). — Synaloephe im Innern eines Wortes zeigt der Eigenname *Pharò- nes* 133,9.

Durch K r a s i s wird *da:* ist zu *dést* oder dast (s. d. Vorbemkg. z. Text) im Auftakt 15,3. 104,12. 119,10 und in *déswâr* 99,2, ausserdem 41,3. 98,2. 3. 120,6. 146,1. 182.3. 189,6, *da: e:* zu *dei:* 45.2. 91,6. 108,12 nur im Auftakt, *du: ich* zu *deich* 130.5, *e: ist* zu *ést (est?)* 211,4. 220,2. 3. 7. 12. Alles im Versanfang [388]).

I n c l i n a t i o n: An ein mit tonlosem *e* schliessendes Wort hat sich das Pron. *in* angelehnt 16.12: *kusten* (— *kuste in*) im Reim: *brusten*. Reinmar behandelt enklitisch die Neg. *en*, dann *ist*, den Artikel und die Pronominalformen: *ez, es, ir, si, dû. en-* wird n u r im Auftakt des Verses oder der Caesur an *r, s, z* angefügt: *dern, ern, irn; ezn, dazn; desn*: mit *ich* wird es zu *in* verbunden, ebenfalls nur im Auftakt. *ist* bildet im Auftakt mit *er : erst* 209,7. 213,11. 219,10 mit *der : derst* 43,5. 149,2 (Caes.); im Innern des Verses *derst* L. 226. 112,7. 8. Der Artikel verbindet sich nur mit Präpositionen: *uns* (= *an des*) 229,10; *am* 3,4 im Auftakt, *vom* 61,9, *im* 150,7, *vorm* 161,12. Sehr beliebt ist die Inclination von *ez:* namentlich *ichz* (10 mal): an Liquiden hängt es sich: *erz* 63,10. 150,6. 189,5. 228,4, *der:* 98,2, *swerz* 225,12, *wœrz* 205,11. 184,6; *habenz* 16,12, *hânz* 79,8; *imz* 151,3, *wilz* 219,2; *nust:* 113,6 ist dagegen eine Freiheit, die nur der Auftakt entschuldigt. Gleichen Bedingungen unterliegt die Inclination von *es: michs* 34,12; *ers* 138,9. *ders* 93,5, *irs* 147,12; *mans* 98,2. *er ir* muss 159,10 zu *err* verbunden werden, dagegen ist Inclination von *in* an konsonantischen Auslaut nicht zu erweisen, *s* für *si* kann an alle Laute gehängt werden, steht aber lieber vor Vokalen als vor Konsonanten: *hetes in* (Präp.) 55,3, *sôs aber* 55.5, *mans erdenken* 169,4, *stindents alle* 169,11, *lüzents ob* 171,11, *müezens al* 229,12; vor Konsonanten nur: *kans niht* 44,12. *dazs guoten* 54,7; in andern Fällen habe ich lieber Apokope des tonlosen *e* als Inclination des *si* angenommen. *dû* endlich scheint sich nur an *s* und *z* zu schliessen und kommt enklitisch nur vor Vokalen vor: *mûost uns* 10,6, *hâst in* 133,5; *dazt in* 18,8, *dazt alsô* 107.6. —

P r o c l i t i s c h wird namentlich die Präposition *ze* vor Vokalen und vor dem Artikel gebraucht: ausserdem vor *w : zwâr* 107,12, *zwiu* 173,12; der Artikel vor Vokalen: *dander* 23,7 (= *diu ander*), *dê* 225,2 (= *die ê*).

Den H i a t u s, das Zusammenstossen eines auslautenden unbetonten *e* mit vokalischem Anlaut, vermeidet Reinmar. Stummes *e* steht bei ihm

---

388) *dêr* (= *da: er*) ist vielleicht 194,9. 227,6 zu vermuten: doch mag auch das einfache Pronomen dem Sinne genügen.

nie im Hiat [389]), tonloses *e* wenigstens nicht oft. Ganz entschuldigt wird Hiat durch die klingende Caesur, sowohl in den häufigen Fällen, wo der folgende Auftakt vokalisch anlautet, als auch da, wo ihr sofort eine Hebung folgt, z. B. *dinge | anegenge* 6,2, *süeze | als* 113,2, *sünde | er* 192,2, *gnædicliche | über* 218,3, *martære | als* 225,5. Auch ausserdem kommt er in den Sprüchen der Sammlung oft vor: 2,11. 6,6. 7,8. 25,10. 29,2. 38,4. 51,7. 56,7. 61,6. 70,6. 78,3. 83,5. 87,3. 11. 107,3. 128,3. 129,3. 142,8. 152,6, vor anlautendem *e* nur 82.4. 6[390]); ausser der Sammlung nur 190,6 *vröude ist,* 209,4; 215,3 *ünde, erde*(?), sowie im Leich Vers 128: *süeze unt.* Nie tritt Hiat ein vor der letzten Hebung stumpfreimender Verse [391]). —

Den Hiatus tilgt die **Elision**, die von der Hebung zur Senkung in Folge dessen Regel ist [392]). Aber auch Elision von der Senkung zur Hebung wird nicht gescheut [393]). Reinmar tut sich keinen Zwang an in der Wahl der Worte, die er aus der Senkung zur Hebung elidieren lässt: es kann keine Rede davon sein, dass er nur gewichtlose Wörtchen so verwende, wie das wol andre Dichter tun (z. Iw. 866); wenigstens werden schwer wiegende Worte in der elidierenden Senkung nicht mehr gemieden als überhaupt in der Senkung: und dass es nicht richtig wäre, diese Elision aus der Senkung als gleichbedeutend mit Apokope anzusehen, das erhellt aus der entschiednen Abneigung Reinmars gegen die Apokope vor Konsonanten in der Senkung. Von den mehr als 160 Fällen der Elision aus der Senkung fällt fast die Hälfte, etwa 70, auf den Auftakt. Hart ist für einen Lyriker die Elision zur letzten Hebung: L. 18: *spræch ich;* 62,10 *sitz ûf.* —

Die **Apokope** und **Synkope** namentlich des tonlosen *e* herrscht bei Reinmar in ganz ungewöhnlichem Umfange, und sie macht sich besonders dadurch merkbar, dass sie zuweilen in ein und derselben Strophe gehäuft wird [394]): so kommen in Str. 49 und 165 je acht, in 104 und 164 je sieben solcher Kürzungen vor [395]).

---

389) Daher ist 70,5 gegen alle Hss. zu lesen: *habe er éregernden muot,* und 198,7 'hèrre' einzufügen, wofür auch andre Gründe sprechen.

390) Ist an der zweiten Stelle etwa mit C *adellichen* zu lesen?

391) Nur in der vielleicht unechten Strophe 244,10 haben wir die Wahl zwischen solchem Hiat: *wiste an,* oder dem nach Lachmanns Beobachtungen unerlaubten *wiset an* der Hs.

392) In der Schreibung habe ich sie nur da durch Fortlassen des *e* bezeichnet, wo die Hss. übereinstimmend den Vokal nicht geschrieben haben.

393) Ich habe in diesem Falle das zu elidierende *e* schon mit Gewähr mindestens éiner Hs. getilgt und habe es sonst immer durch untergesetzten Punkt kenntlich gemacht. Die Hss. lassen das *e* fort vorzugsweise bei häufig gebrauchten Verben: *wolt, solt, wær, möht, kund, het, mein, liez,* aber auch bei andern, da wo unmittelbar das Pronomen *ich, er, ez* folgt; dann im Dativ des Nomens und bei einigen oft gekürzten Adverbien und Präp.: *ân, dan, reht, liht, gern, swen, umb,* Adv. auf -*lich.* Von Nomm. besonders bei *sél, rich, mili.* Doch besteht nirgend Konsequenz.

394) Auch andre metrische Freiheiten forciert Reinmar zuweilen in derselben Strophe: so sind die seltnen doppelten Auftakte mit *ge-* in Strophe 6 dreimal vertreten; es fehlt der Auftakt in 172 siebenmal, in 89 und 188 je fünfmal. In Strophe 4 beginnen alle Verse des ersten Stollens mit schwebender Betonung.

Apokope des stummen e ist in der Hebung nur durch den Reim zu kontrollieren. Nach Liquiden und Nasalen war der Wegfall des e längst eingetreten und bedarf keiner Belege. Sonst reimt Reinmar *sit* : *quît* 49,1, *underbot* : *Got* 8,1, den Dativ *gebot* : *Got* (Acc.) 4,5, den Dativ *Got* : *spot* (Nom.) 196,4, den Dat. *Jâcop* : *lop* (Nom.) L. 77; im klingenden Reime stehen 153,9 *der behûset* und das Praet. *trahtet* 179,12. In der Senkung vor Konsonanten ist gekürzt der Konj. *hab* 165,8, *ab* (Hss. *aber*) 129,3, *od* (Hss. *oder*) 72,8 u. s. w. Sprachlich längst vollzogene Kürzungen wie *ir*, *der*, *im*, *dem*, *wol*, *an*, *mit*, *vil*, *von*, *wan*, *vür*, *dur*, die Dative Sing. des starken Adj. wirken auch in der letzten Senkung stumpf reimender Verse nicht mehr nach [396]); doch reimt andrerseits *deme* : *zeme* 146,4 und *ane* füllt öfter Hebung und Senkung: L. 88. 6,2. 8,11. 38,3. 76,6. 97,1. 143,6.

Apokope des tonlosen e ist auch in der letzten Senkung stumpf reimender Verse vor konsonantischem Anlaut gestattet für die meist gekürzten Wörtchen *unt* (8 mal), *dan* (12,5. 172,10), *als* (131,6); *sîn hant* 139,10 (?); der Dativ *diepheit* 174,4 wird ebenso wie der Dativ *wöllust* 197,4 als unflektiert, nicht als apokopiert gelten müssen [397]).

Aber auch an andern Stellen des Verses empfand Reinmar die Apokope in der Senkung immerhin als Härte. Zumeist kommt sie im Auftakt vor: so *wart* (häufige Kürzung) L. 182; *merk* 165,1, *wær* 222,8, *wærz* 205,11; *mensch* 192,12, *sent Pêters* 214,8; *eim* 179,1, *swan* 106,6, *swen* 151,7. 157,7, *ân* 176,12; *reht* 206,7. 12; im Caesuranftakt *umb* 39,12, *ân* 187,12. 206,6: sonst mehrmals in dreisylbigen Worten mit hochbetonter erster Sylbe: *grüntvest* 21,6, *hûschrick* 160,1, *dri'ung* 62,3, *pâ'rât* (Dat.) 169,2, *sündert* (Prät.) 77,3; dann bei *umb* L. 196, *ân* 63,10. 216,6; auffälliger sind *wær* 155,9, *muos* 72,3, *wel* 190,12 (?) und vor Allem *vieng* 179,2 (Conj. Prät.) [398]).

Dagegen ist Apokope in der Hebung für Reinmar ein ungeniert verwantes Mittel, um Einsylbigkeit herzustellen. So in Flexionsendungen: im stumpfen Reim ist belegt der Dativ *guot* 165,3; im Innern des Verses die Dative *heil* 53,2, *ze tuon* 86,5, *zwâr* 107,12, *von êrst* 110,7, *-lant* 149,12. 222,5, *hals* 178,10. 185,9, *hort* 191,4, *bâbest* 214,2, *Sein* 216,12; ich zähle auch *heim* 122.7 (domi) hierher. — Auch andre nominale Flexionsendungen sind apokopiert: Nom. und Acc.

---

395) Obgleich die Hss. meist die vollen Formen schreiben, habe ich die Kürzung stets ausgeführt.

396) Selbst der Dativ des Infin. kommt apokopiert in der letzten Senkung vor: *ze vliehen lüge* 100,6. Angesichts des *im* L. 172. 108,5. 199,4. 216,11, *dem* 149,10. 170,1. 229,4, *hôhem* 81,3, *guotem* 102,10 in der letzten Senkung durfte auch unbedenklich *manegem* 179,6 geschrieben werden, wo auch *manegen* möglich war, und *sinem* L. 212, *minem* 201,2, *einem* 99,10 brauchte nicht in *sime*, *mime*, *eime* geändert werden.

397) In die folgende Zusammenstellung sind nicht aufgenommen alle diese sprachüblichen Kürzungen: also Acc. Sing., Nom. Acc. Plur. der Possessiva und des unbestimmten Artikels; ferner jene Wörtchen *unt*, *dan*, *als*, die Anreden *her* und *vrô*. der Dativ des ursprünglich konsonantisch flektierten *vrumt* (123,8. 158,6), der Dativ von *hûs* (201,2 [Reim], 216,6); auch *wurz*, *schult*, *clûs*, *hûs*, die urteil wurden den Hss. entgegen nicht als apokopiert betrachtet. Der Dativ *bach* 159,3 (Reim) ist ganz in Ordnung, da das Wort als Femininum gebraucht wird.

398) Den Vers 179,2 mit doppeltem Auftakt oder Enclisis des *er* (*swazr*) zu lesen, wäre ebenso singulär und ist darum noch unwahrscheinlicher, weil dann die gleiche Betonnng mit dem Anfang von Vers 5 schwände.

Pl. *sumlich* 23,4, *al* 11,6. 229,12, *vier* 104,8, *eht* 104,9, *hovewart* 152,5, *sinn* 164,4, *liut* 175,9, *hend* 196,3; Gen. Pl. *sinn* 138,8, *tuŝent* 5,1 (im Reim). Der Nom. des schwachen Adj. wird gekürzt: *ein* L. 36, *bœst* 209,1, *minneclich* 28,6; ich reihe dem an die apokopierten Nomm. des schwachen Subst.: *sträs* 144.3, *heim* 160,2, *hêr* 98,12 (nur der Caesur wegen), *off* 160,4. 164,6, *mensch* 164,1. 11, *ralk* 201,3, *vridebrech* 212,5.

Substantiva: im Reime *sêl* 4,1, *ŝstein* 50,5, *huot* 165,6 (s. d. Anm.), *vorht* 213,10; sonst *hell* 4,9, *biht* 6, 12, *schœn* 28,12, *schuol* 31,1, *ŝuêl* 45,8, *minn* 49,1. 12 166,9, *süeŝ* 49,7, *êr* 72,1, *form* 76,1, *wird* 77,3. 154.7, *sêl* 110,6. 181,5, *wil* 118,12. 229,5, *mill* 119,7. 166,6. 12, *Röm* 130,7. 223,1, *rich* 147,2, *vorht* 168,8, *reis* 178,4, *gerıht* 182,7; *Vênêdiœr* 145,1, *nıtlidœr* 202,12, *simöni* 223,12; *unmäs* 23,6, *unér* 78,11, *unsæld* 178,5. 7. — Auch der einsylbige Gebrauch von *-inwe*, *-ouwe* wird eher hierher als zur Sylbenverschleifung gehören: so *riwe* 4,12, *triwe* 50,2; *rowe* 53,12; *Padowe* 199,1.

Adjektiv: im Reime: *rich* 34,11. 58,1. 62,1. 106,2; aber auch ausser dem Reime öfter: 163,3. 180,6, *rein* 19,9, *swœr* 220,8.

Adverbia verlieren ihr *e*: *gelich* 153,10, wol auch 13,4 im Reim; *meist* (: *weist*) 184,11; sonst Adv. auf *-lich* 20,5. 31,12. 38,3 u. öft.; andre Adverbia: *verr* 53,8. 58,3, *höch* 130,9. 138,5, *reht* 175,6. 191,7, *wil* 11,3, *gern* 60,2, *schier* 104,10, *alrérst* 143,10. — *umb*: 39,10. 44.2 (Präp.). 165,2 (Adv.).

Verbalformen endlich sind apokopiert in folgenden Fällen: *wœr* 65,4. 184,6. 219,6, *möht* 50,10. 83,3, *wolt* 99,9, *müest* 104,8, *wurd* 8,12; *wœn* 65,8, *mein* 49,6, *ruoch* 173,1 u. öft.; *druck* 46,5, *phlœg* 49,3, *stüend* 62,12, *huŝ* 76,9, *wart* 80,3, *gelief* 178,9, *errät* 188,6, *hüet* 192,12, *hört* 205,10, *erbarm* 218.3, *ŝunt* 223,5.

Für Synkope des stummen *e* zwischen Liquiden und in Verbalformen vor *t* [399]) genügen die Reimbelege: *suns : uns* L. 11. 135,1; *geborn : zorn* L. 147. 95,3; *zorn : erkorn* 100,10; *giht : niht* 57,10. 96,4. 119,1. 120,1. 153,3; *niht : geschiht* 89,1. 162,10. 179,10. 205,3. 225,1; *: siht* 83,10. 99,3. 124,3. 137,1. 139,4. 176,4. 177,10. 185,3. 198,4. 215,4; *birt : wirt* 76,1. 110,1. 216,4; *wirt : verswirt* 224,4; *amt : schamt* 107,1; *genant : gemant* 192,3; *lant : gemant* 219,10; *wert* (Adj.) *: gert* L. 177. 72,1; *wart : verspart* (Part.) L. 229; *spart : vart* 9,10; *art : bewart* 41,10; *schilt : spilt* 114,4; *hort : gebort* 137,10; *wart : schart* 138,3; ja auch im klingenden Reime unbedenklich *gewerte : swerte : gerte* L. 204; 135,9; *beherte : verte* 131,7; *herte : nerte* 133,9. In anderer Umgebung wird stummes *e* synkopiert nur 114,4 *ebn in* [400]). Diese Synkope ist auch in der letzten Senkung nach einer liquid schliessenden tonlosen Sylbe ohne Weiteres gestattet: *wandels vri* 19,11. 29,11. 47,6. 206,2, *tiuvels kloben* 7,10, *rünens zam* 54,3 u. öft.

In der Senkung ist die Synkope des tonlosen *e* — ausser wo es von vorhergehendem stummen *e* nur durch eine Liquida getrennt ist — ebensowenig beliebt wie die Apokope desselben, und es macht kaum einen Unterschied, ob das folgende Wort vokalisch oder konsonantisch anlautet. Auch hier ertragen Verbalformen mit *t*, auch hier erträgt der Auftakt verhältnismässig am ehesten die Kürzung: *welt* 86,7. 224,10, *welnt*

---

399) Dass derartige Verbalformen einen Takt füllen, ist nahezu auffallend: *kumet* 118,5. 124,5; *ŝimet* 123,12; *lebet* 213,10; sogar *stilet* 174.6.

400) *über*, *oder* sind nur in der Hebung oder im Auftakt einsylbig. Mit den Hss. habe ich *cranch*, *hubch*, *sibch* auch in der Hebung geschrieben; *crauches huls* 137,7, auch *kebshalp* 123,2 stehen im Auftakt.

130,8, *hüet* 183,3. 7, 209,6, *hazt* 210,11, *swigt* 64,5; *vröut¹* 4.2; *Schottn* 225,6; *iur* 104,3 (= *iuwer*), *ein* (= *einen*) 72,5, *diu* (Acc. Sg. Masc.) 197,11; im Caesurauftakt: *wœrn* 179,3, *ein* (= *einen*) 199,2, *eins* 61,3; — im Versinnern erscheint Synkope: *prüeft* 78,11, *welt* 201,3, *spricht* 82,1, *lêrt* 120,2, *riucht* 164,9; *hern* 182,11 (zum Titel *'her'*); *undr* 50,8. 119,2. 9 (nur vor Vokalen); *sins* 46,2. 79,6. 211,11, *niemans* 176,3, *iur* 104,11; *ein* 154,9. 195,3. 216,4, *diu* 33,10, *sin* 181,7.

In der Hebung steht die Synkope des tonlosen *e* der Apokope an Umfang nicht nach: dass sie vor folgendem Vokal häufiger wäre als vor Konsonanten, lässt sich nur selten erweisen. Vollständig teile ich im Folgenden die Beispiele nur für seltnere Erscheinungen mit.

Verba: im Präsens vor *t* sehr oft: *welt* 102,7. 183,12, *wœnt* 52,10. 207,11, *macht* L. 30. (173,12?). 184,5. 185,8, *spricht* 65,5 [401]), *geruocht* 22.6, *mint* 23,8. 46,10. 165,7, *lêrt* 31,7, *volgt* 37,2, *bestiezt* 37,3, *dient* 45,12, *süezt* 49,2, *nuscht* 49,7, *verzüht* 51,6, *grüezt* 52,9, *walgt* 61,2, *teilt* 76,5. 131,3, *bringt* 110,6, *stiurt* 110,11, *heizt* 111,12, *ziert* 116,8. 148,3, *dunkt* 121,5, *steckt* 127,3, *kêrt* 155,3, möglicherweise auch 55,5, *hœrt* 164,7. 199,5, *smackt* 164,9, *entreint* 165,7, *vrizt* 184,4, *louft* 186,12, *nent* 192,4, *schiubt* 207,10; mit Ausfall eines *t* oder *d*: *wirt* meist, (*wirdet* 119,5), *trœst* 28,12, *biut* 50,6, *durst* 149,7, *verrœt* 175,10, *vint* 207,7; eines *w*: *vröü* 20,10, *büt* 172,3; eines *j*: *nœt* 159,12.

Vor n: *welnt* 23,9; ob 23,10 *minwent*, 65,12 *wir minnen* als synkopiert anzusehen, oder ob sonst durch Konjekturen zu helfen ist, des bin ich nicht sicher.

Im Praeteritum ist die Synkope des inneren tonlosen *e* oft sprachlich gerechtfertigt und daher auch darüber hinaus selbst bei sorgfältigern Dichtern so verbreitet, dass hier wenige Beispiele genügen können: wie in *richte* den 163,5, *troumt* er 179,1, ist auch in *volgte* dem 179,4 Verschleifung der Sylben *-ete* ebenso unmöglich, wie Abwerfung des stummen *e*: *verkouften* steht im Reim 134,7; danach auch *roubte* 192,9, *êrten* 82,5 u. öft. — In der Endung des Pract. kommt Synkope vor: *wart* 69,8, *wârn* 224,7, *tœtn* 54,6, Alles vor Vokalen.

Hand in Hand mit jener Kürzung des Pract. geht die des Participiums: so *gêrt* 76,10, *behüst* 153,7; *gebenedit* 22,9; *gekêrt* 107,9, *überruoft* 130,7, *vermœrt* L. 159; flektiert *gêrten* 68,12; *gemâlten* 156,2, *gevierter* 186,1, *ungevierten* 61,3; *getouften* 134,8 (Reim). 170,5. 215,11, *ungetouften* 170,4 u. öft.; mit Ausfall eines *t*: *bereit* 110,3 (Reim), *gebritiu* 93,9, *behuot* 163,5 (Reim); eines *j*: *versœt* : *becrœt* 156,4 : 5 (Reim).

Im Infinitiv wird *e* synkopiert: *vertribu* 224.12, *belln* 165,4. —

Weniger zahlreich sind die Synkopen in Nominalbildungen: *dienst* 26,12. 72,10, *dienste* 23,2. 66,3. 118,12. 207,3 u. öft., *angst* 3,5, *bâbst* 125,3; *aks* 106,3; *ordn* 125,10, *isn* 195,3; *portnœrin* 21,9: in Flexionsendungen: *mans* 55,9, *muots* 55,1; *viurs* 182,6, *vriunts* 174.11 (vgl. Anm. 397); *mâgn* 81,7, *vridebrechn* 138,6, *zungn* 115,7, *wangn* L. 40, *mörn* 130,3; *einz* 142.11 (*crowen* 20,8. 54,3); die Sylbe *-er* wird vorzugsweise vor Vokalen synkopiert: *wundr* L. 66, *ritr* 56,2. 10, *swestr* 188,4, *altr* 162,12, *altrs* 28,9, *sinr* 4,9 (Sommer z. Flore 42); vor Konsonanten nur *kuphr* 54.1, *wâr* (= *wârer*) 167,6. Auch die Praep. *under* wird nur vor Vokal einsylbig 2,11. 59,12.— Die in den Hss. oft überlieferten synkopierten Dative: *einc*, *sine* u. s. w. werden durch den Vers erwiesen, z. B 63,5. 82,10. 124,5. 211,12; die Superlative *höhste* 76,4. 80,1 u. öft., *schœnste* 160,5, *bœste* 94,1. 10. 157,3. 209,1, *nœhste* 160,12 u. s. w.

192,9 habe ich *pardise* für *paradise* vermutet. *dran* steht 183,5. 208,5, *drin* 27,8, *drinne* 189,3. —

Die Vorsylbe *ge-* verschmilzt mit folgendem Vokal: *ganegenget* L. 88, *ungaffet* 97,9, *gêrct* L. 93. 68,12. 76,10. 103.8, *gunêren* 59,6. 112,9, *guncdelt* 81,11; sie wird synkopiert nur vor *l* und *n*, so im Versinnern: *glouben* L. 120. 2.8, *glicher* 170,3, *glust* 89,1. 3. 4. 6. 7 (so schreibt D; doch wäre auch die Betonung *sündru*

401) Daneben auch 235,6. 238,2. 255,11. 257,10. 282,6. Diese Häufigkeit des *'spricht'* in den zweifelhaften, minder gut überlieferten Strophen führt darauf hin, dass überall *'giht'* zu lesen sein wird.

gelust möglich), *glücke* 92,7, *glihsenheit* 141,1, *ylihsenære* 141,6; *gnâde* L. 76. 22,7, *ynædicliche* 218,3, *gnæse* 104,9; wol auch *gnanne* L. 191 [402]).

Die ungenaue resp. schwebende **Betonung** gestattet sich Reinmar ebenfalls in grosser Ausdehnung, er legt sich auch im Innern des Verses wenig Beschränkung auf: nur in éinem Punkte verrät es sich noch, dass der Dichter die versetzte Betonung im Auftakt als geringere Härte empfand: die tonlosen Schlusssylben zweisylbiger Worte tragen den Ton núr im Auftakt: so *Minné der* L. 130. 145, *denné si ist* 190,9, *Rômé zwô* 224,1; *sterkér dan* 69,8, *blankér gebærde* 83,1, *rehtés gelouben* 133,10, *cranchés hals* 137,7, *undér den* 161,4, *undér der* 208,3, *nâhér dan* 173,10, *valkén gevidere* 201,3; im Caesurauftakt: *vröudé bî* 175,3, *immér slâfende* 117,12, *allér genâde* 22,3, *wazzér viur* 143,3. Ausser dem Auftakt ruht auf tonlosem *e* der Accent des Wortes nur in den drei Participien: *slâfénde* 117,12, *houwéndez* 160,2, *werbénde* 216,1 [403]).

Im übrigen sind es namentlich die zusammengesetzten Worte, die einen Konflikt zwischen Wort- und Versaccent oft hervorrufen: so im Auftakt: *muotwílle* 60,1, *démuot* 71,6, *knierúnen* 94,6, *hóchvérten* 98,3, *mortmérzer* 106,3, *kebshálp* 123,2. *enhálp* 155,10, *dishálp* 155,11, *Érích* 148,12, *Âgéz* 174,1. 7, *schächzábel* 159,6, *steinböckes* 185,12, *nülî'den* 202,10, *barvüezen* 225,3, *hornörüoder* 225,5, *tuomhé'rren* 225,7, *woltüon* 227,10, *baztüon* 227,11, *dannóch* 108,7, *iedóch* 228,3, *niemán* 80,12; umgekehrt im Reime *declâchen* 20,12, *abgründe* 78,7, *urkünde* 78,8, *ursténde* 4,9. 18,9, *ursprínc* 7,1, *hûsé're* 121,8, *seltsærue* 229,9, *dannóch* 153,4; endlich im innern Verse: *liphájt* L. 70, *eingötlegen* L. 119, *enrâltie* 85,5. 7, *muotwíllic* 58,9. 60,5, *muotwílle* 60,2, *kielbrüstic* 170,8, *mortmérlic* 209,5, *nunhérzic* 228,1. 3; *ruozî'sen* 75,11, *mortkolbe* 106,3, *Âgéz* 174,4. 9, *vluorzü'n* 182,1, *dristünt* 182,3. 4, *vierzehen* 187,7, *jáhé'rre* 203,9, *meineíde* 212,3, *scharlâchens* 221,10, *éwárt* 223,10, *urkünde* 200,3, *ursprínc* 209,5; *iemán* 126,6, *niemán* 46,11. 72,6. 184,5. — Hierher gehören auch die Worte auf *-heit, -keit*: im Auftakt *richeît* 69,7, *ülfheît* 180,10, *lâsheît* 203,9; im Reim *gotheíte* 9,9; sonst *menscheít* 9,5, *rícheít* 69,1, *wârheít* 71,6, *cluokeú* 123,9; und die viel zahlreichern Adjectiva auf *-lích*, die meist auf dieser Sylbe den Versaccent tragen [404]).

Dass der Versaccent statt auf die hochbetonte Sylbe auf eine wirkliche Ableitungs- oder Flexionssylbe fällt, ist auch bei Reinmar viel weniger häufig: im Auftakt: *bihtære* 12,9, *Rômære* 125,4; *hermîne* 221,8; *Rœmischer* 136,3, *irdischer* 181,7; *atzünge* 184,1. 2. 3. 4. 9½; *beidiu* 146,11; aber selbst im Reim *bihtære* 76,7, *nidære* 202,12; im Versinnern: *martáre* 225,5, *barmúnge* L. 215. 226. 218,8, *Nídúnc* 203,8; *vogtín* L. 74; *helfúnde* 85,3; *heiliger* 6,1; *vollíclich* 23,6 [405]) —

---

402) Für *geselleschaft* der Hss. 170,3 war *selleschaft* zu schreiben (H. z. Er. p. 358).

403) Nach Ben. z. Iw. 3670 würde der letztere Fall so zu erklären sein, dass das vorhergehende *wol* den Hauptaccent trage: *wól werbénde*, wie Er. 2198, arm. Heinr. 298: aber diese Auffassung trifft für die beiden andern Beispiele Reinmars nicht zu.

404) Die mit *un, al, durch, nâch, vol* und ähnlichen zusammengesetzten Worte betonen in der Regel nicht diese Vorsylben, wenn ihnen nicht eine tonlose Sylbe folgt: aber ich bemerke *dúrchliuhtíger* 22,2, *dürnchten* 60,9, *dúrchbríchet* 115,5; *únvéile* 67,12, *únreht* 132,10. 146,11, *únschult* 151,8, *únkust* 203,10, *álsô* öfters.

405) In Fremdworten, namentlich aber in Eigennamen, war schwan-

Zwar die hochbetonte, aber nicht die folgende nächstgewichtige
Sylbe, sondern eine dritte ist im Verse betont: *rriuntlichen* L. 98, *relthirten*
L. 168, *dürchliuhtiger* 22,2, *müolwilläre* 58,12, *rä'lqebinne* 75,3, *unmærli'chem* 96,5,
hüngerigen 138,3, *teslich'z* 164,10, *dizungé* 184,7, *Lü'cifér* 192,7, *ni'llidäre* 202,9. 12,
Trümphalor 203,2, *Mi'zenäres* 227,1, *Ungerísche* 222,11; auch die zahlreichen Feminina auf *-ærin* gehören hierher: *schirmeri'n, helfæri'n, gebieterri'n* u. s. w. —
Die Betonung: *sô éngerúonret* 185,3 und die noch auffälligere: *si
énsî* 5,3 (vgl. z. Iw. 1118) wird nur im Auftakt (der Caesur) statthaft
gewesen sein (doch vgl. Marner XV, 273).

Der Versaccent erhöht ein wenig gewichtiges Wort über ein inhaltlich schwerer wiegendes: so wird der Artikel betont: *die wäl* 62,6,
diu zwei 117,2. 3. 141,5, *dáz lop* 136,11; der Fälle nicht zu gedenken, wo ein mehrsylbiges Wort mit versetzter Betonung folgt; ferner
diz liet 187,1, *di'n riur* L. 121, *di'n craft* L. 122, *sin ér* 176,1, *min
hút* 160,9, *sin Was* 227,5, *dürch wer* 100,7. —

Die Regeln, die Lachmann für die letzte Senkung stumpfreimender Verse aufgestellt hat, verletzt Reinmar nicht. Ueber
Elision von der letzten Senkung vgl. S. 382. Dass er gekürzte Formen
in ihr zulässt, sahen wir S. 383. 384. Ueber Sylbenverschleifung in
dieser Versstelle S. 380. *wie daz üns* schliesst L. 13. —

Technik des Reims.

Von u n r e i n e n Reimen bemerkte ich bei Reinmar die folgenden
a : â: man : undertân 23,1 : 2, 207,1 : 2, *man : getân* 99,1 : 2,
man : hâr 100,1 : 2, *man : verstân* 204,3 : 6; *wôr : gar* L. 174 : 175,
clâr : war 218,10 : 11; *missetât : mat* 45,10 : 11; *sprach : nâch* 113,4 : 5.

e : ë: nur vor mehrfachen Konsonanten *nest : tëst* 172,3 : 6,
swëster : vester 190,7 : 8, *gërt : vert* 154,4 : 5; — *wëlle : geselle* 84,7 :
8 (vgl. z. Flore 157).

e : ê: hër : ger 18.1 : 2 (vgl. Haupt z. Neidh. S. 220 fg.); *hêrre*
reimt 59,7 auf *mêrre*, dagegen *herren* 193,7 auf *verren.*

i : î: sit : quit 49,1 : 2, *zin : sin* 84,1 : 2, *bin : schin* 180,1 : 2.
Die Feminina auf *-in* reimen stets auf langen Vokal. Die Adjectiva
auf *-lich* sind im Reime mit den kurzvokalischen Pronominibus oft gebunden: L. 16 : 18 *untüberwindelich : ich*, 69,4 : 5 *sich : unerkennelich*, 97,1 : 2 *dich : ungelich*, 117,3 : 6 *lobelich : mich*; selbst apo-

kende und ungenaue Betonung besonders nach langer erster Sylbe selbst bei den
besten Dichtern nicht verpönt: Reinmar sagt im Auftakt: *Âdám* 4,1, *Jésús* 8,1. 2,
Tristrám 25,1, *Samsón* 103,4, *Lampárten* 147,4, *Paulús* 161,7, *Páris* 199,1, sogar *Rômé*
224,1; *Éri'ch* 148,12, *Âge'z* 174,1. 7; *Avé* 4,3. 218,1 (hatte lateinisches kurzes *a*);
im Reim: *Âdám* 103,1, *Jâcóp* L. 77, *Jessé* L. 89, *Jôhán* 161,5, *béni't* 113,1, *ravi't*
152,1 (kurze erste Sylbe!); im Versinnern: *Marcús* 8,5, *Jésús* 166,8, *Âge'z* 174,4. 9,
Melchi'sedé'ch 125,10, *Dâvídes* L. 94, *Âdâ'mes* 101,3, *párá'tes* 156,6, *Pádówe* 199,1,
Sálérne 199,1. —

25*

kopierte Adverbia: *gelich : unsich* 13,4 : 5, *gelich : dich* 153,10 : 11;
dagegen 34,10 : 11. 62,1 : 2 *gelich : rich*, 198,1 : 2 *jæmerlich : rich*;
58,1 : 2. 106,1 : 2 *ritterlich : rich*: aber auch *rich* erscheint zweimal
im Leich 17 : 19. 224 : 226 mit *dich* gereimt. ohne dass ich darum
Kürzung zu *rich* (L. z. Iw. S. 499) für erwiesen halten möchte [406].
    o : ô: Got : tôt 185,1 : 2.
    u : û: huf : ûf 62,10 : 11.
    ie : i: tier : wir 164,1 : 5.
    uo : u: tuon : sun 82,3 : 6, *tuont : wunt* 215,3 : 6.
Ueber die Reime *sô : hô* 124,1 : 2, *lân : vân* 179,1 : 2, *gezim-*
mer : nimmer 172,9 : 12, *gar : hart* L. 26 : 28, *wart : dar* L. 27 : 29
vgl. S. 14 fg.; über die Reime mit überschlagendem *n* S. 13 fg.; über
das Vorkommen stumpfer Reime statt klingender S. 373 fg.
    Ueber innere Reime vgl. S. 373: aus dem Leich ist Vers 47 (und
V. 105) zu erwähnen.
    Von rührenden Reimen gebraucht Reinmar nur die erlaubten: L.
209 : 210 *überwunden* (Verb) : *wunden* (Subst.), 109,7 : 8 *listen : É-*
wangelisten; 147,7 : 8 *welære : lære;* 174,3 : 6 *sîn* (Pron.) : *sîn* (Verb);
ausserdem die schwer zu meidenden Reime von Adjektiven auf *-lich* und ihren Ableitungen unter einander (WGrimm, Zur Geschichte des Reims S. 537): *gelichen :*
edellichen 80,9 : 12, *sicherlichen : gelichen* 32,7 : 8, *êwiclichen : sicherlichen* 191,9 : 12,
ungeliche : sumeliche 154,7 : 8, ferner von *heil : keil:* 208,3 : 6 *trügeheil : stætekeil*, von
heil : heil: 7,4 : 5 *goteheit : Cristenheit* (WGrimm a. a. O., S. 542 fgg.). In *si in :*
an in 16,10 : 11 sind *si in* durch Synaloephe zu éiner Sylbe verbunden:
das ermöglicht diesen Reim.
    Erweiterte Reime. in denen ausser den reimenden Sylben auch
noch die vorhergehenden Praefixe *be-, ge-, ver-, er-, en-* gleich klingen,
meidet Reinmar nicht; ebensowenig aber kann da von künstlerischer Absicht die Rede sein. Etwas anderes ist es schon mit den zahlreichen
Doppelreimen (WGrimm, Zur Gesch. d. Reims 591). die sich aus
des Dichters Stilneigung, parallele Gedanken auch im Ausdruck parallel
zu gestalten, erklären: so 22,9 *vor allen wiben* : 12 *vor allen liben;* 41,7 *an ir*
decke : 8 *an ir blecke;* 113,3 *sô süeze gar* : 6 *sô süezes war;* 227,10 *baztuon kunt* : 11
wolluon vrumt; 91,4 *Gelückes rat* : 5 *Gelückes stat;* 74,7 *eren âne* : 8 *eren wâne;* 102,1
biderbe wip : 2 *biderbe lip;* 10,7 *dich beginnen* : 8 *dich geminnen;* 20,7 *unt geminnen :*
8 *unt gewinnen;* 52,9 *den torren* : 12 *den âren;* 95,10 *erwerben kan* : 11 *werden man;*
128,4 *streichen lât* : 5 *zeichen hât.*
    Die einzige bewusste Reimspielerei und Küustelei, die Reinmar
geübt hat, besteht in dem S. 127 erörterten einseitigen Doppelreim. Reinmar wendet jenen Doppelreim mit Vorliebe in klingenden
Versschlüssen an, während umgekehrt in den Beispielen WGrimms (Z.
Gesch. d. Reims S. 589) die stumpfen Reime weitaus vorherrschen: so
66,7 *guotes* : 8 *guotes muotes:* 96,7. 140,7 *wisen* : 8 *wisen prisen*,
202,7 *niden* : 8 *niden liden;* 167,7 *guotes muotes* : 8 *guotes;* 199,7

---

406) Die Adjectiva auf *-lich* schreibe ich bei Reinmars offenbarem Schwanken
unflektiert je nach Bedürfnis des Reimes mit langem oder kurzem *i*, im Innern
des Verses stets mit kurzem *i;* bei den flektierten Formen habe ich die Länge
durchgeführt.

wisen prisen : 8 *wisen;* 170,9 *sünden ünden* : 12 *sünden;* mit geringer Verschiedenheit des vorklingenden Reimworts: 38,9 *herze* : 12 *herzen smerze;* L. 103 *bürde* : 106 *gebürdet würde;* 163,9 *bekêren* : 12 *êre mêren;* 188,9 *schrîbe* : 12 *wibes libe;* 84,9 *beschavnet* : 12 *schœne gecrœnet;* vielleicht auch 45,9 *engelten* : 12 *der werlte (welte?) schelten.* Hierher gehören auch: 215,7 *vergezzen* : 8 *vergezzen uns besezzen;* 145,7 *kürsenœre* : 8 *kürsenœre crônebœre.*

Bei stumpfen Reimen steht der Schlagreim nicht in der letzten Senkung, sondern auch in der vorletzten Hebung, verhältnismässig oft bei zweisylbigen Reimen: 129,1 *siten* : 2 *siten gesniten;* 169,1 *lüge* : 2 *lüge von trüge;* 207,10 *tage* : 11 *tage erjage;* auch 127,4 *Gote* : 5 *Gotes bote;* bei einsylbigem Reim 20,4 *knie* : 5 *nie begie;* 177,10 *niht ensiht* : 11 *niht;* L. 172 *sanc* : 173 *ze sange twanc;* 36,10 *lip* : 11 *lip ein wip;* 159,10 *an gewan* : 11 *han.* —

Grammatischer Reim: L. 36—39: *touf* : *toufet* : *louf* : *loufet;* 10,7—12: *geleisten* : *volleist* : *geist* : *geisten;* 22,9—12: *wiben* : *lip* : *wip* : *liben.*

Reichtum und Wechsel in der Wahl der Reimworte war Reinmar nicht gegeben: namentlich in den stumpf endenden Versen wimmelt es von den konventionellen Reimen der Lyriker: nur dass dem Charakter der Reinmarschen Poesie gemäss *wip* : *lip* etwas zurücktritt hinter *man* : *an* : *kan, muot* : *guot* : *tuot.* Es wird derselbe Reim in fünf Versen hinter einander verwant, ohne dass dass künstlerische Absicht darin lag, im Leich 16—20, 26—30, vielleicht auch in vier Versen 83—86, 156 —159.

Nachtrag zum zweiten Kapitel.

Erst während des Druckes wurde ich auf folgende Hss. aufmerksam: An P. die Hs. der Wiener Hofbibliothek 19 799 (auch Suppl. 2792). Perg., 13./14. Jahrhundert, erinnerte mich Dr. Seemüller. Sie enthält auf S. 45 und 46 von éiner Hand geschrieben zwei Strophen in Reinmars Ehrenton, wie zuerst Heintzeler, Progr. v. Reutlingen 1883, S. 27, bemerkt hat. Sie sind buchstabengetreu abgedruckt in der Beschreibung der Hs., die Seemüller, Seifried Helbling S. 76 fgg., gibt: schon Karajan, WSS LXV, 389 fg., und Lambel, Germ. XVII, 365, hatten Abdrücke geliefert, die ich berücksichtigte, insoweit früher noch Buchstaben sichtbar waren, die Seemüller nicht mehr erkennen konnte. Von der in der Hs. vorhergehenden, aber von andrer Hand aufgezeichneten 15. Satire der Lucidariussammlung sind die Sprüche schon durch die strophische Form unterschieden. Aber auch für Reinmars Werk halte ich sie nicht, obgleich sie von den meistersingerischen Modifikationen der Strophenform sich ganz frei halten. Nahezu sicher ist die Unechtheit von **250a.** Zwar die Personifikation *Smirzwol* wäre in Reinmars md. Periode wol denkbar. Aber es sind vulgäre und dialektische Ausdrücke wie *fünschelunde, viseln, habergans, grans* gehäuft; das Participium *geschriren* wird als klingender Reim benutzt, was auch immer das reimende *gestieren* (s. d. Anm.) bedeuten möge. — **Str. 250b,** die das Menschenleben der Sonne vergleicht, entfernt sich ebenfalls nicht aus dem Kreise Reinmarscher Vorstellungen: ich erinnere vor Allem an 180 und für die Schlusszeile an 200,12. Aber die einfache Beteurung *daz ist wâr* V. 5 fehlt Reinmar (vgl. S. 261), und die wiederholten Fremdworte *Orient* und *Occident* im Reim (V. 1. 2 apokopierte, V. 7. 8 ungekürzte Dative) sind in einer spätern Periode der Lyrik besser zu Hause als zu Reinmars Zeit.

---

o, die Hs. R 482 (S IV, 4a, 23) der Rhedigerschen Bibliothek, in der Breslauer Stadtbibliothek aufbewahrt, wird von Arw. Fischer, Das Hohe Lied des Brun von Schonebeck, S. 8 fgg., beschrieben. Die Papierhs. gehört dem Ende des 14. Jahrhunderts an. Fischer hat richtig erkannt, dass S. 87 fgg. vier Gedichte in den Text des hohen Liedes eingefügt sind, die mit ihm gar nichts zu schaffen haben: er hat übersehen, dass das erste jener Gedichte von Reinmar selbst, das andre in

seiner Strophenform verfasst ist. Auf die rote Ueberschrift: *Durch
waz ich dys wyp vnd den man Den wylden tyren geglichet han* folgt
Str. 99, ganz roh in Reimpaare umgesetzt: die Verse schwanken zwischen vier und sieben Hebungen; auf Str. 100, die ebenfalls rot überschrieben ist: *Ich wyl euch sagen lyben leute Waz dyser wundir-
licher man bederte*, hat der Bearbeiter seine mühsame Verballhornung
nicht ausgedehnt. Der Text von o ist in 99 mit t, in 100 mit mt
aus gemeinsamer Quelle geflossen, und zwar steht er m näher als t,
ist aber, wenn wir von der misverständlichen metrischen Umformung in
99 absehen, beiden überlegen. Caesurreime fehlen, Vers 9 hat fünf
Hebungen.

Die weitere Ueberschrift *Horet lezen von eynem wundirlichē wybe
Daz stet gemalet glich tyren an dem leybe* leitet zwei Sprüche ein,
die in plumper Kopie die Methode jener Strophen auf das Weib übertragen: die zweite ist betitelt *Interpretacio mulieris*. Ich habe die
Sprüche unter 302a, b mitgeteilt. Von Echtheit ist keine Rede. Die
groben formellen 407) und sprachlichen Mängel liessen sich auf die ganz
korrupte Ueberlieferung zurückführen: Caesurreime sind nicht eingeführt: Endreime, die gegen Reinmar zeugten, kommen nicht vor. Entscheidend für mich ist der Inhalt, die erbärmliche Dürftigkeit der Nachahmung. Auch dem Weibe werden Straussenaugen, Kranichhals, Adler-
hände in ganz gleicher Motivierung beigelegt: das allenfalls malbare
Löwenherz wird durch den total abstrakten *turteltūben muot* ersetzt.
Die Geschmacklosigkeit der ganzen Kombination ist hier, wo es sich um
die Darstellung des idealen Weibes handelt, doppelt fühlbar.

Dass alle vier eingeschobnen Gedichte aus einer illustrierten Hs.
stammen, macht Arw. Fischer a. a. O. S. 12 aus Ueber- und Unter-
schriften wahrscheinlich. Auch in unsern vier Strophen zeugt das wiederholte *diser* (*dys wyp, dyser man*) wol dafür. Vgl. S. 234 Anm.

---

407) In Strophe 302a hat Vers 12 nur vier Hebungen wie 9; natürlich
fehlt auch die Caesur. In 302b umfasst Vers 5 nur fünf Hebungen, ebenfalls
ohne Caesur; Vers 9 ist meistersingerisch auf fünf Hebungen verlängert.

Vorbemerkungen zum Text.

Alle Strophen, bei denen mir Reinmars Autorschaft irgend möglich erschien, habe ich in seiner Sprache mitgeteilt. Einzig die entschieden unechten Strophen (der Hss. H, o, t, w) liess ich ohne Längezeichen in Sprache und Schreibweise der Hss. abdrucken: nur dass ich offenbare Fehler tilgte und einige orthographische Inkonsequenzen innerhalb derselben Hs. ausglich [408]). Das ist ein Notbehelf: die Sprache dieser Sammelhss. gibt für die des Dichters nicht die geringste Gewähr, widerspricht ihr wol gar offenkundig. Nach Bartschs Vorgang bei t all die unechten Strophen einfach in mhd. Normalorthographie umzuschreiben. wäre mühelos gewesen, aber stets unvorsichtig, zuweilen geradezu falsch. Und zur Beobachtung von Technik und Sprache geben die verzettelten anonymen Strophen, deren jede einen andern Verfasser haben kann, kein genügendes Material. Wo neben t andre Hss. in Betracht kamen, da nahm ich ihre zweifellos besseren Laa. in den Text auf, aber in der Schreibung von t. —

Meine Varianten erstreben Vollständigkeit: nur dass rein orthographische und lautliche Abweichungen, wie z. B. im Gebrauch des Umlauts, nicht berücksichtigt werden. Abkürzungen sind, wo das mit Sicherheit möglich war. aufgelöst. Die Abweichungen wurden genau in der Schreibweise der Hs. mitgeteilt [409]): bieten mehrere Hss. gleichen Text, so richtet sich die Schreibung nach der zuerst genannten.

Eckige Klammern bedeuten, dass die umklammerten Worte in der Hs. nicht geschrieben sind, runde Klammern. dass sie nur durch Verstümmlung der Hs. abhanden kamen. Wo ich gemeinsame Abweichungen mehrerer Hss. vom Texte zusammenfassend angebe, da stelle ich besondere Differenzen einer dieser Hss. ebenfalls in runde Klammern.

In der Orthographie des Textes schliesse ich mich möglichst der Schreibweise von D an und ziehe C nur in zweiter Reihe herbei.

408) So setzte ich z. B. in H für *sh sch,* in t für das Praefix *her-,* das zuweilen für *er-* steht, *er-, cz* für *tz* und *cz,* stets *waz,* wofür t zuweilen *was* schreibt; in w ein paar Mal *nit* für *nicht,* n für auslautend *nn,* sw für *schw.* y wurde stets durch *i* ersetzt, *u* und *v* in der uns geläufigen Art verteilt. Grössere Abweichungen sind stets verzeichnet.

409) Nur in den Laa. von C konnte ich diesen Grundsatz nicht immer genau einhalten, da die mir zu Gebote stehende nach Bodmers Abdruck angefertigte Kollation die Schreibweise der Hs. wenig berücksichtigt. Wirkliche Unsicherheit entsteht dadurch nur an zwei, drei Stellen, wo man schwanken kann, ob die Hs. Bodmers n oder nur den Nasalstrich hat, der auch m bedeuten könnte.

Dies Verfahren ist unumgänglich: C hat seinen Text aus ganz verschiedenen und verschiedenartigen Quellen geschöpft, deren Schreibung der Sammler in seiner Art normalisiert hat: D dagegen hat nur éiue alte Sammlung Reinmarscher Gedichte aufgenommen, die immerhin Spuren der ursprünglichen Orthographie erhalten haben könnte; die Sprache der Hs. entspricht Reinmars Mundart im Wesentlichen, nur dass sie etwas zu mitteldeutsch gefärbt ist; ihre Schreibweise ist nahezu einheitlich, von Rohheiten meistens frei. Die folgenden Zusammenstellungen lehren das Verhältnis der von mir gewählten Schreibung zu D (und beiläufig auch zu C [410])) kennen und berühren zugleich einige sprachliche Fragen untergeordneter Bedeutung, für die sich bei der Behandlung des Reinmarschen Dialekts kein Platz fand.

Konsonanten: D setzt im Anlaut vor *r* und *l* meist *c* (elfmal *k*; ausserdem *christ, christen* 15,11. 16,2. 19,4. 21,4. 7. 191,6, *chrone* 148,3. 4. 152,9, *chruze* 38,8), sonst *k* (aber immer *calp*, je einmal *gecaffet, can, camph, comen, cus*): in C überwiegt *k* auch vor *r* und *l*: ich schreibe vor *r* und *l c*, im übrigen *k* im Anlaut. Im Praet. von *komen* liest mein Text mit D *quam*; C immer *kam*. — Im Auslaut schreibt D und mein Text stets *c*, während in C *k* häufiger auszulauten scheint als *c* und namentlich in den Adjektiven auf *-eklich* fast ausnahmslos herrscht. An Stelle des in D vorwiegenden *-cheil* (*clûcheil, kíndicheil*) setze ich zu grösserer Deutlichkeit das in C häufigere und auch in D vereinzelt belegte *-keil* (z. B. *kíndikeil* D 123,7. 122,9). — Für *ck* in D und meinem Text hat C *k*: nur 57,5 *vierekke*, 155,6 *kecher*, 128,3 *stechen*. Beide Hss. schreiben übereinstimmend: *rugge, mugge, brugge, snegge* (aber 57,5 *vierecke*): ich behalte daher *gg* bei, obgleich Reinmar die Laute *gg* und *ck* im Reime nicht sondert: 197,7 : 8 war *rucke : zucke* (C *zugge*) zu schreiben. — In C wechselt *dekein* mit *dehein*, D hat immer *dehein*: ich wählte *dekein* nur, wo es in C steht und daneben in D ein metrisch unzulässiges *kein* sich findet. — Mit D schreibe ich *ch* im Auslaut (*solch, durch*) und im Inlaut vor Vokalen, *h* im Inlaut vor Konsonanten: in C ist *h* im Auslaut nach langen und kurzen Vokalen wie nach Konsonanten sehr häufig (*hoh, doh, noh, durh, solh* u. s. w.). — Das *h* fehlt in D oft in *nit*, zwischen Vokalen in *geschen* 90,5. 6. 7, C hat *geschen* 90,3. 5. 173,5, *van* 179,2.

In D steht *ph* anfangs regelmässig, von Strophe 153 an mit wachsender Häufigkeit auch *pf*: eine dritte Schreibung *phf* ist sehr selten (*kuphfer* 84,1, *phfi* 101,6, *phflac* 106,7, *zaphfen* 114,2. 3. 10). C schreibt fast ausnahmslos *pf*: ich habe das *ph* von D durchgeführt. — Im Anlaut schreibt D meist *v* (*f* nur 9 mal vor *r*, ausserdem *hochfarte* 98,3, *gruntfeste* 136,3, stets als Fremdwort *flamme* und *forme*), im Inlaut immer *v* (Ausnahme: 42,2 *Parcifal*). In C ist *f* besonders häufig vor *r, l* und *u*, wechselt aber auch sonst mit *v*. Ich setze *v* in den Anlaut wie in den Inlaut: *f* nur in *Parcifal* mit beiden Hss., sowie in Fremdworten (*fullemunt, flamme, forme*).

Zwischen kurzen Vokalen schreibt C meist *tt* (am Häufigsten sind davon frei die obliquen Casus von *Got*), D kennt nur einfaches *t*. In Konsonantenverbindungen erhält C nicht selten das alte *d*, und die Reime *wolde : golde* 82,7 : 8, *rande : lande* 178,9 : 12 bestätigen das: da aber D ausser 82,8 und 129,9 nur *t* hat, so setze ich *d* nur da, wo C (oder D) es bezeugt und nicht die apokopierte Form mit D zu wählen war.

Im Auslaut schreibt D stets Tenuis statt Media (einzige Ausnahme *irgend* 120,1 : anders mit *und* und namentlich *wand*): in C ist zwar *t* im Auslaut die Regel, aber *b* und *g* sind viel häufiger als *p* und *c, k*. Reime wie *nac : phlac* 155,3 : 6 beweisen für D; ich wähle immer Tenuis. In C wie D findet sich für *unt* meist

---

410) Die folgenden Angaben über die Orthographie von C ruhen im Wesentlichen auf Bodmers Abdruck, dessen Genauigkeit und Art ich nur streckenweise aus Abschriften kontrolieren konnte.

die Abkürzung *vn̄*: doch hat D daneben etwa 80 mal *vnt* und nur 4 mal *vnd*; demgemäss habe ich *vnt* überall gesetzt, wo nicht die zweisylbige Form *unde* bezeugt oder nötig war.

C schreibt stets *umbe* oder *umb*, D kennt daneben zweimal (7,2. 16,6) *vmme*. Trotzdem der Reim *nimmer : gezimmer* 172,9 : 12 letztere Form stützt, so habe ich doch bei der geringen Gewähr der Hss. für diese *mm*-Formen ausser diesem Reim stets *mb* gesetzt: übrigens kommt *mm* auch in den md. Hss. T, V, U wiederholt vor. — Jener Reim bestätigt zugleich die in D regelmässige Schreibung *immer*, *nimmer* (*iemer* nur 110,12), die ich durchgeführt habe, trotzdem C ebenso konsequent *iemer*, *niemer* zu haben scheint.

D schreibt für ʒ (ʒʒ) im Auslaut und Inlaut stets *z* resp. *zz* (Ausnahme: *es* 169,8, *reines* 46,9. 165,7), C dafür im Auslaut stets *s*, im Inlaut meist *ss*, viel seltener *s* (nur nach langem Vokalen) oder auch *z*, resp. *zz*. Für ʒʒ hat D ein paarmal einfaches *z*, z. B. *vergezen* 174,3, *wizent* 190,12, *vrizet* 184,4. 11, *gŭze* 149,8 u. öft. — *z* wird in C durch *z* oder *tz*, nur in *dis* durch *s* wiedergegeben. — *alleine* schreibt C meist, D nur 193,5 mit *ll*. — Für *sch* in D *s* 35,12 *vleislich*, 40,11 *vals*. — *s* für *m* im Auslaut in C oft, in D 155,9 *boun*, 60,12 *heinlich*. — *t* fällt aus in C 141,4 *vteislich*, 73,6 *pfingeslich* u. a. — In all diesen vereinzelten und inkonsequenten Besonderheiten der Hss. folge ich der üblichen mhd. Schreibung.

Vokale: mhd. *æ* ist in D wie in C regelmässig durch *e* wiedergegeben: in D wird sonderbarer Weise 127,7. 128,3 der Umlaut von *ä* durch *æ* bezeichnet: *bænnen*, *bærten*. —

Für *ou*, das C *o͡*, D *ou* und *o͡* zu schreiben pflegt, haben beide Hss. *o* in *urlop* 148,11 (D ausserdem 282,9) und in der Verbindung -*owe* (*ouwe* in D nur zweimal!). Trotz der Konsequenz der Hss. habe ich in der Regel -*ouwe* geschrieben, um das einsylbige -*owe* in der Schreibung unterscheiden zu können. Ebenso steht in meinem Texte -*iwe* nur, wo es der Vers heischt, sonst -*iuwe*: in D ist -*iwe* das gewöhnliche, seltner -*uwe*, -*iwe*, in C -*iuwr* oder -*uwe*. Für *iu* (*ü*) schreibt D ausser in Flexionsformen überwiegend *u*: im Pronomen *diu* in der Mehrzahl der Fälle *i*; in C kommt für *diu* seltener *die* vor. Ausnahmslos steht *i* für *ie* in *die*: aber auch sonst wird *ie* in D oft durch *i* ersetzt, namentlich in *wi*, *swi*, seltner in *schire*, *islich*, *vinc*, *ginc*, *dinen*, *dinst*, *hi*, *briuc*, *tiuel* u. a.: C pflegt *ie* zu schreiben. —

An die Stelle von *uo* (*o͡*) tritt in D zuweilen einfaches *u*: besonders häufig ist *zv*, auch *mvter* kommt mehrmals vor: in C ist dies *u* für *o͡* sehr selten: doch findet sich dort ein paar Mal *u͡* für *ü*, namentlich in Strophe 176: *mûste*. *u͡* oder *v͡* bezeichnet sonst in beiden Hss. regelmässig das *üe*.

Den Nominibus auf -*ic* lässt D das *i* des Suffixes fast immer (Ausnahmen z. B. *barmekeit* 5,10. 181,12, *biderbekeit* 66,2, *herzeclichen* 24,5), auch in C ist -*ig* die übliche Endung: nur tritt daneben auch die synkopierte Form (*mong*, *menge*, *kung*) und in den Adjektiven auf -*cklich* stets, in den Substantiven auf -*ekeit* meist *e* auf. Ich folge D im Allgemeinen und nur, wo ich die Lachmannschen metrischen Regeln es fordern, schreibe ich *e* für *i*, mehr weil ich so ein bequemes graphisches Zeichen für die Einsylbigkeit gewinne, als weil ich meinte, dass jemals mhd. Dichter oder Schreiber diese Unterscheidung gemacht hätten. — Die Adjectiva auf -*isch* schreibe ich mit *i*, das in D überwiegt (-*esch* 134,12. 169,12), während in C -*esch* häufiger ist. Was endlich den Umlaut betrifft, so fehlt seine Bezeichnung viel öfter in D als in C. Dass dies Fehlen mehr graphisch als dialektisch ist, geht daraus hervor, dass für *iu*, *ü* das *u* auch da geschrieben wird, wo *iu* gar nicht durch Umlaut entstanden ist. In meinem Texte habe ich daher trotz D und trotz des Reimes *widerwuoge : ruoge* 220,9 : 12 den Umlaut der langen Vokale durchgeführt. In D steht *u*, *o*, *ou* häufiger als *iu*, *ö*, *öu*, auch *u͡* für *u* und *a* für *e* (= *æ*) kommt sporadisch vor: C hat nur vereinzelte Belege für diese Erscheinungen. Auch das seltene Fehlen des Umlauts von *ô* in C und D berücksichtige ich nur da, wo der Umlaut überhaupt zweifelhaft ist, wie in *getorste*. Schwierig ist einzig der *u*-Umlaut, der auch in C in grösserem Umfange fehlt. Konsequenz ist da nicht zu erreichen: ich habe auf Grund der Ueberlieferung, der Reime und anderweitiger Beobachtungen (vgl. namentlich L. z. Iw. 1615) mich in folgender Weise mit dieser Frage abgefunden:

Vor einfacher Konsonanz habe ich *u* stets umgelautet, obgleich D immer *uber, kunic, ubele,* meist *vur, luge* u. a. und auch C stets *uber* schreibt: nur in den Indic. der Praet. Praes. *mugen, tugen, suln* duldete ich keinen Umlaut. Gemäss den Hss. mied ich ihn vor *gg* und *ck*: ausgenommen ist *gelücke,* das auch in D umgelautet wird, und 92,7 : 8 den Reim *glücke : zücke,* sowie in der vielleicht unechten Strophe 248,9 : 12 den Reim *gelücke : rücke* mit sich bringt. Nur in beschränktem Masse ist der Umlaut von mir gesetzt vor Konsonantenverbindungen, deren erster Bestandteil Dauerlaut ist: Reime wie *brusten : kusten* 16,9 : 12, *munde : kunde* (Konj.) 24,7 : 8, *sunne : kunne* (Konj.) 34,7 : 8, *junge : twunge* 168,9 : 12, sowie die Schreibung der Hss. beweisen, dass namentlich in Verbalformen der Umlaut bei Reinmar nicht durchgedrungen war: so schreibe ich: *kunne* (Konj.), *gunnen, kunnen, durfen, kunde* (Konj.), *gunde, wurde* (aber lieber *würde : bürde* L. 103 : 106), *bunde, twunge* und sonst im Konj. Pract., Praet., *umbe, brusten, wunne.* Stünde der Reim *munde : abgrunde* 241,9 : 12 nicht in einer Strophe, deren Echtheit zweifelhaft ist, so würde ich auch 144,7 : 8 *runde : kunde* für sicher halten: im Leich 167 : 169 *kunden* (nunciare): *runden* zu schreiben, habe ich nicht gewagt: vgl. Lachm. z. Iw. 7055. Bei Nominibus und Denominativen scheint der Umlaut weiter verbreitet zu sein: ich habe ihn mit den obigen Ausnahmen regelmässig gesetzt. Eine sichere Regel ist bei der Nachlässigkeit der Schreiber nicht zu gewinnen: namentlich D, das überwiegend den *u*-Umlaut fortlässt, ist doch höchst inkonsequent bei denselben Worten: was ich oben feststellte, ruht mehr auf C als auf D. Reinmar selbst wird kaum schon in der Verwendung des *u*-Umlauts, der eben noch in der Entwicklung war, sich gleich geblieben sein.

Flexions- und Wortformen: Dass bei Reinmar die zweite Person Singularis auf *st,* nicht auf *s* endet, beweisen Reime wie: *bist : ist* 13,1. 63,6. 223,1, *bist : Crist* L. 190, *bist : vrist* 190,1, namentlich *treist : geist* 226,3. In C haben sie auch die Endung *st*: in D dagegen enden sie vor folgendem *dû* stets auf *s* (so meist auch in T und U): im übrigen überwiegt auch in D das *st,* das namentlich immer im Reime steht, auch wo das durch den Reim nicht gefordert wurde, wie 10,1 : 2. 157,7 : 8. Ich schreibe also *st,* vor folgendem *dû* aber verbinde ich die Worte, z. B. *hâstû* u. s. w., wozu *hastu* 133,5. 134,3 in D, 27,7. 229,5 in C, 27,7 in U, *bistu* 61,5, *gunstu* 63,2 in T die Berechtigung geben, namentlich aber das an sich unerträgliche *muos du* 10,6 in D, das nur aus *muostu* (so C) entstanden sein kann. Dem entsprechend hatte ich dann auch *soltû, wiltû, mahtû* gegen die Hss. einzusetzen. Nur musste ich mit C *sist dû* statt *sistû* in der vielleicht unechten Strophe 231,12 schreiben, da die Caesur die beiden Worte scheidet. — Ueber die Endung der zweiten Person Pluralis *-ent* in C und D vgl. oben Anm. 32. — Für den Dativ des Pronomen *iu* schreibt D fünfmal (1,1. 40,1. 80,11. 119,3. 124,11), C noch öfter *vch, ivch.* — Für *daz, waz* schreiben beide Hss. nicht selten *dc, wc.* — Mein Text gebraucht wie die Hss. die Form *si*: nur im Leich 164 : 165 ist *sie* (ii) im Reim: *knie* belegt; sonst meidet es Reinmar im Reim, was eher für *si* spricht, und ich mochte auf jenes einzige Zeugnis hin nicht die gleichförmige Schreibung von D (und meist C) verlassen, wie Bartsch das tut (LD² Anm. zu XI, 9). — Die Flexionsendung *-iu* des Adjectivs und Pronomens wird in D selten (*dise* 124,12. 177,2, *riche* 131,1), öfters in C durch *e* vertreten.

Ueber Apokope und Synkope unbetonter *e* in den Hss. geben die Varr. Auskunft: wo es metrisch zulässig war, wählte ich für den Text die gekürzte und also deutlichere Form. Dass Reinmar die Sylben *-age-, -ege-, -ige-* zu *ei* resp. *i* zu kontrahieren liebte, wird durch Reime erwiesen: z. B. 2,6. 24,6. 34,1. 39,2. 80,1. 113,2. 206,3. 226,3: ich wähle daher diese kontrahierten Formen auch ausser dem Reim, wo sie auch nur in einer der beiden Hss. bezeugt sind und nicht andre Gründe dagegen sprechen. Im übrigen bezeichnet da, wo *-age-, -ege-, -ige-* einsylbig sind, D diese Einsylbigkeit meist auch in der Schreibung, indem es das zweite *e* auslässt, während C lieber dem Leser die Verschleifung überlässt. Ich folge auch hier D.

Beide Hss. schwanken zwischen *gân stân* und *gên stén*. Dass der Konjunktiv dieser Verba bei Reinmar auf *ê* lautete, beweisen die Reime 11,10 : 11. 41,1 : 2; der Konj. *gestâ* 234,10 steht in einer wol unechten Strophe. Anderseits ist für den Indikativ das *â* mehr als 20 mal durch den Reim belegt: wo der Reim es nicht sicherte dagegen, überwiegt in den Hss., namentlich in D, auch im Indik. das *e* weitaus. Nun ist aber zu beachten, dass von den 14 Fällen, in denen D *a* hat, ohne dass Reime auf *hât* u. s. w. es festgehalten hatten, nicht weniger als 12 (39,3. 6. 83,3. 6. 148,1. 2. 186,4. 5. 268,3. 6. 7. 8) *gan* und *stan* im identischen Reime bringen: nur einmal kommt im Indikativ in der Reimstelle *stên* : *gên* vor, 146,3 : 6. Da nun bekanntlich die Schreiber mit den Worten der Reimstelle minder willkürlich verfuhren, als ausser dem Reime, so erweist jene Tatsache, dass in der Quelle stets *â* gestanden hat.

gegen brauche ich nur zweisylbig und in der Hebung mit D, *gein* stets in der Senkung und in der Hebung, wo D es hat. C schreibt immer *gegen*, nur zwei mal in der Hebung *gen*: ich wähle die Kontraktion *gein* mit D. — *daz ist* verbindet D 41,3 und 98,3 zu *dest*: C hat daneben (*dest* 41,3, *deswar* 99,2) und häufiger noch *dast* (98,2. 104,12. 120,6. 146,1. 175,7); ich folge C nur da, wo D nicht kontrahiert. — C verbindet *ich* mit folgendem *en-* in der Regel zu *in*: ich lasse die Sylben unverschmolzen, wo das Metrum das zulässt, gemäss D: im Auftakt indess und wo der Vers Einsylbigkeit erzwingt, schreibe ich mit C *in*. — *wand* und *wan* wechseln in den Hss.: ich bevorzuge *wand*, wo es auch nur éine Hs. hat. — In C wechseln *durch* und *dur* ohne wahrnehmbaren Grund: D und mein Text kennen nur *durch*. — In D ist *zv* die herrschende Form der Praep. (selten *zü*): doch kommt auch *ze* mehr als 50 mal vor, oft proklitisch mit dem folgenden Wort zusammengeschrieben. Umgekehrt ist in C *ze* weitaus das Häufigste, aber auch *zü* nicht selten. Ich schreibe stets *ze* als Praep., wo es unbetont ist und vor andern Worten als Pronominibus steht, stets *zuo*, wo es betont ist (L. z. Nib. 22,4), und ausserdem vor Pronominibus, da wo beide Hss. es bieten. In der Bedeutung 'nimis' habe ich immer *ze* eingeführt (*zarm* 62,2).

Vorzugsweise in D haben die Vokale der Endungen ein paar Mal vollere Färbung: so in D *vrowun* 14,2 20,8. 29,3. 33,12. 36,1. 51,6. 188,11 (269,3. 275,1), *triuwum* (Gen.) 136,1; *ich malti* 99,3 (Konj.), *nuenigi* 133,8, *edeli* 79,1. 12. 80,9. 10, *liebi* 153,3; in C *liebi* 249,1. 8, *Judon* 141,10: ob nun diese vollern Vokale Reste des ältern Vokalismus oder Dialektfärbung sind, ich habe sie nicht berücksichtigt, da nie beide Hss. in ihnen übereinstimmen: dagegen habe ich das in CD bezeugte *a* von *heilawage* 43,1 und *ital* 117,5, sowie das auch sonst lange erhaltene *a* von *vornan* 96,11 und *hinnan* 229,3 mit C beibehalten: ebenso die volle Superlativendung *-ost* in *obrast* 161,12 (die Strophe nur in D). — Ueber *har* und *dien* in der Hs. vgl. Anm. 32.

Verzeichnis der Handschriften.*)

*A, die Heidelberger Liederhs. No. 357, Perg., 13. Jahrhundert. Vgl. S. 141.

C, die Hs. der Pariser Nationalbibliothek fonds allem. 32, anc. 7266, Perg., 14. Jahrhundert. Eine Kollation nach Bodmers Abdruck verdanke ich Herrn Professor Birch-Hirschfeld in Giessen: über einige trotz dieser Kollation zweifelhafte Stellen hat mir Herr J. Gilliéron in Paris genaue Auskunft erteilt. Vgl. S. 93 fg., 114 fgg.

*D, die Heidelberger Liederhs. No. 350, Perg., 13. 14. Jahrhundert. Vgl. S. 94. 123.

*F, die Weimarer Papierhs. Q 564, Anfang des 15. Jahrhunderts: S. 153.

*H, der Anhang der Hs. D, Perg., 14. Jahrhundert: S. 132.

J, die Jenaer Meisterliederhandschrift.

P, die Hs. der Wiener Hofbibliothek 19 799 (auch Suppl. 2792), Perg., 13./14. Jahrhundert. Mit einer Abschrift beschenkte mich Herr Dr. Seemüller: S. 390.

*S, Cod. lat. 13582 der Kgl. Hof- und Staatsbibliothek zu München, Perg., 14. Jahrhundert. S. 144 fg.

*T, die Schönrainer Hs., Perg., 14. Jahrhundert, erhalten in Bruchstücken zu Büdingen (Crecelius, Zs. X, 273), zu Basel (Meyer, Germ. XVIII, 80) und auf dem Staatsarchiv zu Marburg (mir durch die Güte des Herrn Archivrat Könnecke in Marburg zugänglich). S. 141 fg.

*U, Bruchstücke der Berliner Sammelmappe Ms. Germ. Fol. No. 923, Perg., 14. Jahrhundert. Prof. Edw. Schröder in Berlin machte mich auf die Hs. aufmerksam. S. 142 fg.

V, Pergamentbruchstücke der Leopoldinisch-Carolingischen Akademie der Naturwissenschaften in Halle (benutzt im Abdrucke Grulichs Zs. f. d. Phil. XIV, 217). S. 143.

*W, die Pergamenths. der Hofbibliothek in Wien No. 2701, 14. Jahrhundert. S. 147 fgg.

*a, der Anhang der Hs. A, Perg., 14. Jahrhundert. S. 141.

*k¹, die Heidelberger Hs. No. 341, Perg., 14. Jahrhundert. S. 148 fg.

k², der Kalocsaer Codex: eine Abschrift verdanke ich dem Erzbischöflichen Bibliothekar Herrn Jul. Városy in Kalocsa. S. 149.

---

*) Die mit einem Sternchen bezeichneten Hss. habe ich selbst kollationiert.

l, die Pergamenths. der Wiener Hof- und Staatsbibliothek No. 2677, 14. Jahrhundert. Eine Kollation besorgte mir Herr Professor Kummer in Wien; über einzelne Stellen orientierte mich Herr Scriptor Dr. Göldlin v. Tiefenau. S. 149.

*m, die Möserschen Bruchstücke. auf der Kgl. Bibliothek zu Berlin, 4⁰, 795, Perg., 14. Jahrhundert. S. 145.

*n, die Liederhs. der Leipziger Ratsbibliothek CCCCXXI, Rep. II Fol. 70a, Perg., 14. Jahrhundert. S. 145 fg.

*o, die Hs. R 482 (S IV. 4a, 23) der Breslauer Stadtbibliothek, Papier, 14./15. Jahrhundert. S. 390 fg.

r, die Hs. des Schwabenspiegels in der juristischen Bibliothek zu Zürich, Perg., 14. Jahrhundert: ich benutzte eine Abschrift des Herrn Bibliothekar E. Müller, die Professor Bächtold nach dem Original kollationiert hat. S. 146 fg.

*s. die Münchener Papierhs. No. 351, um 1474. S. 151.

*t. die Kolmarer Hs., Cod. germ. 4997 der Hof- und Staatsbibliothek zu München, 15. Jahrhundert, Papier. S. 154 fgg. 171. 173 fgg.

*u, die Donaueschinger Papierhs. No. 120, 15. Jahrhundert. S. 154 fg.

*w, die Wiltener Meistersingerhs., Cgm. 5198, Papier, 15./16. Jahrhundert. S. 171 fgg.

DIE GEDICHTE

REINMARS VON ZWETER.

I. DER LEICH.

Got unt dîn eben êwikeit   1
mit drîn persônen underschriben,
sî des gelobt, daz unser leit
der drîer einer hât vertriben,
5 der dir ze kinde ist bî beliben.

Der selbe wart durch dîn gebot   2
unt ouch durch unser heil versniten:
des starp er mensche unt starp niht Got,
er starp nâch menschlîchen siten:
10 sîn sterben hât uns leben erstriten.

Des vater Minne unt ouch des suns   3
der gotheit in ir herze dranc
unt clagte in beiden, wie daz uns
der êrste val ze valle twanc:
15 dar an uns allen misselanc.

Got hêrre unüberwundenlich,   4
wie überwant diu Minne dich!
getorste ich sprechen, sô spræch ich:
'si wart an dir sô sigerich,
20 daz si den val nam über sich'.

---

*Der Leich ist erhalten in C, H', k¹, k², l: für die k¹k² gemeinsamen Laa.
gebrauche ich die Chiffer k.* 1 Got dv k¹. ewen H'k, eweg l. çwykit H'.
3 sit es C, sint des kl. 5 [bi] H'kl. 6 [din] kl. gepet l. 8 Hinter
des *eine Rasur in H'; das erste* starb am Rande nachgetragen. mench H',
mensch l. starp *oberhalb einer Rasur H'.* 9 starp oberhalb einer Rasur H'.
al nach H', als an kl. menschilichen H'. 10 vnser H'kl. 11 Des] De l.
12 got gotheyt H'. erce stwac *undeutlich unterhalb einer Rasur H'.* inûr C.
13 Vnde H'. klagt in kl, clagten H'. beyde H'. 14 twanc] *oberhalb einer
Rasur* dranc H'. 15 Dor H', der l. 16 vn vber wundelich C, vū vnver-
wundenlich k, vnd vnverwunderlich l, vnd vberwindelich H'. 17 wie] hie C.
Der l'ers fehlt l. 18 Getorst H'kl. so] nv l. spreche C. 20 do si C,
daz H'.

Daz uns ze vluoche was geschehen,   5
des hât diu Minne uns übertragen:
des suln wir lobes der Minne jehen
unt immer mêr genâde sagen:
25 si hât getrœstet unser clagen.

Diu Minne ist sô durchliuhtic gar,   6
daz nie sô trûebe ein herze wart,
sô dürre noch sô vlinsic hart,
wirt ir gewinket rehte dar,
30 si macht ez balde himelvar.

Wer die minne tuot bekant,   7
den lât iu hie künden:
Gotes Geist ist er genant,
twâhen kan er von sünden
35 mit zwein wazzers ünden.

Daz ein daz ist der westertouf,   8
dâ man inne toufet:
sô ist daz ander wazzers louf,
daz durch ougen loufet
40 unt diu wangn betroufet.

Der minne schenke ist aller meist   9
der übersüeze Gotes Geist:
dem er die wil schenken,
Den dürstet nâch der minne niht,
45 diu zuo den sünden hât gephliht;
tôtlich ist ir trenken.

─   ──

21 geschen *H*.   22 vertragen *kl.*   23 *fehlt kl.*   sul *H*.   lobs *H*,
lob *C*.   iehn *H*.   24 me *kl.*   25 gesenftet *H*.   Hinter *I*. 25 *folgt in*
Ckl: got lie sich durh si mensche sehen.   26 — 30 *fehlt in C.*   dy mynne
ùy ist ze durchluychtet gar *H*.   so] so gar *l.*   27 nie] my *H*.   trvbez herze *kl.*
2S vlinsen *kl.*   29 gewynket *H*.   gar *kl.*   Dann *folgt in kl:* also daz si sin
wirt gewar.   30 sin mache? *vgl. I.* 126.   machet *kl.*   is *H*, *fehlt kl.*   31 Der
Ckl.   32 der *k¹.*   lag *l.*   vch *H*, euch *k²*, ovch *k¹l.*   33 Ihesvs Krist *kl.*
35 *fehlt k²l.*   wasser *C.*   36 ein ist *C.*   37 do *k.*   3S — 40 *fehlt l.*
des andern *C.*   andir *in W ganz blass.*   39 Der us ougyo *H*, daz dvrch
die ougen *k.*   40 vnd ouch *H*.   wangen *alle*, wange?   troufet *H*.
41 schenckh *l.*   43 swem *kl.*   die] den *kl, fehlt H*.   44 myne *H* (*so*
oft).   45 den] der *k²l*   svnnen *k,* svnne *l.*   46 totlichë *H*, gotelich *C.*

Diu minne ist guot,   diu sünden gluot
unt ir gelust erleschen tuot:
diu aber ze sünden wecket muot,
50 der minne suln wir wenken.

Durch minne wart der alde junc,   10
der ie was alt ân ende:
von himel tet er einen sprunc
her ab in diz ellende,
55 ein Got unt dri genende
Enphienc von einer meide jugent,   11
daz geschach durch minne:
ir gap des heilegen Geistes tugent
minnebernde sinne:
60 des wol dir, kitniginne!

Aller wunder si geswigen!   12
daz erde himel hât überstigen,
daz sult ir vür ein wunder wigen!
Erd ob unt himel under   13
65 daz sult ir hân besunder
vür aller wundr ein wunder!
An wem diz wunder si geschehen?   14
Des muoz man wol der megde jehen
unt immer nâch ir gnâden stegen,
70 Die Got liphaft ze himel nam,
dar menschlich mensche nie bequam

. . .   .

47 diu an zweiter Stelle] der dy *H*, der *C*, die der *l*, dies *k²*.   svnnen *C*.
48 erlesten *l*.   49 nach svnden *H*.   weychet mit *H*.   50 sul *W*, svlle *k*,
scholle *l*.   51 alte *Ckl*.   54 abe *Cl*.   55 [ein] *H*.   vnde *k¹*, vndⁿ *H*.   drû *C*.
56 Her enpfing *H*.   megde *C*, me *l*.   iugnt *H*.   58 ir] her *H*, ich *k²l*.   tngnt *H*.
59 stimme *l*.   60 des] so *H'kl*.   chvniginnes *l*.   61 gesvigen *H*.   62 erde
den *W*.   [hat] *C*.   63 schult *l*.   vor *H*.   wigin *H*, wegen *l*.   64 erde *Ck*.
obe *Ck²*.   unde *k²*.   65 schult *l*.   haben *kl*.   66 vor *H*.   alle *H*, elliv *C*.
wunder *alle*.   ein *fehlt Ckl, ist in H' übergeschrieben*.   67 dem *C*.   daz *kl*.
geschen *H*.   68 mug wir *H*.   wol] von *C, fehlt kl*.   meide *kl*.   iehn *H*.
69 *fehlt Ckl, steht in H am Rande und ist durch ein Zeichen hinter V.* 68
gewiesen.   noch *H*.   genoden *H*.   71 da *H*, daz *l*.   mensch *l*, mensch^e *H*.
enquam *H*.   72 in den Hss. keine Lücke.

Von erden sò was si geborn   15
unt wart vogtìn ze himel erkorn:
75   des habe diu wâre minne danc,
diu Got zuo dirre liebe twanc.
si ist ein sterne von Jâcop,
an ir lìt aller engel lop,
  an ir lìt aller liute ruom:
80 ir muoterbæren magetuom
kan nieman vollen triuten
von engeln noch von liuten.
Der patriarchen vorgehüge,   16
prophêten lobes ein übervlüge,
85 in weiz, ob ieman dar zuo tüge,
daz er dîn lop durchreichen müge:
der die sunnen enphenget,
den hâstû ganegenget.

Dû blüende gerte von Jessê,   17
90 diu nie gewan gelìchen mê
noch nimmer mê gewinnen mac,
dîn lìp brâht uns die süezen vruht,
des himel unt erde ist gêret.
Des künec Dâvides harphenclanc
95 unt Salomônes minnesanc
mit lobe gar an dir einen lac:
mit dir wart Êven sündensuht
vriuntlichen verkêret.

---

73 waz *k¹l.*   74 votinne *H'*, vogtinne *k²l*, fôgetinne *C*, vogettinne *k¹*.
75 habe] gab *kl.*   76 die *Ckl.*   diser *l.*   libe *H k¹.*   dwanc *l.*
77 *in den Hss. hinter 78, es ist aber in H' durch a und b die rechte Ordnung wieder hergestellt worden.*   der stern *k*, der sterne *l.*   78 liget *H*.
79 *fehlt in allen Hss.*   80 mvterbernden *kl*, muter^worn *H*, *das* worn *über
einer Rasur H'.*   magtvm *k.*   81 nymant *H* (stets), niemen *l*(stets).   vol_en *H*,
volle *C.*   83 Der] Dv *C.*   vorgehug *l*, vor behüge *C.*   84 lobs *H*.   vber-
vlueg *l.*   85 ine weis *C*, ichn weiz *k*, ich enweiz *l*, Ich wene *H*.   [ob]
imant *H*.   da zv *C.*   tug *l*, ^erluge *H*.   86 reichen *C.*   87 Von der dye
sunne *H*, von dem diu s. *vdllagen.*   88 geangenget *C*, anegenget *H*.   89 Die
k²l.   bluomen gerte *C.*   91 noch] vñ ouch *Ckl.*   [me] *kl.*   92 brahte *C.*
suse *H*.   93 Der *kl.*   geeret *CH k²l.*   94—98 *fehlen in C.*   94 der *l.*
kvngis *H*, chvniges *l.*   dauidis *H*.   herpfenklanc *kl.*   95 salomonis *H l.*
minnensanc *kl.*   96 lob *l.*   an] ^an vf *H*, vf *kl.*   eyne *H*.   97 suht]
vlvch *k*, vluc *l.*   98 vruntlich *H k².*

Swâ si hât geséret,   18
100 dâ hâstû heil geméret.
Minnenbürde sunder swære,   19
minnenbürde sünden lêre
unt doch rehtiu minnenbürde
Wart getragen von dir al einer,
105 dû vil reine unt er vil reiner,
mit dem dû gebürdet würde.
Er Got der minne, er minnenschenke,   20
in tet diu minne alsô gelenke,
daz er sich in din herze vielt,
110 der aller elementen wielt.
Sit daz minne uns hât geneiget   21
den des süeze sünde veiget
unt des helfe trûren sweiget,
als er vil dicke erzeiget,
115 des si er gebenedîjet!
Aller Cristen stimme schrie
zuo dir muotermeit Marîe,
daz din helfe uns sünden vrîe
durch die eingôtegen drîe,
120 diu Cristen glouben drîjet!
Minne, din viur ist durchzündec,
Minne, din craft ist durchgründec,
dû bist ouch als überwündec,

---

99 Da *kl.*   si] eva *kl.*   geeret *l.*   100 do ist nu *H*, da hast du
hast *l.*   101 Minne burde *H*.   102 mine burde *H*, Minnen burden *k²l.*   sunder *W.*   103 doch] ovh *kl*, fehlt *H*.   rehte *C*, rechter *H k*, recht rechten *l.*
mine burde *H*.   104 alleine *CH*.   105 reiner *l.*   107 Der *H*.   [der
minne] *H kl.*   er] der dy *oberhalb einer Rasur, an deren Anfang* m, *an deren
Ende* her *zu lesen ist H*.   minne schenke *C*.   108 in] den *H*.   mynne *H*.
109 dyn *H*, ir *kl.*   110 elem̄ *C*.   111 Sint *H k*, seit *l.*   112 svndẹp *H*.
ꞏsunde ꞏsuzze *l.*   113 unt] Vns *k²*.   des] sin *kl.*   uns truren *Ckl.*   114 er
vns *kl.*   [vil] dicke hat *kl.*   zeiget *C*.   115 fehlt *W.*   gebenediet *kl*, ge-
benediget *C*, benedîjet?   116 erschrye *H*, schriget *C*, schriet *kl.*   117 muotermeit *Bech, in zwei H orten die Hss.*   mariæ *C*.   118 din] sin *k*, sei *l.*   helf *H l.*
119 eyngotige *H*, eine gotlichen *k*, ein gotleiben *l.*   120 gelouben *k*, geloub-
bent *Cl*, dy geloubyn *H*.   driet *kl*, drigent *C*, vreint *H*.   121 viwer *H k²*,
fewer *k¹l.*   enzündet *C*.   122 fehlt *kl.*   min *H*.   Zwischen ist und
durch grundig *übergeschrieben* vn *H*.   durgriundet *C*.   123 wen du *H*.
[ouch] *H*.   also *kl*, zo *H*.   vbirwndik *H*.

daz nieman lebt sô sündec,
125   wiltû dich underwinden sin,
ern werde Gotes unt ouch dîn.
Dù île, Minne, kum her abe,   22
brinc uns din süeze unt ervar,
wie sich dîn gerndin diet gehabe:
130 Minné. der ruoch unt nim ir war!
In der herze sünde ist swære,   23
die tuo aller sünden lære:
Minne, den gip sinne,
dâ von ir heil beginne!
135   Sünde enbirt wol Minne namen,   24
Minne sol sich sünden schamen:
sünde enist niht minne,
Minne ist ir trætærinne.

Dô Minne des niht wolde enbern,   25
140 sin solde Got ir bete gewern,
dô muoste er siner tohter gern
menschlichen zeiner muoter:
Sus wart diu tohter muoter sin
unt ouch der vater ir kindelin:
145 Minné, der rât der was ouch din:
wâ wart ie rât sô guoter?

124 lebet *CW*.   125 vnderwunden *l*.   126 er *Ckl.* werd *l.*   vnd⁹ [ouch] *W*.
127 Du] so *C.*   vñ kume *C,* kvme *k².*   ab *kl.*   128 brenge *W*, pringe *l.*
vns *fehlt Ckl, übergeschrieben in W.*   dyne *W,* die *kl.*   suezzen *l.*   vnd
und die Sylbe vat *über einer Rasur, in der noch das Wort* dir *zu lesen ist,*
dessen beide letzten Buchstaben das Präfix er *von* ervar *ersetzen W,* mit dir
her *Ckl. Hinter* 128 *in Ckl:* Dù (die *kl*) din gernde si (sin *k,* sint *l*) der
(d'in *k²*) ger Minne gernde (gerne *l*) minne *Ckl.*   129 Sich (Siech *l*) wie *kl.*
din] die *l.*   gernde *Wkl.*   dyt *W, fehlt l.*   gehab *W kl.*   130 ir] er *W.*
Des nim war vñ ruoch (gervch ovch *kl*) der *Ckl.*   131 [ist] *Wkl.*   swere *W,*
swer *kl.*   132 *fehlt Ckl.*   133 sippe sinne *l.*   134 do *W.*   gewynne *W.*
135 Sünde] minne *Ckl.*   erpiert *l.*   Minne] súnden *Ckl.*   137 súnden ist *C,*
sunde ist *l.*   138 mine *W.*   ir ein *kl.*   139 Dy *W.*   wolte *C,* wold *Wk¹.*
erpern *L*   140 si *CW l.*   múste *C,* enscholde *l.*   irre *W,* ir *l.*   bet *k,*
pet *l.*   141 so *W.*   must *Wkl.*   142 menschlich *C,* Menschl *l.*   zu
eyner *W.*   143 Do *W,* Sust *k².*   was *kl.*   sin] dyn *W.*   144 der] du *W.*
Hinter ir *bricht der Leich in C ab, da das auf Bl. 323 folgende Bl. fehlt.*
145 ᵈˢ was *W,* was *kl.*   146 wo *über Rasur W,* Ez *kl.*   nie *kl,* ie *in W*
scheint aus nie *gebessert.*

Dô dirre junge was geborn,   26
dô wart versüenet al der zorn,
der von Âdâmes valle
150   Ûf al der werlde was gelegen,
der wart durch disen jungen degen
versüenet al mit alle
mit grôzer vröuden schalle
Wart er enpliangen schône   27
155 von aller engel dône:
er wart genant Jêsus Crist:
der Got was unt immer ist
sunder menschlichen list,
wart vermært in kurzer vrist.
160   Ein sterne wiste künege drî   28
von Saba unt von Arabi
ze Bethlehem, aldâ er was,
des sîn muoter meit genas:
golt, wîrouch, mirren brâhten sie
165 unt legeten sich im ûf ir knie.
Hôhen künegen, armer diet   29
wold er sich beiden künden,
dô er den velthirten beschiet,
wie unt wâ si in vünden:
170   hie erkenne ich daz der selbe Crist
geliche veile uns allen ist.

Swaz Ysaias von im sane,   30
den sîn geburt ze sange twane,

147 diser *l.*   wart *kl.*   geparn *l.*   148 alle *W*ʹ, aller *k.*   151 der]
des *kl.*   disen] sinen *kl.*   153 grôzer] svzer *kl.*   154 [er] *kl.*   156 Hie *kl.*
[genant] *kl.*   ihesu *W*ʹ.   157 immer *fehlt kl,* ymir *übergeschrieben W*ʹ.
158 Svn der *kl.*   menscheliche *W,* menschleihen *l,* menschlicher *k.*   159 vart
steht am Rande der mit vormerit *beginnenden Zeile mit einem Zeichen,
das im Texte fehlt: es kann also vor* wie *hinter* vormerit *zu weisen sein:
W*ʹ, fehlt *kl.*   vil kvrtzer *kl.*   160 weste *l.*   *vor* kvnge *Rasur in W*ʹ.
161 sabba *W*ʹ.   162 zewetlchem *l.*   do *W*ʹ.   163 syn *W*ʹ.   164 wyroch *W* *l.*
mirre *W*ʹ, *davor kleine Rasur.*   165 neigten *kl.*   ym *übergeschrieben in W*ʹ.
ir] die *kl.*   166 Hoen *W*ʹ.   kungen *W*ʹ.   armer] *vdHagen,* vnd armer *W*ʹ,
vñ arme *k,* vnd armen *l.*   167 wolt *k.*   [beiden] *kl.*   168 dô] wy *W*ʹ.
vor beschit *Rasur W*ʹ.   170 [hie] *l.*   erken *W*ʹ.   171 gelich *W* *kl.*   veyl
W *k*ʹ*l.*   172 im] dyr *über Rasur W*ʹ.   sanc] gesane *k,* sait *W* *über Rasur.*
173 sin] dyn *über Rasur W*ʹ.   twanc] yait *W*ʹ.

daz ist allez worden wår
175 unt ouch Sibillen sprüche gar
   an disem *süezen* kinde.
     Sin geburt ist sanges wert:
   des aller engel vröude gert,
   daz ist diser himelhabe,
180 der durch uns wart ein crippenknabe
   vor esel unt vor rinde:
   wart, welch ein stalgesinde!
     Crist, låz uns geniezen,   31
   daz sich din starke goteheit
185   durch minne lie besliezen
   in unser armen forme cleit!
     des lå dich niht verdriezen
   unt lå der süezen minne regen
   in unser herze vliezen.
190   Wir Cristen heizen nåch dir, Crist!   32
   sit daz dû unser gnanne bist,
     sô heb uns ûf — wir sin erlegen —
   durch diner süezen minne craft
   unt vüer uns hin von sünden wegen,
195 dar in wir sin sô kerkerhaft:
     lêr uns umb sünde riuwe phlegen
   durch diner siten bluotes regen,
     Den dû reiner unde guoter   33
   lieze schouwen dine muoter
200 mit ansêhenden ougen:

───────────────

174 alles *H* ˉ*k²*. 175 [ouch] *k²l*. 176 an] sehet von *k*, secht von *l*. süezen
fehlt allen Hss., edeln *Phil. H ackernagel KL* 2, 75. 17⸱ der *kl*. vrevden *kl*.
179 dirre *k*. 180 krippe knabe *k*. 181 vnd von *l*. rindiſ *H*ˉ. 182 sehet *k*,
secht *l*. 183 krist nv *kl*. lazze *l*. 184 sich *in H* ˉ *übergeschrieben*,
dich *kl*. din] dy, *dahinter ein Buchstabe radirt H* ˉ. gotheyt *alle*.
185 lis *H*ˉ. 186 arme *kl*. formen *H*ˉ. *Dahinter in kl:* Daz wir nach
dir genennet sin. 187 las *H* ˉ, *dahinter lange Rasur.* 188 laz *H*ˉ. der]
die *kl*. suezze *l*. regen] din *kl*. 190 [Wir] Crist wir *H*ˉ. nach dir
heizen *kl*. 191 sint *H* ˉ*k*. [daz] *alle*. genanne *alle*. 192 der legen *H*ˉ,
gelegen *kl*. 193 Gedenke (gedench *l*) an diner minne kraft *kl*. 194 vüer]
bringe *k*, pring *L* [hin] *kl*. von der svnden *kl*. 195 dor *H*ˉ. sint *H*ˉ.
Wir sin in (*fehlt l*) svnden karcher haft *kl*. 196 Nv lere *k*, Nu ler *l*. vm *H*ˉ,
fehlt kl. svnden *kl*. rwue *H*ˉ. 197 regn *H*ˉ. 198 Den] der *l*. reiner]
svzer *kl*. vñ *k*, vnd *l*, vnde *H*ˉ. 199 Liez *kl*. diner *k*, einer *l*.

Wie daz durch ir sêle wuote
unt ir ouch ir herze gluote!
daz truoc si vil tougen,
Unz daz er si doch gewerte   34
205 mit dem Sîmeônes swerte
marter der si gerte:
diu marter, die si sehende leit,
in swertes wîs ir herze sneit.
Die hât Minne al überwunden   35
210 an dem criuze mit vünf wunden,
den si doch gesunden
unt lebende brâht ûz sînem grabe
ze himel in sînes vater habe.

Dâ hât diu Minne den gewalt,   36
215 daz si unt der Barmunge rât
vor Gote sint sô manicvalt,
daz er durch si tuot unde lât,
unz disiu werlt ein ende hât.
Dar nâch sô gât diu Rehtikeit   37
220 mit vil gelîcher wâge vür:
ez sî uns liep, ez sî uns leit,
sı briuget mit ir willekür
si zwei in unser sünden spür.
Erbarme dich, mensch, über dich: 38
225 dû bist noch in genâden tagen:
Got derst noch sô barmunge rich,

201 Wie daz] Vn ouch *kl.* 202 unt ir ouch] Wi daz in *kl.* ir *beidemal übergeschrieben H'.* herzen *k.* 203 wil *H'.* 204 Biz *kH'.* daz *vdHagen, fehlt in den Hss.* doch *über Rasur H'*, des *kl.* 205 [dem] *kl.* 206 Martir der se *über Rasur W,* Des sin marter *kl.* 208 wise *kl.* ir herze] al dvrh sie *k,* durch dem sei *l.* 209 Hie *kl.* vnderwunden *l.* 210 *fehlt l.* ame *H'.* 211 doch vil gar *kl. In H' über dem Text eine Rasur.* 212 Vnd lebnde *H',* Lebendic *k,* Lebenlig *l.* ûz] von *k,* mit *l.* 214 Dâ *vdHagen,* do *alle.* 215 [unt] *kl.* 216 sint sein so *l.* 217 er] man *H'.* sei *l.* vn *k,* vnd *l.* 218 Biz *kH'.* dise *H'k.* 219 so *in H' durchstrichen.* get alle. [diu] *kl.* errechtikeyt *H',* gerehtikeit *k,* gerechtichleich *l.* 220 gelycher *H',* gleiher *l.* 221 is beidemal *H'.* ez si uns leit] oder leit *kl.* 222 willen kvr *k* 223 [si] *kl.* yn *übergeschrieben H',* sint *kl.* svnde *H'.* 224 Nv erbarme *k,* nu erparm *l.* mensche *H'k.* 226 der ist *H',* ist *kl.* barmikmüge rych *H',* parmung [rich] *l,* barmiklich *vdHagen.*

wiltû dich sündenriuwic tragen,
son darftû niht an im verzagen.

Nû helfe uns, diu nie müede wart   39
230 ze biten umb unser missetât:
daz ist diu, diu dô truoc verspart
in ir, der uns erarnet hât:
al unser heil an in zwein stât!

---

227 Wilt dv der svnden rewe tragen *kl.*   228 so *alle.*   endarf du *W.*
229 helf *II‾k¹.*   230 betin *W'.*   vm *W‾.*   231 daz] die *kl.*   *Das zweite* dჳ
in II‾ übergeschrieben, fehlt kl.   do] in *kl.*   232 in ir] den *kl.*   233 Als *k²,*
allez *l.*   an evh *k¹l,* an vch *k².*   zwen *k¹.*   *In kl folgt hinter V.* 233
noch: Nv sol (schol *l*) vnser werden rat Vor aller hande missetat.

II. VRÔN ÊREN DÔN.

1.

Ich seite iu gerne, ich weiz wol waz:
diu wâre Minne Got   betwungen hât, nû merket daz!
Erbermede unde Güete,   die clagten Gote, wir wæren gar verlorn.
Diu wâre Minne Got enbôt,
5 daz er uns sante sînen sun   her nider in den tôt
unt uns von helle erlôste: dar zuo het in diu wâre Minne erkorn.
Nu seht, alsô gewaltic ist diu Minne:
verswige ich daz, war tæte ich mîne sinne?
in twanc sîn gotelîchiu wirde,
10 daz er uns menschen wart genôz:
der künec ob allen künegen grôz
der ervulte gar   der wâren Minne ir girde.

2.

Dô wonte ein magt ûf erde hie,
diu sante ir boten ûz   nâch Gotes sun, — nû merket wie! —
ir kiusche unt ir dêmüete,   ir zuht, ir scham, ir grôze reinikeit.
Die lâtten Got mit ganzer craft,
5 alsô daz er ir sante   die hôchgelobten boteschaft;
daz si in magt gebære,   daz wart ir von dem engel dô geseit.
Dô die boten diu lieben mære vernâmen
unt si in ganzen glouben des bequâmen,

---

1 = 1 *D*, 101 *C*.   1 sagt vch *D*.   ich weiz wol] nu hort *D*.   2 [nu]
vů merkent *D*.   3 vů *D*.   nerlor *D*.   er bat mich vů gote klagen wan
got wir *C*.   4 warů *C*.   6 hat *C*.   warů *C*.   9 gotlichiv *D*, gotteliche *C*.
12 [der] erfulte *C*.

2 = 2 *D*, 8 *C*, 720 1 *t*, 9 1 *u*.   1 Es wont *tu*.   erden *tu*.   2 sant *tu*.
vf *D*, usse *tu*.   son *t*.   merkent *CDu*.   3 kusch *t*, kunsche *u*.   4 luden *tu*.
ganzer] aller *tu*.   5 [also] *tu*.   sant die reine vnd hochgepte rein *tu*.   botschaft *Dtu*.   6 geber *u*.   daz] do *C*.   engele *D*.   dô] so *tu*.   8 ganzem
gelouben *C*.   *V.* 7 und 8 lauten in tu: da (do *u*) des ir botte in gaczē (ganczen *u*)
glauben kamen (kame *u*) vnd sie die lieben mer also vernamen *tu*.

der heilege Geist der enphienc sô schône
10 daz kint mit manegen tugenden sô:
daz wonte undr ir brusten dô,
unz si in gebar: waz geben wir ir ze lône?

3.

Dô Got her zerde wolte komen
unt in gebar ein magt, die er im ze muoter hete genomen,
dô huop sich unser sælde, an sinem libe huop sich ungemach.
Am vrônen criuze er leit den tôt,
5 dâ mit er uns erlôste ûz grôzer angst, ûz grôzer nôt:
er gewan uns sæliclichen, mit allem rehte er dô die helle brach.
Do erschein ein licht, daz sante er uns ze trôste,
dâ mit er vil manege sêle erlôste.
sin güete werde uns noch ze teile
10 unt ouch sin bluot, ê wir vervarn,
daz uns die sêle sol bewarn
mit vröuden dort in êwiclichem heile!

4.

Âdam unt manec verlorne sêl
vröuté daz in der helle, dô der engel Gabriél
Avê Marien kunte, daz reine wort, unt si in magt gebar,
Den hôchgelobten reinen Got,
5 des menscheit an dem criuze leit den tôt nâch dem gebot,
als in diu Minne lérte unt im gebôt, daz wart ervüllet gar.
Sin sünden blôzer lip der lie sich tœten,
sin unschuldic tôt half uns ûz nœten:

---

9 daz worcht (wurckt *u*) der heilic geist (geseit *u*) in ir so schone *tu.*
[der] enphienc? *Vgl. die Anm.*   10 mangen *C.*   ir kint mit ganczer küsch
(küsch *u*) ie sa *t u.*   sô] hô?   11 wont *t u.*   vnder ir *DC*, vndrieren *tu.*
da *tu.*   12 vnze *D*, biss *tu.*   si in] sies *tu.*   geb *tu.*

3 = 3 *D*, 102 *C.*   1 har *C.*   in erde *D.*   2 ein] *vdHagen*, ein reinin *C*,
ein reine *D.*   het *D*, hat erkorn *C.*   3 libe do *C.*   4 an dem *CD.* [vronen]
vdHagen.   er leit *vdHagen*, leit er *CD.*   5 mite *D.*   angest *CD.*   6 selek-
liche *C.*   reht *C.*   zerbrach *D.*   7 sant *C.*   8 mite *D.*   manig *C.*   sel *D.*
9 div werde *D.*   10 [ouch] *C.*   11 sel *D.*

4 = 4 *D*, 9 *C.*   1 verlorne *vdHagen*, verlornû *C*, verlorn *D.*   2 vrowet *D.*   3 kvndet *D.*   5 gebote *D.*

er brach die hell nâch sînr urstende:
10 dô wart vil manic sêle erlôst.
nû bite ich dich, vil süezer trôst,
daz dû mir gebest   wâr riwe vor mînem ende.

5.

Got vater, dîner manegen tugent
unt dînes suns, die der   begangen hât in sîner jugent,
dern ist dekein sô cleine,   si ênsi dannoch mcuschen lobe ze grôz.
Der hân ich eine erwellet mir:
5 getorste ichz, hêrre, die wolt ich   nû gerne loben au dir:
diu selbe tugent ist alsô grôz,   daz si dir selben ist genôz.
Si was ie unt ist noch dîn râtgebinne
unt ob allen tugenden küniginne:
mit hulden muoz ich dir si nennen:
10 ez ist dîn reiniu harmekeit,
diu unser tegelîchez leit
dich, hêrre, tuot   genædiclich erkennen.

6.

Got vater, sun, heiliger geist,
dû aller guoter dinge   anegenge unt ende weist,
dich gebar von einem worte   ein reiniu magt nâch muoterlîcher traht.
Diu geburt dir einen wol gezam:
5 dîn menscheit an dem criuze   den tôt durch uns an sich genam:
du erstüende an dem dritten tage,   dîn tôt den unsern übervaht.
Swer dar au zwîvel, der denke an diu wunder,
diu dû tæte unt vor den Juden besunder,

---

9 helle *CD.*   sinre *C,* siner *D.*   10 sel *D.*   11 bitē *D.*   12 ware *CD,*
fehlt vdHagen.   rûwe *C.*   mime *vdHagen.*

5 = 5 *D,* 104 *C.*   1 tvgende *D.*   2 ivgende *D.*   3 der *C.*   kein *D.*
ensie *D,* si *C.*   menschlichē lobe noch zv *D.*   4. 5 Der tvgende han ich
eine mir gar vz erwelt. di selben tvgende lob ich herre an dir *D.*   wolde *C.*
6 wan si ist *D.*   dir herre selben *D.*   8 [unt] *D.*   gar ein kvniginne *D.*
10 reine *D.*

6 = 6 *D,* 103 *C.*   2 guoten *D.*   3 dich] da *C.*   ein maget àn sünde *C.*
trahte *D.*   4 gezan *C.*   5 din] diu *C.*   nam *D.*   6 do erstuont *C.*   dirre
tot uns unsern tot *C.*   übervaht] so verwant *D.*   7 swcr] der *C.*   zwiuele *D.*
gedenke *D.*   dinú *C.*   8 [unt] *C.*

unt geloube in drîen namen dich eine,
10 daz dîn gewalt ist âne zil:
hilf mir, des ich dich biten wil,
daz riuwe unt bîht   uns von den sünden reine.

7.

Got aller guoter dinge ursprinc,
Got aller wite unt aller lenge ein umbegânder rinc,
Got aller hœhe ein dach,   Got aller tiefe ein endelôser grunt!
Nû sich ûz dîner goteheit
5 her nidere, hêrre, in dîne   tiure gekouften Cristenheit,
durch die dîn eineborner sun   wart an dem vrône criuze wunt!
Mit sînem bluote mchelte er uns ze briuten:
die liebe soltû, hêrre, an uns triuten
durch den, der uns dir hât gevrîet
10 von helle unt ûz des tievels cloben:
den sulen wir mit samt dir loben
vür einen Got   unt doch die namen gedrîet.

S.

Jêsus, dû Gotes underbot,
Jêsus, dû menschenkint unt Got   unt ebenmehtic Got,
dû himelsippe vaterhalp,   dû erdensippe muoterhalp,
Dû vaterhalp Jôhannes ar,
5 dû lewe Marcus, dû muoterhalp   Mathêus mensche gar,
hie mit bezeichenunge   an Lûcas stat geformet als ein kalp!
Die vier êwangelisten unt ir bilde
sint ungelêrten liuten gar ze wilde.

---

9 in drien] din drie *C*, dine drie *D*.   alleine *C*.   12 riuwe] ruoch *C*.
bihte *D*, tuo *C*.   uns] mich *D*.   [den] *D*.

7 = 7 *D*, 91 *C*.   1 guolen *D*.   2 umbegender *CD*.   4 Sich herre vz *D*.
gotheit *D*.   5 har *C*.   her abe in dinen tivren konf. der cristenheit leit *D*,
us dîner tiure har nidere der gek. cr. *C*, uf dine tiure harnidere die gek. Kr.
vdHagen, *vgl. die Anm.*   6 Durch dinen eingeborn svn der an dem crvce
wart verwunt *D*.   7 bluot er uns gemehelt *C*.   s din hantgetat solt dv
noch herre trîten *D*.   9 der] er *C*.   tier *C*, da *D*.   gefriget *C*.   10 ûz]
von *D*.   11 svln *C*.   wir herre *D*.   sant *C*.   12 Got des namen sint g. *D*.
gedriget *C*.

8 = s *D*, 105 *C*.   1 wunderbot *CD*.   3 dû] dú *beidemal C*.   5 [dû]
beidemal D.   leo *CD*.   mensch *D*.   6 gefomet *C*.   7 ewangliste *D*.

waz ar, waz lewe, waz mensche meine,
10 waz kalp betinte an Lûcas stat,
der ane Crist ie missetrat,
wær im daz kunt,   der wurd gar zwîvels eine.

9.

Mathêus menschen bilde hât:
wie Got ein mensche wart,   von im uns daz geschrıben stât
in manegem êwangeljô,   diu Got selber sprach durch sînen munt.
Wie Got alsam ein kalp vertruoe
5 den tôt an der menscheit,   wie man in an daz criuze sluoc,
daz machet Lûcas kalp   mit sîner schrift von Cristes tôde nns knnt.
Wie er von tôde erstuont mit lewen crefte,
daz schrîbet Marcus lewe mit meisterschefte:
Jôhannes ar von der gotheite
10 die hôhen wisheit niht enspart:
in arn wîs Gotes himelvart
dô gap unt gît   noch maneger sêle geleite.

10.

Got hêrre, swes dû an uns gerst,
des mugen wir dich niht wol gewern,   ê daz dû uns gewerst,
wiltû von nns reine   gedanke, reinen muot unt reinez leben.
Wâ suln wir, hêrre Got, daz nemen?
5 din reinikeit diu welle   uns reinen sô daz wir dir zemen!
wiltû daz wir nâch dînem   willen leben, den willen muost uns geben.
Wer kan iht guotes âne dich beginnen?
wes herze mac dich sunder dich gemiunen?

---

9 leo *CD.*   mensch *D, fehlt C.*   11 ane súnde *C.*   12 were *D.*
wurde *C,* vurde *D.*
9 = 9 *D,* 10 *C.*   2 mensch *D.*   3 ewâglio *D.*   6 schrifte *D.*   tot *CD.*
kunte *D.*   7 lôwen *C.*   8 leo *CD.*   9 gotheit *D.*   10 entspart *D.*
11 wise *CD.*
10 = 10 *DT,* 106 *C,* 46 1 *s.*   1 was du von onse *s.*   2 des pist du vn-
geweret. e *s.*   vns al hie *s.*   3 gedenke *D.*   wilt von vns reinen mute
vnd rein gedenken vnd auch *s.*   4 svlen *D,* scholl *s.*   herregot *D* immer.
[Got] *s.*   niemen *s.*   5 [diu welle] *s,* diun welle?   reine dz wir dir also
wol gezemen *s.*   [dir] *D.*   6. [wiltû] *s.*   deinen *s.*   auch leben hie so
must du vns dz g. *s.*   muostu *C,* mŷs dv *D.*   7 an *C,* herr on *s.*   begunnen *s.*
Mit kan *beginnt das* 1. *Bl. von T.*   8 *fehlt s.*   welch *T.*   kan *C.*

wie kunnen wir dir, hêrre, geleisten
10 iht guotes âne dîn volleist,
die uns ze gebene hât dîn geist?
den selben geist   lâ, hêrre Got, uns geisten!

11.

Got hêrre, gip uns hinte heil,
sô daz uns müeze werden   alles des gebetes ein teil,
des hiute wirt gesprochen,   sô wît diu Cristenheit begriffen hât.
Vater unde muoter mîn,
5 bruoder unde swester,   sulen ouch dar inne sîn,
dar zuo mîne mâge: über al die mîn gebet ze rehte stât.
Dar zuo sô wünsche ich des den Cristen alleu,
daz si in houbetsünden iht vervallen,
unt daz wir werden alsô vunden,
10 sô Got an dem gerihte stê,
daz wir vor immer wernder wê
mit sîner craft   des tages dâ werden enbunden.

12.

Hei wie wunniclich ein schar,
dâ diu vil reine Trinitât   in ein gesament gar
ze voller angesihte   unt ouch diu edele muoter bî gestât,
Diu aller güete ist übervluot,
5 ich meine Cristes muoter,   diu dâ bezzer ist dan guot;
prophêten, patrîarchen;   der engel schar ouch dâ vil schœne hât;
Zwelf boten unde vier êwangelisten,
marterære unt ander guote Cristen,

---

9 herre dir CDT.   wer kan icht gutes herr on dich gelaisten s.   10 iht
guotes] ach herregot s.   on s.   dine T.   11 die] den Cs.   gegeben Cs.
12 las s.
     11 = 11 DT, 107 C.   1 gibe T.   3 daz T, so C.   wite T.   begrifen C.
4 vnd TC.   5 vn TC.   suln DC, die suln vdllagen.   6 alle CDT.
Ueber di von zweiter Hand den geschrieben D.   gebete T.   8 in] mit DT.
heuptsunden T.   9 ervunden DT.   11 ime C.   12 mit] von C.
     12 = 12 DT, 11 C.   1 Ehi D.   wunnecliche T.   2 trinitate CD.   3 zuo
CDT.   mvtere D, muoterȥ C.   4 vbervulût C.   5 danne T.   6 engele D.
do T.   schone alle.   7 zwelfboten T.   vu DC, fehlt T.   [vier] T.
evangelisten C, ewanglisten D.   8 marterer C, martere D.   andere D.
guten T.

bihtære, megde, witwen, vrouwen
10 unt alle Gotes heilegen gar:
hêrre Got, nû hilf uns dar,
daz wir si dort   mit vröuden müezen schouwen!

13.

Got vater unser, dâ dû bist
in dem himelrîche   gewaltic alles des dir ist,
geheiligt sô werde   dîn nam, zuo müeze uns komen daz rîche dîn!
Dîn wille werde dem gelich
5 hie ûf der erde als in den himeln, des gewer unsich!
nû gip uns unser tegelich brôt   unt swes wir dar nâch dürftic sîn!
Vergip uns allen sament unser schulde,
als dû wilt, daz wir durch dîne hulde
vergeben, der wir ie genâmen
10 deheinen schaden, swie grôz er sî: .'
vor sünden kor sô mache uns vrî
unt lœse uns ouch   von allem übele! Âmen!

14.

Ich wil iu singen, merket daz,
von unser vrouwen lobe,   daz wir si êren deste baz':
von küneges kiinne ist si geborn,   des müezen mir die wîsen jehen.
Got der geschuof nie niht sô clâr,
5 sin überliuhte ez allez: daz ist endelichen wâr:
sô kiusche unt ouch sô reine   wart nie küniginne mê gesehen.
Si kan niht zürnen, si kan vil wol süenen,

9 bihtigere *T.*   megede witewen *D.*   10 vnde *D.*   11 hilfe *T.*
13 = 13 *DT*, 90 *C.*   1 Got herre vater da *DT.*   dû dâ *Wackernagel*, der
dû *Bechstein; vgl. die Anm.*   2 gewaltic in dem himele vñ ouch alles *DT.*
dir] der *T.*   3 geheiliget *CT.*   [sô] *DT.*   name *T.*   zuo so *C.*   mûz *T.*
ouch daz *DT.*   rich *D.*   4 geliche *D.*   5 [hie] eruollet (erfullet *T*) vf *DT.*
reht als in dem himelriche (himelrich *T*) [des gewer unsich] *DT.*   6 vnser tegelich brot daz gip vns herre als wir des (sin *T*) durftic sin *DT.*   7 vergibe *T.*
allen sament] armen alle *DT.*   vnsere *D.*   9 vergelten swaz wir *DT.*   10 Swi
groz aber (ab *T*) vnser schulde si *DT.*   11 kor *Wackernagel*, bekor *C.*
11. 12 *lauten in DT:* di lose (lozze *T*) vns herre vñ mache vns vri. ûvrch
dinen tot. vor (vñ *T*) allem ubele (vbel *T*) amen.
14 = 14 *DT*, 108 *C.*   1 vch *T.*   merkent *C,* nu merkent *DT.*   2 unserre *CD.*
vrowun *D.*   lob *C.*   3 geboren *T.*   5 sin *vdllagen,* si *alle.*   uberluht *D.*
endeliche *C.*   7 si enkan *D,* sie enkam *T.*   vñ kan wol versûnen *C.*

R o e t h e, · Reinmar von Zweter.   27

sî machet manegen dürren muot vil grüenen:
ir süeze süezet alle siure:
10 der himel unt erde was ze grôz,
den enphienc diu maget in ir schôz;
nû sprechet an: wâ wart ie magt sô tiure?

                    15.

Ô wol dir, Gabrièles munt!
dû tæte ein kint der reinen   minniclichen megde kunt:
dêst reiner herzen wunne   unt Cristen sêle ein immer wernder hort.
Ez was der süeze Emanûèl,
5 den dû Marien kundest,   vil werder engel Gabrièl!
'Got mit uns'! des güete   wart nie vollobt von menschen zungen wort.
Wol uns der grôzen êren, daz der reine
Got wart menschenkint mit uns gemeine!
im wart vil maneger hande swære
10 âne sünden brœde bekant:
Jêsus Crist ist er genant,
Marien sun,   der süeze unt vröudebære.

                    16.

Grôz wunder, daz uns ist geschehen
von einer megde, des   mir alle Cristen müezen jehen!
den des himels wîte ·   nie umbevie, diu ende nie gewan
Noch mit der hœhe in umbevie
5 noch mit der wîten tiefen   grundelôsen helle nie,
den umbevie ir cleiner lip: dâ merket alle wunder au!
_____
9 suzzet *T*, senftet *C*.   11 div vrowe *DT*.   12 sprechent *alle*.
15 = 15 *DT*, 109 *C*, 720 u *t*, 9 u *u*.   1 [O] *Tu*, Wo *t*.   Gabriels *T*, gra-
brieles *u*.   2 tet *tu*.   dir reinen *u*, der vil *C*.   minnicliche *D*, hochgelopten *tu*.
megde] sî zen *DT*.   3 daz ist *DT*, dast *tu*, diu ist *C*.   cristenr *C*, auch der *tu*.
seln *D*, selen *T*, sel *tu*.   werender *D*.   4 daz ist *tu*.   suss *tu*.   5 Marien]₁
der meyde *tu*.   kunte *tu*.   vil werder] du starcker *tu*.   6 vollobet *T*.   gar
wort *C*.   *Der Vers lautet in tu: von siner grossen gute nie vollen seyte keyner*
zungen wort.   7 er daz got so reine *tu*.   8 [mit] *CT*.   Mit vns die mentscheyt
wolte han gemeine *tu*.   9 im wart] er leyt durch vns *tu*.   swer *u*.   10 an *C*.
brôdekeit *C*.   Gar sunder er vns' (vns *u*) blôd enpfant *tu*.   11 ihs xps *C*,
Der·ihus Xps (crist *u*) *tu*.   [er] *tu*.   12 Marien] der meyde *tu*.   sun der]
kint *C*.   [der süeze] vnd ist so *tu*.   freudenbere *t*.
16 = 16 *DT*, 111 *C*.   2 magt *D*, maget *T*.   3 [den] *C*.   [des] *D*.   nie]
in *C*.   doch nie ende *DT*.   5 grundeloser *D*.   6 vmmeuinc *DT*.   do *T*. ·
merkent *DT*.   [alle] *D*.   ein wunder *C*.

Si leite in minniclichen zuo ir schôzen; —
waz wunders mac dem wunder sich genôzen? —
kintlichen leite er sich zir brusten,
10 muoterlichen sougte si in,
si wante ir ougen dicke an in:
wir habenz dâ vür,   si hiels in unde kusten.

17.

Nû si vrôn Èven biz verclagt,
sit daz mensche ist worden   Got von einer reineu magt:
diu magt ist muoter worden,   sô daz ir megtlich ère ist ganz beliben.
Ir kiusche wîzer liljenglanz
5 ist unverwest nut ouch   sin gotelichiu flamme·ganz:
sô minniclîcher orden   wart nie von muoter libe mèr geschriben.
Si hât den starken Got uns überwunden,
daz sîn gewalt ist sô von ir gebunden,
daz er niht wan genâde bintet:
10 vride unt stæte suone er gît.
waz êren an ir kiusche lît!
nû wol im wart,   der si von herzen triutet!

18.

Maria, küniginne hèr,
dû lâz uns geniezen,   daz diu werlt in rehter ger
gert, vrouwe, dîner helfe: nû hülf uns ouch durch al die vröude diu;

---

7 leit *CT.*   9 leit *CT.*   zu ir *TC.*   10 muoterliche *C*, müter *T.*   souget
DT.   11 an in] hin *vdHagen*, da hin·*DT.*   12 hielse *C*, helst *DT.*   vñ *alle.*
17 = 17 *DT*, 110 *C*, 720 m *t*, 9 m *u.*   1 si] sich *u.*   von *C*, vrawen *T*,
fraw *t*, frōw *u.*   evan *tu.*   diz *DT.*   2 sit dorch got geruochte werden ein
mentsch von *tu.*   mensche] got *DT.*   [reinen] *Ctu.*   3 [worden] *T.*   megel-
liche *T*, magetlich *C.*   er *tu.*   4 *Hinter kussche bricht das Blatt in T ab.*
wiz *D*, witze *C.*   ir kuscher liechter spieglancz (spiegel glancz *u*) *tu.*   5 got-
liche *C*, gotlich *D.*   bleib da (do *u*) gar vnverseret Do sie empfing den glancz
(*diese zwei letzten Worte fehlen u*) *tu.*   6 so mynniclicher (minnigklich *u*)
oden (oder *u*) der (dz *u*) wart vo (von *u*) libe nie geschriben *tu.*   7 Den starcken
got hat sie vns *tu.*   8 daz sin] gottes *tu.*   von ir so *tu.*   9 gnade *D.*
daz er dem sunder sine gnad (genod *u*) herbutet (erbüttet *u*) *tu.*   10 fryd vnde
ganczen son (sün *u*) *tu.*   11 èren] wüders *t*, wonders *u.*   der kuschen *tu.*
12 wol in *C.*   er selig man der *t*, Er ist ein selig man der *u.*

18 = 18 *D*, 112 *C.*   2 [dû] *D.*   daz vil dicke der wiselosen her *D.*   3 ouch
vns *D.*   al *vdHagen*, alle *CD.*

27*

Der ich dir vünve nenne hie:
5 diu êrste, daz din heilic lip   den hôhen gruoz euphie,
den dir der engel brâhte,   daz dû Gotes muoter soltest sîn;
Diu ander, daz dû Jêsum Crist gebære;
diu dritte, dazt in grôzen vröuden wære,
dô man dir seite sîne urstende;
10 diu vierde was sîn himelvart;
diu vünfte an dir ervüllet wart,
dô er dich bein   vuorte âne missewende.

·   19.
Ez ist vil manegem minner leit,
ob ieman sîner vrouwen   dienet ûf genædikeit:
wand er wil eine ir einer   dienen umb ir hulde unt umb ir gruoz.
Nû grîfen alle Cristen zuo
5 unt dienen mîner vrouwen,   dienen spâte, dienen vruo,
mit mînem guoten willen   si tuot in allen aller sorgen buoz.
Der diener keiner sol den andern nîden,
si suln alle unkiusche ouch gar vermîden:
sist rein, sin muotet niht wan reines,
10 ir wont diu wâre minne bî,
si ist alles wandels vrî:
er sælic man,   dem si gewinket eines!

              20.
Swer gerne minniclichen lige
unt in den selben vröuden   doch den sünden an gesige,
den wîse ich an ein bette,   dâ er vil maneger vröude nietet sich:
Lege sich ûf sîniu baren knie
5 unt ruofe tugentlich zuo der magt,   diu sünde nie begie,
spreche anders niht wan: 'vrouwe,   durch dîne grôze güete erhœre mich!'
Wie kunde er baz geligen unt geminnen?
mac er die vrowen erwerben unt gewinnen,

_____

4 Lieber vunue von 2. Hd. fünfe D.   5 ist daz C.   uil hohen D.   6 soltes D.
8 daz dv D.   9 sin C.   11 [an] dir gekundet D.   12 heime D.
19 = 19 D, 12 C.   1 minnere D.   3 wan C.   5 spate vñ D.   7 sol
keiner CD.   8 vnkusch D.   9 si ist CD.   reine C.   si CD.   enmuotet D.
12 eins D.
20 = 20 D, 13 C.   3 dem C.   vrouden D.   4 sine D.   5 rûfe C.   tugent-
liche C, tougenlichen D.   ze C.   6 grôssen C.   7 kúnde C.   8 vrowun D.

diu kan wol wernde vröude machen:
10 ir güete vröut ie baz unt baz,
 ir güete wirt sîn materaz,
 sô wirt ob im   ir güete sîn declachen.

21.

Dû sünden blôz, dû valsches bar,
dû himelvrowe gewaltic   über al der engel schar,
des himels unt der erde   unt swes dîn kint dar inne begriffen hât!
Dû Cristes muoter, reiniu magt,
5 du erliuhtest vinster naht,   als si mit sunnen sî betagt,
dû gruntvest stæter triuwen,   dû schirmærinne Gotes hantgetât!
Du süenærinne Cristen, Juden, heiden,
diu wol daz übel ze guote kan bescheiden,
dû portnærîn, vor helle banden
10 gar sünder trôst, dîn helfe ich spür:
dû unt dîn sun, des heiles tür,
sint unser schirm   vor sünden unt vor schanden.

22.

Gegrüezet sistû, künigîn,
Maria, ganzer tugende   ein dúrchliuhtiger sunnenschîn!
dû bist ouch vollicliehen   aller genâde ein immer wernder hort.
Unser hêrre sî mit dir,
5 sô daz ir mit einander   beidiu sît genædic mir
unt von mir sündære   geruocht vernemen mîniu clagendeu wort!
Dîn hôhe guâde, vrouwe, an mir erzeige,
ê mich diu wilde tôdes angest neige:

10 vrowet *D.*   11 birt wirt *D.*   matraz *D.*   12 deke lachen *C.*

21 — 21 *DU*, 14 *C.*   1 *Mit* bar *beginnt Bl.* 1 *U.*   2 alder *D.*   3 [unt
der erde] *l.*   undes swes *D.*   4 du erestes *C.*   reine *DU.*   5 erluhtes *DU.*
vinstere *DU.*   6 gruntveste *alle.*   6. 7 [Gotes — süenærinne] *U.*   8 kan zv
gvote *D.*   gescheiden *C.*   9 portenerinne *CU,* portnerinne *D.*   10 dine helf *D.*
11 vnde *U.*   der hellestur *DU,* für helle für *C; vgl. die Anm.*   12 schrim *U.*

22 — 22 *DU,* 113 *C.*   2 ganzer] volliv *D,* voller *U.*   3 vollekliche *C,*
vollichen *U.*   genaden *C.*   aller vroude ein ewiclicher *DU.*   werender *C.*
5 beide *DU.*   6 mir armen sunder *C.*   ruocht *D,* ruochent *U.*   ze ver-
nemenne *C.*   mine *CU.*   clagendiv *D,* clageliche *U.*   7 dine *DU.*   hoho *U,*
hoh *C.*   genade *C.*   8 diu wil des *D,* des wilden *U.*

gebenedît vor allen wîben
10 sî dîn reiner, kiuscher lîp!
dû muotermagt unt niht ein wîp,
gesegent sî   dîn vruht vor allen liben!

.   —   .

.

23.

Er ist ein sældenrîcher man,
der mit stætem dienste   wil wesen vrouwen undertân,
ob sich des underwindet   ein reine wîp, diu rehter mâze phligt.
Sumlîch sint aber sô gemuot,
5 swaz si biute unprisent,   daz si daz morne dunket guot.
wie sol man den gewarten?   den hât Unmâz vollieclich an gesigt!
Diu eine minnet brennen, dander rouben,
disiu mint den vrechen, diu den touben,
sumliche welnt zen hübschen phlihten,
10 sumliche minnent die tumben gar,
etlîche nement der rîchen war: .
er sælic man,   der sich dâ mac verrihten!   .

24.

Gedinge hœhet mir den muot;
nû nidert in ein sorge,   diu mir vil dicke unsanfte tuot:
swen ich in hôhem wâne   mit vröuden bin, sô trüebet mich ein leit.
Den wehsel trîbet mîn gedanc
5 hin unde her, der zwîvel   mich ie herzeclîchen twanc.
kund ich mich des vereinen   mit ir, daz si sô lange mir verseit,

9 gebendicht C.   10 si ouch din vil reiner lib C.   11 muotermagt Bech,
in zwei Worten die Hss.   12 wiben l.

23 = 23 Dl', 133 C.   1 seldericher C.   2 dienest C.   3 reines C.
4 sumliche D, svmeliche l'.   5 daz C.   vnprist Dl', prisent C, enprisent Wilmanns.   morn D, morne niht C.   6 dien hat C.   vnmaze DC, vmaze l.
volliclichen DC, rollechchen l'.   ane Dl'.   gesig l'.   7 [eine] l'.   div
andere Dl'.   rovbet l'.   sumeliche minnent brennen rouben C.   8 minnet Dl'.   din] di eine Dl'.   so minnent die die vrechen die die touben C.
9 svmeliche Dl', etliche C.   wellent C, fehlt Dl'.   sich zoo den tumben C,
zv den hubschen Dl'.   phlicten l'.   10 svmeliche l', sumeliche somliche C.
die wisen C, tumbe?   11 etsliche D.   etliche minnent die affen C.   [war] C.
12 ja er C.   kan C.

24 = 24 Dl', 134 C.   2 nu] so C.   [ein] C.   [vil] U.   3 swenne C.
5 vñ DC.   h'zecliche l.   6 mehl C.   [mit ir] C, mit dir D.

Hört ich ein süezez Jâ noch vou ir' munde,
. daz si vil minniclîchen sprechen kunde,
diu reine süeze wol getâne,
10 daz næm ich vür ein wârez Nein:
daz wort ist herter dan ein stein: .
swas vil geschiht, dâ wirt man vriundes âne.

25.

Tristram der leit vil grôze nôt,
von eines wîbes minne lac er vil jæmerlîchen tôt:
daz quam von sînen triuwen: der selben minne ûz eime glase er tranc.
Daz selbe ouch ich getrunken hân .
5 ûz mîner vrouwen ougen, des ich in grôzem kumber stân:
des mac mir niht gehelfen des meien schîn noch cleiner vogellîn sanc.
Si hât mich verwundet alsô sêre   :
. durch mîn herze mit ir minnegêre,
czn sî daz mich ir trôst noch heile,
10 ich wære anders schiere tôt,
wan ir vil süezer munt sô rôt
der werde noch mir senedem man ze teile.

26.

Vrouwe, mîner vröuden heil,
mînes libes wunne unt aller mîner sælden teil,
din güete mich betwinget, daz ich dir immer spriche lobes wort.
Ob allen vrouwen sælic wîp,
5 in wîplicher vuore minniclîcher schœner lîp,
der werdikeit ein bluome, wîplicher zuht unt êren ganzer hôrt.

---

7 [von] l'. ir ky nvnde l. 6 minnkliche C. 9 wol getan D.
10 neme Dl'. 11 daone C. 12 swa es D, swa ez l'. geschihit l'.

25 = 25 Dl', 135 C. 1 Tristran C. 2 [vil] l'. iemerliche C. 3 kan
Cl'. di selbe D, die selben C. er uz l'. einë glas C. [er] l'. 5 des'
. da von CD. 6 [niht] C. menschin l'. vogelline D. ' 9 ez ensi alle.
noch ir trost D. 11 wanl CD. 12 senendem l', sendē C.

26 = 26 Dl', 180 C, 47 m s. 1 ach frawen imer werdes heil s. 2 meins
leibes hochste wunc s. frewden tail s. 3 mich des CD. dein gat hat
mich bezwongen s. immer] minner l. sprich ein s. 4 vnd aller selden
selig s. 5 fehlt l'. in] mit D. vuore] gûte D. ein znker susser
pruone ein schoner mineclicher leip s. minenklich' C. 6 werdekeite [ein] C.
wiplicher... hort] vnd ganczer sit ein wuneclicher hort s.

Dîn rôter munt, dîn liehter ougen blicke
hânt mich verwundet in der minne stricke,
sô daz ich herz nnt al die sinne
10 in dîn genâde hân gegeben.
swie dû wilt, sô wil ich leben;
ich bin dîn dienst, dû mîn gebietærinne!

27.

Sich umbe dich, vil sælic wîp,
in mînem herzen: vindest dû ieman dâ wan dînen lip,
sô lâ mich gar verderben, mit nngenâden an mîn ende leben!
Sîst aber dû dâ gewaltic mîn,
5 vil sælic wîp, sô lâ mich baz in dînen hulden sîn!
in kan niht wol gewerben; dîn tugende hânt mîu herze dir gegeben.
Daz hâstû, sælic vrouwe, gar durchgangen:
ich hân dich dicke schône drin gevangen:
swenne ich sô lieb an dich gedâhte,
10 sô wart mir eine wîle baz:
dar nâch ich dicke trûric saz:
diz kurze liep mir langez leit ie brâhte.

2S.

Sît triuwe ist al der werlde guot,
sît triuwe ist al der selden dach, getrinwelîchen muot

---

7 liehten C, lieplich s. ane plike s. blicke und S stricke aus blic, stric
gebessert D. S habent DU, hat s. verwont C, verleit D, verleitet L, gefangen s, verwonden? vgl. die Anm. der] ir C. 9 also s. herze CU.
hercz mut vnd all mein sunne s. 10 dine gnade DU, dein genad s. hab
ich s. 11 fraw wie s. 12 dienst] kneht Cs.

27 = 27 DU, 15 C, 47 iv s. 1 ker dich her vmb s. 2 sich in min herze Cs.
dv vindes dv L, vindest C. dan C. dienen L. frawe vnd findet mich
dein reiner leip s. 3 gar] frowe C, nicht s. vñ ane trost umtz an C. vnd
tröst mir frawen wol dz meine lebin s. 4 [dâ] C. du pist alzeit g. s. 5 nun
las mich edel frawe des pas s. 6 ich enkan DU, ich kan s. dine D.
habent DU. herzen L. [wol] fúrbas werben min ougen hant dich miñ
herzen geben C, pessers wunschen dich hat mein hercz also dar zu gegeben s.
7 vnd dz du liebe fraw hast gar d. s. S schone] tongen C. dar in DU.
enpfangen Cs. mein augen haben dich dar nun e. s. 9 so ich D. liep DU.
wenn ich so lieplich fraw an d. g. s. 10 so was nu ie die weile pas s. 11 dik
gar s. 12 ie kike brahte L. die kurcze weil mir dike traure prachte s.
Dahinter in D: vacat. Vgl. Str. 242.

2S = 2S DU, 16 C. 1 werlte DC. 2 aller selden D.

hàn ich gein der vil guoten,   diu mìnes herzen küniginne ie was
Unt immer muoz àn ende sìn
5 mir liep, vor allen vrouwen liep,   diu liebe vrouwe mìn,
si minuiclìcb, si guote,   mìn triuwe ist vester dan ein adamas
Gein ir: sist mìnes wunsches paradise
unt mìner wunne gar ein blüendez rìse
unt mìnes altrs ein süeziu jugende,
10 mìner sælde ein hòher vunt,
mìner vröude ein wernder grunt:
mich trœst ir schœn,   ir kiusche unt ouch ir tugende.

29.

. Der guoten wibe werdikeit
wil ich mit worten unt mit sange immer machen breit
von getriuwes herzen grunde   durch die vil herzelieben vrouwen mìn,
An der mìn hòhstiu vröude stàt: .
5 ir kiusche, ir schœne, ir minniclicher lip beslozzen hàt
mìn herze sìt der stunde,   daz mich enphienc ir liehter ougen schìn.
Dà wart ich alsò minniclìch enphangen,
dà von mìn .trùren was vil gar zergangen:
swà si nù sì, diu minnicliche,
10 si ist mir in dem herzen bì;
ir lip ist alles wandels vrì:
dà von bin ich   an hòhem muote rìche.

30.

Wir wellen, daz diu Minne si
in dem wàge unt àf der erde unt ouch den lüften bì,
dar zuo in himelrìche,   sò ist si wert, vrò Minne, unt ouch vil liep.
Sìt si der meisterschefte phligt,.
5 daz si den hòhen künegen   als deu armen an gesigt,
son darf ouch ich niht zürnen,   unt stilt si mir gedankc alsam ein diep.

---

3 gegen alle.   4 ane D.   5 diu l. vr.] vñ liep div vrowe D.   6 min-
nekliche C.   danne C.   7 gegen C.   si ist DU, wan si ist C.   paradys CU,
padis D.   S vnde U.   ris alle.   9 alters ein alle, alters?   sùze U.   10 vñ
miner C.   selden DU.   11 bernder?   vgl. die Anm.   12 tròstet ir schòne alle.
29 = 29 DU, 17 C.   2 vnde U.   immer gerne D.   3 vil lieben herzen
vr.wen U.   vrowun D.   4 hoheste Dl.   6 Hinter dem m von mich
schliesst Bl. 1 l.   7 als D.   12 rich D.
30 = 30 D, 148 C.   3 im C.   werde di minne D.   5 alsam D.   6 so
darf C, so endarf D.   vnde D.   gedank D.

Nû sprechet an: ob man vrôn Minnen sæhe,
waz man ir gewaldes danne jæhe,
sit si sô tougenlichen twingen
10 mac beidiu wip unde man.
diu Minne wol gevüegen kan
liep unde leit,   die zuo ir habent gedingen.

31.

Alle schuol sint gar ein wint
wan diu schuole al eine,   dâ der Minne junger sint:
diu ist sô künsteriche,   daz man ir muoz der meisterschefte jehen.
Ir besem zamt sô wilden man,
5 daz er nie gehôrte   noch gesach, daz er daz kan:
wâ hât ieman mêre   sô hôher schuole gehœret oder gesehen?
Diu Minne lêrt die vrouwen schône grüezen,
diu Minne lêret manegen spruch vil süezen,
diu Minne lêret grôze milte,
10 diu Minne lêret grôze tugent,
diu Minne lêret, daz diu jugent
kan ritterlich   gebâren under schilte.

32.

Minne ist ein daz beste wort,
Minne ist ein übergulde,   ob allen tugenden kamerhort,

Minne ist ein sloz der sinne,   dâ mite man guotiu werc besliezen sol.

Sist lêremeister reiner site,

5, si wont den kiuschen liuten   unt der Stæte gerne mite,

Untriuwe unt ir gesinde,   diu schiuhet Minne, den ist mit übel wol.

Minne ist als edel, daz wizzet sicherlichen,

ir kan in der werlde niht gelichen

wan daz man nennet wibes bilde,

10 unt ist den wisen liuten zam;

si sterket êre, triuwe unt scham

unt ist dâ bî   vil manegem tôren wilde.

33.

Wibes minne ist rehter hort;

swer sich versinne, der wege   in hie unt dort ûf elliu ort;

sô muoz er mir bekennen,   daz wibes minne niht gelichen kan.

Vrouwen lachen bringet gelt,

5 daz mannes herze in vröuden   gein ir lachen vert in zelt,

dâ mite si von den sinnen   vrouwen bringent manegen wisen man.

Wîp, mit scham sich vür dich ûf die erden;

wiltû mannes sünden über werden,

sô minne Got in herzen tougen,

10 sô minnet er dîn kiuschen lîp:

sô hôhe minnent reiniu wîp:

zuht meisterschaft   zimt wol in vrouwen ougen.

34.

Got hât mit hôher werdikeit

gar sînen vlîz vür elliu dinc   an reiniu wîp geleit,

daz si getiuret sint   über allez daz daz in der werlde lebt.

---

3 vor sinne *ist* milte *gestrichen* C.   mit C.   4 si ist CD.   5 gern D.
6 die C.   vlühet D.   dien C.   7 wizzent DC.   8 man kan ir in C.   werlte CD.
9 [wan daz] D.   man si nennet C, man nennet si wol D.   wibes] vrouden D.
10 vnde D.   vn̄ das si ist dë wisen zam C.   12 mangē C.

33 = 33 D, 130 C.   2 alliv D.   3 sich niht CD.   5 gein ir lachen in
vrodë D, in fröiden gen frouwen lachen C.   enzelt C.   6 mit C.   mangen
wilden C.   7 für dich uf dich uf die C.   8 sünde C.   10 sô] Got C.
[er] C.   din vdHagen, dinen CD.   12 vrowun D.

34 = 34 D, 131 C, 3 m.   1 [hât] m.   2 so gar den vlitz vor m.   alliv
D, alle m.   in reyne wibe hacz m.   3 so de C.   vor alle m.   daz . daz D,
de C, dat nu m.   werlte D.

Ir werdikeit ist sô geslaht,
5 daz ir lop hât übervlogen alles lobes maht,
sô daz ir lop geliche   ob allem lobe schône als ein crône swebt.,
Diu reinen wîp sint werder dan diu sunne:
nieman lebt, der wîp volloben kunne
noch ir lop müge vollen tihten:
10 daz in ûf erde iht si gelîch
mit êren reines muotes rîch,
wizze ieman daz,   den bite ich michs berihten.

35.

Ein wîp, diu gar gevriet hât
ir leben unt ouch ir lip   vor aller missezemender tât,
die hât ir herze geviirstet,   swie si niht lande noch der liute habe.
Sint ir gedanke unkiusche vrî,
5 unkiuscher worte ir munt,   sô jehen wir, daz si beide sî
ein engel unt ein wîp;   des lobes gât ir nimmer guot man abe.
Swer si dan wîp, vrouwe unt engel nennet,
der hât bekant, des ir Got selbe bekennet:
von libe ein wîp, von tugende ein vrouwe,
10 ein engel an der reinikeit,
dâ mite der geist ie an gestreit
vleischlicher gir,   als sunne tuot dem touwe.

---

5 daz] dar to *m.*   6 vñ daz *D*, also dat ok *m.*   [geliche] *m.*   alle
lobe *m.*   [crone] *m.*   7 reinú *C.*   danne *C*, den *m.*   s niemë *C.*   wip]
se *m.*   wl lobë *m.*   9 noch·der ir lop kan *m.*   vollerihten *C.*   10 daz]
'ob *m.*   ob erden *m.*   11 so reynes *m.*   12 weyt *m.*   den] de *m*, des *C.*
mich *C*, myr *m.*

35 = 35 *D*, 178 *C*, 4 *m.*   1 Swelh wib sich so gevriet *C.*   2 irn lip *D.*
Daz ir lip ist vri vor *C.*   alle missetzemeter *m.*   3 Dú hat sich hoh gefürstet *C.*   die] dat *m.*   wol ghevorstet *m.*   swie] ob *D*, we *m.*   si doch
lant noch eigenliute *C*, se land noch luden halte *m*, si nit lúte noch der lande
habe *D.*   4 gedenke *D*, ghedankel *m.*   unk.] wandel *m.*   5 kusch' *D.*
word *m.*   so ye wyr *m.*   6 get *C*, gheyt *m*, gestet *D.*   gut man
nymber *m.*   7 danne *CD*, fehlt *m.*   wip vñ vrowe *m*, ein wib *C.*   8 der
bekennet ir des *D.*   des ir] rehte als si *C.*   Got selbe] got *C*, ok god *m.*
erkennet *C.*   9 liebe *D*, lebe *m: vgl. die Anm.*   tugëden *D*, tugheden *m.*
10 an] von *Dm.*   11 dar mite *m*, da von *C.*   der geist ie] se gheystlich *m.*
an g.] wid'streit *D.*   12 vleislich' *D*, menschlicher *C.*   girde *D.*   alsam *D*,
also *m.*   di (de *m*) sunne *Dm.*   [tuot] *D.*

36.

Vrouwen lop ist reinez leben:
sunder reinez leben   sô kan in nieman lop gegeben.
ir êrsten lobe ist einez   wiplichiu zuht, daz ander senfte site.
Diu zwei lege in ir sorgen schrîn,
5 dâ bî sol ouch diu schame   süeze, hôchgelobte sîn:
erbermede unt diu güete,   dâ wibent sich die vrouwen sère mite.
Vor wilden blicken unt vor vrîen worten
suln si ir lobes hüeten zallen orten;
mit kiusche suln si übergulden
10 ir lop, ir leben unt ouch ir lîp,
sô daz vrouwen lîp 'ein wip'
geheizen müge: daz sprich ich in ir hulden.

37.

Ich wil iuch lêren, werdiu wîp;
der lêre der volgt: sô wirt   getiuret iuwer reiner lîp:
besliezt in iuwerm herzen   tugende, kiusche unt dar zuo reinen muot!
Dâ bî sult ir iuch sère schamen:
5 sît dêmüet unde wol gezogen,   daz prîset iuwern namen,
getriuwe unt êrebære,   daz stât iu wol unt ist ouch vrouwen guot.
Der werlde hort lît gar an reinen wîben,
ir lop daz sol man hœhen unde triben:
swaz Got geschuof ie crêatiure,
10 daz überguldent reiniu wîp:
ez wart geborn sîn selbes lîp
von einer magt: daz gap er in ze stiure.

38.

Ir vrouwen, scheidet man von man!
seht wol gemuoten man   mit êregernden ougen an,
die ungelich gemuoten   dien sult ir niht gelich gern ane sehen.

36 = 36 D.   1 Vrowun D.   3 lop ist einz D.   zuhte D.   5 schame
vdllagen, scham D.   mit D.   11 ·ein wip· D.

37 = 37 D, 132 C.   1 werden C.   2 [der] C an zweiter Stelle.   volget CD.   reiner] werder C.   3 besliesset C, besliczent D.   tugent C.   [unt] C.
4 darzuo C.   5 demütig C.   vñ CD.   6 erbere D.   [iu] C.   fowen D.
7 werlte D.   8 vñ DC.   10 ubergeldent C.   11 wort C.

38 = 38 D.   1 scheident D.   2 Die Adjectiva vertauschen?   3 di
ensult D.

Der guote ist dar umbe guot,
5 daz er von iuwer wirde　　wirt ie baz unt baz gemuot;
dâ bî sol dem versmæhten　　nimmer, herzcliep von *iu geschehen.
An swem ein vrouwe unrehtez leben erkenne,
diu criuze ir ôren, swâ man ir den nenne,
tuo zuo ir ougen unt ir herze,
10 daz er dar în iht müge gephaden:
lât si sich bringen ûf ir schaden
von êren wege,　　daz wirt ir herzen smerze.

39.

Swer al der werlde werdikeit
gein eines wîbes wirde　　ûf eine gelîche wâge leit,
die wolt ich lâzen schouwen,　　wie gar der werlde heil an vrouwen stât.
Er ist ein sældenrîcher man,
5 dem ein reinez wîp　　ir ungemeilten lîbes gan
unt ouch ir edeler minne,　　diu von getriuwes herzen grunde gât.
Dem ist noch baz dan ob er keiser wære:
dâ von sô müeste er dulten manege swære
uut müeste manegiu dinc besorgen
10 niht wan umb sin eines lîp:
dâ vür minne er ein reine wîp
unt sorge niht　　umb scheiden gein dem morgen.

40.

Ich gibe iu vrouwen einen rât,
der hôchgemüete bringet　　unt doch lobelîchen stât:

---

5 vwˑre D.　baz vū baz vn̄ baz D.
39 = 39 D, 115 n.　1 Wer aller vrauwen wᶜdekeit n.　2 gegen D.　in
aller hande wirde n.　3 den wil ich n.　werlte D.　ayn reynen vrauwen
stayt n.　4 he is czo dᶜ werilde eyn selich man n.　5 vngemelten (die Besserung von spätrer Hd.; am Rande gemeiltē) D.　weme daz reyne wip irs vn-
gemeynē libis gan n.　6 [ouch] D, nch n.　ir edele D, irre edilre n.　minē n.
van irs n, ouch von D.　[getriuwes] n.　vp gayt n.　7 Deme n.　sanfter D.
wan n.　8 vnd müste duldin mangerhande suere n.　9 manige D.　vnd
eyn michil deyl bes. n.　10 nū me dan vm sins selbis lyp n.　vmbe D.
11 so mine heˑeˑdas reyne n.　12 vmbe ein D.　inde trure niecht vor
szeydin an den morgen n; vgl. die Anm.
*40 = 40 D, 7 m, 111 18 n.　1 ghebe m, geuen n.　ivch Dmn.　2 bren-
git n.　ouch mn.　lobelich ane stat D.　loueliche n.

nû merket in vil·ebene   unt volget mir! ez wirt in lihte guot.

Ir snlt mit zühten sîn gemeit,

5 in wiplicher güete   tragen herzeliep und herzeleit,
baltlîche vröude uíden,   tougenlichen tragen hôhen muot.

Welle aber iuwer kein da under minnen,
diu sol mit schœnen zühten sich versinnen,
gein wem si kêre ir wîbes triuwe,

10 daz der gar geluhtert sî:
ist trüeber valsch dem herzen bî,
sô hüetet iuch: vil bœse wirt nâchriuwe!

11.

Waz cleider vrouwen wol an stê,

• des wil ich inch bescheiden: ein hemede wiz alsam ein snê,.
daz ist daz si Got minne   unt habe in liep, dêst wol ein richez cleit.

Dar obe sol sîn ein roc gesniten,

5 sô daz si liep unt leit   sol tragen mit vil kiuschen siten;
ir gürtel sî diu minne,   ir vürspan daz si tugende sî bereit;

Diu êre ir mantel, daz der an ir decke,
ob iht des sî, daz wandel an ir blecke;
ir rise daz sol sîn diu triuwe,

10 dar ob ein schapel von der art,

3 nu] ir *D*, fehlt *m*.   merkent *D*.   [in] *n*.   volgent *D*.   vil
liechte *n*, dicke *D*.   merket an dyse lere.   dat lebet rch vn ist doch gut *m*.
4 myt tuchten solt ir *m*.   5 in wibes güten *m*, durch mänis leue *n*.   tragt *D*,
traghen so *m*.   h'zin leue · iñ h'zin leit *n*.   6 beltlichë *n*, valdiche *m*, balde *D*.
vröude] sprechen sult ir *D*.   toghentlighen *m*.   tragent *D*.   loug.—muot]
si't so wir ur wirdicheit behût *n*.   7 keine *D*.   is vre ezzilliche de da wille
minë *n*, wilt ir myt cynen denne tughentliken mŷnen *m*.   8 de sal mit ste-
dichaide sich wail *n*, in gutë witzen solt ir rch *m*.   . 9 gegen *D*, an *n*, fehlt *m*.
wen *n*.   wende *n*.   wem ir ghetzeyghen willen w. tr. *m*.   10 also dat die
geluteret *n*.   11 is *n*, went *m*.   dhûwei *n*, valscher *m*.   uals *D*, güst *m*.
12 des hûde sich *n*, geloubent mir *D*.   vil bose ist de naruwe *m*, vil we deit
achter ruwe *n*.

41 — 41 *D*, 18 *C*, 48 *ns*.   1 was frawen cleider *s*.   2 hemde *C*, hemd-
lein *s.*   plank weiss als der schne *s*.   3 [daz ist] *s*.   dar im minc *s*.   dz
ist ein rechtes *s*.   4 ob *Ds*.   ein rok sol sein geschnitn *s*.   5 laide wol
tragen kum mit rêinen sitn *s*.   6 tugende *Wackeinagel*, tugenden *DC*.   dz
sey aller tugent prait *s*.   7. 8 seit frawen eren mantel an dir deket ob ichtes
sey dz wandel an dir pleket *s*.   8 wandels *CD*.   9 ir reisñ sol gehaissen sein *s*.
diu] ir *CD*.   10 [dar ob] ir schapel sein von reiner art *s*.

daz si vor valsche sî bewart:

'si sælic wîp, ' der lop ist immer niuwe!

42.

Man tuot uns michel wunder kunt,

wie man vür Porcifâlen truoc   mit zühten maneger stunt

den Grâl von arte reine,   des wunsch was allen künicrîchen obe.

Dem Grâl ich wol gelichen wil

5 ein reinez wîp, der kiusche   reichet wol des Grâles zil,

diu sich vor valsche vriet,   diu wirt gezieret nâch der wisen lobe.

Wil ieman nâch dem niuwen Grâle striten,

der sol sîn kiusche, milte zallen zîten,

als alle die des Grâles phlâgen

10 unt noch vil guoter vrouwen phlegen:

wirt dem ein reiner wîbes segen,

dér ist vrî   vor Schanden unt ir mâgen.

43.

Man seit von heilawæge uns vil,

wie heil, wie guot ez sî,   wie vollekomen der sælden spil,

· wie gar sîn craft verheilet,   swaz wundes an dem man versêret ist.

Noch heiler weiz ich heiles wâc,

5 derst hôher art, der tugend   unt ouch der reinen engel mâc;

sîn lûterlich gemüete   daz kan betrüeben nimmer valscher list.

Daz ist ein reinez wîp, diu mit ir güete

leschet mannes zorn unt ungemüete:

si kan wol senediu leit vertriben,

10 si·swendet sîniu ungemach,

sist schilt vür ungemüete ein dach:

des bin ich wer   von sælderîchen wîben.

---

11 wandel *s.*   12 si] ein *s.*   ist immer] mag wesen *s.*

42 = 42 *D*, 152 *C.*   2 [man] für *C.*   manger *C*, manige *D.*   3·rein *C.*

ob *D.*   4 Grole *D.*   5 reine *D.*   6 geziert wol nach *CD.*   8 kusche

vnt *D.*   10 [vil] reiner wibe *D.*   11 dé *C,* in *D.*   12 si werdent vri *D.*

vor vrô Schanden *Bartsch.*

43 = 43 *D*, 179 *C.*   1 heilawage *CD.*   2 [ez] *D,* er *vdllagen.*   [sî] *D.*

gar vollekomen *CD.*   der eren *C.*   3 wunden *D.*   ist] wirt *D.*   4 heilr *D,*

besser *C.*   heilewac *D.*   5 d' ist *D.*   Des kiusche dû ist von hoher art

der reinen e. m. *C.*   6 luter rein *C.*   den beroubet *C.*   9 si] dû *C.*   sene-

diu] selden *C.*   10 vñ swenden *C.*   siniu] zorn vñ *D; vgl. die Anm.*

11 si ist *D*, ein *C.*   tach *C.*   12 seldehaften *C.*

44.

Der werlde rede ist: 'Ez ensol
ein ledic wip niht werben   umb die man: ez stât niht wol' :
doch wil ich iuch bescheiden,   wie ez ein vrouwe wol mit êren tuot.
Si sol sich vlîzen reiner site,
5 sô daz ir wibes tugende   unt wibes güete volge mite,
unt daz in allen enden   ir êre si vor valsche wol behuot.
Si sol sprechen, lachen unde schimphen,
alsô daz si sich tiure mit gelimphen,
ir wiplich lop mit volge mêren.
10 si sælic wip, diu alsô kan
mit rehter kiusche erwerben man!
diu minne Got: in kans niht bezzers lêren.

45.

Ein man, der sô erworben ist,
der sol sich vröuwen des,   deiz hât alsô geordent Crist:
ein lip, zwô sêle daz ist,   swâ sich zwei gebent zesamen mit rehter ê!
Wol im der hôhen zuoversiht,
5 daz er sô volliclîch   hât mit ir kiusche gemeine phliht,
ist daz si beide minnent   von herzen Got: nû hœret von in mê!
Ist daz er si mit stæten triuwen meinet,
ir zuht, ir kiusche, ir güet vor valsche in reinet.
lât aber er si des engelten,
10 daz si sich âne missetât
lât vinden, sost sîn êre mat:
er dient dâ mit   Gotes zorn, der werlte schelten.

46.

Ein man, der niht erwinden wil,
ern minne ein liep zuo sînem wibe nâch sîns herzen spil,

44 = 44 D, 166 C.   1 werlte D.   2 werbe C.   vmbe D.   enste D.
5 wibes güte vū wibes tugende C.   6 vū das dabi ir cre an allen vieren
enden wol behuot C.   7 vū DC.   9 mit wibes tugent ir lob gemeren C.
10 frowe C.   12 diu] vū C.   ich kan si niht D.
45 = 45 D, 19 C.   2 daz ez DC.   3 einen D.   5 uolliclichen D.
gemein vū D.   6 [von herzen] D.   hôrent CD.   8 güte CD.   9 lat er
si aber D.   11 so ist CD.   er — mit] über der Zeile von erster Hand
nachgetragen D.   12 welte? vgl. S. 389.
46 = 46 D, 20 C, 1 10 n, 722 in t.   1 enberen t.   2 er CD, der t, he n.
myū t, neme n.   eyn wip zuo der (rechter t) e nt.   nach] durch n, durch
got vnd t.   sines alle.

dem wil ich eine wisen,   die im der bâbest niht verbieten mac:
Minne Êre alsam sin selbes wîp,
5 er halse si unt küsse,   er druck si schône an sinen lip;
unt lige er in der mitte,   sô weiz ich wol: nie keiser baz gelac.
Swelch man diu zwei hât bî siner siten,
der mac der hôhen sunnen wol erbîten:
ein reinez wîp unt dar zuo Êre,
10 die mint von rehte ein werder man:
diu driu nieman gescheiden kan,
ezn tuo der tôt   oder tumbes herzen lêre.

47.

Ein gelle ir gellen nîden muoz:
zwischen gellen zwein   sô wirt vil selten nides buoz;
doch weiz ich zwô, die sint   mit vuoge dicke wol ein ander bî.
Êre unt ein rehte reine wîp,
5 swem die zwô bî geligent,   daz ist ein wol gedriet lip
nâch Gote unt ouch nâch êren: der drier driunge ist wol wandels vri.
Zwein andern gellen wære ein stadel zenge:
Êre unt ein wîp die lident wol gedrenge
unt lâzent sich ensamt besliezen
10 einen êregernden man,
des herze si behûsen kan
unt der sich ir   niht schiere lât verdriezen.

—   —

3 ein zuo *C.*   wisen] ratten *tn.*   verredin in mach *n.*   4 he mîne *n,*
Wer myñet *t.*   als *n.*   [selbes] *nt.*   5 hals *C,* hels *D,* helse *t.*   küsse]
trüte *t,* trute si *n.*   er drucke *DC,* vnd druck *t,* lege *n.*   vast an *t,* na
bi *n.*   6 vnd lie he in mitten.   ich wene ye keyser me so wol g. *n,* mit er-
lichen getatten Ich wene nie man so keyserlich g. *t.*   7 wer dûse szuei im
hayt bi siner *n,* Wer die nu hat zur ee zu beyden *t.*   8 hoer *n,* hohsten *D.*
9 reyne *n.*   da bi *n.*   wyp der hat got selber ere *t.*   10 minnet *CDt,*
szuei die mint *n.*   mit rechte *n,* wol mit recht *t.*   [werder] *nt.*   11 dûse
drû *n,* die zwey *t.*   geschenden *t.*   in kan *n.*   12 ez entuo *DC,* is dû *n,*
wañne *t.*   oder] vnd *t.*   hercze *t.*

47 = 47 *D,* 143 *C.*   1 ir gelle *D.*   2 [sô] *C.*   3 andeř *C.*   4 reines *C.*
5 dise zwo rehte bi *C.*   gedrit *D.*   6 guote *C.*   7 ze enge *D.*   9 samt *D.*
si lant sich so wol zesamne sliessen *C.*   10 in cinē einē *C.*   11 sich *C.*
12 der] er *C.*

48.

Der balsam ist den hérren guot,
der jünget in ir leben: sô tiurent edele steine ir muot:
swer des niht mac geleisten,   nnt sol der leben, der mac wol werden alt.
Der armen edelen ritter jugent
5 erbarmet mich: wer git   in heldes muot, wer git in tugent?
wer mûzet si ze vröuden,   ezu tuo der vronwen minniclich gewalt?
Der balsam ist ir gelte gar ze hére;
sô kostent edele steine dannoch mére.
ir ritter, halsemt iuwer ougen
10 au guoten wiben, swâ ir müget!
swâ ritters muot ze vröuden hüget,
den git ir gruoz   in herzen balsam tougen.

49.

Diu Minn hât wunderlichen sit,
si süezt ir vîndes munt   unt tuot ir vriunde süeze quit:
si phlæg baz vriundes munde süeze   unt tæte vinde vindes nit.
Nû hilt ir minne Minnen namen;
5 wil si sich vriunde vinden,   sô mac sich vriunt wol minne schamen,
ich mein swâ vriunt gein vriunde   minne spart unt vinde si sich git.
Hie mischt sich minne süez mit distels græten:
wil si durch lôsen volgen bœsen ræten,
war zuo sol denne ir nam getiuret?
10 ist solch unstæte ir süeze bi,
ich wil erteilen, swâ diu si,
ûf mínen eit,   daz Minn dâ wirt gesiuret.

---

48 = 48 D, 48 m s.   2 er jüngt in eren iugent so regent edel stain
ir frut s.   3 des] der D.   nicht hat zu gelten s.   [unt] D.   der) er
beidemal s.   [wol] s.   4 mich parmen arme riter s.   5 elndes D,
ellens rdllagen.   [erbarmet mich] was geit in freyen mûte was geit in aller
eren tugent s.   6 ez entuo D.   was pringt sie zu der welte dz tut der s.
7 gelt D.   ist ain tail am gelt so here s.   8 kosten edel s.   denoch s.
9 rittere D.   9—12 lauten in s: ir riter palsempt hie in ewre iugent mit
schonen frawe wo ir spurt do von sich manes herez enpurt ir grus geit ewrem
herczen palsen tugệL
49 = 49 D, 21 C.   1 minne CD.   wunderliche D.   2 sýzet ir DC, süezet?
viendes C.   sw síze D, swere C.   3 phlege DC.   sweze C, sýzte D.   unt] den D.
4 minnen rdHagen, minen CD.   5 vienden CD.   6 meine CD.   gegen C.   vû vinde
si git D, vind sich git C.   7 mischet CD.   mischet Minne?   sýsse C.   distelz C,
distel D.   10 solich CD.   12 daz aus da gebessert D.   minne CD.   geviuret D.

50.

Ein lip, zwô sêle, ein munt, ein muot,
  ein triwe vür missewende   unt ouch vor varnder scham behuot,
  hie zwei, dâ zwei, in eime   vereinet gar mit stæten triuwen ganz:
  Swâ liep mit liebe des wirt inein,
5 dâ kan ich niht gedenken,   daz silber, golt unt edel gestein
  der zweier vröude vergulte,   diu sich sô biut durch liehter ougen glanz.
  Unt ob diu Minne der zweier herze bunde,
  swâ man diu beide undr einer decke vunde,
  daz arm mit arme sich besluzze,
10 dâ möht wol sîn der sælden dach:
  nû wol im, dem ez, ie geschach!
  ich weiz daz wol,   daz sîn Got niht verdruzze.

51.

Nû wil ich lêren ouch die man,
  sô ich von mînen sinnen   daz beste immer vinden kan:
  swem daz niht wol gevalle,   der lêre ein bezzerz sunder mînen haz.
  Ir edele man vil hôchgemuot,
5 ir ensult niht minnen   vrouwen adel noch vrouwen guot;
  verziht iuch vrouwen schœne: ez mac iuch wol berinwen, wizzet daz!
  Ir minnet wîbes triuwe unt ir güete,
  ir zuht, ir scham, ir wîplich hôchgemüete:
  swâ ir die vindet, diust gecrœnet
10 unt hât an allen rîchen teil:
  ir lop daz stât gar âne meil
  alsam der dorn,   den rôsen habent beschœnet.

52.

Maneger wænet vrouwen leben,
  der in lop niht kunde   halben wec ze rehte geben

---

50 = 50 *D*, 22 *C*. 1 zv *D*. 2 vür] vor *Bartsch.* 3 in ein⁰ *D*. 5 edelz
gesteine *D*. 6 biutet *CD.* ongen] uenster *D.* 8 under *CD.* 10 möhte *C*,
mohte *D*.

51 = 51 *D*. 5 irn sult niht niht *D*. 6 verziht *vdHagen*, verzent *D*.
vrowun *D*. [wol] *D*. wizzent *D*. 9 di ist *D*. 11 stet *D*. 12 als
sunder (*oder* âne) dorn der rôse stât beschœnet? *vgl. die Anm.*

52 = 52 *D*, 175 *C*, 2 *m*. 1 vil maniger *D*, manig man *C.* vrowen
rates *m*. 2 d. i. l. mit fuoge h. w. niht kan geben *C*, der ir wirde n. k. halbez
lop zv r. g. *D*, dem vrowen rad nicht halben weck tzo rechte kan ghegheben *m*.

noch ir êre enzünden,   alsam daz viur den dürren zunder tuot.

Dar an gedenke, wiser man,

5 ob dir ein wip dnrch wipheit   mit ir wol ze redenne gan,
daz dû mit rede iht machest,   dâ von ir herze gewinne swæren unnot.

Dâ mite mein ich mich unt die gar unwisen.

die vronwen kunnen sich vil tougen prisen.

ein wip durch wipheit grüezt den tôren,

10 dâ mit er wænt, er habe gesigt:

ein wip ir wipheit dannoch phligt:

so erkennet man   den esel bî den ôren.

53.

Die herge sigent nâch mir zuo:

het ich iht ê gesungen,   daz wære minem heil ze vruo:

ich wil den valschen vronwen   mînen willegen dienest widersagen

Unt wil den guoten künden daz:

5 möht ich vil wol gesingen   unt ouch noeh gespreehen baz,

dan mich min sinne leitent,   des wolde ich nimmer wîle an in verzagen.

Die bœsen die sint maneges valsches rîche,

die biderben ich vil verr von in gelîche:

ein bœsiu lât ir manegen dienen,

10 des entuot ein reiniu niht,

diu hât mit einer liebe phliht:

sweleh vrowe wil mêr,   diu kan mit lôsen vienen.

---

3 das sich ir ere enzünde *C.*   ir wirde *D.*   also *D*, als *C.*   der dürre
zundern *C.*   4 [dar an] *C.*   so denke *m*, maht du denken *C.*   ingher *m*,
ein igelich *D.*   5 dir] im *D.*   dur ir *C.*   wol mit ir zereden *D.*   6 daz
er mit rede niht mache *D.*   ir lip *m.*   7 dar mite *m*, hie mite *D*,
ja *C.*   meine *C*, zo meyne *m.*   mich unt die] mich selben vñ di *D*, me-
nighen *m.*   vil gar *C*, [gar] *D.*   vngbewysen *m.*   8 di wenent daz sich
vrôwen tougen *D.*   vil] to *m.*   9 ein] swenne *C.*   grûzet *alle.*   den]
einen *m.*   10 da mit] vñ das *C.*   wenet *D. Der I'ers fehlt m.*   11 dannoch ein wib ir w. *C*, so ein w. i. w. *m.*   pfliget *C*, plichet vñ prûbet eynen
man *m.*   12 so erkent man doch *C*, sus bekennet men *m*, hie bi man siht *D.*
bi] mit *D.*

53 = 53 *D*, 149 *C.*   1 sigent *vdHagen*, di sigent *D*, sint nu *C:* sigen? *vgl.*
die Anm.   2 hete *C.*   [iht] *C.*   daz] der *C.*   ein teil ze *C.*   3 dien *C.*
willeklichen *C.*   dienst *D.*   5 vil] in *C.*   gesprechen vñ ouch nach gesingen *C.*
6 danne *CD.*   mine *CD.*   wolt *D.*   [ich nimmer] *C.*   wile niht an *C.*
7 rich *D.*   8 verre *CD.*   9 bôsn *aus* bôser *gebessert und* im *vor* ir *ge-*
strichen C.   mangê *C.*   12 mere *D*, mer die scham *C.*   din] die *C.*   lose *D.*

54.

Unt het ich drier wünsche gewalt
unt daz die wurden wâr,   son kund ich nimmer werden alt:
des êrsten wolde ich wünschen,   daz guote vrowen iht wurden rûnens zam.

Des andern wunsches wolde ich gern,
5 daz si ze rehte versagen kunden unt ze rehte gewern,
unt swaz ir wille wære,   daz si daz tætn, ê man in wurde gram.

Der dritte wunsch, dazs guoten man erkanden
unt ir herze von den valschen wanden.

ein vrouwe sol niht gerne hœren,
10 des ein valscher an si gert,
unt si versaget noch gewert,
diu effet in   unt wil sich selben tœren.

55.

Swelch vrouwe ir muots sô irre vert,
des dunket mich, si si   der êren dâ bi schiere behert,
diu den man sô grüezet,   daz er wol swüere, er hetes in der hant.

Dem git si wunne im herzen gar:
5 sôs aber ir muot verkêrt,   sô stât er aller vröuden bar:
ir herze unt ouch ir sinne   hât si vil snelle von im hin gewant.

Diu hiute ist hie unt morne dort, in triuwen,
swer der vil dienet, daz mac in beriuwen.

nim, man, von ir dîn mans gemüete
10 unt wend ez an ein reinez wip:
diu tiuret eine dir den lip
unt tugendet dir   dîn herze in wibes güete.

———— ——

54 = 54 *D*, 150 *C*.   1 Unde *C*.   wunsch *D*.   2 [daz] *C*.   so kunde *C*.
3 wolt *D*.   so wolde ich wünschen das die guoten *C*.   ruoues *C*.   4 so
wolt *D*.   ich wolde ouch eines wunsches gern *C*.   5 [ze rehte] versagen *C*.
vn ouch *C*.   6 teten *CD*.   7 daz si *DC*.   ich wunschte das si die guoten *C*.
8 von ir valsche *D*.   9 swelh vrowe wil alles das gelüke hören *C*.   10 swas
valscher man in valsche gert *C*.   11 si] weder *C*.   uersagt *D*.   12 die effent *C*.

55 = 55 *DT*, 151 *C*.   1 Swelich *D*.   muotes *CD*.   [sô] *C*.   2 *mit* schiere
beginnt T *Bl.* 3.   3 die *C*.   grüssent *C*.   het es *C*, hete si *DT*.   4 [si] *T*.
in dem *DT*.   5 sus *T*, swenne *C*.   aber] ob *T*.   uerkeret *DT*.   stet *DT*.
es aber *C*.   6 so hat si ir gedank vn ouch ir muot vil *C*.   hât *D*.   [hin] *CD*.
7 morgen *DT*.   ir triwen *DT*.   8 gedienet *C*.   geriuwen *C*.   9 von in *CD*.
mannes *alle*.   10 wende *C*.   gemvte wip *D*.   11 der *DT*.   tivrt *D*.   ein *C*.
deu] dinen *alle*.   12 tugendet *vdHagen*, tuget *C*, tvnget *D*, twinget *T*.   in] mit *DT*.

56.

Ein hêrre von gebürte vrî
ób der rittr unt knelt,   dienestman unt eigen sî,
wie daz geschehen müge,   des sol niht wunder nemen man noch wîp.
Ein vrî geburt niht irren kan,
5 ein hêrre ensî wol vrî   unt doch der Êren dienestman,
ein ritter sîner tât,   der milte ein kneht, der zühte ein eigen lîp.
Swelch hêrre alsus undersniten wære,
der dûhte mich ein hübscher wunderære:
hie vrî, dort dienestman, hie eigen,
10 ûf jenez ein rittr, ûf diz ein kneht,
wære er ze disen vünven reht,
ein künigin   solt im ir houbet neigen.

57.

Ein junc sî lobelîchen junc:
sô habe ein hôch geburt   nâch hôhen êren gernden sprunc,
sî valscher volge vrî,   sî guoter lêre willic unde vrô,
Si sînes mundes niht ze snel,
5 in zorne laz, des muotes   vierecke unt niht sinewel:
solt ich mir einen hêrren   wünschen, den wolt ich mir wünschen sô;
Unt dennoch mêr, kund er sich des betwingen,
daz er sich biderbe liute lieze dringen
ûz engen winkeln an die wîte:
10 swelch hêrre mir der volge gibt,
der selbe hêrre wil des niht,
daz man mir müge   sîn lop getnon ze strîte.

58.

Ein hêrre junc, schœne unde rich
der sól sîn mûnlich, mínniclich unt ritterlich:

56 = 56 *DT*, 99 *C*. 2 ritter *alle*. dienstman *DT*. das der ein dienestman ein ritter vñ ein kneht doch si *C*. 3 darzv̂ ein eigē mā wie de geschehe des
wüderĮ man *C*. müge geschehen? *vgl. N. 380*. 4 geirren *C*. 5 ein herre der
ensi *C*, sin si *D*, sie ensi *T*. [wol vĭi untļ *C*. doch wol *C*. dienstman *DT*.
6 sinre *C*. tate *D*, tete *T*. 7 ein herre der sus *C*. ꜱ hofscher *C*. wundere *T*.
9 dortļ da *C*. dienstman *T*. hieļ dort *C*. 10 jenezļ dis *C*. ritter *alle*.
dizļ das *C*. 11 wunnē *T*. 12 kunigiune *DT*. solte *DT*. heubt *T*.
57 = 57 *DT*, 23 *C*. 1 innig herre *T*. 3 vñ *DT*, vñ vñ *C*. 4 sie *D*.
5 sinwel *D*. 6 solᵗ ich *T*. wunschen wunschen den *T*. 7 dannoch *T*.
mere *DT*. konde *T*. 10 [der] *C*. 12 tvn *D*.
58 = 58 *DT*, 24 *C*. 1 vñ *alle*. 2 menlich minoenklich *T*.

wie verr diu driu gereichen mügen,   des lât iuch alle wunder nemen:
Manlich wert sich unrehter tât;
5 sô wert sich Minniclich   unsüezes muotes, swer den hât;
sô lêret Ritterlich   geselle sîn unt wol bî liuten zemen.
Manlich daz treit den zoum in Muotes munde
unt ringet mit dem Muote manege stunde:
sô Muot muotwillic gerne wære,
10 sô brichet Manlich Muotes munt
von sîner vrîheit manege stunt
ûf rehte tât: daz merket, muotwillære!

59.

Der Muot was wîlent knehtes kneht,
nust ér sumlîcher hêrren   hêrre worden sunder reht:
daz hêrren lîp solt êren,   der Muot in halben des niht hengen wil.
Des scham dich, hôch geborner lîp!
5 gesigt dir an der Muot,   sô bistû crenker dan ein wîp;
jâ mac er dich gunêren,   daz dich an dîuer wirde swachet vil!
Dû solt in hân vür kneht, wis dû sîn hêrre!
lâz in der minre sîn, wis dû der mêrre!
twinc in, daz er dir dienen müeze:
10 dû solt im sînen willen wern!
heiz in dir balde hulde swern,
ê daz er dich   werfe uudr Unêren vüeze!

60.

Muotwille ist übel, er ist ouch guot:
er ist dem guot, der von muotwillen gern daz beste tuot,
unt ist dem übel, der von muotwillen tuot, des er sich solte schamen.

---

3 verre *alle*.   lant *alle*.   4 menlich *T*.   *Vor* tat *schliesst das Blatt T* 3.
9 muotwilleklich *C*.   12 tale *D*.   merkent *C*, merken *D*.

59 = 59 *D*, 172 *C*.   1 herren kneht *C*.   2 nu ist er *D*, nu er *C*.   sume-
licher *C*.   [worden] *C*.   3 lop solte *D*.   im balb *C*.   verhengen *C*.
4 [des] wer dich hoherborner *C*.   5 der] din *C*.   kranker danne *C*.   6 ge-
vneren *D*.   er leret dich niht (*auch gestrichen*) nach schanden leben. weis got
mere danne ze vil *C*.   7 er sol wesen kneht *C*.   *V*. 7 und 8 *stehen in C in*
umgekehrter Folge.   8 er sol sin der minre *C*.   den minren *vdHagen*.
9 twinge *D*.   dienenen *D*.   schaffe das er dich furhten müsse *C*.   10 sin wilde *C*.
12 [daz] *C*.   vnder *D*, hin under *C*.   eren *CD*; *vgl. die Anm.*
60 = 60 *D*, 25 *C*.   2 mvtwille *D*.   gerne *C*.   3 mvtwille *D*.   sol *D*.

Küenę unde vrî ûf swachez leben,
5 swer der muotwillic ist,   wer mac dem vürbaz lêre geben?
unreht muotwille lât sich   mit worten noch mit werken niemau zamen.
Ich hân dâ bî gestanden unt gesezzen,
dâ dicke ein hêrre selbe hât gemezzen
die lôsen unt die durnehten.
10 waz half, swie vil er si beschiet
mit rede unt doch der lôsen diet
ze heimlich was   unt schûhte die gerehten?

61.

Ûz sinewellem muote ein man
zuo swem der walgt, von dem   sô walget er onch wider dan:
nû walge hin, nû walge her,   eins ungevierten mannes muot!
Dû blæsest kalt unt hûchest warm
5 ûz eines mannes munde: stæter triuwen bistû arm:
iu meine ander liute,   ich meine al eine den selben, der ez tuot.
Her Phenninc, daz nû nieman lebet sô riche,
eru tuo durch iuwern willen lasterliche!
daz müeze Got vom himel erbarmen!
10 her Phenninc, daz ir wæret liep
unt niht sô gar der êren diep,
daz zæme baz   den richen unt den armen.

62.

Ein man im selben ist ze rich,
der ander zarm, der dritte   ist sîne guote wol gelich:

---

4 vū CD.   5 dem] dē C.   9 diu beidemal C.   11 losen gestrichen
und von 2. Hand valschen übergeschrieben D.   12 unt] anc gestrichen, vnd
von 2. Hand darübergesetzt D.   schuhe, über u ein o, über e ein t von
2. Hd. D.   dû C.
61 = 61 DT, 168 C.   1 Von C.   sinewellé C, sinwellem D.   2 walget CD.   [ouch] D.   von — wider] der walget ouch von im hin wider C.
3 heri D.   4 dû] der C.   bleses D, kuchet C.   unt] der C.   huches D,
blaset C.   5 Vor bistn beginnt T Bl. 4.   ist er C.   6 ander liute meine ich
niht wan den einen der C.   ich DT.   aller D, alle T.   liute niht DT.
7 lebt D.   das ir nement lob so C.   8 er tv DT, er tût C.   9 dich sźer
got [vom himel] DT.   10 werent alle.   11 unde C.   12 des gunde ich
wol C.   dem DT, dien C.   unt] danne T, dan D.   dem DT, dien C.
62 = 62 DT, 153 C.   1 selber D.   2 zarn C, ze arm D, zu arm T.
sinē C.

wær ich ein ebenære,   der drier driung wold ich niht wan zwei.

Der sines guotes wære ein rise,
5 des muotes ein getwerc,   unt lobten daz jene unde dise,
doch wold ich alsô teilen,   daz umbe die wal nieman gæbe ein ei.

Swaz hie wurde über, daz leit ich zuo dem guote,
der arm an guote wære, rich an muote.

bescheidenlichen wold ich sprechen:
10 'man edels muotes, nû sitz ûf!'
dem aber der muot kûme an die huf
nâch êren stüend,   den hiez ich nider stechen.

63.

Sage, ungelobter richer man,
war umbe engaustû niht   dem biderben man, des er dir gan?
jâ gunde er dir wol êren: nû hazzestû daz er als êrhaft ist.

Lâz in mit sînem guote leben,
5 dar nâch als im Got muot   sime edelen herzen hât gegeben:
wiltû niht sin als er,   son mac ouch er niht sin, als dû dâ bist.

Wis als dû bist unt habe dir daz ze buoze,
daz dû dem biderben gunnest der unmuoze,
dâ mite er êre müge ervolgen,
10 ob erz ân guot erziugen müge:
sît dir sin leben niht entüge
noch im din leben,   sô wis im unerbolgen!

3 were DT.   driunge DT, ebenunge C.   wolde C, wolt DT (ebenso I. 6. 9).
wanne T.   4 muotes alle.   w' T.   5 guotes alle.   [unt] C.   vnd T, vū DC.
6 doch] das C.   ichz D.   ebenen C.   umb C.   wale T.   7 Swaz]
daz DT.   leite C.   ich] hie D.   des gute T.   s d' gütes w'e rich vū arn
an de mîte C, der riche an gûte were · arm au dem muote D, arm der rich
were an dem gute · arm an dem mute T.   9 [ich] T.   10 sitze alle.
11 küme T.   12 stunde DT, stûnde C.   heiz T, hieze D, wolde C.

63 = 63 DT, 95 C; vgl. Witzlav Str. 11 (I).   2 gaos dv DT.   deme D.
3 er gan dir doch wol eren T, er gan dir wol erē D, jo gunde her dir eren wol I.
nù] so C.   hazzestu IDT, nidest du C.   so erbere D, so erber T.   4 sime
DT.   5 [dar nach] DT.   von sinem vrien herzen T, von vriem herzen D.
6 so enmag C; vgl. I I. 8: des mach nicht sio.   so were (wer T) er doch vn-
gerne als DT.   7 Swie dv nu sist. so gibe ich dir z. b. DT, blip so du bist
vū h. d. d. z. b. I.   8 den DT.   gunnes DT.   9 eren C, fehlt T.   10 ob
erz an güte eruolgen DT, vū ouch sin g. e. C.   11 sit] vū D, vnd T.   12 din
leben] daz din T, daz dine D.   so enwis C.   niht erbolgen C, unverbolgen
Meissn. 100, 5; vgl. vorbolghen I I. 12.

64.

Gewalt mac melden understàn,
gedanke muoz man ledic, ungevangen làzen gàn:
ez wart nie keiser, künec sò hêr,   der gedauke unt merken kunne erwern.
Unzuht, waz ist dir deste baz?
5 swìgt din der munt, sò sint   dir reiniu herze doch gehaz:
uert dich gewalt vor melden,   vor merken kan dich nieman wol erneru.
Unrèht gewalt, ze valle stè din brugge,
stætę als ein tou si rippe unt ouch diu rugge!
in tiefem wàge ùf dünuem îse
10 wünsche ich, daz din geverte sì,
dar ùf din last swærę als ein blì:
din vorgedanc   in dìneu buosen rìse!

65.

Diu werlt ist ungelìch gemuot:
der eine wirbet umbe wîp,   der ander umbe guot,
der dritte minnet erge,   sò ist dem vierden milte gar ein spil;
Der vünfte wær vil gerne vrò;
5 sò daz der sehste siht,   der spricht vil lihte dan alsò:
'uù seht ze disem affen!   der schimphet als hie nieman schimphen wil'.
Sus ist diu werlt gar ungelìcher sinne:
ich wæu daz ieman lebe gar suuder minne:
die wisen minneut wìsheit sère,
10 die tòren mineut tòren muot:
zer werlde wart nie niht sò guot,
sò daz wir minnęn   die Gotes hulde unt êrc.

_____

64 = 64 *DT*, 26 *C*, 88 *H*.   2 gedanc di *D*, daz merkin *H*.   muos muos *C*.
man] er *H*.   ledic vri *D*, fri unde *H*.   3 gedank *CD*.   iz kunde kûnig
noch keisir daz merkin nie erwendin noch erwern *H*.   4 deste] danne *H*.
5 swiget *CT*, geswiget *D*, unde swigit *H*.   in der *D*, din *C*, *fehlt H*.   reine *DT*,
wise *H*.   herzin *H*.   6 melden] wortin *H*.   mag er dich unsaufte ernern *H*.
7 steten burge *T*.   8 also *H*.   sie *DT*, si ir *C*, si din *H*.   [ouch] *H*.
din] ir *C*.   9 tiefen *TH*.   in tünnë *C*.   10 diu] ir *C*.   11 dar zû *H*.
also *H*.   12 fürgedang *H*.   dinem *C*.   risen *T*.
65 = 65 *DT*.   3 kerge *von* 2. *Hd. aus* erge *gebessert D*.   4 were *D*.
5 sehte sihet *T*.   sprichet *DT*.   danne *T*.   6 sehet *T*.   7 &sinnel *aus* sinne *von*
2. *Hd. geändert D*.   8 wene *DT*.   lebet, das l *von* 2. *Hd. D*.   gar *durchstri-*
chen und punctiert von 2. *Hd., darüber* der(?) *D*.   minnel, *das* l *von* 2. *Hd. D*.
9 minnet *D*.   10 toren *durchstrichen und punctiert* (2), *darüber* torschen *D*.
11 zv der werlte (werlt *T*) *DT*.   wart nie *radirt und durchstrichen, darüber*
von 2. *Hd. ist und ein radirtes Wort D*.   12 [die] *DT*; *vgl. die Anm.*

66.

Diu werlt was wîlent sô gestalt,
daz man dem biderben man 　　sîn biderbekeit vil hôhe galt
mit dienste unt ouch mit gruoze:　　deste lihter was ein man dô guot.
Nù sî swie biderbe welle ein man
5 unt vlîze sich des besten, 　　des er im erdenken kan,
daz muoz alsô geschehen, 　　daz im diu werlt dekeine helfe tuot.
Hie vor dô hulfen hundert eime guotes,
nû irrent tûsent einen guotes muotes:
swer sich bî dirre werlde siure
10 an guoten dingen vinden lât
unt argen dingen widerstât,
der dunket mich 　　vür manegen man gehiure.

67.

Nù volget ein gemeiner site
vil nâch der meisten menege 　　leider in der werlde mite;
ein ieglich man der wil, 　　daz man im baz tuo, danne er widertuo.
Swâ tûsent merkent einen man,
5 sîn leben unt al sîn tuon, 　　son mac er eine noch enkan
niht nâch ir aller willen 　　sô wol getuon, sin legen doch valsch dar zuo.
In weiz sô guoten hêrren noch sô wîsen,
daz alle sine liute gemeine iu prîsen:
dise jehent im guotes, dise unguotes.
10 wer aber dem hêrren rehte tuo,
dâ hœret ouch ein wâge zuo,
diu gliche si 　　unt unveiles muotes.

---

66 = 66 DT, 170 C.　　1 werlte D.　　2 dem] einem C, den DT.　　mannen D.　　frümkeit schone galt C.　　3 mit gruosse vn̄ ouch mit guote C.
dest T.　　4 sî] sie D.　　frome C.　　5 im] immer DT.　　so er sich versinnen
kan C.　　6 werlte D.　　enkeine T, keine D.　　7 du T.　　tusent DT.
E hulfen hundert eiñ guoten guotes C.　　9 sich] nu C.　　werlte CD, wert T.
10 sich in tugenden vinden C.　　11 vō valschen werken abe gestat C.　　12 vor
DT.　　manigem T.

67 = 67 DT, 119 C.　　1 Es C.　　2 meistmenige D.　　werlte CD.
werld T.　　3 ieslich DT.　　[den] DT.　　dan D.　　er da DT.　　5 elliv D,
fehlt T.　　siniv D.　　so eunmac DT.　　der C.　　6 irne D, irm T.　　[aller] DT.
si (sie T) enlegen DT.　　valschs T.　　7 ich enweiz alle.　　8 [alle] DT.
in alle DT.　　prise T.　　10 swer C.　　dē C.　　11 da (do T) gehoret DT.
[ouch] TC.　　12 geliche DT.　　niht ueiles DT.

68.

Waz einem rehten hêrren zimt
ze tuonne unt ouch ze lâzen,   swer daz gerne wol vernimt,
dem nenne ich triuwe vor   unt dar nâch zuht mit eigenlicher schame.
Tuot er ein teil im selben wê
5 durch êre an lîbe, an guote,   alsô die besten tâten ê,
sô mac er wol genesen   an lîbe, an guote unt an den êren same.
Er sol sich ûzen süezen mit dem munde,
daz diu süeze gê von herzen grunde:
sô ist der munt des herzen bruoder.
10 er sol ouch ritters namen sô tragen,
daz in der lîp iht müge verjagen
ûz gêrten siten   in leckerlichez luoder.

69.

Wol dir, richeit, wol dir, gewalt!
wol iu unt ouch dem,   den ir an tugenden machet balt!
sô wê iu unt ouch dem,   den ir von sînen sinnen alsô nemt,
Daz er sô sêre læzet sich
5 ûf iuwern trôst, dâ von er wirt   gar unerkennelich
Gote unt ouch im selben;   wie übel ir dem an sînen êren zemt!
Richeit, gewalt, swer sînes muotes wære
sterker dan ir, dem wært ir niht ze swære:
swen aber ir alsô geneiget,
10 daz ir komt oben über in
unt er des muotes unden hin
vil nider gât,   des lop ir sêre veiget!

70.

'Was guot' ist einem hôhen man
niht volliclîch ein lop,   als ichz ze rehte erkennen kan:

68 = 68 *D*, 120 *C*.   1 Swas *C*.   eime *D*.   2 tuon *C*.   làsenne *C*.   vn
wol *C*.   3 Dē nēme triuwe *C*.   zuhte *D*.   schä *D*.   5 an libe an guote
durh ere *C*.   als *C*.   6 sô] des *D*.   gûte vn gûte vn *C*.   sam *D*.   8 vn
das *C*.   10 [ouch] *D*.   [sô] *D*.   12 geertē *D*.
69 = 69 *D*, 122 *C*.   2 dem] dien *C*.   machēt *D*.   3 ûch *C*.   dē den *C*.
[alsô] *CD*.   nement *D*.   4 [sêre] *C*.   5 so gar *C*.   6 dē *C*.   zement *D*.
5 danne *C*.   dē *C*.   werēt *D*.   [ze] *C*.   9 swenne aber ir den man *CD*.
geneigent *D*.   10 koment *D*.   12 ueigēt *D*.
70 = 70 *D*, 121 *C*, 198 *C* (= *C¹*).   1 Swas *C¹*, daz *DC*.   eime *D*.   2 lop
swer ez ze rehte merken *D*.

ist guot' daz ist guot; 'was gnot' daz ist mêre danne halp verlorn.
Swer guot sî, der belibe ouch guot:
5 die wîle er müge unt tüge,   sô habe er êregernden muot;
wol angehaben unt widerkêrt   daz wære alsô guot verborn.
Swen lip noch guot enirret, daz der lôset
unt alsô gar vergebenes muotes kôset,
dem hât sin leben sin lop verswachet.
10 an êren zuogrif der ist guot,
an êren abenemer der tuot
vil manege zît.   des Êre niht enlachet.

71.

Ez sint noch hêrren eteswâ
gesezzen in den landen   manegen enden hie unt dâ,
die Êre gerne enthielten: wan daz diu Êre hât sô vil gespiln.
Triuwe, Stæte, reine Site,
5 Sorge unt Schame, Kiusche,   Milte unt Manheit vert ir mite,
Dêmuot, Wârheit, Gehôrsam,   des hovegesindes muoz durch nôt bevila
Den richen guotes, armen an gemüete:
des vert diu hôchgelohte süeze güete
vil wîselôs mit ir gesinde:
10 dâ si was è gebietærin,
dâ lât si nieman nû hin în:
er sælic man,   der sich ir underwinde!

---

3 er ist *D*, erst *C*. das [ist] guot *C¹*. was] vn er was *D*, er was *C*. dest *D*.
mer *C¹*. dan *D*. halbes *C¹*. 4 [ouch] *C¹*. 5 und habe *C¹*. [er] *alle; vgl.*
Anm. 389. eregernden] steten *C¹*. 6 an genongen *D*. widerkeren *CD*.
[daz] *C¹*. wer *CC¹*. als gût *D*, alse guot *C*, noh bas *C¹*. 7 noch] vñ *C*.
niht irret *C¹*. daz der] vñ doch *C¹*. lôset *C*, lost *D*, bôset *C¹*. 8 ner-
gebeus *D*, vergebne *C*. kôset *C*, kost *D*. das er mit sinen listen hinder
lôset *C¹*. 9 hat] wil *CD*. verswachen *CD*. des lib sin leben so hat geswachet *C¹*. 10 ein erè zuo nemer *C¹*. er ist *D*. 11 an] ein *C¹*. ab-
nemer *CC¹*. der] dike *C¹*. 12 vil mange zit *C*, al solhe tât *C¹*. des]
der *C¹*. enlachet] mag lachen *C*.

71 = 71 *D*, 123 *C*. 1 etswa *D*. 2 ende *D*. 4 vñ stete *C*.
5 sorge . scham . kusche . milte . demúte . warheit . uert *D*. mit *C*. 6 gehorsam . manheit . erbermede . des *D*. hofgesindes *C*. 7 guotes] an guote *C*.
dĕ armen *C*, vñ arm *D*. an dem muote? 8 gnote? 9 vil gar *C*. 10 ie *C*.
11 nemen hin in *C*.

72.

Diu Êr was wîlent alsô wert,
daz man ir anders gerte,   denne man ir hinte gert,
daz er muos sîn gar êren halt,   der si ze hûse torste gebiten.
In swelchem hove si niht envant
5 ein wol gemuoten wirt,   vil snelle si von dem verswant:
ir getorste sich nieman   unwirden mit unhovelîchen siten.
Swer nû geminne wære unt ouch gemeine,
swaz er ir liebes tæte, grôz od cleine,
daz dinhte si nû allez süeze:
10 si nimt noch cleinen dienst verguot;
swer ir den williclîchen tuot,
dem nîget si   ze lône nnz ûf die vüeze.

73.

Ez wart nie wîp noch man belogen
sô sêre als Êre, unt ist   si doch dâ bî vil wol gezogen:
man gît ir manegen vriedel,   unt wære ez wâr, des si sich möhte schamen.
Der werlte unbilde hœhet hie
5 unde nidert dort.   Von welchen schulden oder wie
solt Êre ieslîchen minnen   durch sînen phingestlîchen küneges namen?
Sô wurde si verwitwet al ze schiere.
ich nante ir wol in einem âtemen viere,
die mit entlênter wirde vnoren
10 vernt ûf unt hiure wider abe:
daz der ieslîcher Êre habe,
nun welle Got: sin lât sich niht behuoren.

---

72 = 72 *D*, 27 *C*.   1 ere *CD*.   2 ardes *C*.   gert den *D*.   hiute] gwte *C*.
3 mîz *D*.   bitten *C*.   4 swelichem *DC*.   [niht envant] *C*.   5 einen *D*.
[ein — si] *C*.   6 si getorste nieman *D*.   mit keinen u. *D*.   8 oder *CD*.
12 dem] dê *C*.

73 = 73 *D*, 28 *C*.   2 dabi doch *D*.   3 vn̄ von 2. *Hd. über dem durch-
strichnen* vnde *D*.   4 werlt *D*.   5 vn̄ *DC*.   6 iegeslichen *C*.   pfinges-
lichen *C*.   7 also schiere *C*.   8 *über gestrichenem* uiere *von 2. Hd.* viere *D*.
9 entlehenter *C*, eczlicher *aus* entlehenter *geändert von 2. Hd. D*.   11 daz ge-
stricken, darüber *von* 2. *Hd.* ob *D*.   10 *über* vernt vf, vü hivr *von 2. Hand*
vert vf vü hure *D*.   ab *D*.   11 *über durchstrichnem* daz *von 2. Hd.* ob *D*.
der islicher *D*, willeklicher *C*.   hab *D*.   12 nu enwelle *D*.   behuren *D*,
behûren *Bech Germ. XXII*, 260.

74.

Diu Êre minnet niht durch guot,
si minnet aber, swer mit guote lobelichen tuot;
swer guot vür êre minnet,   swaz man den êret, daz ist ân ir rât.
Ein man sî rîch, ein man sî arm,   .
5 vrô Êre diu enwirt   bî ir deheines sîten warm,
dâ si sich veile erkennet: er sælic man, der Êre unveile hât!
Swer aber durch guot wirt sîner êren âne
unt doch leben wil in êren wâne
bî den êregernden liuten,
10 reht in der mâze er bî in ist
als bî dem pheffer miuse mist:
sîn gelphez lop   kan ich niht baz betiuten.

75.

Vrô Êre ist magt unt habt doch man,
die si vor allen vrowen   sô rehte schône triuten kan,
si vürsten râtgebinne,   si küneges hort, si bôhes heiles vunt!
Ir minneboten brieve tragent,
5 die heldes herze ûf weckent   unt ze hôben sorgen jagent,
si entzündent zuht unt êre,   unt leschent schande unt erge unz in den grunt.
Wâ sint si nû, die dich dâ minnent, Êre?
ist ir vil, sô helent si sich sêre;
bî dinen drin ich drîzic vinde,
10 die sich dîn alle hânt verzigen:
si zîhent dich, vuozîsen ligen
ûf dinem hove   ze schaden dem ingesinde.

76.

Ez ist ein form, diu wunder birt:
ze himel unt ûf der erde,   in wâge, in lufte, in viure wirt
ir wunder niht verborgen: sist hôch, sist tief, si ist breit, si ist lanc.

74 = 74 DT.   5 euwirdet D.   7 mit ane beginnt Bl. 6 T.   8 [wil] T.
9 eregerenden D, eren gernden T.   10 rehte T.
75 = 75 DT.   1 habet T.   5 herzen T.   6 biz T.   8 helnt D.
vil sêre rdHagen, ze sêre?   10 habent D.   11 legen T.   12 gesinde T.
76 = 76 DT, 29 C.   1 forme DT, frome C.   2 [wirt] T.   3 si ist
immer CDT.

Got ist der êren hôchstez zil,
5 ân êre iu nieman reichet;   er teilt ouch êre, swem er wil:
gein aller crêâtiure   sô ist er aller êren anevanc.

Engel, megde, martære unt bihtære,
daz der aller êre gelîche wære,
son hiez vrô Êre niht ein wunder:
10 der eine ist gêrt, der ander baz,
nâch sîner tugende ieslîcher: daz
sult ir ouch spehen   an aller vruht besunder.

77.

Swaz diu vil reine Trinitât
gotelîcher dinge   ze himele unt hie begangen hât,
dâ was diu Êre mite,   diu sundert sich von Gotes hulden nie.
Diu Êre ist aller sælden stam,
5 si wildet ie unbilde   unt was den rehten vuogen zam,
gelenke guoten dingen   unt missewende widerbrühtec ie.
Ir craft die hêren Gotes tougen crœnet,
ir wird die engel tiuret unde schœnet:
dâ von rât ich, daz ir si êret.
10 wol im der ir ze rehte phligt!
der hât vor Gote unt hie gesigt:
si Gotes zart   lîp unde sêle behêret.

78.

Swaz in der werlde noch geschach
untriuwen unt unbildes,   swâ man vride unt suone ie brach,
dâ was Unêre mite: diu pruofte ie mit willen missetât.
Unêre swachet wîp unt man,

<hr>

4 hohestez *D*.   5 ane *CD*, on *T*.   mit swem *D*, dë *C*.   6 gegen *alle*.
7 engele *DT*.   marterer *C*, marterere *D*, martirere *T*.   bihtigere *DT*.   9 so
DT.   hieze *alle*.   10 geret *C*, geeret *DT*.   11 sincr tugende *vdllagen*,
sinen tugenden *alle*.   iegeslicher *C*.   12 vruhte *D*.
77 = 77 *DT*, 30 *C*.   1 reinú *C*.   2 gotlicher *alle*.   [hie] *T*.   3 do *T*.
mit *CD*.   sunderte *D*.   helden *C*.   5 vmbilde *T*.   waz *T*.   6 vnde *D*.
gar *vor* ie *durchstrichen C*.   7 dú *C*.   8 wirde *alle*, wert?   engele
livrt *D*.   vñ *alle*.   10 ir *vdllagen*, *fehlt allen*.   11 bet *T*.   12 vñ *alle*.
sel *D*.
78 = 78 *D*, 31 *C*.   1 werlt *D*, werlte *C*.   2 [unt] *an erster Stelle C*.
3 mit *D*.   bruofte *C*, brúfte *D*.

Roethe, Reinmar von Zweter.   29

5 Unêre der werlde lop   noch Gotes hulde nie gewan,
von rehte tuonden dingen   Unêre sich ie her gesundert hât.
Unêre senket in der helle abgründe,
Unêre ist aller valschen dinge urkünde,
Unêre uncristenlichen sinnet,
10 Unêre ist êwielicher tôt,
Unêr prüeft immer wernde nôt:
waz sol sîn leben,   der dich, Unêre, minnet?

79.

Diu Edele ist ein hôher nam;
wol im, der si behaltet   sunder lasterliche scham:
dem gibe ich âne wenken,   daz er besitzet wol der Êren stat.
Nû sprechet: waz mac bezzer sîn
5 dan edele richer lîp,   der daz mit werke machet schîn,
sîn leben mit zühten hât   nâch tugende râte unz an sîns lebenes mat?
Dem suln wir alle sprechen wol gemeine;
ich hânz dâ vür, daz er sî engelreine.
wer edel sî, daz sult ir hœren:
10 daz ist der edellichen tuot,
dem niht unedellicher muot
sîn edele mac   zerviieren noch zerstœren.

80.

Daz hôchste dinc, dâ von man seit,
daz in der werlde mac gesîn,   daz ist diu edelkeit:
der edel ist, sô wol dem wart,   dem kunde nimmer baz geschehen.
Diu edel ist kiusche unt wol gezogen;
5 swaz man gein edele wirbet,   dâ wirt nieman an betrogen:
diu edel ist süezer worte,   der edele muoz man aller tugende jehen.

---

5 werlte C. 6 tuonden] von den C. 11 unere brûvet CD. immer
werende D, wernde vdHagen.
79 = 79 DU, 32 C. 1 edeli D. 3 gihe vdHagen. besetzet C. Mit
dem zet von besitzet beginnt Bl. 2 I. 4 sprechent alle. 5 danne C. edel CD.
sin schin D. 6 zuhten heit DU, zühtenheit C; vgl. d. Anm. rat CU. sines alle.
lebens DU. math U. 7 sul U. [wol] D. 8 dar vür C. 9 swer alle.
horn D. 10 adellichen C. tôt D. 11 vnedellichet U. 12 sine edeli
mac D, mag sine zuht CU. zestoren U.
80 = 80 DU, 33 C. 1 hoheste DU. da man von D. 2 werlte C.
[diu] D. 3 dê wart dem wart C, den wart DU. künde C. 4 kvsch U.
5 gegen edel C. 6 edel alle. alle C.

Bi edele mac man sælikeit wol vinden,
von edelkeit muoz aller valsch verswinden:
der edele kan sich niht gelichen:
10 wie man die edele erkennen sol,
daz kan ich in betinten wol:
nieman ist edel, 　ern tuo dan edellichen.

81.

Zwei adel sint an den liuten ouch:
von sinem künne ist einer edel 　unt ist doch selbe ein gouch,
der ander ist von sinen 　tugenden edel unt niht von hohem namen.
Swâ dise zwêne solten leben
5 ze wette umb êre, wem daz lop 　die wisen solten geben,
sô næme ich den ze kemphen, 　der sich vor untugenden kunde schamen.
Swer edel ist von mâgn unt niht von muote,
der brichet siner edeln vordern huote:
nû sprechet ir, nâch spehende liute,
10 sit daz der edeln veter kint
von hohem adel gnædelt sint,
war Êre muge, 　dâ man si müede triute.

82.

'Ich bin edel', spricht manic man,
an dem man tugent noch êre, 　zuht noch wirde erkennen kan;
ich wolte daz der wære 　niht wol geborn noch edeles mannes sun,
Durch daz er phlæge edeler site,
5 unt daz die edeln swachen 　ir edel êrten noch dâ mite
unt daz man zallen ziten 　die edeln sæhe edellichen tuon.
Der edel stein zimt wol in rôtem golde:
swer edeln stein in kupher legen wolde,

---

7 edel *C*.　8 edelkeite *U*, edel *D*.　valsch vil gar *D*.　9 edeli *D*,
edel *CU*.　10 edeli *DU*, edel *C*.　11 luch *alle*.　12 [dan] *DU*.

81 = 81 *DU*, 34 *C*.　2 vor *U*.　3 [ander] *U*.　vnde *U*.　hohe *C*.
nameli *U*.　5 bette vmbe *D*, wite vmme *U*.　6 den] in *C*, dich *U*.　7 magen
alle.　8 edelen worte *CU*.　9 sprechent *alle*.　spehenden *U*.　10 edelen *C*.
vätere *DU*.　11 hohen *U*, hohe *C*.　adele *U*.　gunedelt *Wackernagel*, ge-
unedelt *alle*.　12 ware *U*.　er *C*.

82 = 82 *DU*, 35 *C*.　1 sprichet *alle*.　2 tugende *CD*.　zuhte *D*.　3 niht
were *C*.　edels *CU*.　sin *U*.　5 vnde *U*.　ir adel *C*.　6 ze allen *U*.
edelen *C*.　sehe gern *D*.　adellichen *C*; *vgl. die Anm.*　7 [zimt...golde] *U*.
8 [swer...stein] *U*.　wolte *U*.

29*

dâ mite sîn wirde wære vermachet,
10 alsô geschiht eime edeln man,
der edele niht erkennen kan
mit reinen siten: des edele wirt geswachet.

83.

Blanker gebærde stüende ir ganc
vil deste baz, ob ie   der wolgebære wære onch blanc
mit éregernden tngenden: sô möht si wol vür einen keiser gân.
Ist aber, daz si verborgen hât
5 gar tiefe under brusten   triegen, spot, unsüezen rât,
sô wil ich gein ir gruoze   mit mînem willen nimmer ûf gestân.
Swâ wol gestalt gebærde niht endecket,
daz ir verwizzen wirt, ob siz enblecket,
wan innen schœne reht als ûzen,
10 dâ ist gelîhsenheite niht
noch gunterfeit, als man nû siht
an manegen wol   gebæren dicke lûzen.

84.

Vergüldet kuphr, versilbert zin,
diu mugen wol gelîche   in einer arte gesellen sîn
unt swer in schœnem lîbe   grôz valsch unt ungevuoge verborgen hât.
Ez si ein wîp, ez si ein man,
5 viures gluot ist schœne: swer si ze gâhes grîfet an,
der mac des schaden gewinnen: dâ vor hüetet iuch, daz ist mîn rât.

9 mit so were sin wirde *D*.   10 einem *alle*.   edelem *D*, edelen *C*.
83 = 83 *DU*, 124 *C*.   2 ie] ir *alle*.   volgenre *D*, volgnere *U*, voigener *C*;
vgl. d. *Anm.*   3 meht *C*, moht *U*, mohte *D*.   5 gar] vil *C*.   tief *DU*.   onder
ir *C*.   spot . triegen. vñ vnsvzen rat *D*, spot *U*, triegen spotten u. r. *C*, triegen
spot u. r. *vdHagen*.   6 vil *C*.   [ich] *C*.   gegin *U*, gen *C*.   [mînem] *C*.   7 *Am
Rande quer geschrieben*: Vnē deus *D*.   8 ir... wirt] wir verwissen ir *C*.   sis
CU.   9 [wan] *C*, van *U*.   inne *U*.   süsse *C*.   alsam *C*.   10 daz ist *U*.
gelichsenheit *D*, glinzheit *C*.   [niht] *C*.   11 [noch] *U*.   kunterfeit *D*.
12 an] bi *C*.   manigem *D*.   wol gebernden *C*, wol gestalten *D*, wol ge-
stalden *U*.   dicke] liuten *C*.
84 = 84 *DU*, 168 *D* (= *D¹*), 125 *C*.   1 kupher *alle*.   vers. zin] silber-
schin *C*.   2 ob zin die *C*.   gelich *CD¹U*.   einr *D¹*.   art *CU*.   geselle *C*.
3 vnde *UD*.   grossē liebe *C*.   grozen *DU*, [grôz] *D¹*.   [unt] *DU*.   vnvûge *DU*.   4 en wib *C*.   5 blît *D*.   swer aber si *C*.   6 da uor so *DU*,
da vür *D¹*.   hûtent *alle*.

Swer nû mit stæten vröuden alten welle,
der neue war, zuo wem er sich geselle,
daz der si alsô beschœnet,
10 daz im zuht, triuwe wone bî:
swie sal der an der hiute sî,
des schœne stât   vür maneges schœne gecrœnet.

85.

Ez ist ein wâc, der lât sich waten
daz lamp unt muoz der helfant   dâ bî swimmen mit unstaten:
der wâc ist dem helfande   gar ze tief, dem lambe vürtic wol.
Der wâc daz ist der Cristentuom,
5 den man einvaltic waten sol   âne üppiclichen ruom;
der helfant ist der tumbe man,   der mêr wil wizzen dan er sol.
Swer mit dem lambe einvalticlichen wüete,
der wurde nimmer swimmend in der vlüete
der grundelôsen Gotes tiefe:
10 der helfant ist der tumbe man,
der mêr wil wizzen, dan er kan,
unt swimmen wil,   dâ er wol trucken liefe.

86.

Ir ûzgesanten bruoder, seht
zuo ziuwer lêre wol: wand inwer wort vil maneger speht,
der eine wirs, der ander baz: mislicher merker hât ir vil.
Versûmen nnt vergâben lât!
5 ir wizzet wol, daz mâze   mit disen zwein ze tuon niht hât:
ze vil verswigen sûmet: ein übersprechen sich vergâhen wil.
Welt ir den sündensiechen laben mit lêre,
sô schrecket in mit zwîvel niht ze sêre.

7 [mit] C.   8 neme war] sehe C.   ze I.   sich nu C.   9 der] des
herze C.   beschou¹ D, beschont U, geschônet C.   10 daz] ob CDU.   zuhte
D¹.   11 er DU.   swie es al der huote si C.   12 stet DD¹U.   bi ander
schône C.   Dahinter von andrer Hd.: Alius sensus D.
85 = 85 DU.   3 wâc der D.   5 vipperlichen U.   6 tvmme der mere I.
dar er U.   7 wete U.   8 Der Vers fehlt U.   11 mére DU.   12 trockel U.
86 = 86 DU, 36 C.   1 vngesanten U.   speht C.   2 zuz vwerre D, sus
vwere U.   vwere DC, vw're U.   3 misselicher CU.   hant C, habt D.
4 versuimen C, versvnnen U.   vergen U.   5 wizzent alle.   7 sünde siechen C.   leben U.

daz ir im alle sünde unmæret
10 mit süezen worten, daz ist guot:
swâ ir den wilden wilder tuot,
dâ wære baz,   daz ir in gar verbæret.

87.

Swâ sô die liute geordent sint,
ez sin die himelbæren   oder ez sin der helle kint,
daz was Gote allez kunt,   ê ie wart zît, tac, woche oder jâr.
Dar umbe nieman sprechen sol:
5 'swaz ich getuon,   bin ich genislich, ich genise wol:
bin ich dem valle ergeben,   son hilfet mich min woltuon niht ein hâr.'
Swer sich alsô mit rede verketzeriet,
von dem ist der zwîvel niht gevrîet.
wir suln den zwîvel ûz uns rûmen.
10 diu Gotes vorgewizzenheit
dinn solte uns niht hâres breit
unt ist daz wir   uns selben niht versûmen.

88.

Vil manec guot Cristen sünden phligt,
der doch mit buoze in sünden   sinen sünden an gesigt:
wan sünde ist sô gemeine,   daz lützel ieman lebt gar sünden vrî.
Des mac man alles sich erholn,
5 wan dem der rehte geloube   ûz sinem herzen wirt verstoln
von den Cristen dieben,   die uns mit valscher lêre slichent bî.
Daz ist ein sünde, diu sô tiefe gründet,
daz si mit sünden nieman übersündet:

12 verberent U.

87 = 87 DU, 37 C.   1 Swie? vgl. d. Anm.   [liute] U.   3 [allez] U.
wart] wurde alle.   woche] wühse C.   6 hin aber ich D.   8 vom dem U;
vgl. die Anm.   Mit zwivel schliesst Bl. 2 U.   11 du ensolte C, di ensolt D.

88 = 88 DT, 147 C, 46 m s.   1 guot Cristen] sunder s.   2 Nach sinen
beginnt T.   gesiget C.   der doch in pus wirt funden vnd seinen s.   3 wanne
T.   ist] sint CDT.   [so] Ts.   daz nieman lebt (lebet T) der gar ane
(on T) sunde si DT.   4 ia kan man selten sich derholn s.   5 vnd wem s.
us sinem herzen der rehte geloube C, aus seinen herczen rechter gelaube s.
versteln s.   6 von cristen tumes dieben s.   valschen s.   slichen C, wan-
nen s.   7 sünde] lere DT.   also DCT.   8 nieman mit sünden C.

nû wachet, edele Cristen, wachet,
10 daz uns der leiden ketzer rât
iht scheide von der Trinitât,
dâ mite wir sin   ze Cristenheit gemachet.

89.

Sünden glust ist sünde niht,
swenne er wirt sigelôs   unt daz mit widerwer geschiht;
sünden glust mit widerwer   tuot crônebæren kemphen kunt.
Sünden glust mit widerwer,
5 swer dâ mit ist behaft,   der strîtet wider ein creftic her:
wand in vil sêre an wiget   sünden glust mit kamphe manege stunt.
Sünden glust swer din erlâzen wære,
daz der alle sünde gar verbære,
daz wære niht ein martercrône:
10 dem hunger nimmer wê getuot,
nimt Got des vasten wol verguot,
daz ist ein dine,   des Got im selben lône.

90.

Swem liep geschiht unt doch niht wol,
swer des gan sinem vriunde,   der gan im anders dan er sol:
wan drin liepgeschehen   sint niht sô guot alsam ein wolgeschehen.

9 wachent *DT*.   edel *s*.   gut nun wachet *s*, wachent *D*.   10 dz
euch icht valscher k. *s*.   11 tn schaden von *s*.   12 mit *CTs*.
89 = 89 *DT*, 146 *C*, 46 n *s*.   *I*. 4 — 6 *stehen vor* 1 — 3 *in DT*.   1 gelust
CT.   nach sundñ lust du sunde nicht *s*.   2 wen sunden lust an vichtet der
sundē lust do wider gicht *s*.   3 gelust *CT*.   cronebernden *C*.   [kunt] *C*.
tregt wol der freuden krone dz ist den wunnen w'den kempfen kunt *s*.   4 gelust *CT*.   wen sunden lust an vichtet der *s*.   5 mite *T*.   stet wol in
kempfes orden der streit durch ein creftiges her *s*.   6 wanne *T*, wan *D*.
an wiget *C*, anvihtet *T*.   gelust *C*.   manger *C*.   stunde *D*.   der tut
vil sere weigen auf sunden lust vil dik zu mangen stunt *s*.   7 ach sunden lust *s*.   gelust *CT*.   swer] der *T*.   din] der *C*, ir (von 1. *IId. gebessert*) *D*.   [wære] *s*.   8 vnd das den *s*.   ouch alle *C*.   sunden *s*.   9 wer
doch nicht ein rechte m. *s*.   10 wem *s*.   11 got nimpt des *s*.   12 des]
das *C*.   im got selb mus lone *s*.
90 = 90 *DT*, 141 *C*.   2 sinem friunde gan *C*.   danne *CT*.   3 [wan] *C*.
liebgeschen *C*, liep geschehe *T*.   so] dē tumben so *C*, als *D*.   als einem *C*.
wol geschen *C*.

Er dunket mich ein wise man,
5 der liepgeschehen unt wolgeschehen   ze rehte erkennen kan:
wan liepgeschehen unt wolgeschehen   diu lânt sich dicke sunder spehen.
Von liepgeschehen vil liute in kumber vellet:
wol im, zuo dem sich wolgeschehen gesellet!
der ist der drier dinge lære,
10 daz sünde, schande, schade si:
daz wolgeschehen ist wandels vri,
daz liepgeschehen   ist dicke wandelbære.

91.

Gelückes rat ist sinewel,
im loufet maneger nâch,   doch ist ez vor im gar ze snel
unt lât sich doch erloufen   williclich, den ez beswichen wil.
Swer stiget ûf Gelückes rat,
5 der darf wol guoter sinne,   wie er behalte Gelückes stat,
deiz under im iht wenke: wand ir daz rat hin ab im zucket vil.
Die müezen danne sîgen mit unwerde,
wan si mit schanden ligen ûf der erde:
Gelücke wenket unbesorget,
10 ez git vil manegem ê der zît
unt nimt hin wider swaz ez git:
ez tœret den,   swem ez ze vil geborget.

92.

Man, swaz dir unverdienet kome
ald vundeliche, wiltû,   daz der vunt dich lange vrome,
sô diene nâch dem vunde,   daz dû dâ vor gedienet soltest hân.

4 wiser C.   5 libgeschen C.   wol geschen D, wol geschuof C.   beide
ze rehte C, beide reht D, reht T.   6 [wan] C, wanne T.   liep geschen D.
[diu] C.   lazent D.   7 liep geschen D.   9 [drier] C.   10 schade schande
sünde C, sünde schande schande schade D.
    91 = 91 DT, 118 C: vgl. Gottfried von Strassburg HMS II, 277' (G).
2 do C.   in C.   gar] al C.   3 let T.   betriegen DT, besweren G.   doch lat
es sich erloufen vil manigen den es da beswichen wil C.   5 bedarf C.   besitze C, behabe G.   6 daz ez DT, de er C.   Nach under endet das Bl. T.
wan er C.   ziuhet C.   7 dan D.   8 wand D.   ligent D; vgl. d. Anm.
9 vñ besorget C.   12 swem G, swë C, dem D.
    92 = 92 D, 165 C.   2 vñ vundenlich D.   daz dich der vunt gar lange
vrume D.   3 [dâ] C.   soltes D.

Stîc in dich selben unde sprich

5 ze dînem herzen: 'vriunt,   wir hân versläfen, dunket mich,
nâch disem grôzen vunde,   den uns gelückes wunder hât getân.

Nû rât, wie wir diz wilde vunden glücke
halden, daz ez sich niht von uns zücke:
ez lât sich als ungerne mûzen,
10 ez ist sô wilde unt alsô vrî,
sin wir im niht mit huote bî,
wirt im der sprunc,   wir mugen ez wol verlûzen.'

93.

Waz hilfet âne sinne kunst?
waz hilfet wol gehœren,   der dar zuo niht hât vernunst?
waz helfent schœniu ougen   den, der daz wœger nimmer kan ersehen?
Waz hilfet rîcheit âne rât?
5 waz hilfet vil geheizen,   ders niht muot ze tuonne hât?
waz hilfet mannes schœne,   von dem doch nimmer êre kan geschehen?
Waz hilfet sterke, der si niht versuochet?
waz hilfet dienest, dâ man sîn niht ruochet?
waz hilfet ouch gebeitiu minne,
10 diu niender von dem herzen kumt?
noch minner zallen sælden vrumt
des mannes leben,   der valsch ist ûz unt inne.

---

4 Ganc *D*, stîge *C*.   vô *CD*.   5 wir slafen ze lange *D*.   6 zu disem
rîchen vunde · daz gelückes vinden hat *D*.   7 rate *CD*.   daz *D*.   will
wilde [vunden] *C*.   gelûke *CD*.   8 ha· halten *D*, behalden *C*.   von uns
iht *D*.   9 als] hart *D*.   niuzen *C*.   10 so ledig vû ist so vri *C*.   11 mit
hûte niht *D*.   12 [wol] *D*.   verlûzen *C*.

93 = 93 *D*, 156 *C*, 106 *A Truchsess*, 722 *l*.   1 selde *Dt*.   2 dem der *t*.
da zv *A*.   vernust *A*.   3 helfen *A*.   liehten *D*, liechte *t*.   dem der *C*,
di *D*, die doch *t*.   selten kunnet sehen *D*, nit woln ane sehen *t*.   4 wys-
heit *t*.   ane sinne rat *D*.   5 wol geheizen *Dt*.   der des *D*, dez mâ doch *t*!
[mnot] *t*.   ze geben *Dt*.   6 helfent *D*.   manne *C*.   an den man ganzer
tngendë nit kan gespehen *D*, an dem mâ nym· tngend mag gesp. *t*.   8. 7 *D*.
7 sterchi *A*.   der mâ *t*, da man ir *D*.   8 dienst *CDt*.   geruochet *CD*, enruochet *t*.   9 auch daz mâ sich notet *t*, vngenotiv *D*.   10 niender] doch *D*, nit *t*.
vonme *A*, von *Dt*.   kumt] nit enküt *D*, kumet *C*, grüde küpt *t*.   11 minre *C*.
selde *A*.   frumet *C*.   vñ ouch dem libe niht envrumt *D*, vnd auch zu keinë
dingë früpt *t*.   12 leben] mût *D*.   [der] *D*.   ist valsch *D*.   waz sol d·
man d· v. i. u. n. ynnen *t*.   *Dahinter von andrer Hd.:* no de ligua: *ebenso*
am obern Rande der Spalte: nô de lingua.

94.

Daz bœste vleisch, daz ie getruoc
wolf oder hunt in sînem munde, daz ist bœse gnuoc:
des bœsen menschen zunge   ist bœser vil: sô wê in, die si tragen!

Mit worten crenket si den luft
5 unt senket jene, die si dâ tragent, in der helle gruft:
knierûnen, spotten, smeichen,   lugelôsen, mein swern, vluoch bejagen,
Daz kan diu bœse zunge unt dan noch mêre:
si entzündet schande unt leschet hoves êre;
si snabelsnellet ûf die besten
10 daz bœste daz si vinden kan.
diu werlt nie bœser vleisch gewan:
des müezen sich   die maden an ir mesten!

95.

Diu reine zunge ist alsô guot,
daz si Gote mit worten   sanfte in sinen ôren tuot:
si süenet unde samnet vriunt   unt leschet manegen swæren zorn.

Wol im, der si behûset hât,
5 unt ouch dem herzen,   daz der zungen schenket solchen rât!
er sî swes kint er welle,   ich wil in haben vür edel unt wol geborn.

Diu reine zunge lât sich niht ermieten;
die miete kan si nieman an gebieten,

94 = 94 D, 92 C, 2 S, 723 m t.	2 hunt oder wolf D, wolff ald hunt t.
sinem] dem t.	mvnd S.	ist] was C, wer t.	bôs CS, vor war doch böse t.
genuog CSt.	3 so ist des m. z. noch boser daz weiz ich wol D, dannoch
sind menschen zvnge vil poser vnd pôser S, noch bôs' sint die züge d˙ metschê
zungē (das Wort durchstrichen) t.	[sô] St.	si] dich D.	Zwischen in und
die mit roter Schrift hie übergeschrieben t.	4 krěkent C, chrenchent S,
uelschent D, trubēt t.	5 senkent CDt, senchen S.	jene] en S, fehlt Dt.
[dâ] D.	die — tragent] tieff die sele zu wesen t.	nider in D, vntz in S.
luft D, cluft t.	6 chni raunen S, mit rūnē t; vgl. die Anm.	sp. sm. losen ·
liegen · swern · vl. bej. D, smaichen spotten lug. m. su. fl. wej. S, lugelosen
meine swern sp. darzuo fl. bej. C, sp. worteū nit liegē triğ meý swern rum bej. t.
7 [diu] C.	pôs S.	zung St.	chan noch St.	mer S.	8 si weket zorn C,
sie wecket schand t.	schand St.	9 siest snabelsnell' claffe t.	von den C.
10 pôst S.	[si] D.	11 welt t.

95 = 95 D, 136 C, 1 S.	1 gůt zvng S.	2 got CS.	de si got in C
zweimal.	mit den worten D, selben C.	in sinen oren sanfte S.	saste C.
eren C.	3 vū CD, vnd S.	sament D. sammet S.	mangen CS.	5 so-
lichen D.	6 sei er sues svn S.	man sol in S.	7 div gůt zvng let S.
8 die mietē C.	niemē C.	si chan div miet S.

daz si sich znntrinwen valde.
10 diu reine zunge erwerben kan
guot wip ze vriunde nnt werden man:
er sælic munt,   der reiner zungen walde!

96.

Oben über nnt nnden durch gevarn
daz ist ze hôch unt ouch ze nidere: swer daz wil bewarn,
der var enmitten hin: daz ist vür vallen unt vür strûchen guot.
Ein mæzlich stîgen wirret niht;
5 von unmæzlichem stîgen   swindelt lîhte, sô man giht:
swer gnuoc tuot, der tuot baz   dan einer, der im selben übertuot.
Der mittelmâze phlâgen ie die wîsen,
oben über gehôrt ich nie die wîsen prîsen:
des si gelobt diu mittelmâze
10 vür tumbes mannes ûf unt abe,
der vornân strebe unt hinden snabe
unt über reht unstæteclichen grâze.

97.

Sage ane, muntvol, wiltû dich
hantvol gelichen?   daz ist doch vil ungelich:
wil danne hantvol schôzvol   übermenegen, des enmac niht sin.
Sô hilfet schôzvol niht sin kare
5 noch al sin kündikeit,   im si doch malter überstarc;
sô tuot daz mütte ein vuoder,   daz malter kûme ein halbez vüederlin.
Sage muntvol, hantvol, schôzvol, malter, mütte,
ist ein gezelt iht wîter dan ein hütte?

---

9 ze vntrivwen *D*, orf vnt we *S*.   nalte *D*.   10 div gvt zvng er-
berben *S*.   11 frivnd *S*, vrivnt *D*.   12 er] vil *S*.   gvter *S*.   züge *D*.
walte *SD*.

96 = 96 *DC*.   1 nnder *C*.   2 nider *D*.   3 nare da swischen in *D*.   vur
stoze vū oneh vur nallē *D*.   4 [Ein] *D*.   mèsselich *C*.   5 liht als *D*.
6 danne *C*.   im selben] da dankes *D*.   7 mittern maze *D*.   9 mittere
maze *D*.   10 [vūr] *C*.   11 vornen *D*.   12 vbermaht *D*.   unstetekliche *C*,
vůstetlichen *D*.

97 = 97 *D*, 1 *C*.   1 an *D*.   2 vngeliche *D*.   4 *J or* vol *beginnt C*.
5 [al] *D*.   si ein malter doch zestarc *D*.   6 ein mütte dem uuoder ein
malter *D*.   8 ein] din *C*.   danne *C*.

sprich 'jâ' unt lâ dich selbe ungaffet:
10 er ist ein tôre, der getar
hôch über honhet grâzen dar,
dâ sin getar   im selben schaden schaffet.

98.

Den sûren sûr, den scharfen scharf,
den harten hart, dêst allez guot,   derz kan, dâ mans bedarf:
swer bî der hôchverte   hôchverten kan ze rehte, dêst ouch gnot.
Swer lant unt liute hât gewalt,
5 der si den slehten sleht,   den manicvalden manicvalt:
er minne den êrebæren   unt hazze den, der dankes missetuot.
Wil er in beiden sin gelîche süeze,
nû sprechet, wer dem süezen danne büeze,
ob er des sûren schaden gewinnet:
10 dâ hœret hêrren vorhte zuo,
daz der an disem iht missetuo:
dâ von wirt hêr   ervorht unt ouch geminnet.

99.

Unt solt ich mâlen einen man,
dêswâr, den wolt ich machen   harte wunderlich getân,
daz er doch hieze ein man: ich mâlte sin niht als man manegen siht.
Er müeste strûzes ongen haben
5 unt eines cranches hals,   dar inne ein zunge wol geschaben,
unt zwei swines ôren: lewen herze des vergazze ich niht.

9 ia sp'ch *D.*   las *C.*   selben vngeĕffet *D.*   10 der tôre *rdHagen.*
der wol getar *C.*   11 hôch] naste *D.*
98 = 98 *D*, 142 *C.*   1 scharphen *DC.*   2 herten *C.*   dast *C*, daz ist *D.*
3 swer bi der] vn *C.*   hochfarte *D*, hohvart *C.*   das ist *C.*   5 manic-
ualten *D.*   6 [er] *C.*   erberen *D.*   [unt] *C.*   hazzer (*das r nicht ganz
ausgeschrieben*) *D.*   7 sûz *D.*   8 sprechent *CD.*   dĕ *C.*   9 schaden
danne *C.*   10 gehoret ouch *D.*   eren *C.*   11 er *C.*   disen *C*, dem? *vgl. S.* 379.
daz einr am andern *D.*   12 er *C.*   vorht *C*, gevorht *D; vgl. die Anm.*
99 = 99 *D*, 114 *C*, 1 o, 723 1 *t.*   1 unde *CD, fehlt o.*   solde *Co.*   2 vor-
war *t*, seht *D, fehlt o.*   welde *o.*   molen *o.*   so harte *t, fehlt Co.*   3 doch]
wol *ot.*   hiess *t.*   manne *t.*   malti *D.*   vü wolte in malen niht *C*, vnd nicht
(nit *t*) gebildet *ot.*   als] were so *o.*   nu manigen *D*, manne *t.*   4 Zwey strusses
augen müst er han *t.*   han *Ct.*   5 vü einen *D, fehlt o.*   krankes *C*, craniches *D.*
dar yn *t, fehlt o.*   eine *Do.*   [wol] *o.*   beschaben *ot.*   6 [unt] *ot.*   danne dez
lewen *t.*   löwen *C.*   v'gysse *t.*   ore sulde her och han Eyn h'cze alzo eyn
lebe sunder wan *o.*

Eiu hant wolt ich im nâch dem arne mâlen;
an der andern wolt ich niht entwâlen,
ich wolt si bilden nâch dem grifen,
10 dar zuo die vüeze als einem bern:
sus wolt ich ganzes mannes wern:
swer des niht hât,   von dem mac manheit slîfen.

100.

Strûzes ougen sol ein man
durch lieplich angesihte   gegen den sînen gerne hân,
unt eines cranches hals   durch vürgedenken, waz er sprechen müge.
Sin zunge sol im sin geschaben
5 durch wort gar âne vlecken: der sol er gern unt sol ouch haben
durch hœren swînes ôren,   wâ im ze stân od aber ze vliehen tüge.
Lewen herze durch wer, ein hant nâch dem arne,
die sol er hân durch milte, niht ze sparne:
die nâch dem grîfen durch behalden,
10 berenvüeze vür den zorn;

---

7 Di eine *D.* wolte *C.* [im] *D.* aren *CDt.* 8 Vnd an *t.* wolte *C.*
9 Die hant die wolt ich *t.* wolte *CD.* 10 Vnd zwene fusse nach dem *t.*
11 so *D.* wolde *C.* 12 von dẽ *C*, dem *t.* muss die manheit *t.* *Den*
Versen 7—12 entspricht in o: Nach arnes clawen sulden seyn syne hende
Vnd eyre hant gestrecket biz andaz ende Dy andyr hant welde ich ym molen
alzo einẽ gryffen So mochte manheyt an ym nicht entsleyfen Her solde och
han füsse alz eÿ bere So welde ich euch ganczir manheyt an ym gewere.

100 = 100 *D,* 115 *C,* 6 *m,* 2 *o,* 723 u *t.* 1 zwey strussen *t.* solt *D.*
2 ken o, gein *t.* dem sinen *D,* sinen frunden *t.* 3 [unt] *C.* einen *Co.* krankes
C, craniches *D.* vurgedenke *D,* vor dancken o, fur bedencken *t.* möge *t,*
solde o. 4 im] ouch *C.* Vnd eyne czunge wol beschaben (geschabẽ *t*) ot.
5 [gar] o. flehen *C.* [der — haben] o. Die sol er gerne bruchẽ durch
ware wort on fleckẽ///// habẽ *t.* 6 war *C,* waz o. ime *C.* staue *C,* sten *D.*
oder aber *D,* vñ ouch *C.* fliehenne *C.* ym czu vlyhene vnd ym czu stane gebore o. swins oren durch gehorde wo ym zu fliehẽ vnd zu stene lüge *t. In*
diesem Verse beginnt m mit den Worten: eynes lewen hertze wat eme to be-
stande tughe *m.* 7 Dez lewẽ h'cz *t.* were *Ct.* eine *D,* die *t.* arn
CDot. Durch were lewen hercze Nach dem arn o, Syne einen hant malt ik
bûczlich dem arne *m.* 8 di (dien *C*) sol er uor der milte niht ensparn *DC,*
die sol er han durch milt vnd nit dorch sparn *t,* de selben haot dorch milte
nicht tho sparnde *m,* wol mylde eyne hant nicht czu sparn o. 9 Die hât *t,*
Eyne o. gryffe o. behalten *Dt.* de andere hant de solte halden *m.*
10 bernvûze *DCo,* dez berẽ fusse *t.* vor o, durh *C.* berenwutze swen her
hette tzorn *m.*

also hàn ich den man erkorn:
swelch man daz hât,   der mac wol manheit walden.

101.

Ein Adam, der ein Èven hât,
din im gebieten mac,   daz er daz tuot durch si unt lât,
der Adam ist der Èven   michels mêr dan Ève Adàmes si.
Ein Adam habe sin Èven liep
5 unt doch sò liep, daz Ève   iht werde siner êren diep:
ez mac sich lihte gevüegen,   daz man vròn Èven manne sprichet 'phi!'
Wie tuot ir sò, her Adam, mit dem barte?
ir volget inwer Èven al ze harte!
ir mannet! lât vròn Èven wiben!
10 habt mannes êre ûf rehte tàt!
mit ramwerke unt mit wa·her nât
hie mit lât si   dà heime ir zît vertrîben!

102.

Swelch guot man hât ein biderbe wîp,
der slâfe unt habe gemach!   ir wol gescheftic biderbe lip
der erlât in maneger müeje,   des biderbes mannes guot wîp niht entuot.
Hât gnot wîp einen biderben man,
5 dium zürnet niht, ob er   daz lenger mezzer henket an;
si làt in biderbe sin   unt ist si dà bi wîplich unde guot.

11 alsus *t*, aldus *m*, alzus *o*.   12 swel *C*.   walten *Dt*.   ein sollich
man mag mäheit vil wol waltē *t*, swelich man des plicht der m. w. m. w. *m*,
welch man daz pflyth dez mag w. m. w. *o*.

101 = 101 *D*, 1 22 *n*.   1 So wa eyn adam cyne eua hait *n*.   2 das si
yme mach gebieden das he doyt *n*.   tût vō niht enlat *D*; vgl. d. Anm.   3 michels]
noch *D*.   me *n*.   di cue adamen *D*, eue adams *n*.   4 sine eua *n*.   5 also das
sine cue *n*.   eua *D*.   6 liht *D*.   zv vron *D*.   phli ⇒ wi *D*.   he macht
mit siner euin wol · das man sprichit fi *n*.   7 den barte *n*.   8 vwer vron
euen *D*, ure euin *n*.   9 manēt *D*.   lāt *D*.   ir sult mänin vnt lant wrouwin
wibin *n*.   10 êre] lere *D*, rait *n*; vgl. d. Anm.   rehter *D*, hoe *n*.   11 speher *n*.
12 lāt *D*.   [hie mit] lait vre cue dyʳ cyt da heyme v'driuī *n*.

102 = 102 *D*, 1 23 *n*.   1 Wa *n*.   bider wip *D*.   2 wol gestalter *n*.
bierue *n*, bider *D*.   3 dˢ er lyezt *n*, lebt *D*.   mí *D*, mûde *n*.   des
vnd'wilin eyn man eyn gût wip niet indoyt *n*.   4 swa gût wip hait ouch
bieruin man *n*.   5 di enzurnet *Dn*.   lange *n*.   hauit · an *n*.   6 lyezt *n*.
bierue *n*.   wiplich bėrue *n*.   vñ *Dn*.

Sagt an, her gast, ze welchem welt ir kéren?
wederthalp verseht ir iuch mér éren?
hie biderber man bi guotem wîbe,
10 dort biderbe wîp bî guotem man:
nù mezzet beidenthalp dar an
unt sagt, bi wem   der wîsen lop verlibe!

103.

Der edel wîse vrî Adam
von eines wîbes minne   schaden an sîner wirde nam:
sin wîsheit wart verlistet,   siu vrîheit seic in eigenschefte joch.

Samson ouch sîne craft verlôs
5 von eines wîbes minne,   die er im ze trùt erkôs;
diu Salomônis wîsheit,   swie ganz diu wære, ein wîp verschriet si doch.

Swâ wîbes minne mannes tugende mêret,
dâ sî wîp unt wîbes minne gêret:
swâ aber ein man von wîbes minne
10 an tugende, an wirden wehset abe,
der habe im allez, daz ich habe,
diu minne ensî   gemischet mit unsinne!

104.

Her Ilan, ich wil in siges jehen:
ir sît sô rehte küene,   als ich vil dicke hân gesehen,
iur meisterschaft ist grôz   gein iuwern wîben, der ir habt doch vil.

7 Nu saint [an] *n*.   weme wilt *n*.   8 ader wedert halph versyent *n*.
me *n*.   9 bierue *n*.   gûtin *n*.   10 bierue *n*.   gûten *n*.   11 mezzent *D*,
messint *n*.   beydint haluin hyᶜ an *n*.   12 sait *n*.   weme *n*.   belibe *D*.
103 = 103 *DI*, 1 21 *n*, 47 u *s*.   1 esel *s*.   2 minne] szulde *n*.   szade *n*,
er ab *s*.   seinen wirden nan *s*.   3 sine *n*.   sine vrüt vyel *n*, sein leip
der viel *s*.   algéschaffte *s*, eyn menlich *n*.   4 her samsam *s*.   [ouch] *s*.
5 eines] sines *D*.   minne] szulde *n*.   vnd die *s*.   *Mit* trvt *beginnt I' Bl. 1.*
drute *n*, weib *s*.   6 [diu] *DI*, her *s*.   salmons *D*, salomones *s*.   wicze *s*.
gros *s*, wit *DI*; *vgl. Anm.* 372.   si *DI*.   wære] mas *s*.   v'szreit *n*, be-
schied *s*.   in doch *s*.   7 tugent *sn*.   nennet *s*.   8 gcerit *n*.   da von ein
man von weibes leip erkennet *s*.   9 aber auch *s*.   eynin mäne durch *n*.   10 an
tugenden a. w. *DI'*, an edel tugent *s*, an edilin mûde *n*.   weissit *n*, nimet *s*.
ab *DI's*.   11 hab *DVs*.   alles *I'sn*.   hab *DI's*.   12 diu] de *n*.   si *DI's*.
unninne *vdllagen*.
104 = 104 *DI'*, 38 *C*.   1 Der *I'*.   úch *CI'*.   *Hinter Z.* 1 *folgt in I'*
unterstrichen: Ir so rehte kine (a)ls ich wil iuch siges jehen.   2 sint *C, fehlt V*.
3 iuwer *alle*.   gegen *C*.   úweren *alle*.

Nů ist wan eine mir beschert.

5 diu hât mich aller vröude   unt mîner sinne gar behert,
si treit daz lenger mezzer   unt zürnet, swenne ich vrœlich wesen wil.

Het ich ir zwô, sô torste ich niht gelachen;
het ich ir vier, sô müest mir vrönde swachen;
het ich ir eht, wie gnæse ich denne?

10 sô wurde ich schier von in verzert.

her Han, daz iuch iur vrümkeit nert,
dast iuwer heil,   unt meistert zwelef henne.

105.

Swâ guot man hât ein übel wîp
unt dâ bî unverwizzen gar,   vervluochet sî der lîp!
dâ ist lützel êren bî,   swâ si der meisterschefte phligt.

Noch bezzer wære ein senfter tôt

5 dem guoten man ze liden   dan ein immer werndiu nôt.

ich wil dich, guot man, lêren,   wie dîn meisterschaft ir an gesigt.

Dû solt dir dîne güete lân entslîfen
unt solt nâch einem grôzen knütel grîfen:
den soltů ir zem rugge mezzen

10 ie baz unt baz nâch dîner craft,
daz si dir jehe der meisterschaft;
heiz si dir swern,   si welle ir übele vergezzen!

106.

Turnieren was ê ritterlich,
nů ist ez rinderlich,   toblich, tôtreis, mundes rîch,
mortmezzer unt mortkolbe,   gesliffen aks gar ûf des mannes tôt.

Sus ist der turnei nů gestalt:

5 des werdent schœner vrouwen   ir ougen rôt, ir herze kalt,

---

4 niht wan *CV*.   5 vrovden *D*.   7 getôrste *C*, getorst *DV*.   8 [ir] *CV*.
viere *alle*.   mîste *alle*.   9 ehte *alle*.   genese *alle*.   dennen *C, das erste* e
aus a *gebessert*.   10 wurd *D*.   schiere *alle*.   11 iuwer *alle*.   12 daz
ist *DV*.   unt] wan ir *C*.   zwelf *alle*.   hennen *CV*.

105 = 105 *DV*, 39 *C*.   2 sie *D*.   4 wer *C*.   5 lidêne *V*.   [ein] *CV*.
iemer mer *C*.   werendiv *DV*.   6 guoten man *V*.   ane *V*.   9 solt *C*.   zuo
dem *CV*, ze dem *D*.   ruggen *alle*.   12 ir ir ubele *D*.

106 = 106 *DV*, 40 *C*.   1 ie *CV*.   2 [nů — rinderlich] *V*.   totreismun-
des *D*, Cotreismüdes *V*, tôtreis mordes *vdHagen*, tôtræz m. *Lexer*, tôtreis und
mordes *Bartsch; vgl. die Anm.*   3 mortmesse *V*.   mortkolben *alle*.   ackes
DV.   5 schonre *DV*, schonen *C*.

swan si ir werden lieben man		dâ weiz in mortlicher nôt.

  Dô man turnierens phlac durch ritters lêre,
  durch hôhen muot, durch hübescheit unt durch êre,
  dô hete man umb eine decke
10 ungerne erwürget guoten man:
  swer daz nû tuot unt daz wol kan,
  der dunket sich		ze velde gar ein recke.

107.

Ô wê dir, spil, wie bœse ein amt!
mich wundert, daz sich dîn		niht al diu werlt gemeine schamt
unt doch sô manie man		von dir verlorn hât sêle unde lip.
  Dû græwest sunder alter jugent,
5 in kan an dir gemerken		noch geprüeven keine tugent:
  ô wê dazt alsô dicke		beswærrest unt betrüebest reiniu wîp!
  Dîn wirt getiuret lützel ieman selten,
  dô prüevest roup, mort, liegen, stelen, schelten;
  dû hâst gekêrt von Gotes minne,
10 dû bræht dem tievel manegen man:
  sît ich daz wol erkennen kan,
  mide ich dich niht,		spil, zwâr daz sint unsinne!

108.

Daz schœniu wîp betwingent man,
unt ist dâ sünde bî,		son ist dâ doch niht wunders an:

6 swanne *C*, swa *I*. werden leben *I*, lieben werdeu *D*. 7 Da *D*. ere *C*.
8 hubscheit *DI*. 9 umbe *CI*. 10 vngern *D*. 11 vnde *I*. 12 zer
werlte *C*. *Am Schluss in D von zweiter Hand:* de ludo.
107 = 107 *DI*, 171 *C*. 1 Sô wê? *vgl. die Anm.* 2 diue *D*. *Die Worte*
(amt — daz) *fehlen F*. aldewerlt *D*. schamet *I*. 3 sit daz so *DI*. verlorn
hat von dir *DI*. sel *DI*. vñ alle. 4 grawest alle. 5 ich enkan *DI*.
geprûuen noch gemerken deheine *DV*. 6 [ô wê] *C*. das du *C*, daz *DV*.
betrüebest *W*. *Grimm*, berúrest *C*. dicke werdent betrûbet von dir div reinë
(reiniv *I*) wip *DI*. 7 von dir so wirt gebezzert (gebezzeret *I*) ieman *DV*.
8 brûvest *D*, brunest(?) *I*, prisest *C*. roup — schelten] divpstal · rouben · morden · schelten *DI*. steln *C*. 9 gekeret *C*, uerkert *DI*. 10 vnde braht *D*,
vñ braht *I*. dë *C*. tvuel *D*. 11 gemerken kan *DI*. 12 [niht] *I*. [spil]
DI. zware *C*, vúr war *D*, vur *I*. *Am obern Rande der Spalte in D:* de
taxillo (2. *Hand*).
108 = 108 *DI*, 5 *C*. 1 Dû liebe wib betwingent *C*. schone *I*. betwinget *I*. 2 [unt] *C*. sünde] twingen *C*. so enist *DI*.
Roethe, Reinmar von Zweter.		30

sô twinget schatz ouch sînen kneht　　alsô, daz er im dienen muoz.

Sô twinget guotes hêrre ouch guot,
5 daz ez im dienen muoz　　unt lîden swaz er mit im tuot;
sô twinget wîues craft　　ouch sinen man, daz im wirt sinne buoz.
Dannoch weiz ich ein wunderlichez twingen,
daz wunderlicher ist ob allen dingen:
daz einem tôten würfelbeine
10 ein lebende man herze unde muot
sô gerlich undertænic tuot,
deiz im benimt　　sinne unde witze al eine.

109.

Der tiuvel schnof daz würfelspil
dar umbe daz er sêlen vil　　dâ mit gewinnen wil:
daz esse er hât gemachet　　dar ûf daz ein Got gewaltec ist.
Der himel in sînen handen stât
5 unt diu erde, dar ûf er　　daz tûs gemachet hât;
die drîen ûf die drîc namen,　　die er hât der süeze wære Crist.
Daz quater daz worht er mit grôzen listen
ûf die namen der vier Êwangelisten;
den zinken ûf des menschen sinne,
10 wie der die vünve mache cranc;
daz ses, wie er sehs wochen lanc
die vasten uns　　mit topel angewinne.

---

3 daz schatzes herre betwinget ouch schatz daz *DI*'. 4 h'ze *I*'. 5 lidet
mit im swaz er (ez *I*') tût *DI*'. 6 wiues *I*'. man] kneht *DI*'. 7 wunderlicher *D*, wunderlichen *I*'. 8 ob] an *DI*'. 9 ein gar totez wurfelbein
(wurfelbeine *V*) *DI*', einē toten wiurfel gebeine *C*. 10 cime lebenden *DI*',
vū *C*. 11 ganzlich *D*(*I*'). 12 daz ez *DC*(*I*'). nimt *C*, vor nimt *Lücke*
in V. herze vū lib *C*. unde] vū *DC*(*V*). *In D folgt von 2. Hd.: de*
taxillo. *Ueber die Corruptel der Iv. 4. 5 vgl. die Anm.*

109 = 109 *DV*, 6 *C*. 1 geschûf *I*', der ᵍᵉschûf *D*. [daz] *DI*'. 2 er
uahē wolte da mit (mite *I*') der selen vil *DV*. 3 gemachet vmb (vm̄e *I*')
anders niht wan daz got vū mensch (menisch *I*') ist *DV*. 4 Nu merket (merkent *V*) wi himel vū erde stat *DI*'. 5 den zwein er (w(ol) *I*') geliche er ouch
daz *DI*'. 6 nach der trinitat daz ist der *DI*'. ware *DI*'. 7 das wurchte
C, worht *D*, wurcht *I*'. er ouch *I*'. 8 namen] lere *DI*'. v(i)ere *I*'.
evangelisten *C*. 9 zinggen *C*. ûf] nach *DI*'. sinnē *I*'. 10 wi er im
di vonve machte *DI*'. 11 daz ses (sis *I*') uf di sehs *DI*'. wuchen *I*'.
12 da mit er wil di vaste vns angewinnen *DI*'. angewinne (*das* i *übergeschrieben*) *C*.

110.

Ez ist ein wurz, diu schaden birt,
von der leidem sâmen vil manic sêle verirret wirt
der himelischen wunne, die Got den guoten sêlen hât bereit.
Swer die wurz erkennen wil
5 unt ir sâmen, der sol mîden allez würfelspil:
daz swendet guot unt êre unt bringt der sêl dort immer werndiu leit.
Ô wê im, der slu ie von êrst gedâhte!
waz er der sêln dâ mite zer helle brâhte
unt schiet si von dem himelrîche!
10 ô wê welch ein vervluochter vunt,
dâ mit er stiurt der helle grunt!
swem si wirt kunt, der brinnet êwiclîche.

111.

Diu trunkenheit tuot grôzen schaden,
si tuot die sêle sünden unde schanden überladen,
si machet manegen man, daz im Got unt die liute werdent gram.
Diu trunkenheit tuot dannoch mê,
5 si schadet an dem guote unt tuot dâ bî dem lîbe wê,
si stummet unde blendet, si tœret unde machet manegen lam.
Sît daz si tœtet sêle, lîp unt êre
unt benimt daz guot unt prüevet schaden noch mêre,
wie sol man in beizen dannen,
10 der ir wil volgen zaller stunt?
'her trunkenbolt, her trunkenslunt'
sus heizt er wol von wîben unt von mannen.

---

110 = 110 *DV*, 41 *C*. 1 wurze *alle*. 2 leiden *alle*. 3 der] in *V*.
himelschen *D*, himelichen *CV*. seln *DV*. 4 wurze *alle*. 5 [allez] *D*.
6 bringet der sele *CD*. *Von* daz sw (endet *bis* vervluo) hter vunt *V*. 10 *Lücke
in V*. 7 ders sln *D*. 8 er der sele da mitte *C*, er da mite der sele *D*,
sêlen er dâ mite? ze helle *D*. 11 stiuret *alle*. 12 brinnet ane ende dort
iemer ewicliche *D*. *Danach von* 2. *Hand:* vacat ...(*vielleicht* aliud poema).

111 = 113 *DTV*, 42 *C*. 1 die *T*. 2 vñ *D*, vnd *T*. 3 machent *C*.
6 vü *DC*, vnd *T*. tôtet *alle*; *vgl. die Anm.* vñ *DC*, fehlt *T(V)*. 7 sel *D*.
[lîp] *TV*. 8 brûvet *alle*. noch schaden mere (mèr *D*) *alle*. 9 danne *alle*.
10 ze aller *V*, zû aller *T*. *Von V*. 12—112, 6 *ist in V alles zerstört*.
12 heisset *C*. [wol] *C*. wibe *C*. unt] vñ ouch *C*. [von] *T*. manne *C*,
minnen *D*.

112.

Wir haben nù ére dinge vil,
diu wîlent laster hiezen,   als ich iuch bescheiden wil:
man heizet karkeit witze   unt lobt den man, swie er gewinnet guot.
Diu verschamte trunkenheit
5 hât alle vröude geneiget,   allen schimph gar hin geleit:
daz ist diu beste vuore,   der man nù phligt: wære ieman hôchgemuot
Gern oder milte, derst mit spotte gehœnet;
swer unzuht phligt, der ist mit lobe gecrœnet.
swie vil man schiltet oder gunéret
10 maneges muoter unt sîn wîp,
des schemt sich ir dekeines lip:
sus hât diu werlt   an vröuden sich verkéret.

113.

Zucker süeze, honec, bênît
diun wurden nie sô süeze   als ein wort, des man nù phlît:
wîlent was ez bitter,   nù ist ez worden alsô süeze gar.
Daz selbe wort è nieman sprach,
5 dâ giengen underwîlen   grôze slege unt wunden nàch:
nustz alsô süeze worden,   daz nù nieman nimt sô süezes war.
Daz selbe wort wil ich mit vuogen nennen,
daz ir ez alle müget wol erkennen:
si sprechent: 'sun von bœsen wîben!'
10 unt tuont daz leider alsô vil,
daz ichz Got iumer clagen wil,
unt sol daz wort   die lenge alsô beliben.

---

112 = 114 *DTI* .   1 eredinge *D.*   2 die *T.*   3 vnde *D.*   lobet *T.*
4 die verschautte *T.*   *I ur* trunkenheit *steht in D noch* tvgë (*durchstrichen*) de
tvgende.   6 din] de *D,* die *T.*   phliget *T.*   7 der ist *DT(V).*   *Hinter*
dem ge von gehœnet *endet T.*   gehont *D,* (gehœn)et *I.*   S vnzuhte *D(I').*
9 geschiltet *D(I').*   gevneret *D(I').*   11 deheines *I'.*

113 = 115 *DV,* 43 *C.*   1 svz *D(I'),* süsses *C.*   2 die enwurden *CD(V).*
5 dä] dan?   gengen *I'.*   6 nu istz *C,* uu ist ez *D,* nu) ist *V.*   nieman
nu *C,* nieman *D,* n)ieman *I'.*   7 ich iv *D.*   fuoge *C.*   9 sun] sim *C.*
I'. 9—114,1 *sind in I' zerstürt.*   10 [tuont] *C.*

114.

Ez sol ein rittermæzic kneht
den zaphen gerner schiuhen,   dan den schilt: daz ist sin reht:
gesigt an im der zaphe,   so entwehset im der schilt in vremde hant.
Stât im der muot ebn in den schilt,
5 sô daz herze unt ouge   im reht ûf schiltes ambet spilt,
daz gît im guoten muot   unt hôhez lop verre unde wîte erkant.
Ir edelen knehte, lernet alsô trinken,
daz ir niht schilteshalp beginnet hinken!
vür durst ist trinken wol erloubet:
10 swem aber durch des zaphen clinc
unmærent ritterlîchiu dinc,
der treit hin hein   vil lihte ein trunken houbet.

115.

In dirre wilden werlde vert
ein vróude, diu was wîlent   schamelôser diet beschert:
nû ist ir leider lützel,   die sich der selben vröude wellen schamen.
Mit gîticlicher ungenuht
5 durchvliuzet si den munt   unt durchbrichet rehte zuht:
ô wê daz man si vindet   hî sô manegem hôhen edeln namen!
Si lemt die zungen unt crenket guote sinne,
si wecket zorn unt leschet rehte minne;

───────────────────

114 = 116 *DV*, 97 *C.*   1 Ein schiltmezic ritters kneht *D*. *von* 2. *Hand
punktirt und das Richtige übergeschrieben.*   2 der sol *D*.   gerner sch.]
vliehen mere *DV*.   danne *C*, dan dan *D*.   3 gesiget *C*.   der zapfe an im *C*.
entwahset *C*.   so wehset (wehst *V*) der schilt in vromedes mannes hant *D*.
4 stet *alle*.   eben *C*, reht *DV*.   5 also *DV*.   ongen *V*, muot *C*.   im
reht ûf] gegen des *DV*.   ampt *C*, amt *D*, (amb)te *V*.   6 so wirt mit werder
tjoste ein edel kneht ze ritter wol erkant *DV*.   7 ir lernent *DV*, lernent *C.*
8 iht *D*, ivr *V*.   schilteshap *V*.   beginnent *CD*.   sinken *DV*.   9 tiursten *C.*
tringen *V.*   10 liebt aber iv (ivch *V*) des *DV*.   zaphe klint *V.*   11 vñ
leident iv (ivch *V*) *DV.*   12 so vûrent ir heim svnde (svnd *V*) . schande
(schanden *V*) . ein *D*.

115 = 117 *DTV*, ш 7 *n.*   1 In duser wider werelde ein vreude vert *n.*
[wilden] *V.*   2 ein vröwede *D*, *fehlt* n.   bewilen *n.*   schamloser *D*, schä-
loser *V*.   3 lützel] cleine *n*.   seluer *n*.   vronden *DVn*.   willen *n*.
6. 4. 5 *n*.   4 girlicher vngelust *n*.   5 si rehte *V.*   vñ velszit och vil
mangen reynen vúnt *n*.   6 di so *D*.   *mit* owe de m(an) *schliesst V.*   man
ir so lûzzil vint . bi hoen namen *n*.   7 lemit [die] *n*, zunge *Dn*.   [guote] *n*.
6 iñ velszit mîne *n*.

starkiu beiu si strûchen lêret
10 unt hât an manegen sünden teil;
si machet muot ân êre geil,
ir âbentspil　　lîp unde sêl unêret.

116.

Diu hant diu müeze sælic sîn,
dâ milte unt ellen beide　　schône hânt gehûset în:
der zweier tugende mac　　ein ieglich man von schulden wesen geil.
Ist aber ellen überladen
5 mit erge in einer hant,　　daz tuot an wirde grôzen schaden:
ellen bî der erge　　erwirbet selten guotes mannes heil.

Swâ milte unt ellen sich behûsent beide,
daz ziert den lîp alsam der clê die heide:
hât aber milte sich behûset
10 in zagen hant, daz sol man clagen:
si muoz der schanden burde tragen
unt wirt ir lop　　in schanden hol verclûset.

117.

Gerne gewern, ungerne biten,
swer diu zwei an im vinden lât,　　daz kumt von edelen siten:
nider geheizen, hôhe leisten, diu zwei sint gar lobelich.

Ein munt von richen worten vol,
5 dâ bî ein îtal herze,　　diu cleident niht zesamne wol;
dâ sint die hende müezic bî;　　des lîbes wolt ich schamen mich.
Der alsô gehant, geherzet wære,

9 vil starke n.　　struchelin n.　　lert D.　　10 unt] si n.　　an allen n.
11 mit on beginnt T.　　vch magit si mût ain n.　　12 vü DT, iü n.　　sele Tn.
vnert D, interit n.

116 = 118 DT, 162 C.　　1 hende müssen C.　　2 milt D.　　[schône] C.
haben D, habent T.　　3 tugent C.　　ein selic man DT.　　5 [mit erge] in
eines zagen hant C.　　wirden D.　　6 elle T.　　7 sich gesamnêt C.　　8 als der
kleide heide C.　　9 gehuset C.　　10 müsse man C.　　11 schamden burden D.
das tuot an wirden grôssen schaden C.　　12 wirt] ist C.

117 = 119 DT, 116 C.　　1 gern D.　　2 diu zwei] disin C.　　vindet T.
kümet T.　　edeln T.　　3 vü hohe DT.　　dú zwei dú sint C.　　[gar] C.
4 Hinter vol steht ein munt durchstrichen C.　　5 itel T.　　die CT, di D.
zesamen D, zusämen T.　　6 do T.　　ünmüssig C.　　libe T.　　libes schamte
ich sere mich C.　　7 gehendet alle.

gåt ûz, her Lîp, ir sît niht minnebære!
si ungenæme wolkengüsse,
10 ez si ein juncvrouwe oder ein wîp,
diu alsô missewenden lip
an sînen munt   immer slâfende küsse!

118.

Diu Milte manegen hêrren hât,
ir knchte der weiz ich lützel: an mîn herze mir daz gât:
guot leben was bî ir knehten,   nû ist diu wîle bî ir hêrren lanc.
Ir hêrren sint sô hêre gar,
5 daz si in ir keines herze   nimmer wol enkumet dar;
wil si mit in iht werben,   des muoz si warten under einer banc,
Unz ob ir einer lîhte des gernochet,
daz er si durch giuden willen suochet:
der stunden muoz si danne vâren.
10 des tâten niht ir knehte dô;
die enwurden nimmer vrô
unz an die wîl   si in ir dienste wâren.

119.

Vrô Milt, ir sît unt sît doch niht,
diu zwei undr einer wæte: des man iu der wunder giht,
daz ir sô werben kunnet   — ich sage iu wie unt wâ — an maneger stat:
Swâ iuch der gart sô wecken muoz,
5 dâ wirdet lazzer zungen   von iu selten kumbers buoz:
dem ungeschamten sît ir dâ,   dem wolgeschamten sît ir mat.
Vrô Milt, swâ iuch der gart sô wecken müeze,
da belîbet alsô bitter unde süeze
sam niht unt doch undr eime dache:

_____

8 get alle.   sint D.   her lip ir lip ir sint vnmissebere T.   9 sin T.
11 du C.
118 = 120 DT, 44 C.   5 enkumt D.   6 in vdllagen, ir alle.   warten]
varn C.   7 vñ ob T, vnz C.   8 gouden D, guoten C; vgl. die Anm.   willen]
eins D.   9 stunde T.   dàn T.   10 entaten D.   11 di newurden D.
12 biz T.   wile swenne si alle, wile si vdllagen; vgl. die Anm.
119 = 121 DT.   1 milte T.   2 vnder DT.   3 ia ich D.   sag D.
vch DT.   4 grat T.   5 do T(immer).   loser T.   zvnge D.   vch T.
6 vngeschantë T.   7 vrowe D.   milte DT.   grat T.   8 bilibet D.
vñ D, vnd T.   9 vnder DT.

10 dêst bezzer danne gar verlorn:
swâ ir sô zwîlich sît geborn,
dâ zwilicht ir   dem schamenden zungemache.

120.

Ist milte ein tugent, als man ir gibt,
sô weiz ich wol an ir,   daz si lêrt guot hin werfen niht;
si kan wol hengen unde haben,   si kan wol halten unde lân.
Ich weiz wol, ir tuot wê versagen;
5 swâ si ze rehte gehen sol,   dâ kan si niht verzagen:
swem si ir hant niit helfe   biutet, dast mit herzen ouch getân.
Swer vierdunc lop mit marken übergiltet,
der hât ouch getôrt unt niht gemiltet,
unt dâ bî vuodermæzic êre
10 mit hantvol niht engelten wil:
der erge ist ouch ein teil ze vil:
daz missezimt   der rehten milte sêre.

121.

Der tôren milte tôren lobent:
die dan durch tôren lop   ir guot vertœrent unt vertobent,
die haben der tôren lop   unt sîn dâ bî ân êre unt âne guot!
Sô hât diu minne ir tôren ouch:
5 jâ dunkt er mich der sinne   unt ouch der minne ein rehter gouch,
swer heime ist wol gewîbet   unt ûf ein ander wendet sînen muot!
Unt swer turnieren minnet alsô sêre,
daz er dâ bî vergizzet der hûsêre,
dern hât der mâze niht behalten:

---

10 daz ist *DT.*   dan *D.*   12 zwilchẽt *T.*   schaṁden *D*, schamden *T.*
zn vngemache *T.*

120 = 122 *DT*, 45 *C.*   1 tugende *T.*   2 ich *übergeschrieben in T.*   gĭt
himwe *D.*   hine *DT.*   3 vñ *beidemal DC*, vnd *T (an 2. Stelle* vñ).   6 daz
ist *D.*   8 getoret *T.*   10 [niht] gelten *T.*   11 ere *C.*

121 = 123 *DT*, 4 *C.*   1 di toren *DT.*   lobet *C.*   2 die] swer *C.*
dan] ouch *DT.*   ir] sin *C.*   vertôret *C.*   vertobet *C*, vertorent *T.*   3 der
habe *C.*   der *C*, in der *DT.*   si *C*, sie in *T.*   âne *D.*   [not] *DT.*
4 [Sô] *C.*   dô minne hat ir *C.*   5 er wol der minne tore vñ rehter witze ein
gouch *C.*   dunket *DT.*   6 swer wol gewibet ist *C.*   daheime *D.*   ein
andere *C*, fremede (fremde *T*) minne *DT.*   7 Vnde swer *D*, swer ouch *C.*
9 der *DT.*   die *C.*

10 ein gnuoc turnieren daz ist guol:
　ze vil an allen dingen tnot
　bruch rehtem lobe:　　sus sagent die wisen alten.

122.

　Swind ist ein lop, swer daz nů kan
bi der werlde verdienen,　　der ist ein gar nâchrætic man:
waz gar nâchrætic si,　　daz wirt in Silchen ahte dicke schin.
　Dô Sibche starp, dô liez er kint,
5 diu nů bî disen ziten　　alsô swinde worden sint,
daz man si liden muoz,　　dâ man ir wol enbære, möht ez sin.
　Swâ Swinde Cluokeit heim bî ir behûset
unt Swinde lûzet, dâ bî Cluokeit mûset
hin unde her mit kündikeite,
10 ist dâ triuwe unt wârheit mite?
　desn wæne ich niht, als ich ir site
erkennen kan:　　guot vriunt, vliuch ir geleite!

123.

　Diu Cluokeit ist der Kündikeit
kebshalp vil nâhen sippe,　　unt ist daz daz si mangen leit,
sô hüeten daz diu Cluokeit　　der Kündikeit iht gar ze heinlicb si.
　Cluoc unt cluoc unt übercluoc
5 der drier hât ein reinez herze an einem gar genuoc:
ist cluoc ein lop, sô cluoge　　alsô, daz dâ iht græte stecke bî!
　Swes Cluokeit stât mit Kündikeit ze vâre,
wie er mit vriunt sô kündiclîch gebâre,
dâ wil Cluokeit ir lop verbôsen:
10 nů cluogen hin, nů cluogen her!
　swâ Cluokeit ist mit valscher ger,
diun zimet niht　　wol wan den argelôsen.

---

10 genuog C. turniern D.　12 rehtem] an dē C.　daz lerent DT.

122 = 124 DT, 46 C.　2 werld D, welde C.　3 waz aber D.　5 alsô]
so rehte D.　7 mit swin endet T.　heime CD.　hûset?　8 bi] di D.
9 vū DC.　11 des enwen (enwene D) CD.

123 = 125 D, 47 C.　2 nahe C.　daz si] si C, si bi D, sippe? vgl. die
Anm.　magen CD.　leit aus lit gebessert D.　3 heimlich C.　5 guvoc D.
6 cluoc D, kluog C.　7 stet CD.　8 frûnde CD.　9 verbôsen C.　10 clûgen
beidemal C.　12 diu enzimet C, di enzimt D.　wande D.

124.

Ir vriunt, her vriunt, wie tuot ir sô?
ir tuot als ir mir worden sît 　　ze biderbe unt ze hô:
scht vür die vüeze baz 　　unt überseht den vriunt sô lîhte niht!
Sît iuwers vundes niht ze geil!
5 waz ob iuwer heil 　　eime andern kumet an sîn seil,
den ir nû überseht, 　　daz iuch der selbe her nâch übersiht?
Nû wâret ir doch noch vor einem jâre
mîn bester vriunt: nû stât ir mir ze vâre
mit miuchelræcher kündikeite.
10 hân ich iuch niht bî namen genant,
sô ist iu doch daz wol bekant,
daz disiu rede 　　ûf iuch gât mit geleite.

125.

Die engel sint noch engel kint
unde dâ bî hezzic, 　　nîdic, hôchgemüetic sint,
wie kunden die nâch Gotes êren einen rehten bâbst erweln?
Rômære sint niht heilic gar,
5 alsô sint die cardenâl, 　　oh ichz gesprechen tar:
swen si unheiliclichen 　　erwelnt, den wellent si vür heilic zeln.
Unrehte weler welnt vil dicke unrehte:
die Gotes erwelten die sint sîne knehte:
swer Gotes erwelter bâbest wære
10 nâch dem ordn Melchisedêch,
dem ér crône unde kelch verlêch,
der wære uns wol 　　ze Rôme vaterbære.

124 = 126 D, 48 C, 1 F. 　　1 Her friunt wie tuot ir mir nu so C. 　In D
das zweite her vriunt punktirt, aber die Punkte wieder radiert. 　2 [worden] F.
sint alle. 　zo hêr geworden vnd F. 　hoch D. 　3 [unt — niht] D. 　seyt nyder
zu füssen pass . so entstosset Ir euch an vnmassen nicht F. 　4 viendes C, vindes D; vgl. die Anm. 　Nun seyt auf eurm̄ gewunnen gayl F. 　5 machet also
zukunftig ewr̄ hayl . einē F. 　einē anderin kumt D. 　[kumet] F. 　6 daz —
übersiht] was ob euch denn wieder darumb geschicht F. 　har C. 　7 wârent C,
wârt D. 　[noch] D. 　Ir werū mer dennoch uber ein Jare F. 　8 ein frumer freunt
nun F. 　stet alle. 　9 muchelreher CD, manger grossen F. 　kundikeit DF.
10 ich ewr̄s namen nicht gemeyte F. 　11 nch alle. 　wol das C, nil wol F.
12 daz] der F. 　dise DF. 　geit auss euch F. 　get CD.
　125 = 127 D, 49 C. 　2 vū DC. 　3 die] si C. 　erwellen C. 　4 Romer D.
5 cardinal C. 　getar D. 　6 unheiligen C. 　gar vur D. 　heiligen C. 　7 di
welnt D. 　10 orden CD. 　11 vū C. 　12 wer C.

126.

Dô Got in menschen bilde erschein
vil arm unt alsô arm,   ez mohte erbarmen einen stein,
dise armuot truoc er ûf der erden mêr dan driu unt drizic jâr.
Dise armuot truoc er aller diet
5 *zeinem* bilde vor,   sît er dâ nieman ûz enschiet:
ist aber dâ ieman   gesundert ûz, des weiz ich niht vür wâr.
Unt sint die bêbeste ûz gesundert eine,
swie si gewerkent, daz si sint doch reine,
son wart nie niht sô hôch gehêret:
10 golt, silber, liute, bürge, lant,
hânt si daz sunder sünden bant
unt nieman mê,   sô sint si wol bekêret.

127.

Swer bannen wil unt bannen sol,
der hüete daz sîn ban   iht sî vleischliches zornes vol:
swâ vleischlich zorn in banne steckt,   dazn ist niht rehter Gotes ban.
Swes ban mit Gote ist unt in Gote,
5 der wirbet wol nâch Gote   als ein gesanter Gotes bote:
swer des bannes niht   envürhtet, der ist niht ein wîser man.
Swer under stôle vluochet, schiltet, bennet
unt under helme roubet unde brennet,
der wil mit beiden swerten strîten:
10 mac daz geschehen in Gotes namen,
sô darf sich Sente Pêter schamen,
daz er des niht   enphlac bî sînen zîten.

---

126 = 128 *D*, 137 *C*.   2 vil] so *D*.   armer es meht *C*.   3 dise] di *D*.   erde
volleklich driu vñ drisseg *C*.   4 armuot] bilde *C*.   5 *fehlt C*.   ze [einem] *D*.
6 aber ieman usgescheiden des enweis *C*.   7 [unt] sint aber die *C*.   genomen alleine *C*.   9 sone *D*, so *C*.   nie niht] nieman *D*.   gehert *D*.
11 habent *D*.   12 mere *D*.   wol] reht *D*.

127 = 129 *D*, 135 *C*.   2 banne *C*.   3 uleischlic *D*.   steket *CD*.
daz enist *D*, mich dunket das da *C*.   iht *C*.   [rehter] *C*.   4 vñ nach gotte
si vñ nah gotte *C*.   5 alsam *C*.   6 ban *D*.   ein rehter gotes bote *D*.
7 Der *C*.   flûhet *C*.   brennet *D*.   8 stole helme *C*.   vñ *DC*.   11 mac *D*.
sante *C*.   12 pflac *D*.

128.

Ir seht der kirchen in den munt,
her bâbest, unt nemt war,   ob alle ir orden sin gesunt;
tuot war, ob under berten   iht stecken græte in der kirchen keln.
Ein orden, der sich streichen lât
5 von Simônîen hant   unt doch der kirchen zeichen hât
an mantel unt an kappen,   der wil daz inner mit dem ûzern beln.
Diu kirche solte niht mit simônîe
gemeine hân noch mit der bêresîe.
daz guot daz ist niht wol gewunnen,
10 daz man dort nimt unt dishalp hilt:
wer ist ein diep wan der dâ stilt?
nû heln unt steln I   doch breit ichz an die sunuen.

129.

Hâr unde bart nâch clôstersiten
unt clôsterlich gewant   nâch clôsterlichen siten gesniten,
des vînde ich genuoc: in vinde ab der niht vil dicz rehte tragen.
Halp visch, halp man ist visch noch man:
5 gar visch ist visch, gar man ist man,   als ichz erkennen kan.
von hovemünchen unt von clôsterrittern kan ich niht gesagen.
Hovemünchen, clôsterrittern, disen beiden
wolt ich ir reht ze rehte wol bescheiden,
ob si sich wolden lâzen vinden,
10 dâ si ze rehte solten wesen:
in clôster münche suln genesen,
sô suln des hoves   sich ritter underwinden.

---

128 = 130 *D*, 139 *C*.   1 kirchen] ieglichen *C*.   2 babst *C*.   nemēt *C*.
3 bærten *D*.   stechen grel *C*.   in in der *D*.   kilchen *C*.   5 von] mit *C*.
kilchen zehen *C*.   6 schappen *C*.   inre *C*.   7 kilche solt *C*, kilch ensolt
Wackernagel.   mit der *CD*.   8 haben *D*.   eserie *C*.   9 [daz] ist *C*.   10 dise-
halp *D*.   12 helent vͥi stelnt *C*.   breite *C*.   svnne *D*.

129 = 131 *D*, 7 *C*.   1 vͥi *CD*.   2 kloster sitten *C*.   3 ab *Wackernagel*,
aber *C*.   der weiz ich uil . ich weiz ir lutzel di ez aber ze rehte tragen *D*.
6 hofmünchen *C*.   von closterrittern vnt von houemûchen kan ich iv nit *D*.
7 hofmúnchen *C*.   closterrittern vͥi houemvnchen beiden *D*.   8 wolte *C*, kund *D*.
[ir] *C*.   reht] leben *D*.   9 wolten *C*.   lâzen vinden] da gesinden *D*.
10 rehte weren genesen *D*.   11 sulen *C*.   di múnch in closter solten wesen *D*.
12 hofs *C*.   so solten rittere sich houes vnderwinden *D*.

130.

Swer einen schœnen wîzen man
von Rôme unt ouch von Laterâne wolde schrîen an
durch haz vür einen môren   unt einen môrn durch miete haben vür wîz,
Swer daz alsô lange tribe,
5 daz wîz man swarz durch haz   unt swarz man wîz durch miete belibe,
sô heten si doch beide   dar nâch als ê ir rehter varwe glîz.
Swaz Rôm hât überruoft mit tûsent bannen,
welnt si daz widerrûnen mit drin mannen,
sô wil ichz hôch doch ûf den dachen
10 mit schalle, geschreie machen swarz:
nû hafte dâ alsam ein harz!
wie kunden siz   mit rûnen wîz gemachen?

131.

Der bâbest hât vil richiu kint,
diu minnet er, swâ si   gesezzen in den landen sint:
mit in sô teilt er sînen segen,   sô teilent si mit im ir golt.
Din selben kint sint im sô trût,
5 daz er ungerne quæme   mit slegen ûf ir deheines hût:
wolte Got unt wæren   diu habelôsen kint im halp als holt!
È daz der arme sun sîn reht beherte,
sô ist der riche ûf sîner widerverte;
der ban der ist im ab entrennet;
10 sîn vater in unschuldic seit;
swie vil der arme sun gecleit,
sô muoz er doch   den himel haben verbrennet.

132.

Unreht unt Reht hânt ie gestriten,
si hânt vil ungelîche   lant unt liute enzwei gesniten:

---

130 = 132 D, 140 C.   1 wisen C.   2 lateran C, latran D.   wolte D.
3 morn an erster Stelle D.   moren an zweiter Stelle CD.   han C.   5 daz
swarz (swar swarz D) man wis vū wis man swarz durh miete CD.   6 [è] C.
7 rome CD.   uberrŷfet D, uber rust C; vgl. die Anm.   8 wellent CD.   wider
niuwen C.   9 hohe uf dē tache C.   10 geschalle schreie D.   11 hast du
da C.   12 kunnen C.

131 = 133 D.   1 riche D.   3 teilnt D.   6 im steht vor diu D.

132 = 134 D, 155 C.   1 habent D, han C.   ie] lange D.   2 habent D.

Unreht hât mêr gesindes,   sô hât daz arme Reht die minren schar.

Unreht daz hât vil hôhe man,
5 ez unt der bâbest lachent   eteswenne ein ander an;
dâ bî stât Reht vil trûric,   des Rœmisch lop ist riuwiclich gevar.

Daz arme Reht daz ist iedoch sô criege,
è ez diu sîniu müeden hein gebiege,
ez machet è vil offenbære,
10 swaz Unreht her gerûnet hât:
Unreht in rehter liute wât
daz kemphet Reht   vür einen trugenære.

133.

Wes sûmestû dich, Endecrist,
daz dû niht kumst?   dun darft   niht mêre beiten keine vrist.
dû findest vürsten veile,   veile grâven, vrîen, dienestman.

Kumst âne houbet, daz lâ sîn;
5 hâst iu ze gebenne silber, golt,   si werdent alle dîn:
an den si glouben solden,   dâ kêrent si sich leider lützel an.

Der si geschuof, des hânt si gar vergezzen:
der meisten menege herze hât besezzen
des übelen künc Pharônes herte.
10 rehtes gelouben sint si vrî,
in wont unrehtiu witze bî,
sin volgent niht   dem der si gerne nerte.

134.

Wes sûmestû dich, Endecrist,
daz dû niht kumst, sît al diu werlt   sô gar schazgîtec ist?
nû hâstû doch ze gebenne,   des si dâ gert. Gip ir! si gît sich dir.

3 mer] uil D.   minre D.   4 [hât] wil C.   hohen D.   5 etswenne D.
6 stet D.   truriclich D.   des] des ist D, da bi stat C.   rômsches C.   ist]
vil D, fehlt C.   gevarn D.   7 e doch C.   8 e das es sinû C, è ez di
sine D.   10 har C.   12 daz] dû C.

133 = 135 D, 164 C.   2 du endarft D.   biten C.   dekeine C, deheine D.   3 dienstman D.   4 houbt D.   5 hast du CD.   geben D.
[alle] D.   6 gelouben CD.   solten D.   7 habent D.   8 meiste menigi D,
ungeloube manig C.   9 übeln C.   kuniges faraones DC.   11 vnrehte D,
unreht C.   geloube C.   12 si C.

134 = 136 D, 94 C.   2 werlte nach guote so gitic D.   schatzgitig C.
3 geben D.   Gist ir C.

Dun vunde nie sô guoten kouf,
5 sô nû: dun darft niht vürhten   den gelouben noch den touf:
ez ist ir allez veile: sô gar sô stât nâch guote ir herzen gir.

Jêsus Crist, den ê die Juden verkouften,
wær er hie niden, ich wæne, in die getouften
noch verkouften sumelîche:
10 kum, Endecrist, dû rehter gouch!
den phaffen zuo der kirchen ouch,
diu vindestû   nû veile unt Ræmisch rîche!

135.

Des vater swert unt ouch des suns
diun hellent niht gelîche: daz becrenket si unt uns:
des vater swert âgreifet   ûf Hügelin unt ûf des rîches haz.

Swâ sîn daz rîche hin bedarf,
5 man enwetzez mit dem golde,   anders wirt ez nimmer scharf:
daz selbe swert truoc wîlent   der grâwe hêrre Sente Pêter baz.

Nû treit ez Pêter Hügel mit dem schîne:
dô man Grêgôrjum worhte ûz Pêterlîne,
dô solt er mit dem selben swerte
10 sich Hügelînes hân erwert,
der noch mit uns nâch schatze vert
an Pêters stat,   der niht wan sêlen gerte.

136.

Der triuwen triskamerhort,
ein ankerhaft der stæte,   ein vürgedanc ûf ieglich wort,
ein wahter Cristentuomes,   Ræmischer êren gruntveste unde grunt.

---

4 du *CD*. euvunde *D*. rehten *D*. 5 [sô nû] *D*. dv *CD*. endarft *C*, endarf *D*. vürhten] schohen *D*. 6 dv vindes si wol veile *D*. so sere so stet *D*, so gar stet nu *C*. 7 Der meide sun *D*. 8 were *D*. hie en erde *C*. [in] *C*. 9 [noch] verkouften gerne sumlich *D*. 10 tumb⁵ *D*. 11 kilchen *C*. di kirchë vnt den phaffen ouch *D*. 12 di *D*, fehlt *C*. [nû] wolneile *D*. romesch *D*, römsches *C*. rich *D*.

135 = 137 *D*, 50 *C*. 1 naters *D*. 2 die enhellent *C*, di enhelnt *D*. 3 hogelin *D*. 6 sante peter peter *C*. 9 seben *C*. 10 hugelines haben *D*. 11 vns *aus* d' gebessert *C*. 12 sele gert *D*.

136 = 138 *D*, 177 *C*. 1 triwum *D, fehlt C*. 2 ob islich *D*. 3 römscher *C*. ere *D*. vnt *DC*. grunt *aus* gennht gebessert *C*.

Ein bilder houbethafter zuht,
5 ein volliu gruft der sinne,   ein sâme sældebernder vruht,
ein zunge rehter úrteil,   vrides hant, gewisser worte ein munt,
Ein houbet, dem nie smit deheine cróne
vol machen kunde sîner tugent ze lône,
dem houbet suln wir al gelîche
10 wüuschen lange wernder tage:
wes lîp, wes herze daz lop trage?
des suln wir jehen   dem keiser Vridcrîche.

137.

Walt hât ôren, velt gesiht;
ir hôhen rûner, rûnet   von dem rîchen keiser niht,
wan daz ir turret sprechen   vor dem keiser stille unt überlût!
Sîn ôren hœrent durch den walt,
5 sîn ougen verrent über velt,   sîn huot ist manicvalt,
sîn merken unt sîn melden   diu sint ouch swinder dan ein windes brût.
Crauches hals, ebers ôren, strûzes ougen,
diu driu getruoc nie keiser mê sô tougen
dâ hin gein sîner viude lâge:
10 er hât der nagel grôzen hort:
swaz man im löcher vor gebort,
diu vüllet er   mit lancræcher wâge.

138.

Der keiser wil des riches brôt
niht unverdienet ezzen,   nâch gerihte ist im sô nôt,
sô dem hungerîgen bern   nâch honeges süeze nie enwart.
Gerihtes wil er sich nû saten,
5 sîn hôch tragendez swert   muoz durch die schuldehaften waten:

---

4 bilde der *C.*   5 vollegruft *D*, vollû kruft *C.*   seldenberndiv *D.*
6 reht *D.*   vrteile *D*, urteilde *C.*   ein hant des frides *D.*   7 deheinē *C.*
krone *aus* kraue *geb. C.*   8 kunde gemachen *D.*   tugende *CD.*   9 deme *D.*
houbte *C.*   alle gelichen *C.*   10 langer werend⁵ *D.*   11 wes herze wes
lib *C.*   nu trage *C.*   12 des sol ich *D.*   frideriche *aus* friderichen *geb. C.*

137 = 139 *D*, 51 *C.*   1 velt hat *C.*   2 runere *D*, rimère *C.*   runent *D*,
riment *C.*   3 getúrret *C*, geturrent *D.*   gesprechen von *CD.*   4 siniv *D.*
5 siniv *beidemal D.*   hûte *C.*   6 danne [ein] *C.*   9 hin gegen *C.*   viende *C.*
10 HEr *C.*

138 = 140 *D.*   3 so daz *D.*   nie so not *D.*

ir vridebrechn, ir wizzet,   daz man inch von den vride habeuden schart.
Swelch tumber sich gein siner wisheit wetzet,
der wirt der sinn von sinen sinnen entsetzet.
volvert er, als ers hât begunnen,
10 sô hüeten sich vor sinen zügen
selphêre hêrren, swâ si mügen!
der tôren heil   hât widerswal gewunnen.

139.

È daz die knappen wider als ê
ze knehten werden, sô wirt ir wol tûseut oder mê
bestümbelt unt erhangen: daz git man knappen umb ir knappeschaft.
Ich meine der edeln knehte niht,
5 ich meine, die man stelen, rouben unde brennen siht:
suln die dar an erwinden,   daz muoz geschehen von starker galgen craft.
Swelch hêrre sich betragen wil des rehten,
der mac sich leider kûme nû beknehten:
sîn eigen kneht wirt im sô swinde,
10 daz er ob im wil twahen sîn hant:
vernt mener, hiure sarjant,
sît willekomeu   dem stocke zingesinde!

140.

Daz Riche was vil sêre siech,
sîn stimme was vor clage tunkel, heiser unde riech,
rôt wâren im diu ougen,   diu ôren toup, erstummet was ez ouch.
Den hover kund ez niht verheln
5 unt einen ungevüegen cropf   den truoc ez au der keln:
ezn mohte gân noch rîten,   ûf allen vieren ez vil kûme crouch,

---

6 vridebrechen D.   wizzent D.   7 gegen D.   8 sinne D.   9 volle-
uert D.   11 selpherren herren D.
139 = 141 D, 98 C.   2 knehte D.   so siht man ir tusent vñ D.   3 er-
henket vñ geblendet · seht daz schaffet in ir D.   4 Di edelen knappen mein ich
niht D.   5 man ¹. dübic vñ roubic siht, am Rande ¹. beide D.   steln C.
vñ C.   6 svlen C.   des mac si nieman erwenden ez entv ein starken D.
7 Swelch herre begige sich vil gerne d. r. D.   8 der enkan sich hinnenvür niht
wol b. D.   10 [sin] C.   er wil twahe ob im sin hant D.   11 uert D.
hvwer D.   seriant C.   12 sint D.   ze ingesinde C.
140 = 142 D, 52 C.   1 rich D.   2 vñ CD.   3 vgl. die Anm.   4 kunde C.
5 vngevûgen D.   [den] trôg C.   siner keln CD.   6 ez enmohte DC.   gen
CD.   viern D.

Unz im gesante Got den keiser wisen;
des wisheit sulen alle wisen prîsen;
der hât die siecheit understanden:
10 des Riches dinc vil ebene stât,
wan daz im stecket noch ein grât
— er weiz wol wâ — enzwischen sînen zanden.

141.

Vor kündiclicher glihsenheit
sol man sich sêre hüeten; wan ir mantel ist sô breit,
daz si dar under birget valschlicher leben dan ir gebærde sî.
Geistlich gebærde unt vleischlich leben,
5 swâ diu zwei lûzeut under infeln unt bî crumben steben,
dâ suoche ein wol versunnen keiser einen glihsenære bî.
Gelihsenheit diu birget vil unreines,
si hât sô vil schanden unde meines
ûf sich geladen in kurzen jâren;
10 durch Judeu unt durch vürsten golt
ist man ir dâ ze Rôme holt:
ir Crêdemich kan schatzes wol gevâren.

142.

Sûr muot unt ungewizzen lip,
swer diu zwei an im hât, ez sî ein man, ez sî ein wîp,
dâ trûwe ich nimmer inne vinden süeze sêle, Crêdemich!
Swer sich vür heilic welle geben,
5 der sol hân süezen muot, betwungen lip unt zühtic leben:
sô mac ein heilic sêle mit gedult wol inne behalten sich.

---

6 suln D.   11 noch steket CD, st. n. vdllagen.   12 entzwschen C,
swissen D.

141 = 143 D, 3 C.   1 kundiclicher gelichsenheit D, gelihsenere kúndekeit C.
2 sére] gerne C.   3 si] sich C.   ein valsch⁵ D.   danne C.   4 geislich C.
valschlich D.   5 zwei] beide C.   infel D.   vnde bi (bi aus in gebessert) D,
bi dien C.   6 versuoche C.   versunner D; vgl. die Anm.   [einen] gelichsenheit D.   7 dú glihsenheit C.   [diu] uerbirget D.   5 [sô] D.   der sünden
vñ des meines C.   vñ DC.   9 ûf sich geladen] in osterrich D.   10 Judon C.
11 so ist C.   [dâ] C.   12 can wol schatzes varē D.

142 = 144 D.   1 Svren D.   2 hât] vinden lat D; vgl. die Anm.   3 sÿziv
sel credmich D.   5 haben D.   6 dabi so D.   sel D.   gedulte D.

Wie heilic sêl in ungewizzeme libe
beliben müge in manne oder in wibe,
daz dunket mich ein vremedez wunder:
10 ein süeziu sêl, ein herze sûr,
ist einz des andern nâchgebûr,
sô swüere ich wol,   si stüenden baz besunder.

143.

Got, alter unde niuwer Crist,
sit alle crêâtiure   in dîner hant beslozzen ist,
der himel unt diu erde,   wazzer, viur, luft unt alliu engelschaft:
Den lichten tac, die trüeben naht
5 mit loufe wol berihtet hât   diu götelichiu maht,
diu ie ân anegenge   unt immer ist mit endelôser craft;
Dû angesihticlichen wunder tæte,
dô man dich sach in menschlicher wæte
unt vor den Juden sunderliche:
10 lâz uns alrêrst dîn ellen seheu,
des dir die Cristen müezen jehen,
unt widerstant   von Stoufen Vriderîche!

144.

Ich kan gebruggen noch gestegen
niht volliclich nâch sînem lobe,   der ûz der tugende wegen
sô verre hât gehûset,   daz strâz noch stic ze sîne lobe gât.
Climme oben ich in nâch sîne lobe,
5 sô zihent mich die liute,   daz ich touplichen tobe:
grüebe ich unden durch   nâch sîne lobe, daz wære ein dieplich tât.
Swâ ich die wol getriben strâze vunde
ze miltes mannes hûs in solcher kunde,
daz ein lop daz ander drunge,
10 daz mir tûsent lobten vor
unt tûsent nâch ûf mîne spor,
sô weste ich wol,   daz ich die wârheit sunge.

---

7 ein heilic *D.*   9 vromedez *D.*
143 = 145 *D,* 53 *C.*   1 vñ *DC.*   2 alliu? *vgl. die Anm.*   4 der
liehte (lihte *C*) tac div trûbe *DC.*   6 du *D.*   ane anegende *D.*   bist *D.*
8 menschelicher *C.*   9 suuderliche] doch besunder *D.*
144 = 146 *D.*   2 uzerhalp *D.*   tugendeu *D; vgl. die Anm.*   3 straze *D.*
4 ich oben *D.*   6 tate *D.*   8 sulcher *D.*   11 minem *D.*
31*

145.

Venediær die hânt vernomen,
daz Rœmisch rîche veile sî,   des sint in brieve komen:
nû hânt si sich vermezzen,   si wellen dar zuo gerne ir stiure geben,
Daz ez noch kome in ir gewalt;
5 swaz si daz kosten mac,   des sint si willic unde balt:
si jehent, wurde in daz rîche,   si wolden immer deste gerner leben.
Ir herzog ist ein mehtic kürsenære,
unt wart ie kürsenære crônebære
mit sînem igelvarwen glatze,
10 sô mac ouch er wol crône tragen:
son darf ouch vürbaz nieman jagen,
der ez nû müge   vergelten haz mit schatze.

146.

Daz rîche dast des keisers niht,
er ist sîn phleger unt sîn vogt: ir vürsten, seht ir iht
an im sô schuldehaftes,   dâ vou er süle des rîches abe gestân,
Sô nemt in einen, der in zeme
5 unt ouch dem rîche baz dan er,   unt wartet alle deme:
sît ir dem keiser gram,   die râche lât niht über daz rîche gân.
Ir sult des rîches wol von rehte schône:
swenne ir dem keiser nû genemt die crône,
swelch iuwer si dan ûf gesetzet,
10 der sol daz rîche wol entladen
beidiu von uorehte unt von schaden:
sô werden wir   des keisers wol ergetzet.

145 = 147 D, 154 C.   1 Venediere C.   habent D.   2 rö-
mesch C, romische D.   rich veil D.   3 wellent C.   da zv vil g. D,
gerne dar zuo C.   4 kome noch D.   5 vü CD.   6 rich D.   wolten D.
7 herzoge C.   ih C.   kursenner D.   S kúrsenner cronebêr D.   9 sinê C,
sime D.   10 mag er C.   [ouch] er vil wol Bartsch.   11 so endar (f überschrieben) D.   [ouch] D.   fúrbas nieman fúrbas C.   zagen? vgl. die Anm.
12 da man ez muge D.

146 = 148 D, 54 C.   1 daz ist D.   2 voget C.   sehent C.
3 gesten CD.   5 wartent CD.   6 lânt C.   gen CD.   7 schonen
CD.   8 cronen CD.   9 gesetze D.   11 beide C.   12 [sô
werden] D.

147.

Sumlichen vürsten ist ez leit,
daz Rœmisch rich gevallen ist   in dise unwerdikeit:
si dunket unde sprechent,   ein ander phlæge des riches baz dan er.
Lamparten, Criechen, Ungerlant
5 diu ergäben sich dem riche,   dô stuont ez in sîn eines hant:
des riches rinc vil witer wirt,   nimt man im crône unt ouch daz sper.
Nû seht vür iuch, des riches welære,
den ir nû welt, daz er sî schanden lære
unt alsô, daz ir in versnochet:
10 werde er iu liep, sô stât im eben,
unt si des niht, sô lât in geben
daz riche wider   ze hant sô irs geruochet!

148.

Ein künec, der wol gecrœnet gât,
unde daz sîn crône   verre baz geküneget stât,
dä ziert der künec die crône baz,   dan in diu crône gezieren müge.
Ein wol geküneget crônetrage
5 tuot dannoch mêre, er stillet   witwen unde weisen clage,
er süenet unde vridet   unt ist bi liuten wol in êren hüge.
Sîn herze unt ouch sîn muot sint selten müezec,
sîn munt ist zallen zîten êrengrüezec,
im schimelt niht in sîner arken.
10 daz beziug ich mit dem besten wol:
mit urloube ich in nennen sol:
ez ist der künec   Êrîch von Tenemarken.

149.

Ein künec, der aller der wil sîn,
die sîner helfe geruochent,   derst ouch underwilen mîn:

147 = 149 D, 55 C.   1 Sumelichen C.   daz D.   2 rômesch C.   [dise] D.
3 vnt DC.   anderre DC.   5 die C.   eins D.   6 wider C.   [ouch
daz] D.   7 sehent C.   uch vür D; vgl. die Anm.   9 unt doch also D.
versuochent CD.   10 stet CD.   12 geruochent C.

148 = 150 D, 56 C.   1 gecront D.   2 vnt DC.   5 vñ CD.   6 unde]
vnt DC.   7 gr vor müessig punctiert C.   9 verschimelt D.   archen C.
10 bezüget C.   dê C, den D.   11 urlobe CD.   12 tenemarke C.

149 = 151 D, 57 C.   2 der ist C.   underwilent C.

wie möht er mîn vermissen,   swenne er umb unt umbe wil gewern?

Er giltet lop, er giltet kunst,
5 dâ mit er hât verdienet   reiner vrouwen süezen gunst;
er ist ein koufman alles,   des ein reinez herze kan gegern:
Wan daz in dürst nâch êren alsô sêre,
der in in guzze drîzic vürsten êre,
noch mêr wolt in nâch êren dürsten.
10 diu sunne zimt niht baz dem tage
danne der edele crônetrage
ûz Bêheimlant   Gote unt uns zeinem vürsten.

150.

Von Rîne sô bin ich geborn,
in Österriche erwahsen,   Bêheim hân ich mir erkorn
mêre durch den hêrren   dan durch daz lant: doch beide sint si guot.
Der hêrre ist guot, sîn lant ist sam:
5 wan deich mich einer dinge   sêre bî iu beiden scham,
daz mich nieman wirdet,   éz ensî ob erz al eine tuot.
Wære ich bî Gote im vrône himelriche
unt heten mich die sîne unwerdicliche,
daz dûhte mich ein missewende:
10 ich hân den künec al eine noch
unt weder ritter noch daz roch:
mich stiuret niht   sîn alte noch sîn vende.

151.

Mir ist geswollen hie der muot,
al dâ daz herze lît: ist daz man sîn niht widertuot
mit einer suonesalben,   sô muoz ich mir brust rûmen durch den munt.

---

3 moht *D.*   mine *D.*   umbe *C.*   4 er] vrn *C.*   5 uerdient *D.*   er
git dē gernden guot an im lit ere vn ouch vernunst *C.*   6 reine *C.*   be-
gern *C.*   7 durstet *D.*   8 gúze *D.*   9 mere *CD.*   wolte *D.*   10 diu]
der *C.*   11 dan *D.*   der *vdHagen*, dem *D*, dē *C.*   edele *vdHagen*,
edeln *D*, edelen *C.*

150 = 152 *D*, 156 *C.*   1 gebor *D.*   2 öst'riche *C*, osterrich *D.*   3 mēr
DC.   danne *C.*   5 daz ich *DC.*   6 enwirdet *Bartsch.*   tû *D.*   7 in dem *D*,
in *C.*   vronen *D.*   8 sinen vnwerdiclich *D.*   10 kunc *D.*   12 en-
stiurt *D.*   alt *D.*

151 = 153 *D*, 157 *C.*   1 geswullen ie *C.*   2 vn ist *C.*   sin] das *C.*
3 sûnsalben *D.*   mir] min *C.*

Mich hât begriffen wisenten zorn:
5 wirt der mir niht benomen,   sô scherph ich mîner zungen dorn
unt lüppe mîne phîle   ûf mîne bœsen gunner zaller stunt.

Swen si den valsch gekneteut mit ir hende,
si legent ir unschult bî in ûf ein ende;
sô hin ich doch sô nasewîse,
10 daz mich ir schalkeit smacket an:
ir hinderrede sich niht enkan
vur mir verheln: ich hœre untriuwe lîse.

152.

Ich wære ungerne dâ ravît,
dâ man daz beste vuoter   den ohsen unt den eseln gît:
ich wolt ouch dâ niht valke sîn,   dâ man mit mûsarn heizen vert.

Ich wære ungerne dâ ein wint,
5 dâ die stumphen hovewart   werder dan die winde sint:
ich wære ungerne ûf des helm   ein ar, der sich der milte wert.

Sinen schilt den wolt ich nimmer zieren,
wær ich an küneges stat ob andern tieren,
alsô der lewe mit der crône,
10 der baz kan vliehen danne jagen,
unt lieze ich mich den gerne tragen,
sô wurde mir   der linte spot ze lône.

153.

Her hêrre, unt habt ir einen man,
der in sînen dienest   marketveile machen kan,
sô mezzet sînen dienest   nâch der miete unt nâch der liebe niht,
Unt versuochet in dannoch:
5 irn sult in aber niht haben   vür einen willerîchen doch!

4 vasenden C. 5 er C. scherphe D. 6 miniv D, minen C. pfîlen C.
minen bosen D, minú bóse C. gunner] zimer C. stunde C. 7 swenne DC.
gekrenket C; vgl. die Anm. henden DC. 8 unschulde DC. enden C.
10 stinket C. 11 irn heines rede C. 12 vö C. smeke C. ir vntriwe DC.

152 = 151 D, 158 C. 1 pferit C. 3 wolde C. musern C. 4 vngern D. 5 danne C. 6 vngeru D. 7 wolde C. 8 were D. an]
ein C. künig C. anderen D. 9 alse C. 10 swer D. kunde C, künde D.
flühen C. dan D. 11 [ich] C. 12 luter C.

153 = 155 D, 58 C. 2 dienst D. 3 mezzent DC. dienst D. liebi D.
4 versuochent DC. dennoch D.

der willeriche schilt   gât vür den marketveilen, als man giht.

Belêhent unt behúst vor manegen jâren
der schilt der sol niht zegelich gebâren:
belêhent schilt unt der behûset
10 der sol sich stellen dem gelîch,
daz man iht spreche: 'schilt, phi dich!
wie sêre mir   vor dîme tuonne grúset!'

154.

Swer einen gucguc haben wil
an eines habches stat   unt wænet dà mit vâhen vil
reiger, gense, trappen,   daz muoz geschehen, ob imz der tiuvel wigt.
Ich wæne, der gucguc cleine gert,
5 sô des habches tugent   mit sterke gein dem storchen vert:
der gucguc gert der muggen,   der habch dem starken storchen ohe ligt.
Ouch ist ir beider wird vil ungelîche:
nû habent den gouch die hêrren sumelîche
vil baz — ich mein ein smeichenære,
10 der niht wan schande vâhen kan, —
unt smæhent den getriuwen man,
der durch si wær   êr vâhens niht ze swære.

155.

Swâ lugenær ist hêrren bote
unt swâ der zâge phligt einer   êregernden quecken rote,
dâ wirt diu botschaft michel   unt kêrt der zage vinden lihte nac.
Wære ich ein hêrre, ich wolt ir niht:
5 vou disen zwein mac wol geschehen   ein michel ungeschiht,
von dem lugenære   unt von dem zagen, der quecker rote phlac.
Si müesten mînen hof mit vlühte vrîen
oder ich begunde beide schône zwîen:

6 get CD.   market ueiln DC.   7 belehent schilt vnt behuset DC.
S des schilt DC.   9 behuste D.   12 tûn D.
154 = 156 D, 59 C.   1 gucgouch C.   2 eins D.   3 rappen C.   wiget C.
5 tugende DC.   gegen C.   dē CD.   vert] lange wert D.   6 dē C.   ob D.
liget C, lit D.   7 wirde DC.   8 sumlich D.   9 meine C.   einen D.
smeichner D.   12 were DC.   [èr] DC; vgl. die Anm.
155 = 157 D, 60 C.   1 bot D.   2 der böse zage C.   pfliget C.   einer
starken r. C.   rotte CD.   3 michel] miuchel? meinlich? vgl. die Anm.   zage]
sahwalt D.   vienden C.   den nac C.   6 kecher C.   rotte D, rotten C.
7 flühten C.   S si beide sch. D, si sch. beide C.

ein boun wær wol mit in gecleidet,
10 enhalp mit starker leckerheit,
dishalp des swert nie vint versneit
unt doch mit rede   vor liuten vil gevreidet.

156.

Swâ meister Ernest wirt vertriben
unt der gemâlten zühte   pârât meister ist beliben,
dâ vindent mîne sprüche   vil selten stillen rûm noch bernden grunt.
Swaz ich dâ sæ, daz wirt versæt;
5 ezn wehset niht, swenne ez   von schorpen, hanen wirt becræt,
von ûven unt von orven;   dar zuo siuret ez pârâtes muot.
Swaz pârâte überwirt, daz kinwent wilzen:
sus nimt mîn sâme zuo mit vûlen vilzen.
si tugendelôsen geizegebele,
10 ir dornic rât, ir distelec muot
ist guoten liuten alsô guot
alsam der wolf   bi schâfen in dem nebele.

157.

Der leckermunde zunge ist snel:
swâ man si gerne hæret,   dâ sint si kündic unde hel
zem bœsten, niht zem besten,   ûf argin dinc ze schuzze vil bereit.
Nû snappe dar, ein hellehunt,
5 dû eiterclûs, dû slangengift,   — ich meine schalkes munt —
dû bodengrunt der helle,   dâ wehset dir ein immer werndez leit.
Swen dû den cristentuom an dir zerbrichest,
daz dû zem besten nimmer niht gesprichest,
ez sol dir werden al ze swære:
10 des einer schulde nie gewan,
daz snabelliugestû in an:
vervluochet bis,   dem süezen Gote unmære!

---

9 were CD.   10 ein halp CD; vgl. die Anm.   11 dise halp D.   vient C.
156 = 158 D.   1 Ernst D.   2 barat D.   5 ez enwehset D.   scharphen
Strauch.   über schorpen von andrer Hd. schertzfedern D.   6 vuen D.   da
zu D.   barats D.
157 = 159 D, 163 C.   2 vñ DC.   3 zv dem bosten niht zv dem D.
ûf] vñ C.   4 ein] vñ C.   5 eitercluse D.   du slangegift du eiter klus C.
meine dich D.   7 swenne CD.   10 des] der C.   einr D.   11 snappe
lûgest du C.   12 wis D, bist C.

158.

Her Hagene, ir sît ein man sô wîs:
sagt mir, des ich iuch vrâgen wil:　　des habt ir immer pris:
'wie manegen vuoz hât iuwer　　muoter unt ir esel?' sagt mir daz!
Dar nâch vrâge ich iuch vriundeshalp:
5 'wie manegen vuoz hât inwer muoter unt ir liebez kalp?'
ez ist ein kündic vrâge:　　si sol ein vriunt von vriunt niht haben vür haz.
Nun zürnet ez niht, mîn geselle guoter:
wand mîn ane zôch iuwer anen muoter.
diz ist ein meisterlichiu vrâge:
10 entsliezet ir mir disen haft,
daz kumt von rehter meisterschaft! —
jâ sîn wir doch　　von Adâm iuwer mâge!

159.

Ich quam geriten in ein lant
ûf einer blâwen gense,　　dâ ich âventiure vant:
ein crâ mit einem halbche　　diu viengen vil der swîne in einer bach.
Ein hase zwêne winde zôch,
5 ein ber jagt einen valken,　　den vienc er in den lüften hôch,
schâchzabel spilten muggen,　　zwô meisen einen turn ich mûren sach.
Dâ saz ein hirz unt span vil cleine sîden,
dâ huote ein wolf der lember in den wîden:
ein crebze vlouc mit einer tûben
10 ze wette, ein phunt err an gewan:
drî grôze risen erbeiz ein han:
ist daz wâr,　　sô nœt ein esel hûben.

---

158 = 160 D, 176 C. 1 hagen C. ein] dem D. 2 vrage vñ habt des
iemer eren pris C. 3 het D. saget C. 4 dar nach frage ich úch C, ich
wil uch uragen D. 5 het D. vwer liebiv mût vnt ir kalp D. 6 vriunde D.
alsus getane vrage lat man von guoten friunden ane has C. 8. 7 C. 7 nu
enzornt ez D. ir sunt niht zürnen trut sun vil guoter C. 8 wand] sit das C.
vwer ald an zoch vwere m. D; vgl. die Anm. 9 es ist ein so getane
vrage C. 10 erlôset ir C. 11 das han ich für ein m. C. 12 adame
vwere D. wie wurden wir von Adam úwer mage C.

159 = 161 D. 2 [blâwen] D. ich affen · toren D; vgl. die Anm.
3 einr D. 5 ein ber] der D. jagte D. 6 schachzauel D. meisen ich
e. t. m. sach D. 9 einr D. 10 er ir D. 11 drie D.

160.

Ein höuschrick wânde ein lewe sin;
dô sprach ein heim: 'mich dunket,   ich si ein houwendez swin'.
ein ohse wânde, daz er sunge baz dan ie kein nahtegal.
Dô sprach ein aff: 'sô wæne ich hin
5 daz schœnste tier'. Ein tôre jach: 'sô hân ich wiseu sin'.
ein snegge wolte springen   vür den lêhart beidin here unt tal.
Ein môr sprach: 'mich mac nieman überwizen'.
ein hase sprach: 'ich tar wol wolve bizen'.
ein igel sprach: 'min hût ist sô linde,
10 solt ich ez bi dem eide sagen,
si möhte ein keiserinne tragen
ze næhst an ir'.   Die lüge sint alle swinde.

161.

Swaz Got durch der prophêten munt
gesprocheu hât, ê daz   er mensche wart vor maneger stunt,
daz habent sine zwelve   schiltgeverten wol ze liebte bvâht.
Under den zwelven zwêne man,
5 Paulus, Gotes kemphe,   unt Cristes muomen sun Jôhan,
die zwêne habent gesprochen   vil baz dan alle der ie wart gedâht.
Paulus wart in den dritten himel gezucket,
Jôhannes hât ûf Cristes brust entnucket:
wer quam ie zuo sô hôher schuole
10 als dise zwêne sint gewesen?
swes kunst ir kunst wil widerlesen,
des sedel zimt niht   vorm oberôsten stuole.

---

160 = 162 D, 61 C.   1 houschricke D, houschreke C.   2 heime CD.
heime mich bedunkt i. s. e. howendez sw. Bartsch.   3 daz] des D.   danne C.
dehein D.   4 affe DC.   [sô] Bartsch.   6 lewart D, lehbart C.   beide C.
7 more sp'ch D.   8 getar D.   wolfe C.   9 ist mir so D, ist C.   12 div
lug ist alliv D.

161 = 111 DTV, 481 s.   2 mensch D.   wurde DV.   zu weishait hat
gesprochen . e er ward mensch s.   3 haben s.   zwelf D.   seine zwelfe
sein schilt geferte s.   4 vnd aus den xm s.   5 der gotes s.   gotes mu-
men s.   Mit Jlus beginnt T Bl. 34.   6 zwen s, zwene di D.   haben ge-
spr. fur alle die der got ie hat erdacht s.   danne T.   7 paulus in driten
himel ward s.   8 so ward johan auf gotes s.   9 wer] wa DV, wo Ts.,
ieman alle.   anf also hohe s.   10 recht als die s.   11 was s.   12 selden
TV.   obrosten D, oberslen T.   dem zimt nicht sedel oben pey dem s.

162.

Uns ist von mæren worden kunt,
wie Alexander vuor   durch wunder an des meres grunt
unt wie von Abacuc   der imbiz wart ze Babylóne bráht;
Waz herzog Ernest nòt erleit,
5 waz er unt gráve Wetzel   der gesnablen diet versneit,
wie si die grifen vuorten,   dà ir ze spise ir kinden was gedäht;
Unt wie si durch den berc her wider quámen,
dà si der cróne weisen inne nâmen,
daz wâren wunderlichin wunder:
10 doch dunket ez mich wunders niht
gein dem daz tegelich geschiht:
nù merket wâ!   dà denket obe unt under!

163.

Ein clage in minem herzen hât
sich lange her verchüset: der nimmer tugent noch êre begât,
daz der an guote richet,   unt daz der êrenrich wirt guotes bar.
Solt ich in beiden teilen guot,
5 ich richte den êrenrichen,   der sich vor schanden hât behuot,
der milte unt tugende wielte,   der zühte unt êren wær volkomen gar.
Den tugendelósen wolt ich swache spisen,
daz er ê siner tage müeste grisen,
ûf daz, ob er sich wolte bekéren,

---

162 = 112 *DTV*, 100 *C*, 107 *A Truchsess.*   1 luch *C.*   wol von *A.*
2 mers *AD.*   *Von* meres *bis* cróne *V.* § *Lücke in V, von da ab bis* 116, 2
ist sin reht *sind in V nur wenige einzelne Worte erhalten.*   3 [wie] *A.*
der] ein *C.*   inbiz *AD,* imbis *CT.*   der i. wart von abacuc *DT(V).*   babi-
lonie *DT(V).*   4 herzoge *CT.*   ernst *DT(V).*   5 vnde *A,* vñ der *D.*   der
gesnebelten diet *Haupt,* der snebelen diet *A,* der wilden snabel diet *DT(V).*
6 vñ wie si griffen mvrden *A.*   do *CT.*   in *D.*   wûre *A,* spise *C,* vuore
Pfeiffer, nar *T(V),* der nar *D.*   den ivngen *DT(V).*   wart *C.*   7 [Unt] *DT(V).*
si her wider d. d. b. bequamen *DT(V).*   har *C.*   § do *T.*   9 seht daz *DT(V),*
dis *C.*   was ein michel wunder *DTV.*   10 doch so wundert mich sin niht *DTV.*
wunders] gar ein *C.*   11 gegen *A,* wider *CDTV.*   daz] nu *C.*   12 merkent *ADT(V),* sprechent *C.*   wie *CDT(V).*   dâ] vü *DTV.*   denkent *A,* ge-
denkent *DTV,* merkent *C.*   ob *D,* oben *C.*   vnden *D.*

163 = 163 *D,* 62 *C.*   2 tugende *CD.*   3 erenriche *C.*   5 ererichen *D.*
6 were *D.*   vollekomen *CD.*   7 wolte *C.*

10 liez er von borsen siten abe,
  ich gæbe im richtuom unde habe,
sæhe ich an im   sich tugende unt êre mêren.

164.

Ein voller mensch vünf sinne hât,
  als uns diu schrift bewiset   unt als ir name geschriben stât:
sehen, hœren, grifen,   riechen, smecken, sus sint si genant.
Nû habent die sinn vünf wildiu tier,
5 ir ieslichez einen,   unt hât den vürbaz danne wir:
der luhs, daz swîn, diu spinne,   der gîr, der aff, daz tuot in Got bekant.
Der luhs wol siht, daz swîn wol hœrt ze walde,
  diu spinne cleine grifet unde balde,
der gîr riucht, affe smackt: der sinne
10 hât ieslichéz den einen baz
  dan der mensch: durch wunder daz
Got hât getân,   daz wir sin wunder minnen.

165.

Merk, tumbes muotes junger man,
  war umb drî crêâtiure,   der hunt, diu katze unt ouch der han,
heizen hûsgeræte: dâ râtent si, daz manegem kumt ze guot.
Des hundes belln dir kündet daz,
5 wie dû gein vremeden liuten   solt wesen snel unt niht ze laz,
die biderben haben nâch êren,   daz zimt dir wol, gein bœsen stætiu huot.
Diu katze mint unreine, entreint daz reine:
  daz tuo dû niht, hab reine site gemeine!
der han dir kündet mit gesange

---

11 vnt *DC.*

164 = 164 *D*, 63 *C*.   1 vollenkomen *D*.   2 nam *C*.   3 hören
hören *C*.   4 sinne *DC.*   vunue *D*.   5 islichez *D*, ieliches *C*.   6 luhse *D.*
gire *D.*   affe *DC.*   7 luhse *D.*   [wol] gesiht *C.*   höret *C*, horet *D.*
8 vnt *DC.*   9 gire rúchet *D.*   smacket *DC.*   sinnen *C.*   10 islichez *D*,
iegeslichs *C.*   11 den der *D.*   mensche *C.*   dur das wunder das *C.*   12 sine *D*,
sinu *C.*   minne *D.*

165 = 165 *D*, 64 *C*.   1 merke *CD.*   2 umbe drie *CD.*   3 heis-
sent *C.*   guote *CD.*   4 bellen *CD.*   5 gegen *C.*   vromeden *D*, frömden *C.*
6 gegen *CD.*   bosem *D.*   stete *C.*   huote *CD.*   7 minnet vnreines vnt *DC.*
[entreint] *C.*   8 [tuo] *C.*   habe *CD.*

10 drî stunt zer naht des tages kunft:
verslâfestû sîn sigenunft
in tôdes last,   sô slâfestû ze lange.

166.

Swer minnen wil nâch minne site,
der wizze, daz der minne   sol rehtiu milte volgen mite:
die milte durch die minne   der hôhste minner wol erzeiget hât.
Nie minner hôher minne phlac,
5 als der durch minne liebe   sîn selbes leben sô ringe wac:
kein minner nimmer mêre   durch minne liebe der milt sô bî gestât.
Nû merket rehte, wer der minner wære:
daz was Jêsus, der süeze wunderære.
der gap durch uns der minn ze lône
10 sîn selbes leben in tôdes gir:
ir minner, seht: wie minnet ir?
minne unde milt   die tragent des himels crône.

167.

Der rehte guote sol niht gern,
daz man in ûf der erde   zweier lône süle gewern,
daz er sî rîch an guote   unt dâ bî sî âne valschbejac.
Wil er im selben wol behagen,
5 Gote unt guoten liuten,   sô sol er guotes niht bejagen,
wan als im sîn selbes   gewizzen wâr geziuc gewesen mac.
Der guote sol sich vröuwen guotes muotes:
hât er dâ bî die minre mâze des guotes,
die minne er vür die übermâze.
10 swer mê wil haben dan er sol,
der wirt guotes nimmer vol,
unz in diu werlt   lât, ê daz er sî lâze.

--- -- - -- -- --- -- -

10 zv der *D.*   kunf *C.*   11 uerslefes du *D.*   sinen *CD.*   12 sle-
fes du *D.*

166 = 166 *D*, 65 *C.*   2 rehte *DC.*   3 diemůte dur *C.*   6 dehein *DC.*
durh milte, *korr. in* miñe *C*, durch mine *D.*   milte *DC.*   7 merkent *DC.*
reht *D.*   8 jhē *DC.*   9 minne *CD.*   11 minnent *DC.*   12 vnt milte
tragent beide des *DC.*

167 = 167 *D*, 66 *C.*   2 lôn sule *D.*   3 ualsch bejac *D*, valsche be-
jag *C.*   6 warer *CD.*   7 vrowen *D.*   8 minren? *vgl. die Anm.*   11 nimmer]
mine *C.*   12 werlte *D.*   [daz] *D.*

168.

Ein ungebeten gevaterschaft
diu wert wan siben naht   unt vürbaz hât si keine craft:
sô man den touf ûz giuzet,   dâ mit sô ist gevaterschaft dâ hin.
Swer aber gevater wirt durch guot,
5 durch vriuntschaft unt durch liebe,   als dicke ein vriunt gein vriunde tuot,
daz waltet grôzer triuwen,   als ich von Karles pheter bewiset bin.
Swer ungebeten zuo dem toufe dringet,
den hêrren bete noch hêrren vorht dar twinget,
unt bete der eine tohter junge
10 unt gewüehse danne dirre pate,
er gelæge wol, wurde im sin state,
der tohter bî,   ob in ir minne twunge.

169.

Gesoten lüge, gebrâten lüge,
lüge ûz der galrei, lüge von pârât, lüge von trüge,
gebalsamt lüge, gebismet lüge, lüge mit safrân überzogen,
Lüge, swie mans erdenken wil,
5 der wirt gesant an brieven   in des rîches stete sô vil,
daz mich des immer wunder nimt,   daz si mit lüge niht sint betrogen.
Daz si der lüge niht sint worden ræze!
ez wurden nie sô starke lügevræze,
als in des rîches steten die liute:
10 swaz man in lüge mac zuo getragen,
die slindents alle mit ir cragen:
in weiz, ob ez   ein Püllisch zouber tiute.

170.

Diu werlt gelichet sich dem mer,
daz immer tobt unt ündet   über mâze unt âne wer:

168 — 169 D, 67 C.   2 [diu] wert niht wan C.   5 gegen C.   6 vetter C.
8 bet D.   noch] unt? vgl. die Anm.   vorhte CD.   9 het er C.   junge]
schone D.   10 gewhse D.   gebat C.   11 stat CD.
169 = 170 D, 68 C.   2 lüge an 1. Stelle hereinkorr. C.   lüge (3)] vnt D.
3 gebalsmet C.   gebisemt D.   4 wie C.   kan vü wil C.   6 vgl. die Anm.
7 vreze D.   8 es DC.   9 stete DC, steten vdllagen.   11 swindetz C.
12 ich enweiz D.   pullesch DC.   zvb᷄ C.
170 = 171 D, 69 C.   2 tobet C.

alsô tobt unt ündet   der werlte leben mit glicher selleschaft.
Der ungetouften si geswigen!
5 ich clage, daz die getouften   in den kumber sint gedigen,
daz si wol mugen verderben,   ezn wende dan diu starke Gotes craft.
Belîbent si die lenge in dirre vreise,
sô werden wir kielbrüstic ûf der reise:
wir sweben in der sünden ünden:
10 prîmâten mit ir crumben steben
die vischent niht wan nâch den geben
unt lânt dâ bî   die sêl in grôzen sünden.

171.

Die wildenær hânt einen site,
dâ si doch eteswenne   bejagent gnotiu mursel mite:
swâ si die aren vindent,   dâ bindent si diu juugen ûf daz nest
Unt sperrent in den snabel ouch:
5 swie vil der alte in vür geleit,   sô gint der junge gouch:
sô nimt er im daz beste,   daz treit er allez hein iu sînen test.
Er lât si stân unt nagen ob einer crâwen:
daz gnote brichet er in ûz den clâwen.
daz gelich ich zuo den râtliuten,
10 die dâ junge hêrren hân:
die lâzents ob den crâwen stân
uut nement si   die hasen mit den hinten.

172.

Zwîvel machet zwivelmuot,
Zwîvel bûwet selten hûs   ûf starke siule guot,

3 tobet *C.*   gelicher geselleschaft *CD.*   6 daz] des *D.*   ez enwende
di *DC.*   11 dem *D.*   12 sele *C.*

171 = 172 *D*, 70 *C.*   *In D sind die beiden Stollen in blasser, oft unleser-
licher Schrift am obern Rande des Bl. 29 rº in niederd. Fassung mitgeteilt: D¹.*
1 wildeuerre *D¹.*   hânt] die habent *DC.*   einen *D¹, fehlt CD.*   set *D¹.*
2 das si *C.*   [doch] *D¹.*   vnder wile *D*, vnd wilêt *C.*   bejaget *D¹.*   gode *D¹,*
gûte *D.*   mûrsel *D.*   mede *D¹.*   3 wa *D¹,* swenne *CD.*   Vor arn *ist*
iwngen *gestrichen D¹.*   arn *DD¹ (in D¹ undeutlich).*   dâ] so *CD.*   bendet *D¹.*
diu] die *C.*   wf *D¹,* an *CD.*   5 swie vil d. a.] waz man *D¹.*   in vür] vür si
CD.   so gegent ie.... nge gawe *D¹.*   6 nemt her imme daz best dat.... her
al... hein in sin ... est *D¹.*   heim *D.*   7 sten *CD.*   8 gûte daz *D.*
10 h'zen *C.*   11 lâssentz *C.*

172 = 173 *D,* 71 *C.*

zwivelliche wende   Zwivel hùt unt zwivellichez tach.

Manec zwivelhof ist alsô grôz,

5 daz ich des vürhte sêre,   si müezen ligen bûwes blôz.

'der zwivel hât niht ende',   ein zwivelær hie vor in zwivel sprach.

Zwivel bûwet selten guot gesæze,

Zwivel riet mir, daz ich niht enmæze

weder hovestat noch gezimmer.

10 Zwivel welle mich dan lân

unt dar zuo zwivellicher wân,

sô sit gewis,   daz ich gebûwe nimmer.

173.

'In ruoch' sagt weder abe noch an,

'in ruoch' behabt ze vriunde   selten weder wip noch man:

'in ruoch' ist weder kalt noch warm,   'in ruoch' ist weder liep noch leit.

'In ruoche' kan wol übersehen,

5 'in ruoche' lât dem man geschehen,   daz im doch mac geschehen,

'in ruoch' ist êren âne;   daz spriche ich volliclîch ûf mînen eit.

Swâ ich alsô 'in ruoche' veile vinde,

dâ ist vil wert 'ich ruoche' zingesinde.

'in ruoch' ist sippe der unmære

10 nâher dan éz der liebe si.

'in ruoch' ist ouch der vrâge vri.

zwiu sol ein man,   der sô macht zwivelære?

174.

Âgez, dû bist ein übel diep!

ez wart nie vriunt dem vriunde   sô getriuwelichen liep,

dun stelst si von ein ander,   alsô daz er gar muoz vergezzen sin.

---

3 buwet *CD.*   4 *Vor* grôs *ist* guot *gestrichen C.*   6 [ende] *C.*   bevor
CD.   9 hofstat *C.*   gezimber *CD.*   10 danne *CD.*   12 nimer *C.*

173 = 174 *D,* 160 *C.*   1 enruoch *C immer,* ich enrŷche *D ebenso.*   2 behalte *D.*   [selten] weder das w. n. den man *C.*   3 *die Vershälften vertauscht C.*   warn *C.*   4 das kan *C.*   5 das lat *C.*   dem] ein *D.*   geschen *C*(1).   6 sprich *D.*   7 also daz ich enrŷche vinde *D,* selh enruoch
veile v. *C.*   8 ruoch *C,* enrŷch *D.*   sin ingesinde *C.*   9 ich enrŷch *D.*
10 danne es *C.*   11 ich enrŷch *D.*   ouch der] rehter *D.*   12 so machet *D,*
machet si *C; vgl. die Anm.*

174 = 175 *D,* 159 *C.*   1 angest *immer C.*   2 dem andern so *C.*   so
gar *D.*   trutlichen *C.*   3 du *CD.*   stels *D.*   stilst den einen von dem
andern also das er vergisset sin *C.*

Roethe, Reinmar von Zweter.   32

Swie vil Àgez der diepheit kan,
5 mines lieben vriundes   kan er mir niht steln hin dan:
stilet aber er mich im,   daz muoz ich alsò làzen sin.

Àgez, dù bist vil dicke schalkes muotes,
du verzihest dinen vriunt ein lützel guotes:
des müeze Àgez der tiuvel schenden!
10 er diep, unreiner bœsewiht!
mînes vriunts stilt er mir niht:
stilt er mich im,   des mac ich niht erwenden.

175.

Vil wiser man, nù hœre mir!
ein dinc, daz wol geteilet ist,   daz wil ich teilen dir:
hie vor was triuwe unt ère,   vröude bî zûhte unt alles guotes vil.
Woltestù sò manegen tac
5 dò sìn gewesen, alsò nù din leben gewesen mac,
daz din nù niht enwære?   nù merke reht, waz ich dir sagen wil!
Der werlte leben daz ist nù worden swære,
ez richet valsch unt lugelichiu mære,
die liut sint worden ungetriuwe,
10 ez verræt der vater nù sin kint:
diu meiste menege ist èreu blint.
nù kius alsò,   daz ez dich iht gerinwe!

176.

'Beschaffen' unt 'ez muoste sin'
mit disen zwein bedeckent   tumbe liute ir schanden schìn;
'beschaffen' unt 'ez muoste sin'   diu werfent niemans ère hin.
Swer selbe sin ère übersiht
5 unt die verliuset, der endarf diu zwei des zîhen niht,
'beschaffen' unt 'ez muoste sìn':   wand ich des widerkemphe bin.

5 stilet er mir niht hin dan C.   [hin] D.   6 stilt D.   seht daz D.
8 verzihes D.   dinë fründe C.   10 unrehter C.   11 mins C.   vründes D,
herzen küniges C.   12 ime C.
175 = 176 D, 72 C.   2 geteilt D.   3 bevor D.   zuht C.   4 woltest du
de so C.   5 als CD.   7 dast C.   9 lùte CD.   10 [ez] C.   verretet D,
verratet C.
176 = 177 D, 73 C.   Am obern Rande in D steht von spätrer Hd. beschaffen.   1 mùste C immer.   2 tvmben D.   3 niemannes CD.   4 sine D.
5 verlvst D.

'Ez mnoste sin' unt 'ez was mir beschaffen',
daz hœre ich dicke sprechen manegen affen,
als in sin selbes muot betringet,
10 daz er sünde unt schande begât
unt giht, ez si beschaffen tât
ân sine schult: vürwâr, der tôre der liuget!

177.

Nû merket alle, wie daz zimt,
swâ man von hêrren höven disiu hovcmære vernimt:
'wir quâmen hin ze hove,   unt vuogte sich, daz wir niht qnâmen dar'.
Nû merke, sinnerîcher man!
5 ob ich dir disen sin   bescheidenlîch bescheiden kan,
sô nim in dînem herzen   tougenlichen miner sprüche war!
Swer kumt ze hove unt hêrren gerne sæhe,
wirt dem ze hove erboten solchiu smæhe,
daz man in vrevellîchen enget,
10 daz er des hêrren niht ensiht,
der ist ze hove unt ist dâ niht;
des hêrren lop   mit schelten wirt gemenget.

178.

Ez was ein gar unsælic man
in einer stat gesezzen,   dar inne er nie kein heil gewan:
der dâhte: 'ich wil versuochen,   wie min gelücke in vremeden landen si'.
Dô im der reis ze muote wart,
5 Unsæld wart sin geverte,   diu huop sich mit im ûf die vart;
er lief gein einem walde,   er wânde, er wære Unsælden worden vri.
Er sprach: 'Unsæld, nû bin ich dir entruunen!'
'Nein', sprach Unsæld, 'ich hân den sie gewunnen:
swaz dû gelief, daz selbe ich raude:

10 *vor* begat *ist* tût *in* C *gestrichen.*   11 beschafnû C, beschaffeniv *D.*
12 ane *CD.*   schulde *CD.*   [der] (2) *C.*

177 = 178 *D,* 74 *C.*   1 merkent *DC.*   2 dise *D.*   3 so daz *DC.*
kamẽ (*zweimal*) *C.*   6 tovgenlich *D.*   8 soliche *D.*   9 im *D.*

178 = 179 *D,* 75 *C.*   2 kein *Wackernagel,* dehein *DC.*   3 fremden *C.*
4 reise *CD.*   5 unselde *CD immer.*   6 gegen *CD.*   9 geliefe *CD.*

32*

10 ûf dînem hals was mîn gemach'.
der man dô zuo zim selben sprach:
'sost niht sô guot,   in kère wider ze lande'.

179.

Eim vischer troumt, er solte lân,
swaz ér vieng cleiner vische,   er solte niht wan grôze vân,
die ime unt sime gesinde   wærn helfelich vür alle ir aremuot.
Der vischer volgte dem troume nâch;
5 swaz er vienc cleiner vische,   dern ahtet er niht; im was gâch,
wie er die grôzen vienge: in betrouc der troum, als er noch manegem tuot.
Sus wart der vischer grôzer sorgen rîche.
dem vischer ich vil manegen man geliche,
der cleines guotes niht enahtet:
10 uut gewinnet er des grôzen niht,
reht als dem vischer im geschiht,
der die clefnen lie   unt nâch den grôzen trahtet.

180.

In mîner âbentzît ich bin
unt trage doch jungen liuten   gar junclichen morgen schîn:
ich lege mich ûf mîuen arm   unt spaune doch nâch êren wol.
Mîn âbentsunnenschîn ist bleich;
5 ist aber der jungen morgen rôt,   dâ bî ir ellen weich,
sô wirt ir lîp gemaches rîch,   dâ bî an êren selten vol.
Junc man, nû wis vrô unt doch mit zühten!
ülfheit ist ein suht ob allen sühten
an jungen êregernden liuten:
10 ülfheit erziuhet jungen lîp,
sô daz Got noch reiniu wîp
in niht enmugen   geminnen noch getriuten.

---

10 halse *CD.*   11 da zuo im selbe *C.*   12 so ist *D.*   ich enkere *CD,*
ich kere *Benecke z. Iw.* 749.

179 = 180 *D,* 76 *C.*   1 Einem *DC.*   2 vinge *DC.*   3 im *D.*   sinem *D.*
weren *CD.*   armuot *CD.*   5 gevinc *D.*   der enahtet *C,* der enaht *D.*
6 manige *C.*   12 die cleinen] cleine?   traht *D.*

180 = 181 *D,* 77 *C.*   2 ivgen *D.*   [gar] *D.*   5 morgenrôt *D.*   8 suht]
suhte *D.*   9 an allen ivngen *D.*   12 mugen *C.*

181.

Diu werlt ist nů sô wunderlich,
sô si ein dürre begrifet,   si verzagent alle gelich
unt möhten doch gedenken: Got hiez ůz hertem steine wazzer gân.
Swer gar verzagt,   der ist verlorn
5 hie libes, dort der sêl: wê im, daz er ie wart geborn!
swer die sünde büezet,   der muoz von Gote sunder gnâde hân.
Irdischer vrühte Got sîn regen sendet:
der ougen vluot mit riuwen sünde wendet.
er sælic lip, der des gedinget
10 unt sich verlæzet an des geben,
der uns gît sterben unde leben:
des barmikeit   uns zuo dem himel bringet.

182.

Swenne ein vluorzůn driu jâr gestât
unt daz ein hunt des zůnes   alter driu verslizzen hât,
wirt danne ein ros dri stunt als alt   alsô der hunt, dêst alt genuoc.
Wirt danne ein man dri stunt als alt
5 alsô daz ros, seht, der ist allen wiben gar ze kalt;
ern ist niht minnebære,   swie vil er viurs hie vor ůz helme sluoc.
Swer in dan vor geriht kamphlîch an sprichet,
daz alte hovereht er an im brichet:
daz sult ir sunder triegen wizzen!
10 ist daz ichz beziugen sol,
so beziug ichz mit hern Hoier wol:
der hât wol   driu rosses altr verslizzen.

183.

Wir haben gehœret lange wol,
daz man den man bî sînem   gesellen dicke erkennen sol:

---

181 = 182 *D*, 78 *C*.   1 welt *C*.   [nů sô] *D*.   3 mohten *D*.
5 sele *C*.   6 besvnder *D*.   7 irdenscher früht *C*.   sinen *CD*.   8 riuwe *D*.
9 [lip] *C*.   10 verlaset *C*.   11 vn *DC*.   12 ze dem *C*, zv *D*.

182 — 183 *D*, 79 *C*.   1 zuu *C*.   3 dannne *D*.   als der *CD*.   daz ist *DC*.
5 als *C*.   6 erne *D*.   beuor *D*.   7 danne *C*, denne *D*.   gerihte *CD*.   *l'or*
kampflich ist g gestrichen C.   8 houereht reht *D*.   zerbrichet *D*.   9 sult ir
aus solt er *gebessert C*.   11 bezůge *C*.   12 alter *CD*.

183 = 184 *D*, 80 *C*.   1 gehort *DC*.   2 sinë *C*.

hüet iuch vor ungesellen,   ir werden edeln, die nâch êren streben!
Von ungesellen wirt der man
5 vil dicke houbetsiech: ir werden jungen, denket dran:
swelch houbetsiech wirt iuwer,   der muoz mit schanden an sîn ende leben.
Hüet iuch vor ungesellen zallen stunden!
ich wolte, daz si solten gân gebunden
alsam die vrouwen mit gebenden,
10 daz man si dâ erkante bî
unt alle liute spræchen: 'Phî!
verschamtiu brût,   ir welt die minne schenden!'

184.

Atzunge ist hêrren hove ein hagel,
atzunge ist hêrren habe mê vergift dan nâtern zagel:
atzunge diu beschatzet   der hêrren arme liute unz in den grunt.
Atzunge vrizt den hôhen nider
5 unt macht den nidern hôch,   dâ kan nieman getuon niht wider:
wære daz der wirte schade,   sô wærz der hêrren hôhster vuut.
Atzunge, ze swem si sich gesellet,
den vrizzet si, daz im diu naht enphellet.
atzunge, daz dû sîst vervluochet!
10 swâ dû den êregernden weist,
den vrizzestû, vrâz, aller meist.
nû vriz in dich   den tiuvel, der dîn ruochet!

185.

Sô wâc gelît, sô wint geligt,
sô diu starke müede   den wilden tieren an gesigt,
daz si sich legent durch ruowe,   sô éngeruowet Megenzer bischof niht.
Er ist ein waller her unt dar;
5 swâ er sich hin erbiutet,   sô wil er lîht anderswar:

3 hütet DC.   5 gedenket dar an D.   [ir — dran] C.   6 [swelch houbet-
siech] C.   iuwer] einr DC.   mûs mûs C.   8 gen DC.   10 si erkante
da bî DC.   11 sprechent C.

184 = 185 D, 81 C.   1 hof C.   2 uergifte D.   danne C.   3 [diu] C.
untz an C.   4 div vrizet DC.   5 machet DC.   6 were ez DC.   hohester D.
7 zuo C, zv D.   10 ere gerenden C.   11 dem verezzest du C.   12 dēr C.

185 = 186 D, 82 C.   1 gelint C.   2 mîden C.   tiern DC.   3 er ge-
ruowet C.   5 lihte C.

alsus man sîne reise   den wisewazzern dicke geliche siht.

Er weiz wol: 'Velt hât ougen, walt hât ôren';
sus macht er sîner vinde speher tôren:
mit cranches hals kan er wol swîgen
10 unt mit strûzes ougen sehen,
mit luhses ôren rûnen spehen:
steinbockes wîs   kan er wol berge stîgen.

186.

Ein sueller wol gevierter wagen
der gât ûf zwelef schîben   unt hât lange her getragen
zwô unt vünfzic vronwen.   die sint dar ûf gesetzet nâch ir zal.

Der wagen nimmer stille stât,
5 sîn orden zallen zîten   snelle loufet unde gât,
ûz holze niht gehouwen,   ern ist ze kurz, ze lanc, ze breit, ze smal.

Den wagen ziehent siben ros, sint wîze,
unt ander siben swarz mit stætem vlîze.
wer ist der mir den wagen betiutet?
10 dem gebe Got jâr âne leit!
der wagen ist in vor geseit:
der louft, unz im   sîn meister daz verbiutet.

187.

Diz liet ist vol wunders gar:
ich sach ûf einem wagen zwô unt vünfzic vronwen var;
die heten alle ein swester: die vindet man, bî swelcher sô man wil.

Daz êrste rat vol snêwes was,
5 daz ander daz truoc wurze,   daz dritte bluomen unde gras,
daz vierde truoc besunder   korn, obez, wîn, zam unde wildes vil.

Den wagen zugen vierzehen ros, merket wunder!
zwelf wagenman die phlâgen ir besunder:
'die wâren bî in zallen stunden;

---

7 velt hat oren walt hat ougen C.   5 machet CD.   viende C.
9 kranchalse C.

186 = 187 D, 83 C.   2 get CD.   zwelf CD.   5 vn CD.   7 snben D.
wiz D.   8 suben D.   vliz D.   9 betûte D.   12 loufet DC.

187 = 54 C.   3 welher C.   4 rat Bodmer, fehlt C.   5 vn C.   6 obs C.
vn C.   7 zugen vdHagen (zogen Bodmer), fehlt C.   merkent C.

10 ieslîcher der stuont sînen wec
 âne brugge unt âne stec.
ich hân den wagen   ân schatz ze koufe vunden.

188.

 Nû merket, waz daz sî, durch Got,
 daz dâ nie erstarp   unt ist doch êwiclichen tôt,
noch nimmer mac ersterben,   daz râte ein man! ich râte ez, ob ich wil.
  Bruoder, swestr ez beide hât,
5 daz ein tumber leie,   wæne ich, unerrâten lât:
ist ir ab eteslîcher,   der ez errât, son ist ir doch niht vil.
  Dirre wunder ich iuch underscheide:
sêl unt lîp sô hât daz wunder beide.
durch wunder ich daz wunder schrîbe:
10 wand ez ist wunders gar genuoc.
ich sach die vrouwen, diu ez truoc,
unt wart doch nie   geborn von wîbes lîbe.

189.

 Nû seht, wie listic daz er was,
der ûz trüeber aschen   worhte ein lûter spiegelglas,
sô lûter unt sô reine,   daz er sîn selbes bilde drinne ersach.
  Unt was daz niht ein wunder grôz,
5 daz erz von aschen worhte,   unt was doch selbe ein erdenclôz?
dâ von sô wart gemachet   unser vater, dêst lanc, daz daz geschach.
  Den liez sîn schepher zaschen wider werden:

_____

10 iegslicher C.   12 ane C.   kûfe C.
188 = 188 D, 174 C.   1 merke C.   durch Got] vñ rat C.   2 *Vor* ist
ist en *radirt* D.   das niht ersterben mag C.   ewecliche C.   3 noch niemer
mere erstirbet noch nie erstarb ich rate C.   4 lib vñ sele C.   swester D.
5 davon ein tôrscher leije ich wene es ungeraten lât C.   6 ist ir aber D, vñ
ist ir C.   etslicher D.   erratet D, weis C.   der vindet man niht vil C.
7 sines wunders ich úch mer bescheide C.   8 brüder vñ swester hat es b. C.
durch wunder sel D.   lip unt sêle hât? *vgl. S.* 294.   9 were es alles an
geschriben C.   10 warte ob des iht si g. C.   gnîc D.   11 vrowun di D,
fehlt C.   12 liben C.
189 = 189 D, 169 C.   1 nu hôrt C.   [daz] er doch C.   2 das er C.
3 so clar vñ ouch so C.   dar inne CD.   sach C.   4 [Unt] C.   wuder C.
5 das er nu us eschen machet vñ was doch ein C.   6 [davon — gemachet]
unsern vater adam wan des ist vil lang C.   daz ist D.   das es C.   7 lie C.
vnser D.   ze aschen wider D, wider zeschen C.

nù wil er aber ûz der selben erden   ·
vil manegen reinen spiegel machen,
10 der immer muoz ân ende sin
noch lûterr dan der sunnen schîn:
sin kunst ist ganz,   die kan im nieman swachen.

190.

Sich, mensche, vür dich, wer dû bist,
wár ûz dû sist worden   unt wer dû wirst in kurzer vrist!
din leben wert unlange   wider dem leben, daz nimmer ende hât.
Lebe tûsent jâr! daz ist ein wint
5 wider manegen jâren,   diu dâ niht ze zelne sint,
dâ vröude ist âne ende,   manec wunnespil, diu nimmer mêr zergât.
War quam din vater, muoter, bruoder, swester?
diu werlt wart nie gemeiner crankeit vester,
denne si ist bî disen zîten:
10 diu meiste menege hât den muot,
si werbent umbe langez guot
unt wizzent niht,   wie lange der tôt well biten.

191.

Vil tumber mensch, ich râte dir
den rât, der dir wol vüeget,   ob dû wilt gerne volgen mir:
dû denke in dinen sinnen,   wie dû gewinnest êwiclîchez leben!
Vor allem hort sô minne Got!
5 dû vrâge wîse liute,   daz si dir sagen diu zehen gebot,
diu cristenlicher lêre   der Cristenheit ze helfe sint gegeben.

---

8 aber] vus noch D.   us siner niuwen C.   erde D.   9 [vil] C.
lutern C.   10 ane D.   11 luterre D, klarer C.   danne C.   12 [im] D.

190 = 190 D, 85 C.   1 [vûr] C.   mensch dich vür warte wer D.   2 worden
sist vdHagen, sis worden D.   4 Leb D.   5 ze zeln D, zelenne C.   6 mère D,
mer mer C.   von zergat in C nur z erkennbar.   7 kan C.   din mit' D.
8 werlte D.   gemeine, dahinter r radirt D.   10 einen mit D.   11 landes C.
12 wizent D.   welle CD, wil?

191 — 191 D, 86 C.   1 mensche C.   3 ein ewiclichez DC.   4 horde
CD.   6 den christen luten sint ze helfe D.

Nù merke reht, wie dù si solt behalten,
unt tuostù daz. sò mahtù sælden walten
hie unde dort gar êwiclìchen.
10 verdienestù der sêle heil,
des himels vröuden erbeteil
besitzestù: daz wizzest sicherlichen!

192.

Swer âne sünde welle vervarn,
der mide drie sünde,   er kan sich nimmer baz bewarn:
diu êrste heizet hôchvart,   diu ander ungehôrsam ist genant.
Die dritte nent man gìtikeit.
5 dise houbetsünde   machent immerwerndiu leit.
daz uns dâ vor behüete   der süeze Got, des müeze er sîn gemant!
Lùcifer wart durch die êrste verstôzen
von himel, er unt ander sîne genôzen:
diu ander roubte daz pardìse,
10 diu dritte wuochert alle tage
der tiefen helle: ô wê der clage!
mensch, sich vür dich   unt hüet dich, bistù wise!

193.

Ez vuor ein ebenhêriu diet
ze tal ùf einem wâge: daz schif gein einer müln geriet:
dô bat des schiffes meister   die liute ruoder nemen in die hant.
Dâ kêrten si sich lützel an:
5 don mohte des schiffes meister   niht al eine ez bringen dan,
unz si dar under runnen: des wart in nôt unt arebeit bekant.
Alsò geschiht noch manegen tumben herren,
die sich von guotem râte wellent verren:

---

9 vñ CD.   12 wizzest aus wizzent gebessert D.   gar sicherlichen D.

192 = 192 D, 87 C.   3 heizet] ist genennet D.   4 dritten? nennet CD.
7 vgl. zu 167, 8.   8 vö C.   sin C.   9 roubet C.   paradise C, paradis D.   11 die
tiefe der helle C.   12 mensche C.   dich vur D.   hûte DC.   sist du C.
wis, ein e dahinter radiert D.

193 = 193 D, 184 C.   1 ebenhere C.   5 do nemohte D.   6 arbeit D.

die wellent sich an êren spâten :
10 den geschiht alsô geschach,
die man dâ nider vliezen sach
hin durch die müln,   die ouch daz selbe tâten.

10 alse *D.*   12 hin] al *D; vgl. die Anm.*   mût *D.*   *Nach C lautet*
die Strophe:

    Ez vuor ein ebenhêriu diet   .
  in einem schiffe, biz daz schif   gein einer müln geriet:
  dô rief der schifman sine   schifgereisen in den nœten an,
  Daz si diu ruoder in die hant
5 geruochten nemen: dô sich   der ir dekeiner underwant,
  don mohte er ouch daz schif   niht eine bringen von der müln hin dan.
  Sus truoc der wâc daz schif mit disen liuten
  hin durch die müln: diz bîspel mac betiuten
  die vürsten, die sô sint verdrozzen,
10 daz si niht ruodernt gegen dem stade,
  ê daz ûf in geligt der schade,
  der jenen geschach,   die durch die müln vlozzen.

1 ebenhere *C.*   2 scheffe *C.*   schef gegen *C.*   6 müle *C.*   5 dur *C.*
dis *C.*   11 geliget *C.*

194.

Der hof hât drîer hande diet:
gehoft unt ungehoft, verhoft: der mir diu driu beschiet,
der bat mich, daz ich wære   bî den gehoften gerne zaller stunt.
Er sprach: ʻMac es niht rât gesî,
5 sô volge mîner lêre   unt wis den ungehoften bî
ê dan den gar verhoften: verhoft dem ist wol valschez tiuschen kunt.
Verhoft daz leckert zeteslichen stunden:
sost ungehoft mit schame doch gebunden.
verhoft ê dêr dan wolte vrâgen,
10 er tæte ê missewende drî:
sô muoz doch jener in schamen sî,
ern welle dan   dekeiner êren lâgen.ʼ

195.

Ich hân gehœret manegen tac,
daz eteswenne ein nagel   ein îsen wol behaben mac,
unt ein îsen behabt ein ros,   daz ros behabt ein biderben man:
Sô wirt ouch eteswenne erwert
5 ein burc von biderbem manne   unt von der burc ein lant ernert.
swaz grôzer dinge ergât,   diu hebent sich von cleinen dingen an.
Nagel, îsen, ros, burc, lant, diu vünviu wæren
bereit, wan daz mich dunket an den mæren,
wir hân dar zuo niht ganzes mannes.
10 wê im daz er ie wart geborn,
an dem diu vünviu sint verlorn!
der wære wert   der âhte unt ouch des bannes.

196.

Ich quam geriten ûf ein velt
vür einen grüenen walt: dâ vant ich ein vil schœne gezelt,

---

194 = 2 *C.*   3 wer *C.*   4 *vor* mag *ein* m *gestrichen C.*   6 ê dan] oder
bi *C.*   dien gar gehoften *C.*   *vor* wol *ist* vol, *vor* kunt bi *gestrichen C.*
9 ê dan der?   danne *C.*   10 drin *C.*   11 ienre *C.*   sin *C.*
195 = 88 *C.*   2 nâgel *C.*   3 daz] *Wackernagel,* vn das *C.*   4 erűert *C.*
5 burc (2)] bürg *Wackernagel.*   6 bereit *Wackernagel,* breit *C.*   11 diu
Wackernagel, fehlt C.   12 der âhte *Wackernagel,* ahte *C.*
196 = 89 *C.*   1 kan *C.*   2 schôn *C.*

dar under saz diu Triuwe,   si want ir hend, si clagte Gote ir leit.
Si schrè vil lûte unt sprach ze Got:
5 'Hérre, lâ dich erbarmen,   ich bin zer werlt der richen spot;
daz rihte dû mir, hêrre!   din gewalt ist michel unde breit.
Die ungetriuwen wellent mich verkêren:
hêrre Got, hilf mine vröude mêren!
min schar ist worden alsô cleine,
10 der ungetriuwen ist sô vil,
untriuwe ist in der werlte ein spil:
nû hilf im, Crist,   swer dich mit triuwen meine!'

197.

Sô wê dir, Werlt! din valscher glanz
àn aller stætikeit,   unstæte, dürkel unt unganz,
enzucket hât mit lôser   lüge sunder nuz hin mine tage.
Dû hieze mich in wollust leben,
5 mines herzen wider Got   mit kündikeit hie streben:
des hàn ich dir gevolget,   daz ich nû ze spâte leider clage.
Mir ist von sünden ûz gebogen der rucke,
unt weiz niht, wenne mich der tôt hin zucke
bar guoter werke unt riuwen beider,
10 der man ze tôde wol bedarf.
din lôn sûr, bitter unde scharf
ich vunden hàn,   Werlt, an dem ende leider!

198.

Mich wundert unt ist jæmerlich,
daz ein man, den Got   gemachet hât sô witze rîch,
im alsô schedelichen   manege smæhe gelust lât an gesigen
Unt sich vor Gotes ougen niht
5 der dinge schamt, der doch   in aller menschen herze siht,
der er sich wolte schamen   vor eime, der ze küchen wære gedigen.
Nû gip uns schame, hêrre, aller bœser dinge!
reiuiu schame valschen muot kan twinge

---

3 hende C.   klagte vdHagen, fehlt C.   5 zer] in der C.   6 vñ C.
9 alse C.
197 = 93 C.   2 an? vgl. die Anm.   5 meines? vgl. die Anm.   hie] ie?
7 rugge C.   8 zugge C.   11 vñ scharpf C.
198 = 117 C.   3 alse C.   gelúste C.   6 zuo C.   7 [hèrre] C.
dingen C.   8 reine C.   twingen C.

von missetæten zuo der güete,
10 diu Got ze vriunde erwerben kan.
si sælic wìp, er sælic man,
swà er nù sì,   der reine schame brüete!

199.

Pâris, Pàdowe, Sàlerne kan
niht alsò wol gebern   ein jungen èregernden man,
sò daz er sich enthalde   in sìnem zorn an worten unt an tàt:
Unt müeje in iht, daz man im tuo,
5 des sol er ander liute erlàn,   daz hœrt in beiden zuo:
kan er sò sinne walden,   sò git im sìn herze guoten ràt.
Junc man, nù merke, waz die wìsen prìsen,
unt là die wìsen dich des selben wìsen,
daz dù sìst gerne bì den besten;
10 unt wenstù dich in dìner jugent
an dìse vor genanden tugent,
sò zinistù wol   bì kunden unt bì gesten.

200.

Ein zwelf jàr alter jungelinc,
stille, zühtic, dienesthaft,   daz sint driu houbetdinc,
diu des urkünde gebent,   daz man sich vürbaz mac an im versehen,
Ob er kome an diu zwènzic jàr,
5 daz er gemeine unt ouch   geminne werde, unt wirt daz wàr,
sò lèrent in diu vier unt zwènzic jàr zuht unde manheit spehen.
Unt kome er dan ze sìnen drìzic jàren,
sò sol er stæte unt ganzer triuwe vàren;

---

10 die C.

199 = 126 C, 722 u t.   1 Badowe C, pandaw t.   Salern enkan t.   2 noch
nieman bass geleren zucht vnd wyssheit ein jungen man t.   3 enthalte C.   dan
daz er sich in zorne enthalten kan mit worten vnd mit tat t.   4 mue C.   Noch ist
ein lere die ist so slecht t.   5 ein lere ob aller le's vnd ist wol ein gotliches
recht t.   6 waz er ym wil han verborne Daz er daz einē andern auch herlat t.
6 vnd lass des selben dich auch vnderwysen t.   9 vnd wiss auch allzyt g. t.
dem t.   10 wennest du C, gewenstu t.   dich dez in der j. t.   11 an] vff t.
genante t.   12 bì] den t.   bì] den t.

200 = 127 C.   3 daz] des vdHagen.   6 dú ier C.   zweng C.   vñ C.
7 danne zsinē driseg C.

hât er sich kintliche ê vergâhet,
10 daz sol er büezen mit der tât,
diu lip unt guot ze gebenne hât.
wie schône er dan   den vünfzic jâren nâhet!

201.

Ein vederlôsin vledermûs
zeinem valken sprach: 'Her valke, ich habe in minem hûs
valken gevidere veile;   her valk, welt ir daz hân, sô seht mich an!'
Dâ bi sô saz ein œder gouch,
5 der jach, er wære ein meister   nahtegalsanges ouch:
sus vermâzen si sich beide,   des ir deweder keinez nie gewan.
Diz bispel tuuben man al hie betiutet,
der wisen linten êre veile biutet
unt gilt, er welle in daz verkoufen,
10 daz nie im übernehtic wart.
der nie gewan hâr noch den bart,
den möhte man   alsô sanfte roufen.

202.

Swer sich vor nide welle ernern,
der minne *die* unvuoge   unt vlize sich der tugende wern:
wie sol man in geniden,   wil er beliben sunder êren ger?
Wes zige man einen bœsen man,
5 daz man in nide, sit er niden niht verdienen kan?
swer den bœsen niden wil,   der muoz noch bœser sin dan er.
Werde liute suln unwerde niden:
die werden müezen immer niden liden,
die werden suln sin nitlidære,
10 nitliden zimt den werden wol,
sô sint die bœsen nides vol:
nitlidær   sint bezzer dan nidære.

9 hat er sich *Jak. Grimm*, habt sich *C.*   10 tat *JGrimm*, rate *C.*   11 diu
JGrimm, die *C.*   hat *JGrimm*, hant *C.*   12 danne dien fünfzeg *C.*

201 = 141 *C.*   3 valke *C.*   4 oderchuh *C.*   6 so?   9 alles das *C.*
10 nie ubernehtig bi im wart *C.*   12 mehte *C.*   alse *C.*

202 = 145 *C.*   2 [die] *C.*   ivgende *C.*   3 ere gâr *C.*   5 niden
niht *vdllagen*, niht niden *C.*   6 danne *C.*   7 unwerde liute *C.*   10 dien *C.*
12 nitlidere *C.*   danne *C.*

203.

Der Pârât, valscher Serîôn,
her Liegât, Triegât, Trumphator,   der vünve meisterdôn
hât al diu werlt sô liep,   daz in diu meiste menege tanzet nâch.
Dâ tanzet Slurchart unde Slich,   ●
5 Vridelôs, Diebolt, Meinolt,   Roubolt, die vil manegen stich
den vogetlôsen machent: dâ hilfet Ungewis, Arc unde Schâch.
Untriuwe unt Schande singent vor ze prîse,
Rôup, Mort, Brant, Nidunc in Sibchen wîse,
Lôsheit, Jâhêrre unt Hovegalle,
10 Spot, Unkust, Òrendrus uut Vâr:
Untriuwe singet über jâr,
Werlt, dînen tanz: phî dich unt ouch die alle!

204.

Ich hân daz dicke wol vernomen,
daz ûz den grôzen wazzern   sint die grôzen vische komen:
swer si dar inne vâhet,   der hât gelücke unt ist ein sælic man.
Dâ bî sô sult ir wizzen daz,
5 daz man in grôzen wazzern   mac ertrinken, niender baz:
er dunket mich vil wîse,   der dise rede ze rehte kan verstân.
Ich hân in grôzen wazzern vil gevischet
unt hân der grôzen vische niht erwischet:
in kunde ir leider niene gevâhen:
10 ertrinken was mir vil nâch kunt.
mir gienc daz wazzer in den munt;
mir hulfeu niht   die hèrren, die daz sâhen.

205.

Ein bruoder sînen bruoder sluoc,
ê daz ir beider vater wart   geborn; den ungevuoc
den sol ein wîser râteu: wan daz was ein wuoderlich geschiht.
Dar nâch ich eine brugge sach,
5 diu wart in einer naht geworht   über einen breiten bach:
swaz künege ûf erde lebt,   die wurhten alle solcher brugge niht.

203 = 161 C.   1 sermôn?   2 vünve vdHagen, rúfe C.   3 alle die C.
menge C.   4 slunthart Meissner.   vñ C.   5 meinolt Wackernagel, manolt C.
6 vogtelosen C.   vñ C.   7 da vor C.
204 = 167 C.   2 dien C.   8 vischeu C.   9 nie C.
205 = 173 C.   5 gewort C.   6 selker C.

Dò quâmen zwêne, die die brugge brâchen
unt die beide nie kein wort gesprâchen:
den einen sach man unt niht hòrte,
10 den andern hòrt man unt niht sach:
wærz al der werlte ein ungemach,
der beider craft   die brugge gar zerstòrte.

206.

Uns wont ein wunsch gemeine bî,
daz uns Got gebe ein ende   guot unt alles wandels vrî:
der wunsch ist gnot, ab ende guot   ze gebenne an rehtem lebenne lît.
Got mac ez geben, ob er wil:
5 daz geloube ich wol: ez wær ab ein gewunnen spil,
daz Got guot ende gæbe   ân rehtez leben: daz wizzet âne strît!
Reht leben gît vil gerne guotez ende,
unrehtez leben phligt der missewende.
mit der der zwîvel hât die phlihte,
10 wie diu sêle mac gevarn!
des mac uns alles wol bewarn
reht leben, ob wir   daz bringen vür gerihte.

207.

'Got hêrre' bit vil manic man,
'genâde! gip mir vrist   ze leben, unz ich dir undertân
mit dienste mfieze werden!';   diz gebet Got ofte erhœret hât
An manegem man, der im doch nie
5 sò vil ze dienste wart,   daz er im ie gebuge diu knie
an rehter liebe zêren: diz ist jâmer, der mir nâhe gât.
Got gît ie vrist, man vint in aber selten,
der die vrist mit dienste welle gelten,
die Got sò lange hât geborget.
10 er schiubt ez ûf von tage ze tage
unt wænt an einem tage erjage,
daz er dâ hât   sò wèninc vor besorget.

---

7 [brugge] *C.*   11 vn̄ wers *C.*
206 = 181 *C.*   3 aber *C.*   5 ich geloube *C.*   aber *C.*   6 ane *C.*
7 rehte *C.*   9 h *in* hat *aus* r *gebessert C.*   11 das *C.*   12 gerihte *aus*
gerehte *gebessert C.*
207 = 182 *C.*   5 gebutte die *C; vgl. die Anm.*   6 ze eren *C.*   7 vindet *C.*
10 schiebet es *Bodmer,* schribet es *C.*   tag ze *C.*   11 wenit *C.*   iriage *C.*
Roethe, Reinmar von Zweter.   33

208.

Der wise Salomòn dô sprach:

'swaz ich hân ervarn   unt allez daz ich ie gesach

under der sunnen, daz ist gar   ein trüge ob aller trûgeheit.'

Er sprach ouch sicherlichen wâr.

5 ô wê daz wir dran hie   sus swenden unser kurzen jâr

mit trüge unt niht gedenken   an die immer wernden sælikeit!

Niht hilfet al der werlde hort gekoufet

unt durch den hort diu sêle hin besoufet

in hellepîne sunder ende.

10 des suln wir werben umbe ein leben,

dem êwic vröude wirt gegeben,

unt lâzen varn,   daz uns des mac gephende.

209.

Daz bœst, daz man erdenken kan

ze himel unt ûf erde,   daz ist der ungetriuwe man;

der blendet liebtiu ougen   unt verderbet, daz ê was gesunt.

Sîn zunge eitergallen hât.

5 er lebendic rê, mortmeilic man,   urspriuc der missetât!

hüet iuch vor sîme lachen: ez machet guote liute sêre wunt.

Erst lange siech, an den sîn âten rüeret,

sîn gruoz durch reiniu herze strâle vüeret,

. . . .

10 sîn zeigen swachet reiniu wîp,

sîn rûnen tœtet manegen lîp

unt sîniu werc   al bôsheit gar durchgründet.

210.

Waz sol ein minniclichez wîp?

waz suln ir liebtiu ougen,   ir rôter munt, ir schœner lîp?

waz sol ir gruoz, ir lachen,   ob keinez ûz vrôn Êren kamer vert?

Waz sol ouch ir vil süezer name?

5 waz suln ir guotiu cleider,   ob si diu treit âne schame?

<hr>

208 = 183 C.   5 der ane C.   6 stetekeit C.   8 die sele C.   9 enden C.
12 gepfenden C.

209 = 185 C.   1 bôste C.   5 ein urspring aller m. C.   6 hûtet C.
7 er ist C.   dë C.   12 alle C.

210 = 187 C.   3 deheines C.

waz sol ir wibes güete,   ob si sich tugende mit unèren wert?
Waz sol ir schœne, clârheit unt ir jugende?
waz sol, ob si wil alten âne tugende?
waz sol, ist si nâch Gote gebildet?
10 ir reinen man, ir werden wîp,
hazt alsô schœnen bœsen lip,
der Schanden zamt   unt sich gar Èren wildet!

211.

Ich wise an wiser liute rât,
daz man den habe, unt niht   an den, der râtes nien enhât:
wie kan mir der gerâten,   des rât gein werden tugenden nie geschein?
Èst bezzer bilde an dem genomen,
5 der beide an sælde, an êren   unt an guote ist vollekomen:
swer nâch dem blinden kêret,   der stôzet sich vil lîhte an herten stein.
Swer blinden volget, der ist wol erblendet:
waz wunders ist, ob den sin blintheit schendet?
dar umbe râte ich: swer sich vlize
10 gein Gote unt gegen werder zuht,
swer hât zuo den sîns râtes vluht,
ich wæne, er kume   zeime ende ân itewize.

212.

Spotter, dû solt hœren mich!
ich wil dir sagen, wes Got   von himelrîche zîhet dich:
er gibt, daz schult, meineide,   untriuwe, sünde, haz unt nides vol
Sî dîn herze unt ouch dîn lip,
5 dû vridebrech, dû schuldic mort   an man unt ouch an wîp,
diu dîn gelupte zunge   mit valscher süeze kan geschiezen wol.
Got sînen vride gap al der werlt gemeine;
den brichestû mit dînem spotte unreine!

---

7 ir clârheit?   11 hassent C.

211 = 188 C, 108 A Truchsess.   2 niene hat A.   3 [wie] A.   gegen C.
tvgenden A.   4 den C.   5 bilde C; vgl. die Anm.   selden A.   6 den
bilden A, dem bilde C.   7 blindet C.   8 obe A.   9 rat A.   vliezet A.
10 gein] gegen AC.   got C.   [gegen] C.   werder] der welte A.   11 dē C.
ratens A.   12 kome C, fehlt A.   zeime ende] ze dem C.   ane itewiz A.

212 = 189 C.   3 schulde C.   5 vgl. die Anm.   fridebreche C.   6 die C.
7 sine C.

33*

daz dû in erge hâst gesprochen
10 durch dînen spottegen valschen munt,
daz wirt dort an der helle grunt
— gehabe dich wol I —   vil sûre an dir gerochen.

213.

Ein meister der hât uns geslagen
zwei swert, diu zwêne künege   wol mit êren möhten tragen,
gemachet volliclich   von hôher kunst, unt sint wol vollekomen,
Gelîche lanc, gelîche breit,
5 ze trôste unt onch ze helfe   der vil edeln Cristenheit;
si sint unschedelich   unt mugen den getriuwen wol gevromen.
Stôle unde swert sint si genennet beide;
si bedurfen niht wan einer scheide;
an in sich nieman mac versnîden
10 wan der dâ lebet sunder vorht:
erst listic, der si hât geworht;
ir beider slege   mac man vil gerne mîden.

214.

Daz eine daz gehœret an
dem bâbest, der mit dem buoche sêre twingen kan:
mit im unt mit dem banne   sol er vaste drönwen zaller zît.
Daz ander sol ein keiser nemen:
5 stuol unde swert unt ouch   daz rîche mac im wol gezemen:
sol er gerihtes walten,   sô mac er niht belîben âne strit.
Ir fullemunt der edeln Cristenheite,
Sent Pêters kemphe, des sît ir guot geleite,
daz die gerehten überwinden,
10 die rehtes widersachen sint,
des bitet maneger muoter kint:
hilf, hêrre Got,   daz wir gerihte vinden!

_____ _ _ _ _____ _ _   _

11 dor C.

213 = 190 C.   2 die C.   6 gefrumen C.   7 vū C.   9 in in C.
11 er ist C.

214 = 196 C.   2 vluoche _Wackernagel._   5 stuol _Wackernagel,_
stole C.   vū C.   ime C.   7 Er C, ir _Wackernagel._   edel crstenheit C.
5 sante C.   geleit C.

215.

Die liute sint gelandet wol,   ⚫
diu lant niht wol geliutet,   meines sint die liute vol:
luft, ünde, erde,   himelzeichen nàch ir rehte tuont.
Des tuont aber die liute niht:
5 unschiuhende unt unschamende   sündent si, daz ez der siht,
der durch uns wart geborn   unt an dem hêren criuze wart verwunt.
Daz wir des sô dicke an im vergezzen,
des hât sín vergezzen uns besezzen
ze tôde mit den toufelôsen:
10 der touf mac sich wol unser schamen,
daz wir mit wol getouften namen
touf unde crisem   sô dicke an uns verbôsen.

216.

Ein wol werbende weideman,
der vische, vogel, wilt   sô meisterlichen vâhen kan,
swie guot er si, noch bezzer ist,   der der liute vàher ist.
Hie mit mein ich ein biderben wirt,
5 der geste wol enphâhen kan   unt der in vröude birt
in sînem hûs bi sînem brôt   unt daz tuot gar âu valschen list.
Guot wirt erwirbet êre unt Gotes hulde,
guot wirt ist aller wirde ein übergulde:
swelch wirt kan die geste enphâhen,
10 sô daz vrô Êre unt ouch ir kint
mit guotem willen bî im sint,
als der von Sein,   der mac wol êre ergâhen.

217.

Ir engel, hœhet iuwern sanc,
sit sich Got hât gejunget,   des ist nù ze mâzen lanc,
unt lobet alle gelîche   die reinen magt, die Got ze muoter nam,
Dô er sich in ir herze vielt,

215 = 191 C.   2 die lant C.   3 ünde] vñ C, ünde unt? vgl. S. 382.
unt C.   6 wart (2) vdllagen, fehlt C.   8 hat uns sin vergessen besessen C.
2 vñ crismen C.
216 = 192 C.   3 wie C.   4 man vor wirt gestrichen C.   5 der in]
en C.   6 huse C.   brote C.   ane C.   12 seine mag der mag C.
217 = 193 C, 7 H.   1 engele H.   uwin H.   2 eriungit H.   [nù]
och zû H.   3 unde lobit H, lobt C.   gliche H.   met H.   Got] er H.

5 ich meine den edeleu Got,   der aller clementen wielt:
erde unde himelrîches   ist er gewaltic, sprich ich sunder schani.

Dar zuo riet im diu Barmunge unt diu Minne,
daz er ze himel kôs die küniginne
unt ouch im selben zeiner muoter:
10 sust wart der alde hêrre junc;
von himel tet er einen sprunc
durch unser nôt   unt wart ir sun vil guoter.

218.

Avê, Marîa, reiniu meit,
sît dich Got hât erwelt   ze muoter der erbarmherzikeit,
so erbarm dich gnædicliche   über alle süudicliche diet.

Dû sunnenglast, dû morgenrôt,
5 dîn lîp uns hât benomen   des êwiclichen valles tôt,
den der leide Sâtân   unser alden muoter Êven riet.

Des bit ich dich, süenærinne reine,
daz dîn helfe mit barmunge uus meine.

wir gern in inniclichen herzen,
10 daz Got sîn antlütze clâr
über uns erliuhte unt neme war,
wie mit uns habe   der tiuvel sînen smerzen.

219.

Wache, Cristen, ez wil tagen,
der han hât zwir gecræt,   ich wilz iu wærlichen sagen:
ez nâhet gegen dem morgen,   daz Got wil rechen alliu sîniu leit.

Er wil uns alle lâzen sehen,
5 swaz im grôzer marter   durch uns sünder ist geschehen:
daz solten wir besorgen: sô wær sîn helfe gegen uns gar bereit.

---

5 meinin *H.*   edelen] grozin *H.*   6 erdin *H.*   vū *C.*   hat er gewalt. duz spreche *H.*   shame *H.*   7 die *C* (*bis*).   den starkin god den
twang sin ware minne *H.*   8 er deme hiemele *H.*   9 unde ieme selbir zů
einir *H.*   10 alsus *H.*   alte *C.*   11 hiemele det *H.*   12 durch] vúr *C.*
unser nôt] menshin ual *H.*   unde *H, fehlt C.*   ir] er *C.*

218 = 194 *C.*   2 erbarmeherzecheit *C.*   3 erbarme *C.*   vbᶜ *hinter*
dich *gestrichen C.*   genedekliche *C.*   6 aldermuoter?   9 inneklichē *C.*
12 hat *C.*

219 = 195 *C.*   1 crist *C.*   3 alle sine *C.*   5 waz?

Swenne er uns zeiget sper, criuze unt crône,
der gewaltic sitzet in dem trône,
sô kan im nieman widerstriten:
10 erst gewaltic über elliu lant.
ir Cristen, dar an sît gemant
unt warnet iuch   gein im in kurzen ziten!

220.

Wil ieman râten, waz daz sî?
êst lîhter danne ein loup   unt ist noch swærer danne ein bli,
êst grœzer danne ein berc,   gevüeger danne ein cleinez muggelin.
Daz selbe schœnet mannes leben,
5 ez kan ouch mannes schœne   vil der ungetæte geben:
sô vorhteges noch sô liebes   wart nie mêr: nû rât, waz mac daz sîn?
Êst ê ze himel, danne ein ouge winke;
ez ist sô swær, swenne ez beginnet sinke,
daz al diu werlt niht widerwuoge:
10 ez ist ouch sô gevüege wol,
ez sluffe durch ein nâdellhol:
êst beren grôz,   swenne ez verlât die vuoge.

221.

Ê heten vrouwen den gewalt,
daz si mit liehten ougen   viengen manegen ritter balt
unt twungen die dâ mite,   daz si sich eigenlichen muosten geben.
Swâ nû varnt vrouwen über velt,
5 die væhet man durch schatz   unt niht durch rehter minne gelt:
unt vluhe ein wolf ze vrouwen,   man solt in durch ir liebe lâzen leben.
Ein ritter mac sîn êre wol verhouwen,
der vrouwen væhet unt ir juncvrouwen

___

8 in throne C.   10 er ist C; vgl. die Anm.   11 sint C.   12 gegen C.
220 = 197 C.   2 doch?   6 rate C.   7 muge winken C.   8 swere C.
sinken C.   9 die C.   12 bern C, berges? vgl. die Anm.
221 = 199 C, 1 m.   1 [Ê] C.   de m.   3 betwongen C.   die]
en m.   si] her m.   moste eyghclich m.   mûsten C.   4 nû m, swa C.
frowen varnt C, varent vrowen m.   5 vâht C.   schatzes willen C.   dur
ir C.   mȳnen m.   6 [unt] C.   vlohe m, fluh C.   zû C, tzu m.
[ir] m.   7 Vor mag ist mûs in C gestrichen.   sine m.   8 unt ir]
swa si vert mit C.

unt die rouplîcben mit im zoumet:
10 hermîne zen, scharlachens mnnt
werde im von vrouwen nimmer kunt:
dar zno müeze im   von eijern sîn getroumet!

222.

Der niuweslilfen vride ist scharf
unt alsô scharf, daz ungerihte nieman vürhten darf:
swer eine masse goldes   trüege über velt, diu wær unlange sîn.
Des mac diu künigîn wol jchen
5 von Ungerlant, diu hât   daz wol gehœret unt gesehen:
der niuwesworen vride   ist an ir rossen unt an ir wol schîn.
Man was den vrouwen wîlent sô gevære,
wær si dâ her gevarn sô minnebære,
ein küssen von ir rôten munde
10 het man ir gerner abe verstoln
denne alle ir Ungerische voln:
dâz was dô,   dô Minne twingen kunde.

223.

Ach Rôm, wie dû verwitwet bist
unt der stuol verweiset!   swer der vrône vlîzec ist,
der enminnet Got   noch Gotes rebt, er sî halt, swer er sì.
Dô Rœmisch lieht lûhte unde bran,
5 swâ Cristentuom erloschen was,   den zunt man wider an:
swâ Cristentnom nû lischet,   dâ siht man den geloubeo hinken bî.
Swem veterlich des vater rebt versmâhet,
ob sich ein gæher tôt an dem vergâhet,
des wünschet alle unt dannoch eines,
10 daz uns Got geruoche geben
vogt unt êwart, die rehte leben,
daz sîmôni   mit in iht habe gemeines.

---

9 die] do *m.*   robeliken *m.*   yn *m.*   zômet *C.*   10 hermin *C.*
hermelin tzene *m.*   scharlachen *C.*   11 wert *m.*   12 mut *m.*   eigeren *m,*
einer *C.*
222 = 200 *C.*   3 truoge *C.*   4 kúniginne *C.*   6 niuwe gesworn *C.*
rosse *C.*   9 rotē *C.*   12 do diu minne *C.*
223 = 201 *C.*   1 Rome *C.*   3 minnet *C.*   4 rômesch *C.*   vñ *C.*   5 er-
löschen *C.*   zunte *C.*   6 löschet *C.*   s dē *C.*   10 geruoche *vdHagen,*
ruoche *C.*   11 voget *C.*   12 symonie *C.*   gemeine *C.*

224.

Rôme zwô tohtern gap ze man
Megenze unde Kölne: dâ ist ir niht gelungen an:
nû sint der tohtern man ein teil   ze tump unt dâ bî al ze geil.

Die sint dem rîche niht guot wirt
5 gewesen hie bî Rîne: ob daz den keiser wol verswirt,
sô muoz er doch die scharten tragen, diu niht gâhens wirdet heil.

Diu bistuom wârn ê in des rîches huote:
Megenze unt Kölne, nû lît iuwer ruote
dem rîche ûf sîme blôzen rugge.

10 welt ir mit iuwern crumben stebeu
des rîches schaden geleite geben,
sô mac doch niht   den arn vertribn ein mugge.

225.

Aller orden pris ich niht
sô sêre als dê al eine,   swaz dar umbe mir geschiht:
barvüezen, bredigære,   criuzer orden sint da engegen blint,

Grâ, wîz, swarzer münche vil,
5 hornbruoder unt martære,   als ich iuch bescheiden wil,
Schottn unt die mit den swerten   sint dâ engegen alle gar ein wint.

Tuomhêrren, nunnen unde leienphaffen
unt al die orden, die Got hât geschaffeu,
die lebent, des diu ê erziuget:

10 swer der ê ze rehte phligt,
der hât hie unt dort gesigt;
swerz widerredet,   des volget niht: er liuget!

226.

Maria, muoter unde magt,
in himel küniginne,   waz uns sælden ist betagt
doch, vrouwe, von der güete,   die dû vil ûz erweltiu muoter treist!

Daz dû sô reine ein reinez kint
5 gebære hêrren über alle, die nû hêrren sint!
den brâht ouch dir vil ebene   ze dînen ôren in der heilic geist.

224 = 202 C.   1 zuo C.   2 vn C.   5 dē keiser das C.   6 ez?
rgl. d. Anm.   7 bistvn warē C.   12 vertriben C.

225 = 203 C.   2 die e C.   4 ist vil C.   6 schottenbruoder C.   7 vñ
leigen pfaffen C.   8 alle C.   9 hat erziuget C.

226 = 204 C.   1 vn maget C.   2 betaget C.   6 zuo C.

Des lâ dû, süeze muoter, mich geniezen
unt tuo dîn heilic ôre sich entsliezen
gein mîner bete unt hilf mir armen,
10 daz ich von sünden werde erlôst!
dû bist mîn heil unt onch mîn trôst
unt al mîn hort: lâ dich mîn leit erbarmen!

227.

Des *edelen* Mizenæres Ist
ist bezzer dan sîn Was: des sî gelobt der süeze Crist,
daz er als hügelîche   tugende mit êren an sich las!
Sîn Was was tumber danne junc:
5 nû hât getân sîn Ist   vür sîn Was alsô herten sprunc,
dér sîn Jop baz durchliuhtet,   dan diu sunne ein meientouwic gras.
Was er et ûzen tump unt innen wîse,
sô weiz ich wol, daz in der Ist baz prîse,
danne im der Was noch ie gezæme:
10 woltuon ist guot, ê baztnou kumt;
baztuon baz denne woltuon vrumt;
ein baztuon ich   vür woltuon immer næme.

228.

Von Megenze wol niunherzic man,
daz der hât drîer vörsten sedel,   dan ist niht wunder an:
iedoch sô nimt mich wunder,   daz er niunherziclîche kan geleben.
Mit eime lîbe erz allez tuot;
5 er hât ein âdern niender,   si ziehe ûf crônebæren muot:
des hât sîn herze sînem lîbe sîne triuwe des gegeben,
Daz er nâch êren immer vürwert criege
unt daz sîn lîp sîn leben des niht triege;
daz wil ich âne zwîvel lâze:
10 im ist nâch êren alsô ger,
daz nie dem hungergîtegen ber
sô nôt enwart   nâch süezes honeges râze.

---

9 gegen *C.*
227 = 205 *C.*   1 [edelen] mischseneres *C.*   2 danne *C.*   3 *etwa* tü-
gende nû; *vgl. S.* 380.   6 bas *aus* was *gebessert C.*   danne *C.*   7 [was] *C.*
wis *C.*   8 pris *C.*
228 = 211 *C.*   2 da en ist *C.*   3 e doch *C.*   nünherzeklich *C.*   5 krone-
bernden *C.*   6 sin triuwe *C.*   11 eime hungergitig *C; vgl. S.* 13 *und Anm.* 30.

229.

Unstætiu werlt, nû sage mir:

wie ist der lôn geschaffen,   des wir warten suln von dir,

sô wir von hinnan scheiden?   ich wæne, ez ist niht anders wan 'lâ varn l'

Dû volgest uns biz zuo dem grabe,

5 dâ hâstû eine cleine wîl   nâch uns dîn ungehabe:

dâ mit ist es ein ende: 'Got ruoche dort die sêle wol bewarn l'

Sus ist dîn ende unt ouch dîn lôn geschaffen.

dar an gedenken leien unde phaffen!

nâch vriundes tôde ist vriunt seltsæne,

10 vriunt volget vriunde ans grabes tor,

vrinnt leit man în, vriunt stât hie vor:

sus müezens al   ersterben, des ich wæne.

229 = 217 C.   *Darüber:* dis ist in vron eren done C.   1 welt C.
3 wenne C.   5 wile C.   6 *zwischen* dort *und* die *ist gestrichen* der sele
bas be C.   8 vñ C.   9 seltzene C.   10 an?   11 stet C.   12 müssens
alle C.

Sprüche von zweifelhafter Gewähr.

230.

Got aller wunder wunder ê
gewundert håt mit wunder,   wunder unde wunder mê,
danne ieman mac vol sprechen: dannoch håt er wunders mê getån.
Den selben wunderære grôz,
5 den aller wunder wunder   nie mit wunder umbeslôz,
den hete wunderlîche   ein meit in ir: då merket wunder an!
Daz was ein wunder an dem wunderære,
wie er mit wunder in der meide wære;
dennoch sô was der wunder mêre:
10 daz er mit wunder in ir was
unt sîn mit wunder meit genas,
der wuoder grôz   dankt wunderlich im sêre!

231.

Gelobt bis, hôhiu Trinitåt,
Vater, Sun, Geist,   gelobt bis al der gnåden råt,
die dû durch uns vil arme   ie begienge od noch durch uns begåst!
Gelobt sô sî dîn gotlich craft,
5 gelobt sî dîn gewalt,   dîn kunst uot ouch dîn meisterschaft,
gelobt sô sî dîn wunne,   gelobt sô sî diu schœne, die dû håst!
Gelobt sô sî diu wîsheit dîner sinne,
gelobt sô sî diu güete der wåren minne,
gelobt sô sî dîn menschlich jugende,
10 gelobt sô sî diu milte dîn,
gelobt sol dîn barmunge sîn,
gelobt sô sîst   dû aller dîner tugende!

230 = 206 C.   2 vñ C.   5 [den] C.   6 wund'lich C.   8 [er] C.
12 danket C.
231 = 207 C.   1 t'nitat C.   2 son C.   bis] sî? vgl. die Anm.
aller C.   genaden C.   3 od⁵ C.   5 vñ in blasserer Schrift am Rande
nachgetragen C.   6 diu] dîn C.   7 diu] dîn C.   8 diu] dîn C.
9 tvgëde C.   11 so sol C.

232.

Lop sî dir, hôch gewîhtiu meit,
lop sî dir aller vröude,   diu uns ist von dir bereit!
lop sî dir aller sælden!   lop sî dir, alles heiles underbot!
Lop sî dir, liebstiu Gotes trût!
5 lop sî dir, Gotes tohter!   lop sî dir, werdiu Gotes brût!
lop sî dir, Gotes muoter,   den menschen hâst versüenet unde Got!
Lop sî dir, vrouwe, Gotes niderkünfte!
lop der geburt, der martr, der sigenünfte
ze helle unt ouch der urstende!
10 lop sî dir geseit von uns
der lêre unt ûfvart dînes suns!
lop sî dir, meit,   immer mêr ân ende!

233.

Eiu bruune ûz herzen grunde gât,
der vor der heizen belle   vil manic sêle behüetet hât;
er diuzet in die hœhe,   sich vröut sin allez menschliche her.
Sin ünde die sint sinewel,
5 er vliuzet in der riuwen phat   unt ist durch ougen snel,
er ist vor Cristes muoter   noch breiter dan daz wilde Lebermer.
Swer nû welle werden âne sünde,
der senke in vaste unt habe sin guote künde!
er leschet êwiclîchez dürsten:
10 wan er ist lûter unde clâr;
swelch sünder in geleiten tar,
der mac wol werden zeime himelvürsten.

234.

Gelobt bis, muoter, reiniu meit,
gelobt sô sî dîn kiusche,   gelobt sô sî dîn êre breit,
gelobt sô sî dîn werder name,   gelobt sô sî dîn werder lîp!
Gelobt sô sî dîn übergüet,
5 gelobt sô sî dîn tugent,   diu als ein touwic rôse blüet

232 = 208 *C.*   1 gewihte *C.*   2 fröidē *C.*   6 v'sûnet vñ *C.*
8 marter *C.*
233 = 209 *C.*   3 frewet *C.*   mēschlich *C.*   4 ünde *vdHagen,* vñ *C.*
6 dāne *C.*   10 wāne *C.*   vñ *C.*
234 = 210 *C.*   4 vb'gûte *C.*   5 blûte *C.*

àn alle missewende: des bis gelobt, gelobt vür elliu wîp!
Disiu lop ich, vrouwe, von dir singe:
dû maht mich wol von mîuen sünden bringe
uut mich ze guoten dingen kère:
10 daz mir daz beste bi gestà
unt werde in dîme dienste grà,
des hilf dù mir   durch dînes kindes ère!

235.

Marìa ist ein süezer nam,
aller sælden vrühtic   unt sò rehte wunnesam:
zuo dem suln wir gedingen,   an dem lit unser sælden hòch gewin.
Der èrste buochstap ist genant
5 ein M, dà von uns schuldehaften wesen sol bekant,
daz si Medjàtrix heizet,   daz spricht entiutschen sust: ein süenærîn.
Ir milte süenet uns vil mange schulde,
ir güete ist aller güete ein übergulde:
si macht ir kindes zorn uns linde
10 unt git vür sünde guoten ràt:
si tilget unser missetàt:
des loben wir   die muoter mit dem kinde!

236.

Waz nù der ander buochstap sì?
ein À: Auxiliàtrix   ist uns dà betiutet hì:
helfærìn genennet: ir helfe suln wir nemen gemeine war.
Mit wiser vorbedæhtikeit

---

7 frowe von dir frowe singen C.   8 vor minen ist dine gestrichen C.
bringen C.   11 vñ ich in d. d. werde gra C.

235 = 212 C, 724 1 t.   1 name C.   Mary ist also suss ein nam t.   2 vnd
aller t, so C.   vnd auch t.   wunnensam t, wunnesame C.   3 dë C, der t.
han wir t.   an dë C, an ir t.   vnser hochster heupt gewin t.   4 Sie ist
mit funff bustab benant t.   5 der erst daz ist ein · M · Der vns von schulden
tut bekant t.   6 daz · m · mediatrix singen daz spricht zu tutsch ein mittel
suneryn t.   7 Sie mittelt vnde sunet vnser schulde t.   8 gut t.   güt t.
9 machet C.   vns yres kindes zorn wol t.   10 vor t.   11 si] vnd t.
12 dez t.   dë C.

236 = 213 C, 724 11 t.   1 bustab t.   2 [uns] C.   damit ist vns betutet
by t.   3 gemeine nemen C.   ein helfferyn gemeyne Ir hilffe sol wir alle
nëmen war t.   4 vorbedachtikeit t.

5 wart ir der name geformet   unt vor manger stunt bereit
  von dem, den si ze trôste   der Cristenheit an dise werlt gebar.
  Er was ir kint, ir vater, ir schephære:
  wol dem wunder, daz der wunderære
  gewundert hât an der vil süezen,
10 sît er kan kint unt vater sîn !
  daz wunder tuot uns helfe schîn :
  si helfærîn   si kan wol helflich grüezen !

237.

  Der dritte sol ein R sîn :
  daz sprichet Reparâtrix :   sist ein widerbringærîn
  vil maneger armen sêle,   diu anders wære verloren immer mê.
  Ir widerbringen was sô starc,
5 daz sich diu clâriu gotheit   in ir kiuschem libe barc :
  dâ mites uns widerbrâhte   in menschen bilde ûz immerwerndem wê.
  Swer ir des widerbriugens nû gedenket
  unt ir mit heizen trehenen widerschenket
  ûz riuwegem herzen, daz sint siune :
10 si widerbringet sünder vil,
  swer im unt ir getrûweu wil ;
  er mehtic künec,   si mehtic küniginne !

238.

  Der vierde ein Ì geheizen ist,
  daz spricht Illûminâtrix :   dû vil sælden rîche bist

5 nam *t.*   vnd auch *t.*   zyt *t.*   6 clar luter vnde reyne vō dem den
sie in *t.*   welt *t.*   7 was] ist *t.*   schopfere *t.*   8 so wol *t.*   daz] die *C.*
9 gein der vil reynen sussen *t.*   10 daz er mag *t.*   12 siest *t.*   vnd kan *t.*
hellich büssen *t.*
    237 = 214 *C,* 724 m *t.*   1 Der dryt bustab ein R muss sin *t.*   2 [daz] be-
tutet Repat'x sie ist *t.*   3 Die da v'leytet waren vnd lagen laug In tieffer
helle see *t.*   verlorn *C.*   4 Ir] Daz *t.*   5 daz sich got von den hymeln In
yrē kuschē lyp v'barg *t.*   kúschen *C.*   6 mit si ons *C.*   menschlichē *C.*
iamerberndem *C.*   Da er sie hett herkoren Vnd lagen lang in tieffer hellen see
(*von* Vnd *an* rot *durchstrichen*) Ein mētschlich bild so gar on alles wee *t.*
7 Wer an daz wyd' brîgen wol gedencken *t.*   8 herzen trehen *C.*   Der sol
in auch mit heyssen trehē schēcken *t.*   9 mit vugem h'czen daz sint gute *t.*
rūwigē *C.*   10 sünder] liute *C.*   11 ir vnd ym *t.*   12 kung *t.*   keyserȳne *t.*
    238 = 215 *C,* 724 iv *t.*   1 vierd *t.*   genēnet *t.*   2 daz sprichet *C,* er
spricht *t.*   eya wie seldērich du bist *t.*

erliuhtærîn genennet: nie reiner name von vrouwen wart gelesen.
Dîn lip brâht uns des liehtes schîn,
5 dîn sun uns hât erlœset   von der vinsternisse pîn,
dâ wir âne wunne   unt âne ende müesten sîn gewesen.
Alsô durchliuhtic sô was dîn gemüete,
daz Gotes geist ûz dînem herzen blüete:
nu erliuhte ouch unser trüeben herzen,
10 daz wir in den gelouben vrî l
durch sîne süezen namen drî
behüete er uns   vor êwiclichen smerzen!

239.

Der vünfte unt ouch der jungste wol
von schulden ist ein Â: Adjûtrix man si heizen sol,
schirmærîn genennet,   ein helfærîn vür endelôse nût.
Marîa muoter, reiniu meit,
5 vor sünden werken ist von dir   ein schirmer uns beteit:
er helfer sîner weisen,   dû helfærîn vür immerwernden tôt!
Nim uns, hilf uns, bringe uns von dem blicke,
erledege unt erlœse uns vor dem schricke,
den wir hân zuo dîns kints gerihte;
10 swer dâ vor urteil wirt ernert,
derst ganzer vröuden unverhert:
Got uns gewer   der selben zuoversihte!

_ _ _   _ _ _   _ _ _ _   _ _ _ _ _

3 Ein luchterÿn besund⁵ t.   nie] kein t.   nam t.   fraw wart nie t.
4 Ir schon gab vns den liechten t.   5 ir kint t.   hat vns erloset t, uns
loste C.   al von der vinstern helle t.   6 daz kam vons geistes zunder · da
wir ewig in mustē t.   7 Also wart fraw h'luchtet din gemüt t.   8 da got
mit geist t.   ûz] in t.   9 [nu] herlucht vns fraw vnser sundige t.   trẁbes C.
10 in dem C.   daz wir dē glauben sten hie by t; vgl. die Anm.   11 durch
dines kindes namē t.   12 behut vns vor dem t.

239 = 216 C, 724 v t.   1 funft t.   iûngeste C, leste t.   2 von schulden]
daz t.   [ist] C.   sie zu rechte t.   3 ein schirmeryn t.   ein — nôt] beschirm vns fraw vor ewiclichem tod t,   4 reiniu] vnde t.   5 ein schirm
vor sûnden C.   [ist] C.   schirmen ist uns bereit C.   schirm vns vor bösen
wercken · vns ist ein schirm vö dir beteit t.   6 iamerbernden C.   da dich
got hat erkennet · beschym vns meit vor ӯmer wernder not t.   7 Beschirm vns
meit vnd wyderbring vns dicken t.   8 beschirm vns vor den engestlichē strickē t.
9 die da gesthen vor dines kinds t.   dines Ct.   kindes C.   10 dâ] daā t.
on vrteil da v'fert t.   urteile C.   11 der ist C.   der blybt an freuden
vnverbert t.

240.

Daz riche siben vürsten hât
der höchsten unt der besten,   an den al sin wirde stât,
die künege im solden kiesen   unt ouch dem riche hulde solden swern.

Daz sint der phaffenvürsten dri,
5 von Megeoze unt ouch von Triere,   der von Kölne ist ouch dâ bî,
der leienvürsten viere,   die ez beschirmen solden unt bewern.

Her künec von Bêheim, dran sult ir gedenken,
daz man iuch nent des riches werden schenken!

von Brandenburc der kameræere,
10 truhtsæz diu Phalze ûfme Rin,
sô sol der herzog marschalc sin
von Sahsenlant: daz sint diu wâren mære!

241.

Vor drizic jâren stuont ez haz
dan nû ze disen geziten: des hin ich an vröuden laz:
doch lache ich mit den jungen,   daz si mich underwîlen gerne an sehen.

Die alden phlâgen guoter site,
5 daz si mit ganzen triuwen   wâren alle ein ander mite:
mit slchter ordenunge   sô lebten si: des müeze in wol geschehen!

Nû lebe wir mit hazze unt ouch mit nide,
mit linder rede sleht alsam ein side.

ez grüezet maneger mit dem munde
10 unt meint es mit dem herzen niht:
des grüezen ist mir gar ein wiht,
ez senkt abe in   tief in der helle abgrunde.

242.

Unt wiltû niht her umbe sehen,
sô wâfen hiut unt immer!   also muoz ich von schulden jehen,
daz ich in dinem herzen   doch niht enbin, als ich dâ solte sin.

---

240 = 27 H.   2 alle H.   3 ieme H.   unde H.   deme H.   holde H.
swerin H.   ⸱ 5 Menze unde H.   6 unde H.   7 Beheimi dar an solt H.
8 nennit H.   wer·den H.   9 kemmerere H.   10 Drühtseze die paluze H.
rine H.   11 sa sal H.   herzoge H.   12 Sasshin H.

241 = 28 H.   2 zů H.   ziten?   an manigin froudin H.   5 unde
(= mide?) H.   6 sa H.   7 unde H.   8 linde rede H; vgl. die Anm.   alsame H.
10 unde meinit H.   deme H.   12 senkit in abe dief H.

242 = 47 v s.   2 schullen s.   3 en pin als da s, ich ergänzt vdHagen.

Boethe, Reinmar von Zweter.   34

Ach Got, daz ich verdiene daz,
5 daz dû den sleier rückest,   ein halsen unt ein küssen baz!
daz ich niht mac gerüeren   an dîn vil zartez rôtez mündelîn!
Vor leit sô muoz ich sterben an der stunde:
der gruoz gemischt mit lachen von dem munde,
den dû mir wênic vor verbære,
10 ach Got, daz ich den habe verlorn!
sô wê daz ich ie wart geborn!
des muoz mir lîp   unt leben sîn unmære.

243.

Mîn dürkel vriunt hât trüeben muot,
swenne er siht, daz mir   mîn stæter vriunt vil guotes tuot:
mîn dürkel vriunt sich vröuwet,   swenn ich von sînen schulden kumber dol.
Mîn dürkel vriunt wol machen kan
5 mit lüge, daz mich mîn stæter vriunt   nû tougen liuget an:
mîn dürkel vriunt der machet   mit lüge swarz wîz, wîz swarz sam ein kol.
Mîn dürkel vriunt mir etelîchez schenket,
dâ mit er mich an lîbe, an guote crenket:
mîn weinen tuot sîn herze lachen.
10 mîn dürkel vriunt kan gougeln ouch,
daz ein ar wirt ein riudic gouch:
ouch kan er mir   von habchen vliegen machen.

244.

Swer stæten vriunt behalten sol,
der sol sîn niht verkiesen: daz vüeget biderbem manne wol;
wirt er des guotes rîche,   deste lieber sol er vriunde sîn.
Er sol die vriuntschaft stæte hân,
5 gar in guoten dingen   sol er im guotes bî bestân:
wil er daz guot behalten   vor sînem vriunt, sô velschet er den schîn.

---

4 acht s.   6 ich] mich s.   berüren s.   9 vor so wenig nie verpere s.
10 hab s.   12 leib leben s.

243 = 2 F.   1 dunkel vriunt? immer; vgl. die Anm.   2 wenn es F.
3 wenn F.   [dol] F.   5 mit sein' lüg F.   mir F.   nû tougen] mit augen F.
luget F.   7 der mir ettliches F.   8 leyb F.   10 geuchlen F.   11 vnd
das F.   12 von] ûz?   habichten flügel F.

244 = 3 F.   1 Wer F.   2 biederben manne F.   3 dester F.   freunte F,
vriunt im vdllagen.   5 sol er im guotes] des guten sol er im F; vgl. die Anm.

Swer vriundes ist mit lîbe unt ouch mit guote,
der ist von herzen triuwe unt ouch mit muote:
den man dâ siht von vriunde wichen,
10 swie er im vil guotes wîste an,
der ist niht ein getriuwer man:
ouch mac sich niht   dem stæten vriunt gelichen.

245.

Sô wol dir priestr, wie rein ein man,
wie hôch ist sîn gelæze   unt allez daz er hebet an,
swenne er sô werdicliche   bereitet sich, daz er Got dienen wil!
Sô stât er vrî vor missetât:
5 des ist geziuc, der sich   in sîne hende geben hât:
die wîl diu wandeluuge wert,   sô hât er hôher êren vil:
Sô stât vor im daz grap sô hêr unt vrône:
dar zuo gelîchent sîne hende schône,
so er Got ûf hebet sô werdicliche,
10 als er anz criuze wart gegeben:
die hende solten immer sweben
enbor, dazs niht   mê tæten sündicliche.

246.

Ich sach gemâlt an einer want
die aller schœnsten vrouwen,   gelückes rat stuout an ir hant:
si treip ez umbe geswinde,   alsô ez si selbeu dûhte guot.
Viere ich an dem rade sach:
5 der eine der saz dar ûf,   der was ein künec, als er verjach;
der zweite ûf steic behende: 'nû biu ouch ich ein künic hôch gemuot'.
Der dritte der sprach: ich mac niht vil geschallen,
ich was ein künec unt bin her abe gevallen'.

---

7 Wer freünlle F.   leib F.   8 trew F, stæte? vgl. die Anm.   9 vriunde
vdHagen, freunden P.   10 swie er] wer F, der vdHagen.   weyset an F;
vgl. die Anm.   12 [dem] stetem F.

245 = 3 r der von Zweter.   1 priest⁵ r.   en r.   3 werdeclich r.
5 dez r.   sic r.   7 im] an vdHagen.   grap ze hierusalê r.   vrone vermutete Wackernagel.   8 schône r.   9 [er] r.   werdelich r.   10 andaz r.
11 soltun r.   12 de si r.   laitin sundeclich r.

246 = 728 1 t.   2 frauwē furt gluckes t.   stuont Bartsch, fehlt t.
yrer hāt t.   3 vmb t.   daz ez t.   selber tuchte t.   4 Nun vier t.
5 ein t.   vífe t.   kung t.   6 zweit t.   ich auch t.   7 dryt t.
8 kung t.   ab t.

34*

der vierde niden lac in der crumbe,
10 der was sô gar ein unvrô man,
dêr heil noch trôstes mê gewan:
seht, alsô gât   diu welt hie mit uns umbe!

247.

Wol ime, der den besten phat
begrîfet, der in vüeret   eben ûf gelückes rat:
daz ist mir leider tiure   unt bin doch komen, dâ ich ez hân gesehen.
Daz selbe rat dêst alsô snel,
5 ez loufet umb unt umbe   alsô ein schîbe sinewel:
ez stât joch nimmer stille,   als ich die wisen meister hœre jehen.
Ich was im eines komen alsô nâhen,
daz ich wânde, ich solde ez umbevâhen,
beide velgen unt die speichen:
10 ez nam ir einen swinden swanc
unt warf mich sunder mînen danc
sô verr hin abe,   daz ichz nie kunde erreichen.

248.

Ach Got, deich niht gelückes hân,
daz machet armuot leider,   unt ouch gelückes nie gewan,
unt wær im gerne vriunt   mê dan den liuten, den ich vriuntschaft truoc.
Gelücke wolde mir sîn hant
5 nie bieten unde reichen: ez was mir leider unbekant:
ich bôt im mîne hende: wie balde ez mich ûf mîne vinger sluoc!

---

9 lag hie nyden *t.*   krume *t.*   12 get *t.*
247 = 12 *H*, 72S II *t.*   1. 2 So wol ym den fraw begryffet vnde rüret . Der
kumpt wo vff geluckes rat *t.*   2 uf des gluckis *H.*   3 daz] der *H.*   unde *H.*
doch kam ich dar daz ich es *t.*   ez] in *H.*   4 deist *H*, daz ist *t.*   so *t.*
5 loufit vmme also *H.*   Recht alz *t.*   6 iz engestat *H.*   also *H.*   meistere
horin *H.*   Im tût doch niemâ sture Also hör ich die w. meister j. *t.*   7 ieme *H.*
ydoch kam ich im einest a. n. *t.*   8 sulde *H.*   Ich wât ich woltz mit armê *t.*
9 velg vnde nab dar zu die sinen sp. *t.*   10 Ich tet zu ym ein snellê swag *t.*
11 vnde *H.*   Es stiess mich gar on m. *t.*   12 sa ferre *H.*   ich *H.*   so
fer⁵ vō ym Ich kunt sin nit herreichen *t.*

248 = 72S III *t.*   1 daz ich *t.*   gluckes *t.*   2 ich auch gluckes *t.*
3 wer doch gern *t.*   gefriunde *Bartsch*, sin fruode *t.*   me wän *t.*   4 Geluck
daz wolt mir ie s. h. *t.*   5 nie *Bartsch*, nür *t.*   reich *t.*   6 bald *t.*

Ez tet mir als . . . tet dem hunde:
ez sluoc mir mit dem hefte gein dem munde.
alsò vröut mich daz mìn gelücke:
10 ez tet mir einen lieben wàn;
ich wànde, ich solde zuo im gàn:
ich ructe zim: dò kèrt ez mir den rücke.

249.

Swen liebe twinget unt niht nutz
noch vorhte, daz er vriunt ist,   der ist vriunt gar àn urdrutz
unt mit getriuwem herzen: des vriuntschaft wert nàch vriundes tòde gar.
Swer aber ein vriunt ist durch diu zwei,
5 sò der niht mèr ist,   so ist ouch diu vriuntschaft gar enzwei:
sìn herze wil niht smerzen   durch vriunde hàn: dà ist er triuwen bar.
Swer einen vriunt getriuwes herzen vinde,
dem trag er liebe mè dan sìnem kinde.
guot vriunt làt vriundes niht ze nœten,
10 den làt ouch Got ze vreide niht,
sò man in làn die valscheu siht.
vriunt mit im lebt: unvriunde kan er tœten.

250.

Daz vùle holz man schìnen siht,
dà man ez vindet nahtes: ez enliuhtet aber niht:
ez ist ouch cleiner swære   unt ist des tages cranker éren wert.
Der valsche vriunt ist im gelich,
5 der vriunt ist mit den worten   unt entseit den werken sich:
dà wirt er lugenære: sìn wàge dà niht lœtic silber wert.
Der wàrheit tac des valschen valscheit zeiget,
sò Ère sich gerehtem vriunde neiget.
guot vriunt verwigt den zentenære,
10 der valsche ein quinti niht enwigt;
dà wort, niht werc ze wàge ligt,
phuch, der gewiht   ist ganzem vriunt unmære.

7 alz vˢ sla men tet *t; vgl. die Anm.*   9 seht hin also *t.*   11 Ich wolt
weñ ich solt z. i. *t,* ich wànde ich zuo im solte *Bartsch.*   gon *t.*   12 rickt
zu ym da kert *t.*   rücken *t.*
249 = 1 C Dˢ alte missenˀ.   1 liebi *C.*   2 nach worte *C.*   5 entzwei *C.*   8 liebi *C.*   dañ *C.*   10 fründe *C.*
250 = 2 C Dˢ alte missenˀ.   4 [ist] *C.*   5 entseit mit den *C.*   7 zeigz *C.*
10 valsch ein qñti *C.*

250 a.

Ein hêrre gewaltic âne sin,
sîn werdez hofgesinde   habent einen under in,
Smirzwol ich den nenne,   er gât dem hêrren nâch an aller stat.
Smirzwol der kan liste vil;
5 swen der hêr ze râte   mit den besten sitzen wil,
Smirzwol gât fünschelunde,   er muoz ie komen an des hêrren rât.
Smirzwol kan sîn rede wol dar gestieren.
wâfen, Smirzwol, über dich geschrieren!
wie dû den hêrren umb diu ôren
10 viselst als ein habergans!
der tiuvel var dir in den grans!
Smirzwol . . . . wirt zeinem tôren.

250 b.

Diu sunn gât ûf von Òrîent
unz an den mitten tac: sô sîget si gein Occident:
als ist dem menschen, daz   mit Gotes helfe er an sîn alter kumt.
Der stîget ûf umb vierzic jâr,
5 sô begint er sîgen   gein dem âbent: daz ist wâr:
kumt er mit guotem ende   ze sînes tôdes naht, wie im daz frumt!
Hât er geworben her von Òrîende,
daz er mit êren kumt gein Occidende,
sô im sîn leben under sîget,
10 ob er hie geschaffen hât,
daz der sêl mac werden rât,
wie schôn sîn sêl   ûf mit der sunne stîget!

250a — 1 P.   3 get P.   6 get P.   tvenshelvnde Karajan.   7 sein
red P.   gestieṙē P.   9 die P.   10 das t in viselst nicht zu lesen P.
habergans P.   11 den P.   12 Karajan las die Lücke in gotes zorn, Lambel
Germ. XVII, 364 . . r got|. . . . . rn und schlug vor vor gottes zorn oder vor got
dē hern, Seemüller hat nichts Sicheres mehr gelesen.   tôren] Conj. Lambels,
vrien las Karajan, . ore . Lambel, undeutlich Seemüller.
250b — 2 P.   1 get P.   2 an] a P.   t . . P.   ẹ∴∶dent P.   3 also P.
dẹ. P.   gʒ:t.s helfen an P.   5 seigen undeutlich P.   6 zv P.   s . ies
zod . . . aht Lambel, sins t . . . naht Seemüller.   7 hat . r Lambel, hat Seemüller.
8 das Lambel, e daz Seemüller.   9 onde . seigel Lambel, vnde . seiget
Seemüller.   12 [wie] P.   s∶ën Lambel, schoen Seemüller.   sin sêl]
s . . . . le P.

251.

Vil maneger solchen site hât,
den man im mac rechen   zeiner grôzen missetât:
er wirbt nâch vronwen minne: versagent si, doch wil er in worten *sigen*.
Ô wê dir, ruomes voller munt,
5 dîn . . . . . .

252.

. . . . . . *ùf eime* stabê gesezzen,
den tôren ritent eteswenne:
10 êrbære ritter, werdiu wîp,
Got êre wol der beider lîp:
ein tôre, ein gouch   êrt disen affen denne.

251 — 5 *m.*   1 sullen *m.*   2 men *m.*   to eyner *m.*   3 weruet *m.*
vùor sanghent se *m.*   in dem worten [sigen] *m.*   4 wller *m.*
252 : *T.*   8 [ùf eim]e *T̓.*   9 etswenne *T.*   10 werde *T.*   12 eret *T.*

253.

Leschâ lesch, verschamtiu Welt!   din laster riuchet dort
ûz diner heime in gastes ougen,   der tac din nahtberc vingerzeiget.
Nù süene süene, bekêre dich,   vliuch ûf ein ander ort,
ê dich diu naht dem tage unreine;   der tôren trôst din êre veiget.

5   Ir mietevarwez lop dich trügeliche schœnet:
swie dich Pârât ûz veilem munde habe gecrœnet,
doch rûnet meister Ernst din schame,   din tunkelvarwen winkelwerc;
sin spehe wachet dir ze schaden,   sin ougen dürkelnt din geberc.
dù ganzer valsch, begrifet er dich vor gerihte, sô wirstù gehœnet.

254.

Diu Minne mac sich niht erwern,   man trage ir bilde wol
mit glibsenheit unt mit gebærden   liht an der stat, da ez ir versmâhet.
Sich pinet maneger durch diu wip   valschlicher danne er sol:
dâ ist diu Minne sunder schulde;   sist dort, sô er sich hie vergâhet.

5   Si lêret niht ir vriunde rüemelichez triuten;
ir vinde siure kan ich iu vil wol betiuten:
si nimt ein tumbe rüemic man   ûz kerem muote in vollen munt
unt nietet sich mit rede ir namen;   ir hôher schuol ist im niht kunt.
ir wâfentrager die sint senftes muotes unt unrüemic bi den liuten.

---

253 = 218 *C.*   2 din nahtgeberg der tag *C.*   7 ernest *C.*   schame
[din] *C.*

254 = 219 *C.*   2 glichscheit vn ouch mit *C.*   4 si ist *C.*   6 viende *C.*
7 nimet *C.*   8 [hôher] *C.*   hoher kunt *C.*   12 [unt] *C.*

IV. DES EHRENBOTEN SPIEGELWEISE.

255.

Junc man, ich wil dir einen spiegel zeigen:
dar inne soltů dich ersehen,   dar gein soltů dich neigen:
ob dů iht lastermâsen hâst,   die soltů abe strichen.
Sich hin, sich her, sich in die welt gemeine,
5 unt swaz dem bœsen übel stât,   des mache dů dich reine,
unt swaz dem vrumen zimet wol,   des vliz dich williclichen!
Waz möhte bezzer spiegel sîn?
wan golt daz git gar liehten schîn
unt kupher schône glizet.
10 man sol den vrumen bî dem bœsen erkennen.
Got selbe spricht: 'Swer tugende phligt,   den sol man edel nennen.'
ein küneges kint ist edel niht,   daz sich untugende vlizet.

256.

Mich wundert dick, waz Got dâ mite meine,
daz er vil manegen biderben man   unt ouch die vrouwen reine
lât immer werden gnotes arm,   es wundert mich vil sêre,
Unt dâ bî manegen machet gnotes richen,
5 der alzît wider die biderben strebt: ouch clag ich clegelichen,
daz ofte ein man, swie riche er sî,   wil haben guot vür êre.
Doch vint man manegen biderben man,

---

255 = 790 ı *t.*   3 iht *Bartsch,* ich *t.*   6 frömë *t.*   7 möhte
Bartsch, mocht nu *t.*   8 wañ *t.*   gyt gyt *t.*   gar] vil *Bartsch.*   9 schon
gelysset *t.*   10 kenennë *t.*   11 selber *t.*   giht *Bartsch.*   tugend *t.*
12 eins kunges *t.*   vntugend *t.*

256 = 789 ııı *t,* 138 ııı *w.*   1 dick] sere *t.*   was *t,* wie Es *w.*   mit *tw.*
2 vil manegen] ein frümë *t.*   piderman *w,* byd'man *t.*   die] sein *w.*   3 es
aus des gebessert w, daz *t.*   vil] gar *t.*   4 manegen] ainen *w.*   reiche *w.*
vnd daz er mägen feygë schalk lat r. *t.*   5 pideïn *w.*   klegeleiche *w.*
der fur die w'dë frümë gat daz clag *t.*   6 oft *w.*   wie Reych er ist *w.*
babn *w.*   daz niemä mag wie frum er sy gehabë gut on ere *t.*   7 doch]
man *w.*   man] auch *w.*   piderman *w,* byder man *t.*

der ėwiclĭch wolt nǒtic stàu,
ė dėr bœsliche tœte,
10 liez in der rĭche karge schalc beliben,
der in wil aller tegelĭch   mit argem salze vertriben:
daz guot daz stiftet mort, roup, brant   unt machet valsche ræte.

257.

Waz sol ein man, der vrouwen lop niht ǔebet?
waz sol ein man, der reiniu wîp   beliuget unt betrüebet?
waz sol ein man, der hôhen prîs   niht hàt vor reinen vrouwen?
Waz sol ein man, der vrouwen rede verkêret?
5 waz sol ein man, der alle vrowen   durch einer wiln niht êret?
waz sol ein man, der schiltet wîp?   dem mac wol heil betouwen.
Der man von vrouwen wart geborn:
swer schiltet wîp, der ist verlorn
vor Gote unt in den landen.
10 waz sol ein mau, der spricht, im sî gelungen
an vrouwen? der hàt selben sich   von êren gar verdrungen.
swer spottet reiner vrouwen, der   wirt ouch ze lest ze schanden.

258.

Almehtic schepher aller crêàtiure,
durch dîn erbermde bit ich dich,   Got vater, solcher stiure,
daz dù geruochen wellest mich   ùf bezzerunge vristeu
Durch den unvride, deu dir erbermde brâhte.
5 durch vride gap dîn vater dich   unvridelich in âhte,
durch vride dù wurde Jude geborn,   dich machte unvride Cristen.
Dich gap únvride in den tôt
ze vride vür immerwernde nôt;
durch vride was dîn urstende.
10 dich lêrt unvride die helle brechen vaste;

8 wolt armut han t.   9 dėr] daz er tw.   püslich w, vnrecht t.   10 vnd
liessėt in die feygē schelk belybē t.   11 altag tegeleich mit seinem schacz w.
Die in mit yrem argen sacz nu tegelich v'tryben t.   12 stift w.   vnd
prandt w.   dar vmb so brīget noch dz gut raub mort vnd falsche rette t.
257 = 7921 t.   2 reyne t.   5 dorch t.   durch eine niht enêret Bartsch,
viell. d. einer willen entêret?   6 dem] den?   wol heil] unheil? so Bartsch.
9 got t.   10 gibt Bartsch.   11 an] von t.   selb⁵ t.   von] an t.   12 vrowen
der wirt ze jungest ouch ze sch. Bartsch.   zu t.   zu t.
258 = 788 1 t.   1 schopf⁵ t.   3 wollest g. t.   4 vnfrid t.   5 drch t.
6 word du t, dô würde Bartsch.   jud t.   macht t.   8 zu frydē fur ie
w'nde t.   9 dorch fryd waz t.   10 vnfryd brechē die helle feste t.

durch vride vergæbe dem schâcher dû   ans vrônen criuzes aste.
durch den vride, Marîen kint,   únvride uns erwende!

259.

Marîa, vrouwe, ob ich getar mit hulden
vor Gote unt âne dînen zorn   unt ouch vor mînen schulden,
sô wil ich ûf genâde hân   mit dir ein sleht gerihte;
Unt teil ez, vrouwe, selbe nâch dem rehten,
5 sît dû uns allen bist gegeben   vür werndez anevehten
ze trôst, ze helfe uns armen hie   vür arge hellewihte.

Dar zuo hât dich dîn sun erdâht,
unt wær der sünder niht gemäht,
sô wær dîn vröude cleine,
10 durch den dîn sun dich sazt in hôhe wirde;
woltestû dem niht gnædic sîn,   ob er sîn hete girde
unt er vor dir in riuwen stât?   'Jâ ich!' sô sprach diu reine.

260.

Ach edel muoter, reine magt Marîe,
nû bite dîn eingebornez kint   durch sîner namen drîe
vür mich unt alle Cristenheit,   daz er sich welle erbarmen
An dem gerihte unt uns sîn gnâde erzeige
5 unt vor sîm engestlichen zorn   sîn senfte gotheit neige!
man in, daz er dich hât gegeben   ze trôste hie uns armen!

Unt wil er dir dannoch versagen,
sô man iu, dazt in hâst getragen
unt in meitlich gebære,
10 unt bit in durch sîn veterlîche güete,
sît dû in muoterlîchen züge   in grôzer aremüete,
daz er uns vrîe durch dîn bete   vor êwiclîcher swære!

---

11 durch — dû] *Bartsch*, d. fryd vergeh du dem schecher *t.*   este *t.*
12 All dorch *t.*   fryd *t.*   vnfrydē *t*, den únfride?
259 = 788 u *t.*   1 fraw *t.*   2 got *t.*   myne *t.*   3 gedinge *vor* ge-
richte *rot gestrichen t.*   4 fraw selb⁵ nach dynē *t.*   rehte *Bartsch.*   5 werē-
des anfechtē *t*, wernde anevehte *Bartsch.*   6 zu *t.*   zu helff *t.*   hille-
wichte *t.*   7 son *t.*   *vor* gemacht *ist* erdach *rot durchstrichen t.*   9 we⁵ *t.*
10 dorch *t.*   diu son din son *t.*   11 het begirde *t.*   12 Jo *t.*   sprich dû?
260 = 788 m *t.*   1 *I'or* mut⁵ *ist* mag *gestrichen t.*   maria *t.*   2 bitt *t.*
sine *Bartsch.*   3 woll *t.*   4 gericht *t.*   erzeuge *t.*   6 gegeb *t.*   11 zug *t.*
12 fry *t*, vrie *Bartsch.*   dine bet *t.*

261.

Dô Êre saz au ir gerihte,
dô was ir hof der bœsen wihte
vil gar âne: dô saz diu Triuwe bî ir zuo der zeswen hant.
Milte unt Manheit bî ir sâzen;
5 die zwô geswester sich vermâzen
. ze tuonne, swaz Êre wolte: des gâben si ein stætez phant.
Daz gegensedel gap man der Scham
unt ir gespiln, der Zühte, alsam;
diu Mâze phlac der wâgen,
10 dâ man wac vuoge unt unvuoge;
dâ jach Bescheidenheit genuoge der ze mâgen,
swer Êre bî den ziten phlac: des hoves si schône phlâgen.

262.

Gienge ungevuoge ûf von den nideren,
daz solten wol die hôhen wideren:
nû . vliuzet unvuoge von den hôhen oben ab her nider.
Wie mugen die vüeze daz erwenden,
5 ob sich diu houbet wellent schenden?
. wie möhten gevüege vüeze ein tobendez houbet bringen wider?
Der vüeze unvuoc mit valschen triten
daz kumt von bœsen houbetsiten:
swâ nû ein sælic houbet
10 dâ vür die vüeze gæbe geleite
von der unzuht zer hübescheite, dem erloubet
Êre in ir hove den hôhsten sedel, dâ tugent untugende toubet.

---

261 = 194 *D.* 1 vro ere *D.* 6 *keine Lücke in D.* tîn *D.* vor ein *ist*
der triwe *radiert D.* 8 gespil *D.* 9 div pflac *D.* 12 hof *D.*
262 = 195 *D.* 1 nidern *D.* 2 widern *D.* 3 *keine Lücke in D.* ent-
vliuzet? 6 *keine Lücke in D.* nû wie? 7 vnvûge *D.* 9 wa *D.* 10 daz *D.*
11 vnzuhte zv der hubescheit *D.* 12 hohesten *D.* dâ] des? tugende *D.*
roubet *D.*

263.

Ich weiz wol, daz Êre iht muote,
wan daz man wê tuo libe unt guote
in ir dienste: wil si, daz man iht vürbaz tuo, des ist ze vil.
  Daz man sich an dem guote tœte
5 unt den lip der dinge nœte,
diu dem libe   nâch tœtic sint, der urteile ich niht volgen wil.
  Waz wil werltlich Êre mê
wan daz man libe unt guote wê
tuo durch ir werden hulde?
10 wil si ir diener des betwingen,
daz si sich gar ze nihte bringen   sunder schulde,
son wær si aller guoter ding   niht gar ein übergulde.

264.

Gelücke wil sich lâzen vinden;
ez kan ouch, swenne ez wil, verswinden
als ein gougel: quecsilber wart nie wilder dan gelückes vunt.
  Ez kunt ze niemau durch beliben;
5 wan swer sin sinewellen schiben
niht erkennet,   dem tuot ez lieben blic mit leidem wâne kunt.
  Dâ mite soltû gewarnet sin:
welle ez sich underwinden dîn,
son wis niht deste tumber:
10 wiltûz âne huote riten,
ez wirfet dich in kurzen zîten   in den kumber,
daz dû crenker wirst dan ê   unt ouch des muotes crumber.

265.

Stiure, edel ritter, dînem munde,
daz er din lop iht jage ze grunde!
wol gedenke,   wie sêre ein übermündic ros ze schiuhen ist!
  Ist ez des mundes ungehalten,
5 son mahtû niht mit im gewalten:

263 = 196 D.   6 bi nach D.   10 dienere D.   12 so enwere D.
dinge D.   [gar] D.
264 = 197 D.   5 sine sinewelle D.   9 so enwis D.   10 will duz D.
12 wirdes D.
265 = 198 D.   3 Hinter diesem Verse: Wilt du ez u. s. w. = 264, 10. 11.
5 so enmaht du D.

ez treit dich   vil lihte an die stat, dâ dû ungerne bist.
   Alsô tuot ein unzühtic munt
lip unt sêl unt êre wunt.
   sît manz an rossen schiuhet,
10 sô ist ez dennoch ungenæmer
   an rittern unt ouch widerzæmer;   wand ez vliuhet
   der Minne kus schamlôsen munt,   der sich von êren ziuhet.

266.

Vrô Werlt, ir altet unde bôset,
ir smeichet mit uns unde lôset:
wan ir schînet   vil süezer dan ir sît, ir *rehte* bœsiu hût!
   Des var diu suht in iuwer ôren!
5 jâ lobt iuch nieman wan die tôren:
   .... den wîsen sît ir ein verschamtiu smæhiu brût.
   Ir habt iuch verkêret gar.
der iuwer rehte næme war,
swie valschlich ir iuch stellet,
10 dem sult ir ze vriunde versmâheu!
   Êr solt iuch an ir galgen hâhen: wand ir vellet
   niht einen, sunder manegen man,   zuo dem ir iuch gesellet.

267.

Ez sprechent wol gezogene liute
ungerne durch unt durch ze tiute
zedelm tôren: 'dû bist ein tôr'; si sprechent aber: 'dû bist ze tump'.
   Dâ mit sô wellent siz beschœnen;
5 swer sîne tumpheit sich lât hœnen,
   .... des tumpheit unt des tôrheit sint geliche crump.
   Wem lebt der, der niht leben kan?
er müedinc, mensch unt niht ein man!
ein tôre ist sîn genanne,
10 unt muotet wirde doch von vrouwen.
   swelch vrouwe den vür man wil schouwen   ir ze manne,
   sô ist er mensch unt niht ein man: wie vert diu vrouwe danne?

6 liht *D.*   12 schamloser *D.*
266 = 199 *D.*   1 vn *D.*   2 vn *D.*   3 [rehte] *D.*   6 *keine Lücke D.*
8 reht *D.*   9 wi *D.*   stellët *D.*   11 ere *D.*   wan *D.*   uellët *D.*   12 ge-
sellët *D.*
267 = 200 *D.*   2 vngern aldurch *D.*   3 ze edelm *D.*   tore *D.*   6 *keine*
Lücke in D.

268.

Diu Minn hàt reht der sunuen craft,
der schîu erzeiget meisterschaft
. an eime   ganzen glas, swà daz vor einem venster stât.
Dà durch sô schînets âne crac
5 unt liuhtet in dem hûse den tac:
alsô tuot   diu Minne, swà ir blic von spilenden ougen gât.
Swà dà zwên sterne gegen stànt
unt stràle wider stràle gànt,
dà hilfet in diu Minne:
10 durch des mannes lîp si schiuzet,
in sìnem herzen sich besliuzet,   daz ez brinne:
wes herze wær sô sinnerîch,   daz ir den kunde entrinne?

269.

Swà Minne ein gougelspil wil machen
ir selben, des si mac gelachen,
. sô birget   si sich in einer minniclìchen vrouwen cleit.
Dar în sô stilt si sich ze vâre.
5 sô minniclich wirt ir gebàre,
. . . . ., sæhc ez ein clòsenær, er quæms in arebeit.
Ich nerte einen man vor ir,
den si vil nàhen warf bî mir
in unmaht mit ir blicken.
10 dar nàch bôt si im drî tôte grüeze
durch sìniu òren mit ir süeze: des erschricken
muohte ein bere: ich swîge siu: den stric half ich entstricken.

270.

Swà zwêne münde gernt gelîche
kuslìcher vriuntschaft minnerîche,

---

268 = 201 D.   1 minne D.   2 vor meisterschaft ist groze radiert D.
3 keine Lücke in D.   7 zwene stern D.   11 si sich D.   ez] beginnet D.
brinnen D.   12 were D.   denne D.   entrinnen D.
269 = 202 D, 32 a.   1 so a.   3 dà sô?   keine Lücke Da.   enre
minnenclich⁵in a.   vrowun D.   4 dar inne so stellet D.   5 minnecliche a.
sint D.   6 keine Lücke Da.   se es a.   closin⁵ er mohtis komin in a.
arbeit D, erbeit a.   7 von D.   8 nahe a.   9 uncraft a.   10 bôt] warf a.
drie D, drige a.   ròtin a.   11 al dur sin a.   des ir strikin a.   12 mohti a.
geswige D.   in strikin a.
270 = 203 D, 31 a.   1 gerent a.   gelich D, giliht a.   2 fruntlichis
kussins a.   minne rich D.

dâ gernt ouch   vier arme lihte zweier slozze: werâ wer!
Daz dâ iht werde ein man verhouwen
5 von einer minniclichen vrouwen!
. ir mundes   kuslichez horten ist dem starken man ein her.
Dar zuo twinget sine craft
ir liehter ougen meisterschaft.
din sigerîche Minne
10 diu windet sich ûz wibes ougen
durch des mannes ougen tougen   nâch gewinne:
Minne unt ein minniclichez wip   sint sinneroubærinne.

271.

Wer sol des einer vrouwen danken,
daz si ein starken man tuot cranken
selbe ander?   möhte siz aleine tuon, vil sælic wip!
Wer sol ir daz ze sterke merken,
5 daz si den man mac übersterken,
sit diu Minne   den vrouwen hilfet striten ûf der manne lip?
Nû tuo diu Minne sich des abe,
daz si dâ iht ze schaffen habe:
unt gesigt diu vrouwe danne,
10 sô si gelobt ir kiusche, ir güete
unt ir wiplich hôchgemüete,   diu dem manne
an gesigt unt vallen tuot   sin ellen eteswanne!

272.

Man sol der vrouwen minne ervlêhen:
von ir scheitel ûf ir zêhen
son ist niht   an minniclichen wiben wan des wunsches blic.
Man sol ir minne niht gewalten,
5 man sol sich in ze dienste valten
. mit triuwen: daz stricket zwischen herzen zwein der Minne stric.
Waz solt ein vîretegelich glanz,

---

3 seht da *D.*   gerent *a.*   fiere *a.*   [lihtc] *D.*   ow ow' *a.*   4 ein
man w'de *a.*   5 minnëclich' *a.*   6 wand ir? *keine Lücke Da.*   were einem
st. *D.*   demme *a.*   7 künigit *a.*   sinu *a,* in ir *D.*   S liehten *a.*   11 al
dur *a,* in *D.*   12 minnencliches *a.*

271 = 204 *D.*   2 einen *D.*   3 selb *D.*   4 zu *D.*   12 etswaũe *D.*
272 = 205 *D.*   6 *keine Lücke D.*   7 virtegelich *D,* viertegelich *Wilmanns.*

ern wære durch die wochen ganz?
swer werder vronwen hulde
10 erwerben wil mit der gastëre,
daz ist niht rehter Minne lëre.   Übergulde
verkoufet dicke valsch vür golt: daz ist Untriuwen schulde.

273.

Swâ Minne sliuzet unverdrozzen
man unde wîp mit triuwen slozzen,
dâ mac . von rôte gelohendem munde ein küssen wol ergân.
Din Minne wendet nâch gewinne
5 des mannes unt des wîbes sinne:
. . . . . ir beider muot ir lêre sich tuot undertân.
Vliuch, trûren, von in beiden dâ!
wirf dînen lôz hin anderswâ!
diu Minne wil hie machen
10 ein spil nâch vröudeberndem râte:
von alsô minniclicher tâte   sol man lachen:
vervluochet sî der manne lip,   die dise minne swachen!

274.

Der hôhsten zuht ein meisterinne
ist ein reinez wîp, der minne
. . . . . . sich underwindet eines jungen werden man.
Dem leident si unzuht sô sêre,
5 het er niemannes lêre mêre
dan ir zweier,   si lêrten in, daz âne ir lêre nieman kan.
Minne unt ein minniclichez wîp
swâ diu zwei junges mannes lip
mit sunderm gruoze an lachent,
10 der kan von nieman ûf der erden
sô wol gestaltes muotes werden,   als si machent:
er ist vor missewende' behuot,   den disiu zwei bewachent.

8 er enwere aldurch *D*.

273 = 206 *D*, 33 *a*.   2 vñ *D*.   3 *keine Lücke Da*.   rotem *D*.
glohendë *D*, gilohindin *a*.   6 *keine Lücke Da*.   der szweiger gering' mvt *a*.
div lere di ist ir vndertan *D*.   8 swenke dinen mvt *D*.   10 en *a*.   naht *a*,
von *D*.   vrovden berndem *D*, vroide berindin *a*.   rat *a*.   11 alse *a*.   lat *a*.
mohte man *D*.   12 solhe minne *D*.

274 = 207 *D*.   1 hohesten *D*.   meistrinne *D*.   3 *keine Lücke D*.
sich mit lêre?   5 vñ het *D*.   niemännes *D*.

Roethe, Reinmar von Zweter.   35

275.

Swer vrouwen diener wesen welle,
der sî ir lobes guot redegeselle:
swer iht anders   von in ze reden habe dan guot, des volge er niht!
Ein diener schœner vrouwen libes
5 unt niht ir êren, der wil wîbes
lop niht mêren: swâ vrouwen diener vrouwen kiusche übersiht,
Daz er ir der êren cranz
niht enlât beliben ganz,
dern hât dâ niht geminnet
10 an ir wan liebes libes schœne:
ob daz der vrouwen lop iht hœne,   des versinnet,
ir vrouwen, iuch, ê daz ir sô   der minne schaden gewinnet!

276.

Ein man, der solcher minne lachet,
dâ von ein vrouwe wirt geswachet,
dâ hât er   gewunnen unde si verlorn an disem spil.
Daz spil sich doch niht wol gelîchet,
5 dâ von ein man an ruome rîchet
unt dar umbe   ein vrouwe kumet ûz ir ruome in schanden zil.
Daz wirt nimmer sô verstoln,
daz ez die lenge sî verholn.
ir vrouwen, lernet lônen
10 der manne dienest mit der miete,
diu vrouwen kiusche niht verschriete: ir êren crône
dien mac dehein vrouwe ie getragen,   sin welle ir êren schônen.

277.

Scham, die man borget durch die geste,
diu scham diun ist niht gar nôtveste:
sô die geste   zerrîtent, vert entlêntiu scham mit in von dan.
Scham, diu des mannes eigen wære
5 unt er ir eigenlich dienære,

275 = 208 *D.*   1 vrowun *D.*   6 ein vrowen diener der vrowen ir
kusche *D.*   9 der enhat *D.*   12 sô der] solher *D.*
276 = 209 *D.*   1 solcher] hoher *D.*   3 vū *D.*   6 kumt uz irm *D.*
9 lernent *D.*   10 dienst *D.*   miete *D.*   11 uerschriet *D.*   cronē *D.*
12 di dehein vrowe mac getragen si enwelle *D.*
277 = 210 *D.*   2 div enist *D.*   3 so uert entlehentiv *D.*

sô enzierte   diu sunne niht sô wol den tac als scham den man.

Scham diu tiuret reiniu wîp
unt liebet wol der manne lîp
den zühterîchen vrouwen;
10 scham treit slüzzel reines mundes
unt ouch des edeln herzen grundes;   scham lât schouwen
zuht, milte, manheit an dem man   an tugenden unverhouwen.

278.

Ir vrouwen, swâ die hêrren lazzen
unt minnicliche minne hazzen,
seht dâ minnet   den künec, der aller künege künec geheizen ist.
Des minne minniclich enzündet,
5 des minne durch diu herze gründet,
seht den minnet: wand er betrouc nie magt noch wîp mit valscher list.
Ein magt im wol ze muoter zimt;
diu sunne ir schœne von im nimt;
ir mugt in gerne schouwen!
10 ir sult in lâzen des geniezen,
daz er sîn bluot liez durch iuch giezen   unt verhouwen
durch minne in inwerm dienste wart: den minnet, reine vrouwen!

279.

Nerônes volger unt Hêrôdes
die sint des immerwernden tôdes:
ouch daz selbe   sint alle, die kirchvlühtic sint unt wellent wesen.
Die wider Crist hânt ie gesaulet
5 unt Cristentuom hânt widerpaulet,
daz die kêrten   von Saulus an Paulum durch êwiclich genesen,
Des wære, ob si wolten, zît:
lânt siz durch muotwilligen strît,
sô müeze si bekêren
10 Paulus, der ê Saulum valte,
unt ouch Saulus, der Paulum stalte   im selben zêren,
der müeze si den rehten wec   nâch Paulus lêre lêren!

----

12 zuhte D.
278 = 211 D.   5 al durch D.   12 minnent D.
279 = 212 D.   1 Nerones vdHagen, Eronis D.   herodis D.   2 todis D.
4 habent D.   5 habent D.   6 ein ewiclich D.   11 [der] D.   selber D.
35*

280.

Man sagt, der strûz kunne îsen slinden:
sô trûwe ich einen knappen vinden,
seht der slindet   mit dem strûz ze wette mezzer unde swert.
Swenne er gesitzet bî der glüete,
5 er slindet hantschuoch unde hüete:
seht der selbe   knappe dunket sich wol drîer knappen wert.
Dennoch dô er was vil tump,
dô slant er sech unt sichel crump
unt mischet wîn dar under:
10 daz ir in alle wol erkennet!
Liupolt ist der helt genennet: er tuot wunder,
er slindet mantel unde roc   unt ist niht ungesunder.

281.

Der tiuvel ist ein lügenære
unt ist doch dâ bî vil gewære,
der im dienet,   daz er dem selben nimmer ungelônet lât.
Mit willen kan er dienst vergelten:
5 daz tuont die kargen hêrren selten;
die vergezzent   maneges dienstes, des man in gedienet hât.
Des entuot der tiuvel niht,
swie gar er sî ein bœse wiht:
er lônet doch in allen,
10 die im gedienet habent mit vlîze:
den bœsen hêrren zitewîze   kan er schallen,
die dienstes ungelônet lânt,   dazs deste wirs gevallen.

282.

So ich die râtgeben des begrüeze,
daz mir ir hêrre kumber büeze
nâch ir râte,   sô dent ez sich in seiger beches wîs her nâch.
Swenne ez mir danne wirt geschaffet
5 unt ich dar nâch hân lange gekaffet
nâch geheize,   sô spricht des hêrren kniebolt, mir sî gar ze gâch.

280 = 213 D.   3 struze wette D.   8 vnde D.   9 vnde D.   12 vnde D.
281 = 214 D.   3 [selben] D.   6 gedient D.   11 ze itwize D.
12 daz si D.
282 = 215 D.   6 sprichet D.   knibolt D.

Hèrre, nû gebietet in!

welt ir si vlêhen, sô wol hin,

nemt urloup unt gât släfen!

10 swâ sich gewalt gewaltelînen

lât übereriegen unt die sînen,　　dâ si wâfen

über alle die geschrît, die solch　　unvuore solten strâfen.

282 a.

Ir alder vrouwen junc dienære,

ir muget vrâgen, wer der wære,

der vor zwênzic　　od drizic jâru von iuwer vrowen gelônet si.

Ez zimet niht zesaune schône,

5 daz wir primezît ze nône

sulen warten:　　wie zimt ir alder iuwer junger dienest bî?

È denne ir begundet leben,

dô hâts uns minnelôn gegeben.

welt ir nâch âbentsolde

10 inwern jungen lip dâ pînen,

sô lât ander sper erschînen　　ê von gulde

ze wer, ob iu diu tohter vür　　die muoter lônen wolde.

9 vnde get *D.*　　10 gewalt gewalttlineu *D;* rgl. die Anm.　　12 geschriet *D.*
solich *D.*

282a in *H* hinter Reinmars Leich.　　1 alder rdHagen, aber *H*.　　3 [od
drizie] *H*.　jaren von eyner *H*.　4 is ezymt *H*.　6 yrm *H*.　7 denne]
wen *H*.　8 hat sy mine vns lou *H*.　9 wolt *H*.　10 [jungen] *H*.　do *H*.
11 e zu wer von golde ob euch *H;* rgl. die Anm.　12 vor *D.*

I. Ehrenton.

283.

Maria, dir ward gekunt
ein bodeschaft durch minne,   des manig sele ward gesunt:
uns allinsamit zû droste   ward Crist geborn von einir reinin meit.
Er komit auch ins priestirs hant,
5 war Got und war mensche,   als man icu anme crûce vant:
da mide er uns erloste,   als uns die schrift und wise paffin seit.
Deist unsir Cristin glaube, drane wir alle
glaubin suln: da vou sal nieman fallin,
also bose ketzer, Jûdin, heidin,
10 die des glaubin niht enhan
und sich dar inne fiuden lan:
auwe die siut   von hiemilriche gescheidin.

284.

Dru groze wundir die sint beschribin,
die zwei die sint geschehin;   daz dritte deist bi uns belibin:
daz sint wol die grostin wundir,   die ie geschahin adir auch me geschehin.
Der alle ding vil wol vermag,
5 der ward God unde mensche,   da unsir frauwe sin gelag:
sie bleib magt unde mûdir,   *als ich die wisin meistere horin jehin.*
Daz dritte wundir, daz bi uns behbit,
daz ist Cristin glaube, als uns der meistir schribit,
daz wir den grozin wundirn glaubin mûzin,
10 daz sich God dangintliche barg
durch rehte gûte ane allin arg
in Marjen lib   von Gabrielis grûze.

285.

Waz man vou creaturin seit,
sa euward nie niht sa schonis   sa die wunuincliche meit;

_____ _

283 = 8 *H.*   5 unde *H.*   also *H.*   6 also *H.*   unde *H.*   sent *H.*
7 dar ane *H.*   8 sullin *H.*   11 unde *H.*   12 uonme *H.*
284 = 9 *H.*   3 umm' me *H.*   6 magit *H.*   [als...jehin] *H.*   7 blibit *H.*
8 also *H.*   9 des grozin wundirs?
285 = 10 *H.*   1 uon allin c. *H.*

sie erfûhtit alle herzin nnd ûbirschonit alliz, daz der ist.

Daz wiste Gabriel vil wol;
5 er sprach zû der selbin meide: 'Ave, dû bist genadin vol,
dû salt sin Godis mûdir, dar zû hat dich erwelt der heilege Crist.'
Man lobit rosin, lyljen in dem meieu,
dich lobint beide paffin unde leien:
nieman kan follobin die reinin sûzin,
10 die der clarin sunuin lûhtit vor:
sie ist des paradysis dor:
hilf, reine meit, daz wir die sunde gebûzin!

286.

Vil wundir wuudirlichir Got,
Alpha nnd O genennit, vil richir kûnig von Sabaoth,
dinin namin den rûfe ich hude fûr mich und al die Cristin an.
Wand dû hist allir helfe rich
5 in dinir mankrefte, God vadir herre, erhore mich
und beschirme uns vor dem valle, da von din dûrkil hant Adamin nam.
. . . .
. . . .
. . . .
10 . . . .
. . . .
alsus kome uns din helfe noch zû droste!

287.

Vil hoch gelopte künigin,
ich armer gib mich schuldig vil grosser sund den gnaden du;
vor den sultu mich frien, sit daz du, frauwe, bist der sunder trost.
Du bist der engel spiegelglas,
5 an tugenden vil fester dann ic fels oder adamas.
ich wil dich, fraw, an schrien: bewar mich vor der tieffen helle rost!
Behut mich hie vor weltelichen schanden,
bewar mich dort vor leiden tufels banden,
hilff mir zu dines lieben kindes riche!
10 vil reine muter unde magt,
wis helffe gein mir unverzagt,
sit ich gein diner helffe nieman gliche!

———

3 unde *H.* 5 mede *H.* gnadin *H.* 6 erwelt dich *H,* d. e. *edllagen.*
9 uil reinin *H.* volloben kan *Phil. Wackernagel KL H,* 88. 12 hilfe *H.*
met *H.* gebuzin *H.*

286 = 11 *H.* 2 vade *H.* 3 disi *H.* unde alle *H.* 5 nů erhore *H.*
6 unde *H.* 7—11 keine Lücke *H.* 12 [noch] *H.*

287 = 721 ı *t.* 1 künigym *t.* 3 fur *t.* der? 5 noch vil? 8 dor *t,*
11 hilffe *t.*

288.

Sitt daz du maget Crist geber
und du vil reine muter　　auch unser trösterinne wer
in himmelischen köreu　　der hohen engel, der propheten schar,
Der patriarchen auch da bi,
5 der mertler und der meide　　und waz des himmelheres si,
geruche mich erhören　　und tû mich, frauwe, miner sunden bar!
Du trosterinn in himmel und uff erden,
din lop erfüllen nieman kan nach werden:
ja bistu der vil waren minne ein gimme,
10 vil hochgelopte künigin!
nu tû mir diner helffe schin:
erhöre, frauwe, gutlich mine stimme!

289.

Gedencke, himmelsche magt,
waz hoher wird und eren　　uns von din selden ist betagt!
gedencke, frauwe reine,　　wie gar din lip ist missewende bloss!
Gedenck auch, wem du helffen wilt,
5 daz der in wernden freuden　　gar one alle sorge spilt!
nu hilff mir, daz ich weine　　und mich erclag der minen sunde gross!
Gedenk auch an die grossen heilikeite,
die dir geschach, do dir der engel seite,
daz du geberen soltest, reine frauwe,
10 ein kint, daz ie was und noch ist
und immer Got on endes frist:
hilff mir, daz ich　　din kint mit freuden schauwe!

290.

Ich weiss ein rose wol gestalt,
die stet in richer blute,　　sie luchtet dorch den winter kalt
als in des meien grüne:　　sie glenczet schon und git so liechten schin:
Die selbe ros so wunnensam
5 hat schon die est geflochten,　　verwurket gar in einen stam
von einer feste küne:　　nun muren sicht man umb die feste sin.
Der baum ist dorch die rose uss geflossen

288 = 721 II l.　　3 korê l.　　pphete l.　　5 was dez l.　　mertelære und
meide Bartsch.　　7 erde : werde Bartsch.　　8 nymä l.　　9 ja — gimme] Bartsch,
du bist ein gyme d⁵ vil warẽ myñe l.　　11 tû l.　　dine Bartsch.　　12 her-
hôre (her für er immer) l.

289 = 721 III l.　　1 mayt l.　　2 uns] vnd l.　　6 myne l.　　7 an die
grosse l, an die grözen Bartsch, al der grossen?　　8 da l.　　10 waz l.
12 [ich] l.

290 = 725 I l, 7 I u.　　2 blüte u.　　3 alz l.　　dez l, dẽ u.　　so lichten l,
solichẽ u.　　4 rose lu.　　wünesam u.　　5 verwürcket u.　　6 einr festen u.
nün u, IX. l.　　vm̃ u.　　gan vor sin gestrichen l, fin u.

und ist die ros schon von dem baum entsprossen:
die rose luchtet von dem sonnen brehen,
10 der baum siezt vol der voglin schon,
sie singent all in sussem ton:
kein grosser freud   hat nie kein man gesehen.

291.

Vil cluger werck erbuwen schon
und vest zu allen stunden   so sicht man vor der porten ston
clar siben liechter schine: sie luchten ferr ubr alle wite lant.
So hört man cluger wechter vil
5 in cluger wise ruffen: wer dann ir wort nit mercken wil,
den lat man nit dar ine: kumpt er da hin, er wirt gar unerkant.
Zwolff turne die sint an die mur geseezet,
von aller welt wirt keine nie geleezet:
die porten tüt man allzit wol besliessen:
10 wer in die port vor war *wil gan*,
der muss dri slussel wol gehan
und auch daz wasser, daz gein berck kan fliessen.

292.

Der sin ist mir ein teil ze clug:
her vatter in dem trone,   nu gib mir sin und wisheit gnug;
ich gere diner sture,   daz min geticht mit wisheit mög bestan.
Uff dinen trost so heb ich au,
5 Maria, susse frauwe;   din helff die hat mich nie gelan,
din rum ist so gehure,   du bist die ros, die ich genennet han.
Geist, vatter, son, die flecht du alle drie
in einen stam, du reine meit Marie,
und du den vatter also hast getragen,
10 er was din vatter und din kint.
all die in dem gelauben sint
und den beweren, turffen nit me clagen.

- - - -
9 leuchtet *l*, lüchtet *u*.   sunne *u*.   10 fogelin schone *u*.   11 tone *l*,
töne *u*.   *Vgl. zum Thema* HMS II, 247a (3).

291 = 725 u *l*, 7 u *u*.   1 werg *l*.   gebüwen *u*.   2 schtan *l*.   3 clor *u*.
schinē *u*.   lüchtēt *u*.   ver' übe' *u*.   4 So nil hört *u*.   [vil] *u*.   5 ruffen
in cluger wyse *lu*.   dēn *u*.   6 lot [man] nit darinne *u*.   do *u*.   7 zwelff *u*.
türne *u*.   [die] *u*.   mure *u*.   10 port wil *lu*.   für wor *u*.   [wil gan] *lu*.
11 drye slüssel *u*.   [wol] han *lu*.

292 = 725 m *l*, 7 m *u*.   2 her' *u*.   3 stüre *u*.   gedicht *u*.   beston *u*.
5 süsse *u*.   dim *u*, die *l*.   hilff *lu*.   gelon *lu*.   6 rum] na *u*.
gehüre *lu*.   ross *l*.   7 sün *u*.   8 rene *l*.   10 waz *l*, wz *u*.   vnd sie
din *lu*.   11 glonben *u*.   12 dörffen *u*.

293.

Die fest nenn ich nu wirdeclich,
daz solt ir eben mercken, 　　die ist daz frone himmelrich;
zwolff turne, die ich meine, 　　daz sint die botten zwolffe wit genant.
Dar zu wis ich hie uff die wacht !
5 die lerer in der welte: 　　sie warnen uns tag unde nacht
mit mangem spruch so reine: 　　mit irer schrift tûn sie uns rü bekant.
Die liechter vor der port wil ich verjehen ;
Satturnus, Mars man hat sie dick gesehen,
Sol, Venus, Juppiter ich uch hie nenne,
10 Mercurius, Luna ; der mon
regiert den underisten tron :
dorch in lassent sie ire kraft uch kenne.

294.

Die muren nun ich lege vor:
Angeli heisst die erste, 　　Archangeli der ander kor,
Throni daz sint drie, 　　der vierde heisset Dominacion ;
Der funfte heisset Principat,
5 ob ich in recht erkenne; 　　der sechste heisset Potestat ;
Virtutes ist so frie, 　　der achte heisset Cherubim so schon.
Der nunde kor der heisset Seraphine ;
da stet die ros in wunniclichem schine :
Got ist der baum, Mari die edel rose,
10 die vogel sint der engel vil,
die jubelieren mange spil :
daz kunden alle zungen nit volkosen.

295.

Der festen slussel merckent hie !
da mit solt ir uch stercken 　　mit ganczer bicht, buss, ruw, merck wiel
daz man die sund beweine, 　　daz ist daz wasser daz gein berge gat.
Wer die dri slussel mag gehan
5 zu lest an sinem ende, 　　der mag wol in die feste gan :
sin truren daz wirt cleine, 　　vor im die port auch unbeslossen stat.
Wo sie nu wonen in der feste frone,

293 = 725 iv *t*, 7 iv *u*.　　1 wirdiclich *u*.　　3 xii *t*, zwelff *u*.　　túrn *u*.
zwelffe *u*.　　4 wacht] fart *tu*.　　5 worē *u*.　　6 tünt *u*, tün *t*.　　rûw *u*.
9 úch *u*.　　11 vū cristen *u*.　　12 lossēt *u*.　　uch] ich *tu*.
　　294 — 725 v *t*, 7 v *u*.　　1 [nun] *u*.　　2 die] d‘ *u*.　　Archangel *t*.
4 fúnffte *u*.　　6 fry *u*.　　cherubin *u*.　　7 nünde chor *u*.　　8 do *u*.　　wōnec-
lichē *u*.　　11 [die] *u*.　　jubelierent manges *u*.　　12 könden *u*.　　*l or* volkosen *ist* bek *gestrichen t*.　　verkosen *u*.
　　295 — 725 vi *t*, 7 vi *u*.　　1 slüssel *u*.　　2 do *u*.　　úch *u*.　　bich *t*.
büss rûw *u*.　　3 sünd *u*.　　4 slüssel *u*.　　5 zü *u*.　　6 pfort *tu*.　　7 nü in uestē
wonen frone *u*.

daz wil ich uch verkunden also schone:
daz tunt sie in dem edeln wesen here,
10 die Got in sinem riche hat;
iglichs nach sim verdinste stat:
wer da hin kumpt, des freud wert immer mere.

296.

Gracia plena magt ave,
Maria vol genaden, begrüsset si din nam ou we,
virgo du Gottes auwe, du bist ein Reparatrix wol genant,
Ein rechte widerbringerin,
5 Maria Matrix frone, du mutter Gottes und auch min,
ros in dem himmeltauwe, du bist Mediatrix so wit erkant.
Du bist der guldin eimer schon begossen,
da Sapientia ist in verslossen:
geseint in mulieribus den frauwen,
10 ora pro nobis, reine meit!
sit nieman wirt von dir verseit,
so hilft uns dar, da wir din kint anschauwen!

297.

Von milch ein man, von win ein kint,
hie heim gezogen lute die nennet man zu hoff ein rint:
daz kumpt von ungeberde: der nie uss kam, der kumpt auch nimmer heim.
Nu sin wir alle sampt erzogen
5 an reiner frauwen brüste: ders wider sprech, der wer betrogen:
die milch ist unser muter: siest susser vil danne ie kein honigseim.
Die milch und win, mit welchem wolt irs haben?
daz von dem win noch manger wirt begraben,
so daz er von der milch wer wol erlassen:
10 daz sammelt milch, zerfurt der win,
daz ist an mangem worden schin:
idoch sol wir den win dar umb nit hassen.

298.

Der win der ordenunge pfligt,
daz er mit sinen creften vil mangem mentschen an gesigt:

---

8 [uch] u. verkünden u. 9 tünt u. edlen u. 10 die] daz?
11 ue'dienste u. 12 darhin kompt u. iemer mer u.
296 = 725 vu t, 7 vu u. 2 genoden u. gegrüsset u. one u. 3 gottz tu.
owe u. repatrix ut. 5 mütter u. 7 gulden u. 9 gesegnt u. 12 do u.
297 = 726 i t. 1 wo t. 2 Vgl. Freid. 139, 14 a. b; Suchenw. 31, 41;
Kolm. 144, 40; Tischzucht D (hsg. v. Geyer) 135 u. Anm.; Alld. Bll. I, 11, 24;.
Zs. f. d. Phil. IX, 85. 6 [ie] t. 7 wym t. welm t. ir es t. 8 [daz]?
wir t. 9 [so]? 10 mich t.
298 = 726 u t. 1 pflig, dahinter gestrichen Er hat vil stepenye t.

er bringt in von den wiczen   und von den sinn, die im Got hat gegeben.
Der win wil nieman nicht vertragen,
5 er hat vil stampenie: der ein wil singn, der ander sagen,
der dritt ist so behende,   der vierd wil wider all die welte streben.
Der win ist stercker dan her Sameson;
des ward wol inn der gut Sant Ureban,
der von dem win in heuptsund was gevallen:
10 der siben sund er ein enpfing,
mit trunckenheit er sich beging,
dar nach sie gar: nu hut dich vor in allen!

299.

    Doch vor die milch lob ich den win;
kein mess wart nie gesprochen   noch gesungn, er müss da sin,
der win und auch daz wasser   und Gottes blût daz müschet sich dar in.
Daz kumpt von reiner priester wort,
5 so daz Got git von himmel   in priesters hant der himmel hort
und wir in alle tage   niess und enpfah in unsers herczen schrin.
Der win ist edel, sag ich uch vor ware,
dar in sich mengt der zarte Got so clare,
der von der reinen meide kam gellossen,
10 gar one sund und one meil
kam er der welt zu grossem heil:
suss han wir Gottes und des wins genossen.

300.

    Von Juden und Cristen wart ein kiel
geladen also swere,   wie daz ein loss an sie geviel,
daz man ir beider drissig   zusammen saezt und schied sie nach der zal.
Den zenden solt man werffen hin,
5 so daz er solt ertrincken: nu merckent an ein scharpfen sin,
wie daz die Cristen flissig   da mit den Juden triben solich wal!
    Zum ersten zwen, ein Jude, dri der Cristen,
funf Juden mochten sich nit lenger fristen,
zwen gut, zwen arg und viere der getauften,
10 ein Jud, ein Cristen kamen dar,
dri ungetauft, ein cristenfar,
zwen uff, zwen ab   und einer der verkauften.

---

3 brigt *t.*   5 sing *t.*   7 sameshon *t.*

299 = 726 m *t.*   2 gesung *t.*   3 gottz *t.*   5 *Vor* Got *ist* sich
gestrichen *t.*   [git] *t.*   hat *t.*

300 = 727 i *t.*   1 Judë cristen *t*, und *ergänzt Bartsch.*   2 an *Bartsch*,
in *t.*   gevil *t.*   3 vnd von eȳ and' schiet (*von von an durchstrichen*) Vnd *t.*
4 Der *t.*   6 criste *t.*   9 getaufften *t.*

301.

Nu rata, wiser meinster gut,
waz uns der kiel betute   und auch des wilden wages flut,
der die Juden und die Cristen   zusammene saezt und von einander schiet.
Der kiel daz ist die welte wit,
5 daz mer die bitter helle;   Got hat uns vor dem tod gefrit
also mit clugen listen: hüt uch vor dem, der mentschen kunne verriet!
Sin honigseim ist bittrer dann die galle,
er bracht den ersten mentschen gar zu valle,
so daz im ist der liechte tac verborgen.
10 die Juden hant die vinster nacht,
die sie in selben hant ertacht.
waeht uff, ir Cristen! ez ist liechter morgen.

302.

Ir Cristen, sint gewarnet vast,
als ich uch wil betuten: ir hutent segel unde mast
und halt daz ruder faste,   daz ir den siben winden wider stat!
Der erste wint von norden gat,
5 der ander suden, westen: ir hüt uch fur des fures rat
und fur des tufels glaste: hoffart die lüft, unkusch daz wasser hat.
Der vierde wint, der sich uss osten tribet,
girheit der frass der erden tragheit schribet.
daz wil Got han gar clein in siner pflichte.
10 wir manen Gottes wunden rot,
daz er uns helff uss aller not:
Got uns gewer   der selben zuversichte!

302a.

Solde ich malen alzo ich kan
ein wip, di welde ich malen   einem wibe glich getan
und dach nicht so geformet: vor war ir weren struzes ougen gut;
Eines stiliches munde ir munt glich,
5 und eine czunge dar inne   gesmidet ebener worte rich
und eines kranches halz,   czwei hazen oren, turteltuben mut.
Ir hende welde ich malen alz einem arne,
ir vüsse noch ein pferde ir czu bewarne,

---

301 = 727 u t.   2 was t.   dez t.   3 [die] Juden *Bartsch.*   zu-
sammnë t.   4 werelt *Bartsch.*   6 kund t, künne *Bartsch.*   11 selber t.

302 = 727 m t.   2 alz t.   3 feste t, faste *Bartsch.*   5 sude t.
hut t.   6 dez t.   glesten t, glaste *Bartsch.*   8 irgheit t. *Die Erbärmlichkeit
der Str., die 7 Winde (= 7 Todsünden) ankündigt, aber nur 4 Winde, 5 Todsünden nennt, fällt wol dem Verf., nicht der Ueberlieferung zur Last.*

302a = 3 o.   2 eynë o.   [getan] o.   3 so geformet nicht o.   5 ebene
wort o.   6 munt o.   7 eynë arn o.

daz si irgen unsanfte trete,
10 daz irre wipheit tochte nicht.
welch wip man sust geformet sieht,
di ist allir wipheit stete.

302 b.

Struses ougen sal ein wip
durch wiplich angesichte   legen czu rechte an erin lip
und einen kranches hals,   das vorgedancken vol ir wipheit si.
Eines sitiches munt durch süze wort,
5 gesmedit ir czunge gar an valschen ort
und och czwei hazen oren,   daz si gar vorchtig kegen unkuscheit si.
Durch truwe ir hercze in turteltube mute,
durch milde ir hande nach dem arn an gute;
och sullen kegen ir wipheit ire vüze
10 herte sein noch pferdis treten:
so wirt ir wipheit nich vorsneten.
welche sus tut,   di heize ich reine süze.

11 weypheyt o.

302b = 4 o.   2 leyp o.   3 weypheyt o.   6 sey o.   11 weypheyt o.
12 suze o.

II. *Spiegelweise.*

303.

Es sol ein frunt mit frunde nit vil hagen,
es sol kein priester in der bicht   zu tieff nach sunden fragen,
es sol nit krancke meinsterschaft   mit Juden disputieren;
    Es sol kein man sin gut mit wucher richen,
5 man sol die frommen, wo die sin,   zun bösen nit gelichen,
ein junger man sol sinen lip   mit zuchten schone zieren;
    Die wisen soln von torheit lan,
dem rechten sol man bi gestan
werlich zu allen stunden;
10 vor schanden soln behuten sich die werden,
nach eren sol ein iglich man   schon werben hie uff erden:
wer daz nu tut, der gewint daz lop   vor gesten und vor kunden.

304.

Wo hohes adel sich au tugenden swachet,
wo frundes munt sins herczenlieben frundes leit erlachet,
wo junger man die sine zit   on ere gar verswendet,
    Wo wiplich bild ir wiplich nam enteret,
5 wo junger man tag unde nacht   daz beste nit enteret,
wo milte hant dorch falschen rat   dem armen nit ensendet,
    Wo geistlich ordn unrechtes pfligt,
wo kunterfei in herczen ligt,
wo zag stat hinder schilte,

303 = 789 i t, 138 i w.   1 gen freunten w.   2 kein] ein tw.   in] au w.
becht t.   zu] nit w.   [sunden fragen] t.   3 nit] ain w.   meist'scaft t, meisterschaft w.   Juden nit disputiern w.   4 Mit wucher soll ain m. sein guet nit
Reichen w.   5 man sol] sych söllen w.   pider w.   die] sy w.   sint tw.   zu
den t, den w.   6 Die junge sollent yrē lyp m' t.   mit tugend w.   schon
beziern w.   7 sollen für thorn gan w.   8 die alten sollen b. w.   9 werlich]
dem Recht w.   10 sollē hutē t, sollen behueten w.   11 yeczlich w.   [schon]
trachtñ w.   12 dar vmb wiert Im gesprochen lob w.   [der] gewinnet lop?
von *beidemal* w.   künden t.

304 = 789 ii t, 138 ii w.   1 o t, Bo w.   hocher adl w.   tugend w.
2 freuntes w.   mit t.   seins nachsten freuntes herczen layd w.   3 : w 6.
Wa t.   wo falscher mund seiñ Eben kristñ an Ern ser pfendet w.   4 = w 10.
bild] nam w.   nam] gūet w.   nicht Eret w.   5 = w 11.   mensch w.
6 = w 3.   milde w.   durch w.   den gernden w.   besendet w, enspendet
Bartsch.   7 orden tw.   vnrecht pflicht t.   8 gunderfay lm w.   hercz t.
9 sich hinder stellet w.

10 wo liebes kint den vatter sin betruget
und wer eim andern nimpt sin gut   und zu dem sinen buget,
hort ich den allen sprechen wol,   irs lobes mich bevilte.

305.

Wer zeiget kunst, da man ir nit erkennet,
wer ungezempte junge ros   unkundie vurte rennet,
wer lange krieget wider recht,   wer vil verstolens kauffet,
Wer vil mit sinen nachgeburen baget,
5 wer unverwissenlichen gar   die ungezogenen fraget,
wer streichet dicke fromden hunt,   wer alten Juden tauffet,
Wer dienet, da man sin nit gert,
wer sich mit lugen wil machen wert,
wer spottet vil der alten,
10 wer uff die ferren frunt zu sere fidet,
wer sin getruwes elich trut   dorch falsche minne vermidet,
sol es dem alles wol ergan,   des muss Gelucke walten!

306.

Wer wis wil sin und dörlichen gebaret,
wer sich des rechten wol verstat   und er unrechtes faret,
wer frauwen ubel sprichet vil   und selten tut daz beste,
Wer nit enfolgt getruwes frundes lere
5 und wer ein andern nit erlat,   dez er gern erlossen were,
und wer nit meinstert sinen munt,   es rüt in an dem lesten.
Wer sinem recht unrechte tut,
wer straffen wil nit han vergut,
wer sich zum bosen gesellet,
10 wer leschen wil und daz in nit enbrennet,
und wer wecket slaffenden hunt,   sich selben nit erkennet,
daz sol niemanne wunder han,   ob es im missevellet.

10 = w 4.   betrüget *t*, betreüget *w*.   11 = w 5.   Wo ains dem andern *w*.
nȳp *t*, nȳbt *w*.   bewget *w*.   12 wo man dem argen sprichet lob das selb
mir nicht gefellet *w*.

305 = 790 in *t*, in 31 *n*.   1 Der kunst zuget da man sie nit wil nënen *t*.
2 ungeschende jüge ros vnküdiche furde rennet *n*, Jüges vngezemptes r. durch
wilde furt wil rennē *t*.   3 cregit *n*.   wyd's *t*.   keufet *n*.   4 vil mit
nakeburen sich gebagit *n*, mit sȳn nachgeburē sere baget *t*.   5 vnu'wisse-
lichen *n*.   Wer vnbescheydenlichen lept vnd vngezoglich fr. *t*.   6 vil ge-
streichet *t*, streigit *n*.   vremden *n*.   alde *n*.   deufet *n*, teuffet *t*.   7 dint *t*,
denit *n*.   nict ingert *n*, nit beg't *t*.   8 luginin *n*.   wil machen] lange *t*.
9 spottin wil d' alden *n*.   10 v're *n*.   zu) sich *n*.   vidit *n*, vichtet *t*.
11 get'we selich wip *n*.   durch velsche m. *n*, dorch falsches liep *t*.   v'nichtet *t*.
12 sal is *n*.   deme allis *n*, den allen *t*.   wol vss gan dz muss gelucke *t*.
muis *n*.   walden *n*.

306 = 790 in *t*.   1 Der *t*.   2 dez *t*.   3 vil *Bartsch*, nu *t*.   4 nicht
enfolget *t*.   5 daz er *t*.   6 ez riuwet in ze leste *Bartsch*.   11 [und] *Bartsch*.
selber *t*.   12 des solte nieman?

307.

Es kompt, daz doren gebent gute lere;
der mag ich selber einer sin: wer mir nu daz verkere,
daz ich dick gebe wisen rat   und mich dar nach nit halte,
Der sol sich bass besinn, ee er mich schelte,
5 und volge miner lere nach,   daz er doch nit engelte,
und ker sich nit an mine werck,   ob ich unrechtes walte.
Wer nu die sin funff sinne hat,
der kennet recht und missetat;
der sol daz beste kiesen.
10 des ersten sol man huten sich vor sunden:
daz ist daz beste, daz ich oder   ieman geleren kunde.
wer daz tut, der wisse fur war,   er kan nit dran verliesen.

308.

Doch wil ich singen furbaz von den tummen:
sie lassent als den slechten weg   und volgent nach dem krummen;
der rechten strasse volgents nit,   es mag sie wol geruwen.
Sie wollent volgen nit des priesters lere,
5 sie jehent: 'er tut es selber nit: war an sol wir uns keren?'
an sine wort, nit an sin werck!   dar uff so sol wir buwen.
Wer aber wil recht lere geben,
der sol auch halten kusches leben,
daz sich niemant dran erge:
10 so wirt sin lop getüret in den landen.
priester, lei ald wer er si,   der hute sich vor schanden
und trag die wort den wercken vor: so tarff er sich nit bergen.

309.

Ach priesterschafft, daz si dir vor gesungen!
du gibest ler nacht unde tag   den alten und den jungen.
gut hilde solt du tragen vor,   so wirt din lop gemeret.
Du solt bedencken auch din hohe wirde,
5 die dir Got hie gegeben hat: so stat dir din begirde
uff gut und uff unkusches leben,   dir ist din müt verkeret.
Sit priesterschaft daz ubet nun,
was sollent dann die leien tun,

---

307 = 791 I l.   1 doren dick g. g. ler l.   3 geb l.   4 sich sich l.
schulte: engulte?   7 sinē l.   syñ l.   11 ieman *Bartsch, fehlt l.*   12 [der]
wisse wol fur?

308 = 791 II l.   1 Noch *Bartsch.*   2 alz l.   3 strass volgent sie l.
4 volgen niht *Bartsch, nit volgen l.*   dez l.   5 jehent *Bartsch, sprecht l.*
7 'swer aber *Bartsch, Ab' wer l.*

309 = 791 III l.   4 bedecken l, bedenken *Bartsch.*   6 bekeret l.   7 p'st-
schaft l.

Roethe, Reinmar von Zweter.   36

die nit verstant der schrifte,
10 als babest, bischoff und die kardinale?
die machent jamer unde leit   der welt und manche quale.
sie solten weren mort, raup, brant: so helffent sie in stiften.

310.

Waz sol ein liep, daz leidet vor den luten?
waz sol ein liep, daz liebes lip   nit lieplichen kan truten?
waz sol ein liep, daz valschen sin   gein liebe treit verborgen?
Waz sol ein liep, daz nit kan büssen swere?
5 waz sol ein liep, dem von sim lieb   sin dinst ist gar unmere?
waz sol ein liep, daz truren git   in minniclichen sorgen?
Waz sol ein liep, da leit an lit?
waz sol ein liep, daz nit engit
freude in herczen taugen?
10 waz sol ein liep, daz mir umb gab wil minnen?
waz sol ein hep, daz gein sim lieb   nit lieplchen kan sinnen?
waz sol ein liep, daz sich nit liept   im herczen und in augen?

311.

Waz sol ein liep, daz pfliget valscher minne?
waz sol ein liep, daz nit alzit   hat liep in sinem sinne?
waz sol ein liep, daz nach sim lieb   nit hat ein stet verlangen?
Waz sol ein hep, daz wil sin zu gemeine?
5 waz sol ein liep, daz nit sin liep   gancz haben wil alleine?
waz sol ein liep, daz sust mit schnoder lieb ist umbehangen?
Waz sol ein lieb, daz nit entreit
sin lieb mit ganczer stetikeit
in sines hertzen grunde?
10 waz sol ein liep, daz *nit* kan susser rete?
waz sol ein liep, daz gein sim lieb   nit wercken ist unstete?
waz sol ein liep, daz nit enpfligt   steter lieb zu aller stunde?

312.

Ein zertliches wip die hat mich gefangen,
daz ich von ir nit wencken mag: nach ir muss mich belangen:
tag unde nacht kein rü ich han: an sie müss ich gedencken.

9 d' *aus* die *gebessert t.*   10 babest bischoff] babeschoff *t.*

310 = 792 n *t.*   1 was *t.*   2 kan lieplichen?   trutte *t.*   4 was *t.*
10 Wz *t.*   11 kan lieplichen?

311 = 792 m *t.*   1 pflieget *t.*   3 was *t.*   ein lip *t.*   6 alsus ist m.
sn. l. umbvangen?   7 Was *t.*   10 [nit] kan vil *t.*   rede *t.*   12 enpflgt *t.*
daz steter lieb nit pfliget zaller stunde?

312 = 793 i *t.*

Hercz, müt und sinne hab ich ir gegeben
5 und wil auch immer ewiclich   in irem dinste leben:
des sol sie von mir sicher sin,   ich mag von ir nit wencken.
Ir liebe die hat mich enzunt.
ach zarter rosen rotter munt,
lass mich din huld erwerben!
10 tust du des nit, so ist min freude cleine,
trost mines herczen paradiss,   du zartes frewlin reine,
laz mir din gute werden schin!   anders ich müss sin sterben.

313.

Also gross ist min jamer und min smereze,
den ich nu von der lieben trag: hett sie ein steinen hercze,
es mocht sie doch erbarmen wol,   wann sie dar an gedechte,
Waz ich nu dulde grosser sender swere
5 al dorch die minniclichen zart,   daz ist ir licht als mere.
der zwifel tut mir also we,   in ungemut ich fechte.
Ich weiss, waz ich beginnen sol:
durch die ich senden kummer dol,
die achtet min gar cleine:
10 des wil ich stet nach iren hulden ringen
und wil ir dienen immer me: mocht mir an ir gelingen,
an der vil minniclichen zart,   die ich in truwen meine!

314.

Ach trost und wunn mins herczen angelweide,
du bist uff erd min himmelrich,   du bist min hochste freude,
du bist min glück, du bist min heil,   mins herczen keiserinne!
Du bist ein kron werlich ob allen wiben,
5 du bist mins herczen paradiss   alzit on underliben;
min hercze mir verderben wil   nach diner edeln minne.
Ach Got und word mir die zu teil,
so wer ich frölich unde geil
und hett min leit ein ende.
10 dar an gedencke, daz ich mich vor eigen
dir, zartes liep, gegeben han: wolst mir auch tru erzeigen!
ach, minnicliches freulin zart,   bedenck noch min ellende!

315.

Es wart uff erde kein frucht nie so gehure,
als ist ein reine frauwe zart,   noch edler creature

6 dez *t.*   10 dez *t.*   11 zartz *t.*   12 ich m. sin anders st.?
313 = 793 II *t.*   5 alz *t.*   7 enweiss?   10 daz *t.*   stete nach ir?
314 = 793 III *t.*   4 ein] mȳ *t.*   5 padyss *t.*   alz zyt *t.*   6 verdenbē *t.*
315 = 794 I *t.*   1 [nie]?   2 alz *t.*

36*

Got uff der erden nie beschuff   noch himmel hat bedecket.
Waz mocht gelichen einem wibe reine?
5 sie kan vertriben alles we   und truren machen cleine,
sie ist nach lust gebildet gar,   all freude sie erwecket.
Es wart doch bessers nie geborn,
Got hat sie selber uss erkorn:
ob aller creature,
10 so er ie geschuff *uff* erd und in den lüften,
dar ob so swept eins wibes nam: dar uff solnt sie sich güften,
ich mein die reinen frauwen zart,   sie geben freud und sture.

316.

Hett ich vernunft, daz ich kunde betrachten
der reinen, kuschen wibe lop,   ir er, ir wird vollachten,
und die Got hat an sie geleit,   so wer ich sinneriche.
Kund ich geloben sie nach irer wirde
5 und nach ir hohen wirdekeit,   daz wer mins herczen girde;
ob ich des nit vollenden mag,   daz ist nit unbilliche.
Wann ir wirde ist also gross,
daz nit lebet wibes genoss,
die kusch ist unde reine:
10 hie mitte so wil ich es lassen bliben
und wil uch nu ein ander liet   singen von solchen wiben,
die sich in eren halten nit: nu merckent, well ich meine!

317.

Ich mein die wibe, die sich lassent vinden
in unkuscher missetat   an argen worten swinden;
daz die soln wibes namen han,   daz ist nit mugelichen.
Welch wip sich an irn hohen eren krencket,
5 ir wirde und ir wiplich zucht   nit ebene bedencket
und irer eren hutet nit,   die ist nit sinneriche.
Die wip sint ungelich getan;
est schad, daz all ein namen han.
wer michs wil widertriben,
10 dem wil ich sin ein gutes bispil geben:
recht als ein gut scharlachen tuch   und ein sag zwilch dar neben,
als ist ein reine frauwe zart   bi einem schnöden wibe.

318.

Den guten sengern wil ich des getruwen,
ob ich in ir geselleschafft   sol husen oder buwen,

4 eynē (*dies ē gestrichen*) zartē wybe reine *l.*   9 creat e *l.*   10 [uff] *l.*
316 = 791 n *l.*   4 nach yren erē (*dies Wort rot durchstrichen*) w'den *l.*
5 wydekeit *l.*
317 = 791 m *l.*   3 sol wybez *l.*   4 ir?   5 ebē *l.*   12 alz *l.*
318 = 795 i *l.*

so daz sie mich geselleclich　　in ire zuuft enpfahen.
Darzu beger ich der bescheidenheite,
5 ob ich mich uff der kunsten ban　　nit gar wol hab bereite
und ich ein teil uneben far,　　daz sie an mir nit gahen.
Kan ich nit rechter kunst beweru,
alrerst wil ich geleites gern:
doch mein ich sie nit alle.
10 ich mein die meinster,　　die da kunnent messen,
ob ich mich uff der kunsten ban　　mit rimen icht vergesse,
daz sie des gutlich fristent mich,　　bis ich in baz gefalle.

319.

Ich weiss, daz ich von manchem werd gelassen
gar dicke durch die straffemülu,　　der doch nit weiss der massen,
wie man der kunsten mülen sol　　bereiten und berichten.
Die reder lassen sich gar snelle triben,
5 ein weng zn lützel ald zu vil,　　sehent so mag beliben
der stein zu nider ald zû hoch:　　so acht man mich fur nichte.
Die meinster es berichten sulu,
den gib ich mich hie uff ir unalu,
daz sie mich sullen machen
10 vil cleine, malen, gerwen unde griessen,
also daz mins gesauges mel　　die wisen mogent niessen,
daz ich vor kunsteloser diet　　blib gar on alles swachen.

320.

Ich han vernomen und sint ware mere,
kein babest nie so wise wart,　　er must sin ein schulere,
die bischoff und die cardinal,　　dar zu die wisen pfaffen.
Man seit von cleinen steinen grosse krefte
5 und auch von ungestalter diet　　riliche meinsterschefte:
also mocht Got uss mir vil tummen vil der wunder schaffen.
Der aller dinge hat gewalt,
uff des genad han ich gestalt
und ger auch in sin schule.
10 die guten meinster wil ich gerne eren
und wil sie bitten umb ir kunst,　　daz sie mich sullen leren,
daz ich von kunsteloser diet　　nit fall in schanden pfule.

---

3 enpfhahen *t.*　　　7 *Vor* recht' *ist* kein *gestrichen t.*　　　10 kudêt *t.*
11 v'gessen *t.*　　12 dez *t.*　　[in] *t.*

319 = 795 n *t.*　　2 straffe mül *t.*　　3 möle *t.*　　5 seht also *Bartsch.*
6 ze nihte *Bartsch.*　　7 soln *t.*　　9 sollê *t.*　　12 belibe [gar] *Bartsch.*

320 = 795 m *t.*　　2 ern müeste sin schuolære *Bartsch.*　　4 kreffte *t.*
5 rilicher *Bartsch.*　　diet *Bartsch,* die *t.*　　6 als möhte *Bartsch.*　　8 dez *t.*
12 *Vor* schad- *ist* kunstë *gestrichen t.*

321.

Waz sol ein frunt, der nit fruntlich wil werben?
waz sol ein frunt, der sinen frunt   unfruntlich lat verderben?
waz sol ein frunt, der grosse pin   au frunden nit wil wenden?
Waz sol ein frunt, der frunden wol verheisset?
5 waz sol ein frunt, der sinen frunt   untugentlichen reisset?
waz sol ein frunt, der sinem frunt   wil keinen troste senden?
Waz sol ein frunt, der frunde nit
mit teilen wil zu keiner zit?
der frunt mag dich betrüben.
10 waz sol ein frunt, der frunde nit bedencket?
waz sol ein frunt, der frunden fruntlich gabe nit enschencket?
ein frund in notten ist ein frunt,   der fruntlich sich kau uben.

322.

Treg unde lass, man müss dich alles wecken;
treg unde lass, du törffest wol,   daz man dich solte decken;
treg unde lass get hinden nach   und alles ungeswinde.
Treg unde lass, du wilt zu lange slaffen,
5 treg unde lass, du dienest wol,   daz man dich solte straffen,
treg unde lass enzimt nit wol   fraw Eren ingesinde.
Treg unde lass die hat die recht,
treg unde lass, daz ist ir knecht
der fulen unbederben.
10 treg unde lass nach prise selten wirbet,
treg unde lass die schaffet auch   und daz sie gern verdirbet,
treg unde lass, du soltest han   ein cleines güt zum erbe.

323.

Treg unde lass nach truwen selten ringen,
treg unde lass die wirbet auch   nach keinen guten dingen,
treg unde lass ist ungemüt,   wann man ir wil betuten.
Treg unde lass nit hohes lobes mag walten,
5 treg unde lass der meinsterkunst   so wenig hat behalten,
treg unde lass, du solt nit sin   bi keinen guten luten.
Treg unde lass, der lute spot,
treg unde lass die hasset Got,
daz sollen wir besteten.
10 treg unde lass die ist so gar vergessen,
zu früen metten kumpt sie selten und zu ganczen messeu.
treg unde lass, du solt nit gen   in lobelicher wete.

321 = 796 t.   2 v'debē t.   3 de t.   6 dekeinen trost wil s.?   10 was t.
11 Wz t.   ensenckel t.
322 = 797 ı t.   5 v'dienest t.   6 zȳmet t.   zingesinde?
323 = 797 u t.   1 triwen sol selten?   11 gäten t.   12 weten t.

324.

Treg unde lass die ist so gar verlassen,
treg unde lass die wonet selten uff der Gottes strassen,
treg unde lass die ist vor Got in himelrich unmere.

Treg unde lass die ist so gar unreine,
5 treg unde lass, in himelrich da hat sie freude eleine,
ee daz es ir un werden sol, sie müss erarnen swere.
Wer nu wil haben frenden schin,
treg unde lass die lass er sin!
mit Gote lebe er schone!
10 zu guten dingen sol er sin behende;
waz nu der sel geschaden mag, dar von er sich bald wende!
so wil in Got enpfahen schon im obersten trone.

325.

Er ist nicht weis, der weishait nit khan kennen,
des wil ich euch den weisen hie und auch den thoren nennen.
er ist nit weis, der nit entwill nach Gottes hulden ringen.
Er ist nit weis, der schand und laster meret,
5 er ist nit weis, der sich alzeit an alles reden keret,
er ist nit weis, der rechtes recht zu unrecht mainet pringen.
Er ist auch nicht ain weiser man,
der sich auf sach nicht khan verstan
und lat sich nicht beschaiden.
10 er ist nit weis, der mit thorn wille kriegen
und seinen ewenkhristen thuet mit rechter falschait triegen;
er ist nit weis, der im ain valschen menschen nicht lat laiden.

326.

Er ist nit weis, der Got sein handtat schwachet,
er ist nit weis, der ain unrecht zu ainem rechten machet,
er ist nit weis, der sich der frömden krieg vil underwindet.
Er ist nit weis, der recht nit will bedengkhen,
5 er ist nit weis, der leib und sel mit willen thuet versengkhen,

---

321 = 797 m *t*. 9 got lebet *t*. 11 [sich] balde *Bartsch*.

325 = 138 j *w*. 2 auch *überkorrigirt w.* thorn *w*. 3 weyss (so oft) *t*.
5 alzeyt *am Rande w*. Redn *w*. 6 zunrechte? der mainet *korrigirt in*
der rechtes recht zu *w*. vnrecht *aus* vnrechtes *gebessert w*. vor pringen
ist Recht zw Rechtem *gestrichen,* mainet *darübergeschrieben w*. 7 nicht *am*
Rande *w*. vor weyser *ist* nit weyss *gestrichen,* ain *übergeschrieben w*.
8 [sich] *w*. 10 wol thoren wille *oder* wil mit thoren. 11 nach und *ist*
der *hineinkorrigirt w*. seiü *w*.

326 = 138 u n *w*. 2 zw *w*. ainem *überkorrigirt w*. 3 die Umlaut-
zeichen in frömden *und öfter sind vielleicht von andrer Hand*.

er ist nit weis, der trachtet, das   man in in sünden vindet.
Der ist auch nit ain weiser man,
der nicht mit vleis dahin wil gan,
da man von Got hört singen:
10 er ist nit weis, der alle ding will rechen,
er ist mit weis, wer frävelich   tuet warhait widersprechen,
er ist nit weis, der rett zu vil,   das im mag schaden bringen.

327.

Er ist nit weis, der alte leut uneret,
er ist nit weis, der nit bivolgt,   wo man das peste leret,
er ist nit weise, der nit stät   auf seiner red beleibet;
Er ist nit weis, der kinder vil thuet fragen,
5 er ist nit weis, der als gelaubt,   das im die kind tund sagen,
er ist nit weis, wolch man sich selb   von hochen eren treibet.
Maniger zimbt sich weis gethan,
des er nicht ist: ein ander man
prueff es an seinem leben.
10 er ist nit weis, der pöser ding sich rüemet,
er ist nit weis, der steurt zu sünd   und er sein nicht vertüemet,
er ist nit weis, der aim vil valsche zeugnus thuet geben.

328.

Er ist nit weis, der glübde nit wil halden,
er ist nit weis, der seinen leib   iu hochfart lat veralden,
er ist nit weis, der seinen freundt   in armüet nit erkennet;
Er ist nit weis, der herren vil betrüebe,
5 er ist nit weis, der frömdes guet   in seiner gwalt begrüebe,
er ist nit weis, der Gottes nam   offt unnüczlichen nennet.
Weishait vindt man an maniger stat:
wer rechte weishait an im hat,
der mag genad wol vinden.
10 er ist nit weis, der frauen vil gelaubet,
er ist nit weis, der weibes pild   an eren vil beraubet,
er ist nit weis, der guet verthuet   unnüczlich seinen kinden.

---

10 Rechnen *w*.   12 bringenn *w*.

327 = 138 III *w*.   2 biwolgt *w*.   mann *w*.   3 weys *w*.   6 wo-
lich *w*.   hochn *am Rande w*.   Ern *w*.   *vor* treybedt *ist* thuet *gestrichen w*.   7 zimbt] düngkht?   9 *oder* prueff *w*.   11 zw sünd (*aus*
sünden) *w*.   sein] si?   12 gebenn *w*.

328 = 138 IV *w*.   1 *vor* halden *ist* be *einkorrigirt w*.   3 seinend *w*.
4 herrn *w*.   betrüebet *w*.   5 begruebet *w*.   6 unnüczlichenn *w*.   11 Ern *w*.

329.

Er ist nit weis, der trew umb trew nit gebet,
er ist nit weis, der steurt zu krieg   und nicht da wider strebet,
er ist nit weis, der seine kind   nit auf das pesst will ziechen.
Er ist nit weis, der wil in zorne gachen
5 und seinen ewencristen thuet   durch aremut verschmachen,
er ist nit weis, der nit will alle falsche sinne fliechen.
Also thuet ain weiser man,
der sich alzeit besinnen kan,
den sicht man selden kriegen;
10 ain weiser man der hüettet sich vor sünden,
ain weiser man der lät sein hercz   mit tugend schou durchgründen,
ain weiser man der let sich nimmer valschen sin betriegen.

329 = 138 v w.   2 zw w.   3 *hinter* pesst *ist* ziechen *gestrichen* w.
4 zorn w.   5 wer *nach* und *gestrichen* w.   *vor* verschmächen *ist* thuet
gestrichen w.   10 Ein w.   11 durchgründenn w.   12 betriegenn w.

LIEDER.

I.

330.

Der minniclichen vrouwen twingen
ist alles twingens niht gelich.
Die gnoten twingent mit den dingen,
dâ mite si doch niht swachent sich.
5 Ir libes schœne, ir tngede pris
mac manegen twingen âne ir wizzen,
sô si sich doch niht hât gevlizzen
ûf mannes minne in valscher wîs.

331.

Daz von den wolgemnoten wiben
wüehsen wolgemnote man,
Daz lieze ich wol alsô beliben,
wüehse dâ niht anders an.
5 Ezn wære niht ein missetât,
daz si gern ein ander sæhen,
ob si dâ bî wolten smæhen,
des wibes êre unêre hât.

332.

Wil aber ir sehen sô nâhen reichen
von ougen zougen ûf den wân,
Dâ von ir kiusche mac erbleichen,
dâ wirt von sehen missetân.
5 Ein sunder blic gît sundern muot;
kumt des ein vrouwe in die wolveile,
daz nimt im lîht ein man ze heile,
ez énist aber niht vollen gnot.

330 = 216 D.   1 nit (meist) D.
331 = 217 D.   5 ez enwere D.
332 = 218 D.   2 vnde ze ougen D, ze ougen vdllagen.

333.

Daz liebiu wip die man gewerten
ir minne nâch der manne ger
Unt tæten allez, des si gerten,
daz enrâte ich der noch der.
5   Ich weiz wol, minniclich bejac
lit aller meist an vrouwen lône:
daz aber ein wip ir êren schône,
daz râte ich immer, swâ ich mac.

334.

Swâ minniclîcher vrouwen grüezen
in junges mannes herze vert,
Der gruoz mac im den lîp durchsüezen,
ist daz er sich dâ vor ernert,
5   Daz in ir gruoz unt ouch siu jugent
niht bringen mügen in tump gemüete,
unt lange der in viures glüete,
ezn brante in niht durch sîne tugent.

335.

Swâ vrouwen schœne unt vrouwen güete
durchsüezet junges mannes leben,
Mâze dâ bî si unt hüete,
daz si ir spil iht übergebe.
5   Ist reiner muot der schœne bî,
swie sêre der vrouwen schœne twinge,
swen denne ir schœne in kumber bringe,
dâ ist diu liebe schulden vrî.

336.

Durch liebe maneger wirt ze kinde,
der doch niht ist der jâr ein kint;

333 = 219 D.   3 vnde D.   6 vrowum D.
334 = 220 D.   7 vnde D.   8 ez enbranti D.
335 = 221 D, m 13 n.   1 Wa n.   urowun D.   iū (immer) n, vnde D.
vrowun D.   2 sûze inder wol gemüde · miñe leve vrauwe n.   3 da bis
bi n.   si] sit D.   4 ir spil durch liebe D, d. l. i. sp. n.   6. 5 Dn.
5 reyne n.   6 swi D, wie n.   [der] n.   tuingit n.   7 swenne D, wen n.
[denne] n.   dan in n.   bringit n.   8 wirt D.   liebi D, reine n.
336 = 222 D, m 4 n.   1 liebi D.   zû n.   2 der doch der iare is
kint n.

Waz ich der selben kinde vinde,
diu der liebe tôren sint!
5   Durch liebe wirt des vil getân,
daz beidiu sêl unt êre crenket;
swer sich durch liep in sünde senket,
der muoz durch liep daz lieber lân.

II.

337.

Mich dûhte ein vrowe gecleidet wol,
diu ze nâhest an ir hæte
    Ein bemede ganzer kiusche vol,
gegürtet *ouch* mit wernder stæte,
5   Dar ob ein roc mit reinen siten
unt einen mantel schamevar,
den rehtiu mâze hete gesniten
vür ungebâr: ir vrouwen, nemt der cleider war!

338.

Min vrowe, der ich wol guotes gan,
die bekenne ich wol bî disem cleide;
    Si treit disiu cleider an
stæte, als ich iuch bescheide.
5   Ir lop ir leben gezieret hât,
sô balsamt ouch ir leben ir lîp;
ir tugent die êre sô în lât,
daz si *dâ von*   mac heizen wol ein reinez wîp.

339.

Der vrouwen hœrn, der vrouwen sehen
unt ir sprechen von ir munde,
    Diu driu diu suln alsô geschehen,
daz ir sehen ir kiusche iht wunde,

3 selber *n.*   4 durch die liebe dore *n.*   6 des sele iñ ere beide *n.*
7 swer] wie *n.*   liebe *n.*   sunden *n.*   8 liebe lieber *n.*
337 = 223 *D.*   2 hette *D.*   3 hemede wiz *D.*   4 [ouch] *D.*   5 einen *D.*
7 het *D.*
338 = 224 *D.*   3 treit stete *D.*   4 [stæte] *D.*   in *vdHagen.*   5 geziert *D.*   7 tugende *D.*   lât = ladet.   8 [dâ von] *D.*
339 = 225 *D.*   1 horen *D.*

5 Unt daz ir sprechn iht breche ir zuht;
ir ôren din sulu sîn verspart,
daz bœsiu wort deheine vluht
dar inne haben: sô ist ez allez wol bewart.

III.

340.

Swelch wîp wil, daz man si niht enzîhe
unt si dem zîhen gar gelîche tuot,
Daz ir lop dâ bî wahse unt wol gedîhe,
des hân ich keine wîse keinen muot.
5 Si mac entriuwen sô gebâren,
daz si vil lîhte ein wort bejaget,
daz si crenket in ir jâren.
in ruoche, werz dem keiser saget.

341.

Sô hie sô dâ sô dort sô allenthalben
nimt al diu werlt an guoten dingen abe,
In dem blân unt ûf den hôhen alben,
ich wæn diu welt enkeinen winkel habe,
5 Ezn si dâ wîlont baz gestanden,
den ez bi disen zîten stê:
unt minret vröude in allen landen
unt ist doch sünden mê den ê.

5 sprechen *D.* 6 [diu] *D.*
340 = 1 *r* der von Zweter.   1 Swel *r.*   2 zîhen *Haupt,* zîhenne *r.*
geliche *Haupt,* gelich *r.*   tût *r.*   3 vol *r.*   8 in ruoche *Haupt,* in en-
rîche *r.*   dê *r.*

341 = 2 *r* der von Zweter. 1u 19 *n.*   1 [sô dâ] *n,*   allenthalmen *r,*
2 nimt al diu werlt *Wackernagel,* nemêt alliv dink *r,* geit d' werilde *n.*   an
allen gûdin *n.*   3 beide in der plain. iū vp der holl' aluen *n.*   4 wâne *r,*
wene dat *n.*   werelt *n.*   in haue *n.*   5 ez si *r,* is in si *n.*   bewilen *n.*
6 dan *n.*   7 [unt] sich *n.*   minrt *r.*   in allen haluen *n.*   8 dan *n.*

ANMERKUNGEN*).

I.

Ueber die Echtheit des Leichs S. 119; Abfassungszeit S. 236; Handschriftenverhältnis S. 147 fgg.; strophischen und musikalischen Bau S. 356 fgg.

1. Aehnlich Pariser Tagz. 267: *der fader des gelobit sí, daz, ein persóne und namen dri, mit siner ebenéwekeit durch uns der dríer einer leit, der son, den die minne twanc zuo menschlich der natúren kranc.*

2. Roth teilt Schwanr. S. 45 ein Fragment mit, in dem es heisst: *Got herre in diner éwekeit, diner dríer namen underscheit ein gotheit beslozzen hát, din underschriben trinitát* u. s. w. Der Sinn des Particips erhellt aus dem folgenden: *(Got) sin éweclíche gotheit mit siner menscheit undersneit und sine vil höhe trinitát alsus underbildet hát.* — *mit drin persónen:* Konr. 32,9: *din lebende majestát, diu sich undermischet hát mit drin persónen vaste.*

13. Für die Wahl des Textes entschied 1, 3.

16. Silv. 4990 *überwundenlich*, wozu W. Grimm Graff I ,752 *unuparwuntanlih* citiert.

28. *vlinsic hart* heisst das Herz des Sünders auch beim Meissner HMS III, 98a; Lexer s. v. *vlinsic;* Par. Tagz. 390 *ein sündic herze flinsishart.* — Ueber den Metaplasmus S. 275.

34. *twahen von:* Frl. 1, 18 *daz mich dins geistes mitewist twá von der kranken sünden mist;* Engelh. 846 *wol getwagen wáren si von bresten;* vgl. Haupts Anm. *waschen von sünden* ist häufig, z. B. *wasche mich von den sunden mit der zeher unden* Altd. Bll. I, 377; Gen. D. 30, 22.

40. Existiert ein transitives *troufen* = beträufeln? Der starke Plural *wange* ist oft bezeugt.

41. Konr. 1, 13 *nu schenke uns in des herzen kopf der wáren minne süe-* *zekeit;* Sigeher II, 361 a *genáden übervlüzzic raz! er milter schenke der dich maz;* Walth. 6,35; Kolm. 2,45.

53. Vgl. 217,11; Gottes Zuk. 7818 *wie Jésus von dem himel abe næme sinen höhen sprunc in der werlte jámertunc;* Ettm. z. Frl. 427,6; Kolm. 2,37 *er huop sich úf ze sprunge der selbe degen úf der vart.*

54. *in diz ellende* HMS II, 276b, 3; Boppe 380b, 14; Meissn. III, 102a, 1.

62. Sunb. II, 357b *dá sich Got birget in ein brót in siner priester hant, aldá zehant diu erde hát die himel überstigen;* Renn. 12028 *demut hub uber den himel erden.* Der scheinbare Widerspruch wurde als Rätsel gefasst: Tannh. II, 97b *diu erde ist höher dan der himel, daz hánt die wisen meister wol bevunden hie vor in manegen stunden;* in einer Andreaslegende fragt der Teufel den Wanderer: *ubi terra sit altior omni coelo?* Antwort: *in coelo empyreo, ubi residet corpus Christi*, es folgt eine umständliche Begründung (Leg. aur. ed. Grässe, S. 21); mit anderer Deutung in Bedae collect. et flor. (Kemble, Salomon und Saturn S. 324): *die mihi, utrum altius coelum quam terra? — Altior terra, qui in coelo est, Elías et Enoch;* noch in Theranders Aenigmatographia rythmica No. 3: *Sage mir, wo die Erde doch Sey höher als der Himmel hoch* (Anm. *quia Christus terrenus secundum humanam naturam*).

63. *vür* setzt hier nicht gleich, sondern steigert. — Ueber den Inf. *wigen* vgl. Gr. I, 864; Weinhold z. Pilatus 466.

77. Frauenlob FL 15,1 *ich binz der sterne von Jácop, an mir sö lit der höch gehérten engel lop;* Eberh. v. Sax I, 69a *von Jácob úf génder sterne;* im Reime (:*lop*) steht *Jácob* wie bei R. und Frl. Kolm. S. 67,21; Gott. Zuk. 1565; Musk. 23,74.

---

*) Diejenigen Stellen, hinter welche ich ein [K] gesetzt habe, verdanke ich Reinh. Köhler.

82. Raumsland III, 65 a: *Got, alle crêatiure din die húständir ze lobe gedûht, die engel unt die liute;* Heimesfurt Himm. 639 *der wünnecliche schal über al die stat erhal von engeln und von liuten.* **87.** Mariengr. 113 *der die sunne erliuhtet,... den besláz din reinez wembel;* Meissn. III, 93 b *du maht* (Hs. *du naht*) *den tac, du kanst die sunne enzünden.* vdHagens Text ist sprachlich unmöglich: verführte ihn des Meissners 'von dir enpfiet der liehte sunne' III, 86a? Vgl. noch 278,8. **89.** Müllenhoff z. MSD XXXIX, 1,2; Sigeher II, 360 b, 5 *du edeliu gerte von Jesse, der nie niht wart geliches me*; ebenso Altd. Bll. I, 85. **101** fg. Wilm. z. Walth.²5,38; Walth. 36,30 *du trüeg in ûn alle swære;* Marn. XIII, 23; HMS III, 337b, 2; Konr. 32,48 *sô daz dir niht swære was aller bürden houbetlast.* **106.** Frl. FL 2,4 *mit dem si was gebürdet.* **109.** *sich valten:* 217,4; *in dich besláz sich unde vielt des máles aller selden hort gold.* Schm. 1028; *wie er sich in einer megde wamben vielt* Boppe II, 380 b, 14; *demuot diu brähte, daz sich Got .... zuo einer reinen meide vielt* Kolm. 115,6. **110.** Ueber den sw. Gen. *elementen* hier und 217,5 vgl. Weinhold, Mhd. Gr.², S.503; Frl. 239,2; *diu elementen* Meissn. III, 100b, 7. **115.** Das zur Meidung der Synalöphe nötige *benedijet* z. B. bei Frl. 389,13. **117.** Ueber *muotermeit* hier und 22,11 vgl. Bech, Germ. XXVI, 261. **129.** In religiöser Parodie heisst es beim Harder, Kolm. 2,97: *du wart gegeben riche mirt úz milter hant der gernden diet;* vgl. auch 138,32 *din muoterliche helfe wart den gernden nie verseit. —* Zur Kritik der Strr. 22. 23 vgl. S. 150. **131.** *herze* stn. auch L. 202; 50,7; 64,5; 198,5; 209,8; (278,5), nicht im Reim. Vgl. Weinhold, Mhd. Gramm.² S. 503. **142.** *zeiner muoter:* HMS I, 6b, 20; Eberh. v. Sax 69a, 8. **148.** Marner XIII, 31 *von diner liebe wart versüent der alte zorn, den uns Eva brähte:* vgl. Strauchs Anm. **166.** *den hôhen küngen als den armen* 30,5. **172.** *swaz Isaias, Jeremias haben*

gesprochen von Kristes gebürte, daz ist geschen Meissn. III, 94 b; Regenb. 351 b, 3. Sonst wird Jesaias zumeist citiert für das Bild des Gerte von Jesse: MSD XXXIX, 6, 1 u. Anm.; Stolle III, 4a, 4; Marn. XIV, 18c. **175.** Sigeher II, 363 b, 3 *Sibillen spruch muoz werden wár;* Frl. 329,1 *Sibillen spräche richet* (Ettmüllers Conj. *spruch gerichet* ist unnötig; vgl. Frl. 177,7). An diesen Stellen und sonst ist Sibilla Quelle für die Ereignisse vor und beim Nahen des Antichrists. **182.** (*Crist*) *lag vor esel und vor ohsen, über in sô was gedohsen daz höu vor kaltem winde dem selben stalgesinde* Schmeller II², 306; *ein ochs, ein esel hofgesind des fürsten wâren aller lant* Suchw. 41,442. **186.** Der Leib ein Kleid Wackernagel Zs. VI, 298 u. sehr oft. *do entphienge du die menscheit in unser arme forme kleit* Gundack. 256; (*du*) *sín tugent an sich genam der formen kleit* Hiunenb. III, 40a, 6; *forme* auch Konr. 1, 194; Frl. 427,7; man soll Frauen ehren *durch der formen kleit* Frl. Ml. 1,5; — *daz höhste und ouch daz beste kleit ... daz was, daz Got die menscheit vür uns an sich nam* Meissn. III, 98b, 4. **190.** Hier wie 219,1 will vdHagen *Krist* in der Bedeutung *Christianus* gelten lassen: das einzige mir dafür bekannte Beispiel Frl. 111,14 ist nicht einmal unzweideutig. — Zum Gedanken vgl. Strauch z. Marn. XIV, 169; *sit du bist Crist und wir sín Cristen, sô muoses du uns gefristen, herre fater, diniu kint, diu nâch dir genennet sint* Mar. Himm. 179 (Zs. V, 519); Boppe II, 381 a, 15 *der touf, dar inne du nâch Criste wirdest Cristen;* HMS III, 338 b, 9; Helbl. 11,40; Rüg. 30; Suchw. 35,15; vgl. auch Hinn. III, 40a, 6. **195.** *kerkerhaft,* nor noch Renner 13785. Ueber das Bild vgl. S. 275; ähnlich verzerrt heisst es Altd. Bll. I, 377: *chère mich von minen sunden, mit den ich pin gebunden.* **197** = Par. Tagz. 3814; *du er uns an dem kriuze erlöst von siner silen bluotes regen* HMS II, 247b, 5. **201.** Gehört *wuote* zu *wüeten* oder zu *waten?* Letzteres wird oft von Schwertern gesagt (vgl. 138,5), und das Bild des Schwertes könnte aus 205 vorgewirkt haben: vgl. Frl. 3,10 *der vil bitter smerze, den ich an dinen wunden sihe, gêt mir durch min herze.* In die-

sem Falle ist natürlich *wie* durch *swie*
zu ersetzen, *wuote*, *gluote* als Conj.
anzusehen und hinter *gluote* schwächer
zu interpungieren. Der Umlaut in *wuote*
unterblieb wie 220, 9.

205. Simeons Schwert, nach Luc. 2,35;
vgl. gold. Schm. XLVI, 27; Hinn. III, 40b
daz mich des Simeônis swert sô gar ver-
sneit; von dîme tôde gienc ez durch mîn
herze; Mariengr. 410; Suchw. 2,70 =
8,230; Musk. 7,70; 8,402; 28,67 *ein*
scharffes swert ir hertz durch ging;
Par. Tagz. 1975. 2001; Hätzl. II, 83,130;
Gottes Zuk. 3342.

210. Verbinde 'durch die Wunden dessen, den sie etc.'

215. *diu barmunge unt diu minne*
wirken für den Menschen auf Gott Raum.
II, 367 a, 2; III, 67 b, 2; *milte* und *er-*
bermde im Kampf gegen das Recht Kolm.
115,57; *erbermde unde gnâden rât von*
helle uns alle erlœset hât Freid. 10,5.
Raumsland nennt III, 55 b, 15 Maria *der*
barmunge rât.
223. *spor* im Reim 144,11.
226. *barmiclich* hiesse 'Erbarmen er-
regend'; *barmunge rîch* heisst Gott
auch beim Meissner III, 102 a.
227. *sündenriuwic* auch Raumsl. III,
61 a. 1.
232. *der uns erarnet hât* = Frl.
285, 10.

II.

1. 2. bilden ein Gedicht: S. 95; über
1, 1 *ich weiz wol* S. 261.
1,3. *erbermede unt diu güete* 36,6:
vgl. Anm. 349.
2, 2. *boten:* das Bild wird aus dem
Minnesang stammen: vgl. Werner Anz.
VII, 134; *güete* dient der Dame Morungens als Bote MF 139, 5: bei Walth. v.
Metz sagt die Dame I, 309 b: *ich hân*
dir zwêne boten bî gelâzen, daz si
dich iemer manende sin, ... *mine*
triuwe unt mîne starte diu zwei hân
ich ze dir gesant. Dies Minnigliche ist
deutlich im Verhältnis von Gott zu Maria
Kolm. 115,69 wo *diu kiusche* als *min-*
nenbote zur Jungfrau entsendet wird. —
Wie *haz* und *nît* bei Walth. 59,2 ist
liegen triegen bei Freid. 167,24 *bote*
zallen herren wan ze Gote; vgl. W.
Grimms Anm. (Gebet als Bote zu Gott).
Gute Werke sind *guote boten* Wnsb. 4,8;
wârez lop ist sicherlîchen hôher êren
bote Marn. XV, 71; vgl. 75,4.
2,9. Sehr auffallend! Nahe liegt die
Aenderung: *den heilegen geist den en-*
phienc si schône (vgl. 14,11); Stolle
sagt III, 6 b, 18: *do enphiengestû* ....
den wâren Geist. Aber der überlieferte
Text wird verteidigt durch Kaiserchr.
315,2: *hêrre, dû nœme bain und flaisc*
und enphinch dich der hailige gaist an
der wâren megede Sancte Marîen. Die
Vorstellung mag sich erklären aus zweideutigen Wendungen wie Glaub. 597:
von dem heilegen geiste wart er em-
pfangen (et incarnatus est de spiritu
sancto). — Ueber die Verschleifung der
enphienc vgl. Anm. 385.
2,10. Um Wiederholung des *sô* zu

meiden, etwa *hô,* das auch 124,2 adjek-
tivisch im Reim erscheint.
3,3. *da von sich huop dîn unge-*
mach und unser sœlden ummefach Par.
Tagz. 179.
3,7. *sin hantgetât erlôste; in die*
helle schein ein lieht: dô kom er sînen
kinden ze trôste Aoon. MF 30,24; *ein*
liut, daz in der vinster gie, daz sach
grôzen liehtes schîn etc. Barl. 75,17.
4,1. *Âvê der gruoz von Gabriêl der*
gefreut vil manic sêl, die kumber hêten
in der vinster Helbl. 11,2; Musk. 14,7;
das Wort *sitio* erfreut in der Hölle HMS
II, 256 a; *Adâm sîn trûren gar ent-*
sleif Kolm. 2,63; Musk. 20,15. — Der
Accusativ *Adam* statt des bräuchlichern
Adâmen auch Freid. 9,19; Raumsl. III,
55 a; Regb. III, 348 b.
4,3. Das *kündet* von D steht (Walth.)
36,33 im Reim (: *enzündet*).
4,4. *den hôchgelopten Got den rei-*
nen: Marn. XIV, 122, an einer auch
sonst ähnlichen Stelle.
5,8. Auch Raumsland erteilt in seinem Lobspruch auf die *barmikeit* (III,
60 b, 6) ihr das Epitheton *aller tugende*
küniginne, das sonst gern der *Caritas*
beigelegt wird (Lampr. Sion 3051 und
Weinholds Anm.).
6,2. *dû* relativisch: vgl. Grimm,
Gramm. III, 17 (und 18, Anm. 2, meines Neudrucks); Weinhold zu Lampr.
Sion 23.
6,5. Auch *diu menscheit* (C) wäre
möglich: vgl. Sigeher II, 363 b, 2 *diu*
menscheit uns erlôste; 362 a, 1; *diu* .
gotheit L. 184.?
6,6. MSD XXXI, 23,1 und Anm.;

WGrimm und Bezzenberger zu Freid. 9,25; Wilm. z. Walth. 4,27; *sîn tôt dem tôde gesigte an Gott.* Zuk. 1469; *der tôt den tôt durch uns sluoc* 1943. 6,8. *unt* schrieb ich mit D wie 143,9. 6,9. Die überlieferte Lesung ist mindestens undeutlich: in welchem Verhältnis steht *dich eine* zu *die drî namen?* Zu meiner Vermutung *geloube in drîen namen dich eine* vgl. Barl. 50, 19 *in drin namen eine;* (Walth. v. Breis.) II, 140a,1 *gedriet eine, dîn ein in drin;* Meissn. III, 95b, 1 *diu trinitas gedriet in drin namen ist;* 103a, 2 *Got ist gedriet in drin namen.* 7,1. Vgl. z. MSD XXXIV, 1,1 u. 6,2. 7,2. Recht ähnlich Sunb. II, 359a: *der endelôsen hœhe ein dach ..., der grundelôsen tiefe ein bodem, ..., umb alle wîte ein ganzer reif, der doch niht endes hat;* vgl. auch Zingerles Anm. zu IV, 65 und Anz. IV, 127; *der grundelôsen tiefe ein ursprunc, der endelôsen hœhe ein tach unde der unbegriffenen wîte ein umberinc* Meist. Eckart 525,32; *Got dû ... bist ir (der crêatiure) aller ummerinc* Kröllw. 12; *Got ... gelîch dem endelôsen ring in dîner majestâte* Heinz. Joh. 70; *Gott ist an angenge ein zirkelreif aller dinge* Renn. 18566. Danach heisst Maria Lobg. 60,2 *aller sœlde ein umbekreiz; der wunderlich heizet unde umbekreizet himel unde erden* Pilat. 45; *sîn gewalt überringet* (*umberinget?* vgl. V. 4) *allen rinc* Meissn. III, 97b.

7,3. *er endelôser hœhe ein dach, ..., er grundelôser grundes bach* Meissn. III, 97b; *er aller tiufe ein tiefe gruft* 102a; *der nidere ein grunt, ..., der hœhe ein dach* Frl. FL. 16,25; *dû bist ob aller hô ein dach* Pass. H. 1,12.

7,5. Der confuse Text von D entstand im Wunsche, den rührenden Reim zu beseitigen: *der Cristenheit leit* kann natürlich nicht *tiurer kouf* genannt werden. Aber Recht hat D, *tiure* und *kouf* zu verbinden. — Aus dem von mir erschlossenen Wortlaut begreifen sich die Fehler von C. Sowie *herre,* das hier nach Reinmars Sprachgebrauch schwerlich fehlte (vgl. z. 198,7), auch in D V. 4 steht, mit *her* verwechselt und deshalb fortgelassen wurde, sowie damit *tiure* in die erste Vershälfte vor die Caesur geriet, so lag die Auffassung des Adverbs als Substantiv nahe. — *Almehtic Got ... sich hie nider in diz ellende ze dîner armen Cristenheit* Meissn. III, 102a; *vil süezer Got, nû sich her nider ze dîner hantgetât, wie jæmerlîche ez in der Cristenheit nû stât* Hinneub. 39b. — *tiure koufen:* Freid. 20,24 und Bezzenbergers Anm.; Wizl. III, 81a.

7,7. *alle Cristenheit dîn gemâlte brût* Meissn. III, 92a; *Jesus gimahelte die hailigen christenhait ze ainer brüte* Zs. XXVIII, 6.

7,8. *er an uns dîne goteheit* Winsb. 79,8.

8. Vgl. S. 96. 192. 234. — Die Darstellung Gottes unter dem vereinigten Bilde der vier Evangelistensymbole war ein Lieblingsthema der mittelalterlichen Kunst. In der Dichtung ist das Motiv minder beliebt. Wie Reinmar V.4 redet der Meissn. III, 93b Gott an: *dû mensch, dû ar, dû löu, dû kalp; est Johannes anus, Lucas vitulus, leo Marcus, est homo Matheus, quatuor isti Deus* Reliq. ant. I, 287 [K]; *Christus homo, Christus vitulus, Christus leo, Christus Est avis, in Christo cuncta notare potes* Hildebert de Lavardin bei R. de Fournival, Bestiaire d'Amour ed. Hippeau S. 109 [K]. Einen Tetramorphen schildert HMS II, 246b, 2; j. Tit. 532.

8,1. *underbot,* wie 232,4; synonym mit *mittelære* Lampr. Sion 3284.

8,3. *er ist himelsippe vaterhalp, muoterhalp von der erden hie* Reinbot 3833; *dû vaterhalp nit menschen kint* Mar. Himmelf. 137. 141; *mensche von der muoter wegen, Got wirt er von Gotes segen* Gott. Zuk. 1310.

8,8. Ebenso im Uebergang vom Gleichnis zur Deutung: *wie man daz meine, des ist ungelêret maneger hande man* Raumsl. I, 268a; *ich wil ungelêrten liuten diz mære baz betiuten* Ls. 34,77. 8,12. Aehnlicher Gedanke *ob alle sünder westen Gotes muoter kraft, son würde niemer Kristenmensche zwîvelhaft* Raumsl. II, 367b.

9. Lat. poet. Deutungen der Evangelistensymbole stellt zusammen Otte, Handb. d. christl. Kunstarchäologie[5], I, 482 fgg., und J. Zacher, Zs. f. christl. Archäologie II, 62 [K]; *secundum Hieronymum Matthaeus in homine figuratur, quia principaliter circa Christi humanitatem immoratur, Lucas in vitulo agens de Christi sacerdotio* (*idem ipse sacerdos et hostia; vitulus enim erat hostia sacerdotalis* Duranti Rationale VII, 189), *Marcus in leone evidentius scribens de resurrectione* (weil die

jungen Löwen erst am dritten Tage zum
Leben erwachen), — *Johannes in aquila
caeteris altius volans, scribens de Christi
divinitate.* *Christus etiam, de quo scri-
bit, omnia ista quatuor fuit, scilicet
homo natus de virgine, vitulus in pas-
sione, leo in resurrectione, aquila in
ascensione* Leg. aur. S. 693[K]; *est homo
dum vivit, bos dum moritur, leo vero
Quando resurgit, avis quando superna
petit* Hildebert a. a. O.; *Johannes von
der gotcheit, Matheus von der minsch-
heit seit, Lucas von der marter saget,
Marcus uns ouch niht verdaget, uns
ensage sin underscheit von Gotes ûfir-
standenheit* Kröllw. 1637 fgg.; HMS II,
247 a, 2.

9,3. Die Verstärkung *durch sînen
munt* u. ähnl. bei Worten Gottes häufig:
Karaj. 40, 10; vgl. auch Regenb. III, 351 a;
öfter *nz s. m.* Warthg. 55, 5. (56, 5).
Hard. II, 135 b, 6; *mit* (Gottfr.) II, 276 b, 5.
Meissn. III, 99 b. Die Präp. *durch* wählt
Reinmar auch 212, 10.

9,4. Das *kalp* spielt die Dulderrolle, die
sonst dem Lamme zukommt: *alsam ein
lamp er sînen tôt vertruoc* III, 339 a, 11.

9,11. *dû sœh ûf ze himel varn als
einen arn Jêsum* Lobg. 52, 2.

10,7. *nz den buochen sagent die
pfaffen, âne dich, heiliger geist, muge
nieman niht geschaffen* Haw. II, 163 b.

10,11. *mit stœte wernder riuwe, ...,
die nieman âne Got unt âne dich*
(Maria) *ze gebenne hât* Walth. 8,3; *dû
hâst ze gebene gäbe vil, der niht zergât*
Süssk. II, 259 a, 5; *Got selbe state ze gebene hât vröude und êre und tugende
rât* Christoph. 665 (Zs. XXVI); Meissn.
III, 95 a, 3.

10,12. *heiliger geist, nû geiste uns
hie mit dîne geiste* Meissn. III, 100 a, 5;
nû geiste, vater, dîniu kint Dam. 165 a, 2;
mhd. Wb. s. v. *geisten.*

11. Die Originalität dieses Gebets wird
in der allg. evang.-luth. Kirchenztg. 1870,
Sp. 430 doch wol überschätzt. Nicht
anders sagt Freid. 180, 19: *hilf mir, daz
ich die sêle erner; tuoz, hêrre, durch
al daz gebet, daz mensche ie ze dir
getet;* vgl. Stolle III, 7 b *ich bevilh mich
in diu guoten wort, diu hiute die
priester sprechent.* Und dass der Einzelne nicht nur für sich, sondern für alle
Christen bittet, ist typisch: Sunburg
rühmt es II, 354 a dem Beruf der Fahrenden nach: *si bitent umb die Kristen-
heit.*

11,4. Vgl. Anm. 50; Wolk. 117, 4. 12.

11,8. Die sehr naheliegende Vermutung *in houbetsünde niht* ist unnötig:
Reinmar meint 'in Sünden zu Grunde
gehen.'

11,11. *wê* stf. Lex. III, 717. 812;
Wizl. III, 79 a.

12,3. *swer von himele queme niht,
daz der mit voller angesiht nimmer
gesehe daz himelrîch* Kröllw. 387.

12,6 fgg. An die Trinität, Maria (und
die Engel) reiht Reinmar die neun ordi-
nes iustorum ungefähr in der Verteilung,
die sich z. B. bei Honorius (Migne CLXXII,
1018) findet: nur fehlen ihm die *monachi,*
und es stehen dafür die *viduae;* mit *vronwen* ist der ordo conjugatorum gemeint;
die *ewangelisten* bilden keinen besondern
ordo. Aehnliche Aufzählungen des himmlischen Hofstaats 288; Frl. FL. 462 fgg.;
Hätzl. II, 65, 53.

12,12. Die gleiche Bitte als Strophenschluss: 289, 12; Marn. XII, 45. XV, 20;
Frl. 409, 20. 410, 20; *sô helf uns Got,
daz wir sie dort in ganzer wirde an
schouwen* Kolm. 61, 299; im Innern des
Spruchs Frl. 328, 9; Kolm. 173, 21.

13. Versificierte Paternoster ohne Erklärung sammelt Strauch z. Marn. XII,
31. Auch der spätre Meistergesang liebt
dies Thema noch: vgl. z. B. Weim. Hs.
Q 569, Bl. 90; Q 571, No. 422; in Dra-
men Römoldt, Laster der Hoffart, V. 1065
—1092 (Zs. d. histor. Vereins für Nieder-
sachsen 1852, S. 330) [K]; Frischlin,
Hochzeit zu Cana I, 3 (St. L. V. XLI,
141) [K].

13,1. Wackernagels (und W. Müllers
Mhd. Wb. I, 304 a, 26) Conjectur hat die
höchste Wahrscheinlichkeit: gerade in
dieser traditionellen Wendung hielt sich
das relativische *dû, dû dâ (der, dir)* be-
harrlich. Vgl. zu 6, 2; Kossmann, Exod.
S. 58, wo die Erscheinung richtiger beobachtet als beurteilt ist.

13,5. *unsich* oxytonisch: vgl. Lachmann, Kl. Schrr. 381; z. MSD XXXIV,
2, 8; im Auftakt auch Hadl. 37, 1, 2.

13,8. Vgl. S. 202 und Anm. 256.

14,8. Die Minne, *diu dürres herze
blüejen tuot* Lobg. 8, 12.

14,9. *din güede kunde und auch
kan süezin waz firsiuril ist* Par. Tagz.
674; profan *minne mit ir siure vil
siure süezet wol* Konr. 8, 19; *swaz im
was sûr, daz sol ir güete im süezen*
Lab. 628, 5.

14,10. *dîne namen drî, die himele
unt erde sint ze breit* Winsb. 79, 10;
sich in der engen meit beslôz, der hi-

mele unt erde was ze gröz Mar. Him-
melfahrt 1785; *din reiner lip beslöz den,
der al der werlt ze gröz wære* Helbl.
11,91.
15.3. *séle* wird Sing. sein, nicht der
sehr seltene st. Gen. Pl.: vgl. Whld.[2]
§ 451; Marn. S. 158; Laa. zu 110,8;
auch *der lüge* 169,7 kann als Sing. gefasst werden. — Die merkwürdige Verbindung *Cristen séle ein hort* wird gestützt durch Kolm. 56,29: *tuot er reht,
daz ist doch síner séle hort.*
15,6. *Emaníel, daz ‘Got mit uns’
wære genant* Barl. 65,38; *Emaníel,
freut euch des suns! daz spricht ze
deutsch ‘Got ist mit uns’* Suchw. 41,
1249. — Die hässliche Abhängigkeit
zweier Genetive von *wort* (so Parz. 219,
20; 260,8; Kröllw. 1744). *rehter* (K])
wird gemildert dadurch, dass *menschen
zungen* in dieser traditionellen Phrase
nahezu als ein Wort gefühlt wurde: vgl.
Eberh. v. Sax I,70a; Raumsl. II, 367a.
b; Gerv. III, 35a; Dam. 163b; Musk.
20,42.
15,8. Ich habe die Conj. von D *mit*
gegen CT nur darum aufgenommen, weil
das Fehlen der Senkung hier unerklärlich
wäre: der blosse Dativ bei *gemeine* ist
unbedenklich.
16.3. *quem cœli non capiunt, unius
feminae sinus ferebat* Augustin serm.
184 [K]; *genitricis gremio continetur,
qui nuilo fine concluditur* Leo M. serm.
37,1 [K]; *den hohe tiefe breite lenge
umbgrifen mohte nie, din cleiner lip
mit süezer kiusche in umbevie* Psendo-
Walther 36,27; Sunborg II, 359b und
Zingerle zu IV, 117; *der ungezalt an
breite und ouch an lenge, den umbeslöz
ein cleine brust* Raumsl. III, 67b; *den
alle himel niht bevaihen kunden manic-
valtic, den vienc din schöz* Boppe II,
381b; *den niht kunde umbevähen ..,
Maria alle umbeviene* Frl. 236,9; *den
doch die himel mohten nie begrifen
mit ir list, dem gap ein meit her-
berge* Kolm. 122,42; *daz si in umbeviene, den alliu dinc an ende niht begrifen mugent* Marn. S. 158; *frauw du
truog den sweren last, den himel und
erd nie umbgraif* Suchw. 41,182; *dem
der himel ie was ze clein, den umbeviene ein magel rein* Suchs. Kolm. 172,
44. Eine andre Manier, die im Relativsatz Gottes Grösse positiv ausdrückt,
bringt die Antithese ungleich schwäch-
licher heraus. — Ueber den Bau des
Satzes S. 291.

18. Zu den Anm. 296 gesammelten
Beispielen für die Fünfzahl der Freuden
Mariä trage ich noch ein mittelenglisches
nach: Sir Gawayne and the green knight
(ed. Morris, Early engl. text soc. IV) V.
646.
19. Vgl. S. 237 fg. *Die ich an minem herzen minne, die solte minnen
al diu werlt gemeine: swer si minnet,
dem git si vil rîcher minnen solt*
Meissn. III, 104b; Maria wirft Minne-
brände Frl. 287,17. Sehr ausführlich
wird die Liebe zu Maria mit der irdischen Minne in Parallele gesetzt Mariä
Himmelf. 1649 fgg.
19,5. *ich dien ir spat, ich dien ir
vruo* Liecht. 6, 28. Parodiert Reinmar
diese Stelle? Vgl. Anm. 71.
20,4. *bedenk Gots leiden tief auf
baren knien* Wolk. 111,3.
20.11. Vgl. S. 213 und Anm. 269.
Das Wort *materaz* wird selbst in profanen Liebessituationen begreiflicher Weise
gemieden. — *declachen* bildlich Renn.
17195. 21223 *valscher treuve deck-
lachen.*
21,3. *schepfer . des himels unt der
erden unde al der dinge, diu an den
zwein [von dir] begriffen sin* Dam. III,
165a.
21,5. *di müter ist unde maget, dî
mir ze mitternaht taget unde in vinsternisse lühtet* Pilat. 71 und Zs. f. d.
Phil. VIII, 259 fg.
21,6. Maria heisst *ein gruntvest der
wâren minne* Helbl. 10, 6, *ein gruntveste und ein ort* HMS II, 257a; *aller
tugende gruntveste* Reinbot 2762; *haut-
feste aller selikeit* Musk. 15,22.
21,9. Das Epitheton *portnærin* für
Maria ist mir nur aus dieser Stelle bekannt.
21,11. *des heiles tür:* die Bezeichnung der Maria als *himelporte, porte
des paradîses* ist geläufig (*des paradîses tor* 285,11): vgl. gold. Schm. XXXII,
14 (gg.; aber auch Christus heisst *aller
himele tür* Frl. KL. 15,19. Dem von mir
vermuteten *heiles tür* stehen näher Epitheta der Maria wie *der selde ein porte*
MSD XLII, 33; *der vröuden tür* Gold.
Schm. XXXX, 33.
23,1. Den Grundgedanken der Strophe
gibt Scherer, DSt I, 300 falsch an. Das
Register des Abgesangs illustriert die Un-
berechenbarkeit weiblichen Geschmacks,
wie die drastischere Aufzählung Renn.
333 fgg.
23,1 = 39,4. *seleclîche deme ge-*

schiht, des sich underwindet gar ein
wol bescheiden wîp Rub. 11,11; wol
im waz er sælden vindet, des ein wîp
sich underwindet tugendh. Schr. II,
150 a; swes dû mit triuwen phligest
wol, der ist ein sælic man Reinm. d. A.
165,33; Teschl. II, 125 a, 1 u. öft.
23,5. ir hute ja ist morne nein
Cersuc 2957; hat ir hiut liep, daz ist
morn ein leit (sagt eine Frau zum
Manne) Ls. 30,215; ohne minniglichen
Sinn: swaz unstæte hiute tuot, daz
dunket si niht morgen guot WGast,
1852.
23,6. Walth. 59,37; wie sol man
dien nû geleben, die dem man mit
schœner rede vergeben? Morgn. 128,9.
24,3fgg. swenn ich mit freuden wæne
sîn, sô rüerent mich die sorgen 1. Büchl.
368; der zwivel tuot mir leides vil:
doch trœstet mich gedinge Rotenb. I,
81 b. — wehsel bezeichnet schwankende
Seelenstimmung MSF 5.29; 2. Büchl.
433; Neidh. 55,8; Winsbekin 35,7;
häufiger Austausch der Herzen oder Unbeständigkeit. — zwivel: Wilm., Leb.
Walthers III, 348; Guth. 79,1; dirre
zwivel hât mir vröude vil benomen
Leut. v. Seven I, 306a.
24,7. Ja und Nein: E. Schmidt, QF
IV, 115 fg.; Strauch z. Marn. VII, 17; ir
minnicliches Ja Liecht. 401,2; ein lieplich Ja Rud. d. Schr. II, 264a.
24,10. Vgl. S. 206 fg. Wilmanns z.
Walth.[2] 177,9 erinnert noch an diese
und an die im selben Ton verfasste
Str. 53,9, deren 6.Vers vint und friunt
gemeine der gestéts al eine an unsern
V. 12 anklingt. Vgl. noch (tugendh.
Schreib.) II, 153b: sô mir ein verloge-
nez Ja von in vil wol vergolten wirt,
sô weiz ich wol, daz iuwer Nein, swie
wâr ez ist, in lützel vrumen birt.
24,11. daz wort mir trûren méret
Püller II, 70b; daz wort tuot mich
jungen grâ Frl. Ld. II, 2.
25,1. Die Anspielungen der Lyrik auf
die Tristansage sind zusammengestellt
in Bechsteins Gottfried Einl. XIII fg.
und in Liechtensteins Eilhart CCII; vgl.
noch HMS III, 442b (Isalde : zwivalde)
und Hätzl. II, 47,127 (Eysal: al). Die
Namenform Tristram beweist noch nicht
sicher, dass Reinmar aus Eilhard, nicht
aus Gottfried schöpfte. Im Apollonius
steht 166. 175 Tristrant neben Isôt (dagegen 15172 Tantrist); Kolm. 55, 7
heissts Isôt ein kuniginne und ouch
her Tristerant, diu wârn mit stæter

liebe enzunt; Hätzl. II, 5, 220 sô
wurden wir genôz Isolden und Tristran (Hs. Soldan vnd Tristion); Ls.
122, 88 wie der tugendrich Tristrant
vrô Isolden ôheim erslûg. — Die Anspielung Lab. 646,1 ich enbeiz doch
nie des trankes, daz Tristram brûcht
in kumber ist aus Reinmar geschöpft.
25,6. Vgl. Anm. 262; Wilmanns, Leb.
Walth. III, 47. Maienschein und Vogel-
sang: waz fröut mich der vogele güete
und des wunneclîchen meigen schîn
Neif. 36,4; ir lîp vröut vür des meien
schîn H. v. Sax I, 93b, 4; liehte bluomen, zît des meijen, vogele singen
hilfet niht Wint. Ld. 14, 19; Konr.
12,24; Walth. v. Metz I, 308b, 1: Düring II, 25 b, 1; sonst Blumen und Vogel-
sang: Reinmar d. A. 185,1; mich helfent niht die bluomen ûf der heide
Toggenb. I, 21 a; (Mügeln Ld. V, 2);
Neif. 8,16; (46,31); Künz. I, 302b; Lim-
burg 133b, 15; HMS I, 287b; Seven
305 a, 2; Rost II, 134 a, 2; Hadl. LIV,
10; Neidh. 67, 25; — waz hilfet mich
diu sumerzît? Konradin I, 4 b, 4.
25,8. Vgl. S. 206. Als Waffe Amors
erscheint der gér Eneide 9917. 10983;
waz ob der guldin gér mich tœtet —,
den Amor .. in .. mîn herze hât ge-
lœtet Frl. 355,6.
25,9. Vgl. Wilm.,Leb. Walth. III, 213.
26,6. bluome: vgl. S. 206. Dass dieses Bild für Maria gebraucht wird, belegt das Register zur gold. Schmiede;
kiuscher scham ein blüender bluome
Eberh. v. Sax I, 68 a; des veldes bluome
Kolm. 6,334; Maria Magdalena heisst
edele bluome Par. Tagz. 3236; und die
getriuwe kone wird Ls. 27,24 ain bluom
rainer wibhait genannt.
26,8. Ueber das Bild vgl. S. 276 und
Anm. 329. Die einfache Vermutung verwunden schafft keinen in dieser Phrase
unerhörten Sprachgebrauch: Burkhard I,
203b höchgemilete mir verswindet,
swanne in sorgen sich verwindet gar
nâch ir daz herze mîn; Rotbg. I, 83 a
niemen lebt, der sô gar verwunden sî
von starken riuwen (Liebesschmerz)
Frl. 29,7 ouch wolde si (die Möhrin des
Moses) den edelen wîsen kluogen man
verwunden hân mit alsô siiezen dingen; Wint. Ld. 5, 35 ich want mich
in ir minne stric. In gleichem Sinne
verwirren Trist. 836. 866; Herzm. 84;
Lab. 375,1; Ges. Abent. 14,79; verspan-
nen Hohnb. I, 63b; verwicken Apoll.
1658; verzwicken Frl. 146,6.

26, 11. Vgl. S. 207; ESchmidt, QF IV,
119; Wilm., Leb. Walth. III, 186; *swie
min frowe wil, sô solz mir ergân*
Gutbg. 78, 1; *swie dú wil, sô wil ich
sin* Liecht. 57, 27; *swaz si wil, daz wil
ouch ich* 525, 25; *ich wil doch niht,
wan daz si wil* 27, 20; Singbg. I, 289 b;
Hildb. v. Schwangau 282 a; Warte I,
66 a; *ich wil sin, swie sô si gebiutet*
Limbg. 131 a, 1; *als si wil, sô muoz
ich leben* Frl. Ld. IV, 2; *swie dú wilt,
sô wil ich sin* Heinz. 2458; Ls. 28, 371;
swie dú wilt, als wil ich leben Ges. Ab.
58, 398.

26, 12. *dienest* persönlich: Wilm.,
Leb. Walth. III, 154; Wachsm. v. Mühl-
hausen I, 327 b. — Ueber *gebieterinne*
S. 206 u. Anm. 261; Wilm. a. a. O. III,
154; *meines leibs gepietterin* Hätzl. I,
15, 66; II, 14, 142. LXVII. — *si ist min
vrowe und ich ir knecht* Heidin 1454
(Kol. Hs.); *si sol min crow sin und ich
ir knecht* Ls. 232, 56; *sy ward mein
herr und ich ir knecht* Wolk. 62, 1.

27. Vgl. S. 95 und Anm. 148.

27, 1. Den Wunsch, dass die Geliebte
sich in seinem Herzen umschaue, um
sich von seiner Treue zu überzeugen,
hat Reinmar mit Liechtenstein gemein,
der ihn sehr oft ausspricht: *vil dicke
ich eines dâ bí wünsche, — daz si
liebe guote mitten in mín herze möhte
sehen* 400, 16; 408, 29; *ich wolde, daz
ir liehten ougen in mín herze möhten
sehen* 585, 1; allgemeiner 558, 15; *ach
daz ir spilnde ougen in mín herze
sæhen* HMS III, 435 a; *ich wünsche in
mínem herzen, daz guoter frouwen
ougen wol sæhen âne smerzen in al
der minne gernden herze tougen* Lab.
441, 1; 224, 6; etwas anders gewant
Morgn. 127, 4; *mich dunkt, man sæche
mín frowen wol gitân, der mir mín
brust úf bræche, in mínem herzen stân*
Hadl. I, 6; *und ob daz müglich wær,
daz man in herzen sehen kund, man
möht iuch ze aller stunt schôn in mínem herzen sehen* Ls. 122, 114.

27, 3. Solche Selbstverwünschungen
vgl. bei Wilm., Leb. W. III, 152; Walth.
74, 7; *swenne ich daz niht tuo, ich
wil, daz — ir genâde mich . vergê*
Schwang. I, 281 b; Liecht. 322, 22;
Düring II, 26 a; *habe ich si dâ vür
niht erkorn, daz úl diu vröude mín
niht anders si wan an ir gebe, sô si
mín dienest gar verlorn* Muneg. II,
62 b; *liden mües ich ungemach, ob mir
wurde ein wíp sô liep als ir* 63 a;

Steinm. II, 155 a, 3; *wær ez alsô (dass
ich mich gegen sie vergieng), son solte
si mir nimmer sende swære büezen —:
sit aber ich ie gegen ir noch alle un-
ruoge habe verlorn —, sol mich daz
niht gerromen, sô lât iuch wol ge-
maoten liute daz erbarmen* Teschl. II,
126 a. — *mit ungenâden:* Ben. z. Iw. 646;
Morgn. 137, 30; Aukh. II, 76 b, 3.

27, 4. *si gebiutet unt ist in dem herzen mín frouwe* Mor. 126, 16; *gip mir
stat in mitten in dem herzen dín, daz
ich dâ gewaltec vrowe müeze sín* Rub.
20, 7.

27, 7. *nû hât iuwer minne mir durchgangen, sælic vrouwe, herze unde sin*
Trostb. II, 72 a; *daz (Frauen) durgât
mangem man daz herze sin* Hadl. LIV,
5; LV, 2; *min herze sêre si mir durchbrochen hât, wan si dâ dur diu hêre
sô gewaltecliche gât* I, 5; *mín hertz
hastu durchgangen* Musk. 38, 55. Aus
geistlicher Dichtung kann ich das Bild
erst so spät nachweisen, dass ich seine
profane Verwendung für die ältere halte:
*sus saz diu juncfrou êren rich in Gote,
der si hât meisterlich durchgangen*
Kolm. 6, 31; 907; *durswummen* Frl. FL.
20, 4.

27, 9 — 12. nachgeahmt HMS III, 432 b:
*mir was ir sanft, swenn ich an si ge-
dähte: wan daz diu kurze vröude mir
ie dar nâch ein langez trûren brâhte.*

28, 2. auch 50, 10. In der spätern
Lyrik wird die Geliebte, geistlich auch
Maria, gern *der sælden dach* genannt:
dieser persönliche Gebrauch der Phrase
fehlt Reinmar noch.

28, 4 = 189, 10.

28, 5. Dieselbe verstärkende oder stei-
gernde Anapher auch Morgn. 133, 31
*schœne unde schœne unde schœne, al-
ler schônist;* Walth. 42, 27 *liep unt lieber den enmein ich niht: dú bist aller
liebest, daz ich meine;* Liecht. 594, 9
*si ist mir liep vür elliu wíp und lie-
ber dan mín selbes líp und lieber dan
iht dinges si;* Rotenbg. I, 88 b, 4 *si ist
mir lieb unt lieber danne iht, des ich
ie gesach;* Brennbg. I, 336 b *si ist mir
liep unt liebet mir vür elliu wíp; ebda.
liebiu vrowe, vil lieber den noch liebes iht;* Teuf. 110 a *si ist mir liep unt
liep vor allem guote;* 108 a *tugentrich
ist diu liebe guote, si was ie hie liep
vor allem liebe mir in mínem muote;*
Ls. 25, 170 *dú bist mir lieb und lieber
vil danne ich gesprechen kunne;* Trist.
16530 *sô was im ie sín liebez liep liep*

und lieber dan sin liep; 13 1 40 *schœne und schœner dunne golt;* Tannh. II, 85 b *sist schœne unt ist schœner vil;* Lobg. 73, 9 *dû bist sô guot, sô rehte guot, sô guot ob aller güete.* 28, 6. *adamas* als ehrendes Bild der Charakterfestigkeit, der Treue: vgl. Zingerle z. Sunbg. III, 6; *noch stœter denne ein adamas waz daz herze mîn gein ir* Liecht. 105, 18; *mîn triuwe muoz än allen schranz beliben — an stœte sam der adamas gein ir, diu mînem herzen was liep vor allen wîben* Ls. 123, 27; *ir danc an stœter triuwe herter was den ein vester adamas* 27, 66. 28, 7. 8. Die Bilder, beide dem spätern Minnesang eigener, sind gerne durch den Reim gepaart: *wip sint .. berndr̄ wunne ein meien rîs: ez lit under wibes ougen aller fröuden paradis* Konr. 3, 27; *wip sint heiles wünschelrîs, aller fröuden paradis* 11, 44; *mîn blüendez meienrîs — unt mînes herzen paradis* HMS III, 441 a. b; *alles lustes paradis, der sœlden hort, ein berndez rîs* Ls. 121, 98; *ach wip, dû mannes paradis, — wip r̄en rîs* Frl. 144, 13; Kolm. 48, 25; von Maria Lobges. 26, 11; 43, 2. — Die Geliebte ist das Paradies des Mannes: *sîn paradis, sîn himelrich* (vgl. 572, 30: Botenl. I, 31 b) *ist iuwer lip der minneclich* Liecht. 124, 7; Raprechtsw. 1, 342 a; *mîns herzen paradis* Heinzelin 1783; Ls. 122, 147; Frl. 354, 14; 226, 1; Kolm. 177, 41; Wolk. 82, 1; auch die Etymologie von *wip: wunne irdisch paradis* gehört hierher (Frl. ML. 23, 4; III, 452 b). 28, 8. Vgl. Zingerle z. Sunbg. IV, 433; HMS III, 468 k, 3; Kolm. 177, 20; geistl. Marn. XIV, 18 c; *mîner wunne ein berndr̄ rebe* wild. Alex. II, 364 a. — Die Form *rîse* im Reim Regb. III, 350 a, 2; Kolm. 84, 27; vgl. Weinhold² S. 487. 478; solche anorganische Erweiterung auch in *spruche* (Acc. Sg.) Raumsl. III, 58 b; *schine* Schwang. I, 282 b; *wäne* Winterst. 4, 115; auch prädikative Adjectiva wie *fîne* Neif. 45, 11; *kunde* Wint. 5, 44; *sûre* Wint. Ld. 33, 12; *geile* tag. Schr. II, 149 a; II, 276 b; III, 218 a; *vile* II, 277 a; *grise* Künz. I, 303 a; Dam. III, 167 b; *kranke* Meissn. III, 90 b; *blinde* 91 a; *(bereite* Wartbg. 55, 3. 137, 5; Süssk. II, 259 b) werden sich so erklären: vgl. Joseph, Klage der Kunst S. 84. 28, 9. Ueber die Form *jugende* vgl. S. 14 fg.; Minor z. Winterst. 2, 66. —

swanne ich gedenke, waz si tugent hân, sô blüet mir fröuden jugent Liecht. 570, 8. 28, 10. *si sint geheizen vröuden vunt* Wizl. III, 82 b und Knoop, Balt. Stud. XXXIV, 279; *mîner sœlden vunt* (Anrede) Brabant I, 15 b, 3; *mînes herzen heiles vunt* Landeck I, 357 b. Reinmar nennt Frou Ehre 75, 3 *si hôhes heiles vunt.* 28, 11. Gewöhnlich heisst es bildlich *bernder grunt:* so 156, 3; Frl. 160, 19. 425, 10; *dû bernder grunt* wird Maria FL. 6, 12 angeredet; *waz mîner wunne und bernder vröude an ir nü lit* Brennbg. I, 337 a. Abgesehen von dieser Tradition bietet die überlieferte Lesart keinen Anstoss. 28, 12. *mich freut ir schœn, mich freut ir jugent, mich freut ir güet, mich freut ir tugent* Liecht. 594, 19. 29, 4. Wilmanns, Leb. Walth. III, 210. 211; Neif. 5, 3. 29, 6. Der Anfangspunkt der Bekanntschaft durch *sît* betont: Wilm. Leb. III, 170; Rotbg. I, 74 b. — *der ougen schîn* Wilm. III, 327. Vgl. S. 206; Burdach 119. 29, 7. *ôwê solt ich von ir reinen minnen sîn also werdecliche enpfangen!* Morgn. 127, 10; *ir gruoz mich minnecliche enphie* Reinmar der Alte 154. 17. 29, 9. *swai si nû si verborgen ....., sô ist sie mir ze herzen în geschozzen* Kolm. 108, 29. 30, 1. vgl. S. 211. 30, 3. *minne hât ûf erde hûs: ze himel ist reine für Got ir geleite: minne ist allenthalben wan ze helie* Tit. 51, 2. 30, 5. Minne siegt über Könige: Iw. 1567; wild. Alex. II, 365 a. Die Niederlage der Mächtigsten entschuldigt die eigne Schwäche: Veld. MSF 66, 19; Frl. 141, 19; Montf. 18, 156. 30, 6. *minne stilt mir fröude üz dem herzen, ez entöht eim diebe* Tit. 66, 4 (Burd. 122); die Liebe *kan mir vröude steln gelîche einem diebe* HMS III, 435 b; *si ist ein heimlich dieb, — si stilt das hertz mim libe* Montf. 38, 33 und Anm.; *diu Schœne sprach* (zur Liebe): *dû bist ein diep* Brennenb. I, 337 b; — etwas anders *lieben bruodern swestern liep stelen kan diu liebe* Neidh. XXX, 3. Vgl. auch S. 210. 30, 10. *dû twingest beide junc unt alt* Walth. 56, 7.

31. Dass der erziehliche Wert der Minne im Bilde der *schuole* veranschaulicht wird, das ist erst bei den Ausläufern des Minnegesangs häufiger: doch vgl. S. 211 und Burdach, Reinmar d. A. S. 103 Anm. Die Minne sagt Frl. 438,4 *ich bin meizoginne* (auch 246,14); das Weib heisst bei ihm *ein schuole tugende vol* Ld. V, 5; Gerhard v. d. Hoya ist *Minnen schäeler* Frl. 130,1. Vor der Schule der falschen Minne warnt Kolm. 15, 38; *fraw Minn, der lieb schuolmaisterin* Hätzl. II, 18, 140. 158; *wer gern truw lernt, der kum in frauwen schul* Kell. Erz. 639,15; *ich kam bî mînen tagen nie sô gar ze schuole* (eine Dame belehrt über das Wesen der Minne) Ls. 124, 1641; — *wol der schuolmeisterinne, diu êren schuol ûf hallet: ir besem ist diu minne* Lab. 251: vgl. *êren beseme daz ist scham* Freid. 53,16.

31,4. *tumber man wirt niemer niht wan von minnen zam* Marn. IX, 41; *die jungen wilden machstu zam* Keller Erz. 250, 14.

31,12. *er lêrte in underm schilte künstecliche gebären* Parz. 158,2.

32,1. 2. Vgl. S. 210; *diu minne ist aller tugende gar a voller hort* Frl. 147, 1.

32,3. Wenn Leiningen I, 27a von der Minne sagt: *sit dû slôz bist unde bant mîns herzen unt der sinne*, so ahmt er Parz. 79, 26 nach. Hier entspricht der Sinn des Bildes etwa Burkhards (I, 207a) *mit gemeinem muote Minne slôz si* (Herz und Sinn) *zuo zir.* Anders und, weil minder minniglich, Reinmars Meinung näher Parz. 292, 28 *frou Minne, ir sit slôz ob dem sinne.*

32,6. (der Schild) *er hazzet, er schiuhet Schande unt ir gesellen* Liecht. 404, 12.

32,9. Der Vers richtet sich gegen Walth. 81,33 *sie gelichet sich dekeinem bilde, ir nam ist kunt, si selbe ist aber wilde.* Auch *vrouden bilde* in D meint nichts als *vrouwen bilde.*

33,2. *man wege ez hin oder har biz ûf ein ort* Kolm. 56,28.

33,6. Ich sehe keinen Grund, mit vdllagen das *si* zu streichen. Dies Vorausnehmen des Substantivs durch ein Pronomen ist zwar zumeist und schon von Alters her in der Epik zu Hause: in der Lyrik und Didaktik ist es seltener und schon darum anders zu beurteilen, weil die epische Spannung fortfällt, mehr ein Mittel zur nachdrücklichen Deutlichkeit. Unter den Spruchdichtern liebt Raumsland diese Manier: bei Reinmar vgl. noch 109,6 (und 63,5). In der Regel wird das Substantiv am Satzschluss nachgetragen: aber vgl. Brennbg. 1, 335a *wenne hebent si nû an nahtigal ir süezen sanc?; Ps.-Gerv.* III, 37 b *wer spricht ir wort der Juden dâ ze jungest vor gerihte?* Grest. II, 161a *daz si noch diu vil süeze mir büeze.*

33,12. *zuht* ist Genetiv, von *meisterschaft* abhängig.

34,1. Dass Gott seinen *vliz* an Frauen leit, ist eine bekannte Vorstellung: die von Schade, Niederrhein. Gedichte S. 68, und von Weroer, Anz. VII, 148 fgg., gesammelten Beispiele wären leicht zu mehren. Unsre Stelle schwebte wol Rinkenbg. I, 340a vor: *Got sîner höhen werdikeit hât an diu reinen werden wîp sô vil geleit;* vgl. Kolm. 177, 14 *nû merk, waz grôzer wirdikeit Got hât an reine wîp geleit.*

34,5. 6. Lob fliegt: Strauch z. Marn. XV, 61; *lobes ein übervlüge* auch Leich 84. — Lob schwebt über: Strauch ebda.; Ilamle I, 113 b *vür allez, daz nû lebet, ir lop in höhen werden swebet;* Frl. 266, 12. 371, 14; Lobes Krone (von Frauen): *jâ ist si lobes crône ob aller vrouwen schar* Brenn. 1, 336a; häufig bei Frl.: *ir tugent swebet alsô hô in werdes lobes crône 353,3; hô swebt dîns lobes crône 416, 2; wîp, dîn lop ob allem lobe ein übergulte crône* 145,12.

35,3. Derselbe Gedanke 51, 9; vgl. Morungen 142, 19.

35,6. Frauen den Engeln verglichen: Wilmanns, Leben Walthers III, 76; *ein engel unt ein reine wîp sint wol in einer phliht* Ps.-Walth. 166, 16; *diu heizet wol ein engel wîp* Lab. 670 (Nachahmung Reinmars); *mîn lebendez heil, gar engel unde wîp* Frl. Ld. 1, 4; *ein wîp und ouch ein engel* Lab. 175; *beid engel sint si unde wîp* Frl. 210,6.

35,7. Diese drei Namen vereinigt auch III, 466b: *von Got nieman kein crêatûr gesehen hât sô vrouwenlich mit wibes zuht in engels wât.*

35,9. Mit C gegen Dm *libe* zu schreiben, bestimmte mich vornehmlich Frl. 161,12 *von art ein wîp, von tugent ein vrouwe;* gerade umgekehrt in den von Wilmanns zu Walther[2] 49, 8 gesammelten Stellen: parodiert Reinmar auch hier wieder in bewusster Opposition Liecht. 445,20 und 546,15?

35,12. Tau verschwindet vor der Sonne: Parz. 2,4; *liep daz schiere mac verswinden als daz towe von der sunnen* Altd. Wäld. III, 183: *si swechet pin, alsam des liechten sunnen schin nach mittem morgen des meijen tou* Ls. 123, 34; Müllenhoff, Sagen 514. Häufiger vertritt Reif, Eis, Schnee die Stelle des Taus im Bilde. Tau ein Bild des Unbestandes auch 64, 8; Winsb. 15, 10.

36,1. Diese Zeile citiert Herm. Damen: vgl. S. 350.

36,11. In der Streitfrage über *vrouwe* und *wip* steht Reinmar auf Seite seines Lehrers Walther: ebenso Meissner III, 105b; — *lege wibes herze in vrouwen lip! daz zieret wol die vrouwen* III, 129a; *da von eret vrowen lip daz, swa man si nennet wiplich wip* Liecht. 572, 11; *ob ein vrouwe ir werden lip so tiuret, daz si ein wip geheizen mac mit reinen siten, der mac ein man vil gerne biten* GA. 31, 19.

37,5. In der Construction vergleicht sich Meissn. III, 107 b: *der muoz — zühtic sin unt bescheiden, barmherzic, daz stet im ouch wol, — diemuotic, gruozsam, daz ist min rat* u. s. w. — Zu V. 9 vgl. S. 287.

38. Der Spruch ist benutzt in den Strr. Lab. 623, 624: zu V. 1 vgl. 623,1 *die man sint underscheiden;* zu V. 8 624, 1 *tuotz criuze für diu ören, wo man die bosen nennet;* zu V. 9 624,7 *gegen den so sult ir herze unt ougen sliezen.*

38,1. Derselbe Wunsch auch 40, 8; 49,3 und besonders 54,7 fgg.; Walth. 48,26 und Wilm. Leb. III, 556; *sieme sol niht allen liuten lachen* Morungen 131, 33; *grüezen unde lachen daz solt ir dem muote swachen vor verbergen* Schreib. II, 150a.

38,8. 9. *ir ören sulen sin verspart* 339, 6; *diner ören tür müezen dir verslozzen sin* Neidh. 94,17; *besliezent iuwers herzen tür vor unminn* Ls. 139, 48; derselbe Rat wird Herren erteilt: Kanzl. II, 389b; *ir edeln, sliezet zuo den muot, daz untriuwe iht dar in bekume* Frl. 206, 3.

39,1. Das Bild der Wage, des Wägens ist Reinmar sehr geläufig: vgl. S. 280, ferner 33, 2; (261, 9); *guotes wibes reiner muot den widerwiget dehein guot* WGast 1022; Knoop, Balt. Stud. XXXIV, 302.

39,5. *ungemeilet* in profanem Liede erst wieder bei Frl. Ld. XI, 3.

39,7. *von der mir sanfter tæte ein gruoz —, dann ich ze Rôme keiser solte sin* Rugge 108,3; *wær ich tiusent jär gewaltic keiser, mir künde niemer baz geschehen* H. v. Meissen I, 13 a; *sô wolt ich vröudenricher sin dan künic oder künigin* Winli II, 31 b; *daz ich dem keiser an vröuden niht vuoz wolde entwichen, swenne ich gedenke an die vil minneklichen* Schreiber 148 b; vgl. noch Künzingen I, 302b; Wolk. 71, 1, 8; Ls. 129,31.

39,9. *sune ruoche ich, waz der keiser tuot: ich habe senfter ere, sost siner sorgen mere* Heid. Freid. 10,9; *der Königsohn muoz spät unde vruo umb dise arme ere sorgen* Erinn. 524; WGast 3295.

39,12. Ich habe S. 213 aus diesem Verse geschlossen, dass der Spruch ehelicher Minne gilt: vgl. Wilmanns, Leb. III, 90. Aber ich zweifle jetzt, ob die Worte in Ordnung sind. Nicht in der Betonung der offnen erlaubten ungestörten Liebe kann der Gegensatz zum Kaiser liegen: warum soll der sich der Ehe minder erfreuen als Andre? Nein, der Kaiser hat viele Sorgen, der Liebende nur die eine des morgenlichen Abschieds. Ich verweise auf die Nachahmung III, 434b, 26: *zwar im ist rehte sanfte* (der Nachahmer las also V. 7 *sanfter*): *doch tuot im we ein scheiden gen dem morgen:* auch der Text n entspricht diesem Sinn. Also etwa: *unt sorg niht wan umb scheiden* (wie V. 10) oder *unt sorge niht wan scheidens.*

40,4. *mit zühten sin gemeit* oder *vrô:* vgl. Wilmanns Leb. III, 559; Haupt z. Neidh. 17,2; Werbenwag II, 68a; Konr. 9,21; Tannh. II, 84a; noch Frl. 356,16. Reinmar gibt 181,7 dieselbe Vorschrift jungen Männern: vgl. noch Sperv. 25,7; Liecht. 308,21, noch Montf. 14, 6. Liechtenstein liebt die Lehre besonders.

40,6. *tougenlichen sol er tragen ein liep, davon sin herze vrô belibet* Rotenburg I, 82b.

40,9. nachgeahmt Lab. 623, 5 *versinnet iuch, an wen ir wibes triuwe unt wibes güete keret mit starkikeit: wan bos ist afterriuwe;* WGast 1567 *jâ sol wizzen ein biderbe wip, wem si empfelhen welle ir lip.*

40, 12. *afterriuwe tuot vil we* Günther v. Forste II, 168a (am Strophenschluss); *ist iu ze gaher liebe gach, da kunt diu afterriwe nach* (Strophen-

schluss) Liecht. 585,27 (vgl. Frl. 270,
13); 626, 15; (des Unwürdigen) *triuten*
bringet leides riuwen Konrad 17, 42
(Strophenschluss); auch in nicht minniglichen Strophen: *swer daz tuot, wirt*
afterriuwe suochen Frl. 104,19 (Strophenschluss); *nâriuwe wirdet selten*
guot Boner 22,29.
41. Ueber die Kleiderallegorie vgl.
S. 212 und besonders R. Köhler, Germ.
VIII, 18 fgg., dann Wackernagel, Kl.
Schrr. I, 200; Bech, Germ. XXIX, 4.
Sehr ähnlich ist die Liedstrophe 337;
vgl. ferner Kolm. 124,37; Kleider des
Ritters Meissn. III, 89 b, 5; Singauf 49 a;
Suchw. 6, 123. Die gelegentliche und
einzelne metaphorische Einführung der
Tugenden als *kleit* und *wât* ist namentlich in der spätern Spruchdichtung (beim
Meissner und Frl.) ständig, zumeist *der*
Eren kleit, Tugenden kleiden besser
als *semît* Kanzl. II, 359b, als Scharlach
Guter III, 42 b; Hass und Neid sind
schlechte Kleider Höllenfeuer 34 b, Frl.
270, 5, ebenso der Zweifel 182,4. Die
Zucht ist *wâfenkleit* 89, 7; *ein über-*
kleit von freude Man. u. Am. 216; *ein*
schemie siten hemde Frl. 298, 15; *vroun*
Eren rise Kolm. 51,14; Mantel Schulm.
II, 139 b; Meissn. III, 87 b.
42,4. Die Dame dem Gral verglichen:
vgl. Meissner z. Steinm. XIII, 2,3; ferner *din güete ist ze menschen heile*
ein grâlemæzie stiure Buwenbg. II,
263 a; wenn ich der Geliebten nahe bin,
dafür nem ich niht den Grâl Liecht.
49,26. 124,3; *si ist geheizen wol ze*
mâl und ouch genemnet der Grâl Ls.
134,21; *seit du nu pist mein hœchster*
Gral, der alles laid verdecket Wolk.
34,2. 7; *du bist ein Grul der wunne jo*
Cersne Ld. X, 4. Auch Maria wird Gral
genannt: Frl. FL. 11, 28; Kolm. 6, 241;
Musk. 22,16. 25, 13; *der minnen Grâl*
des hœhsten küngs Kolm. 185,43.
42,11. *wibes segen:* sonst im Minnesang zumeist der Morgensegen des Tagelieds: vgl. Strauch z. Marn. X, 14; *din*
wiplich güete si min segen Liecht. 449,
10; *dâ vür gip mit trôste mir din*
segen Buwenbg. II, 262 b; *ein ieclich*
mau entpfâhe der reinen wibe segen
Kolm. 59,14.
43,1. *heilawæge, heilawâc* werden
sonst nur Maria oder heilige Frauen
genannt, z. B. gold. Schm. 1340, Marn.
XIV, 18 f., oft in der Martina; vgl. Myth.
I, 485 fg.
43,2. *heil* nur hier in der Bedeutung

'heilsam': derselbe Bedeutungswechsel in
gesunt Helbl. 2, 494; Süsskind II, 258 a.
43,9. *wip kan sendiu leit vertriben*
Neif. 10, 14.
43,10. Das inhaltlose *siniu* ist schon
durch den Parallelismus von V. 9 unwahrscheinlich. Ist auch hier *senediu*
oder einfacher *sêriu* zu bessern? *sêrez*
ungemach citiert Lexer aus Ulrichs
Wilhelm.
43,11. *vür allez ungemüete ein dach*
Landeck I, 360 b; Liecht. 446,22; *ein gar*
reinez dach, daz dreken kan vür un-
gemach Rinkbg. I, 340 b; *für kumber.*
iur dach Wartbg. 24, 7; *— ein schilt vür*
allez herzenleit Frl. 226,3; ähnl. 143,4;
Ld. V, 3; *Minne ist ein schilt für trû-*
ren Heinz. 1823.
44,1. Der Gedanke der Strophe kehrt
beim Teichner Ls. 212 wieder: *man wil*
frowen für übel hân, ob einiu wirbet
umb ein man, und daz geschiht mit
êren wol, wann si worchet, waz si sol,
erbœrkeit und tugentsit, dâ hât si ge-
worben mit etc. Ueber dies Gebot der
Sitte vgl. die von Wilmanns Leb. III, 544
gesammelten Stellen.
44, 7. S. *ein juncvrouwe sol selten*
iht sprechen WGast 465, nicht lachen
Winsbekin 8, 6; *ein vrouwe sol niht*
vrevellich schimphen WGast 337; *man*
sol schimphen daz ez glimphe 662;
suoch du frôd mit glimpfe Montf. 1,75.
44,9. *sich ein sœlic frowe sol vür*
ander frowen prisen, sô daz ir lop be-
kêret nâch der besten folge si Ps.-
Walth. 166,34; *ein lop, daz mit der*
volge üz wisem munde gât, daz lop
bestât Frl. 64, 7; Lob ohne *volge* wertlos Freid. 60, 24.
45,5 *din schame hât mit kiusche ir*
phliht Marn. XV, 184; *si swüren mit*
gemeiner phliht Man. u. Am. 107.
45,7. nachgeahmt Laber 673,2 *daz einz*
daz ander meinet mit stœten triuwen.
45,9, *swer sin wip niht êret und al*
ir dinc verkêret die wile daz si rehte
tût, der nimmt ein schlimmes Ende Man.
u. Am. 235.
46,5. Vgl. S. 213 u. Anm. 267; die
Armuot ist Bettgenossin Kolm. 169,39.
46,6. nie *keiser baz gestreit* Walth.
15,35; *keiser nie sô schöne gelac* Virg.
567,3 und Zupitza, HB V, S. XIX fg.;
Martin z. Gudr. 1403,2; Wilmanns, Leb.
Walthers III, 113; ähnliche Verwendung
des Kaisers im Minnesang Otto v. Brand.
I, 12 a; Püller II, 70 a; Rost 131 a; Neidh.
65,13; Otto z. Turm I, 344 b; Kolm.

167,13 u. ö. Unserer Stelle steht am nächsten Reinm. d. A. 151,31 *ich in ge-lege also, mich diuhte es vil, ob ez der keiser wære;* Wenzel I, 9a *nieman só werde mé gelac als ich, dó min diu liebe phlac.*

46,11.12. *ich wæn, daz iemen lebe só kluoc, der die vriuntschaft zerkliebe* Frl. 146,12; — nur der Tod scheidet: Wilmanns, Leb. W. III,174; Gudr. 1044,2; Trist. 14007; Sachs. I, 300b *nâch ir minnen muoz ich iemer ringen, mirn benenne si der tót;* Liecht. 22,27 *von ir só kan mich nimmer nót vertríben wan der grimme tót* (ähnl. Ls. 12,38); Günther II, 167b *uns mac niht scheiden wan der tót;* Brennbg. I, 336b *mich de-heiner slahte nót von ir tróst unt von ir genáden niemer kunde gescheiden: ez wendet nieman dan der tót;* Ls. 182,375; Hätzl. I, 12,48; II, 44,31 (lies *geschaiden!*). — *tumbes herzen lêre: ich dar an gevolget hán tumbes herzen ráte* Erec 1223; *swer sin liep dar umbe lât, daz kumet von swaches herzen rát* Eist 33,12.

47,3. Die Verbindung *durch Got unt durch (umb) ére* ist häufiger: ich ver-weise aber auf WGast 8426 *ob unser gloube wære baz nâch Got unt éren;* Trist. 6116 *sol ich in rât umb iumer leben nâch Gote unt nâch den éren geben.* — Ueber *driunge* S. 285.

47,7. *ez ist minne unt hazze zenge in eime vazze* Iw. 7033.

48,1.2. *aróma unt balsme diu ster-kent die jugent* Meissn. III, 87a; *goll, kriuter unde edel steine .... die schaf-fent, daz ir mugent wol genesen gein tûsent jâre zil* Wartbg. 171,6. — Bal-sam bildlich von Frauen: *dâ dræjet uz ein balsam: der des hát gewalt, der widerjunget unde wirt ouch niemer alt* Brennbg. I, 336a; *si ist miner vröuden dach, min balsamtrór, min edeler stein vûr ungemach* Frl. Ld. IV, 4,7; *ein bal-samsmac mins libes* Düring II, 26b; (Hätzl. II, 11,57); *dem balsam geliche kumt ir höhe wirde* Ls. 121,262; *o du edels balsamblüt* Zs. f. d. Phil. XV, 111; besonders oft in geistlicher Dichtung.

48,3. vgl. Reinm. d. A. 199,18 und S. 207.

48,4. vgl. S. 202.

48,5. vgl. z. Wolfd. B 485,1 über den nicht häufigen Ausdruck *heldes muot* (auch Sig. II, 362b; Frl. 49,12); *heldes herze* 75,5.

48,6. *von sorge in vröude ez sich mü-zet* Burkhard I, 202b; — *hæte diu werlt niht vrouwen, wá solte man ritter schouwen? waz gæbe in danne höhen muot?* Stricker, Frauenehre 569; *wie kunde jugent in tugenden schóne .. wer-den grise, und enwæren schœniu wip?* Boppe II, 378a; *wá nimt diu manheit alle ir tugent? — ó vrowe, din süeze meisterschaft daz allez kan* Frl. 257,14; Montf. 37,57.

49,1. ähnliche Anfänge: *minne diu hát einen site* Walth. 57,23; *minne ist só wunderlich* Hadl. X, 1.

49,2. Walth. 59,25; *ich gesach nie sus getâne site, dazs ir besten friun-den wære gram; swer ir vient ist, dem wil si mite rünen* 53,9; *ir finde kan si fröuwen und tuot só wê den friun-den* Lab. 672,6; *dú soldest wern, dá wip verbern ir vriunde unt leit durch liep beschern, ir vinden doch nicht arges swern* Frl. 140,15; 356,12.

49,3. *Minne, . . . tuot an iuwern vriunden baz* HMS II, 161b. — *süeze* ist Genetiv: vgl. mhd. Wb. II, 1,501b; Frl. 424,5; Ld. VII, 3, 2.

49,4. Sinn: 'die Liebe, wie Frau Minne sie übt, verbirgt den *namen* (das Wesen) der Minne'; *minne ist minne, tuot si wol: tuot si wé, so enheizet si niht rehte minne* Walth. 69,5; vgl. Wilmanns Leb. III, 255; *daz sich diu müede* (Minne) *ir namen schamet* Trist. 12290.

49,5. *vinden* auch Frl. 309,2.

49,7. vgl. S. 275. *distel* sonst im Bilde dem Weizen oder Korn entgegen-gesetzt: Kanzler II, 387b; Stolle III, 5a.

49,7. Die Ansicht WGrimms (Kl. Schrr. III, 295), die Construction *waz sol* c. Part. sei im Wesentlichen auf md. und md. Gebiet beschränkt, wird schon durch die Gr. IV, 128 fg. gegebenen Beispiele unwahrscheinlich, er müsste denn *waz sol* von dem parallelen *waz touc, hilfet, wil* c. Part. trennen. Ich citiere noch: *waz sol diu rede beschœnet?* Walth. 106,6; *waz sol in mé dá von gezalt?* Erec 7461; Seemüller z. Helbl. II, 816.

50,1. *ein lip, zwó séle:* Schulze, Bibl. Sprüchw. S. 11. 12; Bock, QF XXXIII, 62; *ein lip zwó séle kâmen dó eben zuo einander* Dioklet. 7622 (von zwei Freun-den) [k]; *ein man unde ein wip, dá die mit einander lebten, daz wære ein lip unt zwó sélen* Wolfr. D IX, 4,2; *ir sint ein sin, zwó séle unt ein lip* Reinfr. 12008; *zwu seln und niur ein lib* Alt-schw. 235,32; *si mugen sin erkant ein lip zwó sélen genant* Ls. 27,317; Schm.

II², 256; *zwei herze unt einen lip
hân wir* Wolfr. 3,18; *zwei herzen unt
ein einiger lip* Hamle I, 112 a; *zwei
herze in eime sinne* III, 418 b; *daz si
wir beidiu unt ein lip* Liecht. 447, 28;
511, 15; *ein triuwe unde ein lip* Trist.
1800; *üz den zwein liben wart ein lip,*
*ein triuwe, ein herze, ein man, ein
wîp* etc. Ls. 27,327; *ein lîp, ein herze,
ein zunge, ein muot, ein sin, ein wille,
ein stæt gedanc* 118,14; — *ein herze
reine al eine ûf zweier lip* Breis. II, 141a;
si heten beide ein herze Trist. 11731;
*ez enwas ouch an in beiden niwan ein
herze unde ein muot* 14333; *ein herze
unde ein triuwe* 18335; *minne git zwein
lieben einen muot unt eine triuwe* Marn.
V, 32; *ir beider minne ein triuwe wirt*
Johannsdorf 91, 30.

50, 5. Dass Frauen mehr wert sind als
Arabiens und der Griechen Gold, als
Silber und Edelgestein, ist typisch: vgl.
Zingerle z. Sunbg. IV, 226; Winterst.
Ld. 11,9; HMS I, 211 b. 350 b; II, 22 b;
III, 10 a; Laber 666,4 u, ö. Unsrer Stelle
vergleicht sich durch die Betonung der
Freude Neidh. 73,8 *aller Kriechen golt
mühte ein herze niht sô vrô gemachen
sô reiner wîbe minne;* Winterst. Ld.
26,20 *daz fröute mîn gemüete baz dan
al der Kriechen golt.*

50, 6. Auch *venster* (D) wäre möglich:
doch weiss ich aus edler Sprache nur
Trist. 8131 *diu venster der ougen* anzuführen. Vulgärer Freid. 21, 11; über
Freid. 364; Renn. 23153; Schm. I², 733
(blaue Fenster = blaue Augen); Simrock,
Rätselbuch 110.

50,12. Gott freut sich der Frauen und
der Minne: *Got in sinen koren ze muote
was vil wol, dô sîn gedanc reiniu
wîp . . . schuof* Konr. 17,25; *swer ist
vrouwen holt unde in wol éren gan,..
Gote und der muoter sîn ûf erden nimmer baz gedienen kan* Stolle III, 10 a;
Uhland, Kl. Schrr. III, 546 fg.

51,1—3. Vgl. S. 99.204; Kolm. 63,39.

51,5. Güte und Tugend geht vor
Schönheit: Wilmanns III, 484; Grimm
u. Bezz. zu Freid. 104,18; Liecht. 568,7;
427,5; *der niht an wiben sehen kan
wan beidiu schœne unde jugent unt
enwartet nie deheiner tugent, dem wirt
von rehte niuwe scham unt afterriuwe*
Altd. Wld. III, 222; Teichner (Keller, Erz.
653 fg.). — Man soll kein Geld freien:
Freid. 75, 14; WGast 1304 fgg.

51,11. *ir lop daz vert gar âne meil*
wild. Alex. II, 366 b.

51,12. Vgl. S. 275 und die Laa. *stât
beschœnet* schlug ich vor nach 81, 12.
148,2; *diu mit manegen bluomen stuont
beschœnet* Neif. 14,10. Rose ohne Dorn
profan Walth. 19,13; Brennbg. I, 336a;
Kolm. 48, 52.

52,1. *leben* prägnant: *sich wœnet maneger wol begên, sô daz er guoten
wîben niht enlebe* Walth. 96, 9; *der
werlde leben* z. MSF 95, 2; Wilm. z.
Walth. 86, 16; Freid. 32, 17; *dem hove
geleben* HMS II, 152 b; das häufige *ir
geleben* (der Geliebten) *leben* hat eine andere Bedeutungsnüance.

52,3. Anz. VII, 139; HMS III, 436a, 47.

52,5. *ob mir diu schœne gunde mit
ir ze redene tougen* Lab. 649, 1; *sô si
mich mit ir reden lit* Walth. 115,23.

52,7. Vgl. Anm. 258; Walth. 103,37;
Wernh. II, 233a; Landeck I, 350a *daz
muoz mir unt mangem harte misse-
vallen;* Tagz. 2170 *vil manchen sünder
unde mich.*

52,10. *ez wœnt ein narre unwîse,
spricht im ein wîp guotlîche zuo, der
minnen druo der si schant ûf siner
wise gruo* Frl. 318,1; *ob dich ir eine
ansicht und lieplich gen dir lachet,
daz dicke ir gute machet, so sprich
nit: ... si wil mich Keller, Erz. 535,26.

52,12. Sprüchwörtliche Anspielung auf
den Esel in der Löwenhaut: Stolle III, 9a;
Zingerle, Sprüchw. S. 29; Boner 67, 60;
Nd. Volksldr. I, 111; *ex verbis fatuos,
ex aure tenemus asellos* Wegeler 631.

53,1. Ich weiss die Anfangszeile nicht
sicher zu deuten. Mit dem Text von C
'*die berge sint nü nâch mir zuo*' ist
Nichts anzufangen. Der Sinn 'die Berge
haben sich hinter mir geschlossen, mir
den Rückweg gesperrt, d. h. ich habe
mit meiner Vergangenheit gebrochen',
dieser Sinn ist sprachlich sehr unwahrscheinlich und würde ein fernliegendes,
aus märchenhaften Vorstellungen originell
geschaffenes Bild voraussetzen, das mir
zumal in einem Minnespruch unglaublich
ist. D gemahnt an den Wunsch der Ver-
dammten, dass die Berge auf sie fallen:
Gott. Zuk. 5228; Kolm. 116,66; Mart.
65,22; Montf. 4,184. Ist dies geistliche
Bild hier ins Profane übertragen, so er-
bäte der Dichter, voll Scham und Reue,
weil er bisher falschen Frauen gedient,
dass die Berge über ihm zusammenbrechen. Dann muss es natürlich *sigen*
heissen: in V. 2 wären die Ind. *hân* und
was erheblich klärer. Immerhin bliebe
das übertriebene Pathos und die unver-

mittelte andeutende Einführung des Bildes sehr auffällig.

53,5. *kund ich baz gedenken din, des het' ich willeclichen muot* Walth. 49,27. — Der Entschluss, nur gute Frauen zu loben, auch bei Walth. 45,12 u. ö.; vgl. Leb. S. 237; III, 576; Neif. 51,10. **53,**10. *ein sælic wip diu tuot des niht* Walth. 96,24. — Reine Frauen haben nur einen Geliebten: Jänicke z. Bit. 502; Wilmanns, Leben III, 264; 2. Büchl. 706; *swer mit zwein lieben liebe pfliht hat, der treit herzen liebe niht* Heinr. v. Freiberg Trist. 141; *si mag ein pider wîb niht sin, diu in irs herzen schrîn setzt mêr denn einen man* Teichn. bei Pfeiffer, Altd. Uebungsb. 162.

54,1. Schon Uhland weist, Kl. Schrr. III, 266, darauf hin, dass Reinmars Spruch die traditionellen Wendungen des volkstümlichen Wunschliedes adoptirt; vgl. auch S. 268. 363—365. So beginnt ein nd. Volkslied (Uhland 5 B) *hedd ik de söven wünsche in miner gewalt, so wolde ik mi wünschen junk unde nümmer olt; und hett ich aller wunsch gewalt* Fastnsp. 266, 21 [K]. Auch die Dreizahl der Wünsche ist typisch: Grimm, Märchen III, 146 fgg.; Volksl. 7, 1 *had ic nu drie wenschen; GA* 37, 81 *habe drier wunsche gewalt;* Kolm. 63,1 *het ich von Gote ze lében drier wünsche gewalt;* 64,1 *soll ich nu dristunt wünschen nach dem willen min.* Wahrwerden der Wünsche: Volksl. 5 B, 8 *dat alle disse wünschen möchten wr sin;* Obernbg. II, 227 b *wœren alle wünsche wâr;* Rubin 6,9 *wie gern ich wunschte, wurde ez wâr* u. ö. Minnelehren in Wunschform auch Frl. 317, 1; Kolm. 201,46; 178,14.

54,3. *diu kint suln ir rünen lân* WGast 567 fgg.; *rünen umb üppikeit daz was ie der frouwen leit* Helbl. 1, 1356; auch vom Manne wird verlangt, er solle *sich riunes mázen* Hätzl. II, 1, 199.

54,5. *ouch stât in* (den Frauen) *reht verzihen wol* Frd. 100, 21; *der milte* Mann *sol ze rehter zîte geben unt sol ze rehter zîte versagen* Reinh. S. 344; III, 433 a, 6.

54,7. *Got wolde, erkanden guotiu wip ir sumelícher werben* Reinm. d. A. 167, 29; *daz ein wiplich wip erkande stætes unt unstætes mannes muot!* Kirchb. I, 25 a; *ich lérte, wie ein vrouwe solde . . . erkenn die valschen minnære* WGast 1559. Der ganze Abgesang ist, zum Teil wörtlich, nachgeahmt III, 433 a, 6.

54,9. *daz si — iegeslichen wellen hœren, daz schadet in an ir werdikeit* Brennbg. 1, 335 a.

54,12. *welch frow all red uff nemen wil und antwurt dar über geben, si macht ir selb ein narrenspil* Montf. 18, 233.

55,1. Vgl. S. 96.

55,12. vdllageus Vermutung *tugendet* für *tuget* und *tunget* darf als sicher gelten. *tungen* im übertragenen Sinne 'stärken' gehört einer spätern geschmacklosern Zeit an; vgl. Lexer II, 1570; *also sollen die sele getunget werden von hoher meister lere uf erden* Renn. 5941; Musk. 3, 24.

56,12. *im mit éren wol nige ein keiserinne* Frl. 148,5; *im solle ein keiser sinen gruoz hilflich ze liebe spannen* 85, 19 (Strophenschluss); *dem solt ein keiser nigen* Hätzl. II, 2,552; *sö muoz dir hôchvart nigen* Sunbg. II, 353 b; *dem solte nigen sunne unt ouch der mâne* Raumsl. III, 66 b. Vgl. zu 72,12.

57,2. *der umbe sîne misselât stê nû uf riuwerndem sprunge, dem gît si helfebœren rât* Damen III, 160 b.

57,5. *viereckte* bildl. nur hier; *ein viereckot gebûr* Ps.-Sing. I, 297 a hat tadelnde Bedeutung.

57,12. *swer mir diz lop wil ze strîte tuon, der wirt bestanden* Damen III, 168 b; vgl. *swelich man mit lobe kemphen wil, der wirt bestanden* Meissn. 87a.

58. Diese und die folgende Strophe ist vom Meissn. III, 101 b nachgeahmt worden: vgl. auch S. 348. Ueber den *muot* handelt Frauenlob 377. 376.

58,7. *tumbiu werlt, ziuch dinen zoum* —; *wilt dü lân loufen dinen muot, sin sprunc der vellet dich* Walth. 37, 24; *zoumen den muot!* Meissn. III, 101 b; *ziuch dînes muotes zoum rast, ob der muot wil toben* Kolm. 13,7; *mutwillen muz man widerzihen mit krummen zeumen* Renn. 3872; *du hâst in mînen munt gestricket dînen zoum* Wernh. II, 233 b; *gezoumet* (wir sagen 'gezögelt') *rehte si dîn zorn* Winsb. 24, 6.

58,10. Der Gebrauch von *brechen* ist ungewöhnlich, aber verständlich aus der Analogie von *sich, sîn herze (willen* u. ähnl.) *nách* oder *von etwas brechen.*

59,1. *knehtes kneht:* Freid. 73, 3; Vintl. 2135; *hêrren hêrre* WGast 7985. Vgl. S. 298 und Zinkgräf IV, 253.

59,5. *swâ muot den man gezoumet hât, der ist gelich dem weichen wibe* Meissn. III, 101 b; *swer nû dem willen*

unt dem muote ist undertan, der ist
kein man Frl. 69, 7: — als ein krankez
wîp Gott. Zuk. 8215; Ls. 180, 150; er
ist ein wîp . . ., lât er sich daz wîp
betwingen Teichn. 181.

59, 8. Ueber den Nom. der minre
JGrimm, Kl. Schrr. III, 347 fg.; MSF 166, 1.
59, 9. wil dîn muotwille hêrlich sîn,
. . . . twinc in wider in Frl. 377, 11.
59, 11. Vgl. 105, 12.
59, 12. Unéren muss notwendig geschrieben werden. under den vüezen
Jemandes ligen heisst: ihm anheimfallen;
es wäre also ein Lob, unter der Ehre
Füssen zu liegen. Thomasin liebt das
Bild besonders: 3329. 4308. 4639; der
selbe ligen muoz under der Girescheite
vuoz 4228; der Erge er immer dienen
muaz unt ligen ouch under ir vuoz
8187; si ist mit ir süeze vil dicke under
vüeze der Schanden gevallen Iw. 1577;
under geitikeit fuzzen ligen Renn. 6362.
Der Schande wird vom Litschauer II,
387 b, der Gîtekeit Renn. 6792, Keller
Erz. 683, 16 ein breiter Fuss nachgesagt.

60, 1. Diese Methode, an derselben
Sache od. Eigenschaft Gutes u. Schlechtes
hervorzuheben, war sehr beliebt. Vgl.
zu 69, 1; Liecht. 292, 25 nit ist übel,
nit ist guot; 435, 10 si (die Minne) ist
übel, si ist guot; WGast 5743 daz
vünfte ist übel unde guot; Haslau 1161
gewonheit ist bœs unde guot; Kanzl. II,
398 b scham ist vor argen werken guot
—, scham ist niht guot gein guoter
wît; Meissn. III, 90 b slâf ist guot unde
bœse; 98 a undertân ist diu lüge an
wîben unt an mannen; Frl. 117, 1 gelücke ist underscheiden; HMS III, 420 a,
XIV (guot); Gerv. 35 b (hôchvart); Renn.
2406 almusen kan übel und gut, als
denne sin nemer ist gemut.

60, 5. der ist Gen. Plur. von muot-
willie abhängig und zurückbezüglich auf
die substantivisch gebrauchten (S. 288)
Adjectiva küene und wrî.

61, 1—3. Walth. 79, 35; mîn muot
ist niht sinewel, von Criste ez niht
welzit Mart. 165, 18; er hie er dort er
dort er hie sus kan er wenken dur daz
jâr Wernh. II, 232 a; ein Spruch über
dâ hin dâ her Ps.-Walth. 107, 10; das
Glück gêt ümbe von einem her zem
andern hin: ez walget manige krümbe
Meissn. III, 87 a.
61, 3. ungevieret nur hier; über ge-
vieret Wilm. z. Walth. 79, 38; Haupt z.
Neidh. 72, 14.
61, 4. kalt und warm hauchen: Schulze,

Bibl. Sprüchw. S. 189; die zu Grunde
liegende Fabel Boner 91.
61, 7. her Phennine: vgl. Zs. VI, 301 fgg.
Die Personifikation des dans Deniers,
dom Argent, sir Penny ist nicht auf
Deutschland beschränkt. Als alter Mann
tritt er auf bei Suchenwirt 29. Ein Spruch
vom Junker Pfennig wird von Keller,
Fastn. 1185 citirt. Wie von Reinmar wird
der Pfennig apostrophiert Kolm. 78.
61, 11. der phennine ist ein éren diep
Damen III, 166 a; sîner éren diep auch
101. 5; Frauentrost (Zs. VII) V. 62.
62, 3. Ueber den Gedanken besserer
Güterverteilung vgl. S. 200; Kolm. 110,
39 fgg. — ebenaere: Wilm. z. Walther
122, 8.
62, 4. Wie hier guotes und muotes,
muss beim Kanzler II, 391 a, 4 schanden
und éren vertauscht werden. — Der un-
endlich häufige Contrast des guten Armen
und bösen Reichen drängt sich gern in
den Gegensatz guot und muot zusammen, z. B. Freid. 56, 11. 76, 19; Unverz.
III, 43 a; Raumsl. 64 b; Frl. 41.
63. Die Strophe ward von Wizlav
III, 80 b nachgeahmt: vgl. Anm. 371. —
Dass die Guten um ihrer Güte willen
den Bösen verhasst sind, ist ein Lieb-
lingsgedanke der Fahrenden: swen die
bœsen hazzent âne sîne schult, daz
kumt von sîner vrümekeit Walth. 73, 37;
Leb. III, 502; der bœsen haz die biderben selten ie vermeit Winsb. 31, 7;
der bœse wolte daz der biderbe wœr
verwâzen Süsskind II, 259 b; ez ist dem
ungelobten man gar inniclîchen leit,
daz man den biderben für in lobet
Sunbg. III, 70 b; ein swacher man von
kranker art der hazzet ie des biderben
mannes tugent Meissn. 100 b; Zingerle,
Zs. f. d. Phil. IX, 89.
63, 3. Anders Sunbg. III, 70 b biderber
man, nû gunne im schande, als er dir
wol gan die!
63, 5. minne, tuo mir schîn durch
die fuoge dîn — fröude dem herzen
mîn! Wintersl. 5, 23.
63, 6. sone weiz ich keinen rîchen
man, daz ich sîn guot unt sînen muot
wolte haben Freid. 76, 23; 77, 11; in
guotes krefte maneger swebt: ungerne
ich wœre, als er dâ lebt Heid. Freid.
19, 8; der arm niht daz sîne
geben, erkant er wol des rîchen leben
WGast 3065; die valschen haben in selbe
ir hort! Litsch. III, 47 b; auch wolte
ich manges herren gut ungerne han
und sînen mut Renn. 2056.

63,10. *armuot — mac ëren niht be-
gän* Frd. 42,20; *mîn kintheit mir die
witze riet, daz niemen ûf der ëren saz
kum âne schatz* Frl. 263,10; *der mak
leider e verderben denn ane gut grozze
ere erwerben* Renn. 6283.
61,3. Auch das Reden kann der Kaiser
nicht hindern: *wer ûtz tuot, man rett
da van, daz kan nieman understan,
wie gar groz die fürsten sin* Ls. 209, 8;
Montf. 7,23.
64,5. *swîget der munt, sô wil ichz
in dem herzen tragen* Schwang. I, 283 a.
64,6. *merken* und *melden* werden
ebenso verbunden 137,6 und in Suchenwirts Jagdgedicht 26,39: *merk und meld
zwei weiler sint;* DWb. VI, 1991.
64,7. *unreht* ist Adjektiv, schon wegen
des *dîn:* vgl. Dietmar II, 174 b; Sunbg.
III, 76 b (anders bei Zingerle); Guter 41 b;
Musk. 83, 129; die Substantive *unreht*
und *gewalt* verbunden Raumsl. III, 54 a;
Iw. 4137. — *brugge* bildlich: *er was
des rûtes brücke* aHeinr. 70; *der unstæte brücke* WGast 1831; (Gottes) *barmikeit hie und dort wirt sin* (des Sünders) *br.* Damen III, 163 b; *lange sî gelücke dîner helfe brücke* Frl. 119, 4;
118, 4: *ûf dîner wisheit bruggen* Mart.
110, 105.
64,9. Das Eis ist ein Bild unsolider
Grundlage wegen seiner schlüpfrigen
Glätte und namentlich, weil es an der
Sonne schmilzt (Zingerle z. Sunbg. IV,
212): daher das sprüchwörtliche 'auf
Eis bauen': WGrimm z. Freid. 1,10. Die
Schwäche wird sonst nur nebensächlich
betont: *wie stæte ist ein dünnez îs,
daz ougstheize sunnen hât* Parz. 3, 8;
*ich büwe ein îs vil gar unvast, dâ
swære ich alle tage ûf mîne leste
Reinolt* III. 50a.b; *krankez îs* Stolle 4 b;
Raumsl. 66 a.
64,12. Sinn: 'deine böse Absicht falle
auf dich zurück!'; vgl. *in Busen rinnen*
DWb. II. 566; *dem rîsent spərne in sînen buosem* Meissn. III, 104 a; es schneit
und regent in den Busen JGrimm, Kl.
Schrr. IV, 332.
65,1 = Ls. 28,539. Solche Aufzählung
verschiedner Liebhabereien war ein beliebtes Thema: so motivierten die Dichter
gern, dass sie nicht wüssten, wie sie
singen sollten: vgl. Stranch z. Marn. XV,
261; Kolm. 183; Teichn. Anm. 215.
Unserm Spruch stehen nahe die Aufzählungen Freid. 58,17 und WGast 3930;
vgl. noch Reinmar d. A. 152,25.
65,9. *der wîse suochet wîsen rât,*

der tôre sich nâch tôren hât Freid.
72,13.
65,11. Vgl. Anm. 262.
65,12. Es war nötig, die mangelnde
Caesur herzustellen: vgl. S. 370. Das
Wie ergab sich ohne Weiteres aus Walth.
22,24 fg.: vgl. S. 219.
66,3. *man sol dem vrumen milten
danken sîner tugent, in lustet deste
baz ze tuon nâch sîner mugent* Frl.
401,12. — Vielleicht wäre ich besser C
gefolgt: dann knüpfte *guot* wortspielend
an *mit guote* an; *sî wellent uns mit
gruoze noch mit guote kumber büezen*
Wengen II, 145 a.
66,7. Derselbe Contrast Frl. 250,14.18;
tusent werten (einst) *einem ungefüegen
man* Walth. 64,9.
67,6. *sô râtent si ûf mich und legent
mir wandel an* Meissn. III, 90 b.
67,8. Niemand kann es Allen recht
machen: Wilmanns Leb. III, 558; Eist
33, 7; Freid. 106, 19; Burkard I, 207 a;
Singenb. 295 b; *niemen alse sælic ist,
der al der werlde unt alle frist sô wol
ze willen müge geleben, im enwerde
alaster gegeben* Trist. 15492; Konr.
25,93; Sachsp. Vorr. 54; Heinzelin 24;
Hätzl. II, 12, 11.
68,4. Vgl. 263,2; *ëre wil des lîbes
nôt, gemach daz ist der ëren tôt* Trist.
4429; *sô mohte er lip unt guot umb
ëre lieber hin vertân* III,419 a; — die
Trunkenheit *den man an lîbe, an guote
unt an den ëren krenket* Walth. 29, 27;
*diu leit diu welt — an libe an sêle an
ëren tôt* Guter III, 41 b.
68,9. *bruoder* übertragen: *unser bruoder lip* Wernh. III, 13 a; *stæte unt mâze
swester sint, si sint einer tugende kint:
daz reht der zweier bruoder ist* WGast
12339; *ist daz wir sint der tugende
kint, sô ist Got unser bruoder* Meissn.
92 a; *tugende vater, pruoder, kint*
Liecht. 574,8; *der mâze ein bruoder
wol behuot* Frl. 257,11; *spil des luders
bruder* Renn. 11217.
69,1. Vgl. zu 60,1; Thomasin zählt
rîchtuom und *hërschaft* 5746 unter die
Dinge, die beim Bösen böse, beim Guten
gut sind; ähnlich Sigeher II, 362 a über
*hërre; ich spür in der lêre, gewalt tuo
wol, gewalt tuo wê, swelhen wec si
kêre* Frl. 97,5; formell vergleicht sich
*sô wol dem hove —, sô wê dem hove
— Zilies* III, 25 a.
70. Vgl. Anm. 118; S. 288 und Anm.
335; gegen *halp und niht gar* Meissn.
III, 90 b; 'er ist guot' dast ein süeze

wort, 'er wirt guot' dast ein überhort
Herzog Ernst D 523 fg.

70,3. mé dan halp verlorn Kolm. 96, 4,
mé dan halp verzaget Walth. 45,3;
halp verlorn Regenb. III, 356 b; niht
halbz verlorn Bon. 11,56. 47,121.

70,5. die weile ez muge und tuge
Renn. 20431.

70,6. nimst du dich an, des du niht
maht vol enden —, sô wære rerre bezzer dir, unt hetest duz nie gevangen
an Winsb. 32, 6fg.; Frl. 322, 11; swelch
lop der junge man bejaget, wirt sin
lop zem ersten guot, ist daz er dar
nâch missetuot, dû wirt vil lützel von
geseit Stricker, Altd. Bll. I, 14.

70,12. daz gehört ainen herren an,
daz dich Trew und Er anlach Suchenw.
38, 290.

71,8. güete kann nur Frau Ehre meinen, muss also durch das Adj. ersetzt
werden; dafür, dass muote in den Reim
zu bringen sei, mag auch 62, 8 sprechen.

72,7. geminne unt gemeine, wie
200, 5: die Verbindung der Adj. ist mir
nur aus R. bekannt: sonst minnen unt
meinen JGrimm, Kl. Schrr. II, 319.

72,12. sô Ere sich gerehtem friunde
neiget 250,8; gewalt durch vorhte niget Wernh. III, 16 a; sô muoz dir höch-
vort nigen Sunbg. II, 353b; dir muoz
alliu tugent nigen Raumsl. III, 60 b;
daz vrou Ere im nige, daz ist siner
tugende gelt 63 a; sô mag dir freude
naigen Wolk. 117, 7, 15; — unz uf den
fuoz dir nigen muoz min sender fip
Wint. 4, 155; Ld. 6, 47; ouch nige ich
ir willeclich ... unz uf den vuoz Singbg.
I, 296 a; ich nig der vrouwe unz uf
den vuoz Liecht. 17,13; genâde, vrô,
biz uf den fuoz Ls. 122,127; nur uf
den vuoz Liecht. 112. 13; 641, 10; Ls.
3,80; ich sige, ich nige ir uf den vuoz
Raprechtw. I, 342 b, ähnlich III, 418 b,
VI; uf iren vuoz Morgn. 135, 38; an
den vuoz Erec 1475; dem soll ein keiser uf die füeze nigen Lab. 398, 7;
516, 2; uf ir vüeze Liecht. 389, 3; ze
vüezen Heinz. Minnelehre 1215; des vüezen wolde ich nigen Liecht. 640, 20;
gegen den vüezen III, 444 a, L.

73,3. Das volkstümliche vriedel hat
hier in höfischer Umgebung verächtlichen
Beigeschmack, während in der Henneberger Totenfeier 149, 3 der Landgraf von
Thüringen durchaus ernsthaft vriedel
der Tugenden heisst. — geben = nachsagen, zugestehen: ebenso 79,3, wo
nicht gihe zu vermuten ist, und MSF

163,8. — Aehnlich wird Minne ver-
lenmdet 251, 7; Teichner, Pfeiff. Altd.
Uebungsb. 162; man seit manegen ören
riche, der nie ören teil gewan Dam. III,
162 b.

73,5. Ueber mehrgliedrig eingeleitete
Fragen Wilmanns z. Walth. 102, 11;
durch welhe schulde unt umbe waz
Trist. 4146; von welhen schulden — ald
wâ von Winterst. Ld. 26,12; wâ von
oder wie Parz. 86, 26; wenne oder wâ
Kelin III, 24 b; wie unt waz, wie unt
war zuo Meissn. 86 a; wie oder wâ Frl.
7, 11; wie oder wâ unt wenne 392,13;
wie, waz, — wâ mite 270, 1; wâdurch,
von wem, — wâ, wenne 159, 19.

73,6. Ueber den Pfingstkönig Myth.
657; Schmeller I², 436, wo die Sitte
Unteröstreich zugewiesen wird. Das
Pfingstkönigtum fiel hier dem ärgsten
Langschläfer zu, war also nichts weniger
als ein Ehrenamt (Lexer in Frommanns
Mundarten IV, 486). Dem norddeutschen
Pfingstkönig (Kuhn und Schwarz, Nordd.
Sagen 384) fehlt der spöttische Nebensinn.

73,9. geligeniu zuht — der schin
nimt drâte uf unt abe Walth. 81, 14;
vgl. entlentiu scham 277,3; entlente
sinne unt tören rât vil selten lant betwungen hât Freid. 82,14; uzen lehen-
keppelin unt heim gezogen schande
Winsb. S. 71; si müezen balde rîsen
abe verlebetiu varwe unt unverdientiu
êre Stolle III, 8 b.

74,5. Vgl. 46,7; 47,5; scham, kündikeit, erbarmen swâ die mit armen diu
mâze umbehalset hât, dâ wolte ich er-
warmen Frl. 111,9.

74,11. es wil ie der mäusemist unter
dem pfeffer sein Luth. VIII, 371 b; meus-
kot im pfeffer sich verschleicht Melissus
(Braune Neudr. 15, S. 5); Germ. XV, 103:
DWb. VI, 1822.

74,12. gelph ist ironisch gemeint.

75,1. Den Anfangsgedanken hat Ulrich
von Liechtenstein 478,18 adoptiert: min
vrouwe (Frau Ehre) ist ein vil reiniu
magt unt hât doch gelönet mannen vil.

75,7. Ere, wâ ist din gesinde? Damen
III, 162 a.

75,9. die weil man vünde bi drizigen
drî wild. Alex. III, 29 b; dâ man ir
eteswenne drizie unde mêre vant, dâ
vinde ich küme drî Kelin III, 24 a; drî
vindet man ir küme, als ez nü lit, un-
drin unt drizie pharren Lab. 218; under dreizzigen ich nicht vinde drei, die
gern lernen Renn. 17379; Strauch z.
Marn. XV, 44; jTit. 2925, 2.

75,11. *vuozisen hât si in ir spor,* *diu valsche triegærinne* Reinolt III, 50 a.

76,1. *forme* aus der religiösen Dichtung: Maria sagt bei Frl. FL. 17,13 *ich binz aller formen forme; diu maget uz erwegen, diu in spiegelliehter forme ob allen formen ist* II, 254 b; *Avê in Gotes ören was vor allen formen gar* II, 256 b; profan *diu forme hiez der Minnen kraft* Frl. ML. 13,5.

76,4. *wîp sint der êre ein zil* Kolm. 48, 54. — Die Ehre hat bei Gott ihre Heimat: S. 217. Ebenso die Treue: Kolm. 52,39; *ich wil, in dem himel si diu Triu in êren wol erkant* Helbl. 7, 436.

77,6. *gelenke* c. Dat.: *der kunst si wol gelenke, dem ich diz lop schenke* Frl. 131,3; *lenke den vinden* ebda. 85,5.

77,10. 11. sehr ähnlich 225, 10. 11. 77 und 78 parallel gestaltet: vgl. S. 96. 314.

79 fgg. Ueber die Grundgedanken der Spruchreihe vom Adel vgl. S. 231 fg.; 95,6; 255,11; Bezz. z. Freid. 54,6. 7; Wilm. Leb. III, 451; Zingerle, Spruchw. 9 fg.; *sô ist nieman edel âne tugent* Freid. 53,18; *die alten wîsen hânt gesaget, daz nieman edel si, wan der sîn dinc mit tugenden traget* Hard. II, 134 a; Helmbr. 493 fgg.; *sol ich den edel heizen, der niender tugende phligt?* Kanzl. II, 387 b; *swer hie die zît vertribel mit ganzen tugenden gar unt dâ an stæte blibet, dâ wirt man höher burt gewar* Kelin III, 22 b; *bî tugenden prüevet man den adel* Meissn. 87 a; 87 b; Frl. 380; *er mac sich .. schamen, swer edel heizet an dem namen, daz er gestatet, daz sîn muot sô reht unedellichen tuot* Lampr. Sion 2358; *diu heilic schrift diu seit uns blôz, ez si nieman edel noch grôz, dan der edellichen tuot* Teichner 201; *niemant ist edel, denne den der mut edel macht und niht daz gut* Renn. 1454; *wer tugend phligt, der ist edel* Suchenw. 28, 334.

79, 4. *sô wol dem edeln, der mit zühten kan enthalten sîn adel* Kanzl. II, 391 a.

79, 5. vgl. 82, 11; *swer ein engel welle sîn, der tuoz ouch mit den werken schîn* Freid. 70,17.

79, 6. Das Prädikat des Satzes muss in der Sylbe *-heit* von *zühtenheit* stecken. Ob ich mit *hât* das Richtige traf, sei dahin gestellt. Auch *leit* (leitet: Ben. z. Iw. 6379; 1. Büchl. 1429;

Sion 8; Barl. 127,6 u. öft.) oder *treit* (Walth. 7,8; Hätzl. I, 122,3) liegt nahe.

81. 3. 6. klingt wieder bei Süsskind II, 258 a: *swer niht si von hôhem namen unt sich untugende welle schamen, — den heize ich edel.*

81,7. *swer von mâgen edel si, der won edeler tugende bî* Konr. 18, 14.

81,8. *swer selbe ist ein bœsewiht, hât sîner vorvarn adel niht* WGast 4281.

81,9. *die nähe spehenden zîhent dich* Walth. 19,17; Sunburg (Zingerle) II, 4; *nähe sehender sin* Trist. 33; *mit nähe merkender spehe* 6510.

82,4. Der zweimalige Hiat vor *e* in dieser Strophe fällt auf, weil er allein steht: denn auch 215, 3 liegt es nah, *ünde unt erde* aus der sicher fehlerhaften Ueberlieferung zu erschliessen. In V. 4 liesse sich helfen durch Annahme fehlenden Auftakts; in V. 6 durch das *adellichen* von C, das ich nicht aufnahm, weil sonst absichtlich immer wieder der Gleichklang *edel* gesucht wird.

82,7. Sehr ähnlich: *wol zimt der edel stein in rôtem golde: sam zieret einen schœnen lip, — ob er mit edelen tugenden ist gerîchet* Litsch. II, 386 a; *milte zieret edeln muot, sam daz golt gesteine tuot* Konr. 18, 2. Vgl. noch Burdach, Reinmar und Walther 144; Ls. 122, 26; Rubin im Golde: *Schœne unt Liebe vüegent mit einander bî baz dan der liehte rubin tuo in dem clâren golde* Brennbg. I, 338 a (nach Walther 92, 26); *der maget der stât güetlich muot baz dan der rubîn golde tuot* Liecht. 626, 23; Frl. Ld. IV,9.

82,11. *erkennen* = erkennbar machen: Lexer I, 640; Reinmar der Fiedler II, 161 b; *dâ gegen breit ich gern ir lof, ich erkenne ouch wol die winkel schîn* Unverz. III, 44 b; *ach Got, erkenne war umb und wen ich sender man verdenet han, daz ich muos von ir scheide* Musk. 39, 16.

83,2. Dass der Vers verderbt sei, erkannte schon Wackernagel, Kl. Schrr. I, 167. Bei meiner Vermutung liess ich mich durch V. 12 leiten.

84,1. Ueber Kupfer als Bild des sittlich Wertlosen und Unechten vgl. W. Grimm z. Freid. 45,4; Bezz. z. 125,19; Zingerle, Spruchw. S. 58; meine Anm. z. 255, 9; *valsch schœniu wîp man ahten sol ze kupher überguldet wol* WGast 956; *mit golde kupher überzogen, ein slange in buosem* (Walth. v. Breis.) II, 142 b; *dîn rede ist schœne als*

daz golt, dín triuwe ist aber kupfer-
var Stricker 6,69; Amis 421; *ein wîsez*
ouge erkennet wol für kupfer golt j.
Tit. 822; Sachsensp. Vorr. 250; Suubg.
III, 76 b; Zilies 25 b; Raumsl. 53 a (neben
missinc); 64 b; Frl. 269,3; Kolm. 118, 8;
Renn. 21454; 13766; *üzen golt unt in-*
nen kupfer ist manic herz Ls. 139, 61.
— Seltner spielt das Zinn diese Rolle,
zumeist ebenfalls im Vergleich mit Golde:
WGrimm z. Freid. 125, 23; *die niuwez*
zin nement vür altez golt Veld. 62, 21;
ich bin der ganzen triuwe golt, niht
zin Frl. 86, 18; 42, 16; *üzen golt unt*
innen zin Renn. 12552; Silber und Zinn:
sin silber heizet zin Kolm. 159, 9; *(vir-*
witz) nimet vür silber zin Renn. 1899.
2658. 8474. — *versilbern* in dieser Bedeutung nur hier.
84, 5. Bezz. z. Freid. 106, 8; *daz vi-*
wer ist nütze unde guot, swer im niht
unrehte tuot, — swer zem viwer nâht
ze hart, der besengt dick sinen bart
WGast 1189; *der sich nähe biutet zuo*
der gluot, der brennet sich von rehte
harte sère Fenis 82, 13; *des viures art*
git mangem vröuden vil: iedoch ver-
brennet in diu gluot Regenb. III, 348 a.
84, 11. *nieman üzen nâch der varwe*
loben sol: vil manic mûre ist innen
tugende vol Walth. 35, 34. Von dem
Mohrenkönig Siegfried heisst es Gudr.
583, 3: *swie salwer varwe er wære.*
85, 1 fgg. Das Gleichnis stammt aus
Gregors Moralien, wie schon Wilmanns
Zs. XIII, 458 bemerkte. Da heisst es
(Migne LXXV, 515) im 4. Cap. der epi-
stola ad fratrem Leandrum: *Divinus et-*
enim sermo sicut mysteriis prudentes
exercet, sic plerumque superficie sim-
plices refovet. Habet enim in publico,
unde parvulos nutriat, servat in secreto,
unde mentes sublimium in admiratione
suspendat. Quasi quidam quippe est
fluvius, ut ita dixerim, planus et altus,
in quo et agnus ambulet et elephas natet.
Die polemische Spitze des R.'schen Spruches lag nicht schon in Gregors Gleichnis.
Vgl. noch Heidfeld, Sphinx theologica-
philosophica S. 3; Adrians Mitteilungen
450 *diz gebet wirt geebenmâzet einem*
wazzere, daz ein lamb moge wadin unde
ein helfintier moge swimmen [K]. Im
Wartburgkrieg 28, 7 sagt Wolfram in Bezug auf ein Rätsel Klinsors: *iuwern wâc*
den wate ich wol, der ist mir noch gar
sihte. Noch Neanders 'Vernunft sei still!
Die See ist viel zu breit und allzu tief'
(Bundes-Lieder 5, 2) ruht auf jenem Bilde.

85, 6. *nefas existimandum est ea scru-*
tari, quae deus voluit esse celata Lac-
tant., Instit. div. II, 8; *tumber gouch, der*
dran betaget oder benahtet, wil er wiz-
zen, daz nie wart gepredjet noch ge-
pfahtet! Walth. 10, 7; *si wellen wizzen,*
die sich selben affent, daz âne Got kein
mensche weiz Raumsl. III, 56 a; Hinnenb.
40 b; JGrimm, Kl. Schrr. IV, 309; *swer mé*
wil wizzen, denne er weiz, unt mé wil
künnen, denne er kan, ob der ver-
duldet schanden sweiz, dâ si der keiser
unschuldec an Frl. 196, 1.
86. Ueber die Entstehungszeit des
Spruches vgl. S. 83. Eine Instruction für
Prediger gibt auch Thomasin 11207 fgg.
86, 3. *der pfaffe ist als ein zil, zu*
dem man scheuzzet, seit gar vil volkes
wartet uf sin leben Renn. 2494.
86, 4. *sich vergâht als lihte ein man*
als er sich versûmen kan Freid. 116, 23;
Troj. 7948; *versûmen unt vergâhen diu*
zwei schadent an dem guote unt an
den éren Meissn. III, 108 a; *versûmen*
noch vergâhen woltst dü der beider
warten, wer müht uns dann gefâhen?
Laber 707; (Frau Minne) *klagt an iu*
(den Franen) *versûmen unt vergâhen*
ouch Frl. 139, 7.
86, 6. *man sol ze vil doch swigen*
niht: wan von vil swigen dicke ge-
schiht, daz von vil klaffen mac ge-
schehen WGast 719; *ze mâze reden swer*
daz kan unt ouch ze mâze swiget, den
kleidet mâze in éren wât Damen III,
166 a.
86, 8. *also sol des pristers heilsam*
zunge reich und arme, alte und junge
mit troste heilen und salben linde und
niht mit zwivel schrecken swinde Renn.
2908; *ze saure, ze suzze sint enwiht,*
daz mittel hat mit selden pfliht; swer
cleiniu kint ze sere erschrecket, guten
sin er ofte erstecket ebenda 17438.
87, 1. Ausser dem in d. Laa. vorge-
schlagenen *swie* wäre auch *swar* dem
Sinne angemessen: *swâ* weiss ich nicht
zu erklären.
87, 2. *himelbære* auch noch jTit. 3352.
87, 3. *wiste Got allez, daz geschiht,*
é er iht geschüefe, oder wisters niht?
Freid. 5, 23.
87, 5. *bin ich gnislich, sô genise ich*
aHeinr. 190. Dieser Polemik gegen den
Prädestinationsglauben entspricht die
gegen den Fatalismus gerichtete Strophe
176: vgl. m. Anm. zu diesem Spruch.
87, 8. Eine ähnliche logische Verzer-
rung des Ausdrucks bietet z. B. Landeck

III, 362 a *ungevríjet ist sîn swœre; Frl.* 376, 13 *verwegener muot sal hie be-stán, der éren wec in niht verlán;* Ettm z. 205. 4; *só wirt behuot schade von mannes lîbe* Meissn. III, 101 b; so wird auch bei Walth. 25, 36 *die märhen von den stellen lœren* zu schreiben sein. 87, 11. *solte uns* scil. *versümen.* — *nieman* (Acc.) *Got verkiuset dan der selbe sich verliuset* Freid. 20, 26.

88. 2. *nieman ist só vollekomen, daz er dem wandel sî benomen; án wandel nieman mac gesín* Freid. 120, 18 und Bezzenbergers Anm.; *nieman ist âne bresten gar* Konr. 25. 101; Sunbg. II, 358 b; *sündige lust ist alsó süeze, daz dá kein mensche lebet áne sünde* Meissn. III, 103 b; *ich wenne, daz nieman nu si, im won ein anvechtunge bî* Montf. 5, 1.

88. 6. *ich láze mich niht berouben mînes rehten glouben* Freid. 134, 18; Montf. 4. 105. Muskatblut warnt vor Ketzerei: *bis nit ein dieb, stil nit cristen glauben* 72, 48; auch von den Juden sagt er 76, 54 *si sint diner selen diep.*

89. 1. *ipsa quidem concupiscentia jam non est peccatum in regeneratis, quando illi ad illicita opera non consentitur atque, ut ea perpetrent, a regina mente membra non dantur* Augustinus (Migne XLIV, 428).

89. 3. *er ist ein degen, der an ge-sigen den sünden kan* Dam. III, 162 a.

89, 6. *wîgen:* WGrimm, Kl. Schrr. III, 520; Mau. u. Am. 29.

89, 7 fgg. Wenn der in der Welt Le-bende ihren Freuden um Gott entsagt, so ist das viel mehr Lohnes wert, als wenn der Mönch, der gar nicht ver-sucht wird, sich weltlicher Genüsse ent-hält Warn. 1555 fgg.; *betwunge er* (Gott) *danne unsern muot, daz wir trüegen der stœte króne, zwiu gœbe er uns dan iht ze láne?* WGast 2570: ähnlich Stricker *nœme Got den dienst für guot, den man betwungenlîchen tuot, só wœr nieman verlorn* (Seemüller z. Helbl. 6. 47). — Lactantius motiviert Inst. div. IV, 24 Christi Menschheit so: dem *doctor cae-lestis* dürfte nicht *caro fragilis* fehlen: *si nulli subjectus sit passioni, potest ei docenti homo sic respondere: 'Tolo equidem non peccare, sed vincor: in-dutus sum enim carne fragili et imbe-cilli: haec est quae concupivit. — Tu quidem non peccas, quia liber es ab hoc carpare.'* Gott schuf den Menschen in körperlicher und moralischer Schwäche,

ut proponeret homini virtutem —, per quam passet praemium immortalitatis adipisci —, ne immortalitas — homini sine ulla difficultate canstaret (ib. VII, 5).

90. Der Gegensatz von *liep* und *wol* wird von Frl. 118 minder scharf be-tont; *entwîch den lieben, gestant den rehten* Spieg. d. Tug. 51. — Ueber *liep-geschehen* vgl. S. 288.

90 10. Die Anknüpfung mit *daz* ist sehr hart: *Got hát drîer slahte kint, daz Cristen, Judn, heiden sint* Freid. 10, 18; *reiniu wîp diu sint só gar von der diet gescheiden, daz dá heizent valschiu wîp* Neif. 3, 24: *Emanuél, daz Got mit uns wœre genant* Barl. 65, 38; Veld. 61. 11.

90. 12. *bî liebe mac ein wandel sîn* Frl. 118. 19.

91. Dass ein Spruch Gottfrieds zu Grunde liegt, sah Wackernagel, Zs. VI, 137 Anm.

91. 5 *der darf wol schœner sinne* 1. Büchl. 607.

91. 6. *die wîle ab mich Gelückes rat von hôhem muote zücket* Liecht. 150, 10.

91, 8. Vgl. Anm. 151.

91. 11. (Welt) *swaz dú mir gíst, daz nimest dú mir* Walth. 67, 9.

92. 1. *man, wiltú pflegen, daz lange sî gelücke diner helfe brücke, só merke* u. s. w. Frl. 119. 2 in einer auch sonst ähnlichen Strophe.

92. 4. Zing. z. Sunbg. II, 1: *denk in dich. ob daz hást verdient* Frl. 119, 6; *denk in dich, sprich ze díner kür* 73. 13; *sich in dín selbes herzen tor* MSH II, 254a.

92, 5. Das Herz wird Geselle ge-nannt: JGrimm, Kl. Schrr. III, 285: *friunt* 1. Büchl. 121; Trist. 765.

92. 7. *gelückes vunt* heisst die Ge-liebte Land. I, 351 b; 356 a; *vunt* vom Glück 264. 3; Frl. 116. 5; *vreude vun-den* 360, 4; *vunden heil* Wernh. III, 13 a (an verdorbener Stelle). — Das Glück heisst *wilde:* Kanzl. II, 397b; Frl. 120, 13: üb. Weib 748; *vrô Sœlde ist wilder danne ein réch* Rubin 12, 15: Kolm. 139, 30. — Für das *wiltwilde* von C schlug JGrimm, Gr. II, 578, *waltwilde* vor, was gegen das Bild der Jagd, das den Abgesang beherrscht, nicht verstiesse.

92. 9. 'es lässt sich von seinem un-stäten Wesen so ungern abbringen.'

92. 11. Das Glück widemet sich in keiner stat, im stát der vuaz ze sprunge Frl. 119, 19; *Gelücke den man wol váhen kan: der siner wilden sprunge ist só vil* Kolm. 139, 30.

92. 12. Der Meissner braucht lll, 108 a
überlizen in gleichem Sinne: doch empfiehlt das Metrum anch bei ihm *ver-
hizen.*
93. Vgl. S.246 fg.; Wolk.116.2; 118.5.
93,1. Vgl. S. 192 u. Anm. 247; *kunst
âne witze schiere zergât* Kolm. 121,14;
*ez rüemt sich manger grôzer kunst,
der doch vil kleinen hât vernunst* Bon.
50, 63. *kunst unt sin* synonym Iw.
1096; Trist. 36; Montf. 11, 20; 17, 8.
93, 5. *waz hilfet wol geheizen mich,
ob man mirz leistet trügenlich?* Kolm.
22. 32.
93 9. *betwungen liebe ist gar ein
wiht* Winsbekin 32, 4 u. Haupts Anm.;
*gezoubert und betwungen minne und
gekouft sint unminne* WGast 1213;
*minne wil vri sin: ist si betwungen, sô
ist si niht minne* Myst. I, 368, 23; *man
wirt selten erfröuwet der liebe, der man
iz erdröuwet* Man. u. Am. 242.
93. 10. *diu liebe sol von herzen komen* Winsbekin 32, 6.
93, 12. Ganz ähnlich schliesst die Priamel II, 260 b: *unnützer ist ein künec,
ob er niht rehte rihten wil.*
94 Sprüche gegen die böse Zunge
sammelt Strauch z. Marn. XV, 161; Musk.
79; Renn. 22110.
94.1. *daz wirste lit, daz ieman treit,
deist diu zunge, sô man seit* Freid. 164.3;
Bon. 17, 24: — *daz swerste joch, daz
ie getrnk kein ohse uf im, was swer
doch gnuk: noch swerer ist rehte gehorsam* Renn. 3913.
94. 4. *sin* (des Bösewichts) *munt unreinet die luft* Helbl. 2. 388.
94, 6 *knierünen* verstehe ich nicht;
das nicht seltene *örrinen* (z. B. Meissn.
lll. 91 a) liegt allzuweit ab. Ich rate
auf *zwirünen*, das in der Schreibung
tzwi- einem *kni-* graphisch nahe stand;
ich erinnere an *zwikæse, zwilouf;
zwirünen* etwa: durch Raunen Zwist
säen.
94 9. *beste — bæste —* wortspielend
verbunden: *daz zungen fleisch daz beste
und ouch daz bœst muoz sin* Kolm.
93, 32; Rhein. Mus. N. F. V, 449; vgl.
ferner Ben. z. Iw. 145; Bezz. z. Freid.
89. 2; WGrimm, Ueher Freid. 396; Sing.
I, 293 b; Liecht 95. 14; Kanzl. II, 398 a;
Hard. 136 b; Gudr. 1263, 3; GA 24, 430;
Am. 914. 1624; Helmbr. 518; Frl. 441.10;
Hätzl. II, 20, 87; Lah. 565, 7; Spieg. d.
Tug. 158; Renn. 787; Kolm. 136, 6; Zs.
I, 287; Germ. IV, 345. Nichts *pesser
und pöser dann ain weib* Vintl. 800;

quid est optimum et pessimum? Verbum
Kemble, Sal. and Sat. 326.
94. 12. Einen gleichartigen Fluch sendet Marn. XV, 180 ebenfalls am Strophenschluss gegen die Zunge; *daz dich œzen
die maden!* Helbl. 1.1212. Andere Flüche
gegen die Zunge S. 328; Walth. 28. 25;
(141, 16); *daz si verswellen müeze*
Wartbg. 20, 7.
95 2. (Die Zunge) *kan ouch manic
edel wort Got in sin ôren dringen*
Kolm. 13. 49; *dem werden Gote ez* (das
Lob eines guten Herren) *in den ôren
sanfte tuot* Dam. III, 169 h; *des edelen
mannes triuwe und milte Gote sanfte
tuot* Sunbg. III, 74 a.
95. 5. *schenken* bildlich JGrimm, Kl.
Schrr. II, 180.
96 Mit der *mâze,* der *mittelmâze*
beschäftigen sich ausführlich Winsb. 41;
WGast 9935 fgg.; Meissn. III, 100 a; 105 a;
Rink. I, 339 b; Frl. 109—112; Kolm.111;
Vintl. 6502 fgg.; vgl. ferner Wilm. Leb.
S. 238 und III. 493. 614 a.
96. 1. *ohen über gevarn und unden
durch hat helle flügel und helle vurch;
swer daz mittel wol kan halten, der
mac wol des himels walten* Renn. 23174.
obenüher auch 69, 10; Meissn. III, 100 a.
96 3. *swer vliegen welle, der vliege
sô, weder ze nider noch ze hô* Freid.
118, 23; *swer tihten wil, der tihte also,
daz weder ze nider noch ze ho sines
sinnes flüge daz mittel halten* Renn.
1238: *wirf in die mitte dinen sin*
Winsb. 30, 8; *der sol die mittern strâze
varn, der sich nâch rehte wil bewarn*
WGast 10019.
96. 6. *gennoc ist bezzer dan ze vil*
Freid.61.21; Renn. 23392; Zersne 2739;
— *swer im selber übertuot mit hôchvart, seht des tumber muot wirt vil
schiere geworfen nider* Bon. 81, 61.
97, 1. Diesem Spruch von den hoch-
strebenden Massen vergleicht sich am
nächsten Walthers hoffärtige Sechs 80, 3.
97. 4 *kare* stm. auch Im Edolanz,
Zs. XXV. 283.
98, 1 fgg. *mit tumben tump, mit wisen wis* Freid. 85. 13 und Bezz. Anm.;
WGrimm, Freid.[1] XCV; *den bœsen bœse,
den guoten guot* Urenh. III, 38 b; *mit
jungen junc, mit alten alt, mit snellen
balt, mit vrevelen vrech, mit hühschen
wolgestalt* Frl. 296, 1; *hart wider hart*
Pilat. 556; Meissn. III, 89 a; *wis karo
wider den kargen* Spieg. d. Tug. 183;
*den argen scharf, den milten bin ich
senfte bi* Sig. II, 362 a; *dem spæhen

scharpf, dem slihten weich Frl. 169, 5;
blandus mansuetis sis destrictusque superbis Wegeler 144.

98, 5. *manicvalt* = unbeständig: Trist.
12913; (Breis.) II, 143 a; Rink. I, 341 a;
manicvaltre Sunbg. II, 355 a; *manicvaltekeit* Konr. 31, 51.

98, 7. Zum Gedanken vgl. Lessing VIII,
194 (Maltz.): *der Kunstrichter —, der
gegen alle nur höflich ist, ist im Grunde
gegen die er höflich sein könnte, grob.*

98, 12. *só wurden sie erforht und
ouch geminnet* Walth. 19, 25: danach
und in Anlehnung an C habe ich meinen
Text hergestellt. In den Laa. trage man
nach: *herre D. — swelch hérre mir
wil sin geforht dan er geminnet wesen
wil* u. s. w. Frl. 191, 1.

99. 100. Vgl. Anm. 293; über die
Tierbilder S. 283; über eine Nachahmung
S. 391. Auch die hybriden Menschen,
die in Reisesagen vorkamen (vgl. z. B.
Brandan ed. Schröder S. 185), mögen R.'s
Phantasie angeregt haben: so könnte
der Kranichhals aus dem Herzog Ernst
stammen.

99, 4. 100, 1. Der Sage nach brütet der
Strauss seine Eier durch den Glanz seiner
Augen aus: vgl. Grimm, Freid.[1] LXXXV;
Strauch z. Marn. XV, 289; Konr. 1, 64.
146; Stolle III, 5 b; Renn. 19586; Mügeln, Gött. IIs. 184 b; daher Muskatbluts
Bitte an Maria 17, 53: *sich uns mit
strussen blicken.* Die Sage wird bestritten von Albertus Magnus (ed. Jammy
VI, 645) und vom Meissner III, 101 a.

99, 6. 100, 6. *aper cunctas bestias
praecellit auditu* Vinc. Bellov. (Duaci
1624), p. 1328; *ein wildez swin gehorret
baz vil denn ein esel tuo* Ls. 248, 116.

99, 9. 100, 9. Die Greifen als Symbol
des Geizes nach Megenbg. 190: *Rabánus spricht daz die grifen golt üzgraben und sich gar ser fräuen wenn
si daz golt ansehen;* auch Wolfr. Parz.
71, 20 kennt sie als Schatzhüter, und im
Archiv f. öst. Gesch. V, 590 erscheinen
sie als Symbol der Demut, da diese
andere Tugenden hüte, wie der Greif
das Gold. So steht er im Vogelgespräch
Germ. VI, 105 als Vertreter der Habgier,
wofür sonst (ebenda 84. 85) der Geier
oder (Erlösg. XLIII) der *stocar* eintritt.

99, 10. 100, 10. *des beren zorniger
muot im selben dicke schaden tuot*
Freid. 139, 9; *er hete grimmigen müt
alse der zornige bere tüt* Lampr. Alex.
2795; *der ber grimmiges zornes phligt*

Kolm. S. 17; *den zorn den geleicht man
dem pern* Vintl. 1386; vgl. noch Häußler
im Archiv f. östr. Gesch. V, 599.

100, 7. Vgl. S. 14.

101 fgg. Ueber Ehesprüche S. 230 fg.;
Anm. 294. Adam und Eva als Gattnogsbegriffe: DWb. III, 1199; Wackernagel,
Kl. Schrr. III, 161; *Adam den menschen*
Regenb. III, 348 b.

101, 2. *tuon unt lán* wie L. 218; 68, 2;
durch man diu wip lánt unde tünt
Kolm. 49, 40; vgl. noch Kolm. 155, 14;
Hätzl. II, 66, 101.

101, 9. *man, wis manlich! wip, halt
wipliche zuht!* Meissn. III, 96 a; *er si
der man, si si daz wip* 90 a; *günne
im, daz er si ein man* Frl. 227, 3.

101, 10. Das überlieferte *lere* verstehe
ich nicht. Ob freilich *ere* das Rechte
trifft — auch *herze* oder *leben* liegen
nicht allzu fern —, ist eine andere Frage.
Der Sinn meines Textes ist: richtet euern
Ehrgeiz auf rechte Tat.

102, 1. Dieser scharfe Gegensatz von
guot = gutmütig und *biderbe* = tatkräftig ist mir sonst nicht bekannt. *guot*
ähnlich gebraucht Konr. 19, 14, *biderbe*
Ls. 148, 150; sehr oft aber auch *biderbe
wip* ohne tadelnden Nebensinn. Wie R.
mag Liecht. die Adjectiva brauchen: *der
wunne ist niht gelíche, die ein guot
wip, ein piderber man wol mit ein
ander mügen hán* 606, 15; vgl. 561, 8.

102, 2. Solche ironische Mahnung auch
282, 9; vgl. Walth. 31, 16; 101, 27 und
Wilm. z. d. St.

103. Adam, der erste Mensch, Samson
und Salomo, die ständigen Typen physischer und geistiger Kraft, werden gern
benutzt, um die Macht des Weibes zu
demonstrieren: Kummer z. Herrand 1, 49.
Jene drei allein treten auf Bon. 57, 107;
Berth. I, 246; meist kommt David dazu:
Freid. 104, 22; Renn. 12906; Düring II,
25 a; Ls. 10, 1; Altd. Bll. I, 76; ferner
Loth (Wegeler 19) oder Methusalem
(Wolk. 110, 2), namentlich Aristoteles
(Hätzl. S. 91). Grössere Register Kolm.
15, 39; 81, 24; Altschw. 203, 14 fgg. Adam
fehlt zuweilen, fast nie Salomo (doch
vgl. Kolm. 201, 54) und Samson: Kolm.
55, 110; Montf. 11, 22; 24, 29; 33, 21;
Fastn. 126, 31; Hätzl. S. 269. Die typische Dreiheit der Schönheit, Weisheit
und Kraft (Absalon, Salomon, Samson:
vgl. Vogt z. Morolf 155) wie die Zweiheit Salomon und Samson pflegen nicht
gerade als Beispiel für die Macht der
Minne zu dienen: doch vgl. Christ. 1376.

103, 1. Die Gabe des heiligen Geistes, die Adam repräsentiert, ist die Sapientia (MSD², S. 451; Otte, Kunstarchäol. I, 490 Anm.); *der wîse Adam* Marn. XV, 172; Keller, Erz. 16, 6. Aber auch ein Typus des Adels ist er: *wer ich als Adam edel gar* Boppe II, 382b; Kolm. 28, 31; *Idam den edeln werden bezwengt du, minn, allein* Altschw. 203, 14; sprich, *edeler wiser vriunt Adam* Frl. FL. 9, 21. Steckt in *vriunt* vielleicht das *vri'* unserer Stelle? Auch dies Epitheton ist nicht unerhört, es steht ebenfalls Frl. 407, 4 *dem wîsen vrîen Adam;* Laa. z. Marn. XV, 172.

103, 6. Salomo allein als Opfer der Minne genannt Parz. 289, 17; Veld. 66, 16; *küne Salomûn, swie wise er was, ir wart sîn herze niht verzigen* Winsb. 23, 6; vgl. Anm. 372.

103, 10. *ich bin gewahsen abe an vröuden* Teschl. II, 127 b.

103, 12. vdHagens Conjectur, die das geläufigere *unminne* einsetzt und dadurch einen rührenden Reim schafft, ist unnötig: *manec mensche sî betöret sô sêr von fleischlicher minne, daz er in grôz unsinne von ungedanken kœme* Sion 460; *unverstanden minne mak wol heizzen unsinne* Renn. 11880.

104. Zu Grunde liegt möglicher Weise Freid. 145, 11 fgg.: vgl. Anm. 291. In einem Lügengedicht Suchenwirts heisst es in einfacher Umkehrung (45, 110): *ain henn die maistert zwelf han, daz si ir legten aier;* die Zwölfzahl auch RF CCXXXVI u. Anm., Renn. 3570. In dem sonst nah verwanten Satze der Disc. cler. (ed. Laboudcrie S. 10) *'fili, ne sit gallus fortior te, qui justificat decem uxores suas, tu solam castigare non potes'* steht die Zehnzahl; ebenso *un coq suffit à dix poules, mais dix hommes ne suffisent pas à une femme* Oihenart No. 356[K]; in einem Rätsel (Zs. f. deutsche Myth. III, 17) heisst es: *er hat zehn, eilf Weiber;* 15 legt ihm ein Distichon (Mones Anz. III, 32) bei: *gallinis gallus ter quinis sufficit unus; at ter quinque viri vix sufficiunt mulieri.* Und in Ludwigs Centuria III, 40 wird von einem bösen Buben erzählt: *triginta viduas lapidis temerarius ictu reddidit.* Die Zahlen steigen in der Volksüberlieferung noch viel höher: Köhler, Zs. XXI, 144 Anm. Auch dem Kuckuck legt der Volksmund eine (zwischen 6 u. 14) wechselnde Zahl von Frauen bei: Mannhardt, Zs. f. deutsche Myth. III, 251 fgg.

105, 4. Vgl. S. 230 u. Anm. 290. Auch in späterer Zeit noch die outrierte Phrase des Minnesangs: *last du mich in sölicher not, vil wæger wär mir ja der tot* Hätzl. II, 3, 69; II, 46, 56; Kolm. 51,47; *im* (dem unglücklich Liebenden) *wær ein gæher tôt bezzer, der sust leben muoz* Ls. 28, 258; *lebent scheiden das tuot we noch wirser dann ein senfter tod* Montf. 17, 1. Aber daneben geht der parodistische Gebrauch her: *wer mit übeln wîben sîn zeit sol vertrîben, dem wär wæger, er wär tot* Hätzl. II, 52, 27; *er wær bezzer wol begraben, der ein solich wîp sol haben* Teichn. Ls. 52, 83; 42, 219; Musk. 77, 41.

105, 8. Ausser Walther und R. sind es zumeist Dichter viel späterer Zeit, die Prügelstrafe für die herrschsüchtige Frau anraten: Teichn. 180; Kolm. 8, 154. 162; Musk. 77, 21; Hätzl. II, 51, 64.

106. Der Spruch wird eher nach Oestreich als nach Böhmen gehören. Einmal eifert Reinmar auch in einem andern östreichischen Spruche (vgl. Anm. 71) gegen das Uebertreiben der Turnierleidenschaft: dann war das Turnieren zu R.'s Zeiten in Böhmen noch ziemlich unbekannt. Zwar ward Ulrich v. Liechtenstein schon 1240 nach *Krumbenowe in Bêheimlant* zu einer *ritterschaft* geladen (477, 14 fgg.): aber die vita Wenceslai M. SS. IX, 167 meldet: *sub eius etiam temporibus adinventus est in Bohemia ludus torneamentorum,* und zwar 1245: *regni regis II enceslai* 15 *vel* 16. Karajan, W. SS. XLII, 475 fg., und Scherer, Literar. Centralbl. 1868, S. 976, schreiben im Gegensatz zu dieser vita wie zu Dalimil (Fontes rer. Bohem. III, 177; vgl. auch 289) mit Peter von Zittau gar erst Ottokar II. die Einführung der Turniere zu. Jedesfalls war die Kunst des Turniers vor 1241 noch viel zu jung am böhmischen Hofe, als dass sie einen melancholischen Rückblick auf frühere bessere Zeit gestattete. — Ueber das Herunterkommen des Turnierwesens handelt bestätigend auch Helmbrecht 1025 fgg.; vgl. Niedner, Deutsches Turnier 89 fg.

106, 1. *turnieren daz ist ritterlich* Tirol I, 7 a.

106, 2. *lötreis* wird im Zusammenhang unter Adjektiven auch Adjektiv sein, also nicht = 'Reise zum Tode.' Wie nun *litreis* bedeutet 'Laute hervorbringend' (Schm. II², 141), so könnte auch *lötreis* 'Tod bringend' heissen. Näher als Lexers *tôtræze* läge auch *tôtvreise*, ein Compositum zum Adj. *vreise*. — *mundes rích* verstünde ich nur als 'prahlerisch': vgl. 117, 4 *ein munt von ríchen worten vol*; 251, 4; 254, 7; freilich ein schwächliches Prädikat im Vergleich zu den übrigen: so mag *mordes* (oder *wunden*) *rích* recht vermutet sein. — Die Schreibung *tôtvreismundes* in einem Wort (DV) fördert nicht: das würde höchstens auf das Compositum *vrasmunt* (oder auf *vreismunt*) hinführen, dessen Bedeutung nicht zu passen scheint.

106, 3. Der Geiz hat *eine griuliche mortaxt, diu ist wol geslíffen ze dem êwegen tôde* Berth. I, 135, 31.

106, 5. Die Augen der Dame werden vor Kummer rot: Reinm. d. A. 156, 8; Horheim 114, 24; Boteul. I, 29 b; Schwangau 280 b; Neidh. 72, 21; Warthgkr. 39, 2; Frauentrost 82. — *zwivel tuot min herze kalt* I. Büchl. 1829.

106, 7. Verschiedene Motive des Turniereus; *die stächen hie durch höhen muot, die andern dort wan umb daz guot; dá tjostirt manges ritters lip durch anders niht wan durch diu wip; sô stächen die durch lernen dá, jen durch pris dort anderswá* Liecht. 70, 27; *wer turnieren wolt und stechen oder spere wolt zerbrechen durch frauwen und durch hübischeit* u. s. w. Keller, Erz. 588, 12 fgg.; Niedner a. a. O. 18 fgg.

106, 8. Mit *decke* sind die oft sehr kostbaren Satteldecken der Turnierpferde gemeint, in denen z. B. die böhmischen Ritter wahnwitzige Verschwendung trieben (Fontes rer. Boh. III, 289). R. verwirft also das *turnei umbe guot* (Niedner S. 20; WGrimm, Kl. Schrr. II, 247).

106, 12. Ueber *recke* vgl. S. 286. — *ze velde: sin herze was ze velde ein burc* Parz. 339, 5.

107. Ueber das Spiel handeln: Freid. 48, 13; WGast 687 fgg.; Haslau 295 fgg.; Suchw. Hätzl. II, 43, 1; Kolm. 199; Renn. 11272 fgg.

107, 1. Vgl. Anm. 262; Pfeiffer, Germ. V, 39, dessen Beobachtung aber für Reinmar nicht zutrifft; *ach würfelspil, du schnödes amt, wellich edels herz sich din nit schamt, das hat nit cluoger sinne* Hätzl. II, 43, 1.

107, 3. *ez* (das Spiel) *tætet im sêl unde líp* Haslau 346; vgl. 111, 7.

107, 4. grau ohne Alter: 163, 8; *sorge machet grâwiu hâr: sus altent jungen âne jâr* Freid. 58, 7; zumeist von der

Minne: *Minne tuot mich jungen grá* Landeck I, 361 b; Gliers I, 105 a; 103 b; 106 a; Rud. d. Schr. II. 264 a; *daz wort tuot mich jungen grá* Frl. Ld. II, 2.

108, 2. *wib sind lieb in mannes hertzen, das ist doch nicht ein wunder* Moutf. 38, 57.

108, 3. *nieman der ze herren zimt, der sin guot ze herren nimt* Freid. 56, 15; *swer sinem guot niht hérschen kun, der ist der phenning dienestman* WGast 2819; Zilies III, 26 a; *der arge schatze dienen muoz* Freid. 87, 2; *der Geizige heisst des sehatzes chnecht* Suchw. 32, 27.

108, 4. 5. Der überlieferte Text der Verse ist im Zusammenhange sinnlos. Auch hier muss irgend eine Leidenschaft Subjekt sein, wie in den drei parallelen Sätzen. *guot* freilich wirkt neben *schatz* V. 3 tautologisch, und Friedr. Rückert übergeht daher in seiner Uebersetzung des Spruchs die beiden Zeilen: ein scharfer Unterschied der Begriffe besteht eben nicht: *guot* ist allgemeiner, *schatz* spezieller. Frauenlob will 42 *guot* etymologisch von *schatz* scheiden; aber 190, 7 gebraucht er beide Ausdrücke synonym. Neben Wein, Weib und Würfel wird als mächtig bezwingend noch oft genannt *vráz* oder *luoder*: vgl. Bezz. z. Freid. 48, 9; aber ich weiss diesen Gedanken nicht aus dem Ueberlieferten zu erschliessen. *guot* ist als Reimwort ziemlich gesichert: der ebenfalls reimende *muot*, gegen dessen Herrschaft Str. 58 fgg. sich richten, ist allzu abstrakt: denn wenn mehrmals neben Wein, Weib und Spiel der Zorn auftritt (Renn. 11244; Wolk. 22, 3, 1), so sehe ich darin nur ein altes fortgeschlepptes Misverständnis für *zern* (Freid.[1] 48, 9). Renn. 6385 verbindet mit Wein, Weib und Schatz die *wertlich êre*. — Ich vermag von *guot* nicht loszukommen. Der lat. Vers: *hec tria subvertunt sensum: affectio rerum, multus thezaurus et stultus amor mulierum* (Anz. f. Kde. d. d. Vorz. XX, 134) verbindet in seinen beiden ersten Gliedern doch auch ziemlich Verwautes. Aber, wenn wir selbst den Pleonasmus zulassen — und er widerspricht R.'s Breitspurigkeit nicht —, auch dann sind V. 4 u. 5 noch nicht in Ordnung. *guotes hérre* muss erstens Object sein, zweitens erwarten wir *guotes kneht:* ich schlage *gîtesære*, den Habgierigen, vor. Natürlich muss dann V. 5 lauten: *daz er im dienen muoz unt liden, swaz ez* (so V) *mit im tuot.*

108,6. *só wirt der man des wînes kneht unt niht des wînes hêre* Meerf. 648; *nie niht wart áne got alsó gewaltic als der win* Marn. XV, 19 b, 5.

109. Aehnliche Deutungen der Würfelzahlen schon beim Bischof Wibold (11. Jhd.) M. SS VII, 435, dann beim Suchenwirt (Hätzl. II, 43, 140 fgg.) und ausführlich in Klinglers Gedicht vom Spiel, das nach Nicolaus de Lyra erzählt, wie der Teufel das Würfelspiel erfunden hat: vgl. namentlich Vers 91 fgg. (Gengenb. S. 375). Zu Reinmar stimmen beidemal die Deutungen der 1, 3, 4: *drîe* und *quater* werden auch Wartbg. 105 auf Trinität und Evangelisten bezogen: das Daus wird sonst auf Christus und Maria, die Fünf auf Christi 5 Wunden (bei Wibold wie bei R. auf die 5 Sinne), die Sechs wenigstens bei Suchenwirt auf die sechs Werke der Barmherzigkeit gedeutet: für Wibold ist sie, *quia perfectus est numerus, perfectio operis.* — Ueber die Namen der Würfelzahlen HMS IV, 508, Anm. 4; Edw. Schröder z. Ingold 48, 30.

110,1. *wurz* sehr selten so bildlich: *lüg hât sámen unde krút, des wurze niht erdorren wil* Marn. XV, 340; häufiger so *krút: æhte ist ouch ein bitter krút* Winsb. 55; *ruom ist ein üppic krút* Marn. XV, 19 c, 13; DWb. V, 2111.

110,7. *der tiuvel var im in die swart, der sin ie gedorhte unt ez érst für bræhte* Helbl. 15, 434; *wé im ders alrést began* Reimu. d. A. 178,35; *der diu wip von érst betrouc, der hât beide an mannen und an wîben missevarn* Walth. 14, 30; *sîn müeze nimmer werden rât, swer den site erhaben hât!* 1. Büchl. 265.

111. Warnungen vor der Trunkenheit sind ein ständiges Thema der mhd. Didaktik. Vgl. Walth. 29, 25. 35; Wilm. Leben III, 495; Elmendorf 891 fgg.; Freid. 91,1; Winsb. 9,5; Meerf. 667 fgg.; AW II, 188; Ps.-Marner XV, 19 b; Frl. 344; Haslau 507; Helbl. 7, 1169; Renn. 10 161; Kolm. 25; 189; Musk. 91.

111,3. Zur Construction vgl. Tirol I, 8 a *liegen machet werdiu wip, daz ir herze und ouch ir lîp vil dicke jámers wirt ermant;* Rinkenb. I, 340 b (Frauen) *machent mangen werden man, der trúric ist, daz er wirt vröudenbære.*

111,6. Dass in dem überlieferten *tœtet* 'sie macht taub' stecken muss, erzwingt der Zusammenhang. *tœren* aber

kann diese Bedeutung haben. Ueber *tôre = surdus* vgl. Kummer, Zs. f. d. Phil. XI, 250, und Schmeller I², 619. Wenn es in Lamprechts Franc. 4750 heisst *= daz was ein stumme und ein tôre* und dadurch übersetzt wird: *qui ex toto mutus et surdus erat,* so darf *tôre* nicht mit Weinhold als unpassender Zusatz angesehen werden: es gibt *surdus* wieder. Auch Renn. 16 108 *ein alter tore (spottet) eins jungen stummen* wird *tôre =* 'taub' sein.

111,7. *sit si* (die Trunkenheit) *den man an libe, an guote unt an den éren krenket, si schút ouch an der séle* Walth. 29,27: *daz machet mangen ungesunt die séle, gút unde lîp* Meerf. 671.

112,1. Zur Construction vgl. Freid. 37, 8 *diu jugent sündet dicke vil, des si niht sünde haben wil.* — *man hœret nú vil mangez loben, daz man é hete vür ein toben* Freid. 61, 23; *den man é hôrt übel sprechen, daz ist als ein gemeiniu êr* Teichn. Ls. 62, 78.

112,3. *man orôget kleine an dirre zît, wie manz gúot gewinne* Freid. 57,2; *diu meiste menge enruochet, wies erwirbet gúot* Walther 31, 15; den, der Geld scharrt, *den heizzet daz volk einen wisen man, von swelhen dingen ez auch kume* Renn. 5119.

112,4. *diu verschampt unmáze* (Adj.) *gitekeit* Walth. 26,21; *ir verschamtiu ungenuht* Frl. 383, 8; *diu verschamte unstœrlikeit* Ls. 118,65.

112,7. *swer eine milte nú begát, seht des spottent die argen zagen al gemeine* Meissn. III, 106 a.

112,9. Schelten der Frauen ist schlimmstes Zeichen der Sittenrohheit: *die man eunint nu niwet fruot, wan si die vrowen schelden* Veld. 61, 25; *si schallent unde scheltent reine frouwen* Walth. 24, 12; *man sleht si* (die Frauen) *unde schiltet* Stricker, Zs. XXV, 299; *zuht tuot den edeln jungen wé unt hübescher sanc, unt tuot in schelten wip bî wîne baz* Sunbg. II, 355 a und Zing. z. I, 208; *ich* (Frau Schande) *lêre si ir muoter schelten, darzuo ir wip* Kelin III, 23 a.

113,1. Nachgeahmt von Damen III, 169 b (vgl. S. 350) *eins gráven lop gezuckert ist, gehoneget süezer wan bé*. *nit. zucker süeze* konnte auch als ein Wort gefasst werden: 'die Süssigkeit des Zuckers.'

113,2. *zer werlde mac niht süezers*

sin dan ein wort, daz heizet mîn Frei-
dank 31, 6.
113, 9. Ueber das Scheltwort vgl. S.
284. Im Wiener Stadtrecht vom 18. Okt.
1221 (Arch. f. Kde. östr. Geschichtsq.
X, 104) und vom 1. Juli 1244 (ebda.
135) wird bestimmt: *quicumque dixerit
alteri 'fili meretricis', judici det LX
denarios.* Für Böhmen ist das Schimpfwort bezeugt Helbl. 14, 28.
114, 9. *sus trinke ein iegeslîcher man,
daz er den durst gebüeze* Walth. 30, 5;
*mezzich trinken ist wol erlaubt, un-
mezzich trinken in hirn taubt* Renn.
9434.
115, 8. Die gleiche enge Verbindung
zweier verschiedner Bilder bietet die
Hs. C auch 94, 8: *si wecket zorn unt
leschet houes êre;* vgl. Kanzl. II, 399 b
nit leschet vride unt wecket zorn.
115, 12. In ähnlichem Sinne wird vor
der *abentvröude* gewarnt Spieg. d. Tug.
85.
116, 1. Frauenlob verlangt vom Herren
82, 8 *dem sol ie ligen daz swert an
einer hende; mit der andern swende
er milter lust, rîch gebender ger, al
des schatzes wende.*
116, 8. *nu merket, wie der linden
stê der vogele singen: dar under bluomen unde klê: noch baz stêt frouwen
schœner gruoz* Walth. 43, 33; *dú gei-
lent wîp minne gernder manne lîp
alsam daz tou den grüenen klê* Konr.
22, 26; *sam daz griez von touwe durchgozzen blüemt den plân, alsô blüemt
sin herze diu tugent* Damen III, 164 b:
*so waiz ich ainen ritter guot, des
sin, des herze und des muot ziert
ritters orden michels paz, won maie
tuot mit lauwe naz den anger und
die haide* Suchw. 9, 35; vom Fürsten
von Oestreich heisst Walther 21, 4 *er
ist ein schœne wol gezieret heide;*
ähnlich Damen III, 169 a *ir prîs hât
liehten schîn alsam ein geblüemet ge-
vilde.* Vgl. Str. 227, 6.
116, 12. Der Meissner warnt, *daz dich
diu Erge iht jage in die Schanden
riuse* III, 86 b. — *hol: diu Triuwe kan
versmahen wol Untriuwen und ir argez
hol* Frl. 61, 14; *swer dar în kumt, der ist
in leides hol geschoben* HMS II, 253 b.
117, 9. *wolkengüsse* ist Schimpfwort,
unserm 'Wetterhexe' entsprechend, aber
ohne komische Färbung. — Auch lw.
4564 *sin ire sin unstœte, dem er wol
gevalle* wird nicht der Getadelte selbst,
sondern seine Freunde verwünscht.

117, 12. Weshalb wird der Schlaf des
Geküssten betont? Denkt der Dichter
an die bekannte Vorstellung (Schulze,
Bibl. Sprüchw. S. 41), dass das Glück
im Schlaf komme? — Der Schamlose
keines Kusses würdig: 265, 12.
118, 6. *under einer banc:* vgl. DWb.
I, 1106 fg.; *singer, ge hin, kreuch
unters pank* (als Besiegter) Germ. III,
325; *ich sing dich unter einen bank*
ebda. 316; 323; *si stozt mich undern
bank* Hätzl. I, 43, 52.
118, 8. Man sollte erwarten: *durch
giudens willen.* Doch bietet keine Hs.
eine Spur des Genetivzeichens. Vgl.
Whld., Mhd. Gramm.[2] S. 487: Haupt z.
üb. W. 87; Lachm. z. Iw. 3043: gerade
bei Gerundialgenetiven ist die Verstümmelung häufig: Kolm. 6, 356 *fröude
ân ende, trûren wende;* AW I, 148
von geheizen wegen.
118, 12. Sinn: *unz an die wile, die
wile si* etc.; vgl. Lachm. z. Iw. 790,
auch z. 202, 2. Im übeln Weib ist V.
23 so zu verstehen: *daz mir naht unt
tac lanc ist die wile, die wile ich hân
den lip.*
119. Der Grundgedanke, dass rechte
Milte sich nicht erst drängen und bitten
lässt, wird im wälschen Gast 14259
fgg. ausgeführt. Vgl. ferner Walther
32, 9; Leb. III, 538 fgg.; *diu gâbe tuot
selten wol, die man mit schame er-
biten sol* Freid. 111, 24; Raumsland v.
Schwaben III, 68 b.
119, 4. Das so ist mit *swâ* zu verbinden. Die schlafende *Milte* muss ge-
weckt werden: Meissn. III, 103 a; *die
vürsten hânt der esele art, si tuont
durch nieman âne gart* Freid. 72, 25.
120, 3. *wirf in die mitte dînen sin,
hab unde henge!* Winsb. 30, 9 (auch
auf *Milte* bezüglich); *henge und hab!
lâ dich die mize lêren* Laber 72;
Hätzl. II, 3, 180; Teichn. 177; — *swer
kan halten unde geben ze rehte, der
solt iemer leben* Freid. 114, 7; *halten
unde lân* Marn. 159, 20; *sin, der mich
gelêren kan lâzen unde hân* Rotenbg.
I, 80 b.
120, 4. *dem milten tuot verzîhen wê*
Freid. 86, 14, citiert von Raumsland dem
Schwaben III, 69 a; *versagen tuot dem
milten ande* Kolm. 91, 13; *sô ist des
milten herzeleit, swenn er ieman iht
verseit* Freid. 91, 6.
120, 5. *sît milte, swâ man ze rehte
geben sol* Unverz. III, 45 a.
120, 6. Man erwartet den Gegensatz

mit henden und *mit herzen* (Trist. 4862;
Troj. 31161: '*ein Mädchen im Hause,
das mit der Hand nicht allein, das auch
mit dem Herzen ihr hülfe*' Herm. u.
Dor. VII, 65): doch wird nicht zu ändern sein: *die hant durch helfe bieten*
z. B. Wernh. III, 14 b.
120,10. *engelten* c. Acc. vgl. Kummer
z. Herrand I, 48.
120,11. *der erge ist doch ze vil*
Sunbg. II, 354 b.
121,1. 2. *swer, ë vil gegeben hát
unt nú sin geben dur umbe lát, daz
man im ez niht verwizen mac, den
gesuch man nie deheinen tac mit rehter
milte leben: der hát durch türen lop
gegeben* Stricker Klage 96; *sus gebent
guot tierscher herren vil durch valsches
lop* Kanzler II, 398 b; *swaz der von
schalkes munde lobes enpháhet, einer
mücken vuaz der lop tüsent vergelten
kan* Meissn. III, 90 b; *Swendeler, in
diner wise hán ich nách der tumben
prise vil verzert* Damen III, 167 b.
121,6. Vgl. Anm. 71; 305,11; Sperv.
29. 27.
121,8. Ueber Hausehre Haupt, Zs. VI,
387 fgg. Zu den dort gesammelten und
besprochenen Stellen trage ich nach:
*diu milte schanden angesiget, von ir
sô kumt diu hôchgelopt husere* Kanzl.
II, 399 a; Renn. 5241; Kolm. 125, 19
fgg.
122,2. Der üble Sinn von *náchretie*
ist sehr deutlich Kolm. 22, 7 *ein valscher redet von náchreter listikeit;*
Suchw. 21, 102 *diu welt ist laider vrai-
die, nachretic* und *mainaidic.*
122,3. Ueber Sibich als Typus der
Untreue vgl. z. MSD XLVIII, 10, 6; *in
Sibchen wise* auch 203, 8; *in Júdas
ahte* Winsb. 9, 10.
122,4. *ja ist her Keii noch niht tôt
unt hát dur zuo erben vil: — siniu
kint heizent alsam er: ë was ein Keii,
nu ist ir mër* WGast 1062; *Slinthart
und siniu kint* Renn. 1725; *Júdáses
afterslac* Meissn. III, 91 a.
122,8. *musen:* vgl. Haupt z. Neidh.
84, 30; in einer Strophe Raumslands III,
67 b wird der Begriff des Verbs auch
umschrieben: *Untriuwe slichet als ein
mús.*
123,2. *sippe* bildl. wie 173,9; *sippe
der Unstæte* WGast 2532. 9876; Thomasin liebt es überhaupt, Verwandtschaftsverhältnisse zwischen Tugenden
oder Lastern zu konstruieren. — Der
von mir aufgenommene Text heilt die

Lesung von C am einfachsten und vollauf befriedigend: das *si bi* von D scheint
auf *daz sippe* (das Versipptsein) hinzu-
führen (vgl. S. 288 fg.): möglich indessen, dass jenes *bi* eben nur eine sehr
schlechte Conjektur des Schreibers war,
der ja ursprünglich *lit*, nicht *leit* geschrieben hatte.
123,4. *cluoc* in übelm Sinne z. B.
Unverz. III, 45 b *den man heizt einen
cluogen man, der was an triuwen unde
an ëren wunt.*
123,12. *argelôs* bedeutet natürlich
nicht 'ohne Arg', sondern 'von entfes-
selter *erge*.' Ueber derartige adjekt. Zusammensetzungen mit *-lôs* vgl. Gramm.
II, 565; Haupt z. MSF³ 318; *richlôs*
Parz. 703, 12 (?); *der herren vil verdirbet von den trugelôsen mæren* Wernher II, 233 a; *sô ziuhet in der Schanden stric den argen herren schalkelôsez*
(oder *schalke* [Gen. Plur.] *lôsez?) luben
II, 152 b; *kumt mir aber lieber wán,
sô bin ich vröudelôs* Günth. II, 164 b(?);
noch in Schumanns Nachtbüchlein (Gödeke, Schwänke 98): *hesslich, arm,
schandlos, gottlos.*
124. Inhaltlich nahe steht Walther
30, 29.
124,1. Ueber die duppelte Anrede
vgl. Anm. 344. — *âwë wie tuont die
friunde sô?* Walth. 55,2; dieselbe mis-
billigende Frage 101,7; Liecht. 119,25;
Hadl. 6, 4; III, 446a, 73; Frl. 356, 11;
442,8; zwei Kaufl. 103.
124,3. '*tragt die Nase nicht zu hoch!*'
*hôchvart dicke strûchen muaz, si sihet
selten an den vuoz* Freid. 30,7; anders
gemeint bei Wernher II, 234 b *her keiser, seht zem vuoze vür!*
124,4. *vunt* bedeutet einen Glücksfall
wie 92,2. 3. 6. Das *vint* der Hss. gäbe
hier nur einen Sinn nach Reinh. 365
*nieman wesen sul ze geil durch sines
vindes unheil*, was nicht passt. Auch
das *gewunnen* von F deutet auf *vunt*
hin. — Man soll des Glückes *niht ze
geil* sein: Marn. XV, 23; Ls. 32, 165;
bis chainer freude nicht ze fro Suchw.
38, 103. — *láz dir niht den armen sîn
ze smæhe zeinem vriunde: vil lihte
kumet diu stunde, daz er sîn bedarf!*
Süsskind II, 259 b.
124,10. *ich nenne ez niht, ich meine
jenz, dü weist ez wol* Walther 70, 28;
ein schonendes Verschweigen des Namens auch Kelin III, 21 b *ich nente dich
wol, wult ich ez tuan;* Feldbauer V. 23

wold ich in iu nennen, so mohtet ir
in wol erkennen.
125. Datierung S. 24 fgg. — *swer*
des tiuvels werc begät unt des hæle
niht enhät, den kän ich vür ein engel
niht Freid. 70,12; *die richter behäiligt*
sind und ire chind sind all ze engeln
worden Musk. 62, 63; *manic mensch an*
in (den Priester) *muz kaffen, als ob*
er ein engel si Renn. 2450.
125,2. *höchgemüetec* sonst **=** *höch-*
gemuot, hier in der Bedeutung **=** *höch-*
müetec.
125,10. *secundum ordinem Melchi-*
sedech: Psalm 110,4; Hebr. 5, 6; 6. 20;
7,17; Beda (ed. Giles) VII, 174 fgg. [K];
vgl. auch Anm. 54.
126. Datierung S. 26. *arm unt also*
arm: vgl. S. 297.
126,5. *kein person ist üz genomen*
vor Gote Buch der Rügen 236.
126,7 fgg. *daz der babest niht ge-*
sünden müge, swer des giht, daz ist ein
lüge Freid. 149, 23; *ich høre, — swie*
der babest werbe, er si heilic, so er
sterbe; kumt nie kein babst zer helle,
so tuo er, swaz er welle Freid., Zs. XI,
210.
126,10. *Rœmisch netze vähet silber,*
golt, bürge unde lant Freid. 152, 19;
liute, schatz, bürge unde lant 75, 13;
silber, golt, bürge, lant, diet WGast
2920; *bürg unde lant, golt, silber,*
schatz Frl. 345,5.
127. Datierung S. 27. Sprüche über
den Bann Weruher III, 11 a; Meissner
III, 89 b.
127,2.3. *der ban der hät krefte niht,*
der durch vientschaft geschiht Freid.
162,4; *ban vleisches vol der kumt von*
zorne Meissner III, 89 b; *üz zorn ein*
sträf næt hazzes kleit Frl. 270, 5.
127,4. *mit, durch, in Got* gehäuft
Frl. 231,9; Warng. 1039; HMS III,
366 b, 25.
127,6. Vor dem *gedienten ban* warnt
Winsb. 53; Freidank lehrt sogar (158,2):
der ban si krump oder sleht, man sol
in vürhten.
127,7.8. Dass die Geistlichen unziem-
licher Weise auch weltliche Waffen
führen wollen, ist unzählig oft beklagt
worden: vgl. auch zu 129; dann Erinn.
412; Walth. 9, 30; Leb. III, 635; *wer*
hät iuch bischof daz gelert, daz ir
under helme rîtent? Maru. XII, 26; *die*
phaffenvürsten sint ir wirden teil be-
roubet: vür infel helm, — vür stolen
swert Kanzler II, 390 b; Frl. 335, 10;

336, 10; 342, 5; S. 353 (in Ettmüllers
Ausg.); Ls. 150, 71.
127,9. *zwei swert in einer scheide*
verderbent lihte beide Freid. 152, 12;
also teilent sich diu swert: swer mit in
beiden vehten gert, der hät der e wi-
derstrebt Ls. 150, 95.
127,11. Der Papst und die Geistlichkeit mit Petrus kontrastiert, zumeist
wegen ihrer Habgier: 135,12; *daz netze*
quam ze Rôme nie, mit dem sant Pêter
vische vie Freid. 152, 16; 152, 21; 22;
149, 5 fgg.; (*den pfaffen*) *worden ist*
zeim pfuole der klüre sprinc, den
Pêter gap in unverschelt Frl. 343,8;
HMS III, 330 a; Kolm. 26, 61; *wellens*
aber nach pfenninc streben und sich
dä mit teilen läzen, so gênt sie vil ein
ander sträzen, dan Sant Pêter der guot
Teichner Anm. 9; Renn. 8993. Unsrer
Stelle besonders nahe steht Ls. 150,129:
kommen auch die spielenden und fech-
tenden Pfaffen in den Himmel, *so wolt*
ich für wârheit sprechen, daz Sant
Pêter ein esel wære und die andern,
die vil sware umb daz himelrîch en-
phiengen, daz si ouch niht mit swerten
giengen.
128,3. *simónie* schwach flektiert Frl.
255,4; Renn. 836 (: *schrien*). An unsrer
Stelle erklärt sich die schw. Flexion aus
der Personifikation: *vroa Simónie* auch
bei Frauenlob 339,1, der den Kampf
gegen die Simonie besonders lebhaft
führt: vgl. S, 13; 255, 4; 343, 11 lies
nach 337,16 *koln* für *kuol.*
128,6. *kappe* (D) ist als geistliches
Gewand viel typischer als *schappe* (C):
geistlich leben in kappen triuget Walth.
21,30; *bi vürsten siht man kappen* Frl.
53,6 u. öft.; vgl. zu 141,5.
129. Ritter und Pfaffen sollen sich
nicht gegenseitig ins Handwerk pfuschen:
vgl. Anm. 62; Bech, Germ. XXIX, 8 fg.;
der phaffe wolt gern ritter wesen,
swenn in beträgt sin buoch ze lesen:
vil gern der ritter phaffe wær, swenn
er den satel rümt dem sper WGast
2643; Frl. 53; *dem münche zimt sin*
klôster baz dan er ze hove sich vuche;
dem priester ist priesterschaft gegeben,
dem ritter ritterlîchez leben 54, 12; *nü*
phaffe, werder phaffe, läz ander orden
under wegen; dü stolzer ritter, schaffe,
daz ritterschaft dir lache 244, 13;
fuorten die pfaffen harnasch lieht —
und daz die ritter alle fuorten kör-
röckel an, daz diuht mich allez reht
getän Helbl. 3, 291; *daz die priester*

giengen als phaffen, ritter ritterliche
geschaffen Teichn. 9; wenn der ritter
püecher schreibt und das der münich
harnasch treit, — das selb ist alles
widerwärtig Vintl. 9473.

129,4. Nachgeahmt im Renner 17898:
halp visch halp man ist visch noch
man, halp pfaffe halp leye ist pfaffe
noch man, gar pfaffe gar leye ist or-
denlich.

129,8. daz reht ze rehte er kérte
Cato 30.

130. Datierung S. 30 fgg.

130,5. valsch kért — daz wize ze
swarzem mit al sinem rlize WGast
1377; já Got niht eine lüge .. tæte,
só daz er spræche: 'brún ist blanc'
Warthg. 131,7. Es ist vergeblich den
Mohren weiss zu waschen: Schulze S.
125; das Bild politisch verwertet: non
destiterunt quidam pacis ecclesiasticae
zelatores .... ut mundarent, si pos-
sent, execrabilem immunditiam tam
prophani. Sed — non potuerunt niti-
dum reddere tenacissimo lutio inqui-
natum, quasi Aethiops pellem et pardus
varietates nequeunt immutare Höfler,
Alb. v. Beh. 66. — ich gloube niht,
daz ieman müge die wárheit machen
zeiner lüge vd lüge zriner wárheit, ob
mir ez joch der bábest seit Freidank
170,10.

130,7. Das überruost in C scheint
auf überruozet hinzufuhren und würde
in Vers 8 etwa ein widerreinen nötig
machen: doch spricht gegen dies Bild
schal, geschrei V.10 und rünen V.12.
widerrünen auch Gundack. 161: ir was
leit daz rünen, daz Leviathan het mit
Éven getán, daz wolt si widerrünen.

130,9. úf den duchen: Matth. 10,27;
Luk. 12,3.

131. Datierung S. 38 fg. Zu den
Anm. 74 gesammelten Stellen füge ich
noch: Mones Anz. XVII, 191 qui redo-
nant, illis datur, de egenis nil cura-
tur: heu quam ob rem non attendunt,
quod sic Christi bona vendunt? Du
Méril, Poës. popul. 231; Teichner 249.
Doch richten sich ähnliche Klagen auch
gegen weltliche Richter: vom Hardegger
wird II, 135b ein Herr getadelt, der den
schuldehaften lérte, daz er unschuldic
stüende dá, unt daz der arme klagende
schuldic wœre; Renn. 701.

131,6. holt hier nicht = ergeben,
sondern passivisch = geliebt. So ständig in der Redensart holt hán (= liep
hán); der sun was im von herzen holt

Keller, Erz. 275,20. Ueber active und
passive Bedeutung ein und desselben Adj.
vgl. auch Scherer, Zs. XXVI, 379.

131,12. den himel haben verbrennet,
Typus einer sinnlosen Anklage, wie
sonst den Rin verbrennen: nú giht
dín zorn, ich habe den Rin enbrennet
Warthg. 89,19; ez lít nú an der buoz:
swer mér hát, der selbe muoz vuch den
Rin verbrennet hún Teichn. 309; audre
Belege für das Bild Zs. VIII, 513 Anm.;
Rothg. I. 80a. — Einen Angriff auf den
Himmel fingiert auch Freidank 4,4 hete
wir den himel zebrochen, ez würde
eins tages gerochen.

132. Kampf des starken Lasters gegen
die schwache Tugend vgl. Anm. 328;
Kolm. 52: 201,8; Keller, Erz. 634; sus
hát Unreht des Rehtes kraft gewalteclich
verdrungen Kolm. 22,50; — liegen
triegen hánt die schar Freid. 168,25;
diu Triuwe erschrac, dó si gesach Untriuwen her só breit Stolle III, 4b; dó
wart der Untriu helfer vil von fürsten,
gráven, ritter schar Kolm. 52,10.

132,5. liegen triegen rüement sich,
si erkennen den bæbest baz dan ich
Freidank 168,19; schalk gein schalke
lachet Meissn. III, 90b.

132,6. Ræmesch êre siget Freidank
46,17.

132,8. bein gebiegen wie 207,5 knie
gebiegen; = knien auch Walth. 28,23
(Breis.) II, 140b; sonst meist = gehen;
— min reht darf sich niht biegen Frl.
340,4.

133,1. so saume dich niht, Endekrist, wan al die werld dín eigen ist
Reun. 21357. Aehnliche Aufforderung
an das Glück Meissn. III, 105a: Gelücke,
wá bist dú só lange, daz dú nú niht enkumst?; Parz. 742,27 wes sümestu dich,
Parzivál, daz dú an die kiuschen lieht
gemál niht denkest?

133,4. houbet ist mir in der Bedeutung houbetguot, Kapital, nur noch aus
dem Pass. K. 407,86 bekannt.

133,5. bringt der Endecrist uns
schatz, er vindet kleinen widersatz
Freid. 172,14 und Bezz. z. d. St.; ich
hán ich leider daz vernumen, ob Ente-
crist wére kumen unde wolte er geben
riches guot, daz sumeliche iren muot an
in wenten gerne Kvollw. 3634; und
chäme ietz der Endechrist, das er
pfenning geben wolt, er fund ir vil an
seinem solt Vintl. 7253.

133,7. (Guot) birt hôchvart, hôhen
muot unt Gotes vil vergezzen HMS II,

276 b; *diu gitikeit ist grâze sünde —, dâ mite sô wirt des schepfers gar vergezzen* Kolm. 88,47.

133,10. *dem glouben manger widerseit durch des schatzes gîtekeit* Freid. 172,16.

134,2. *seit nu die werlde so geitich ist, so fürhte ich, daz der Endecrist der Cristenheit einen weiten strich mit silber und golde zihe an sich* Renner 6147.

134,6. *ze Rôme ist der gelaube veil* Frl. 337,15.

134,7. *würde Jûdas zwirnt getauft, dannoch het er Got verkouft; manger tœte noch durch miete, daz er Got verriete* Freidank 45, 24 fgg.; *die pfaffen müezent arger denne Jûdas sî, die Got umb einen pfenninc tragent veile* Wartbg. 116, 9; *Jûdas der nam pfenninge und verkoufte Got: man vint ir vil, die haltent noch daz selbe gebot* Kolm. 78, 10; Buch d. Rügen 1346 fgg.; Teichn. 20; Ls. 223, 27; Gott wird in Rom verkauft Renn. 9071.

135,1. Datierung S. 40 fg. *Wehe, wenn daz reich und der pabst niht hellent geleich* Renn. 8964.

136. Datierung S. 54 fg.; Technik und Nachahmer S. 229 und Anm. 288.

136,1. Maria heisst bei Walther von Rheinau 44,15 *ein triskamer der goteheit;* g. Schm. 348.

136,2. *der triuwen anker unde kabel* Raumsl. III, 67a; *der triuwe ein habe* Trist. 1593; *hôher êren haft* Frl. ML. 1,1.

136,3. *gruntveste kristenlicher* c̓ Sunbg. II ,356 b; *der triuwe ein gruntveste ellenthaft* Frl. 138,5; *des rechtes und gerechtes ein underfestenunge* Mügeln, WSS LV, 491; *da von schetz ich einn steten muot ein gruntfest wol der ere* Montf. 18, 222.

136,4. *ein êrenbilder êren vol* Meissn. III, 107a; *ein bilder vürstelîcher werk* Dam. III, 169b.

136,5. Gott wird angeredet: *dû volle gruft der gnâden* Raumsl. III, 67a.

136,6. *der ganzen triuwe ein urteilsmit* Frl. 138,14; — *rehtes munt, gerihtes hant* Sunbg. II, 356 b; *ein furste des fredes* Mügeln a. a. O.; *vrider alles vrides* heisst Christus Meissn. III, 86a; *gewisses mundes* Meissn. III, 107 b.

137. Datierung S. 55 fg.

137,1. Das Sprichwort, das heute noch lebt (Curtze, Volksüberlieferungen aus Waldeck, S. 334), ist auch ausser Deutschland und in andern Sprachen

weit verbreitet: lat. *campus habet lumen et habet nemus auris acumen* (Wackernagel, Kl. Schrr. III, 194) oder *silva suas aures et habent sua lumina campi* (Bartsch, Sprichwörter des 11. Jahrhunderts: Germ. XVIII, 310 fgg., Anm. zu V. 93: *rure valent oculi, densis in saltibus aures*) oder *non caret aure nemus nec latus lumine campus* (Wegeler, Philos. patr. 126) oder *voces secretas audet nemus auriculatum; rem minus occultam planum videt, ens oculatum* (Zs. XI, 125); altfrz. *bois a orelles et plain a eus* (cbda.); engl. *wade has erys, felde has sight* Th. Wright, Essays on the Literature etc. I, 168 [K]; vgl. ferner Uhland III, 173; lvDüringsfeld, Sprichw. d. germ. u. rom. Sprr. I, 230.

137,3. *tar mans niht vor im sprechen, man giht doch hinder im, daz sin lip si verwâzen* Meissn. III, 87a.

137,10. Das undeutliche Bild wird wol erläutert durch eine Strophe Wernhers (III, 16a): da wird ein Lob als verfallenes Haus geschildert: *swaz ich im niuwer nagele slâ, wir sin dâ mite doch gar betrogen. Gebort* heissen auch die Löcher, die im Kampfe durch Speerstösse im Schild etc. hervorgebracht werden: Liecht. 215, 22.

138. Datierung S. 57 fg.

138,2. *nu merchet, ob der stolze degen daz prot hab unverdienet gaz* Suchw. 8, 200.

138,3. Der hungrige Bär wird aus prov. 28, 15 stammen; im Renn. 1111 wird dieser Vers wiedergegeben: *ein zarnich lewe, ein hungerig ber ist unbarmherzig freidiger in allen landen über arme leute.*

138,8. 'Der wird von seiner rebellischen Gesinnung durch des Kaisers entschlossene Gesinnung abgebracht.'

139,3. *knäppscheit* im selben bösen Sinne in Ottokars Reimchronik 237 b. Warnungen vor Raub richtet an die Knechte Raumsl. III, 57a. Vom friedenstörenden Uebermut dieser Knechte gibt Berthold I, 368 eine drastische Schilderung.

139,10. *der wirt nâch dem ezzen sol daz wazzer geben, daz stât wol, dû sol sich dehein kneht denne dwahen, daz ist reht* WGast 519 fgg.

139,11. *sarjant* füllt ebenso die beiden letzten Hebungen Wildon III, 200.

140. Datierung S. 58 fg.

140,3. *erstummet* kann in Rücksicht

auf V. 2 natürlich nicht — 'stumm geworden' sein. Vielleicht ist eine Conjectur 'erstummelt' trotzdem nicht nötig: *stummen* könnte neben *stumben* (= *stümbeln*) stehen wie *stummeln* neben *stumbeln*.

141. 142. Datierung S. 59 fg.

141, 2. *Gelihsenheit — diu treit nû geistlich wœte* Frl. 255, 14.

141, 5. (*hôchvart*) *sliufet in vil arme wât unt lûzet dan dar inne* Freid. 29, 25; *hoffart lauzzet in manger kappen* Renn. 503; 3118; 3174; 4513.

141, 6. Auch *versunner* (= *versunner*) in D liesse sich verteidigen; *der versunne* Dietr. Flucht 5544; bei Verbalstämmen auf *n* und *m* fällt die Participialendung *-en* zuweilen ab.

141, 12. *Crêdemich:* vgl. JGrimm, Kl. Schrr. VII, 98 fgg.

142, 2. Wenn ich *vinden lât,* das freilich 129, 9 in C steht, durch *hât* ersetzte, so half das der Ueberlänge des Verses leichter und formell glatter ab, als Experimente an der zweiten Vershälfte: auch 87, 2 und 117, 10 fehlt in entsprechenden Wendungen der Artikel nicht.

142, 11. *nâchgebûr* bildl.: Lachmann, Kl. Schrr. 483; Weinhold z. Sion 413; *hôchvart unde gîtekeit diu zwei sint bœse nâchgebûr* Winsb. 40, 2; *sol mir dîn sieze süren, mîn muot der tuot niht wan trüren: bî selken nâchgebüren mac ich langer niht getüren* Wintst. Leich 5, 54; *der turnei ist der Schanden hagel, vroun Eren nâchgebûr* (Gerv.) III, 36 b; (Tod) *du pist ein laider nachtgepawer* Suchw. 6, 24; *meiden ist ein pôs nachpaur* Hätzl. II, 30, 55; *weltlich fräud ist laider saur, der sel ain schedlich nachpaur* II, 64, 109; *mîn nôster nâchgebüre daz ist der hunger und der durst* Altd. W. II, 51. Der Geliebte heisst *mîns herzen nâchgebûre* Lanz. 4104.

143. Datierung S. 61.

143, 2. *alle:* vgl. WGrimm z. Freid. 3, 15; Wartbg. 111, 8.

143, 4. *ouch hât dîn götelîchiu maht den liehten tac, die trüeben naht gezelt unt underscheiden* Willi. 2, 9; *dîn götelîchiu maht vinster lieht tac unde naht gescheiden hât* Haupt. z. gut. Gerb. 333; Kolm. 117, 4; Wartbg. 111, 9; *der wol hât gemacht den lichten dac, die finster nacht* Par. Tagz. 3521.

143, 6. Zur ersten Vershälfte gehört

logisch ein *was,* das aus dem *ist* der zweiten Hälfte zu entnehmen ist.

144. Datierung S. 63.

144, 1. Die Verbindung *gebruggen noch gestegen* auch Trist. 11816; *ze tugenden soltû brücken, stegen* Frl. 91, 17; *vil maneger hiure drücket, der ze jâr mac stegen* 296, 5.

144, 2. *sô büwes dû ûf êren strâze* Walth. 149, 26 (du wohnst an der Ehren Strasse). Die Wege der Tugend sind nach Trist. 37 smal und kumberlich. — Den Gen. Plur. *tugenden* in D habe ich, schon um des übeln Klanges vor *wegen* willen, nicht aufgenommen, obwohl er an sich nicht abzuleugnen ist: vgl. Weinhold, Mhd. Gram.[2] S. 485; HMS I, 69 b. 74 a. II, 232 a. III, 15 a u. öft.

144, 12. Der Wert des Lobes wird ganz allgemein nach der Menge der Lobenden bemessen: Freid. 61, 1 *mîn eines loben deist ein wiht, volgens ander liute niht;* Kolr. 25, 119 *sô begnüege in, ob er trage den pris, daz in diu menege lobe;* Süssk. II, 259 a *ir hôhez lop wol mit der meisten menge vert;* Zilies III, 25 b *swer loben unde schelten wil, der sol die volge hân: hât er niht, er hât an sîme sange unmeisterlîche tân;* vgl. auch Singenb. I, 295 b *ich wœr in der mâze, des mich diuhte wol gevarn, möht ich zuo der meisten menge miner vuoge mich gescharn.*

145. Datierung S. 65 fg.

145, 2. Ueber den Plural *brieve* vgl. z. Ortnit 499, 1.

145, 11. Der Sinn der Schlussworte muss sein: 'wenn der venetianische Kürschner für sein Geld die Kaiserkrone sich erkaufen sollte, dann braucht auch sonst Niemand die Hoffnung auf jene Krone aufgeben, falls er nur noch besser zahlen kann.' *jagen* müsste prägnant den Sinn des langen, vergeblichen Strebens haben, der dem Worte sonst kaum innewohnt: *zagen* würde den Gedanken jedesfalls präciser formulieren.

146. 147. Datierung S. 66 fg.

147, 6. Das höchst unpolitische Princip, dass es dem Kaiser zieme, ein Mehrer des Reichs zu sein, wird betont auch von Sigeher II, 364 a: *ein Bêheim wert, Otaker, der des riches erbe noch sol wîten.*

147, 7. Die Hss. variieren wie hier zwischen *seht vür iuch* und *seht iuch vür* auch (190, 1?): 192, 12; für C mögen den Ausschlag gehen 33, 7; 124, 3. *vür*

iuch ist sinnlicher, *iuch rür* freilich
viel häufiger. *schouwâ vür dich* Fiedl.
II, 161 a; *die vürsten luogen baz vür
sich* Regenb. III, 347 a; *dô sach vür
sich Erec, wâ in wüste der wec* Erec
3476; *sich vür dich die strâzen* Marn.
XIV, 21; *seht vür iuch unde neben*
XV, 87; *seht vür iuch an fremede
sünden* Berth. I, 218. 19.

147.10. *sô stât im eben* kann zwie-
fach aufgefasst werden: entweder parallel V. 11 als 2. Pers. Plur.: dann
muss *stân*, wie sonst nur *gestân* 'bei-
stehen' bedeuten (z. B. Freid. 161, 11
*warn dem keiser die gestanden, die
im sín êre wanden*); und ebene hiesse
'gleichmässig, dauernd'; oder aber es
liegt die übliche Verbindung *ez stât
ebene* vor und das *ez* fehlt: vgl. Haupt
z. Erec 9417; *wie stüende, daz ein
wíp würde úz dem manne!* Meissn. III,
90 a; *der hât gelücke unt gét im wol*
Frl. 446.2; *so enkan dir niemer misse-
gân* Winsb. 2, 2; *unkrút wehset âne
sât, só schoenem korne missegât* Freid.
120,7; *dem êrsten gât úf an dem guot*
Rinkbg. I, 341 a; *dâ mite muoz ouch enden sich* Wernh. II, 228 a etc.; vgl. 177. 3.

147.11. Die hier empfohlene Methode
der beliebigen Ein- und Absetzung wird
Wartbg. 6, 5 fgg. renommistisch dem
Thüringer nachgerühmt.

148. Datierung S. 63 fg.
148.1. Ueber das Verhältnis von König
und Krone vgl. Walth. 18. 32; Werner,
Anz. VII, 136; frappant stimmt zu Reinmar Trist. 6574 *der man gezam dem
rocke baz und truog in lobes und êren
an vil mêre danne der roc den man.*
148.8. Dass der Fürst *grüezic* sei,
ist typische Anforderung: Frl. 333, 7;
Helbl. 15, 437; Teichn. Ls. 259, 41.
148.9. *er liez ez hier niht schimele*
Heinr. u. Kunig. 362.
148.10. Vgl. S. 79; *daz ziuge ich mit
mir selbem wol* Kolm. 139. 13; in der
Regel führt die Phrase testimonia, nicht
exempla ein.

149. Datierung S. 50.
149.3. *wil man dâ geben, man gît
ouch dir* Sig. II, 361 b.
149.5. Ueber die Wahl des Textes
vgl. S. 215.
149.6. Nachgeahmt von Damen III,
169 b *ein koufman, swâ erz veile vint,
daz ze den êren vrümt;* dies wiederum
copiert von Frauenlob 129, 5 *swâ erz
vint ze koufe, daz im zen êren nutz-
lich ist, daz mac im niht ze tiure.*

149.7. *dürsten nâch* bildl. ein Lieblingsausdruck Frauenlobs: *nemet war
des hôch gelopten vürsten, der úf velde,
in hürsten nâch êren unt nâch werde-
keit sich sus lât erdürsten* Frl. 89, 8;
*(ir vürsten) nâch triuwe lât iuch dür-
sten* 254, 15 u. öft; *ez wart kein keiser
nie só rich, in wurde nâch dir* (Gold)
dürsten Regenb. III, 347 b.

149.8. *der an in tûsent êrenkleit
leite, doch wolt in vriesen nâch êren*
Damen III, 164 a; vgl. noch *ir itslich
hât wol drîer vürsten tugent ze kleide
an* 165 h; *drîzic fürsten heil hâstú mir,
lieber Got, gegeben* Helbl. 2, 680.

149.10 fgg. *der himel blâ gezieret
ist mit liehter sunnen glaste: sam ist
geschœnet unt gezieret Beijerlant mit
einem vürsten* Raumel. III, 55 a; das Lob
Ottos v. Altenburg *zieret vür der sunnen glast* Frl. 133. 12; — *ez lebt nú
hêrren niht úf tiutscher erde noch bî
den Walhen, der uns nú ze hêrren baz
gezœme* Hard. II, 136 a. Dasselbe Bild:
277, 6; *güete zieret vrouwen schín —
als diu sunne tuot den tac* Liecht. 559,
9; Landeck I, 357 b, 4.

150.10. Ueber Bilder aus dem Schachspiel Wackernagel, Kl. Schrr. I, 119;
die Welt wird wie in den Schachge-
dichten einem Schachspiel verglichen
Renn. 22 495.

150.11. *ritter* und *roch* stehen als
die stärkeren wertvolleren Steine gegenüber *alte* und *vende: dô gap er beidiu
roch umb einen venden* Sperv. 27, 26;
MSF 242, 28; *daz si kœme einen venden gewinnet, dâ si riter unt roch
möhten gewinnen* doch 242, 39; *dín
vende — stêt sunder huote bar, dâ
ritter unde roch gewaltic stân* Wartbg.
155. 7; *man gît ein roch ze wehsel
umb ein venden* Frl. 120, 8; *bî dem
roche kûme stêt ein vende* Sigeher II,
363 b; III, 468 h (heidemal in einer sibyl-
linischen Prophezeihung); — *ein vent
dem künic sprichet mat* Bon. 16, 46;
*des wirt gesprochen manegen schâch
mit venden und mit alten* Suchw. 20, 19.

151 Vgl. S. 230.
1513. *brust raumen stozzet schier
herfür* Renn. 13994: *mit rede doch
ein man sîm herzen rúmet* Lab. 646;
DWb. VIII, 288.
151.4. *wizenten zorn:* Megenberg S.
123 sagt vom bubalus: *daz hât ainen
ainvaltigen sänften anplik, aber ez ist
gar üppig und grimmig, só ez zornig
wirt . . . . ez haizt auch ze latein

bisontes; Albertus Magnus (ed. Jammy VI, 608) *vesontes animal est boui simile .....; tamen est maioris pervivaci- tatis et truculentiae, ut captum domari vix vel nunquam possit;* vgl. Renner 19 253.

151. 7. Der Text von D wird gesichert durch Wartbg. 118 12 *wand si den sel- ben valsch ze Megenze knâten.* Dem Bilde gemäss wird V. 8 zu erklären sein: die *unschult* ist der Sauerteig, der *üf ein ende* des an den Seiten breitrandi- gen Troges geschnben wird, nicht um ihn einzumengen, sondern um den Dahei- stehenden den übeln Duft des ungesäuer- ten Teiges, der *schalkeit,* zu verbergen.

151. 9. *tugende spürt er sam daz wilt ein nasewiser bracke* Konr. 32, 250; *wis nasewis an den sinnen* Meissn. III, 107 a.

152. 1. Ueber dies erste und die fol- genden Bilder vgl. Anm. 248; *her Huf, ir habt den esel wert vür schœniu ros, vür guotiu pfert* Frl. 57. 13. — Dass die erste Sylbe von *ravît* als lang an- zusetzen sei, wird durch Haupt z. Eng. 2693 allerdings nicht mit voller Sicher- heit erwiesen (vgl. Lachmann z. d. Nib. 557, 3); trotzdem hätte ich lieber *ravît* schreiben sollen.

152 3. Ueber den *mûsar* vgl. Ben. z. Iw. 284; *ein mûsar vœt vür diu rep- hüenre miuse* Meissn. III, 86 b; ebenso wird dem Falken der *blâvuos* entgegen- gestellt: *der ist ein bläfuoz üf der vart, mîn höhiu kunst im stîget vür in valken art* Wartbg. 103. 4; Mügeln Ld. VI, 3; oder *man beizet mit dem raben unt mit der bunten krâ; sô jagt man dâ mit rüden, hovewarten: — waz sol des snellen valken vluc, waz sol des habeches denne?* Frl. 57, 1 fgg.; Bech, Germ. XXIX, 19; eine Dohle wird dem Falken vorgezogen Marn. 159.

152. 5. *der hovewart unt der wint selten guote vriunde sint* Freid. 138, 19; *ân danc sô muoz ein hovewart vor slehtem winde erzagen* Kelin III, 20 b.

152. 6. Dass der Adler Symbol der *milte,* der Löwe Symbol der *manheit* ist, bedarf keiner Belege; vgl. Germ. V, 99. Wie diese beiden Tugenden, wer- den auch ihre Tiere gerne verbunden. Vgl. Anm. 90; Walth. 12. 25; WGast 10480 fgg.; 12351 fg.; Eneit 12619 *ein adelar sines goedes end ein lewe sines moedes* = arm. Heinr. 63 (B); Wartbg. 3. 8; 96. 2; Mügeln, Ungar. Reimchr. (ed. Engel) S. 4: *actus aqui-*

lae sigillat ex justa te sententia ..., prae dulcore semper ridet tuus leonis animus.

152. 7. *swer den leuen hat uzerkorn vor andern tiern an sinem schilt, der sol sin tugenthaft unt milt* Renner 19161.

152. 9. Dass der Löwe König der Tiere sei (Reinh. XLV), ist nicht nur eine Vor- stellung der Tierfabel und -sage; das wissen auch die Physiologi und die ge- lehrten Zoologen des Mittelalters: ἀρξώ- μεθα λαλῆσαι περὶ τοῦ λέοντος τοῦ βασιλέως τῶν θηρίων ἤτοι τῶν ζώων Epiphan. Physiol. (ed. Ponce de Leon) S. 1; *leo Graece, Latine rex interpre- tatur eo quod princeps sit omnium bestiarum* Isid. 12, 2; *leo — rex dicitur ferarum* Alb. M. VI, 599; Megenb. 144. 31; Renner 1518; Archiv f. östr. Ge- schichtsq. V, 598.

153 1. *her hêrre:* vgl. S. 266; *herre herre, lâ mich în* Warng. 2743; *herre her keiser* Ludw. Krzf. 4792; *herre mîn her Tristan* Trist. 18522; *frouwe frouwe* Neif. 16.36; all diese Fälle sind dadurch verschieden, dass das erste *herre* nicht in der gekürzten Titelform auftritt.

153. 3. Derselbe Gegensatz Frl. 190, 5 *ein herze erwirbet daz mit siten, daz man mêr durch sîn liebe tuot wan durch den schatz und allez guot.*

153, 6. *schilt* metonymisch im Sing. selten: Tit. 80. 3; häufiger nur im Plur.: Lex. II, 738; Zupitza z. Virg. 177, 8.

154 3. *iu gebe der tiuvel danne heil, ir gewinnet an mir rehte niht* Zs. I, 399; *daz gabe der tiuvel* Virg. 975, 12; — *der arman niht verdirbet, daz muoz von Gotes helfe komen* Sperv. 21, 27; — meist wird die Fiction eines unmöglichen oder doch unwahrschein- lich günstigen Ergebnisses gekleidet in die Formel 'der muoz Glück haben': *der jehe, daz im vrou Sœlde gap* Wernher II, 231 a; *des muoz gelücke walten* 305, 12; Wernh. II, 234 b; Kolm. 43, 13; *der bedarf gelückes wol* Wolk. 22. 1. 17; *er hât gelück* Bon. 54. 47; *er muoz sunder glücke hân* Ls. 63, 33.

154, 8 *ein dinc ich wol gemerket han, daz mangen herren ein falschaft man vil lieber ist, der smeichen kan, denne einer, der gutes und eren in gan* Renn. 770.

154, 12. Der Gegensatz zu *schande vâhen* V. 10 macht blosses *vâhen* hier unmöglich: nach *were* konnte *ere* leicht

fortfallen: der überlieferte Text ist schon
darum unmöglich, weil er die Caesur
ignoriert.

155,3. *michel* weiss ich nicht zu erklären: ein tadelndes Epitheton ist nötig.
Das nächstliegende *miuchel* existiert
sonst nicht als Adj. und betont stärker,
als das an unsrer Stelle zu rechtfertigen
ist, den Begriff des Heimlichen. Inhaltlich
durchaus angemessen dagegen wäre das
seltene *meinlich*, das Frl. 71, 19 gesichert und 373, 5 zu *menschlich* verderbt ist: im Iw. 7236 hat eine Hs.
michel an die Stelle von *meinlich* gesetzt, aber freilich ist dies *meinlich* ==
magenlich. Auch *dürhel* liegt von *michel* graphisch nicht allzuweit ab. —
Es heisst sonst stets *d en nac kéren:*
ohne Artikel vielleicht auch Trist. 8966
*ern gesach den trachen nie, er enkérte
balde rücken* (Hss. *richen*) *ie.*

155, 10. *enhalp — deshalp* — Helbl.
15,485: *einhalp* würde *anderhalben* entsprechen (WGast 10021). Dieselbe Conjectur wird Wigal. 97, 6 *einhalp Korn-
lîn* nötig sein.

156,1. *meister Ernest* und der *párát*
als Gegner: vgl. S. 122; *bruder Ernst*
DWb. III, 925 fg.; König Ernst vdHagen,
Grundriss 402.

156, 4. Das Bild beruht natürlich auf
Math. 13, 3 fgg.; *dû maht hie büwen
unde sæn mit guoten werken gegen
Gote* Marn. I, 7; *wir mugen wol verliesen, swaz wir gesæwen unde gern,
ob wir den dornen niht wern* Manuel
193; (*valschiu Minne*) *hât ir leide vruht
gesät in der vil tiefen helle grunt*
HMS II, 253 a; Wernh. III, 14 b.

156, 5. Ueber das Bild vgl. S. 275.
Ueber *schorpe* vgl. Bezzenb. z. Freid.
171, 27. *von honen becræt* bildlich:
Strauch z. Marn. XV, 199.

156, 7. Ueber *wilzen* Anm. 90.
156, 8. *mit vülen vilzen:* DWb. III,
1632.

156,10. Der bildliche Gebrauch von
dornec ist selten, aber nicht so isolirt,
dass der S. 347 angenommene Zusammenhang zwischen unserer Stelle und
Sigeher sicher wäre. Dagegen vergleicht
sich dem *distelie* Reinmars nur *der diste-
lîne zorn* Trist. 18078 in einem breit
ausgeführten Bilde.

156,12. Wolf und Schafe: Wilm. z.
Walth. 33, 30; Freid. 137, 9 fgg.; *si sîns
tôdes gerten alsam der wolf dem schâfe
tuot* Iw. 1379; *der tuot gein mir alsam
der wolf tuot gein dem schâfe* Meissn.

III, 103 b: *slange in dem buosem, wolf
bî jungen schâfen* Kolin III, 23 a u. ö.
157. Vgl. Anm. 289.
157, 10. *swen aber ich mit lüge, sich,
besage und ist er dâ niht schuldic an,
sô tuon ich houbetsünde* Meissn. III, 98 b;
*valsch man valsche vünde gar wol ge-
tihten kan ûf den, der nie schulde an
missetuil gewan* Damen 164 a; *vipprig
snabelsnallen si verwerren manigen
man, der chaine schulde nie gewan*
Suchw. 21, 62. — *snabelliegen* wie 94, 9
snabelsnellen; snappeliegen C ist wol
durch V. 4 veranlasst.

---

158. Ueber diese Vexierscherze vgl.
S. 253. 203. Die Pointe der beiden Stellen
besteht darin, dass die Antwort '6' falsch
ist, die richtige Antwort '4' aber von
dem Gefragten nicht wol gegeben werden kann. Ein ähnlicher Scherz begrüsst den unberitten heimkehrenden
Keie in Heinrichs v. Freiberg Tristan 2192
Keie ûf sîner muoter vüln ist gesezzen.
158, 8. Der Text D führt nicht auf
anen muoter, sondern auf *aldermuoter*
hin, ein Wort, das auch 218, 6 wahrscheinlich ist, das auch beim Meissner
III, 103 b vorkommt: *bescheidenheit ist
aller tugent ein aldermuoter* (Hs. *adel-
muoter*).
158,12. *wir sîn doch alle Adâmes
kint* Freid. 135, 11 und Bezzenb. z. St.;
von Adam sîn wir alle bekomen Kolm.
29, 57; *von Eve sî wir allesant gebore*
Germ. III, 320; Zingerle, Sprüchw. S. 9.
Der scherzhafte Schluss auf Verwantschaft wird daraus gezogen: *si sint mir
alle sippe von dem Adâmes rippe* Parz.
82, 1; *von Adâmes rippe sî wir gar
mâge als Âkers unde Prâge* Wien. Meerf.
134; *dem ist der künk von Rome ge-
sippe von der alten Adams rippe* Renn.
13386; 23252.
159. Vgl. S. 248 fgg.; 191; 346.
159, 2. Der Lügner reitet auf einem
Vogel: vgl. Müller-Fraureuth, Deutsche
Lügendichtungen Anm. 88. — Das überlieferte *affen toren* passt nicht zum Inhalt des Spruchs, wenn auch ein ähnliches Gedicht (Altd. Bll. I, 163) beginnt:
ich sach eins mâles in der affen zît u.s.w.
Die Verbindung *affen tôren* ist sehr geläufig, z. B. Kanzl. II, 398 b *wol vüeget
affen tôren spil;* Raumsl. III, 60 a, 27;
Haslau 333 *spil hât tören, affen ouch;*
Musk. 74, 40; besonders im Renner, so

1944. 2143. 2377. 11463. 16865 u. m.,
ja 13344 erscheint ein Compositum *tor-
affen*. So lag die Corruptel nicht eben
fern, zumal 160, 4. 5 ebenfalls *affe* und
tore neben einander erscheinen. Das
Richtige, *âventiure*, kann nicht zweifelhaft sein. Es ist der technische Ausdruck für Lügenmärchen: Wackernagel,
Lit.-Gesch.², I, 328, Anm. 30; *nun mer-
cket auff, was ich euch sing, von eben-
tewr ein seltzam ding* Ambraser Liederbuch No. 140; *do wurd mir abenteur
bekant* Fastn. 93, 28. Auch beim Tannhäuser II, 96 a wird aus *tören tiure*
(oder *zêren?*) zu machen sein. — Dem
Verse fehlt ein Takt: wahrscheinlich ist
ein Epitheton zu *gense* verloren; nur in
diesem Falle steht die Caesur an der
gewöhnlichen Stelle. Aber welches Epitheton? Dem Ton des Spruchs entspräche am Besten *blâwen:* vgl. Martin
z. Sachsenheim S. 85; DWb. IV, 1,1263.

159,3. *ein katz fieng meus in einem
bach* Zs. II, 564; *ez swam ein habech
über Rin* Altd. Bll. I, 164; *die vögel
leben im wasser* Uhland, Volksl. 635.

159,4. *ich sach ein katzen sougen
junger hasen vier* Ls. 135,118. Marner
hat in seiner Nachbildung ans *zöch
viene* gemacht und damit freilich eine
üblichere Lüge hergestellt: vgl. Strauch
z. XIV, 185; Müller-Fraureuth Anm. 60.

159,5. Der Vers ist von Marner XIV,
189 verballhornt; *so ervliuget einen valken ein unmehtic huon* MSF 310, 4;
*ich sach cleiner lerchen zwuo, die fin-
gen gar ein wilden falken* Keller, Erz.
491,34; *ein repun fing ein habich* 491,
17.

159,6. *die Küh unter andern vielen
mit Ochsen in dem Dambret spielen*
Arnims Trösteinsamkeit (ed. Pfaff) S.
224; — Tierpaare sind im Lügenmärchen beliebt: ich verweise besonders
auf das Solothurner Lied bei Mittler,
Deutsche Volkslieder No. 1315; *dô sach
ich zwô mucken machen eine brucken*
Altd. Bll. I, 164; *zwen spatzen . . .
die bauten ein newen wagen* Uhland
635; ein Laubfrosch baut ein Ritterhaus
auf einen Pfirsichkern Ls. 135, 22; *es
flog eine mück einen turm entzwei*
Uhland 632. Die Meise kommt vor
Wachtelm. 192; Suchenw. 45, 14.

159,7. Anspielung auf diese Lüge
Marn. XI, 47; — *wenn de koh kann syde
spinnen, sall könig Erich uns lant gewinnen* Müllenhoff, Schlesw.-Holstein.

Sagen 33; *lehr keim Affen seide spinnen* Clauert S. 8 (Neudr.); *aus praten
ainer seiden span* Wachtelm. 193.

159,8. Marn. XI, 45; — über den Weg,
der *uber die weiden hangt* Müller-
Fraureuth Anm. 61. *Ein ku was auf
ein paum geflogen* Fastn. 93, 4; *ob des
waldes kron dar ob sassen schon vf
jedem ast zwen mervische* Pfeiffer Übgsb.
153; *in Arabia, da die schaaff auff
den baumen wachsen* Finkenr. a 2; *die
krebs die nisten auf die bäum* Uhland
635.

159,9. *de krevet de dede den hasen
entlopen* Müllenhoff a. a. O. 475; Uhland,
Volksl. 630; Müller-Fraur. S. 88; *ein
frosch erlauft einen hund* Uhland, Schrr.
III, 263; *ein regenwurm der lif so pald
als ie ein reisigz pfert mocht tun*
Keller, Erz. 492, 2; im Wettlauf *ein igel
floch mit einem raben uber meer piz
er gewan* Suchenw. 45, 100; Wette
andrer Art: *des wett ein peltz umb
zehen mark, Ofen leg in einem see*
45, 70. Bei dem Wettlauf von Krebs
und Hasen ist der Wettpreis ebenfalls
ein Pfund: Zs. I, 398, V. 27. Vgl. auch
160, 6.

159,11. *ein lump kam eben auf das
spor, do es drei starker wolf erpeiss*
Keller, Erz. 492,22; *ein sperk ein lint-
wurm erpeiss* 491, 21; *ein krebss facht
mit eim risen scharf, pis sie zu ringen
kamen mit ein: do warf der krebss in
uber ein pein dar nider* 491,26; *pei
hundert fuchsen frass ein huon* 492, 4;
(*we wes missewend hüener taten füh-
sen* Pfeiffer, Uebgsb. 154); *dô sach ich
starker wolve viere, die hât ein altez
schâf erslagen* Marner XIV, 186; *ein
schaf ein wolf zerriss* Uhland 634; *dô
sach ich einen snecken zwêne lewen
tôten* Altd. Bll. I, 164; *ein zanlöser
stier beiz ûf einen tag ze tôt zwelf
lewen rôt* Ls. 135,120; *ich sach das ein
frosch ein storch verschlant* Fastn. 93,
20; auch an die Heldentaten der Gans in
Bertilianas Wallfahrt sei erinnert.

159,12. *so kund ein esel hauben
nehen* Keller, Erz. 492,19; *ich hort nie
rede so wâhe, ja ist ez war, so nät
ein esel hauben* Füterer Fol. 45 d, 7
(Mitteilung Spillers).

160,2. *houwendez swin:* der Ausdruck wird erst in der zweiten Hälfte
des Jahrhunderts häufiger: Kolm. 36,45
sie (die Hand des Todes) *snidet als ein
houwent swin;* Hätzl. LXXII, 32 (si) *ist*

gütig als ein houwent swein; Uhland
III, 145; DWb. IV, 2, 579.

160,3. *swer lobt des snecken sprin-*
gen und des ohsen singen, der quam
nie, dâ der lêbart spranc unt dâ diu
nahtegale sanc Freid. 139,19; vgl. 142,
7 fgg.; *ein kuo die lernet meistersang*
Keller, Erz. 492, 5.

160,4. *ez wænet dicke ein effin, si*
sî schœner dan ein künigîn Freid. 126,
25.

160,6. *ein snegge tûsent klafter wol*
vür einen lêbart spranc Marner XIV,
180; *mit sneggen sol ich vil der ein-*
hürne und der trachen vâhen Boppe
II, 385b; *davon sich ain sneck ramph*
von dannen uber tausent meil Wachtelm. 216.

160,8. Vgl. 159,4; *ein has ein wil-*
den lewen pant so hart, daz er kaum
lebend pleib Keller, Erz. 490,9; *sô ja-*
get Unbilde mit hasen eberswîn MSF
310, 3.

160,9 fgg. Igels Haut: Strauch z.
Marn. VI, 1; *geflogen kam ain regen-*
wurm, der het den aller grösten sturm
mit ainem igel, der was bloz Wachtelm.
199: vgl. auch Fastn. I, 95.

160,10. *ein grill hat des ein eit ge-*
sworn, er well zwen ungrisch ohsen
gessen Keller, Erz. 490, 5. 6.

160,12. Aehnliche Schlüsse sammelt
Uhland, Schrr. III, 337.

161,3. Die Apostel sind Christi *schilt-*
geverten: Schade, Niederrhein. Gedichte
S. 394; Wackern. Pred. 91, 25; Christus
heisst *mîner menscheit schiltgeverte*
Frl. FL. 18, 11.

161,4. Dieselben beiden hebt der Hardegger II, 134b aus der Zwölfzahl hervor. Vgl. S. 193.

161,7. 2. Cor. 12, 2.

161,8. Ueber das Hilfsverb *hân* vgl.
Anm. 151. Johannes war als Schläfer
(nach Joh. 13,23; 21,20) so typisch geworden, dass eine der Rätselfragen der
Joca monachorum lautet: *Quis Christum*
vidit et dormivit? Sanctus Johannes
evangelista. Daher erklärt es Frauenlob
336, 7, dass das Schwert des Petrus dem
des Johannes so sehr überlegen geworden sei.

162,2. Aus Lamprechts Dichtung kann
Reinmar seine Kenntnis der Alexander-
sage nicht geschöpft haben: die Erzählung, wie Alexander in einem gläsernen
Fasse sich zum Meeresboden herabliess,
hat jener nicht gekannt. Am nächsten
liegt als Quelle Reinmars wol Biterolfs

Alexander, den er in Thüringen zu Handen bekommen haben mag.

162,3. 4. Habakuks wunderbare Fahrt
(Drache z. Babel 35) nimmt auch Hugo
v. Trimberg 18585 in eine Aufzählung
göttlicher Wunder auf.

162,5. Das von mir aus C aufgenommene *gesnabel,* auf das auch A hindeutet, ist gebildet wie (*gebart*), *gehant,*
gehar, gehorn, gelip, gelop, geloup,
gemâl, geman, geman, (*gemuot*), *ge-*
schuoch, geveder, gevriunt, gezogel,
gezan. Gottfried liebt diese Bildungen
besonders.

162, 6. Haupt bemerkt Zs. VII, 262,
es sei nicht feststellbar, ob Reinmar das
alte Gedicht vom Herzog Ernst oder eine
Umarbeitung gelesen habe. Auch ich
vermag nur im Ernst D eine Uebereinstimmung des Ausdrucks mit Reinmar
zu finden: dort heisst's V. 3474: *die*
(*grifen*) *heten die zwêne ouch geno-*
men, der si ze spîse gedâhten ir kin-
den. Reinmar kann jene Bearbeitung
nicht gekannt haben: dass in ihr Reinmars gelegentliches Citat nachklingt, ist
sehr unwahrscheinlich, trotzdem der
Ernst D auch an andrer Stelle an einen
Reinmarschen Spruch erinnert (Bartsch,
Herzog Ernst, S. LVI). So bleibt übrig,
dass die Uebereinstimmung ganz zufällig
ist oder dass D in jenen Worten uns die
Fassung eines ältern, von Reinmar ge-
kannten Ernst erhalten hat.

162,12. Die etwas gequälte Schlusszeile liess sich nach der Ueberlieferung
nicht anders herstellen, so gewiss das
unt in DTV einen glatteren Text ergibt.
Wie unt waz obene über uns sî, waz
unden under, — der ist sô manic wun-
der Meissn. III, 86a; *der alle wunder*
oben unt under mit sîner kraft al eine
mac betwingen, der sî gemant etc. 94b;
Frl. 232, 17.

164. Neben den üblichen 5 Sinnen
kommen auch 7 (Zupitza z. Ecke 190,
12) und gar 10 vor: so heisst es in Bedae collectanea et flores (Kemble, Salomon and Saturn S. 324): *die mihi, quot*
sensus hominis sunt? — Dico tibi de-
cem: visus, auditus, gustus, tactus,
odor, sapor, amor, tremor, mutatio et
locutio. Dass die Menschen ihre fünf
Sinne mit den Tieren gemein haben,
betont ein Prediger bei Schönbach, Altd.
Pred., I, 173,13. Schon Plinius erkennt
die Ueberlegenheit der Tiere in einzelnen Sinnen an (X, 69): *ex sensibus ante*
caetera homini tactus, dein gusta-

*tus: reliquis superatur a multis: aqui-
lae clarius cernunt, vultures sagacius
odorantur: liquidius audiunt talpae.*
Hier stimmt nur der Geruchsinn der
Geier zu unserm Spruch: dagegen deckt
sich völlig mit seinem Inhalt ein Distichon der Reliquiae antiquae I, 90: *nos
nper auditu, linx visu, simia gustu,
vultus odoratu praecellit, aranea tactu*
[K]; ebenso Agricola, Sprüchw. No. 662,
wo dem Menschen nur der Vorzug der
Rede zugestanden und ausser jenen fün-
fen noch der Verstand der Biene, das
Gedächtnis des Elephanten und die Geduld des Lammes vorgehalten wird.
164, 7. Luchsaugen: *linx est animal
notum, perspicax oculis, ita ut secundum poeticas fabulas corpora solida
penetret* Albertus M. (ed. Jammy) VI,
601; *lynx acumine visus perspicui novem fertur parietes penetrare, adeo ut,
si quis novem interpositis parietibus
carnem crudam deferat, incedens iuxta
parietem, linx sequitur incedentem*
etc. Vincent. Bellov., Spec. naturale
(Duaci 1624) p. 1425; Megenberg 146,
27; gold. Schm. 200 u. öft. — Ueber
das Gehör des Schweins vgl. zu 99, 6.
164, 9. *vultures — etiam ultra maria
cadavera sentiunt* Isidor XII, 7, 12; *(vul-
tur) olfactu praepollens ad multa ter-
rarum spatia sentit nidorem carnium
et cadaverum* Albertus M. VI, 646;
Megenberg 229, 8; *des gires smac* Marn.
XV, 54; *er hát ouch zwár eins gires
muot, dem der smac só sanfte tuot,
der von den fülen ásen ecket, daz er
in harte verre smecket* Lamprecht, Sion
2312 fgg.; in einem franz. Physiologus
(bei Cahier und Martin, Mélanges d'archéologie) heisst es IV, 80 vom *voltoir:
sa nature est téle que il sent une
caroigne de III jornées de loing. —
Solinus spricht, daz der aff pezzer erkennen hab mit der zungen denn kain
ander tier* Megenb. 158, 23.
165, 2. Ueber diese drei typischen
Haustiere vgl. RA. 588; Wackernagel,
Kl. Schrr. III, 78; Uhland, Kl. Schrr. III,
120; Rochholz, Alem. Kinderlied S. 230;
Panzer, Beitr. z. d. Mythol. I, 332, erwähnt einen Brauch, wonach ein einsam
in seinem Hause überfallener Mann, der
den Frevler tötet, Hund, Katze oder
Hahn als Zeugen vor den Richter zu
bringen hat [K]; wer eine neue Wohnung bezieht, legt Brot auf den Tisch,
lässt aber zuvor Hund, Katze oder Huhn
zur Tür hinein ebda. II, 304 [K].

165, 3. Ueber Reinmars Etymologie
vgl. Benecke zu Iw. 6541.
165, 5. Eine Strophe des Meissners III,
106 b benutzt den Hund ebenfalls als
Vorbild für den Menschen: als fünfte
Eigenschaft wird seine Wachsamkeit gerühmt. In der Disciplina clericalis des
Petrus Alphonsus (ed. Labouderie) S. 10
dient er als Muster dankbarer Gesinnung
für erwiesene Wohltaten.
165, 6. Unser gekürztes *Hut* schon
Freid. 42, 2; vgl. WGrimm über Freid.
S. 386; Liecht. 34, 15; WGast 1360.
2700. 4039. 8830. 11203. 14538; Dietr.
Fl. 6386; Buch d. Rügen 1164; Marn.
XV, 19 e, 12; Wizl. III, 79 a, 4; 466 b, 3;
423 a, 2; 445 b, 72 u. öft.
165, 7. Der Vers hat manch Auffallendes. Die beiden andern Haustiere dienen
als nachahmenswerte Beispiele, die Katze
als abschreckendes; die Katze ist hier
ein Bild der Unreinlichkeit, während sie
z. B. in dem Adjektiv *katzenrein* (Sachsenheim, Möhrin 76; 1487; DWb. V, 299;
Wander II, 1213) das Gegenteil bedeutet:
auch bei Alb. M. wird VI, 603 dem *murilegus* nachgesagt: *munditiam diligit et
ideo lambendo pedes priores loturam
imitatur faciei;* ebenso 584 dem *cattus:
dicitur esse moribus verecundum et
pulchritudinis amativum;* ferner *diu
katz sich strichet endlich als ob si
welle gesten sich unt wirt des baz gevar-
wer niht, swie vil man si sich mutzen
siht* Ls. 243. 123. Unter diesen Umständen dachte ich wol an eine tief
gehende Verderbnis des 7. Verses. Aber
jener Wechsel zwischen positiven und
negativen Beispielen kommt auch sonst
vor: so sollen in der zu V. 5 citierten
Strophe die Eigenschaften des Hundes
teils zur Nachahmung mahnen, teils davon abhalten. Und nach andrer Tradition ist die Katze auch ein unreinliches,
wenigstens verunreinigendes Tier. So
wird von Vincent. a. a. O. S. 1433 vom
musio (siue murilegus siue catus) gesagt: *animal est immundum ac vene-
nosum;* der Stricker erzählt I, 7: *des
si niht gezzen möhte und ir ze nihte
entöhte, daz machet si doch unreine,*
und Berthold, der *ketzer* bekanntlich
von *katze* ableitet, berichtet I, 402, 32.
403, 10. 20, wie sie die Menschen *ver-
unreinet an dem libe.* Megenbergs
cathus (S. 129), der stinkt *als ain ver-
unraint swein,* ist ein andres Tier.
Ueber die Katze als Sinnbild des Bösen

vgl. noch Arch. f. östr. Geschichtsq. V,
605 Anm.

165,9. Der Hahn Bild der Wachsamkeit: *fili, ne sit gallus vigilantior te,
qui in matutinis vigilat, et tu dormis*
Petr. Alph. a. a. O. S. 10; *gallus cantu
suo diem prenunciat et somnolentos ex-
citat* Vincent. S. 1202; vgl. Frl. 334,15;
Otte, Kunstarchäol. I, 485. Der Hahn
wird in seiner Eigenschaft als geistlicher
Wächter ausführlich besprochen Renn.
19714.

166,2. *diu milte sich ze wárer minne
phlihtet* Boppe II, 378 a; *diu minne mit
der milte vert* Kolm. 51, 61.

166, 3. Jesus ein Minner: Marien
Himmelf. 1773; HMS II, 254 a, 28; seine
milte gerühmt ebda. 30; Zing. z. Sunb.
IV, 231.

166,4. *höher* ist nicht Comparativ.

166,5. *der wíse wáre Crist, der só
ringe sín leben wac durch uns* Damen
III, 162 b.

166,9. *minne twanc der meide sun,
daz er durch uns sín leben dem tóde
gap durch rehte minne* Marn. XIV, 18 b;
*der durch iuch sín leben gap in tódes
neige* Frl. 142, 6; *er gap durch uns sín
liehten varwe in des tódes gilwe* Marn.
I, 39.

167,2. *Got enwoltr der muoter sín
niht geben zwei himelriche* HMS II,
276 b; *daz ist doch gar unmügelich,
daz iemant habe zwei himelrich, daz
er von freude in freude var unt aht-
ber dort und hie sei gar* Renn. 17926;
— *arm úf der erd, ze himel rích* Helbl.
7, 898.

167, 8. Ich habe *valschbejac* gegen
die Hss. in einem Wort geschrieben
nach *valschgeziuc* Frl. 361, 9 (Dat.),
Marn. S. 159 (Gen.), *valschgerihte* Kolm.
53,38. Gerade *bejac* hat mehrfach statt
abhängiger Genetive und Adjektiva die
Composition gewählt: neben *prisbejac*
und *tröstbejac* citiere ich HMS II, 153 a
gibet mir lösen guotbejac und wieder-
holtes *ríchbejac* Frl. FL. 10, 28; Kolm.
6, 851; Wachtelm. 60.

167,8. Da beide Hss. *minre* haben,
wagte ich die flektierte Form nicht einzuführen, wie ich das auf Grund einer
Hs. 132,3 getan habe. Ebenso liess ich
192,4. 7 die Acc. *die dritte, die érste*
stehen, zumal in V. 7 *érsten* eine sehr
harte Synkope nötig machen würde.
Vgl. *die inre tugent* Walth. 81,4; *die
érste lüge* Meissn. III, 101 a.

167,9. *übermœzic guot niemanne kan
gewinnen áne sünde: vermît gróz guot!*
Kel. III, 21 a.

167,10. *der mé haben wil, dan im
daz reht verhenge, daz enlouft doch
niht die lenge, er gewinnet dicke wi-
derslac* Laoz. 48 fgg. Vgl. 85, 6.

167,12. Ueber diesen Gegensatz Heinzel z. Erinn. 657; Wilm. z. Walth. 67,
28; *ich vant só stœte fröude nie, si
wolte mich ê ich si lán* Walth. 95,26;
sich, wie si (die Welt) *hát gelázen die,
die si niht wolden lán* Marn. XIV, 21;
*nim urloub bî der zît, é diu werlt dir
urloub gît* Ls. 208,57; wer bis zum
Tode sündigt, *den let die sünde, ern
let si niht* Renn. 23188; *wer die sünde
lát, e sie in lat, dems wol ergat* Keller
Erz. 555,30.

168. Der Spruch erörtert eine Bestimmung des kanonischen Rechts, nach
welcher Ehen zwischen dem Täufling
und einem Nachkommen des Paten ausgeschlossen waren. Das *impedimentum
dirimens* lag in der *cognatio*, hier speziell der *confraternitas spiritualis*, die
aus der Taufe (Firmung, ja Catechisa-
tion) erwuchs. Ursprünglich nur auf
den Täufling, den Paten und die Com-
mater beschränkt, erstreckte sich das
Verbot seit der ersten Hälfte des achten
Jahrhunderts auch auf jene weiteren
Grade und wurde eben in den Dekre-
talen Gregors des IX. noch ausdrücklich
erneuert. Erst das Concil von Trient
hat dies Ehehindernis wieder eingeschränkt (Schulte, Kath. Eherecht, S.
190 fgg.). Nun aber war es streitig, ob
*ad contrahendam cognationem spiri-
tualem exigatur aliqua intentio in
patrinis.* Wer blödsinnig, schlafend,
trunken, irrtümlich Patenschaft übernahm, galt in der Regel als frei von der
cognatio (Sanchez, De Sto. matrimonii
sacramento, disp. 58): es bedurfte eines
innern Verhältnisses zwischen Paten und
Täufling, und so konnte auch das *impedimentum vis ac metus*, Zwang und
Furcht, gegen die *cognatio* geltend gemacht werden (Weber, Kanon. Ehehin-
dernisse[4] S. 86). Diesen Standpunkt verficht, gewiss aus bestimmtem Anlass, der
Spruch Reinmars, dessen Formulierung
freilich an juristischer Präcision viel zu
wünschen lässt.

168,5. *durch vriuntschaft unt durch
guot* Damen III, 168 b.

168,6. *Karles pheter:* ein *pheter*, wie
er in *Karles phahte* geschildert oder ge-

fordert wird. Eine Aenderung in *phahte* wird unnötig sein. Im Helmbrecht 480 wird eine *phahte ze Rôme* citiert, wonach jedes Kind von seinem *toten* eine Eigenschaft erbe. Ueber *Karles reht, lôt, buoch* etc. Benecke z. Wig. 494; RA 830; Uhland II, 96 fgg.; Zing. z. Sunbg. IV, 296.

168, 7. 8. Der Sinn der Zeilen ist klar: 'wer, ohne darum gebeten zu sein, in unerwünschter Weise einen andern zur Patenschaft drängt, der sie nicht gern und freiwillig übernommen hätte' etc. Aber der Relativsatz macht in der überlieferten Gestalt Schwierigkeiten. Sie liesse sich nur etwa so verteidigen: 'der, den nicht Bitte und Ehrfurcht dazu treibt, sondern der Zwang des Herrn nötigt': der Gedanke wäre mindestens sehr undeutlich ausgedrückt. Ich denke, Reinmar schrieb *nnt:* 'den nur Befehl und Furcht, nicht Liebe dazu zwingt.'

168, 10. *pate* ist hier sicher = Taufkind: Lexers Behauptung, diese Bedeutung sei erst nhd. (DWb. VII, 1500), ist also unrichtig.

169, 6. 7. Das Verständnis der beiden Verse, deren richtige Interpunktion mir sehr zweifelhaft ist, wird zumeist erschwert durch das zweideutige Wort *ræze.* V. 6 kann nicht bedeuten: 'mich wunderts, dass die Reichsstädte nicht betrogen sind': nein, die Reichsstädte sind, so dicht auch die Lügen regneten, zu Reinmars Erstaunen dennoch immer wieder getäuscht worden, wie wenn sie ein Zauber betörte. Das *niht* V. 6 ist also entweder versehentlich (etwa aus dem parallel aussehenden Satz V. 7) hereingeraten oder aber ebenso unlogisch und überflüssig gesetzt, wie bei Reinmar d. A. 151, 13 *si wundert ....* *daz ich zer werlte niht getar ze rehte alsô gebâren* etc., gerade als hiesse das Hauptverb nicht 'mich wunderts', sondern 'ich erwartete'. — Was bedeutet nun *der lüge ræze? der lüge* kann Gen. sein: dann hiesse es entweder stark, heftig im Lügen (wie *strîtes, zornes ræze*) und der Satz stünde mit sammt seinem *niht* ganz parallel dem *daz-*Satz V. 6; oder es hiesse 'ræze, heftig, wild in Folge der Lüge'; *der lüge* kann Dativ sein: dann wäre der Sinn 'wütend gegen die Lüge': in diesen beiden letzten Fällen bleibt noch die doppelte Möglichkeit, dass V. 7 von *mich nimt wunder* abhängt (mit Tilgung des *niht* V. 6), oder aber dass es ein selbständiger kla-

gender Ausruf ist: ich habe mich für die letzte Annahme entschieden, weil sie mir jede Abweichung von der Hs. erspart und den Abgesang syntaktisch selbständig macht.

169, 11. *slinden* bildlich: Höllenf. III, 31 b, 5; *in zorne slint den itewîz* Spieg. d. Tug. 95; *junc man, diu guoten bispel slint* Kolm. 18, 55.

169, 12. *in weiz, obe er* (der Mai) *zouber künne* Walth. 51, 18.

170. Die Welt wird in der mhd. Dichtung sehr gern dargestellt als sturmbewegtes Meer, in dem die Wogen der Sünden das schwache Schifflein zu zertrümmern drohen: vgl. 301; Sprenger, Germ. XXVI, 105; Kanzl. II, 397 b; wild. Alex. III, 27 a; Raumsl. 61 b; Frl. KL. 20, 4; Montf. 13, 1; *daz mer (bezeichent) dise werlt* Meissn. III, 96 b (vgl. Physiol. [Kar.] S. 87); *daz mer diser werlte erschellen muose und erwæget wurde ze angestlicher freise* Altd. Pred. aus S. Paul 16, 9; — *als an daz schef des meres vluot, stürment uns die sünde an* Sion 2277; *dirre werlde untrewwe bedeutet daz mer* Renn. 6883 (vgl. Krone 24153 *swelch des meres starte ist, alsô ist diu ir*); Renn. 21 987; *in diser welte flüete sie* (Maria) *was ein schif* Kolm. 7, 378.

170, 2. *selleschaft* zumeist md.: Bech, Germ. XVII, 44.

170, 6. *ezn wende dan:* vgl. 80, 12; 194, 12.

170, 7. Ueber den Personenwechsel vgl. S. 262.

170, 10 fgg. *de salute animarum subditorum curant parum, nichil curant quam habere* Anz. f. K. d. d. V. XVII, 191; *daz netze quam ze Rôme nie, mit dem Sant Pêter vische vie; — Rumesch netze vâhet silber* etc. Freid. 152, 16; *die vehtent niht nâch selen wan nâch golde* Marn. XII, 25; Carm. Bur. 18, 3 fgg. treten gar die Cardinäle als Piraten auf dem Meere Rom auf.

171. Eine Jagdgeschichte von gleicher Glaubwürdigkeit deutet der Kanzler II, 396 b moralisch aus.

171, 11 fg. *des rîches sint die klîen, sô wirt in der kern* Marn. XIV, 63; *habt ir den grât, ich nim den visch* Frl. 53, 17.

172. Strophen gegen *zwîvel* und Zweifler sind auch gedichtet von Kelin III, 24 b; Raumsl. II, 370 a; III, 60 b; Frl. 86; — Hinnenbergers Spruch III, 40 a richtet sich gegen religiösen Zweifel.

172,2. Dass der Zweifel ein schlechter Baumeister ist, erfuhr auch der Tannhäuser II, 94 a; ebenso die *Unstœte* W. Gast 1853.

172,6. Hier haben beide Hss. *hie bevor,* 175,3 und 182,6 liest D ebenso, C *hie vor.* An letzterer Stelle ist metrisch nur *vor* möglich: ich habe diese Form daher durchgeführt.

172,9. *gezimmer* bildlich: ein festes Haus der Tugend muss zur Grundlage Demut haben; *ist an der gruntveste gebreste, só ist daz gezimber gar blœde unt unstœte* WGast 12 025; *swá adel arkeit vil begát, der verhouwet guot gezimmer* Süssk. II, 258a.

173. Gegen die Redensart 'ich enruoch' wendet sich auch Meissn. III, 93b. Ebenso wird personificiert *in trauwe sein niht* Renner 24084 fgg. Vgl. S. 288; Gr. III, 536. — Auch das *enruoch* von C ist zu verteidigen: wie bei *wœne* kann bei *ruoche* das *ich* fehlen (Walth. 121,18).

173,3. (*Lazheit*) ist *weder kalt noch warm* Renn. 15942.

173,9. *unmœre* bedeutet nicht active, sondern passive Gleichgiltigkeit: *inruoch* ist den Menschen, nicht gegen sie gleichgiltig.

173,11. *der vrâge* kann Dat. sein: 'der Frage ausgesetzt' (Strauch z. Maro. V, 25): dann wäre V. 12 die angekündigte Frage; oder es ist Gen. 'es unterlässt zu fragen' (*wis niht tougenworte vrí* Frl. 259,18). Ich habe mich für die zweite Auffassung entschieden in Rücksicht auf 194, 9.

173,12. Der Mann, der Zweifler macht, müsste das personificierte *Enruoch* selbst sein, das V. 10 als Neutrum auftritt: gegenüber demjenigen, der *Enruoch* sagt, würde der Vorwurf nicht zutreffen. Ich weiss nur etwa zu vergleichen: *gesang ist ein man, der zucht und scham zuo aller zit duot leren* Musk. 54, 41, wo ebenfalls vorher V. 37 fg. das Neutrum stand. Ein Wechsel des Geschlechts der Personifikation auch 194, 7. 9. — Oder ist *man* für *mein* verschrieben, wie 203,5; Frl. 412,14?

174. Dass *Âgez* kein mythischer Meisterdieb, sondern eine Personification der Vergesslichkeit ist, hat Müllenhoff, Zs. XIII, 182 fg., erwiesen und zugleich auf eine Entlehnung dieses Diebes *Âgez* im jüngern Titurel 4107 aufmerksam gemacht. Ebenso personificiert Frl. 124,8

die Untriuwe: die hêrren solten billîch triuwe haben liep, sît daz der diep Untriuwe ist só vreislich.

174,5. *liep, die liebe zücket mir kein diep* Landeck I, 353a.

175,2. Ueber das *jeu parti* vgl. S. 254 fg., wo leider versäumt wurde, hinzuweisen auf das Reinmar sicher bekannte Gedicht Walth. 150,76, das auch Str. 194 veranlasste. Andre solche geteiltiu spil in Spruchgedichten, Frl. 265, 11. 307, 15; HMS II, 277a, 10, sind verschiedenen Charakters.

175,6. Die Antwort ist gegeben Iw. 55 fg. *ich wolde dó niht sîn gewesen, daz ich nú niht enwœre;* ähnlich Freid.

176,12 *mich trœst der tac von morne mê dan swaz ich hân gelebet é.*

175,7. *ie elter und ie erger wirt der werlte leben* Frl. 329,3.

175,10. Die typischen Züge des Zustandes tiefster sittlicher Verkommenheit sind entnommen Math. 10,21; Mc. 13,12: vgl. Walth. 21,34; Freid. 46,5; Strauch z. Marn. XIV, 108; *der vater muz hazzen daz kint* Erinn. 274; Frl. 23,11; *prueder wider prueder lebt, daz chint wider den vater strebt* Suchw. 30, 205; Ls. 142,74; Keller, Erz. 68,27; 631,26. Sogar in die Geschichtsschreibung giengen diese Züge über: mit Bezug auf die rheinischen Verhältnisse, von denen S. 88 die Rede ist, heissts M. SS XXV, 373 *frater odit fratrem, non parcit amicus amico, filius in patrem gerit arma.*

176,1. Der Spruch ist von Wizlav III, 80a nachgeahmt worden, wo die getadelten Ausdrücke heissen *geschaffen* und *ez muoz doch sín.* Auch Geistliche sahen sich veranlasst, gegen diesen stumpfen Fatalismus einzuschreiten: *bruoder Volmár, ein barfuoze, seit an einer bredigen also, daz nieman gelouben sol an daz wort 'ez ist im beschert'* (Germ. III, 232). Aeusserungen jenes Fatalismus durchziehen die ganze mhd. Literatur: Sammlungen z. B. bei JGrimm, Myth. II[4], 718 fg.; III, 258 fg.; Zingerle, Sprüchw. 50 fg.; WGrimm, Freid.[1] S. XCIII. Weitaus am häufigsten wird der Gedanke in die Form gekleidet: *swaz geschehen sol, daz geschiht* oder ähnlich. Aber auch die von Reinmar angegriffnen Phrasen sind nicht selten: Helmbrecht 1297 *ist ez dir beschaffen;* Herb. 887; III, 434b *swaz sí geschaffen, daz müeze geschehen;* Lab. 70 *waz ist beschaffen, daz kan doch* *nieman wenden;* Hätzl. I, 24, 87 *be-schaffen ding das brüf ich wol, es geschicht ie was geschehen sol;* Wolk. CVIII, 4, 6 *pschaffen ding fürwâr nie ward gewant; — das muos eht alsô sin* Walth. 64,37; vgl. Wilmanns z. d. St.; *das muos et alsô sin* Nib. 620,3; 723,2; 1482,1; 1871,3; 2273,1; *es muoz ot sin und alsô wesen* Lab. 367; *das solte eht sin* Reinmar d. A. 185,21; 193,18.

177, 3. Eben solch ein scheinbarer Widerspruch WGast 2783 *er hât es gar unt sât doch niht.*

177, 12. *dar nâch sô singe ich lihte ein lop, das nähe bî dem schelten stât* Wernh. II, 230 a, ebenfalls am Schluss.

178. Ueber Personifikation der *Unsælde* vgl. Myth. II⁴, 731; III, 267. In einer Geschichte, wie die von Reinmar erzählte es ist, spielt die *Unsælde* geradezu die Rolle eines jener Nisspucke, die die Wohnung unerträglich machen, aber durch alles Umziehen nicht abgeschüttelt werden können; vgl. Müllenhoff, Sagen S. 385. Dem schon von Jac. Grimm angeführten Märchen von dem armen Ritter, dem es gelingt, sein *Ungelücke* los zu werden (Ls. 155), schliesst sich eng an ein Meisterlied der Kolm. Hs. No. 198: da heisst V. 2 *Unsælde hienc im an;* 42 *dar umbe ich dich spât unde fruo für wâr wil selbe riten;* 45 *das im Unsælde uf sine nacke sæz.* Dass Ortsveränderung vor Unheil nicht rettet, lehrt auch WGast 2903 *lege den siechen sus und sô, nü üfem bet, nü üfem strô, sin siechtuom doch wol volgen kan;* Trist. 18431 *was half, das er die quâle entweich von Kurnewâle unt si im doch uf dem rücke lac alle zît naht unde tac?;* Kolm. 169,25 *ach Aremuot, swar ich nü var in alliu lant, dü komst zehant schiere nâch mir gegangen.* Kolm. 139,31 wird das Unglück *dem leidern kint* der Aeffin verglichen, das ihr auf den Hals springt bei der Flucht, während sie das liebere (das Glück) zurücklassen muss. Ein Fluch wünscht das Unglück dem Verwünschten auf den Rücken Zersne 2536.

179, 5. Die Armut ein verhassler Gefährte Höllenf. III, 34 b; *Ellent sich mir gesellet hat* Hätzl. I, 7,50; *Ellend mein zergesell* II, 8,8.

179, 6. *troume hânt mir vil gelogen* Wernh. III, 14a; Wilm. Leb. III, 419; Zingerle, Spröchw. 150; Schulze, Bibl. Spröchw. 123.

180,1. Lebensabend: *es gât an den âbent des libes* Kolmas 121,10; *es ist gein âbent siner tage* Helbl. 1, 120; *der âbent ziuhet zuo, der tac wil mir entslîfen* Kolm. 155,21; *so pizeichinet der abant das bibint altir* Fundgr. I, 61. 10. •

180,3. *in sorgen ich dâ nider saz unt legte mich üf einen arm* Hätzl. II, 14. 226.

180. 4. *diu morgenliche sunne siner werltwunne, dô diu von erste spiln began, dô viel sin gæher âbent an* Trist 314; *alters freude und abentschin mügen wol gelich ein ander sin* Renn. 10362; 23009.

180,8. *ülfheit:* Myth. I⁴, 366.

181,3. Vgl. Strauch z. Marn. XIV, 161: *hilf mir nâch Cristen namen nern, sint das diu Goteheit, hêrre, von durste half den Israhêlschen gesten, der Moises pflach* Reinold III, 50 b.

182. Vgl. S. 77 fgg. Der Spruch, der im letzten Grunde auf Verse des Hesiod zurückgeht, war längst populär geworden: Belege sind gesammelt namentlich von Goedeke, Pamph. Gengenb. S. 562 fgg.; vgl. ferner Wackernagel, Kl. Schrr. III, 186; Agricola, Sprüchw. 661; Kemble, Salomon and Saturn S. 290 und die in diesen Büchern citierten Stellen. Reinmar gibt nur einen Ausschnitt aus der langen Reihe: ihm fehlt die Feldmaus, die ein Jahr alt wird, ihm fehlen alle die Tiere, deren Alter in geometrischer Reihe das des Menschen verdreifachen: die Endpunkte sind sonst Hirsch, Eiche, Elephant oder Phönix, die Mittelglieder differieren sehr stark.

183, 2. Bezz. z. Freid. 64, 4; Grimm, Ueber Freidank 341; Haupt z. Winsb. 23,3; *den man acht ich sicherlich recht als er gesellet sich* Keller, Altd. Erz. 537, 31; *wer nicht einen kennen kan, der seh nur sein gesellschaft an* Clauert S. 14 [Neudruck]; Zingerle, Sprichw. S. 51 fg.

183, 4. *ein spruch was bî den alten: geselleschaft, diu bôsheit kan, von der wirt houbetsiech ein man* Frl. 271,16; *bœses gesellen — wirt man gerne houbetsiech* Spieg. d. Tug. 250; *man werdit houbtsiech vil dicke von bosir geselschaft, dit ist ein aldis sprichwort* Bartsch, Md. Gdd. 102; *dü hâst doch vil geheeret, das man von bœsen gesellen dicke sieche* Laber 279, 6; *hic male sanus erit, mala qui consortia*

querit Zingerle, Zs. f. d. Phil. IX, 88;
— *bœses gesellen, daz prüev ich, wirt
man an ern kranc* Sunbg. III, 70 b;
*bœser geselleschaft entgiltet man vil
dicke* Meissner 100 b; *mid ouch bœs geselleschaft* Regenb. 350 b.
188, 6. *swelch iuwer* Liecht. 632, 16;
swelch unser 597, 32; *swelch ir* Ath.
C*, 90; Frl. 95, 17; *swer iur* 98, 11.
183, 8. Ueber derartige Wünsche vgl.
S. 200 und Anm. 254; Wilm. Leb. III,
524. Aus dieser Stelle wird sicher, dass
R. unter *ungesellen* Sodomiten versteht.
Das Laster scheint namentlich in Oestreich verbreitet gewesen zu sein: Liecht.
266, 8; Seemüller z. Helbl. II, 1021; vgl.
sonst Vintl. 6184; Hätzl. II, 82, 66.
184. *Atzunge* bedeutet die Pflicht
des mittelalterlichen Herren, zahllose
dauernde und wechselnde Schmarotzer
zu erhalten und zu beschenken, die
Pflicht der *hûsêre* (Wilm. Leb. S. 233).
*Aedificare domos multas et pascere
multos est ad pauperiem semita recta
quidem* Wegeler 46; Simrock, Sprüchw.
9690 b.
184, 1. Von zwei Spielleuten heisst
es Helbl. 2, 1381 *noch sint zwên der
herren hagel.*
184. 4. *win machet armer liute vil
unt git auch etwan vollen schrîn* Marn.
XV, 19 b.
185, 6. Das *wisewazzer* ist ein Bild
der Unbeständigkeit: *gein stœte wort
nie man lazzer, ir sit ein recht wisewazzer* Reinb. Geo. 3037; Ls. 122, 319;
ir wort sein stêt als ein wiswazzer
Beham Schm. II², 1031.
185, 11. Ueber die Luchsohren vgl.
S. 275.
185, 12. Vom Steinbock heisst es in
dem griech. Physiologus (Pitra, Spicil.
Solesm. III, 364) ἀγαπᾷ πάνυ τὰ ὑψηλὰ
ὄρη — καὶ θεωρεῖ μακρόθεν πάντας
τοὺς ἐρχομένους πρὸς αὐτὸ καὶ γινώ-
σκει, εἰ μετὰ δόλου ἔρχονται πρὸς αὐτὰ
ἢ μετὰ φιλίας; Isid. XII, 1, 15; Karaj. 91;
Carus, Gesch. d. Zool. 126.
186. **187**. Gemeinsam ist allen Jahres-
rätseln, dass sie auf den Zahlenverhält-
nissen der Monate, Wochen, Tage, Stunden beruhen. So nahe selbständige Erfindung auf dieser Grundlage lag, scheinen
die deutschen Rätsel doch durchweg auf
antike oder theologische Tradition zurück-
zugehen. Das gilt auch von dem volks-
tümlichsten, der Darstellung des Jahres
als Baum mit 12 Aesten, 52 Nestern und
je 7 Jungen darin: vgl. Schlieben, De

German. poesi aenigmatica S. 33; Nork,
Festkal. S. 741. Belege dieses Rätsels,
das auch variiert und erweitert wurde
(13 Zweige; die Küchlein halb schwarz
halb weiss; statt der jungen Vögel 7 Eier
mit 24 Dottern; 30 Nester mit 24 Eiern,
aus denen Vögel kriechen, die 62 Schreie
ausstossen; eine schwarze und eine weisse
Maus, die am Baum nagen), sammelte
Wilmanns, Zs. XIII, 492; Rochholz, Alem.
Kinderlied 242 fg.; vgl. ferner Mone, Anz.
VIII, 316; Kolm. 106; Apollon. 16709;
Uhland III, 295; Therand. No. 411; Knoop,
Volkssagen aus dem östl. Hinterpommern
S. IX; ja sogar litauisch bei Schleicher
S. 201. — Daneben war verbreitet das
Rätsel, das auf Cleobulus v. Lindos zu-
rückgeführt wurde, von einem Vater mit
12 Söhnen, deren jeder 60 teils weisse
teils schwarze Töchter besass (Jacobs,
Griech. Anthol. I, 52); vgl. Reussner,
Aenigmatogr. 6; Rockenb. C S. Ein anderes ebenfalls antikes Rätsel, das das
Jahr als Säule von 12 Ringen darstellte,
jeder Ring auf 30 Balken ruhend, um
welche Säule 2 Frauen herumwandeln,
scheint nicht in weitere Kreise gedrungen
(Reussner S. 7). Original mögen die
12 Adler, 60 Tauben, 600 Meisen des
litauischen Rätsels (Schleicher S. 202)
sein, das wol falsch aufgelöst ist: die
Tauben sind etwa Halbtage, die Meisen
Minuten? — Reinmars Rätsel sind in
allen Einzelheiten bisher nicht nachge-
wiesen. Ein Rätsel des Exeterbuches
lässt 60 Reiter auf einen Wagen steigen,
der weder auf Wasser noch auf Erden
noch in der Luft fährt: gemeint ist der
Monat mit 60 Halbtagen (Dietrich, Zs.
XI, 466). Die disputatio Pippini cum
Albino nennt das Jahr *quadriga mundi;*
Nacht und Tag, Kälte und Wärme sind
Rosse, Sonne und Mond Wagenlenker
(Wilmanns, Zs. XIV, 539). Auf deutliche
Parallelen des Rigveda wies Wilmanns,
Zs. XX, S. 252 hin. Sonne und Mond
ziehen den Wagen des Jahres, das ein
Heer besitzt, befehligt von 4 Häuptern,
denen wiederum 12 Fürsten untertan
sind, in Flemings Sonett 102 (Lappenberg
I, 536). Wie die Jahreszeiten in Str. 187
als Räder des Wagens gelten, so heissen
sie anderswo die Füsse des Jahres:
*Orpheus dixit, annum quatuor tem-
poribus quasi quatuor pedibus ince-
dere* (Heidfeld, Sphinx S. 90). Am Aehn-
lichsten war wol das Rätsel, das im
Lügenmärchen Zs. II, 562 erhalten ist:
vgl. S. 250. 252.

186,7. *sint wize:* derartige Anknüpfung ist sehr häufig bei *heizet, ist genennet* u. ähnl.: vgl. Grimm, Kl. Schrr. III, 341; Gramm. III, 4 Anm.; IV, 592 Anm.; Martin z. Alph. 73, 2. Aber auch andersartige Sätzchen werden so lose angefügt: Grimm, Kl. Schrr. III, 322; Jähnicke z. Wolfd. D V, 123, 3; *man sach die dienen schöne den höhsten schatz, was reht* Kelin III, 24 a; *ich kam für eine stat, was cleine* Kolm. 184,1; *ich trag in dem libe min ein stein, ist edel unt grôz* Bon. 92, 39; vgl. die Ueberschrr. zu 71 u. 96; *ez warp ein ritter freuden rich umb ein zart frowen, was minneclich* Hätzl. I, 9, 2.

187, 3. Wer ist diese Schwester? Scherer dachte an die Mondphasen. Der Wortlaut lässt zweifeln, ob jede Frau eine besondere oder alle zusammen eine einzige Schwester haben sollen.

187, 6. *zam unde wildes* wie 212, 3 *haz unt nides vol*, 98, 4 *lant unt liute;* (217, 6?); 246, 11 *heil noch trôstes;* Walth. 31, 26; Zs. VI, 369 Anm. Vgl. Weinhold, Mhd. Gramm.[2] § 454 und meine Anm. zu 225, 4.

188. Vgl. S. 253 fgg. Zum Beweise, dass die Phrasen des Rätsels zum guten Teil in geistlichen Gedichten typisch sind, verweise ich auf Meissn. III, 109 a *ez enist nû noch enwart nie, ez enwirt ouch nimmer, — jâ weret ez ouch immer;* Fegef. (Germ. XXV) 4 *er was niht, é in Got geschuof, dar nâch warf er unt was doch niht und wirt ouch nâch der engel ruof;* Reinbot 3828 *den selben gebar nie man noch wib unt hât doch sêle unde lip;* Kolm. 37, 7. 11 *ich sach ein frowen, diu —, unt warf doch nie geborn von keinem wibe;* Tannh. II, 97 b.

188, 5. Mit der *sêle* ist die *medulla pennae* gemeint, ein dünnes Häutchen im Federkiel: vgl. Lexer s. v. *sêle* und *vedersêle.* So beliebt die Schreibfeder als Rätselthema war und noch ist, habe ich dies dankbare Wortspiel nur noch bei Clajus gefunden (Ludwig, Centuria I, 58 Anm.): '*Mit Messern ritzt man ihm den hohlen Bauch, Man nimmt die Seel, die niemand zum Gebrauch*': Clajus wird sich an ein Volksrätsel angelehnt haben, wie ja seine ersten beiden Zeilen identisch sind mit dem von Rochholz, Alem. Kinderl. 266, mitgeteilten Federrätsel.

189. Der Inhalt des Spruchs entspricht den Vv. Freid. 25, 19—24; vgl. Bezzenbergers Anm.

189, 6. Der Mensch heisst sonst 'aus Erde gemacht'; *asche* wie hier Altd. Bll. I, 384 *in riut, daz er üz aschen den menschen hât gemachet;* Kolm. 122, 52; vgl. Frl. 121, 18; *sin lip müeste werden dar nâch ze aschen unde zerden* Lampr. Franc. 3970. — Mensch und Spiegel aus demselben Material Konr. 32, 264: *in dem spiegel ich erkenne, daz ich esche bin als er.* — Adam heisst unser *vater:* Kchr. 9573; HMS II, 256 a; Germ. III, 320.

189, 8. Wer ist er? Doch wol Gott. Sollte nun wirklich der Abgesang nicht mehr sagen, als dass Gott aus der Asche der Menschen Spiegel machen könne, eine Kunst, die im ersten Stollen dem Menschen selbst beigelegt wird? Möglich, dass mit jenen Spiegeln *noch lûterr dan der sunnenschîn* die verklärten Leiber der Erwählten gemeint sind: vgl. Freid. 179, 14 *dar nâch suln die erwelten sîn noch lîchter dann der sunnen schîn* und WGrimms Anm. Wenn schon der sündige Mensch lautres Glas schafft, um wie viel mehr vermag Gott ein vollkommenes reines Gefäss zu wirken (Maria) Ls. 85, 22 fgg.

190, 1. 2. Diese Mahnung zum Nachdenken über die eigene Vergangenheit, Gegenwart und Zukunft ist sehr häufig: vgl. Strauch z. Marn. XIV, 19: Zingerle z. Sunbg. IV, 181; ferner *swer driu dinc bedenke, der vermite Gotes ahte, waz er was und waz er ist und waz er wirt in kurzer vrist* Freid. 22, 12; WGast 12042; *gedenke, mensche, waz dû sis* Lampr. Franc. 157; *gedenket, hôhe vürsten ..., waz vürsten vor iu wâren unde wer ir sit, waz vürsten nâch iu koment* Regenb. III, 344 b; Musk. 57, 37; Vintl. 288; Renn. 22660; 23410; Montf. 27, 227.

190, 4. 2. Petr. 3, 8 und Job 7, 7.

190, 6. Zur Construction vgl. Konr. 29, 23 *wip sint mannes leitvertrîp, daz in hât verhouwen. daz* hangt von dem in *leitvertrîp* steckenden *leit* ab, wie *diu* von *wunne* in *wunnespil.* 148, 4 bezieht sich das Adj. *wol geküniget* nicht auf *crônetrage,* sondern nur auf *crône.*

190, 7. Vgl. Anm. 50; Teichn. 318.

190, 12. Aehnlich 199, 8; *nieman weiz wie lange er lebet* Rugge 99, 15; *nieman weiz wie nâhe im ist der tôt* Hausen 46, 28; *wir enwizzen, wie nâhe*

uns ist bereit der tôt WGast 8369;
nieman rehte wizzen mac, wie lange
im wirt gebeitet Sing. I, 298 a (in einer
Strophe, deren Anfangszeilen an die
unseres Spruches anklingen); der mensche
weiz niht, wie od wenne er von der
werlde scheiden sol Fegef. 4; Renn.
8549; Musk. 94, 43; 86, 3.
   191, 5. Der Gen. cristenlîcher lêre
steht in syntaktischer Beziehung zu gebot V. 4.
   191, 11. daz er mir gebe ein erbeteil in dem verheizen himelrîch Frl.
422, 14; Renn. 2422; ewig freuden erbeteil 23372; wer erbeteil mit Got wil
haben —, der behalte sin treuwe hie
uf der erden 18479; — tugent, guote
site ... machent dich himelerben Meissn.
III, 93 a; der Himmel unser erbestat Frl.
KL. 20, 18.
   192, 3 fgg. Die Auswahl dieser 3 Haupt-
sünden ist ungewöhnlich. Hoffahrt freilich stand als grösste Sünde fest (Heinzel
z. Erinn. 295; Seew. z. Helbl. 7, 317;
Frl. 171, 7; Pfeiffer, Freie Forschung 244);
auch die gîtikeit galt als Grundübel
(Rückert z. WGast 11932; Seemüller z.
Helbl. 7, 310). Dagegen gehört ungehôrsam nicht einmal zu den 7 Todsun-
den. Dreizahlen von Sünden: hôchvart,
gîtekeit und nît Freid. 28, 19, statt Nei-
des auch unminne 29, 10, vrâz Renn.
6351, lüge Helbl. 7, 310; gîtekeit vrâz
mit huore Freid. 31, 14.
   192, 7. hôchvart ist der traditionelle
Grund für Lucifers Sturz; hôchvart unde
gîtekeit Winsb. 40, 1; ruom Marn. XV,
19 c; untriuwe Frl. 124, 13; übermuot
III, 366 a; MSF 28, 18; — Lucifer verstôzen wart von himel durch die hôchvart Freid. 29, 14; her Lucifer verstôzen wart durch übermuot vast in
die tiefen helle Hinnenb. III, 41 b; Lucifer mit sînen genôzen wart von
himelrich verstôzen Altd. Bll. 1, 363;
dâ Lucifer und sine genôz wurden
von verstôzen üb. Weib 214; mir (dem
Teufel) ist von im (Gott) geschehen,
mir und andern min genôzen, daz
ich von himel wart verstôzen Christ.
437.
   192, 9. wizzet daz von ungehorsam
das paradis verlos Adam, Lucifer daz
himelrich Renn. 3495; uss hoffart kunt
unghorsami, die Adam treib vom para-
dyss Gengenb., Nollhart 1146 [K].
   193. Ueber die Wahl des Textes vgl.
S. 340 fg. Für C spräche höchstens die

Aehnlichkeit des Ueberganges V. 8 mit
201, 7. Das md. o in vlozzen C 12 gäbe
in dieser md. Strophe keinen Anlass zu
Bedenken.

   194. Vgl. S. 21 fgg.; Wilm. Walth.²,
S. 418.
   194, 9. Die vrâge spielt im höfischen
Sittencodex eine doppelte Rolle. Einmal
ziemte es dem höflichen Wirt, seinen
Gast nach dem Grusse auszufragen: vgl.
WGrimm, Kl. Schrr. III, 482; Meissn. III,
91 a. Dann aber — und das gilt für
unsere Stelle — erfuhr man durch Frage,
was gut und recht sei. Dieser Gedanke
ist breit ausgeführt in Frauenlobs Str. 63:
ir hôhen edelen, vrâget, waz man von
iu sage, waz wol behage an iu den
tugentrîchen u. s. w. Vgl. noch Sperv.
21, 34 triuwe machent werden man und
wise schœne frâge; Freid. 78, 23 vrâge
unt wisiu lêre die vüegent michel êre;
Sunbg. III, 74 b ich rât in, daz si frâgen:
des entuont si wœrlîch niht, die man
in houbetsünden weiz; etwas anders
Wegeler 1561 quam semel errare, me-
lius bis terve rogare.
   194, 10. der arge verstolne ê driu
verlür, ê er mit willen einz verkür
Freid. 87, 24.
   195. Datierung S. 87; über den Spruch
V. 2 fgg. Anm. 291; Zs. III, 25; MSD²,
XLIX, 5 u. Anm.; IvDüringsfeld, Sprichwörter der german. und roman. Völker
No. 751; Wander, Sprichwörterlex. III,
860; er ist auch provenzalisch (P.Meyer,
Les derniers troubadours 111) und tür-
kisch (RKöhler, Germ. XV, 105 fg.) nachgewiesen.
   195, 6. swaz liuten arges ie gewar,
daz kumt von cleinen sachen dar Kolm.
124, 37; Marn. XIV, 18 e; vil dicke mag
ein wiser man mit kleinen dingen un-
derstân grôziu dinc Bon. 76, 45. Das
beweisende Bild pflegt sonst vom Feuer-
funken hergenommen zu sein: vgl. ausser den eben citierten Stellen noch Werob.
II, 234 b; magnum scintilla parat ignem
sepe pusilla Zingerle Zs. f. d. Phil. IX, 89.
   196, 1. Ueber den Eingang vgl. S. 198 fg.
und Anm. 249.
   196, 3. diu Triuwe sprach: 'ich binz
diu Triuwe unt wil ez Gote clagen,
daz ich sô gar unmœre bin' Stolle
III, 4 b.
   197, 1. Der Anfang sô wê dir, Werlt
stimmt mit dem Anfang Walth. 21, 10;

derselbe Ausruf im Innern der Strophe
ebenda 38, 13; 122, 37. Auch andere
Schüler Walthers beginnen so: Wernh.
II, 232 b; 233 a; Walth. v. Metz I, 309 a.
197, 2. Heisst es *án* oder *an?* Für
an wäre anzuführen WGast 1789 *ganz
an strtikeit* und vor Allem Freid. 44, 25
stæte an unstæte. Aber das Adj. *aller*
scheint *án* zu unterstützen.
197, 5. Der Genetiv scheint, um so
absolut stehen zu können, eines Ad-
jektivs zu bedürfen (Gr. IV, 892). *mein*
für *min* liegt nahe: derselbe Fehler MSD
LXXIV b, 7.
197, 7. *üz gebogen* heisst der Rücken
des Waldmenschen Iw. 464. Sonst *gebogen: ir* (Frau Welt) *füeret mangen
umbe, unz im der rücke stet gebogen*
Hard. II, 136 a; *swie vil er sunden
phlac, die in heten gebogen* Marienleg.
9, 9; *min ruck hat sich gebogen* (vom
Alter) Musk. 18, 40; Docen, Misc. I, 54.
198, 1. *ez* fehlt wie Frl. 43, 1 *ich
prüeve ein dinc und ist ouch wár;*
Rink. I, 339 b *die wisen jehent und ist
ouch wár;* Hinnenb. III, 39 b *ich herre
sagen unde ist wár;* Damen 161 a *ir
sult daz wizzen unde ist wár;* Tannh.
III, 48 a *ich habe gesündigt mine tage
und ist mir noch vil selten é berouwen.*
Vgl. zu 147, 10.
198, 6. *daz dem manne wære leit,
ob munz hört von sinem munde, daz
erzeige! er zaller stunde Got mit gedanke in sinem muot* WGast 3505. —
Der Küchenknecht steht hier als Typus
des niedrigsten Berufs, vgl. Benecke z.
Iw. 4922; *bœse küchenknehte* Herbort
1580; in der Ecbasis 695 wird der übermütige Igel zum Küchenburschen erniedrigt: vgl. Voigts Ausg. S. 49; der
blœze keiser wird bei Wildon III, 349
von Küchenknechten verhöhnt; Gawan
wird die Wahl gelassen zwischen ge-
fahrvollem Zweikampf und dem Dienst
als Küchenknecht Krone 9834; *ez sint
verschamter köche kint und schame-
lóser müeter barn* Wernh. III, 16 b; im
Apoll. 197 wird Minne getadelt: *ir minnet einen sworzen koch;* ebenda 8620
*man sol mich fürpaz iemer han als
einen parsen kuchenknecht.*
198, 7. Der Iliat *schame aller* ist unmöglich: S. 381 fg. Der Einschub war
um so nötiger, als nie bei Reinmar eine
Anrede an Gott beginnt, ohne dass gleich
im ersten Satze *hérre* oder ähnl. steht.
198, 12. *é daz der valsch* (Acc.) *beginne
brüeten* Wernh. II, 234 b; *schande brüe-*

ten HMS III, 217 b; *ez brüetet manger
sinen töt* Bon. 49, 93; *verlegenheit kan
brüeten unwerdez leben* jTit. 1889, 2;
minn alle tugende brüetet Troj. 2542.
199, 1. Dieselben drei Hochschulen in
derselben Reihenfolge nennt der Meissner
HMS III, 91 b. Paris als die bedeutendste
steht voran (Zs. IV, 496) und fehlt, wo
Hochschulen genannt werden, niemals:
auch die von Wackernagel a. a. O. kon-
statierte Ausnahme (Berthold ed. Kling
426) trifft nicht zu: vgl. Pfeiffers Ausg.
I, 5, 29. Nur Paris und Salerno Renn.
13668; Reinh. S. 335; Padua und Paris
GA 42, 109; Paris und Orleans Renn.
13430; zu jenen dreien tritt Orleans
13905; auch noch Bologna, Toledo, Ve-
rona 2512; Orleans, Montpellier, Bologna
Berth. I, 5; Treviso, Rom, Toscana (Salerno fehlt) Weinschw. 299.
199, 4. Ein ähnlicher Gedanke 67, 3,
derselbe 306, 5; *swaz iu si liep, daz
man iu tuo, daz tuot ouch ir: daz
hiert derzuo; swaz iu si von ieman
leit, daz entuot ir niht* Freid. 121, 8
und Bezzenb.; *swaz du niht wilt von
ir emphan, des soltu si erlazen* Kolm.
58, 39; *mit worten und mit den werken din solt iederman erlazen, des du
wilt erlazen sin* 187, 28; *swaz du wilt,
des man dich erlaze, des gib andern
liuten die selben maze* Spieg. d. Tug. 133;
— *tuo so du wilt, daz man dir tuo*
Meissn. III, 89 a; ähnlich WGast 7836;
Renn. 18252; Tischz. D 131.
199, 9. *man sol hán mit den besten
phliht* Freid. 90, 23; Pfeff. II, 146 a; *du
solt — dich zuo den besten zien* Ps.-
Sunbg. III, 70 b; Hätzl. II, 24, 39.
200. Sprüche über verschiedene Le-
bensalter, die aber meist in Dekaden fortschreiten, sammelte Goedeke, Gengenb.
565—591, namentl. 589 fgg.; vgl. noch
Höpfner, Weckherlins Oden, S. 24; Hoffmann, Spenden I, 3. Ein Spruch des
Meissner, der jedesfalls durch R. angeregt war (III, 103 b), kennt nur die Stufen
20, 30, 50.
200, 1. Zwölf Jahre: Beginn der Mün-
digkeit (RA 414); der Knabe kommt
aus der Hut der Mutter in den Herrendienst (Schultz, Höf. Leben I, 126. 132);
vgl. Greg. 1379; der Reiche hat an seinen
Kindern vom zwölften Jahre an Feinde
Freid. 42, 5.
200, 4. Das Kind braucht 20 Jahre
zum Lernen Amis 211; *kint, lerne, só
du bist under zweinzic jâren, daz du
daz beste tuost* Meissn. III, 103 b; *junger*

man von zwénzic jâren, lerne tugent-
liche gebâren Unver*z.* 43 a; *eines jun-*
gen mannes muot, der under zwénzic
jâren stât, ist unberechenbar Wernh. ll,
230 b.
200, 6. 24 Jahre die Zeit vollendeter
Reife: Walth. 140, 3; *ein man bî vier*
unt zweinzic jâren âne tugent wie
kan sich der beschœnen mit den kin-
den? HMS lll, 422 a, 3; der Minne *sint*
vier unt zwénzic jâr vil lieber danne
ir vierzec sint Walth. 57, 29; *dú solt*
niht minnen, ê dú kumest ze vier unt
zweinzic jâren (Gegensatz 12) Neidh.
XLVI, 21.
200, 7. 30 Jahre die Zeit höchster
Kraft: für den dreissigjährigen Knecht
ists Zeit, Ritter zu werden Helbl. 8, 659;
drizic jâre ein tôre gar der muoz ein
narre vürbaz sin Winsb. 37, 1; *ein*
jungeline in drizic jâren Meissn. lll,
106 a; schon vor dem dreissigsten Jahre
soll der Mensch an Gott und jenes Leben
denken Frl. 12, 14; *da' mite so maht*
dú éren vil erlangen, swann dú kumst
über drizic jâr Kolm. 9, 22.
200, 12. Mit dem 50. Jahre endet die
iuventus (Wackernagel, Predd. S. 330);
swenn der mensch ist bî fünfzic jâren,
so kan er aller best gebâren und ist
in der besten kraft Teichner 11; von
da an geht es bergab, beginnt das
Alter (RA 416; Meissn. lll, 103 b; 250 b, 4
ist gar schon das 40. Jahr der Höhepunkt). Die Zeit von 20—50 Jahren
meint Wernher wol ll, 229 a: (*wibes*
schœne unt) *mannes kraft sint in der*
wirde drizic jâr.
201, 4. *œder gouch* wird sonst nur
übertragen als Schimpfwort gebraucht,
vor Allem in echten und unechten Neid-
harts; vgl. noch gSchm. 1304; Hätzl. ll,
56, 181; 60, 82.
201, 5. Genau derselbe Gedanke ohne
bildliche Einkleidung Marn. XV, 19 g *ez*
sprichet manger 'zwâre ich bin ge-
sanges meister gar', der nie gewan
gerehten sin an sanges kunst; — man
sol den selben gouch tuon hin, der so
geliegen tar. — Der Kuckuck Typus
des schlechten eintönigen Sängers: Freid.
84, 2; 140, 9; 143, 15; Frl. 303, 21; im
Lügenmärchen Ls. 135, 4 *ich hört von*
einem gucgouch ein löbliches gedœn;
er wird gern der Nachtigall gegenüber
gestellt: Wackernagel, Kl. Schrr. lll, 211;
DWb. V, 2524; Wackernell zu Montf.
15, 165; *der Kuckuk wirdt kein nachti-*
gal Clauert S. 8 (Neudr.); *die lerch ain*

übel mär deiicht, übersung si nit den
gauch Hätzl. ll, 58, 31.
201, 9. *ére muoz koufen manic man*
von dem, der ére nie gewan Freid. 93, 10.
201, 11. *wer roufet mich, dâ nie*
kein hâr gewuohs? Parz. 1, 26; vgl. Zs.
XIII, 384; *er ist an prûse ervœret, der*
mich in miner hant enmitten roufet
jTit. 50, 2; *wer in der hant mich rauft,*
das dut mir doch nit we Altschw.
170, 36; Müllenhoff, Sagen 32: — *waz*
grozer wirden an im stat, als vil die
krot des hares hat! Musk. 87, 102.
202. Der Grundgedanke, dass vom
Neide nur Gute und Glückliche betroffen
werden und dass Neid drum nicht zu
fürchten sei, gehört in minniglicher Anwendung schon dem ältern Minnesang:
Wilm. Leb. lll, 31. 312. 502; *nit den*
wil ich iemer gerne liden Walth. 63, 14;
er liz im sin die bœsen nit ze lihter
wis Rotenb. l, 82 b; — allgemein didaktisch wie an unsrer Stelle Reinm. d. A.
150, 15 *sich sol ein ritter flizen mane-*
ger güete: ist ieman, der daz nîde,
daz ist ein so gefüeger schade, den ich
für al die werlt vil gerne lide; breit
ausgeführt Trist. 8399 fgg. *hazzen unde*
niden daz muoz der biderbe liden u. s. w.;
Konr. 32, 88. 247.
202, 2. Verstehe *unt vlize sich, sich*
der tugende wern (vgl. 152, 6; 210, 6;
wild. Alex. ll, 366 b). *sich* nur einmal
gesetzt: vgl. z. 118, 12; Lachm. z. Iw.
8163, wozu ich füge Stolle lll, 8 a *über*
die = *über die, die;* Damen 164 a; Frl.
20, 18 *vür die, (die);* Meissn. lll, 99 a
vür daz, (daz).
202, 5. Die von mir in den Text aufgenommene Umstellung vdHagens ist
nicht unbedingt nötig: nimmt man Caesur nach *niht* an, so lässt sich die Betonung *niden* verteidigen.
203, 1. *sermon* auch Par. Tagz. 2455.
203, 2. *ein trügener und ein lügener*
und ein trufator Berth. l, 216, 23; *ez*
entar dâ nieman liegen, trufieren oder
triegen Apoll. 8842. Ueber das Suffix
-*ât* in liegât vgl. S. 289.
203, 4. *ein slich, ein slunthart* Meissn.
lll, 110 b; *slinthart* Renn. 1725; 9034;
slunthertlin 14868; Wackern., Kl. Schrr.
lll, 106.
203, 5. *Diepolt* Renn. 1726. 14381;
DWb. ll, 1093; *Raupolt* Renn. 1726;
Meinolt, eine gewiss richtige Besserung
JGrimms (Gr. ll, 331) und Wackernagels
(Kl. Schrr. lll, 107), ist ein Seitenstück
zu dem *Swerolt* Renn. 9033. Was sollte

Manolt bedeuten? Aenderung des *-olt* in *-olf* (wie JGrimm will) ist ganz unnötig und wird obendrein durch die Renner-stellen widerlegt.

203, 7. *ze prise* Mart. z. Gudr. 406, 3; Zs. f. d. Phil. XV, 211; oft im Trist. 2291. 3217. 3587.

203, 8. *Nidunc* Wack. III, 102; Renn. 14127. 14381. 14647; *her Nidunc* 4634; *erennidinc* Boppe II, 384 a.

203, 12. *dich wil Ere in ir tanz* Frl. 130, 1; *swenne der tanz* (das jüngste Gericht) *ein ende huit, zwén reien siht man vüeren* Wartbg. 49, 7; *pit hie fur mich, das ich den tantz eins warhaften lebens trett nach der suszen pfifen deins liebs Ihesu Christi* Heinr. v. Nördl. 48, 40 und Strauchs Anm.; Tanz des Todes Freid. 175, 15 u. ö.; die *geitikeit* führt alle Stände *an irm reien* Renn. 4439; *bruder Slunt fürt vor den reien* 9405.

204, 2. *in grossen wassern michel visch vœht man mit garen strecken* Wolk. 6, 193; *kleine Wasser machen Niemand reich; grosse Fisch findt man im grossen Teich* Hoffmann v. Fallersl., Spenden I, 40; *in grossen Wassern fenget man grosse Fische, man erseufft aber auch gern* Wander, Sprichwörter-lex. IV, 1806 (175. 176), 1807 (191—193).

204, 9. Den Gen. bei *vähen* kann ich nicht mhd. nachweisen (Gr. IV, 648); ich habe daher die sehr leichte Aenderung *niene* (211, 2) aufgenommen.

205, 1. Das Rätsel von Kain ist, allerdings in Variationen, weit verbreitet. Häufiger ist die Frage: wer erschlug der Welt vierten Teil? *Abel hat den leip verlorn, e dann sin vater wer geborn* Renn. 172; *Chayn fuit natus antequam pater et mater* Mone Anz. VII, 50; *wer geborn sei ee dan sein vater und muotter* Zs. III, 33. Die Vorstellung, dass Adam nie geboren sei, gab zu vielen Rätselfragen und dialektischen Spiele-reien Anlass: Ich verweise auf die leicht zu vermehrende Sammlung von Wilmanns, Zs. XV, 174.

205, 4 fgg. Es ist doch wol die Eis-brücke gemeint: *wer baut Brücken ohne Holz? der Winter stolz* Simrock, Rätselb. 149; Zs. V, 478; *der winter kam alldar mit grossem grimme, — er tet mang bruck erbawen; der summer kam und warf ins ab* Zingerle, Germ. V, 206. Wäre die Tradition des Bildes nicht da, so würde ich freilich eher mit Kurz, Lit.-Gesch. I, 113 b, auf den Nebel raten, bei dessen Vertreiben der Wind eine

ganz andere Rolle spielt als dem Eis gegenüber.

205, 9. Die beiden Starken sind Sonne und Wind. Ein ähnlicher Contrast Zs. XV, 167: *quis est quod tangitur et non videtur? anima; quis est quod videtur et non tangitur? celum;* vgl. S. 169. Die Rätsel vom Winde heben besonders gern hervor, dass man ihn hört (und fühlt), nicht aber sieht (und greift): *von winden wunders vil geschiht, die nieman grifet noch ensiht* Freid. 18, 4. Ein Rätsel Aldhelms beginnt: *cernere me nulli possunt nec prendere palmis; argutum vocis crepitum cito pando per orbem* Reussner 204; Mone Anz. VIII, 225; Therander, Aenigmatographia 34; Ludwig, Centuria II, 60 u. s. w.

205, 11 formelhaft: *unt war ez al der welte leit, sô muoz sin wille an mir ergan* MSF 6, 12.

206, 4. *Got, unser herre, git sin himelriche, swem er wil* Stolle III, 9 a; *Got git nach sinem willen* Raumsl. 56 b; *sus hât ez Got geteilet, swie sô er wil* 67 a; oft bei Freidank 3, 23. 6, 20. 19. 15. 25, 8.

206, 5. In den Par. Tagz. 2676 heisst es gar im Gebet: *geruoche mir dâ geben gewunnen spil.*

207, 1. *dur din güete gip mir vrist, unz ich büeze wider dich die mînen grôzen missetât* Marn. XV, 104; *lâz mich noch hie als lange leben, daz mir geschehe in buoze wê* Winsb. 72, 3; namentlich ähnlich: *Got herre — sô gib mir alsô lange vrist, unz ich ze dienste werden dir müge unt dînen namen drin* Damen III, 165 a; vgl. auch 161 b; *hoff doch, du wellest mir gnedeklichen borgen, das ich bekenn die sünde min gentzlich nach dinem willen* Montf. 38, 165.

207, 5. *dir sich biegent elliu knie* Barl. 1, 25; Gott. Zuk. 1993; Heimesf. 1089; *mit vlénder stimme bouc sie gein dem heiligen ir knie* Lampr. Franc. 4592; *— er ist von kluogen geisten, dunkt mich sicherlîch, swer sich enzit gên sinem schepfer bieget* Frl. 345, 9; (Breis.) II, 140 b.

207, 7. *dû gist im* (dem Sünder) *vrist vil lange ûf bezzerunge* Lobg. 56, 3.

207, 9. *wir suln durch niht enlâzen, wir bereiten den wirt, der uns hât geborget dâ her mangen tac* Kolmas 121, 7; *borgen* so bildlich auch Montf. 38, 168; *ez kumpt doch der tod und wil eim nicht me borgen* 33, 112.

207,10. Warnung vor dem Aufschieben der Busse: Freid. 33, 12 und WGrimm zu 36, 7; Wernh. II, 233 a.

208,1. Gemeint ist Pred. 1, 14. *Salmón hát doch wár geseit, diu werlt ist gar ein üppecheit* Freid. 81, 7; Montf. 27, 121.

208,6. Der Text von C ist pleonastisch. *wie mac mir baz gelingen an lange wernder sælikeit?* Wernh. II, 235 b; *nach dirre irdischen unstetikeit zu der ewigen selikeit* Renn. 2208.

208,8. *(ich) hán daz éwige unheil miner séle gekoufet; diu muoz sín besoufet in dem éwigen abgründe* Reinh. F. S. 321. Auch *hellepíne* ist Dativ.

209,3. *(Der bösen Herren) gellic munt hát verhouwen, dá man was gesunt* Sig. II, 362 b.

209,5. *lebendic ré* wie Marn. XV, 57; *scham dich, lebens tóter man* Frauenl. 79, 13; *ist ieman lebendic unt doch tót?* Walth. 152, 3; *mit lebendem libe tót* Trist. 9596; *ein lebendic tóter* Lab. 123, 6. 363. 7. 511, 4; *wie wœre ein man mé tót, dan der án ére bí den liuten stát?* Zilies III, 25 a. — *ein ursprinc aller missetát* heisst der ungetreue Mann auch beim wilden Alexander II, 367 a.

209,6. Freid. 43, 24; *ir (der Untreuen) lachen sol mich selten dunken ·guot* Rugge 103, 2; *sín wolkenlósez lachen bringet scharpfen hagel* Walth. 29, 13; — *schalc in sínem munde wundebernde sprüche treit* Konr. 25, 14.

209,7. *der valsche wint, der úz ir tótem munde gát, macht manegen ungesunt* Zilies III, 25 a.

210. Ueber die priamelartige Anlage vgl. S. 246 fgg.

210,9. Dass auch die Frau *nách Gote* gebildet sei, ist die übliche Vorstellung. Rinkenberg freilich sagt 1, 340 b: *wch dem, der die Frauen nicht geniezen lát, daz si Got nách síner muoter gebildet hát.*

210,10. Die Epitheta stehen umgekehrt: Walth. 66, 21; 81, 16; Ls. 27, 287; 139, 112.

210,12. *manic edele jugent gít liehten schín und zamet an Schanden zoume* Kelin III, 20 a.

211,3. *wie sol der ráten éren rát, der éren niht enpfliget?* Sunbg. II, 353 a.

211,5. Das *beide* von A ist durchaus unanstössig, obgleich es sich auf drei Begriffe bezieht. Belege sammelt Grimm, Gr. IV, 954; vgl. ferner die Wbb. und Germ. VI, 224; IX, 456; XIV, 83; der Stricker liebt die Verbindung: Jensen, Ueb. den Stricker als *bîspel-*Dichter, S. 57. Voraussetzung ist immer, dass zwei Begriffe eine Einheit für sich bilden: bei Reinmar sind es hier die beiden ersten; vgl. noch *beide hie, dort unde dá* Tannh. II, 81 a; *daz willekomen unt diu letze unt ouch daz scheiden — lop sí gesaget in beiden!* Meissn. III, 88 b (die Zusammengehörigkeit der beiden letzten Worte ist sehr deutlich); *beide firm, dauff und kresem* Musk. 23, 68; selbst *diu zwei* steht so: *tugent, guote site, reiniu jugent diu zwei wol mugent baz wan golt* Meissn. III, 93 a. Es war Willkür, wenn JGrimm Beziehung auf die Vierzahl ausschloss: nur ist auch dann Gruppirung von $2 + 2$ oder $3 + 1$ nötig: jenes Walth. 13, 7 *witz unde manheit, darzuo silber und daz golt swer diu beidiu hát;* Schreib. II, 151 b *vil kleide beide grüen gel, rót unde blá;* dieses Neif. 9, 29 *loup gras bluomen, vogellín beide* u. s. w.

211,6. Der Blinde kann den Blinden nicht leiten: Heinzel zur Erinn. 256; Zingerle, Sprichw. 20. 191; Wilm. Leb. III, 639; Bezzenb. z. Freid. 55, 9; *die müezen beide strücheln —, swá blinde blinden leiten sol* Marn. 160, 6 u. Strauchs Anm.; *caecus agens caecum facit hunc procumbere secum* Wegeler Nr. 160; *é was ich blint unt wiste blinden* Heinr. v. d. Mure I, 119 a.

212,5. Es wird unnötig sein, *mort* in *morts* zu ändern oder gar einen unflektierten Genetiv anzunehmen. *schuldic* wird hier von der häufigen Verbindung *schuldic sín c. Acc.* her (vgl. Gr. IV, 756 fgg. und die Nachträge im Neudruck) auch allein den Acc. regieren. Die Construction bleibt hart, da *schuldic* hier nicht 'schuldend', sondern 'verschuldend' ist. Denn *mort* für ein Fremdwort (= frz. *mort*) zu halten, wie es gSchm. 756 feststeht, liegt im Zusammenhang und bei der Seltenheit jenes Fremdworts fern: syntaktisch wäre es leichter; vgl. die Phrase *den tót schuldic sín.*

212,12. *gehabe dich wol* ironisch; *nú habe dich wol* werden Raum. III, 60 a die Ansprüche eines Toren, *vil lieber freunt, gehabe dich wol* Renn. 2073 die des Gläubigers abgewiesen; *nu, zieren helde, gehabt euch wol!* Renn. 21142.

213. 214. Datierung S. 86 fg.; vgl. auch Anm. 80.

213, 4 = Walth. 7, 5.

213, 10. *sunder (ane) vorht* als Tadel: WGrimm z. Freid. 33, 8; Strauch z. Marn. XV, 239; Freid. 53, 19; Gottes Zukunft 5065; ein Lob der *vorhte* verfasste Konrad 25, 21.

214, 2. Wackernagels *vluoch* wäre absolut synonym mit *ban* V. 3, und dafür spricht nicht die umständliche Anknüpfung *mit im unt.* Vgl. Freid. 149, 14a *ich hœre an dem buoche lesen, der bâbst sül lebende heilic wesen;* Wartbg. 131, 8 *ir phaffen, kiusel an iur buoch. Daz buoch* meint nicht die Bibel speziell (meist *diu buoch*).

214, 5. Die Conj. *stuol* wird von Menge, Kaisertum und Kaiser S. 32, überzeugend vertreten. Unzweideutig ist freilich auch *stual* nicht. Eben so oft wie den kaiserlichen Thron meint es den Stuhl Petri: vgl. Frl. 337, 4; 338, 3; 343, 7; es ist zum mindesten nicht gewiss, welchen *stuol* Reinmar 223, 2 als verwaist bezeichnet. Jedesfalls aber könnte das überlieferte *stöle* nur die geistliche Macht meinen (vgl. 213, 7), und auch Frauenlob stellt 336, 3 *rîche, stuol* und *swert* der *stöle* und dem *banne* gegenüber. Der umgekehrte Fehler, *stuol* für *stöle,* scheint Amis 1705 vorzuliegen (Sprenger, Germ. XXVIII, 190).

214, 7. *Ir* oder *Her?* vgl. S. 266.

215, 1. 2. *gelandet, geliutet* wie *geherzet* 117, 7; *gewerldet* Trist. 44; 65; *geherret* Stolle III, 10b.

215, 3. Vgl. Bezz. z. Freid. 5, 11; Strauch z. Marn. XIV, 44; Wackernell z. Montf. 12, 16; *tier, würme, vogele sêre grabent: ir keinz verschert sin reht: niur menschen, die die toufe habent* Frl. 340, 19; *ieglich crêatiure heldet den ir orden baz niwan diu arme menscheit* Marn. XV, 19a; *si* (die Natur) *trüebet niht niur menschen lust unreine* Frl. 232, 19; Sunb. II, 357a.

215, 10. Vgl. Haupt z. Er. 2788, wo aus Ulrichs Wilh. 181a angeführt wird: *markis, des kan min touf sich schamen.*

216. Vgl. S. 83.

216, 3. *der liute vâher* profaniert ein geistliches Bild: Menschen fängt sonst Christus, der etwa mit dem Kreuze angelt (Otte, Kunstarchäol. I, 485), und namentlich Petrus: *waz grœzer vische er vienc!* Frl. 339, 6. *vâher* geistl. auch Zs. III, 237.

217. Ueber das Verhältuis dieser Str. zum Leich vgl. S. 119.

218, 2. *muoter der erbarmherzikeit:* gSchm. XLIII: *m. der barmherzikeit* Leyser Pred. 99, 34; Marieuleg. 12, 82; *m. aller barmikeit* Frl. 420, 12; *m. der barmunge* Sunb. II, 359b; Altd. Bll. I, 80.

218, 6: vgl. zu 158, 8.

218, 9. *mit inniclichen herzen an ruofen* Frl. 326, 9.

218, 12. Der Sinn ist: 'gib Acht, sorge dafür, dass der Teufel mit uns Schmerz habe. d. h. dass wir ihm nicht anheim fallen'; vgl. Marn. XV, 114 *daz ich gelebe also in dinem dienste hie, daz min der tievel dort iht werde vrô;* (Breis.) II, 140a *ze vröude mir, dem tiuvel gar ze leide.* — Das *hât* von C ist vielleicht zu verteidigen durch Frl. 144, 16 *lege dînen vlîz, wie dû behaltent bist den prîs.*

219, 1. Es geschieht R. wol zu viel Ehre, wenn Bartsch ihn (Album d. lit. Ver. in Nürnbg. 1865, S. 65) als den ersten nennt, der das Tagelied geistlich parodiert habe. Dann hat Walther mit seinem Spruche 21, 25 *nu wachet, uns gêt zuo der tac* u. s. w. viel eher jenen Auspruch. Aber beide werden weder an das Tagelied gedacht haben noch dadurch angeregt sein. Mit dem Bilde des Sündenschlafs war auch das Motiv des Erweckens gegeben; *nu wachâ, kint, jâ wecke ich dich durch triuwe* Wartbg. 29, 3.

219, 3. *ez nâhet gein der suone tage, daz Got wil süenen alle klage* Marn. I, 40; *diu zît diu nâhet sicherlich nû gein dem tage schône* (geistl. Tagelied) Kolm. 7, 17 u. ö.; *morgen* wie hier 301, 12 *wacht ûf, ir Cristen! ez ist liehter morgen.*

219, 7. *Got sitzet in dem trône; daz criuze und diu crône, daz sper — daz wirt gezeiget an der vart* Gott. Zuk. 6852; Speer, Kreuz und Krone am jüngsten Tage Meissn. III, 97a; *er zeigt dir sper, criuz unde crône* Kolm. 116, 69.

219, 10. Der Auftakt *erst gewaltic* ist sehr hart. Das naheliegende *über diu lant* wird ausgeschlossen durch das Formelhafte der Phrase: *fürste übr alliu lant* Marn. XIV, 18f; *künic über alliu lant* Kelin III, 21a; *herre übr alle lant* Kolm. 54, 48 u. o.

220. Das Rätsel ist richtig auf den Gedanken gedeutet von Haupt z. Engelh. 284 und von Dietrich, Zs. XI, 458.

220, 2. *Which is the heviest thinge bering? Syn is the heviest* Reliq. ant. I, 231; provenzal. und spanische Rätselfragen: 'was ist das leichteste Ding auf der Welt? Der Gedanke des Menschen' teilt Bartsch, Germ. IV, 313 mit.

220, 3. *gevüege* = klein: Haupt z. Eng. 284; *dú von der niht erschrecke, bî dem gefileger wandel stecke* Konr. 25, 103; auch ausserhalb der Konradschen Gedichte nicht selten: *si kan gefüege wesen, swie si mér dan mîn herze si* Hadl. 1, 5; *dó het er einen gevüegen spán vor in den ermel getán* Zs. VIII, 91; Ls. 119, 21; — *ez wirt gróz und kleine* in einem Rätsel Kelin III, 21 b.

220, 7. Augenwink als kürzester Moment DWb. I, 814; vgl. *ên ógplinken* Höfer, Germ. XVIII, 17; RA 75; JGrimm, Germ. XI, 501; Zingerle, Germ. XI, 175, wozu ich nachtrage: *alsó skiero só diu bráwa zesamine geslát* Memento 6; *in só kurzer vrist als ein ouge zuo geslagen ist und wider úf geblicket hát* Heimesf., Mar. Himm. 1102; *biz daz ein brá an die andern kumt* Berth. II, 29, 19. Die Vorstellung ist mehr dem 12. Jahrhundert geläufig als dem 13., in dem *ougenblic* überwiegt: vgl. Strauch z. Marn. I, 16; — *gedanke unt ougen diu sint snel* Heid. Freid. 8, 15; *gedanc ist sneller über velt dan der blic eins ougen* Süssk. II, 258 b; Uhland, Schrr. III, 191; 294 Anm. 56; *dic mihi quid paucis quaevis loca permeet horis* u. s. w. Reussner, Aenigmatogr. 269.

220, 11. Das *nádelhol* (auch Pilat. 137) stammt aus Luc. 18, 25; — *gedanke sluffen dur den stein, dur stahel und dur ísen* Süssk. II, 258 b.

220, 12. *beren gróz* ist mir, abgesehen von der metrischen Härte, anstössig im Vergleich mit V. 3: stünde dort der Mücke der Bär gegenüber, gut; aber dass R. hier in die Schlusszeile das viel schwächere Bild aufnimmt, ist unwahrscheinlich. Man tausche oder setze beidemal *berc. grœzer danne ein berc* Lanz. 2454; Biterolf 4055; Ls. 148, 666; vgl. auch Er. 8034; 9237. Häufiger noch dient der Berg als Symbol der Schwere.

221. 222. Datierung S. 69 fgg.

221, 6. *ich hört ie sagen, swa ez só gezóch, daz man gein wibes scherme vlóch, dú solt ellenthaftez jagen an síme strîte gar verzagen* Parz. 415, 1.

221, 12. *swer sich zuo lange wolde soumen, deme muoste von eiern troumen* Ulr. Wilh. 87 a. Von Eiern träumen

bedeutet nach weit verbreitetem Aberglauben Unglück: *wem traumpt, das er eyer esse, dem nahet siechtum* Berl. Papierhs. Cod. germ. 8° 101, Bl. 175 a; *also trompt im von eyger, so betütet es krieg* (aus einer Einsiedler Hs.) Anz. 1857, Sp. 40; es bedeutet im Canton Bern Verdruss (Rothenbach, Volkstümliches aus dem Canton Bern Nr. 424. 428 [K]); in Niederöstreich einen Process (Blaas, Germ. XXIX, 90); in der Oberpfalz Unglück oder bald Prügel im Hause (Schönwerth, Aus der Oberpfalz III, 271 [K]); in der Wetterau Zank (Wolf, Beiträge zur deutschen Mythologie I, 239 [K]); in Thüringen Zank im Hause (Witzschel, Sagen aus Thüringen II, 285); in Waldeck Zank (Curtze, Volksüberl. aus Waldeck 386 [K]); im Harz Unglück (Pröhle, Zs. f. deutsche Mythol. I 203). Schon in den Ὀνειροκριτικά des Artemidor II, 43 heisst von Eiern: τὰ μὲν ὀλίγα κέρδους ἐστὶ σημαντικὰ διὰ τὸ τρόφιμον, τὰ δὲ πολλὰ φροντίδων καὶ ἀνίας· πολλάκις δὲ καὶ δικῶν [K].

222, 1. Die Landfrieden waren ausserhalb des nächsten Machtbereichs der Könige oft so illusorisch, dass sie auch sonst Anlass zu spöttischem Lobe gegeben haben. Bei Helbl. 13, 169 rühmt Raubgesindel: *der lantfrid ist só guot, daz uns niemen niht entuot*; vgl. die launige Str. Kolm. 134, 25.

222, 5. Ueber die Trennung der zusammengehörigen Worte *diu künigin* und *von Ungerlant* vgl. jetzt JGrimm, Kl. Schrr. VII, 132; statt die zahlreichen Beispiele zu mehren, weise ich hier nur auf den bemerkenswert schweren Fall bei Damen III, 168 b hin: *her herzoge, sît gemeit, diz lop hân ich an iuch gebráht, von Slesewîc.*

222, 7. *gevœre* hat vdHagen recht unglücklich in *geware* geändert. Vgl. Liecht. 111, 9 *diu (Minne) ist mir gevœre;* Raprechtw. I, 342 b *rótez mundelín, ich bin dir alsó gevœre;* Kolm. 81, 35.

222, 12. Auch Walther schaut sehnsüchtig auf die Zeit zurück, *dó Zuht gebieten mohte* (64, 8).

223. Datierung S. 90.

223, 6. *Cristenglaub und das recht get knicken uff der stelzen* Musk. 75, 7. Ueber das Bild vgl. S. 275.

223, 8. Es ist herkömmlich (S. 201), dass auf schlechte Herren der Tod herabgewünscht wird: *kum, arger Tót, die bœsen herren sterbe* Meissn. III, 89 a;

den *tugendelôsen* bin ich gram, den
wünsche ich, daz si sterben 104b; der
töt si müeze von den biderben verren
Sigeher II, 362 b; Unverz. III, 43 b;
Litsch. 47 b (zwei Mal); Stolle 10 a.

224. Datierung S. 87 fgg.

224, 1. Man gibt ein Mädchen ze
manne: Alex. 3366; wil si sich selb
ze manne geben, si mac wol scheme-
líche leben Liecht. 626, 11; GA 28, 22;
Helmbr. 1417; Wachtelm. 119; Renn.
415. Megenze unde Kölne sind Apposition zu zwô tohtern; hinter man setze
ein Komma!

224, 6. er kann nicht richtig sein.
Der Gegensatz ist Kaiser und Reich. Die
Erzbischöfe wollen den Kaiser, nicht das
Reich schädigen: während aber dessen
scharte gut verheilt, muss das Reich
eine ungeheilte Wunde mit sich herum-
tragen. — den keiser schrieb ich nach
Erec 4212; eine bei Schm. II², 645 angeführte Stelle: biz ime sín schade gar
verswar scheint auch den Dativ zu belegen.

224, 12. Mücke ein Bild der Kleinheit
und Schwäche Raumsl. III, 66 a; Christoph. 808; diu meise mac niht vertríben von dem nest den arn Ls. 248,110;
ehr frâsse die Mücke einen Adler
Wander III, 743.

225. Datierung S. 73 fg.

225, 3. blint: vgl. WGrimm z. Freid.
24, 15; dâ gegen ist alliu lêre blint
Tirol I, 7 a; diu seitenspil wären gegen
ir stimme plint Apoll. 5305; alle Freuden sint bi disen fröuden blint Winsb.
63, 2; Helmbr. 1480 wird ebenso lam
gesagt.

225, 4. Ueber den Mangel der Flexion
vgl. z. 187, 6; wîz und swarzer varwe
er schein Parz. 57, 18; werltlich unde
tumber site Lampr. Franz. 686 und Weinholds Anm.; allen dingen . . will unt
zamen Frl. 159, 8 und Anm.; 233, 11;
Marn. XV, 19 h, 11.

225, 9. alle geistlich orden sint nâch
der ê worden Gottes Zuk. 8424; alle
heiligen, die nú sint, sint der ëliute

kint 8416; kein heilig wart sô heilig
nie, kein profêt nie sô wise, ern si
doch von der minne hie HMS III, 454 b, 5.

225, 12. widerredet daz iemen, der
muoz ein lôre wesen Walth. 6, 5; swer
anders giht, der misseseit Hartm. MSF
211, 35; swer mir daz widerwirfet, der
muoz sprechen mein Wartbg. 40, 9;
vgl. 297, 5.

226, 6. ze dinen ôren: wo von der
Empfängnis durchs Ohr die Rede ist,
überwiegt allerdings der Sing., aber
nicht so konsequent, dass darauf hin
Aenderungen gerechtfertigt wären: der
Plural stets bei Walther (5, 24; 36, 36;
148, 10); dîn gruoz durch ir ôren
drane Konr. 1, 37; er vlouc durch dîner
ôren tor gSchm. 1970; die hêre gluckes
schîbe Marîen durch ir ôren scheip
Erlös. 2676; gegrüezet sî daz wort,
daz durch ir ôren brast Frl. 389, 12;
Sunbg. II, 353 a.

227. Datierung S. 76 fg.

227, 6. Zum Bilde vgl. z. 116, 8; swaz
nú der meie fröuden pflac, ein wîp
daz allez übermac reht als diu sunn
durchliuht den tac Kolm. 174, 7.

228. Datierung S. 83 fg., Echtheit
S. 119 fg.

228, 1. niunherzic: Wackernagel, Zs.
II, 541; vgl. neungescheid, neunklug
(negenklok) DWb. VII, 682 fg.; drier
lewen herze bedeutet Uebermut WGast
10497; dem Klingsor werden acht Zungen
nachgerühmt Wartbg. 91, 6.

228, 2. drier vürsten sedel: vgl. S. 84.

228, 5. ein âdern niender = 'auch
nicht eine Ader': Bech, Germ. XIX, 58 fg.

228, 11. Vgl. Anm. 30.

229, 3. Die Welt gibt als Lohn bei
Frl. 442, 6 den Rof 'nú hin verlorn'
wie hier; ausserdem ein Leintuch und
sieben Fuss Erde; 'wolhin! lú varn!
wan sterben ist gemeine' Regenb. III,
345 b; Frl. 285, 19.

229, 4. si (die mâge) volgent im biz
zuo dem grabe Barl. 126, 20.

229, 10. friunt friunde: Jän. z. Bit.
790.

---

230 fgg. Ueber die Echtheit S. 119; vgl. noch S. 315 und Anm. 354.

231, 2. Entweder *si* für *bis* oder aber, was mir jetzt wahrscheinlicher dünkt, *rát* ist Genetiv ohne Flexion: vgl. Neidh. 38, 19 *wol bedürfte ich miner wisen vriunde rát*; Haupt z. Erec 8124; Hildebrand, Zs. f. d. Phil. IV, 360.

231, 6. Ist *din* zu verteidigen? Singenberg sagt I, 288b *ir güete, die man an der vil minneclichen vindet.* Aber in V. 7. 8 kommt diese Parallele nicht zu Hilfe.

233. Ueber das Bild von der bergauf fliessenden Quelle im Herzen vgl. WGrimm, Freid.[1] ClII; Str. 291, 12; 295, 3; *ein brunne entspringet in dem herzen din* Meissn. III, 86a; die Thränen heissen ein *quecbrunne* Lampr. Syon 3466. Noch beim jungen Goethe III, 162 '*die Thräne, die glühend Herz auf quillet*'.

235—239. Vgl. S. 120—122. Ein niederdeutsches Gedicht, das im Jahrb. d. Vereins für nd. Sprachforschung XI, 173 aus einer Hs. des 15. Jahrh. mitgeteilt ist, behandelt in 6 Strophen, die von einer einleitenden und einer schliessenden umrahmt sind, die 6 Buchstaben des Namen *Ihesus* nach gleicher Methode: die Deutung ist da: *innicheit*, (ge)*hoersamheit*, *envoldicheit*, *sympelheit*, *vredsamheit*, *sorchvoldicheit*. Albertus Magnus erklärt in seinem Compendium theologicae veritatis IV, 12 den Namen Jesus: *iucunditas moerentium, eternitas viventium, sanitas languentium, ubertas egentium, satietas esurientium* [K]. Der Jesuit Salmeron (opp. t. II, tractat. IV, 26) fühlte ein wenig das Spielerige solcher Etymologien: *quod ad gratias attinet, quinque singulares illas ex elementis sui nominis sic colligimus (quanquam non ignoro haec magis esse pia quam solida) M Mater Misericordiae, A Advocata Adflictorum, R Refugium Redeuntium, I Inventrix Iustitiae quae duplex est: Innocentiae et Indulgentiae, A Amica Angelorum.* Es blieb denn auch nicht aus, dass protestantische Theologen über die vage Willkür solcher Deutungen herfielen (Augusti, Denkwürdigkeiten aus der christlichen Archäologie III, 5 [K]). Trotzdem reichen sie bis ins 18. Jahrhundert hinein. In des P. Attanasy von Dilling 'Sittlicher und der Seelen nützlicher Reiss nach Betlehem' (Sultzbach 1700) wird S. 615 u. 620 erzählt, dass Bernardinus de Bustis die Maria in 5 Predigten mit den 5 Matronen *Michol Abigail Rachel Judith Abisag* verglich und dass er sie *Mediatrix, Auxiliatrix, Restauratrix, Illuminatrix, Advocata* nannte [K].

Das ABC cum notis variorum (Leipzig und Dresden 1703) berichtet II, 58 sogar drei verschiedene Auslegungen der Papisten: *Mater absque reatu illam accepit* oder *Morienti apostoli reliquique initiati adstabant* oder *Mediatrix Adjutrix Redemtrix Illuminatrix Advocatrix* [K].

238, 2. Ueber den Beinamen *Illuminatrix* vgl. MSD[2] zu XXXIX, 4.

238, 10. Der von mir aufgenommene Text ist halb Verlegenheitsauskunft. *in Gut* (Acc.) *glouben* ist tadellos (Schm. I[2], 1406); aber *vri* wird dann zum blossen Flickwort. t führt hin etwa auf *daz wir stén* (oder *sín*) *dem gelouben bí*: vgl. Stolle III, 7b *dem gelouben sol er bí gestán*; C legt näher *daz wir in dem gelouben sí* (vgl. 292, 11); ich halte aber das kühnere *daz wir sín ungelouben vri* nicht nur für das inhaltlich meist Befriedigende, sondern auch für das Wahrscheinlichste (*rehtes glouben sint si vri* 133,10): sonst bleibt unerklärt, woher das *vri* in C stammt.

240. Ueber Echtheit und Entstehungszeit S. 134—141.

241. Ueber Echtheit S. 133 fg.

241, 8. In der Regel haben weder *linde* noch *slek* die tadelnde Bedeutung unseres 'glatt' Frauenlob z. B. dankt 401, 8 *den vrumen mit süezen sprüchen linde*, und in der Warnung 1032 wird die ernste Lehre gegeben *turiu wort soll ir besníden, linde machen só die síden.* Aber es gibt doch Beispiele des Bedeutungsüberganges, und die naheliegende Aenderung *hinderrede* wird entbehrlich sein: von Falschen heisst es Musk. 59,9 *welghe zonge kan reden süesse wort und felsch is in dem hertzen, solich linde sprache brengt ungemache;* 89,57 *us felschem hertzen linde sprache mit süessen worten kaufen macht manchen fromen swach;* Hätzl. II, 24, 118 *ettlichs knaben hertz ist lind; — die valschen liute die sint innen rúch und uzerthalben sleht* Marn. VI, 4 und Anm.; *swie süez, swie sleht der valsche wirfet síniu wort* Frauenl. 71, 7; — *des wort mit síden sint bedrot* Tirol I, 8a.

242. Ueber die Echtheit S. 154. 110. 205; Anm. 148.

242, 7. Möglich dass in der Str. Lab.
633, 5 *sô muoz ich schiere in sendem
leide sterben* diese Zeile nachklingt.
Auch das zeugte für Echtheit. In der
Strophenreihe, der jene Strophe angehört, ist Reinmar sicher und oft geplündert: vgl. Anm. 265 und die Nachtr. —
Hadlaub sagt 25, 3, 5 *und mecht von
leide ersterben ieman, ich wær nú
lange tôt.*

212, 8. *ir gruoz und ouch daz danken
min sach man mit zuhl gemenget sin*
Liecht. 205, 29; *manecvaldez grüezen
gevlohten mit den worten süezen* Frl.
ML. 31, 1.

243. Vgl. S. 153 fg.; ebenda über
dunkelvriunt.

243, 5. *nú tougen:* auch *in tougen*
wäre möglich (Regenb. III, 348 a; Renn.
993). Sowie erst *luget* als *luoget* verstanden wurde, war der weitere Lese-
fehler *nu* (oder *in*) *tougen* zu *mit ougen*
fast selbstverständlich.

243, 10 fg. Das *gougeln* zeigt sich
gern in solchen Metamorphosen. Zumeist werden wertlose Tiere als wertvolle dargestellt, bis dann die Enttäuschung nicht ausbleibt: Walth. 37,37 fgg.;
*ein gaukelslappen, die uz einem raben
einen trappen künde machen einveltigen
leuten,* erwähnt Reuner 3821. Hier ist
es umgekehrt: der *dunkelvriunt* macht
Wertvolles durch sein Gaukeln wertlos, in der schädigenden Wirkung das
Gleiche.

243, 12. *vliegen* (statt des unver-
ständlichen *vlügel*) sind hier Ausdruck
des absolut Unbedeutenden: vgl. Germ.
XVIII, 21; *falken, fledermeus und fliegen sind ungeleich, man well dann
triegen* Vintl. 5505.

244, 3. *liep* m. Dat. = liebevoll gegen,
ähnliche Verkehrung der Bedeutung, wie
sie *holt* 131, 6 erfährt.

244, 5. Das überlieferte *des guoten*
kann nicht richtig sein, da es im Sinne
ganz zusammenträfe mit *gar in guoten
dingen.* Gemeint ist, wie namentlich
der Gegensatz V. 6 beweist: man soll
dem Freund in guten Dingen mit seinem
Gute, seinem Besitz (*guotes*) beispringen.

244, 8. Das Adj. *triuwe* gehört der
guten mhd. Sprache merkwürdiger Weise
nicht an und ist um so auffälliger als
V. 11 *getriuwe* erscheint. *triuwe* mag
in der Hs. ein zweisylbiges Adj., etwa
stæte, verdrängt haben. In den Wbb.

ist es erst sehr spät und ganz unzu-
reichend belegt: ich finde es bei Spruchdichtern in der 2. Hälfte des Jahrhunderts nicht selten: Tannh. II, 89 b;
Raumsl. 370 a (?); III, 61 b; Meissn. 91 b
(zweimal); 98 a; Frl. ML. 34, 3; KL. 7, 5;
316, 7; 362, 5; 370, 11; Dam. III, 166 a
(zweimal).

244, 10. Ueber den Versschluss *wüste*
an vgl. Anm. 192.

245. Vgl. S. 246 fgg.

245, 1. Vgl. Anm. 262; *des wol dir,
priester reine, gelopt dín höher name
sí!* Par. Tagz. 2753.

245, 4. *des priesters sünde ein ende
hât, swenn er in engels wæte stât*
Freid. 15, 11; *der priester vor unreine
der stuend da* (bei der Transfiguration)
wandels eine Keller, Erz 61, 1.

245, 7. *daz hêre grap* Freid. CXXIX;
ich ruowe in der heilgen stat só vrône
Kolm. 6, 309.

245, 11. *din hende sollent sîn behuot
vor argem grifen, sünden vluot* Kolm.
10, 51.

246. Vgl. S. 157. Bildliche Darstellungen des Glücksrades, an dem 4 Menschen in verschiedener Lage sich befinden, vgl. z. B. in den Carmina Burana
S. 1; in Löbbens Sachsensp. S. 38; noch
Dürer hat dies Thema behandelt. Geschildert werden solche Darstellungen
von Sigeher II, 362 b; Rinkenberg I,
340 b; in Heidfelds Sphinx S. 56. Vgl.
W Wackernagel, Kl. Schrr. I, 245 fgg.

247, 9. *die speichen wurden mir ein
teil ze glat* Kolm. 139, 15.

248, 7. Wie das Prät. *tet* beweist,
handelt es sich um eine Anspielung,
wol auf eine Fabel: ohne Kenntnis derselben ist Heilung der Stelle nicht möglich. Die einzige mir bekannte Fabel,
in der ein Hund geschlagen wird, die
von der Erziehung des Löwen (WGast
12365; Kellers Erz. 631, 16), hilft nicht
weiter.

249. 250. Vgl. S. 122 fg.

249, 2. *durch vorhte ein friunt dâ
ist der liebe gar geswigen* Wernh. II,
228 b.

250, 1. Ueber das Bild S. 122; *ain
zwivache zungen geleichet man aim
faulen stock, der prinnen chan des
nachtes pei der vinster und der doch
chain glinster geit pei des liechten
tages schein* Vintl. 8802 und Zingerles
Anm.; *von vúlem holze ein glimmen*

40*

gât, swenn ez diu vinsterheit bestât
Frl. 374, 13; Konr. 25, 71; troj. Kr. 158.
250 a. b. Vgl. S. 390; Seemüller, Helbl.
LXXIX fgg. Ich wiederhole zumeist Seemüllers Bemerkungen, auf die ich verweise.

250 a, 3. *Smirzwol*, wie beim Teichner Anm. 317 *einez heizet 'Smirwdie
hant'; lest er im smeren in die hant,
— er ist des dúvels kint genant* Musk.
90, 73.

250 a, 6. *fünschelunde* DWb. IV, 614.

250 a, 7. 'Dem Zusammenhange nach
dächte man wol zuerst an *gestiuren*';
aber es fehlen lautliche Analoga. Ist
gestieren etwa eine Nebenform für *gesten* (aufputzen = *vestire*) oder = lat.
gestare?

250 b. *Ôrîent* und *Occident* gehören
zum festen Apparat des Tagelieds, wie
es im Liederbuch der Hätzlerin auftritt:
vgl. I, 1, 56. 3, 27. 14, 52. 23, 50. 24, 79.
38, 35; Ls. 213, 242; Wolk. 27, 3, 6.
29, 1, 1. 40, 2, 10. 85, 1, 3. Aus ältern
Tageliedern notiere ich nur den Orion,
den der Wächter bei Frauenberg I, 95 a
als Boten des nahenden Tages meldet.

251. Vgl. S. 145.

252. Vgl. S. 142.

252, 1. *uf eime stabe rîten* ist belegt z. MSF 206, 18; Zingerle, Kinder-
spiel 23. Es ist zunächst nur Zeichen
der Kindheit, nicht der Torheit, wie hier.
Aber der Uebergang war leicht: *rite ein
gra man uf und ab mit cleinen kinden
uf einem stab —, so sprechen wir: seht,
wie tummen sin der alte man hat!*
Renn. 2736.

253. 254. Vgl. S. 122.

253, 2. *nahtberc* für *nahtgeberc* habe
ich aus metrischen Gründen geschrieben:
vgl. Sommer z. Flore 2052; Haupt z.
Erec 1909. — Ueber *vingerzeigen* u. ähnl.
WGrimm, Kl. Schrr. III, 434 fg.

254, 4. 335, 8; *der fürwitz machet
kranken muot: dâ ist diu Minne unschuldic an* Winsbekin 41, 2; Trist. 12254; *die
pflegent alle tumber site, die sich des
schament, des si doch sint geéret: dâ
ist diu Scham unschuldic mite* Kanzl.
II, 399 a; *swâ man übele tuot mit kunst,
des ist diu kunst unschuldic* Rauinsl.
III, 62 a; *dâ ist diu herzeliebe unschuldic an* Warte I, 67 b; Hard. II, 137 a;
Frl. 441, 8.

255 fgg.: vgl. S. 173 fgg.

255, 1. Der Spiegel, den der Dichter
empfiehlt, sind nicht die Guten, wie im

WGast 620: *die vrumen liute sint unt
suln sîn spiegel dem kint;* Manuel
206. Nein, der Jüngling soll offnen
Auges in die Welt schauen und aus dem
Nebeneinander von Gut und Böse das
wahrhaft Gute erkennen. Ebenso heisst s
bei Raumsland II, 367 a *sît man daz
bœse bî dem guoten merken sol, sô
merket man daz guote bî dem bœsen
wol;* III, 53 a *doch sô wirt gemerket
missinc bî dem golde;* Kanzl. II, 391 a
*bî leide erkenne ich liep, die vröude
bî der swære;* Konr. 31, 75 *uz kise-
lingen schône glizent edele margarîten;*
Spieg. d. Tug. 246 (Varr.) *mid daz übel
und tuo daz guot, bî dem kupfer erkenn daz golt;* Haslau 157 *sô habent
die wîsen einen site, die kennent valsch
bî golde wol;* Teichn. 131 *bî der swerze
kent man blanc, bî der küele kent man
hitz;* Hätzl. II, 63, 91 *ler valsch erkennen bî der slicht;* Renn. 791 *doch kenn
wir koln bei wizzer kriden, werk und
past bei linder seiden, reigenbaum bei
bittern weiden.*

255, 5. *swaz in dem spiegel übel
stuont, bezzer ob er welle* Frl. 120, 5.

257, 6. Das Ueberlieferte ist nicht zu
halten. Zu *touwen*, sterben, das Compositum zu ziehn, verbietet das *be-*.
Bartsch vermutet *unheil betouwen*, lässt
aber den Dativ *dem* unangetastet. Indessen scheint der Acc. unentbehrlich:
*manic kuniginne lobeten si mit sinne,
die diu sælde ouch hete wol betouwet*
HMS III, 342 a; vor Allem *man seit,
swer von der erden höhe über sich
houwet, unheil in lihte betouwet, daz
spæne ime risent in die gesiht* Myller,
Deutsche Gdd. III, XLIV b.

258, 11. Bartsch denkt an den Plur.
esten (: *vesten* schw. Adj.): die Vermutung ist schon darum unwahrscheinlich,
weil der Singular in dieser Verbindung
typisch ist.

259, 4. *nách dem rehten* ist ganz unanstössig: Walth. 113, 27; Hard. II, 134 b;
Ulr. Wilh. 156 d (Lex. I, 203); troj. Kr.
2588; *in dem rehten* Stolle III, 7 a; *durch
daz rehte* Raumsl. 63 a; *nách sîme rehten* Schwanr. 63 u. Anm.; Sachsenheim
S. 76; *dem rehten* Freid. 158, 1; Haupt
z. Winsb. 69, 7.

259, 8 fgg. Dieselbe erstaunliche Deduction wagt Raumsland II, 367 a *hete
der mensche niht gesündet wider Got,
so enwære María niht Cristes muoter;*
vgl. noch Frl. 328, 10; Mariengrüsse 430

(Zs. VIII); Suchensinn Kolm. 173, 40; die sunder hulfen dir, daz dú ob allen vrouwen vrouwe bist Fegefeuer 1, 11.

261, 9. wáge, swf.: Lexer III, 633.

262, 6. nú wie: Haupt z. Engelh. 288.

262, 7. Das Sprichwort, das der Vorstellung zu Grunde liegt, vgl. bei Zingerle S. 64; ist daz houbet zaller stunt einem manne ungesunt, ez wirret den geliden vaste WGast 1723; wenn das haubt ist swach, so sein die andern gelider gemain nimmer mer wol in ain Vintl. 9105; nú seht ir wol, daz alliu glider sich dem houbet rihtent nách Teichn. 286.

262, 10. Mein Text beruht auf der Annahme, gœbe sei Adverb, wie sonst gœbeclíche: hat doch auch stœte den Umlaut im Adverb behalten. Aber ich kann dies Adverb freilich nicht belegen. Ist gœbe Opt. zu geben, so wäre der Dativ den vúezen nötig und der Ausdruck bliebe recht umständlich. Die Verderbnis des überlieferten Textes gieng wol aus von dem swá, das nach dem Muster der Fragen V. 4 und 6 zum wá wurde. Auch abgesehen von dieser in der ruhigen Erörterung ganz unmotiviert affektvollen Frage ohne Verb, ist mir in D das vúr V. 10 unverständlich. Das Haupt muss im Gegensatz nicht an Stelle der Füsse, was vúr heissen könnte, sondern die Füsse leiten. dá vúr = potius, lieber, an Stelle dessen.

262, 12. Im mhd. touben ist doubón und *toupjan zusammengefallen: bezwingen; — swer in zorne ist wol gezogen, dá hat tugent untugent betrogen Freid. 64, 18.

263, 6. In der Warnung heisst es tadelnd 2637: nách eren ir iuch pinet, daz iu der líp verswínet; Trist. 18001 ezn ist niht ein biderbe wíp, diu ir ére durch ir líp, ir líp durch ir ére lát.

264, 3. ez (das Glück) blecket sich alsam ein gougelblic Frl. 120, 12; swá nu dá iht gougel geschiht, er spürt swer in mín búhsen siht Frl. Kolm. 23,16; Guot, dú kumst und verest hin niht anders denne ein gougelspil Sunb. III, 76 b; diu werlt ist sam ein gougelspil Frl. 400, 9. — Quecksilber: queksilber ist tummer leute gut, wanne ez unstete ist als ir mut Renn. 6375.

266, 1. waz tuot diu werlt gemeine gar? si altet, bœset Freid. 30, 23; Wilm. Leb. III, 425; diu welt diu bóset nú

von tage ze tage Sunbg. III, 71 b; ie elter und ie erger wirt der werlde leben Frl. 329, 3.

266, 3. rehte ergänzte ich nach Berth. 244, 25. 26.

266, 11. in sol der galg rihten Keller Erz. 539, 9; des muoz der galg vergelten dir Ls. 173, 203.

267, 9. Vgl. Wackernagel, Kl. Schrr. III, 137; z. MSF 8, 32.

267, 11. wenn eine Frau ihn vúr man, als einen tüchtigen Mann ansehen will ir ze manne, geeignet für sie zum Geliebten oder Gatten (Er. 2847; z. MSF 3, 20), so ist er doch eben nur Mensch, nicht Mann.'

268, 1 fgg. Die durch unversehrtes Glas scheinende Sonne, Symbol der jungfräulichen Empfängnis Mariä, ist eins der verbreitetsten geistlichen Bilder: vgl. gSchm. XXXI, 12; MSD z. XXXVIII, 29; Anz. XXV, 58. Profan hat das Bild zuerst Morungen verwertet (144, 24): si kan durch diu herzen brechen sam diu sunne durch daz glas; II, 255 b (Minne) sluffe durch ein ganzes glas, dur umb ez doch niht wurde zetrant. Dass die Geliebte durch ganziu ougen, durch ganzen líp ins Herz dringt, es verwundet, diese nicht ganz seltne Vorstellung wird auf dem selben geistlichen Bilde ruhen: Burdach S. 114; Teufen I, 110 b; Winterst. 3, 27.

268, 4. áne crac: Heimesf., Himm. 196 sam diu sunne durch ganzez glas, só kom er zuo ir in daz hús áne krach und áne sús.

268, 5. reht als diu kláre sunne durchliuht den tac in dirre zit, also ervröut ein vrou manlich gemüete Frl. 388, 3; swenn aber si mín ouge ansiht, seht só tagt ez in dem herzen mín Mrgn. 130, 37.

268, 7. sterne = Auge: vgl. Wilm. z. Walth.[2] 54, 31; dum contemplor oculos instar duum siderum Mone Anz. VII, 290 Nr. 21, 25; zwén sterne stént ze vröuden só gestellet III, 466 b; dafür zwó sunnen Frl. Ld. III. 3.

269, 4. Ich bin a gefolgt, weil es einen minder abgebrauchten Ausdruck anwendet und metrisch glatter ist: inhaltlich ist auch der Text D unanstössig und die Synkope stellt nicht auffallend.

269, 6. Der clósener als Typus der Langmut und Widerstandsfähigkeit: vgl. Wilm. z. Walth. 62, 10; der dú zwischen sehen bœt von Zwetel einen *münich guot, er gewünn zer werlte* / *muot* Helbl. 1, 1112; *ein grâwen mü-* / *nich möht ez müen* 2, 1396.

269, 11. 12. Ueber die Hyperbel S. 334; *von ir schœne müest ein vels erkrachen* Wartbg. 150, 10.

270, 4. *wie manic herz verhouwen wirt in solher mâze* Lab. 4, 1.

270, 6. Vgl. Frommann z. Herb. 5115; *ir kraft ist mir ein her* Wint. 5, 25.

270, 7. *wîp twinget mannes sterke* III, 436 a, 42.

271, 3. *min herze, ir schœne und diu Minne habent gesworn zuo ein ander* —; *zwiu habent diu driu mich einen dar zuo ûz erkorn?* Morgn. 134, 6; ähnlich besteht Gott die Nation gar *selpvierde* Frl. 231, 13.

272, 1. *êst komen her in alten siten, daz man diu wîp sol güetlîch biten* Winsbekin 20, 1—3 und Haupts Anm.; Freid. 100, 20; *ez ist niht ein wunder, daz man die frouwen bite* Marner IX, 13; *wîp, lîp vlêhen sol wol dir* Konr. 26, 20.

272, 2. *von der schaitel uff die sulen* Hätzl. I, 28, 91; *von dem houbet zuo den vüezen* Liecht. II, 62 a; *von dem houbte unz ûf den vuoz* Rotenburg I, 79 b; Rost II, 134 b; WGast 6781; Buch der Rügen 382; *von oben unz nider ûf den vuoz* Ls. 244, 149; *von dem vuoze unz ûf den gebel* Wartbg. 9.

272, 11. *übergulde* tadelnd: Ben. z. Iw. 360; WGast 11651.

273, 3. Der *rôte gelohende munt* steht ohne Beispiel, ein merkwürdig glutvolles Bild; *daz rôtlohezônte golt* MSD² 30, 36. Ueber Brennen des Mundes der Meissner z. Steinm. 9, 1, 7; eine kleine Sammlung verschiedener Ausdrücke dafür enthält Brennenbergs erste Spruchstrophe (I, 336 a). *von rœte brinnen* Winterst. Ld. 9, 59; *dô bran ir munt, daz sich mîn herze enzunde* Heinr. v. Meiss. I, 146; der Mund leuchtet *sam diu sunne gen mir brunne rubîn rôt* Land. I, 362 b; *ir munt von rœte bran sam ein viur in zunder* Honb. 64 b, 10; *ir munt — in solher rœte sam ein viuric vlamme entzunt* Otto v. Brand. 11 a; *ich sach ir rôse-lehten munt brinnen als er wœre enzunt von des fiures glüete* Ls. 130, 48; *ir munt ist von rœte angezunt* Hadl. 54, 9; *ir munt enzunt ist als ein viur* III, 418 b; *reht als er glüete* Heinr. v.

Meiss. I, 13 b; *kleinvelhitzrôter munt* Liecht. 433, 32. 441, 19. 516, 12; *ir munt rôt heiz* Boppe II, 385 b; *hitzreicher munt* Hätzl. 2, 10, 6.

273, 4. *nâch gewinne:* vgl. Anm. 168.

273, 7. Vgl. JGrimm, Kl. Schrr. II, 146; *nû vliuch von mir, langez trûren!* Morgn. 144, 22; *vliuch vliuch, trûren, von uns verre* Liecht. 565, 25; *trûren, var hin* Wint. Leich 4, 170; *trûren, dû solt von mir gâhen* Wildon 7, 3; *trûren, var von mir verstôzen* III, 441 b, 5; *sô sî dir, trûren, widerseit* Singenh. I, 289 a.

273, 10. 11. *rôte: tâte* vgl. S. 128 und Anm. 167.

276, 4. es ist kein *gelíchez, geteiltez spil.*

277, 2. *nôtveste:* vgl. WGrimm, Kl. Schrr. III, 256; Jän. z. Biter. 872.

277, 3. *zerriten:* Jän. z. Wolfd. D VIII, 343, 4.

278, 3. 6. *seht:* vgl. S. 131.

278, 6. *swelch vrouwe in minnet, diu wirt hôher minne gwert* Frauenlob 142, 7.

278, 9. *ir schœn kan nieman swachen, sit allez ding nimt von ir schœn, diu sonn und ouch der mâne* Altd. Mus. II, 202.

279, 1. Friedrich II. heisst *crudelitate secundus Herodes, impietatibus alter Nero* oder *Nerone crudelior* (Böhmer, Reg.¹ XXXVIII); *nequior Herode,.. crudelior insuper Nerone* Alb. v. Beh. (Höfl. S. 66; vgl. auch S. 159); der kaisertreue Zorno heisst *alter Nero* in der 5. Contin. der Gesta Trev. MSS XXIV, 408; vom Papst *Petrus foris, intus Nero* Carm. Bur. S. 15.

279, 4. *saulen, paulen* gebildet wie *pétern* (Lex. II, 219); vgl. S. 130.

279, 12. *volgt Paulus lêre, der Saulus geheizen was* HMS II, 254 b.

280, 1. Der Glaube, dass der Strauss Eisen fresse, stand ganz fest. Er stammt aus den Physiologi (z. B. Pitra, Spicil. Solesm. III, 368; Cahier und Martin, Mélanges d'archéologie III, 197) und gieng u. A. in Megenbergs Werk über (S. 223). Albertus Magnus fügt freilich (VI, 645) hinzu: *sed ego non sum hoc expertus, quia ferrum u me pluribus struthionibus obiectum comedere noluerunt.* So ist der Strauss Symbol der *vrâzheit.* Als Wappentier trägt er oft ein Hufeisen im Munde (Apollon. 18749; Suchenw. 1, 196). Uebertragen: *daz er niht isen als ein strûz und starke vlinse vêrslant, daz machte, daz err niht en- vant* Parz. 42, 10; *reht sam der strûz daz ûen tuot, sô slindent si den meil* Frl. 335, 5; *er slindet silber unde golt und ûsen als ein strûz* Kelin III, 23a; Suchenw. 18, 266. *isenbîz* (Virg. 692, 4) = Eisenfresser; *ûen kiuwen* vgl. Germ. XXIV, 142; *îsen ezzen* Neidh. S. 215 und Anm. Anders gemeint ist *man giht, einer hab erslunden beckelhûb und slappen dran, ob erz umb wîn ver- setzen kan* Ls. 216,28. *viurvrâz, stahel kiunder munt* als Scheltwort Marner XIII, 40.

280, 3. *ze wette* wie 81, 5. 159, 10.

280, 6. *diu gâbe ist zweier gâben wert* Freid. 112, 1; *diu gâbe ist drîer gâben wert* Raumsl. v. Schw. III, 68b; *er wænet anders daz er sî wîser dan Salmônes drî* Freid. 83, 17.

282, 4. *schaffen* = 'versprechen', im Gegensatz zum 'leisten' wie Walther 32, 22.

282, 10. Der Ueberlieferung nach muss *gewaltelînen* Dativ sein. Diese Con- struction von *lâzen* ist im DWb. VI, 237 sonst vor dem 17. Jahrh. gar nicht und erst aus dem 18. häufig belegt: sie wird meist auf frz. Einfluss zurückgeführt. Ich will wenigstens hinweisen auf die La. von kl im Leich 199 *den dû reiner unde guoter liez schouwen dîner (einer!) muoter;* ferner der — *lâze daz die kü- nige, vürsten schouwen unt darzuo den besten unt swerz sehen wil* Hinn. III, 39a (*den besten* ist schwerlich Acc. Sing., wurde aber vielleicht dafür gehalten und daher mit Umsetzung in den Acc. ver- schont); *sô möhte ich etewenne den wolgemuoten wizzen lân wol mîner künste mêre* Sunh. II, 356a (auch hier ist der Plural im Gegensatz zum Folgen- den das Natürlichere); *nu lâ dir wîbes güete niht verdriezen* III, 432b. Das sind unsichere Spuren. Es wäre nun möglich *gewaltelîne: die sîne* zu schrei- ben. Dann müsste jenes nicht Dat. Sing. (wie in Meissners Nachahmung), sondern Acc. Plur. sein mit unorganischer e-Er- weiterung: vgl. z. 28, 8; Weinhold, Mhd. Gramm.² S. 454; *merlikîne* Vel- deke 59, 27; *vogellîne* Liecht. 437, 1; Haupt z. Neidh. S. 131.

282a, 11. Die Schlusszeile, wie ich sie um formeller Gründe willen aus der Ueberlieferung herstellen musste, weiss ich höchstens so zu erklären: 'wollt ihr euren Leib schon um den Lohn einer alten Frau so anstrengen (im Turnier), dann habt ihr alle Ursache, dann, wenn es sich um den Lohn der jungen han- delt, nicht nur ebenso zu kämpfen, son- dern lieber gar goldne Speere (nicht nur gewöhnliche) im Kampfe blitzen zu lassen.'

NACHTRÄGE UND BERICHTIGUNGEN.

S. 1, Anm. 1. Tanzer, Historische Beziehungen in den Gedichten des H. Reinmars von Zweter, Fünfter Jahresbericht der K. K. Staatsunterrealschule in Bozen, 1880, S. 1—15.

S. 3, Anm. 4. Die Fragezeichen in den ersten beiden Zeilen sind zu tilgen.

S. 4, Z. 6 v. o. Das Citat stammt nicht aus einer Vita des Caplan Berlt, wie ich irregeführt durch die Plötzsche Schrift annahm, sondern aus des Friedrich Köditz von Saalfeld Leben Ludwigs (herausg. v. Rückert, 9, 16). Nach den Untersuchungen Wencks, Entstehung der Reinhardsbrunner Geschichtsbücher, war auch die Grundlage des Köditzschen Lebens keine lat. Vita Bertholds, eine solche hat vielmehr nie existiert und Köditz lediglich die Reinhardsbrunner Annalen übersetzt und aufgeputzt.

S. 6, Z. 7 fgg. v. o. Vgl. die Nachträge S. 160 fg.

S. 9, Z. 3 v. o. Nur für das Jahr 1226 ist Heinrich als rector Austriae sicher bezeugt: vgl. Ficker, Herzog Friedrich S. 13.

S. 14. Nachträge zur Erörterung des Dialekts in Anm. 151.

S. 17, Anm. 40, Z. 1. Auch bei Damen, HMS III, 168 a.

S. 18, Z. 8 v. o. Lies Zwiter.

S. 22, Z. 6 v. o. Möglicherweise hat Reinmar auch die unechten Strophen gekannt: vgl. Anm. 289.

S. 22, Z. 26 v. o. Streiche 'ungehoft und'.

S. 29, Anm. 61, Z. 4. Dieser Brief ist jetzt abgedruckt von Rodenberg in den Epistolae saec. XIII e regestis pontificum I, 269.

S. 96, Z. 14 v. o. Lies 55.

S. 127, Z. 18 v. o. Lies V, S. 370.

S. 132, Anm. 170, Z. 12. Mein Verdacht wird dadurch bestärkt, dass nur in diesen drei Strophen, in ihnen aber viermal, die Formel só man seit bei Frauenlob vorkommt: vgl. S. 329.

S. 146, Z. 23 v. o. Vgl. Anm. 260.

S. 148, Anm. 187, Z. 3. Streiche 'in der Anm.'

S. 164, Z. 8 v. o. Auch Muskatbluts langer Ton (bei Groote Nr. 20) gehört in diese Strophenfamilie.

S. 168, Z. 3 v. o. Erenfriunt Ls. 181, 1. 296.

S. 210, Anm. 265. Ein Teil der Strophen dieses Gedichts ist aus anderer Quelle mitgeteilt von Schmeller im Anhang zu Labers Jagd in der Strophenreihe 'des Minners Klage' 614—689. Meine Vermutungen zu 7, 3. 40, 2. 53, 6 werden bestätigt: das zu 47, 6 Bemerkte ist zu streichen; einige Mal (29, 1; 47, 2) ist die textliche Verschiedenheit der beiden Ueberlieferungen so gross, dass meine Vorschläge durch die Heidelberger Hs. nicht erledigt sind. Diejenigen Strophen, die ihr eigen sind, zeigen zum Teil gleichfalls jene Abhängigkeit von Reinmar: ich verweise auf meine Anm. zu 25, 1. 35, 6. 38. 40, 9. 45, 7. 49, 2. 242, 7.

S. 255, Z. 9 v. o. Vgl. Anm. z. 175, 2.

S. 261, Anm. 316. Zur Ergänzung war noch Wilmanns, Leb. S. 188 und III, 152, zu citieren.

S. 285. Die Notiz 'fehlt L.' ist noch hinzuzufügen zu liljenglanz, zwivelhof, vriundeshulp und zu einigen der substantivierten Infinitive; zu streichen ist gehant und vluorzin. Die Liste wäre besser etwas kürzer angelegt worden: es sind einige wenige Worte aufgenommen, die bei Reinmar freilich zuerst auftreten, die aber auch später und an Stellen erscheinen, an denen Entlehnung aus Reinmar nicht erweislich ist. Vgl. die Anmm. zu den Stellen.

S. 289, Z. 5 v. o. Ein anderes Beispiel der femininen Personifikation scheint *Treg unde Lass* in dem Bar 322—324 zu bieten.

S. 292, Z. 17. In Konrads zweitem Leich V. 31 heisst es: *den ich hie vor genennet han, daz ist der leide strites got.*

S. 320, Z. 24 v. o. lies: zwischen Sätzen 20, 4. 195, 3.

S. 360, Z. 8 v. u. Die Bemerkung über die Melodie von Str. 2 beruhte auf einer fehlerhaften Abschrift und ist zu streichen.

S. 378, Z. 7 v. n. Füge hinzu: *helent* 75, 8 (T).

S. 379, Z. 20 v. o. Streiche: *hie bevor* 175, 3.

S. 379, Z. 10 v. u. Füge hinzu: *crisem* 215, 12.

S. 383, Z. 23 v. o. Füge hinzu: *er* 154, 12 (? Conjectur).

S. 384, Z. 11 v. o. Füge hinzu: *zwivelar* 172, 6.

S. 385, Z. 21 v. u. *vint* öfter. — Z. 17 v. u. *seln* 110, 8.

S. 386, Z. 9 v. o. *herré lá* 196, 5. — Z. 2 v. u. *unzuht* 112, 8.

S. 387, Z. 3 v. u. Streiche die Klammer und setze dafür: (vgl. Anm. z. 152, 1).

S. 391, Z. 19 v. o. Der identische rührende Reim 302 b, 3 : 6, der schwerlich der Ueberlieferung zur Last fällt, beweist doch ziemlich sicher gegen die Echtheit.

S. 395, Z. 21 v. u. Auch *vindest dü* 27, 2 war zu erwähnen; C hat nur *vindest.*

S. 460, Z. 9 v. u. lies: 12 *er* C, *herre* D.

S. 476 in der Seitenüberschrift l. 130—134.

S. 487, V. 152, 1 lies *ravit.*

S. 521. Hinter V. 224, 1 setze ein Komma!

S. 577, Spalte b, Z. 21 v. o. lies: *avis.*

REGISTER *).

*) Die einfachen Zahlen verweisen auf die Seiten; Zahlen, vor denen ein A steht, auf die Anmerkungen der Einleitung, cursive Zahlen auf die Anmerkungen zum Text. — Unter den Namen der einzelnen Dichter konnte nur eine Auswahl der Stellen verzeichnet werden, an denen sie zur Besprechung kommen.

Druck von J. B. Hirschfeld in Leipzig.

No. I.

Got vnd dyn ewen ewykit mit dryn personen vnder fchri

ben Sy des gelopt daz vnser leyt der dryer eyner hat vortri

ben · der dir czu kynde ist beliben. Der selbe wart durch

dyn gebot · vnd ouch durch vnsir heyl vorsniten Des starb

her mench vnd starp nicht got · her starp al

nach menschilichen siten Syn sterben hat vnser leben erstri

ten Des uatir minne vnd ouch des suns · der got gotheyt

yn ir erce stwac · Vnde clagten beyde wy daz vns der

erste val czu valle dranc Dor an vns allen misselanc

Got herre vnd vberwindelich wy vbir want dy myn

ne dych **G**etorst ich sprechen so sprech ich · sy wart an

dir ſo ſygereych| daz den ual nam vbir sich · **D**az vns

zu vluche was geschen · des hat dy minne vns vbir

tragen **D**es sul wir lobs der mynne iehn vnd immer

mer genade ſagen | **S**y hat gesenftet wnsir clagen

dy mynne dy ist ze durchluychtet gar · daz ny so

trube eyn hercze wart **Z**o durre noch zo vlinsik hart

wirt ir gewynket rechte dar **S**i macht is balde hy

meluar · **W**er dy mynne tut bekant · den lat vch

hye kunden · gotes geyst ist her genant twahen kan

her von ſunden · mit czweyn wassers vnden · **D**az eyn daz

ist der wester touf · da man inne toufet. so ist daz

andir wassers louf. Der us ougyn loufit vnd ouch

dy wangen troufet. Der mynne fchenke ist aller meyst

der vbirsuse gotes geyst · dem her wyl fchenken. Den

durstet nach der myne nicht · dy czu den sunden hat

gepflicht · totliche ist ir trenken. Dy mynne ist gut · der

dy funden glut · vnd ir gelust erleschen tut · dy abir nach

svnden weychet mvt der minne sul wir wenken. Durch

minne wart der alde iung · der ie was alt an ende.

Von hymel tet her eynen sprung · her ab yn dis ellen

de · Got vnd di dri genende · Her enpfing von eyner

meyde iugnt · das gescach durch mine · her gab des

heiligen geystes tugnt minebernde sinne · so wol dir

kunigine. Aller wunder sy gesvigen · daz erde den hy

mel hat vbirstigen · das sullt ir vor eyn wunder wigin

· erd ob vnd himel vnder · daz sullt ir han besunder · vor

alle wunder eyn wunder. An wem dis wunder sy geschen

· des mug wir wol der megde iehn Die got lyphaft

czu himel nam · da menschlich mensche nie enquam. Von

erdin so was sie geborn · vnd wart votinne zu hymel

erkorn · des habe dy ware mine dank · dy got zu dirre

vnd ymmir noch ir genoden stegen

libe twanc | An ir liget aller engil lop | Sy ist eyn sterne

von iacop | Ir muterworn inagetum. kan nymant volen truytin

· von engiln noch von luyten. Der patriarchen vor

gehuge · Profeten lobs eyn vbirvluge · Ich wene imant

dar czu getuge · daz her deyn lop durch reichen muge · Von

der dye sunne enpfenget · den hastu anegenget · Du

blunde gerte von iesse · die nie gewan gelichen me

· noch nimer me gewinnen mag · dyn lip bracht vns

die suse vrucht · des himel vnd erde ist geerit · Des

kvngis dauidis harfen clanc · vnd salomonis mine

sanc · mit lobe gar vf dir eyne lac · mit dir wart

euen sunden sucht vruntlich vorkeret · swo si hat geserit

· do ist nu heyl gemerit · Minne burde funder fwere

· mine burde funder lere · vnd rechter mine burde. Wart

getragen von dir alleyne · du vil reyne vnd her vil reyner

mit dem du geburdet wurde · Der got der dy mī

nen fchenke · den tet dy mynne also gelenke · daz her

fich yn ir hercze vilt · der aller elementen wilt. Sint

daz mine vns hat geneyget · den des suse sunde veyget

vnd des helfe truvren fweiget · alz her vil dicke erczeyget

Aller kristen stimme erfchrye · zu dir mutir mayt ma

rye daz dyn helf vns svnden vrye. Durch dy eyngotige

drye · dy kristen geloubyn treint. Minne dyn viwer

ist durchzundig · min dyn craft ist vndurchgrundig · wen du

bist zo vbirwndik Daz nymant lebit zo sundik · wiltu dich

vndir winden fyn · hern werde gotes vnde dyn · Du yle

mine kum her abe brenge vns dyne fuse vnd irvar · wy

sich dyn gernde dyt gehab · mine der ruch vnd nim er

war. In der herze funde fwere dy tu aller fvndin lere mi

ne den gyp sinne · do von ir heyl gewynne Sunde enpirt

wol miñe namen · mine fal fich svnden schamen · svnde

enist nicht miñe miñe ist ir toterinne · Dy mine des

nicht wold enpern · si solde got irre bete gewern · so

must her syner tochter gern · menschlichen zu eyner mutir

· Do wart dy tochter muter dyn · vnd ouch du vater

ir kyndelin · mine der rat der was ouch dyn · wo wart ie

rat zo guter · Do dirre iunge was geborn · do wart vor

svnet alle der czorn · der von adames valle · Vf all der

werlde was gelegen · der wart durch disen iungen degen

vorsunet almit alle · mit groser vroyden schalle · Wart her

enpfangen schone · von aller engel done. Her wart genant

ihesu crist · der got was vnd ymir ist · svnder menscheliche list

vormerit vart yn kurczer vrist. Eyn sterne wyste kvn

ge dry · von sabba vnd von arabi · żu bethlehem do her was

· des syn mutir mayt genas · golt wyroch mirre brach

ten sy vnd legeten sich ym vf ir kni · Hoen kungen vnd

armer diet · wold her sich beyden kynden wy her den

velthirten beschit · wy vnd wo sy in vunden · Hy erken

ich das der selbe crist · gelich veyl vns allen ist · Swas

ysaias von dyr sait · den dyn geburt czu sange yait

· das ist alles worden war · vnd ouch sibillen spruche gar an

disem kynde. Syn geburt ist sanges wert · des aller en

gel vroyde gert · das ift diser himel habe · der durch vns

wart eyn krippe knabe · vor esel vnd vor rinde wart

welch eyn stal gesinde · Krist las vns genisen · daz sich dy

starke gotheyt · Durch mīne lis beslisen · yn vnser armen

formen kleyt · Des las dich nicht verdrisen

vnd laz der suſē mine regen in vnsir h'cze wlisen · Crist wir

heysen noch dir crist · sint du vnsir genanne byst Zo heb

vns vf wir syn der legen druch dyner suſen mine craft

Vnd fuer vns hyn von svnden wegen dor in wir sint zo

kerkerhaft · Ler vns vm sunde rwue phlegen · Durch dy

ner syten blutes regn · Dē du reyner vnde guter lise scho

wen dyne muter mit ansehenden ougen · Wi daz durch

ir zele wute · vnd ir ouch ir herze glute · das trug si wil towgen

bis her si doch gewerte · Mit dem symeones swerte ·

martir der se gerte · Dy martir dy sy schende leyt · yn

fwertes wys ir hercze sneyt · dy hat mine al vbirwnden

an dem cruycze mit vúnf wunden · den sy doch gesunden Vnd le

bnde bracht vs synem grabe · zu himel yn Synes vater habe

Do hat dy mine den gewalt · das sy vnd der barmuge

rat · vor gote synt zo manicualt · das man durch fie tut vnde

lat · bis dise werlt eyn ende hat. Dar nach get di gerechti

keyt · mit vil gelycher wage vúr Is sy vns lyp is sy vns leyt

· sy bringet mit ir willekúr · sy czwey yn vnser svnde spur

Erbarme dich mensche vbir dich · Du bist noch yn gena

den tagen · got der ist noch fo barmik rych · wiltu dich

svndin ruwik tragen · so endarf du nicht an im vorczagen

Nu helf vns dy ny mvde wart · zu betin vm vnsser missetat

das ist dy dy do trug vorspart · yn ir der vns erarnet hat · all

vnser heyl an in tzweyn stat =

No. II.

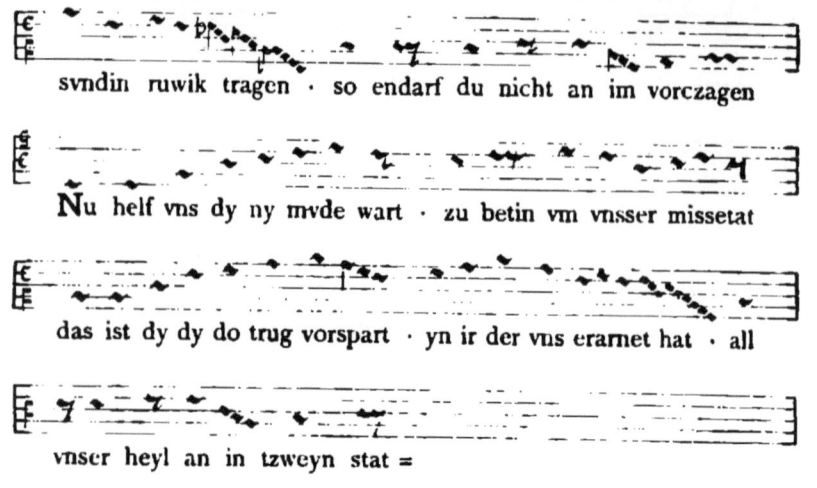

Es wont ein magt vff
Die ludē got mit

bē kamē vnd sie die liebē mer

erden hie die sāt ir bottē vsse
aller craft daz er ir sāt die reine

also v'namē daz worcht d' hei

nach gottes son nu m'cket wie
vnd hochgebte rein botschaft.

lig geist ī ir so schone ir kint

ir kusch vnd ir demüte ir zucht
daz sie in magt gebe' daz wart

mit gancz' küsch ie sa daz wont

ir scham ir grofse reinikeit
ir vō dem engel so geseit

vndrierē brüstē da · biss sies ge

Da des ir botte in gaczē glau

bar waz geb wir ir zu lone ·

No. III.

Almechtig   fchopf'   all'   en mich vff befferūge friftē
Durch dē vnfrid dē dir h'   gebō dich macht vnfryde criftē

creature   durch   din   erb'mde   Dich   gab   vnfryde   in   dē   tot
bermde brachte drch fryde gab din

bit   ich   dich   got   vatt'   folch'   zu   frydē   fur   ie   w'nde   not   dorch
vatt'   dich   vnfrydelich   in

sture | Daz du wolleft geruch   fryd   waz   din   vrftende
achte | durch fryde word du jud   d'
    drit
    ftol.

No. IV.

Lucas   Im   dritten   der   gefchicht

Schreipt   wie   nach   dem   pfingfttage

Petrus   vnd   Johannes   gericht

Zu   dem   Tempel   nauf   ginge

Beid   fam   zu   betten   vmb   die   neunte   ftund

svndin ruwik tragen · so endarf du nicht an im vorczagen

Nu helf vns dy ny mvde wart · zu betin vm vnsser missetat

das ist dy dy do trug vorspart · yn ir der vns erarnet hat · all

vnser heyl an in tzweyn stat =

No. II.

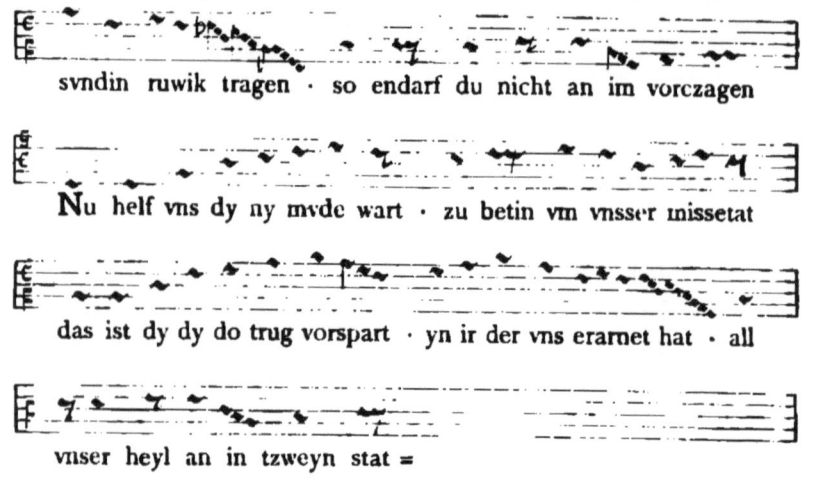

Es wont ein magt vff
Die ludē got mit

bē kamē vnd sie die liebē mer

erden hie die sāt ir bottē vsse
aller craft daz er ir sāt die reine

also v'namē daz worcht d' hei

nach gottes son nu m'cket wie
vnd hochgebte rein botſchaſt.

lig geist i ir so schone ir kint

ir kusch vnd ir demūte ir zucht
daz sie in magt gebe' daz wart

mit gancz' kūsch ie sa daz wont

ir scham ir groſse reinikeit
ir vō dem engel so geseit

vndrierē brüstē da · biss sies ge

Da des ir botte in gaczē glau

bar waz geb wir ir zu lone ·

No. III.

Almechtig   fchopf'   all'   en mich vff befserüge frifte
Durch dē vnfrid dē dir h'   gebor dich macht vnfryde criftē

creature   durch   din   erb'mde   Dich gab vnfryde in dē tot
bermde brachte drch fryde gab din

bit ich dich got vatt' folch'   zu frydē fur ie w'nde not dorch
vatt'   dich vnfrydelich   in

sturc | Daz du wolleft geruch   fryd waz din vrftende
achte | durch fryde word du jud

d'
drit
ftol.

No. IV.

Lucas   Im   dritten   der   gefchicht

Schreipt   wie   nach   dem   pfingſttage

Petrus   vnd   Johannes   gericht

Zu   dem   Tempel   nauf   ginge

Beid   ſam   zu   betten   vmb   die   neunte   ſtund

d'abgsang.

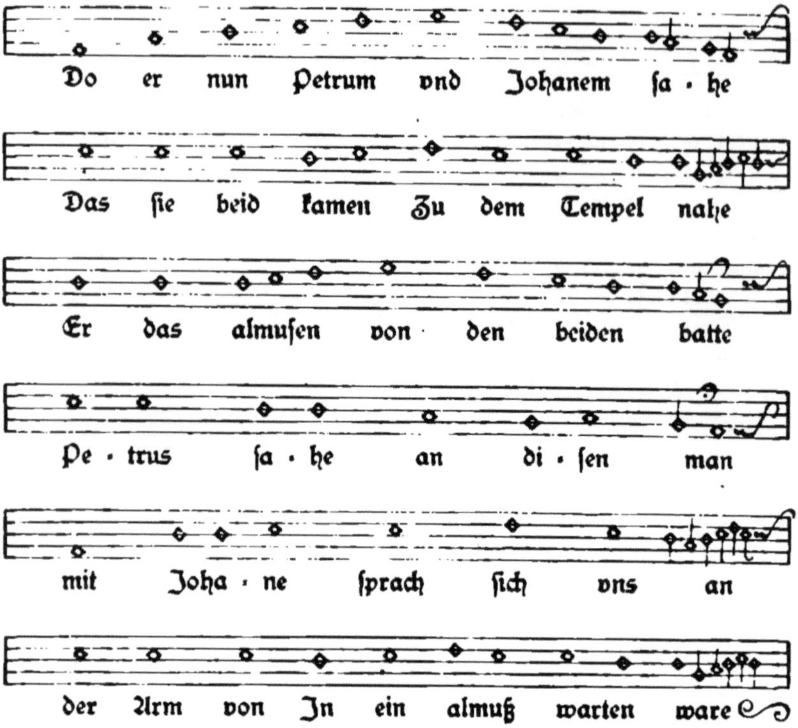
Do er nun Petrum vnd Johanem sa - he
Das sie beid kamen Zu dem Tempel nahe
Er das almusen von den beiden batte
Pe - trus sa - he an di - sen man
mit Joha - ne sprach sich vns an
der Arm von Jn ein almuß warten ware

No. V.

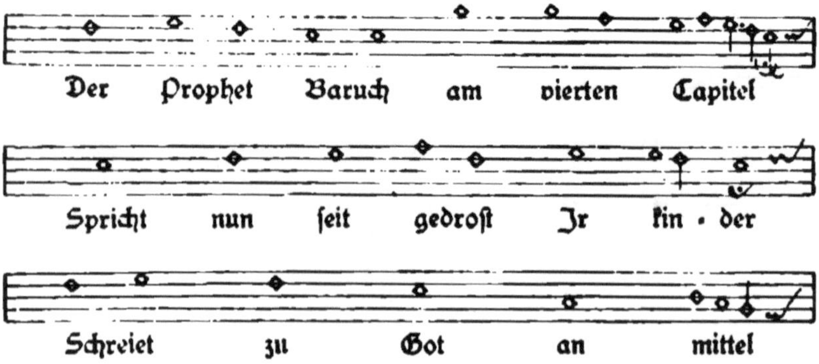
Der Prophet Baruch am vierten Capitel
Spricht nun seit gedrost Jr kin - der
Schreiet zu Got an mittel

So   wirt   er   euch   er · löfen   dort

Vom   gewalt   der   feind   hende

d'Abgfang

Von   dem   heiligen   al · le   Zeit

Vmb   willen   der   barmhertigkeit

Die   euch   wirt   wider   fah · ren

Repet.   den Stollen wider.